Jürgen Wolf

Photoshop Elements 2018

Das umfassende Handbuch

Liebe Leserin, lieber Leser,

bei der Aktualisierung von Photoshop Elements 2018 hat Adobe dem Programm wieder neue, spannende Funktionen spendiert. Eine davon ist die Funktion GESCHLOSSENE AUGEN ÖFFNEN. Dieses Werkzeug erlaubt es Ihnen, die auf einem Foto geschlossenen Augen mit dem geöffneten Augenpaar aus einem anderen Bild auszutauschen. Das grenzt fast schon an Magie…

Selbstverständlich geht Jürgen Wolf auch in dieser Auflage auf alle Neuerungen ganz genau ein und zeigt in zwölf ausführlichen Teilen, wie Sie mit Photoshop Elements 2018 das Beste aus Ihren Bildern herausholen können: Belichtungs- und Farbkorrektur, Schwarzweiß, Retusche, RAW und Panoramen sind nur einige der Themen, die im Buch behandelt werden.

Besonders empfehlen möchte ich Ihnen die Kapitel zu Formwerkzeugen, Fotomontage und Textwerkzeugen. Alle, die gerne kreativ mit ihren Fotos arbeiten, kommen hier auf ihre Kosten. Eine wahre Fundgrube ist auch die Webseite zum Buch. Unter *www.rheinwerk-verlag.de/4486* finden Sie das gesamte Beispielmaterial, Tastenkürzel, PDF-Dateien mit nützlichen Zusatzinfos u. v. m.

Nun bleibt mir noch, Ihnen viel Spaß beim Entdecken von Photoshop Elements 2018 zu wünschen. Sollten Sie Anregungen, Fragen oder Kritik zum Buch haben, so freue ich mich über Ihre Nachricht.

Ihre Ariane Podacker
Lektorat Rheinwerk Fotografie

ariane.podacker@rheinwerk-verlag.de
www.rheinwerk-verlag.de
Rheinwerk Verlag • Rheinwerkallee 4 • 53227 Bonn

Auf einen Blick

Teil I	Der Fotoeditor	35
Teil II	Der Organizer	173
Teil III	Bildkorrektur	313
Teil IV	Farbe, Farbveränderungen und Schwarzweiß	375
Teil V	Schärfen und Weichzeichnen	463
Teil VI	Freistellen und Ausrichten	497
Teil VII	Auswahlen	561
Teil VIII	Ebenen	613
Teil IX	RAW und (H)DRI	733
Teil X	Reparieren und Retuschieren	783
Teil XI	Mit Text und Formen arbeiten	855
Teil XII	Präsentieren und Teilen	919
Anhang		991

Impressum

Wir hoffen, dass Sie Freude an diesem Buch haben und sich Ihre Erwartungen erfüllen. Ihre Anregungen und Kommentare sind uns jederzeit willkommen. Bitte bewerten Sie doch das Buch auf unserer Website unter **www.rheinwerk-verlag.de/feedback**.

An diesem Buch haben viele mitgewirkt, insbesondere:

Lektorat Ariane Podacker
Korrektorat Angelika Glock, Wuppertal
Herstellung Melanie Zinsler
Layout Vera Brauner, Maxi Beithe
Einbandgestaltung Bastian Illerhaus
Coverbilder iStock: 507864088 © KenCanning, 539668562 © LeeYiuTung; Shutterstock: 438871009 © Lukasz Pajor, 226294693 © Nejron Photo
Satz SatzPro, Krefeld
Druck Media-Print Informationstechnologie, Paderborn

Dieses Buch wurde gesetzt aus der Linotype Syntax (9,25 pt/13 pt) in Adobe InDesign CC. Gedruckt wurde es auf matt gestrichenem Bilderdruckpapier (115 g/m²).
Hergestellt in Deutschland.

Das vorliegende Werk ist in all seinen Teilen urheberrechtlich geschützt. Alle Rechte vorbehalten, insbesondere das Recht der Übersetzung, des Vortrags, der Reproduktion, der Vervielfältigung auf fotomechanischen oder anderen Wegen und der Speicherung in elektronischen Medien.

Ungeachtet der Sorgfalt, die auf die Erstellung von Text, Abbildungen und Programmen verwendet wurde, können weder Verlag noch Autor, Herausgeber oder Übersetzer für mögliche Fehler und deren Folgen eine juristische Verantwortung oder irgendeine Haftung übernehmen.

Die in diesem Werk wiedergegebenen Gebrauchsnamen, Handelsnamen, Warenbezeichnungen usw. können auch ohne besondere Kennzeichnung Marken sein und als solche den gesetzlichen Bestimmungen unterliegen.

Bibliografische Information der Deutschen Nationalbibliothek:
Die Deutsche Nationalbibliothek verzeichnet diese Publikation in der Deutschen Nationalbibliografie; detaillierte bibliografische Daten sind im Internet über *http://dnb.d-nb.de* abrufbar.

ISBN 978-3-8362-5897-5

10. Auflage 2018
© Rheinwerk Verlag, Bonn 2018

Informationen zu unserem Verlag und Kontaktmöglichkeiten finden Sie auf unserer Verlagswebsite **www.rheinwerk-verlag.de**. Dort können Sie sich auch umfassend über unser aktuelles Programm informieren und unsere Bücher und E-Books bestellen.

Inhalt

Vorwort 29

TEIL I Der Fotoeditor

1 Bilder öffnen und speichern

1.1 Der Startbildschirm 37
1.2 Bilddateien im Fotoeditor öffnen 39
1.3 Bildschirmfoto erstellen 42
1.4 Neues Bild anlegen 42
1.5 Dateien speichern 44
    1.5.1 Der Speichern-Dialog 45
    1.5.2 Wichtige Hinweise zum Speichern 47

2 Schnelle Bildkorrekturen im Fotoeditor

2.1 Die Arbeitsoberfläche im Schnell-Modus 49
    2.1.1 Werkzeuge im Schnell-Modus 51
    2.1.2 Ansichten im Schnell-Modus 53
    2.1.3 Der Bedienfeldbereich »Korrekturen« im Schnell-Modus 56
2.2 Die Schnellkorrekturen 57
    2.2.1 Belichtung korrigieren 57
    2.2.2 Beleuchtung 58
    2.2.3 Farbe und Farbbalance korrigieren 60
    2.2.4 Unschärfe korrigieren 62
    2.2.5 Alles zusammen – die intelligente Korrektur 63
    2.2.6 Rote Augen korrigieren 63
    2.2.7 Bilder drehen und freistellen 68
    2.2.8 Bildbereiche korrigieren 71
2.3 Effekte, Strukturen und Rahmen verwenden 74

	2.3.1	Die Effekte	74
	2.3.2	Die Strukturen	75
	2.3.3	Die Rahmen	75

3 Der Assistent

3.1	Die Arbeitsoberfläche im Assistent-Modus	77
3.2	Assistent-Modus: Grundlagen	79
3.3	Assistent-Modus: Farbe	80
3.4	Assistent-Modus: Schwarzweiß	81
3.5	Assistent-Modus: Kreative Bearbeitungen	84
3.6	Assistent-Modus: Spezielle Bearbeitungen	93
3.7	Assistent-Modus: Photomerge-Funktionen	98
3.8	Der klassische Assistent-Workflow	99

4 Der Fotoeditor im Experte-Modus

4.1	Die Oberfläche im Schnellüberblick		101
4.2	Die Menüleiste		102
4.3	Die Werkzeugpalette im Überblick		106
4.4	Die einzelnen Werkzeuge und ihre Funktion		109
	4.4.1	Anzeigen	109
	4.4.2	Auswählen	109
	4.4.3	Verbessern	110
	4.4.4	Zeichnen	111
	4.4.5	Ändern	111
	4.4.6	Vordergrund- und Hintergrundfarbe	112
4.5	Werkzeugoptionen		114
4.6	Der Fotobereich		115
4.7	Die Bedienfelder		116
	4.7.1	Grundlegender Arbeitsbereich	116
	4.7.2	Benutzerdefinierter Arbeitsbereich	118
	4.7.3	Allgemeine Funktionen von Bedienfeldern	121
	4.7.4	Übersicht über die einzelnen Bedienfelder	123
4.8	Werte eingeben		126

5 Exaktes Arbeiten auf der Arbeitsoberfläche

5.1	Abbildungsgröße und Bildausschnitt	129
5.2	Zoom – die Bildansicht verändern	130
	5.2.1 Das Zoom-Werkzeug	130
5.3	Das Hand-Werkzeug	133
5.4	Das Navigator-Bedienfeld	135
5.5	Das Dokumentfenster	136
	5.5.1 Informationen zum Bild – Titelleiste	136
	5.5.2 Die Statusleiste	137
	5.5.3 Mehrere Bilder im Fotoeditor	138
	5.5.4 Schwebende Fenster im Fotoeditor verwenden	139
	5.5.5 Geöffnete Dokumentfenster anordnen	143
	5.5.6 Die Farbe der Arbeitsoberfläche ändern	144
5.6	Bilder vergleichen	145
5.7	Informationen zum Bild – das Informationen-Bedienfeld	146
5.8	Hilfsmittel zum Ausrichten und Messen	148
	5.8.1 Lineal	148
	5.8.2 Raster verwenden und einstellen	149
	5.8.3 Exaktes Ausrichten mit Hilfslinien	151

6 Grundlagen der Bildbearbeitung

6.1	Pixel- und Vektorgrafiken	155
	6.1.1 Pixelgrafik – Punkt für Punkt	155
	6.1.2 Vektorgrafik – die mathematische Grafik	156
6.2	Bildgröße und Auflösung	157
	6.2.1 Absolute Auflösung	157
	6.2.2 Relative Auflösung	157
6.3	Farben – Farbtiefe und Bildmodus	163
	6.3.1 Farbmodelle	163
	6.3.2 Farbtiefe	165
	6.3.3 Bildmodus in Photoshop Elements	165
6.4	Datenkompression	169
6.5	Wichtige Dateiformate für Bilder	171

Inhalt

TEIL II Der Organizer

7 Fotos in den Organizer importieren

7.1	Den Organizer starten	175
7.2	Fotos aus einer Vorgängerversion importieren	176
7.3	Dateien und Ordner importieren	177
7.4	Import von Kamera oder Kartenleser	182
7.5	Import vom Scanner	185
7.6	Abschnittsweise importieren	187

8 Die Arbeitsoberfläche des Organizers

8.1	Die Oberfläche des Organizers im Schnellüberblick		189
	8.1.1	Die Menüleiste	190
	8.1.2	Bilderansicht im Medienbrowser anpassen	192
	8.1.3	Die Bedienfelder	197
	8.1.4	Die verschiedenen Medienverwaltungsmodi	198
	8.1.5	»Erstellen« und »Teilen«	198
8.2	Die Vollbildansicht – Diashow und Vergleichsansicht		200
	8.2.1	Steuerung der Vollbildansicht	200
	8.2.2	Vollbildansicht-Optionen	202
	8.2.3	Die Vergleichsansicht	203
	8.2.4	Aktionsmenü	205
	8.2.5	Tastenkürzel für die Vollbildansicht	205
8.3	Schnelle Sofortkorrektur im Organizer		206
	8.3.1	Fotos drehen	209
8.4	Vom Organizer zum Fotoeditor		209

9 Fotos organisieren und verwalten

9.1	Der Katalog		211
9.2	Alben erstellen und verwalten		216
9.3	Ordneransicht		225
	9.3.1	Flache Ordneransicht – Listenansicht	225
	9.3.2	Volle Ordneransicht – Baumstruktur	226

	9.3.3	Ordner überwachen	227
	9.3.4	Befehle für die Ordneransicht	228
9.4	Stichwort-Tags		229
	9.4.1	Nach Stichwort-Tags suchen	236
	9.4.2	Stichwort-Tags importieren und exportieren	238
	9.4.3	Stichwort-Tags löschen	238
9.5	Alben, Kategorien und Stichwort-Tags sortieren		239
9.6	Automatische Smart-Tags und Auto-Kuratierung		242
	9.6.1	Suche nach Smart-Tags	242
	9.6.2	Smart-Tags löschen	243
	9.6.3	Die Auto-Kuratierung	244
	9.6.4	Smart-Tags und Auto-Kuratierung (de-)aktivieren	245
9.7	Bilder bewerten		246
9.8	Personenfotos verwalten		247
	9.8.1	Mehrere Personen komfortabel benennen	249
	9.8.2	Personen einzeln über Medienbrowser benennen	253
	9.8.3	Personen manuell hinzufügen	254
	9.8.4	Verwaltung der benannten Personen im Personen-Modus	256
	9.8.5	Personen-Tags	260
9.9	Orte erstellen und verwalten		261
	9.9.1	Der Orte-Modus	262
	9.9.2	Steuerung der Landkarte	263
	9.9.3	Neue Orte hinzufügen	265
	9.9.4	Orte nachträglich bearbeiten	269
	9.9.5	Ortsinformationen entfernen	271
	9.9.6	Benutzerdefinierten Ortsnamen hinzufügen	272
	9.9.7	Bilder schnell finden über den Orte-Modus	274
	9.9.8	Ort-Tags	276
	9.9.9	Standortinformationen anwenden	277
9.10	Ereignisse erstellen und verwalten		278
	9.10.1	Ereignisse bearbeiten	283
	9.10.2	Ereignis-Tags	284

Inhalt

9.11	Versionssätze und Fotostapel		286
	9.11.1	Stapel erzeugen	288
	9.11.2	Versionssatz erzeugen	289
	9.11.3	Stapel und Versionssatz sortieren, aufheben und entfernen	289
	9.11.4	Fotostapel und Versionssatz kombinieren	290
9.12	Bildinformationen		290
9.13	Nach Bildern suchen		293
	9.13.1	Suche nach speziellen Tags	293
	9.13.2	Details (Metadaten)	294
	9.13.3	Medientyp	295
	9.13.4	Bearbeitungsverlauf	295
	9.13.5	Dateiname	296
	9.13.6	Alle fehlenden Dateien	296
	9.13.7	Versionssätze oder Fotostapel	296
	9.13.8	Suche nach visueller Ähnlichkeit	296
	9.13.9	Weitere Suchfunktionen	299
	9.13.10	Komfortable Suche mit Filter	300
9.14	Bilder sichern und exportieren		304
	9.14.1	Katalog sichern und wiederherstellen	304
	9.14.2	Medien auf Wechseldatenträger verschieben/kopieren	307
	9.14.3	Ausgewählte Medien verschieben	309
	9.14.4	Medien als neue Datei(en) exportieren	310
9.15	Workflow für die Medienverwaltung		311

TEIL III Bildkorrektur

10   Grundlegendes zur Bildkorrektur

10.1	Vorgehensweise für eine gute Korrektur		315
	10.1.1	Kann man alles reparieren, was kaputt ist?	316
	10.1.2	Die Korrektur planen	316
	10.1.3	Der richtige Bildmodus	316
	10.1.4	Verwenden Sie Techniken für die nicht-destruktive Bearbeitung	316
	10.1.5	Flexibel arbeiten mit Einstellungsebenen	317

10.2 Arbeitsschritte rückgängig machen 322
    10.2.1 Rückgängig per Tastatur und Menü 322
    10.2.2 Das Rückgängig-Protokoll verwenden 323

11 Tiefen und Lichter korrigieren

11.1 Das Histogramm – die Tonwertverteilung im Bild 325
11.2 Histogramme richtig analysieren 327
    11.2.1 Histogramm dunkler Bilder 328
    11.2.2 Histogramm heller Bilder 328
    11.2.3 Histogramm kontrastarmer Bilder 329
    11.2.4 Ein ausbalanciertes Histogramm 330
    11.2.5 Das ideale Histogramm 330
11.3 Die Tonwertkorrektur 331
11.4 Die Tonwertkorrektur in der Praxis 333
    11.4.1 Flaue Bilder korrigieren 333
    11.4.2 Zu dunkle und zu helle Bilder 335
    11.4.3 Farbstich entfernen 336
    11.4.4 Bilder ohne Schwarz oder Weiß 341
    11.4.5 Tonwertkorrektur bei Graustufenbildern 341
    11.4.6 Tonwertumfang reduzieren 341
    11.4.7 Unter- oder überbelichtete Bilder retten   342
11.5 Dunstentfernung 347
11.6 Auto-Tonwertkorrektur 349
11.7 Automatische intelligente Farbtonbearbeitung 349
11.8 Farbkurven anpassen 350
11.9 Detailarbeit: Werkzeuge zum Nachbelichten und Abwedeln 351
11.10 Tiefen und Lichter mit dem Assistenten 354

12 Farbkorrektur

12.1 Farbstich ermitteln 355
12.2 Farbstich mit einem Mausklick entfernen 358
12.3 Farbton und Sättigung anpassen 359
12.4 Farbton, Farbsättigung und Farbbalance mit dem Schnell-Modus 362
12.5 Hauttöne anpassen 363

| 12.6 | Automatische Farbkorrektur | 366 |
| 12.7 | Farbkorrektur mit dem Assistenten | 366 |

13 Helligkeit und Kontrast korrigieren

13.1	Der Dialog »Helligkeit/Kontrast«	367
	13.1.1 Nachteile	368
	13.1.2 Auto-Kontrast	369
13.2	Helligkeit und Kontrast mit der Tonwertkorrektur	369
13.3	Farbvariationen und Farbkurven	370
13.4	Der Dialog »Tiefen/Lichter«	370
13.5	Die Mitteltöne mit Klarheit aufpeppen	371

TEIL IV Farbe, Farbveränderungen und Schwarzweiß

14 Mit Farben malen

14.1	Farben einstellen	377
	14.1.1 Farbwahlbereich: Vorder- und Hintergrundfarbe	377
	14.1.2 Der Farbwähler	378
	14.1.3 Das Farbfelder-Bedienfeld	380
	14.1.4 Farbe mit dem Farbwähler-Werkzeug auswählen	384
14.2	Die Malwerkzeuge	385
	14.2.1 Das Pinsel-Werkzeug	386
	14.2.2 Der Impressionisten-Pinsel	389
	14.2.3 Das Farbe-ersetzen-Werkzeug	389
	14.2.4 Der Buntstift	391
	14.2.5 Der Radiergummi	392
	14.2.6 Der Hintergrund-Radiergummi	393
	14.2.7 Der Magische Radiergummi	395
	14.2.8 Das Smartpinsel-Werkzeug	396
	14.2.9 Das Detail-Smartpinsel-Werkzeug	412
14.3	Pinsel- und Werkzeugspitzen	413
	14.3.1 Werkzeugspitzen auswählen und einstellen über die Werkzeugoptionen	413

	14.3.2	Darstellung der Werkzeugspitzen am Bildschirm	414
	14.3.3	Pinselspitzen verwalten	415
	14.3.4	Eigene Pinselspitze aus Bildbereichen erstellen	417
14.4	Flächen füllen		423
	14.4.1	Das Füllwerkzeug	423
	14.4.2	Ebene füllen	424
	14.4.3	Auswahl füllen	425
	14.4.4	Kontur füllen	426
	14.4.5	Muster erstellen und verwalten	426
	14.4.6	Das Verlaufswerkzeug	428

15 Schwarzweißbilder

15.1	Was bedeutet eigentlich »Schwarzweiß«?		435
15.2	Schwarzweißbilder erstellen		436
	15.2.1	Farben teilweise entfernen – Color Key	437
	15.2.2	In Schwarzweiß konvertieren	442
	15.2.3	»Schwarzweiß« im Assistent-Modus	444
	15.2.4	Camera Raw	445
	15.2.5	Schwarzweißbilder einfärben	445
	15.2.6	Retro-Look für Schwarzweißbilder	447
	15.2.7	Schwellenwert	449
	15.2.8	»Altmodisches Foto« im Assistent-Modus	450

16 Farbverfremdung

16.1	Bilder tonen		451
	16.1.1	Bilder färben mit »Farbton/Sättigung«	451
	16.1.2	Fotofilter einsetzen	452
	16.1.3	Tonen über die Tonwertkorrektur	453
16.2	Bilder mit Verlaufsfarben tonen		454
16.3	Tontrennung		455
16.4	Umkehren		456
16.5	Farbton verschieben		457
16.6	Farben ersetzen		460

TEIL V Schärfen und Weichzeichnen

17 Bilder schärfen

17.1	Allgemeines zum Thema Schärfen	465
	17.1.1 Was ist Schärfe, und wie entsteht sie?	465
	17.1.2 … und wie macht Photoshop Elements das?	466
17.2	Fehler beim Schärfen	466
17.3	Unscharf maskieren	468
	17.3.1 Detaillierte Bilder mit guter Schärfe	469
	17.3.2 Bilder mit geringer Schärfe	470
	17.3.3 Bilder mit schwachem Kontrast	470
	17.3.4 Nachschärfen für den Druck	471
17.4	Schärfe einstellen	471
17.5	Schärfe-Tricks für Profis	473
	17.5.1 Schärfen mit Hochpass	473
	17.5.2 Partielle Schärfung	475
	17.5.3 Tonwertkorrektur	479
17.6	Der Scharfzeichner	480
17.7	Verwacklungen reduzieren	481

18 Bilder weichzeichnen

18.1	Anwendungsgebiete für das Weichzeichnen	485
18.2	Automatische Weichzeichner	486
18.3	Gaußscher Weichzeichner	486
18.4	Selektiver Weichzeichner	489
18.5	Bewegungsunschärfe	491
18.6	Radialer Weichzeichner	493
18.7	Matter machen	496
18.8	Der Weichzeichner und der Wischfinger	496

TEIL VI Freistellen und Ausrichten

19 Freistellen

19.1	Hintergrund-Radiergummi – Express-Freistellung	499
19.2	Bilder zuschneiden	504
	19.2.1 Das Freistellungswerkzeug	504
	19.2.2 Bildausschnitt mit Zahlenwerten definieren	504
	19.2.3 Bildausschnitte mit der Maus definieren	505
	19.2.4 Bildausschnitt vorschlagen lassen	505
	19.2.5 Raster anzeigen	506
	19.2.6 Bilder zuschneiden mit dem Assistent-Modus	511
19.3	Das Ausstecher-Werkzeug	511
19.4	Hintergründe strecken – das Neu-zusammensetzen-Werkzeug	515

20 Bildgröße und Auflösung ändern

20.1	Der Bildgröße-Dialog	521
	20.1.1 Pixelmaße ändern	521
	20.1.2 Dokumentgröße ändern	522
20.2	Bildfläche erweitern	525
20.3	Skalieren von Elementen	528

21 Bilder ausrichten

21.1	Bilder gerade ausrichten	531
	21.1.1 Automatisch gerade ausrichten	534
	21.1.2 Weitere Möglichkeiten zum geraden Ausrichten	535
21.2	Perspektive korrigieren	535
	21.2.1 Kameraverzerrung korrigieren	536
	21.2.2 Bild durch Verzerren korrigieren	541
21.3	Perspektivisches Freistellen-Werkzeug	544
21.4	Photomerge – Panoramen & Co.	547
	21.4.1 Panoramabilder erstellen	547

21.4.2	Photomerge-Gesichter	553
21.4.3	Photomerge-Gruppenbild	557
21.4.4	Photomerge-Szenenbereinigung	560

TEIL VII Auswahlen

22 Einfache Auswahlen erstellen

22.1	Auswahlwerkzeuge im Überblick	563
22.2	Auswahlrechteck und -ellipse	565
22.2.1	Werkzeugoptionen	565
22.2.2	Die Werkzeuge im Einsatz	566
22.3	Auswahlbefehle im Menü	568
22.4	Auswahlen kombinieren	569
22.5	Auswahlen nachbearbeiten	570
22.5.1	Weiche Kante	571
22.5.2	Glätten	572
22.5.3	Kante verbessern	572
22.5.4	Auswahl verändern	575
22.5.5	»Auswahl vergrößern« und »Ähnliches auswählen«	576
22.5.6	Auswahl transformieren	576
22.6	Auswahlen verwalten	577
22.6.1	Auswahl speichern	577
22.6.2	Auswahl laden	578
22.6.3	Auswahl löschen	578
22.7	Wichtige Arbeitstechniken	578
22.7.1	Auswahllinie verschieben	578
22.7.2	Auswahlinhalt verschieben	579
22.7.3	Auswahlinhalt löschen	580
22.7.4	Auswahl duplizieren	580
22.7.5	Auf neuer Ebene weiterarbeiten	581

23 Komplexe Auswahlen erstellen

23.1	Die Lasso-Werkzeuge	583
23.1.1	Das einfache Lasso	583
23.1.2	Das Magnetische Lasso	584
23.1.3	Das Polygon-Lasso	587

23.2	Der Zauberstab	588
23.3	Das Schnellauswahl-Werkzeug	590
23.4	Der Auswahlpinsel	597
23.5	Auswahl verbessern-Pinsel	598
23.6	Das Automatische Auswahl-Werkzeug	609
23.7	Welches Auswahlwerkzeug ist das beste?	612

TEIL VIII Ebenen

24 Ebenen in Photoshop Elements

24.1	Das Ebenen-Prinzip	615
24.2	Transparenz und Deckkraft	617
	24.2.1 Ebenentransparenz	617
	24.2.2 Ebenen-Deckkraft	618
24.3	Typen von Ebenen	619
	24.3.1 Hintergrundebenen	619
	24.3.2 Bildebenen	620
	24.3.3 Einstellungsebenen	621
	24.3.4 Textebenen	621
	24.3.5 Formebenen	622

25 Das Ebenen-Bedienfeld

25.1	Überblick über das Ebenen-Bedienfeld	623
25.2	Ebenen auswählen	625
	25.2.1 Aktuell bearbeitete Ebene	625
	25.2.2 Ebene auswählen	625
	25.2.3 Auswahlen aus Ebenenpixeln erstellen	627
	25.2.4 Mehrere Ebenen auswählen	627
	25.2.5 Sichtbarkeit der Ebenen	628
25.3	Ebenen anlegen und löschen	629
	25.3.1 Neue Ebene durch Duplizieren	629
	25.3.2 Neue Ebene durch Einkopieren	630
	25.3.3 Ebenen löschen	631
	25.3.4 Ebenen schützen	632
25.4	Ebenen verwalten	632
	25.4.1 Ebenen benennen	633

25.4.2	Ebenen verknüpfen	633
25.4.3	Ebenen anordnen	634
25.4.4	Ebenen gruppieren	635
25.4.5	Miniaturansicht ändern	639
25.4.6	Ebenen reduzieren	640
25.4.7	Bilder mit Ebenen speichern	642

26   Mit Ebenen arbeiten

26.1 Ebenen verschieben und transformieren 643
    26.1.1 Ebeneninhalte verschieben 643
    26.1.2 Frei transformieren 644
    26.1.3 Ebenen verzerren 648
26.2 Ebenen ausrichten und verteilen 649
    26.2.1 Mehrere Ebenen untereinander ausrichten 649
    26.2.2 Ebenen verteilen 650
26.3 Schnittmasken 653
    26.3.1 Schnittmasken erzeugen 655
    26.3.2 Anwendungsgebiet 656
26.4 Einfache Fotomontagen mit Ebenen 656

27   Füllmethoden von Ebenen

27.1 Füllmethoden im Überblick 675
27.2 Füllmethoden für Ebenengruppen 686
27.3 Füllmethoden für Mal- und Retuschewerkzeuge   687
27.4 Füllmethoden in der Praxis 688
    27.4.1 Bilder über Füllmethode aufhellen oder abdunkeln 689
    27.4.2 Bleach-Bypass-Effekt 690
    27.4.3 Weiße oder schwarze Hintergründe ohne Freistellen beseitigen 692

28   Ebenenmasken

28.1 Anwendungsgebiete von Ebenenmasken 693
28.2 Funktionsprinzip von Ebenenmasken 694
    28.2.1 Graustufenmaske und Alphakanal 696

	28.2.2	Maskieren und demaskieren	697
	28.2.3	Ebenenmaske bearbeiten	698
28.3	**Befehle und Funktionen**		698
	28.3.1	Eine neue Ebenenmaske anlegen	699
	28.3.2	Ebenenmaske anwenden	701
	28.3.3	Ebenenmaske löschen	701
	28.3.4	Darstellungsmodi von Ebenenmasken	701
	28.3.5	Verbindung von Ebene und Ebenenmaske	703
	28.3.6	Auswahlen und Ebenenmasken	704
28.4	**Weitere hilfreiche Funktionen**		707

29 Fotocollagen und -montagen

29.1	**Bildelemente verschiedener Bilder kombinieren**		709
	29.1.1	Bilder kombinieren – Szenen bereinigen	709
	29.1.2	Digitalen Doppelgänger erzeugen	712
29.2	**Kreative Effekte mit Formen und Texten**		713
	29.2.1	Formen ausstanzen	713
	29.2.2	Grafikvorlagen einbinden	717
	29.2.3	Text-Bild-Kombinationen	719
29.3	**Schwarzweiß und Farbe in Kombination**		722
29.4	**Bilder kombinieren – mit sanften Übergängen**		724
29.5	**Einfache Fotocollagen ohne Ebenenmasken**		727
29.6	**Effekte-Collage vom Assistenten**		731

TEIL IX RAW und (H)DRI

30 RAW – das digitale Negativ

30.1	**Das RAW-Format**		735
	30.1.1	Vorteile von RAW gegenüber JPEG	736
	30.1.2	Weitere Vorteile des RAW-Formats	737
	30.1.3	Nachteile des RAW-Formats	737
	30.1.4	Verschiedene RAW-Formate	738
30.2	**RAW-Dateien importieren**		739
30.3	**Das Camera-Raw-Plug-in**		739
	30.3.1	Bilder in Camera Raw öffnen	740
	30.3.2	Werkzeuge für die Ansicht	742

30.3.3	Das Histogramm	743
30.3.4	Dateiausgabe-Option (Farbtiefe)	744
30.3.5	Verwenden von bisherigen Bildeinstellungen	744
30.3.6	Camera-Raw-Voreinstellungen	745
30.3.7	Grundeinstellungen – Bildkorrekturen	746
30.3.8	Schärfen und Rauschreduzierung	751
30.3.9	Kamerakalibrierung	752
30.3.10	Werkzeuge zur Retusche und Reparatur	753
30.3.11	Bild speichern oder im Fotoeditor öffnen	754
30.3.12	Bildbearbeitung mit Camera Raw	757
30.3.13	Stapelverarbeitung von RAW-Bildern	763
30.3.14	JPEG-Bilder mit Camera Raw bearbeiten	768

31 DRI-Technik

31.1	Was ist DRI?	769
31.2	Tonemapping – HDR-Bilder simulieren	770
31.3	Aufnahmetipps für DRI-Bilder	772
31.4	DRI in der Praxis	774
31.5	Automatische DRI-Funktion – Photomerge-Belichtung	779

TEIL X Reparieren und Retuschieren

32 Bildstörungen

32.1	Hinweise zur Retusche	785
32.2	Bildrauschen entfernen	786
	32.2.1 Rauschen entfernen – die Automatik	787
	32.2.2 Staub und Kratzer	787
	32.2.3 Rauschen reduzieren	788
	32.2.4 Helligkeit interpolieren	789
	32.2.5 Rauschen reduzieren mit Weichzeichnungsfiltern	789
	32.2.6 Bildrauschen mit Camera Raw reduzieren	790
	32.2.7 Bildrauschen entfernen oder nicht?	792
32.3	Bildrauschen hinzufügen	793

33 Retuschewerkzeuge

33.1	Der Kopierstempel – Objekte klonen und entfernen	795
33.2	Musterstempel	804
33.3	Reparatur-Pinsel und Bereichsreparatur-Pinsel	804
	33.3.1 Der Reparatur-Pinsel	804
	33.3.2 Der Bereichsreparatur-Pinsel	811
	33.3.3 Inhaltsbasierte Retusche	812
33.4	Porträtretusche	816
33.5	Inhaltssensitives Verschieben-Werkzeug	829
33.6	Verflüssigen-Filter	836
33.7	Gesichtsmerkmale anpassen	841

34 Eingescannte Bilder nachbearbeiten

34.1	Bilder einscannen	847
34.2	Bildqualität des Scans verbessern	850
34.3	Scans aufteilen	853

TEIL XI Mit Text und Formen arbeiten

35 Grundlagen zur Texterstellung

35.1	Text eingeben	857
	35.1.1 Einzeiliger Text (Punkttext)	857
	35.1.2 Mehrzeiliger Text (Absatztext)	859
35.2	Text editieren	862
	35.2.1 Text gestalten	862
	35.2.2 Vertikales Textwerkzeug	868
	35.2.3 Teile eines Textes bearbeiten	868
	35.2.4 Textebene in eine Ebene umwandeln	869

36 Ebenenstile und -effekte

36.1	Wie werden Ebenenstile angewendet?	871
36.2	Vordefinierte Ebenenstile	872

36.3 Eigene Effekte – Ebenenstile anpassen 873
36.4 Effekte, Filter und Stile 878

37 Kreative Textgestaltung

37.1 Text-Bild-Effekte 881
    37.1.1 Das Textmaskierungswerkzeug 881
    37.1.2 Texte und Schnittmasken 882
    37.1.3 Fotomontagen mit Text 885
    37.1.4 Fototext mit dem Assistenten 888
37.2 Text auf Formen bringen 889
    37.2.1 Das Text-auf-Auswahl-Werkzeug 889
    37.2.2 Text-auf-Form-Werkzeug 897
    37.2.3 Das Text-auf-eigenem-Pfad-Werkzeug 902
    37.2.4 Text verkrümmen 906

38 Formen zeichnen mit Formwerkzeugen

38.1 Die Formwerkzeuge im Überblick 907
38.2 Formen auswählen, verschieben und transformieren 913

TEIL XII Präsentieren und Teilen

39 Bilder für das Internet

39.1 Kleine Dateigrößen und maximale Bildqualität 921
39.2 Bildgröße anpassen 922
39.3 Bilder für das Web speichern 924
39.4 Für das Web speichern – die All-in-one-Lösung 925
39.5 Stapelverarbeitung 929
39.6 Animierte Bilder 930
39.7 Flickr, Facebook, YouTube, Twitter und Vimeo 936
39.8 Fotos per E-Mail verschicken 937
    39.8.1 Bilder als PDF-Diashow versenden 940
39.9 Facebook-Titelfoto 940
39.10 Der IPTC-Standard 944

40 Fotoabzüge drucken

- 40.1 Auflösung überprüfen ... 947
- 40.2 Die Druckbefehle ... 949
  - 40.2.1 Drucken aus dem Fotoeditor ... 949
  - 40.2.2 Drucken aus dem Organizer ... 955
  - 40.2.3 Ein Bild mehrmals auf eine Seite drucken – Bildpaket ... 956
  - 40.2.4 Mehrere Bilder drucken ... 957
  - 40.2.5 Kontaktabzug ... 959
- 40.3 Visitenkarten erstellen ... 959
- 40.4 CD-/DVD-Etiketten und -Hüllen erstellen ... 964
- 40.5 Einen Bildband erstellen ... 968
- 40.6 Noch mehr Möglichkeiten zur Weitergabe ... 974
  - 40.6.1 Post- und Grußkarten erstellen ... 974
  - 40.6.2 Fotokalender erstellen ... 974
  - 40.6.3 Fotocollage zusammenstellen ... 975
- 40.7 Bilderrahmen erstellen ... 975
  - 40.7.1 Bilderrahmen von Photoshop Elements verwenden ... 975
  - 40.7.2 Eigene Bilderrahmen entwerfen ... 978
  - 40.7.3 Rahmen erstellen mit dem Assistenten ... 979
- 40.8 Präsentation am Bildschirm – Diashow ... 982

Anhang

- A Voreinstellungen im Überblick ... 993
- B Farbmanagement und Farbprofile ... 1013
- C Zusatzmodule, Aktionen und Plug-ins ... 1021
- D Tastenkürzel im Fotoeditor ... 1027
- E Tastenkürzel im Organizer ... 1045
- F Die Beispieldateien zum Buch ... 1049

Index ... 1050

Workshops

Schnelle Bildkorrekturen im Fotoeditor
- Beleuchtung im Schnell-Modus korrigieren 59
- Farben im Schnell-Modus korrigieren 61
- Rote Augen entfernen 63
- Geschlossene Augen öffnen 66
- Ausrichten und Freistellen im Schnell-Modus – den Bildausschnitt verändern 69
- Einzelne Bildteile einfärben 72

Der Assistent
- Bild aus dem Rahmen fallen lassen 86
- Eine Miniaturwelt erschaffen mit dem Tilt-Shift-Effekt ... 96

Fotos in den Organizer importieren
- Fotos von der Kamera oder vom Kartenleser laden 182

Die Arbeitsoberfläche des Organizers
- Sofortkorrektur mehrerer Bilder 206

Fotos organisieren und verwalten
- Ein neues Album erstellen 217
- Album nach Metadaten erzeugen 222
- Stichwort-Tags und neue Unterkategorien verwenden ... 230
- Neue Stichwort-Kategorie erstellen 233
- Gefundene Personen benennen und verwalten 249
- Einem Bild Ortsinformationen hinzufügen 265
- Ortsinformationen nachträglich bearbeiten 269
- Ein Ereignis im Register »Vorgeschlagen« erstellen 278
- Ein Ereignis manuell erstellen 281
- Nach visuell ähnlichen Bildern suchen 297
- Suchen mit dem Suchfilter 301

Grundlegendes zur Bildkorrektur
- Einstellungsebenen zur Bildkorrektur verwenden 318

Tiefen und Lichter korrigieren
- Kontrast verbessern 333

- Bild aufhellen 335
- Farbstich entfernen 336
- Überbelichtung ausgleichen 342
- Unterbelichtung aufhellen 345
- Einzelne Bildpartien aufhellen 352

Farbkorrektur
- Farbmischung bestimmen 356
- Wärmere Hautfarbe erstellen 363

Helligkeit und Kontrast korrigieren
- Beleuchtung korrigieren 370

Mit Farben malen
- Hintergrund-Radiergummi verwenden 394
- Bildkorrektur mit dem Smartpinsel-Werkzeug .. 398
- Eine Pinselspitze aus einem Bildbereich erstellen 417
- Bildschutz mit Wasserzeichen 421
- Eigene Verläufe erstellen 430

Schwarzweißbilder
- Ausgewählte Farben erhalten 437
- Bilder in Schwarzweiß konvertieren 442
- Ein Schwarzweißbild nachkolorieren 445
- Schwarzweißbilder altern 447

Farbverfremdung
- Farben im Farbumfang verschieben 457
- Farbe auswechseln 460

Bilder schärfen
- Schärfen mit Hochpass 473
- Einzelne Bildbereiche schärfen 476
- Verwacklung reduzieren 481

Bilder weichzeichnen
- Schärfentiefe reduzieren 486

Freistellen
- Freistellen mit dem Hintergrund-Radiergummi 499
- Bild optimal zuschneiden 508
- Kreative Bildumrandung erstellen 513
- Bild neu zusammensetzen 517

Workshops

Bildgröße und Auflösung ändern
- Bilder strecken 523
- Eine Auswahl skalieren 528

Bilder ausrichten
- Perspektive korrigieren 538
- Vignettierung beseitigen 540
- Perspektive durch Verzerren anpassen 541
- Perspektive anpassen und Bild zuschneiden 544
- Ein Panorama erstellen 548
- Photomerge-Gesichter – ein neuer Mund 554
- Gruppenbilder optimieren 558

Komplexe Auswahlen erstellen
- Person mit Haaren auswählen und freistellen 591
- Den Auswahl verbessern-Pinsel verwenden 600
- Person mit Haaren freistellen 606
- Das Automatische Auswahl-Werkzeug verwenden 610

Mit Ebenen arbeiten
- Ebenen ausrichten und verteilen 650
- Objekt in ein anderes Bild einmontieren (der manuelle Weg) 657
- Objekt in ein anderes Bild einmontieren (mit Photomerge-Komposition) 665
- Himmel austauschen 669

Füllmethoden von Ebenen
- Dunkle Bilder per Füllmethode aufhellen 689
- Bleach-Bypass-Effekt per Füllmethode 690

Fotocollagen und -montagen
- Szene bereinigen 709
- Ebenenmaske und Ebeneninhalt getrennt voneinander bewegen 713
- Individuelle Bildhintergründe mit Ebenenmasken 717
- Text aus Bild erstellen 719
- Bild halb in Farbe und halb in Schwarzweiß 722
- Bildkomposition mit dem Verlaufswerkzeug 724
- Eine einfache Fotocollage 727

RAW – das digitale Negativ
- Bildbearbeitung mit Camera Raw durchführen 757

- ▶ Mehrere RAW-Bilder auf einmal konvertieren (Stapelverarbeitung) 763
- ▶ Mehrere RAW-Dateien auf einmal mit Camera Raw bearbeiten 765

DRI-Technik
- ▶ HDR bzw. Tonemapping simulieren 770
- ▶ Manuelle DRI-Montage 774
- ▶ Automatische DRI-Montage 779

Bildstörungen
- ▶ Das Bildrauschen mit Camera Raw reduzieren 790

Retuschewerkzeuge
- ▶ Bildmotiv klonen 798
- ▶ Unerwünschte Bildteile mit dem Kopierstempel entfernen 800
- ▶ Unerwünschte Objekte mit dem Reparatur-Pinsel aus dem Bild entfernen 806
- ▶ Hautunreinheiten auf Porträts korrigieren 809
- ▶ Falten entfernen und Person verjüngen 816
- ▶ Retusche rund um die Augen 819
- ▶ Digitales Make-up auftragen 825
- ▶ Bildmotiv verschieben 831
- ▶ Bildmotiv erweitern 834
- ▶ Plastische Chirugie mit dem Verflüssigen-Filter 838
- ▶ Gesichtsmerkmale anpassen 841

Eingescannte Bilder nachbearbeiten
- ▶ Bild einscannen und ausrichten 848
- ▶ Scannerschwächen ausgleichen 850

Ebenenstile und -effekte
- ▶ Ebeneneffekt verändern 875

Kreative Textgestaltung
- ▶ Schrift mit einem Bild füllen 883
- ▶ Text in ein Foto montieren 885
- ▶ Text auf eine Auswahl schreiben 891
- ▶ Text auf eine vorhandene Auswahl schreiben 896
- ▶ Text auf eine Form schreiben 898
- ▶ Text auf eine vorhandene Form schreiben 900
- ▶ Text auf Pfad schreiben 903

Workshops

Formen zeichnen mit Formwerkzeugen
- Bilder sprechen lassen – Sprechblasen & Co. 914

Bilder für das Internet
- Bilder für das Web speichern 925
- Eine GIF-Animation erstellen 930
- Fotos per E-Mail versenden 938
- Facebook-Titelfoto erstellen 940

Fotoabzüge drucken
- Bild auf Fotopapier (10 × 15 cm) drucken 953
- Visitenkarten erstellen 959
- Visitenkarten drucken (Windows) 961
- CD-/DVD-Etiketten erstellen 964
- Einen Bildband erstellen 968
- Bilderrahmen mit dem Assistenten erstellen 979
- Diashow erstellen 982

Zusatzmodule, Aktionen und Plug-ins
- Aktionen nachinstallieren 1023

Vorwort

Bevor Sie mit der Lektüre des Buches beginnen, erlauben Sie mir noch ein paar Zeilen für einige Hinweise zum Buch und ein paar persönliche Worte.

Ziel des Buches

Wie Sie aus dem Titel »Adobe Photoshop Elements 2018 – Das umfassende Handbuch« schon herauslesen können, möchte dieses Buch Ihr unverzichtbarer Begleiter bei der Arbeit mit Photoshop Elements werden. Gewöhnlich gibt es für diesen Zweck zwei Sorten von Büchern. Entweder finden Sie Werke, die nur Workshops enthalten und absolute Einsteiger deshalb meistens außen vor lassen. Die andere Sorte liefert häufig lediglich eine Einführung zur Software, wobei allerdings die Praxis und fortgeschrittene Themen oftmals zu kurz kommen.

Dieses Buch versucht einen Spagat zwischen beiden Buchsorten: Zum einen werden alle Werkzeuge und Funktionen der Software ausführlich beschrieben, zum anderen wird die praktische Anwendung dieser Funktionen in Schritt-für-Schritt-Anleitungen genau erläutert. Selbstverständlich blicke ich hierbei auch über den Tellerrand und behandle viele unverzichtbare Themen rund um die Bildbearbeitung. Anfänger finden so einen einfachen Einstieg in alle Bereiche der Software, und fortgeschrittene Leser können in diesem Buch immer wieder Themen nachschlagen und sicher auch das eine oder andere dazulernen.

Vorwort

Kompatibel mit den Vorgängerversionen?

Finden Sie dieses Icon in der Marginalspalte, so steht diese Funktionalität nur für Photoshop Elements in der neuesten Version 2018 zur Verfügung.

Einige Worte noch zur Vorgängerversion der Software: Wenn Sie dieses Buch mit Photoshop Elements 15 verwenden wollen, kann ich es zu 90 % weiterempfehlen. Abstriche müssen Sie natürlich an den Punkten machen, die neu mit der Version 2018 hinzugekommen sind.

Neu in Photoshop Elements Version 2018

In dieser Version sind wieder viele kleinere und größere Neuerungen hinzugekommen. Die interessantesten Neuerungen sollen hier kurz erwähnt werden, und die restlichen Neuerungen finden Sie im Buch an gegebener Stelle wieder.

Falls Sie Umsteiger von einer noch früheren Version von Adobe Photoshop Elements sind, finden Sie eine kleine Historie, was von Version zu Version alles neu hinzugekommen ist, bei den Zusatzmaterialien als Download wieder.

Ein neues Werkzeug hat Adobe mit dem Automatische Auswahl-Werkzeug zum Editor hinzugefügt. Mit diesem Werkzeug müssen Sie zunächst eine grobe Auswahl um das gewünschte Motiv ziehen, den Rest übernimmt das Werkzeug dann für Sie. Bei Motiven, die sich etwas deutlicher vom Hintergrund abheben, funktioniert dies erstaunlich gut. Auch eine tolle neue Funktion ist jetzt mit GESCHLOSSENE AUGEN ÖFFNEN vorhanden, womit Sie eben genau dies tun können. Sie können Bilder reparieren, auf denen eine Person die Augen geschlossen hatte. Hierzu benötigen Sie nur ein weiteres Bild dieser Person, auf dem die Augen geöffnet waren. Weitere Funktionen wurden auch diesmal wieder zum ASSISTENT-Modus hinzugefügt. In dieser Version sind es die Funktionen DOPPELBELICHTUNG, FORMÜBERLAGERUNG-EFFEKT, HINTERGRUND ERSETZEN und AQUARELLEFFEKT.

Sehen Sie dieses Symbol neben dem Text in der Marginalie, wird beschrieben, wodurch sich die Mac-Version von der Windows-Version unterscheidet.

Beim Organizer wurde in dieser Version die Performance verbessert. Viele Dinge laufen jetzt wesentlich schneller und flüssiger ab, was sich bei Katalogen mit umfangreichen Bildbeständen deutlich bemerkbar macht. Die Ausführung und die Erstellung einer Diashow für die Präsentation der Medien wurden in dieser Version auch erneuert. Und neu hinzugekommen ist die AUTO-KURATIERUNG, eine Funktion, die Bilder in Ihrem Katalog analysiert und Ihnen anhand der Qualität, den Smart-Tags, benannten Personen und Ereignissen so automatisch die besten Bilder im Medienbrowser präsentiert.

Durcharbeiten des Buches

Sie müssen das Buch nicht streng Kapitel für Kapitel durcharbeiten. Es wurde vielmehr so konzipiert, dass Sie sich jederzeit

»quer« in ein Kapitel einlesen können. Ich habe mich dabei nach Möglichkeit bemüht, nicht auf spätere Kapitel oder Teile vorzugreifen. Immer ließ sich das aber nicht einhalten. Ein Schlüsselteil, auf den an mehreren Stellen vorgegriffen wird, ist beispielsweise Teil VIII des Buches zum Thema **Ebenen**.

Gliederung

Im ersten Teil des Buches erfahren Sie alles, was Sie im Umgang mit dem **Fotoeditor** von Photoshop Elements wissen müssen. Sie lesen, wie Sie mit Dateien umgehen, und lernen die Steuerelemente der Arbeitsoberfläche kennen. Vor allem wenn Sie zum ersten Mal mit einem Bildbearbeitungsprogramm oder mit Photoshop Elements arbeiten, sollten Sie sich mit diesem Kapitel einen ersten Überblick über die Software verschaffen.

Im zweiten Teil wird der **Organizer** beschrieben. Der Organizer ist ein eigenständiger Teil von Photoshop Elements. Mit ihm können Sie Ihre Fotos organisieren, suchen oder weitergeben oder, einfach gesagt, verwalten. Gerade wenn Sie sehr viele Fotos auf der Festplatte haben, hilft Ihnen der Organizer enorm dabei, den Überblick zu bewahren.

Der dritte Teil ist dem wichtigen Thema der **Bildkorrektur** gewidmet. Hier lernen Sie die klassischen Vorgehensweisen und Werkzeuge für Bildkorrekturen kennen.

Der vierte Teil behandelt alles, was irgendwie mit **Farbe** oder genauer mit der Veränderung oder Manipulation von Pixeln zu tun hat. Neben der Verwendung der klassischen Malwerkzeuge gehören hierzu auch das Füll- und das Verlaufswerkzeug. Auch die Smartpinsel-Werkzeuge werden hier vorgestellt. Abgeschlossen wird dieser Teil mit den Themen **Schwarzweiß** und **Farbverfremdung**.

Wie Sie Ihre Bilder nachträglich **schärfen** oder **weichzeichnen**, wie Sie diese Funktionen sinnvoll einsetzen und was Sie hierbei beachten müssen, erfahren Sie im fünften Teil.

Teil VI zeigt Ihnen, wie Sie ein nicht ganz im optimalen Blickwinkel fotografiertes Foto ins richtige Licht rücken. Behandelt werden Themen wie das **Zuschneiden** und **Ausrichten** von Bildern sowie das **Seitenverhältnis**. Auch das **Skalieren** und die **Veränderung der Perspektive** gehören dazu. Darüber hinaus lernen Sie einige Möglichkeiten kennen, ein Objekt aus seinen umgebenden Pixeln herauszulösen **(Freistellen)**. Auch die Photomerge-Funktion zum automatischen Erstellen eines **Panoramabildes** aus mehreren Einzelfotos behandele ich in diesem Teil.

Das wichtige Thema der **Auswahlen** steht im Mittelpunkt des siebten Teils. Photoshop Elements stellt Ihnen allein für die Auswahlen acht verschiedene Werkzeuge sowie ein eigenes Menü zur Verfügung.

Das zentrale Thema im Buch dürften die **Ebenen** im achten Teil sein, ohne die viele Bildkorrekturen, -optimierungen und Montagen gar nicht machbar wären. Auch die **Ebenenmasken** werden hier behandelt.

Besonders für Freunde der digitalen Fotografie dürfte der neunte Teil sehr interessant werden. Hier lernen Sie das Plug-in **Camera-Raw** von Adobe kennen, mit dem Sie Ihre RAW-Fotos »entwickeln« können. Einsteiger erfahren natürlich auch alles zum RAW-Format und zu seiner Verwendung. Da Photoshop Elements das HDR-Format nicht unterstützt, stelle ich in diesem Teil mit der **DRI-Technik** die mögliche Alternative vor.

Teil X geht auf die **Reparatur von Bildstörungen** (Kratzer, Rauschen, Staub usw.) ein sowie auf das (Weg-)**Retuschieren** von unerwünschten Bildteilen. Da solche Bildstörungen häufig Nebenerscheinungen eines Scan-Vorgangs sind, wird auch beschrieben, wie Sie **Scannerschwächen** ausgleichen können.

Teil XI ist der Typografie und der Arbeit mit **Formen** gewidmet. Hier werden das **Textwerkzeug** und natürlich auch die **Texteffekte** ausführlich behandelt.

Wie Sie Ihre **Bilder für das Web** vorbereiten und auch sonst bestens **ausdrucken** oder **weitergeben**, erfahren Sie im zwölften Teil. Photoshop Elements eröffnet hier dem Anwender wirklich eine gewaltige Fülle an Möglichkeiten – Sie werden beim Ausprobieren viel Spaß haben (versprochen!).

Im Anhang des Buches finden Sie eine praktische Übersicht über die wichtigsten **Tastenkürzel** in Fotoeditor und Organizer, alle **Voreinstellungen** der Software im Überblick und weiterführende Informationen zu **Farbmanagement** und **Zusatzmodulen**.

Schritt für Schritt

Neben diesem Icon in der Marginalspalte werden der Name und der Ort der Bilddatei angegeben, die Sie unter *www.rheinwerk-verlag.de/4486* herunterladen können.

Viele Themen, Werkzeuge oder Dialoge werden im Buch in Schritt-für-Schritt-Anleitungen beschrieben, die jeweils besonders gekennzeichnet sind. Diese Anleitungen dokumentieren praktisch jeden Mausklick und Tastendruck und sind vielfach mit passenden Bildern und Screenshots illustriert. Im Buch erkennen Sie diese Anleitungen an einer roten Überschrift, die immer mit dem Titel »Schritt für Schritt« beginnt. Die Bilder aus diesen Anleitungen finden Sie auch auf der Downloadseite zum Buch: *www.rheinwerk-verlag.de/4486*. Scrollen Sie ganz nach unten, dort sehen Sie dann den Kasten MATERIALIEN ZUM BUCH. Klicken Sie dort auf den Link ZU DEN MATERIALIEN. Bitte halten Sie Ihr Buchexemplar bereit, damit Sie die Materialien freischalten können.

Beachten Sie allerdings, dass sich diese Schritt-für-Schritt-Anleitungen im Buch immer nur auf den Anwendungsfall des Beispielbildes beziehen. Um die Anleitung auf Ihre eigenen Bilder anzuwenden, werden Sie in der Regel andere Werte verwenden müssen, da jedes Bild anders ist. Ich rate Ihnen aber auf jeden Fall dazu, diese Beispiele selbst zu testen, um sich so mehr Praxiserfahrung anzueignen. Mithilfe dieser Kenntnisse werden Sie bald immer eigenständiger mit Photoshop Elements 2018 arbeiten und eigene Lösungen für neue Anwendungsfälle entwickeln.

Danke

Niemand schreibt ein Buch ohne die Hilfe anderer Menschen. Daher möchte ich hier alle erwähnen, die maßgeblich zum Gelingen des Buches beigetragen haben.

Zunächst muss ich natürlich meiner Familie danken, die mir in den letzten Monaten den Rücken freigehalten hat, sodass ich mich zu 100 % auf das Buch konzentrieren konnte.

Ebenso möchte ich mich beim Verlag bedanken, der mir dieses Buch überhaupt ermöglicht hat. Ganz besonders danke ich meiner Lektorin Ariane Podacker, die mir immer ein angenehmes Arbeiten ermöglicht hat und mir stets mit Rat und Tat zur Seite stand.

Nun bleibt mir nur noch, Ihnen recht viel Spaß mit diesem Buch und mit Adobe Photoshop Elements 2018 zu wünschen!

Jürgen Wolf

Fragen zum Buch
Sollten Sie Fragen, Anregungen oder Hinweise zum Buch haben, können Sie mich gerne über den Verlag kontaktieren. Ich bin stets bemüht, Ihnen bei Problemen mit dem Buch zu helfen.

TEIL I
Der Fotoeditor

Kapitel 1
Bilder öffnen und speichern

Für die Bearbeitung der Bilder wird in Photoshop Elements der Fotoeditor verwendet. Damit Sie gleich loslegen können, erfahren Sie in diesem Kapitel, wie Sie Ihre Bilder im Fotoeditor öffnen und auf der Festplatte speichern.

1.1 Der Startbildschirm

Nach dem Start von Adobe Photoshop Elements 2018 müssen Sie sich im Startbildschirm zunächst entscheiden, was Sie tun möchten. Wollen Sie Ihre Fotos organisieren und verwalten, klicken Sie auf die Schaltfläche ORGANIZER ❷. Um den Fotoeditor zur Bildbearbeitung zu starten, drücken Sie die Schaltfläche FOTOEDITOR ❶. Das Organisieren der Fotos mit dem Organizer behandele ich in Teil II (ab Kapitel 7) des Buches.

»Schnell«-Modus
Standardeinstellung von Photoshop Elements ist, dass die Oberfläche des Fotoeditors zunächst im SCHNELL-Modus zur schnellen Bildkorrektur gestartet wird. Damit wird der absolute Einsteiger zunächst einmal nicht mit der Fülle an Funktionen erschlagen, die Adobe Photoshop Elements zu bieten hat.

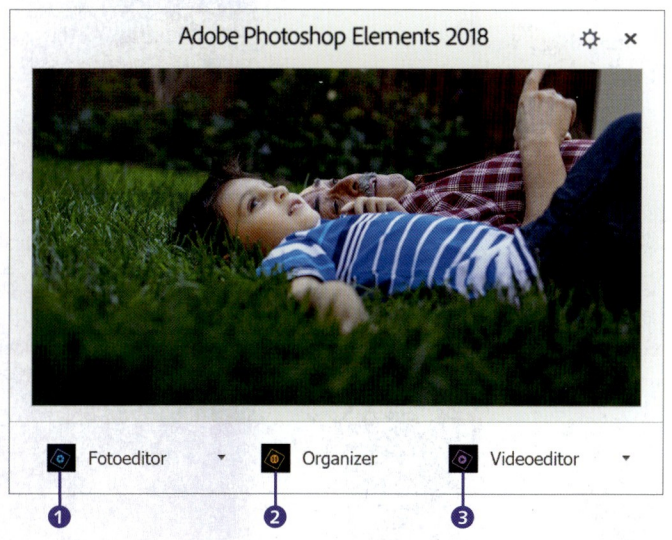

◀ **Abbildung 1.1**
Über den Startbildschirm können Sie Photoshop Elements ❶, Elements Organizer ❷ oder (wenn installiert) den Videoeditor Adobe Premiere Elements ❸ aufrufen.

Kapitel 1 Bilder öffnen und speichern

> **Zwischen Anwendungen wechseln**
>
> Haben Sie sich eingangs für den Fotoeditor entschieden, müssen Sie nicht zum Startbildschirm zurückkehren, um etwa in den Organizer zu wechseln. Alle Arbeitsbereiche können Sie jederzeit auch aus anderen Arbeitsbereichen heraus öffnen.
> Wollen Sie den Startbildschirm wieder aufrufen, um die Starteinstellung zu ändern, können Sie dies sowohl im Fotoeditor als auch im Organizer über das Menü Hilfe • Startbildschirm machen.

Wenn Sie auf das kleine Dropdown-Menü neben der Schaltfläche Fotoeditor ❹ klicken, haben Sie drei verschiedene Möglichkeiten, gleich eine Datei beim Starten des Fotoeditors zu laden bzw. zu erzeugen:

▶ **Zuletzt bearbeitete Datei**: Im oberen Bereich können Sie eine Datei aus einer Liste ❶ mit den sechs zuletzt geöffneten Dateien wählen, die beim Start in den Fotoeditor geladen werden soll. Beim allerersten Start ist diese Liste noch leer.

▶ **Datei-öffnen-Dialog**: Als nächsten Eintrag können Sie über das Ordnersymbol Öffnen ❷ beim Start des Fotoeditors eine Dialogbox zum Öffnen von Bildern aufrufen, die sich sonst auch über Datei • Öffnen innerhalb des Fotoeditors aufrufen lässt. Diese Dialogbox wird in Abschnitt 1.2, »Bilddateien im Fotoeditor öffnen«, behandelt.

▶ **Neue leere Datei erzeugen**: Klicken Sie hingegen auf den letzten Eintrag mit Neue Datei ❸, wird beim Start des Fotoeditors die Dialogbox zum Anlegen einer neuen leeren Bilddatei aufgerufen und angezeigt, die Sie sonst im Fotoeditor auch über Datei • Neu • Leere Datei auswählen können. Diese Dialogbox wird in Abschnitt 1.4, »Neues Bild anlegen«, beschrieben.

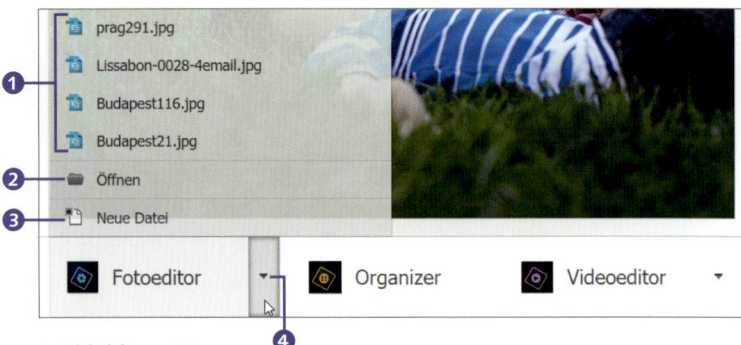

▲ **Abbildung 1.2**
Sie haben auch die Möglichkeit, gleich beim Start mit einer kürzlich geöffneten, einer auszuwählenden oder einer neuen Datei anzufangen.

Den Start können Sie übrigens auch beeinflussen, indem Sie auf dem Startbildschirm das kleine Zahnrad ❺ rechts oben neben dem Schliessen-Button anklicken. Hier können Sie neben der Standardeinstellung, in der nur der Startbildschirm angezeigt wird, auch auswählen, ob hinter dem Startbildschirm direkt der Fotoeditor, der Organizer oder (wenn installiert) der Videoeditor gestartet werden soll.

1.2 Bilddateien im Fotoeditor öffnen

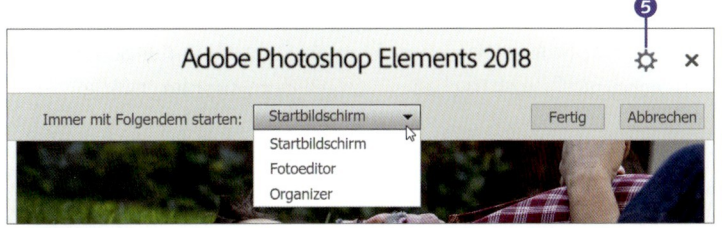

▲ Abbildung 1.3
Startverhalten ändern

eLive wird nicht angezeigt
Da der Inhalt von eLive ❻ in Englisch gehalten ist und Sie vermutlich die deutsche Version installiert haben, ist es derzeit so, dass diese Schaltfläche bei Ihnen nicht vorhanden ist.

Egal, was Sie jetzt als Nächstes vorhaben, der erste Schritt dürfte immer der sein, Bilder zu öffnen oder neue Dateien anzulegen. Ebenfalls sehr wichtig ist es dann, die Arbeiten dazwischen oder am Ende zu sichern.

eLive-Ansicht beim ersten Start | Unter Umständen, wenn die Lokalisierung für den Inhalt von eLive (kurz für: Elements Live) bereits in deutscher Sprache vorgenommen wurde oder Sie die Software in englischer Sprache installiert haben, finden Sie im Fotoeditor neben den drei Schaltflächen SCHNELL, ASSISTENT und EXPERTE mit ELIVE noch eine vierte Schaltfläche ❻ vor. Unter ELIVE werden für Sie nützliche Artikel, Videos, Anleitungen und auch Neuigkeiten rund um Photoshop Elements und den Organizer interessant aufbereitet bereitgehalten.

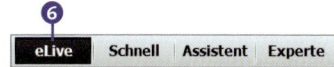

▲ Abbildung 1.4
eLive lädt zum Stöbern in interessanten (englischsprachigen) Artikeln rund um Photoshop Elements ein.

1.2 Bilddateien im Fotoeditor öffnen

Ich gehe davon aus, dass sich bereits ein paar Fotos auf Ihrem Rechner befinden. Falls Sie noch keine Bilder auf Ihrem Rechner haben oder nicht wissen, wie Sie Bilder von der Kamera auf den Rechner bekommen, sollten Sie sich zuerst Teil II, »Der Organizer«, ansehen. Dort bespreche ich die Verwaltung und Archivierung von Bildern im Detail. Alternativ können Sie aber auch ein Bild von den Beispielmaterialien zum Buch öffnen, zum Beispiel die Datei »aki.jpg«.

Um ein Bild zu öffnen, klicken Sie entweder auf die entsprechende Schaltfläche ❶ (Abbildung 1.5) unterhalb der Menüleiste oder wählen im Menü DATEI • ÖFFNEN aus oder aber Sie nutzen die Tastenkombination [Strg]/[cmd]+[O]. Es öffnet sich ein neues Fenster mit dem Titel ÖFFNEN. Alternativ führen Sie auf der leeren Arbeitsoberfläche einen Doppelklick aus, um den Dialog anzuzeigen.

Im Grunde handelt es sich hier um eine normale Dialogbox zum Öffnen von Dateien, wie Sie sie aus anderen Programmen

Kapitel_01:
Vajdahunyad.jpg

Mehrere Dateien öffnen
Wollen Sie mehrere Dateien aus demselben Verzeichnis öffnen, halten Sie einfach [Strg]/[cmd] gedrückt, während Sie die gewünschten Bilder mit der linken Maustaste auswählen.

Kapitel 1 Bilder öffnen und speichern

▲ **Abbildung 1.5**
Ein Bild lässt sich sehr komfortabel über die Schaltfläche ÖFFNEN in den Fotoeditor laden.

kennen. Mit dieser Dialogbox können Sie auf Laufwerken und in Verzeichnissen Ihres Rechners nach Bildern suchen.

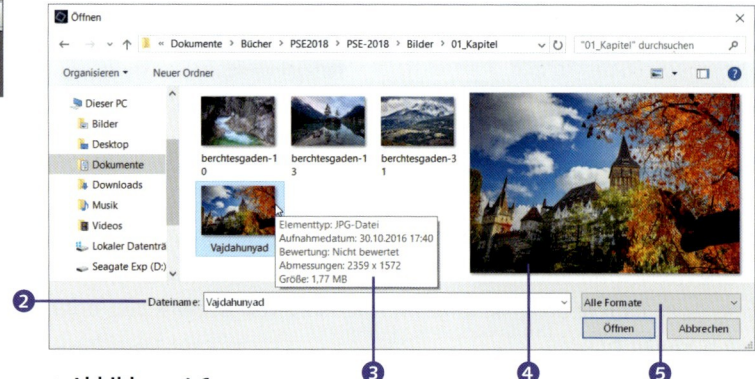

▲ **Abbildung 1.6**
Die Dialogbox zum Öffnen von Bildern

Bilder aus dem Web öffnen
Wenn Sie Bilder aus dem Web öffnen wollen und die Webadresse dazu haben, können Sie diese in DATEINAME ❷ eingeben oder einfügen, und das Bild wird im Fotoeditor geöffnet. Eine Adresse zum Bild ermitteln Sie zum Beispiel im Webbrowser über einen Rechtsklick und einen Klick auf EIGENSCHAFTEN im Kontextmenü.

Wenn Sie mit dem Mauszeiger über einem Bild stehen, werden weitere Informationen ❸ und (nach einem Klick) ein Vorschaubild ❹ angezeigt. Sie öffnen ein Bild einfach per Doppelklick oder durch Anklicken der Schaltfläche ÖFFNEN. Befinden sich in einem Verzeichnis extrem viele Dateien verschiedener Formate, können Sie sie über die Dropdown-Liste DATEITYP ❺ filtern.

Im Übrigen handelt es sich um einen typischen Datei-öffnen-Dialog, der nicht weiter erläutert werden muss.

Nach dem Öffnen des Bildes wird dieses jetzt im Dokumentfenster angezeigt. Das geöffnete Bild bzw. die Bilder finden Sie auch im FOTOBEREICH ganz unten wieder.

Natürlich sieht der Dialog zum Öffnen von Bildern bei der Mac-Version eben Mac-üblich anders aus. Aber das Prinzip und die Anwendung bleiben auch hier dieselben.

Abbildung 1.7 ▶
Die geöffnete Bilddatei im Fotoeditor

1.2 Bilddateien im Fotoeditor öffnen

Bilder über Drag & Drop öffnen | Es gibt eine weitere Möglichkeit, ein Bild mit Photoshop Elements zu öffnen: Ziehen Sie einfach ein Bild oder eine Grafik aus einem anderen Programm (Webbrowser, Explorer, anderes Bildbearbeitungsprogramm usw.) mit gedrückter linker Maustaste in Photoshop Elements, oder lassen Sie es, sofern minimiert, über der Taskleiste fallen (klassisches Drag & Drop).

»In Camera Raw öffnen« | Mit Datei • In Camera Raw öffnen (oder mit der Tastenkombination [Strg]/[cmd]+[Alt]+[O]) öffnen Sie ein Bild mit dem Camera-Raw-Plug-in von Photoshop Elements 2018 Neben üblichen RAW-Formaten können Sie hiermit auch Bilder im JPEG-, TIFF- und PSD-Format in das Plug-in laden. Das Camera-Raw-Plug-in wird noch gesondert in Kapitel 30 des Buches behandelt, in dem Sie dann auch diesen Befehl in der Praxis kennenlernen.

Geöffnete Bilder anordnen
Wie Sie mehrere gleichzeitig geöffnete Bilder und die Darstellung der Fenster steuern, erfahren Sie in Abschnitt 5.5, »Das Dokumentfenster«.

Zuletzt bearbeitete Datei | Über Datei • Zuletzt bearbeitete Datei öffnen wird ein Untermenü geöffnet, in dem Sie aus einer Liste der letzten geöffneten Bilder auswählen können. Das zuletzt bearbeitete Bild befindet sich ganz oben. Die Anzahl der angezeigten Dateien können Sie über Bearbeiten • Voreinstellungen • Dateien speichern (am Mac: Photoshop Elements Editor • Voreinstellungen • Dateien speichern) ändern.

Ähnliches finden Sie auch über das Dropdown-Menü ❻ neben der Schaltfläche Öffnen, wo Sie auf die fünf zuletzt geöffneten Dateien zurückgreifen können.

1 Venedig271.jpg
2 Venedig272.jpg
3 prag280.jpg
4 Budapest60.jpg
5 berchtesgaden-13.jpg
6 Vajdahunyad.jpg
7 prag291.jpg
8 Lissabon-0028-4email.jpg
9 Budapest116.jpg
10 Budapest21.jpg

▲ **Abbildung 1.8**
Die zuletzt geöffneten Dateien sind bereit zum erneuten Öffnen.

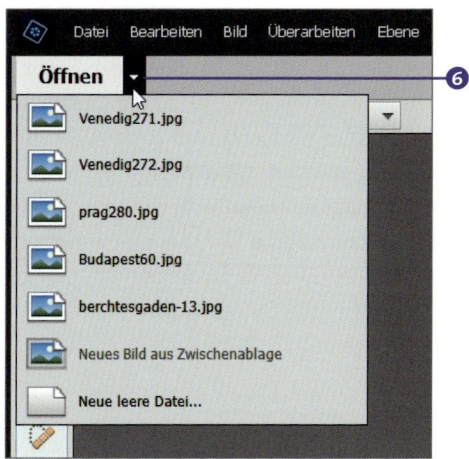

▲ **Abbildung 1.9**
Auch über das Dropdown-Menü neben der Schaltfläche Öffnen können Sie schnell auf die fünf zuletzt geöffneten Dateien zugreifen.

1.3 Bildschirmfoto erstellen

Leider enthält Photoshop Elements keine direkte Funktion, um ein Bildschirmfoto bzw. einen Screenshot zu erstellen. Aber die beiden Betriebssysteme stellen diese Funktion zum Glück schon bereit.

Bilder in der Zwischenablage
Sie können jedes Bild anzeigen lassen, das sich in der Zwischenablage befindet. Wenn Sie zum Beispiel im Webbrowser einen Rechtsklick über einer Grafik machen und KOPIEREN wählen, können Sie das Bild ebenfalls mit DATEI • NEU • BILD AUS ZWISCHENABLAGE aus der Zwischenablage in Photoshop Elements öffnen.

Bildschirmfoto unter Windows | Unter Windows steht hierfür die Tastenkombination [Strg]+[Druck] bzw. [⊞]+[Druck] für den kompletten Bildschirm und [Alt]+[Druck] für das aktive Fenster zur Verfügung. Bei einigen Laptops müssen Sie hierbei zusätzlich die [Fn]-Taste betätigen.

Wenn Sie diese Tastenkombination ausführen, wird der aktuelle Bildschirmzustand in der Zwischenablage gespeichert. Ein so erstelltes Bildschirmfoto (Screenshot) können Sie jetzt mit jedem Grafikprogramm verwenden. Bei Photoshop Elements können Sie dieses Bild aus der Zwischenablage über das Menü DATEI • NEU • BILD AUS ZWISCHENABLAGE oder auch über das Dropdown-Menü neben der Schaltfläche ÖFFNEN auswählen, indem Sie es als neue Datei anlegen.

Abbildung 1.10 ▶
Ist eine Bilddatei in der Zwischenablage vorhanden, können Sie diese mit entsprechendem Befehl in den Fotoeditor laden.

Bildschirmfoto am Mac | Unter einem Mac-System fotografieren Sie den gesamten Bildschirm mit [cmd]+[⇧]+[3] und einen benutzerdefinierten Bereich mit [cmd]+[⇧]+[4]. Betätigen Sie außerdem nach der Tastenkombination [cmd]+[⇧]+[4] die Leertaste, erscheint ein Fotoapparat auf dem Bildschirm, mit dem Sie bestimmte Elemente fotografieren können, über denen der Mauszeiger steht. Diese Elemente werden eingefärbt. Standardmäßig werden die so erstellten Bildschirmfotos auf dem Schreibtisch abgespeichert, von wo Sie sie per Drag & Drop auf Photoshop Elements fallen lassen und dort bearbeiten können.

1.4 Neues Bild anlegen

Selbstverständlich können Sie mit Photoshop Elements auch eine neue leere Datei anlegen. Möglich wird dies über das Menü DATEI • NEU • LEERE DATEI oder mit der Tastenkombination [Strg]/

1.4 Neues Bild anlegen

cmd+N. Auch über die Dropdown-Liste neben ÖFFNEN finden Sie hierfür einen entsprechenden Befehl, um eine NEUE LEERE DATEI anzulegen. Anschließend öffnet sich eine Dialogbox.

▲ **Abbildung 1.11**
Einfach mal schnell eine neue leere Datei über den entsprechenden Befehl anlegen

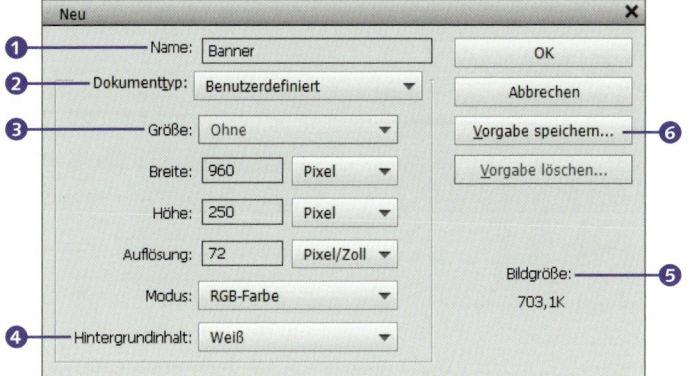

◀ **Abbildung 1.12**
Die Dialogbox zum Anlegen einer neuen Bilddatei

In der Dialogbox können Sie jetzt die Eigenschaften für die neu anzulegende Bilddatei angeben. Die Datei benennen Sie im Textfeld NAME ❶. Beachten Sie allerdings, dass die Datei trotz der Vergabe eines Namens nicht automatisch gespeichert wird. Unter DOKUMENTTYP ❷ haben Sie mehrere Möglichkeiten, die Bildgröße anzugeben. Hier können Sie zwischen verschiedenen Vorgaben wie DIN-Formaten, US-Formaten usw. wählen, die Sie dann genauer über GRÖSSE ❸ (DIN A4, DIN A5 usw.) auswählen können. Das ist recht praktisch, weil man ja nicht alle DIN- und andere Standardmaße im Kopf haben kann.

Natürlich können Sie die Werte auch manuell über BREITE und HÖHE eingeben. Achten Sie darauf, dass Sie dahinter die richtige Maßeinheit gesetzt haben. Auch die AUFLÖSUNG können Sie von Hand eingeben. Bei MODUS stellen Sie den Farbmodus ein, den Sie verwenden wollen. Worum es sich bei der Auflösung bzw. beim Modus handelt und welche Maßeinheiten Sie wofür einstellen sollten, erfahren Sie in Kapitel 6, »Grundlagen der Bildbearbeitung«.

Am Ende legen Sie den HINTERGRUNDINHALT ❹ fest, mit dem die Ebene gefüllt werden soll. Sie können zwischen WEISS, TRANSPARENZ und HINTERGRUNDFARBE wählen. Die Hintergrundfarbe bezieht sich auf die Einstellungen in der Werkzeugleiste.

Auf der rechten unteren Seite wird unter BILDGRÖSSE ❺ außerdem auch gleich berechnet, wie viel Platz der Datenumfang des neu zu erstellenden Bildes benötigt.

Wollen Sie eine eigene Vorgabe für zukünftige Anwendungen sichern und wiederverwenden, können Sie dies tun, indem Sie die Werte des NEU-Dialogs ausfüllen und dann die Schaltfläche VORGABE SPEICHERN ❻ anklicken. Im sich öffnenden Dialogfens-

Vorgabe löschen
Eine selbst erstellte Vorgabe können Sie löschen, indem Sie diese im Dropdown-Menü VORGABE auswählen und dann die Schaltfläche VORGABE LÖSCHEN anklicken. Hierbei können Sie nur selbst erstellte Vorgaben löschen. Vorhandene Vorgaben von Photoshop Elements können nicht gelöscht werden.

ter Neue Dokumentvorgabe können Sie einen Vorgabename ❶ vergeben und auswählen, welche der eingegebenen Werte Sie in der neuen Vorgabe mit einschließen wollen.

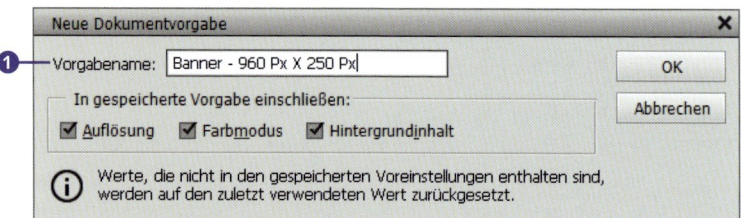

▲ **Abbildung 1.13**
Angaben für eine neue Vorgabe machen. Ein klarer Vorgabename hilft Ihnen bei der späteren Auswahl.

Die so erstellte neue Vorgabe können Sie im Dropdown-Menü Dokumenttyp ❷ über den vergebenen Vorgabename ❸ aufrufen und verwenden.

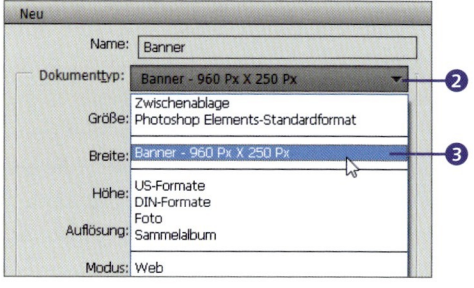

Abbildung 1.14 ▶
Die eigene Vorgabe wird im Dropdown-Menü Vorgabe gespeichert.

1.5 Dateien speichern

> **Für Web speichern**
> Einen weiteren Befehl finden Sie mit Datei • Für Web speichern. Auf diesen Befehl werde ich noch gesondert in Abschnitt 39.4 unter »Für Web speichern – die All-in-one-Lösung« eingehen.

Wenn Sie ein Bild fertig bearbeitet haben, wollen Sie es sicher auch speichern. Hier gilt: Speichern Sie lieber einmal zu oft als einmal zu wenig. Photoshop Elements bietet Ihnen zum Speichern zwei Kommandos an: den Befehl Datei • Speichern (oder `Strg`/`cmd`+`S`) und den Befehl Datei • Speichern unter (oder `Strg`/`cmd`+`⇧`+`S`):

▶ Mit dem Befehl Speichern (oder `Strg`/`cmd`+`S`) werden Änderungen der aktuellen Bilddatei gesichert. Beachten Sie hierbei, dass die alte Bildversion ohne Rückfrage einfach überschrieben wird.

▶ Mit Speichern unter (oder `Strg`/`cmd`+`⇧`+`S`) hingegen wird ein umfangreicher Speichern-Dialog aufgerufen, in dem Sie verschiedene Optionen festlegen können und vor allem die Möglichkeit haben, das Bild unter einem neuen Namen abzuspeichern.

1.5.1 Der Speichern-Dialog

Wenn Sie den Befehl Datei • Speichern unter (oder [Strg]/[cmd]+[⇧]+[S]) auswählen oder eine Datei zum ersten Mal speichern, erscheint der Speichern-Dialog aus Abbildung 1.15. Dort stehen Ihnen viele Speicheroptionen zur Verfügung, die ich im Folgenden erläutern möchte.

Der Speichern-Dialog der Mac-Version sieht optisch natürlich etwas anders aus, ist aber – bis auf das Fehlen der Option Miniatur – funktionell völlig identisch mit der Windows-Version.

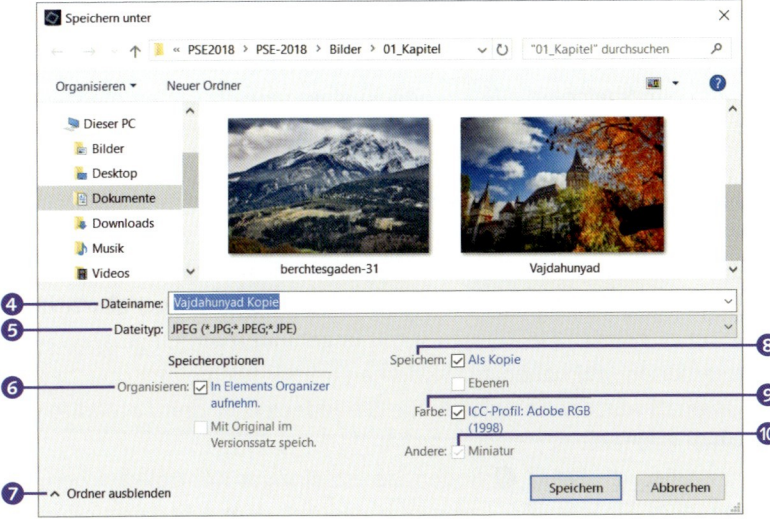

◄ **Abbildung 1.15**
Die Dialogbox zum Speichern von Bildern

Bei Dateiname ❹ geben Sie den Namen der zu speichernden Datei an. Die Endung wird automatisch anhand des gewählten Formats ❺ bestimmt.

Im Bereich Organisieren ❻ können Sie zwei Häkchen setzen. Zum einen können Sie In Elements Organizer aufnehmen aktivieren, wodurch die neu gespeicherte Datei automatisch in den Katalog des Organizers aufgenommen wird. Wenn noch kein Katalog im Organizer vorhanden ist und Sie den Organizer zur Verwaltung Ihrer Bilder verwenden möchten, erscheint ein Hinweis, dass Sie zuerst den Organizer starten und einen neuen Katalog anlegen sollten. Wollen Sie den Organizer nicht zur Verwaltung Ihrer Bilder verwenden, können Sie selbstverständlich trotzdem die Dateien wie gehabt abspeichern. Nur die Optionen in Organisieren sind dann ausgegraut und können nicht ausgewählt werden.

Mit der Option Mit Original im Versionssatz speichern hingegen speichern Sie bei einer mehrfach bearbeiteten Datei jeweils eine Version. Mehrere Versionen werden so zu einem Versionssatz zusammengefasst, der zum Beispiel im Organizer als Bilderstapel angezeigt wird. Ist diese Option ausgegraut, wird das Bild zum ersten Mal bearbeitet und gespeichert.

Mehr zum Organizer

Dem Verwalten und Archivieren von Bildern mit dem Organizer widmet sich Teil II dieses Buches.

Mehr zu den Ebenen
Alles Wichtige zu den Ebenen finden Sie ab Teil VIII in diesem Buch.

Im nächsten Bereich, SPEICHERN ❽, finden Sie ebenfalls wieder zwei Optionen, die Sie aktivieren oder deaktivieren können. Die Option EBENEN sollten Sie verwenden, wenn Sie ein Bild speichern, in dem Sie Ebenen angelegt haben. Ist diese Option ausgegraut, hat das Bild keine Ebenen, oder das Dateiformat unterstützt keine Ebenen. Das Speichern von Ebenen ist nur mit den Dateiformaten TIFF und PSD möglich. Ist diese Option bei mehreren Ebenen gesetzt und erlaubt das Datenformat Ebenen, werden die Ebenen gespeichert. Entfernen Sie das Häkchen, werden beim Speichern alle Ebenen zu einer vereint. In den meisten Fällen werden Sie das Häkchen sicher stehen lassen.

Sehr nützlich ist auch die Option ALS KOPIE. Sie lässt sich hervorragend einsetzen, wenn Sie am aktuellen Bild weiterarbeiten wollen und nur schnell eine (Sicherungs-)Kopie des aktuellen Zustands des Bildes abspeichern wollen. Gewöhnlich wird zwischen dem Dateinamen und der Dateiendung (Format) der Text »Kopie« gesetzt. Sie können somit ungehindert am Original weiterarbeiten und haben zur Sicherheit immer noch eine Kopie des Originals auf der Festplatte, die Sie jederzeit in den Fotoeditor laden können.

Duplizieren
Alternativ können Sie eine Kopie auch über DATEI • DUPLIZIEREN erstellen. Dabei wird der aktuelle Stand der Datei dupliziert. Allerdings müssen Sie diese Kopie anschließend trotzdem noch über den Menüpfad DATEI • SPEICHERN UNTER unter einem anderen Namen abspeichern.

Im Bereich FARBE ❾ finden Sie ein einziges Kontrollkästchen, mit dem Sie das ICC-Farbprofil, das mit dem Bild verbunden ist, mitspeichern können. Mehr zu diesem Thema lesen Sie in Anhang B des Buches.

Über ORDNER AUSBLENDEN ❼ bzw. über ORDNER DURCHSUCHEN, wenn ausgeblendet, können Sie die Ordneransicht zum Suchen und Auswählen des Verzeichnisses, in dem Sie das Bild speichern wollen, aus- bzw. einblenden.

Dateiformate im Überblick
Die wichtigsten Dateiformate stelle ich Ihnen in Abschnitt 6.5 noch einmal etwas genauer vor.

Windows-Optionen | Am Ende finden Sie noch zwei unsortierte Optionen, die nur unter Windows zur Verfügung stehen: Mit MINIATUR ❿ werden Miniaturvorschauen von Bildern eingebettet. Ob die Option überhaupt vorhanden ist, hängt auch vom gewählten Format ab. Im Grunde lässt sich die Option ohnehin nicht verändern.

Speichern bestimmter Datenformate | Wenn Sie im SPEICHERN-Dialog das Format gewählt haben, in dem die Datei gespeichert werden soll, erscheint (abhängig vom Format) meistens noch ein weiteres Dialogfenster, in dem Sie zusätzliche Optionen für das Speichern des Formats einstellen können. Zumeist handelt es sich dabei um Werte, mit denen Sie die Qualität und/oder Dateigröße beeinflussen.

1.5 Dateien speichern

1.5.2 Wichtige Hinweise zum Speichern

Wenn Sie ein Bild speichern wollen, sollten Sie folgende Punkte beherzigen, um keine bösen Überraschungen zu erleben:

- **Nie mit dem Original arbeiten**: Wenn Sie ein Bild öffnen, sollten Sie von Anfang an mit einer Kopie und nicht mit dem Original arbeiten. Zwar können Sie mit Datei • Speichern unter vermeiden, dass Sie das Original überschreiben, aber schnell drückt man gedankenlos auf Datei • Speichern oder verwendet die Tastenkombination [Strg]/[cmd]+[S]. Solange Sie das Bild nicht geschlossen haben, können Sie notfalls die zuletzt gemachten Schritte noch mit [Strg]/[cmd]+[Z] rückgängig machen und das Bild gegebenenfalls wiederherstellen. Sicherer ist es aber, das Bild gleich zu Beginn unter einem neuen Namen abzuspeichern.
- **Bild duplizieren und schließen**: Damit Sie nicht mit dem Original arbeiten müssen, sollten Sie über Datei • Duplizieren oder über einen Rechtsklick auf die Miniaturvorschau im Fotobereich das Original duplizieren. Anschließend arbeiten Sie nur noch mit der Kopie und können das Original schließen. Der Vorteil dieser Vorgehensweise ist auch, dass mit Datei • Speichern derselbe Dialog erscheint wie mit Datei • Speichern unter, wenn Sie eine Datei zum ersten Mal in einem neuen Format speichern.

Tabelle 1.1 gibt Ihnen noch einmal einen Überblick über die wichtigsten Tastenkürzel für das Öffnen und Speichern von Dateien, natürlich für Windows und für Mac.

▲ **Abbildung 1.16**
Über einen rechten Mausklick in der Miniaturvorschau von Fotobereich lässt sich schnell eine Kopie des Originals erstellen.

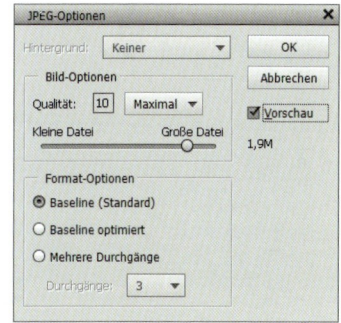

▲ **Abbildung 1.17**
Weitere Einstellungen für Bilddateien im JPEG-Format

Vorhaben	Windows	Mac
Datei öffnen	[Strg]+[O]	[cmd]+[O]
in Camera Raw öffnen	[Strg]+[Alt]+[O]	[cmd]+[Alt]+[O]
Datei anlegen	[Strg]+[N]	[cmd]+[N]
Datei schließen	[Strg]+[W]	[cmd]+[W]
alle Dateien schließen	[Strg]+[Alt]+[W]	[cmd]+[Alt]+[W]
Datei speichern	[Strg]+[S]	[cmd]+[S]
Datei speichern unter	[Strg]+[⇧]+[S]	[cmd]+[⇧]+[S]
für Web speichern	[Strg]+[⇧]+[Alt]+[S]	[cmd]+[⇧]+[Alt]+[S]

◄ **Tabelle 1.1**
Tastaturbefehle für die Arbeit mit Dateien

Kapitel 2
Schnelle Bildkorrekturen im Fotoeditor

Der Modus »Schnell« ist der Standardmodus, den Sie zu Gesicht bekommen, sobald Sie den Fotoeditor starten. Dieser Modus ist auch ganz interessant, wenn es einfach mal schneller gehen soll und Sie nicht viel Zeit in Korrekturen investieren wollen. Viele gängige Korrekturen lassen sich in diesem Modus mit ein paar Mausklicks durchführen.

2.1 Die Arbeitsoberfläche im Schnell-Modus

Dieser Abschnitt macht Sie mit der Arbeitsoberfläche des Fotoeditors im SCHNELL-Modus vertraut und erläutert den grundlegenden Umgang mit den einzelnen Bedienelementen. Im nächsten Kapitel stelle ich Ihnen den Modus ASSISTENT vor, und im weiteren Verlauf des Buches werden Sie dann nur noch den EXPERTE-Modus verwenden, mit dem Ihnen die volle Funktionsvielfalt des Fotoeditors zur Verfügung steht.

Öffnen können Sie die Arbeitsoberfläche für die Schnellkorrektur, indem Sie (falls ein anderer Modus verwendet wird) die Schaltfläche SCHNELL ❸ auswählen. In der Werkzeugpalette ❶ stehen Ihnen in diesem Modus zehn Werkzeuge zur Verfügung:

- das Zoom-Werkzeug
- das Hand-Werkzeug
- das Schnellauswahl-Werkzeug
- das Augen-Werkzeug
- ein Werkzeug zum Zähnebleichen
- das Gerade-ausrichten-Werkzeug
- die Textwerkzeuge
- der Bereichsreparatur-Pinsel
- das Freistellungswerkzeug
- das Verschieben-Werkzeug

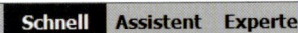

▲ **Abbildung 2.1**
Über diese Schaltflächen unterhalb der Menüleiste können Sie den Bearbeitungsmodus des Fotoeditors einstellen.

Kapitel_02: Hintersee.jpg

»Schnell« versus »Experte«
Mit wachsender Erfahrung werden Sie immer seltener den SCHNELL-Modus verwenden. Im EXPERTE-Modus erzielen Sie aufgrund einer höherwertigen Korrektur ebenso gute bzw. meistens sogar bessere Ergebnisse.

Kapitel 2   Schnelle Bildkorrekturen im Fotoeditor

▼ **Abbildung 2.2**
Der Schnellkorrektur-Modus des Fotoeditors wird gegebenenfalls durch einen Klick auf die Schaltfläche SCHNELL aktiviert.

Im Menü ❹ sind viele Funktionen ausgegraut; sie stehen im Schnellkorrektur-Modus nicht zur Verfügung. Bei ANSICHT ❷ können Sie die Bildansicht der Schnellkorrektur einstellen und über den Schieberegler ZOOM ❺ jederzeit in die Ansicht hinein- bzw. aus ihr herauszoomen.

Zum Weiterlesen
Die Dropdown-Listen ERSTELLEN ❻ und TEILEN ❼ finden Sie auch im Organizer mit denselben Funktionalitäten wieder. In Abschnitt 8.1.5, »›Erstellen‹ und ›Teilen‹«, finden Sie daher nochmals eine kurze Beschreibung hierzu. Richtig verwenden werden Sie das Erstellen oder Teilen (oder besser: das Präsentieren) von Fotos in Teil XII.

Im Bedienfeldbereich ❾ finden Sie, wenn in ❿ die KORREKTUREN ausgewählt sind, einige Schieberegler, mit deren Hilfe Sie Farb- und Beleuchtungskorrekturen am Bild vornehmen können. Mit dem (Not-)Schalter BILD ZURÜCKSETZEN ❽ rechts oben können Sie außerdem den Ursprungszustand des Bildes nach vielen gemachten Änderungen im SCHNELL-Modus sofort wiederherstellen. Rechts unten ❿ finden Sie vier Schaltflächen, mit denen Sie neben den KORREKTUREN zwischen weiteren Funktionen wie EFFEKTE, STRUKTUREN und RAHMEN wechseln können. Entsprechend der ausgewählten Schaltfläche können Sie dann die Funktionen im Bedienfeldbereich ❾ verwenden.

Fotobereich oder Werkzeugoptionen | Unterhalb des Bildes finden Sie entweder einen FOTOBEREICH ⑭, in dem Sie alle geöffneten Dateien des Fotoeditors oder die im Organizer markierten Dateien anzeigen und auswählen können. Ob die Bilder vom Fotoeditor oder vom Organizer angezeigt werden, hängt von der Auswahl im Dropdown-Menü darüber ⑮ ab.

Oder Sie können statt des Fotobereichs hier auch die Werkzeugoptionen des aktiven Werkzeugs der Werkzeugpalette einblenden lassen (Abbildung 2.3). Ob hier der Fotobereich oder die Werkzeugoptionen angezeigt werden, wählen Sie mit den beiden Schaltflächen FOTOBEREICH ⑬ und WZ-OPTIONEN ⑫ links unten im Fenster des Fotoeditors aus. Wenn Sie ein Werkzeug in der Werkzeugpalette auswählen (oder ein entsprechendes Tastenkürzel verwenden), werden immer die Werkzeugoptionen angezeigt, auch wenn zuvor der Fotobereich aktiv war.

Fotobereich/Werkzeugoptionen ausblenden
Natürlich können Sie auch den Fotobereich oder die Werkzeugoptionen komplett ausblenden, indem Sie einfach auf die entsprechende **aktive** (niedergedrückte) Schaltfläche ⑫ oder ⑬ klicken. Erneutes Anklicken einer der beiden Schaltflächen blendet den entsprechenden Bereich wieder ein.

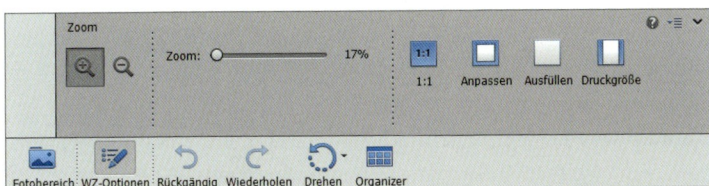

◄ **Abbildung 2.3**
Hier werden unterhalb des Bildes die Werkzeugoptionen angezeigt.

Im unteren Bereich befinden sich weitere vier Schaltflächen ⑪, über die Sie einzelne Arbeitsschritte mit einem Klick rückgängig machen oder wiederholen können. Auch die Schaltfläche, mit der Sie das Bild im oder gegen den Uhrzeigersinn um 90° drehen können, finden Sie hier vor. Und über die Schaltfläche ORGANIZER können Sie jederzeit den Organizer starten.

2.1.1 Werkzeuge im Schnell-Modus

In der Schnellkorrektur stehen Ihnen, wie gesagt, nicht sämtliche Werkzeuge des Fotoeditors wie im EXPERTE-Modus zur Verfügung.

Zoom und Hand | Mit dem Zoom-Werkzeug (Tastenkürzel [Z]) können Sie komfortabel in ein Bild ein- bzw. auszoomen. Gerade bei der Verwendung des Zoom-Werkzeugs liegt beim Einzoomen nicht immer der gewünschte Bildausschnitt vor. Für solche Zwecke können Sie das Hand-Werkzeug (Tastenkürzel [H]) verwenden.

Mehr Details dazu ...
Das Zoom- und das Hand-Werkzeug werden jeweils in Abschnitt 5.2 und Abschnitt 5.3 ausführlich beschrieben.

Auswahlen erstellen | Zur reduzierten Auswahl gehören das Schnellauswahl-Werkzeug und der (zunächst ausgeblendete) Auswahlpinsel (Tastenkürzel für beide [A]). Das jeweils ausgeblendete Werkzeug erreichen Sie stets über die dann eingeblen-

Mehr Details dazu ...
Das Schnellauswahl-Werkzeug und den Auswahlpinsel behandle ich noch ausführlicher in Abschnitt 23.3 und Abschnitt 23.4.

deten Werkzeugoptionen im unteren Teil des Fotoeditors, wenn Sie das nicht ausgeblendete Werkzeug auswählen.

Wenn Sie mit dem Schnellauswahl-Werkzeug einen bestimmten Bereich einzeichnen, sucht Photoshop Elements nach angrenzenden Kanten, die dann als Auswahl verwendet werden. Der Auswahlpinsel hingegen wird für die schnelle Auswahl und Freistellung von Bildbereichen benutzt.

Augen und Zähne bearbeiten | Dem Entfernen des unerwünschten Rote-Augen-Effekts dient das Augen-Werkzeug (Tastenkürzel [Y]).

Das Werkzeug zum Bleichen von Zähnen (Tastenkürzel [F]) ist im Grunde eine spezielle Version des Smartpinsel-Werkzeugs aus dem EXPERTE-Modus des Fotoeditors. Die Anwendung des Werkzeugs ist relativ simpel: Malen Sie einfach die Bereiche, die Sie bearbeiten wollen, mit gedrückter linker Maustaste aus (ziehen Sie also mit gedrückter Maustaste darüber). Ähnlich wie beim Schnellauswahl-Werkzeug finden Sie hierzu bei den Werkzeugoptionen entsprechende Schaltflächen, um der Auswahl Bildbereiche hinzuzufügen oder Bereiche aus ihr zu entfernen. Für weitere Informationen empfehle ich Ihnen Abschnitt 14.2.8, »Die Smartpinsel-Werkzeuge«. Dieses Werkzeug ist empfehlenswerter als die Schnellkorrektur-Version.

▲ **Abbildung 2.4**
Die Werkzeugpalette der Schnellkorrektur

Texte schreiben | Mit dem Textwerkzeug (Tastenkürzel [T]) können Sie einen Text zum Bild hinzufügen. Genau genommen stehen Ihnen hier alle sieben Textwerkzeuge mitsamt ihren Werkzeugoptionen zur Verfügung, die Sie auch im EXPERTE-Modus verwenden können. Die Texterstellung ist kein Thema, das man mal schnell und kurz behandeln kann, weshalb wir uns hiermit in einem eigenen Kapitel im Buch beschäftigen (siehe Kapitel 35, »Grundlagen zur Texterstellung«).

Mehr Retusche
Das Thema **Retusche** wird natürlich auch gesondert in diesem Buch ab Teil X behandelt. Speziell die beiden Werkzeuge Bereichsreparatur-Pinsel und Reparatur-Pinsel werden in Abschnitt 33.3 behandelt.

Korrekturen durchführen | Ebenfalls an Bord bei den Schnellkorrekturen sind der Bereichsreparatur-Pinsel und der Reparatur-Pinsel (Tastenkombination für beide [J]). Auch hier erreichen Sie das jeweils ausgeblendete Werkzeug über die dann eingeblendeten Werkzeugoptionen im unteren Teil des Fotoeditors, wenn Sie das nicht ausgeblendete Werkzeug auswählen. Hiermit können Sie unerwünschte Bereiche im Bild quasi »wegmalen« oder Dinge wie Hautunreinheiten entfernen.

Bilder beschneiden und gerade ausrichten | Auch das Freistellungswerkzeug (Tastenkürzel [C]) steht Ihnen bei der Schnellkorrektur zur Verfügung. Mit diesem Werkzeug ziehen Sie per Drag & Drop einen Rahmen im Bild auf und schneiden mit ⏎ oder mit dem grünen Häkchen unter dem Rahmen diese Auswahl aus. Mit dem Gerade-ausrichten-Werkzeug (Tastenkürzel P) können Sie ein Bild ausrichten, indem Sie eine Linie an einer Kante ziehen, die horizontal ausgerichtet werden soll. Zusätzlich finden Sie weitere Optionen, womit Sie festlegen, was mit den leeren Bereichen passieren soll, die zwangsläufig entstehen, wenn das Bild gedreht wird. Das Werkzeug kann neben der horizontalen auch für eine vertikale Ausrichtung von Bildern verwendet werden, indem Sie ganz einfach eine Linie an einer vertikalen Kante ziehen. Den praktischen Umgang mit diesen Werkzeugen können Sie in Abschnitt 2.2.7, »Bilder drehen und freistellen«, in einem Workshop ausprobieren.

Mehr Details dazu ...
Dem Thema **Freistellen und Ausrichten** widmet sich Teil VI in aller Ausführlichkeit.

Verschieben | Das Verschieben-Werkzeug macht erst richtig Sinn in Verbindung mit Auswahlen und Ebenen. Bezogen auf den SCHNELL-Modus des Fotoeditors können Sie dieses Werkzeug verwenden, indem Sie eine Auswahl mit dem Schnellauswahl-Werkzeug oder dem Auswahlpinsel erstellen, das Verschieben-Werkzeug auswählen und dann mit gedrückt gehaltener Maustaste die Auswahl verschieben. Halten Sie dabei die Alt-Taste gedrückt, wird nur eine Kopie der Auswahl verschoben.

Mehr Details dazu ...
Auswahlen und Ebenen sind doch schon ein spezielles Thema und werden in Teil VII, »Auswahlen«, und Teil VIII, »Ebenen«, behandelt. Dort werden Sie auch das Verschieben-Werkzeug näher kennenlernen.

2.1.2 Ansichten im Schnell-Modus
Oberhalb des Bildfensters finden Sie das Dropdown-Menü ANSICHT, in dem Sie den Ansichtsmodus für das Bild aus einer von vier vorhandenen Ansichten wählen. Mit der Standardeinstellung NUR NACHHER sehen Sie die Auswirkungen der Schnellkorrektur sofort. Dabei verändert sich das Bild im Dokumentfenster, sobald Sie einen Wert der Schnellkorrektur ändern.

Kapitel_02: Prager-Rathausuhr.jpg und Prager-Rathausuhr-nachher.jpg

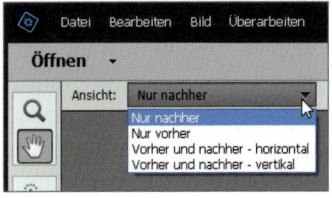

▲ **Abbildung 2.5**
Auswählen der Ansicht im Schnellkorrektur-Modus

◀ **Abbildung 2.6**
Mit der Einstellung NUR NACHHER werden die Veränderungen unmittelbar im Bild angezeigt.

Eine zweite Möglichkeit zur Ansicht ist die Einstellung Nur vorher. Hierbei werden die in der Schnellkorrektur vorgenommenen Änderungen nicht am Bildschirm angezeigt. Sinnvoll ist diese Einstellung also nur im Wechsel mit der Einstellung Nur nachher.

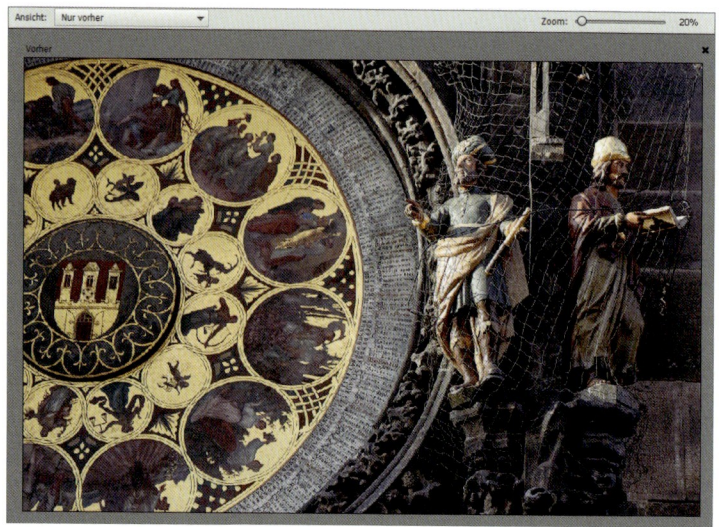

▲ Abbildung 2.7
Bei der Ansicht Nur vorher werden keinerlei Änderungen angezeigt.

Vorher oder nachher?
Wenn Sie nicht sicher sind, ob Sie die Ansicht Nur vorher oder Nur nachher vor sich haben, verschafft Ihnen der eingeblendete Text links über dem Bild Klarheit.

Mit der Einstellung Vorher und nachher – horizontal vergleichen Sie beide Bilder nebeneinander. Auf der linken Seite ist das Originalbild zu sehen und auf der rechten Seite das Bild mit den Änderungen der Schnellkorrektur. Diese Ansicht ist besonders für Bilder im Hochformat geeignet.

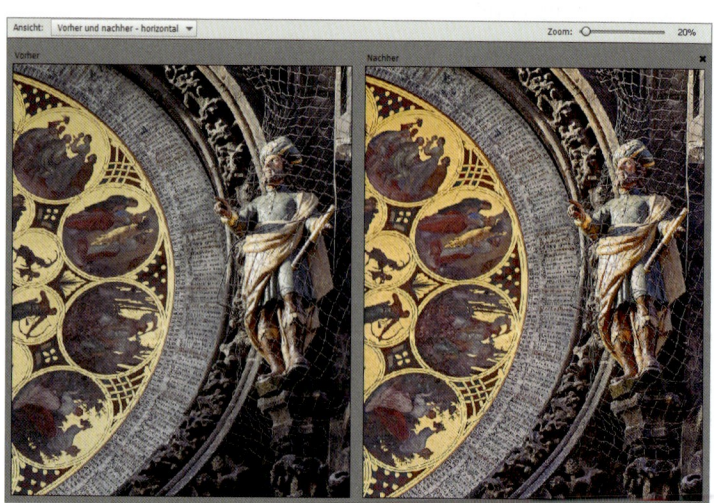

Abbildung 2.8 ▶
Die Vorher-Nachher-Bilder direkt nebeneinander

Schließlich gibt es als vierte Möglichkeit die Ansicht Vorher und nachher – vertikal. Diese Einstellung ist ideal für den Vergleich breitformatiger Bilder. Das Originalbild wird dabei oben angezeigt und das Bild mit den Korrekturen darunter.

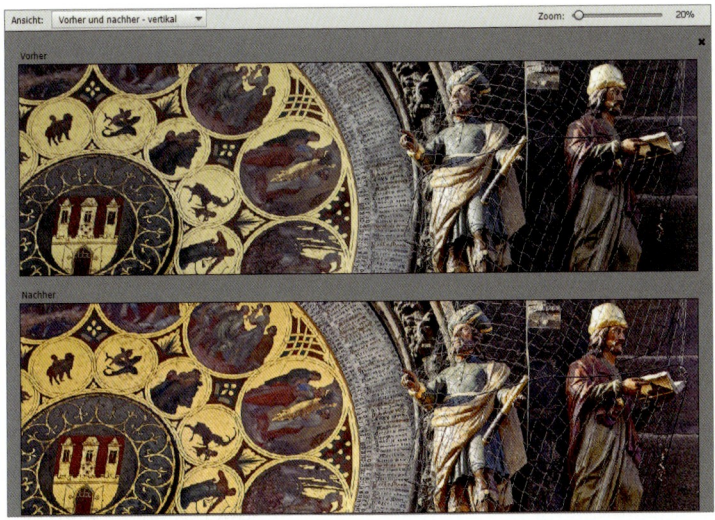

◀ **Abbildung 2.9**
Bei Vorher und nachher – vertikal werden die Bilder zum Vergleich übereinander platziert.

Darstellungsgröße und Bildausschnitt verändern | Die Darstellungsgröße können Sie auch hier mit dem Zoom- oder dem Hand-Werkzeug ändern. Eine Veränderung der Darstellungsgröße mit dem Zoom-Werkzeug sowie ein Verschieben des Bildbereichs mit dem Hand-Werkzeug beziehen sich sowohl auf die Vorher- als auch auf die Nachher-Ansicht. Es wird also sowohl im Vorher- als auch im Nachher-Bild praktischerweise immer derselbe Bildausschnitt angezeigt.

Schnelles Zoomen
Alternativ finden Sie in derselben Reihe, in der sich das Dropdown-Menü Ansicht befindet, einen Schieberegler ❶, um in das Vorher- und/oder Nachher-Bild hinein- oder aus ihm herauszuzoomen.

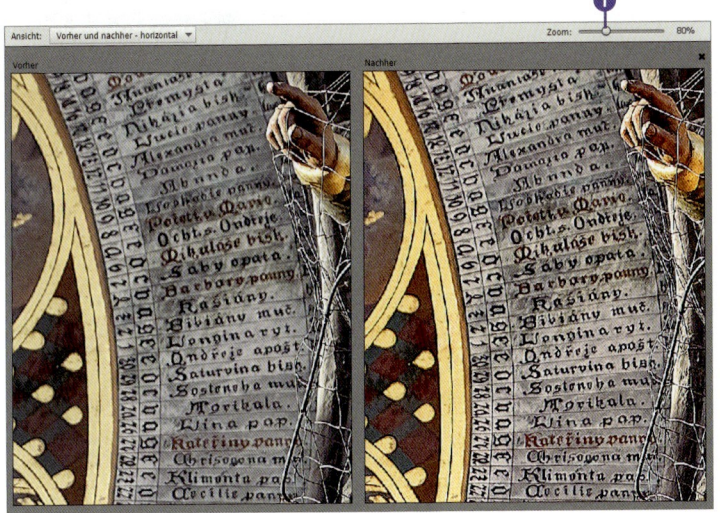

◀ **Abbildung 2.10**
Eine Änderung der Darstellungsgröße sowie ein Verschieben des Bildbereichs beziehen sich gleichermaßen auf die Vorher- wie auf die Nachher-Ansicht.

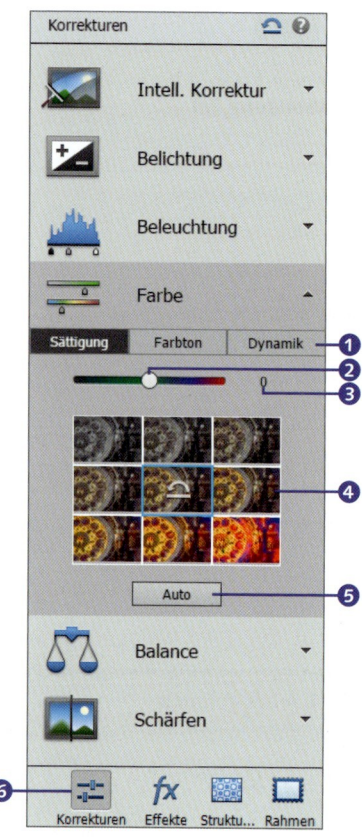

▲ Abbildung 2.11
Die Schnellkorrekturen im Bedienfeldbereich

2.1.3 Der Bedienfeldbereich »Korrekturen« im Schnell-Modus

Die eigentliche Schnellkorrektur im Bild führen Sie rechts im Bedienfeld aus. Voraussetzung dafür ist, dass Sie unten bei den Schaltflächen KORREKTUREN ❻ ausgewählt haben. Veränderungen an den Schiebereglern oder das Anklicken der Vorschaufunktion wirken sich unmittelbar auf das Bild aus. Um ein Gefühl für den Umgang mit den Reglern oder den Vorschaufunktionen zu bekommen, empfiehlt es sich, ein Bild zu laden und ein wenig damit zu experimentieren. Dabei werden Sie schnell feststellen, dass drastische Änderungen der Werte das Bild in aller Regel verschlechtern.

Die einzelnen Schnellkorrekturen können Sie durch Anklicken der entsprechenden Schnellkorrektur ausklappen. Es kann jeweils nur eine Schnellkorrektur zur gleichen Zeit ausgeklappt sein. Ist eine Schnellkorrektur erst einmal ausgeklappt, sind die Optionen recht einfach zu bedienen. Einige Schnellkorrekturen enthalten gegebenenfalls weitere Register ❶ mit zur Kategorie passenden Korrekturen, die Sie durch Anklicken aktivieren können. Die Schnellkorrektur der entsprechenden Funktion kann jetzt auf folgende Weise durchgeführt werden:

▶ Sie bewegen den Schieberegler ❷ einfach in die entsprechende Richtung.
▶ Sie klicken rechts neben dem Schieberegler auf den Wert ❸ und geben hier manuell einen Wert ein.
▶ Sie klicken auf eine der neun Miniaturvorschauen ❹.
▶ Sie klicken, falls vorhanden, auf die Schaltfläche AUTO ❺ und überlassen dem Fotoeditor die Arbeit (meistens die schlechteste Wahl).

Die Aktionen werden sofort ausgeführt. Solange allerdings die entsprechende Schnellkorrektur aufgeklappt ist, können Sie die Werte jederzeit nochmals verändern. Erst wenn Sie eine andere Funktion oder ein anderes Werkzeug aufrufen, gilt die Schnellkorrektur mit dem zuletzt verwendeten Wert als bestätigt.

Korrektur rückgängig machen | Glücklicherweise stehen Ihnen auch hierbei die RÜCKGÄNGIG-Funktionen für einzelne Arbeitsschritte zur Verfügung – entweder mit der Tastenkombination [Strg]/[cmd]+[Z] oder über das Menü BEARBEITEN • RÜCKGÄNGIG. Umgekehrt können Sie den zuletzt rückgängig gemachten Schritt mit [Strg]/[cmd]+[Y] oder BEARBEITEN • WIEDERHOLEN wiederherstellen.

Bild wiederherstellen
Sobald Sie die erste Änderung bestätigt haben, steht Ihnen auch die Schaltfläche BILD ZURÜCKSETZEN ❾ rechts oben im Schnell-Bedienfeldbereich zur Verfügung. Über diese Schaltfläche können Sie das Bild in den Zustand vor der Schnellkorrektur zurücksetzen.

▸ **Abbildung 2.12**
Auch im unteren Bildfenster finden Sie die beiden Funktionen ❼, um einen Arbeitsschritt wieder rückgängig zu machen oder ihn zu wiederholen.

Miniaturvorschau in den Schnellkorrekturen | Auf die Verwendung der neun Miniaturvorschauen der Schnellkorrekturen soll hier nochmals kurz etwas genauer eingegangen werden. Wenn Sie jetzt zum Beispiel mit dem Mauszeiger über einem der Vorschaubilder ⓫ stehen bleiben und in der ANSICHT ❽ eine der NACHHER-Darstellungen aktiviert haben, können Sie sehen, wie das Bild mit dieser Vorschau aussähe. Am Schieberegler ❿ darüber erkennen Sie, bei welcher Position dieses Ergebnis erzeugt würde. Wollen Sie Ernst machen und eine Einstellung eines Vorschaubildes verwenden, brauchen Sie dieses nur anzuklicken.

▾ **Abbildung 2.13**
Vor der Auswahl einer der Vorgaben können Sie das mögliche Ergebnis in der NACHHER-Ansicht betrachten.

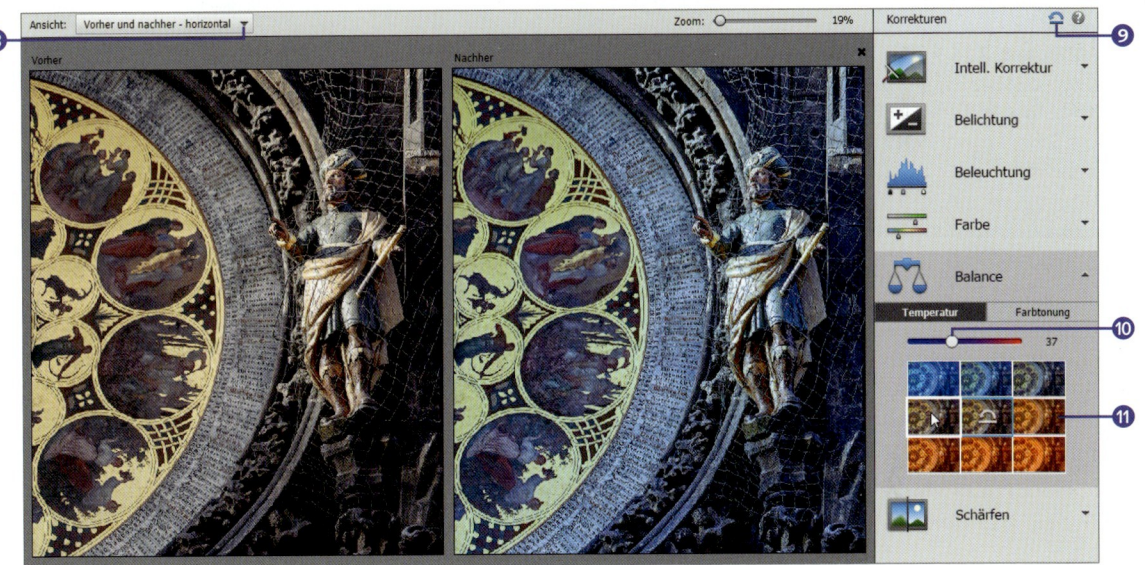

Wollen Sie das Ganze noch etwas feiner einstellen, können Sie die Korrektur über den Schieberegler darüber feinjustieren.

2.2 Die Schnellkorrekturen

Nach so viel Theorie haben Sie sicher Appetit auf die Praxis bekommen. Dieser Abschnitt bietet daher einige Workshops, die Ihnen die Arbeit mit Schnellkorrekturen veranschaulichen.

2.2.1 Belichtung korrigieren

Mit der Schnellkorrektur BELICHTUNG können Sie unter- oder überbelichtete Bilder ausgleichen. Dieser Regler ist ein wenig an die

 Kapitel_02: Opera.jpg

digitalen Kameras angelehnt, bei denen Sie ebenfalls die Belichtungszeit regeln können. Ziehen Sie den Regler nach links, wird das Bild dunkler. Ziehen Sie den Regler hingegen nach rechts, wird das Gesamtbild heller. Die besten Ergebnisse mit dieser Schnellkorrektur erzielen Sie, wenn Sie diese zusammen mit der Schnellkorrektur TONWERTKORREKTUR verwenden.

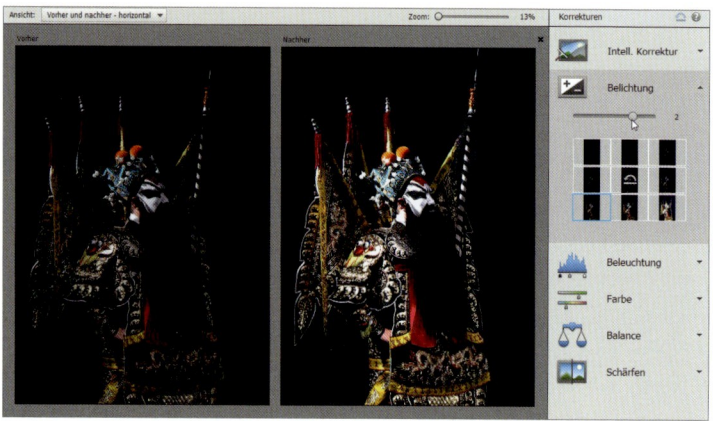

Abbildung 2.14 ▶
Über- oder (wie hier) unterbelichtete Bilder lassen sich mit der Schnellkorrektur BELICHTUNG anpassen.

2.2.2 Beleuchtung

Stellen, die im Bild zu hell, zu dunkel oder zu flau geraten sind, korrigieren Sie mit der Funktion BELEUCHTUNG. Sie können hierbei entweder den Automatikmodus mit den Schaltflächen AUTO-TONW. oder AUTO-KONTRAST nutzen oder eine manuelle (und bessere) Korrektur mit den Schiebereglern oder Miniaturvorschauen vornehmen.

Mit AUTO-TONW. (für »Tonwertkorrektur«) und AUTO-KONTRAST passen Sie den Gesamtkontrast des Bildes an. Als Kontrast bezeichnet man die Differenz zwischen hellen und dunklen Bereichen im Bild. Im Idealfall liegen die hellsten Pixel in Weiß und die dunkelsten Pixel in Schwarz vor. Bei der Korrektur versucht Photoshop Elements daher stets, die hellsten Pixel zu Weiß und die dunkelsten Pixel zu Schwarz zu verarbeiten. Hierbei kann es allerdings auch zu Farbveränderungen kommen.

Bessere Ergebnisse als mit den AUTO-Schaltflächen erreichen Sie von Hand mit den entsprechenden Schiebereglern unter den Registern TIEFEN, MITTELTÖNE und LICHTER.

Mithilfe des Schiebereglers unter dem Register TIEFEN hellen Sie die dunkelsten Töne im Bild (ausgenommen Schwarz) auf, indem Sie den Regler mit gedrückter Maustaste nach rechts ziehen. Analog bewirkt der Schieberegler unter dem Register

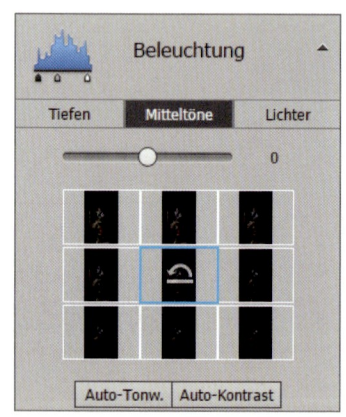

▲ **Abbildung 2.15**
TIEFEN, MITTELTÖNE und LICHTER sind die Spezialität der Schnellkorrektur BELEUCHTUNG.

LICHTER eine Abdunklung der hellsten Töne (ausgenommen Weiß) im Bild.

Um die Farbtöne in der Mitte zwischen Schwarz und Weiß zu korrigieren, steht im Register MITTELTÖNE ebenfalls ein Schieberegler zur Verfügung. Hierbei bleiben die Farbtöne Schwarz und Weiß unangetastet.

Schritt für Schritt
Beleuchtung im Schnell-Modus korrigieren

Das folgende Bild »Karslbruecke.jpg« ist ein wenig zu dunkel geraten. Die Belichtungszeit bei diesem Bild war zu kurz, weshalb es doch recht deutlich sichtbar unterbelichtet ist. Dennoch enthält das Bild die nötigen Informationen, um mehr Licht in die Dunkelheit zu bringen. Die entsprechenden Bildwerte dazu wollen wir mit der Schnellkorrektur offenbaren.

1 Tiefen aufhellen
Ziehen Sie im Bereich BELEUCHTUNG den Regler 2 von TIEFEN 1 bis zum Wert 10. Nun erscheint das Bild schon wesentlich heller und detailreicher.

Ähnlich funktioniert dies auch, wenn Sie LICHTER korrigieren wollen. Hiermit können Sie die zu hell geratenen Bereiche im Bild abdunkeln, was allerdings in diesem Beispiel nicht der Fall ist. Wenn Sie mehr oder weniger Kontrast haben wollen, können Sie dies mit MITTELTÖNE erreichen. Im Beispiel wurden die Mitteltöne auch noch etwas um –10 reduziert.

Achtung vor Bildrauschen
Wenn Sie bei zu dunkel geratenen Bildern die Tiefen aufhellen, müssen Sie das unschöne Bildrauschen im Auge behalten, das auftritt, wenn Sie zu stark aufhellen. Aus diesem Grund wurde in diesem Beispiel der Zoom-Regler auf 100 % gestellt, weil Sie mit dieser Zoomstufe beurteilen können, dass Sie kein Bildrauschen beim Aufhellen produzieren. Probieren Sie es selbst aus, indem Sie den Regler von TIEFEN 1 extrem aufhellen, und beobachten Sie das Bild an den dunklen Stellen.

Kapitel_02:
Karlsbruecke.jpg;
Karlsbruecke-nach-korrektur.jpg

▼ **Abbildung 2.16**
Die dunklen Töne wurden aufgehellt und verbessert.

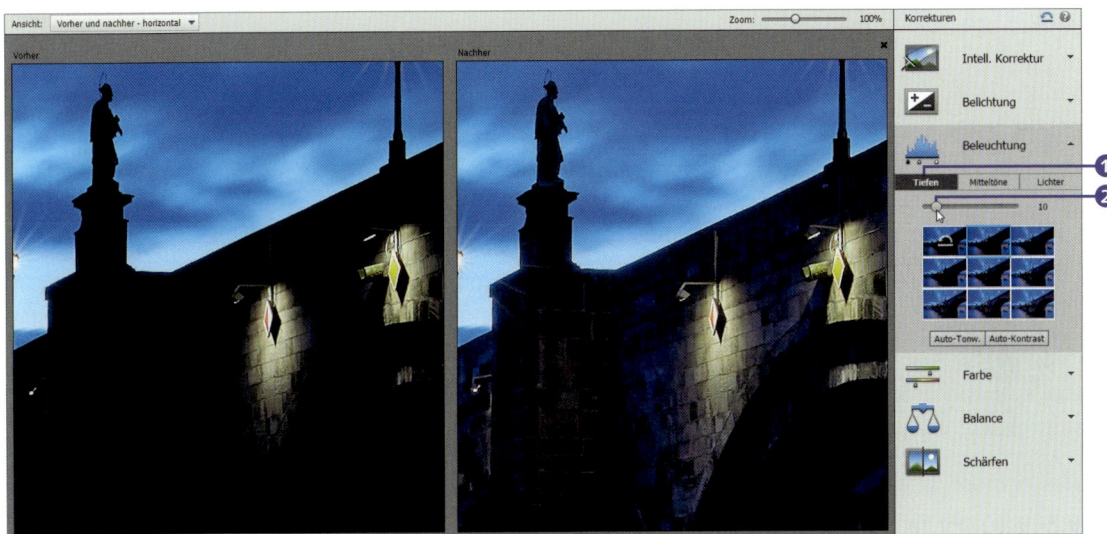

Kapitel 2 Schnelle Bildkorrekturen im Fotoeditor

2 Belichtung anpassen

Da das Gesamtbild noch etwas unterbelichtet und wie hinter einem grauen Schleier wirkt, wollen wir hier mit der BELICHTUNG ❶ entgegenwirken, indem wir den Schieberegler auf 1,0 erhöhen. Zusätzlich wurde im Beispiel noch bei BALANCE unter TEMPERATUR eine wärmere Farbe und bei der FARBTONUNG etwas Grün hinzugefügt, um die Farbstimmung des Bildes zu verändern. Allerdings sind solche Einstellungen eher eine Frage des persönlichen Geschmacks. Bei solchen Korrekturen empfiehlt es sich ebenfalls, tiefer in das Bild hineinzuzoomen, um bei der Korrektur unerwünschtes Bildrauschen zu erkennen und zu vermeiden.

▼ **Abbildung 2.17**
Zu guter Letzt passen wir auch noch die Belichtung des Bildes für ein besseres Gesamtergebnis an.

2.2.3 Farbe und Farbbalance korrigieren

Wenn Ihr Bild zu viel oder zu wenig Farbe aufweist, zu kühl wirkt oder einen Farbstich hat, dann nutzen Sie die Regler bzw. Miniaturvorschauen von FARBE und BALANCE im Bedienfeldbereich.

Farbe | Wenn Sie für das Bild mehr oder weniger Leuchtkraft benötigen, nutzen Sie bei der Schnellkorrektur FARBE den Regler ❹ unterhalb des Registers SÄTTIGUNG. Bei einer Verschiebung nach links entziehen Sie dem Bild immer mehr Farben, bis das Bild nur noch in Graustufen wiedergegeben wird. Mehr Farbsättigung erzielen Sie, wenn Sie den Regler nach rechts schieben.

Mit dem Schieberegler unterhalb des Registers FARBTON ❷ im Bedienfeld FARBE können Sie Farben ganz verändern; dieser Regler »verschiebt« gleichsam die Farbkanäle.

Am Ende des Bedienfeldes FARBE finden Sie auch noch ein Register DYNAMIK ❸, mit dem Sie recht ähnlich wie mit dem Regler SÄTTIGUNG die Sättigung von Farben im Bild anpassen können. Nur hat der Regler von DYNAMIK den Vorteil, dass sich dieser, wenn Sie ihn nach rechts ziehen, nur auf weniger gesättigte Farben auswirkt. Bereits gut gesättigte Farben werden also

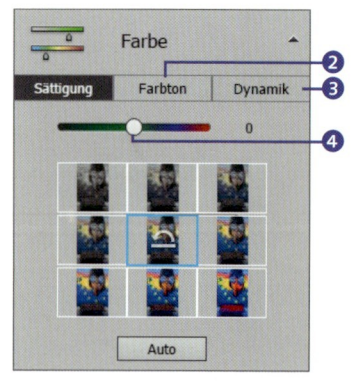

▲ **Abbildung 2.18**
Die Schnellkorrektur FARBE

nicht weiter (unnötig) gesättigt. Gleiches gilt, wenn Sie diesen nach links ziehen. Im Gegensatz zum Regler SÄTTIGUNG können Sie mit dem Regler DYNAMIK kein monochromes Bild erstellen, selbst wenn Sie diesen ganz nach links ziehen.

Balance | Bei der Schnellkorrektur BALANCE finden Sie einen Schieberegler unter dem Register TEMPERATUR 5, mit dem Sie die Farbtemperatur ändern können. Bewegen Sie den Regler nach rechts, erhöhen Sie den Rotwert, wodurch die Farbgebung des Bildes wärmer erscheint. Eine kühlere Farbtemperatur erzielen Sie, indem Sie den Regler nach links in den Blauanteil verschieben.

Ein Feintuning der Temperatur bewirkt der Schieberegler unterhalb des Registers FARBTONUNG 6 im Bedienfeld BALANCE im Grün- und Magentaanteil. Um etwa die kälteren Farben noch kühler zu machen, fügen Sie dem Bild mehr Grün hinzu (Regler nach links). Magenta (Regler nach rechts) bewirkt eine noch wärmere Farbgebung. Alternativ können Sie die beiden Schieberegler für kühlere bzw. wärmere Farben auch verwenden, um einen Farbstich auszugleichen.

Graustufenbild
Wenn Sie einem Bild über die SÄTTIGUNG die Farbe entziehen, bleibt es dennoch ein RGB-Bild, dem Sie Farbe (etwa einen farbigen Text) wieder hinzufügen könnten. Ein echtes Graustufenbild erzeugen Sie dagegen über BILD • MODUS • GRAUSTUFEN.

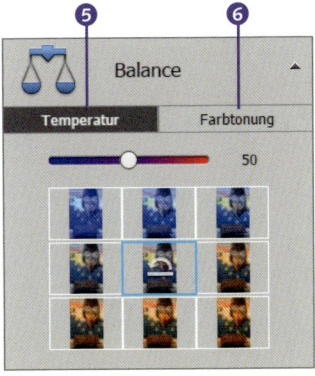

▲ **Abbildung 2.19**
Die Schnellkorrektur BALANCE

Schritt für Schritt
Farben im Schnell-Modus korrigieren

Im Bild »Graffiti.jpg« sind die Farben flau geraten, und auch die Farbtemperatur wirkt etwas kühl. Wir wollen das Bild mithilfe der Schnellkorrektur von FARBE und BALANCE verbessern.

Kapitel_02:
Graffiti.jpg; Graffiti-nach-korrektur.jpg

1 Sättigung erhöhen
Um dem Bild etwas mehr Leuchtkraft zu geben, schieben Sie den Regler SÄTTIGUNG 8 im Register FARBE 7 ein klein wenig nach rechts, bis Sie mit der Leuchtkraft zufrieden sind.

◄ **Abbildung 2.20**
Eine erhöhte Sättigung sorgt für mehr Leuchtkraft.

Farbveränderungen
Die Korrektur oder Manipulation von Farben bedarf gesteigerter Sensibilität und Umsicht. Häufig werden nämlich bei der Änderung von Farben auch einzelne Farbwerte verändert, die Sie eigentlich gar nicht verändern wollten. Denken Sie daher daran: Nichts verdirbt ein Bild schneller als eine unbedachte Farbkorrektur.

Übertreiben Sie es allerdings nicht damit. Im Beispiel habe ich den Wert auf 25 erhöht.

2 Dynamik erhöhen
Einige Farben könnten nun noch etwas mehr Brillanz vertragen. Damit wir aber die Farben mit dem Regler SÄTTIGUNG an einigen Stellen nicht übersättigen, verwenden wir jetzt den Regler unter DYNAMIK ❶ und erhöhen hier den Wert über den Schieberegler auf den Wert 30.

◀ Abbildung 2.21
Farben, die schon recht gesättigt sind, werden mit dem Regler DYNAMIK eher in Ruhe gelassen.

3 Farbtemperatur erhöhen
Die Farben auf dem Bild wirken immer noch etwas kühl und flau. Schieben Sie daher für eine wärmere Farbe den Regler bei BALANCE ❷ für TEMPERATUR ❸ und eventuell FARBTONUNG leicht nach rechts. Im Beispiel habe ich den Wert von TEMPERATUR auf 54 und von FARBTONUNG auf 3 erhöht.

Abbildung 2.22 ▶
Eine wärmere Farbtemperatur für das Bild

2.2.4 Unschärfe korrigieren
Wirkt ein Bild etwas zu weich, können Sie solche Bereiche unter SCHÄRFEN entweder mit der Schaltfläche AUTO automatisch oder

2.2 Die Schnellkorrekturen

manuell mit dem Schieberegler bzw. den Miniaturvorschauen verbessern. Je mehr Sie den Schieberegler nach rechts schieben, desto stärker wird das Bild nachgeschärft. Das Thema **Schärfen** ist ebenfalls ein Schlüsselthema in der digitalen Bildbearbeitung. Ich werde daher in Kapitel 17, »Bilder schärfen«, noch darauf eingehen.

Kapitel_02: terracotta.jpg

▲ **Abbildung 2.23**
Unschärfe schnell korrigiert

2.2.5 Alles zusammen – die intelligente Korrektur

Im Bereich INTELL. KORREKTUR der Schnellkorrektur finden Sie eine Korrekturform, die alle soeben beschriebenen Korrekturen wie Belichtung, Beleuchtung, Farbe und Schärfe automatisch vornimmt. Mit einem Klick auf die Schaltfläche AUTO ❺ korrigiert Photoshop Elements das Bild selbsttätig. Die Stärke der automatischen Korrektur können Sie dabei mit dem Schieberegler ❹ oder eben wieder über die Miniaturvorschauen einstellen.

2.2.6 Rote Augen korrigieren

Auf vielen Fotos findet sich der unerwünschte Rote-Augen-Effekt, der sich bei Aufnahmen mit Blitzlicht einstellen kann. Den Rote-Augen-Effekt können Sie auch mit der Schnellkorrektur von Photoshop Elements entfernen. Der folgende Workshop zeigt, wie Sie rote Augen in Ihren Bildern korrigieren.

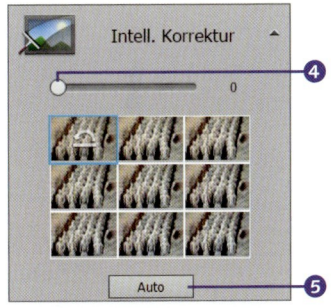

▲ **Abbildung 2.24**
Allgemeine Korrekturen

Schritt für Schritt
Rote Augen entfernen

Am Beispiel des Bildes »Rote_Augen.jpg« lernen Sie zwei Möglichkeiten kennen, rote Augen zu korrigieren.

Kapitel_02: Rote_Augen.jpg; Rote_Augen-nach-der-Korrektur.jpg

Kapitel 2 Schnelle Bildkorrekturen im Fotoeditor

Volle Automatik
Die intelligente Schnellkorrektur eignet sich nur bedingt für Korrekturarbeiten. Hierbei übernimmt Photoshop Elements für Sie sämtliche Berechnungen. Das mag auf den ersten Blick praktisch erscheinen, dennoch ist eine gute Korrektur hier eher eine Frage des Zufalls. Bei Bildern, die nur sehr wenig Korrektur benötigen, können Sie ja einmal einen Versuch wagen.

1 Rote Augen automatisch entfernen lassen

Am einfachsten korrigieren Sie den Rote-Augen-Effekt mit der Automatik über das Menü ÜBERARBEITEN • ROTE AUGEN AUTOMATISCH KORRIGIEREN oder mit der Tastenkombination [Strg]/[cmd]+[R]. Photoshop Elements sucht jetzt im Bild nach den roten Augen und versucht, sie automatisch zu korrigieren. Manchmal funktioniert diese Methode ganz gut, aber in unserem Bild hat dies kaum einen Effekt. Machen Sie die automatische Korrektur daher mit [Strg]/[cmd]+[Z] wieder rückgängig.

2 Werkzeug verwenden

Alternativ (und dies ist meistens die bessere Lösung) nutzen Sie das Augen-Werkzeug. Aktivieren Sie das Werkzeug in der Werkzeugpalette oder über die Taste [Y]. Die Standardeinstellungen der Werkzeugoptionen (PUPILLENRADIUS und ABDUNKELN) können Sie jeweils bei 50 % belassen.

Ziehen Sie nun mit gedrückter linker Maustaste in der NACHHER-Ansicht einen Rahmen ❶ um ein Auge. Beachten Sie hierbei, dass Sie in der VORHER-Ansicht keinerlei Änderungen machen können. Sobald Sie nach dem Ziehen des Rahmens die Maustaste loslassen, sollte das rote Auge korrigiert sein. Falls die roten Augen nicht beim ersten Mal korrigiert sind, wiederholen Sie den Vorgang noch ein paarmal.

▼ **Abbildung 2.25**
Ziehen Sie mit dem Augen-Werkzeug einen Rahmen um das Auge.

3 Ein-Klick-Lösung

Das Augen-Werkzeug bietet eine zweite Möglichkeit, um rote Augen zu entfernen. Klicken Sie hierzu einfach in den roten Bereich des Auges.

2.2 Die Schnellkorrekturen

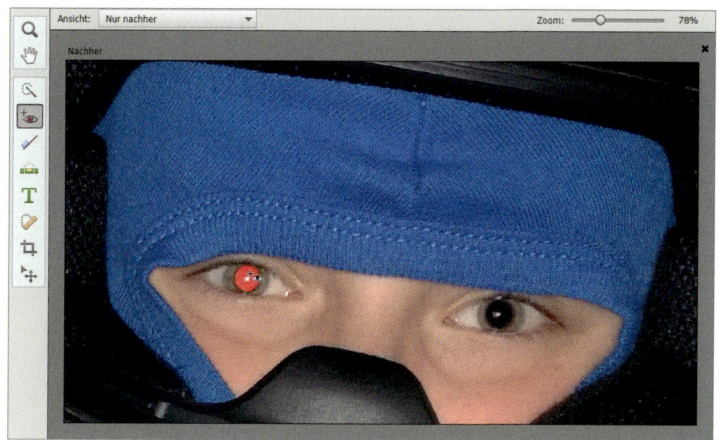

◀ **Abbildung 2.26**
Häufig reicht ein Klick auf das rote Auge zur Korrektur aus.

Augen bei Tieren korrigieren | Bei Tierfotografien mit Blitzlicht sind die Ergebnisse der Rote-Augen-Automatik meist unbefriedigend. Die Augenfarbe der Tiere wird hierbei häufig gelblich, grünlich oder leicht bläulich wiedergegeben. Aber auch für solche Zwecke ist Photoshop Elements gerüstet. Um solche mit Blitzlicht entstandenen Tieraugen zu reparieren, können Sie ebenfalls das Augen-Werkzeug verwenden. Hierzu müssen Sie lediglich die Option TIERAUGE ❷ aktivieren. Ansonsten können Sie genauso vorgehen, wie eben schon beim Workshop »Rote Augen entfernen« gezeigt wurde. Je nach Stärkegrad des Blitzeffekts werden Sie hier vielleicht auch die Werte von PUPILLENRADIUS und ABDUNKELN anpassen müssen.

Kapitel_02:
augen-effekt.jpg;
augen-effekt-nach-der-korrektur.jpg

▼ **Abbildung 2.27**
Die Tieraugen wurden mit der Option TIERAUGE ❷ repariert. Damit es hier klappt, wie in der VORHER-NACHHER-Ansicht zu sehen ist, wurde mehrmals ein Rahmen um die Augen gezogen und die Werte für PUPILLENRADIUS und ABDUNKELN wurden erhöht.

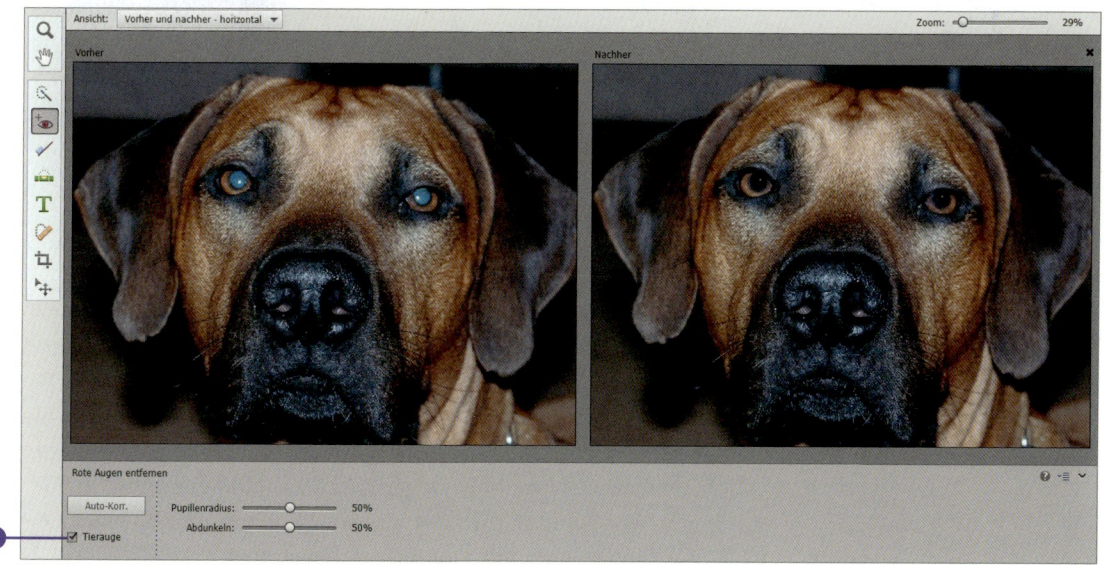

Kapitel 2   Schnelle Bildkorrekturen im Fotoeditor

 Die Funktion GESCHLOSSENE AUGEN ÖFFNEN wurde neu in PSE 2018 hinzugefügt und steht neben dem SCHNELL-Modus auch im EXPERTE-Modus und über das Menü ÜBERARBEITEN • GESCHLOSSENE AUGEN ÖFFNEN zur Verfügung.

Geschlossene Augen öffnen | Wenn Sie Personen fotografieren, kommt es gelegentlich vor, dass ein Bild genau zu dem Zeitpunkt gemacht wurde, in dem die Person die Augen schließt. So etwas kann ziemlich ärgerlich sein, weil solche Bilder in der Regel unbrauchbar sind. Mit der Geschlossene-Augen-Korrektur des Augen-Werkzeugs können Sie solche Bilder noch retten. Idealerweise haben Sie von derselben Person noch weitere Bilder, auf denen die Augen offen sind.

Schritt für Schritt
Geschlossene Augen öffnen

Am Beispiel des Bildes »Geschlossene-Augen.jpg« erfahren Sie, wie Sie ein Bild noch retten können.

Kapitel_02: Geschlossene-Augen-Ordner

1 Funktion aufrufen
Öffnen Sie das Bild »Geschlossene-Augen.jpg« im Fotoeditor, und wählen Sie das Augen-Werkzeug Y. Klicken Sie dann bei den Werkzeugoptionen auf die Schaltfläche GESCHLOSSENE AUGEN ÖFFNEN ❶.

Abbildung 2.28 ▶
Funktion GESCHLOSSENE AUGEN ÖFFNEN aufrufen

2 Augenquelle auswählen
Im sich öffnenden Dialog erkennt die Software das Gesicht und markiert es mit einem blauen Kreis. Rechts daneben finden Sie zwei Beispielaugen ❺, die Sie ausprobieren können, indem Sie diese anklicken. Dadurch werden die angeklickten Beispielaugen der Augenquelle mit den Augen des erkannten Gesichtes auf der linken Seite im blau markierten Kreis ❷ ausgetauscht. Diese Beispiele dienen eher zur Demonstration. Mit der Schaltfläche ZURÜCKSETZEN ❻ stellen Sie den Ausgangszustand des Bildes wieder

2.2 Die Schnellkorrekturen

her. Idealerweise haben Sie weitere Fotos von derselben Person, um das Bild mit der Person mit den geschlossenen Augen zu korrigieren. Sie können hierzu die entsprechenden Bilder über den Bereich AUGENQUELLE laden. Entweder wählen Sie hier die Augenquellen über den COMPUTER ❸ oder den ORGANIZER ❹ aus. Wir wählen hier COMPUTER.

◂ **Abbildung 2.29**
Der Geschlossene-Augen-öffnen-Dialog

3 Bilder laden

Im sich öffnenden Dialog können Sie einzelne oder mehrere Bilder für die Augenquelle(n) auswählen. Hier habe ich vier weitere Bilder mit derselben Person ausgewählt. Klicken Sie auf ÖFFNEN.

Spaßbilder

Es hält Sie keiner davon ab, hier einfach nur Spaßbilder zu erstellen und die Augen von einer ganz anderen Person zu verwenden, um zu sehen, was dabei herauskommt.

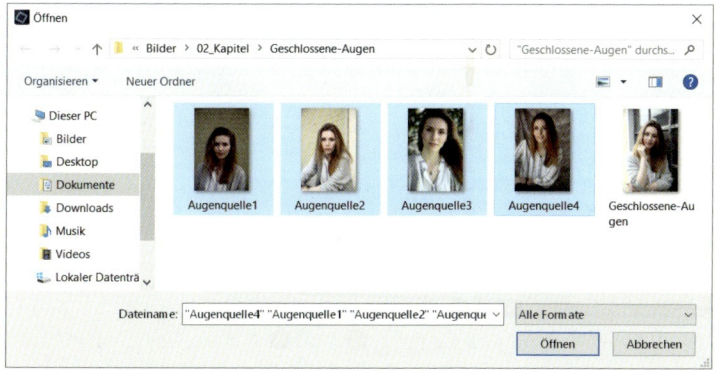

◂ **Abbildung 2.30**
Bilder für die Augenquellen auswählen

4 Geschlossene Augen korrigieren

Die Software analysiert die Bilder und sucht die Augen (bzw. Gesichter) darin. Gefundene Augen werden rechts ❶ (Abbildung 2.31) zur Auswahl hinzugefügt. Hier können Sie durch Anklicken der einzelnen Gesichter ausprobieren, welche der Augenquellen

67

zum besten Ergebnis führen. Es empfiehlt sich unterhalb des Vorschaubildes über die Lupensymbole etwas tiefer in das Bild zoomen, um das Endergebnis besser beurteilen zu können. Klicken Sie auf OK ❷, wird die Korrektur auf das Bild angewendet.

Abbildung 2.31 ▶
Passende Augenquelle für die Korrektur ausprobieren und anwenden

2.2.7 Bilder drehen und freistellen

Zur (Schnell-)Korrektur gehört natürlich auch das Drehen der Bilder um 90°. Hierzu finden Sie in allen Modi (SCHNELL, ASSISTENT, EXPERTE) ganz unten im Bildfenster eine Schaltfläche, mit der Sie das Bild um 90° nach links ❸ drehen können. Soll das Bild um 90° nach rechts gedreht werden, müssen Sie auf den kleinen Pfeil ❹ klicken, um an die entsprechende Option zu gelangen. Beachten Sie, dass Sie mit dieser Funktion das Bild selbst um 90° drehen und nicht nur dessen Ansicht.

Kamera und Querformat
Viele Kameras bieten Bilder, die im Hochformat aufgenommen wurden, nur querformatig an. Daher finden Sie bei der Schnellkorrektur auch eine Option zum Drehen der Bilder.

Abbildung 2.32 ▶
Bilder um 90° nach links oder nach rechts drehen

Gerade bei Sportaufnahmen, Aufnahmen von Objekten in Bewegung oder auch Aufnahmen, die man eben mal schnell geschossen hat, haben Sie selten auf Anhieb den richtigen Bildausschnitt. Dies ist aber noch lange kein Grund, ein Bild zu verwerfen. Sie können sich in einem solchen Fall mit dem Freistellungswerkzeug behelfen. Der folgende Workshop zeigt Ihnen Schritt für Schritt, wie Sie dabei vorgehen.

Schritt für Schritt
Ausrichten und Freistellen im Schnell-Modus – den Bildausschnitt verändern

Das folgende Bild »Sankt-Sebastian.jpg« ist leicht schief geraten, weil es an dieser Stelle schwer war, durch den Sucher zu sehen oder das Live-Bild zu betrachten, ohne dabei Gefahr zu laufen, in den Fluss zu fallen. Daher habe ich die Kamera nach Gefühl gerade ausgerichtet – mit dem Wissen, dass ich das Bild auch noch nachträglich am Computer ausrichten kann.

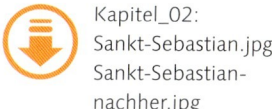

Kapitel_02:
Sankt-Sebastian.jpg,
Sankt-Sebastian-nachher.jpg

1 Bild gerade ausrichten

Verwenden Sie unter ANSICHT ❺ zunächst NUR NACHHER. Wählen Sie im Schnellkorrektur-Modus das Gerade-ausrichten-Werkzeug in der Werkzeugpalette aus, oder drücken Sie die Taste P. Suchen Sie im Bild eine Linie aus, die gerade sein soll. Im Beispiel wurde hierzu die Kirche verwendet. Klicken Sie am oberen Teil ❻ der Kirchturmspitze, und ziehen Sie den Cursor mit gedrückt gehaltener Maustaste zum unteren Teil ❼ des Glockenturms (möglichst mittig). Die beiden Punkte sind nun mit einer Linie verbunden. Wenn Sie die Maustaste loslassen, wird das Bild entlang dieser Linie gedreht und gerade ausgerichtet. Wählen Sie außerdem noch die Option ARBEITSFLÄCHE ERHALTEN ❽, und setzen Sie ein Häkchen vor KANTEN AUTOMATISCH FÜLLEN ❾.

Zum Nachlesen

Das Gerade-ausrichten-Werkzeug wird in Abschnitt 21.1, »Bilder gerade ausrichten«, mit den verschiedenen Optionen umfassender behandelt.

▼ **Abbildung 2.33**
Das Bild gerade ausrichten

Freistellungsempfehlungen

Die vier Vorschaubilder unter FREISTELLUNGSEMPFEHLUNGEN ❺ bieten Ihnen abhängig vom ausgewählten Seitenverhältnis verschiedene Freistellungsvorschläge an, die Sie anklicken und jederzeit mit dem grünen Häkchen übernehmen oder mit dem roten Stoppsymbol bzw. [Esc] abbrechen können. Mehr zu dieser neuen Option erfahren Sie in Abschnitt 19.2, »Bilder zuschneiden«, in dem das Freistellungswerkzeug umfassender behandelt wird.

2 Freistellungsrahmen auswählen

Wählen Sie das Freistellungswerkzeug aus, oder drücken Sie die Taste [C]. Verwenden Sie unter den Werkzeugoptionen für das Seitenverhältnis FOTOVERHÄLTNIS VERW. ❶.

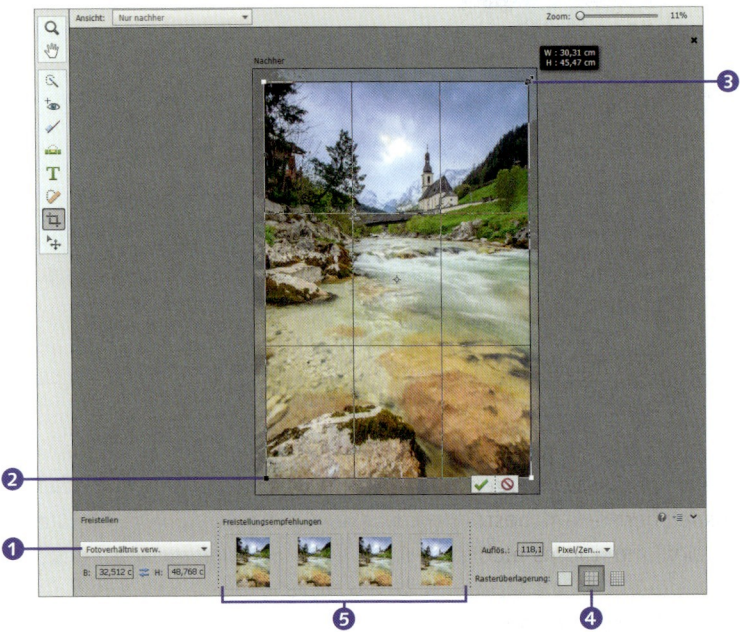

Abbildung 2.34 ▶
Auswahl eines Bildausschnitts, der freigestellt werden soll

Wählen Sie nun im Bild der NACHHER-Ansicht die linke untere Ecke ❷ des neuen Bildausschnitts aus, und halten Sie die linke Maustaste gedrückt. Ziehen Sie mit der gedrückten Maustaste den Rahmen nach rechts oben ❸, bis Sie den gewünschten Bildausschnitt ausgewählt haben. Wählen Sie als RASTERÜBERLAGERUNG die DRITTEL-REGEL ❹.

3 Rahmen anpassen und bestätigen

Haben Sie die Maustaste losgelassen, erscheint ein Rahmen mit einem grünen Häkchen ❻ und einem Stoppsymbol ❼. Wenn Ihnen der ausgewählte Bildausschnitt noch nicht gefällt, vergrößern oder verkleinern Sie ihn mit gedrückter linker Maustaste über die Ränder hinaus. Mit gedrückter Maustaste innerhalb der Auswahl verschieben Sie diese. Und sollte das Bild immer noch nicht ganz gerade sein, müssen Sie nur auf einen verdunkelten Bereich gehen, wodurch der Mauscursor zu einem gekrümmten Pfeil ❺ wird. Mit gedrückt gehaltener Maustaste können Sie den Zuschnittrahmen jetzt drehen. Sind Sie mit dem Bildausschnitt zufrieden, klicken Sie das Häkchen an oder bestätigen mit [↵]. Um den Vorgang abzubrechen, klicken Sie auf das Stoppsymbol oder drücken [Esc].

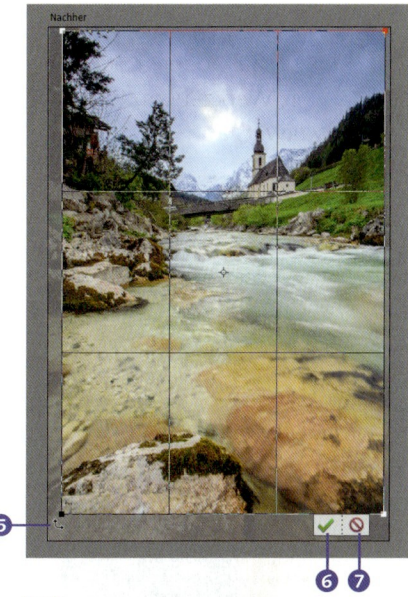

◀ **Abbildung 2.35**
Rahmen anpassen und bestätigen

4 Neuen Bildausschnitt abspeichern

Wenn Sie mit dem Ergebnis zufrieden sind, können Sie die Datei abspeichern – am besten unter einem anderen Namen als das Original, um dieses nicht durch Überschreiben zu verlieren.

◀ **Abbildung 2.36**
Das Ergebnis kann sich sehen lassen: Unnötiges wurde abgeschnitten, und auch das Bild wurde möglichst gerade gerückt.

2.2.8 Bildbereiche korrigieren

Zum Schluss möchte ich Ihnen noch zeigen, wie Sie mit dem Schnellauswahl-Werkzeug einen bestimmten Bildbereich auswählen und diesen dann isoliert korrigieren bzw. manipulieren können.

Kapitel 2   Schnelle Bildkorrekturen im Fotoeditor

Kapitel_02:
Lissabon-tram.jpg;
Lissabon-tram-nachher.jpg

Schritt für Schritt
Einzelne Bildteile einfärben

In diesem Workshop werden wir beim Bild »Lissabon-tram.jpg« die Straßenbahn umfärben, ohne dass die Änderung als Manipulation zu erkennen ist.

1   Konturen finden

Aktivieren Sie das Schnellauswahl-Werkzeug ❶, und malen Sie mit gedrückter linker Maustaste auf dem gelbfarbigen Bereich der Tram der Nachher-Ansicht. Photoshop Elements versucht nun selbstständig, die zusammengehörenden Konturen zu finden. Anhand der Auswahlkante ❹ können Sie feststellen, welche Konturen gefunden wurden. Sie können die Maustaste jederzeit loslassen und das Werkzeug neu ansetzen. Solange bei den Werkzeugoptionen die Hinzufügen-Option ❷ aktiviert ist, werden neu angesetzte Auswahlen der aktuellen Auswahl hinzugefügt. Je feiner die Bereiche werden, desto näher können Sie in das Bild hineinzoomen und bei Bedarf Klick für Klick weitere Auswahlen hinzufügen. Gegebenenfalls sollten Sie die Option Automatisch verbessern ❸ aktivieren.

Abbildung 2.37 ▶
Konturen der Straßenbahn mit dem Schnellauswahl-Werkzeug finden

2   Auswahl korrigieren

Sollten Sie mehr als nötig mit dem Schnellauswahl-Werkzeug markiert haben, wählen Sie einfach bei den Werkzeugoptionen Subtrahieren ❻ aus und übermalen den Bereich, der von der

Auswahl entfernt werden soll ❺. Umgekehrt können Sie natürlich jederzeit wieder zu viel entfernte Bereiche mit der Werkzeugoption Hinzufügen der Auswahl hinzufügen.

◄ **Abbildung 2.38**
Hier wird zu viel Ausgewähltes von der Auswahl entfernt. Zuvor wurde die Größe der Pinselspitze verkleinert.

3 Ausgewählten Bereich bearbeiten

Den ausgewählten Bereich können Sie nun nach Belieben bearbeiten. Im Beispiel habe ich im Bereich Farbe den Schieberegler für Farbton nach rechts (150) gezogen und die Sättigung ein wenig reduziert (genauer auf den Wert –20). Heben Sie die Auswahl mit [Strg]/[cmd]+[D] auf, und speichern Sie das Bild, am besten wieder unter einem anderen Namen.

▼ **Abbildung 2.39**
Den ausgewählten Bildbereich bearbeiten – in diesem Fall manipulieren

Kapitel 2 Schnelle Bildkorrekturen im Fotoeditor

2.3 Effekte, Strukturen und Rahmen verwenden

▲ **Abbildung 2.40**
Neben den Korrekturen finden Sie im SCHNELL-Modus noch die Schaltflächen für EFFEKTE, STRUKTUREN und RAHMEN.

Rechts unten im SCHNELL-Modus finden Sie neben der Schaltfläche für die KORREKTUREN noch drei weitere Schaltflächen ❶ für EFFEKTE, STRUKTUREN und RAHMEN vor. Wenn Sie eine der entsprechenden Schaltflächen anklicken, finden Sie im Bedienfeld darüber die zugehörigen Funktionen.

2.3.1 Die Effekte

Wenn Sie die Schaltfläche EFFEKTE anklicken, werden im Bedienfeld darüber Live-Miniaturvorschauen von elf verschiedenen EFFEKTE-Kategorien wie TÖNUNG, JAHRESZEITEN, BLEISTIFTSKIZZE usw. aufgelistet. In jeder Kategorie befinden sich jeweils fünf Effekte. Somit können Sie hier aus insgesamt 55 verschiedenen Effekten auswählen. Hierbei finden Sie viele populäre Effekte, die Sie ganz einfach durch Anklicken einer der Miniaturen im Bedienfeld auf das angezeigte Bild auswählen und anwenden können. Wenn Sie einen Effekt ausgewählt haben, finden Sie unter dem ausgewählten Effekt vier weitere Effekte ❹ dieser Kategorie vor, die Sie ebenfalls auswählen können. Zurücksetzen können Sie das Bild über das kleine Icon ❸ BILD ZURÜCKSETZEN über den Effekten. Der Effekt wird als neue Ebene hinzugefügt und kann im EXPERTE-Modus ❷ nachträglich weiterbearbeitet werden.

Mehr Details dazu ...
Ebenen sind ein spezielles Thema und werden in Teil VIII behandelt. Der EXPERTE-Modus des Fotoeditors hingegen wird in Kapitel 4, »Der Fotoeditor im Experte-Modus«, umfassend beschrieben.

Kapitel_02:
under-the-bridge.jpg

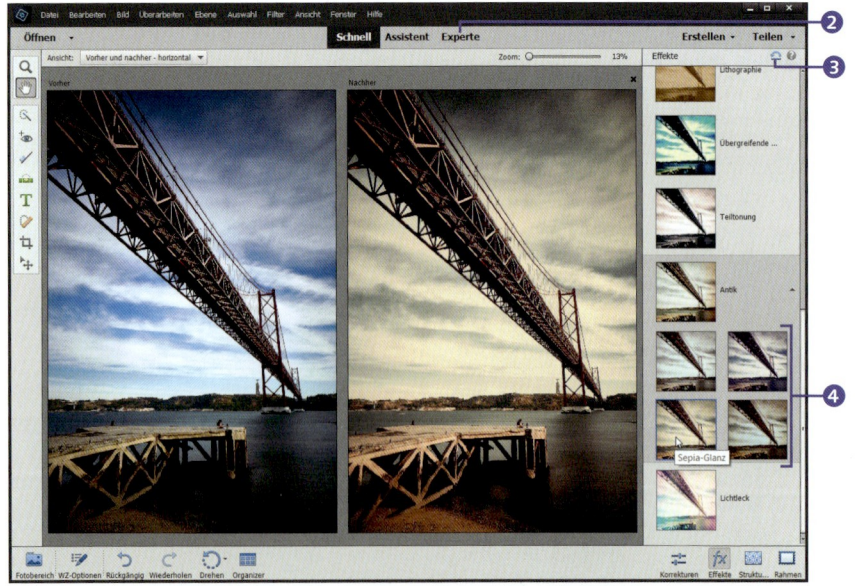

▲ **Abbildung 2.41**
Hinter der Schaltfläche EFFEKTE finden Sie elf verschiedene Kategorien mit jeweils fünf Effekten, die Sie auf Ihr Bild anwenden können.

2.3 Effekte, Strukturen und Rahmen verwenden

2.3.2 Die Strukturen
Über die Schaltfläche STRUKTUREN finden Sie zehn Strukturen, die Sie ebenfalls durch Anklicken dem aktuellen Bild hinzufügen können. Ansonsten gilt hierzu auch alles, was schon bei den Effekten beschrieben wurde.

◀ Abbildung 2.42
Hinter der Schaltfläche STRUKTUREN finden Sie zehn Strukturen, die Sie dem aktuellen Bild hinzufügen können.

2.3.3 Die Rahmen
Hinter der letzten Schaltfläche RAHMEN verbergen sich zehn Rahmen, mit denen Sie das aktuelle Bild durch Anklicken der Miniatur einrahmen können. Photoshop Elements versucht, den Rahmen immer möglichst optimal dem Bild anzupassen. Wenn Ihnen das Ergebnis nicht gefällt, können Sie nachträglich das Bild und den Rahmen transformieren bzw. verschieben, indem Sie den Rahmen doppelt anklicken oder das Verschieben-Werkzeug verwenden. Im EXPERTE-Modus können Sie zusätzlich noch die Hintergrundfarbe des Rahmens anpassen.

Mehr Details dazu …
Auf das Thema **Bilderrahmen erstellen** wird nochmals gesondert in Abschnitt 40.7 eingegangen. Dort wird auch die Transformation des Rahmens behandelt.

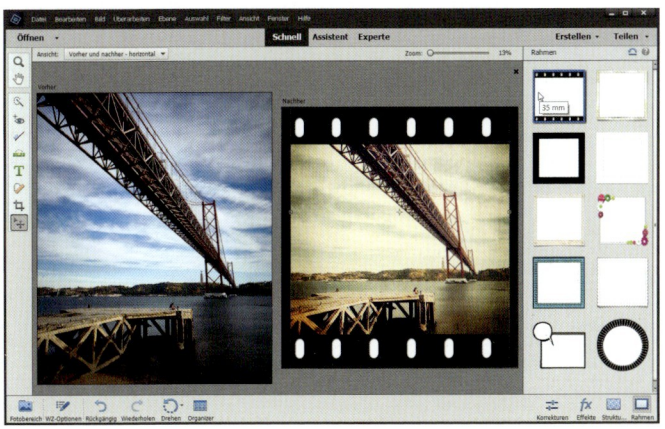

◀ Abbildung 2.43
Hinter der Schaltfläche RAHMEN finden Sie einige Rahmen, mit deren Hilfe Sie das Bild mit einem Klick einrahmen können.

Kapitel 3
Der Assistent

Noch einfacher wird Ihnen die Korrektur mit dem Modus »Assistent« gemacht. Er ist noch eine Spur einfacher gehalten als der Modus »Schnell« und tritt bei der Bearbeitung direkt in einen Dialog mit dem Anwender. Dies hat den Vorteil, dass Sie eine genaue Erklärung erhalten, was der »Assistent« mit der jeweils ausgewählten Aktion bewirkt.

3.1 Die Arbeitsoberfläche im Assistent-Modus

Ist der Fotoeditor in einem anderen Modus geöffnet, können Sie dies ändern, indem Sie auf die Schaltfläche ASSISTENT ❷ klicken. Der ASSISTENT-Modus eignet sich sehr gut für Anwender, die noch nie mit einer Bildbearbeitung in Berührung gekommen sind, oder wenn es einfach mal schnell gehen soll.

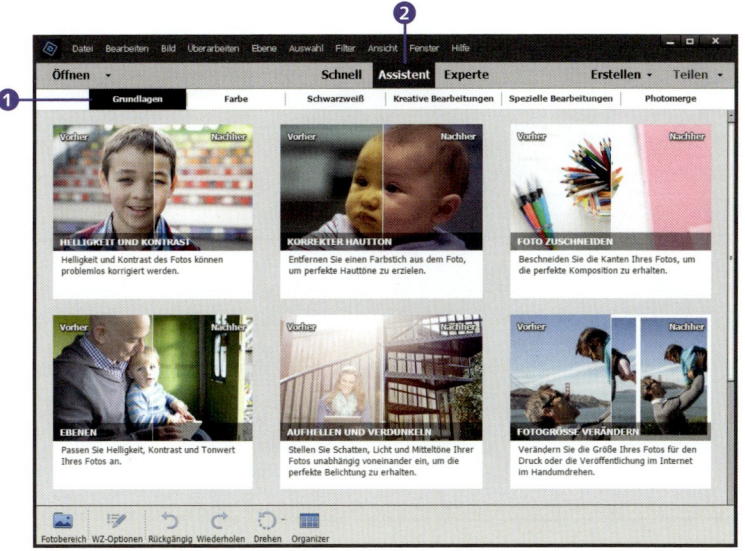

Hinweis

Im vorliegenden Buch werde ich einzelne Funktionen des ASSISTENT-Modus nur am Rande erwähnen. Die Funktionen des ASSISTENT-Modus sind eigens so konzipiert, dass sich seine Anwendung von selbst erklärt. Im Grunde sind die Funktionen des ASSISTENT-Modus ohnehin eine Vereinfachung der manuellen Bildbearbeitung. Die besseren Ergebnisse erzielen Sie meistens mit der manuellen Bildbearbeitung – ihre Möglichkeiten werden Sie im Laufe dieses Buches im Detail kennenlernen.

◄ **Abbildung 3.1**
Die Arbeitsoberfläche des ASSISTENT-Modus ist aufgeteilt in verschiedene Kategorien mit verschiedenen darin enthaltenen Funktionen zur Auswahl.

Kapitel 3 Der Assistent

Kapitel_03: urgrosseltern.jpg

Mittlerweile findet man im ASSISTENT-Modus einige Funktionen, die sich im EXPERTE-Modus nicht so einfach realisieren lassen.

Adobe hat diesen Modus Jahr für Jahr um weitere Funktionen erweitert. Dass sich jetzt auch die PHOTOMERGE-Funktionen inklusive der beliebten PANORAMA-Funktion nur noch über den ASSISTENT-Modus aufrufen und verwenden lassen, dürfte diesen Modus auch für versierte Anwender attraktiver machen.

Sofort sticht hier die Leiste ❶ (Abbildung 3.1) mit den einzelnen Kategorien ins Auge, die nicht ausgeblendet werden kann und im ASSISTENT-Modus auch der Kernpunkt ist. Aufgeteilt wird dieses Bedienfeld in diese Kategorien:

- GRUNDLAGEN: Hier finden Sie die verschiedensten Schnellkorrekturen vor.
- FARBE: Hier finden Sie Schnellkorrekturen und Effekte vor, die sich auf die Farben des Bildes beziehen bzw. auswirken.
- SCHWARZWEISS: Hier sind Funktionen enthalten, womit Sie den Bildern die Farben komplett, teilweise oder nur in speziellen Bereichen entziehen können.
- KREATIVE BEARBEITUNGEN: Der Name der Rubrik spricht schon für sich. Hier finden Sie wirklich tolle und kreative »Spielereien«, die Sie auf Ihre Fotos anwenden können.
- SPEZIELLE BEARBEITUNGEN: Dieser Bereich ist eine Art Sammelsurium für etwas anspruchsvollere Funktionen, die sich trotzdem in Assistent-typischer Manier ganz einfach und ohne spezielle Vorkenntnisse selbsterklärend durchführen lassen.

Abbildung 3.2 ▼
Der ASSISTENT im Einsatz. Hier wurde der Assistent ALTES FOTO WIEDERHERSTELLEN aus dem Bereich SPEZIELLE BEARBEITUNGEN verwendet, um ein altes Foto meiner Urgroßeltern zu verbessern. Sie müssen lediglich die einzelnen Schritte anwenden, wie dies vom Assistenten auf der rechten Seite ❷ vorgeschlagen wird.

▶ PHOTOMERGE: Im Bereich PHOTOMERGE sind Funktionen enthalten, um mehrere Bilder zusammenzufügen oder miteinander zu verschmelzen, was auch die Übersetzung von »to merge« ganz gut trifft.

Auswählen können Sie die einzelnen Funktionen, indem Sie auf die Kachelfläche der entsprechenden Funktion klicken. Wenn Sie den Mauszeiger über dem Bild der Kachel nach links oder rechts bewegen, können Sie den gedachten Vorher-Nachher-Effekt der Funktion sehen. Zum Funktionsnamen finden Sie außerdem darunter noch eine Beschreibung, was die Funktion bewirkt.

In der Werkzeugpalette ❶ stehen Ihnen bei den einzelnen Funktionen im ASSISTENT-Modus jetzt nur noch das Zoom-Werkzeug und das Hand-Werkzeug zur Verfügung.

▲ **Abbildung 3.3**
Jede ASSISTENT-Funktion kann durch Anklicken der Kachel ausgeführt werden.

3.2 Assistent-Modus: Grundlagen

Im Bereich GRUNDLAGEN ❸ des ASSISTENT-Modus finden Sie verschiedene allgemeine Schnellkorrekturen wieder. Zwar sprechen die meisten Funktionen für sich selbst, aber trotzdem sollen diese hier kurz aufgelistet und beschrieben werden.

▼ **Abbildung 3.4**
Die Funktionen im GRUNDLAGEN-Bereich des ASSISTENT-Modus

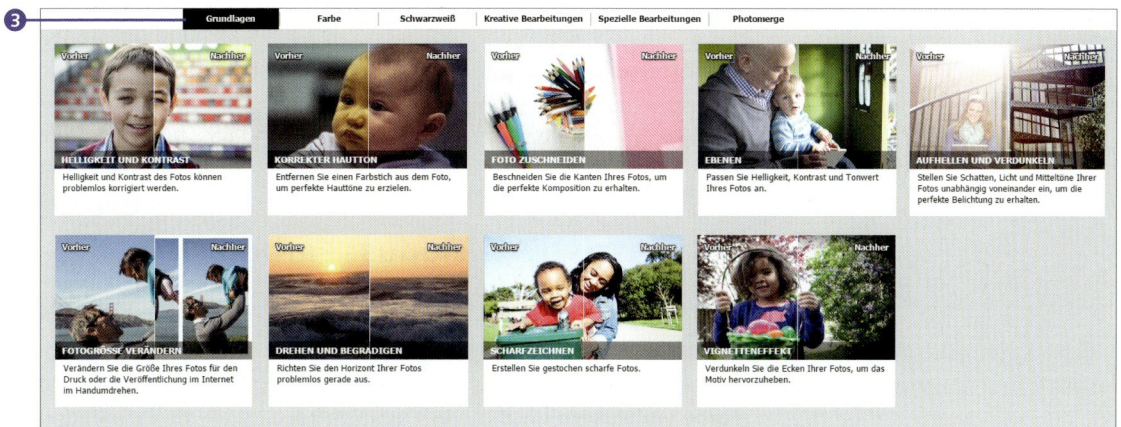

Helligkeit und Kontrast | Damit können Sie die Helligkeit und den Kontrast entweder über eine automatische Korrektur oder gezielt über Schieberegler korrigieren.

Korrekter Hautton | Hiermit können Sie die Hautfarbe einer Person im Foto korrigieren. Allerdings wirkt sich die Funktion nicht nur auf die Hautfarbe, sondern auf das komplette Bild aus.

Foto zuschneiden | Diese Funktion hilft Ihnen beim Zuschneiden Ihrer Bilder in die gewünschte Größe.

Ebenen | Mit dieser Funktion führen Sie eine Tonwertkorrektur durch. Damit können Sie flaue, zu dunkel oder zu hell geratene Bilder korrigieren. Die Funktion ruft den Dialog TONWERTKORREKTUR (siehe Abschnitt 11.3, »Die Tonwertkorrektur«) auf.

Aufhellen und Verdunkeln | Mit dieser Funktion können Sie die Belichtung Ihres Bildes korrigieren. Hierzu können Sie durch eine automatische Korrektur oder mit den für sich selbst sprechenden Reglern SCHATTEN, LICHT und MITTELTÖNE eingreifen.

Fotogröße ändern | Damit können Sie die Größe Ihrer Bilder für das Web oder den Druck ändern.

Drehen und Begradigen | Diese Funktion hilft Ihnen dabei, ein Bild horizontal oder vertikal an einer Kante gerade auszurichten. Auch um 90° nach links oder rechts können Sie Ihre Bilder mit dieser Funktion drehen.

Scharfzeichnen | Hiermit können Sie entweder mit einer Automatik oder einem Schieberegler Ihre Bilder nachschärfen.

Vignetteneffekt | Damit können Sie eine schwarze oder weiße Vignette um das Bild legen, um so das Hauptmotiv deutlicher hervorzuheben.

3.3 Assistent-Modus: Farbe

Im Bereich FARBE ❶ finden Sie vier Funktionen, die sich auf die Farben des Bildes auswirken.

Farbe verbessern | Mit dieser Funktion können Sie die Farben und den Kontrast im Bild entweder automatisch oder über die Schieberegler FARBTON, SÄTTIGUNG und HELLIGKEIT korrigieren lassen.

Lomo-Effekt | Mit dem Lomo-Effekt erstellen Sie einen Fotostil wie mit einer alten russischen Schnappschusskamera, der Kompaktkamera *Leningradskoye Optiko Mechanichesckoye Obyedinenie* (kurz LOMO). Bei einem solchen Effekt werden die Bilder meistens unscharf, kontrastreich und die Ränder dunkel (Vignettierung). Mittlerweile hat sich die Lomografie als Kunstform entwickelt.

▲ Abbildung 3.5
Die Funktionen im FARBE-Bereich des ASSISTENT-Modus

Farbstich entfernen | Mit dieser Funktion können Sie einen Farbstich im Bild entfernen, indem Sie mit einem Pipette-Werkzeug auf einen weißen, grauen oder schwarzen Bereich im Bild klicken.

Gesättigter Diafilm | Auch interessant dürfte GESÄTTIGTER DIAFILM sein, mit dem Sie ein Bild künstlich so verändern, dass es so aussieht, als wäre es mit einem gesättigten Diafilm aufgenommen worden.

3.4 Assistent-Modus: Schwarzweiß

Im Bereich SCHWARZWEISS ❷ sind Funktionen enthalten, womit Sie den Bildern die Farben entziehen können.

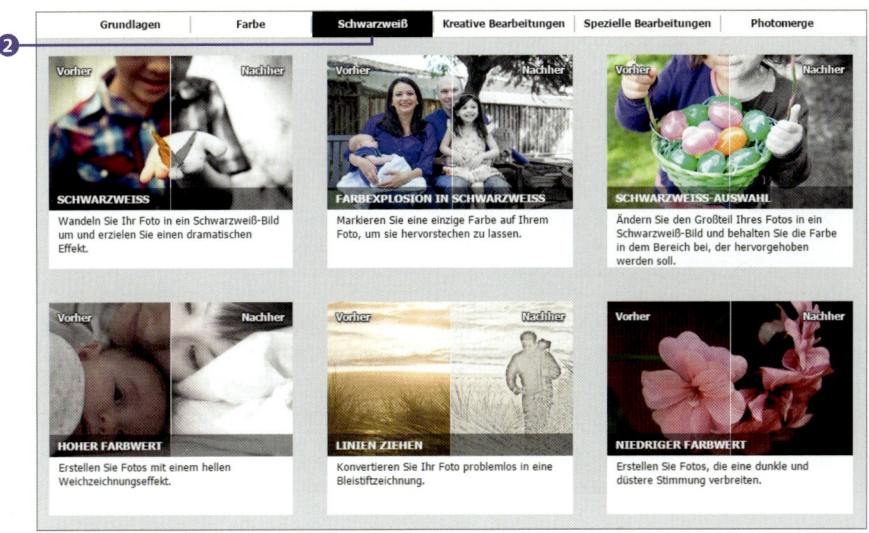

▲ Abbildung 3.6
Die Funktionen im SCHWARZWEISS-Bereich des ASSISTENT-Modus

Schwarzweiß | Mit der Funktion SCHWARZWEISS machen Sie eben genau das, wonach es sich anhört. Sie wählen aus vier verschiedenen Schwarzweißvorgaben aus. Dabei können Sie optional noch ein weicheres Licht hinzufügen oder den Kontrast erhöhen.

Kapitel 3 Der Assistent

Farbexplosion in Schwarzweiß | Mit diesem Effekt wird das Foto analysiert und wandelt alles in ein Schwarzweißbild um, mit Ausnahme der Farbe, die Sie ausgewählt haben. Dieser Effekt wird auch als *Color Key* bezeichnet. Hierbei stehen Ihnen mit ROT, GELB, BLAU und GRÜN jeweils vier Schaltflächen zur Verfügung. Wenn Sie beispielsweise die Schaltfläche ROT auswählen, werden alle anderen Farben im Bild in Schwarzweiß konvertiert, und die rote Farbe bleibt erhalten. Analog funktioniert dies auch mit GELB, BLAU und GRÜN.

Natürlich funktioniert dies auch mit jeder anderen beliebigen Farbe. Hierzu müssen Sie lediglich die Schaltfläche EIGENE FARBE AUSWÄHLEN ❶ anklicken und mit der Pipette im Bild die Farbe bestimmen, die nicht in Schwarzweiß umgewandelt werden soll. Über den Regler TOLERANZ ❷ können Sie den umfassenden Farbbereich der ausgewählten Farben noch feiner justieren. Natürlich ist das noch nicht alles, und dieser geführte Modus bietet Ihnen auch noch einen Pinsel unter EFFEKT VERFEINERN ❸ an, mit dem Sie nicht erfasste Bereiche hinzumalen und zu viel erfasste Bereiche entfernen können.

Kapitel_03: boot.jpg

Abbildung 3.7 ▼
Ein Color Key wird im Handumdrehen im ASSISTENT-Modus mit Schwarzweiß-Farbpop (Farbexplosion in Schwarzweiß) realisiert.

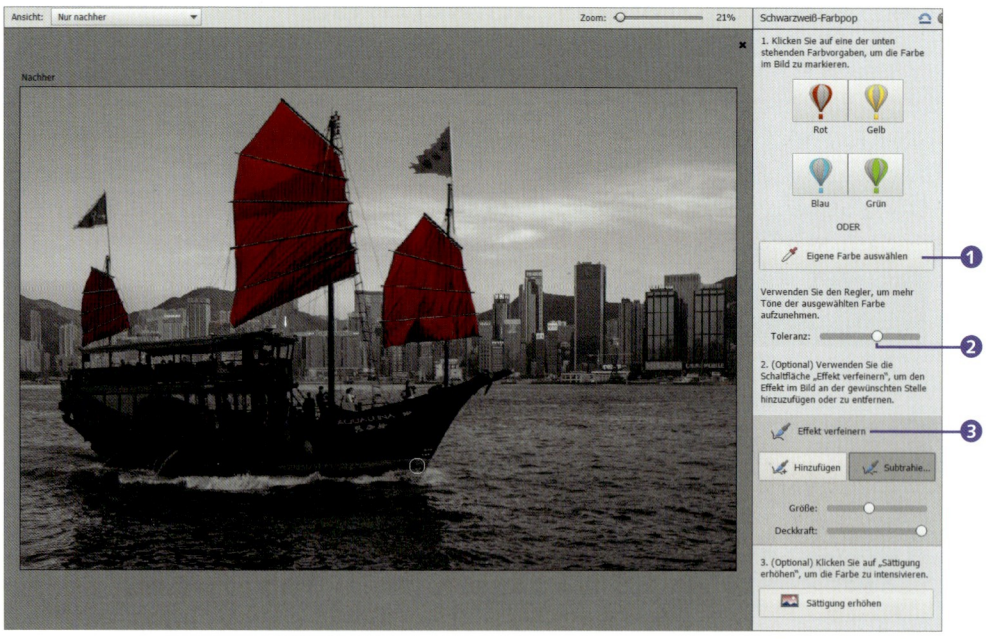

Kapitel_03: yellow-cars.jpg

Schwarzweiß-Auswahl | Wollen Sie nicht eine bestimmte Farbe erhalten, wie mit Schwarzweiß-Farbpop (bzw. Farbexplosion in Schwarzweiß), sondern ein bestimmtes Objekt oder einen Bereich im Bild, können Sie dies mit SCHWARZWEISS-AUSWAHL machen. Damit malen Sie praktisch den Bereich oder das Objekt aus,

3.4 Assistent-Modus: Schwarzweiß

das Sie in Schwarzweiß konvertieren wollen. Unter der Haube arbeiten hier das Smartpinsel-Werkzeug und das Detail-Smartpinsel-Werkzeug , nur dass diese hier im Assistenten schöner verpackt wurden und sich komfortabler verwenden lassen.

Smartpinsel-Werkzeug
Das Smartpinsel-Werkzeug wird in Abschnitt 14.2.8, »Das Smartpinsel-Werkzeug«, beschrieben. Wie Sie damit einen Color Key erstellen können, erfahren Sie im Unterabschnitt »Color Key mit dem Smartpinsel-Werkzeug« in Abschnitt 15.2.1.

◄ **Abbildung 3.8**
Bestimmte Objekte oder Bereiche können Sie mit SCHWARZWEISS-AUSWAHL in Schwarzweiß konvertieren bzw. farbig lassen.

Hoher Farbwert (High Key) und Niedriger Farbwert (Low Key) | High Key bzw. Hoher Farbwert ist eine Technik der modernen Fotografie, bei der viel mit hellen Farbtönen, weichem Licht und niedrigen Kontrasten gearbeitet wird. Das Gegenstück dazu ist naturgemäß Low Key bzw. Niedriger Farbwert.

 Kapitel_03:
yuki.jpg; samuel.jpg

◄ **Abbildung 3.9**
Nach dem HIGH KEY erscheint das Bild wesentlich heller und weicher, und der Kontrast ist nicht mehr so hart.

83

Kapitel 3   Der Assistent

Abbildung 3.10 ▶
Beim Low-Key-Verfahren passiert das Gegenteil. Hier wirkt das Bild wesentlich dunkler und düsterer, und die Kontraste werden verstärkt.

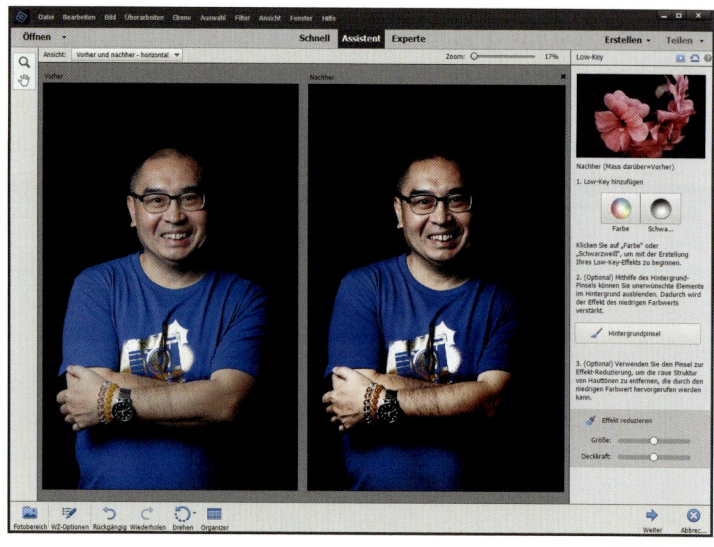

Comic-Effekte

Falls Sie auf der Suche nach Comic-Effekten sind, kann ich Ihnen die Filter im EXPERTE-Modus dazu empfehlen, die Sie unter FILTER • ZEICHENFILTER • COMIC und FILTER • ZEICHENFILTER • COMIC-ROMAN finden.

Linien ziehen | Mit der Funktion LINIEN ZIEHEN bzw. STRICHZEICHNUNG verändern Sie das Bild, dass es anschließend so aussieht, als wäre es mit einem Bleistift gezeichnet.

3.5   Assistent-Modus: Kreative Bearbeitungen

Abbildung 3.11 ▼
Die Funktionen des KREATIVE BEARBEITUNGEN-Bereichs im ASSISTENT-Modus

Der Name KREATIVE BEARBEITUNGEN ❶ spricht für sich. Hier finden Sie wirklich tolle und kreative »Spielereien«, die Sie auf Ihre Fotos anwenden können.

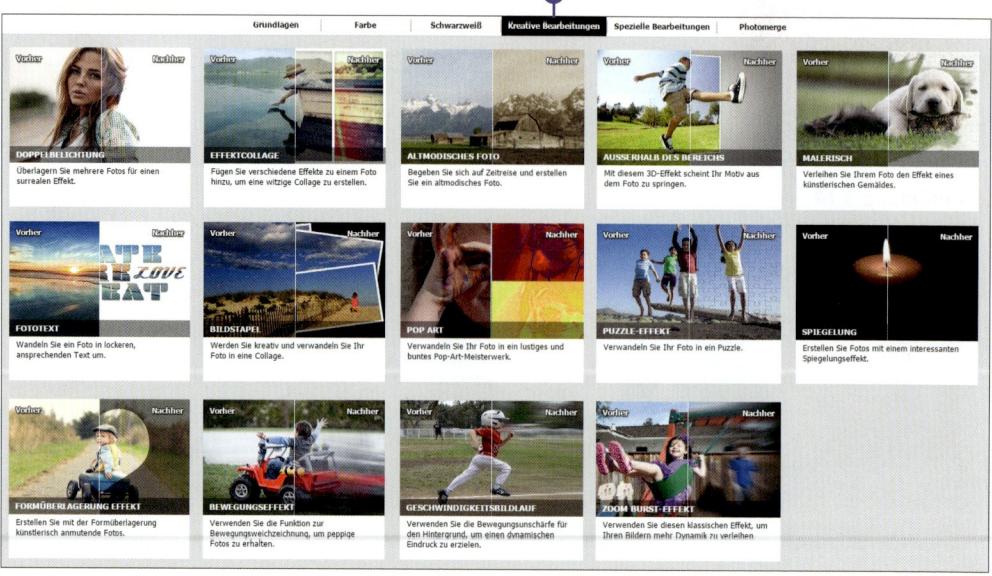

3.5 Assistent-Modus: Kreative Bearbeitungen

Doppelbelichtung | Einen surrealen oder auch abstrakten Effekt können Sie mit DOPPELBELICHTUNG erzielen. Vielleicht kennen Sie den Effekt aus der Analogfotografie, bei der Sie ein Bild auf das vorherige Bild belichten, wodurch mehrere Ebenen in einem Bild festgehalten werden. Hierbei können Sie beispielsweise Menschen und Objekte in einem Bild kombinieren und so surreale Effekte erzielen.

Mittlerweile bieten auch viele digitale Kameras eine solche Funktion zur Doppel- bzw. Mehrfachbelichtung an. Allerdings bedarf es schon einiges an Erfahrung, um hiermit auch beeindruckende Ergebnisse zu erzielen. Dafür bietet Ihnen Photoshop Elements eine entsprechende Funktion an, womit Sie diese Doppelbelichtung realisieren können. Mithilfe der Schritt-für-Schritt-Anleitung erklärt sich die Verwendung von selbst. Bei Schritt 3 können Sie zudem entweder ein eigenes Foto wählen, das mit dem Hauptmotiv überlagert werden soll, oder Sie verwenden eines der drei Standardmotive (Wald, Ort, Wolke).

Die Doppelbelichtung wurde neu in Photoshop Elements 2018 hinzugefügt.

Kapitel_03: Long-hair.jpg

▲ **Abbildung 3.12**
Mit DOPPELBELICHTUNG erzielen Sie surreale Effekte.

Effekte-Collage | Mit EFFEKTE-COLLAGE können Sie Ihr Bild in unterschiedliche Abschnitte aufteilen und zu jedem Abschnitt einen unterschiedlichen Effekt (bzw. Stil) hinzufügen. Zur Auswahl stehen verschiedene Collage-Layouts ❶ (Abbildung 3.13) mit zwei, drei oder vier Abschnitten und dafür vorgefertigten Stilen ❷. Die Intensität des Effekts können Sie mit dem Regler DECKKRAFT ❸ einstellen.

Kapitel_03: Yu-garden.jpg

Kapitel 3   Der Assistent

▲ **Abbildung 3.13**
Mit EFFEKTE-COLLAGE teilen Sie das Bild in mehrere Abschnitte auf und fügen den einzelnen Abschnitten einen Effekt hinzu.

Altmodisches Foto | Mit ALTMODISCHES FOTO können Sie ein Bild künstlich altern lassen. Hierbei ist es möglich, neben den Schwarzweißvorgaben die Farbe zu tonen und auch noch Bildrauschen hinzuzufügen.

Außerhalb des Bereichs (Out-of-Bounds) | Einen besonders tollen Effekt können Sie mit AUSSERHALB DES BEREICHS bzw. OUT-OF-BOUNDS erzielen. Damit fällt ein Bildobjekt quasi aus dem Bilderrahmen heraus.

Schritt für Schritt
Bild aus dem Rahmen fallen lassen

Der OUT-OF-BOUNDS-EFFEKT ist sehr beliebt und lässt sich natürlich auch im EXPERTE-Modus erreichen, allerdings mit viel mehr Aufwand als mit den Funktionen von AUSSERHALB DES BEREICHS im Modus ASSISTENT.

1 **»Out-of-Bounds« aufrufen**
Laden Sie zunächst das gewünschte Bild (»fischermann.jpg«) mit DATEI • ÖFFNEN in den Fotoeditor. Sofern noch nicht geschehen, rufen Sie den Modus ASSISTENT auf und wählen in der Rubrik KREATIVE BEARBEITUNGEN die Option AUSSERHALB DES BEREICHS aus.

▲ **Abbildung 3.14**
OUT OF BOUNDS im ASSISTENT Modus aufrufen

3.5 Assistent-Modus: Kreative Bearbeitungen

2 Rahmen hinzufügen

Klicken Sie auf die Schaltfläche Rahmen hinzufügen ❷, und bewegen Sie den Rahmen an die gewünschte Position. Über die vier Eckpunkte und den Mittelpunkt passen Sie die Größe des Rahmens an. Achten Sie dabei darauf, dass Teile des Hauptobjekts etwas außerhalb des Rahmens liegen. Mit ⌜Strg⌝/⌜cmd⌝+⌜⇧⌝+⌜Alt⌝ können Sie die Perspektive des Rahmens an den Eck- und Mittelpunkten verzerren; mit gehaltener ⌜Strg⌝/⌜cmd⌝-Taste verzerren Sie jeweils nur einzelne Eckpunkte. Klicken Sie auf das grüne Häkchen ❶, wenn Sie mit dem Rahmen zufrieden sind.

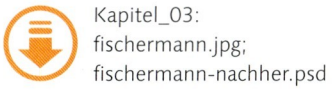
Kapitel_03:
fischermann.jpg;
fischermann-nachher.psd

▼ **Abbildung 3.15**
Rahmen hinzufügen und gegebenenfalls die Perspektive anpassen

3 Rahmendicke anpassen

Im nächsten Schritt können Sie – erneut über die vier Eck- und Mittelpunkte – die Rahmenstärke anpassen, indem Sie diese Punkte nach außen hin verschieben. Sind Sie auch mit dieser Einstellung zufrieden, klicken Sie wieder auf das grüne Häkchen ❸.

◄ **Abbildung 3.16**
Rahmenstärke einstellen

Kapitel 3   Der Assistent

▼ **Abbildung 3.17**
Mit der Auswahl bestimmen Sie, was über den Bilderrahmen hinausragen soll.

4   Objekt auswählen

Verwenden Sie jetzt das Auswahlwerkzeug ❺, und wählen Sie damit den Bereich aus, der Teil des Bildes außerhalb des Rahmens sein soll. Für eine bessere Auswahl sollten Sie tiefer in das Bild hineinzoomen.

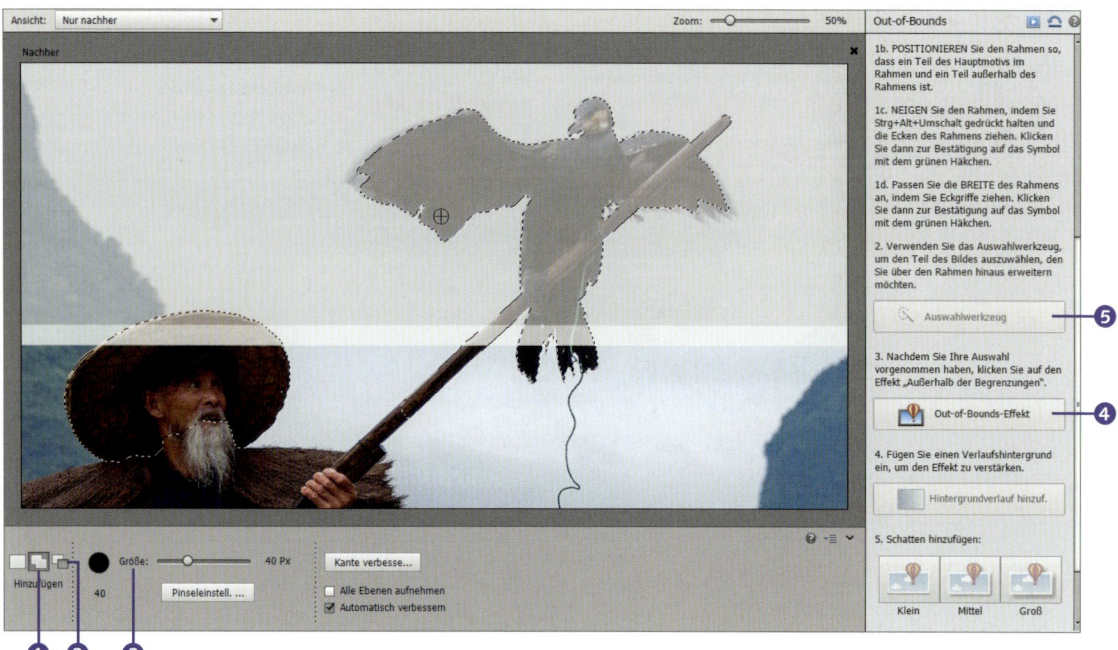

Zu viel Ausgewähltes können Sie bei den Werkzeugoptionen über das Symbol Subtrahieren ❷ wieder entfernen, zu wenig Ausgewähltes mit dem Symbol Hinzufügen ❶ hinzufügen. Die Pinselstärke können Sie jederzeit bei Größe ❸ einstellen. Sind Sie mit der Auswahl zufrieden, klicken Sie die Schaltfläche Out-of-Bounds-Effekt ❹ an.

5   Stil anpassen

Am Ende können Sie über Hintergrundverlauf hinzuf. ❻ den Hintergrund mit einem Farbverlauf versehen und mit den drei Schaltflächen ❼ dahinter einen unterschiedlich starken Schatten um den Rahmen und das hinausragende Bildobjekt legen.

Über die Schaltfläche Weiter ❽ können Sie entscheiden, was Sie als Nächstes tun wollen. Hierbei können Sie entweder das Bild über Speichern oder Speichern unter sichern oder die Bearbeitung im Schnell- oder Experte-Modus fortsetzen. Als dritte Möglichkeit steht Ihnen noch zur Verfügung, Ihre Bearbeitung auf Facebook, Flickr oder Twitter mit anderen zu teilen.

> **Stapel nachträglich ändern**
> Da jedes »einzelne« Bild (genauer der Rahmen) in einer Ebene mit dem passenden Rahmen verknüpft ist, können Sie im Experte-Modus des Fotoeditors jederzeit nachträglich über das Ebenen-Bedienfeld und mit dem Verschieben-Werkzeug die Position, die Größe und den Winkel des entsprechenden Rahmens ändern. Hier sollten Sie allerdings schon über Grundkenntnisse zu den Ebenen (siehe Buchteil VIII) verfügen.

3.5 Assistent-Modus: Kreative Bearbeitungen

▲ **Abbildung 3.18**
Fertig ist der OUT-OF-BOUNDS-EFFEKT in wenigen Schritten.

Das Bild wird übrigens in mehreren Ebenen gespeichert. Dies werden Sie spätestens feststellen, wenn Sie das Bild im EXPERTE-Modus weiterbearbeiten wollen. Mit EBENE • AUF HINTERGRUNDEBENE REDUZIEREN können Sie alle Ebenen auf eine reduzieren. Mehr zu Ebenen in Teil VIII des Buches.

Malerisch | Mit MALERISCH können Sie aus dem Bild ein künstliches Gemälde machen. Hierbei malen Sie mit einem PINSEL ❾ auf das Bild, um es mehr wie ein Gemälde aussehen zu lassen. Es stehen Ihnen verschiedene Optionen für die Pinselvorgabe zur Verfügung. Als FARBE ❿ für die Arbeitsfläche wählen Sie SCHWARZ oder WEISS oder mit der Pipette ⓫ eine eigene Farbe aus. Optional können Sie noch eine STRUKTUR ⓬ und für das Bild selbst einen EFFEKT ⓭ wie beispielsweise ÖLGEMÄLDE hinzufügen.

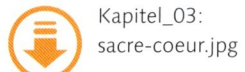

Kapitel_03:
sacre-coeur.jpg

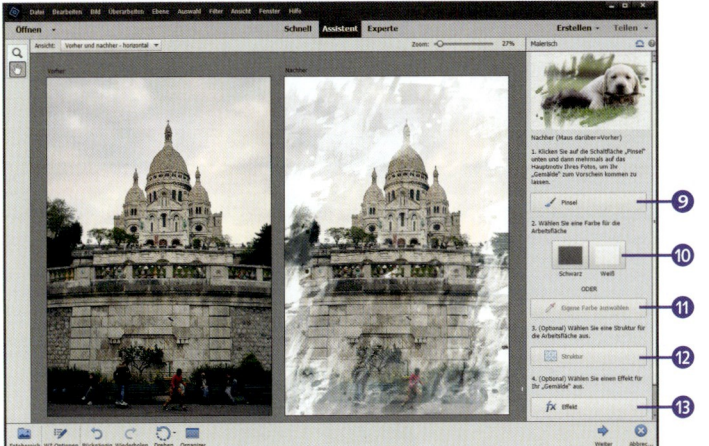

◀ **Abbildung 3.19**
Mit MALERISCH können Sie aus Ihrem Bild ein künstlerisches Gemälde machen.

Kapitel 3   Der Assistent

Kapitel_03:
gabionenzaun.jpg

Fototext | Die Assistent-Funktion Fototext ist eine sehr komfortable Lösung, wenn Sie einen Text erstellen wollen, bei dem Ihr Foto als Hintergrund verwendet wird. Hierbei können Sie den Text auch gleich Einpassen oder Füllen und (optional) neben einem Hintergrundstil auch einen Schlagschatten hinzufügen.

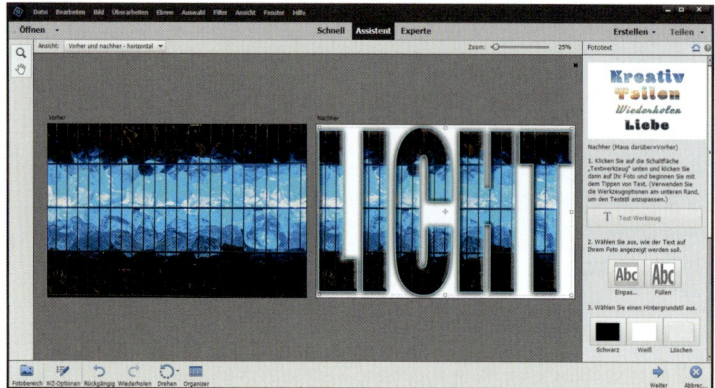

Abbildung 3.20 ▶
Ein Foto als Hintergrund für einen Text zu verwenden wird mit der Assistent-Funktion Fototext zum Kinderspiel.

Bilderstapel | Ebenfalls einen netten Effekt erzielen Sie mit der Funktion Bilderstapel. Damit »zerlegen« Sie ein Bild in vier, acht oder zwölf Einzelbilder mit einem weißen Rahmen. Der Hintergrund lässt sich dabei auch anpassen. Im Experte-Modus lassen sich die einzelnen Bildteile (genauer Ebenen) mit dem Verschieben-Werkzeug nachträglich anpassen.

Kapitel_03:
pop-art-mao.jpg

Pop-Art | Mit Pop-Art erstellen Sie eine Art Warhol-Effekt mit einem Bild.

Abbildung 3.21 ▶
Schnell erstellt in vier Schritten – der Pop-Art-Effekt

3.5 Assistent-Modus: Kreative Bearbeitungen

Puzzle-Effekt | Mit dem PUZZLE-EFFEKT können Sie ein Bild in Puzzleteile zerlegen und die einzelnen Teile verschieben.

Der FORMÜBERLAGE-RUNG-EFFEKT wurde neu in Photoshop Elements 2018 zum SCHNELL-Modus hinzugefügt.

Spiegelung | Mit SPIEGELUNG erzielen Sie eine Art Boden- oder Wasserspiegelung von einem Bild.

Formüberlagerung-Effekt | Mit FORMÜBERLAGERUNG-EFFEKT können Sie Formen überlagernd zu einem Bild hinzufügen. Hierbei können Sie den Effekt sowohl innerhalb als auch außerhalb der Form festlegen.

Kapitel_03: happy.jpg

▲ **Abbildung 3.22**
Der FORMÜBERLAGERUNG-EFFEKT bei der Ausführung

Bewegungseffekt | Mit diesem Effekt können Sie einzelne Objekte in einem Bild auswählen und den Eindruck entstehen lassen, als würde sich dieses Objekt schnell in eine bestimmte Richtung bewegen.

Kapitel_03: hot-car.jpg

◀ **Abbildung 3.23**
Mit BEWEGUNGSEFFEKT können Sie einzelne Objekte auswählen und eine schnelle Bewegung in einer bestimmten Richtung simulieren.

Geschwindigkeitsbildlauf | Mit dieser ASSISTENT-Funktion können Sie Geschwindigkeit rund um ein Fotomotiv simulieren, indem Sie eine Bewegungsunschärfe hinzufügen. Die Verwendung gestaltet sich auch hierbei Assistent-typisch einfach. Sie müssen über das Schnellauswahl-Werkzeug lediglich das Fotomotiv auswählen, um das herum eine Geschwindigkeit simuliert werden soll. Anschließend klicken Sie auf BEWEGUNGSUNSCHÄRFE HINZUFÜGEN und können hierbei noch die Intensität und den Winkel einstellen. Zum Schluss können Sie über PINSEL »EFFEKT VERFEINERN« die einzelnen Bereiche verfeinern, auf die der Effekt angewendet werden soll.

Abbildung 3.24 ▶
Mit GESCHWINDIGKEITSBILDLAUF können Sie eine schnelle Bewegung rund um ein Fotomotiv simulieren.

Kapitel_03: joyce.jpg

Zoom-Burst-Effekt | Der ZOOM-BURST-EFFEKT wird häufig auch als *Explosionseffekt* bezeichnet und gewöhnlich mit einer Kamera mit Zoomobjektiv auf einem Stativ gemacht. Hierzu stellt man eine längere Belichtungszeit ein, schließt die Blende so weit wie möglich und dreht am Zoom, sobald die Kamera auslöst. Denselben Effekt können Sie aber auch nachträglich mit dem ZOOM-BURST-EFFEKT aus KAMERAEFFEKTE erreichen.

Abbildung 3.25 ▶
Der ZOOM-BURST-EFFEKT im ASSISTENT-Modus im Einsatz

3.6 Assistent-Modus: Spezielle Bearbeitungen

Im Bereich SPEZIELLE BEARBEITUNGEN ❶ finden Sie etwas anspruchsvollere Funktionen, die sich auch hier mit dem Assistenten ohne tief greifende Vorkenntnisse realisieren lassen.

▼ **Abbildung 3.26**
Die Funktionen des SPEZIELLE BEARBEITUNGEN-Bereichs im ASSISTENT-Modus

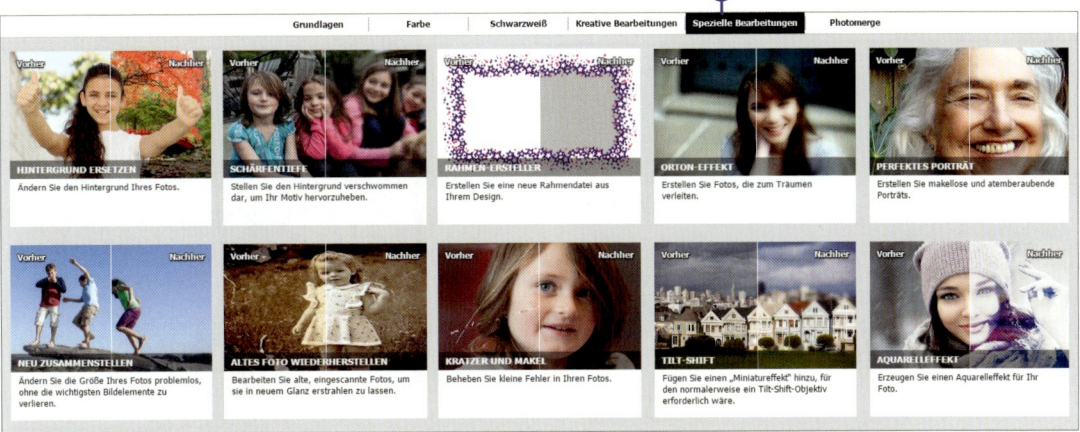

Hintergrund ersetzen | Der Name HINTERGRUND ERSETZEN spricht schon für sich selbst. Hiermit wählen Sie zunächst ein Hauptmotiv mit verschiedenen Auswahlwerkzeugen aus, ehe Sie im nächsten Schritt einen neuen Hintergrund zuweisen. Dabei können Sie ein Foto importieren, aus Vorgaben auswählen oder einen einfarbigen bzw. einen transparenten Hintergrund wählen.

Kapitel_03:
Rotes-Kleid.jpg

▼ **Abbildung 3.27**
HINTERGRUND ERSETZEN bei der Ausführung

Schärfentiefe | Die Funktion SCHÄRFENTIEFE (ehemals: Feldtiefe) ist durchaus als sehr interessant zu bezeichnen, und es macht Spaß, mit ihr zu experimentieren. Mit einer solchen Schärfentiefe können Sie bei einem rundum scharfen Bild eine zentrale Figur

HINTERGRUND ERSETZEN wurde neu in PSE 2018 zum SCHNELL-Modus hinzugefügt.

Kapitel_03: Engel.jpg

oder ein Objekt scharfzeichnen, während alles andere darum herum unscharf wirkt. Einen ähnlichen Effekt erzielen Sie, wenn Sie mit einer größeren Blendenöffnung fotografieren.

In der Fotografie wird eine solche Schärfentiefe mit einer kleinen Blendenöffnung oder mit einem Objektiv mit einer kurzen Brennweite erzielt.

Im Beispiel in Abbildung 3.28 wurde der im Vordergrund stehende Engel zunächst mit dem Schnellauswahl-Werkzeug ❶ markiert und dann ein Weichzeichner hinzugefügt ❷, der nachträglich reguliert ❸ werden kann. Hier wurde außerdem BENUTZERDEFINIERT (und nicht EINFACH) bei der Erstellung der Feldtiefe ausgewählt und verwendet. Zwischen EINFACH und BENUTZERDEFINIERT müssen Sie zunächst wählen, wenn Sie die Funktion FELDTIEFE aufrufen. Bei der Option EINFACH werden Sie streng durch die einzelnen Schritte geführt, wenn Sie BENUTZERDEFINIERT wählen, können Sie das Objekt im Fokus selbst mit dem Schnellauswahl-Werkzeug definieren.

Abbildung 3.28 ▼
Mit der Funktion FELDTIEFE lässt sich schnell der bekannte fotografische Effekt der Schärfentiefe hinzufügen.

Frame-Ersteller | Mit dieser ASSISTENT-Funktion können Sie einen eigenen Bilderrahmen aus einem Bild erstellen und zur Bibliothek mit Rahmen hinzufügen. Mit einem solchen selbst erstellten Rahmen können Sie jederzeit Ihre Fotos einrahmen.

Orton-Effekt | Der ORTON-EFFEKT wird erstellt aus einer Überlagerung eines scharfen überbelichteten und eines unscharfen unterbelichteten Bildes vom gleichen Motiv. Mit diesem Effekt erhält das Bild ein glühendes und verträumtes Aussehen und wirkt unter Umständen interessanter.

Perfektes Porträt | Die Porträtretusche ist eine beliebte Disziplin in der Bildbearbeitung, und daher bietet auch der Assistent eine bescheidene Möglichkeit an, hier ohne weitere Vorkenntnisse zu arbeiten.

Zum Nachlesen
Die manuelle Porträtretusche im EXPERTE-Modus wird ausführlich in Abschnitt 33.4, »Porträtretusche«, behandelt.

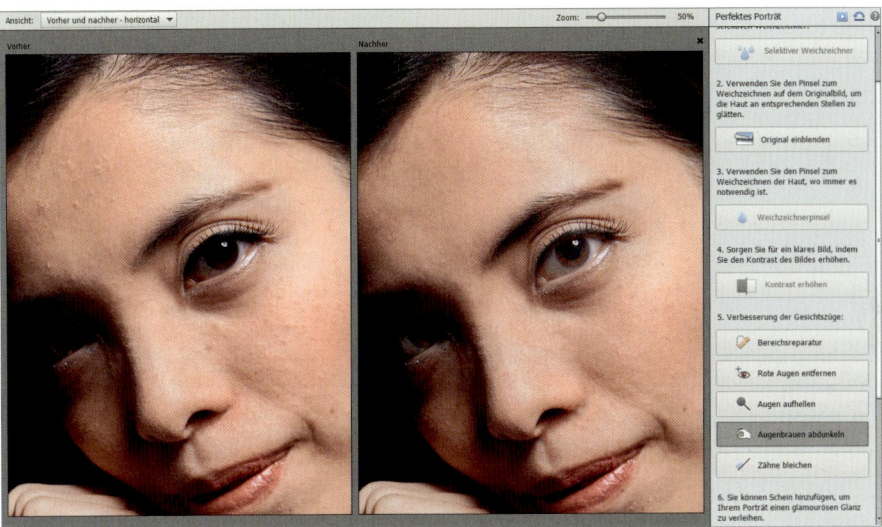

▲ Abbildung 3.29
Auf die Schnelle lässt sich mit der Funktion PERFEKTES PORTRÄT eine Retusche durchführen. Für die gängige Praxis sollten Sie aber hierfür den EXPERTE-Modus verwenden.

Neu zusammensetzen | Mit NEU ZUSAMMENSETZEN aus FOTO-SPIEL finden Sie einen einfachen ASSISTENT-Modus für das Neu-zusammensetzen-Werkzeug aus dem EXPERTE-Modus, der den Leser bei der Hand nimmt, um die Größe des Bildes zu ändern, ohne dass bestimmte Informationen im Bild verloren gehen. Mehr zum Neu-zusammensetzen-Werkzeug erfahren Sie dann später in Abschnitt 19.4, »Hintergründe strecken – das Neu-zusammensetzen-Werkzeug«.

Altes Foto wiederherstellen | Damit können Sie alte eingescannte Fotos von Staub und Kratzern befreien und ihnen wieder ein ordentliches Aussehen verleihen.

Kratzer und Makel | Mit dieser Funktion können Sie kleinere und größere Schönheitsfehler aus dem Bild entfernen.

Tilt-Shift-Effekt | Mit der Funktion TILT-SHIFT lassen sich tolle Effekte erzielen. Gerne erstellt werden hiermit Bilder, die den Betrachter an eine Miniaturwelt erinnern oder den Fokus auf einzelne Teile im Bild lenken.

Kapitel_03: Cityview.jpg

Schritt für Schritt
Eine Miniaturwelt erschaffen mit dem Tilt-Shift-Effekt

In diesem Beispiel wollen wir eine unecht wirkende Miniaturwelt erschaffen.

▲ Abbildung 3.30
Dieses langweilige Bild von einer Stadt wollen wir aufpeppen, indem wir eine wie eine Miniatur wirkende Welt daraus machen.

1 Tilt-Shift aufrufen
Laden Sie zunächst das Bild »Cityview.jpg« mit DATEI • ÖFFNEN in den Fotoeditor, und wählen Sie unter der Rubrik SPEZIELLE BEARBEITUNGEN die Option TILT-SHIFT aus.

2 Tilt-Shift hinzufügen
Klicken Sie auf die Schaltfläche TILT-SHIFT HINZUFÜGEN ❸, um den Effekt dem Bild hinzuzufügen. Der Fokusbereich dürfte wohl eher in selteneren Fällen auf Anhieb passen.

▲ Abbildung 3.31
TILT-SHIFT im ASSISTENT-Modus aufrufen

3 Fokusbereich ändern
Ändern Sie jetzt den Fokusbereich, der im Bild »scharf« dargestellt werden soll. Der TILT-SHIFT ist hier ein linearer Balken. Schade, dass dieser in der Vorschau nicht angezeigt wird. Für einen runden Fokusbereich müssen Sie wieder auf den Fotoeffekt FELDTIEFE zurückgreifen.

Ziehen Sie daher mit gedrückt gehaltener linker Maustaste ❷ eine Linie nach oben oder nach unten ❶, bis Sie mit dem gewünschten Bereich zufrieden sind, und lassen Sie dann die Maustaste los. Sind Sie mit dem Fokusbereich nicht zufrieden, können Sie diesen Vorgang beliebig oft wiederholen.

3.6 Assistent-Modus: Spezielle Bearbeitungen

▲ **Abbildung 3.32**
Fokusbereich festlegen

4 Effekte verfeinern

Damit das Ganze am Ende auch etwas unrealistisch aussieht, eben wie in einer Miniaturwelt, sollten wir auch die Farben etwas verfälschen. Auch hierzu bietet Ihnen TILT-SHIFT unter EFFEKT VERFEINERN ❹ eine Möglichkeit an, über den Regler SÄTTIGUNG ❺ die Farben übertrieben farbenfroh darzustellen. Zusätzlich kann hier außerdem noch die WEICHZEICHNUNG verstärkt und der KONTRAST angehoben werden. Klicken Sie auf die Schaltfläche FERTIG, wenn Sie mit dem Ergebnis zufrieden sind.

Wechseln Sie gegebenenfalls noch schnell in den EXPERTE-Modus, und fügen Sie alle Ebenen über EBENE • AUF HINTERGRUNDEBENE REDUZIEREN zusammen. Schließlich speichern Sie das Bild unter einem neuen Namen.

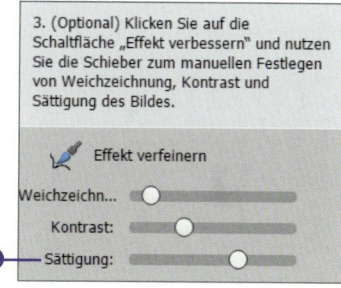

▲ **Abbildung 3.33**
Bonbonfarben verstärken den Eindruck einer Spielzeugwelt.

◄ **Abbildung 3.34**
Jetzt sieht das Gebäude schon eher wie in einer surrealen Spielzeugwelt aus.

97

Kapitel 3 Der Assistent

Kapitel_03: Flower.jpg

Aquarelleffekt | Mit dem AQUARELLEFFEKT können Sie ein Bild erzeugen, das aussieht, als wäre es mit Wasserfarben gemalt. Wenn Sie aus einem von drei Effekten ausgewählt haben, wählen Sie das Aquarellpapier und eine Leinwandstruktur. Bei Bedarf können Sie noch einen Text hinzufügen.

Der AQUARELLEFFEKT wurde neu in PSE 2018 zum SCHNELL-Modus hinzugefügt.

Abbildung 3.35 ▶
Der AQUARELLEFFEKT bei der Ausführung

3.7 Assistent-Modus: Photomerge-Funktionen

Im Bereich PHOTOMERGE ❶ finden Sie viele nützliche Funktionen, womit Sie mehrere Bilder zusammenfügen können. Hierbei sind viele fortgeschrittene Funktionen enthalten, die sich im EXPERTE-Modus auch nicht so einfach realisieren lassen. Alle Funktionen haben gemeinsam, dass mindestens zwei Fotos in den Fotobereich geladen sein müssen, um diese zusammenzufügen oder zu verschmelzen.

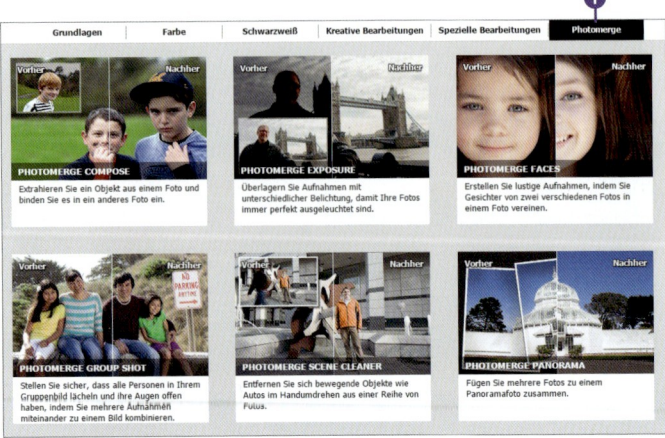

Abbildung 3.36 ▶
Die Funktionen des PHOTOMERGE-Bereichs im ASSISTENT-Modus

Auf die einzelnen Funktionen wird im Verlauf des Buches an passender Stelle nochmals genauer eingegangen. Trotzdem hier ein kurzer Überblick über die einzelnen PHOTOMERGE-Funktionen.

Photomerge-Komposition | Mit dieser Funktion können Sie in einer Schritt-für-Schritt-Anleitung ein Objekt auswählen, freistellen und in ein anderes Bild einmontieren.

Photomerge-Belichtung | Damit können Sie mehrere gleiche Bilder mit unterschiedlichen Belichtungszeiten und somit Tonwerten zu einem gut belichteten Bild zusammenfügen.

Photomerge-Gesichter | Damit können Sie Elemente aus Gesichtern aus verschiedenen Fotos zu einem neuen Gesicht kombinieren. So lassen sich nette Spaßfotos erstellen.

Photomerge-Gruppenbild | Hat mal eine Person auf einem Bild nicht gelächelt oder waren die Augen geschlossen und Sie haben mehrere Bilder der Gruppenaufnahme gemacht, können Sie mit dieser Funktion aus mehreren Bildern ein gutes Bild machen.

Photomerge-Szenenbereinigung | Befinden sich unerwünschte Personen oder sich bewegende Objekte im Bild und Sie haben eine ganze Reihe von Bildern aus demselben Winkel gemacht, können Sie mit dieser Funktion die Personen oder Objekte entfernen.

Photomerge-Panorama | Dies dürfte die wohl beliebteste PHOTOMERGE-Funktion sein. Diese Funktion fügt einzelne Bilder zu einem großen Panoramabild zusammen.

Photomerge-Funktionen im Buch

Die PHOTOMERGE-Funktionen PHOTOMERGE-PANORAMA, PHOTOMERGE-GESICHTER, PHOTOMERGE-GRUPPENBILD und PHOTOMERGE-SZENENBEREINIGUNG werden in Abschnitt 21.4, »Photomerge – Panoramen & Co.«, behandelt. Die PHOTOMERGE-KOMPOSITION wird in Abschnitt 26.4, »Einfache Fotomontagen mit Ebenen«, in einem Workshop auf Seite 665 behandelt, und PHOTOMERGE-BELICHTUNG wird in Abschnitt 31.5, »Automatische DRI-Funktion – Photomerge-Belichtung«, erläutert.

3.8 Der klassische Assistent-Workflow

Der typische Workflow im ASSISTENT-Modus ist es, zunächst ein Bild zu öffnen, dann die gewünschte ASSISTENT-Funktion auszuwählen und diese schließlich auf das Bild anzuwenden. Sind Sie mit der Bearbeitung fertig, können Sie bei allen ASSISTENT-Funktionen entweder die Schaltfläche WEITER ❷ anklicken oder den Vorgang mit der Schaltfläche ABBRECHEN ❸ beenden, um die Funktion nicht auf das Bild anzuwenden.

Haben Sie auf die Schaltfläche WEITER gedrückt, nimmt Sie der Assistent weiterhin an die Hand und fragt Sie, was Sie mit dem bearbeiteten Bild tun wollen. Hierfür bietet Ihnen der Assis-

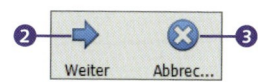

▲ **Abbildung 3.37**
Die Schaltflächen stehen für alle Funktionen im ASSISTENT-Modus zur Verfügung.

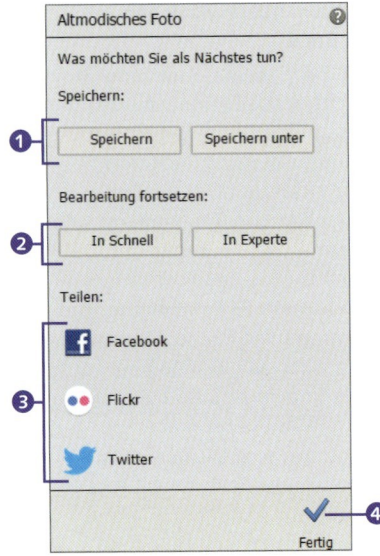

▲ **Abbildung 3.38**
Das bekommen Sie zu sehen, wenn Sie mit der Assistent-Funktion fertig sind und auf Weiter geklickt haben.

tent die Möglichkeit zum Speichern ❶ mit den Schaltflächen Speichern und Speichern unter an, woraufhin sich immer der Speichern unter-Dialog öffnet, der in Abschnitt 1.5.1, »Der Speichern-Dialog«, bereits beschrieben wurde.

Als zweite Möglichkeit wird Ihnen angeboten, die Bearbeitung fortzusetzen ❷. Dazu können Sie entweder mit der Schaltfläche In Schnell das Bild im Schnell-Modus oder mit der Schaltfläche In Experte im Experte-Modus weiterbearbeiten.

Wenn Sie die fertige Bearbeitung Ihres Bildes mit anderen teilen wollen, finden Sie hierzu einen Bereich ❸ vor, in dem Sie Ihre Bearbeitung direkt auf Facebook, Flickr oder Twitter hochladen und veröffentlichen können.

Wollen Sie hingegen gar nichts tun und im Assistent-Modus bleiben, um noch eine andere Funktion zu verwenden, müssen Sie nur die Schaltfläche Fertig ❹ anklicken.

Mit Ausnahme der Assistent-Funktion Fotogrösse ändern aus dem Bereich Grundlagen bieten alle Assistent-Funktionen dieselben Möglichkeiten an, das bearbeitete Bild entweder zu speichern, weiterzubearbeiten oder zu teilen. Wenn Sie allerdings bei der Photomerge-Funktion Fotogrösse ändern die Bildgröße für den Druck geändert haben, finden Sie statt des Teilens der Bilder eine Schaltfläche vor, um das Bild auf dem lokalen Drucker auszugeben.

Kapitel 4
Der Fotoeditor im Experte-Modus

Die Modi »Schnell« und »Assistent« können recht praktisch für schnelle Korrekturen und kreative Arbeiten sein. Würden Sie allerdings nur mit diesen Modi arbeiten, verschenkten Sie das enorme Potenzial, das Adobe Photoshop Elements für Sie bereithält. Erst der Modus »Experte« eröffnet Ihnen die wahre Vielfalt an Funktionen des Fotoeditors.

4.1 Die Oberfläche im Schnellüberblick

Öffnen können Sie die Arbeitsoberfläche für den EXPERTE-Modus, indem Sie (falls ein anderer Modus verwendet wird) die Schaltfläche EXPERTE ❷ (Abbildung 4.1) auswählen.

Die Oberfläche des Fotoeditors gliedert sich in folgende grundlegende Gruppen von Bedienelementen:

- die **Menüleiste** ⓭ oberhalb des Fensters, die ausklappbare Menüs enthält (beim Mac finden Sie die Menüleiste natürlich Mac-typisch als weiße Leiste, die oben quer über den Bildschirm verläuft)
- die **Werkzeugoptionen** ❾ oder der **Fotobereich** (abhängig davon, was Sie bei den entsprechenden Schaltflächen ❼ ausgewählt haben) unterhalb des Bildbereichs, die/der sich jeweils über die gesamte Breite des Fensters erstrecken/erstreckt
- die **Werkzeugpalette** ⓫ auf der linken Seite unterhalb der Optionsleiste
- die **Bedienfelder** ❺ auf der rechten Seite des Programmfensters

Ganz unten im Programmfenster finden Sie eine Leiste mit weiteren Schaltflächen ❽ mit einem schnellen Zugriff auf diverse Einstellungen. Die Schaltflächen ❻ auf der rechten Seite beziehen sich nur auf die Bedienfelder darüber ❺. Unterhalb der Menüleiste finden Sie außerdem noch eine weitere Schnellzu-

> **Schnell – Assistent – Experte**
> Standardmäßig wird Photoshop Elements im SCHNELL-Modus für eine schnelle Bildkorrektur gestartet. Mehr zu diesem SCHNELL-, aber auch zum ASSISTENT-Modus haben Sie bereits in Kapitel 2 und Kapitel 3 erfahren. Für die Beschreibung der Oberfläche des Fotoeditors verwenden wir in den meisten der folgenden Buchkapitel den Modus EXPERTE ❷.

griffsleiste ⓬, in der Sie Bilder schneller öffnen, den Modus des Fotoeditors ändern oder diverse Dinge erstellen können.

▲ **Abbildung 4.1**
Die Standardansicht des Fotoeditors im Modus EXPERTE mit den wichtigsten Elementen

Zum Weiterlesen

Die Dropdown-Listen ERSTELLEN ❸ und TEILEN ❹ finden Sie auch im Organizer mit denselben Funktionalitäten wieder. In Abschnitt 8.1.5, »›Erstellen‹ und ›Teilen‹«, finden Sie nochmals eine kurze Beschreibung hierzu. Richtig verwenden werden Sie das Erstellen oder das Teilen (oder besser: das Präsentieren) von Fotos in Teil XII des Buches.

Funktionen aktivieren

Um ausgegraute Funktionen dennoch auszuprobieren, öffnen Sie einfach ein Bild. Verwenden Sie hierbei am besten ein Bild des Beispielmaterials – so können Sie auch nichts »kaputtmachen«.

Anzeigen am Bild | Neben diesen Standardbedienelementen finden Sie bei einem oder mehreren geöffneten Bildern zusätzlich eine Titelleiste ❶ und eine Statusleiste ❿ vor.

4.2 Die Menüleiste

Die Menüs in Photoshop Elements sind den Menüs vieler bekannter Programme ähnlich, die Bedienung wird Ihnen daher kaum Schwierigkeiten bereiten. Anwendbare Funktionen sind in weißer Schrift dargestellt; Elemente in grauer Schrift sind nicht anwählbar. Bei vielen Menüeinträgen finden Sie zudem Tastenkürzel, mit denen Sie die Funktion über die Tastatur aufrufen. Anstatt sich zum Öffnen einer Datei also durch das DATEI-Menü zu hangeln, können Sie auch schnell die Tastenkombination [Strg]/[cmd]+[O] nutzen.

4.2 Die Menüleiste

Abbildung 4.2 ►
Die Menüleiste von Photoshop Elements

Gerade Umsteiger von MS Windows zu Mac OS X suchen bei den aktiven Programmen zunächst etwas verwundert nach der Menüleiste. Bei Mac OS X ist die Menüleiste nicht im Programmfenster selbst zu finden, sondern wird ganz oben auf dem Bildschirm in einer weißen Leiste ⓯ mit den Menübefehlen zum aktuell aktiven Programm angezeigt. Den Namen des aktuell aktiven Programms finden Sie hierbei neben dem Apfel-Logo ⓮.

◄ Abbildung 4.3
Die Menüleiste von Photoshop Elements unter macOS

Das Menü »Datei« | Auch im Menü DATEI wird Ihnen vieles von anderen Programmen her bekannt vorkommen, zum Beispiel das Öffnen, Speichern und Drucken von Dateien. In diesem Menü finden Sie alle Befehle für die Verwaltung und Steuerung von Dateien. Auch den Import und Export von Dateien rufen Sie über das Menü DATEI auf.

Das Menü »Bearbeiten« | Im Menü BEARBEITEN finden Sie neben den üblichen Standardfunktionen wie dem Rückgängigmachen und Wiederholen von Arbeitsschritten, dem Ausschneiden, Kopieren, Einfügen und Löschen von Auswahlen oder Ebenen auch verschiedene Arbeitshilfen. Hierzu gehören etwa das Füllen einer Auswahl oder Kontur, das Leeren des Rückgängig-Protokolls oder der Zwischenablage sowie das Hinzufügen von Seiten. Außerdem enthält dieses Menü Befehle zu Werkzeugkomponenten, zur Definition eigener Pinsel und Muster sowie verschiedene Grundeinstellungen zum Programm.

Weitere Befehle
Im Menü DATEI finden Sie auch Automatisierungsbefehle und Befehle für den Wechsel zu anderen Programmelementen, zum Beispiel zum Organizer, mit dem Sie Fotos verwalten können.

Sammelmenü »Bearbeiten«
Das Menü BEARBEITEN war neben den üblichen Standardfunktionen schon immer so etwas wie ein buntes Sammelsurium für Funktionen, die in kein anderes Menü so recht hineinpassen wollen. Dies gilt nicht nur für Photoshop Elements, sondern auch für viele andere Programme.

Kapitel 4 Der Fotoeditor im Experte-Modus

▲ **Abbildung 4.4**
Das Menü DATEI

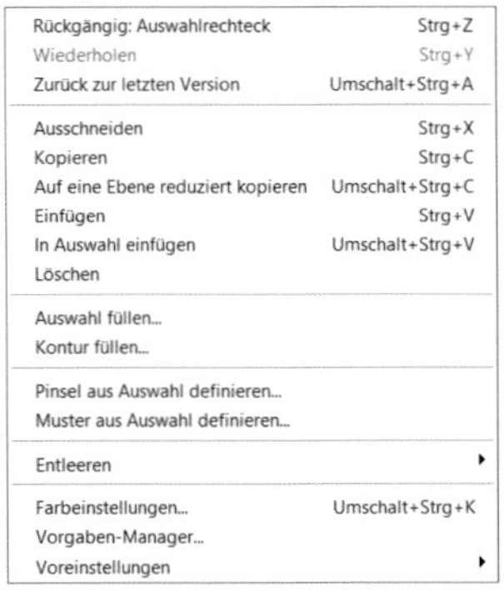

▲ **Abbildung 4.5**
Das Menü BEARBEITEN

Das Menü »Bild« | Das Menü BILD enthält Funktionen, um ein Bild nach festen oder beliebigen Werten zu drehen, zu spiegeln, seine Form oder Größe zu ändern. Neben dem Freistellungswerkzeug finden Sie hier eine Funktion zur Aufteilung eingescannter Bilder. Darüber hinaus können Sie über dieses Menü den Bildmodus und die Farbprofilkonvertierung ändern.

Photomerge-Funktionen

Die PHOTOMERGE-Funktionen im Menü ÜBERARBEITEN wurden mit der Version 14 von Photoshop Elements in den ASSISTENT-Modus verschoben.

Das Menü »Überarbeiten« | Die Funktionen im Menü ÜBERARBEITEN setzen Sie in der digitalen Bildbearbeitung häufig zum Korrigieren eines Bildes ein. Neben den vielen automatischen Korrekturfunktionen finden Sie hier Funktionen zum manuellen Anpassen von Beleuchtung und Farbe. Auch das Nachschärfen und die Schwarzweißkonvertierung rufen Sie über dieses Menü auf.

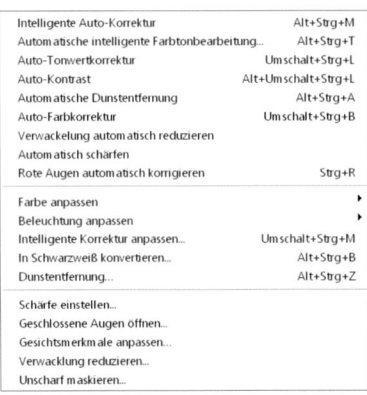

▲ **Abbildung 4.6**
Das Menü BILD

▲ **Abbildung 4.7**
Das Menü ÜBERARBEITEN

4.2 Die Menüleiste

Das Menü »Ebene« | Ein sehr wichtiges Arbeitsmittel für die Gestaltung von Fotomontagen mit Photoshop Elements sind die Ebenen. Entsprechend umfangreich ist auch das Menü EBENE mit Funktionen ausgestattet. Auch die Funktionen zur EBENENMASKE sind in diesem Menü enthalten.

Automatische Korrektur
Beachten Sie, dass die automatischen Funktionen sofort und ohne Rückfrage über eine Dialogbox ausgeführt werden.

Das Menü »Auswahl« | Die Funktionen im Menü AUSWAHL sind ebenso wichtig wie die im Menü EBENE. Im AUSWAHL-Menü finden Sie viele Ergänzungen zu den Auswahlwerkzeugen der Werkzeugpalette. Darüber hinaus können Sie Auswahlen ändern und speichern.

Zum Weiterlesen
Auf die Ebenen gehen wir ausführlich in Teil VIII des Buches ein.

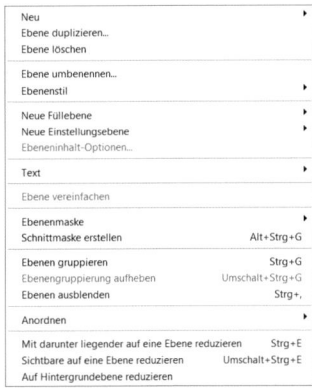

▲ **Abbildung 4.8**
Das Menü EBENE

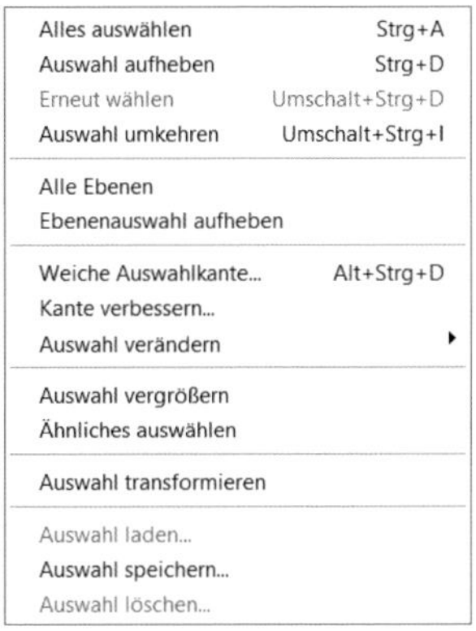

▲ **Abbildung 4.9**
Das Menü AUSWAHL

Im Menü AUSWAHL finden Sie auch einige Auswahlbefehle für Ebenen. Die beiden Menüs EBENE und AUSWAHL werden Sie daher oft in Kombination anwenden.

Das Menü »Filter« | Das Menü FILTER enthält zahlreiche Filter zur Durchführung von Korrekturen; auch Filter für Stileffekte und kreative Zwecke finden Sie hier. In der Regel erreichen Sie hier auch die Plug-ins, mit denen Sie Photoshop Elements 2018 jederzeit erweitern können.

Das Menü »Ansicht« | Im Menü ANSICHT finden Sie vorwiegend Funktionen, die sich auf die Darstellung des aktuellen Bildes beziehen. Auch verschiedene Helfer wie LINEALE, HILFSLINIEN oder RASTER sind hier versammelt.

Das Menü »Fenster« | Das Menü FENSTER bietet Befehle, mit denen Sie das Aussehen des Fotoeditors festlegen können (etwa welche Bedienfelder eingeblendet werden sollen).

Kapitel 4 Der Fotoeditor im Experte-Modus

▲ **Abbildung 4.10**
Das Menü FILTER

▲ **Abbildung 4.11**
Das Menü ANSICHT

▲ **Abbildung 4.12**
Das Menü FENSTER

Das Menü »Hilfe« | Sollten Sie einmal nicht mehr weiterwissen, können Sie im letzten Menüpunkt die Photoshop-Elements-Hilfe aufrufen. Schneller geht dies mit der Taste [F1] (Windows) bzw. mit [cmd]+[?] (Mac). Auch Updates und Support erreichen Sie über dieses Menü.

◀ **Abbildung 4.13**
Das Menü HILFE

4.3 Die Werkzeugpalette im Überblick

In der Werkzeugpalette des Fotoeditors (häufig auch *Toolbox* oder *Werkzeugleiste* genannt) stehen Ihnen verschiedene Werkzeuge zur Bearbeitung Ihrer Bilder zur Verfügung. Angezeigt wird die Werkzeugpalette auf der linken Seite des Programmfensters.

Die Werkzeugpalette ausblenden | Wollen Sie die Werkzeugpalette ausblenden, um mehr Platz auf dem Bildschirm zu haben, können Sie dies jederzeit über das Menü FENSTER • WERKZEUGE

▲ **Abbildung 4.14**
Die Werkzeugpalette

4.3 Die Werkzeugpalette im Überblick

tun. Selbige können Sie jederzeit mit demselben Menübefehl auch wieder einblenden lassen.

QuickInfo | Um sich Informationen zu einem beliebigen Werkzeug in der Werkzeugpalette anzeigen zu lassen, verweilen Sie einfach mit dem Cursor über der Schaltfläche des Werkzeugs. Es erscheint dann ein kurzer Werkzeugtipp (*QuickInfo*).

Mindestvoraussetzung: 720 Pixel
Damit Sie auch alle Werkzeuge in der Werkzeugpalette problemlos sehen können, sollten Sie die Auflösung der Bildschirmhöhe auf mindestens 720 Pixel setzen.

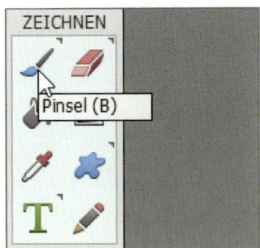

◀ **Abbildung 4.15**
Wenn der Cursor über einem Werkzeug steht, werden Name und Tastenkürzel des Werkzeugs angezeigt.

Statusleiste | Die Statusleiste an der unteren Bildschirmkante können Sie ähnlich wie die QuickInfo verwenden, um Informationen zu einem Werkzeug zu erhalten. Klicken Sie hierzu den schwarzen Pfeil ❶ an, und aktivieren Sie die Einstellung Aktuelles Werkzeug.

Zum Weiterlesen
Mehr zur Statusleiste finden Sie in Abschnitt 5.5.2, »Die Statusleiste«.

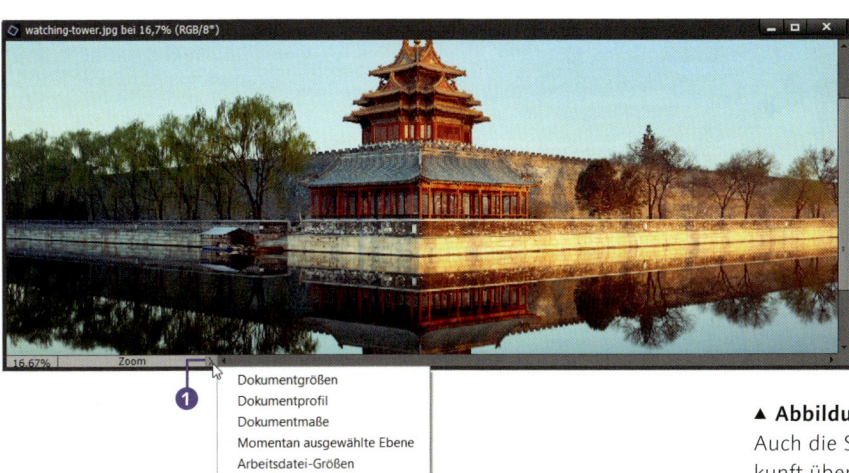

▲ **Abbildung 4.16**
Auch die Statusleiste gibt Auskunft über das aktuell verwendete Werkzeug, wenn die Option Aktuelles Werkzeug aktiv ist.

Werkzeug verwenden | Um ein Werkzeug zu verwenden, müssen Sie es in der Werkzeugpalette mit einem Klick auf die entsprechende Schaltfläche auswählen. Das ausgewählte Werkzeug ist dann in der Werkzeugpalette markiert. Übrigens ist immer irgendein Werkzeug aktiv! Es gibt also nicht die Möglichkeit, das Werkzeug einmal »beiseitezulegen«.

▲ Abbildung 4.17
Das kleine Dreieck rechts oben zeigt an, dass dem Werkzeug noch weitere Werkzeuge untergeordnet sind.

Ausgeblendetes Werkzeug verwenden | Einige Werkzeuge in der Werkzeugpalette haben untergeordnete Werkzeuge, die nicht unmittelbar angezeigt werden. Wenn Sie mit dem Mauscursor über ein Werkzeug fahren, zeigt ein kleines Dreieck ❶ rechts oben an der Schaltfläche des Werkzeugs an, dass dieses Werkzeug über mindestens ein weiteres Werkzeug verfügt.

Sobald Sie ein entsprechendes Werkzeug, das über weitere untergeordnete Werkzeuge verfügt, anklicken, finden Sie links unten bei den Werkzeugoptionen die restlichen Werkzeuge zur Auswahl vor.

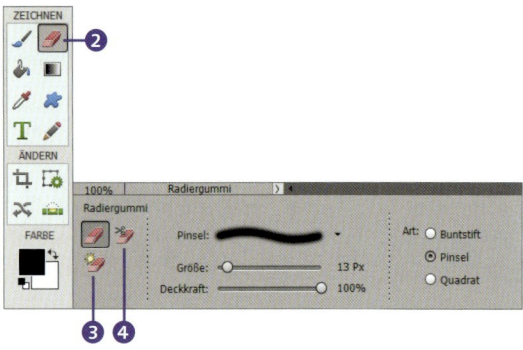

▲ Abbildung 4.18
Hinter dem Radiergummi ❷ verbergen sich in den Werkzeugoptionen noch Hintergrund-Radiergummi ❹ und Magischer Radiergummi ❸.

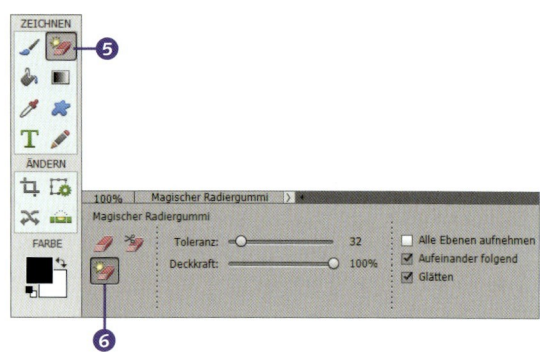

▲ Abbildung 4.19
Natürlich ändert sich in der Werkzeugpalette auch das Icon ❺ entsprechend, wenn Sie ein anderes untergeordnetes Werkzeug ausgewählt ❻ haben.

Werkzeuge per Tastenkürzel verwenden | Die Werkzeuge in der Werkzeugleiste lassen sich auch per Tastenkürzel verwenden. Welches Tastenkürzel für welches Werkzeug steht, erfahren Sie über die QuickInfo. Drücken Sie zum Beispiel die Taste [Z], wird das Zoom-Werkzeug zur Verwendung ausgewählt.

Werkzeuge, die wiederum ausgeblendete Werkzeuge enthalten, wählen Sie durch erneutes Drücken des Tastenkürzels aus. Drücken Sie zum Beispiel einmal die Taste [E], haben Sie den Radiergummi ausgewählt. Drücken Sie die Taste [E] zweimal, ist der Hintergrund-Radiergummi aktiviert, bei dreimaligem Drücken der Magische Radiergummi. Beim vierten Mal Drücken geht es hier logischerweise dann wieder von vorn mit dem Radiergummi los.

> **Tastenkürzel**
> Eine Übersicht über die einzelnen Tastenkürzel und deren zugehöriges Werkzeug finden Sie in Tabelle 4.1.

▶ 1 × [E] drücken:
▶ 2 × [E] drücken:
▶ 3 × [E] drücken:
▶ 4 × [E] drücken: wieder

4.4 Die einzelnen Werkzeuge und ihre Funktion

Die einzelnen Werkzeuge in der Werkzeugleiste werden in fünf Gruppen aufgeteilt. Diese Gruppen stelle ich Ihnen im Folgenden kurz vor.

4.4.1 Anzeigen

Die erste Gruppe mit zwei Werkzeugen bietet nützliche Helfer für genaues Arbeiten auf der Arbeitsoberfläche. Es handelt sich um Werkzeuge zur Änderung der Bildansicht.

- **❼ Zoom-Werkzeug**: Mithilfe dieses Werkzeugs vergrößern oder verkleinern Sie die Ansicht des Bildes. Dabei wird die Ansicht auf den angeklickten Punkt zentriert. Dieses Werkzeug wirkt sich nur auf die Ansicht des Bildes aus.
- **❽ Hand-Werkzeug**: Mit der Hand verschieben Sie die Bildansicht im Dokumentfenster. Auf diese Weise behalten Sie auch bei sehr großen Bildern die Übersicht. Wie beim Zoom-Werkzeug wirkt sich das Verschieben mit dem Hand-Werkzeug nur auf die Ansicht des Bildes aus, nicht auf das Bild selbst.

▲ Abbildung 4.20
Unverzichtbare Helfer im Alltag

Hand funktioniert nicht?
Die Hand funktioniert erst, wenn Sie zuvor mindestens einmal mit der Lupe in das Bild geklickt haben und ein vergrößerter Ausschnitt des Bildes angezeigt wird.

4.4.2 Auswählen

Die Auswahl von Bildbereichen ist bei der Bearbeitung von zentraler Bedeutung, daher gibt es für diesen Zweck einen eigenen Menüpunkt. Zur Gruppe der Auswahlwerkzeuge gehören das Auswahlrechteck und die Auswahlellipse sowie das Lasso, der Zauberstab und verschiedene Schnellauswahl-Werkzeuge. Mit diesen Werkzeugen können Sie Bildbereiche auswählen und diese Bereiche anschließend unabhängig vom übrigen Bild bearbeiten. Als Hilfsmittel für Auswahlen finden Sie hier auch noch das Verschieben-Werkzeug.

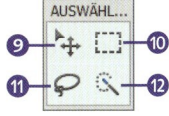

▲ Abbildung 4.21
Die Auswahlwerkzeuge zählen zu den wichtigsten Arbeitswerkzeugen.

- **❾ Verschieben-Werkzeug**: Mit diesem Werkzeug verschieben Sie eine Auswahl im Bild oder eine ganze Ebene.
- **❿ Auswahlrechteck** und **Auswahlellipse**: Das Auswahlrechteck dient der Auswahl rechteckiger Bildbereiche. Analog dazu erstellt die Auswahlellipse Auswahlen elliptischer Bildbereiche. Wählen Sie die beiden Werkzeuge entweder über die Werkzeugoptionen aus oder per Tastatur, indem Sie [M] so oft drücken, bis das gewünschte Werkzeug aktiviert ist.
- **⓫ Lasso-Werkzeuge**: In dieser Untergruppe stehen Ihnen drei Varianten zur Verfügung: das einfache Lasso, das Magnetische Lasso und das Polygon-Lasso.
- **⓬ Schnellauswahl-Werkzeug**, **Auswahlpinsel**, **Zauberstab**, **Auswahl verbessern-Pinsel** und **Automatische Auswahl-Werk-**

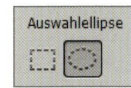

Das Automatische Auswahl-Werkzeug wurde neu zur Version Photoshop Elements 2018 hinzugefügt.

zeug: Das Schnellauswahl-Werkzeug erleichtert Ihnen das gezielte Auswählen einzelner Bildbereiche. Auch der Auswahlpinsel ermöglicht ein schnelles Auswählen und Freistellen von Bildbereichen. Mit dem Zauberstab wählen Sie einen Farbbereich im Bild aus. Der Auswahl verbessern-Pinsel hingegen hilft Ihnen beim Hinzufügen und Entfernen einer (vorhandenen) Auswahl mithilfe einer automatischen und klugen Kantenerkennung. Mit dem Automatische Auswahl-Werkzeug erstellen Sie zunächst eine grobe Auswahl vom gewünschten Motiv, und die Software versucht, den Rest für Sie automatisch zu übernehmen.

4.4.3 Verbessern

Unter VERBESSERN finden Sie viele Retuschewerkzeuge vor, die sowohl zum Reparieren als auch zum Retuschieren von Bildern bzw. Bildbereichen verwendet werden können.

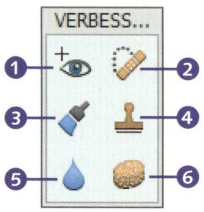

▲ Abbildung 4.22
Viele Werkzeuge zum Reparieren und Retuschieren von Bildern finden Sie unter VERBESSERN.

❶ **Augen-Werkzeug**: Dieses Werkzeug ist eher ein automatisches Retuschewerkzeug und dient der Entfernung des Rote-Augen-Effekts. Ebenso vorhanden ist hier die Option TIERAUGE, mit der auch verblitzte Tieraugen verbessert werden können. Neu hinzugekommen ist die Option GESCHLOSSENE AUGEN ÖFFNEN, mit der Sie Bilder retten können, auf denen Personen die Augen geschlossen haben.

❷ **Bereichsreparatur-Pinsel** und **Reparatur-Pinsel**: Ebenso wie das Rote-Augen-entfernen-Werkzeug sind auch diese beiden Werkzeuge eher automatisch-intelligente Retuschewerkzeuge. Mit ihrer Hilfe können Sie – wie auch mit den Stempeln – die unterschiedlichsten Schönheitsfehler (zum Beispiel Verfärbungen oder Verschmutzungen) reparieren.

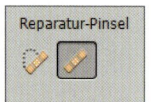 

❸ **Smartpinsel-Werkzeug** und **Detail-Smartpinsel-Werkzeug**: Mit den Smartpinseln können Sie Tonwerteffekte und Farbkorrekturen auf bestimmte Bildbereiche in einem Foto anwenden.

❹ **Kopierstempel** und **Musterstempel**: Der Kopierstempel wird häufig für Bildreparaturen oder Verfremdungseffekte eingesetzt. Der Musterstempel hingegen kommt in der Retuschepraxis eher selten zum Einsatz.

 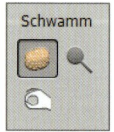

❺ **Weichzeichnen**, **Scharfzeichnen**, **Wischfinger**: Mit diesen Werkzeugen verändern Sie gezielt den Schärfegrad ausgewählter Bildbereiche.

❻ **Schwamm**, **Abwedler**, **Nachbelichter**: Diese Werkzeuge werden hauptsächlich verwendet, um die Helligkeit und Sättigung von Bildbereichen anzupassen. Aber auch bei der Retusche und bei Fotomontagen kommen sie häufig zum Einsatz.

4.4.4 Zeichnen

Mit Ausnahme des Farbwähler-Werkzeugs haben alle Werkzeuge in dieser Gruppe gemeinsam, dass Sie durch ihren Einsatz quasi den alten Inhalt des Bildes mit neuen Pixeln übermalen oder entfernen können.

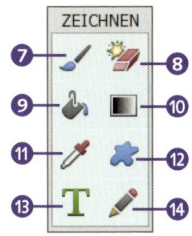

▲ **Abbildung 4.23**
Verschiedene Werkzeuge zum Zeichnen bzw. Entfernen von Pixeln

❼ Mit dem **Pinsel** zeichnen Sie auf der Arbeitsfläche bzw. auf dem Bild. Er lässt sich auch zum Zeichnen mit einem Grafiktablett verwenden. Die anderen beiden Malwerkzeuge, der **Impressionisten-Pinsel** und das **Farbe-ersetzen-Werkzeug**, werden eher zur Retusche oder für kreative Zwecke eingesetzt.

❽ **Radiergummi**: Wie mit einem echten Radiergummi löschen Sie mit dem Radiergummi-Werkzeug Bildbereiche. Als Varianten stehen Ihnen der **Hintergrund-Radiergummi** zur Verfügung sowie der **Magische Radiergummi** zum Entfernen von Pixeln aus einem Bild.

❾ **Füllwerkzeug**: Um große Flächen einzufärben, verwenden Sie am besten das Füllwerkzeug (für einfarbige Flächen).

❿ **Verlaufswerkzeug**: Mit diesem Werkzeug lassen sich ebenfalls Flächen füllen, hier allerdings mit einem Farbverlauf.

⓫ **Farbwähler-Werkzeug** (Pipette): Mit diesem Werkzeug ermitteln Sie einen oder mehrere Farbtöne aus dem Bild und legen ihn als Vordergrund- oder Hintergrundfarbe fest, der ideale Helfer für die Malwerkzeuge eben.

⓬ **Formwerkzeuge**: Es stehen sieben Formwerkzeuge zur Verfügung, mit denen Sie vordefinierte oder eigene Vektorformen erstellen und anwenden. Der Vorteil dieser Vektorformen ist, dass sie sowohl ein Vergrößern als auch ein Verkleinern der Bilder ohne Qualitätsverlust ermöglichen. Möglich ist dies, weil Vektorformen nicht über Pixel definiert werden.

⓭ **Textwerkzeuge**: Das Textwerkzeug mit den ausgeblendeten Unterwerkzeugen bietet vielfältige Möglichkeiten sowohl zur horizontalen als auch zur vertikalen Eingabe von Text ins Bild. Zusätzlich finden Sie hier Textwerkzeuge, mit denen Sie einen Text auf eine Auswahl, Form oder einen Pfad schreiben.

⓮ **Buntstift**: Der Buntstift ist im Grunde wie der Pinsel, nur dass Sie hiermit keine weichen Kanten zeichnen können.

Pixel und Vektoren
Die Unterschiede zwischen Pixel- und Vektorobjekten erläutert Abschnitt 6.1, »Pixel- und Vektorgrafiken«.

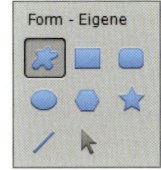
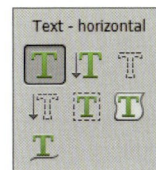

4.4.5 Ändern

Diese Gruppe umfasst vier Werkzeuge. Neben dem klassischen Freistellungswerkzeug (unter dem sich auch der Ausstecher befindet) gibt es das Neu-zusammensetzen-Werkzeug, ein Werkzeug für inhaltssensitives Verschieben sowie ein Werkzeug zum Geradeausrichten.

Kapitel 4 Der Fotoeditor im Experte-Modus

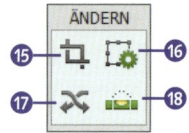

▲ **Abbildung 4.24**
Die Gruppe der Freistellungswerkzeuge finden Sie unter ÄNDERN zusammengefasst.

⓯ **Freistellungswerkzeug**, **Ausstecher** und **Perspektivisches Freistellen**: Mit dem Freistellungswerkzeug schneiden Sie die Ränder eines ausgewählten rechteckigen Bildbereichs ab. Auch mit dem Ausstecher schneiden Sie ausgewählte Bildbereiche weg. Anstelle eines rechteckigen Bereichs wird hierbei eine vordefinierte Form (wie Herz, Schmetterling usw.) ausgeschnitten. Mit dem Perspektivisches Freistellen-Werkzeug können Sie die Perspektive (beispielsweise stürzende Linien) im Bild korrigieren und gleichzeitig das Bild zuschneiden.

⓰ Mit dem **Neu-zusammensetzen-Werkzeug** können Sie die Größe eines Bildes ändern, ohne das oder die eigentlichen Motive zu verlieren.

⓱ **Inhaltssensitives Verschieben-Werkzeug**: Mit diesem Werkzeug können Sie eine Auswahl in einen anderen Bereich des Bildes verschieben oder diese erweitern. Die Software versucht, die so verschobene oder erweiterte Auswahl möglichst nahtlos in das Bild zu integrieren, indem der Bereich darum herum analysiert und entsprechend repariert wird.

⓲ **Gerade-ausrichten-Werkzeug**: Mit diesem Werkzeug richten Sie ein Bild gerade aus, wenn die Perspektive nicht stimmt.

4.4.6 Vordergrund- und Hintergrundfarbe

Ebenfalls in der Werkzeugleiste finden Sie die Farbauswahlfelder, mit denen Sie die aktuellen Arbeitsfarben sowie die Vordergrund- und Hintergrundfarbe einstellen. Beispielsweise verwenden die Pinsel-Werkzeuge oder das Füllwerkzeug stets die aktuelle Vordergrundfarbe zum Malen. Das Verlaufswerkzeug hingegen benutzt sowohl die Vordergrund- ❶ als auch die Hintergrundfarbe ❹. Tauschen können Sie Vordergrund- und Hintergrundfarbe über das kleine Pfeilsymbol ❷. Wollen Sie die Standardfarben Schwarz und Weiß wiederherstellen, klicken Sie einfach auf das kleine Schwarzweißsymbol ❸ links unten.

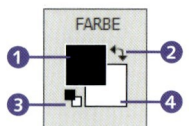

▲ **Abbildung 4.25**
Vorder- und Hintergrundfarbe einstellen

Hinweis
Zur Erinnerung: Auf die Werkzeuge mit untergeordneten Zusatzwerkzeugen greifen Sie durch mehrfaches Drücken des entsprechenden Buchstabens zu oder wählen sie bei den Werkzeugoptionen aus.

Schneller gelingen das Wiederherstellen und das Tauschen übrigens über die Tastenkürzel [D] und [X]: Mit [D] stellen Sie die Standardfarben Schwarz und Weiß ein, [X] tauscht Vorder- und Hintergrundfarbe aus. Welche Tastenkürzel Photoshop Elements Ihnen außerdem für die Werkzeuge zur Verfügung stellt, können Sie Tabelle 4.1 entnehmen.

Tabelle 4.1 ▶
Werkzeuge und ihre Tastenkürzel

Werkzeug	Symbol	Tastenkürzel
Zoom-Werkzeug	🔍	[Z]
Hand-Werkzeug	✋	[H]

4.4 Die einzelnen Werkzeuge und ihre Funktion

Werkzeug	Symbol	Tastenkürzel
Verschieben-Werkzeug		V
Auswahlrechteck		M
Auswahlellipse		M
Lasso		L
Magnetisches Lasso		L
Polygon-Lasso		L
Zauberstab		A
Schnellauswahl-Werkzeug		A
Auswahlpinsel		A
Auswahl verbessern-Pinsel		A
Automatische Auswahl-Werkzeug		A
Augen-Werkzeug		Y
Bereichsreparatur-Pinsel		J
Reparatur-Pinsel		J
Smartpinsel-Werkzeug		F
Detail-Smartpinsel-Werkzeug		F
Kopierstempel		S
Musterstempel		S
Weichzeichnen		R
Scharfzeichnen		R
Wischfinger		R
Schwamm		O
Abwedler		O
Nachbelichter		O
Pinsel		B
Impressionisten-Pinsel		B
Farbe-ersetzen-Werkzeug		B
Radiergummi		E
Hintergrund-Radiergummi		E
Magischer Radiergummi		E

◀ **Tabelle 4.1**
Werkzeuge und ihre Tastenkürzel (Forts.)

Tabelle 4.1 ▶
Werkzeuge und ihre Tastenkürzel (Forts.)

Werkzeug	Symbol	Tastenkürzel
Füllwerkzeug		K
Verlaufswerkzeug		G
Farbwähler		I
Eigene-Form-Werkzeug		U
Rechteck-Werkzeug		U
Abgerundetes-Rechteck-Werkzeug		U
Ellipse-Werkzeug		U
Polygon-Werkzeug		U
Stern-Werkzeug		U
Linie-Werkzeug		U
Formauswahl-Werkzeug		U
Horizontales Textwerkzeug		T
Vertikales Textwerkzeug		T
Horizontales Textmaskierungswerkzeug		T
Vertikales Textmaskierungswerkzeug		T
Text-auf-Auswahl-Werkzeug		T
Text-auf-Form-Werkzeug		T
Text-auf-eigenem-Pfad-Werkzeug		T
Buntstift		N
Freistellungswerkzeug		C
Perspektivisches Freistellen		C
Neu-zusammensetzen-Werkzeug		W
Ausstecher		C
Gerade-ausrichten-Werkzeug		P
Inhaltssensitives Verschieben-Werkzeug		Q

Fotobereich oder Werkzeugoptionen

Die Werkzeugoptionen und der Fotobereich (siehe Abschnitt 4.6, »Der Fotobereich«) teilen sich denselben Arbeitsbereich unterhalb des Bildfensters. Trotzdem harmonieren beide Bereiche sehr gut miteinander. Sobald Sie ein Werkzeug aus der Werkzeugpalette oder mit einem Tastenkurzbefehl auswählen, wird automatisch die Werkzeugoption angezeigt.

4.5 Werkzeugoptionen

In den Werkzeugoptionen (auf der Oberfläche auch als *WZ-Optionen* bezeichnet) werden alle vorhandenen Optionen eines ausgewählten Werkzeugs der Werkzeugpalette angezeigt. Hier können

Sie die Verwendung und Wirkung des Werkzeugs anpassen. Die Werkzeugoptionen befinden sich direkt unter dem Bildfenster.

Sobald Sie ein Werkzeug wechseln, ändert sich auch die Gestalt der Werkzeugoptionen. Die darin angebotenen Optionen (bzw. Steuerelemente) sind immer abhängig von dem jeweils ausgewählten Werkzeug.

Tipp: Alles ein-/ausblenden
Sie können jederzeit alles mal schnell aus- und wieder einblenden, indem Sie die ⇥-Taste drücken.

Werkzeugoptionen minimieren | Benötigen Sie mehr Platz auf dem Bildschirm, können Sie die Werkzeugoptionen jederzeit über das kleine Pfeil-nach-unten-Symbol ❷ auf der rechten Seite der Werkzeugoptionen minimieren. Ebenso können Sie die Werkzeugoption minimieren und über die Schaltfläche WZ-OPTIONEN ❶ links unten im Fenster des Fotoeditors wiederherstellen.

Werte verstellt
Sobald Sie Optionen für ein Werkzeug eingestellt haben, bleiben diese so lange wirksam, bis Sie die Werte erneut verändern. Alternativ klicken Sie ganz rechts in den Werkzeugoptionen auf das kleine Symbol ❸ und setzen das Werkzeug oder die Werkzeuge zurück.

▲ Abbildung 4.26
Die Werkzeugoptionen lassen sich über entsprechende Schaltflächen (❶ und ❷) auch minimieren.

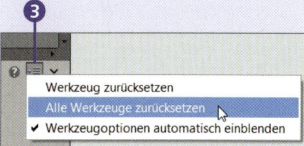

▲ Abbildung 4.27
Werkzeug zurücksetzen

Hilfe: Werkzeugoptionen bleiben minimiert | Falls Sie die Werkzeugoptionen minimiert haben und ein Werkzeug auswählen, sollten die Optionen gewöhnlich wieder eingeblendet werden. Ist dies nicht der Fall, haben Sie wahrscheinlich die entsprechende Option ❹ deaktiviert (= wenn kein Häkchen davor gesetzt ist). Sie können diese Option jederzeit durch Anklicken wieder (de-)aktivieren.

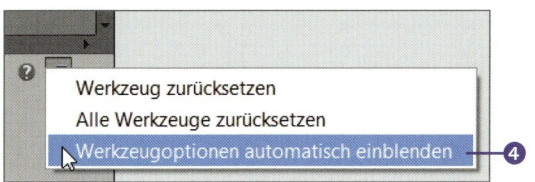

◀ Abbildung 4.28
Befindet sich wie hier kein Häkchen vor WERKZEUGOPTIONEN AUTOMATISCH EINBLENDEN, werden im Falle minimierter Werkzeugoptionen diese nicht mehr automatisch eingeblendet.

4.6 Der Fotobereich

Einen Überblick über alle geöffneten Dateien finden Sie unterhalb des Bildfensters im FOTOBEREICH, in dem Miniaturen der geöffneten Bilder angezeigt werden. Werden stattdessen gerade die Werkzeugoptionen dort eingeblendet, brauchen Sie nur die

Weitere Befehle

Mit einem rechten Mausklick auf eines der Bilder im FOTO-BEREICH öffnen Sie ein weiteres Kontextmenü, in dem Sie für das aktive oder ausgewählte Bild beispielsweise Dateiinformationen aufrufen, ein Bild duplizieren oder drehen, den Dateinamen einblenden oder ein bzw. mehrere Bilder schließen oder minimieren können.

gleichnamige Schaltfläche links unten anzuklicken, um den FOTO-BEREICH ❼ einzublenden.

Das Bild, das gerade aktiv ist, also bearbeitet wird, ist mit einem blauen Rahmen ❸ versehen. Zusätzlich finden Sie ein Dropdown-Menü ❶. Darüber entscheiden Sie, ob hier die aktuell geöffneten Bilder des Fotoeditors oder ausgewählte Bilder vom Organizer angezeigt werden sollen.

Bilder, bei denen rechts oben ein kleiner Miniaturpinsel ❷ zu sehen ist, enthalten Änderungen, die noch nicht gespeichert wurden.

Ganz rechts über das Bedienfeldmenü ❺ erreichen Sie diverse Aktionen wie das Drucken mehrerer Dateien oder Speichern markierter Dateien in einem Album (des Organizers). Um mehrere Bilder mit einer Aktion zu verwenden, halten Sie beim Auswählen im FOTOBEREICH einfach die [Strg]/[cmd]- oder die [⇧]-Taste gedrückt. Die ausgewählten Bilder werden dann mit einem weißen Rahmen ❹ angezeigt.

Und wie auch schon bei den Werkzeugoptionen können Sie den FOTOBEREICH über das kleine Pfeil-nach-unten-Symbol ❻ ganz rechts minimieren und über die Schaltfläche FOTOBEREICH ❼ jederzeit wieder einblenden.

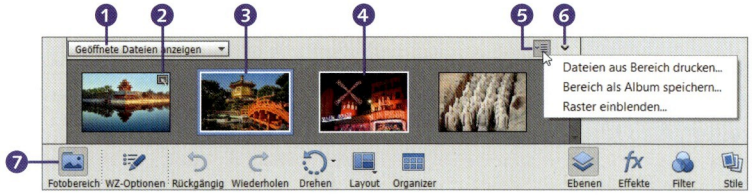

▲ **Abbildung 4.29**
Der FOTOBEREICH

Toggle Buttons

Alle Schaltflächen sind sogenannte Toggle Buttons. Wenn Sie diese niederdrücken, bleiben sie gedrückt, und das entsprechende Bedienfeld wird angezeigt. Klicken Sie erneut auf diese Schaltfläche, wird sie wieder deaktiviert und das Bedienfeld ausgeblendet. Sie können das aktuelle Bedienfeld auch deaktivieren, indem Sie eine andere Schaltfläche niederdrücken und so das zur Schaltfläche gehörende Bedienfeld aktivieren, da immer nur ein Toggle Button (Bedienfeld) aktiv sein kann (abgesehen von der Schaltfläche MEHR).

4.7 Die Bedienfelder

Die Bedienfelder in Photoshop Elements sind ein sehr nützliches Kontroll- und Steuerelement. Anstatt unzählige Funktionen in vielen kleinen Unterfenstern anzuzeigen, wurden viele Funktionen in einem Bedienfeldbereich angeordnet.

4.7.1 Grundlegender Arbeitsbereich

Standardmäßig werden die Bedienfelder im GRUNDLEGENDEN ARBEITSBEREICH angezeigt. Dieser Arbeitsbereich zeichnet sich dadurch aus, dass die Bedienfelder EBENEN, EFFEKTE, GRAFIKEN und FAVORITEN einen festen Platz im **Bedienfeldbereich** ❽ auf

4.7 Die Bedienfelder

der rechten Seite des Fensters haben und dass in diesem Bereich immer nur *eines* dieser Bedienfelder angezeigt werden kann. Welches Bedienfeld das ist, bestimmen Sie mit den folgenden fünf Schaltflächen ❾ (von links nach rechts):

- EFFEKTE: Hierbei öffnet sich das Bedienfeld EFFEKTE, in dem Sie mehrere Effekte in Kategorien geordnet vorfinden und auf das aktive Bild anwenden können.
- FILTER: Hinter dieser Schaltfläche verbergen sich die verschiedenen Filter in Kategorien geordnet, die Sie auf ein Bild anwenden können.
- STILE: Beim Klick auf die Schaltfläche STILE können Sie Stile wie SCHLAGSCHATTEN, KONTUREN, ABGEFLACHTE KANTEN und noch viele mehr auf das aktive Bild anwenden. Viele dieser Stile setzen transparente Flächen oder eine Ebene voraus.
- GRAFIKEN: Hinter diesem Bedienfeld versteckt sich eine Menge herunterladbarer Grafiken, wie etwa Hintergründe, Rahmen, Formen oder besondere Texte, die Sie für kreative Zwecke verwenden können.

Mit der letzten Schaltfläche MEHR ❿ blenden Sie eine ganze Gruppe von Bedienfeldern ein, die allerdings in einem extra Fenster geöffnet werden und daher auch gleichzeitig mit einem der fünf Bedienfelder davor verwendet werden können. Mit einem Klick auf das kleine Dreieck ⓫ neben der Schaltfläche MEHR können Sie über das sich öffnende Dropdown-Menü gezielt ein bestimmtes Bedienfeld öffnen.

EBENEN: Wenn Sie diese Schaltfläche niederdrücken, wird das Ebenen-Bedienfeld im Bedienfeldbereich angezeigt. Klicken Sie diese Schaltfläche erneut an, wird das Bedienfeld wieder geschlossen.

Bedienfelder anordnen
Die Bedienfelder, die Sie über die Schaltfläche MEHR ❿ öffnen können, können Sie jederzeit mit gedrückt gehaltener Maustaste aus der Registerkartengruppe herausziehen und als alleiniges Fenster auf dem Bildschirm fallen lassen. Mit diesen frei schwebenden Bedienfeldern lässt sich all das machen, was Sie auch im gleich folgenden BENUTZERDEFINIERTEN ARBEITSBEREICH sehen werden, nur können Sie hier eben nicht den rechten Arbeitsbereich zum An- bzw. Abdocken verwenden.

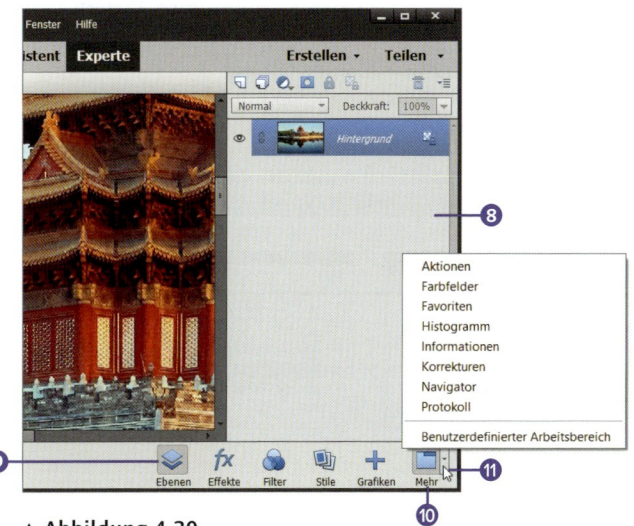

▲ Abbildung 4.30
GRUNDLEGENDER ARBEITSBEREICH mit den Bedienfeldern, hier mit eingeblendetem Ebenen-Bedienfeld

▲ Abbildung 4.31
Die Gruppe von Bedienfeldern lässt sich über die Schaltfläche MEHR ❿ öffnen.

4.7.2 Benutzerdefinierter Arbeitsbereich

Wollen Sie den Arbeitsbereich an Ihre eigenen Bedürfnisse anpassen, können Sie dies machen, indem Sie rechts unten auf das kleine Dreieck klicken ❶ und dort den Befehl BENUTZERDEFINIERTER ARBEITSBEREICH auswählen.

Was als Erstes auffällt, wenn Sie BENUTZERDEFINIERTER ARBEITSBEREICH aktiviert haben, ist, dass die fünf Schaltflächen EBENEN, EFFEKTE, FILTER, STILE und GRAFIKEN rechts unten verschwunden und stattdessen jetzt oben im Bedienfeld als Register ❷ sichtbar sind. Nach wie vor enthalten ist hingegen wie gehabt die Schaltfläche MEHR rechts unten mit denselben Funktionen.

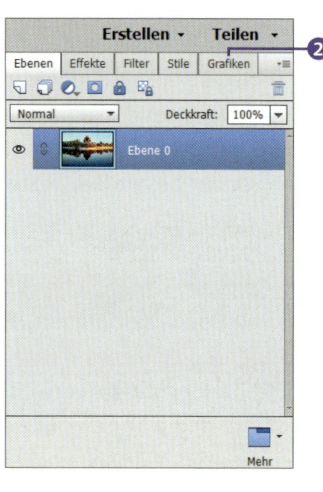

Abbildung 4.32 ▶
BENUTZERDEFINIERTER ARBEITSBEREICH

Abbildung 4.33 ▶▶
Wollen Sie einen persönlichen Arbeitsbereich, brauchen Sie nur den entsprechenden Befehl zu aktivieren.

> **Bedienfeldbereich ausblenden**
> Um gelöste Bedienfelder, den Bedienfeldbereich, den FOTOBEREICH, die Werkzeugpalette und die Werkzeugoptionen auszublenden, drücken Sie einfach die -Taste. Erneutes Drücken der -Taste blendet alles wieder ein.

Bedienfeld aus der Gruppe lösen | Dass die ehemaligen Schaltflächen jetzt auch als Register dargestellt werden, hat den Grund, dass Sie diese Bedienfelder nun aus der Gruppe lösen können.

Um ein Bedienfeld aus dem Bedienfeldbereich zu lösen und in ein eigenständiges Fenster umzuwandeln, müssen Sie lediglich das Register ❸ mit gedrückter Maustaste ziehen und an einer freien Arbeitsfläche des Fotoeditors fallen lassen.

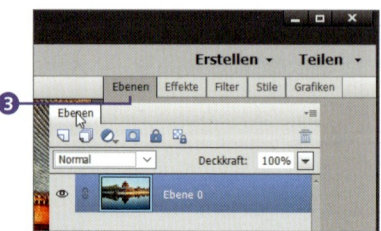
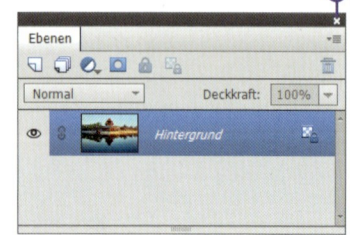

▲ **Abbildung 4.34**
Hier wird das Bedienfeld EBENEN aus dem Bedienfeldbereich mit gedrückter linker Maustaste auf die Arbeitsfläche des Fotoeditors gezogen und fallen gelassen.

Losgelöste Bedienfelder oder auch ganze Gruppen können über das kleine × ❹ in der rechten oberen Ecke des Bedienfeldfensters geschlossen werden. Allerdings sind sie dann komplett von der Arbeitsoberfläche verschwunden und lassen sich nur über das kleine Dropdown-Menü rechts unten neben der Schaltfläche Mehr oder über das Menü Fenster wieder einblenden.

Bedienfeld zurück in den Bedienfeldbereich | Ähnlich einfach wie das Loslösen funktioniert auch das Wiederandocken eines Bedienfeldes innerhalb eines anderen Bedienfeldes oder einer Gruppe. Fassen Sie hierzu das Bedienfeld am Register, und lassen Sie es anschließend im Bedienfeldbereich fallen. Wo und ob das Bedienfeld im Bedienfeldbereich eingefügt wird, wenn Sie die linke Maustaste wieder loslassen, erkennen Sie anhand einer blauen Linie oder eines blauen Rahmens ❺. Das neue Bedienfeld wird innerhalb einer Gruppe dann immer als Register am Ende hinzugefügt.

▲ **Abbildung 4.35**
Das losgelöste Bedienfeld wird per Drag & Drop zurück in den Bedienfeldbereich gezogen und wieder in der Gruppe von Registern eingefügt.

Sie können auch die einzelnen Bedienfelder innerhalb der Registergruppe anordnen, indem Sie ein Register mit gedrückt gehaltener Maustaste verschieben und hinter oder vor dem Register an der gewünschten Stelle fallen lassen.

Bedienfelder flexibel anordnen | Im Benutzerdefinierten Arbeitsbereich lassen sich aber jetzt die Bedienfelder nicht nur innerhalb von Register und Registerkarten gruppieren. Sie können diese auch sehr flexibel rechts, links, ober- oder unterhalb anderer Bedienfelder anordnen. Dies gilt sowohl für frei schwebende Bedienfelder als auch für den etwas fixeren Bedienfeldbereich auf der rechten Seite.

▲ **Abbildung 4.36**
Auch innerhalb der Registergruppe können Sie die einzelnen Register per Drag & Drop anordnen.

Kapitel 4 Der Fotoeditor im Experte-Modus

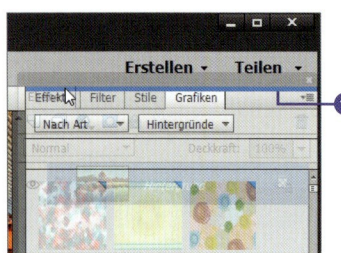

▲ **Abbildung 4.37**
Hier wird das Ebenen-Bedienfeld direkt über die Registerkartengruppe gezogen, sodass Sie jetzt anhand der blauen Linie ❶ erkennen können, wo das Bedienfeld andockt.

▲ **Abbildung 4.38**
Dieses Bild ergibt sich, wenn Sie die Maustaste losgelassen haben.

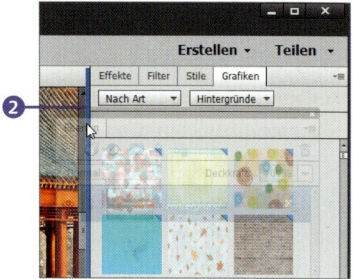

▲ **Abbildung 4.39**
Wie schon nach oben und unten können Sie dasselbe natürlich auch nach rechts oder, wie hier an der blauen Linie zu sehen, links ❷ machen …

Abbildung 4.40 ▶
… und somit die Bedienfelder nebeneinander anordnen.

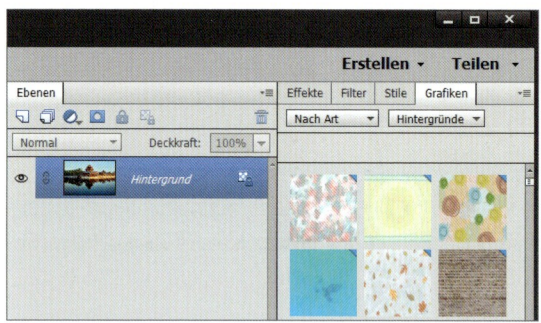

Abbildung 4.41 ▶
Alles funktioniert natürlich auch bestens mit frei schwebenden Bedienfeldern.

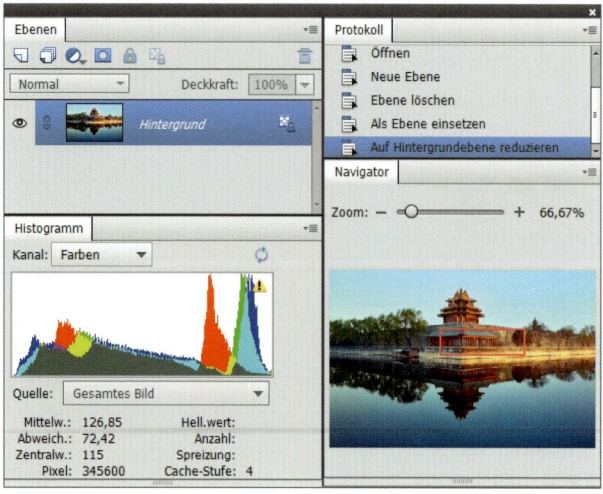

4.7 Die Bedienfelder

Bedienfelder minimieren | Vielleicht legen Sie gerne möglichst viele Bedienfelder in den Bedienfeldbereich, um alles gleich griffbereit zu haben. Allerdings entsteht so nach kurzer Zeit ein ziemlicher Platzmangel. Für diesen Fall bietet jedes Bedienfeld im Bedienfeldbereich eine Funktion zum Minimieren an. Doppelklicken Sie hierzu einfach mit der Maus auf den Schriftzug des Registers ❸ mit der Bezeichnung des Bedienfeldes. Dadurch wird das Bedienfeld minimiert bzw. nach erneutem Anklicken wieder maximiert.

Bedienfelder zurücksetzen | Sie sehen schon, die Möglichkeiten sind sehr vielfältig, wie Sie die Bedienfelder im BENUTZERDEFINIERTEN ARBEITSBEREICH verschieben und anordnen können. Sollten Sie aber irgendwann wieder alles auf den Ursprungszustand zurücksetzen wollen, können Sie dies mithilfe von FENSTER • BEDIENFELDER ZURÜCKSETZEN vornehmen.

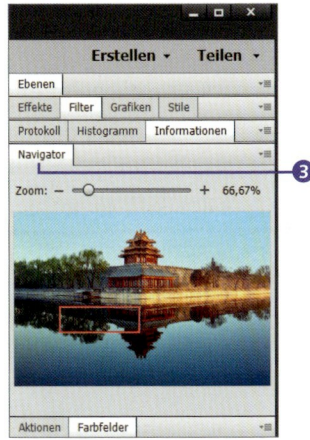

▲ **Abbildung 4.42**
Minimierte und maximierte Bedienfelder im Bedienfeldbereich

Zurück zum Grundlegenden Arbeitsbereich | Wie schon beim Wechsel zum BENUTZERDEFINIERTEN ARBEITSBEREICH können Sie über das kleine Dropdown-Menü neben der Schaltfläche MEHR über den Befehl GRUNDLEGENDER ARBEITSBEREICH ❹ zum entsprechenden Arbeitsbereich wechseln.

4.7.3 Allgemeine Funktionen von Bedienfeldern

Nachdem Sie nun die Besonderheiten des BENUTZERDEFINIERTEN ARBEITSBEREICHS und des GRUNDLEGENDEN ARBEITSBEREICHS kennen, können Sie sich noch mit den allgemeinen Dingen der Bedienfelder vertraut machen, die für beide Arbeitsbereiche gelten.

▲ **Abbildung 4.43**
Wechsel zurück zu GRUNDLEGENDER ARBEITSBEREICH

Bedienfelder skalieren | Wollen Sie den Bedienfeldbereich verbreitern oder schmaler machen, ziehen Sie einfach links am schmalen Steg ❺, an dem Sie den Bereich mit gedrückter linker Maustaste verschieben können. Hierbei verändert sich der Mauscursor in einen vertikalen Doppelpfeil.

▲ **Abbildung 4.44**
Der Bedienfeldbereich lässt sich bis zu einem gewissen Grad verbreitern.

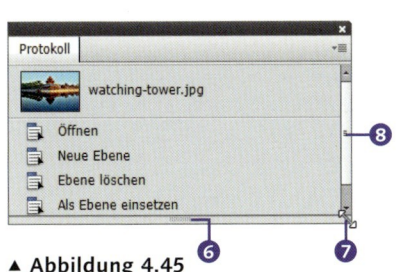

▲ **Abbildung 4.45**
Frei schwebende Bedienfelder lassen sich in alle Richtungen skalieren.

Einige Bedienfelder lassen sich sowohl horizontal als auch vertikal skalieren. Hierfür brauchen Sie nur mit dem Mauscursor über den unteren Steg ❻ für eine horizontale Änderung, über die rechte oder linke Seite ❽ für eine vertikale Änderung oder rechts bzw. links unten ❼ für eine gleichzeitige horizontale und vertikale Änderung zu gehen, und schon ändert sich dieser in das entsprechende Doppelpfeilsymbol.

Und natürlich lassen sich im BENUTZERDEFINIERTEN ARBEITSBEREICH auch horizontal angeordnete Bedienfelder zwischen den horizontalen Bereichen über einen ganz schmalen dunklen Bereich ❶ mit gedrückt gehaltener linker Maustaste verschieben. Auch hierbei verändert sich der Mauszeiger zu einem Doppelpfeil.

Bedienfeldbereich ein-/ausblenden | Benötigen Sie etwas mehr Platz auf dem Bildschirm, können Sie den Bedienfeldbereich mit allen Bedienfeldern über das Menü FENSTER • BEDIENFELDBEREICH jederzeit aus- und wieder einblenden.

▲ **Abbildung 4.46**
Im BENUTZERDEFINIERTEN ARBEITSBEREICH lassen sich die Bedienfelder auch vertikal verschieben.

Erweitertes Menü für Bedienfelder | Jedes Bedienfeld besitzt ein erweitertes Menü, das Sie über das kleine Symbol rechts oben im Registerbereich ❷ aufrufen. Der Inhalt und der Umfang des erweiterten Menüs unterscheiden sich ein wenig von den einzelnen Bedienfeldern.

Abbildung 4.47 ▶
Jedes Bedienfeld besitzt ein erweitertes Menü; hier sehen Sie das des Ebenen-Bedienfeldes.

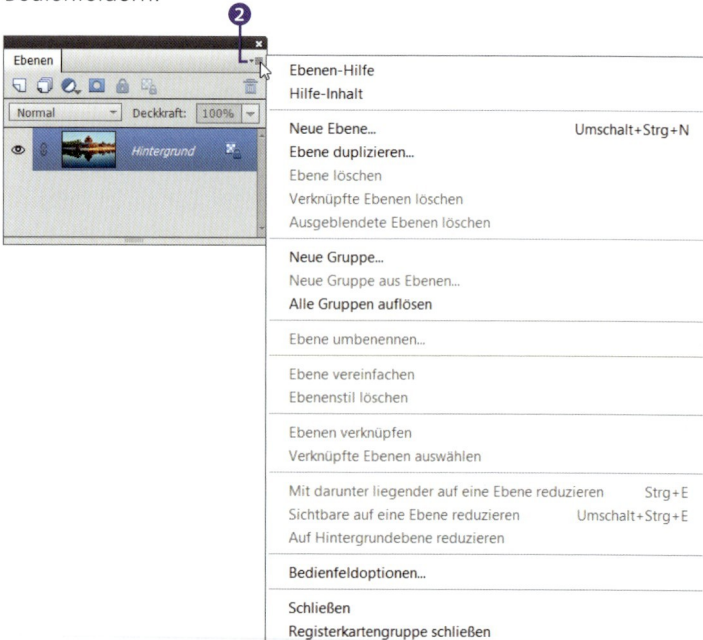

4.7 Die Bedienfelder

Bedienfeld über das Menü »Fenster« aufrufen | Über das Menü FENSTER können Sie alle verfügbaren Bedienfelder ein- und wieder ausblenden. Einträge, die dort mit einem Häkchen versehen sind, stehen Ihnen aktuell als Bedienfeld oder im Bedienfeldbereich zur Verfügung.

◀ **Abbildung 4.48**
Ganz unten im Menü FENSTER sehen Sie auch die Namen der geöffneten Bilddokumente (hier »watching-tower.jpg«, »chi-lin.jpg«, »moulin-rouge.jpg« und »Opera.jpg« [aktiv]).

Der zweite Eintrag im Menü FENSTER lautet WERKZEUGE. Mit diesem Menüpunkt blenden Sie die Werkzeugpalette ein oder aus. Es folgen die eigentlichen Bedienfelder für den Bedienfeldbereich, die Sie ebenfalls ein- und ausblenden können.

Beim Beenden merkt sich Photoshop Elements die Position der einzelnen Bedienfelder automatisch, sodass beim erneuten Starten des Fotoeditors alles wieder so vorliegt wie beim letzten Beenden der Software.

4.7.4 Übersicht über die einzelnen Bedienfelder

Nachdem Sie jetzt so gut wie alles über den Bedienfeldbereich wissen und darüber, wie Sie diesen steuern können, will ich Ihnen hier noch einen kurzen Überblick über die einzelnen Bedienfelder und deren Bedeutung liefern, die Sie über das Menü FENSTER oder über die Schaltfläche MEHR bzw. das kleine Dropdown-Menü daneben aufrufen können. Die genauere Bedeutung und Verwendung der einzelnen Bedienfelder erfahren Sie selbstverständlich im weiteren Verlauf des Buches in den entsprechenden Kapiteln.

Fenster • Bilder

Was es mit dem ersten Menüeintrag FENSTER • BILDER auf sich hat, erfahren Sie in Abschnitt 5.5, »Das Dokumentfenster«.

Kapitel 4 Der Fotoeditor im Experte-Modus

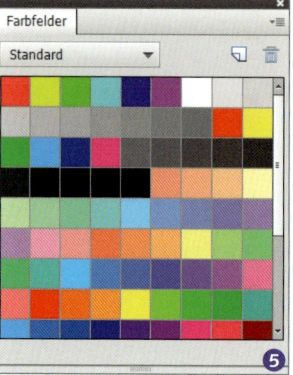

1 Im Bedienfeld AKTIONEN können Sie eine Aktion aus verschiedenen vordefinierten Arbeitsabläufen auswählen und auf eine Datei anwenden.

2 Mit dem Bedienfeld EBENEN verwalten Sie die Ebenen in einem Bild. Das Bedienfeld können Sie auch jederzeit mit F11 (nur Windows) ein- bzw. ausblenden.

3 Über das Bedienfeld EFFEKTE können Sie mehrere Effekte anwenden. Dieses Bedienfeld lässt sich auch mit F2 ein- und wieder ausblenden.

4 Im Bedienfeld FAVORITEN können Sie bevorzugte und häufig verwendete Effekte oder Grafiken hinzufügen, um schneller darauf zugreifen zu können. Favoriten können Sie beispielsweise aus den Bedienfeldern EFFEKTE oder GRAFIKEN mit der rechten Maustaste anklicken und mit entsprechendem Befehl hinzufügen.

5 Das Bedienfeld FARBFELDER bietet eine schnelle Farbauswahl von mehreren vordefinierten Farbtafeln. Die so ausgewählte Farbe wird dann als Vordergrundfarbe gesetzt.

6 Im Bedienfeld GRAFIKEN finden Sie verschiedene Hintergründe, Rahmen, Grafiken, Formen, besondere Texte und Themen, die Sie zur kreativen Gestaltung Ihrer Bilder verwenden können. Das Bedienfeld können Sie jederzeit mit F7 (de-)aktivieren. Seit Version 11 von Photoshop Elements müssen Sie die Grafiken bei deren erster Verwendung zunächst (einmalig) aus dem Internet herunterladen. Herunterladbare Grafiken können Sie an der blauen Ecke erkennen.

7 Das Bedienfeld HISTOGRAMM zeigt wichtige Informationen zur Helligkeitsverteilung (Tonwertkurve) der Farbwerte eines Bildes an. Das Histogramm können Sie auch ganz einfach mit F9 (nur Windows) ein- bzw. ausblenden.

8 Das Bedienfeld INFORMATIONEN enthält die aktuelle X/Y-Position des Mauszeigers und die RGB-Werte der entsprechenden Position – einmal als dezimaler und einmal als hexadezimaler Wert. Haben Sie eine Auswahl getroffen, werden Breite (B) und Höhe (H) dieser Auswahl angezeigt. Mit F8 können Sie dieses Bedienfeld auch mal schnell ein- bzw. ausblenden.

4.7 Die Bedienfelder

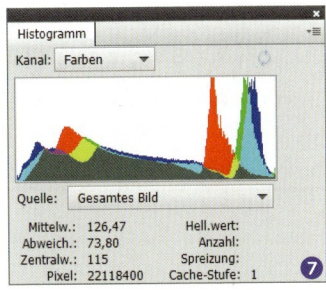
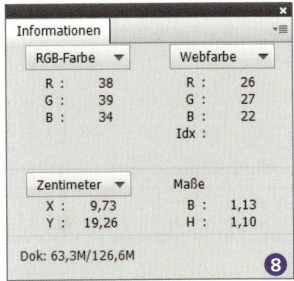
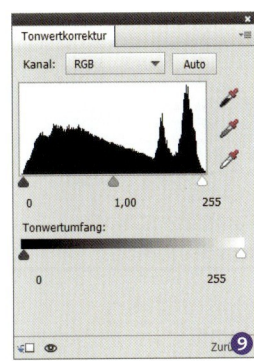
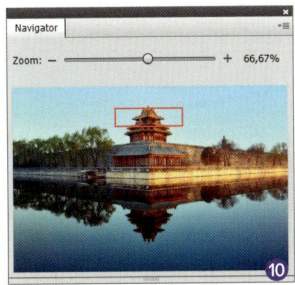
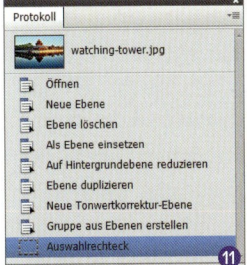
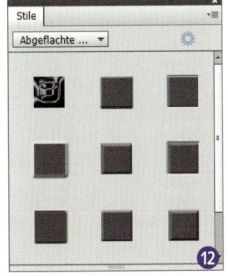

9 Über das Bedienfeld TONWERTKORREKTUREN können Sie die vorhandenen Einstellungsebenen komfortabel verändern oder dem Bild neue Korrekturen (in Form von Einstellungsebenen) hinzufügen. Was es mit den Einstellungsebenen auf sich hat, erfahren Sie in Abschnitt 10.1.5, »Flexibel arbeiten mit Einstellungsebenen«. Dass hier TONWERTKORREKTUR und nicht KORREKTUREN steht, liegt daran, dass hier die TONWERTKORREKTUR als Einstellungsebene verwendet wird. Verwenden Sie FARBTON/SÄTTIGUNG als Korrektur, würde an dieser Stelle FARBTON/SÄTTIGUNG stehen. Erreichbar ist dieses Bedienfeld ebenfalls immer über FENSTER • KORREKTUREN.

10 Der NAVIGATOR zeigt das aktuell geöffnete Bild an und markiert mit einem roten Rahmen den ausgewählten Bildausschnitt. Die Anwendung des Navigator-Bedienfeldes für das Zoomen ist weitaus komfortabler als das Standard-Zoom-Werkzeug selbst. Ziehen Sie einfach den roten Rahmen an die gewünschte Position, und zoomen Sie mit dem Schieberegler hinein oder heraus. Ein-/ausblenden lässt sich dieses Bedienfeld auch mit F12 (nur Windows).

11 Im Bedienfeld PROTOKOLL werden in einer Liste die Arbeitsschritte protokolliert. Anhand der Liste können Sie jeden Ihrer Arbeitsschritte durch Anklicken wieder rückgängig machen. Das Bedienfeld ist auch durch F10 (nur Windows) ein- und ausblendbar.

12 Um das Bedienfeld STILE möglichst sinnvoll einzusetzen, sollte eine Ebene neben deckenden auch transparente Pixel enthalten. Eine Hintergrundebene wird dabei immer vorher in eine Ebene umgewandelt. Beliebte, häufig verwendete Stile für Text (aber nicht nur dafür), die hierbei enthalten sind, sind SCHLAGSCHATTEN, ABGEFLACHTE KANTEN, KONTUREN, aber auch verschiedene andere Dinge wie BILDEFFEKTE oder FOTOGRAFISCHE EFFEKTE. Das Bedienfeld können Sie mit F6 ein- und wieder ausblenden.

13 Über das Bedienfeld FILTER können Sie mehrere Filter auf die Bilder mit verschiedenen Einstellungsoptionen anwenden. Dieses Bedienfeld lässt sich auch mit F3 ein- und wieder ausblenden.

125

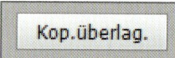

▲ **Abbildung 4.49**
Solche einfachen Buttons treffen Sie fast überall in Photoshop Elements an.

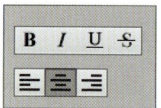

▲ **Abbildung 4.50**
Toggle Buttons funktionieren wie Checkboxen – in diesem Beispiel beim Textwerkzeug.

▲ **Abbildung 4.51**
Weitere Toggle Buttons mit kleinen Icons. In einem Text darunter oder darüber werden Sie informiert, welche Funktion damit aktiviert wurde.

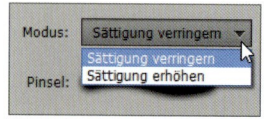

▲ **Abbildung 4.53**
Eine einfache Dropdown-Liste

4.8 Werte eingeben

Wenn Sie sich ein wenig mit dem Fotoeditor vertraut gemacht haben, werden Ihnen sicherlich die vielen Steuerelemente von Photoshop Elements aufgefallen sein, mit denen Sie die Werte auf verschiedene Weise einstellen und verändern können. Die Funktion und Bedienung der meisten Steuerelemente erklären sich zwar von selbst, dennoch möchte ich Ihnen im Folgenden einen kurzen Überblick über die vorhandenen Steuerelemente verschaffen und ihre grundlegende Bedienung beschreiben.

Buttons (Schaltflächen) | Die einfachsten Steuerelemente von Photoshop Elements sind die Buttons (Schaltflächen) zum Anklicken. Sie sind fast überall in Photoshop Elements anzutreffen.

Beim Anklicken der meisten Buttons sehen Sie sofort eine Reaktion: Ein Dialogfenster öffnet sich, die Anzeige wird geändert usw. Es gibt aber auch eine andere Sorte von Buttons, die Sie anklicken und die dann niedergedrückt bleiben, bis Sie sie erneut anklicken. Solche Buttons werden auch als *Toggle Buttons* bezeichnet.

Das bekannteste Beispiel für solche Buttons sind sicher die Schaltflächen in Word oder anderen Texteditoren, mit denen Sie festlegen, ob ein Text fett, kursiv oder unterstrichen gesetzt wird. Solche Buttons treffen Sie auch in Photoshop Elements beim Textwerkzeug an.

Radiobutton | Ein Radiobutton (auch Radioschaltfläche genannt) ist eine Gruppe von mehreren, jedoch mindestens zwei Schaltflächen, von denen gewöhnlich nur eine aktiviert werden kann.

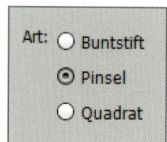

◄ **Abbildung 4.52**
Bei Radiobuttons können Sie immer nur eine Option einer Gruppe auswählen.

Dropdown-Listen | Dropdown-Listen gibt es in verschiedenen Formen: kurz, lang oder mit kleinen Icons als Vorschaubildern. Um ein Element aus der Liste auszuwählen, wählen Sie in der Regel die Liste aus und klicken den entsprechenden Listeneintrag darin an.

Schieberegler | Wie Schieberegler funktionieren, erklärt sich sicher von selbst: Sie können sie mit gedrückter linker Maustaste verschieben. In der Regel wird direkt neben einem solchen Schieberegler der aktuelle Wert des jeweils veränderten Parameters angezeigt. Per Klick in dieses Textfeld erscheint der Eingabe-Cursor für die manuelle Eingabe.

Doppelpfeil | Eine Alternative zum Schieberegler ist der Doppelpfeil mit Zeigefinger. Diesen verwenden Sie, indem Sie mit dem Cursor über den Titel eines Schiebereglers fahren und die Maustaste gedrückt halten. Um den Wert zu verändern, bewegen Sie den Mauszeiger nun nach links oder rechts.

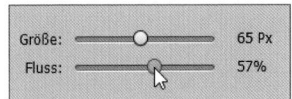

▲ **Abbildung 4.54**
Ein weiteres gängiges Steuerelement in Photoshop Elements: der Schieberegler

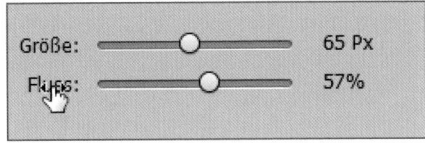

▲ **Abbildung 4.55**
Der Doppelpfeil mit Zeigefinger steht bei vielen Schiebereglern alternativ zur Verfügung.

Checkboxen | Häufig sind auch Checkboxen vorhanden, die Sie mit einem einfachen Mausklick aktivieren oder deaktivieren.

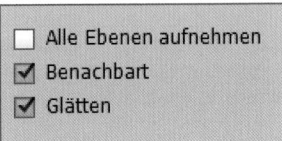

▲ **Abbildung 4.56**
Checkboxen, mit denen Sie verschiedene Optionen aktivieren oder deaktivieren

> **Werte per Tastatur ändern**
> Wenn die Zahlen markiert sind, können Sie den Wert auch alternativ mit den Tasten ↑ erhöhen oder mit ↓ verringern. Dies ist besonders hilfreich, wenn sich ein geänderter Parameter live in einer Vorschau auswirkt und Sie den Blick auf das Bild gerichtet halten wollen, um den Effekt genau zu beobachten.

Kapitel 5
Exaktes Arbeiten auf der Arbeitsoberfläche

In diesem Kapitel zeige ich Ihnen, wie Ihnen viele kleine, aber unverzichtbare Helfer die Bildbearbeitung erleichtern.

5.1 Abbildungsgröße und Bildausschnitt

In welcher Abbildungsgröße (Zoomstufe) das Bild angezeigt wird, können Sie der Titel- bzw. Statusleiste entnehmen. Eine Zoomstufe von 12,5 % bedeutet hierbei nicht, dass das Bild verkleinert wurde, sondern bezieht sich lediglich auf die Darstellung des Bildes auf dem Bildschirm. Diese Angabe ist unabhängig von der Pixelgröße, in der das Bild tatsächlich vorliegt.

Pixelgrundlagen
Mehr zum Thema **Pixel und Monitordarstellung** finden Sie in Kapitel 6, »Grundlagen der Bildbearbeitung«.

▲ Abbildung 5.1
Die Zoomstufe wurde auf 12,5 % gesetzt, damit das komplette Bild auf dem Bildschirm angezeigt werden kann.

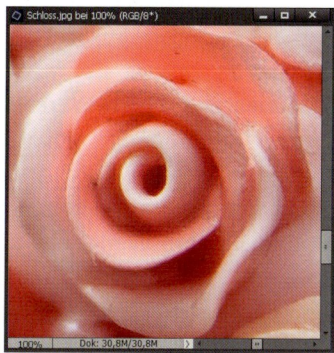

▲ Abbildung 5.2
Die 1:1-Ansicht (100 %)

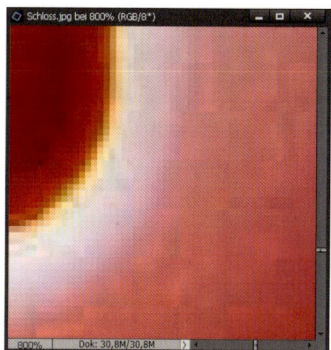

▲ Abbildung 5.3
Die Ansicht auf 800 % vergrößert. Im Bild werden schon die einzelnen Pixel sichtbar.

> **Pixel umgerechnet**
> Bei einem Abbildungsmaßstab von 100 % wird genau ein Pixel auf einem Monitorpixel angezeigt. Ist der Abbildungsmaßstab größer oder kleiner als 100 %, müssen die Originalpixel für die Darstellung auf dem Monitor umgerechnet werden. Auf einem Monitorpixel werden dann zum Beispiel 0,8 oder 1,3 Pixel dargestellt.

Das Prinzip des Zoomens ist leicht zu erklären: Bilder werden auf dem Monitor in Pixeln (Bildpunkten) dargestellt. Die Bilder selbst sind ebenfalls aus Pixeln aufgebaut. Ein Monitor, der auf eine Auflösung von 1.280 × 720 Pixeln eingestellt ist, kann somit 1.280 Pixel in der Breite und 720 Pixel in der Höhe darstellen. Bilder, die mit einer 10,2-Megapixel-Kamera gemacht wurden, haben eine Abmessung von 3.872 × 2.592 Pixeln. Folglich kann ein solches Bild auf einem Monitor mit 1.280 × 720 Pixeln nicht im Originalzustand angezeigt werden. Zwar liegen hochauflösende Bildschirme im Trend, aber selbst ein Retina-Display von Apple kann mit seinen 2.880 × 1.800 Pixeln keine Bilder moderner Kameras in 100 %-Ansicht 1:1 darstellen.

5.2 Zoom – die Bildansicht verändern

Erscheinen Ihnen das Vergrößern und das Verkleinern der Bildansicht als wenig spektakulär, wird doch das Zoom-Werkzeug Ihr wichtigstes und am häufigsten eingesetztes Werkzeug sein. Denn oft müssen Sie bei der Bildbearbeitung einen Teil des Bildes stark vergrößern, oder Sie brauchen wieder eine Vollbildansicht von 100 %.

5.2.1 Das Zoom-Werkzeug

Das Standardwerkzeug für das Vergrößern und Verkleinern einer Bildansicht ist das Zoom-Werkzeug 🔍 (Tastenkürzel [Z]) aus der Werkzeugpalette. Wenn Sie mit dem Zoom-Werkzeug über das Bild fahren, erscheint der Cursor als Lupe mit einem Plus- oder einem Minussymbol – je nachdem, welche Option Sie ausgewählt haben. Bei maximaler Vergrößerung (3.200 %) wird in der Lupe kein Zeichen mehr angezeigt.

> **Maximaler Zoom**
> Maximal können Sie ein Bild bis auf 3.200 % zoomen. In der Praxis benötigen Sie allerdings selten eine solche Bildansicht.

Optionen des Zoom-Werkzeugs | Hinein- und herauszoomen können Sie mit einem einfachen Mausklick innerhalb des Bildes. Durch mehrfaches Klicken ändern Sie die Zoomstufe schrittweise. Ob herein- oder herausgezoomt wird, stellen Sie in der Optionsleiste des Zoom-Werkzeugs über das Plus- bzw. das Minussymbol ❶ ein. Alternativ und ohne den Umweg über die Werkzeugoptionen wechseln Sie zwischen dem Hinein- und Herauszoomen mit dem Zoom-Werkzeug, indem Sie beim Klicken ins Bild zusätzlich [Alt] gedrückt halten.

Auf der linken Seite bei den Optionen des Zoom-Werkzeugs finden Sie einen Regler, über den Sie den Zoom stufenlos einstellen können. Wenn Sie möchten, können Sie auch das Texteinga-

5.2 Zoom – die Bildansicht verändern

befeld ❸ daneben nutzen, in dem Sie die Prozenteingabe von Hand oder, wenn Sie das Eingabefeld aktiviert haben, mit den Tasten ↑ und ↓ ändern können.

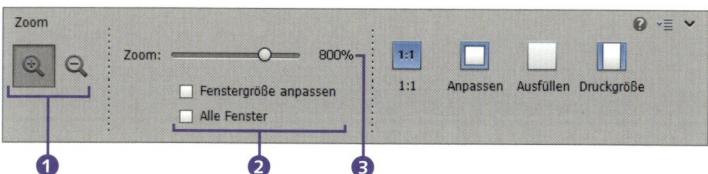

◄ **Abbildung 5.4**
Die Optionen des Zoom-Werkzeugs

Aktivieren Sie FENSTERGRÖSSE ANPASSEN ❷, wächst oder schrumpft das Bildfenster mit, wenn Sie in das Bild hinein- bzw. aus dem Bild herauszoomen. Mit ALLE FENSTER werden beim Zoomen alle geöffneten Bilder vergrößert bzw. verkleinert.

In den Werkzeugoptionen finden Sie auch einige häufig benötigte Zoomstufen für den Schnellzugriff in Form von Buttons:

▶ Mit dem Button 1:1 stellen Sie die Originalgröße der Bilder auf Vollansicht (100 %-Ansicht) ein.
▶ Mit dem Button ANPASSEN wird die maximal mögliche Ansicht des Bildes verwendet, sodass es nicht kleiner als nötig ist und Sie es komplett auf dem Bildschirm sehen können. Die Zoomstufe hängt hierbei von der Bild- und der Monitorgröße ab.
▶ Mit dem Button AUSFÜLLEN füllt das Bild mit der größtmöglichen Zoomstufe auf dem vorhandenen Platz den Bildschirm in der Breite aus. Es kann also sein, dass Sie das Bild in der Höhe nicht komplett sehen. Die Zoomstufe hängt ebenfalls von der Bild- und der Monitorgröße wie auch vom vorhandenen Bedienfeldbereich und von den Werkzeugoptionen bzw. vom Fotobereich (eingeblendet oder nicht) ab.
▶ Mit dem letzten Button, DRUCKGRÖSSE, wird das Fenster auf die Druckgröße gezoomt.

Tipp: Doppelklick auf Werkzeugsymbol
Mit einem Doppelklick auf das Zoom-Werkzeug 🔍 in der Werkzeugpalette können Sie das Bild ebenfalls auf 1:1 (100 %-Ansicht) zoomen.

Druckgröße
Auf das Thema **Druckgröße** gehe ich gesondert ein, und zwar im Zusammenhang mit den Grundlagen der Bildbearbeitung in Abschnitt 6.2, »Bildgröße und Auflösung«.

Bilder im Blick behalten | Gerade beim Hineinzoomen in ein Bild verliert man leicht den Überblick. Um dies zu vermeiden, haben Sie vier Möglichkeiten:

▶ Klicken Sie direkt auf den Bildbereich, den Sie vergrößern wollen. Wollen Sie zum Beispiel ein Objekt vergrößern, klicken Sie gezielt mittig darauf. Bei der vergrößerten Ansicht erscheint dieses Objekt dann ebenfalls mittig. Damit ersparen Sie sich unnötiges Scrollen.
▶ Ziehen Sie bei aktivem Zoom-Werkzeug mit gedrückter linker Maustaste einen Rahmen genau um den Bereich auf, den Sie vergrößern wollen. Anschließend erscheint dieser Bereich in gewünschter Zoomgröße auf dem Bildschirm.

▲ **Abbildung 5.5**
Sobald Sie die Maustaste loslassen, wird der Bereich innerhalb der gestrichelten Linie vergrößert.

▲ Abbildung 5.6
Die meisten der Funktionen aus der Optionsleiste lassen sich auch über ein Kontextmenü per rechten Mausklick im Bild anwählen.

▶ Klicken Sie bei aktivem Zoom-Werkzeug mit der rechten Maustaste ins Bild, und die meisten Optionen aus der Optionsleiste erscheinen als Kontextmenü.

▶ Mein persönlicher Favorit ist das Hinein- und Herauszoomen mit dem Mausrad aus jedem Werkzeug heraus. Vorausgesetzt, Ihre Maus hat ein solches Rad, können Sie diese Option über das Menü BEARBEITEN/PHOTOSHOP ELEMENTS EDITOR • VOREINSTELLUNGEN • ALLGEMEIN aktivieren, wenn Sie ein Häkchen vor MIT BILDLAUFRAD ZOOMEN setzen.

Tastenkürzel | Sie können die Bildansicht mit der Maus recht komfortabel ändern, dennoch verwende ich persönlich lieber die Tastenkürzel Strg/cmd+ + zum stufenweisen Vergrößern und Strg/cmd+ - zum stufenweisen Verkleinern. Der Vorteil dieser Methode ist, dass Sie nicht eigens das Zoom-Werkzeug aktivieren müssen und die Tastenkürzel jederzeit verwenden können.

Auch mit dem Tastenkürzel Strg/cmd + Leertaste können Sie jederzeit die Vergrößerungslupe und mit Strg/cmd+Alt+ Leertaste die Verkleinerungslupe aufrufen. Im Gegensatz zu den zuvor beschriebenen Tastenkürzeln Strg/cmd+ + und Strg/cmd+ - müssen Sie hierbei allerdings zusätzlich in das Bild klicken, um das Hinein- bzw. Herauszoomen auszulösen.

Mit Strg/cmd+ 0 stellen Sie dagegen eine Bildschirmgröße ein, mit der Sie das gesamte Bild überblicken, ohne dass das Bild unnötig verkleinert wird.

In Tabelle 5.1 liste ich abschließend noch einmal alle wichtigen Tastenkürzel für das Zoomen auf.

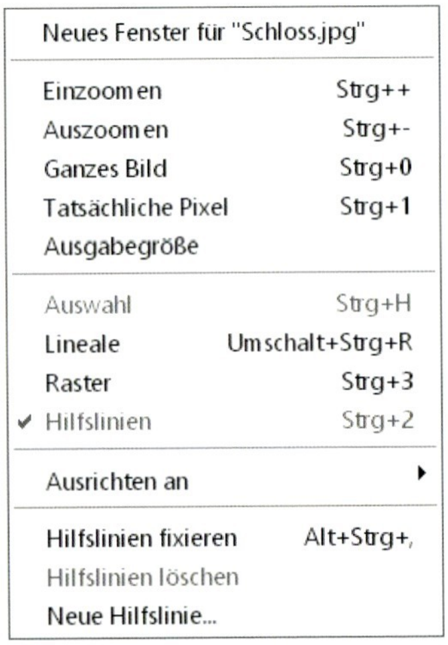

▲ Abbildung 5.7
Das Menü ANSICHT ist weniger für das Zoomen im alltäglichen Gebrauch geeignet, aber sehr hilfreich zum Nachschlagen der Tastenkürzel.

Beschreibung	Windows	Mac
Zoom-Werkzeug aufrufen	Z	Z
wenn das Zoom-Werkzeug aktiv ist, die gegenteilige Zoomaktion verwenden	Alt	Alt
Bildansicht vergrößern	Strg+ +	cmd+ +
Bildansicht verkleinern	Strg+ -	cmd+ -
maximale auf dem Monitor darstellbare Bildgröße	Strg+ 0	cmd+ 0
Bildansicht auf 100 %	Strg+Alt+ 0 oder Strg+ 1	cmd+Alt+ 0 oder cmd+ 1

▲ Tabelle 5.1
Tastenkürzel für Zoombefehle

Beschreibung	Windows	Mac
Zoom-Werkzeug zum Vergrößern kurzfristig aus anderen Werkzeugen aufrufen	[Strg]+Leertaste	[cmd]+Leertaste
Zoom-Werkzeug zum Verkleinern kurzfristig aus anderen Werkzeugen aufrufen	[Strg]+[Alt]+Leertaste	[cmd]+[Alt]+Leertaste

▲ **Tabelle 5.1**
Tastenkürzel für Zoombefehle (Forts.)

Schnell auf 100 %
Auch die Originalbildgröße mit der Ansicht 100 % (1:1) können Sie schnell mit [Strg]/[cmd]+[1] oder [Strg]/[cmd]+[Alt]+[0] einstellen.

5.3 Das Hand-Werkzeug

Wenn Sie das Zoom-Werkzeug verwenden, werden Sie meistens auch auf das Hand-Werkzeug 🖐 (Tastenkürzel [H]) als Hilfsmittel zurückgreifen, denn beim Festlegen der Größe eines Bildausschnitts haben Sie nicht immer den gewünschten Bildausschnitt exakt vor sich.

Das Hand-Werkzeug kommt immer dann zum Einsatz, wenn das Bild größer als das Dokumentfenster ist. Alternativ können Sie natürlich auch die Bildlaufleisten verwenden, was aber weniger komfortabel ist.

Ohne Werkzeugwechsel
Das Hand-Werkzeug können Sie auch ohne einen Werkzeugwechsel verwenden. Halten Sie zum Aufrufen einfach die Leertaste gedrückt. Dies funktioniert jederzeit und bei jedem aktiven Werkzeug, außer wenn Sie gerade einen Text tippen.

◀ **Abbildung 5.8**
Das Hand-Werkzeug ist leicht zu bedienen: Halten Sie einfach im Bild die Maustaste gedrückt, und drücken und ziehen Sie den Bildausschnitt ❶ in die gewünschte Richtung.

Optionen des Hand-Werkzeugs | Die Optionen des Hand-Werkzeugs entsprechen im Wesentlichen denen des Zoom-Werkzeugs; hinzu kommt die Option BILDLAUF IN ALLEN FENSTERN DURCHFÜHREN ❷ (Abbildung 5.9). Wenn Sie diese Checkbox aktivieren, wird bei mehreren geöffneten Bildern der Bildlauf des aktuellen Bildes auch bei allen anderen Bildern durchgeführt. Dies ist nützlich, wenn Sie zwei sehr ähnliche Bilder geöffnet haben und zwei Stellen in diesen Bildern miteinander vergleichen wollen.

Tipp: Doppelklick auf Werkzeugsymbol
Mit einem Doppelklick auf das Hand-Werkzeug 🖐 in der Werkzeugpalette zoomen Sie die Bildansicht auf EINPASSEN, um das komplette Bild anzuzeigen.

Die Buttons ❶ haben dieselbe Funktion wie beim Zoom-Werkzeug. Bitte schlagen Sie in Abschnitt 5.2, »Zoom – die Bildansicht verändern« nach, welche Funktionen sich im Einzelnen dahinter verbergen.

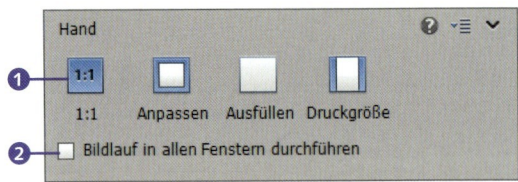

▲ **Abbildung 5.9**
Die Optionen des Hand-Werkzeugs

Viele Bilder geöffnet
Wenn Sie mehrere Bilder gleichzeitig geöffnet haben und hierbei die Zoomstufe und Bildposition gleichzeitig anpassen wollen, finden Sie zu diesem Zweck unter FENSTER • BILDER verschiedene Befehle. Diese Befehle können Sie in Abschnitt 5.5, »Das Dokumentfenster«, nachschlagen.

Tastenkürzel | Es gibt eine Reihe von Tastenkürzeln, mit denen Sie die Bildansicht nach Belieben verschieben können. Die Bedeutung aller Tastenkürzel zum Bildlauf erläutert Tabelle 5.2.

Bedeutung	Windows	Mac
Hand-Werkzeug aufrufen	H	H
Hand-Werkzeug kurzfristig aus anderen Werkzeugen aufrufen	Leertaste	Leertaste
Bildausschnitt hochschieben	Bild↑	Bild- ↑
Bildausschnitt nach unten schieben	Bild↓	Bild- ↓
Bildausschnitt langsam nach oben schieben	⇧+Bild↑	⇧+↑
Bildausschnitt schnell nach unten schieben	⇧+Bild↓	⇧+↓
Bildausschnitt nach links verschieben	Strg+Bild↑	cmd+↑
Bildausschnitt nach rechts verschieben	Strg+Bild↓	cmd+↓
Bildausschnitt langsam nach links verschieben	Strg+⇧+Bild↑	cmd+⇧+↑
Bildausschnitt langsam nach rechts verschieben	Strg+⇧+Bild↓	cmd+⇧+↓

Tabelle 5.2 ▶
Tastenkürzel zum Bildlauf und ihre Bedeutung

Auf Tastaturen ohne erweiterten Nummernblock müssen Sie diese Tasten mit der fn-Taste und der ↑- bzw. ↓-Taste simulieren. Lautet der Befehl beispielsweise ⇧+Bild↑, müssen Sie bei einer solchen Tastatur fn+⇧+↑ betätigen.

5.4 Das Navigator-Bedienfeld

Das Navigator-Bedienfeld finden Sie im Menü FENSTER • NAVIGATOR. Es bietet eine hervorragende Alternative oder Ergänzung zum Zoom- und zum Hand-Werkzeug. Welches Werkzeug Sie lieber verwenden, ist letztlich natürlich Geschmackssache.

Im Navigator-Bedienfeld erkennen Sie gleich an dem markierten Bereich im roten Balken, welcher Bildausschnitt aktuell im Dokumentfenster angezeigt wird. Dies ist besonders bei stark hineingezoomten Bildausschnitten hilfreich.

Navigator-Bedienfeld
Wie Sie das Navigator-Bedienfeld zum Bedienfeldbereich hinzufügen, haben Sie im Abschnitt »Bedienfeld zurück in den Bedienfeldbereich« auf Seite 119 erfahren.

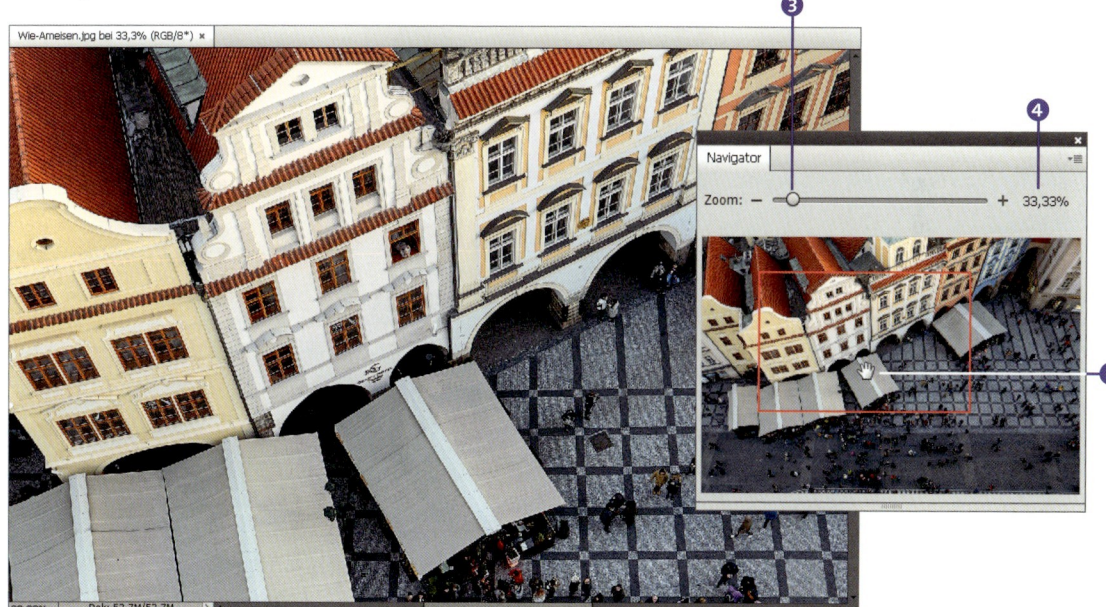

▲ Abbildung 5.10
Das Navigator-Bedienfeld zeigt, welchen Bildausschnitt Sie im Dokumentfenster sehen.

Anwendung des Navigator-Bedienfeldes | Das Navigator-Bedienfeld eignet sich also sehr gut, um die Zoomstufe und den Bildausschnitt festzulegen. Den Bildmaßstab können Sie über den Schieberegler ❸ mit gedrückter linker Maustaste stufenlos verstellen. Alternativ klicken Sie auf das Plus- oder das Minussymbol, um den Bildausschnitt stufenweise zu vergrößern bzw. zu verkleinern. Klicken Sie in das Navigationsfenster und halten Sie dabei gleichzeitig [Strg]/[cmd] gedrückt, wird der angeklickte Bereich auf die maximale Zoomstufe (3.200%) vergrößert.

Alternativ tippen Sie den Wert der Zoomstufe im Editierfeld rechts oben ❹ ein oder verändern ihn mit [↑] oder [↓]. Zuletzt müssen Sie den Vorgang noch mit [↵] bestätigen.

Den roten Navigationsrahmen ❺ verschieben Sie, indem Sie die Maustaste innerhalb dieses Bereichs gedrückt halten. Gleichzeitig verschieben Sie damit natürlich auch den Bildausschnitt im

Roter Rahmen
Die Farbe des Rahmens können Sie im erweiterten Bedienfeldmenü ❶ (Abbildung 5.11) über den Befehl BEDIENFELDOPTIONEN ❷ ändern.

Dokumentfenster. Wenn Sie beim Verschieben ⬚ gedrückt halten, können Sie den Bildausschnitt genau senkrecht oder waagerecht verschieben. Klicken Sie auf eine beliebige Stelle im Navigationsfenster, wird der Rahmen mit dem Bildausschnitt dorthin versetzt.

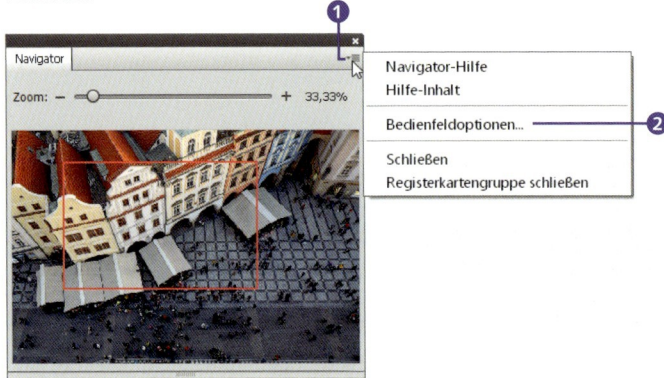

Abbildung 5.11 ▶
Sie haben viele Möglichkeiten, den Bildausschnitt im Dokumentfenster schnell und komfortabel zu verändern.

5.5 Das Dokumentfenster

Wenn Sie ein Bild in den Fotoeditor laden, ist das Dokumentfenster standardmäßig fest in einer Registerkarte (auch als *Tabulator* bekannt) angebracht. In dieser Registerkarte, der sogenannten Titelleiste, sind auf engstem Raum viele Informationen untergebracht.

5.5.1 Informationen zum Bild – Titelleiste

Die Titelleiste wird angezeigt, wenn Sie ein Bild im Fotoeditor geöffnet haben. Zunächst finden Sie hier den Dateinamen ❸ (hier »Prag-01«). Hinter dem Dateinamen sehen Sie, in welchem Dateiformat ❹ das Bild vorliegt (hier JPEG). Der nächste Eintrag ist die Zoomstufe ❺ (hier 16,8 %). Links unten im Bild sehen Sie diese Information noch einmal.

Sofern das Bild mehr als nur eine Ebene hat, sehen Sie als ersten Wert in der Klammer den Namen der Bildebene ❻. Dieser Name ist bei mehreren vorhandenen Ebenen sehr wichtig, damit Sie nicht versehentlich die falsche Ebene bearbeiten. Ebenfalls zwischen den Klammern steht der Modus ❼ (hier RGB), der den Farbraum von Bilddateien beschreibt. Ganz am Ende sehen Sie noch, wie viele Bit pro Farbkanal ❽ verwendet werden (hier 8), um die Bildinformationen zu speichern. Mit einem 8-Bit-RGB können über 16 Millionen Farben gespeichert werden. Befindet sich am Ende dieser Angaben ein Sternchen ❾, bedeutet dies, dass es bei diesem Bild noch ungespeicherte Änderungen gibt.

Speicherort

Um den Speicherort der Datei zu ermitteln, fahren Sie einfach mit dem Mauszeiger über die Titelleiste. Neben dem Speicherort werden hierbei auch sämtliche anderen Informationen einer Titelleiste angezeigt. Nützlich ist dies zum Beispiel bei kleinen Bildern, bei denen nicht alle Informationen der Titelleiste angezeigt werden, weil das Fenster zu klein ist.

▲ Abbildung 5.12
Die Titelleiste zeigt viele wichtige Daten auf einen Blick.

5.5.2 Die Statusleiste

Auch in der Statusleiste am unteren Fensterrand des Bildschirms erhalten Sie viele nützliche Informationen. Was in der Statusleiste angezeigt werden soll, können Sie durch das Anklicken des kleinen schwarzen Dreiecks ❿ und durch Auswählen der in der Liste enthaltenen Informationen einstellen.

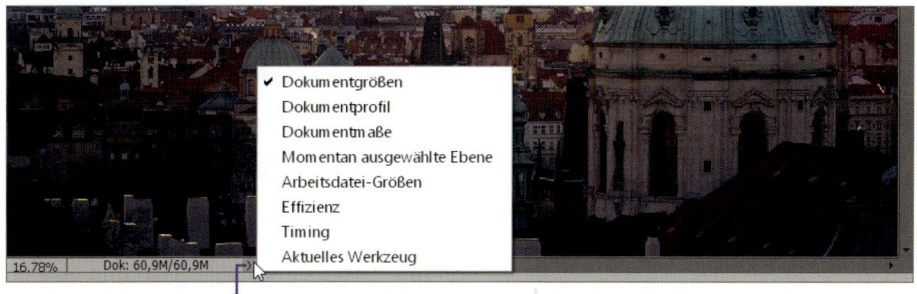

▲ Abbildung 5.13
Durch Anklicken des kleinen schwarzen Dreiecks entscheiden Sie, was in der Statusleiste angezeigt werden soll.

In Tabelle 5.3 finden Sie die möglichen Informationen, die Sie zur Anzeige in der Statusleiste auswählen können, und deren Bedeutung.

Information	Bedeutung
DOKUMENTGRÖSSEN	Die Dokumentgröße zeigt an, wie groß (in KB bzw. MB) die Datenmenge des Bildes ist. Der Wert links neben dem Schrägstrich steht für die Bildgröße der aktuellen Ebene, und der Wert rechts enthält die Bildgröße mit allen vorhandenen Ebenen.
DOKUMENTPROFIL	Zeigt an, welches Farbprofil in das Bild eingebettet ist.
DOKUMENTMASSE	Zeigt die Bildgröße (Höhe und Breite) und die Bildauflösung (ppi) an.
MOMENTAN AUSGEWÄHLTE EBENE	Zeigt den Namen der gerade aktiven Ebene an.
ARBEITSDATEIGRÖSSEN	Dieser Wert zeigt, wie stark Photoshop Elements den Arbeitsspeicher (RAM) Ihres Rechners auslastet. Auf der linken Seite des Schrägstrichs wird angezeigt, wie viel Arbeitsspeicher alle geöffneten Bilder verwenden. Auf der rechten Seite wird der gesamte Arbeitsspeicher angezeigt, der für das Arbeiten mit Bildern zur Verfügung steht.
EFFIZIENZ	Dieser Wert sollte in der Regel auf 100 % stehen. Er bezieht sich auf die tatsächliche Rechenleistung, die Photoshop Elements für das Ausführen eines Vorgangs verwendet. Wenn der Wert bei Ihnen dauerhaft unter 100 % ist, kann es sein, dass Sie zu wenig Arbeitsspeicher zur Verfügung haben. Dies wirkt sich auf die Performance aus: Photoshop Elements wird merklich langsamer.
TIMING	Zeigt an, wie lange Photoshop Elements zum Ausführen des letzten Befehls gebraucht hat.
AKTUELLES WERKZEUG	Zeigt immer das aktive Werkzeug aus der Werkzeugleiste an.

Tabelle 5.3 ▶
Informationen, die in der Statusleiste angezeigt werden können

5.5.3 Mehrere Bilder im Fotoeditor

Haben Sie mehrere Bilder gleichzeitig geöffnet, werden alle Dateien als Registerkarten gruppiert. Um bei mehreren geöffneten Dateien ein gewünschtes Bild zu aktivieren, brauchen Sie nur das entsprechende Register ❶ anzuklicken. Das aktive Bild erkennen Sie an der helleren Hinterlegung in der entsprechenden Registerkarte. Über das kleine x ❷ im Register schließen Sie die Datei. Befinden sich noch nicht gespeicherte Informationen im Bild, erscheint eine Nachfrage, ob Sie diese Änderungen vor dem Schließen noch speichern wollen.

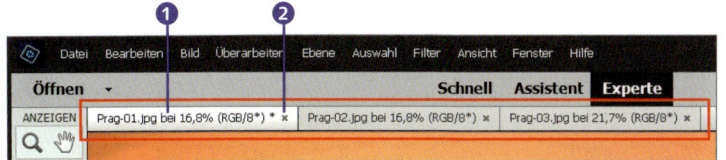

◄ Abbildung 5.14
Standardmäßig gruppiert Photoshop Elements die einzelnen Bilder in Registerkarten.

5.5.4 Schwebende Fenster im Fotoeditor verwenden

Wenn Sie mit der Art der Fensterverwaltung von Photoshop Elements zufrieden sind, bei der die Dokumente über Registerkarten verwaltet werden, können Sie diesen Abschnitt überspringen. Falls Sie lieber ein schwebendes Dokumentfenster (auch *fliegendes Fenster* genannt) im Fotoeditor verwenden, beschreibe ich hier, wie Sie dies realisieren und wie Sie die Fenster hierbei verwalten.

Zwar sind über die Registerkarten die Dokumentfenster immer ordentlich aufgeräumt, sodass Sie nie den Überblick verlieren, sollten Sie einmal viele Bilder gleichzeitig geöffnet haben. Allerdings hat die Methode mit den schwebenden Fenstern durchaus auch ihre Vorteile. So ist es beispielsweise nur mit einem schwebenden Dokumentfenster möglich, ein Bild über den kompletten Bildschirm zu verwenden. Auch das Drag & Drop von Auswahlen oder Ebenen von einem Dokument zum anderen lässt sich mit frei schwebenden Fenstern erheblich komfortabler durchführen.

Um überhaupt schwebende Dokumentfenster verwenden zu können, müssen Sie diese Option über BEARBEITEN/PHOTOSHOP ELEMENTS EDITOR • VOREINSTELLUNGEN • ALLGEMEIN (oder [Strg]/[cmd]+[K]) aktivieren, indem Sie ein Häkchen vor FLOATING-DOKUMENTE IM EXPERTENMODUS ZULASSEN ❸ setzen.

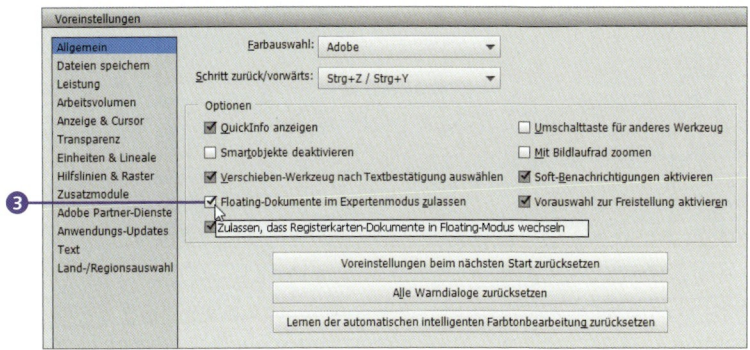

◄ Abbildung 5.15
Per Standard sind schwebende Dokumentfenster zunächst deaktiviert und müssen über die VOREINSTELLUNGEN erst aktiviert werden.

Aus Registerkarten ein »fliegendes Fenster« machen | Um aus Registerkarten nun ein *fliegendes Fenster* zu machen, stehen Ihnen mehrere Möglichkeiten zur Verfügung. Der manuelle Weg funktioniert ähnlich wie schon beim Abdocken von Bedienfeldern: Sie ziehen einfach das Register, das Sie aus der Gruppe entfernen wollen, mit gedrückt gehaltener linker Maustaste aus der Titel-

Registerkarte herauslösen

Das aktive Fenster in der Registerkartengruppe können Sie auch schnell über das Menü FENSTER • BILDER • SCHWEBENDES FENSTER herauslösen.

leiste heraus und lassen es irgendwo außerhalb der Registerkarten fallen, und schon haben Sie ein schwebendes Dokumentfenster.

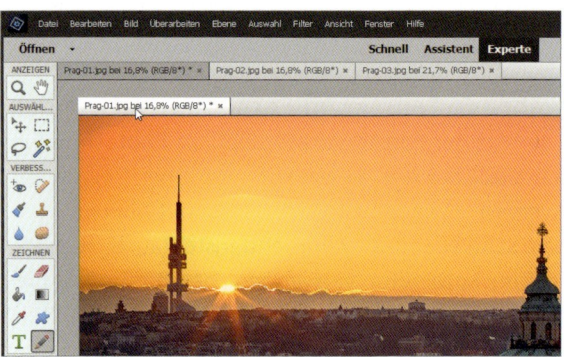

Abbildung 5.16 ▶
Registerkarte aus der Gruppe herauslösen

Bei der Mac-Version hat das Dokumentfenster selbstverständlich die Mac-üblichen Buttons zum Minimieren, Maximieren und Schließen auf der linken oberen Seite.

Wollen Sie hingegen alle Bilder einer Registerkartengruppe herauslösen und als schwebendes Dokumentfenster anzeigen lassen, verwenden Sie den Menüeintrag FENSTER • BILDER • NUR SCHWEBENDE FENSTER.

Das schwebende Dokumentfenster mit dem Bild entspricht einem typischen Fenster, wie Sie es von anderen Programmen her bereits kennen dürften.

Abbildung 5.17 ▶
Das schwebende Dokumentfenster nach dem Abdocken aus den Registern

Rechts oben im Dokumentfenster finden Sie die üblichen Schaltflächen zum Minimieren, Maximieren und Schließen des Fensters.

Dokumentfenster minimieren | Wenn Sie beim Dokumentfenster auf die Schaltfläche MINIMIEREN ❶ klicken, verschwindet das Fenster unten in den Fotobereich. Doppelklicken Sie ein minimiertes Bild im Fotobereich, wird das Bild wieder im Zustand vor dem Minimieren angezeigt. Bei der Mac-Version hingegen verschwindet das Dokumentfenster rechts vom Trennstrich des

Docks, wo es allerdings gleich in einer Miniaturvorschau ins Auge sticht. Klicken Sie auf das Icon im Dock, wird das Dokumentfenster wieder im Fotoeditor angezeigt. Aber auch hier funktioniert das Wiederherstellen des Bildes über einen Doppelklick auf das minimierte Bild im Fotobereich.

◂ **Abbildung 5.18**
Beim Mac stellen Sie das minimierte Bild über den Fotobereich oder über das Dock wieder her.

Dokumentfenster maximieren | Eine Alternative zum normalen oder minimierten Bildmodus ist der maximierte Bildmodus, den Sie über den kleinen Button rechts oben ❷ im Dokumentfenster einstellen. Das maximierte Bild ist hierbei in der Tat maximiert und füllt den kompletten Bildschirm aus. Das Dokumentfenster legt sich damit quasi auch über die Anwendung. Hierbei steht Ihnen somit die komplette Größe des Bildschirms für die Bearbeitung zur Verfügung.

Wiederherstellen können Sie das Dokumentfenster, wenn Sie erneut auf die Schaltfläche klicken. Alternativ maximieren Sie das Dokumentfenster oder stellen es wieder her, indem Sie auf seiner Titelleiste doppelklicken. Wollen Sie die Größe des Dokumentfensters hingegen manuell verändern, ziehen Sie entweder an den Seitenrändern oder verwenden das kleine Dreieck rechts unten horizontal oder vertikal. Der Cursor wird hierbei zu einem Doppelpfeil in der entsprechenden Richtung.

▴ **Abbildung 5.19**
Minimierte Bilder werden im Fotobereich abgelegt, wo sie auch wiederhergestellt werden können. Gegebenenfalls müssen Sie den Fotobereich über die gleichnamige Schaltfläche ❹ einblenden.

Dokumentfenster schließen | Um ein Fenster zu schließen, klicken Sie einfach auf das kleine x rechts oben ❸. Im Falle nicht gespeicherter Änderungen erhalten Sie einen Hinweis mit der Frage, ob Sie die Datei nicht vor dem Schließen noch speichern wollen: Wählen Sie Ja, um Änderungen zu speichern, und Nein, wenn Sie die Änderungen nicht behalten wollen. Wählen Sie Abbrechen, um die Datei weder zu schließen noch zu speichern, sondern um zur Bearbeitung in Photoshop Elements zurückzukehren.

▴ **Abbildung 5.20**
Größe des Dokumentfensters manuell ändern

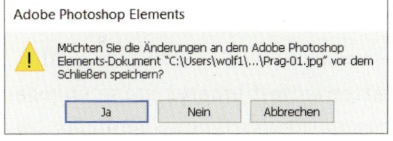

◂ **Abbildung 5.21**
Beim Schließen der Bilddatei wurden nicht gespeicherte Änderungen gefunden.

Dokumentfenster in Registerkarten zusammenlegen | Selbst wenn Sie die Einstellung mit dem schwebenden Dokumentfenster aktiviert haben, können Sie jederzeit die einzelnen Fenster wieder in Registerkarten gruppieren. Das Gruppieren und Wiederandocken von schwebenden Fenstern funktioniert im Grunde wie schon bei den Bedienfeldern.

Manuell gehen Sie hierbei wie folgt vor: Ziehen Sie das Dokumentfenster mit auf der Titelleiste ❶ gedrückt gehaltener linker Maustaste an den oberen Rand unterhalb der Optionsleiste, und lassen Sie das Fenster fallen. An dem blauen Rahmen ❷ erkennen Sie den Bereich, an dem das Dokumentfenster als Registerkarte gruppiert wird.

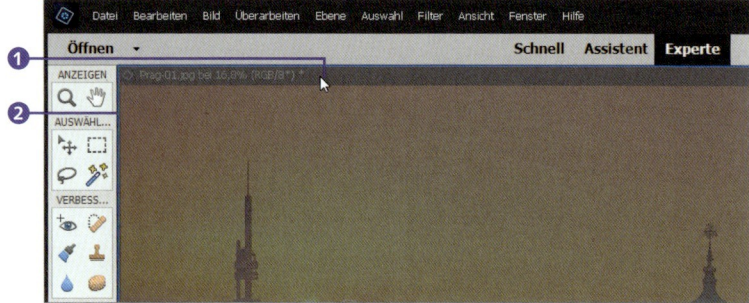

Abbildung 5.22 ▶
Das Dokumentfenster wird zu einer Registerkarte.

Weitere Fenster können Sie jetzt ebenfalls zur Registerkarte hinzufügen, indem Sie das entsprechende Dokumentfenster mit auf der Titelleiste gedrückt gehaltener linker Maustaste auf die Registerkartenleiste ❸ fallen lassen.

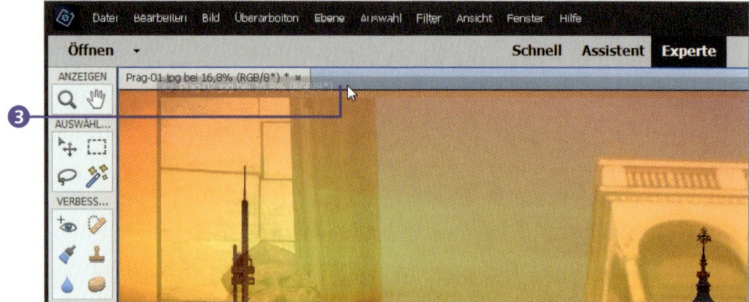

Abbildung 5.23 ▶
Mehrere Dokumentfenster wurden hier zu einer Registerkartengruppe zusammengelegt.

Wesentlich schneller als das manuelle Gruppieren von Registerkarten aus Dokumentfenstern geht es mit der Funktion im Menü Fenster • Bilder • Alle in Registerkarten zusammenlegen.

Zusammenlegen in Registerkarten unterbinden | Sollte sich das Dokumentfenster nicht mehr in die Registerkarten einfügen las sen, dürfte dies wohl daran liegen, dass die Einstellung ANDOCKEN SCHWEBENDER DOKUMENTFENSTER AKTIVIEREN ❹ in BEARBEITEN/PHOTOSHOP ELEMENTS EDITOR • VOREINSTELLUNGEN • ALLGEMEIN (oder [Strg]/[cmd]+[K]) deaktiviert wurde. Hier müssen Sie einfach wieder ein Häkchen davor setzen, und dann klappt es auch wieder mit dem Zusammenlegen frei schwebender Fenster.

▼ **Abbildung 5.24**
Mit der Option ANDOCKEN SCHWEBENDER DOKUMENTFENSTER AKTIVIEREN können Sie das Andocken von Dokumentfenstern (de-)aktivieren.

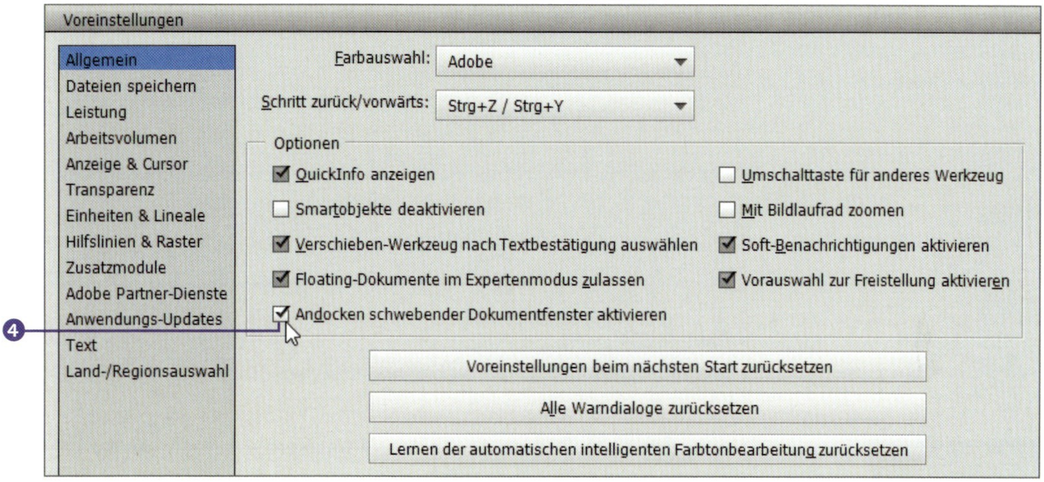

5.5.5 Geöffnete Dokumentfenster anordnen

Wenn Sie mehrere Bilder gleichzeitig geöffnet haben und die Darstellung der Bilder im Fenster steuern wollen, finden Sie im Menü FENSTER • BILDER einige Kommandos, deren Bedeutung in Tabelle 5.4 erläutert wird.

Bezeichnung	Bedeutung
NEBENEINANDER	Sind mehrere Bilder geöffnet, werden sie neben- und untereinander angezeigt.
ÜBERLAPPEND	Wenn mehrere Bilder geöffnet sind, werden sie versetzt übereinandergestapelt angezeigt. Diese Funktion steht nicht zur Verfügung, wenn die Fenster in Registerkarten zusammengelegt sind.
SCHWEBENDES FENSTER	Ist das aktive Fenster in einer Gruppe von Registerkarten, wird es daraus herausgelöst (abgedockt) und steht als gewöhnliches frei schwebendes Fenster zur Verfügung.
NUR SCHWEBENDE FENSTER	Alle Fenster, die in einer Registerkartengruppe versammelt wurden, werden aufgelöst und stehen als gewöhnliche frei schwebende Fenster zur Verfügung.

◄ **Tabelle 5.4**
Funktionen unter FENSTER • BILDER und ihre Bedeutung

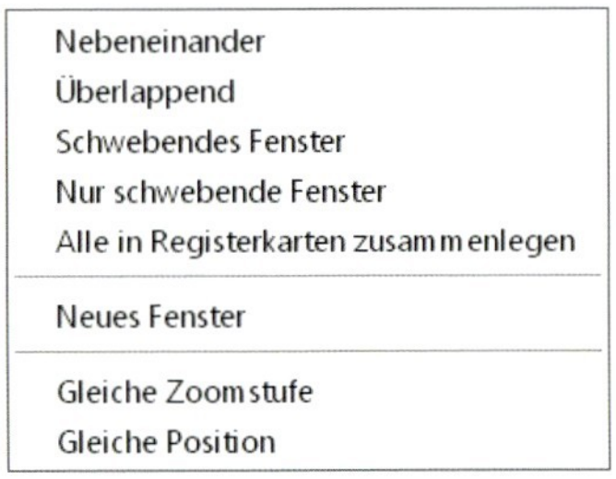

Nebeneinander	
Überlappend	
Schwebendes Fenster	
Nur schwebende Fenster	
Alle in Registerkarten zusammenlegen	
Neues Fenster	
Gleiche Zoomstufe	
Gleiche Position	

▲ **Abbildung 5.25**
Funktionen unter FENSTER • BILDER

Bezeichnung	Bedeutung
ALLE IN REGISTERKARTEN ZUSAMMENLEGEN	Alle frei schwebenden Dokumentfenster (auch minimierte) werden in eine Gruppe von Registerkarten gruppiert.
NEUES FENSTER	Damit öffnen Sie dasselbe Bild nochmals in einem neuen Fenster. Beachten Sie, dass es sich dabei nicht um eine Kopie handelt. Jede Arbeit in einem der Fenster wirkt sich auch auf das andere aus. Sinnvoll ist diese Funktion, um die Arbeiten an einem Bild auf unterschiedlichen Zoomstufen zu überwachen.
GLEICHE ZOOMSTUFE	Alle geöffneten Bilder werden auf die gleiche Ansichtsgröße (Zoomstufe) gebracht.
GLEICHE POSITION	Alle Bilder mit gleicher Ansichtsgröße (nach Pixeln) werden mittig zentriert dargestellt.

▲ **Tabelle 5.4**
Funktionen unter FENSTER • BILDER und ihre Bedeutung (Forts.)

Ganz unten im Bildfenster sehen Sie außerdem noch die Schaltfläche LAYOUT ❶, mit der Sie einige interessante vorgefertigte Layouts für die Anordnung geöffneter Dokumentfenster finden.

5.5.6 Die Farbe der Arbeitsoberfläche ändern

Wenn Sie mit maximiertem Dokumentfenster arbeiten oder das Dokumentfenster größer als die eingestellte Ansicht des Bildes ist, ist die Arbeitsflächenfarbe standardmäßig grau. Nicht immer aber eignet sich diese Hintergrundfarbe, um die Bilder beurteilen zu können. Bewährte Farben sind neben Grau auch Schwarz und Weiß. Bunte Farben eignen sich, wenn ein Bild mit einer bestimmten Hintergrundfarbe getestet werden soll.

Über einen rechten Mausklick auf der Farbe der Arbeitsfläche öffnet sich ein Kontextmenü, in dem Sie die Arbeitsflächenfarbe festlegen können. Neben verschiedenen Grautönen und Schwarz können Sie auch die Einstellung BENUTZERDEFINIERT auswählen. BENUTZERDEFINIERT ist hierbei immer die Farbe, die Sie zuletzt mit EIGENE FARBE AUSWÄHLEN über einen Farbwähler festgelegt haben.

Das Gleiche funktioniert übrigens auch mit dem Füllwerkzeug und dem Farbfeld VORDERGRUNDFARBE EINSTELLEN ❸ in der Werkzeugpalette. Klicken Sie hierbei mit dem Füllwerkzeug und gehaltener ⬆-Taste irgendwo auf die Arbeitsfläche ❷, und die Arbeitsfläche hat dieselbe Farbe wie die eingestellte Vordergrundfarbe.

▲ **Abbildung 5.26**
Vorgefertigte Layouts

Zum Weiterlesen

Mehr zum Farbwähler, der auch zum Festlegen von Vordergrund- und Hintergrundfarbe verwendet wird, erfahren Sie in Abschnitt 14.1.2.

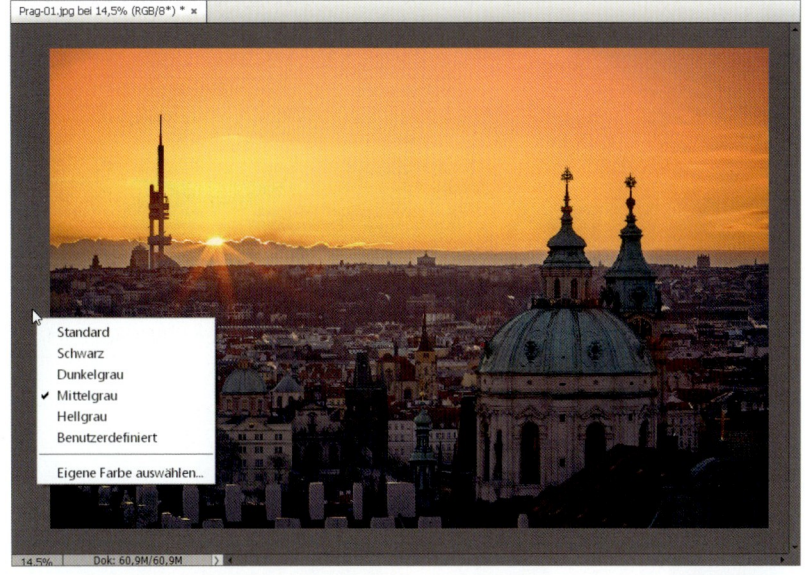

◀ **Abbildung 5.27**
Über das Kontextmenü der Arbeitsfläche legen Sie die Arbeitsflächenfarbe fest.

◀ **Abbildung 5.28**
Die Arbeitsflächenfarbe wurde mithilfe des Füllwerkzeugs eingefärbt.

5.6 Bilder vergleichen

Beim Bearbeiten von Bildern benötigt man häufig zwei verschiedene Ansichten eines Bildes. Möglich ist dies über das Menü Ansicht • Neues Fenster für [Dokumentname]. Dieselbe Funktion erreichen Sie auch über das Menü Fenster • Bilder • Neues Fenster. Beachten Sie aber, dass es sich hierbei nicht um zwei verschiedene Bilder handelt, sondern nur um zwei Ansichten desselben Bildes. Änderungen, die Sie in einem Fenster durchführen, werden somit auch im anderen Fenster angezeigt und durchgeführt.

 Kapitel_05: Wasserrad.jpg

Kapitel 5 Exaktes Arbeiten auf der Arbeitsoberfläche

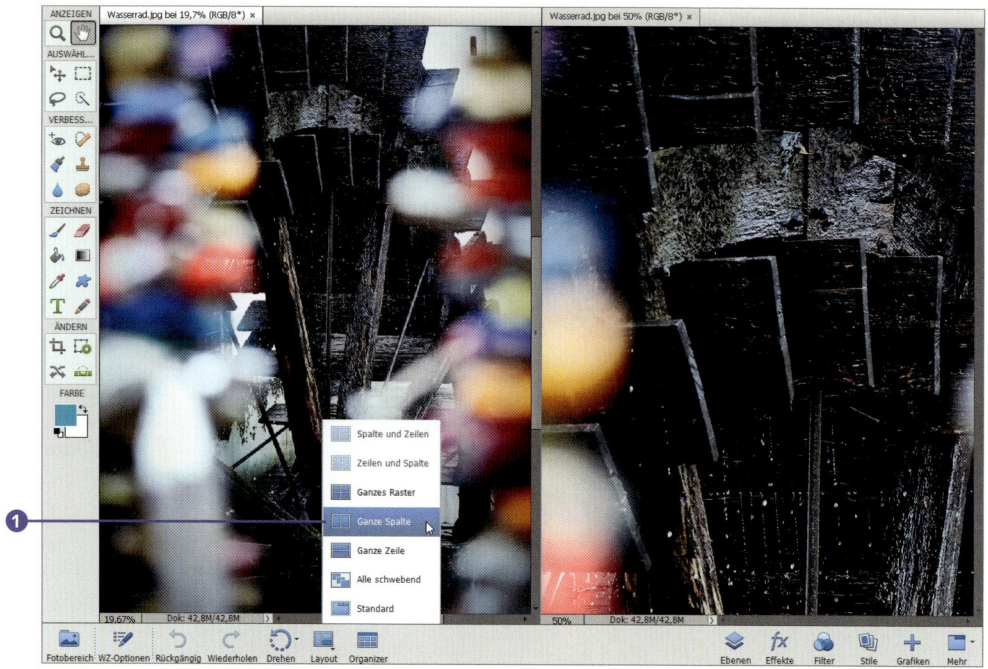

▲ **Abbildung 5.29**
Dasselbe Bild in zwei verschiedenen Dokumentfenstern für einen besseren Überblick

Ideale Ansicht
Um dasselbe Fenster in zwei verschiedenen Dokumentfenstern zu betrachten, wählen Sie im Menü Fenster • Bilder den Befehl Nebeneinander aus. Gleiches erreichen Sie auch über Layout mit Ganze Spalte ❶.

Möchten Sie statt mit einem zweiten Dokumentfenster desselben Bildes lieber mit einer unabhängigen Kopie arbeiten, können Sie ein Bild über das Menü Datei • Duplizieren kopieren. Photoshop Elements fragt Sie dann zunächst nach einem Namen für das Duplikat und erzeugt anschließend ein neues Dokumentfenster mit einer exakten Kopie des aktuellen Zustands.

5.7 Informationen zum Bild – das Informationen-Bedienfeld

Das Informationen-Bedienfeld können Sie über das Menü Fenster • Informationen oder mit der Taste F8 ein- und ausblenden. Wie der Name schon vermuten lässt, zeigt das Bedienfeld eine Menge interessanter Informationen zur aktuellen Bilddatei an. Neben Koordinaten, Farbwerten und der Größe von Auswahlen lassen sich weitere Statusinformationen einblenden.

Über das erweiterte Menü ❷ erreichen Sie die Bedienfeldoptionen ❸ des Informationen-Bedienfeldes. Hier können Sie die verschiedenen Farbmodelle und Maßeinheiten festlegen, die angezeigt werden sollen.

5.7 Informationen zum Bild – das Informationen-Bedienfeld

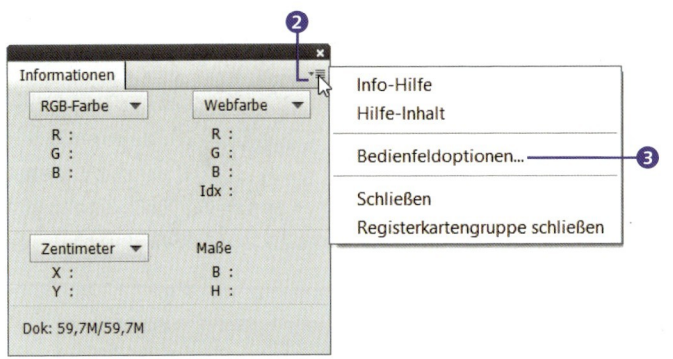

◄ **Abbildung 5.30**
Was auf dem Informationen-Bedienfeld angezeigt wird, hängt ab vom jeweils aktiven Werkzeug, von der Position des Mauszeigers und von den anderen eingestellten Bedienfeldoptionen.

Bedienfeld anpassen | Für die Farbwertanzeige des aktuellen Farbsystems bietet das Informationen-Bedienfeld die beiden Anzeigen ERSTE FARBWERTANZEIGE ❹ und ZWEITE FARBWERTANZEIGE ❺. Hierbei werden jeweils das Farbsystem bzw. die Bildmodi GRAUSTUFEN, RGB-FARBE, WEBFARBE und HSB-FARBE angeboten. Das Farbsystem CMYK gibt es bei Photoshop Elements nicht; dieses Farbsystem bleibt dem großen Photoshop vorbehalten.

Des Weiteren können Sie bei den Bedienfeldoptionen unter ZEIGERKOORDINATEN ❻ die Maßeinheit angeben, in der die Werte für eine Auswahl oder für den Koordinatenpunkt angezeigt werden sollen. Zur Verfügung stehen: PIXEL, ZOLL, ZENTIMETER, MILLIMETER, PUNKT, PICA und PROZENT.

Was darüber hinaus im unteren Teil des Informationen-Bedienfeldes angezeigt werden soll, bestimmen Sie bei den STATUSINFORMATIONEN ❼. Es können dieselben Statusinformationen angezeigt werden wie in der Statusleiste von Bildern (siehe Abschnitt 5.5.2).

Farbsystem
Weitere Informationen zum Farbsystem sowie zu den Bildmodi und ihrer jeweiligen Bedeutung in der Bildbearbeitung erfahren Sie in Kapitel 6, »Grundlagen der Bildbearbeitung«.

▲ **Abbildung 5.31**
Mit einem Klick auf das kleine Dreiecksymbol lassen sich die Optionen ebenfalls ändern.

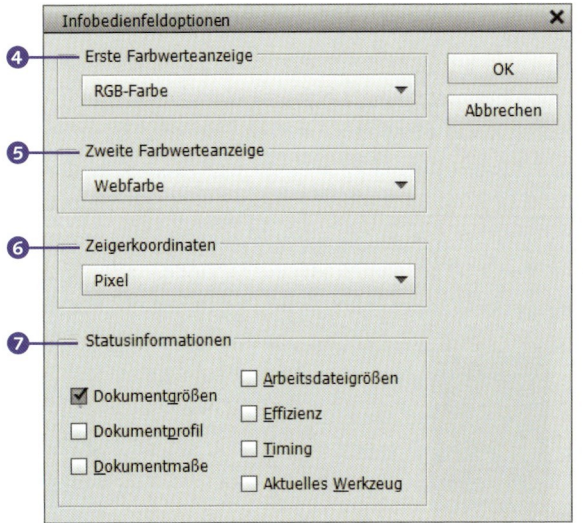

◄ **Abbildung 5.32**
Die Bedienfeldoptionen des Informationen-Bedienfeldes

Einen schnelleren Zugriff auf einige Optionen des Informationen-Bedienfeldes erhalten Sie auf direktem Weg über die kleinen Dreieck-Schaltflächen (Abbildung 5.31) auf dem Bedienfeld.

Wenn Sie mit dem Verlaufswerkzeug ▣ oder dem Gerade-ausrichten-Werkzeug arbeiten, können Sie über das Informationen-Bedienfeld unter anderem den Winkel ❶ des Verlaufs kontrollieren.

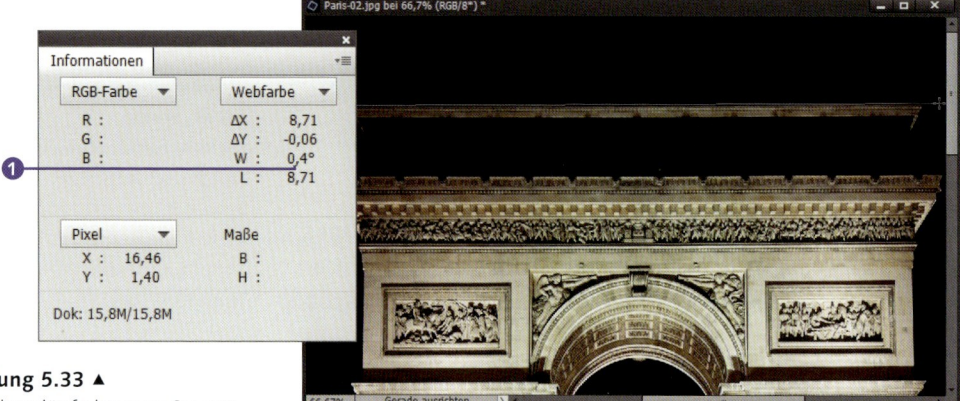

Abbildung 5.33 ▲
Die Farbverläufe können Sie mit dem Informationen-Bedienfeld winkelgenau durchführen.

5.8 Hilfsmittel zum Ausrichten und Messen

Gerade beim Ausrichten von Bildern, Ebenen und Text können Sie sich nicht allein auf Ihr Gefühl und Augenmaß verlassen. Für genaueres Ausrichten und Messen stehen Ihnen einige Hilfsmittel zur Verfügung, die ich Ihnen im Folgenden kurz vorstellen möchte.

5.8.1 Lineal

Das Lineal eignet sich hervorragend, um beim Platzieren von Elementen (wie beispielsweise Ebenen) auf dem Bild und bei den verschiedenen Zoomstufen den Überblick zu behalten. Um das Lineal am linken und oberen Bildrand anzuzeigen, nutzen Sie das Tastenkürzel [Strg]/[cmd]+[⇧]+[R] oder den Menüpunkt Ansicht
• Lineale.

> **Welche Maßeinheiten wofür?**
> Gewöhnlich verwendet man zur Bearbeitung von Bildern am Monitor (für Internet, Präsentationen, DVD-ROMs usw.) die Maßeinheit Pixel. Zentimeter und Millimeter werden eher für die Druckvorstufe benutzt. Punkt und Pica sind die bevorzugten Maßeinheiten für Schriftgrößen in der Typografie.

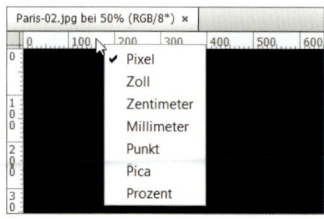

◀ **Abbildung 5.34**
Horizontales und vertikales Lineal

Wenn Sie nun mit dem Cursor über das Bild fahren, zeigen Ihnen die kleinen Linien ❷ und ❸ in den Linealen die aktuelle Position des Mauszeigers an.

Die Maßeinheit des Lineals können Sie jederzeit schnell und einfach über einen rechten Mausklick im Lineal ändern. Alternativ passen Sie die Maßeinheiten durch einen Doppelklick auf das Lineal oder über das Menü BEARBEITEN/PHOTOSHOP ELEMENTS EDITOR • VOREINSTELLUNGEN • EINHEITEN & LINEALE an.

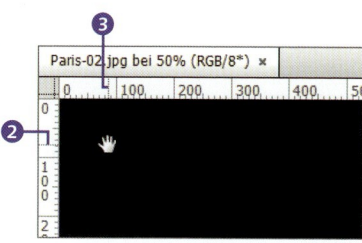

▲ **Abbildung 5.35**
Die Mausposition wird angezeigt.

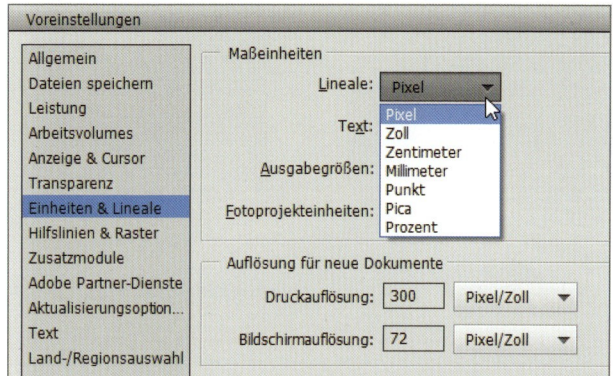

◄ **Abbildung 5.36**
Einstellen der Maßeinheiten mit dem Lineal

Ursprungspunkt des Lineals ändern | Der Ursprungspunkt (auch *Nullpunkt* genannt) des Lineals befindet sich oben links. Sie verändern diesen Punkt, indem Sie ihn aus der linken oberen Ecke mit gedrückter linker Maustaste aus dem Schnittpunkt ❹ der Lineale herausziehen ❺.

Wozu Ursprungspunkt ändern?
Den Ursprungspunkt des Lineals zu verändern ist sinnvoll, wenn Sie ein Bild möglichst exakt freistellen wollen.

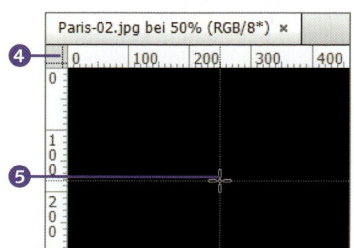

▲ **Abbildung 5.37**
Der Ursprungspunkt (Nullpunkt) wird verändert.

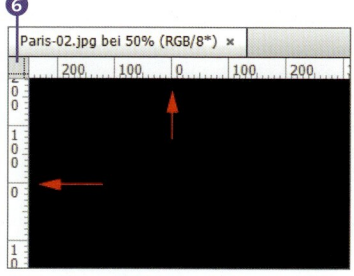

▲ **Abbildung 5.38**
Die neuen Ursprungspunkte (Nullpunkte) wurden gesetzt.

Um den Ursprungspunkt wieder zurückzusetzen, genügt ein Doppelklick auf den linken oberen Lineal-Schnittpunkt ❻.

5.8.2 Raster verwenden und einstellen

Das Rastergitter aktivieren und deaktivieren Sie über ANSICHT • RASTER oder mit der Tastenkombination [Strg]/[cmd]+[3]. Das

Kapitel_05:
Paris-02.jpg

Raster brauchen Sie in der Regel nur dann, wenn Sie bei der Bildbearbeitung eine Waagerechte und/oder Senkrechte im Bild benötigen und keine Hilfslinien erstellen wollen. Bei der Speicherung oder Ausgabe auf einem Drucker sind diese Raster selbstverständlich nicht zu sehen.

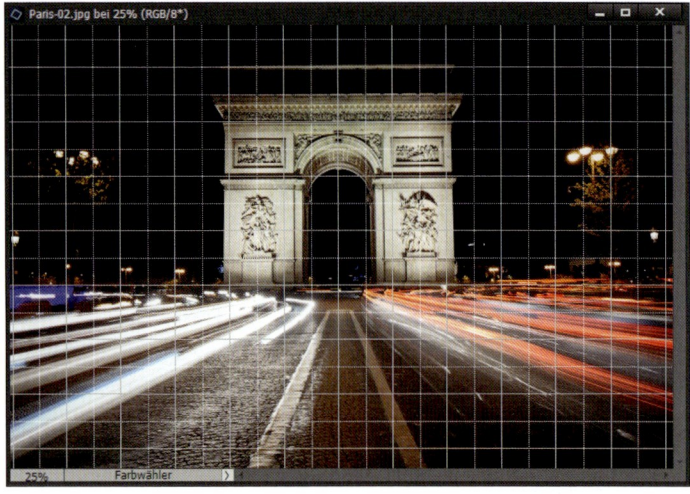

Abbildung 5.39 ▶
Das eingeblendete Raster hilft Ihnen bei Bildern, bei deren Bearbeitung Sie eine Senkrechte und/oder Waagerechte benötigen.

Maschenweite, Linienart und Farbe des Rastergitters passen Sie über BEARBEITEN/PHOTOSHOP ELEMENTS EDITOR • VOREINSTELLUNGEN • HILFSLINIEN & RASTER an.

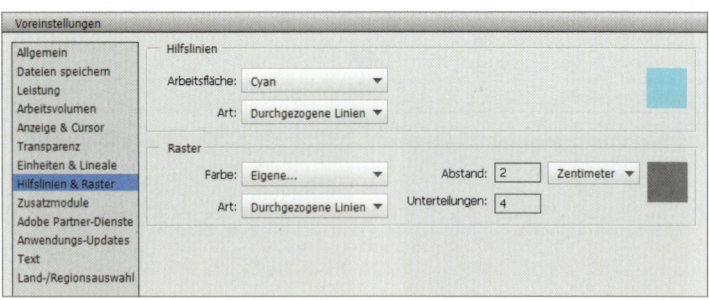

Abbildung 5.40 ▶
Hier stellen Sie FARBE und ART der Linien sowie den ABSTAND des Rastergitters ein.

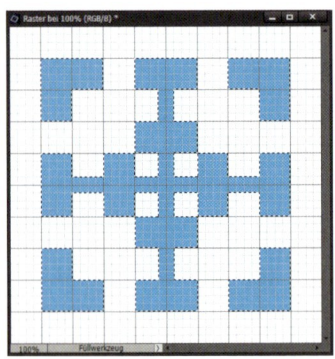

▲ **Abbildung 5.41**
Dank des »magnetischen« Rasters ist es ein Kinderspiel, solch exakte Auswahlen oder Muster zu erstellen.

Ausrichten an Raster (de-)aktivieren | Wenn im Menü ANSICHT • AUSRICHTEN AN ein Häkchen vor RASTER steht, sind die Rasterlinien leicht magnetisch. Das bedeutet, dass Bild- oder Textelemente, Auswahlen und Ebenenkanten am Rastergitter »kleben bleiben«. Sie (de-)aktivieren dies über das Menü ANSICHT • AUSRICHTEN AN • RASTER. Alternativ halten Sie bei aktivem Ausrichten am Raster die [Strg]/[cmd]-Taste vorübergehend gedrückt, während Sie ein Bild- oder Textelement verschieben, dann ist der »magnetische« Effekt ebenfalls vorübergehend abgeschaltet.

5.8 Hilfsmittel zum Ausrichten und Messen

5.8.3 Exaktes Ausrichten mit Hilfslinien

Hilfslinien können Sie selbst beliebig im Bild positionieren. Sie eignen sich hervorragend als Ausrichtungshilfe für Bild- und Textelemente. Bei der Ausgabe des Bildes, wie beispielsweise beim Drucken oder Abspeichern, bleiben diese Linien unsichtbar.

Kapitel_05: Hilfslinien.psd

◀ **Abbildung 5.42**
Der Text – oder hier die Textebene – wurde mithilfe von magnetischen Hilfslinien im Bild positioniert.

Hilfslinien manuell erstellen | Am einfachsten und schnellsten erstellen Sie eine Hilfslinie über das Lineal. Voraussetzung ist dafür, dass Sie die Lineale über ANSICHT • LINEALE oder [Strg]/[cmd]+[⇧]+[R] eingeschaltet haben. Jetzt ziehen Sie mit gedrückt gehaltener linker Maustaste direkt auf dem horizontalen oder vertikalen Lineal eine Hilfslinie auf das Bild und lassen diese an der gewünschten Position fallen.

Sie können auch aus dem horizontalen Lineal eine vertikale und aus dem vertikalen Lineal eine horizontale Hilfslinie herausziehen, indem Sie [Alt] gedrückt halten, während Sie eine Hilfslinie erstellen.

Farbe der Hilfslinien ändern
Standardmäßig ist Cyan als Farbe für die Hilfslinien eingestellt. Ändern können Sie diese Farbe über BEARBEITEN/PHOTOSHOP ELEMENTS EDITOR • VOREINSTELLUNGEN • HILFSLINIEN & RASTER (Abbildung 5.40). Dasselbe erreichen Sie auch, wenn Sie eine Hilfslinie doppelt anklicken.

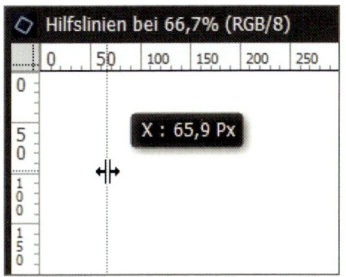

▲ **Abbildung 5.43**
Hier wird gerade eine vertikale Hilfslinie erstellt.

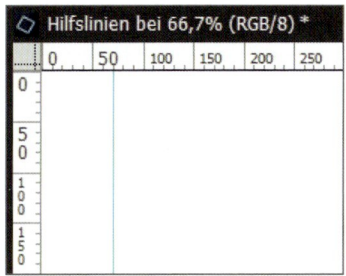

▲ **Abbildung 5.44**
Die fertige vertikale Hilfslinie

Ausrichtung umkehren
Wollen Sie die Ausrichtung einer bereits vorhandenen Hilfslinie ändern, müssen Sie nur während des Verschiebens die [Alt]-Taste drücken und die Maustaste loslassen. Aus einer vertikalen wird auf diese Weise eine horizontale Hilfslinie und umgekehrt.

Hilfslinien exakt einrasten | Standardmäßig bleiben Hilfslinien exakt an der Position stehen, an der Sie sie »fallen gelassen« haben. Beim Ausrichten von Elementen ist dies nicht immer optimal. Alternativ können Sie daher die Hilfslinien an den Linealaufteilungen einrasten lassen, indem Sie während des Ziehens der Hilfslinien die [⇧]-Taste gedrückt halten.

Hilfslinien exakt positionieren | Um eine Hilfslinie exakt pixelgenau zu positionieren, können Sie, solange Sie die Maustaste gedrückt halten, immer die vertikale bzw. horizontale Position der Hilfslinie an den Werten X bzw. Y neben der Hilfslinie ablesen. Als Einheit wird dabei stets die eingestellte Einheit des Lineals verwendet.

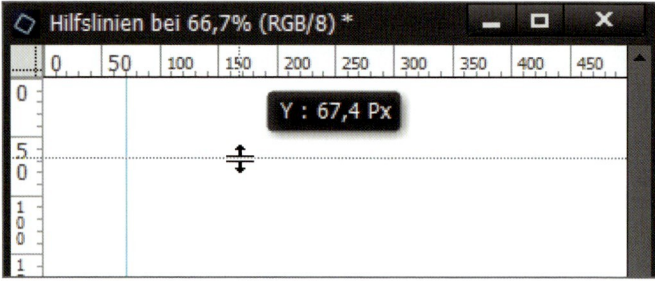

▲ **Abbildung 5.45**
Hier wird eine horizontale Hilfslinie erstellt.

Eine weitere Möglichkeit, Hilfslinien exakt zu positionieren, ist der Dialog NEUE HILFSLINIE, den Sie über ANSICHT • NEUE HILFSLINIE aufrufen und in dem Sie die AUSRICHTUNG und POSITION pixelgenau eingeben können.

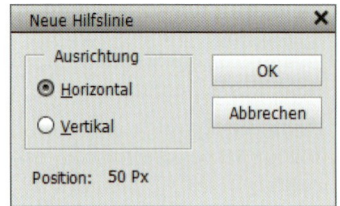

▲ **Abbildung 5.46**
Ebenfalls sehr gut für eine exakte Ausrichtung der Hilfslinien geeignet: der Dialog NEUE HILFSLINIE

Hilfslinien ein- und ausblenden | Ein- und ausblenden können Sie die Hilfslinien jederzeit über das Menü ANSICHT • HILFSLINIEN oder mit der Tastenkombination [Strg]/[cmd]+[2].

Hilfslinien im Bild speichern
Zwar können Sie die Hilfslinien selbst nie im Bild abspeichern, aber wenn Sie die Position der Hilfslinien sichern wollen, um beispielsweise zu einem anderen Zeitpunkt an dem Bild weiterzuarbeiten, sollten Sie das Bild im Adobe-eigenen PSD-Format speichern.

Hilfslinien verschieben | Einmal erstellte Hilfslinien können Sie jederzeit nachträglich verschieben. Fassen Sie mit dem Verschieben-Werkzeug (Tastenkürzel [V]) eine Hilfslinie an, und bewegen Sie sie mit gedrückt gehaltener linker Maustaste.

Ist das Verschieben-Werkzeug hingegen nicht aktiv, müssen Sie nicht extra zu diesem Werkzeug wechseln. Es reicht völlig aus, wenn Sie die [Strg]/[cmd]-Taste gedrückt halten. Dadurch wird das Verschieben-Werkzeug kurzzeitig aktiv, und Sie können die Hilfslinien wie gewohnt mit gedrückt gehaltener Maustaste verschieben.

5.8 Hilfsmittel zum Ausrichten und Messen

Hilfslinien fixieren | Um ein unbeabsichtigtes Verschieben von Hilfslinien zu vermeiden, können Sie diese über das Menü Ansicht • Hilfslinien fixieren (oder die Tastenkombination [Strg]/[cmd]+[Alt]+[.]) fixieren und wieder freigeben.

Hilfslinien löschen | Einzelne Hilfslinien löschen Sie, indem Sie sie einfach aus dem Dokumentfenster herausziehen. Alle Hilfslinien in einem Dokumentfenster hingegen entfernen Sie über das Menü Ansicht • Hilfslinien löschen.

Ausrichten an Hilfslinien (de-)aktivieren | Wie Raster können auch Hilfslinien magnetisch sein, wodurch beispielsweise Bild- oder Textelemente, Auswahlen und Ebenenkanten an den Hilfslinien »kleben bleiben«. Sie (de-)aktivieren das Ausrichten über das Menü Ansicht • Ausrichten an • Hilfslinien. Alternativ halten Sie bei aktivem Ausrichten an den Hilfslinien die [Strg]/[cmd]-Taste vorübergehend gedrückt, während Sie ein Bild- oder Textelement verschieben; dann ist der »magnetische« Effekt ebenfalls vorübergehend abgeschaltet.

> **Tipp: Voreinstellungen schnell öffnen**
>
> Wollen Sie die Voreinstellungen für Hilfslinien & Raster schnell öffnen, um beispielsweise die Farbe der Hilfslinie zu verändern, klicken Sie einfach mit dem Verschieben-Werkzeug doppelt auf eine vorhandene Hilfslinie.

Kapitel 6
Grundlagen der Bildbearbeitung

Die Grundlagen der Bildbearbeitung sind nicht nur für Einsteiger, sondern auch für die etwas fortgeschrittenen Leser von Interesse. Sie bilden die Voraussetzung für eine professionelle und erfolgreiche Arbeit mit Photoshop Elements. Zur Belohnung für diesen eher theoretischen Buchteil dürfen Sie im nächsten Kapitel direkt mit der Schnellkorrektur Ihrer Bilder anfangen.

6.1 Pixel- und Vektorgrafiken

Bei der Darstellung von Bildinformationen unterscheidet man grundsätzlich zwischen zwei Konzepten: den Pixelgrafiken und den Vektorgrafiken.

6.1.1 Pixelgrafik – Punkt für Punkt

Die Pixelgrafik ist zugleich das Konzept, das Sie zur digitalen Bildbearbeitung mit Photoshop Elements verwenden. Die Pixelgrafik wird häufig auch als *Rastergrafik*, *Bitmap* oder *Pixmap* bezeichnet. Bei der Pixelgrafik werden die Bildinformationen in einzelne quadratische Bildpunkte mit einer Farbfläche aufgeteilt. Je näher Sie in ein Pixelbild hineinzoomen, desto besser können Sie die einzelnen Pixel erkennen.

Hinweis
Sie können dieses Kapitel auch immer wieder zum Nachschlagen nutzen, wenn Ihnen Begriffe unklar sind oder Sie das Gefühl haben, dass Ihnen wichtige Hintergründe fehlen. Hier werden Sie auf jeden Fall fündig.

Scanner und Kamera
Alle Bilder, die mit einer Digitalkamera aufgenommen oder mit einem Scanner eingescannt wurden, sind automatisch Pixelbilder.

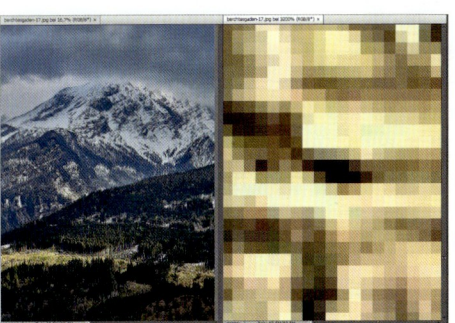

◄ **Abbildung 6.1**
Der Bildausschnitt auf der rechten Seite zeigt eine starke Vergrößerung desselben Bildes von der linken Seite. Dabei werden die einzelnen Pixel des Bildes sichtbar.

Kapitel 6 Grundlagen der Bildbearbeitung

Vektorgrafik-Programme
Es gibt eine Menge Programme, die auf Vektorgrafiken spezialisiert sind. Zu diesen zählen InDesign, PageMaker, FreeHand, Quark, Illustrator, CorelDraw und die freie und kostenlose Alternative Inkscape.

6.1.2 Vektorgrafik – die mathematische Grafik

Vektorgrafiken verwenden im Gegensatz zu Pixelgrafiken keine Pixelraster, sondern das Bild wird mit mathematischen Funktionen beschrieben. Um einen Kreis zu zeichnen, benötigen Sie beispielsweise einen Mittelpunkt, einen Radius, die Linienstärke und gegebenenfalls eine Farbe. Der Vorteil hierbei ist, dass sich eine solche Grafik ohne erkennbaren Qualitätsverlust fast beliebig skalieren lässt. Außerdem sind Vektorgrafiken sehr sparsam im Speicherverbrauch.

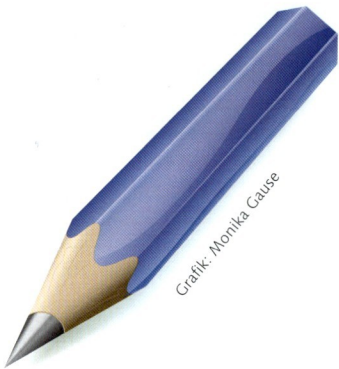

▲ **Abbildung 6.2**
Eine durch Kurven definierte Vektorgrafik

Photoshop Elements und Vektorgrafik
Photoshop Elements ist zwar kein Meister in Sachen Vektorgrafik, aber es bietet auch mit dem Eigene-Form-Werkzeug, Rechteck-Werkzeug, Abgerundetes-Rechteck-Werkzeug, Ellipse-Werkzeug, Polygon-Werkzeug, Stern-Werkzeug und Linienzeichner einige vektorbasierte Werkzeuge. Mehr dazu können Sie in Kapitel 38, »Formen zeichnen mit den Formwerkzeugen«, nachlesen.

Allerdings sind Vektorgrafiken eher für die Darstellung von geometrischen Primitiven geeignet (Diagramme, Logos usw.). Auf fotorealistische Darstellungen und feine Farbabstufungen müssen Sie bei Vektorgrafiken verzichten.

Vektor

Pixel

Abbildung 6.3 ▶
Beide Texte wurden größer skaliert. Beim Text »Vektor« handelt es sich um eine Vektorgrafik, beim Text »Pixel« um eine Pixelgrafik.

Auch mit Photoshop Elements können Sie Vektorgrafiken (zum Beispiel mit der Endung »*.eps«) öffnen, bearbeiten und wieder abspeichern. Allerdings funktioniert dies nur mit Einschränkungen. Die Vektorgrafiken, die Sie mit Photoshop Elements öffnen, werden zuvor **gerastert**. Das bedeutet: Aus der Vektorgrafik wird eine Bitmap. Das Gleiche gilt auch für das Abspeichern von Bilddateien als Vektorgrafik. Zwar lässt sich die Datei als Vektorgrafik abspeichern, wenn Sie diese Grafik dann aber in einem Vektorprogramm öffnen, lässt sich die Vektorgrafik nicht mehr beliebig skalieren, ohne dass sie »verpixelt« wird.

6.2 Bildgröße und Auflösung

Digitale Bilder aus der Kamera oder dem Scanner bestehen aus vielen farbigen Quadraten (bzw. Bildpunkten), den sogenannten Pixeln. Die Menge dieser Pixel bestimmt auch die Auflösung Ihrer Bilder. Dabei müssen Sie zwischen absoluter und relativer Auflösung unterscheiden.

6.2.1 Absolute Auflösung

Die absolute Auflösung kann entweder mit der Gesamtzahl der Pixel oder der Anzahl von Pixeln pro Spalte (vertikal) und Zeile (horizontal) angegeben werden. In der Werbung heben die Hersteller von Digitalkameras meistens die **Gesamtzahl** der Pixel hervor. Die Angabe der absoluten Auflösung über die **Anzahl der vertikalen und horizontalen Pixel** ist eher bei Grafikkarten oder Bildschirmen gängig.

Wenn eine Digitalkamera Bilder mit 12 Megapixeln aufnehmen kann, lässt sich aber immer noch nicht sagen, wie viele vertikale und horizontale Pixel das Bild enthält. Der Wert hängt vom Auflösungsformat des Kameraherstellers ab. So macht die eine Kamera Aufnahmen im 3:2-Format und eine andere Kamera im 4:3-Format. In diesem Beispiel (bei 12 Megapixeln) ergibt sich bei einem 3:2-Seitenverhältnis eine absolute Auflösung von 4.256 × 2.848 Pixeln und bei einem 4:3-Seitenverhältnis eine absolute Auflösung von 4.048 × 3.040 Pixeln.

Wie viele Pixel verwenden?
Viele Digitalkameras bieten die Möglichkeit, festzulegen, mit welcher Auflösung die Bilder aufgenommen werden sollen. Wenn Sie die Bilder nachträglich bearbeiten wollen, sollten Sie immer die höchstmögliche Auflösung verwenden.

6.2.2 Relative Auflösung

Die relative Auflösung beschreibt die tatsächliche Dichte der Pixel eines Bildes. Damit ist die Anzahl der Pixel für eine bestimmte Längeneinheit (hier Inch/Zoll) gemeint. Bezeichnet wird diese Auflösung mit *ppi* (pixel per inch) oder *dpi* (dots per inch).

Die Angabe »ppi« wird gewöhnlich als Auflösung von Bilddateien verwendet. Die Einheit »dpi« bezeichnet die Auflösung von Ein- und Ausgabegeräten wie Scannern, Monitoren, digitalen Kameras oder Druckern. Allerdings werden heutzutage die beiden Abkürzungen (ppi und dpi) nicht mehr so sorgfältig unterschieden; die Bezeichnung »dpi« wird in der Regel für beides verwendet.

Inch oder Zoll?
Inch ist der englische Begriff für die internationale Einheit Zoll. Ein Zoll misst exakt 25,4 mm (= 2,54 cm).

lpi bzw. lpcm
Manchmal finden Sie noch den Begriff *lpi* (lines per inch) oder *lpcm* (lines per centimeter). Diese Maßeinheit findet vorwiegend Anwendung beim professionellen Druck.

Auflösung in Photoshop Elements | Wenn Sie ein Bild öffnen, können Sie die relative Auflösung über das Menü BILD • SKALIEREN • BILDGRÖSSE oder [Strg]/[cmd]+[Alt]+[I] in dem sich öffnenden Dialog anzeigen lassen und gegebenenfalls auch ändern.

Die Angaben für die absolute Auflösung werden im Rahmen PIXELMASSE ❶ angezeigt. Die Werte für die relative Auflösung finden Sie im Bereich DOKUMENTGRÖSSE ❷. Von Interesse ist hier der Wert AUFLÖSUNG ❸.

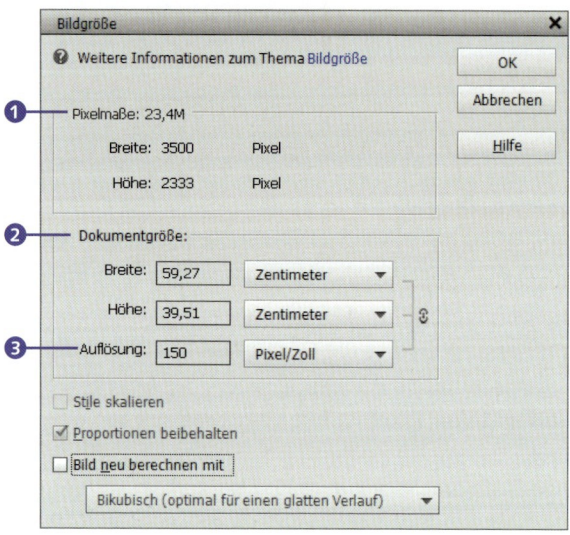

Abbildung 6.4 ▶
Die (relative) Auflösung hängt unmittelbar mit den Bildmaßen (Breite und Höhe) zusammen.

Das in Abbildung 6.4 untersuchte Bild hat also eine (relative) Auflösung von 72 ppi (Pixel pro Zoll). Das heißt, auf einer Strecke von 2,54 cm sind 72 Pixel untergebracht. Diese Auflösung ist typisch für Bilder, die nur auf dem Monitor betrachtet werden müssen. Für den Druck wäre diese Auflösung zu gering.

Auflösung für den Druck | Beim Druck ist die Auflösung besonders wichtig. Je mehr Pixel pro Inch/Zoll vorhanden sind, desto feiner und höher aufgelöst sind die einzelnen Bildpunkte beim Druck und desto größer können Sie Ihre Bilder in hoher Qualität ausdrucken.

Wichtig sind hierbei auch die Werte für die Pixelmaße (Höhe und Breite). Um ein Bild mit einer hohen Auflösung zu drucken, muss auch die Pixelanzahl des Bildes groß genug sein. Zwar können Sie auch ein Bild mit 300 × 200 Pixeln in sehr hoher Auflösung drucken, dann aber nur in Briefmarkengröße. Ein Bild muss also für den Druck nicht nur über eine hohe Auflösung verfügen, sondern auch über eine entsprechend hohe Anzahl von Pixeln in Höhe und Breite.

Bei den drei folgenden Fotos wurde dasselbe Bild mit den Pixelmaßen 3.500 × 2.333 verwendet, lediglich die Auflösung des Bildes wurde jeweils verändert. Damit Sie das im Buch auch besser erkennen können, habe ich die Größe des Dokumentfensters immer gleich gelassen.

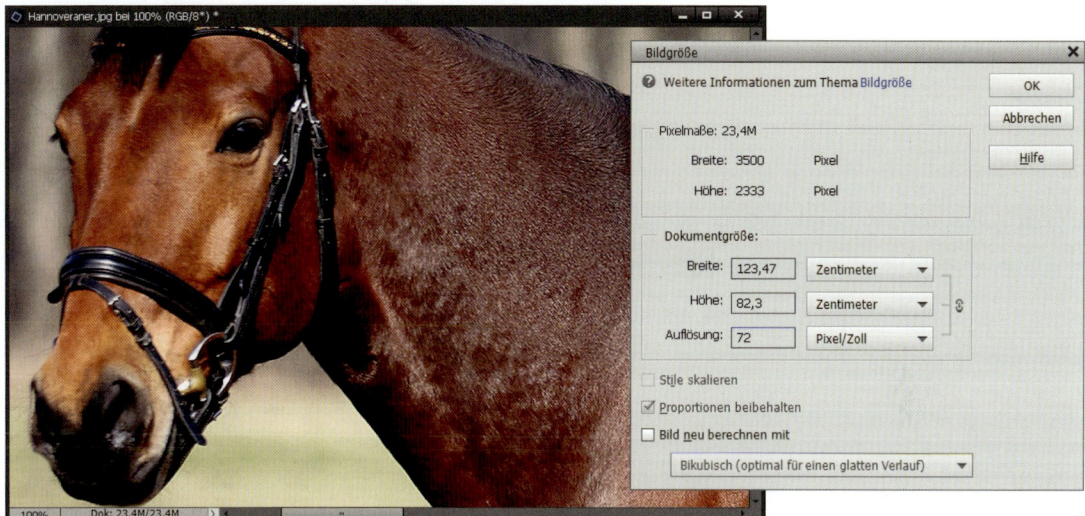

▲ **Abbildung 6.5**
In dieser Abbildung hat das Bild eine Auflösung von 72 ppi. Das Bild ist in der Ansicht der Druckerauflösung so groß, dass nur ein Ausschnitt dargestellt werden kann.

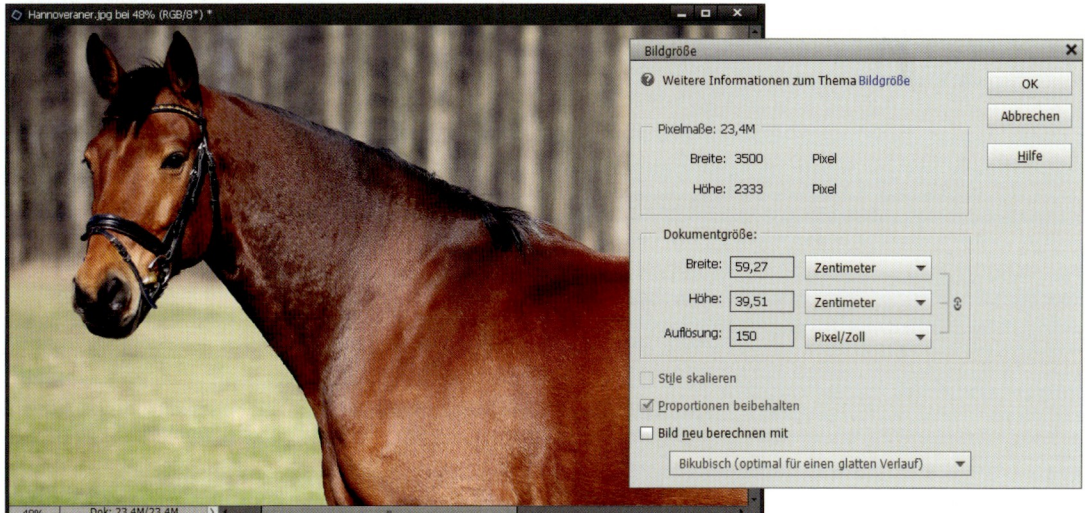

▲ **Abbildung 6.6**
Hier sehen Sie dasselbe Bild, diesmal mit den Dokumentmaßen 59,27 × 39,51 cm. Die Auflösung wurde auf 150 ppi erhöht.

Kapitel 6 Grundlagen der Bildbearbeitung

▲ **Abbildung 6.7**
Dieses Bild wurde an die für den Druck typische Auflösung von 300 ppi angepasst. Das Pixelmaß liegt allerdings nach wie vor bei 3.500 × 2.333 Pixeln.

Vierfarbdruck
Mehr zum Thema **Vierfarbdruck (CMYK)** erfahren Sie in Abschnitt 6.3.1, »Farbmodelle«.

Wollen Sie ein Bild für den Druck vorbereiten, sollten Sie die **Auflösung auf 300 ppi** (Pixel pro Inch/Zoll) einstellen. Dies mag Ihnen zunächst etwas unlogisch vorkommen. Warum sollten Sie, wenn Sie mit 72 ppi ein Bild riesig ausdrucken können, ein Bild verkleinern, indem Sie es auf 300 ppi setzen?

Der Grund für dieses Vorgehen liegt im Druckverfahren des Vierfarbdrucks, das im professionellen Druck eingesetzt wird. Hierbei können nur die Farben Cyan, Magenta, Gelb und Schwarz verwendet werden. Mit diesen vier Farben muss das gesamte Farbspektrum abgebildet werden. Während zum Beispiel ein Monitor jede Farbe in diesem sichtbaren Farbspektrum annehmen kann, müssen beim Vierfarbdruck Farb- und Helligkeitsabstufungen simuliert werden. Für diese Simulation werden Fotos in Rasterpunkte zerlegt. Da es bei der Erstellung der Rasterpunkte zu Informationsverlusten kommt, erfordert dieses Druckverfahren mehr Informationen, die in Form einer Erhöhung der Auflösung auf 300 ppi erreicht werden.

Auflösung für den Tintenstrahldrucker | Beim Drucken mit einem Tintenstrahldrucker sind die Punkte jeweils gleich groß, und es gibt kein feststehendes Rastergitter wie bei Druckermaschinen. Bei dieser Technik können mit einem Drucker die Bilder mit einer niedrigeren Auflösung sehr detailliert ausgedruckt werden, sodass für Tintenstrahldrucker eine **Auflösung von 150 ppi** ausreichen sollte.

Auflösung für den Fotodruck | Auch für den Fotodruck bei vielen Bilderdiensten wird häufig eine **Auflösung von 300 ppi** empfohlen. Tabelle 6.1 und Tabelle 6.2 geben Ihnen einen Überblick über die Pixelmaße (Höhe und Breite) für die verschiedenen Formate (3:4, 2:3), die Sie mindestens benötigen, um beim Fotodruck eine sehr gute Qualität zu erzielen.

Größe des Abzugs beim 3:4-Format (cm)	Erforderliches Pixelmaß (Pixel)	Kameraauflösung (Megapixel)
10 × 13	1.181 × 1.535	1,81
13 × 17	1.535 × 2.008	3,01
20 × 27	2.362 × 3.189	7,53
30 × 40	3.543 × 4.724	16,7

▲ Tabelle 6.1
Größe des Abzugs, erforderliche Dateigröße und Kameraauflösung für 3:4-Formate

Größe des Abzugs beim 2:3-Format (cm)	Erforderliches Pixelmaß (Pixel)	Kameraauflösung (Megapixel)
9 × 13	1.063 × 1.535	1,63
10 × 15	1.181 × 1.772	2,1
13 × 18	1.535 × 2.126	3,26
20 × 30	2.362 × 3.543	8,37
30 × 45	3.543 × 5.315	18,8
40 × 60	4.724 × 7.087	33,4

▲ Tabelle 6.2
Größe des Abzugs, erforderliche Dateigröße und Kameraauflösung für 2:3-Formate

Eine Ausbelichtung von 300 dpi stellt natürlich bei den Anbietern häufig das Maximum dar. Mittlerweile bieten auch viele Anbieter eine Ausbelichtung von 250, 200 und/oder 150 dpi an. Das variiert von Anbieter zu Anbieter. Bei einer niedrigeren Ausbelichtung sind natürlich die Pixelzahlen auch geringer. Um wirklich sicherzugehen, sollten Sie sich ohnehin vorher beim Anbieter informieren.

Auflösung für den Bildschirm und für das Web | Die Angaben der relativen Auflösung für die Druckerei, für den Drucker oder den Fotodruck gelten nicht für den Bildschirm- oder Webeinsatz.

Kapitel_06:
buddha-72ppi.jpg,
buddha-150ppi.jpg,
buddha-300ppi.jpg

In Abbildung 6.8 sehen Sie dreimal dasselbe Bild mit den Pixelmaßen 639 × 750, jeweils in den Auflösungen (von links nach rechts) 72 ppi, 150 ppi und 300 ppi. Um diese Bilder in Photoshop Elements zu öffnen und in der Ausgabegröße für den Drucker anzusehen, wählen Sie den Befehl ANSICHT • AUSGABEGRÖSSE für das jeweilige Bild aus.

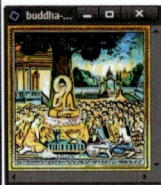

▲ **Abbildung 6.8**
Die Ansicht für das Druckformat der Bilder erreichen Sie über den Befehl ANSICHT • AUSGABEGRÖSSE.

Öffnen Sie die drei Bilder nun testweise nacheinander im Webbrowser: Alle drei Bilder werden gleich groß dargestellt, weshalb ich an dieser Stelle auch auf Bildschirmfotos verzichte. Bilder auf dem Computerbildschirm werden, im Gegensatz zum Druck, immer in der Relation zu anderen auf dem Bildschirm angezeigten Elementen dargestellt. Da hierbei die üblichen Systemvorgaben den Pixelangaben unterworfen sind, reichen für Bilder auf dem Bildschirm und für das Web die Pixelangaben aus.

Folglich gibt es keine verbindlichen Standards für die Auflösung von Bildern, die auf einem Bildschirm oder im Web dargestellt werden. Ein Großteil der Bilder im Web hat allerdings eine Auflösung von 72 ppi, weil diese Bilder weniger Speicherplatz benötigen als Bilder mit einer Auflösung von 300 ppi. Da Ladezeiten im Internet nach wie vor eine wichtige Rolle spielen, empfiehlt sich eine **Auflösung von 72 ppi bis 96 ppi**.

6.3 Farben – Farbtiefe und Bildmodus

Farben sind, physikalisch gesehen, keine Eigenschaften von Objekten, sondern subjektive Sinnesempfindungen. Dass Sie Gras als »grün« sehen, liegt nur an dem Abbild (Farbreiz), das Ihr Gehirn Ihrem Bewusstsein signalisiert. Wissenschaftlich ist noch nicht umfassend geklärt, wie unser Gehirn die Wahrnehmung von Farben verarbeitet. Zweifellos aber zählen Farben zu den wichtigsten Ausdrucksmitteln in der Fotografie.

6.3.1 Farbmodelle

Um Farben spezifizieren und beschreiben zu können, teilt man sie in Farbmodelle ein. Jedes dieser Farbmodelle beschreibt dabei einen Bereich von Farbwerten, der von einem Ein- oder Ausgabegerät unter bestimmten Voraussetzungen erkannt oder dargestellt werden kann. Solche Geräte sind digitale Kameras, Scanner, Bildschirme oder Drucker – aber auch der menschliche Sehsinn kann als ein »Eingabegerät« aufgefasst werden.

Insgesamt gibt es mehr als 40 solcher Farbmodelle. Nicht jedes Modell ist für jedes Anwendungsgebiet geeignet. Im Folgenden stelle ich Ihnen die beiden wichtigsten Farbmodelle im Kontext der Grafik- und Bildbearbeitung vor: das **RGB-Farbmodell** und das **CMYK-Farbmodell**.

> **RGB versus CMYK**
> Der Farbraum des RGB-Farbmodells umfasst wesentlich mehr Farben als das CMYK-Farbmodell.

RGB-Farbmodell | Das RGB-Farbmodell ist wohl das bekannteste und am häufigsten eingesetzte Farbmodell. Es wird vor allem bei Digitalkameras, Monitoren, TV-Geräten und Scannern verwendet – also überall dort, wo Geräte mit Licht arbeiten. Das RGB-Modell beschreibt Farben als Bestandteil des Lichtes innerhalb eines Spektrums. Dieses Spektrum wird gebildet aus den Primärfarben **R**ot, **G**rün und **B**lau. Die maximale Summe aller drei Farben ergibt Weiß. Schwarz resultiert immer dann, wenn gar keine Farbe ausgegeben wird.

Jedes Pixel in einem RGB-Farbmodell besteht somit aus den drei Kanälen Rot, Grün und Blau. Jeder dieser Kanäle kann den Wert 0 bis 255 haben. Haben alle drei Kanäle den Wert 0 (Rot = 0; Grün = 0; Blau = 0), ergibt dies die Farbe Schwarz. Haben hingegen alle drei Kanäle den Wert 255, entspricht dies der Farbe Weiß. Ein neutrales Grau entsteht, wenn alle drei Farben den Wert 128 haben.

Das System stellt Ihnen folglich 16,7 Millionen Farben (256 × 256 × 256) zur Verfügung. Abbildung 6.3 listet einige typische Farbmischungen des RGB-Farbmodells auf.

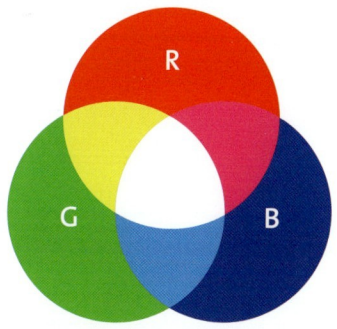

▲ **Abbildung 6.9**
Das RGB-Farbmodell

Kapitel 6 Grundlagen der Bildbearbeitung

Farbe	Rot-Wert	Grün-Wert	Blau-Wert
Rot	255	0	0
Grün	0	255	0
Blau	0	0	255
Cyan	0	255	255
Magenta	255	0	255
Gelb	255	255	0
Schwarz	0	0	0
Weiß	255	255	255
Grau	128	128	128

▲ **Tabelle 6.3**
Verschiedene Werte im RGB-Farbmodell und die entsprechenden Farben

CMYK und Photoshop Elements

Das CMYK-Farbmodell wird von Photoshop Elements nicht direkt unterstützt und ist dem großen Photoshop CS vorbehalten. Da dieses Modell aber in der professionellen Bildbearbeitung sehr wichtig ist, soll es dennoch hier erwähnt werden.

CMYK-Farbmodell | Die Abkürzung CMYK steht für **C**yan (Türkis), **M**agenta (Fuchsinrot), **Y**ellow (Gelb) und **K**ey (Schlüsselfarbe Schwarz). Dieses Farbmodell kommt primär bei Druckverfahren zum Einsatz (genauer beim Vierfarbdruck). Key wird in der Druckindustrie auch als *Tiefe* bezeichnet. Das Modell ist für die subtraktive Farbmischung optimiert, wie sie auch in Druckern verwendet wird.

Auch bei vielen Farbdruckern finden Sie die drei Farben Cyan, Magenta und Yellow vor. Darüber hinaus nutzt ein Drucker schwarze Tinte, da ein Anteil von jeweils 255 der Farben Cyan, Magenta und Yellow auf dem Papier nicht tatsächlich Schwarz ergibt, sondern ein dunkles Braun. Die zusätzliche Verwendung schwarzer Tinte ist auch ökonomischer, da sonst aus den teuren Farben ein Schwarz in schlechter Qualität erzeugt werden müsste.

Gewöhnlich muss ein Bild vor dem Druck vom RGB-Modus in den CMYK-Modus konvertiert werden. Bei dieser Konvertierung gehen Bildinformationen verloren, und das Bild wirkt häufig auch nicht mehr so hell und klar wie zuvor. Daher sollten Sie das Bild immer erst vollständig im RGB-Modus bearbeiten, ehe Sie es dann in den CMYK-Modus konvertieren.

In der Praxis sind die Druckertreiber für Tintenstrahldrucker dafür optimiert, RGB-Bilder zu verarbeiten und in CMYK umzuwandeln. Dies erscheint zunächst widersprüchlich, ist aber aus Kostengründen sinnvoll, weil die schwarze Farbe nicht aus den teureren Farben gemischt werden muss.

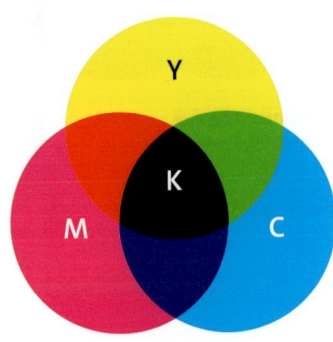

▲ **Abbildung 6.10**
Das CMYK-Farbmodell

6.3.2 Farbtiefe

Sie haben bereits erfahren, dass ein Bild aus vielen einzelnen Pixeln (Bildpunkten) besteht. Bei einem 300 × 200 Pixel großen Bild ergeben sich insgesamt 60.000 einzelne Pixel. Jedem dieser Pixel kann eine eigene Farbe zugewiesen werden.

In diesem Zusammenhang kommt der Begriff *Farbtiefe* ins Spiel. Als Farbtiefe beschreibt man die Datenmenge eines Bildes; gemessen wird die Farbtiefe somit in der Einheit Bit. Bei einem reinen Schwarzweißbild (nicht Graustufenbild), in dem nur noch reines Schwarz und reines Weiß vorhanden sind, würde demnach ein einziges Bit für die Farbtiefe ausreichen. Für die Farben Schwarz und Weiß sind zwei Zustände nötig, die mit einem Bit (0 oder 1) dargestellt werden können.

In der Praxis werden die Bilder allerdings meistens mit einer höheren Informationsdichte gespeichert. Standardmäßig verwendet man 8 Bit für jeden Kanal. Bei einem Graustufenbild bedeutet dies insgesamt 256 verschiedene Graustufen (2^8 = 256). Bei einem Bildmodus mit mehreren Kanälen wie dem RGB-Bildmodus, in dem drei Kanäle (3 Kanäle × 8 Bit = 24 Bit) zur Verfügung stehen, sind dies schon 16,7 Millionen Farben (2^{24} = 16.777.216).

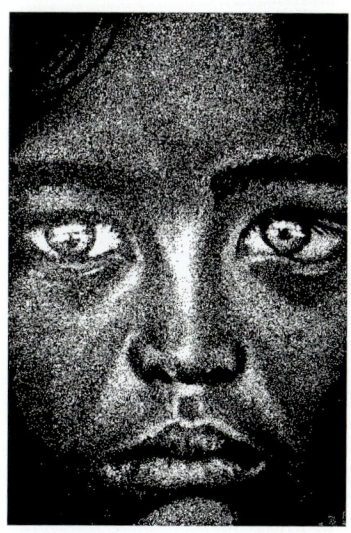

▲ Abbildung 6.11
Das Bild wurde mit einem Bit Farbtiefe gespeichert.

▲ Abbildung 6.12
Jetzt als 8-Bit-Graustufenbild

▲ Abbildung 6.13
Das Bild mit allen drei RGB-Kanälen in voller 24-Bit-Farbtiefe

6.3.3 Bildmodus in Photoshop Elements

Nicht nur in Elements werden Farben, die von einer Datei dargestellt werden, durch einen Bildmodus festgelegt. Bilder können jederzeit von einem Modus in einen anderen konvertiert werden.

▲ Abbildung 6.14
Über BILD • MODUS finden Sie alle in Photoshop Elements verfügbaren Modi.

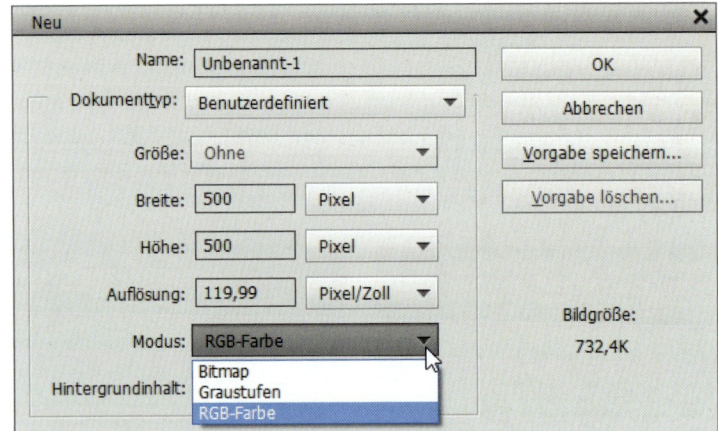

Abbildung 6.15 ▶
Beim Erzeugen einer neuen Datei können Sie auch festlegen, in welchem Modus die neue Datei erstellt werden soll.

Ausgegraute Funktionen
Sind im Menü viele Funktionen ausgegraut und stehen demnach für die Bildbearbeitung nicht zur Verfügung, sollten Sie den Bildmodus über BILD • MODUS überprüfen – nur für den RGB-Modus stehen alle Bildbearbeitungsfunktionen bereit.

Bildmodus »RGB-Farbe« – der Bildbearbeitungsstandard | Photoshop Elements arbeitet standardmäßig mit dem RGB-Farbmodell. Mit dem RGB-Modus werden Sie am wenigsten Probleme bei der Bildbearbeitung haben. Beim Import von Bildern über einen Scanner oder eine Kamera und in anderer Bildbearbeitungssoftware wird ebenfalls der RGB-Modus verwendet. Wenn Sie den RGB-Modus nutzen, ersparen Sie sich eine Modusänderung, unter der auch die Qualität der Bilder leiden kann. Dasselbe gilt für Bilder im Web. Viele Browser können gar keinen anderen Bildmodus als RGB wiedergeben.

Wenn Sie ein wenig Gefühl für das »Mischen« von RGB-Farben bekommen wollen, rufen Sie einfach per Klick auf das Icon VORDERGRUNDFARBE EINSTELLEN in der Werkzeugpalette den Dialog aus Abbildung 6.16 auf. Dort können Sie mit den Werten R, G und B ❶ herumexperimentieren und Werte von 0 bis 255 eintragen.

6.3 Farben – Farbtiefe und Bildmodus

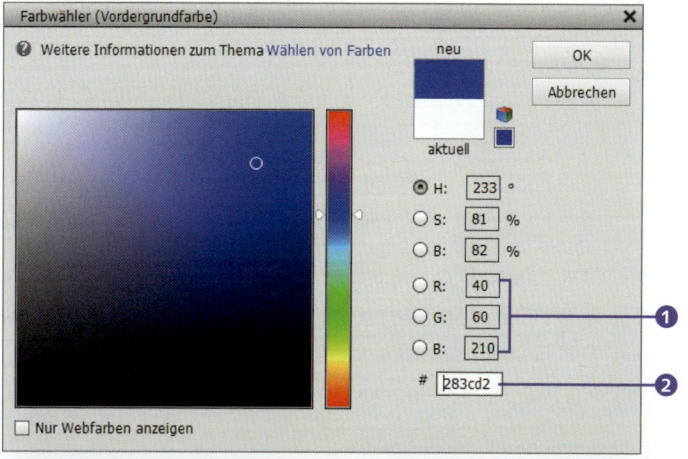

> **Hexadezimal**
> Für Webseiten benötigen Sie häufig die hexadezimale Schreibweise (mit der Basis 16). Auch hierbei finden Sie beim Farbwähler die Eingabe einer HTML-Notation ❷, bzw. hier wird die entsprechende Notation zu einer Farbe angezeigt.

◀ **Abbildung 6.16**
Eine neue Farbe festlegen

◀ **Abbildung 6.17**
Das Bild wurde im RGB-Modus gespeichert.

Bildmodus »Indizierte Farbe« | Beim Bildmodus INDIZIERTE FARBE erhält jedes Pixel anstelle eines Wertes der RGB-Farbkanäle lediglich einen Index auf einen Wert einer Farbpalette. Diese Farbpalette wird dann im Anschluss mit im Bild gespeichert. Somit handelt es sich bei diesem Modus nicht um einen Bildmodus im eigentlichen Sinne.

Bei diesem Modus erhält jedes Pixel eine Nummer. Zu dieser Nummer wird dann in einer Tabelle die zugehörige Farbe hinterlegt. Es steht ein Kanal mit 256 Farben (also 8 Bit Farbtiefe) zur Verfügung. Hierbei lässt sich natürlich viel Speicherplatz sparen. Eingesetzt werden indizierte Farben im Webbereich bei Grafikformaten wie GIF oder PNG. Für die Bildbearbeitung ist diese radikale Farbreduzierung eher ungeeignet.

Wenn Sie ein Bild in den Modus INDIZIERTE FARBE umwandeln (BILD • MODUS • INDIZIERTE FARBE), erscheint ein Dialog mit den verschiedenen Einstellungsmöglichkeiten. Je nach Einstellung fallen die Ergebnisse recht unterschiedlich aus.

▲ **Abbildung 6.18**
Einstellungsmöglichkeiten, um aus einem Bild ein Bild mit indizierten Farben zu machen.

Abbildung 6.19 ▲
Das Bild im Einsatz mit indizierten Farben. Der Speicherplatz wurde hiermit um das Fünffache reduziert.

Bildmodus »Graustufen« | Ähnlich wie bei INDIZIERTE FARBE wird auch beim GRAUSTUFEN-Bildmodus das Bild in einem Kanal mit 8 Bit Farbtiefe gespeichert. Es ergeben sich maximal 256 Graustufen, vom hellsten Weiß (0) bis zum tiefsten Schwarz (255). In der Regel reichen diese 256 Graustufen vollkommen aus, um eine gute Darstellung zu erzielen.

Genau genommen wird beim GRAUSTUFEN-Bildmodus die Helligkeit der Graustufen von 0 % (für Weiß) bis 100 % (für Schwarz) beschrieben. Allerdings findet man bis heute noch wie bei den RGB-Farben die Angaben 0 (für Weiß) bis 255 (für Schwarz).

▲ **Abbildung 6.20**
Das Bild wurde in den BITMAP-Modus konvertiert. Durch das Rastermuster entsteht der Eindruck eines Graustufenbildes.

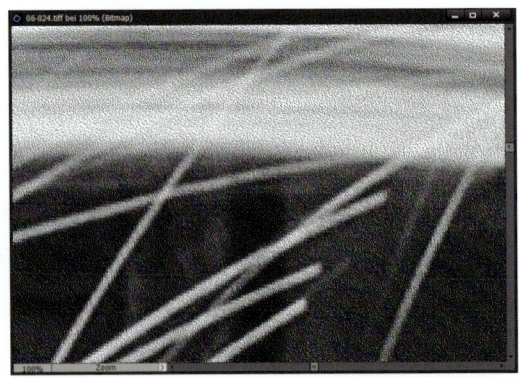

▲ **Abbildung 6.21**
Wenn Sie das Bild ganz nah heranzoomen, erkennen Sie das Raster.

Bildmodus »Bitmap« | Im Bildmodus BITMAP steht Ihnen nur noch ein einziges Bit an Farbtiefe pro Pixel zur Verfügung. Somit kann ein Pixel nur noch Schwarz oder Weiß enthalten. Dass das Bild anschließend trotzdem wie ein grobes Bild in Graustufen aussieht, liegt an dem Rastermuster, das durch die Umwandlung entsteht. Wenn Sie ganz nah an ein Bild im BITMAP-Modus heranzoomen, werden Sie das reine Schwarzweißraster erkennen.

▲ **Abbildung 6.22**
Das Bild in einem Graustufenbild mit 256 Tonwerten

Den Bildmodus ändern | Den Bildmodus können Sie jederzeit über die Menübefehle BILD • MODUS ändern. Beachten Sie allerdings, dass Sie bei einer Modusänderung auch die Farbwerte unwiderruflich ändern und diese bei einer Rückkonvertierung nicht wiederherstellen können.

Arbeiten Sie aus diesem Grund zunächst niemals mit dem Originalbild. Die Kopie des Bildes sollten Sie wiederum zuerst im Originalmodus bearbeiten. Im Idealfall (und in der Regel) liegt das Bild im RGB-Modus vor. Nur in diesem Modus haben Sie Zugriff auf alle Bildbearbeitungsfunktionen von Photoshop Elements.

CMYK – der Modus für den professionellen Druck | Neben den von Photoshop Elements unterstützten Farbmodellen gibt es eine Reihe weiterer Modelle, darunter den für den Druck wichtigen CMYK-Modus. Wenn Sie Bilder für den professionellen Druck benötigen, werden Sie also um Photoshop nicht herumkommen. Dort wird der CMYK-Modus im vollen Umfang unterstützt.

Schwarzweißbilder auf die Schnelle
Wenn Sie nun glauben, mit dem Modus Graustufen ließen sich tolle Schwarzweißbilder erstellen, liegen Sie nicht ganz falsch. Dennoch ist der Moduswechsel die schlechteste Wahl, um Schwarzweißbilder zu generieren. Wie Sie bessere Ergebnisse erzielen, erfahren Sie in Kapitel 15, »Schwarzweißbilder«.

6.4 Datenkompression

Im Zusammenhang mit bestimmten Bildformaten ist häufig von der Datenkompression die Rede. Diese Datenkompression ist nicht mit dem Dateiformat zu verwechseln. Vielmehr handelt es sich um ein Verfahren zur Reduzierung des Speicherbedarfs von Daten. Drei mögliche Arten der Speicherung werden bei der Datenkompression unterschieden:

- **Unkomprimierte Speicherung**: Bei der unkomprimierten Speicherung werden Bilder Pixel für Pixel auf die Festplatte geschrieben. Im RGB-Modus bei 300 ppi ergibt dies bis zu 3 Bytes pro Pixel. Hochgerechnet auf ein Bild mit 3.543 × 3.150 Pixeln, haben Sie so schnell einen Speicherumfang von 33 Megabytes.
- **Verlustfreie Kompression**: Wenn die codierten Daten nach der Codierung exakt denen des Originals entsprechen, spricht man von einer verlustfreien Kompression. Dieses Verfahren eignet

Datenmenge reduzieren
Die Reduzierung der Datenmenge wird erreicht, indem eine günstigere Repräsentation ermittelt wird, die die gleichen Informationen in kürzerer Form darstellt. Diese Arbeit übernimmt ein Codierer. Der komplette Vorgang wird als *Kompression* oder *Codierung* bezeichnet.

sich besonders für flächige Bilder mit geringen Farbabstufungen. Fotos hingegen können kaum oder nicht so stark reduziert werden, da sie aus einer Vielzahl von Farben bestehen. Häufige Verfahren zur verlustfreien Kompression sind **RLE**, **ZIP** und **LZW**. Bei diesen Kompressionsverfahren handelt es sich um mathematische Verfahren, sogenannte Algorithmen. So verwenden die Formate GIF und TIFF eine LZW-Kompression von Bilddaten, obwohl es sich hierbei um unterschiedliche Formate handelt. Bei TIFF haben Sie neben den ZIP- und JPEG-Kompressionsverfahren zusätzlich die Möglichkeit, ohne Bildkomprimierung zu speichern.

▲ **Abbildung 6.23**
Das Bild auf der linken Seite wurde ohne Komprimierung im TIFF-Format gespeichert und benötigt satte 62 MB Speicherplatz. Das rechte Bild hingegen wurde ebenfalls im TIFF-Format gespeichert, allerdings mit der verlustfreien LZW-Komprimierung. Es verbraucht bei konstanter Qualität nur noch 24 MB Speicherplatz.

Kompression in der Theorie
Die Kompression lässt sich anhand der Zeichenfolge »aaabbb« erklären. Im RLE-Verfahren wird aus dieser Zeichenfolge »a3b3«. Das erste Zeichen steht für den Buchstaben, gefolgt von der Anzahl seiner Wiederholungen. Ähnlich funktionieren einige Algorithmen, die nach sich wiederholenden Bildinhalten suchen und diese Ähnlichkeiten im Bild speichern.

▶ **Verlustbehaftete Kompression**: Von einer verlustbehafteten Kompression spricht man, wenn Daten nicht mehr fehlerfrei rekonstruiert werden können. Das beste Beispiel hierfür ist das **JPEG-Verfahren**. Bei diesem Verfahren werden Bilder in 8 × 8 Pixel große Farbblöcke zerlegt. Die Farben der Pixel werden dabei so verändert, dass möglichst viele gleiche 8 × 8-Pixelblöcke im Bild entstehen. Hierbei können Sie auch die Kompressionsrate erhöhen, um die Datei zu verkleinern – dabei verschlechtert sich allerdings zugleich die Bildqualität. Das JPEG-Verfahren ist eher für Fotos geeignet und weniger für Grafiken mit scharfen Kanten oder für flächige Grafiken mit wenig Farbe. Die Kompression von Fotos wird allerdings mit einigen Nachteilen erkauft: Je stärker die Kompression, desto eher kommt es zu Kompressionsartefakten im Bild. Kompressionsartefakte sind Signalstörungen wie unscharfe Kanten, Unschärfe, Kästchenmusterbilder (Verblockung) oder Farbverfälschung.

6.5 Wichtige Dateiformate für Bilder

Photoshop Elements bietet Ihnen eine Vielzahl an Dateiformaten zum Speichern Ihrer Bilder an. In der Praxis benötigen Sie allerdings höchstens eine Handvoll dieser Formate. Die gängigen Formate und ihre Einsatzgebiete möchte ich Ihnen auf den folgenden Seiten kurz vorstellen.

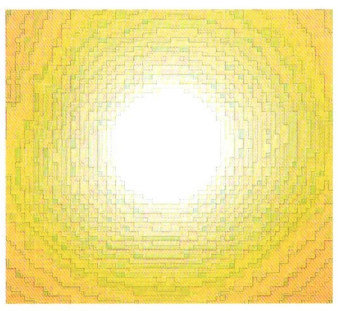

▲ **Abbildung 6.24**
Besonders bei Bildern mit weichen Farbübergängen fallen die Artefakte bei übertriebener Kompression stark auf, wie sie hier, zur Demonstration absichtlich, in den Sonnenstrahlen verursacht wurden.

PSD – das hauseigene Format | Das hauseigene Format PSD (für **P**hoto**s**hop **D**ocument) ist ein reines Arbeitsformat und eher ungeeignet für die Weitergabe von Dateien. Um eine PSD-Datei an andere Programme weiterzugeben oder ins Web zu stellen, können Sie sie jederzeit in einem anderen Format abspeichern. Der Austausch mit anderen Adobe-Produkten, wie zum Beispiel Photoshop, funktioniert dagegen problemlos.

Neben den Bildinformationen werden beim PSD-Format auch sämtliche Photoshop-Elements-Funktionen wie Ebenen, Auswahlen usw. mitgespeichert. Zur Speicherung all dieser Bildinformationen wird bei diesem Format keinerlei Kompression durchgeführt. Daher benötigen PSD-Dateien auch sehr viel Speicherplatz.

TIFF – das Profiformat | Das Format TIFF (**T**agged **I**mage **F**ile **F**ormat, manchmal auch *TIF*) kann mit fast allen Bildbearbeitungsprogrammen und Programmen verwendet werden, die den Import von Grafiken unterstützen. Auch für die Druckvorstufe ist TIFF das ideale Format. Die Bilder und Bildschirmfotos in diesem Buch wurden alle im TIFF-Format gespeichert. Sehr praktisch ist es, dass TIFF auch Ebenen mit abspeichert. Außerdem werden alle Transparenzen eines Bildes bei einer Farbtiefe von 24 Bit bewahrt.

Beim Abspeichern können Sie TIFF wahlweise komprimiert oder unkomprimiert sichern. Beim Komprimieren haben Sie die Wahl zwischen den verlustfreien Kompressionsverfahren LZW und ZIP sowie der verlustbehafteten JPEG-Komprimierung.

Probleme mit Photoshop-Elements-TIFF-Dateien
Manche Anwendungen haben Probleme, Photoshop-Elements-TIFF-Dateien mit ZIP- oder JPEG-Kompressionen zu lesen. Sofern Sie also die Daten weitergeben wollen, sollten Sie entweder das LZW-Verfahren verwenden oder auf Kompression verzichten.

JPEG – der Profi für Bilder im Web | Das Format JPEG (**J**oint **P**hotographic **E**xperts **G**roup, manchmal auch *JPG*) ist ideal, um Bilder ins Web zu stellen, da es von allen Webbrowsern wiedergegeben werden kann. Bilder mit gleichmäßigen, großen Farbflächen und scharfen Kanten werden wegen des Kompressionsverfahrens

> **JPEG als Arbeitsformat**
> Wenn Sie JPEG als Arbeitsformat verwenden, verschlechtert sich die Qualität des Bildes mit jedem Speichern, da JPEG immer eine verlustbehaftete Datenkompression verwendet. Daher empfiehlt es sich, ein JPEG-Bild zuerst im PSD-Format zu sichern und es erst nach dem Abschluss der Bearbeitung wieder als JPEG abzuspeichern.

> **Animationen**
> GIF wird häufig für sehr kleine Animationen im Web verwendet. Dabei werden mehrere Einzelbilder in einem GIF gespeichert. Der Webbrowser oder ein Bildbearbeitungsprogramm zeigt diese Einzelbilder dann zeitverzögert nacheinander an. Auf diese Weise werden, ähnlich wie bei einem Daumenkino, kleine »Filme« abgespielt. Sie können eine Animation entweder einmal abspielen oder in einer Endlosschleife wiederholen.

> **Animiertes PNG?**
> Mit PNG selbst sind derzeit noch keine Animationen wie mit GIF möglich. Ein animiertes PNG ermöglichen aber die MNG- und APNG-Formate. Diese Grafikformate fanden bisher aber wenig Beachtung.

jedoch eher unsauber dargestellt. Mit 16,7 Millionen Farben deckt JPEG dafür aber die gesamte Farbpalette des menschlichen Auges ab.

Beachten Sie, dass JPEG eigentlich den Algorithmus bezeichnet, mit dem die Grafik verlustbehaftet komprimiert wird. Die entsprechenden Dateiendungen lauten meistens ».jpeg«, ».jpg« oder auch ».jpe«. Beim Speichern von Bildern im JPEG-Format gehen alle anderen Funktionen (zum Beispiel Ebenen) verloren. Die Kompression können Sie bei diesem Format unterschiedlich einstellen. Je stärker die Kompression, desto geringer ist der Speicherverbrauch, aber desto schlechter ist auch die Bildqualität. Bei zu starker Kompression entstehen Kompressionsartefakte.

GIF – der Profi fürs Web | Das Format GIF (*Graphics Interchange Format*) ist der Klassiker für Werbebanner, Buttons, Logos, animierte Grafiken und Grafiktexte im Web. GIF hat den Vorteil, dass die Dateien sehr klein sind, was die Übertragungszeiten im Web kurz hält. GIF-Bilder verwenden maximal 256 Farben, die in einer Farbtabelle (wie bei INDIZIERTE FARBE) abgelegt sind. Allerdings müssen nicht alle 256 Farben verwendet werden. Beim Speichern haben Sie die Möglichkeit, die Anzahl der Farben zu reduzieren. Eine Farbe kann bei GIF auch transparent gespeichert werden.

Aufgrund der geringen Farbtiefe von 256 Farben ist GIF für Fotos ungeeignet. Als Kompressionsverfahren verwendet GIF immer den LZW-Algorithmus.

PNG – die bessere Alternative für das Web | PNG (*Portable Network Graphics*) ist ein alternatives verlustfreies Grafikformat für GIF und JPEG. In diesem Format versuchte man, die positiven Eigenschaften von GIF und JPEG zu vereinen. PNG wurde ursprünglich entwickelt, weil bis 2004 das GIF-Format noch mit Patentforderungen belastet war. Neben unterschiedlichen Farbtiefen (256 oder 16,78 Millionen Farben) unterstützt PNG auch Transparenz per Alphakanal. Außerdem ist PNG weniger komplex als TIFF. Auch beim Speichern können Sie hier die Kompression einstellen. PNG ist somit ein ideales Grafikformat für das Web.

TEIL II
Der Organizer

Kapitel 7

Fotos in den Organizer importieren

Urlaube, Geburtstage, Hochzeiten, Feste, Naturaufnahmen, Porträts – wer leidenschaftlich gerne fotografiert, hat schnell einige Tausend Bilder zusammen. Um hier die Übersicht zu bewahren, müssen Sie Ihre Bilder entweder sehr sorgfältig und mühsam von Hand sortieren, oder aber Sie verwenden den Organizer. Mit ihm können Sie Ihre Fotos (und andere Mediendateien) organisieren, suchen und weitergeben.

7.1 Den Organizer starten

Wenn Sie den Organizer zum ersten Mal aufgerufen haben, dürfte der erste Schritt wohl zunächst sein, Ihre Fotos zu importieren. Daher liegt es auf der Hand, dass wir uns auch gleich im ersten Kapitel des zweiten Buchteiles damit befassen, wie Sie Ihre Bilder von der Festplatte, einer Kamera, einem Kartenleser oder dem Scanner in den Organizer importieren können. Die eigentliche Arbeitsoberfläche behandele ich daher zweckmäßig erst im nächsten Kapitel, wenn Sie selbst bereits Bilder in den Organizer importiert haben.

Wenn Sie Photoshop Elements starten, erscheint der Startbildschirm. Um von hier aus den Organizer zu starten, wählen Sie die gleichnamige Schaltfläche ORGANIZER ❶ aus.

◄ **Abbildung 7.1**
Über ORGANIZER starten Sie den Organizer.

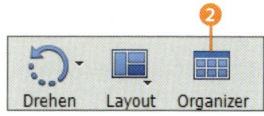

▲ **Abbildung 7.2**
Den Organizer über den Fotoeditor aufrufen

Kapitel 7 Fotos in den Organizer importieren

Vorhandene Bilder im Medienbrowser

Wenn Sie den Organizer gestartet haben, finden Sie vielleicht bereits ein paar Bilder im Medienbrowser. Es dürfte sich hierbei um Bilder handeln, die Sie in Teil I bearbeitet und auf dem Rechner gespeichert haben. Vielleicht haben Sie auch zwischenzeitlich Fotos von der Kamera mit dem Foto-Downloader auf den PC kopiert.

Alternativ rufen Sie den Organizer aus dem Fotoeditor über die gleichnamige Schaltfläche ORGANIZER ❷ (Abbildung 7.2) ganz unten auf. Hierbei öffnet sich der Organizer als neues Fenster, und Sie können den Fotoeditor und den Organizer als eigenständige Anwendungen abwechselnd benutzen.

Wie auch beim Fotoeditor finden Sie unter Umständen neben den vier Schaltflächen MEDIEN, PERSONEN, ORTE und EREIGNISSE im Organizer eine fünfte Schaltfläche mit ELIVE vor, über die Sie nützliche Artikel, Videos und Anleitungen sowie Neuigkeiten rund um Photoshop Elements und den Organizer in einer optisch anspruchsvollen Aufmachung vorfinden.

Bilder nicht löschen!

Sie werden jetzt erfahren, wie Sie Bilder in den Organizer importieren können. Da der Organizer diese importierten Bilder in einem Katalog verwaltet, was letztendlich nichts anderes als eine einfache Datenbank ist, bedeutet dies auch, dass Sie die Bilder nach dem Import in den Organizer nicht von der Festplatte löschen dürfen. Es ist wichtig, zu verstehen, dass der Organizer Ihre Bilder, die auf Ihrer Festplatte liegen, nur verwaltet und sie **nicht** von der Festplatte in den Organizer kopiert!

Was Sie unbedingt vorher noch wissen müssen | Organisiert und verwaltet werden die Bilder vom Organizer über einen sogenannten Katalog. Sobald Sie den Organizer starten, wird ein Katalog angezeigt. Standardmäßig ist dies häufig der Katalog »Mein Katalog« (oder »My Catalog«). Welcher Katalog im Augenblick bei Ihnen geöffnet ist, erkennen Sie in der Statusleiste rechts unten (siehe Abschnitt 5.5.2, »Die Statusleiste«). Importierte und geladene Bilder werden somit immer dem aktuell geöffneten Katalog zugewiesen. Sie können selbstverständlich mehrere Kataloge anlegen, wenn zum Beispiel mehrere Anwender an dem Rechner arbeiten. Auf das Thema **Kataloge** gehe ich allerdings noch explizit in Abschnitt »Kataloge verwalten«, auf Seite 213 ein.

7.2 Fotos aus einer Vorgängerversion importieren

Sollten Sie eine **Vorgängerversion** von Photoshop Elements auf dem Rechner installiert haben, bietet Ihnen der Organizer beim ersten Start auch an, den bestehenden Katalog zu importieren. Getestet wurde diese Konvertierung von mir mit den Photoshop-Elements-Vorgängerversionen 15, 14, 13, 12 und 11.

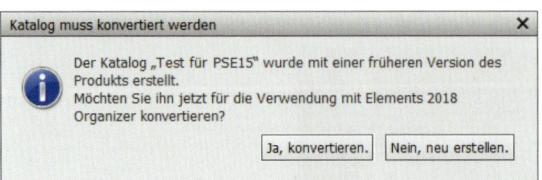

Abbildung 7.3 ▶
Der Dialog, um den Katalog einer früheren Version zu konvertieren

Je nach Umfang kann diese Konvertierung etwas Zeit beanspruchen. Ein Fortschrittsbalken informiert Sie darüber, wie weit die Konvertierung bereits fortgeschritten ist.

Der Organizer ist sehr vorsichtig bei der Konvertierung und benennt den ursprünglichen Katalog der Vorgängerversion um. Damit können Sie theoretisch diesen umbenannten Katalog in der Vorgängerversion weiterhin verwenden, ohne dass es mit dem Katalog zu Konflikten in der neuen Version von Photoshop Elements kommt.

Katalogmanager
Sie können jederzeit nachträglich weitere Kataloge manuell über den Katalogmanager konvertieren. Mehr hierzu können Sie in Abschnitt 9.1 nachlesen.

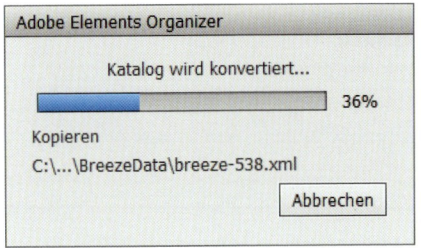

▲ **Abbildung 7.4**
Ein Katalog einer Vorgängerversion wird konvertiert.

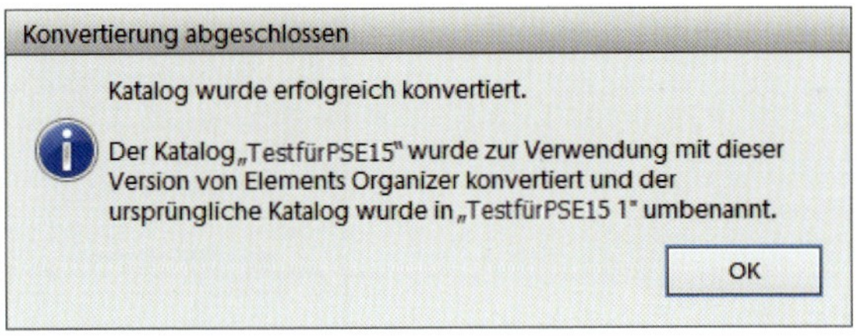

▲ **Abbildung 7.5**
Der alte Katalog der Vorgängerversion wird sicherheitshalber umbenannt und kann somit weiterhin in der Vorgängerversion verwendet werden.

Auch dieses Importieren können Sie nachträglich über Datei • Kataloge verwalten oder [Strg]/[cmd]+[⇧]+[C] durchführen. Dies kann hilfreich sein, wenn Sie weitere vorhandene Kataloge aus einer Vorgängerversion importieren wollen.

7.3 Dateien und Ordner importieren

Sicherlich tummeln sich Hunderte oder gar Tausende von Bildern auf Ihrer Festplatte bzw. auf einer oder mehrerer Ihrer externen Festplatten. Um diese Dateien mit dem Organizer zu erfassen und dem Katalog hinzuzufügen, wählen Sie Datei • Fotos und Videos laden • Aus Dateien und Ordnern.

Keine eigenen Bilder?
Sollten sich noch keine Bilder auf Ihrem Computer befinden, nutzen Sie am besten die Beispielbilder zum Buch, die Sie auf www.rheinwerk-verlag.de/4486 herunterladen können.

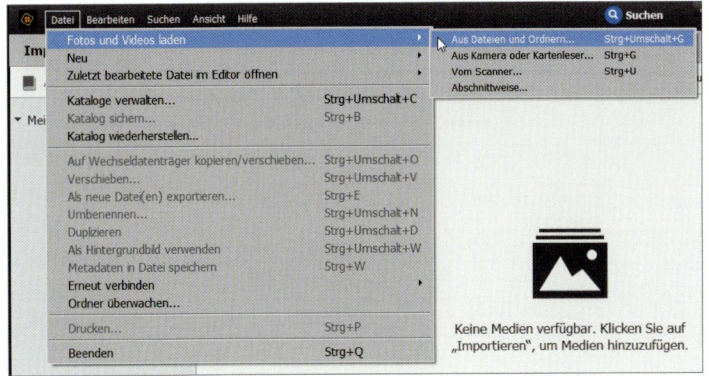

◀ **Abbildung 7.6**
Das Dropdown-Menü Importieren liefert ebenfalls alle Import-Funktionen.

Kapitel 7 Fotos in den Organizer importieren

Komfortabel und schnell ist auch die Möglichkeit, über das Dropdown-Menü IMPORTIEREN links oben im Organizer auf den gleichnamigen Befehl AUS DATEIEN UND ORDNERN zuzugreifen. Noch schneller lässt sich der Import-Dialog mit der Tastenkombination [Strg]/[cmd]+[⇧]+[G] aufrufen.

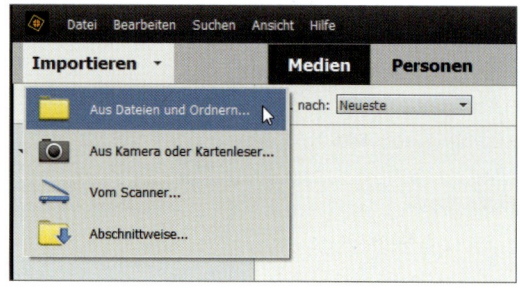

Abbildung 7.7 ▶
Dateien und Ordner laden, die sich auf dem Rechner befinden

In dem sich nun öffnenden Dateidialog wählen Sie den oder die Ordner mit den Fotos aus, die Sie in die Bilderdatenbank des Organizers importieren wollen. Natürlich können Sie auch nur ein einzelnes Bild importieren. Markieren Sie das Bild im entsprechenden Verzeichnis, und importieren Sie es per Doppelklick oder mit der Schaltfläche MEDIEN LADEN ❻.

Mehrere Bilder in demselben Verzeichnis markieren Sie mit gehaltener [Strg]/[cmd]-Taste. Liegen die Bilder alle nebeneinander, markieren Sie das erste, halten [⇧] gedrückt und wählen anschließend das letzte Bild aus. Klicken Sie dann auf MEDIEN LADEN. Der Import von ganzen Ordnern funktioniert analog.

Tipp: Alles markieren
Mit der Tastenkombination [Strg]/[cmd]+[A] markieren Sie schnell alle Dateien oder Verzeichnisse auf einmal.

Offline-Dateien importieren
Um sogenannte Offline-Dateien (zum Beispiel Dateien von einer CD oder DVD) zu importieren, ohne die Dateien auf die Festplatte zu kopieren, markieren Sie die gewünschten Bilder, deaktivieren die Checkbox DATEIEN BEIM IMPORT KOPIEREN ❹ und aktivieren VORSCHAUBILDER ERSTELLEN ❺. Bei der Bearbeitung dieser Bilder muss der externe Datenträger im Laufwerk verbleiben.

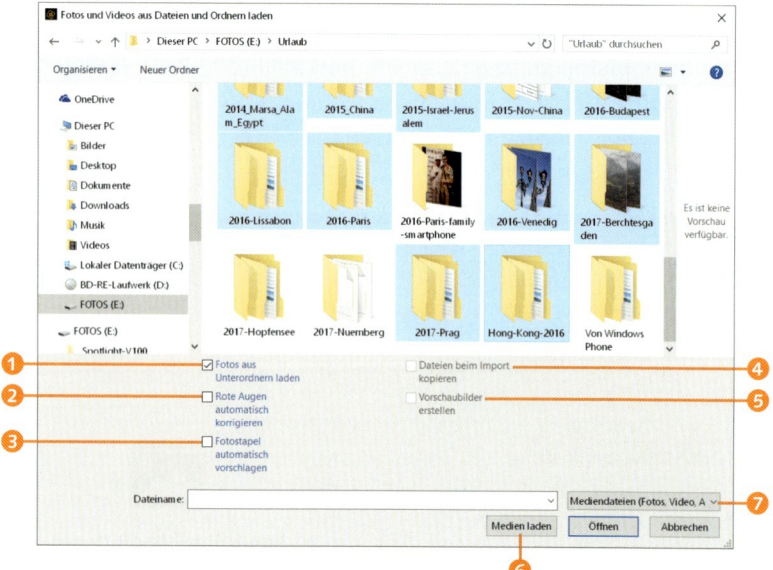

Abbildung 7.8 ▶
Der Dateidialog zum Importieren von Dateien und Ordnern

178

Die Checkboxen DATEIEN BEIM IMPORT KOPIEREN 4 und VOR-SCHAUBILDER ERSTELLEN 5 sind ausgegraut, wenn es sich bei dem ausgewählten Speichermedium um eine interne bzw. externe Festplatte handelt.

Bei externen Medien wie CD/DVD/Blu-Ray oder einer SD-Speicherkarte hingegen haben Sie die Option, die Dateien beim Import auf die Festplatte zu kopieren 8. Dies gilt allerdings nicht für externe Festplatten. Externe Festplatten werden im Organizer wie die interne Festplatte behandelt und verwaltet. Setzen Sie dafür ein Häkchen vor der entsprechenden Option. Das macht bei solchen Medien durchaus Sinn, weil man so nicht das Medium eingelegt oder eingesteckt haben muss, um mit den Fotos zu arbeiten. Die Checkbox VORSCHAUBILDER ERSTELLEN 9 steht hingegen nur zur Verfügung, wenn Sie die Dateien beim Import nicht kopieren wollen, um so zumindest Kopien mit niedriger Auflösung als Vorschaubilder für den Organizer zu erstellen. Zusätzlich finden Sie ein kleines Eingabefeld 10, in dem der Laufwerksname geändert werden kann. Für das Kopieren von Bildern von der Kamera oder einem Kartenleser empfiehlt es sich allerdings, den Foto-Downloader zu verwenden, der gleich im folgenden Abschnitt 7.4, »Import von Kamera oder Kartenleser«, beschrieben wird. Häufig enthalten Ordner noch Unterordner mit weiteren Bildern. Um auch Bilder in Unterordnern mitzuladen, lassen Sie die Checkbox FOTOS AUS UNTERORDNERN LADEN 1 aktiviert. Auch eine automatische Rote-Augen-Korrektur beim Import von Bildern finden Sie als Checkbox 2 vor. Ob Sie diese Automatik anwenden wollen, müssen Sie selbst entscheiden. Über das kleine Dropdown-Menü 7 rechts unten über den Schaltflächen ÖFFNEN und ABBRECHEN können Sie die Mediendateien einschränken, die Sie importieren wollen. Gewöhnlich werden die gängigen Foto-, Video- und Audioformate importiert.

Nachdem Sie auf die Schaltfläche MEDIEN LADEN geklickt haben, sehen Sie während des Importvorgangs einen Fortschrittsbalken, den Sie mit der STOPP-Schaltfläche 11 anhalten können. Die Dauer des Imports hängt natürlich von der Anzahl der vorhandenen Elemente ab.

▲ **Abbildung 7.9**
Diese Option 8 steht nur beim Import von externen Medien wie CD/DVD/Blu-Ray und manchmal auch SD-Karten zur Verfügung.

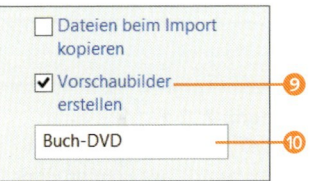

▲ **Abbildung 7.10**
Deaktivieren Sie die Option DATEIEN BEIM IMPORT KOPIEREN 8, können Sie die Option VORSCHAU-BILDER ERSTELLEN (optional) 9 aktivieren, um zumindest gute Vorschaubilder im Organizer zu haben, wenn Sie schon nicht die Dateien vom externen Medium kopieren wollen.

Fotostapel
Wenn Sie FOTOSTAPEL AUTOMATISCH VORSCHLAGEN 3 aktivieren (nur unter Windows), sucht Photoshop Elements selbstständig nach Gemeinsamkeiten von Bildern und schlägt die Verwendung einer Stapelung vor. Mehr dazu erfahren Sie in Abschnitt 9.11, »Versionssätze und Fotostapel«.

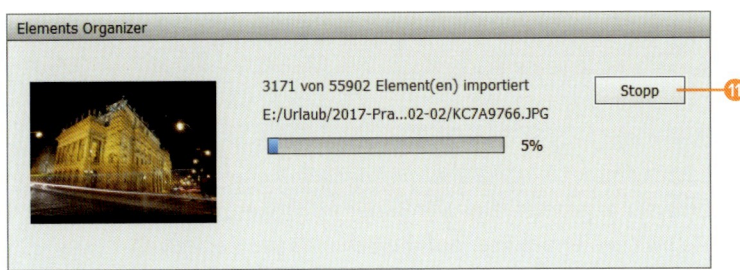

◀ **Abbildung 7.11**
Der Fortschrittsbalken während des Importierens von Medien in den Katalog des Organizers

Wieso Medien und nicht Fotos?

Oftmals ist hier die Rede von Medien, und doch wird der Organizer vorwiegend zur Bildverwaltung verwendet. Allerdings können mit dem Organizer neben Bildmedien auch noch verschiedene andere Medien wie gängige Videoformate, PDF-Dateien oder diverse Audiodateien (beispielsweise MP3 und WAV) verwaltet werden.

Wenn Fotos über angehängte Stichwort-Tags verfügen (darauf gehe ich noch in Abschnitt 9.4, »Stichwort-Tags«, näher ein), erscheint ein Dialog, über den Sie diese Stichwörter auch gleich mit importieren können. Hierbei können Sie die Stichwort-Tags einzeln über die Checkboxen ❶ selektieren oder über die Schaltfläche Alle ❷ komplett übernehmen. Mit Keine ❸ übernehmen Sie keines der vorhandenen Stichwort-Tags.

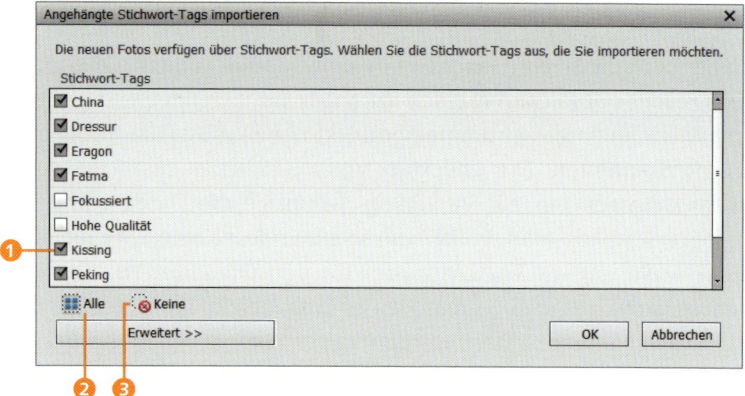

Abbildung 7.12 ▶
Eventuell in den Medien enthaltene Stichwort-Tags können ebenfalls importiert werden.

Sollten beim Import Probleme mit den geladenen Medien aufgetreten sein, wird dies in einer weiteren Dialogbox angezeigt. In der Regel handelt es sich um die Meldung, dass sich eine Datei bereits im Katalog befindet.

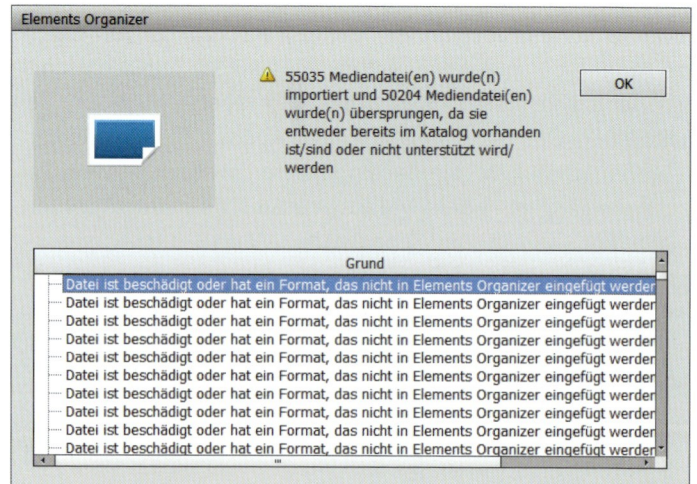

Abbildung 7.13 ▶
Der Organizer zeigt an, warum einzelne Medien nicht in die Datenbank importiert werden konnten.

Flexibles Raster

Dem Umsteiger einer Vorgängerversion vor Photoshop Elements 13 wird gleich das flexible und adaptive Raster aufgefallen sein, in dem die Bilder jetzt fast nahtlos ohne ablenkende Zwischenräume und Datendetails angeordnet werden können. Sie können jederzeit zwischen dieser flexiblen und einer detaillierteren Ansicht mit Strg/cmd+D hin- und herwechseln. Mehr dazu erfahren Sie in Abschnitt 8.1.2, »Bilderansicht im Medienbrowser anpassen«.

Wenn der Import von Medien abgeschlossen wurde, werden zunächst immer *nur die neu hinzugekommenen Bilder* im Medienbrowser angezeigt. Um *alle* Bilder im Organizer zu sehen, klicken Sie im Medienbrowser auf die Schaltfläche Zurück ❹.

7.3 Dateien und Ordner importieren

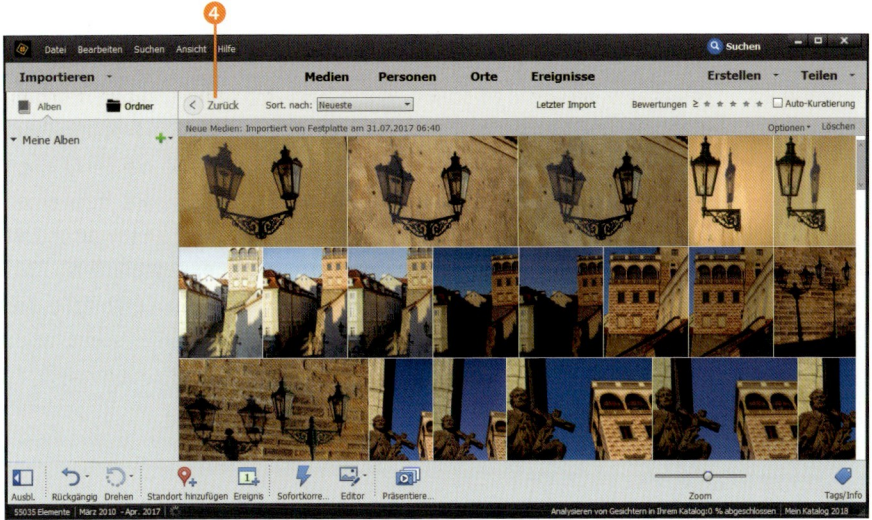

▲ **Abbildung 7.14**
Nach dem Import werden alle importierten Medien im Medienbrowser angezeigt.

Sobald die Medien importiert wurden, erstellt der Organizer gewöhnlich Miniaturvorschauen dafür, sofern das Dateiformat unterstützt wird. Wenn Sie also bei der Miniaturvorschau zunächst nur ein Bild in Form einer Sanduhr ❺ sehen, bedeutet dies, dass der Organizer noch im Hintergrund arbeitet. Sie können dies an dem kleinen drehenden Symbol ❻ in der Statusleiste erkennen. Wenn Sie mit dem Mauszeiger darüberfahren, zeigt eine kurze QuickInfo an, was da gerade im Hintergrund abgearbeitet wird.

Rechner ausgelastet
Wenn Sie einen sehr umfangreichen Bildbestand importiert haben, kann es anfangs sein, dass die Erstellung der Miniaturen bzw. der Analyse der Medien etwas länger dauert.

◄ **Abbildung 7.15**
Hier werden im Hintergrund gerade die Miniaturen erstellt. Abhängig von der Anzahl der Elemente kann dies durchaus einige Zeit in Anspruch nehmen.

Import von externer Festplatte | Ein Thema, das hier unbedingt erwähnt werden muss, ist das Importieren von Bildern von einer externen Festplatte. Wer regelmäßig fotografiert, dürfte recht schnell an die Grenzen der Kapazität der internen Festplatte des Rechners stoßen. Auch neuere Rechner mit schnellen SSD-Festplatten haben aufgrund des noch teuren Preises dieser Laufwerke häufig nur eine SSD-Platte mit 250 oder 500 Gigabytes verbaut. Füllt man diese mit Bildern und Videos, ist auch diese recht schnell voll.

181

Schnelle Festplatten
Je schneller die Festplatte, umso besser. Wenn Sie eine schnellere Festplatte verwenden, kann sich dies positiv für den Katalog bemerkbar machen. Ein schnelles internes S-ATA-Laufwerk mit 7.200 Umdrehungen in der Minute oder besser noch eine SSD-Platte sind gute Möglichkeiten für eine Verbesserung der Leistung. Wenn Sie hingegen die Bilder über eine externe Festplatte verwalten wollen, sollte eine schnelle Verbindung wie USB 3.0, FireWire oder eSATA vorhanden sein.

Wenn Sie darüber nachdenken, ob Sie eine interne oder externe Festplatte verwenden sollen, dann kann ich Ihnen diese Entscheidung hier auch nicht abnehmen. Aber egal, wofür Sie sich entscheiden, die Verwaltung der Bilder funktioniert in beiden Fällen gleich. Der Organizer macht keinen Unterschied zwischen einer internen und externen Festplatte. Ich persönlich verwalte den Großteil meiner Bilder über mehrere externe Festplatten, und nur ein Teil befindet sich bei mir auf der internen Festplatte des Rechners. Zwar wird für jedes Bild ein Vorschaubild erstellt, aber das Originalbild befindet sich nach wie vor auf der externen Festplatte. Wenn Sie also mit dem Originalbild arbeiten wollen, dann setzt dies voraus, dass die externe Festplatte auch angeschlossen ist.

7.4 Import von Kamera oder Kartenleser

Foto-Downloader einstellen
Wie der Foto-Downloader gestartet werden soll, stellen Sie mit BEARBEITEN/ELEMENTS ORGANIZER • VOREINSTELLUNGEN • KAMERA ODER KARTENLESER ein. Hier können Sie auch einstellen, dass die Medien automatisch geladen werden, wenn Sie ein Gerät angeschlossen haben.

Um die Bilder von der Digitalkamera, einem Smartphone oder einem Kartenleser auf den Rechner in den Katalog des Organizers zu importieren, müssen Sie lediglich den Rechner mit der Kamera, dem Smartphone oder dem Kartenleser verbinden. Die Digitalkamera muss dem PC bzw. Mac allerdings auch bekannt sein. Gewöhnlich installiert sich der Treiber selbstständig, nachdem Sie die Kamera zum ersten Mal am USB-Port des Rechners angeschlossen haben.

Schritt für Schritt
Fotos von der Kamera oder vom Kartenleser laden

1 Foto-Downloader starten
Starten Sie den Foto-Downloader, indem Sie entweder über das Dropdown-Menü IMPORTIEREN ❶ den Befehl AUS KAMERA ODER KARTENLESER auswählen oder eben das Menü DATEI • FOTOS UND VIDEOS LADEN • AUS KAMERA UND KARTENLESER oder die Tastenkombination Strg/cmd+G verwenden.

2 Ansicht anpassen
Wenn Sie die Kamera oder den Kartenleser angeschlossen haben, wird das Standard-Dialogfeld des Foto-Downloaders angezeigt. Hierbei müssen Sie zunächst entscheiden, ob Ihnen diese Ansicht ausreicht oder ob Sie weitere Optionen benötigen. Für zusätzliche Optionen klicken Sie auf die Schaltfläche ERWEITERTES DIALOGFELD ❸. Dauerhafte Einstellungen nehmen Sie über

▲ Abbildung 7.16
Den Import aus Kamera oder Kartenleser starten

den Menüeintrag BEARBEITEN/ELEMENTS ORGANIZER • VOREIN-STELLUNGEN • KAMERA ODER KARTENLESER vor. Falls das entsprechende Gerät nicht gefunden wurde, wählen Sie es über die Dropdown-Liste FOTOS LADEN AUS ❷ aus.

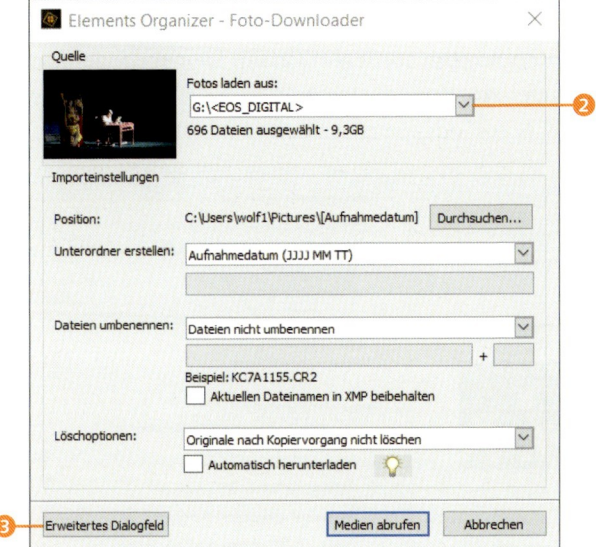

Standarddialog abbrechen
Abhängig von der Konfiguration des Rechners öffnet sich möglicherweise auch der Standarddialog von Windows oder Mac OS X zum Übertragen von Dateien. Diesen Dialog können Sie mit ABBRECHEN beenden.

◄ **Abbildung 7.17**
Standardansicht des Foto-Downloaders

❸ Bilder auswählen

Standardmäßig werden alle Bilder von der Speicherkarte importiert. Um nur einzelne Bilder zu importieren, klicken Sie im Fenster auf die Schaltfläche ALLE DEAKTIVIEREN ⓯ (Abbildung 7.18) und kreuzen dann die Checkboxen ⓮ unter den Bildern an, die Sie importieren wollen.

Alternativ können Sie natürlich auch ALLE AKTIVIEREN ⓰ (Standardeinstellung) belassen und dann die Bilder, die Sie nicht importieren wollen, durch Deaktivieren der entsprechenden Checkboxen abwählen. Über ANZEIGEN ❹ können Sie Video- und Audiodateien, falls sich diese auch noch in der Quelle neben Fotos befinden, bei der Anzeige herausfiltern.

❹ Speicheroptionen festlegen

Legen Sie als Nächstes unter den SPEICHEROPTIONEN ❹ Speicherort und Namen der Dateien fest, was auch eine externe Festplatte sein darf. Es ist sinnvoll, sich bezüglich des Ordnernamens gründlich Gedanken zu machen. Da der Organizer seit der Version 11 auch Ordner in der Medienverwaltung unterstützt, können Sie sich mit einem aussagekräftigen Ordnernamen von Anfang an viel Übersicht verschaffen und Zeit ersparen, die Sie später benötigen, um Bilder für Alben, Personen, Orte usw. zu suchen. Bestimmen

Kapitel 7 Fotos in den Organizer importieren

Sie zunächst, in welchem Verzeichnis Sie die Bilder speichern wollen 5. Vergeben Sie dann den Namen des Unterordners 6, in den die Dateien kopiert werden. Hierbei können Sie auch einen eigenen Namen verwenden oder gar kein Unterverzeichnis anlegen. Mit einer Einstellung, wie beispielsweise AUFNAHMEDATUM (JJJJ MM TT) = Jahr + Monat + Tag, können Sie Ihr Ordnerverzeichnis leicht chronologisch sortieren. Passen Sie gegebenenfalls noch die Namen der einzelnen Dateien an 7.

Abbildung 7.18 ▼
Die vielfältigen Importoptionen des Foto-Downloaders

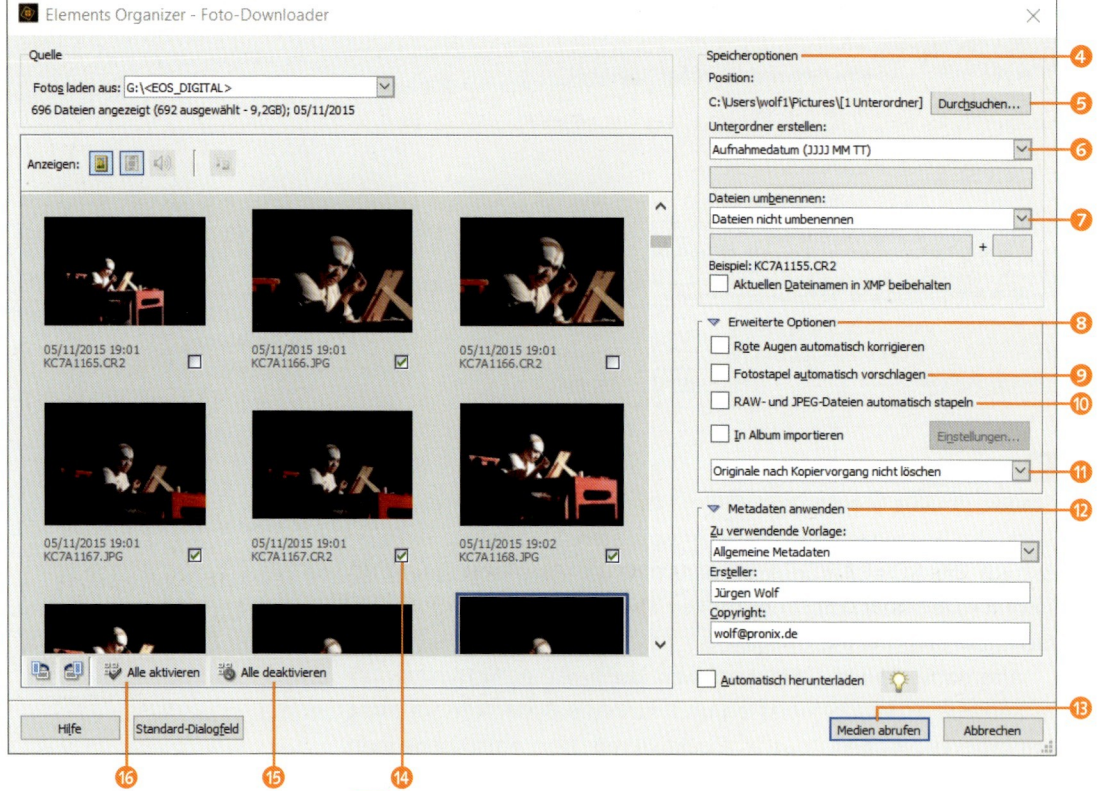

5 Erweiterte Optionen festlegen

Unter ERWEITERTE OPTIONEN 8 können Sie den Rote-Augen-Effekt beim Import automatisch korrigieren lassen. Mit FOTOSTAPEL AUTOMATISCH VORSCHLAGEN 9 werden ähnliche Fotos zu einem Fotostapel kombiniert. Sehr hilfreich ist auch die Option RAW- UND JPEG-DATEIEN STAPELN 10, wenn Sie Ihre Fotos im RAW- und JPEG-Format aufnehmen und vermeiden wollen, dass zweimal dieselben Dateien nebeneinander angezeigt werden. Wichtig ist auch die Dropdown-Liste 11, über die Sie entscheiden, was mit den Dateien auf der Speicherkarte nach dem Import geschehen soll: Sie können die Daten entweder auf der Speicherkarte belassen oder dort nach dem Import löschen.

6 Metadaten anwenden

Mit METADATEN ANWENDEN ⓬ stellen Sie ein, ob Sie beim Import die allgemeinen Metadaten verwenden wollen oder nicht. Optional fügen Sie noch den Autor und die COPYRIGHT-Informationen hinzu. Was es mit den Metadaten auf sich hat, erfahren Sie in Abschnitt 9.12, »Bildinformationen«.

7 Fotos laden

Haben Sie alle Einstellungen für den Import vorgenommen, klicken Sie zuletzt auf die Schaltfläche MEDIEN ABRUFEN ⓭. Nach dem Kopieren von der Kamera oder dem Kartenleser zum angegebenen Speicherort werden die Medien noch in den Katalog importiert und dann im Medienbrowser des Organizers angezeigt.

Weitere Optionen für Fortgeschrittene

Neben der Option, einen Fotostapel vorschlagen zu lassen (siehe Abschnitt 9.11, »Versionssätze und Fotostapel«), können Sie hier auch gleich Stichwort-Tags setzen, wenn Sie bei UNTERORDNER ERSTELLEN ❻ die Option EIGENE GRUPPEN (ERWEITERT) verwenden und die Gruppennamen entsprechend vergeben. Ebenso können Sie die markierten Bilder auch gleich über IN ALBUM IMPORTIEREN direkt in einem Album (siehe Abschnitt 9.2, »Alben erstellen und verwalten«) verwalten. Über die Schaltfläche EINSTELLUNGEN wählen Sie das Album aus oder erstellen ein neues.

◀ **Abbildung 7.19**
Die Bilder werden zunächst von der Quelle zum Ziel kopiert und dann in den Organizer importiert.

7.5 Import vom Scanner

Um im Organizer ein Bild vom Scanner zu importieren, können Sie auch hier über die Schaltfläche IMPORTIEREN den entsprechenden Befehl VOM SCANNER verwenden.

Alternativ wählen Sie DATEI • FOTOS UND VIDEOS LADEN • VOM SCANNER aus oder betätigen die Tastenkombination [Strg]/[cmd]+[U]. Es erscheint ein Dialog, in dem Sie den SCANNER ❶, den Speicherort ❷, das Dateiformat ❸ (zur Auswahl stehen JPEG, TIFF und PNG) und die QUALITÄT ❹ einstellen. Die Qualitätseinstellung steht allerdings nur im JPEG-Format zur Verfügung.

Qualität und Auflösung

Die Qualität hat hier nichts mit der Auflösung (dpi) zu tun, die Sie für den Scan wählen können. Die Qualität bezieht sich nur auf die Komprimierung des Dateiformats, in dem die JPEG-Datei gespeichert werden soll.

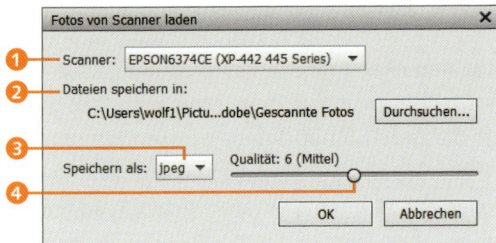

▲ **Abbildung 7.20**
Eine Verbindung zum Scanner herstellen

Scannen im Fotoeditor

Alternativ können Sie ein Bild auch aus dem Fotoeditor über DATEI • IMPORTIEREN • [SCANNERNAME] importieren. Hierbei wird allerdings sofort das Scan-Programm aufgerufen.

Kapitel 7 Fotos in den Organizer importieren

▲ **Abbildung 7.21**
Befehl zum Einscannen von Bildern über einen Scanner

Zum Weiterlesen
Vielleicht möchten Sie gerne Ihre Kisten mit analogen Fotos digital archivieren? Leider ist die Qualität eingescannter Bilder häufig nicht optimal. In Kapitel 34, »Eingescannte Bilder nachbearbeiten«, finden Sie hierzu eine umfassende Beschreibung und lernen in einem Workshop, wie Sie Ihre eingescannten Bilder auf Vordermann bringen.

Kein TWAIN mehr bei 64-Bit-Windows
Unter Windows können Sie das TWAIN-Plug-in verwenden, wenn Sie Adobe Photoshop Elements im 32-Bit-Modus ausführen. TWAIN wird nicht mehr unterstützt, wenn Sie Elements im 64-Bit-Modus ausführen. Wenn Sie Photoshop Elements im 64-Bit-Modus ausführen, müssen Sie eine andere Lösung verwenden (beispielsweise die Scannersoftware und -treiber, die zu Ihrem Scanner mitgeliefert wurden). Wenn verfügbar, können Sie hierfür auch die WIA-Schnittstelle verwenden. WIA ist auch verfügbar, wenn Photoshop Elements im 32-Bit-Modus ausgeführt wird.

Erst wenn Sie den Dialog mit OK bestätigt haben, erscheint das eigentliche Scan-Programm. Hier können Sie unter anderem die Auflösung einstellen. Nach dem Scannen wird das Bild dem Katalog hinzugefügt und im Medienbrowser angezeigt.

▲ **Abbildung 7.22**
Fenster des Scan-Programms (hier mit der Standardoberfläche WIA unter Windows)

WIA, TWAIN & Co. | Wenn Hardware ins Spiel kommt, ist der Vorgang beim Einscannen von Rechner zu Rechner unterschiedlich. Die Standard-Scan-Oberfläche von Windows ist WIA (*Windows Imaging Architecture*), die gewöhnlich von Windows gestartet wird. Haben Sie hingegen einen Scanner, der TWAIN (*Technology Without an Interesting Name*) unterstützt, wird die Benutzeroberfläche des Herstellers geladen. Die TWAIN-Schnittstelle gibt es natürlich auch für den Mac. Falls TWAIN bei Ihnen nicht installiert ist, finden Sie auf der Adobe-Hilfeseite einen Artikel dazu, wie Sie TWAIN als Plug-in nachinstallieren können: *http://helpx.adobe.com/photoshop-elements/kb/twain-installed-photoshop-elements-11.html*.

Scannerunterstützung für den Mac | Mittlerweile ist die Einbindung der Scannerunterstützung auch auf dem Mac vorhanden. Als Voraussetzung, damit dies auch funktioniert, müssen Sie den Treiber vom Hersteller Ihres Scanners installiert haben bzw. installieren. Über den Fotoeditor können Sie dann Ihren Scanner aus einer Liste von Geräten über Datei • Importieren • Bilder von Gerät auswählen und verwenden.

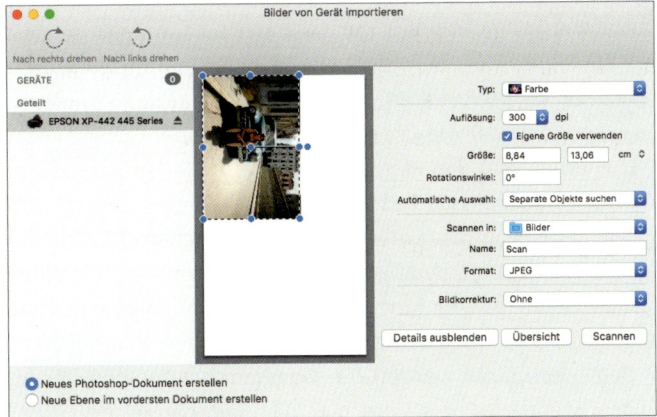

◀ **Abbildung 7.23**
Das Fenster des Scan-Programms beim Mac

Die richtige Auflösung | In welcher Auflösung Sie die Bilder einscannen, hängt von den technischen Möglichkeiten Ihres Scanners und vom Verwendungszweck ab. Die technischen Möglichkeiten werden als maximale optische Auflösung angegeben. Viele Gerätehersteller werben mit der interpolierten Auflösung – diese entspricht aber nicht der tatsächlichen optischen Auflösung. Finden Sie zum Beispiel Angaben wie »600 × 300 dpi«, bezieht sich der niedrigere Wert (hier also 300 dpi) auf die Scan-Auflösung.

Wenn Sie sich noch nicht über den Verwendungszweck der Bilder sicher sind, sollten Sie die maximale optische Auflösung Ihres Scanners verwenden. Als **Standardwert** für den Druck hat sich eine Auflösung von 300 dpi herausgebildet.

Wenn Sie allerdings vorhaben, das Bild zu vergrößern, benötigen Sie eine weitaus höhere Auflösung. Für eine Ausgabe in doppelter Größe müssen Sie auch die Scan-Auflösung verdoppeln – insofern stößt man bei Vergrößerungen schnell an die Grenzen des Machbaren.

Der richtige Modus | Farbbilder sollten Sie grundsätzlich im RGB-Modus einscannen. Bei Bildern ohne Farbe können Sie für das Bild den Graustufenmodus verwenden, bei Strichzeichnungen oder reinem Text den Schwarzweißmodus. In der Praxis liest man allerdings auch reine Schwarzweißzeichnungen oder Text im Graustufenmodus ein, da die Qualität in diesem Modus besser ist (die Dateigröße aber zugleich auch umfangreicher).

Bett oder Brett?
Ein häufiger (Rechtschreib-)Fehler ist der »Flach**brett**scanner«, der eigentlich »Flach**bett**scanner« heißen müsste.

Interpoliert
Wenn Sie zum Scannen die interpolierte höchste Auflösung verwenden, erhalten Sie kein Bild in besserer Qualität – das Bild hat lediglich mehr Speicherumfang und mehr Pixel. Da aber diese Pixel nur interpoliert sind, sind sie lediglich neu errechnet. Die neu hinzugekommenen Pixel erhalten dabei den durchschnittlichen Farbwert der umliegenden Pixel.

RGB-Modus
Nur im RGB-Modus stehen Ihnen alle Funktionen von Photoshop Elements zur Verfügung.

7.6 Abschnittsweise importieren

Die Funktion ABSCHNITTSWEISE, die Sie unter der Dropdown-Schaltfläche IMPORTIEREN bzw. über das Menü DATEI • FOTOS UND VI-

Ordner überwachen

Über das Symbol mit dem Fernglas auf der linken Seite ❷ können Sie Ordner zur Überwachung (de-)aktivieren. Wenn Sie in einen solchen überwachten Ordner künftig Bilder kopieren, teilt der Organizer Ihnen mit, dass neue Bilder gefunden wurden, und bietet Ihnen an, diese zu importieren. Mehr zur Überwachung von Ordnern finden Sie in Abschnitt 9.3.3, »Ordner überwachen«.

DEOS LADEN aufrufen können, ist dafür gedacht, möglichst viele Medien aus einem bestimmten Verzeichnis mitsamt den Unterverzeichnissen zu importieren. Hierbei werden auch Ordner von Datenwolken (Clouds) wie Dropbox, OneDrive oder Google Fotos erkannt. Hierbei sind Sie allerdings nicht auf alle Unterverzeichnisse eines Verzeichnisses beschränkt, sondern Sie können mithilfe eines Dateibrowsers entscheiden, aus welchem Verzeichnis Sie importieren wollen. Wohlgemerkt, diese Funktion hilft Ihnen beim Importieren ganzer Verzeichnisse. Einzelne Bilder können hierbei nicht direkt für den Import aus- bzw. abgewählt werden.

Auf der linken Seite werden die Verzeichnisse für den Import aufgelistet. Standardmäßig wird hier das Bilderverzeichnis Ihres Computers aufgelistet. Über die Schaltfläche ORDNER HINZUFÜGEN ❻ können Sie weitere Verzeichnisse hinzufügen, in die Sie Medien importieren wollen, und mit der Schaltfläche ENTFERNEN ❺ können Sie einen ausgewählten Ordner in der Liste wieder entfernen. Über das Häkchen ❶ können Sie dann auswählen, aus welchen Verzeichnissen Sie Medien importieren wollen.

Abbildung 7.24 ▶
Inhalt ganzer Verzeichnisse importieren

▲ Abbildung 7.25
Ein graues Ordnersymbol ❼ zeigt an, dass dieser Unterordner nicht importiert werden soll.

Entsprechend den gesetzten Häkchen werden dann auf der rechten Seite im Medienbrowser die einzelnen Verzeichnisse mit einer Vorschau einiger darin enthaltener Bilder aufgelistet. Wollen Sie alle Bilder, die sich im Verzeichnis befinden, betrachten, müssen Sie auf die Anzahl der noch vorhandenen Bilder ❸ klicken. Oberhalb finden Sie eine Auflistung der Anzahl von Unterordnern vor, aus denen Bilder importiert werden, wenn Sie die Schaltfläche IMPORTIEREN ❹ betätigen.

Wollen Sie einen Unterordner nicht importieren, müssen Sie das blaue Ordnersymbol mit Ordnernamen anklicken, sodass dieses Symbol in grauer Farbe angezeigt wird.

Kapitel 8
Die Arbeitsoberfläche des Organizers

Nachdem Sie eigene Bilder in den Organizer importiert haben, ergibt es Sinn, Ihnen dessen Arbeitsoberfläche etwas genauer zu beschreiben. Die Oberfläche des Organizers ist ähnlich aufgebaut wie die des Fotoeditors. Das ist recht praktisch, denn es verkürzt die Einarbeitungszeit erheblich. Die eigentliche Verwaltung der Bilder lernen Sie dann im nächsten Kapitel kennen.

8.1 Die Oberfläche des Organizers im Schnellüberblick

Oberhalb des Fensters finden Sie eine typische Menüleiste ❹ (Abbildung 8.1) mit ausklappbaren Menüs und den darin enthaltenen Funktionen. Rechts neben der Menüleiste finden Sie eine SUCHEN-Funktion ❻ nach Bildern.

Darunter befindet sich eine wichtige Leiste mit verschiedenen Funktionen. Das darin enthaltene Dropdown-Menü IMPORTIEREN ❸ und dessen Funktionen haben Sie ja bereits in Kapitel 7, »Fotos in den Organizer importieren«, kennengelernt. Mit den nächsten vier Schaltflächen ❺ (MEDIEN, PERSONEN, ORTE und EREIGNISSE) können Sie den Organizer in verschiedene Verwaltungsmodi umschalten.

Auf der rechten Seite der Leiste finden Sie zwei weitere Dropdown-Menüs ❼, ERSTELLEN und TEILEN, mit vielen interessanten Funktionen. Links sehen Sie eine Bedienfeldleiste ❷, in der Sie Alben und Ordner verwalten können. Daneben sehen Sie die Bilder im Medienbrowser ❶ in der Miniaturvorschau. Auf der rechten Seite ist ein weiteres Bedienfeld ❽ mit Funktionen für Stichwort-Tags/Bildinformationen.

Unterhalb des Organizers finden Sie eine weitere Leiste ❾ mit vielen Schaltflächen, die nützliche Funktionen zur Steuerung der Oberfläche, aber auch für die Verwaltung von Bildern enthalten.

Zum Weiterlesen

Auf alle einzelnen Funktionen zur Verwaltung Ihrer Fotos wird selbstverständlich ausführlich in Kapitel 9, »Fotos organisieren und verwalten«, eingegangen.

Kapitel 8 Die Arbeitsoberfläche des Organizers

Ganz unten im Bildfenster finden Sie außerdem noch die Statusleiste ❿.

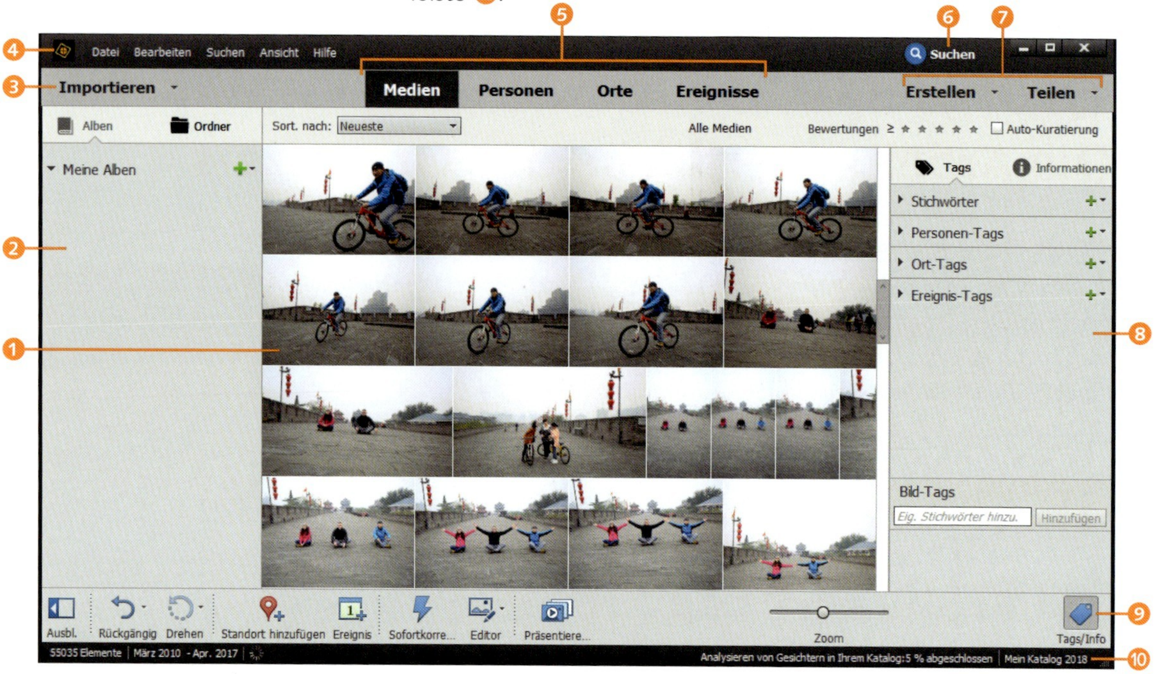

▲ Abbildung 8.1
Die Organizer-Oberfläche für die Verwaltung von Fotos

Funktionen aktivieren
Viele ausgegraute Funktionen werden erst aktiviert, wenn Sie ein Foto im Medienbrowser markiert haben. Dies gilt besonders für viele der Funktionen im Menü BEARBEITEN.

Abbildung 8.2 ▶
Die Menüleiste des Organizers

8.1.1 Die Menüleiste

Die Bedienung der Menüs wird Ihnen vom Fotoeditor (und auch von anderen Programmen) her bekannt sein. Menüfunktionen, die Sie verwenden können, erscheinen in weißer Schrift; deaktivierte Funktionen sind ausgegraut und lassen sich nicht anwählen. Viele Funktionen können Sie über Tastenkürzel ausführen. So laden Sie mit der Tastenkombination [Strg]/[cmd]+[G] schnell Fotos von der Kamera, anstatt sich durch das Menü DATEI • FOTOS UND VIDEOS LADEN • AUS KAMERA ODER KARTENLESER zu hangeln.

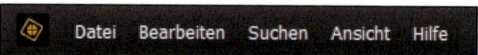

Menü »Datei« | Im Menü DATEI finden Sie alle Befehle zur Verwaltung und Steuerung von Dateien. Hierbei handelt es sich um Befehle zum Importieren und Laden von Fotos. Auch der Katalogmanager lässt sich hier aufrufen sowie ein Katalog sichern und wiederherstellen. Neben dem Laden und Importieren von Dateien führen Sie über dieses Menü auch Speicherfunktionen wie das Schreiben von Dateien auf eine CD/DVD oder einen Wechseldatenträger aus. Auch die üblichen Dateiverwaltungsfunktionen wie Duplizieren, Umbenennen, Exportieren oder Verschieben finden Sie hier wieder. Den Druck von Bildern können Sie ebenfalls über dieses Menü starten.

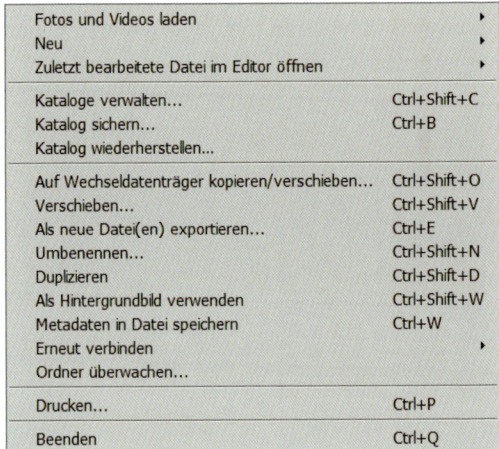

◄ Abbildung 8.3
Das Menü DATEI

Menü »Bearbeiten« | Auch im Organizer bietet das Menü BEARBEITEN ein umfangreiches und vielfältiges Repertoire an Funktionen. Neben Standardfunktionen finden Sie hier einfache Korrekturfunktionen und Funktionen für die Verwaltung und Kennzeichnung einzelner Bilder. Verschiedene Grundeinstellungen zum Programm lassen sich ebenfalls aufrufen und ändern.

Kontaktliste
Vielleicht wundern Sie sich ein wenig über den Menüeintrag KONTAKTLISTE im Menü BEARBEITEN. Hier können Sie Adressen verwalten, um Bilder schnell und bequem aus dem Organizer heraus per E-Mail zu versenden.

◄ Abbildung 8.4
Das Menü BEARBEITEN

Kapitel 8 Die Arbeitsoberfläche des Organizers

Menü »Suchen« | Sehr nützlich und mächtig sind die Funktionen im Menü SUCHEN. Die vielen möglichen Suchkriterien sind bei der Verwaltung von Bildern äußerst hilfreich. Auch ein Bearbeitungsverlauf ist in diesem Menü enthalten. Anhand dieses Verlaufs können Sie beispielsweise ermitteln, wann Sie welche Bilder von welchem Medium importiert haben.

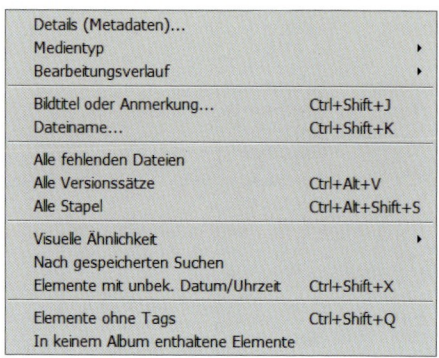

Abbildung 8.5 ▶
Das Menü SUCHEN

Menü »Ansicht« | Im Menü ANSICHT legen Sie fest, welche Bilder und Medientypen wie im Medienbrowser angezeigt werden.

Menü »Hilfe« | Wenn Sie einmal nicht mehr weiterwissen, können Sie im letzten Menüpunkt die Hilfe aufrufen. Schneller geht dies mit der Taste F1. Die Hilfe wird dann im Standardwebbrowser angezeigt. Auch Aktualisierungen und Supports erreichen Sie über dieses Menü.

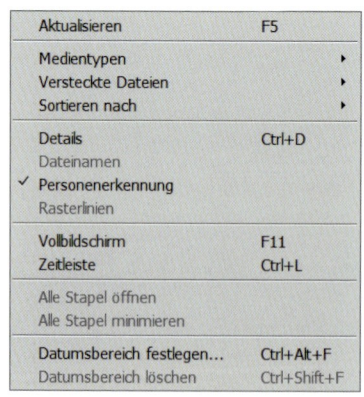
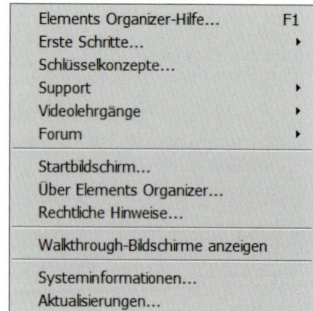

Abbildung 8.6 ▶
Das Menü ANSICHT

Abbildung 8.7 ▶▶
Das Menü HILFE

> **Schneller maximieren**
> Anstatt den Schieberegler oder die Schaltflächen rechts und links zum Minimieren und Maximieren zu verwenden, können Sie auch einen Doppelklick auf dem entsprechenden Bild im Medienbrowser ausführen.

8.1.2 Bilderansicht im Medienbrowser anpassen

In der Leiste ganz unten mit den vielen Schaltflächen finden Sie einen Schieberegler ZOOM, mit dem Sie die Miniaturgröße der Bilder im Medienbrowser anpassen können. Wenn Sie den Regler ganz nach links schieben, werden die Bilder in minimaler Größe dargestellt. Je weiter Sie den Schieberegler nach rechts bewegen, desto größer wird das Bild im Medienbrowser angezeigt. Steht der Schieberegler ganz rechts, wird ein einziges Bild in voller Größe im Medienbrowser angezeigt.

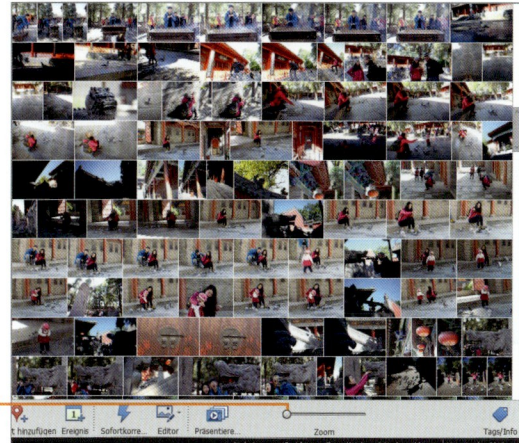

▲ Abbildung 8.8
Die minimale Miniaturansicht im Medienbrowser: Der Schieberegler ❶ wurde ganz nach links gezogen.

▲ Abbildung 8.9
Die maximale Miniaturansicht im Medienbrowser: Der Schieberegler ❷ wurde ganz nach rechts gezogen.

Ob die Bilder im Medienbrowser nach Datum aufsteigend (ÄLTESTE) oder absteigend (NEUESTE) sortiert angezeigt werden sollen, stellen Sie im Dropdown-Feld SORT. NACH ❸ über dem Medienbrowser ein. Hier können Sie auch noch nach IMPORTSTAPEL sortieren. Das ist quasi das Datum, an dem die Medien importiert wurden. Diese Befehle erreichen Sie auch über das Menü ANSICHT • SORTIEREN NACH.

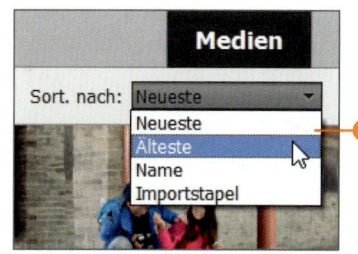

▲ Abbildung 8.10
Bilder nach bestimmten Kriterien sortiert im Medienbrowser auflisten

Flexibles Raster oder Detailansicht | Das adaptive und flexible Raster ist wirklich ein tolles Feature, weil dabei sehr viele Bilder nahtlos und ohne Zwischenräume angezeigt werden. Das Raster wird dabei auch entsprechend dem Bildverhältnis angepasst, sodass niemals unschöne Zwischenräume entstehen.

Zum Betrachten der Bilder und für die schnellere Übersicht ist das flexible Raster auf jeden Fall eine tolle Sache, aber wenn Sie Ihre Bilder verwalten wollen, benötigen Sie häufig mehr Informationen zu den Bildern. In diesem Fall können Sie von der adaptiven Ansicht zur Detailansicht über ANSICHT • DETAILS bzw. die Tastenkombination [Strg]/[cmd]+[D] hin- und zurückwechseln.

Kapitel 8 Die Arbeitsoberfläche des Organizers

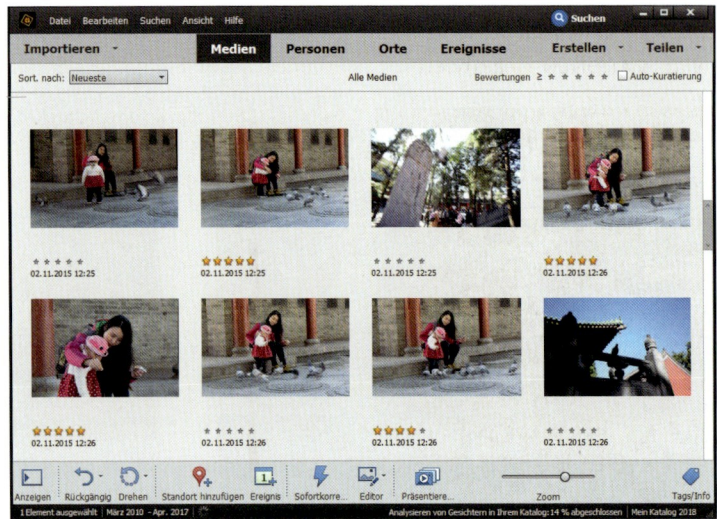

Abbildung 8.11 ▶
Für mehr Informationen über die einzelnen Bilder können Sie in die Detailansicht umschalten.

In der Detailansicht werden die einzelnen Details zur Datei wie Tags, Datum, Sterne-Bewertung oder die Albumzugehörigkeit angezeigt. Auch der Dateiname ❶ lässt sich in der Detailansicht über das Menü Ansicht • Dateinamen ein- bzw. ausblenden. Zusätzlich können Sie hierbei auch noch über das Menü Ansicht • Raster ein Raster ❷ ein- bzw. ausblenden, womit die einzelnen Bilder durch Linien (wie in einer Tabelle) sauber voneinander getrennt werden.

Abbildung 8.12 ▶
Der Dateiname und ein Raster lassen sich in der Detailansicht ebenfalls jederzeit ein- und ausblenden.

Die beiden Befehle Ansicht • Dateinamen und Ansicht • Raster stehen allerdings nur in der Detailansicht zur Verfügung und sind in der adaptiven Ansicht ausgegraut. Trotzdem können Sie auch in der adaptiven Ansicht sämtliche Informationen (sogar mitsamt Metadaten) zu einem Bild anzeigen lassen, wenn Sie dieses auswählen ❸, indem Sie die Informationen im linken Bedienfeld

8.1 Die Oberfläche des Organizers im Schnellüberblick

über die Schaltfläche TAGS/INFO einblenden und dort den Reiter INFORMATIONEN ❹ aktivieren.

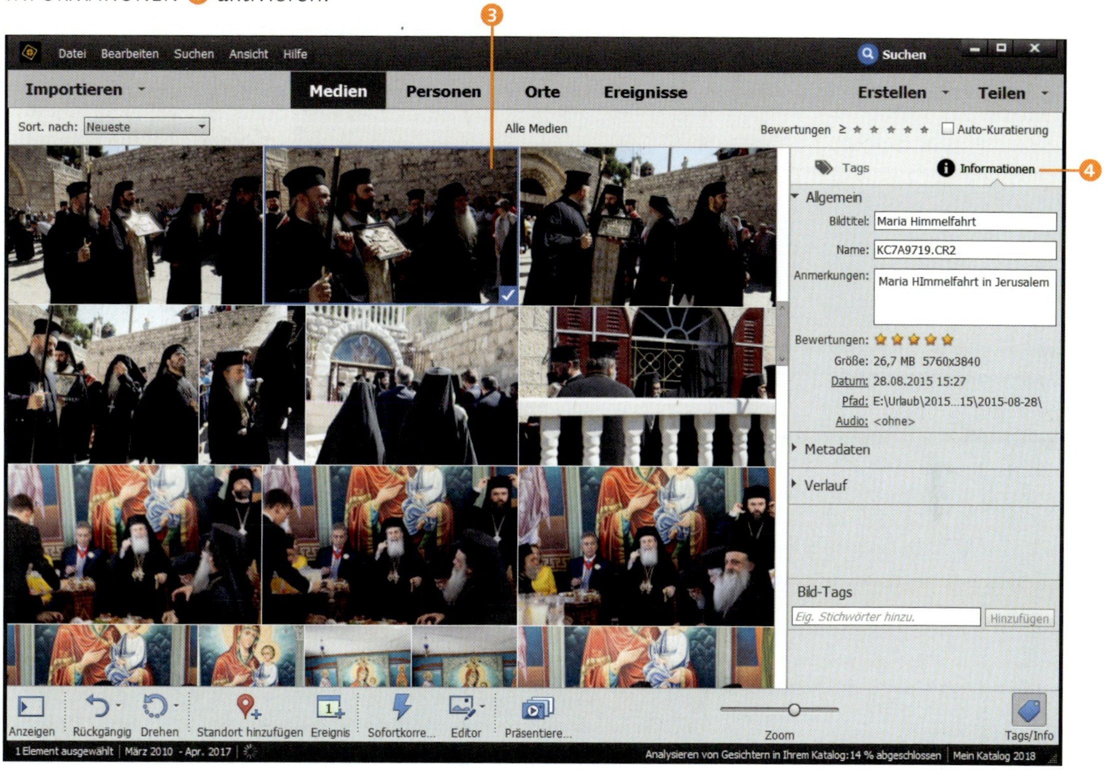

▲ **Abbildung 8.13**
Auch in der adaptiven und flexiblen Ansicht lassen sich Informationen zu einem ausgewählten Bild über das rechte Bedienfeld anzeigen.

Alle Medien anzeigen | Wenn Sie neue Bilder importiert haben, wissen Sie ja bereits, dass im Medienbrowser immer nur die zuletzt importierten Bilder angezeigt werden. Genauso verhält es sich, wenn Sie beispielsweise ein Album oder einen Ordner in der Ordneransicht auswählen, nach Stichwort-Tags filtern oder diverse Suchvorgänge durchführen. Dass nicht alle Medien im Medienbrowser angezeigt werden, können Sie immer daran erkennen, dass links über dem Medienbrowser die Schaltfläche ZURÜCK ❺ zu sehen ist. Klicken Sie auf die Schaltfläche, werden wieder alle Medien im Medienbrowser angezeigt.

▲ **Abbildung 8.14**
Wenn Sie diese Schaltfläche ❺ sehen, werden nicht alle Medien im Medienbrowser angezeigt.

Bilder auswählen | In den folgenden Abschnitten werden Sie des Öfteren ein oder mehrere Bilder im Medienbrowser auswählen, um dieses bzw. diese beispielsweise im Fotoeditor zur Bearbeitung zu öffnen, einem Album hinzuzufügen, mit Tags zu versehen und noch einige Dinge mehr.

195

Ein Bild auswählen können Sie mit einem einfachen Mausklick. Das Bild, das Sie gerade ausgewählt haben, wird mit einem blauen Rahmen ❶ und einem blauen Häkchen ❷ versehen.

Abbildung 8.15 ►
Links ein ausgewähltes Bild im adaptiven Raster und rechts in der Detailansicht

Mehrere Bilder gleichzeitig können Sie mit gehaltener [Strg]/[cmd]-Taste auswählen, wobei dann die ausgewählten Bilder ebenfalls mit einem blauen Rahmen und dem blauen Häkchen deutlich sichtbar markiert sind.

Abbildung 8.16 ►
Hier wurden zwei Bilder ausgewählt.

Mehrere Bilder in einer Reihenfolge können Sie auswählen, indem Sie zunächst das erste Bild der Reihe auswählen ❸, die [⇧]-Taste gedrückt halten und dann das letzte Bild in der Reihenfolge anklicken ❹. Dadurch werden alle anderen Bilder zwischen dem ersten und letzten ausgewählten Bild ebenfalls mit ausgewählt.

▲ **Abbildung 8.17**
Hier wurden mehrere Bilder in der Reihenfolge ausgewählt.

▲ **Abbildung 8.18**
Mehrere Bilder mit der Maus selektieren

Natürlich funktioniert auch die klassische Auswahl mit der Maus, indem Sie mit gedrückt gehaltener Maustaste einen Rahmen um die Bilder aufziehen ❺, die Sie auswählen wollen.

8.1 Die Oberfläche des Organizers im Schnellüberblick

Alle Bilder, die im Augenblick im Medienbrowser zu sehen sind, können Sie mit ⌜Strg⌝/⌜cmd⌝+⌜A⌝ oder dem Befehl BEARBEITEN • ALLES AUSWÄHLEN selektieren. Eine Auswahl aufheben hingegen können Sie mit ⌜Strg⌝/⌜cmd⌝+⌜⇧⌝+⌜A⌝ bzw. BEARBEITEN • AUSWAHL AUFHEBEN.

8.1.3 Die Bedienfelder

Der Organizer hat zwei Bedienfelder, jeweils ein Bedienfeld auf der rechten Seite des Medienbrowsers und eines auf der linken Seite.

Linkes Bedienfeld | Die Verwaltung von Bildern in Alben im Reiter ALBEN ❿ und bereits importierten Ordnern (Ordnerliste) ❽ im Reiter ORDNER ❼ finden Sie im linken Bedienfeld. Über das kleine Dropdown-Menü ⓫ neben EIGENE ORDNER können Sie außerdem die Ordnerhierarchie im linken Bedienfeld anzeigen lassen.

Zum Weiterlesen
Auf die Verwaltung von Alben wird in Abschnitt 9.2, »Alben erstellen und verwalten«, eingegangen. Die Verwaltung der Bilder über die Ordnerhierarchie wird in Abschnitt 9.3, »Ordneransicht«, beschrieben.

▲ **Abbildung 8.19**
Im linken Bedienfeld finden Sie Alben und Ordnerlisten. Hier ist der Reiter ALBEN ❻ aktiv.

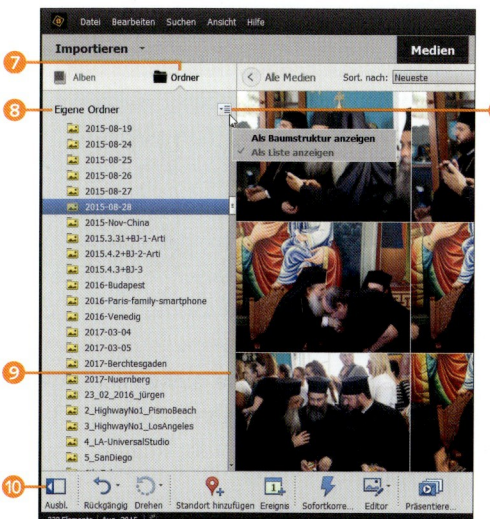

▲ **Abbildung 8.20**
Mit einem Klick auf ORDNER ❼ wird eine flache Ordneransicht aller importierten Ordner angezeigt (Mitte). Wählen Sie über das Dropdown-Menü ⓫ ALS BAUMSTRUKTUR ANZEIGEN aus, wird eine klassische Ordnerhierarchie (links) angezeigt.

Am dünnen Steg ❾ zwischen dem Bedienfeld und dem Medienbrowser können Sie das Bedienfeld (wenn auch beschränkt) horizontal skalieren. Über die Schaltfläche AUSBL. (AUSBLENDEN) ❿ links unten lässt sich das Bedienfeld komplett ausblenden. Der Titel der Schaltfläche lautet dann sinngemäß ANZEIGEN ⓬, durch erneutes Anklicken dieser Schaltfläche können Sie das Bedienfeld wieder einblenden lassen.

▲ **Abbildung 8.21**
Haben Sie das linke Bedienfeld ausgeblendet, können Sie dieses über die Schaltfläche ANZEIGEN ⓬ wieder einblenden.

Kapitel 8   Die Arbeitsoberfläche des Organizers

Zum Weiterlesen
Die Fotokorrekturoptionen werden anschließend in Abschnitt 8.3, »Schnelle Sofortkorrektur im Organizer«, kurz erläutert. Die Stichwort-Tags werden in Abschnitt 9.4, »Stichwort-Tags«, und die Bildinformationen in Abschnitt 9.12, »Bildinformationen«, beschrieben.

Rechtes Bedienfeld | Im Bedienfeld rechts neben dem Medienbrowser finden Sie die Stichwort-Tags und Bildinformationen, wenn Sie die Schaltfläche TAGS/INFO ❶ aktiviert haben. Komplett ausblenden können Sie das rechte Bedienfeld, indem Sie die **aktive** Schaltfläche anklicken und somit deaktivieren.

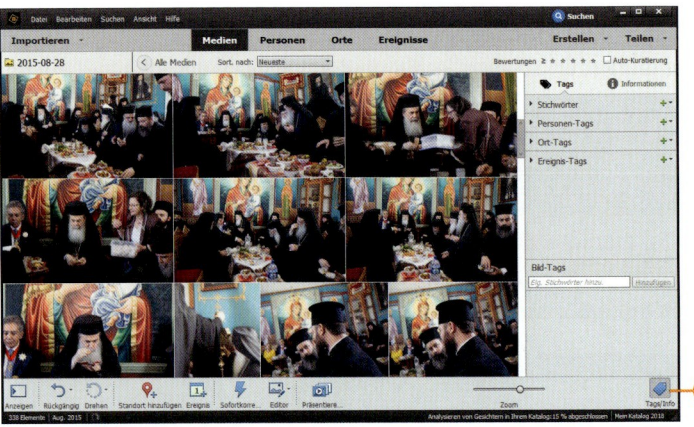

Abbildung 8.22 ▶
Im rechten Bedienfeld können Sie TAGS und INFORMATIONEN einblenden.

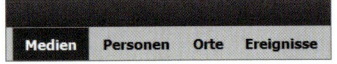

▲ **Abbildung 8.23**
Verschiedene Medienverwaltungsmodi

8.1.4   Die verschiedenen Medienverwaltungsmodi

Unterhalb des Menüs finden Sie verschiedene Medienverwaltungsmodi, über die Sie Ihre Bilder auch ganz speziell verwalten können. Die Standardeinstellung MEDIEN wird für die allgemeine Anzeige von Bildern im Organizer bei verschiedenen Zwecken verwendet. Etwas spezieller sind dann schon die Modi PERSONEN, ORTE und EREIGNISSE. Mit PERSONEN können Sie Bilder nach Personen, mit ORTE nach Orten und mit EREIGNISSE (siehe Abschnitt 9.8 bis Abschnitt 9.10) nach Ereignissen verwalten.

8.1.5   »Erstellen« und »Teilen«

Wie schon im Fotoeditor finden Sie auch im Organizer das Dropdown-Menü ERSTELLEN. Zusätzlich finden Sie hier noch mit TEILEN ein weiteres Dropdown-Menü.

Zum Weiterlesen
Auf das Erstellen und Teilen von Fotos (besser: das Präsentieren) werde ich in Teil XII dieses Buches eingehen. Dort behandele ich auch die Funktionen von ERSTELLEN und TEILEN.

Erstellen | Im Dropdown-Menü ERSTELLEN wählen Sie beispielsweise aus, ob Sie einen BILDBAND, eine FOTOCOLLAGE oder eine DIASHOW erstellen möchten. Viele der Schaltflächen dieser Gruppe finden Sie im Fotoeditor in demselben Aufgabenbedienfeld wieder.

Teilen | Ähnlich wie ERSTELLEN bietet die zweite Dropdown-Liste TEILEN weitere Funktionen zur Weitergabe von Bildern. Zu diesen Funktionen zählen zum Beispiel E-MAIL-ANHÄNGE, FACEBOOK, TWITTER, YOUTUBE, FLICKR sowie PDF-DIASHOW.

8.1 Die Oberfläche des Organizers im Schnellüberblick

◀ Abbildung 8.24
Die Funktionen unter dem Dropdown-Menü ERSTELLEN (links) und TEILEN (rechts)

Die Statusleiste | Die Statusleiste zeigt die Anzahl der ausgewählten und der vorhandenen Elemente im Medienbrowser ❷ an. Daneben wird ein Zeitbereich ❸ der Medien mit dem Datumsbereich der Erstellung des ersten und letzten Bildes im Medienbrowser angezeigt. Rechts finden Sie den Namen des Katalogs ❹.

◀ Abbildung 8.25
Die Statusleiste

Die Zeitleiste | Ein weiteres Feature zum Auflisten der Bilder im Medienbrowser ist die Zeitleiste, die Sie über ANSICHT • ZEITLEISTE oder [Strg]/[cmd]+[L] ein- und wieder ausblenden können. Die Zeitleiste wird über der Miniaturvorschau des Medienbrowsers angezeigt. Sie können damit quasi direkt zum Erstellungsdatum einzelner Bilder springen, indem Sie entweder auf die entsprechende Zeit klicken oder den kleinen Rahmen ❽ an die gewünschte Zeit ziehen. Je höher hier der Monatsbalken ⓫ ist, desto mehr Bilder befinden sich an dieser Zeitposition.

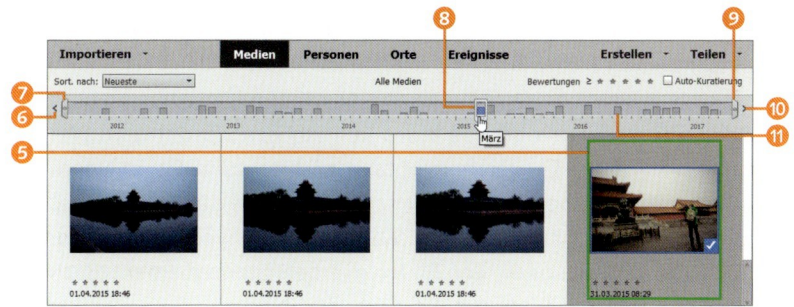

◀ Abbildung 8.26
Bilder aus einer bestimmten Zeit auswählen

Klicken Sie eine bestimmte Zeit an, wird im Medienbrowser das erste Bild dieser Zeit ausgewählt und kurz auch mit einem grünen Rahmen ❺ angezeigt, während das Datum (nur bei der Detailansicht) blinkt.

An den beiden kleinen Pfeilen ganz links ❻ oder rechts ❿ können Sie die Zeitachse verschieben. Mit den kleinen Balken links ❼ und rechts ❾ hingegen können Sie den Zeitbereich, der im Medienbrowser angezeigt werden soll, einschränken. Wie viele Elemente das betrifft und von wann bis wann jetzt Bilder angezeigt werden, können Sie dann auch der Statusleiste entnehmen (Abbildung 8.27).

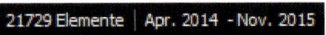

▲ **Abbildung 8.27**
Entsprechend wird diese Information in der Statusleiste ausgegeben.

Abbildung 8.28 ▶
Auch der Zeitbereich kann eingeschränkt werden.

8.2 Die Vollbildansicht – Diashow und Vergleichsansicht

Häufig reicht eine Betrachtung der Bilder in der Miniaturvorschau nicht aus, um die Qualität des Bildes zu beurteilen. Daher bietet der Organizer eine Vollbildansicht an. Um zur Vollbildansicht zu wechseln, klicken Sie im Menü Ansicht und wählen Vollbildschirm aus (alternativ drücken Sie F11 oder beim Mac cmd + F11).

Diashow abspielen | Aus der Vollbildansicht können Sie ganz bequem in eine Diashow wechseln, indem Sie den Mauszeiger an den unteren Rand des Bildschirms bewegen und auf die Play-Schaltfläche klicken.

8.2.1 Steuerung der Vollbildansicht

Sobald Sie in der Vollbildansicht den Mauszeiger bewegen, erscheint unterhalb der Ansicht eine Steuerleiste, sodass Sie die Vollbildansicht komfortabel mit der Maus steuern können. Für fast alle diese Steuerelemente existieren Tastenkürzel. Die wichtigsten finden Sie in Tabelle 8.1 auf Seite 205.

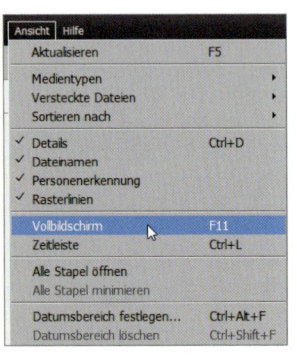

▲ **Abbildung 8.29**
In die Vollbildansicht wechseln

Bearbeiten | Links oben befindet sich ein Bereich mit dem Namen Bearbeiten ❶, der horizontal ausfährt, wenn Sie mit dem Mauszeiger darüberfahren. Hier sehen Sie alle Fotokorrekturoptionen, die auch im Bedienfeld des Organizers vorhanden sind. Auch die Bewertungen der Bilder mit den Sternen (mehr dazu siehe Abschnitt 9.7) können Sie hier vornehmen.

8.2 Die Vollbildansicht – Diashow und Vergleichsansicht

Organisieren | Links unten finden Sie den Bereich ORGANISIEREN ❷, der ebenfalls horizontal ausfährt, wenn Sie mit der Maus darüberfahren. Hiermit könnten Sie gleich die Bilder beim Betrachten in Alben (siehe Abschnitt 9.2) und Stichwort-Tags (siehe Abschnitt 9.4) organisieren.

▼ Abbildung 8.30
Die Oberfläche der Vollbildansicht mit der Steuerelementleiste, dem Bereich ORGANISIEREN und dem Bereich BEARBEITEN

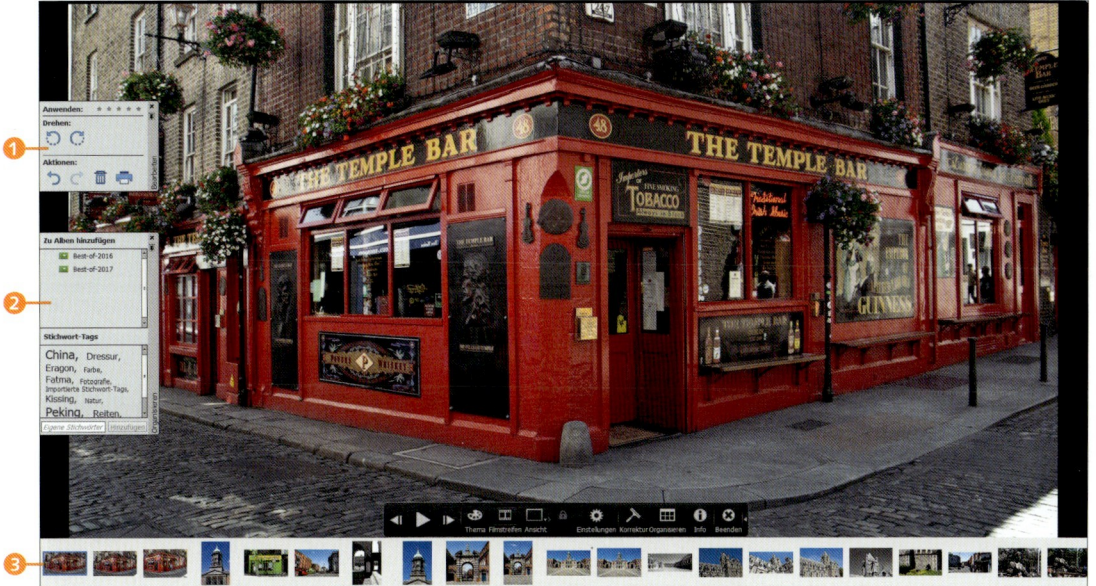

Die Bedienung der Steuerleiste ist ebenfalls schnell erklärt. Mit den ersten drei Schaltflächen ❹ können Sie das vorherige Medium (was meistens Fotos sein dürften) betrachten, eine Diashow abspielen oder das nächste Medium ansehen. Mit der nächsten Schaltfläche THEMA ❺ können Sie die Übergänge für die Diashow einstellen. Mit der Schaltfläche FILMSTREIFEN ❻ blenden Sie einen Filmstreifen (❸ in Abbildung 8.30) unter dem Bild ein und wieder aus. Daneben finden Sie zwei Schaltflächen ❼ für die Vergleichsansicht, die wir in Abschnitt 8.2.3 näher betrachten werden.

◀ Abbildung 8.31
Die Steuerelemente der Vollbildansicht

Die Einstellungen für die Vollbildansicht und Diashow erreichen Sie über die folgende Schaltfläche EINSTELLUNGEN ❽ (siehe Abschnitt 8.2.2, »Vollbildansicht-Optionen«). Die nächsten beiden Schaltflächen, KORREKTUR und ORGANISIEREN ❾, blenden beide Bedienfeldleisten ❶ und ❷ (in Abbildung 8.30) auf der linken Seite komplett aus und wieder ein. Die Informationen für das Bild zeigen Sie mit der vorletzten Schaltfläche INFO ❿ in einem transparenten Fenster an. Über die letzte Schaltfläche beenden Sie die Vollbildansicht wieder und wechseln zurück zum Organizer. Alternativ können Sie die Vollbildansicht auch mit Esc beenden. Mit dem kleinen Dreieck ⓫ am Ende können Sie die Schaltflächen KORREKTUR, ORGANISIEREN und INFO aus- bzw. einblenden.

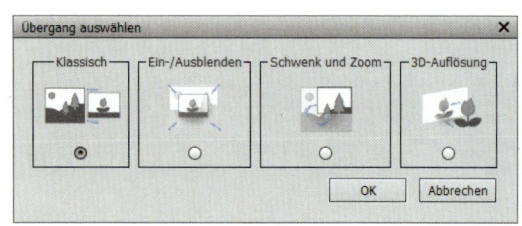

Abbildung 8.32 ▶
Klicken Sie auf die Schaltfläche THEMA ❺, können Sie aus vier Übergängen für Ihre Diashow auswählen.

Zoomen in der Vollbildansicht | Selbstverständlich ist auch das Zoomen in das Bild in der Vollbildansicht möglich. Mit einem einfachen linken Mausklick auf das Bild zoomen Sie auf 100 %, und durch erneutes Klicken zoomen Sie wieder auf Bildschirmgröße zurück, damit das Bild komplett angezeigt wird. Genauer hinein- und herauszoomen können Sie, indem Sie das Mausrad scrollen (von 6 % bis 1.600 %).

Um bei einer übergroßen Ansicht den Bildausschnitt anzupassen, brauchen Sie nur die linke Maustaste gedrückt zu halten, und der Mauszeiger wird zu einem Handsymbol. Jetzt können Sie die Ansicht mit gedrückt gehaltener Maustaste verschieben.

8.2.2 Vollbildansicht-Optionen

In der Vollbildansicht zeigen Sie über die Schaltfläche EINSTELLUNGEN den Dialog VOLLBILDANSICHT-OPTIONEN an. Hier können Sie verschiedene Einstellungen für die Darstellung in der Vollbildansicht vornehmen.

Audiokommentare
Audiokommentare können Sie über die allgemeinen Eigenschaften eines Bildes aufnehmen (siehe Abschnitt 9.12, »Bildinformationen«).

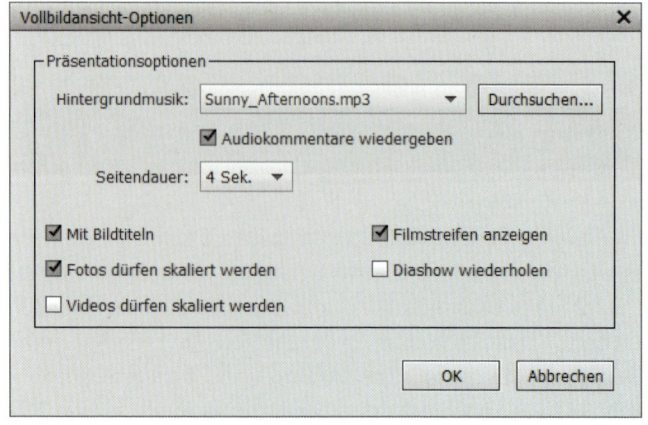

Abbildung 8.33 ▶
Hier legen Sie die Optionen für die Vollbildansicht fest.

Allgemeine Einstellungen | Über HINTERGRUNDMUSIK können Sie eine Audiodatei während einer Diashow laufen lassen. Entweder wählen Sie eines der vordefinierten Musikstücke in der Dropdown-Liste aus, oder Sie suchen mit DURCHSUCHEN nach anderer Musik. Falls Sie für Bilder Audiokommentare hinterlegt haben, können Sie diese durch Aktivieren der Checkbox AUDIOKOMMENTARE WIEDERGEBEN abspielen lassen.

Wie lange (in Sekunden) ein Bild bei der Diashow angezeigt werden soll, geben Sie mit SEITENDAUER an. Haben Sie ein Bild mit einem Bildtitel versehen, können Sie diese Titel mit der Option MIT BILDTITELN anzeigen lassen. Bei kleinen, niedrig aufgelösten Bildern (Bildern, die kleiner als die Anzeigegröße des Bildschirms sind) sollten Sie die Option FOTOS DÜRFEN SKALIERT WERDEN deaktivieren, damit diese Bilder nicht durch das Hochskalieren als tetrisartige Klötzchen dargestellt werden. Dasselbe können Sie für Videos mit der Option VIDEOS DÜRFEN SKALIERT WERDEN einstellen. Wenn Sie unter dem Bild die Bilder nacheinander wie bei einem Filmstreifen sehen wollen, aktivieren Sie die Option FILMSTREIFEN ANZEIGEN.

> **Bildtitel**
> Auch den Bildtitel können Sie über die allgemeinen Eigenschaften eines Bildes (siehe Abschnitt 9.12, »Bildinformationen«) eingeben.

Einstellungen für die Diashow | Die letzte Option bezieht sich nur auf die Diashow. Wenn Sie die Option DIASHOW WIEDERHOLEN aktivieren, beginnt die Diashow nach dem Abspielen aller Bilder wieder von vorn. Aktivieren Sie diese Option nicht, endet die Diashow, wenn alle Bilder angezeigt wurden.

8.2.3 Die Vergleichsansicht

Die Vergleichsansicht öffnen Sie entweder in der Vollbildansicht über die Schaltfläche ANSICHT ❶ (Abbildung 8.34) in der Steuerelementleiste oder mit [F12] (beim Mac [cmd]+[F12]) aus der Vollbildansicht oder direkt aus dem Organizer.

Um zwei Bilder miteinander zu vergleichen, sollten Sie sie im Medienbrowser markieren und dann [F12] bzw. [cmd]+[F12] drücken. Drücken Sie einfach nur das Tastenkürzel, wird das gerade aktive Bild (oder das erste Bild im Album, falls kein Bild aktiv ist) mit dem nächsten Bild verglichen.

Die Vergleichsansicht entspricht in Anzeige und Funktionalität weitgehend der Vollbildansicht – mit dem Unterschied, dass hier zwei Bilder nebeneinander oder untereinander (je nach Einstellung) gezeigt werden. Das aktive Bild ist immer durch einen blauen Rahmen gekennzeichnet. Dieses Bild können Sie über die verschiedenen Steuerbedienelemente bearbeiten, die Sie in der Vollbildansicht kennengelernt haben.

Kapitel 8 Die Arbeitsoberfläche des Organizers

Abbildung 8.34 ▲
Vergleichsansicht zweier Bilder in vertikaler Position

Um mehrere Bilder aus einem Album oder dem Medienbrowser miteinander zu vergleichen, markieren Sie im Medienbrowser nur ein einziges Bild und rufen dann die Vergleichsansicht auf. Sie öffnet sich zunächst mit dem markierten Bild sowie dem folgenden Bild. Jetzt können Sie gegebenenfalls mithilfe von [Strg]/[cmd]+[F] den Filmstreifen anzeigen lassen und die Bilder, die Sie miteinander vergleichen wollen, per Mausklick aus dem Filmstreifen auswählen. Ein blauer Rahmen markiert dabei sowohl in der Vergleichsansicht als auch im Filmstreifen, welches Bild Sie austauschen können.

Abbildung 8.35 ▼
Vergleichsansicht zweier Bilder in horizontaler Position

204

8.2 Die Vollbildansicht – Diashow und Vergleichsansicht

Über das kleine Dreieck ❷ können Sie die Ansicht zwischen VERGLEICHSANSICHT NEBENEINANDER, VERGLEICHSANSICHT ÜBEREINANDER und Vollbildansicht eines einzelnen Bildes wechseln. Mit dem kleinen Schlosssymbol ❸ daneben wird das Zoomen und Ändern der Bildansicht bei der Vergleichsansicht synchronisiert. Zoomen Sie in das eine Bild der Vergleichsansicht, wird automatisch auch in das andere Bild gezoomt.

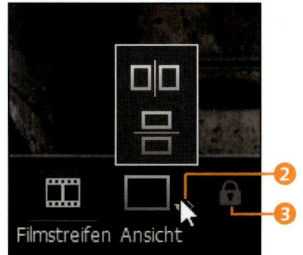

▲ Abbildung 8.36
Vollbildansicht einstellen

8.2.4 Aktionsmenü

Im Aktionsmenü können Sie diverse Aktionen durchführen. Rufen Sie das Menü per Rechtsklick in der Vollbildansicht auf. Sie könnten nun beispielsweise das gerade angezeigte Bild mit Stichwort-Tags versehen oder es in ein bestimmtes Album aufnehmen (Abbildung 8.37).

8.2.5 Tastenkürzel für die Vollbildansicht

Zum Schluss noch eine Auflistung der Tastenkürzel für die Vollbildansicht in Tabelle 8.1.

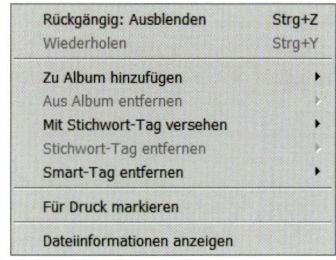

▲ Abbildung 8.37
Das Aktionsmenü für die Vollbildansicht

Vorhaben	Windows	Mac
vorheriges Foto	←	←
Diashow abspielen	Leertaste	Leertaste
nächstes Foto	→	→
Vollbildansicht beenden	Esc	Esc
um 90° nach links drehen	Strg+←	cmd+←
um 90° nach rechts drehen	Strg+→	cmd+→
löschen	Entf	←
Aktionsmenü aufrufen	rechte Maustaste	rechte Maustaste
Vollbildansicht	F11	cmd+F11
Vergleichsansicht (auswählbar sind nebeneinander und untereinander)	F12	cmd+F12
Fenstergröße	Strg+0	cmd+0
tatsächliche Pixel	Strg+Alt+0	cmd+Alt+0
auszoomen	Strg+-	cmd+-
einzoomen	Strg++	cmd++

◄ Tabelle 8.1
Steuerung der Vollbildansicht

Vorhaben	Windows	Mac
Bewertung für das Bild vergeben	[1], [2], [3], [4] oder [5]	[1], [2], [3], [4] oder [5]
Filmstreifen anzeigen	[Strg]+[F]	[cmd]+[F]
vorheriges Bild im Filmstreifen	[Bild↑]	[↑]
nächstes Bild im Filmstreifen	[Bild↓]	[↓]

▲ **Tabelle 8.1**
Steuerung der Vollbildansicht (Forts.)

8.3 Schnelle Sofortkorrektur im Organizer

Wollen Sie einzelne oder mehrere ausgewählte Fotos innerhalb des Organizers anpassen oder einen Effekt hinzufügen, müssen Sie nicht unbedingt in den Editor wechseln. Auch der Organizer bietet hierfür einige Möglichkeiten an.

Schritt für Schritt
Sofortkorrektur mehrerer Bilder

Für die Korrektur Ihrer Bilder bleibt der Editor natürlich nach wie vor das Nonplusultra, aber die Sofortkorrektur enthält ein paar Funktionen, die im Editor so nicht vorhanden sind, weshalb die Funktion hier etwas genauer beschrieben werden soll.

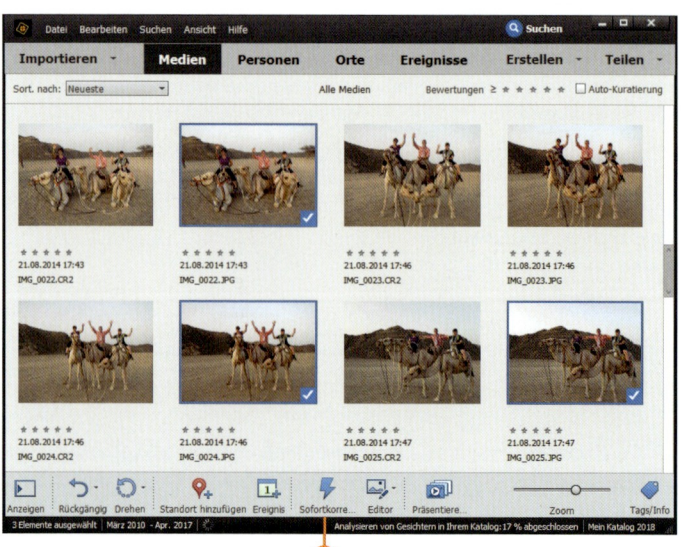

Abbildung 8.38 ▶
Bilder für die Sofortkorrektur auswählen

8.3 Schnelle Sofortkorrektur im Organizer

1 Bilder auswählen

Markieren Sie mindestens ein Bild im Organizer, das Sie mit der Sofortkorrektur bearbeiten wollen. Wollen Sie mehrere Bilder gleichzeitig bearbeiten, halten Sie die ⌈Strg⌉/⌈cmd⌉-Taste gedrückt und wählen die entsprechenden Bilder aus. Klicken Sie anschließend unten auf das SOFORTKORREKTUR-Icon ❶.

2 Anzeige anpassen

Die ausgewählten Bilder werden jetzt in einer Schnellkorrektur-Übersicht angezeigt. Über ANZEIGEN ❷ (Abbildung 8.39) können Sie einstellen, ob nur eines oder alle ausgewählten Bilder angezeigt werden sollen. Haben Sie bei mehreren ausgewählten Bildern die ANZEIGE auf EIN FOTO ANZEIGEN gestellt, wirkt sich der in den folgenden Schritten ausgewählte Effekt oder die Korrektur auch nur auf das eine Bild aus. Ansonsten, wenn Sie ALLE FOTOS ANZEIGEN ausgewählt haben, werden alle Bilder mit dem ausgewählten Effekt bzw. der verwendeten Korrektur geändert. Auf der rechten Seite finden Sie jetzt die verschiedenen Funktionen ❸ für die Schnellkorrektur.

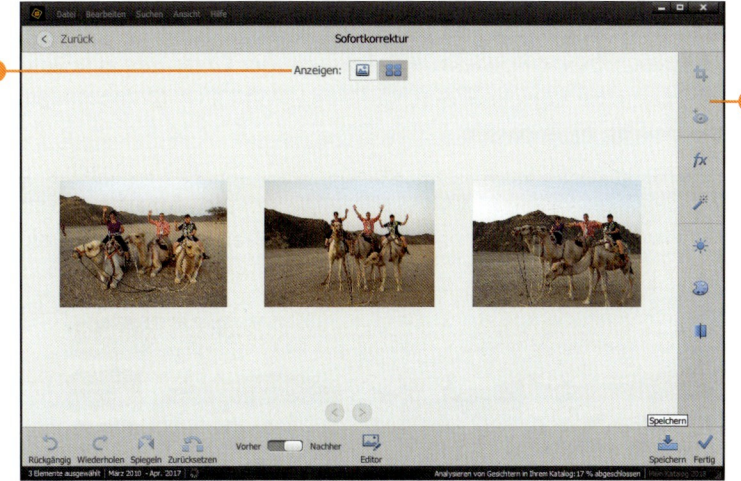

◄ Abbildung 8.39
Alle oder nur ein Bild gleichzeitig anzeigen bzw. bearbeiten

3 Freistellen und Rote-Augen-Effekt

Unter FREISTELLEN ❺ finden Sie verschiedene vordefinierte Formate, die Sie für das Zuschneiden der Bilder nutzen können. Den Rahmen können Sie nachträglich noch anpassen und verschieben. Mit ROTE-AUGEN-EFFEKT ❻ wird nach eben diesem Effekt im Bild gesucht, der, so er gefunden wird, automatisch behoben wird. Beide Werkzeuge können Sie allerdings nur dann verwenden, wenn Sie die ANZEIGE auf Einzelbild ❹ gestellt haben.

Rückgängig machen

Einzelne Schritte können Sie wie gehabt mit ⌈Strg⌉/⌈cmd⌉+⌈Z⌉ rückgängig machen oder mit ⌈Strg⌉/⌈cmd⌉+⌈Y⌉ wiederholen. In den Ursprungszustand können Sie das oder die ausgewählten Bilder wieder mit der Schaltfläche ZURÜCKSETZEN ❽ setzen.

Kapitel 8 Die Arbeitsoberfläche des Organizers

Abbildung 8.40 ▶
FREISTELLEN und ROTE-AUGEN-EFFEKT können Sie nur auf einzelne Bilder anwenden.

4   Effekte auf die Bilder anwenden

Hinter dem FX-Symbol ❼ finden Sie verschiedene coole Effekte, die Sie den Bildern per Mausklick zuweisen können, um ihnen so einen einheitlichen Look zu verpassen.

5   Korrekturen auf das Bild anwenden

Mit INTELLIGENTE KORREKTUR ❾ versucht der Organizer, eine vollautomatische Korrektur durchzuführen. Mit LICHT ❿ können Sie die Belichtung anpassen.

Vorher-Nachher-Ansicht
Eine Vorher-Nachher-Ansicht können Sie hierbei wieder über den entsprechenden Schalter ⓯ einstellen.

Abbildung 8.41 ▶
Den Bildern können Sie über das FX-Symbol einen einheitlichen Look verpassen.

Hier finden Sie einen Regler mit Miniaturvorschauen vor. Ziehen Sie diesen Regler in die jeweilige Richtung, um das Bild entsprechend anzupassen. Ähnliches nehmen Sie auch mit dem Regler

208

für FARBE ⓫ vor, mit dem Sie das Bild kühler oder wärmer gestalten können. Interessant ist auch KLARHEIT ⓬, eine Funktion, mit der Sie den Kontrast im Bild verbessern können (und die man im Editor vermisst). Aber im Gegensatz zum KONTRAST-Regler wirkt sich der Regler KLARHEIT mehr in den Mitteltönen aus und schiebt die Tiefen und Lichter nicht so weit auseinander wie der KONTRAST-Regler. Damit können Sie die Kanten im Bilder härter oder auch softer wirken lassen, je nachdem, in welche Richtung Sie diesen Regler ziehen.

Wollen Sie die Änderungen übernehmen, müssen Sie auf SPEICHERN ⓮ drücken. Der Organizer legt hierfür einen Versionssatz (siehe Abschnitt 9.11) an und lässt das Original somit unberührt. Klicken Sie auf FERTIG ⓭, wird die Sofortkorrektur beendet. Beenden Sie die Sofortkorrektur ohne Speichern, erfolgt ein Dialog, der zu Sicherheit nochmals nachfragt, ob Sie die ungesicherten Änderungen nicht doch speichern wollen.

8.3.1 Fotos drehen

Wollen Sie Bilder nach links oder rechts drehen, können Sie die entsprechende Schaltfläche in der Leiste unter dem Medienbrowser verwenden. Entsprechend dem Symbol werden hierbei markierte Bilder um 90° nach links oder nach rechts gedreht. Alternativ führen Sie diese Drehung mit der Tastenkombination [Strg]/[cmd]+[←] oder [Strg]/[cmd]+[→] aus. Beim Drehen von JPEG-Dateien sollten Sie allerdings beachten, dass die Dateien neu komprimiert werden müssen, was einen Qualitätsverlust bedeutet. Photoshop Elements weist Sie auf diesen Verlust hin und bietet an, eine Kopie zu erstellen und nur diese Kopie zu drehen, sodass das Original unangetastet bleibt. Bei Bildern im TIFF-, PSD- und RAW-Format werden diese Drehungen ohne Qualitätsverluste durchgeführt.

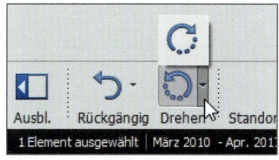

▲ Abbildung 8.42
Bilder drehen

8.4 Vom Organizer zum Fotoeditor

Ihr zentraler Arbeitsablauf sollte künftig so aussehen, dass Sie Ihre Bilder im Organizer verwalten und betrachten und sie bei Bedarf von dort zur Korrektur in den Fotoeditor laden. Am schnellsten laden Sie ein Bild in den Fotoeditor, indem Sie es markieren und die Tastenkombination [Strg]/[cmd]+[I] betätigen. Alternativ finden Sie hierzu auch unterhalb des Medienbrowsers die Schaltfläche EDITOR ❹, um den Fotoeditor zu starten. Natürlich können Sie auch mehrere Bilder markieren und diese gleichzeitig in den Fotoeditor laden. Über das kleine Dreieck ❸ können Sie außer-

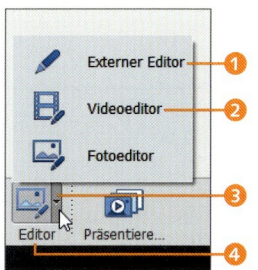

▲ Abbildung 8.43
Vom Organizer zum gewünschten Editor

Organizer im Hintergrund
Wenn Sie vom Organizer zum Fotoeditor wechseln, wird der Organizer nicht beendet. Sollte also der Fotoeditor bei der Arbeit sehr langsam reagieren, beanspruchen möglicherweise Organizer und Fotoeditor zu viel Hauptspeicher.

dem auch noch markierte Medien im VIDEOEDITOR ❷ laden (hierfür wird Adobe Premiere Elements benötigt) oder das Bild in einem anderen Editor (EXTERNER EDITOR ❶) zur Bearbeitung laden.

Den externen Editor können Sie über den Dialog BEARBEITEN/ELEMENTS ORGANIZER • VOREINSTELLUNGEN • BEARBEITEN unter ZUSÄTZLICHE BEARBEITUNGSANWENDUNG VERWENDEN ❺ via DURCHSUCHEN auswählen. Der Dialog wird gewöhnlich auch angezeigt, wenn Sie die Schaltfläche EXTERNER EDITOR angeklickt haben.

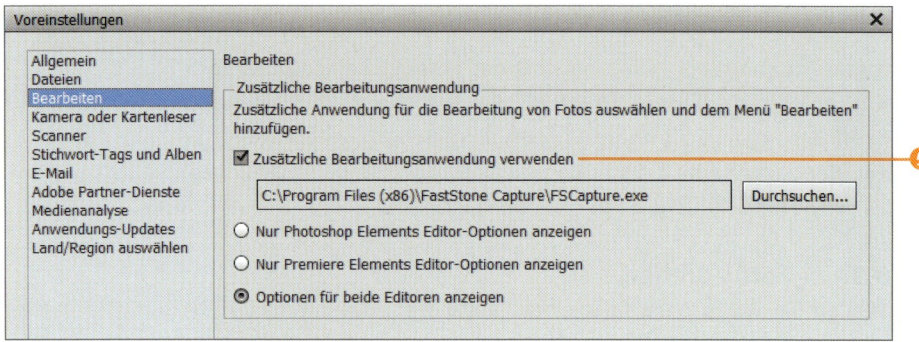

▲ Abbildung 8.44
Bilder können in einem externen Programm geöffnet werden.

Weitere Möglichkeiten ...
Auch mit einem rechten Mausklick auf ein Foto im Medienbrowser finden Sie im Kontextmenü mit MIT PHOTOSHOP ELEMENTS EDITOR BEARBEITEN einen Befehl vor, Bilder im Fotoeditor zu behandeln.

Wenn Sie ein Bild vom Organizer in den Fotoeditor zur Bearbeitung geladen haben, steht das Bild im Organizer nicht mehr zur Verfügung. Angezeigt wird dies im Organizer durch ein Schlosssymbol und durch den Hinweis IN BEARBEITUNG ❻.

◄ Abbildung 8.45
Das Bild wird gerade im Fotoeditor bearbeitet.

Kapitel 9
Fotos organisieren und verwalten

Haben Sie einige Bilder in den Organizer importiert, stehen Sie jetzt vor der Qual der Wahl, womit Sie anfangen, Ihre Bilder zu verwalten. Sie können damit beginnen, einzelne Alben anzulegen, oder erst einmal die Personen, Orte oder Ereignisse in Angriff nehmen. Der eine oder andere wird vielleicht auch zunächst seine Bilder im RAW-Format von den Bildern im JPEG-Format trennen wollen – die Möglichkeiten sind also enorm vielfältig.

9.1 Der Katalog

Der Organizer verwendet einen Katalog, um Bilder und andere Medien zu verwalten. Den Namen des aktuell verwendeten Katalogs sehen Sie links unten in der Statusleiste. Genau genommen handelt es sich bei diesem Katalog im Organizer um eine echte Datenbank.

Katalog = Datenbank
Im Organizer von Photoshop Elements ist der Katalog selbst nichts anderes als eine Datenbank, in der nur textuelle Informationen zum Bild, aber nicht das visuelle Bild selbst enthalten sind. Der Organizer ist kein klassischer Dateimanager wie der Windows Explorer oder der Finder vom Mac, in dem Sie sich durch das Dateisystem hangeln können. Wäre dies so, dann wäre auch gar kein Import nötig.

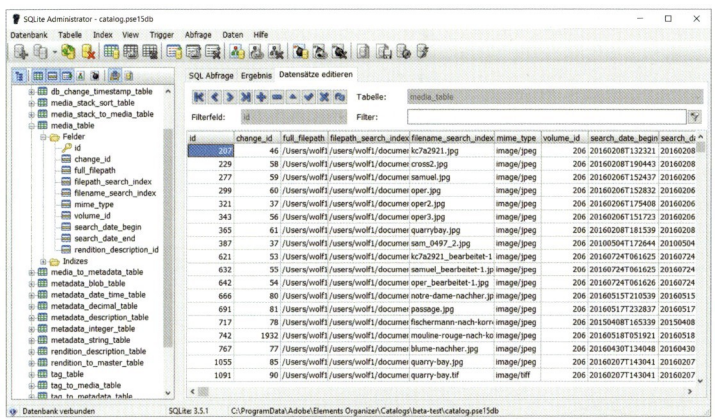

◄ **Abbildung 9.1**
So sieht die Datenbank eines Katalogs vom Organizer aus, wenn Sie Bilder importiert haben.

Somit ist der Katalog vom Organizer nichts anders als eine Textdatei mit allen nötigen Informationen zu den Bildern, die Sie importiert haben und jetzt mit dem Organizer verwalten. In Ab-

Kapitel 9 Fotos organisieren und verwalten

bildung 9.1 habe ich für Sie zur Demonstration eine solche Datenbankdatei mit einem Datenbankmanager geöffnet, damit Sie sehen können, wie solche Einträge im Katalog aussehen. Der Organizer selbst stellt nur eine Verknüpfung zwischen einem Bild selbst und dem Datensatz des Bildes im Katalog her. Sie müssen sich hierbei nicht um die Datenbank kümmern und kommen auch nicht damit in Berührung. Das übernimmt der Organizer für Sie.

Zusätzlich legt der Organizer direkt nach dem Import für jedes Bild eine Vorschaudatei an. Das hat den Vorteil, dass beim Durchscrollen Tausender Bilder nicht jedes Mal ein Vorschaubild generiert werden muss, was die Performance erheblich einbremsen würde. Auch für die Erkennung von Personen legt der Organizer einen eigenen Zwischenspeicher für die Gesichter an.

Dass der Organizer (und auch viele andere Bildverwaltungsprogramme) seine Bilder auf diese Art mithilfe einer Datenbank und Vorschaubildern anstatt eines Dateimanagers verwaltet, bringt für Sie folgende Vorteile mit:

▶ Das Suchen nach Bildern in einer Datenbank ist erheblich schneller, als ganze Verzeichnisse mit großen Bildbeständen zu durchsuchen. Eine Suche mit der Datenbank liefert quasi sofort ein Ergebnis zurück. Dasselbe gilt auch für das Sortieren oder das Zusammenfassen von Bildern zu Alben, Personen, Orten oder Ereignissen.

▶ Enorme Flexibilität beim Verwalten und Bearbeiten der Bilder, weil sich diese an beliebigen Speicherorten wie auf demselben Rechner und/oder externen Festplatten befinden können und Sie nicht erst zu einem bestimmten Verzeichnis wechseln oder eine externe Festplatte anschließen müssen.

Aber der Foto-Downloader kopiert …

Zwar kopieren Sie mit dem Foto-Downloader die Bilder von einer Kamera oder einem Kartenleser in ein anderes Zielverzeichnis, aber Sie sollten diesen Vorgang nur als extra Service des Organizers ansehen. Erst nachdem die Bilder damit vom Quell- ins Zielverzeichnis kopiert wurden, werden diese Bilder vom Organizer aus dem Zielverzeichnis importiert. Genau genommen handelt es sich hierbei um zwei Schritte, und der Katalog kommt erst beim zweiten Schritt ins Spiel. Der Foto-Downloader wurde in Abschnitt 7.4, »Import von Kamera und Kartenleser«, behandelt.

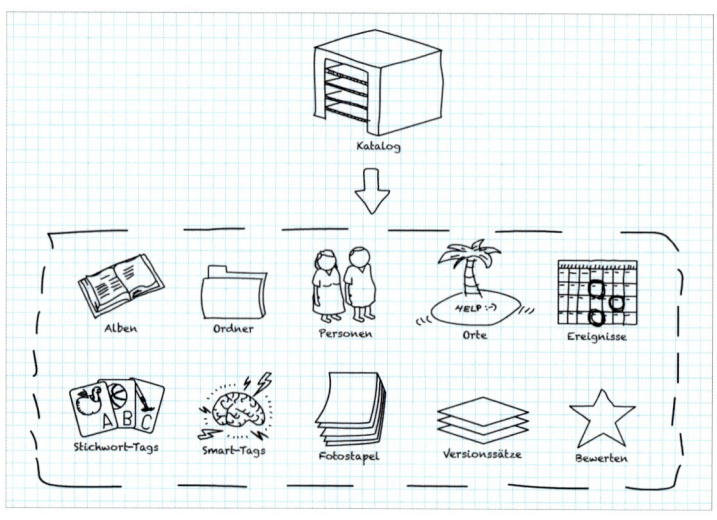

Abbildung 9.2 ▶
Ein erster Überblick über die vielen Möglichkeiten, die Ihnen mit dem Organizer zur Verfügung stehen, um Ihre Fotos zu verwalten

Zugegeben, Sie können Ihre Bilder auch ohne dieses Wissen verwalten und eben den Katalog einfach als Katalog betrachten, aber da ich häufiger Anfragen in dieser Richtung von Lesern bekommen habe, war es mir wichtig, dass nicht der Eindruck entsteht, dass ein Import von Bildern in den Katalog des Organizers nichts mit einer Datenbewegung zu tun hat. Der Katalog selbst ist immer nur an den Informationen der Bilder interessiert.

Katalogmanager aufrufen | Es ist durchaus möglich, mehrere Kataloge anzulegen. Dies ist besonders sinnvoll, wenn mehrere Benutzer denselben Rechner verwenden. Hier ist es ratsam, dass jeder Benutzer einen eigenen Katalog hat. Die Verwaltung können Sie mit dem Katalogmanager über das Menü Datei • Kataloge verwalten oder mit der Tastenkombination [Strg]/[cmd]+[⇧]+[C] erledigen. Alternativ können Sie den Katalogmanager auch aufrufen, indem Sie auf den Namen des Katalogs in der Statusleiste klicken.

▲ **Abbildung 9.3**
Den Katalogmanager durch Anklicken des Katalognamens aufrufen

Mehrere Kataloge? | Sollten Sie allerdings als einzelner Benutzer mehrere Kataloge verwenden wollen, müssen Sie sich dies sehr gut überlegen. Der Adobe Organizer selbst liefert keine Möglichkeit, zwei Kataloge zusammenzuführen. Über den Umfang des Katalogs brauchen Sie sich eigentlich keine Gedanken zu machen: Auf meinen (normal ausgestatteten) Testrechnern hat der Organizer rund 35.000 Bilder ohne große Mühen verwaltet. Sicherlich ist es auch Geschmackssache, aber ich persönlich habe immer gerne alles »unter einem Dach«.

Kataloge verwalten | Einen neuen Katalog richten Sie über die Schaltfläche Neu ❺ ein. Im anschließenden Dialog können Sie den Namen dafür vergeben. Haben Sie eine Vorgängerversion von Photoshop Elements und auch hier schon einen Katalog erstellt, können Sie diesen mit der Schaltfläche Konvertieren ❻ in der neuen Version verwenden.

Einen anderen Namen für den Katalog vergeben Sie über die Schaltfläche Umbenennen ❼. Mit Verschieben ❽ ändern Sie den Speicherort für den Katalog. Hier wählen Sie entweder einen Pfad, der für alle Benutzer zugänglich ist (Standardeinstellung), einen Pfad, der nur für den aktuellen Benutzer erreichbar ist, oder eben einen benutzerdefinierten Pfad.

Da es sich beim Katalog des Organizers um eine echte Datenbank handelt, können hier auch datenbanktypische Inkonsistenzen auftreten, wenn beispielsweise Dateien umbenannt, gelöscht oder verschoben wurden. Hierbei können immer Reste der alten

---

Katalog manuell suchen
Wird Ihr Katalog nicht in der Liste aufgeführt, suchen Sie gegebenenfalls manuell danach, indem Sie die Radioschaltfläche Benutzerdefinierter Pfad ❶ auswählen und den Pfad mit der Schaltfläche Durchsuchen ❷ vorgeben. Die Dateiendung für die Katalogdateien der Version 2018 von Photoshop Elements lautet übrigens »*.pse16db«. Bei der Vorgängerversion lautete diese Endung »*.pse15db« (und bei Elements 14 »*.pse14db«). Natürlich können Sie hierfür auch die Suche Ihres Betriebssystems verwenden.

Daten in der Datenbank erhalten bleiben. Solche »toten« Verknüpfungen können über längere Zeit den Betrieb des Organizers erheblich verlangsamen. Für solche Zwecke steht die Schaltfläche Reparieren ⓫ zur Verfügung, mit der Sie solche Probleme überprüfen und bei Bedarf reparieren können. Ähnliches bewirkt die Schaltfläche Optimieren ❿, mit der Sie den Katalog und den Miniatur-Cache neu sortieren und somit optimieren. Dies können Sie sich ähnlich wie beim Defragmentieren der Festplatte vorstellen.

Der aktuell aktive Katalog wird in der Liste der Kataloge mit dem Text [Aktuell] ❹ versehen. Wollen Sie den Katalog wechseln, brauchen Sie nur den entsprechenden Katalog in der Liste ❸ auszuwählen und auf die Schaltfläche Öffnen ⓬ zu klicken.

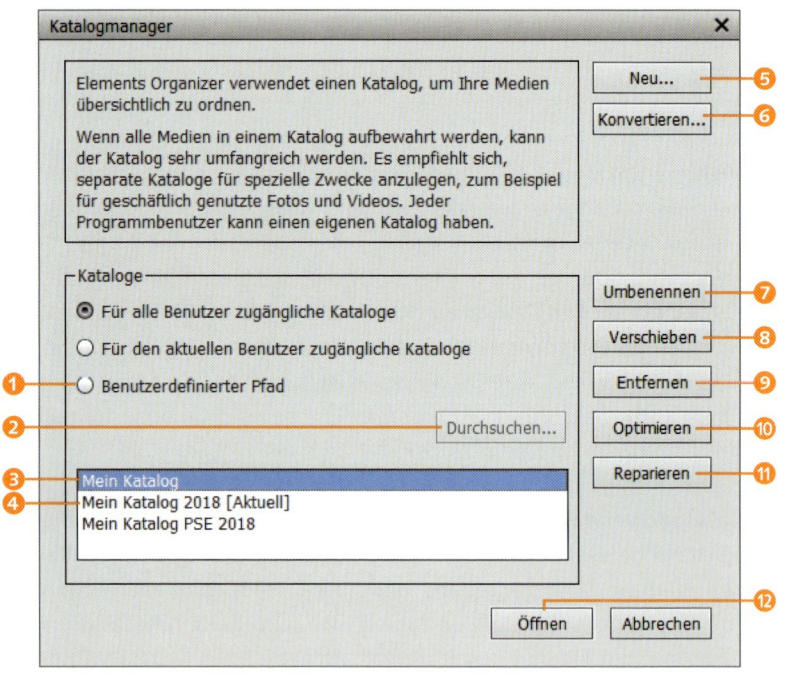

Abbildung 9.4 ▶
Der Katalogmanager zum Verwalten von Katalogen

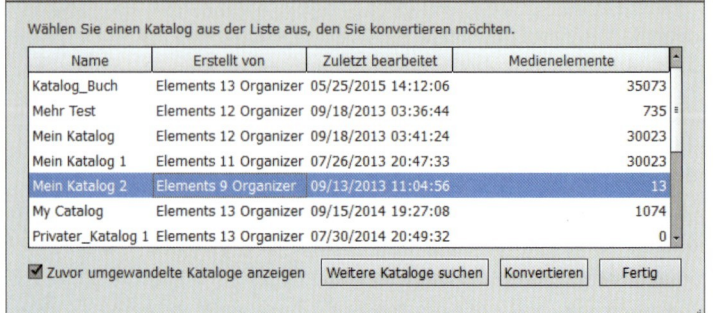

Abbildung 9.5 ▶
Der Dialog wird geöffnet, wenn Sie die Schaltfläche Konvertieren ❻ im Katalogmanager ausgewählt haben.

9.1 Der Katalog

Katalog löschen | Einen Katalog können Sie jederzeit über DATEI • KATALOGE VERWALTEN entfernen, indem Sie ihn im Katalogmanager auswählen und auf die Schaltfläche ENTFERNEN ❾ klicken. Und keine Sorge, hierbei werden keine Bilder von der Festplatte gelöscht, sondern nur die Verweise auf die Bilder mitsamt den Alben, Stichwort-Tags, Bewertungen usw. Die einzige Bedingung beim Löschen eines Katalogs ist, dass dieser **nicht** geöffnet sein darf (zu erkennen an dem Schriftzug [AKTUELL], der beim Löschen **nicht** dort stehen sollte).

Bilder löschen | Bilder, die Sie aus dem Katalog löschen wollen, brauchen Sie im Grunde nur zu markieren und dann über BEARBEITEN • AUS KATALOG LÖSCHEN bzw. ⎡Entf⎤/⎡cmd⎤+⎡←⎤ zu entfernen. Denselben Befehl finden Sie auch im Kontextmenü, wenn Sie das oder die Bild(er) markiert haben und die rechte Maustaste betätigen.

Für gewöhnlich werden ausgewählte Elemente nur aus dem Katalog und nicht von der Festplatte gelöscht. Wollen Sie das ausgewählte Element komplett von der Festplatte löschen, müssen Sie die Option AUSGEWÄHLTE ELEMENTE AUCH VON DER FESTPLATTE LÖSCHEN ⓭ im sich öffnenden Dialog aktivieren.

> **Mehrere Elemente markieren**
> Mehrere zusammenliegende Elemente können Sie mit gehaltener ⎡⇧⎤-Taste markieren; nicht zusammenliegende Elemente markieren Sie mit ⎡Strg⎤/⎡cmd⎤.

> **Versehentlich gelöscht?**
> Haben Sie Elemente versehentlich von der Festplatte gelöscht, keine Panik! Sie können den Vorgang jederzeit mit ⎡Strg⎤/⎡cmd⎤+⎡Z⎤ oder BEARBEITEN • RÜCKGÄNGIG: LÖSCHEN wieder rückgängig machen. Auch wenn Sie den Organizer bereits beendet haben, finden Sie die gelöschten Elemente nach wie vor im Papierkorb Ihres Systems wieder, aus dem Sie sie ebenfalls wiederherstellen können.

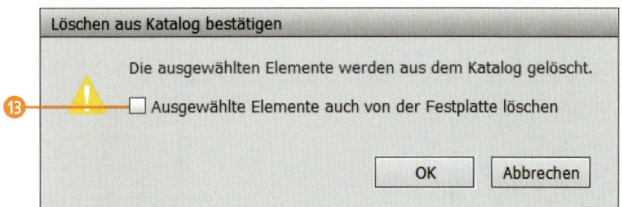

◀ **Abbildung 9.6**
Ausgewählte Elemente aus dem Katalog (oder auch von der Festplatte) löschen

Fehlende Dateien | Im Laufe der Zeit wird Ihre Fotosammlung immer umfangreicher werden – da kann es vorkommen, dass Sie ein Bild in den Ordnern Ihres Betriebssystems unabhängig vom Organizer verschieben oder löschen. Solche verschobenen oder gelöschten Bilder werden dann im Medienbrowser mit einem Fragezeichen ⓮ angezeigt. Das Fragezeichen wird übrigens auch angezeigt, wenn sich das Bild auf einer externen Festplatte befindet und dieses Laufwerk nicht angeschlossen ist.

Wenn es nicht daran liegt, dass ein externes Speichermedium auf dem sich das Bild befindet, nicht angeschlossen ist, können Sie versuchen, durch einen Doppelklick auf das Bild die fehlende Datei von Photoshop Elements suchen zu lassen. Die Suche wird automatisch gestartet und beginnt zunächst in den Verzeichnissen, in denen Bilder üblicherweise abgelegt sind. Danach erst wird die Suche auf die gesamte Festplatte ausgeweitet.

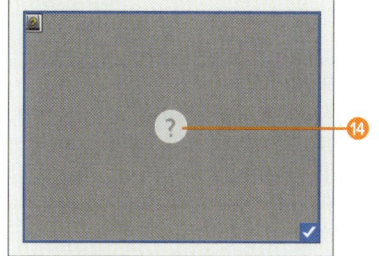

▲ **Abbildung 9.7**
Zum (Vorschau-)Bild gibt es keine passende Verknüpfung mehr.

Abbildung 9.8 ▶
Suche nach einer fehlenden Datei

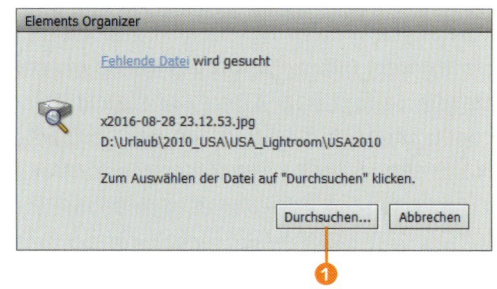

> **Manuell suchen**
> Falls Sie wissen, wo sich die fehlende Datei befindet, können Sie beim Dialog zur Suche auf Durchsuchen ❶ klicken und den Pfad der verschobenen Datei manuell angeben. Dasselbe erreichen Sie übrigens auch über den Katalogmanager (Datei • Kataloge verwalten) mit der Schaltfläche Reparieren für den gesamten Katalog.

Sollte die automatische Suche fehlschlagen, werden Sie aufgefordert, die Datei manuell zu suchen. Falls Sie die Datei nicht mehr finden, können Sie den Eintrag hier ❷ komplett aus dem Katalog löschen. Wenn Sie auf der rechten Seite ❹ den Ordner mit der fehlenden Datei gefunden haben und unten beide Miniaturen identisch sind, können Sie auf die Schaltfläche Erneut verbinden ❸ klicken.

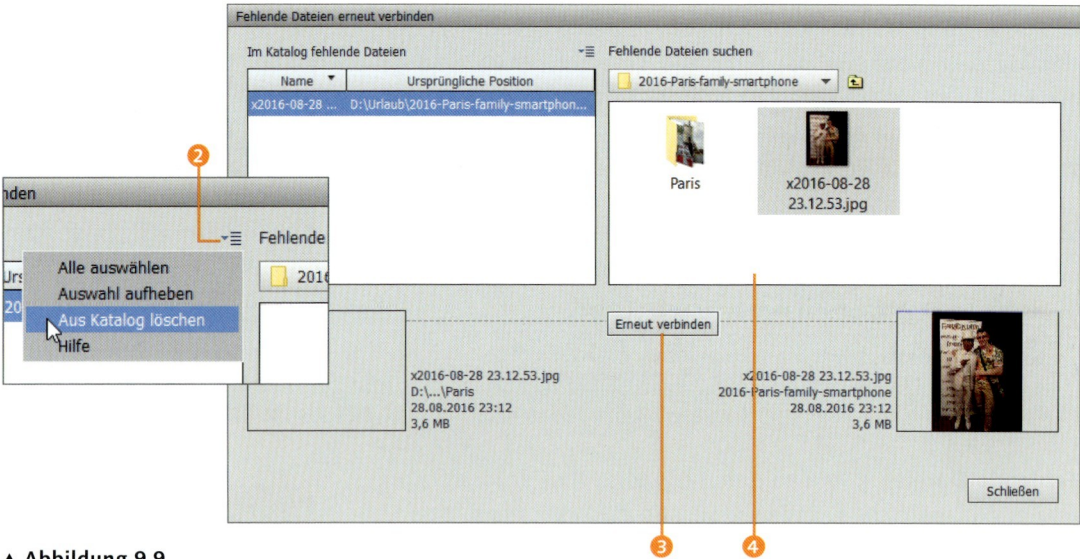

▲ **Abbildung 9.9**
Mit der manuellen Suche können Sie gezielt zum Speicherort der Datei navigieren.

Falls Sie gezielt nach allen fehlenden Dateien im Medienbrowser suchen wollen, finden Sie im Menü Suchen • Alle fehlenden Dateien eine passende Funktion dazu, die alle fehlenden Dateien im Medienbrowser auflistet.

9.2 Alben erstellen und verwalten

Fast nach jedem Import in den Organizer verwende ich die Alben, weil diese sich ideal dazu eignen, Bilder für unterschiedliche Anlässe zusammenzustellen. Die Alben sind vom Prinzip her für

9.2 Alben erstellen und verwalten

mich wie eine Playlist meiner Lieblingssongs – nur hier in diesem Fall eben eine Playlist mit meinen Lieblingsfotos. Wie Sie die Alben verwenden, bleibt Ihnen selbst überlassen. Sie können zum Beispiel eigene Kategorien für Landschaftsaufnahmen, Porträts, Hochzeiten, Studioaufnahmen, Reisen, Reportagen, Sportfotos usw. erstellen.

Schritt für Schritt
Ein neues Album erstellen

1 Albumkategorie erstellen

Wenn Sie Alben erstellen, empfehle ich Ihnen, entsprechend zum Thema eine Albumkategorie zu erstellen, um so die Übersicht zu behalten, wenn sich die Anzahl der Alben erhöht. Eine solche Albumkategorie ist im Grunde nichts anders als ein übergeordneter Knoten, über den Sie später einzelne Alben hinzufügen können. Aktivieren Sie, falls nicht schon angewählt, den Reiter ALBEN **5**, und klicken Sie auf das grüne Plussymbol **6**. Wählen Sie hierbei zunächst NEUE ALBUMKATEGORIE **7** aus. Geben Sie im folgenden Dialog für die Albumkategorie einen beliebigen Namen **8** ein (hier »Dokumentationen«), und bestätigen Sie die Eingabe mit OK. Eine ÜBERGEORDNETE ALBUMKATEGORIE wurde noch nicht angelegt.

> **Alben auf der Festplatte?**
> Beachten Sie dabei, dass das Einsortieren der Bilder in Alben nichts mit dem Ablageort in Verzeichnissen zu tun hat. Die Albumstruktur, die Sie im Organizer erstellen, ist also völlig unabhängig von der Ordnerstruktur auf Ihrer Festplatte. Es handelt sich hierbei lediglich wieder um einen Eintrag in den Katalog des Organizers. Sind Sie eher an der Verzeichnisstruktur Ihres Systems interessiert, sollten Sie sich dazu Abschnitt 9.3, »Ordneransicht«, näher ansehen.

> **Albumkategorie optional**
> Das Erstellen einer Albumkategorie ist nicht unbedingt nötig, wenn Sie ein Album erstellen wollen. Sie können auch Alben ohne eine Kategorie erstellen.

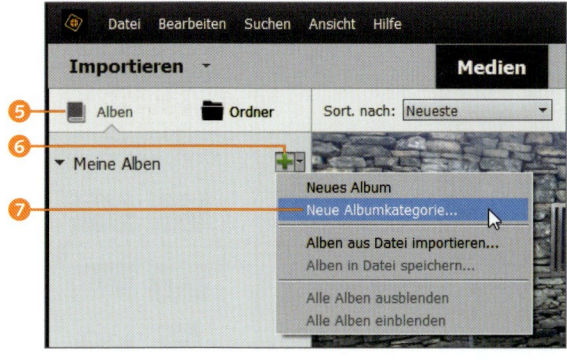

▲ Abbildung 9.10
Eine NEUE ALBUMKATEGORIE anlegen

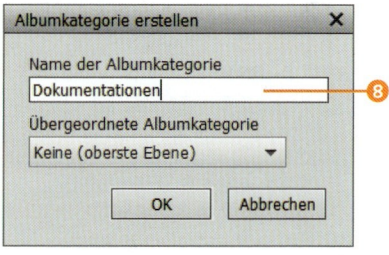

▲ Abbildung 9.11
Vergeben Sie einen aussagekräftigen Namen.

2 Neues Album erstellen

Klicken Sie nun wieder im Bereich LOKALE ALBEN auf das grüne Plussymbol, und wählen Sie aus der Liste den Eintrag NEUES ALBUM aus. Auf der rechten Seite des Organizers wird jetzt ein entsprechendes Bedienfeld angezeigt. Das Album wird als Untergruppe (bzw. als Unterordner) für die soeben erstellte Albumkategorie (im Beispiel DOKUMENTATIONEN) verwendet. Wählen

Kapitel 9 Fotos organisieren und verwalten

▲ **Abbildung 9.12**
In der Albumkategorie legen Sie nun ein neues Album an.

▼ **Abbildung 9.13**
Ziehen Sie passende Bilder per Drag & Drop vom Medienbrowser ins Album.

Sie daher im Dialog in der Liste KATEGORIE ❷ die entsprechende übergeordnete Kategorie aus (hier DOKUMENTATIONEN). Vergeben Sie jetzt noch einen Namen ❶ für das Album (hier zum Beispiel »Ländliche Märkte in China«).

3 Bilder zuordnen

Integrieren Sie nun alle passenden Bilder in das neue lokale Album (LÄNDLICHE MÄRKTE IN CHINA). Markieren Sie zu diesem Zweck im Medienbrowser die Bilder (beispielsweise mit gehaltener [Strg]/[cmd]-Taste), die Sie dem Album hinzufügen wollen, sodass sie mit einem blauen Rahmen und einem blauen Häkchen hinterlegt sind. Ich füge auf diese Weise meine Lieblingsbilder zum Album hinzu. Über die Schaltfläche ALLE ❸ können Sie alle gerade sichtbaren Medien im Medienbrowser markieren. Alle ausgewählten Bilder abwählen können Sie hingegen mit der Schaltfläche KEINE ❹. Haben Sie die Bilder ausgewählt, ziehen Sie diese entweder mit gedrückter linker Maustaste in das Feld INHALT ❼ (per Drag & Drop) oder klicken auf die Schaltfläche DEM MEDIENBEREICH HINZUFÜGEN ❺.

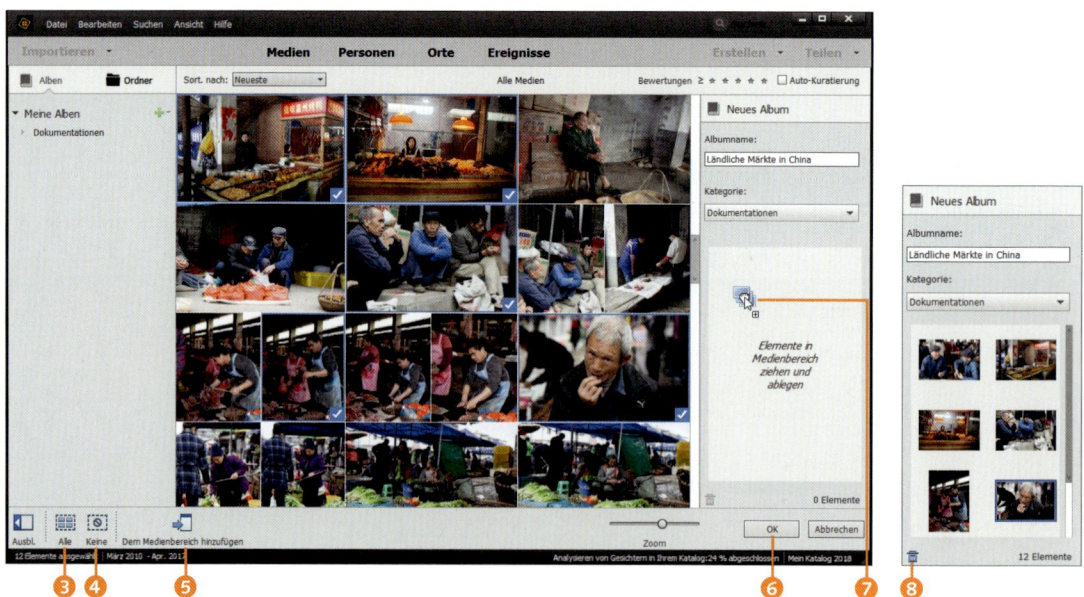

Versionssätze und Fotostapel
Wenn Sie einem Album Versionssätze und/oder Fotostapel hinzufügen, wird dem Album automatisch der komplette Stapel hinzugefügt, egal, ob Sie nur ein Bild hinzufügen wollten oder nicht.

Bilder, die Sie versehentlich dorthin gezogen haben, können Sie markieren und mit dem Mülleimersymbol ❽ wieder aus dem Feld INHALT entfernen.

Diesen Vorgang können Sie immer wiederholen, wenn Sie weitere zum Album passende Bilder finden. Klicken Sie auf die Schaltfläche OK ❻, wenn Sie dem Album alle Bilder hinzugefügt haben.

4 Auf das Album zugreifen

Künftig zeigt nun ein kleines Symbol rechts unten beim Bild an, dass sich dieses Bild in einem Album befindet. Fahren Sie mit dem Mauszeiger über das Symbol !10!, wird auch angezeigt, in welchem Album das Bild liegt.

Unter ALBEN finden Sie jetzt auch das neu erstellte Album LÄNDLICHE MÄRKTE IN CHINA !9!. Mit einem Klick auf dieses Album werden alle darin enthaltenen Bilder im Medienbrowser angezeigt.

◀ **Abbildung 9.14**
Das Symbol !10! zeigt an, dass sich das Bild in einem Album befindet und wie das Album heißt. Wird das Icon nicht angezeigt, ist eventuell die Zoomgröße zu klein. Vergrößern Sie dann die Miniaturvorschau mit dem Regler ZOOM.

Durch Albumkategorien navigieren | Um ein Album innerhalb einer Albumkategorie auszuwählen, müssen Sie zunächst die Albumkategorie expandieren, damit die einzelnen Alben darin angezeigt werden. Ein Klick auf das kleine Dreieck der Albumkategorie !12! links genügt hierzu. Mit einem erneuten Klick klappen Sie das Album wieder in der Gruppe zusammen – genau wie bei der Ordnerhierarchie im Dateisystem. Das gerade aktive Album wird mit blauem Hintergrund !11! hervorgehoben.

Tipp: Bilderreihenfolge ändern
Die Reihenfolge der Bilder in einem Album (und nur dort) können Sie jederzeit per Drag & Drop verändern. Ziehen Sie dazu einfach das Bild an die Stelle im Medienbrowser, an der Sie es platzieren wollen, und lassen Sie dann die Maustaste los.

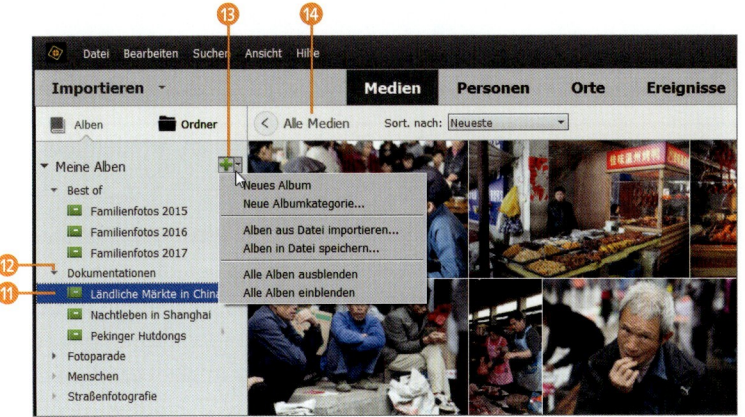

◀ **Abbildung 9.15**
So sortieren Sie Ihre Bilder übersichtlich.

Kapitel 9   Fotos organisieren und verwalten

Alternativ können Sie auch durch einen Mausklick auf die grüne Plus-Schaltfläche ⑬ über die Befehle ALLE ALBEN EINBLENDEN und ALLE ALBEN AUSBLENDEN sämtliche Albumkategorien mit einem Klick öffnen und schließen. Mit der Schaltfläche ALLE MEDIEN ⑭ werden wieder alle Bilder im Medienbrowser angezeigt.

Die Anzahl der Elemente, die sich in dem Album befinden, das gerade ausgewählt wurde, wird in der Statusleiste angezeigt. Auch der Zeitpunkt oder Zeitraum, wann die Bilder fotografiert wurden, finden Sie hier.

▲ **Abbildung 9.16**
Anzahl der Elemente und Zeitpunkt der Aufnahme im Album – hier 14 Elemente im April 2015

Dem Album weitere Bilder hinzufügen | Es ist ohne großen Aufwand möglich, einem Album weitere Medien hinzuzufügen. Hierzu brauchen Sie nur die gewünschten Bilder (mehrere beispielsweise mit gehaltener Strg/cmd-Taste) im Medienbrowser zu markieren, sodass diese mit einem blauen Rahmen und Häkchen ❷ hinterlegt sind. Jetzt müssen Sie nur noch diese ausgewählten Bilder mit gedrückt gehaltener linker Maustaste auf das Album ziehen ❶ und dort fallen lassen. Andersherum funktioniert dies übrigens genauso, indem Sie ein Album auf die Medien ziehen und dort fallen lassen.

Alternativ können Sie auch das Album (bzw. den Albumnamen) mit der rechten Maustaste anklicken und im Kontextmenü BEARBEITEN auswählen. Hierbei wird im rechten Bedienfeld dann die bereits bekannte Albumverwaltung angezeigt, in der Sie weitere Bilder hinzufügen oder entfernen können.

Abbildung 9.17 ▼
Weitere Bilder lassen sich ganz bequem per Drag & Drop einem Album hinzufügen.

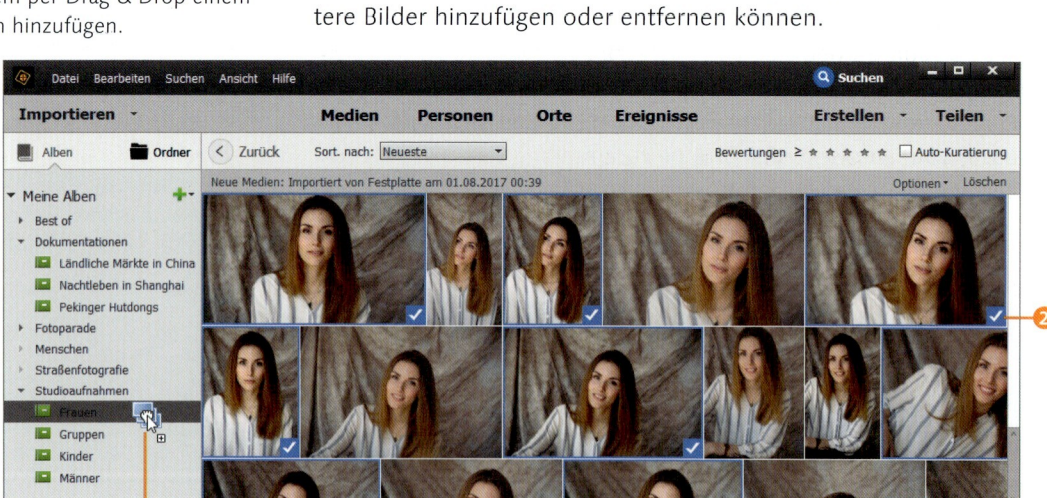

Bilder aus Alben entfernen | Schnell passiert es, dass man bei einer umfangreichen Markierungsaktion ein Bild versehentlich in das falsche Album schiebt. Da sich Fotos aber in zwei oder mehr Alben gleichzeitig befinden dürfen, ist dies kein Problem. Mar-

9.2 Alben erstellen und verwalten

kieren Sie das Bild einfach noch einmal, und ziehen Sie es mit gedrückter linker Maustaste in das gewünschte Album.

Das Bild ist nun in beiden Alben vorhanden. Um es aus dem falschen Album wieder zu entfernen, klicken Sie mit rechts auf das kleine Albumsymbol ❸ in der Miniaturvorschau des Bildes im Medienbrowser. Im Kontextmenü werden dann alle Alben angezeigt, in die das Foto einsortiert ist. Hier können Sie das Bild aus dem falschen Album löschen.

Ein Bild in mehreren Alben
Ein Bild kann durchaus in mehreren Alben vorkommen. So möchte man manchmal ein Album in verschiedene Themen gliedern, um die Bilder noch schneller zu finden.

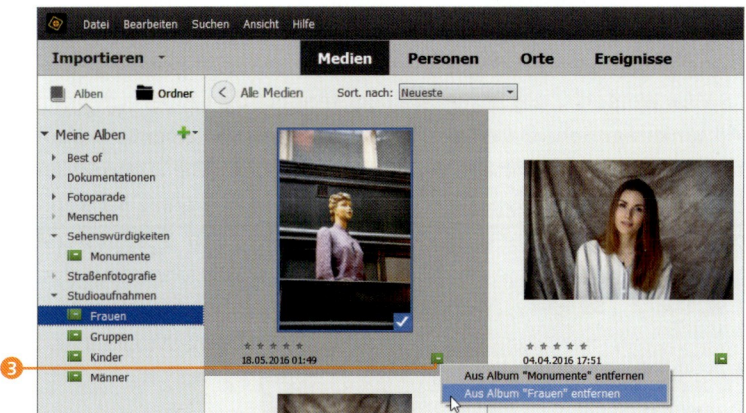

◀ **Abbildung 9.18**
Die Aufnahme von Monumente passt einfach nicht in das Album Frauen.

Alben und Albumkategorien löschen, umbenennen oder bearbeiten | Genauso einfach, wie Sie Albumkategorien und Alben erstellen, können Sie diese auch wieder entfernen. Hierzu klicken Sie das Album oder die Albumkategorie mit der rechten Maustaste an und wählen im Kontextmenü den Befehl Löschen ❻ aus.

Wie das Löschen funktioniert auch das nachträgliche Bearbeiten von Alben oder Albumkategorien: Führen Sie einen Rechtsklick auf dem gewünschten Album (oder der Albumkategorie) aus, und wählen Sie im Kontextmenü Bearbeiten ❹ aus.

Alben und Albumkategorien umbenennen
Auch das Umbenennen von Alben bzw. Albumkategorien erreichen Sie über einen rechten Mausklick auf das Album oder die Albumkategorie und den Befehl Umbenennen ❺ im Kontextmenü.

◀ **Abbildung 9.19**
Alben und Albumkategorien lassen sich ganz einfach über einen rechten Mausklick mit den Befehlen des Kontextmenüs nachträglich bearbeiten, löschen oder umbenennen.

XML

XML ist die Abkürzung für **E**x**t**ensible **M**arkup **L**anguage (englisch für *erweiterbare Auszeichnungssprache*). Es handelt sich dabei um eine Auszeichnungssprache zur Darstellung hierarchisch strukturierter Daten in Form von Textdateien. XML wird zum Beispiel für den Austausch von Daten zwischen verschiedenen Computersystemen und -programmen eingesetzt, speziell auch über das Internet. Ein solches XML-Dokument besteht in der Regel aus reinen ASCII-Textzeichen. Es enthält keine Binärdaten und ist somit für jedermann mit einem Texteditor les- und editierbar.

Albumkategorien importieren und exportieren | Vielleicht besitzen Sie eine Vorgängerversion von Photoshop Elements und möchten bereits angelegte Albumkategorien in einer neuen Version oder auf einem anderen Rechner verwenden? In diesem Fall können Sie ganze Albumkategorien in eine XML-Datei exportieren. Klicken Sie einfach auf die grüne Plus-Schaltfläche, und wählen Sie ALBEN IN DATEI SPEICHERN ❶ aus. Sie können auch bereits exportierte Albumkategorien wieder importieren. Klicken Sie hierzu auf die grüne Plus-Schaltfläche, wählen Sie ALBEN AUS DATEI IMPORTIEREN ❷ aus, und selektieren Sie dann die exportierte XML-Datei mit den Daten zu den Albumkategorien.

Wohlgemerkt, die Betonung liegt hier auf den Alben und den Albumkategorien. Damit Sie das nicht falsch verstehen: Hiermit werden nicht die Inhalte (wie Bilder) dieser Alben importiert bzw. exportiert! Hierzu nutzen Sie die Funktion DATEI • KATALOG SICHERN (siehe Abschnitt 9.14.1).

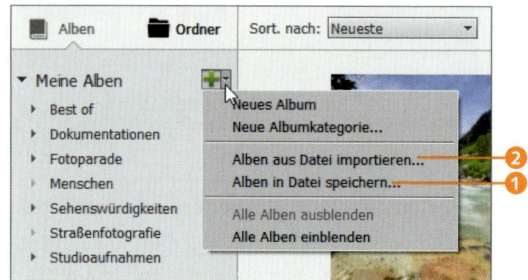

Abbildung 9.20 ▶
Auch das Importieren und Exportieren von Albumkategorien als XML-Datei ist möglich.

Was sind Metadaten?

Metadaten sind an sich nichts Komplexes und enthalten die Informationen zum Inhalt des Bildes. Zwar sagt ein Bild oft mehr aus als tausend Worte, aber trotzdem gibt es Informationen, die nur mit Worten beschrieben werden können. Das können einfache Dinge sein wie: Wann wurde das Bild gemacht und wo? Welche Kamera wurde mit welchen Einstellungen verwendet? Oder wer sind diese Leute auf den Bildern? Und wer hat das Bild überhaupt gemacht, und kann ich es einfach verwenden? Für solche und noch unzählige viele weitere Informationen gibt es Metadaten.

Alben anhand bestimmter Metadaten erstellen | Mit dem Organizer ist es auch möglich, Alben mit allen Arten von Metadaten (Dateityp, Kameramarke, ISO-Empfindlichkeit, Megapixel, Bildgröße, Verschlussgeschwindigkeit usw.) zu erstellen, die in den Bildern enthalten sind. Da sich die Optionen mit UND oder ODER verknüpfen lassen, sind die Möglichkeiten schier unendlich.

Schritt für Schritt
Album nach Metadaten erzeugen

Persönlich verwende ich die Erstellung der Alben, um meine Bilder, die ich im RAW- und JPEG-Format erstellt habe, gesondert in einem Album zu speichern und zu trennen. Dieser Workshop zeigt Ihnen, wie Sie solche Alben erstellen können.

1 Suchen-Dialog öffnen

Um ein neues Album nach Metadaten zu erzeugen, müssen Sie den Dialog über SUCHEN • DETAILS (METADATEN) aufrufen.

2 Suchkriterien festlegen (1)

Nun legen Sie Ihre Suchkriterien fest. Über die Radiobuttons entscheiden Sie zunächst, ob Sie eine UND-Suche oder eine ODER-Suche durchführen wollen. Mit der Option BELIEBIGES DER FOLGENDEN SUCHKRITERIEN [ODER] ❹ geben Sie an, dass nur eines der folgenden Suchkriterien zutreffen muss. Bei der anderen Option, ALLE DER FOLGENDEN SUCHKRITERIEN [UND] ❺, müssen sämtliche aufgeführten Kriterien zutreffen. Wenn Sie nur ein einziges Suchkriterium anlegen, sollten Sie die erste Option auswählen.

3 Suchkriterien festlegen (2)

In der ersten Dropdown-Liste ❸ bestimmen Sie, wonach Sie genau suchen wollen. Die Liste bietet eine Vielzahl von Suchkriterien. Ich habe hier zunächst DATEIFORMAT ausgewählt, da ich nach RAW-Dateien suchen will. Die Dropdown-Liste in der Mitte verschwindet jetzt. In der rechten Liste ❼ wählen Sie das Dateiformat aus, das dem neuen Smart-Album hinzugefügt werden soll. Im Beispiel habe ich hierfür CAMERA RAW verwendet. Natürlich könnten Sie hier auch nur JPEG oder andere Formate wählen, falls Sie keine RAW-Formate auf dem Rechner haben.

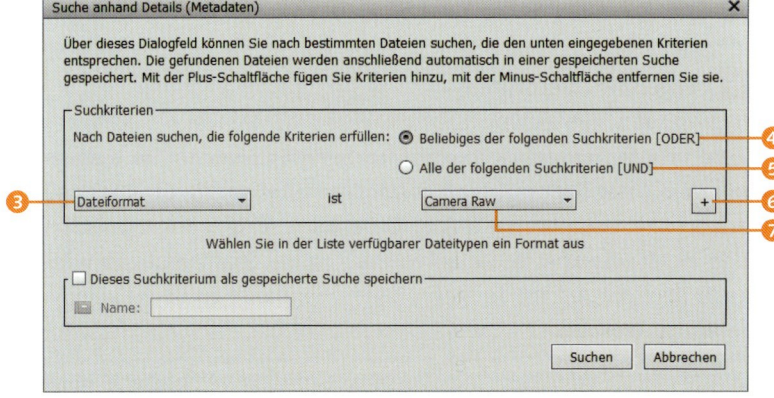

◀ **Abbildung 9.21**
Das erste Suchkriterium steht fest.

4 Weitere Suchkriterien festlegen

Über die kleine Plus-Schaltfläche ❻ hinter dem zuletzt festgelegten Suchkriterium könnten Sie ein weiteres Suchkriterium hinzufügen. Im Beispiel habe ich zusätzlich die KAMERAMARKE gewählt, die den Namen CANON enthalten muss (daher die Option ENTHÄLT) ❶ (Abbildung 9.22).

Stellen Sie diese Suche nun als UND-Suche ❷ ein, damit nach allen Dateien gesucht wird, deren Dateiformat »Camera Raw« ist **und** die mit einer Canon-Kamera erstellt wurden. Bei einer ODER-Suche würden alle Dateien im RAW-Format gefunden

Fehlerquelle

Eine typische Fehlerquelle ist das Ignorieren oder die Verwechslung der Kriterien UND/ODER. Sobald Sie mehr als ein Suchkriterium verwenden, macht es einen gewichtigen Unterschied, ob Sie »die Bilder UND die Bilder« oder »die Bilder ODER die Bilder« anzeigen lassen. Sollten also unerwartet viele oder wenige Bilder im Medienbrowser aufgelistet werden, stellen Sie sicher, dass Ihnen hier kein Fehler unterlaufen ist.

sowie alle Bilder, die mit einer Canon-Kamera gemacht wurden – also auch JPEG-Dateien, wenn sie mit einer Canon erstellt wurden. Gehen Sie daher umsichtig bei der Definition der Suchkriterien vor.

Sie können auch mehrere Suchkriterien verbinden und über die Plus-Schaltfläche weitere Suchkriterien hinzufügen oder Kriterien über die Minus-Schaltfläche ❸ wieder entfernen. Wenn Sie fertig sind, bestätigen Sie mit Suchen ❹.

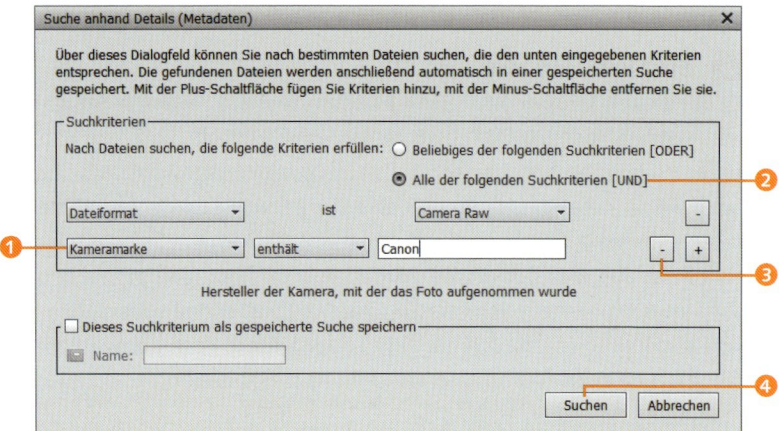

Abbildung 9.22 ▶
Das zweite Suchkriterium schränkt die Suche weiter ein.

5 Ergebnis überprüfen

Jetzt sollten alle gewünschten Medien gemäß dem Suchkriterium im Medienbrowser aufgelistet werden. Fahren Sie einfach mit dem Mauscursor über eine Miniaturvorschau ❻, um mehr zu erfahren. Hier werden jetzt der Dateiname (CR2 = RAW-Format) und der Kamerahersteller aufgelistet. In der Statusleiste ❺ wird außerdem die Anzahl der gefundenen Elemente zu dem Suchkriterium aufgelistet.

Abbildung 9.23 ▼
Alle Dateien im RAW-Format und entsprechende Kamerahersteller werden im Medienbrowser angezeigt.

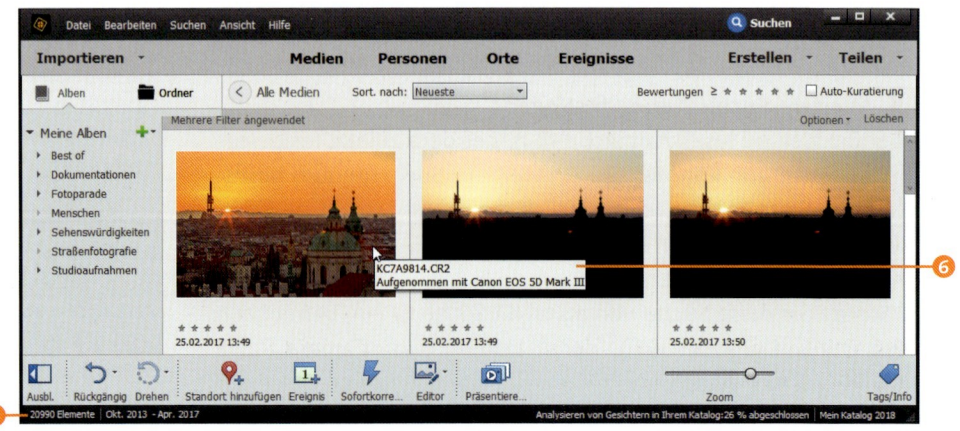

6 Neues Album anlegen

Markieren Sie jetzt alle Bilder, und legen Sie, wie in »Alben erstellen und verwalten« in Abschnitt 9.2 beschrieben, ein neues Album für die Dateien im Rohformat (RAW) an.

9.3 Ordneransicht

Viele Leser pflegen eine hierarchische Verwaltung ihrer Fotos in einzelnen Ordnern auf dem System (Explorer, Finder) und bevorzugen Ordner statt Alben. Für solche und weitere Zwecke bietet der Organizer die Ordneransicht – genauer zwei verschiedene – an. Um zwischen der Alben- und der Ordneransicht zu wechseln, müssen Sie nur die entsprechenden Reiter mit ALBEN ❼ oder ORDNER ❽ anklicken.

9.3.1 Flache Ordneransicht – Listenansicht

Der Ordner der Medien, die Sie in den Organizer importiert haben (siehe Kapitel 7), wird sofort in der Liste EIGENE ORDNER innerhalb des Reiters ORDNER angezeigt. Dieser Ordnername entspricht exakt dem Namen, unter dem sich Ihre Bilder auf dem System befinden. Klicken Sie einen Ordner an, wird der Inhalt im Medienbrowser angezeigt.

▲ **Abbildung 9.24**
Endlich herrscht auch Ordnung bezüglich der verschiedenen Medien im Medienbrowser – schneller Zugriff auf die JPEGs, RAWs und Videos.

◀ **Abbildung 9.25**
Flache Listenansicht importierter Ordner

Bleiben Sie mit dem Mauscursor über dem Ordnernamen stehen, wird der Pfad ❾ zu diesem Ordner auf Ihrem System eingeblendet. Um wieder alle Medien im Medienbrowser anzuzeigen, müssen Sie lediglich wieder auf ALLE MEDIEN ❿ klicken.

Kapitel 9 Fotos organisieren und verwalten

Keine Bildervorschau
Zwar haben und werden Sie dieses Mantra immer wieder hören, aber manchmal ist es nötig, sich vor Augen zu halten, dass der Organizer die Bilder lediglich in einer Datenbank verwaltet. Sonst wäre gar kein Import nötig, wenn Sie sich einfach so durch das Dateisystem hangeln könnten. Aus diesem Grund gibt es auch keine Vorschau der Bilder der nicht importierten Ordner. Wenn Sie einen Dateimanager benötigen, können Sie über das Kontextmenü den Ordner im Explorer bzw. Finder des Betriebssystems öffnen.

Abbildung 9.26 ▶
Wechseln Sie in die volle Ordneransicht.

Zurück zur flachen Ordneransicht
Zurückschalten zur flachen Ordneransicht können Sie, indem Sie wieder auf das kleine Dropdown-Menü ❶ rechts neben dem Textlabel Eigene Ordner klicken und dort den Befehl Als Liste anzeigen auswählen.

9.3.2 Volle Ordneransicht – Baumstruktur

Wollen Sie in die volle Ordneransicht wechseln, um sich wie auf Ihrem System gewohnt von Ordner zu Ordner zu hangeln, brauchen Sie nur das kleine Dropdown-Menü ❶ neben dem Label Eigene Ordner anzuklicken und den Befehl Als Baumstruktur anzeigen auszuwählen. In der vollen Ordneransicht finden Sie auf der linken Seite einen hierarchischen Ordnerbrowser, über den Sie sich durch die Verzeichnisse (und Laufwerke) des Betriebssystems hangeln können. Werden nicht alle Ordner angezeigt, brauchen Sie nur einen der Ordner mit der rechten Maustaste anzuklicken und im Kontextmenü den Befehl Alle Unterordner anzeigen ❷ auszuwählen.

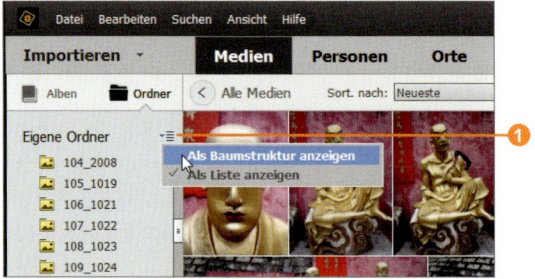

Einzelne Ordner importieren | Wurden in einem Ordner bereits Bilder in den Katalog importiert, erkennen Sie dies daran, dass sich beim Ordnersymbol ein kleines Bildchen ❹ befindet. Der Übersicht zuliebe werden in der vollen Ordneransicht als Baumstruktur zunächst nur die Ordner aufgelistet, in die bereits enthaltene Medien importiert wurden.

Abbildung 9.27 ▶
In der vollen Ordneransicht werden zunächst nur Ordner mit importierten Bildern angezeigt.

226

Wollen Sie, dass alle enthaltenen Ordner angezeigt werden, müssen Sie nur den entsprechenden Ordner mit der rechten Maustaste anklicken und im Kontextmenü ALLE UNTERORDNER ANZEIGEN ❷ wählen. Wollen Sie hierbei jetzt einen bestimmten Ordner in den Organizer importieren, klicken Sie ihn einfach mit der rechten Maustaste an und wählen im Kontextmenü MEDIEN IMPORTIEREN ❸ aus.

9.3.3 Ordner überwachen

Um künftig nicht bei jedem neuen Bild einen Import zu starten, können Sie einzelne Ordner überwachen und so den Bildbestand im Organizer ständig aktuell halten. Standardmäßig wird hierbei der Bilderordner des Betriebssystems überwacht. Diese Einstellung können Sie über das Menü DATEI • ORDNER ÜBERWACHEN modifizieren.

Sobald Sie ein Bild in einen der überwachten und aufgelisteten Ordner ❼ kopieren, teilt der Organizer mit, dass neue Dateien gefunden wurden, und fragt Sie, ob Sie diese Datei(en) dem Medienbrowser hinzufügen wollen. Möchten Sie nicht bei jedem Foto benachrichtigt werden, wählen Sie statt der Radioschaltfläche BENACHRICHTIGEN ❻ die Radioschaltfläche DATEIEN AUTOMATISCH ZU ELEMENTS ORGANIZER HINZUFÜGEN ❺ aus.

Über HINZUFÜGEN ❾ können Sie weitere Ordner bestimmen, die Sie vom Organizer überwachen lassen wollen. Um einen Ordner aus der Liste zu löschen, markieren Sie ihn; die zuvor ausgegraute Schaltfläche ENTFERNEN ❿ lässt sich sodann wieder anklicken.

Eigene Bilder
Auch wenn die Checkbox ORDNER UND DEREN UNTERORDNER AUF NEUE DATEIEN ÜBERWACHEN ❽ aktiviert ist, kann der Organizer bei sehr vielen Unterordnern und Bildern einige Probleme mit der alleinigen Überwachung des Standard-Bilderordners bekommen. Daher ist es manchmal sinnvoll, auch die Unterordner der Liste der überwachten Ordner hinzuzufügen.

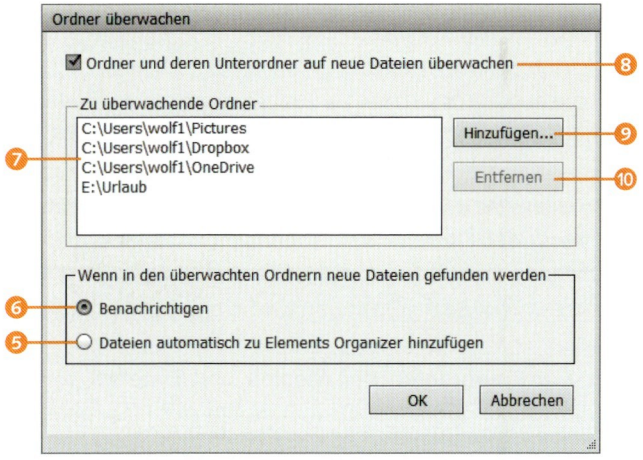

Tipp: Dropbox, OneDrive und Google Fotos
Wenn Sie Ihren lokalen Dropbox-, OneDrive- oder Google Fotos-Ordner überwachen lassen, werden Sie auch hier gleich informiert, wenn neue Bilder darin abgelegt werden. Damit können Sie quasi auch die Bilder mit Dropbox, OneDrive bzw. Google Fotos mit dem Organizer verwalten.

◄ **Abbildung 9.28**
Dialog zum Überwachen von Ordnern

Alternativ können Sie einen Ordner auch über die Ordneransicht der Überwachung hinzufügen. Hierzu müssen Sie lediglich den

Ordner mit der rechten Maustaste anklicken und im Kontextmenü den Befehl Überwachten Ordnern hinzufügen auswählen. Ebenso können Sie natürlich einen bereits überwachten Ordner wieder entfernen, nur dass dann der Befehl bei einem rechten Mausklick Aus überwachten Ordnern entfernen lautet.

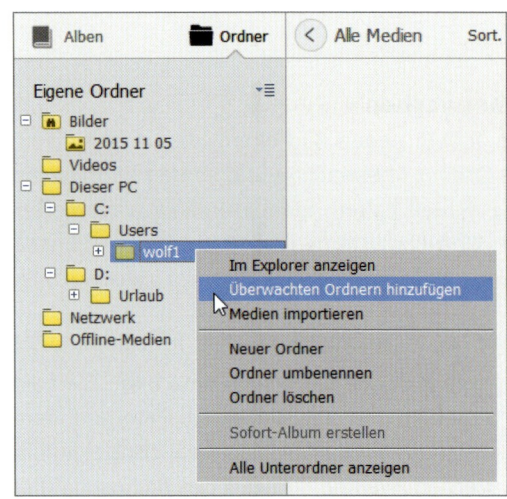

Abbildung 9.29 ▶
Auch über die Ordneransicht können Sie der Überwachung Ordner hinzufügen.

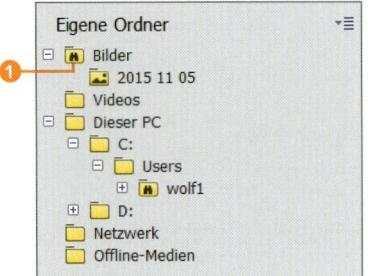

▲ **Abbildung 9.30**
Ein überwachter Ordner in der vollen Ordneransicht

In der vollen Ordneransicht erkennen Sie einen überwachten Ordner an einem zusätzlichen kleinen Fernglas ❶ in der Miniatur des Ordners.

9.3.4 Befehle für die Ordneransicht

Jetzt komme ich noch zu den einzelnen Befehlen, die Sie in der Ordneransicht verwenden können, wenn Sie mit der rechten Maustaste auf einen Ordner klicken. Die möglichen Befehle sind in beiden Ansichten fast identisch:

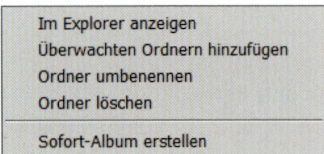

▲ **Abbildung 9.31**
Kontextmenü in der flachen Ordneransicht

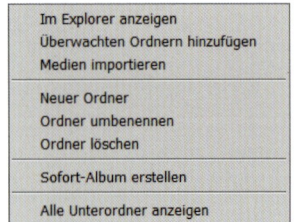

▲ **Abbildung 9.32**
Kontextmenü in der Ordneransicht mit Pfaden

- Mit Im Explorer anzeigen (bzw. Im Finder anzeigen) können Sie sich den Inhalt des Ordners im Explorer bzw. Finder anzeigen lassen.
- Die Option Überwachten Ordnern hinzufügen wird eingeblendet, wenn der Ordner nicht überwacht wird. Bei überwachten Ordnern steht hier stattdessen Aus überwachten Ordnern entfernen. Beide Optionen sind nur unter Windows vorhanden.
- Die Option zum Importieren der Medien und Erstellen von neuen Ordnern steht nur in der Ordneransicht mit Pfaden zur Verfügung.
- Ordner umbenennen und Ordner löschen sprechen für sich. Hierbei wird dann tatsächlich der Name des Ordners geändert oder mitsamt dem Inhalt vom System gelöscht. Die

beiden Befehle sind recht praktisch, wenn Sie weniger aussagekräftigere Ordnernamen verwendet haben und endlich mal Ordnung auf Ihrem System schaffen wollen.

▶ Mit SOFORT-ALBUM ERSTELLEN wird mit einem Klick ein Album mit dem Ordnernamen und den enthaltenen Medien erstellt.
▶ Die Option ALLE UNTERORDNER ANZEIGEN steht natürlich nur wieder in der Ordneransicht mit Pfaden zur Verfügung.

▲ Abbildung 9.33
Sind die importierten Ordner ❷ aussagekräftig und auch inhaltlich ordentlich sortiert, kann man auch gleich ein passendes Album ❸ dazu erstellen.

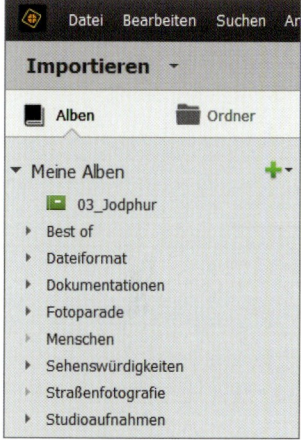

▲ Abbildung 9.34
Ein aus einem Ordnernamen erstelltes Album mitsamt den darin enthaltenen Medien

9.4 Stichwort-Tags

Wie Sie Bilder in Alben einteilen, wissen Sie bereits. Der Organizer bietet Ihnen aber eine weitere Möglichkeit zum Sortieren Ihrer Bilder: die sogenannten Stichwort-Tags, die Ihnen im Bedienfeld auf der rechten Seite zur Verfügung stehen, wenn Sie die Schaltfläche TAGS/INFO ❺ aktivieren und dort das Register TAGS ❹ auswählen.

Stichwörter sind gewöhnliche Metadaten, also Textinformationen, die den Inhalt eines Bildes beschreiben sollten, damit Sie diese Bilder später bei Bedarf wieder auffinden können. Ansonsten sind Stichwörter recht unspektakulär, und Sie müssen für sich selbst entscheiden, ob Sie diese verwenden wollen oder nicht. Ich persönlich verwende in der Regel immer eine sinnvolle Verschlagwortung meiner importierten Bilder, weil es mir später bei der Suche oder der Sortierung meiner Bilder enorm hilft. Allerdings erfordert dies auch ein wenig an Selbstdisziplin, und Sie

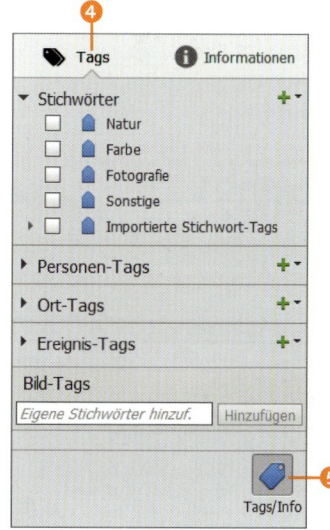

▲ Abbildung 9.35
Der Organizer bietet bereits vordefinierte Tags an.

Mehrere Tags auf einmal zuweisen

Sie können den Bildern auch mehrere Stichwort-Tags auf einmal zuweisen. Sie brauchen nur mit gehaltener `Strg`/`cmd`-Taste mehrere Stichwort-Tags zu markieren, auf die Bilder zu ziehen und fallen zu lassen.

sollten nicht den Fehler machen und die Bilder auf Teufel komm raus mit Stichwörtern versehen, sodass die Liste mit Stichwörtern immer länger und unübersichtlicher wird. Allerdings gilt hier, dass Sie eine Systematik der Verschlagwortung finden müssen, die Ihnen persönlich zusagt und vor allem auch hilfreich ist.

Stichwort-Tags verwenden und Unterkategorien erstellen | Ein *Tag* ist einfach ein kleines virtuelles Schildchen mit Schlagwörtern bzw. Stichwörtern, das Sie an jedem Bild anbringen können. Sinn und Zweck, die Bilder zu »taggen«, ist es natürlich, in umfangreichen Sammlungen von Bildern das passende Bild über solche Schlag- bzw. Stichwörter zu finden. Sie können (besser: sollten) einem Bild auch mehrere solcher Tags (aber bitte sinnvolle) zuordnen.

Schritt für Schritt
Stichwort-Tags und neue Unterkategorien verwenden

Wählen Sie zunächst das Album, den Ordner oder gar den ganzen Katalog mit den Bildern aus, denen Sie Stichwort-Tags hinzufügen wollen.

1 Bilder aussuchen und »taggen«

Markieren Sie dann im Medienbrowser die Bilder, denen Sie zum Beispiel das Tag NATUR anhängen wollen.

Gehen Sie auf das Schildchen des Tags NATUR, und halten Sie die linke Maustaste gedrückt. Ziehen Sie nun das Schildchen auf eines der markierten Bilder, und lassen Sie die Maustaste los.

▼ **Abbildung 9.36**
Per Drag & Drop wird den markierten Bildern das Tag NATUR zugewiesen.

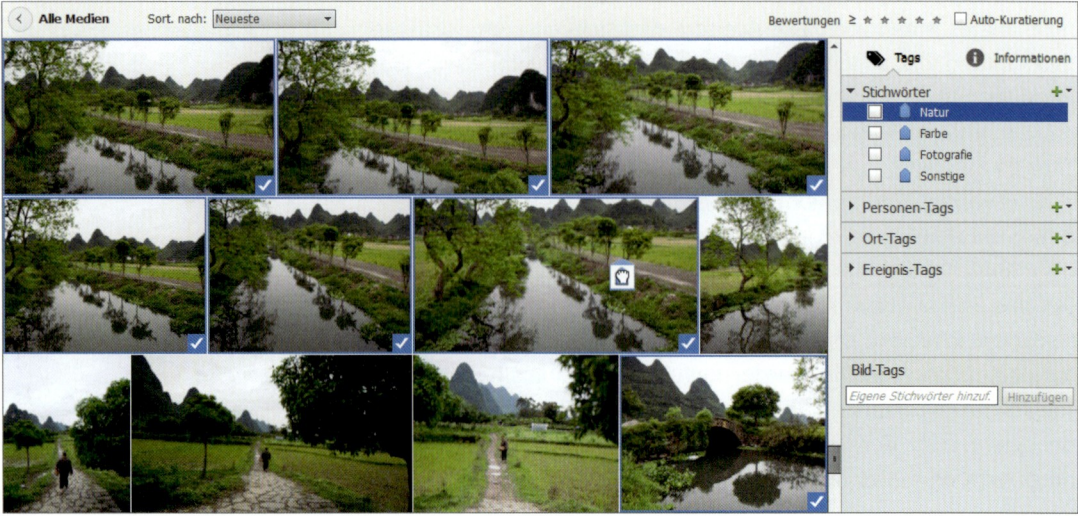

9.4 Stichwort-Tags

Wenn Sie einzelne Bilder mit einem Tag versehen wollen, können Sie auf das vorherige Markieren verzichten. Sie finden nun im Medienbrowser unter dem Bild ein Schildchen ❶, das das Stichwort-Tag zum Bild anzeigt, wenn Sie mit dem Mauszeiger darauf verweilen.

▲ **Abbildung 9.37**
Es funktioniert natürlich auch umgekehrt, indem Sie markierte Fotos vom Medienbrowser auf das entsprechende Stichwort-Tag ziehen und dort fallen lassen.

▲ **Abbildung 9.38**
Das Schildchen ❶ weist darauf hin, dass dem Bild das Tag Natur zugewiesen wurde.

❷ Neue Unterkategorie erstellen

Das Stichwort-Tag Natur ist bei einem großen Fundus an Bildern vielleicht etwas spärlich und schränkt die Suche nicht genug ein. Wir legen daher eine neue Unterkategorie zu Natur an. Klicken Sie hierzu in den Stichwort-Tags mit der rechten Maustaste auf Natur, und wählen Sie im Kontextmenü Neue Unterkategorie erstellen aus. Das Gleiche erreichen Sie auch hier mithilfe des grünen Plussymbols über Neue Unterkategorie.

Geben Sie im folgenden Dialog den Namen ❷ der Unterkategorie (hier zum Beispiel »Wasser«) ein, und stellen Sie sicher, dass als Übergeordnete Kategorie in der Dropdown-Liste die Kategorie Natur ❸ ausgewählt ist. Bestätigen Sie mit OK.

❸ Unterkategorie zuweisen

Wiederholen Sie nun Arbeitsschritt 1, wobei Sie diesmal die neu erstellte Unterkategorie Wasser auf die entsprechenden und passenden Bilder im Medienbrowser ziehen.

Wem die Stichwort-Tags Natur und Wasser immer noch nicht ausreichen, der kann gerne, wie in Arbeitsschritt 2 beschrieben, eine weitere Unterkategorie unter Wasser erstellen. Im Beispiel wurden noch die nachgeordneten Unterkategorien Bach, Fluss und Meer unterhalb von Wasser angelegt und analog zu Arbeits-

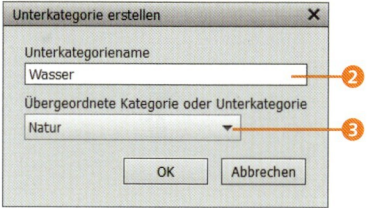

▲ **Abbildung 9.39**
Die Unterkategorie wird erstellt.

Wie genau soll es sein?
Überlegen Sie, welche Stichwörter Sie verwenden wollen, um die Bilder im Katalog wiederzufinden. Bezogen auf das hier vorgestellte Beispiel mit »Wasser« würde wohl jemand, der sich mit Hydrologie, Limnologie oder Hydrogeologie gut auskennt, eher den Oberbegriff »Gewässer« verwenden und diesen wiederum in die Begriffe »Binnengewässer« (Fließgewässer, Stillgewässer) und »Meere« (Nebenmeere, Ozeane) einteilen.

schritt 1 den Bildern hinzugefügt. Wenn Sie nun mit dem Mauszeiger im Medienbrowser unter dem Bild auf dem Schildchen verweilen, werden sämtliche zu diesem Bild erstellten Tags angezeigt.

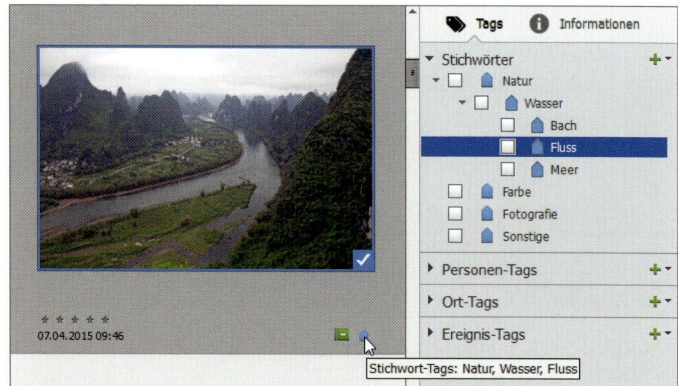

Abbildung 9.40 ▶
Die neuen Stichwort-Tags wurden hier gerade verwendet.

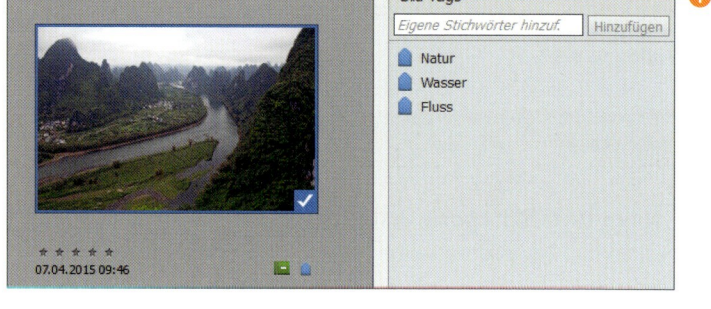

Abbildung 9.41 ▶
Alle Stichwort-Tags (und andere Dinge wie Orte, Personen, Ereignisse) eines markierten Bildes werden rechts unter BILD-TAGS ❶ aufgelistet.

Selbstverständlich können Sie einem Bild jederzeit weitere Stichwort-Tags hinzufügen.

Mehr als ein Symbol vorhanden | Sobald ein Bild mit Stichwort-Tags und in einem Album verwaltet wird, kann es passieren, dass bei einer verkleinerten Miniaturvorschau der einzelnen Bilder der Platz nicht mehr ausreicht, um alle Symbole anzuzeigen. In diesem Fall wird aus dem Schildchen oder Albumsymbol ❷ ein allgemeines Schildchen ❸.

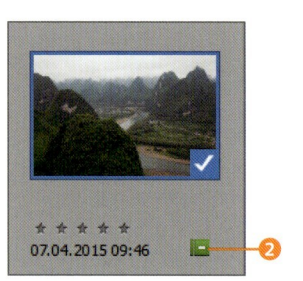

▲ **Abbildung 9.42**
Das Bild ist nur mit dem Albumsymbol versehen.

◀ **Abbildung 9.43**
Jetzt wurden noch weitere Stichwort-Tags hinzugefügt, aber der Platz reicht nicht mehr aus, um die Symbole (Album und Stichwort-Tag) im Medienbrowser darzustellen.

9.4 Stichwort-Tags

Wollen Sie wissen, was sich alles hinter diesem Schildchen verbirgt, brauchen Sie nur mit dem Mauszeiger darüber zu verweilen oder das Bild in einer vergrößerten Miniaturvorschau zu betrachten.

Stichwort-Kategorien erstellen | Reichen Ihnen die vorhandenen Kategorien nicht aus, können Sie selbstverständlich auch neue Kategorien anlegen.

Schritt für Schritt
Neue Stichwort-Kategorie erstellen

Adobe liefert bereits einige sinnvolle Stichwort-Kategorien mit. In der Regel werden diese aber nicht reichen. Lesen Sie daher in diesem Workshop, wie Sie eigene Kategorien erstellen.

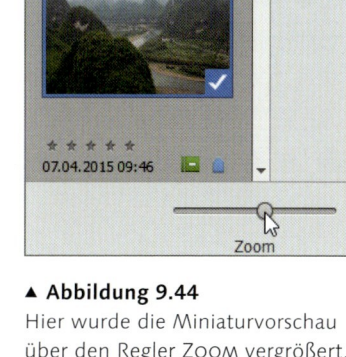

▲ Abbildung 9.44
Hier wurde die Miniaturvorschau über den Regler Zoom vergrößert, wodurch die Schildchen wieder zum Vorschein kommen.

1 Neue Kategorie erstellen

Um eine neue Kategorie zu erstellen, klicken Sie auf das grüne Plussymbol ❹, und wählen Sie Neue Kategorie ❺ aus.

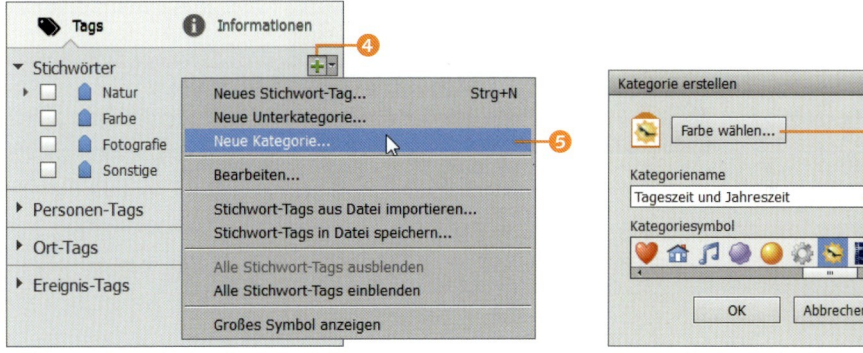

▲ Abbildung 9.45
Legen Sie eine neue Stichwort-Kategorie an. Sie können Name, Symbol und Farbe der neuen Stichwort-Kategorie bestimmen und optional weitere Unterkategorien erstellen.

Geben Sie im folgenden Dialog den gewünschten Kategorienamen ins Textfeld ein ❼ (hier »Tageszeit und Jahreszeit«). Darunter können Sie ein Symbol ❽ für die Kategorie aussuchen. Optional weisen Sie dem Schildchen auch eine Farbe ❻ zu. Bestätigen Sie den Dialog mit OK. Nun legen Sie gegebenenfalls, wie bereits bei der Schritt-für-Schritt-Anleitung »Stichwort-Tags und neue Unterkategorien verwenden« auf Seite 230 beschrieben, neue Unterkategorien an. Im Beispiel wurden zusätzlich die Unterkategorien Abend, Nacht, Frühling, Herbst, Sonnenuntergang, Sonnenaufgang usw. eingefügt.

▲ **Abbildung 9.46**
Die neue Kategorie TAGESZEIT UND JAHRESZEIT mit weiteren neuen Unterkategorien

Abbildung 9.47 ▶
Das neue Stichwort-Tag SONNEN-AUFGANG wird hier für die markierten Fotos vergeben.

Neues Stichwort-Tag
Schneller erstellen Sie ein neues Stichwort-Tag mit der Tastenkombination ⌈Strg⌉/⌈cmd⌉+⌈N⌉.

Große Symbole
Damit die Miniaturvorschau allerdings angezeigt wird, müssen Sie sicherstellen, dass über das grüne Plussymbol vor dem Befehl GROSSES SYMBOL ANZEIGEN ❸ ein Häkchen gesetzt ist.

2 Bilder mit neuer Kategorie etikettieren
Das Etikettieren der Fotos können Sie nun analog zur Schritt-für-Schritt-Anleitung »Stichwort-Tags und neue Unterkategorien verwenden« vornehmen: Markieren Sie einfach Bilder, und weisen Sie diesen Bildern per Drag & Drop die Tags zu – oder auch umgekehrt, ziehen Sie einfach die Bilder auf das Stichwort-Tag, mit dem Sie diese versehen wollen.

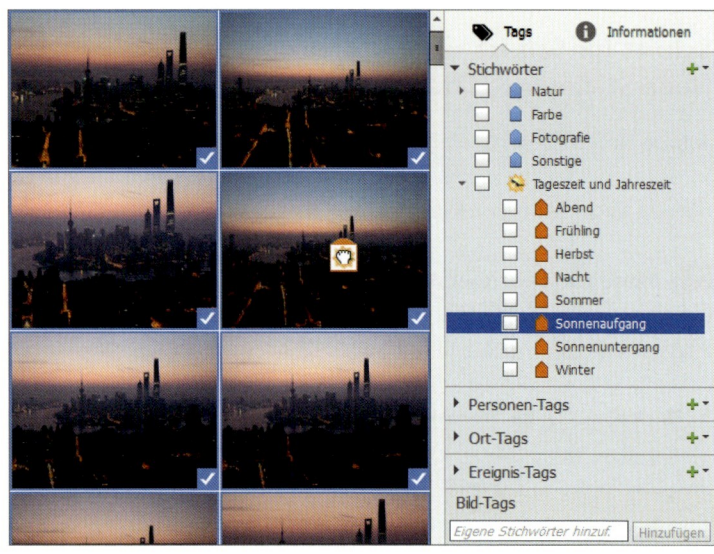

Stichwort-Tags erstellen | Wenn Sie das grüne Plussymbol unter TAGS • STICHWÖRTER anklicken, ist der Eintrag NEUES STICHWORT-TAG vielleicht ein wenig verwirrend. Schließlich haben Sie bereits mit den neuen Kategorien und Unterkategorien zahlreiche Stichwort-Tags angelegt. Fassen Sie diesen Befehl aber einfach als eine weitere Art von Unterkategorie auf.

Im Gegensatz zur »normalen« Unterkategorie können Sie hier sogar noch eine eigene Miniaturvorschau über die Schaltfläche SYMBOL BEARBEITEN ❷ hinzufügen. Als Miniaturvorschau dient eines der Fotos, denen das Stichwort-Tag zugewiesen wurde. Wer möchte, kann hier sogar noch eine ANMERKUNG ❶ ergänzen.

Unterkategorie und Stichwort-Tags umwandeln | Vorhandene Unterkategorien können Sie jederzeit in Stichwort-Tags (mit Miniaturvorschau) umwandeln und umgekehrt. Klicken Sie hierzu einfach die Unterkategorie oder das Stichwort-Tag mit der rechten Maustaste an, und wählen Sie in dem sich öffnenden Kontextmenü den Menüpunkt IN EIN STICHWORT-TAG ÄNDERN bzw. IN EINE UNTERKATEGORIE ÄNDERN aus.

9.4 Stichwort-Tags

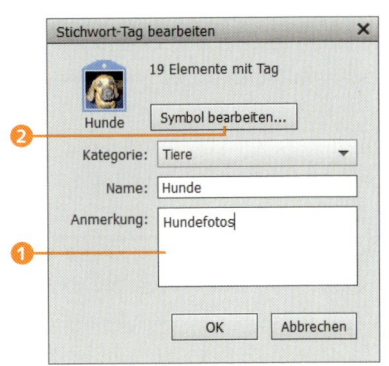

▲ **Abbildung 9.48**
Wer möchte, unterscheidet innerhalb der (Unter-)Kategorien noch feiner und legt eigene Stichwort-Tags an.

Schnell eigene Stichwörter hinzufügen | Wollen Sie mal schnell ein Stichwort-Tag einem oder mehreren Bild(ern) hinzufügen oder ein neues Stichwort-Tag erstellen, können Sie auch das kleine Textfeld ❺ unterhalb BILD-TAGS verwenden. Sie finden dieses Textfeld unterhalb von TAGS, wenn Sie die Schaltfläche TAGS/INFOS aktiviert haben. Haben Sie ein Bild markiert und geben hier ein Wort ein, brauchen Sie nur noch ⏎ oder die Schaltfläche HINZUFÜGEN ❻ zu betätigen, und das Stichwort-Tag wird dem Bild hinzugefügt.

Bereits »getaggte« Stichwörter für das Bild werden in der Liste darunter ❼ aufgelistet. Neu eingegebene Stichwörter, die noch nicht verwendet wurden, werden den TAGS unter SONSTIGE ❹ hinzugefügt (siehe hier mit SELFIE).

▼ **Abbildung 9.49**
Stichwörter lassen sich über BILD-TAGS besonders schnell dem Bild hinzufügen.

9.4.1 Nach Stichwort-Tags suchen

Die Möglichkeiten zur Vergabe von Stichwort-Tags sind beinahe unbegrenzt. Ihre Bildsuche wird umso erfolgreicher sein, je überlegter Sie bei der Vergabe von Tags vorgehen. Wenn Sie ähnlich überlegt später auch bei den Personen-Tags, Ort-Tags und Ereignis-Tags vorgehen, werden Sie auch bei einem sehr umfangreichen Katalog immer das Bild finden, nach dem Sie suchen.

Um nach Bildern mit einem bestimmten Tag zu suchen, klicken Sie einfach auf die entsprechende Checkbox eines Tags ❷. Bei der Suche aktiver Stichwort-Tags enthält das Kästchen ein kleines Fernglas ❶. Enthält das Stichwort-Tag, wie in diesem Beispiel mit BLUMEN zu sehen ist, weitere Unterkategorien von Stichwörtern (hier LILIE, LOTUS, NELKEN, ROSEN, SEEROSE und TULPEN), werden automatisch auch diese Unter-Tags markiert.

Abbildung 9.50 ▼
Alle Bilder mit dem Stichwort-Tag BLUMEN und den darunter angeordneten Tags LOTUS und SEEROSE werden im Medienbrowser angezeigt.

Auflistung der Suche
Bei einer umfangreicheren und erweiterten Suche können enorm viele Stichwort-Tags (Personen, Orte, Ereignisse) zusammenkommen. Damit Sie nicht den Überblick verlieren, wird zwischen dem Medienbrowser und der erweiterten Suche eine Übersicht ❸ aufgelistet.

Wollen Sie die Suche noch weiter einschränken und haben Sie Ihre Stichwort-Tags intelligent vergeben, können Sie die Suche nach Bildern mit bestimmten Stichwort-Tags noch weiter verfeinern. Im Beispiel in Abbildung 9.51 will ich jetzt noch alle BLUMEN mit dem Tag ROSA sehen und ausfiltern.

Aber Achtung: Wenn Sie ein Stichwort-Tag markieren, das Unter-Tags enthält, werden automatisch alle Unter-Tags markiert. Im Beispiel wurde daher beim Markieren des Tags BLUMEN die Suche nach allen rosafarbenen Blumen mitsamt LILIE, LOTUS, NELKEN, ROSEN, SEEROSE und TULPEN ausgeweitet.

9.4 Stichwort-Tags

◄ **Abbildung 9.51**
Wir wollen noch detaillierter nach bestimmten Bildern suchen, hier nach Blumen mit einer rosa Farbe.

Sofern Sie allerdings eine spezifischere Suche starten wollen, müssen Sie eben gezielt nach dem Stichwort-Tag suchen. Wollen Sie beispielsweise gezielt nach rosafarbenen Seerosen suchen, müssen Sie den Tag BLUMEN deaktivieren (Fernglas entfernen) und nur das Tag SEEROSE ❺ markieren. Jetzt werden im Medienbrowser ❹ nur noch die Medien mit dem Stichwort-Tag SEEROSE und ROSA angezeigt.

◄ **Abbildung 9.52**
Für Botaniker ist eine Blume nur ein Oberbegriff. Wurden hier dann spezifischere Stichwort-Tags zum Bild hinzugefügt, kann auch spezifischer danach gesucht werden (wie hier nach Seerosen).

Und noch eine weitere Möglichkeit haben Sie, mithilfe der gezielten Suche über die Checkboxen Einfluss auf die Filterung zu nehmen. Wenn Sie beispielsweise das Stichwort-Tag BLUMEN ausgewählt haben, werden automatisch auch die Unterkategorien LILIE, LOTUS, NELKEN, ROSEN, SEEROSE und TULPEN mit markiert. Wollen Sie jetzt allerdings nach allen BLUMEN suchen, aber nicht nach SEEROSE, können Sie mit der rechten Maustaste auf SEEROSE klicken und dieses Stichwort-Tag im Kontextmenü mit dem Befehl AUS SUCHE AUSSCHLIESSEN ❶ aus der Suche entfernen. Ein sol-

Kapitel 9 Fotos organisieren und verwalten

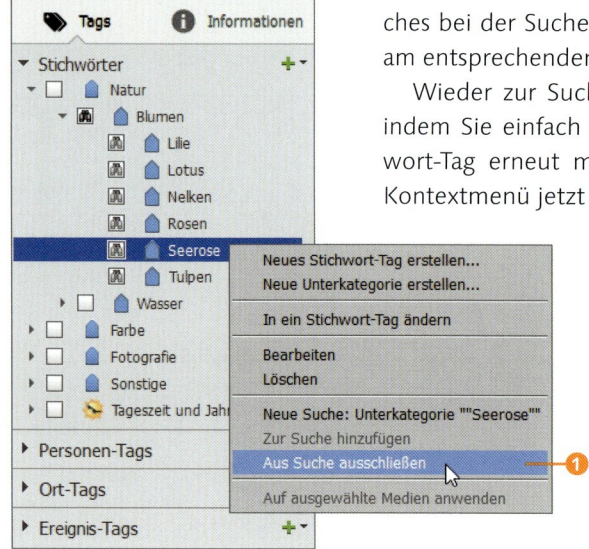

ches bei der Suche ausgeschlossenes Stichwort-Tag erkennen Sie am entsprechenden Stoppsymbol ❷ über dem Fernglas.

Wieder zur Suche hinzufügen können Sie ein Stichwort-Tag, indem Sie einfach auf das Stoppsymbol klicken oder das Stichwort-Tag erneut mit der rechten Maustaste anklicken und im Kontextmenü jetzt den Befehl IN SUCHE AUFNEHMEN auswählen.

▲ **Abbildung 9.53**
Einzelne Stichwort-Tags bei der Suche ausschließen

▲ **Abbildung 9.54**
Ein bei der Suche ausgeschlossenes Stichwort-Tag (hier SEEROSE)

9.4.2 Stichwort-Tags importieren und exportieren

Wie schon bei den Albumkategorien können Sie auch die Stichwort-Tags importieren und exportieren. So habe ich beispielsweise Stichwort-Tags, die ich in Photoshop Elements 15 exportiert habe, erfolgreich mit Photoshop Elements 2018 auf einem anderen Rechner importiert. Auch hierbei werden Import und Export von einer XML-Datei übernommen.

Um Stichwort-Tags zu importieren oder zu exportieren, klicken Sie auf die grüne Plus-Schaltfläche unter TAGS • STICHWÖRTER und wählen im Kontextmenü den Punkt STICHWORT-TAGS AUS DATEI IMPORTIEREN für den Import oder STICHWORT-TAGS IN DATEI SPEICHERN für den Export der Tags.

Sie können allerdings auch einzelne Stichwort-Tags oder eine Gruppe von Stichwort-Tags exportieren, um diese in einem anderen Katalog wieder zu importieren. Dies macht beispielsweise dann Sinn, wenn Sie Stichwort-Tags exportieren und in einem Katalog importieren wollen, in dem bereits teilweise dieselben Tags existieren – anderenfalls wären diese Tags doppelt vorhanden.

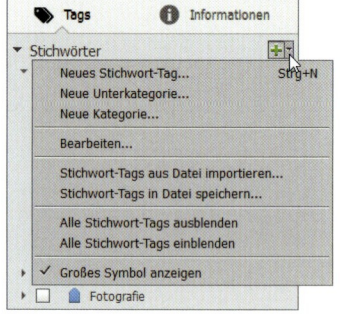

▲ **Abbildung 9.55**
Auch Tags können Sie importieren und exportieren.

> **Import rückgängig machen**
> Das Importieren können Sie gegebenenfalls mit [Strg]/[cmd]+[Z] bzw. BEARBEITEN • RÜCKGÄNGIG: STICHWORT-TAGS AUS DATEI IMPORTIEREN widerrufen.

9.4.3 Stichwort-Tags löschen

Ein Stichwort-Tag können Sie jederzeit wieder löschen, indem Sie mit der rechten Maustaste im Bedienfeld auf das entsprechende Stichwort-Tag klicken und im sich öffnenden Kontextmenü den

Befehl LÖSCHEN auswählen. Beachten Sie allerdings: Wenn ein Stichwort-Tag weitere Unterkategorien enthält, werden auch diese mitgelöscht!

Stichwort-Tag von einem Bild entfernen | Wollen Sie ein Stichwort-Tag von einem Bild entfernen, brauchen Sie nur das kleine Tag-Schildchen ❸ mit der rechten Maustaste anzuklicken und das entsprechende Stichwort-Tag zu entfernen. Gleiches können Sie auch über BILD-TAGS ❹ erreichen, wenn Sie ein Bild ausgewählt haben. Auch damit können Sie über einen rechten Mausklick ein Stichwort-Tag entfernen.

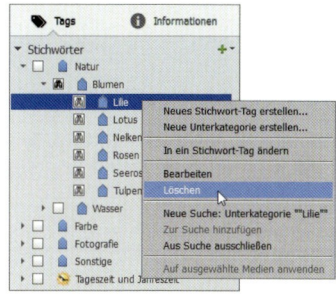

▲ Abbildung 9.56
Stichwort-Tags löschen

▲ Abbildung 9.57
Stichwort-Tag mit einem rechten Mausklick über dem Schildchen ❸ entfernen oder …

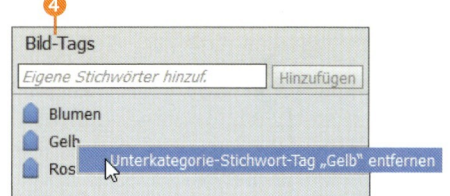

▲ Abbildung 9.58
… über die BILD-TAGS, die eingeblendet sind, wenn die Schaltfläche TAGS/INFO aktiviert wurde

9.5 Alben, Kategorien und Stichwort-Tags sortieren

Sie können die Reihenfolge, in der Ihre Alben, Kategorien und Stichwort-Tags angezeigt werden, beeinflussen. Die entsprechenden Optionen dazu finden Sie über das Menü BEARBEITEN/ELEMENTS ORGANIZER • VOREINSTELLUNGEN • STICHWORT-TAGS UND ALBEN.

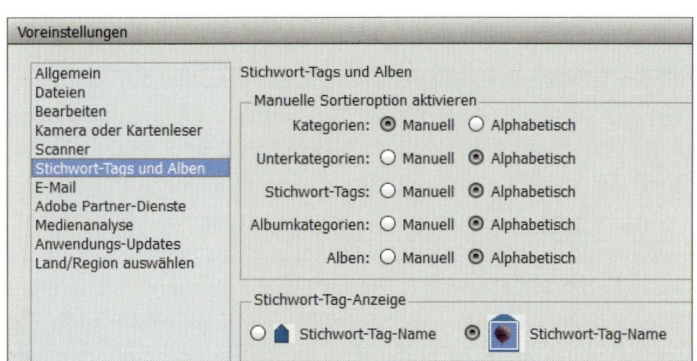

◀ Abbildung 9.59
Hier legen Sie fest, wie sich Alben, Kategorien oder Stichwort-Tags sortieren lassen.

Standardmäßig werden alle Elemente ALPHABETISCH sortiert. Wenn Sie hier auf MANUELL umstellen, können Sie in die Sortierung eingreifen.

Alben manuell sortieren | Das manuelle Sortieren von Alben funktioniert im Grunde recht einfach. Alben innerhalb einer Kategorie können Sie einfach per Drag & Drop sortieren. In Abbildung 9.60 wurde beispielsweise das Album INDIEN-REISE hinter das Album CHINA-REISE gezogen. Wo das Album einsortiert wird, wenn Sie es fallen lassen, erkennen Sie anhand der Linie ❶ hinter einem Album.

Wollen Sie hingegen ein Album einer bestimmten Kategorie in eine andere Kategorie einsortieren, müssen Sie das Album zuerst auf die entsprechende Kategorie ziehen und fallen lassen, ehe Sie es wiederum innerhalb der Albumkategorie sortieren können. In Abbildung 9.61 wurde beispielsweise das Album GESICHTER CHINAS aus der Albumkategorie MENSCHEN in die Albumkategorie BEST-OF gezogen. Die Kategorie wird dabei grau ❷ hervorgehoben. Erst anschließend könnten Sie das Album GESICHTER CHINAS innerhalb der Kategorie MENSCHEN sortieren.

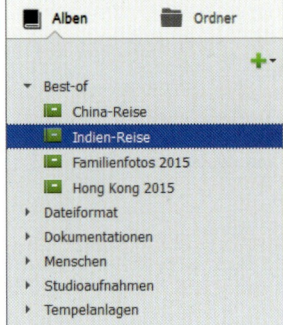

▲ **Abbildung 9.60**
Manuelles Einsortieren von Alben innerhalb einer Kategorie

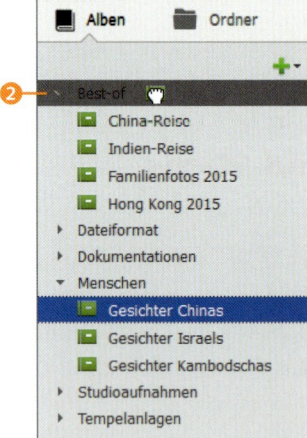

Abbildung 9.61 ▶
Manuelles Sortieren von Alben außerhalb einer Kategorie

Stichwort-Tags manuell sortieren | Das manuelle Sortieren von Stichwort-Tags funktioniert zwar recht ähnlich, aber gerade wenn Sie ein Tag innerhalb einer Kategorie sortieren, erzeugen Sie schnell aus Versehen eine weitere ungewollte Unterkategorie.

In Abbildung 9.62 wurde das Stichwort-Tag WINTER innerhalb der Kategorie TAGESZEIT UND JAHRESZEIT unterhalb des Stichwort-Tags HERBST eingefügt. An der Linie erkennen Sie auch hier wieder, hinter welchem Stichwort-Tag das manuell sortierte Tag eingefügt wird, wenn es fallen gelassen wird.

9.5 Alben, Kategorien und Stichwort-Tags sortieren

Ziehen Sie hingegen ein Stichwort-Tag auf ein anderes Stichwort-Tag, sodass dieses grau markiert ist, erstellen Sie aus dem Tag, das Sie verschieben wollen, ein Unter-Stichwort-Tag des grau markierten Tags. Im Beispiel wurde das Stichwort-Tag SCHNEE auf das Stichwort-Tag WINTER gezogen und fallen gelassen, sodass das Stichwort-Tag SCHNEE jetzt eine Unterkategorie des Stichwort-Tags WINTER ist.

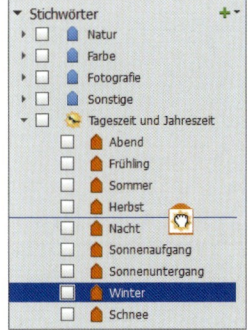

 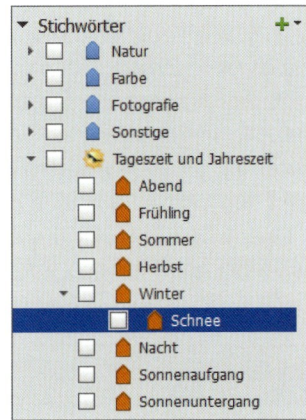

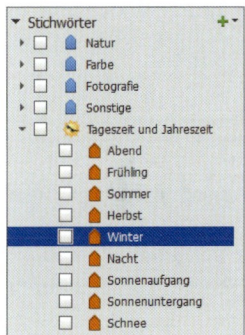

▲ **Abbildung 9.62**
Hier wurde ein Stichwort-Tag in eine Unterkategorie einsortiert.

▲ **Abbildung 9.63**
Auch Stichwort-Tags lassen sich ganz einfach manuell sortieren.

Natürlich können Sie jederzeit ein Stichwort-Tag aus einer Unterkategorie wieder in eine übergeordnete Kategorie einsortieren. Hierzu ziehen Sie einfach das Stichwort-Tag auf die gewünschte Kategorie. Auch dabei wird die entsprechende Kategorie wieder grau hervorgehoben.

◀ **Abbildung 9.64**
Untergeordnete Stichwort-Tags können Sie jederzeit wieder in übergeordnete Tags einsortieren.

In Abbildung 9.64 wurde das Stichwort-Tag SCHNEE aus der Unterkategorie WINTER wieder in die übergeordnete Kategorie

Tageszeit und Jahreszeit einsortiert. Natürlich können Sie ein Stichwort-Tag auch in eine ganz andere Kategorie (beispielsweise Farbe) einsortieren.

9.6 Automatische Smart-Tags und Auto-Kuratierung

Neben den Stichwort-Tags, die Sie als Benutzer selbst zu Ihrem Bild hinzufügen können, gibt es noch die Möglichkeit der Smart-Tags, mit deren Hilfe der Organizer Ihre Bilder analysiert und automatisch mit Schlagworten versieht. Diese automatische Verschlagwortung funktioniert erstaunlich gut. Sie können es ja mal probieren und bei Nichtgefallen diese Option immer noch deaktivieren. Es kann dabei nichts kaputtgehen. Persönlich will ich diese Funktion nicht mehr missen, weil diese mir bei der Verschlagwortung und anschließenden Suche nach Bildern wirklich sehr hilft.

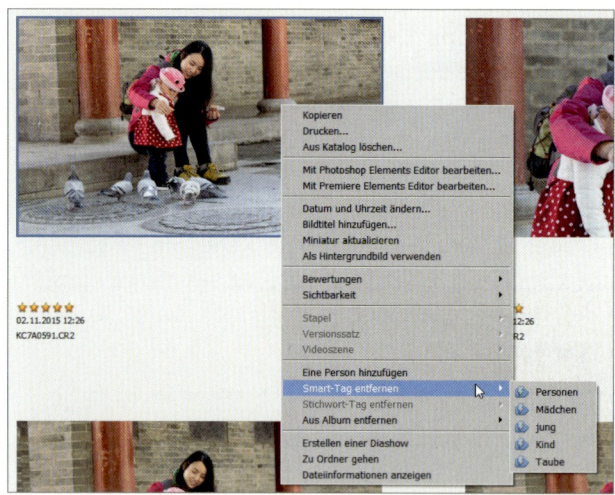

Abbildung 9.65 ▶
Ziemlich beeindruckend erkennt der Algorithmus der Smart-Tags einzelnen Dinge und Lebewesen auf dem Foto.

9.6.1 Suche nach Smart-Tags

Die Suche nach den Smart-Tags funktioniert ausschließlich über die Such-Oberfläche, die Sie über die Suchen-Schaltfläche ❶ aufrufen können. Hier finden Sie gleich auf der linken Seite im ersten Eintrag ❷ die Smart-Tags, mit deren Hilfe Sie durch Auswählen einzelner Tags die Bilder ausfiltern können. Natürlich können Sie auch nach einem entsprechenden Begriff bzw. Tag per Texteingabe suchen. Auf diese mächtige Such-Oberfläche wird noch gesondert in Abschnitt 9.13.10, »Komfortable Suche mit Filter«, eingegangen. Wenn Sie die Smart-Tags bei den Voreinstellungen deaktiviert haben, wird ❷ bei der Such-Oberfläche nicht angezeigt.

▲ **Abbildung 9.66**
Über die Schaltfläche ❶ rufen Sie die Such-Oberfläche auf.

9.6 Automatische Smart-Tags und Auto-Kuratierung

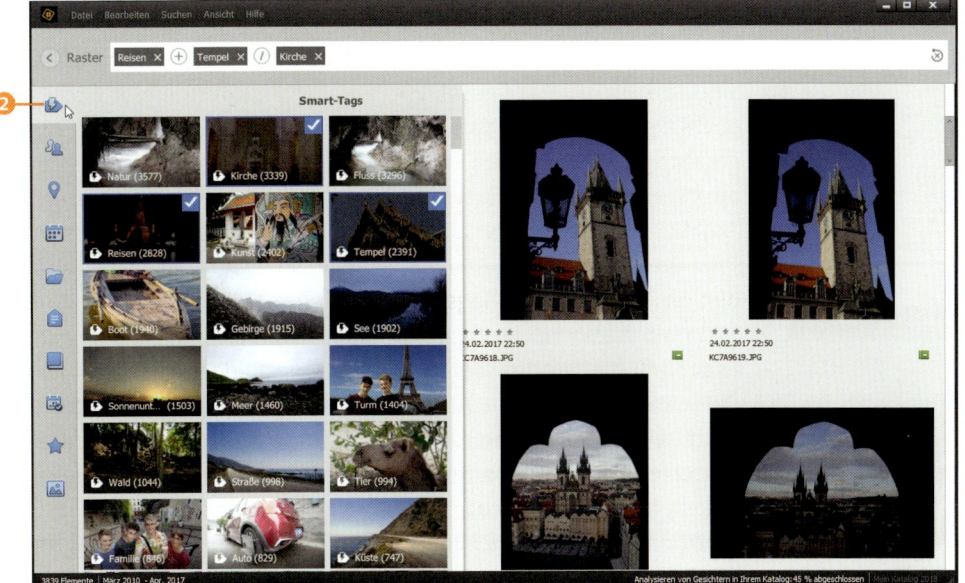

▲ **Abbildung 9.67**
Sind die Smart-Tags aktiviert, finden Sie in der Such-Oberfläche einen extra Reiter ❷ dafür.

9.6.2 Smart-Tags löschen

Nicht immer passen die automatischen Smart-Tags zum Bild. Einzelne Smart-Tags können Sie entfernen, wenn Sie mit der rechten Maustaste im Kontextmenübefehl SMART-TAG ENTFERNEN einen entsprechenden Eintrag auswählen, der nicht zum Bild passt. Das entsprechende Smart-Tag wird dann ohne Rückfrage vom Bild entfernt.

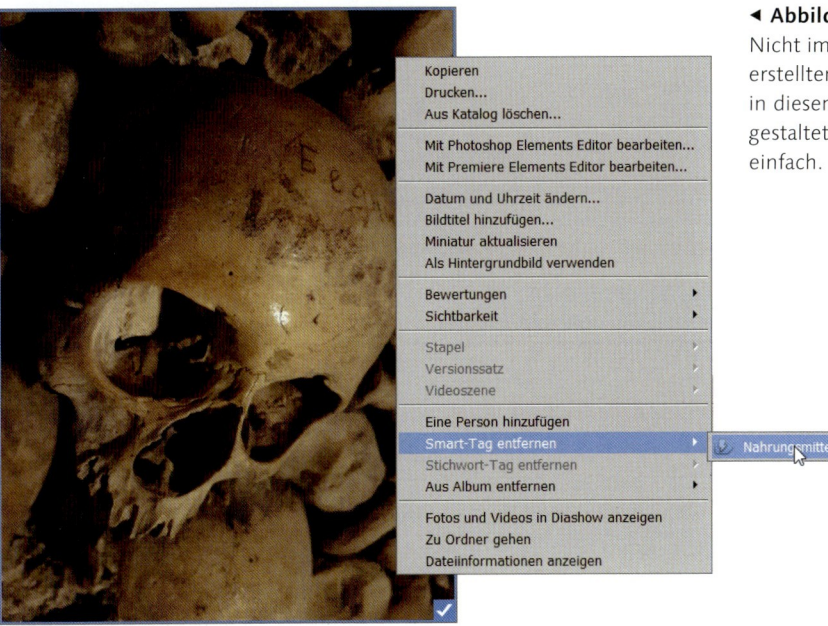

◄ **Abbildung 9.68**
Nicht immer sind die automatisch erstellten Smart-Tags treffend, wie in diesem Fall. Das Löschen gestaltet sich allerdings relativ einfach.

Kapitel 9 Fotos organisieren und verwalten

Die AUTO-KURATIERUNG wurde neu mit der Version 2018 von Photoshop Elements hinzugefügt.

9.6.3 Die Auto-Kuratierung

Als eine Art Erweiterung zu den automatischen Smart-Tags finden Sie die AUTO-KURATIERUNG vor. Bei der Auto-Kuratierung wird ebenfalls der gesamte Katalog analysiert, und ein intelligenter Algorithmus beurteilt die Qualität der Bilder anhand von (benannten) Personen, Smart-Tags, Ereignissen und anderen Metadaten. Auf diese Weise werden aus einer Kombination aus persönlichen Tags (beispielsweise benannten Fotos von Familienmitgliedern) den Smart-Tags, Ereignissen und anderen Unterkategorien von Metainformationen nach der Analyse des Katalogs die besten Bilder im Medienbrowser angezeigt. Alle anderen Bilder, welche entsprechend dem Algorithmus nicht so hochwertige bzw. wichtige Bilder sind, werden bei aktiver Auto-Kuratierung dann ausgeblendet. Die Auto-Kuratierung aktivieren Sie, indem Sie ein Häkchen rechts oben vor AUTO-KURATIERUNG ❶ setzen.

Wenn Sie die Auto-Kuratierung aktiviert haben, können Sie die Anzahl der automatisch angezeigten besten Bilder über den Schieberegler ❷ oder das Textfeld ❸ reduzieren bzw. erhöhen.

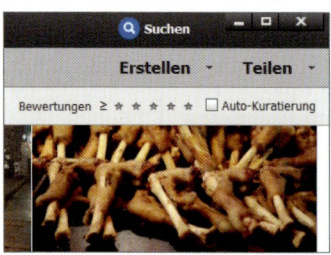

▲ Abbildung 9.69
AUTO-KURATIERUNG aktivieren

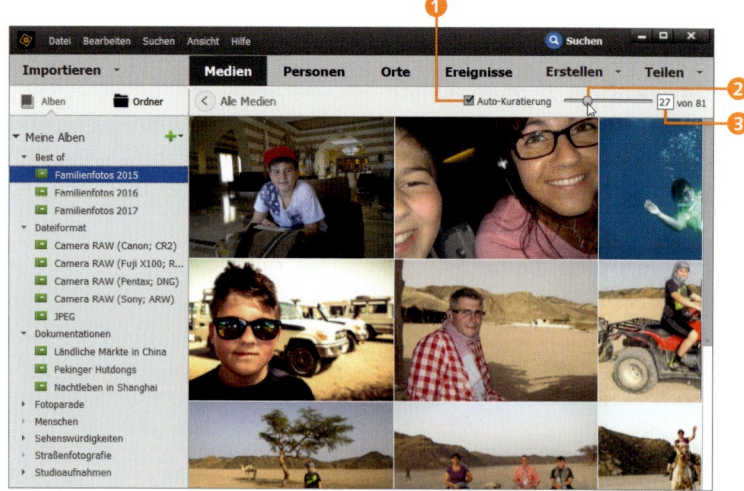

▲ Abbildung 9.70
Reduzieren oder erweitern Sie die Anzahl der automatisch angezeigten besten Fotos.

Smart-Tags- und Gesichteranalyse

Die besten Ergebnisse erzielen Sie mit der Auto-Kuratierung, wenn die Analyse von den Smart-Tags und Gesichtern komplett abgeschlossen wurde.

Die Auto-Kuratierung kann auf maximal 20.000 Fotos angewendet werden. Es macht allerdings auch hierbei wenig Sinn, diese Auto-Kuratierung bei so vielen Bildern anzuwenden. Idealerweise wählen Sie zunächst ein Album, einen Personen-Stapel, einen Ort, Stichwort-Tags oder ein Ereignis aus und aktivieren dann die Auto-Kuratierung, um von dieser Selektion die besten Bilder zu erhalten.

9.6 Automatische Smart-Tags und Auto-Kuratierung

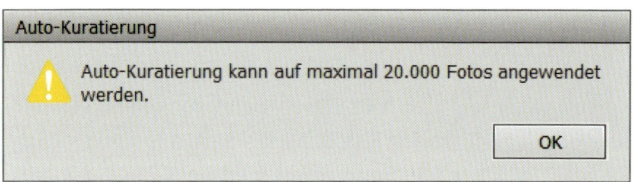

◄ **Abbildung 9.71**
Die maximale Anzahl der Fotos für die Auto-Kuratierung ist auf 20.000 Fotos beschränkt.

Zum Schluss sollte hier noch angemerkt werden, dass ein Computer-Algorithmus hier niemals exakt berechnen kann, was ein perfektes Bild ist oder nicht. Ebenso kommt noch der Faktor des persönlichen Geschmacks hinzu. Daher sollten Sie die Auto-Kuratierung auch nur als eine weitere Hilfe sehen, um aus einer umfangreichen Sammlung von Bildern möglichst die besten Bilder zu sichten.

9.6.4 Smart-Tags und Auto-Kuratierung (de-)aktivieren

Die Option für die Smart-Tags und die Auto-Kuratierung können Sie über BEARBEITEN/ELEMENTS ORGANIZER • VOREINSTELLUNGEN • MEDIENANALYSE unter ANALYSE-OPTIONEN einstellen. Hier finden Sie die Option SMART-TAGS UND AUTO-KURATIERUNG NICHT ANZEIGEN ❶, womit die Smart-Tags und die Auto-Kuratierung (de-)aktiviert werden können. Mit der anderen Option MEDIEN FÜR SMART-TAGS UND AUTO-KURATIERUNG ANALYSIEREN ❷ machen Sie eben genau dies. Wenn Sie also die Smart-Tags und die Auto-Kuratierung verwendet haben und hinterher feststellen, dass Ihnen das doch nicht zusagt, müssen Sie einfach ❶ aktivieren, und weg sind die Smart-Tags und die Auto-Kuratierung. Die im Hintergrund laufende Analyse von Smart-Tags und der Auto-Kuratierung kann abhängig vom Umfang der Fotos bei der ersten Analyse etwas länger dauern.

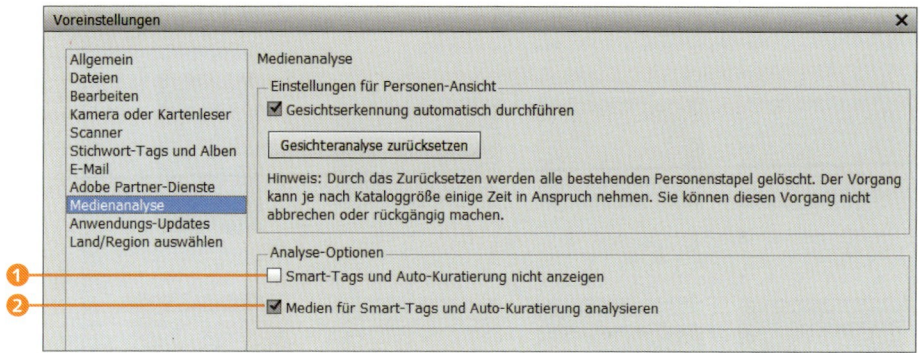

▲ **Abbildung 9.72**
Die Smart-Tags und die Auto-Kuratierung lassen sich jederzeit (de-)aktivieren.

9.7 Bilder bewerten

Der Bewertungssterne-Filter hilft Ihnen beim schnellen Wiederfinden besonders gelungener Fotos, Videoclips oder Audioclips. Damit Sie die Bilder nach Bewertungssternen filtern können, müssen Sie diese Bewertungen natürlich zunächst zuweisen. Vergeben Sie einfach beim Betrachten Ihrer Bilder im Medienbrowser die gewünschte Anzahl an Sternen (1–5 Sterne).

Um die Bewertungssterne im Medienbrowser anzuzeigen und zu vergeben, müssen Sie die Option ANSICHT • DETAILS im Menü (alternativ per [Strg]/[cmd]+[D]) aktivieren.

Bewertung per Tastatur
Sie können die Bilder auch mit der Tastatur bewerten. Markieren Sie hierzu ein Bild im Medienbrowser, und vergeben Sie mit den Tasten [1], [2], [3], [4] oder [5] die Anzahl der Sterne. Dies funktioniert natürlich auch in der Vollbildansicht des Organizers.

Abbildung 9.73 ▶
Mithilfe der Bewertungssterne finden Sie besonders schöne Bilder schnell wieder.

Um nun die Bilder nach Ihren Einstufungen zu filtern, müssen Sie nur im Medienbrowser rechts oben ❸ die Anzahl der Sterne bestimmen, nach der gefiltert werden soll. Über das Einstufungsmenü daneben ❷ können Sie außerdem systematisch Bilder ausfiltern, deren Bewertung größer, kleiner oder gleich dem angegebenen Filter ist.

Das Bewertungssystem hat mir zum Beispiel sehr gut geholfen, Bilder für das Buch auszuwählen. Anstatt Bild für Bild zu durchsuchen, bewerte ich die Bilder sofort und spare so viel Zeit beim Auswählen guter Fotos.

Abbildung 9.74 ▼
Der Bewertungssterne-Filter im Einsatz

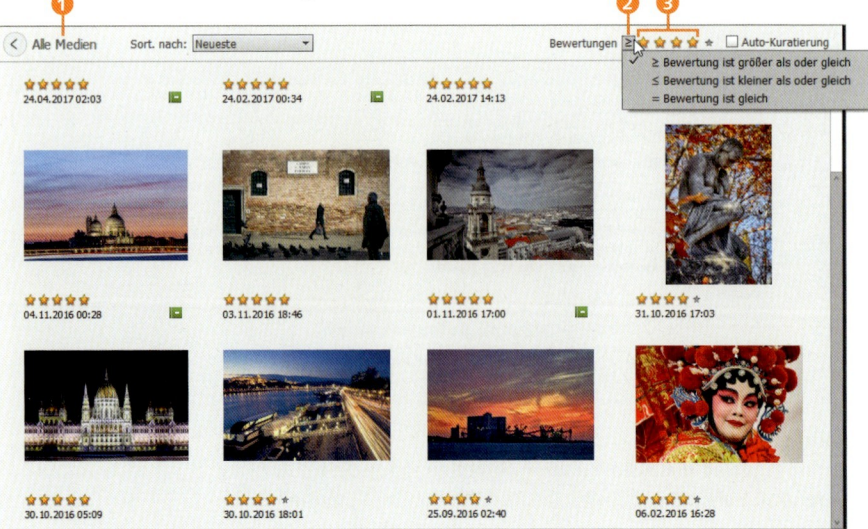

Das Bewertungssystem ist natürlich auch mit den Modi Medien, Personen, Orte und Ereignisse kombinierbar. Wenn Sie beispielsweise ein Album oder einen importierten Ordner ausgewählt haben, werden natürlich nur die Bewertungen der Bilder aus diesem Album oder Ordner bei der Suche ausgefiltert. Wollen Sie alle Fotos des Katalogs ausfiltern, müssen Sie auf die Schaltfläche Alle Medien 1 klicken.

Bewertung löschen | Die Bewertung können Sie jederzeit löschen, indem Sie den Stern mit der Wertung einfach erneut anklicken 4. Wenn Sie einem Bild eine 5-Sterne-Wertung gegeben haben, müssen Sie auf den fünften Stern klicken. Würden Sie auf einen anderen Stern klicken, würden Sie nur die Wertung in Bezug auf diesen Stern ändern.

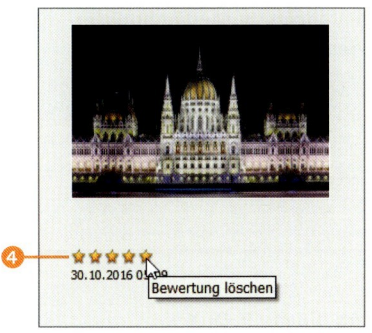

◄ **Abbildung 9.75**
Bildbewertung wieder löschen

9.8 Personenfotos verwalten

Bereits nach dem Import Ihrer Fotos beginnt Elements Organizer mit der Personenerkennung der einzelnen Bilder. Wie weit die Analyse fortgeschritten ist, können Sie jederzeit links unten 5 in der Statusleiste sehen.

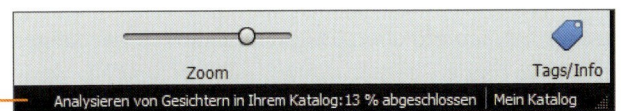

◄ **Abbildung 9.76**
Fortschritt der Erkennung von Gesichtern

Wenn Sie gerade erst einen Katalog erstellt haben und in den Personen-Modus 6 wechseln, wird Ihnen auch hier bei einem noch leeren Katalog der Fortschritt 7 der Erkennung von Gesichtern angezeigt.

> **Arbeit für den Rechner**
> Abhängig vom Umfang der Bilder, die Sie importiert haben, kann Ihr Rechner eine gewisse Zeit mit der Analyse von Gesichtern beschäftigt sein. Da der Vorgang allerdings im Hintergrund ausgeführt wird, können Sie weiterhin mit Elements Organizer arbeiten.

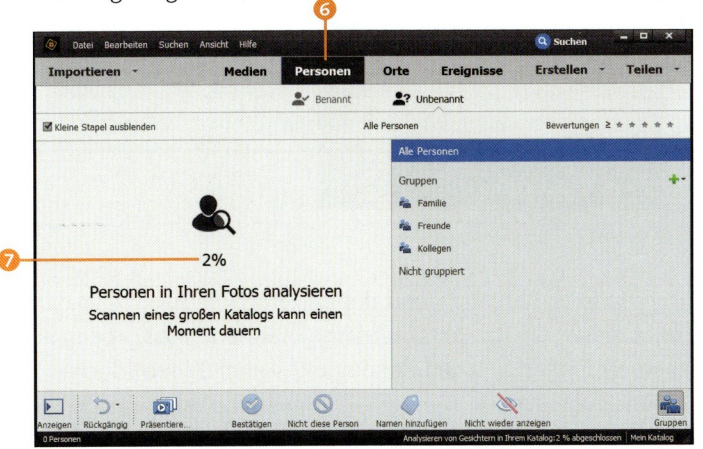

◄ **Abbildung 9.77**
Die Analyse von Gesichtern ist im Gange.

Personen im Medienbrowser benennen

Wie Sie Bilder direkt im Medienbrowser benennen können, erfahren Sie im übernächsten Abschnitt 9.8.2, »Personen einzeln über Medienbrowser benennen«.

Abbildung 9.78 ▼
Die automatische Personenerkennung kann jederzeit (de-)aktiviert oder zurückgesetzt werden.

Standardmäßig ist diese automatische Personenerkennung im Elements Organizer aktiviert. Wollen Sie die Personenerkennung nicht verwenden und deaktivieren, können Sie dies über das Menü BEARBEITEN/ ELEMENTS ORGANIZER • VOREINSTELLUNGEN • MEDIENANALYSE mit der Option GESICHTSERKENNUNG AUTOMATISCH DURCHFÜHREN ❶ machen. Diese Option können Sie auch bei einer laufenden Analyse deaktivieren, und die Analyse wird beendet. Wenn Sie die Option wieder aktivieren, fängt die Analyse wieder von vorn an, Ihren Katalog zu scannen. Wollen Sie hingegen alle gefundenen Personen und Personenstapel des Katalogs löschen, können Sie dies über die Schaltfläche GESICHTERANALYSE ZURÜCKSETZEN ❷ vornehmen.

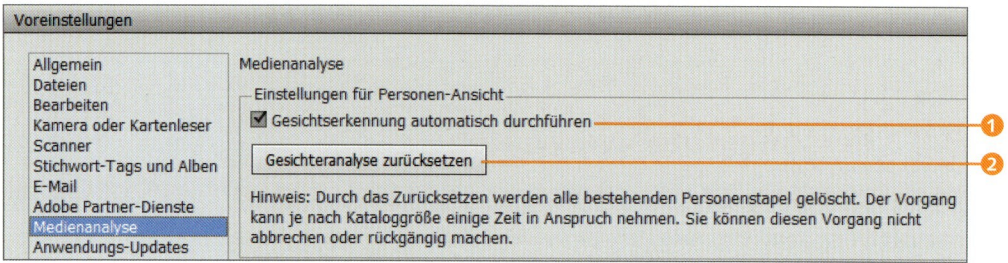

Name… wird nicht angezeigt

Wird NAME… ❸ bei Ihnen nicht im Medienbrowser in der maximalen Zoomstufe angezeigt, haben Sie vermutlich diese Anzeige deaktiviert. Diese Anzeige können Sie jederzeit über das Menü ANSICHT • PERSONENERKENNUNG (de-)aktivieren.

Abbildung 9.79 ▶
Die automatische Gesichtserkennung funktioniert sehr gut.

Wenn Sie Bilder nach der Analyse in maximaler Zoomstufe im Medienbrowser betrachtet haben, ist Ihnen sicherlich bei einigen Bildern der weiße runde Rahmen NAME… ❸ aufgefallen, wenn Sie mit dem Mauscursor über das vorhandene Gesicht in der Vorschau gehen.

Sie könnten jetzt hergehen und die einzelnen Personen auf den Bildern in dieser Ansicht im Medienbrowser benennen, aber dies ist bei einem umfangreichen Katalog mit vielen Bildern doch ein recht mühsames Unterfangen. In der Praxis empfiehlt es sich daher zuerst, Elements Organizer die Analyse der Gesichter in Ihrem

9.8 Personenfotos verwalten

Katalog abschließen zu lassen und dann die Personen im PERSONEN-Modus zu benennen. Wie das geht, erfahren Sie gleich im nächsten Abschnitt.

9.8.1 Mehrere Personen komfortabel benennen

Wie bereits in der Einführung der Personenerkennung erwähnt, analysiert Elements Organizer gleich nach jedem Import die Bilder und sucht nach Gesichtern. Im folgenden Workshop werden Sie erfahren, wie Sie ganz komfortabel die bereits gefundenen Personen benennen und verwalten können.

Schritt für Schritt
Gefundene Personen benennen und verwalten

Der Workshop geht davon aus, dass Sie bereits Bilder in den Katalog importiert haben und die automatische Analyse von Gesichtern komplett abgeschlossen ist. Aber auch wenn die Analyse von Gesichtern noch im Gange sein sollte, können Sie bereits mit der Benennung von Personen beginnen.

1 **Wechseln Sie in den Personen-Modus**
Wechseln Sie zunächst vom Medienbrowser in den PERSONEN-Modus über die gleichnamige Schaltfläche ❷. Im Register UNBENANNT ❸ werden jetzt die einzelnen Stapel ❹ mit den Personen aufgelistet, die bei der letzten Analyse von Gesichtern gefunden wurden und noch nicht benannt sind.

> **Kleine Stapel ausblenden**
> Das Häkchen vor KLEINE STAPEL AUSBLENDEN ❶ (Abbildung 9.81) ist standardmäßig gesetzt und blendet die Stapel aus, in denen nur ein Bild gefunden wurde oder in denen sich Elements Organizer nicht sicher ist. Wenn Sie sehen wollen, um welche Stapel es sich handelt, deaktivieren Sie das Häkchen und scrollen ganz nach unten.

◄ **Abbildung 9.80**
Solange Sie diese Anzeige links unten in der Statuszeile sehen, ist die Analyse von Gesichtern noch im Gange.

▼ **Abbildung 9.81**
Stapel mit unbenannten Personen

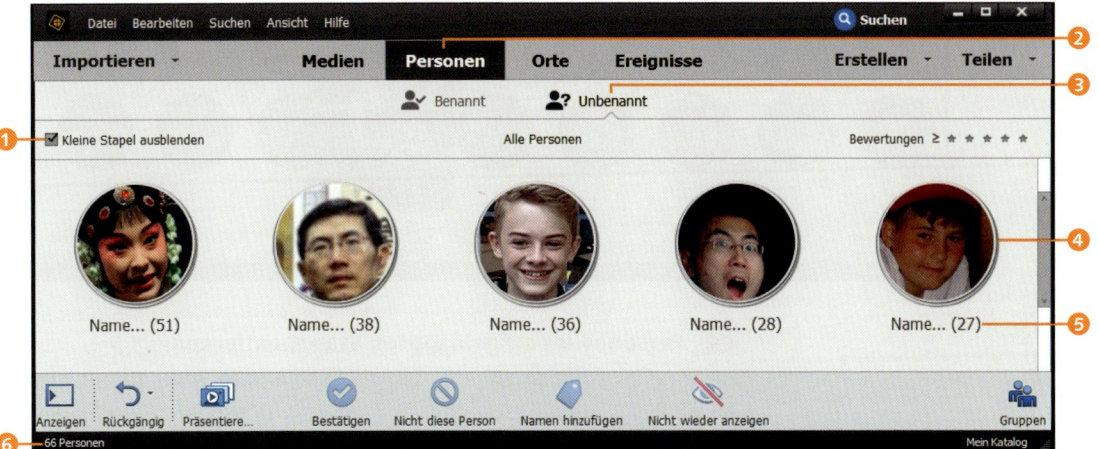

Kapitel 9   Fotos organisieren und verwalten

Elements Organizer packt alle Fotos in einen Stapel, bei denen es sich sicher ist, dass es sich um dieselbe Person handelt. In Klammern ❺ können Sie sehen, wie viele Bilder sich in diesem Stapel befinden. Links unten in der Statuszeile ❻ steht, wie viele unbenannte Personen hier aufgelistet sind.

2 Stapel aufklappen und betrachten

Fotos zum Stapel betrachten
Wollen Sie das komplette Foto zum Gesicht betrachten, müssen Sie nur mit dem Mauscursor über dem Gesicht stehen bleiben, und es wird eine Miniaturvorschau angezeigt. Oder wollen Sie gleich anstelle der Gesichter das entsprechende Foto in einer Miniaturansicht sehen, müssen Sie das Register FOTOS ❷ auswählen. Zurück zur Gesichteransicht kommen Sie, wenn Sie das Register GESICHTER ❶ auswählen.

Zwar könnten Sie jetzt bereits hergehen und den Fotostapel mit dem Namen der darauf abgebildeten Person benennen, allerdings sollten Sie trotzdem noch einmal den Inhalt der Stapel überprüfen, auch wenn die neue Version von Elements Organizer erstaunlich gut arbeitet. Klicken Sie auf den Stapel, den Sie überprüfen wollen, woraufhin die einzelnen Gesichter ❸ (Abbildung 9.82) im Stapel angezeigt werden. Elements Organizer zeigt nur so viele Gesichter an, wie ohne Scrollvorgang angezeigt werden können. Falls nicht Platz für alle Gesichter im Stapel vorhanden war, finden Sie einen abgedunkelten Kreis ❹ mit der Anzahl der noch vorhandenen Gesichter rechts unten, den Sie nur anzuklicken brauchen, damit alle Gesichter angezeigt werden.

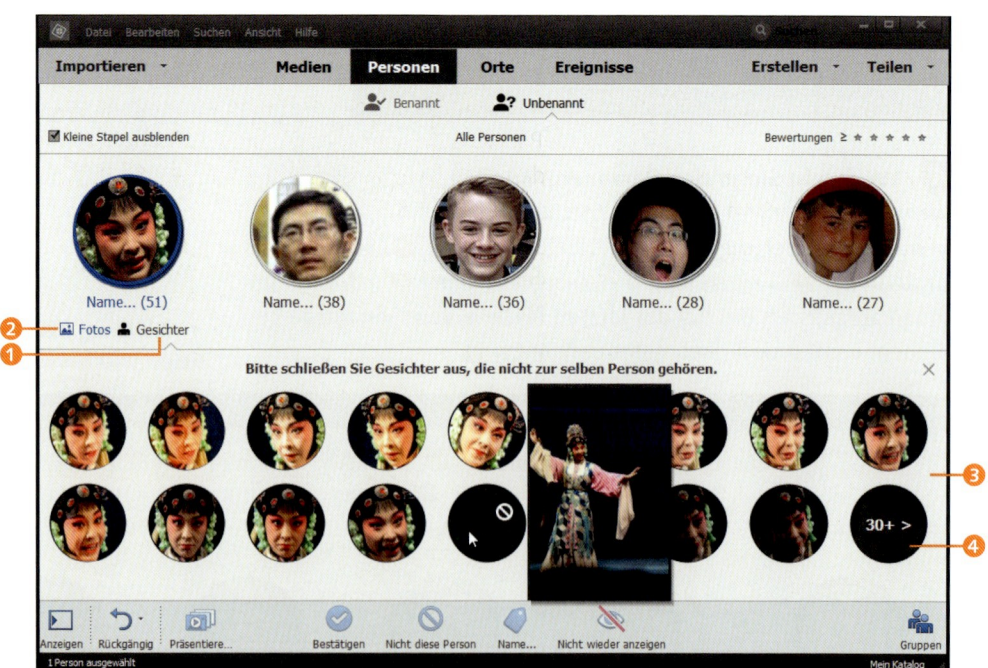

Abbildung 9.82 ▲
Betrachten eines Fotostapels

3 Personen im aufgeklappten Stapel entfernen

Ist im Gesichtserstapel ein Gesicht vorhanden, das hier nicht hingehört, müssen Sie das Gesicht auswählen und dann das Stoppsymbol ❺ anklicken. Dasselbe können Sie auch mit meh-

9.8 Personenfotos verwalten

reren Gesichtern machen, indem Sie diese mit gehaltener ⌃Strg⌄/⌃cmd⌄-Taste auswählen und unten die Schaltfläche NICHT DIESE PERSON ❻ anklicken.

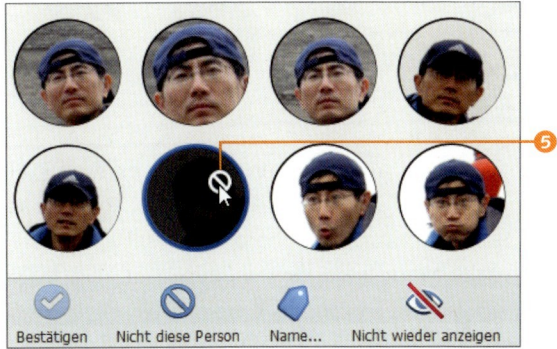

▲ **Abbildung 9.84**
Sämtliche Befehle erreichen Sie auch mit einem rechten Mausklick auf ein Gesicht über das Kontextmenü.

▲ **Abbildung 9.83**
Personen, die nicht zum Stapel gehören, entfernen

❹ Person benennen

Klappen Sie zunächst den ausgeklappten Fotostapel zusammen, indem Sie ihn erneut anklicken (bzw. ⌃Esc⌄ drücken), und klicken Sie jetzt direkt unter das Bild auf NAME..., und geben Sie den Namen der Person ein. Wenn eine gleichnamige Person bereits existiert, erscheint eine Dialogbox, mit der Sie entweder diese Person mit OK ❼ zur existierenden Person hinzufügen oder mit ABBRECHEN ❽ eine neue Person mit dem gleichen Namen erzeugen, wenn dies Sinn macht.

Facebook-Freunde
Haben Sie einen Facebook-Account, können Sie eine Liste mit Ihren Freunden herunterladen und aktualisieren, um diese hiermit zu benennen (Abbildung 9.86).

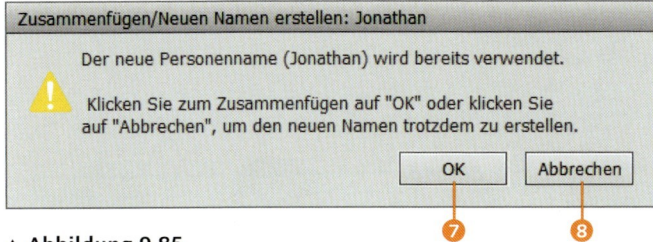

▲ **Abbildung 9.85**
Weitere Bilder zu einer bereits vorhandenen gleichnamigen Person hinzufügen oder eine neue gleichnamige Person erzeugen

❺ Personen zusammenfügen

Da häufiger von einer Person mehrere Stapel angelegt werden könnten, können Sie diese zusammenführen, indem Sie diese Stapel mit gehaltener ⌃Strg⌄/⌃cmd⌄-Taste auswählen und dann auf die Schaltfläche PERSONEN ZUSAMMENFÜGEN ❶ klicken. Im sich öffnenden Dialog können Sie im Textfeld den Namen ❸ eingeben, der für die ausgewählten Stapel verwendet werden soll.

▲ **Abbildung 9.86**
Person über das Textfeld benennen. Bei der Eingabe hilft eine Autovervollständigung mit bereits benannten Personen.

Kapitel 9   Fotos organisieren und verwalten

Unbekannte Personen ignorieren

Wer viel fotografiert, hat zwangsläufig auch unzählige Personen auf seinen Fotos, die irgendwo im Hintergrund stehen oder durch das Bild gelaufen sind. Elements Organizer kann nicht wissen, welche Personen Sie kennen oder nicht, und findet daher zwangsläufig auch fremde Personen. Damit diese Personen nicht mehr im Personen-Modus auftauchen, können Sie diese Stapel einzeln bzw. mit gehaltener Strg/cmd-Taste auswählen und dann die Schaltfläche Nicht wieder anzeigen ❷ anklicken.

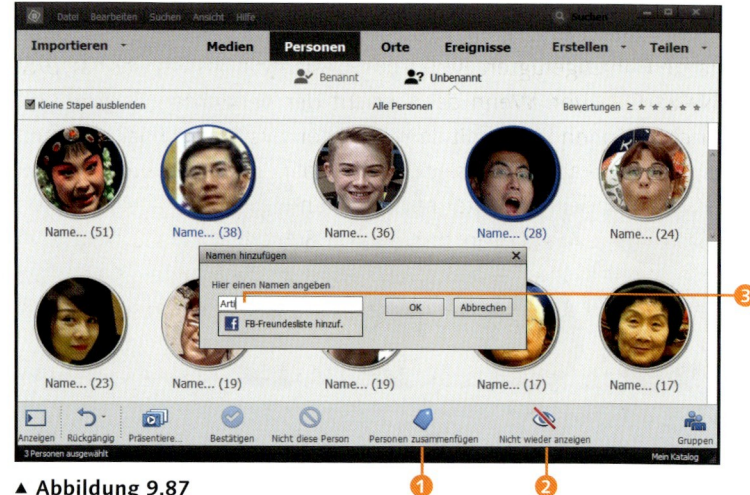

▲ **Abbildung 9.87**
Mehrere Stapel mit derselben Person zusammenfügen und benennen

6   Benannte Personen bestätigen

Mit der Zeit, wenn Sie neue Bilder in den Katalog importieren, erkennt auch Elements Organizer bereits benannte Personen und fügt diese Personen auch gleich direkt zu den benannten Personen dazu. Klicken Sie hierzu auf das Register Benannt ❺. Wo Elements Organizer selbstständig neue Bilder zu bereits benannten Personen hinzugefügt hat, erkennen Sie am blauen dreieckigen Symbol mit dem Ausrufezeichen ❹. Klappen Sie den Stapel auf, indem Sie ein Gesicht anklicken, in dessen Stapel neue Bilder hinzugefügt wurden.

Abbildung 9.88 ▼
Mit der Zeit und nach weiteren Imports erkennt Elements Organizer die Personen von selbst und ordnet diese entsprechend den benannten Personen zu. Trotzdem müssen Sie diese Zuordnung noch bestätigen.

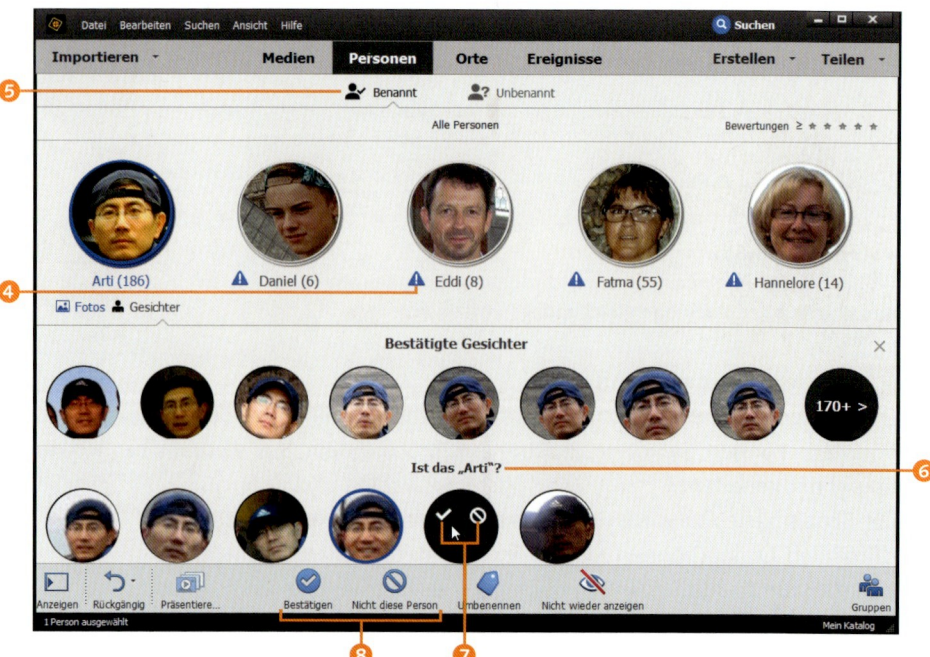

252

Neben den bestätigten Gesichtern finden Sie hier jetzt auch die neu hinzugefügten Bilder mit Gesichtern im Bereich Ist das »Name«? ❻ vor. Wenn das Gesicht der benannten Person entspricht, können Sie es mit dem Häkchen bestätigen oder mit dem Stoppsymbol ablehnen (siehe ❽). Schneller geht es, wenn Sie die entsprechenden Gesichter mit gehaltener [Strg]/[cmd]-Taste markieren und dann die entsprechende Schaltfläche ❼ Bestätigen oder Nicht diese Person anklicken. Die bestätigten Gesichter werden dann zum entsprechenden Bereich hinzugefügt.

9.8.2 Personen einzeln über Medienbrowser benennen

Wenn Sie ein einzelnes Bild im Medienbrowser in der maximalen Zoomstufe betrachten und die automatische Personenanalyse einzelne Personen auf dem Bild erkannt hat, können Sie diese Person durch das Anklicken von Name... ❾ benennen. Sie können den Namen der Person einfach eintippen und mit einem Druck auf [↵] bestätigen.

Über das kleine x ❿ können Sie unbekannte (oder keine) Personen ignorieren. Bilder, in denen Personen enthalten sind und bereits benannt wurden, erhalten ein kleines blaues Personensymbol ❶ (Abbildung 9.90). Wenn außerdem das Bild ausgewählt wurde, werden alle benannten Personen im Bild im Bedienfeld Bild-Tags aufgelistet. Zusätzlich wird unter den Tags auch gleich ein Personen-Tag ⓫ für die Personen angelegt.

Echte Stichwort-Tags

Bei den Personen-Tags handelt es sich im Grunde um echte Stichwort-Tags, die Sie in den Metadaten der Datei speichern und somit überallhin ex- und importieren können. Dass hiermit automatisch auch gleiche Tags generiert werden, ist komfortabel, da man das »Taggen« von Personen zuvor noch manuell vornehmen musste.

▼ **Abbildung 9.89**
Personen im Medienbrowser benennen

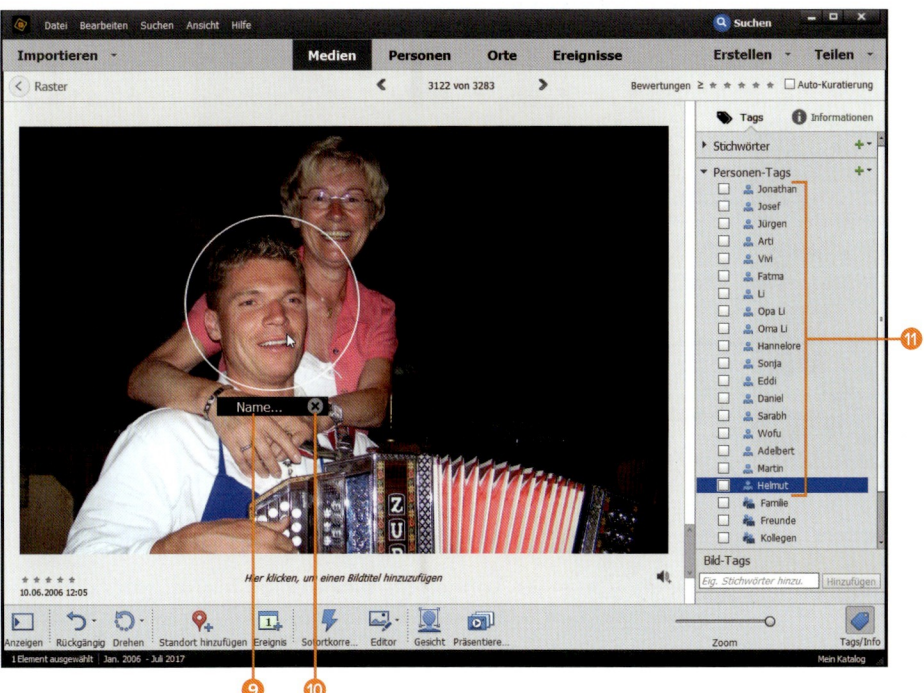

▲ **Abbildung 9.90**
Hier wurden Personen benannt.

Der Organizer ist sehr lernfähig und kann sich Gesichter auch nach und nach besser merken. Sie brauchen sich also nicht zu wundern, wenn Sie bei Bildern mit Ist das …? gefragt werden, ob es sich um eine bereits benannte Person handelt. Dies können Sie entweder mit dem Häkchen bestätigen oder mit dem X ignorieren.

◀ **Abbildung 9.91**
Bereits bekannte Personen werden gewöhnlich wiedererkannt.

9.8.3 Personen manuell hinzufügen

Natürlich ist es nicht immer garantiert, dass in einem Bild eine Person oder genauer ein Gesicht erkannt wird. Gerade bei Aufnahmen, bei denen Personen von der Seite oder einer ungünstigen Position aus aufgenommen wurden, müssen Sie eventuell selbst Hand anlegen. In solch einem Fall finden Sie in der maximalen Zoomstufe des Bildes eine weitere Schaltfläche Gesicht ❷. Wenn Sie diese Schaltfläche anklicken, erscheint der quadratische weiße Rahmen Name…, den Sie dann per Drag & Drop an die entsprechende Position verschieben und auch in der Größe skalieren (und das Wichtigste, der Person einen Namen zuweisen) können.

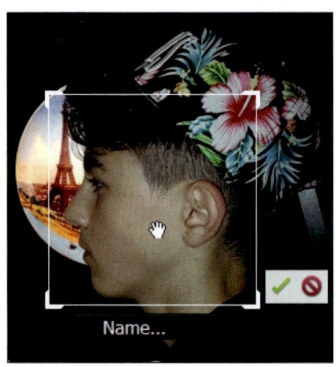

▲ **Abbildung 9.93**
Daraufhin erhalten Sie den bekannten Rahmen Name…, den Sie verschieben und skalieren können.

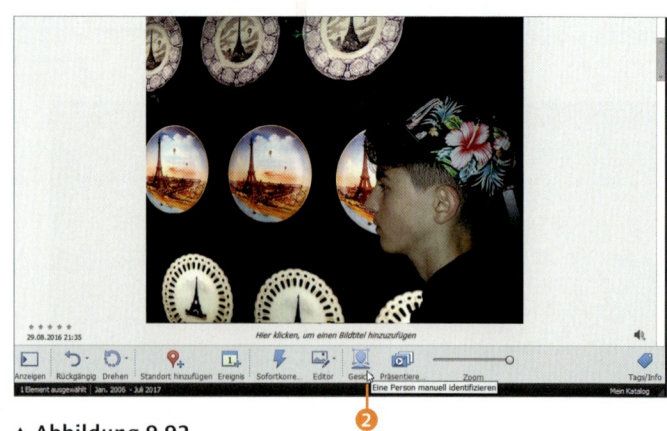

▲ **Abbildung 9.92**
Findet die Automatik keine Person im Bild, können Sie über die Schaltfläche Gesicht selbstständig eine Person hinzufügen.

Ebenfalls manuell können Sie eine Person hinzufügen (allerdings ohne den weißen Rahmen), indem Sie auf eine Datei im Medien-

9.8 Personenfotos verwalten

browser mit der rechten Maustaste klicken und im Kontextmenü EINE PERSON HINZUFÜGEN auswählen. In der sich öffnenden Dialogbox können Sie jetzt einen Namen eintragen und mit HINZUFÜGEN dem Bild zuordnen.

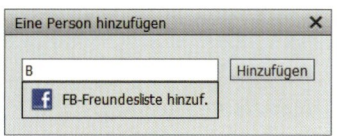

▲ **Abbildung 9.94**
In der sich öffnenden Dialogbox können Sie jetzt der Datei so lange Personen über die Schaltfläche HINZUFÜGEN oder ⏎ hinzufügen, bis Sie diese Dialogbox über das kleine x oder Esc wieder schließen.

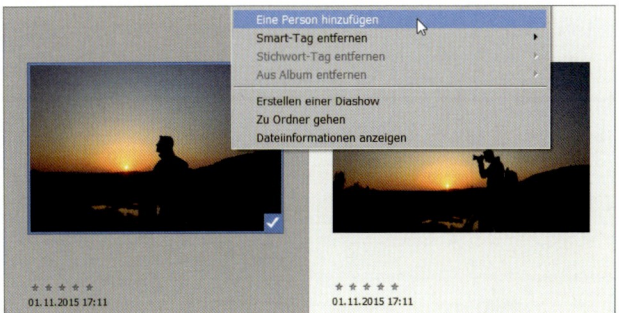

▲ **Abbildung 9.95**
Eine Person manuell hinzufügen über einen rechten Mausklick auf die Datei

Personen in Videos | Diese Dialogbox können Sie übrigens auch bei Videodateien per rechten Mausklick aufrufen und verwenden. Alternativ finden Sie aber auch eine Schaltfläche dafür, wenn Sie ein Video aus dem Medienbrowser abspielen. Hierzu müssen Sie gegebenenfalls zunächst das Etikettensymbol ❸ aktivieren. Dann finden Sie neben den Stichwort-Tags, die Sie zuweisen können, rechts unten eine Schaltfläche EINE PERSON HINZUFÜGEN ❹.

▼ **Abbildung 9.96**
Auch bei Videodateien lassen sich Personen hinzufügen.

255

Kapitel 9 Fotos organisieren und verwalten

9.8.4 Verwaltung der benannten Personen im Personen-Modus

Da Sie nun vermutlich schon einige Personen benannt haben, können wir uns den Personen-Modus ❶ genauer ansehen, in dem Sie die benannten und unbenannten Personen organisieren und verwalten können. Unser Hauptaugenmerk ist hierbei auf die Verwaltung der bereits benannten Personen im Bereich Benannt ❷ gerichtet, obgleich sich vieles hier Beschriebene auch im Bereich Unbenannt ❸ verwenden lässt.

Unbenannte Personen
Auf den Umgang mit den nicht benannten Personen im Bereich Unbenannt ❸ wurde bereits ausführlich in Abschnitt 9.8.1, »Mehrere Personen komfortabel benennen«, eingegangen.

Abbildung 9.97 ▶
Benannte Personen des gesamten Katalogs liegen als Stapel vor.

Diashow starten
Mit der Schaltfläche Präsentieren ❺ wird eine Diashow mit dem ausgewählten Personenstapel oder den aufgelisteten Fotos gestartet.

Die Arbeitsoberfläche des Personen-Modus | Wenn Sie die Schaltfläche Personen anklicken und kein Album oder keinen Ordner ausgewählt haben, werden alle benannten Personen des Katalogs im Personen-Browser aufgestapelt. Die Anzahl der benannten Personen wird links unten in der Statusleiste angezeigt. Im Modus Personen steht Ihnen neben dem linken (ausblendbaren) Bedienfeld ❹ mit Alben und Ordnern auf der rechten Seite das (ausblendbare) Bedienfeld Gruppen ❻ zur Verfügung, in dem Sie die Personenstapel in einzelne Gruppen sortieren können.

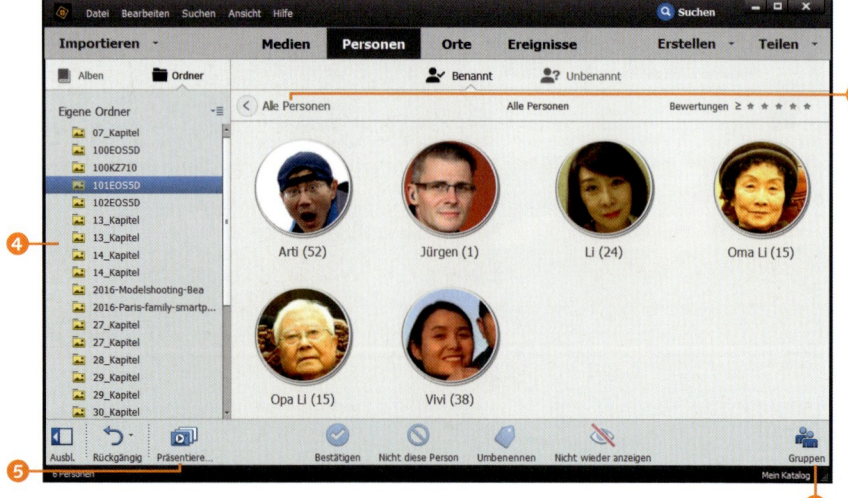

▲ **Abbildung 9.98**
Jetzt werden nur noch Personen des ausgewählten Ordners als Stapel angezeigt.

9.8 Personenfotos verwalten

Haben Sie hingegen im linken Bedienfeld ein Album oder einen Ordner ausgewählt, werden im Modus PERSONEN nur die im Album oder Ordner enthaltenen Personen aufgestapelt und angezeigt. Dies gilt sowohl für die benannten als auch unbenannten Stapel. Wollen Sie wieder alle Personen im Katalog anzeigen, brauchen Sie nur auf die Schaltfläche ALLE PERSONEN 7 zu klicken.

Bilder einer bestimmten Person betrachten | Hierzu brauchen Sie lediglich einen Doppelklick auf dem Personenstapel auszuführen. Wie viele Bilder dann von dieser Person in einer Rasteransicht angezeigt werden, hängt auch davon ab, ob aktuell alle Bilder der Person des Katalogs aufgelistet werden oder ob Sie einen Ordner oder ein Album ausgewählt haben. Die Navigation in der Miniaturvorschau der einzelnen Person entspricht dann im Grunde derselben, wie Sie diese schon vom MEDIEN-Modus her kennen.

Oberhalb der Rasteransicht finden Sie an den beiden Enden des Namens jeweils einen Pfeil nach rechts bzw. links 8, mit dessen Hilfe Sie zur vorherigen oder nächsten Person wechseln können.

▲ **Abbildung 9.99**
Ein Doppelklick auf einen Personenstapel zeigt die Bilder mit dieser Person an.

◄ **Abbildung 9.100**
Alle Fotos dieser Person werden angezeigt, in diesem Fall über den gesamten Katalog hinweg. Doppelklicken Sie eines dieser Bilder in der Rasteransicht, können Sie das Bild vergrößert betrachten.

Sollten Sie Bilder vermissen, prüfen Sie Ihre Auswahl. Ist die Schaltfläche ALLE PERSONEN 9 über dem PERSONEN-Browser zu sehen, sehen Sie nur die Bilder von einem beispielsweise ausgewählten Album oder Ordner. Ein Klick auf ALLE PERSONEN erweitert dann die Suche auf den kompletten Katalog.

Kein Gesicht sichtbar
Wenn bei der Miniaturansicht von Gesichtern nur ein Personensymbol angezeigt wird, haben Sie dem Bild vermutlich ein entsprechendes Personen-Tag aus den Personen-Tags per Drag & Drop zugewiesen. In diesem Fall brauchen Sie nur die entsprechende Miniaturvorschau doppelt anzuklicken und dem Bild seinen NAME...-Rahmen über die Schaltfläche GESICHT manuell hinzuzufügen.

◄ **Abbildung 9.101**
Doppelklicken Sie hier auf den Personenstapel, werden nur die Bilder angezeigt, die von dieser Person im ausgewählten Ordner enthalten sind.

▲ **Abbildung 9.102**
Das Personensymbol wird angezeigt, wenn Sie beispielsweise ein Personen-Tag aus den Personen-Tags per Drag & Drop hinzugefügt haben.

Personen umbenennen oder entfernen | Wollen Sie eine Person umbenennen oder entfernen, brauchen Sie nur den Namen unterhalb des Stapels auszuwählen (zu erkennen an einem blauen Rahmen um den Stapel). Jetzt finden Sie unterhalb der Personen-Vorschau eine Schaltfläche ❷, um diese Person umzubenennen. Daneben finden Sie auch gleich eine Schaltfläche Nicht diese Person ❶, um diese Person zu entfernen und zu den unbenannten Stapeln zurückzusenden, oder die Schaltfläche Nicht wieder anzeigen ❸, womit diese Person überhaupt nicht mehr im Personen-Modus erscheint. Dieselben Befehle erreichen Sie auch mit einem rechten Mausklick auf die Person über ein Kontextmenü.

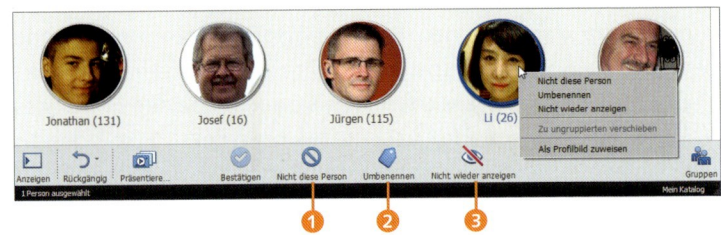

Abbildung 9.103 ▶
Eine Person umbenennen oder entfernen

Einer Person ein Profilbild zuweisen

Wollen Sie einer Person ein neues Profilbild auf dem Stapel zuweisen, fahren Sie mit dem Mauscursor über den Stapel der Person. Sie werden feststellen, dass sich das Profilbild bei Bewegung des Mauscursors ändert. Haben Sie ein Bild gefunden, das jetzt als neues Profilbild ganz oben auf den Stapel gelegt werden soll, halten Sie den Mauscursor ruhig, und drücken Sie die rechte Maustaste. Im sich öffnenden Kontextmenü wählen Sie jetzt Als Profilbild zuweisen aus.

Personen in Gruppen aufteilen | Mit der Zeit kommen immer mehr Personenstapel dazu, und auch hier kann es dann schnell unübersichtlich werden. Um hier die Übersicht zu behalten, können Sie die Personen in Gruppen zusammenfassen. Das Bedienfeld Gruppen kann über die gleichnamige Schaltfläche ganz rechts unten ❻ jederzeit aus- und eingeblendet werden.

Standardmäßig wird hier zwischen Familie, Freunde und Kollegen unterschieden ❺. Es lassen sich aber über das grüne Plussymbol ❹ noch weitere Gruppen hinzufügen.

Abbildung 9.104 ▶
Zur besseren Übersicht lassen sich auch die einzelnen Personenstapel in Gruppen aufteilen.

9.8 Personenfotos verwalten

Die Verwaltung von Gruppen entspricht im Grunde bereits der Verwaltung von Alben. Um einzelne Personenstapel einer bestimmten Gruppe hinzuzufügen, brauchen Sie diesen Stapel nur zu markieren (Personenstapel wird mit blauem Rahmen markiert) und mit gedrückt gehaltener linker Maustaste auf die gewünschte Gruppe zu ziehen und dort fallen zu lassen. Mehrere Stapel können Sie mit gehaltener [Strg]/[cmd]-Taste markieren.

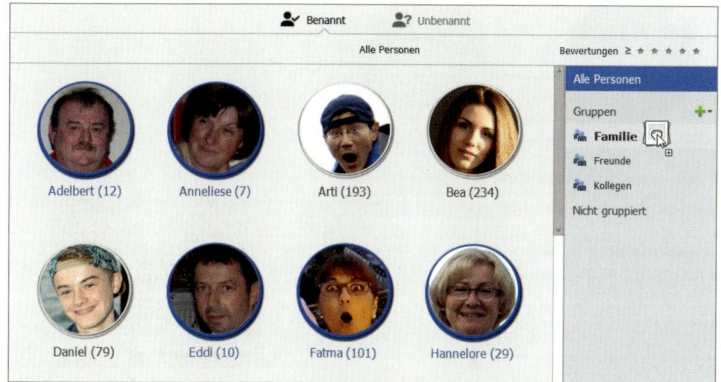

◄ **Abbildung 9.105**
Hier wurden drei Personenstapel markiert und per Drag & Drop auf die Gruppe FAMILIE gezogen.

Natürlich funktioniert dies auch umgekehrt, indem Sie das Textlabel FAMILIE, FREUNDE oder KOLLEGEN mit gedrückt gehaltener linker Maustaste auf eine Person ziehen und dort fallen lassen.

Die einzelnen Gruppen können jetzt auch durch Anklicken der Gruppe (in der Abbildung 9.106 ist es FAMILIE) direkt angesprungen werden. Alle Personen können Sie wieder über die gleichnamige Schaltfläche im Bedienfeld GRUPPEN oder links oben über die ebenfalls gleichnamige Schaltfläche anzeigen lassen. Personen, die Sie nicht gruppiert haben, können Sie anzeigen lassen, indem Sie auf NICHT GRUPPIERT ❼ im Bedienfeld GRUPPEN klicken.

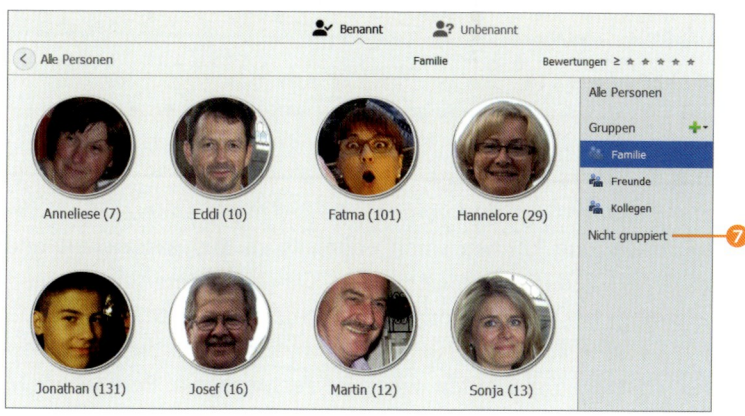

◄ **Abbildung 9.106**
Sind die Personenstapel gruppiert, wirkt das Ganze schon wieder etwas übersichtlicher.

Kapitel 9 Fotos organisieren und verwalten

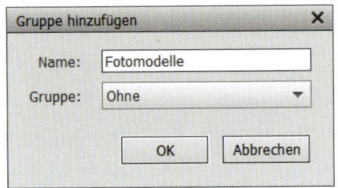

▲ Abbildung 9.107
Der Dialog, um eine neue (Unter-)Gruppe zu erstellen. Der NAME ist der Name der Gruppe. Falls es eine Untergruppe sein soll, wählen Sie eine vorhandene unter GRUPPE aus.

Neue Personen-Gruppe erstellen | Über das grüne Plussymbol rechts oben können Sie jederzeit neue Gruppen oder Untergruppen hinzufügen oder vorhandene Gruppen umbenennen oder löschen. Im Beispiel habe ich der Gruppe FAMILIE die Untergruppen GESCHWISTER und ONKEL UND TANTE hinzugefügt, um diese von den noch auf der Erde lebenden Familienmitgliedern zu trennen.

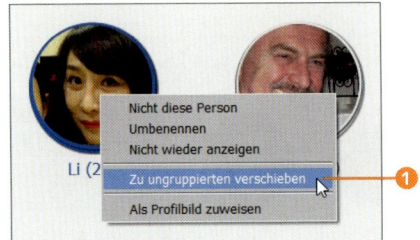

▲ Abbildung 9.108
Um einen Personenstapel aus der Gruppe zu entfernen, brauchen Sie lediglich mit der rechten Maustaste zu klicken und im Kontextmenü den Befehl ZU UNGRUPPIERTEN VERSCHIEBEN ❶ auszuwählen.

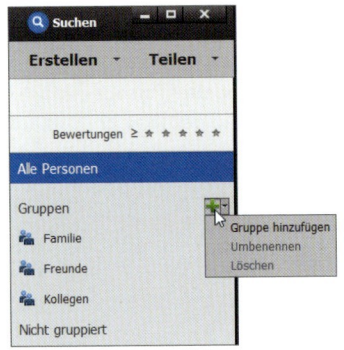

▲ Abbildung 9.109
Über das grüne Plussymbol können Sie neue Gruppen erstellen oder vorhandene Gruppen umbenennen oder löschen.

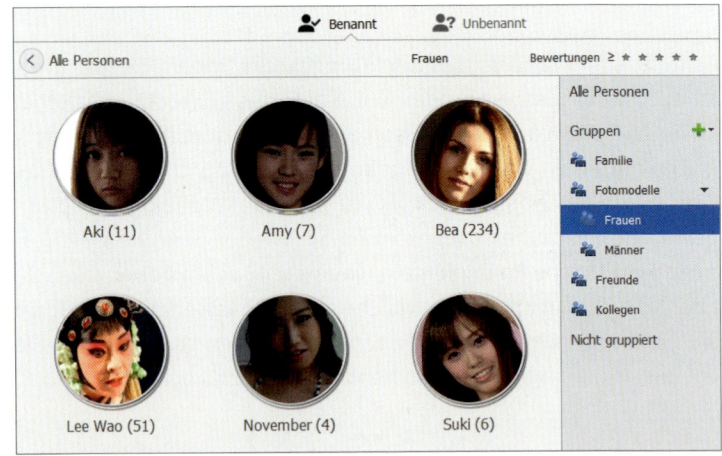

▲ Abbildung 9.110
Die FRAUEN wurden als Untergruppe von FOTOMODELLE erstellt.

9.8.5 Personen-Tags

Die Personen-Tags sind vom Prinzip her nichts anderes als Stichwort-Tags und können somit ebenfalls im Bild gespeichert und ex- bzw. wieder importiert werden. Das Importieren funktioniert allerdings bei Personen dann nur als »normales« Stichwort-Tag.

Das Tolle an den Personen-Tags ist auch, dass diese automatisch hinzugefügt werden, wenn Sie Personen zum Beispiel wie in Abschnitt 9.8.2, »Personen einzeln über Medienbrowser benennen«, hinzugefügt haben.

Personen-Tag = Gesichtserkennung

Wenn Sie einer Person ein Tag manuell zuweisen, indem Sie ein Personen-Tag per Drag & Drop auf das Bild fallen lassen, haben Sie das Bild nur mit der Person gekennzeichnet. Für die Suche (was ja auch der Hauptsinn von Tags ist) reicht das aus. Es wird aber nicht die Gesichtserkennung (mit dem weißen Rahmen) hinzugefügt. Wenn Sie diese benötigen, können Sie dies nachträglich machen, wie in Abschnitt 9.8.2 beschrieben.

Personen-Tags verwenden | Für die Personen-Tags muss die Schaltfläche TAGS/INFO ❹ aktiviert sein. Unter TAGS ❷ können Sie dann die Leiste PERSONEN-TAGS ❸ durch Anklicken aus- und wieder einklappen.

Personen-Tags können Sie wie Stichwort-Tags verwenden. Dabei können Sie jederzeit ein Personen-Tag auf ein Bild (oder mehrere Bilder, wenn markiert) ziehen, wenn die entsprechende Person dort zu sehen ist. Oder aber Sie können auch ein oder mehrere Bilder auf ein bestimmtes Personen-Tag ziehen. Auch die Suche funktioniert ähnlich komfortabel, wie in Abschnitt 9.4.1, »Nach Stichwort-Tags suchen«, beschrieben wurde. Daher können wir uns eine Wiederholung hier sparen.

Personen-Tags bzw. Gruppen nachträglich bearbeiten | Über PERSONEN-TAGS im Reiter TAGS können Sie auch jederzeit eine neue Person oder Gruppe anlegen, indem Sie auf das kleine Dropdown-Menü ❺ neben dem grünen Plussymbol klicken. Die Befehle BEARBEITEN und LÖSCHEN beziehen sich dann auf die Person bzw. Gruppe, die blau markiert ist. Klicken Sie direkt auf das grüne Plussymbol, wird ein Dialog geöffnet, mit dem Sie eine neue Person anlegen können.

Sie können aber auch direkt auf eine Person oder Gruppe mit der rechten Maustaste klicken ❻, woraufhin Sie im Kontextmenü die Person bzw. Gruppe in einem sich öffnenden Dialog bearbeiten (oder ohne Dialog löschen) können.

▲ **Abbildung 9.111**
Personen-Tags sind im Grunde wie Stichwort-Tags und werden automatisch hinzugefügt, wenn einzelne oder mehrere Personen im Medienbrowser oder im PERSONEN-Modus benannt wurden.

▲ **Abbildung 9.112**
Neue Personen bzw. Gruppen anlegen, bearbeiten oder löschen

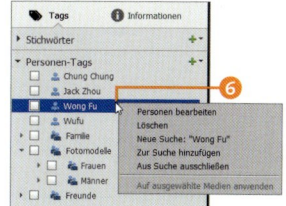

▲ **Abbildung 9.113**
Einzelne Personen oder Gruppen bearbeiten bzw. löschen

> **GPS**
> GPS (kurz für *Global Position System*) ist ein globales Navigationssystem zur Standortbestimmung und Zeitmessung, was ursprünglich zu Militärzwecken gedacht war. Neuere Kameras im höheren Preissegment haben häufig schon eine GPS-Funktion integriert. Aber auch bei älteren Kameras lässt sich hierfür ein Foto-GPS nachrüsten (wird meistens auf den Blitzschuh gesetzt).

9.9 Orte erstellen und verwalten

Wie es sich für eine moderne Bildverwaltung gehört, kann der Organizer jetzt auch Orte anhand von GPS-Daten verwalten. Wenn Ihre Kamera mit einem GPS-Modul ausgestattet ist, werden diese GPS-Daten in den Metadaten des Bildes gespeichert, und der Organizer zeigt Ihnen dann auf der Landkarte an, wo Sie das Bild aufgenommen haben. Aber auch wenn Ihre Kamera kein GPS hat, ist dies nicht weiter schlimm, denn Sie können Ihren Medien ohne großen Aufwand neue Ortsinformationen hinzufügen.

Online-Verbindung nötig | An dieser Stelle muss noch angemerkt werden, dass Sie für die Verwaltung der Orte gerade für die Kartenansicht eine Internetverbindung benötigen, weil die Software auf Google Maps (*https://maps.google.de*) zurückgreifen muss.

9.9.1 Der Orte-Modus

Wenn Sie in den Modus ORTE ❷ wechseln, stehen mit FIXIERT ❶ und NICHT FIXIERT ❸ zwei Register zur Verfügung. Wechseln Sie zum ersten Mal zum Modus ORTE, hängt das, was Sie im Register FIXIERT sehen, davon ab, ob Sie eine Kamera mit GPS-Funktionen haben und diese GPS-Daten mit Ihren Bildern gesichert wurden. Sind bereits Bilder mit GPS-Daten vorhanden, werden entsprechende Bilder auf der Karte als Schildchen ❹ (von Adobe auch *Pins* genannt) mit einer Miniaturvorschau angezeigt, wo diese Bilder aufgenommen wurden. Die Nummer auf der rechten oberen Seite eines jeden Schildchen gibt an, um wie viele Bilder von diesem Ort es sich hierbei handelt. Die Anzahl der Elemente mit GPS-Daten und der Datumsbereich der Aufnahmen wird hier links unten in der Statusleiste ❺ angezeigt.

Abbildung 9.114 ▼
Bilder mit vorhandenen GPS-Daten bzw. zugewiesenen Orten im Modus ORTE ❷ werden unter dem Register FIXIERT ❶ angezeigt.

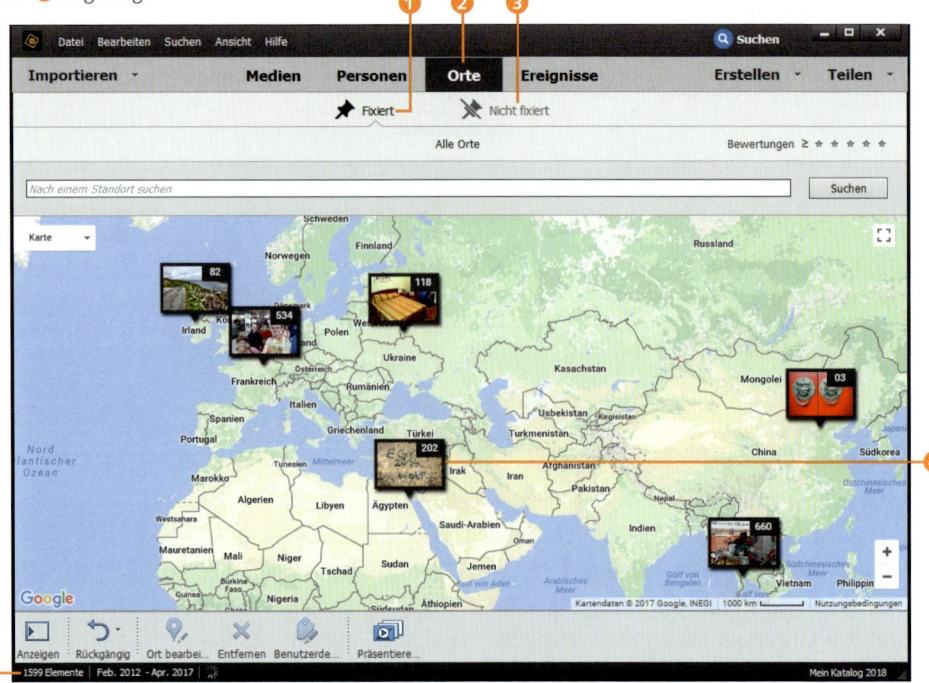

Sind hingegen noch keine Medien auf der Karte platziert, sind auf der Landkarte im Register FIXIERT auch keine Pins zu sehen.

Medien ohne GPS-Daten | Wenn Sie hingegen im ORTE-Modus auf das Register NICHT FIXIERT ❾ klicken, finden Sie dort die Medien ohne eine Ortszuweisung vor. In diesem Register können Sie zu Ihren Bildern auf unterschiedlichen Arten eine Ortsinformation hinzufügen. In der linken Seite ❼ finden Sie dabei die Bilder ohne Ortsinformationen, die Sie über die Option NACH ZEIT GRUPPIEREN ❽ nach Datum sortieren können. Wie fein die Sortierung nach Zeit dabei gruppiert werden soll, können Sie über den Regler ANZAHL DER GRUPPEN ❿ einstellen. Auf der rechten Seite hingegen wird die leere Landkarte angezeigt. Die Anzahl der Elemente ohne GPS-Daten und der Datumsbereich der Aufnahmen werden auch hier links unten in der Statusleiste ❻ angezeigt.

Smartphone mit GPS
Vielleicht sind Sie überrascht, dass Sie Medien mit GPS-Daten dort finden, obwohl Sie eigentlich gar keine Kamera mit GPS-Modul haben. Vermutlich handelt es sich dabei um Bilder, die Sie von Ihrem Smartphone importiert haben. Viele Smartphones bieten nämlich eine Option an, aufgenommene Bilder mit GPS-Daten zu sichern.

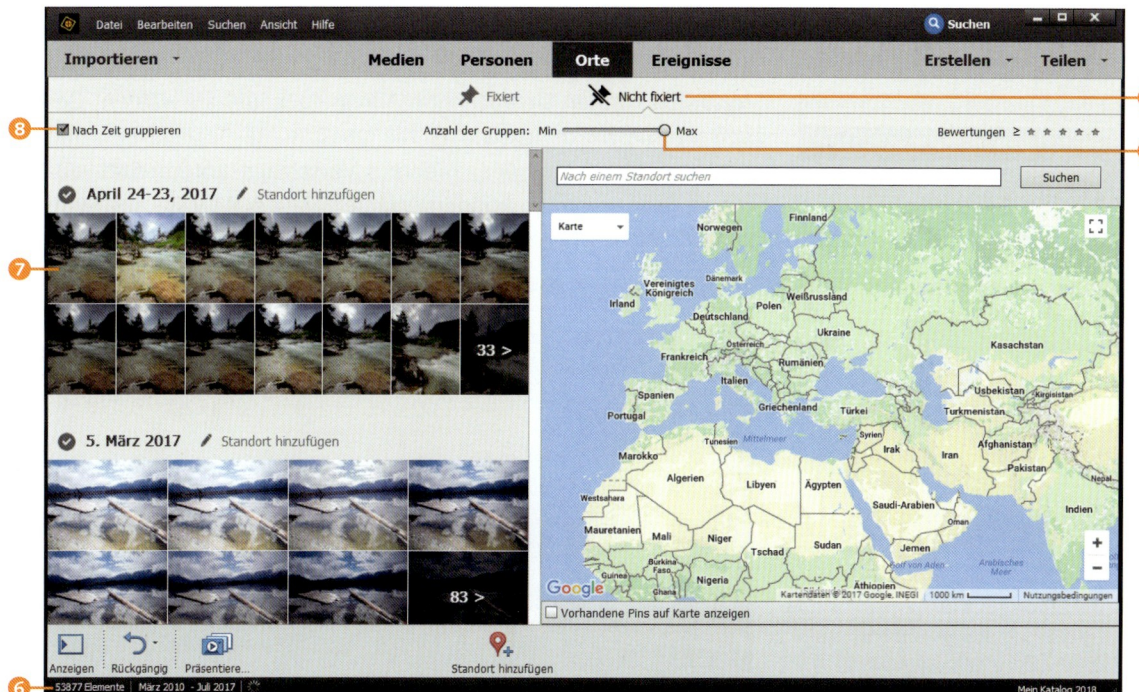

▲ **Abbildung 9.115**
Im Register NICHT FIXIERT ❾ des ORTE-Modus finden Sie die Medien vor, die (noch) keine Ortsinformationen enthalten. In diese Register können Sie die Ortsinformationen zu den Bildern hinzufügen.

9.9.2 Steuerung der Landkarte

Bevor Sie erfahren, wie Sie Ihre Bilder mit dem Modus ORTE verwalten können, möchte ich Ihnen kurz erklären, wie Sie die Landkarte verwenden können. Wer im Umgang mit Google Maps bereits vertraut ist, der kann diesen Abschnitt überspringen.

Die Position der Landkarte können Sie verschieben, indem Sie auf der Landkarte die Maustaste gedrückt halten und per Ziehen die Landkarte verschieben. Näher hineinzoomen in die Landkarte können Sie entweder mit einem Doppelklick an der entsprechenden Position auf der Landkarte, durch das Scrollen mit dem Mausrad, oder Sie verwenden auch hier das Plus-/Minussymbol ❶ auf der rechten unteren Seite. Mit einem Klick auf das Minussymbol wird eine Einheit heraus- und mit einem Klick auf das Plussymbol eine Einheit in das Bild hineingezoomt.

▲ **Abbildung 9.116**
Navigieren auf der Landkarte von Google Maps

▲ **Abbildung 9.117**
Genauer geht es mit Adresseingabe …

Natürlich können Sie auch eine Adresse genauer auswählen. Geben Sie hierzu im Textfeld ❷ die gewünschte Adresse ein, und Ihnen werden einer oder mehrere Vorschläge unterbreitet, aus denen Sie auswählen können. Wählen Sie die Adresse aus, wird relativ nahe dort gezoomt.

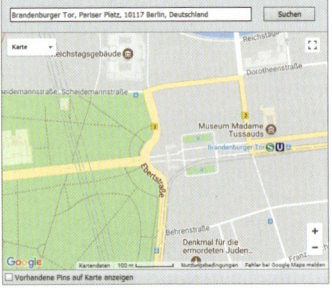

▲ **Abbildung 9.118**
… die dann auch unmittelbar auf der Landkarte angezeigt wird.

Abbildung 9.119 ▶
Die Hybrid-Ansicht in der 45°-Perspektive

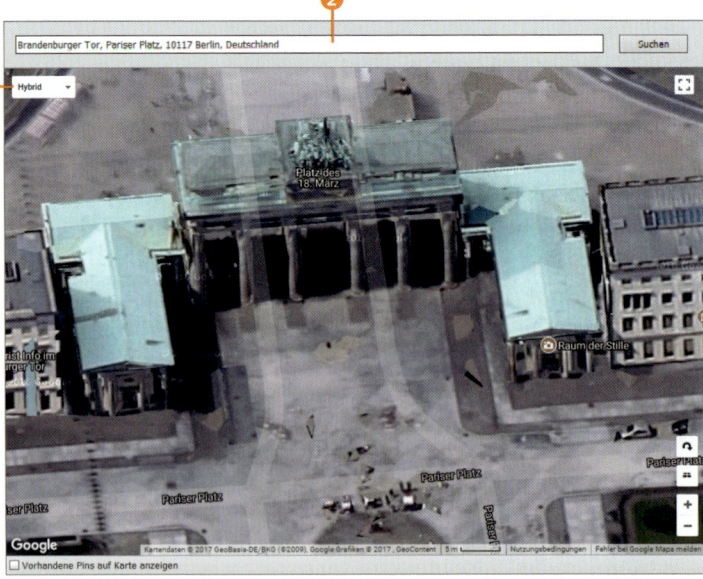

Rechts oben über die Dropdown-Liste ❸ können Sie die Ansicht der Karte ändern. Neben der üblichen Karte finden Sie hier noch Hybrid, womit Satellitenaufnahmen mit den Kartenaufnahmen (also Dinge wie Straßennamen usw.) vermischt werden. Ab einer gewissen Zoomstufe ist in bestimmten Regionen auch eine 45°-Perspektive ❹ möglich. Daneben finden Sie noch die Optionen HELL und DUNKEL in der Ansicht.

9.9.3 Neue Orte hinzufügen

Auch wenn Sie eine neuere Kamera haben, die bereits GPS-Daten in den Bildern speichert, haben Sie sicherlich auch noch unzählige Bilder auf Ihrer Festplatte, die dort noch ohne GPS-Daten abgelegt sind.

▲ **Abbildung 9.120**
Der Winkel der 45°-Perspektive lässt sich hier in 90°-Schritten drehen.

Schritt für Schritt
Einem Bild Ortsinformationen hinzufügen

In dieser Schritt-für-Schritt-Anleitung will ich Ihnen zeigen, wie Sie Ihren Bildern selbst Ortsinformationen hinzufügen können.

1 Medien auswählen

Wechseln Sie in den Modus ORTE ❸, und wählen Sie dann das Register NICHT FIXIERT ❹ aus. Zunächst sollten Sie die Medien auswählen, die Sie mit Ortsinformationen ausstatten wollen. Hierbei müssen Sie zunächst entscheiden, ob Sie den kompletten Katalog verwenden wollen oder lieber weniger Bilder aus ALBEN ❷ oder ORDNER ❶ nutzen wollen.

Tipp

Statt eines kompletten Albums, Ordners oder gar aller Medien können Sie auch nur einzelne Bilder mit gehaltener [Strg]/[cmd]-Taste auswählen, die Sie mit Ortsinformationen versehen wollen. Anschließend klicken Sie auch hier auf STANDORT HINZUFÜGEN ❼.

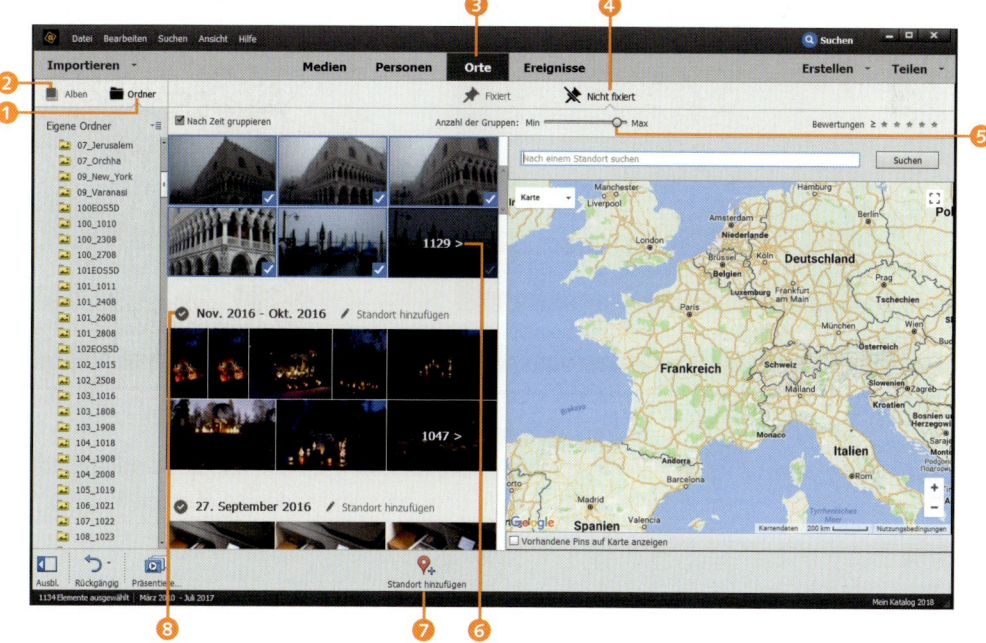

▲ **Abbildung 9.121**
Die Medien auswählen, die mit Ortsinformationen versehen werden sollen

Genauer Standort

Natürlich kann es sein, dass Sie sich nicht immer an die genaue Adresse oder den Namen der Sehenswürdigkeit erinnern. Wie genau Sie den Ort hier angeben wollen, bestimmen Sie ganz allein. Der eine mag mit der Ortschaft schon zufrieden sein, der andere hingegen hätte es da schon gerne auf die Hausnummer genau.

Es kann außerdem sehr hilfreich sein, den Schieberegler ANZAHL DER GRUPPEN ❺ zu verwenden, um die Aufteilung des Zeitbereichs etwas feiner in mehreren Gruppen aufzuteilen.

In diesem Beispiel möchte ich den Bildern vom 3. bis 6. NOVEMBER 2016 einen Ort zuweisen. In der Vorschau werden allerdings nur zwei Reihen mit den an diesem Tag aufgenommenen Bildern angezeigt. Der Wert 1129 > am Ende der letzten Reihe ❻ zeigt an, dass noch 1.129 weitere Bilder in diesem Zeitraum aufgenommen wurden. Sind Sie sich sicher, dass alle darin enthaltenen Bilder am selben Ort gemacht wurden, können Sie einfach auf das Häkchen ❽ vor dem Datum klicken, und es sind automatisch alle Bilder an diesem Tag markiert.

Wollen Sie sichergehen, können Sie auch einfach auf ❻ klicken, und es erfolgt eine Übersicht aller Bilder, die zu dieser Zeit aufgenommen wurden. Standardmäßig werden jetzt alle sichtbaren Medien berücksichtigt. Wollen Sie nicht alle sichtbaren Medien einem Ort zuweisen, müssen Sie mit gehaltener Strg/cmd-Taste die entsprechenden Medien auswählen.

▼ **Abbildung 9.122**
Alle Medien eines entsprechenden Zeitraums auflisten lassen

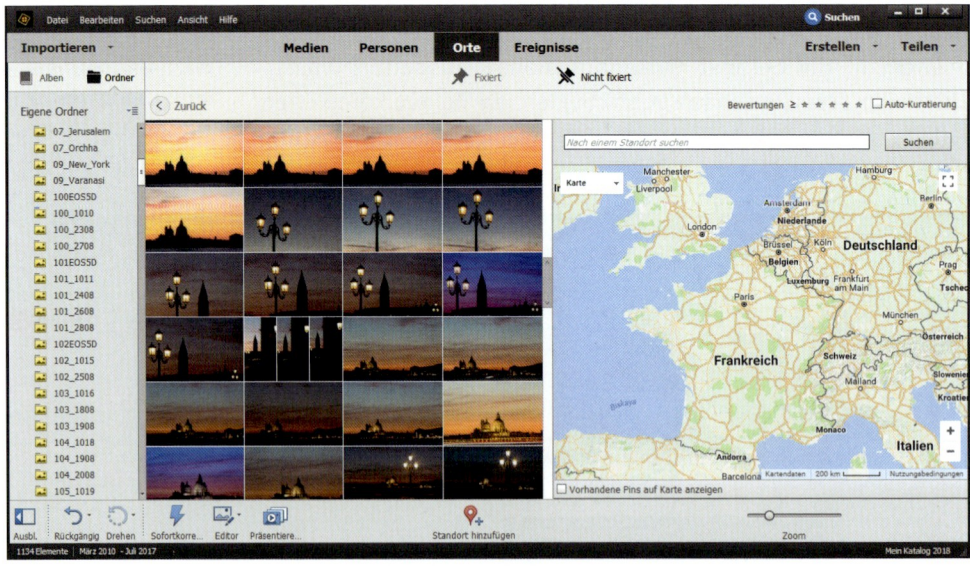

▲ **Abbildung 9.123**
Dieser Dialog erscheint, wenn Sie auf die Schaltfläche STANDORT HINZUFÜGEN geklickt haben.

2 Orte hinzufügen

Geben Sie im Suchfeld ❶ (Abbildung 9.124) die gewünschte Adresse ein, die Sie an alle bzw. einzeln markierte Medien zuweisen wollen (hier die Stadt »Venedig« in »Italien«).

Wurde der passende Ort der Suche gefunden, finden Sie auf der Landkarte eine Abfrage ❷, ob die Medien hier platziert werden sollen, was Sie mit einem grünen Häkchen bestätigen oder mit dem roten Stoppschild ablehnen können.

9.9 Orte erstellen und verwalten

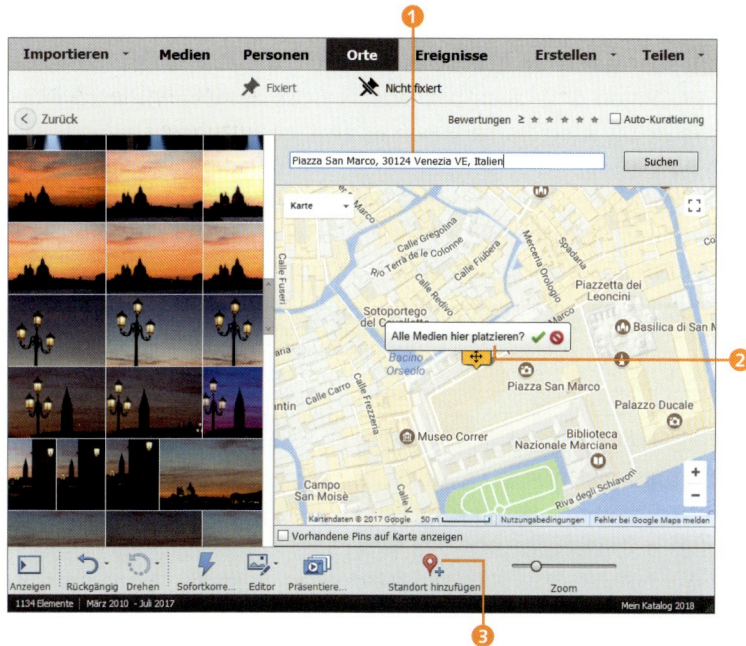

Schaltfläche Standort hinzufügen

Sie können auch über die Schaltfläche STANDORT HINZUFÜGEN (mit dem Stecknadelsymbol) ❸ einen Ort in einer Dialogbox eingeben und hinzufügen. Allerdings erfolgt diese Ortszuweisung ohne eine weitere Nachfrage.

◀ Abbildung 9.124
Nach der Adresse für die Fotos suchen

3 Platz hinzufügen

Optional wird an dieser Stelle noch ein Dialog eingeblendet, in dem Sie einen Namen für den Platz angeben können. Dies ist extrem hilfreich, wenn eine Adressangabe vielleicht nicht ausreicht bzw. nicht ganz eindeutig sein sollte oder Sie einen speziellen Namen dafür verwenden wollen. Hilfreich ist dies dann, wenn Sie nach diesem Ort über die Suchfunktion suchen. Im vorliegenden Beispiel würde unsere Adresse zwar mit »Piazza San Marco, Venezia, Vento, Italien« korrekt hinzugefügt werden, aber in der Praxis würden Sie hier wohl eher nach dem »Markusplatz« suchen. Geben Sie daher bei Bedarf einen Namen für den Platz an, und klicken Sie auf JA oder, wenn Sie keinen Platz angeben wollen, auf NEIN. Dieser Name wird zusätzlich als vierte Ebene zur Adresse hinzugefügt.

Zum Weiterlesen

Die Arbeit im Modus ORTE wird noch etwas ausführlicher in Abschnitt 9.9.7, »Bilder schnell finden über den Orte-Modus«, beschrieben.

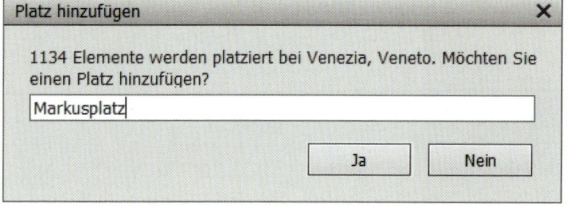

▲ Abbildung 9.125
Optional können Sie noch einen Platz zur Adressangabe hinzufügen.

Die so dem Ort hinzugefügten Medien werden jetzt mit einem Schildchen und der Anzahl der Bilder angezeigt.

▲ Abbildung 9.126
Medien wurden hier hinzugefügt.

▲ **Abbildung 9.127**
Auf einen Ort gezogene Aufnahmen werden sofort zum entsprechenden Ort hinzugefügt.

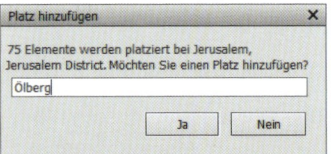

▲ **Abbildung 9.128**
Auch bei Drag & Drop können Sie optional noch einen Namen für den Platz vergeben.

> **Alle Bilder markieren**
> Wollen Sie alle Bilder in der Miniaturvorschau markieren, können Sie das Kürzel [Strg]/[cmd]+[A] nutzen. Mehrere Bilder können Sie wie gehabt mit gehaltener [Strg]/[cmd]-Taste auswählen.

Abbildung 9.130 ▶
Bilder können durch Setzen des entsprechenden Häkchens ❹ einem bereits vorhandenen Ort per Drag & Drop hinzugefügt werden.

4   Ort per Drag & Drop zuweisen

Sie können Orte auch per Drag & Drop zuweisen. Hierzu müssen Sie die Medien markieren und mit gedrückt gehaltener linker Maustaste auf den gewünschten Ort ziehen ❶ und dort fallen lassen – natürlich unter der idealen Voraussetzung, dass Sie den Ort zuvor gesucht und gefunden haben und dass dieser auch in der Landkarte angezeigt wird.

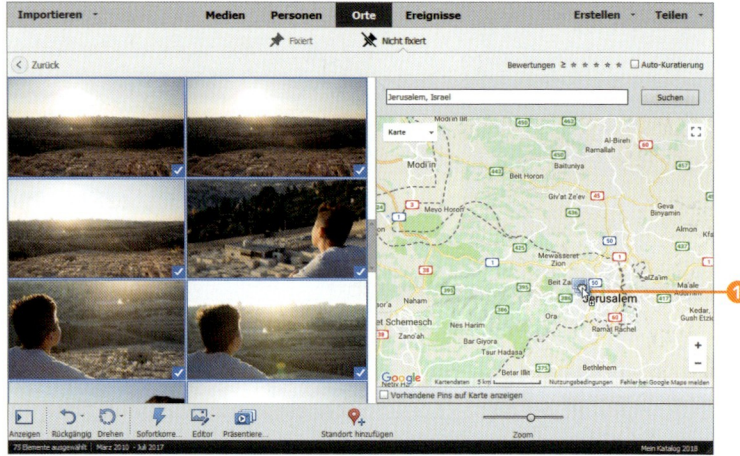

▲ **Abbildung 9.129**
Ausgewählte Medien, die per Drag & Drop auf einen Ort gezogen und dort fallen gelassen werden

Bilder bereits vorhandenen Orten hinzufügen | Haben Sie noch weitere Medien für einen bereits vorhandenen Ort gefunden, können Sie diese ganz bequem hinzufügen.

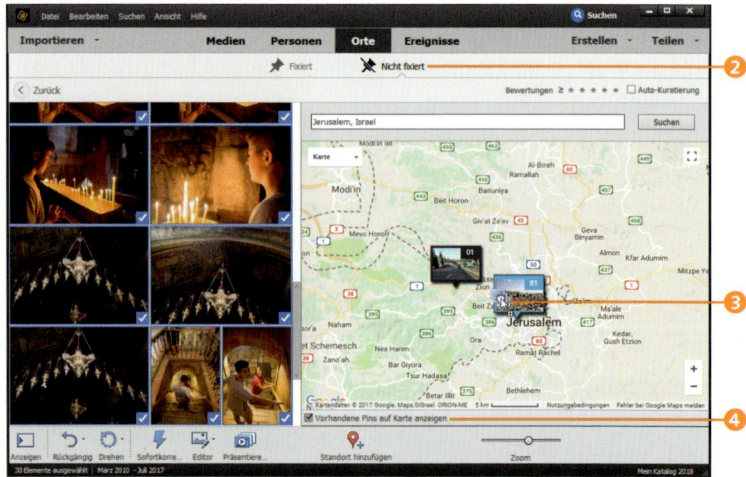

Damit Sie bereits vorhandene Orte im Register NICHT FIXIERT ❷ sehen können, müssen Sie die Checkbox VORHANDENE PINS AUF KARTE ANZEIGEN ❹ aktivieren. Navigieren Sie jetzt zum gewünschten vorhandenen Ort, ziehen Sie mit gedrückt gehaltener linker Maustaste das Bild oder die Bilder aus der Miniaturvorschau auf das bereits vorhandene Schildchen ❸, und lassen Sie die Bilder dort fallen, woraufhin die neuen Bilder dem vorhandenen Ort hinzugefügt werden.

9.9.4 Orte nachträglich bearbeiten

Nicht immer stimmt die Ortsinformation, die die Kamera im Bild speichert, hundertprozentig, und nicht immer hat man die Zeit, Hunderten von Bildern einen genauen Ort zuzuweisen. Viele werden wohl unzählige Bilder auf dem Rechner haben und vielleicht die Bilder vom Urlaub in Rom einfach komplett nur auf Rom in der Landkarte gelegt haben. Das ist auch meine Vorgehensweise bei vielen älteren Bildern, bei denen ich zunächst keine Lust habe, für jedes Bild den korrekten Standort anzugeben. In dem folgenden Workshop soll Ihnen gezeigt werden, wie einfach es ist, nachträglich die Ortsinformationen der Bilder zu bearbeiten.

Schritt für Schritt
Ortsinformationen nachträglich bearbeiten

In diesem Beispiel wurden schnell einmal 1.518 Bilder von einer Reise nach Lissabon mit den Ortsdaten dieser Stadt versehen. Gehe ich im Medienbrowser mit dem Mauszeiger auf die blaue Stecknadel unter der Miniatur, erhalte ich die genauen Ortsinformationen, die das Bild enthält. Nun, Lissabon ist groß, und in diesem Bild handelte es sich um einen Ausflug zum Torre de Belém.

▲ **Abbildung 9.131**
Die blaue Stecknadel ❶ unter dem Bild zeigt Ihnen die Ortsinformationen an, wenn Sie mit dem Mauszeiger darübergehen.

1 Ort auswählen

Wechseln Sie in den Modus ORTE ❸ (Abbildung 9.132), und wählen Sie das Register FIXIERT ❷ aus. Navigieren Sie nun auf der Landkarte zum entsprechenden Ort, den Sie ändern wollen (hier Lissabon). Gehen Sie mit dem Mauszeiger auf das Schildchen, und wählen Sie das Stiftsymbol ❹ aus. Alternativ können Sie auch das Schildchen auswählen und die Schaltfläche ORT BEARBEITEN ❺ anklicken.

Unterschiedliche Orte zuweisen
Natürlich können Sie, wenn Sie mehrere Bilder unterschiedlicher Orte ausgewählt haben, diesen Schritt mehrfach mit immer wieder anders selektierten Bildern durchführen. Erst mit der Schaltfläche FERTIG ❾ beenden Sie den Dialog zum Anpassen der Ortsinformationen.

2 Bilder auswählen

Wählen Sie nun im sich öffnenden Dialog ORT BEARBEITEN auf der linken Seite die Bilder aus, bei denen Sie die Ortsinformationen ändern wollen. Mehrere Bilder wählen Sie mit gehaltener `Strg`/`cmd`-Taste aus. Wollen Sie mehrere Bilder hintereinander

Abbildung 9.132 ▼
Ort für die Änderung der Ortsinformationen auswählen

auswählen, klicken Sie das erste Bild an, halten die ⇧-Taste gedrückt und klicken dann das letzte Bild an. Hiermit werden alle Bilder dazwischen ebenfalls ausgewählt.

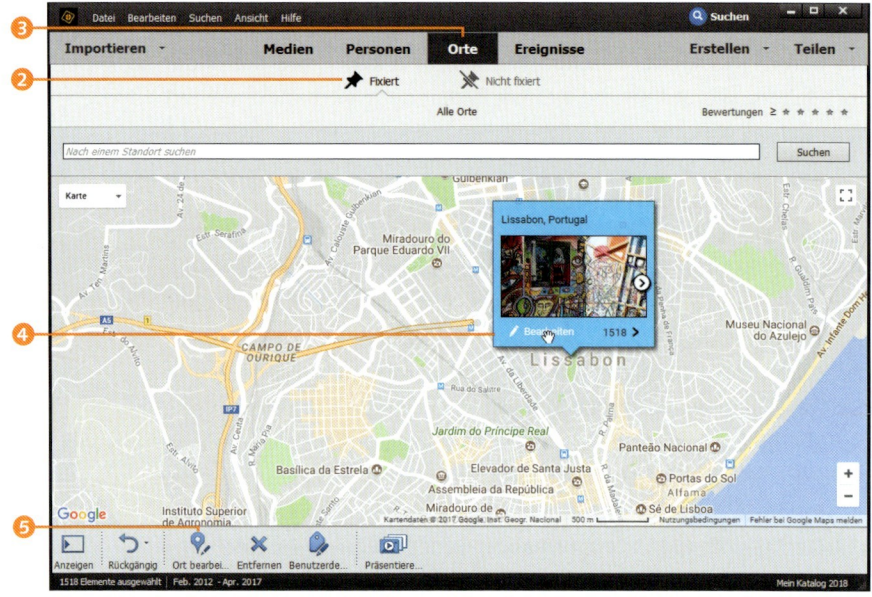

3   **Neuen Ort auswählen und zuweisen**

Links oben ❻ wird die Anzahl der ausgewählten Bilder eingeblendet. Geben Sie nun auf der rechten Seite im Textfeld ❼ die gewünschte Adresse für die ausgewählten Bilder ein. In der Regel hilft Ihnen Elements Organizer hier mit der genaueren Adresse. Im Beispiel habe ich nur »Torre de Belém, Lissabon« eingegeben. Wurde der passende Ort der Suche gefunden, finden Sie auf der Landkarte eine Abfrage vor ❽, ob die Medien hier platziert werden sollen, was Sie mit einem grünen Häkchen bestätigen oder mit dem roten Stoppschild ablehnen können.

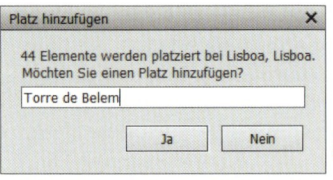

▲ **Abbildung 9.133**
Auch hier können Sie optional noch einen Platznamen hinzufügen, was ich hier tue, indem ich »Belem« ohne das Akzentzeichen »é« verwende.

Abbildung 9.134 ▶
Fertig ist die neue Zuweisung von Ortsinformationen für die Bilder.

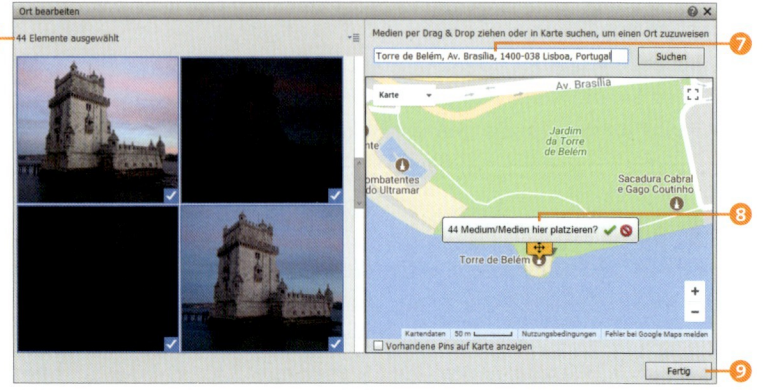

9.9 Orte erstellen und verwalten

4 Ergebnis überprüfen

Gehen Sie jetzt im Register FIXIERT ❿ mit dem Mauscursor über den zuvor angepassten Ort (hier »Torre de Belém« in Portugal), und klicken Sie das Schildchen ⓫ doppelt. Jetzt werden alle dem Ort zugewiesenen Bilder in einer Rasteransicht ⓬ angezeigt.

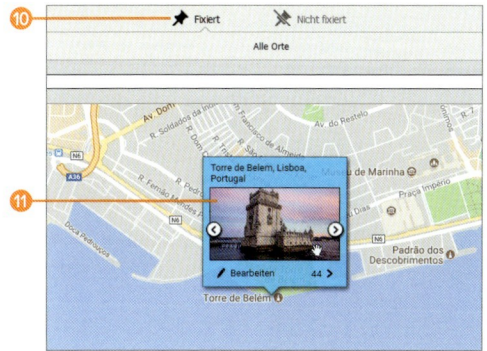 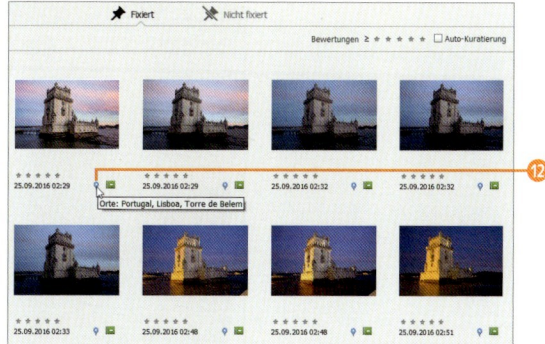

▲ Abbildung 9.135
Nochmals schnell alles überprüfen

9.9.5 Ortsinformationen entfernen

Wollen Sie Ortsinformationen entfernen, können Sie dies im Register FIXIERT ⓭ vornehmen, indem Sie das Schildchen auswählen (dadurch wird es blau markiert) und unten die Schaltfläche ENTFERNEN ⓯ betätigen. Alternativ können Sie auch das Schildchen einfach mit der rechten Maustaste anklicken und im Kontextmenü PIN ENTFERNEN ⓮ auswählen.

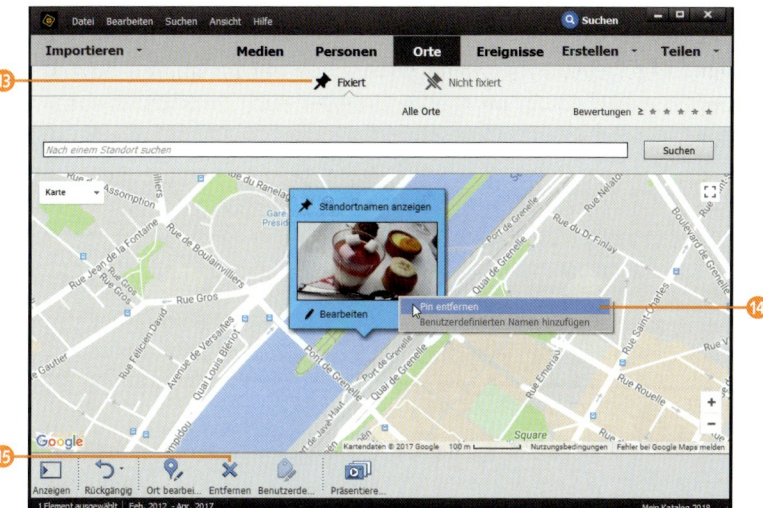

◀ Abbildung 9.136
Ortsinformationen verwerfen

Alternativ lassen sich Ortsinformationen auch löschen, wenn Sie mit der rechten Maustaste auf das Stecknadelsymbol klicken und entsprechende Information(en) entfernen. Dasselbe funktioniert auch über BILD-TAGS, wenn Sie eine Stecknadel mit der rechten

Maustaste anklicken ❷. Diese Option steht Ihnen sowohl im Modus MEDIEN als auch im Modus ORTE in der Rasteransicht zur Verfügung. Im Modus ORTE können Sie die Ortsinformationen des ausgewählten Bildes (oder mehrerer ausgewählter Bilder) mit der Schaltfläche ENTFERNEN ❶ löschen.

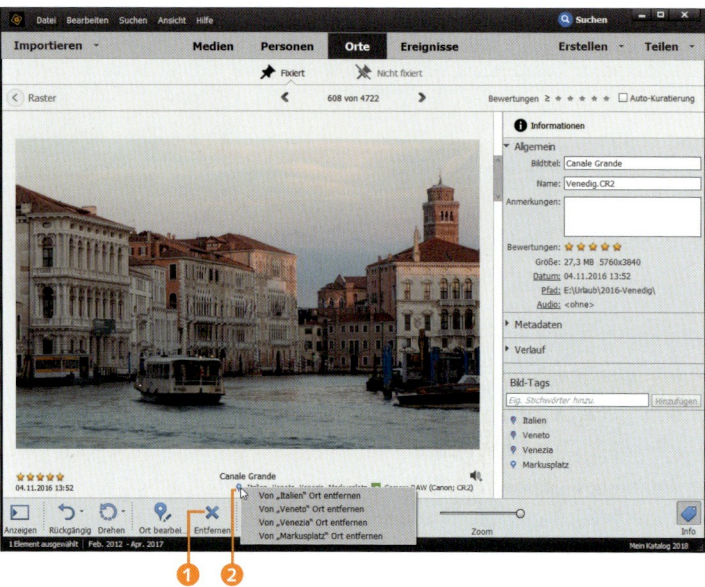

Abbildung 9.137 ▶
Löschen einzelner Ortsinformationen, hier im Modus ORTE

9.9.6 Benutzerdefinierten Ortsnamen hinzufügen

Nicht immer ist die Vergabe und Verwendung der verwendeten Ortsnamen sehr hilfreich. Gelegentlich wünscht man sich, hier eigene und benutzerdefinierte Ortsnamen nutzen zu können, nach denen es sich dann im Medienbrowser auch im Klartext suchen lässt.

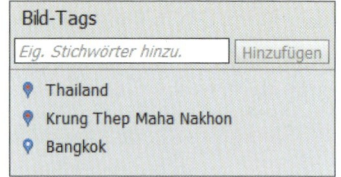

▲ **Abbildung 9.138**
Diese Ortsinformation wurde für Wat Arun in Bangkok verwendet.

Abbildung 9.139 ▶
Benutzerdefinierten Namen für Orte vergeben

9.9 Orte erstellen und verwalten

In Abbildung 9.139 wurden zwar die exakten GPS-Informationen für den Tempel Wat Arun in Bangkok angegeben, aber in der Praxis wird man wohl auch bei der Suche gerne direkt »Wat Arun« eingeben, wenn man nach Wat Arun sucht.

Um einem Ort einen benutzerdefinierten Namen zu vergeben, müssen Sie das Schildchen auswählen und die Schaltfläche BENUTZERDEFINIERTER NAME ❹ anklicken oder das Schildchen mit der rechten Maustaste anklicken und im Kontextmenü BENUTZERDEFINIERTEN NAMEN HINZUFÜGEN ❸ auswählen.

Im sich öffnenden Dialog können Sie jetzt im Textfeld einen benutzerdefinierten Namen für den Ort eingeben, der dann auch von Elements Organizer verwendet wird, wie Sie im Schildchen oder in den Bild-Tags erkennen können. Der Vorteil hierbei ist auch, dass Sie nach diesem Namen auch suchen können.

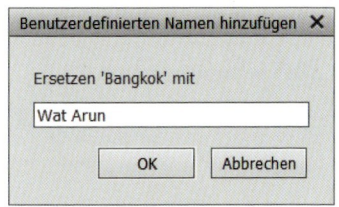

▲ Abbildung 9.140
Einen benutzerdefinierten Namen für den Ort eingeben

◀ Abbildung 9.141
Der benutzerdefinierte Name wird auch gleich übernommen. Die Position für das Schildchen bzw. die GPS-Daten bleiben hiervon unberührt.

Ein solcher benutzerdefinierter Ortsname ist auch ganz nützlich, wenn Sie Ihre Feld-Wald-und-Wiesen-Fotos irgendwo bei einem Spaziergang aufgenommen haben, um auch diese Bilder mit einem sinnvollen Ortsnamen wiederzufinden. In der linken Abbildung wurden per Drag & Drop im Register NICHT FIXIERT einige Bilder auf die Lieblings-Gassi-Wiese meines Hundes gezogen. In der rechten Abbildung wurde dieser Ortsname (hier »AIC12«) im Register FIXIERT zu »Ben's Gassi-Wiese« umbenannt, was für mich hilfreicher beim Suchen nach diesen Bildern ist.

▲ Abbildung 9.142
Auch in den Bild-Tags finden Sie den benutzerdefinierten Ortsnamen vor.

◀◀ Abbildung 9.143
Mit solchen Ortsnamen kann man bei der Suche wenig anfangen …

◀ Abbildung 9.144
… aber dank eines benutzerdefinierten Ortsnamens (hier »Ben's Gassi-Wiese«) sind diese Ortsinformationen schon brauchbarer.

Alle vorhandenen Orte

Dass alle Orte eingeblendet werden, können Sie daran erkennen, dass über der Landkarte ALLE ORTE ❶ steht.

9.9.7 Bilder schnell finden über den Orte-Modus

Wenn Sie erst einmal fleißig die einzelnen Ortsangaben verteilt haben (oder Ihre Kamera bereits alle GPS-Daten hinterlegt hat), können Sie sich auf die Reise machen und die Orte visuell besuchen.

Sofern kein Album oder keine Ordner ausgewählt wurden und Sie zum ORTE-Modus wechseln, sollten Sie im Register FIXIERT die Landkarte mit den entsprechenden Schildchen der einzelnen Orte und der Anzahl der Bilder vorfinden.

◀ Abbildung 9.145
Eine visuelle Reise der besuchten Orte ist dank der Ortsangaben mit dem Elements Organizer komfortabel möglich.

▲ Abbildung 9.146
Bilder eines bestimmten Ortes in einer Miniaturansicht durchlaufen

Einen ersten Überblick, was sich hinter den einzelnen Schildchen an den entsprechenden Orten befindet, können Sie sich verschaffen, indem Sie mit dem Mauszeiger über dem Schildchen stehen bleiben. Dadurch vergrößert sich das Schildchen, und Sie finden Pfeilsymbole ❷ vor, mit denen Sie die einzelnen Bilder in einer Miniaturvorschau der Reihe nach durchsehen können.

Abbildung 9.147 ▶
Je tiefer Sie in die Landkarte hineinzoomen …

Abbildung 9.148 ▶▶
… desto detaillierter werden die Ortsangaben.

Detailliertere Landkarte

Viele Orte werden häufig erst angezeigt, wenn Sie tiefer in die Landkarte hineinzoomen.

Wollen Sie alle Medien des Ortes in einer Rasteransicht sehen, müssen Sie nur auf die Anzahl der Bilder ❸ klicken oder das Schildchen doppelt anklicken. Die Bedienung in dieser Rasteransicht des Modus ORTE entspricht der im Modus MEDIEN, nur dass Sie hier die Ortsinformationen einzelner (oder aller) Bilder nachträglich bearbeiten oder entfernen können. Logischerweise stehen Ihnen in diesem Modus die Tags für Stichwörter, Personen und Ereignisse nicht zur Verfügung. Zurück zur Landkarte kommen Sie mit der Schaltfläche ZURÜCK ❹.

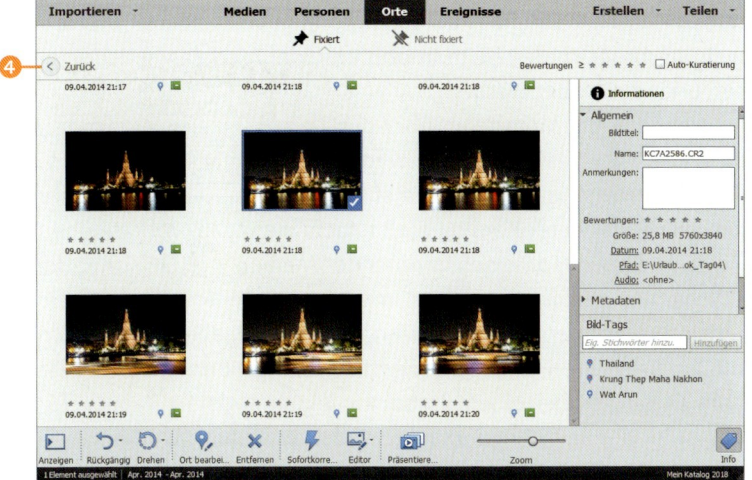

◀ **Abbildung 9.149**
Alle Medien eines bestimmten Ortes (hier Wat Arun, Bangkok in Thailand) sind eingeblendet.

Zurück zu »Alle Orte«
Wollen Sie wieder zur Landkarte mit allen Ortsinformationen des Katalogs zurückwechseln, brauchen Sie nur auf die Schaltfläche ALLE ORTE ❻ zu klicken.

Haben Sie hingegen ein Album oder einen Ordner ausgewählt, wird der Name des Albums oder Ordners links oben ❺ eingeblendet, oder falls Sie die linke Bedienfeldleiste eingeblendet haben, ist das ausgewählte Album oder der ausgewählte Ordner dort markiert. Entsprechend werden dann in der Miniaturvorschau nur die Bilder angezeigt, die im Album oder Ordner enthalten sind. Ebenso sieht es mit der Landkarte aus, in der nur der Bereich mit Stecknadeln angezeigt wird, auf den sich die Ortsinformationen des ausgewählten Albums oder Ordners beziehen.

▲ **Abbildung 9.150**
Der Ordner ISRAEL_IPHONE ist ausgewählt.

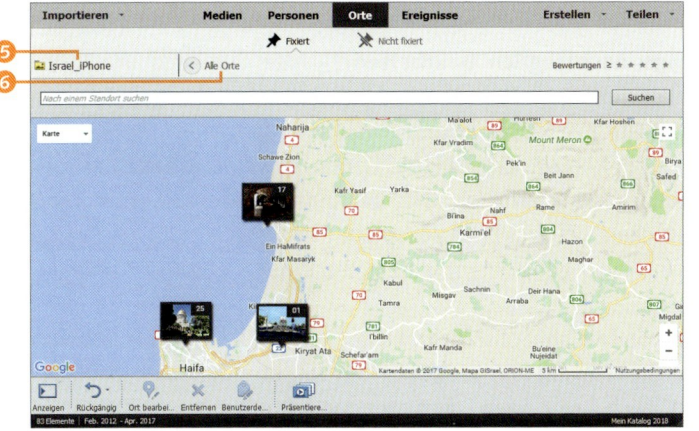

◀ **Abbildung 9.151**
Nur Bilder aus dem ausgewählten Ordner ISRAEL_IPHONE werden jetzt als Miniatur angezeigt. Dasselbe gilt natürlich auch für die Landkarte.

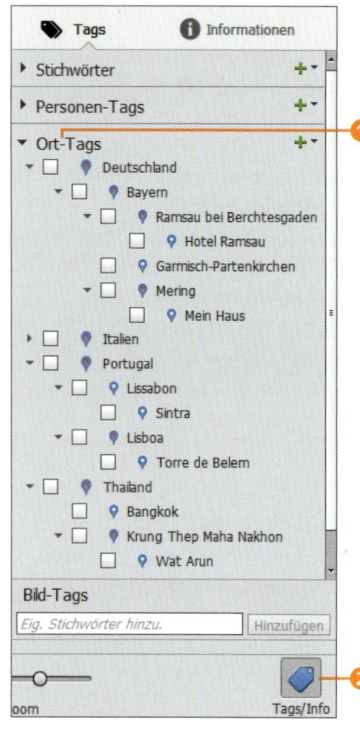

▲ Abbildung 9.152
Zuvor erstellte Orte finden Sie automatisch bei den Ort-Tags ❶ wieder.

9.9.8 Ort-Tags

Wenn Sie Ihre Bilder fleißig mit Ortsinformationen versehen haben, finden Sie all diese Informationen bei den TAGS unter ORT-TAGS ❶ wieder vor, meistens in einer typischen Form wie Land, Bundesstaat, Stadt, Straße/Gebäude. Bei diesen Ort-Tags handelt es sich im Grunde auch um Stichwort-Tags, die Sie jederzeit in die Metadaten über DATEI • ALLE METADATEN IN DATEI SPEICHERN sichern können. Solche Metadaten können von anderen Bildverwaltungsprogrammen beim Importieren der Medien wieder gelesen und verwendet werden.

Wenn Sie die Metadaten über den Befehl DATEI • METADATEN IN DATEI SPEICHERN sichern, werden die Ort-Tags als gewöhnliche Stichwort-Tags in der Datei gespeichert. Keine Sorge, Ihr aktuell verwendeter Katalog bleibt nach wie vor im vorhandenen Zustand. Nur im Fall eines Imports der Medien würden somit die Ortsnamen als Stichwort-Tags importiert. Allerdings, wenn die Ortsinformationen korrekt waren, werden gegebenenfalls auch die zugewiesenen GPS-Daten gesichert und können zumindest vom Organizer bei einem Import in einen anderen Katalog für das Auffinden auf der Landkarte wiederverwendet werden.

Ort-Tags verwenden | Für die Ort-Tags muss die Schaltfläche TAGS/INFO ❷ aktiviert sein. Unter TAGS können Sie dann die Leiste ORT-TAGS ❶ durch Anklicken aus- und wieder einklappen.

Ort-Tags können Sie wie Stichwort-Tags verwenden. Dabei können Sie jederzeit ein Ort-Tag auf ein Bild (oder mehrere Bilder, wenn markiert) ziehen. Oder aber Sie können auch ein oder mehrere Bilder auf ein bestimmtes Ort-Tag ziehen. Auch die Suche funktioniert ähnlich komfortabel, wie in Abschnitt 9.4.1, »Nach Stichwort-Tags suchen«, beschrieben wurde, im Grunde ähnlich, wie Sie es schon in Abschnitt 9.4, »Stichwort-Tags«, gelesen haben.

Ort-Tags nachträglich bearbeiten | Über ORT-TAGS im Reiter TAGS können Sie auch jederzeit einen neuen Ort anlegen, indem Sie auf das kleine Dropdown-Menü ❸ neben dem grünen Plussymbol klicken. Die Befehle UMBENENNEN und LÖSCHEN beziehen sich dann auf den Ort, der blau markiert ist (hier Travnik). Klicken Sie direkt auf das grüne Plussymbol, wird ein Dialog mit Landkarte geöffnet, mit dem Sie einen neuen Ort anlegen können.

Sie können aber auch direkt auf einen Ort mit der rechten Maustaste klicken ❹, wodurch Sie im Kontextmenü den Ort nachträglich bearbeiten, umbenennen oder löschen können.

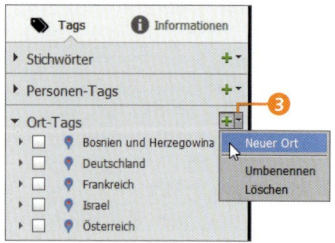

▲ Abbildung 9.153
Neuen Ort hinzufügen

9.9 Orte erstellen und verwalten

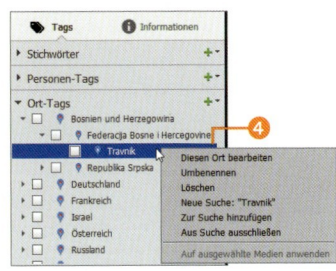

▲ **Abbildung 9.154**
Orte nachträglich bearbeiten, umbenennen oder löschen

▲ **Abbildung 9.155**
Der Dialog hilft Ihnen beim Hinzufügen neuer Orte.

9.9.9 Standortinformationen anwenden

Vielleicht vermissen Sie bei den Ort-Tags den einen oder anderen Ort, obwohl doch davon ein Schildchen auf der Landkarte zu sehen ist und entsprechende Standortinformationen vorhanden sind. Wenn Sie mit der Maus über ein solches Schildchen gehen, finden Sie dort Standortnamen anzeigen anstelle des eigentlichen Standortnamens vor.

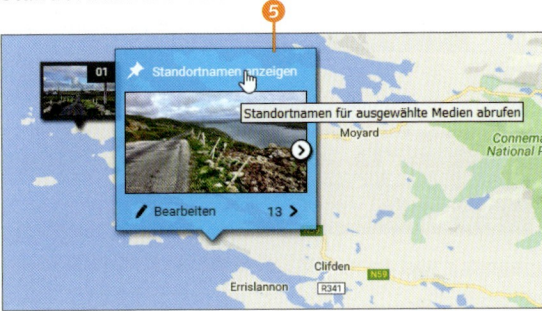

▲ **Abbildung 9.156**
Obwohl Standortinformationen vorhanden sind, werden diese Namen nicht angezeigt. Ein Klick auf ❺ reicht ...

▲ **Abbildung 9.157**
... und diese Standortinformationen werden angewendet und in den Katalog integriert.

Dies ist gewöhnlich der Fall, wenn Sie Bilder importiert haben, bei denen bereits Standortinformationen enthalten sind. Um diese Standardinformationen anzuwenden, müssen Sie lediglich auf ❺ klicken, und die Standardortinformationen werden angewendet und in den Katalog mit integriert.

9.10 Ereignisse erstellen und verwalten

Neben der Verwaltung nach Personen und Orten fehlt natürlich noch die Möglichkeit, die Bilder nach bestimmten Ereignissen wie Geburtstagen, Hochzeiten, Feiern, Sportereignissen usw. zu ordnen. Dank des Modus EREIGNISSE ist dies problemlos möglich. Wie auch schon im PERSONEN- und ORTE-Modus ist der EREIGNISSE-Modus ❷ in zwei Teile aufgeteilt. Dies wäre der Bereich mit dem Register BENANNT ❶, in dem alle bereits benannten Ereignisse aufgelistet werden und in das Sie manuell neue Ereignisse hinzufügen können. Dann wäre da noch der Bereich mit dem Register VORGESCHLAGEN ❸, in dem Sie die Ereignisse auf Basis eines bestimmten Datums erstellen können.

Abbildung 9.158 ▼
Auch nach Ereignissen lassen sich die Bilder im entsprechenden Modus einteilen.

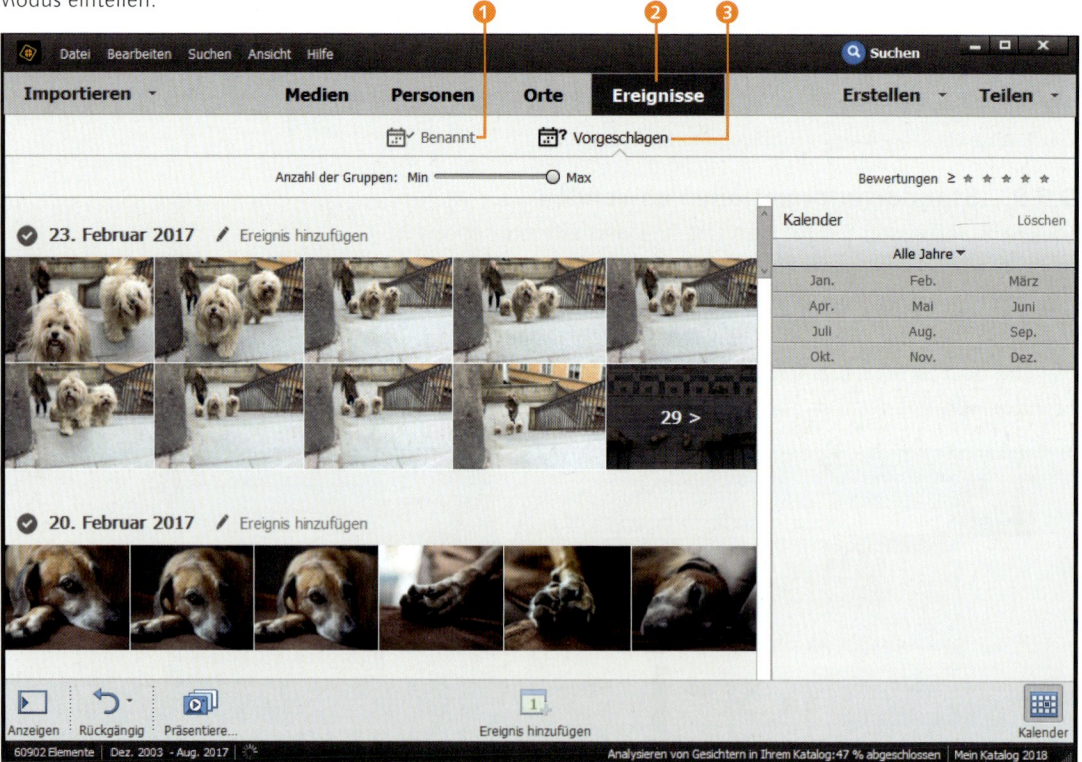

Schritt für Schritt
Ein Ereignis im Register »Vorgeschlagen« erstellen

Zu einem gut sortierten Fotobestand zählt auch die Kategorisierung Ihrer Bilder nach Ereignissen. Dieser Workshop zeigt Ihnen, wie Sie mit dem EREIGNISSE-Modus des Organizers umgehen und Ereignisse anlegen.

9.10   Ereignisse erstellen und verwalten

1 Zeitraum auswählen und gegebenenfalls Ereignis hinzufügen

Wechseln Sie in den Modus EREIGNISSE ❸ Abbildung 9.159, und klicken Sie dann auf das Register VORGESCHLAGEN ❹. Dort finden Sie Bilder gruppiert nach Datum aufgelistet. Die Anzahl der Gruppen können Sie mit ANZAHL DER GRUPPEN ❺ verfeinern, je weiter Sie diesen Schieberegler nach rechts ziehen. Ist Ihnen das noch nicht genau genug oder wollen Sie es noch etwas spezifischer aussortieren, können Sie hier auch bestimmte ALBEN ❷ oder ORDNER ❶ auswählen, woraufhin dann nur die Medien angezeigt werden, die sich in dem entsprechenden Album bzw. Ordner befinden.

Im Beispiel habe ich kein Album und keinen Ordner ausgewählt, sondern bin an einem Ereignis mit dem Datum des 24. und 25. Mai 2014 interessiert. Im Beispiel wird hier der Bereich 23.–25. Mai 2014 eingeblendet. Da ich mir sicher bin, dass mein Ereignis, eine Hochzeit, am 24. und 25. Mai 2014 stattfand, will ich diese Gruppe nochmals genauer ausfiltern und klicke daher auf KALENDER ❼ rechts unten.

Ereignis hinzufügen

Wenn Sie wollen und sich sicher sind, dass alle Bilder von einer bestimmten Gruppe dem gewünschten Ereignis entsprechen, können Sie das Ereignis gleich erstellen, indem Sie auf EREIGNIS HINZUFÜGEN ❽ neben dem Datum klicken. Damit werden automatisch gleich alle zur Gruppe gehörenden Medien markiert, und es öffnet sich ein Dialog, in dem Sie den Namen, nochmals das Datum (falls Sie es ändern wollen), eine Gruppe und eine Beschreibung hinzufügen können.

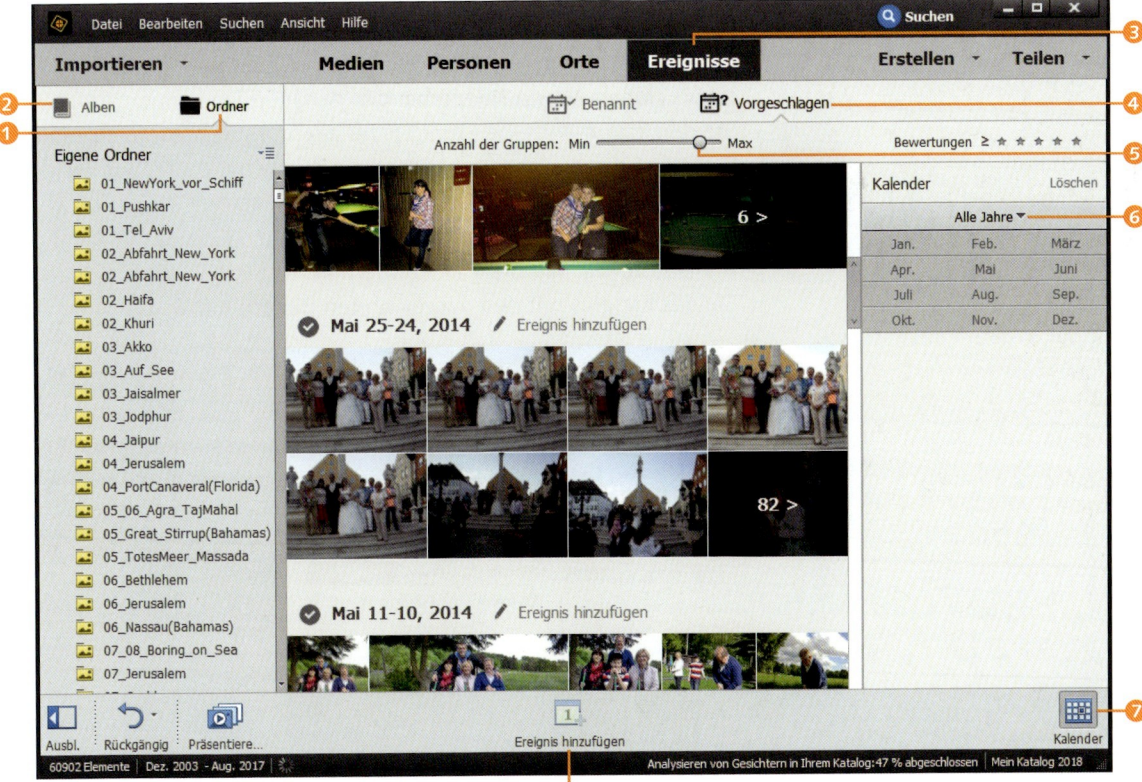

▲ **Abbildung 9.159**
Bilder für ein Ereignis auswählen

Kapitel 9 Fotos organisieren und verwalten

2 Zeitraum verfeinern und Ereignis hinzufügen

Über die Dropdown-Liste ALLE JAHRE 6 (Abbildung 9.159) können Sie den Zeitraum der Rastervorschau auf das Jahr eingrenzen. Im Beispiel habe ich das Jahr 2014 ausgewählt. Reicht Ihnen das nicht, können Sie den Zeitraum auch innerhalb eines Monats eingrenzen. Im Beispiel wurde noch der Monat MAI 11 ausgewählt. Sie können den Zeitraum auch bis auf den Tag genau eingrenzen.

Abbildung 9.160 ▶
Den Zeitraum für eine bessere Auswahl des Ereignisses verfeinern

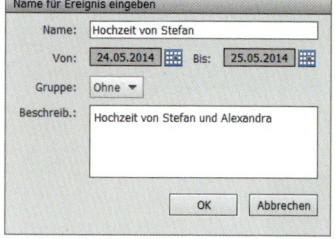

▲ **Abbildung 9.161**
Ereignis beschreiben

Zusätzlich zu jeder Auswahl von Jahr, Monat oder Tag können Sie außerdem auch noch mit dem Schieberegler ANZAHL DER GRUPPEN 10 die Auswahl weiter verfeinern, indem Sie diesen nach rechts ziehen. Wenn Sie hierbei den genauen Tag kennen, können Sie den Tag in einzelne Stunden zerlegen. Im Beispiel reichte die Eingrenzung von Jahr und Monat aus. Klicken Sie jetzt auf EREIGNIS HINZUFÜGEN 9. Im Dialog NAME FÜR EREIGNIS EINGEBEN geben Sie jetzt den Namen für das Ereigns ein. Auch das VON- und BIS-Datum für das Ereignis können Sie anpassen. Mit OK fügen Sie das Ereignis mit den ausgewählten Bildern hinzu.

3 Ergebnis betrachten

Wenn Sie das Ereignis erstellt haben, können Sie es künftig betrachten, sobald Sie den Modus auf EREIGNISSE im Register BENANNT umschalten. Dort finden Sie dann den oder die sogenannten Ereignisstapel 12.

Abbildung 9.162 ▶
Das hinzugefügte Ereignis im EREIGNISSE-Modus als Ereignisstapel

9.10 Ereignisse erstellen und verwalten

Schritt für Schritt
Ein Ereignis manuell erstellen

Wenn Sie mit dem Register VORGESCHLAGEN kein zusammenhängendes Ereignis erstellen konnten, können Sie jederzeit auch von Hand ein Ereignis erstellen. Diese Methode können Sie sowohl im Modus MEDIEN als auch im Modus EREIGNISSE im Register BENANNT verwenden. Dieser Workshop soll Ihnen zeigen, wie dies geht.

1 Medien auswählen

Zunächst müssen Sie entscheiden, welche Medien im Einzelnen dem Ereignis hinzugefügt werden sollen. Hier können Sie beispielsweise Medien eines bestimmten Albums oder Ordners verwenden, oder aber Sie picken sich die Bilder aus allen Medien heraus. Dazu müssen Sie nicht in den EREIGNISSE-Modus wechseln, sondern können im MEDIEN-Modus bleiben. Im Beispiel habe ich hier die Auswahl auf ein Album ❷ beschränkt, weil ich darin mehrere Bilder von verschiedenen Kameras gesammelt habe, deren Aufnahmedatum von einigen der Kameras nicht korrekt eingestellt gewesen ist. Klicken Sie auf die Schaltfläche EREIGNIS ❶. Alternativ finden Sie dieselbe Schaltfläche auch im EREIGNISSE-Modus über dem Register BENANNT.

▼ **Abbildung 9.163**
Bilder für ein Ereignis auswählen

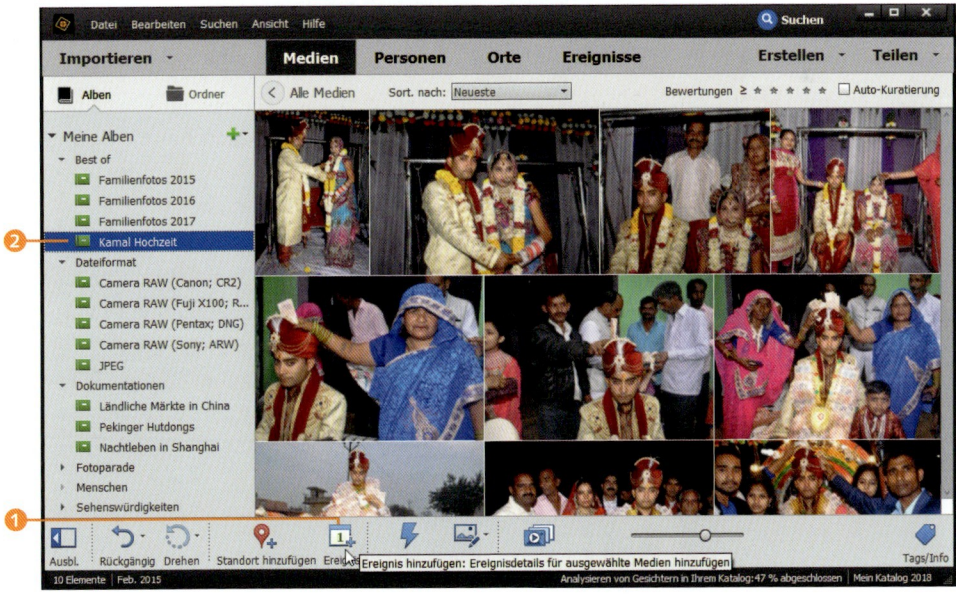

2 Ereignisbeschreibung

Auf der rechten Seite öffnet sich das Bedienfeld NEUES EREIGNIS HINZUFÜGEN, in dem Sie NAME und VON- und BIS-Datum für

Kapitel 9 Fotos organisieren und verwalten

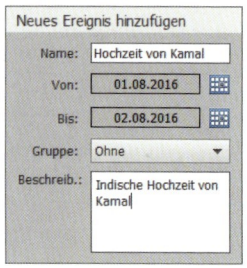

▲ Abbildung 9.164
Ereignis beschreiben

das Ereignis eingeben können. Das Datum können Sie entsprechend anpassen, wenn Sie jeweils auf das kleine Kalendersymbol ❸ klicken. Am Ende können Sie dem Ereignis noch eine kurze Beschreibung hinzufügen.

3 Medien hinzufügen

Wählen Sie jetzt einzelne (oder alle mit [Strg]/[cmd]+[A] bzw. mit der Schaltfläche Alle ❹) Medien aus der Bildervorschau aus, und ziehen Sie diese mit gedrückt gehaltener linker Maustaste in den grauen Bereich ❻, auf dem Sie sie fallen lassen. Alternativ können Sie auch einzelne Medien (mit gehaltener [Strg]/[cmd]-Taste) auswählen und mit der Schaltfläche Dem Medienbereich hinzufügen ❺ entsprechende Bilder hinzufügen.

Abbildung 9.165 ▶
Dem Ereignis Bilder hinzufügen

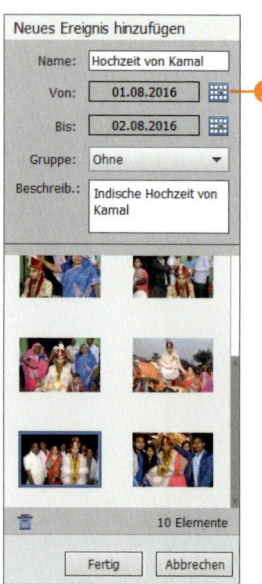

▲ Abbildung 9.166
Das Ereignis füllt sich.

4 Ereignis betrachten

Wenn Sie das Ereignis erstellt haben, können Sie es wieder betrachten, sobald Sie den Modus auf Ereignisse ❽ im Register Benannt ❼ umschalten. Dort finden Sie den Ereignisstapel vor.

Abbildung 9.167 ▶
Das hinzugefügte Ereignis im Ereignisse-Modus im Register Benannt ❼ als Ereignisstapel

9.10 Ereignisse erstellen und verwalten

9.10.1 Ereignisse bearbeiten

Wenn Sie in den Modus EREIGNISSE in das Register BENANNT wechseln, sollten Sie eine Vorschau mit allen Ereignissen bekommen, die Sie bisher erstellt haben.

Nachträglich bearbeiten können Sie einzelne Ereignisse, indem Sie diese markieren und entweder im Kontextmenü den Befehl BEARBEITEN ❻ auswählen oder die Schaltfläche BEARBEITEN ❶ anklicken. Bearbeiten können Sie nachträglich den Namen, das VON- und BIS-Datum und die Beschreibung des Ereignisses. Die Beschreibung des Ereignisses wird in der Vorschau mit einem kleinen i-Symbol ❼ angezeigt und kann durch Anklicken des Symbols ausgewählt werden.

Ereignis entfernen | Entfernen können Sie ein Ereignis ebenfalls, indem Sie es mit der rechten Maustaste anklicken und per rechten Mausklick im Kontextmenü den entsprechenden Befehl auswählen oder die Schaltfläche ENTFERNEN ❷ verwenden.

Keine Ereignisse zu sehen

Finden Sie hier keine Vorschau, obwohl Sie alle Ereignisse hinzugefügt haben, haben Sie wohl einen Ordner oder ein Album ausgewählt, der oder das kein Ereignis enthält. Gewöhnlich finden Sie dann die Schaltfläche ALLE EREIGNISSE über der Miniaturvorschau. Sobald Sie diese anklicken, sollten wieder alle vorhandenen Ereignisse angezeigt werden.

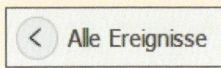

▲ Abbildung 9.168
Sind Ordner oder Alben ausgewählt, können Sie über diese Schaltfläche zu allen Ereignissen wechseln.

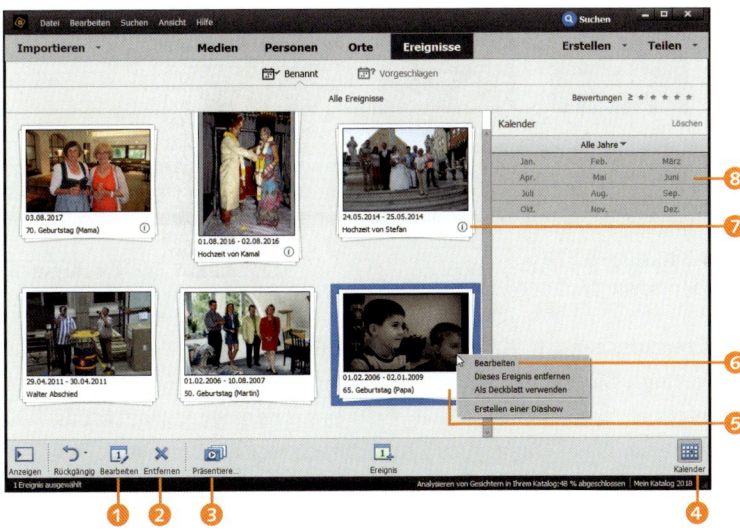

◀ Abbildung 9.169
Der EREIGNISSE-Modus mit den Ereignisstapeln

Den Befehl ALS DECKBLATT VERWENDEN im Kontextmenü können Sie verwenden, um ein Bild als Titelbild für das Ereignis zu verwenden. Hierbei müssen Sie lediglich den Mauscursor auf dem Ereignisstapel bewegen, um unterschiedliche Bilder auswählen zu können. Am Ende des Kontextmenüs und über die gleichnamige Schaltfläche ❸ im Bildfenster haben Sie wieder die Möglichkeit, das ausgewählte Ereignis als DIASHOW zu betrachten. Mit der Schaltfläche KALENDER ❹ rechts unten können Sie den Kalender ❽ in der Bedienleiste ein- und ausblenden.

Ereignisse hinzufügen

Wollen Sie weitere Ereignisse hinzufügen, brauchen Sie nur die Schaltfläche HINZUFÜGEN anzuklicken. Was für Medien hinzugefügt werden können, hängt natürlich davon ab, ob im Augenblick ein Album, ein Ordner oder der komplette Katalog aktiv ist.

Bild aus Ereignis entfernen

In der Detailansicht eines Ereignisses werden die Bilder mit einem kleinen Kalendersymbol 8 versehen. Wenn Sie mit dem Mauscursor darübergehen, können Sie erfahren, welchem Ereignis das Bild zugewiesen wurde. Diese Info erhalten Sie auch über die Schaltfläche INFO 15 im eingeblendeten Bereich BILD-TAGS 13. Mit einem rechten Mausklick auf 8 oder 14 können Sie das Bild aus diesem Ereignis entfernen.

Ereignisse betrachten | Um den Inhalt eines Ereignisses zu betrachten, reicht ein Doppelklick auf dem Ereignisstapel aus. Den Titel 11 des Ereignisses finden Sie immer über der Bildervorschau. Mit den beiden Pfeilen 10 und 12 können Sie zu den Bildern vom vorherigen bzw. nächsten Ereignis wechseln. Mit MEDIEN HINZU-FÜGEN 16 können Sie dem Ereignis weitere Medien über einen sich öffnenden Dialog hinzufügen. Mit der Schaltfläche ZURÜCK 9 werden wieder alle Ereignisse angezeigt.

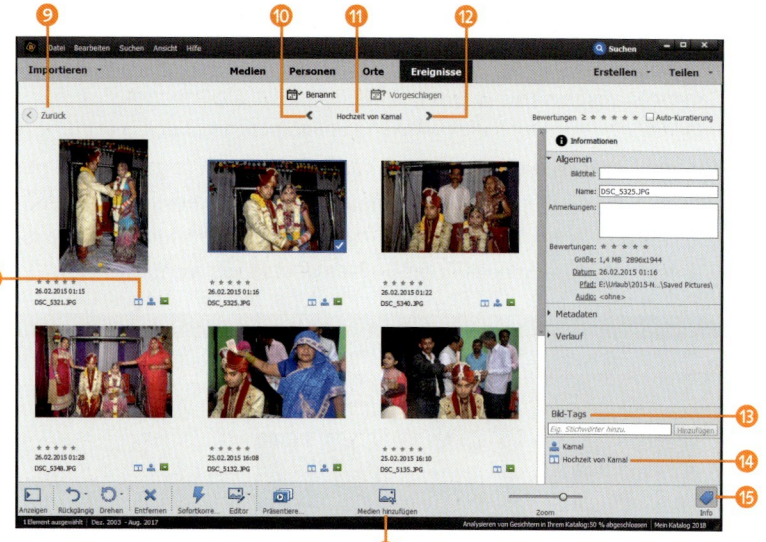

Abbildung 9.170 ▲
Der Inhalt des Ereignisses »Hochzeit von Kamal«

▲ **Abbildung 9.171**
Ereignisse lassen sich auch nach Jahren …

▲ **Abbildung 9.172**
… Monaten und Tagen auswählen.

Ereignisse nach Kalender auswählen | Vorhandene Ereignisse können Sie auch mit dem Kalender im Bedienfeldmenü auf der rechten Seite auswählen. Hierzu brauchen Sie lediglich das Jahr auszuwählen. Dann wird der Monatskalender angezeigt, in dem die blau (und in Fettschrift) hinterlegten Monate Ereignisse enthalten. Die einzelnen Tage mit Ereignissen haben dann einen blauen Rahmen. Klicken Sie einen Tag an, werden alle Bilder von diesem Tag in der Miniaturvorschau angezeigt. Mit der Schaltfläche LÖSCHEN 17 setzen Sie den Kalender wieder zurück (!). Sie löschen hiermit keine Ereignisse.

9.10.2 Ereignis-Tags

Wenn Sie Ihre Medien im EREIGNISSE-Modus nach Ereignissen sortiert haben, finden Sie alle diese Ereignisse automatisch bei den TAGS unter EREIGNIS-TAGS 1 (Abbildung 9.173) wieder. Bei diesen Ereignis-Tags handelt es im Grunde um gewöhnliche Stichwort-Tags, die Sie ebenfalls jederzeit in den Metadaten mit DATEI • ALLE METADATEN IN DATEI SPEICHERN sichern können.

Solche Metadaten können von anderen Bildverwaltungsprogrammen beim Importieren der Medien wieder gelesen und verwendet werden. Das Importieren funktioniert allerdings bei Ereignissen dann nur als gewöhnliche Stichwort-Tags, weil es keine Ereignisse als Metadaten bei den Grafikformaten gibt und die Ereignisse nur ein spezieller Modus des Organizers sind.

Ereignis-Tags verwenden | Für die Ereignis-Tags muss die Schaltfläche TAGS/INFO ❶ aktiviert sein. Unter TAGS ❸ können Sie dann die Leiste EREIGNIS-TAGS ❷ durch Anklicken aus- und wieder einklappen. Auch die Ereignis-Tags können Sie dann wie Stichwort-Tags verwenden. Dabei können Sie jederzeit ein Ereignis-Tag auf ein Bild (oder mehrere Bilder, wenn markiert) ziehen, umgekehrt können Sie aber auch ein oder mehrere Bilder auf ein bestimmtes Ereignis-Tag ziehen. Auch die Suche funktioniert ähnlich komfortabel, wie in Abschnitt 9.4.1, »Nach Stichwort-Tags suchen«, beschrieben wurde. Im Grunde ist dies ähnlich, wie Sie es schon in Abschnitt 9.4, »Stichwort-Tags«, gelesen haben.

Abbildung 9.173 ▲
Alle erstellten Ereignisse werden automatisch gleich bei EREIGNIS-TAGS hinzugefügt.

Ereignis-Tags nachträglich bearbeiten | Über EREIGNIS-TAGS im Reiter TAGS können Sie auch jederzeit ein neues Ereignis anlegen, indem Sie auf das kleine Dropdown-Menü ❹ neben dem grünen Plussymbol klicken. Die Befehle BEARBEITEN und LÖSCHEN beziehen sich dann auf das Ereignis, das blau (hier Weihnachten Reiten) markiert ist. Klicken Sie direkt auf das grüne Plussymbol, wird über einen Dialog ein neues Ereignis angelegt.

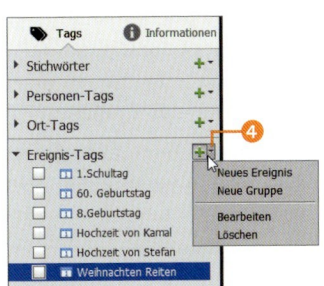 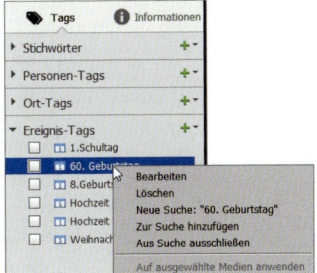

◄◄ **Abbildung 9.174**
Ein neues Ereignis anlegen oder vorhandene Ereignisse bearbeiten bzw. löschen

◄ **Abbildung 9.175**
Einzelne Ereignisse nachträglich bearbeiten oder löschen

Sie können aber auch direkt auf ein Ereignis mit der rechten Maustaste klicken, wodurch Sie im Kontextmenü Ereignisse nachträglich BEARBEITEN oder LÖSCHEN können.

Ereignisse gruppieren | Etwas versteckt und nur über das kleine Dropdown-Menü ❸ (Abbildung 9.176) zu erreichen ist das Erstellen von Gruppen ❹. Dies ist beispielsweise recht sinnvoll, um Ereignisse wie Geburtstage oder Feiertage usw. besser einordnen zu können. Die neue Gruppe können Sie im sich öffnenden Dialog benennen und dann die Ereignisse bei den Ereignis-Tags per Drag & Drop in die gewünschte Gruppe ziehen.

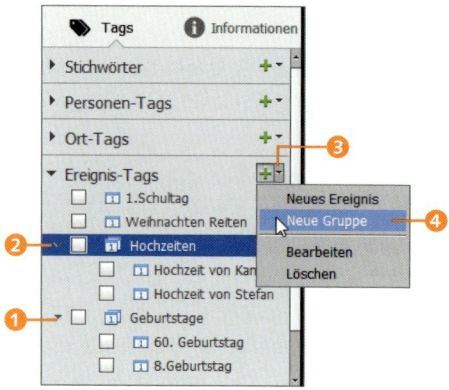

Abbildung 9.176 ▶
Ereignisse lassen sich auch gruppieren. Hier wurden die Gruppen HOCHZEITEN ❷ und GEBURTSTAGE ❶ angelegt und entsprechende Ereignisse darin per Drag & Drop platziert.

9.11 Versionssätze und Fotostapel

Häufig erstellt man aus dem Originalbild oder der Rohdatei mehrere nachbearbeitete Versionen eines Bildes. Selbst wenn Sie die Kopie eines Bildes nur um 90° in eine Richtung drehen, erzeugen Sie eine weitere Version des Bildes. Um diese verschiedenen Versionsstände zu handhaben und übersichtlich im Organizer anzuzeigen, bietet Photoshop Elements zwei Möglichkeiten an: Versionen eines Bildes können in einem **Versionssatz** gespeichert werden, oder Sie setzen die verschiedenen Versionen manuell zu einem **Fotostapel** zusammen.

Finger weg vom Original
Auch hier gilt: Das Original sollten Sie beim Überarbeiten stets unangetastet lassen. Nur so ergibt der Versionssatz auch Sinn. Sie behalten immer ein Ursprungsbild, aus dem Sie neue Versionen generieren können.

Versionssätze | Versionssätze können nur bei der Speicherung von Bildern über den Fotoeditor und die entsprechende Option oder über die Schnellkorrektur im Organizer angelegt werden. Wie der Name schon beschreibt, erstellen Sie hier mehrere unterschiedliche Versionen von ein und demselben Bild.

Fotostapel und Versionssatz in der »Details«-Ansicht
Zwar können Sie anhand der Symbole rechts oben auch in der flexiblen und adaptiven Rasteransicht erkennen, ob es sich hierbei um einen Fotostapel oder einen Versionssatz handelt, aber Sie können den Fotostapel bzw. Versionssatz nicht öffnen. Hierzu müssen Sie die Details der Rasteransicht mit ANSICHT • DETAILS bzw. Strg/cmd+D aktivieren.

Fotostapel | Fotostapel hingegen werden dafür verwendet, mehrere (auch unterschiedliche) Fotos zu sortieren und zusammenzufassen. So könnten Sie beispielsweise ähnliche Bilder oder eine ganze Aufnahmeserie des gleichen Motivs zu einem Stapel zusammenfassen. Im Gegensatz zu Versionssätzen können Sie Fotostapel im Organizer jederzeit manuell über den Medienbrowser erstellen.

Zwischen einem Versionssatz und einem Stapel besteht übrigens im Medienbrowser kaum ein Unterschied. Beide unterscheiden sich im Prinzip nur in der Art ihrer Erzeugung.

Stellen Sie sich den Stapel und den Versionssatz wie ein Kartenspiel vor, in dem eine Karte über der anderen liegt – nur dass hier bei einem Versionssatz mehrere zu einem Originalbild gehörende Versionen geschichtet werden und bei einem Fotostapel eben beliebige Bilder übereinandergelegt werden. Der Vorteil dieser Sortierung: Bei einer umfangreichen Bildersammlung bleibt zusammen, was zusammengehört.

◄◄ **Abbildung 9.177**
Zwar wird in der flexiblen Rasteransicht auch das Fotostapel-Symbol ❺ …

◄ **Abbildung 9.178**
… bzw. Versionssatz-Symbol ❻ angezeigt, aber öffnen können Sie die zusammengehörenden Bilder nur in der DETAILS-Ansicht.

Fotostapel im Medienbrowser | Sie erkennen einen solchen Stapel im Medienbrowser an dem Stapelsymbol ❼ auf der rechten oberen Seite. Um die einzelnen Bilder des Stapels anzuzeigen, finden Sie auf der rechten Seite eine kleine Schaltfläche ❽, mit der Sie den Stapel öffnen und wieder schließen können. Alternativ klicken Sie einen Stapel mit der rechten Maustaste an und wählen im Kontextmenü STAPEL • FOTOS IM STAPEL ANZEIGEN bzw. STAPEL • FOTOS IM STAPEL MINIMIEREN aus (denselben Pfad finden Sie auch im Menü BEARBEITEN). Noch schneller öffnen Sie einen Stapel mit der Tastenkombination [Strg]/[cmd]+[Alt]+[R] und schließen ihn mit [Strg]/[cmd]+[Alt]+[⇧]+[R] wieder (zuvor müssen Sie den gewünschten Stapel markieren).

▲ **Abbildung 9.179**
Ein geöffneter Stapel mit mehreren zusammengehörenden Bildern.

▲ **Abbildung 9.180**
Ein geschlossener Stapel mit einer Serie von zusammenhängenden Bildern

Kapitel 9 Fotos organisieren und verwalten

▲ **Abbildung 9.181**
Ein geschlossener Versionssatz mit mehreren Versionen eines Bildes

Versionssatz im Medienbrowser | Ähnlich ist dies mit einem Versionssatz im Medienbrowser, nur dass hier das Stapelsymbol ❶ etwas anders aussieht und einen kleinen Pinsel enthält. Ansonsten finden Sie auch hier auf der rechten Seite eine kleine Schaltfläche ❷, um den Stapel des Versionssatzes zu öffnen und wieder zu schließen. Alternativ können Sie auch hier den Versionssatz mit einem rechten Mausklick über das Kontextmenü mit VERSIONSSATZ • ELEMENTE IM VERSIONSSATZ ANZEIGEN und VERSIONSSATZ • ELEMENTE IM VERSIONSSATZ SCHLIESSEN öffnen und wieder schließen. Dasselbe erreichen Sie auch über das Menü BEARBEITEN oder mit den Tastenkombinationen [Strg]/[cmd]+[Alt]+[E] zum Öffnen und [Strg]/[cmd]+[⇧]+[Alt]+[E] zum Schließen eines Versionssatzes.

Abbildung 9.182 ▶
Ein geöffneter Versionssatz mit allen Versionen des Bildes im Überblick

9.11.1 Stapel erzeugen

Um mehrere Bilder zu einem Stapel zusammenzufassen, markieren Sie sie einfach im Medienbrowser. Wählen Sie hierbei das erste und das letzte Bild mit gehaltener [⇧]-Taste, wenn die Bilder nebeneinanderliegen, und nutzen Sie [Strg]/[cmd] zum Markieren einzelner Bilder. Klicken Sie nun mit der rechten Maustaste auf eines der markierten Bilder, und wählen Sie im Kontextmenü STAPEL • AUSGEWÄHLTE FOTOS STAPELN aus. Dasselbe erreichen Sie über den Menüeintrag BEARBEITEN • STAPEL • AUSGEWÄHLTE FOTOS STAPELN. Schneller noch geht es mit der Tastenkombination [Strg]/[cmd]+[Alt]+[S].

> **Unterschiedliche Bilder**
> Theoretisch könnten Sie natürlich auch mehrere unterschiedliche Bilderreihen aufeinanderstapeln – auch wenn dies nicht im Sinne des Erfinders ist.

> **Alle Versionssätze und Stapel anzeigen**
> Um alle vorhandenen Versionssätze und Stapel im Medienbrowser anzeigen zu lassen, wählen Sie im Menü SUCHEN • ALLE VERSIONSSÄTZE bzw. SUCHEN • ALLE STAPEL. Oder Sie nutzen die Tastenkombinationen [Strg]/[cmd]+[Alt]+[V] (für Versionssätze) bzw. [Strg]/[cmd]+[Alt]+[⇧]+[S] (für Stapel).

Fotostapel automatisch vorschlagen | Neben diesem Befehl finden Sie noch den Befehl STAPEL • FOTOSTAPEL AUTOMATISCH VORSCHLAGEN, den Sie ebenfalls im Menü BEARBEITEN oder mit der Tastenkombination [Strg]/[cmd]+[Alt]+[K] ausführen können. Bei diesem Befehl sucht der Organizer nach strukturellen Gemeinsamkeiten in den Bildern und packt Stapel auf der Grundlage dieser Ähnlichkeiten. Im folgenden Dialog entscheiden Sie dann, ob Sie der vom Organizer vorgeschlagenen Stapelzusammenstellung zustimmen oder noch einige Änderungen vornehmen möchten.

Ich verwende diese Funktion beispielsweise sehr gerne dazu, um Fotos, die ich im RAW- und JPEG-Format aufgenommen habe, zu einem Stapel zusammenzufassen.

9.11.2 Versionssatz erzeugen

Alternativ können Sie Bilder über den Fotoeditor beim Abspeichern einem Versionssatz hinzufügen. Wenn Sie zum Beispiel beim Speichern ein Bild nachbearbeitet haben, wählen Sie im SPEICHERN-Dialog die Option MIT ORIGINAL IM VERSIONSSATZ SPEICHERN ❸. Das überarbeitete Bild wird dann zusammen mit dem Originalbild in einen Stapel (oder genauer Versionssatz) gepackt. Diese Option ist standardmäßig aktiviert, was auch sinnvoll ist. Auf diese Weise können Sie sicher sein, niemals versehentlich das Original zu überschreiben.

»Speichern«-Dialog
Der Dialog zum Speichern wurde bereits in Abschnitt 1.5, »Dateien speichern«, beschrieben.

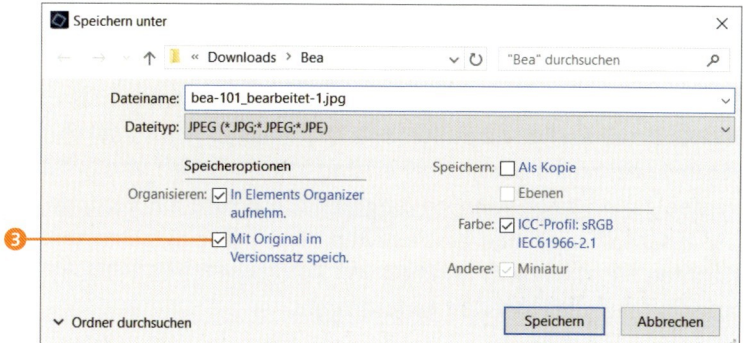

◂ **Abbildung 9.183**
Beim SPEICHERN-Dialog von Bildern im Fotoeditor können Sie einen Versionssatz anlegen.

Wenn Sie außerdem die Funktionen im Bedienfeld FOTOKORREKTUROPTIONEN verwenden, werden die (meist automatischen) Korrekturen niemals auf dem Original ausgeführt, sondern immer auf einer Kopie des Bildes, das dem Versionssatz dann als neues Bild hinzugefügt wird.

9.11.3 Stapel und Versionssatz sortieren, aufheben und entfernen

Möchten Sie ein ganz bestimmtes, besonders repräsentatives Bild oben auf den Stapel legen, öffnen Sie den Stapel, markieren das gewünschte Bild und klicken es mit der rechten Maustaste an. Wählen Sie dann im Kontextmenü (oder im Menü BEARBEITEN) den Punkt STAPEL • ALS ERSTES FOTO FESTLEGEN. Denselben Befehl gibt es für Versionssätze über einen rechten Mausklick (oder das Menü BEARBEITEN) mit VERSIONSSATZ • ALS ERSTES ELEMENT FESTLEGEN. Analog können Sie auch einzelne Bilder über das Kontextmenü (oder das Menü BEARBEITEN) unter STAPEL • FOTO AUS STAPEL ENTFERNEN aus dem Stapel oder bei einem Versionssatz über

Achtung!
Im Kontextmenü oder im Menü BEARBEITEN • STAPEL und BEARBEITEN • VERSIONSSATZ gibt es außerdem den Befehl STAPEL REDUZIEREN bzw. ZURÜCK ZU ORIGINAL. Mit diesem Befehl werden alle Fotos im Versionssatz bzw. Stapel mit Ausnahme des obersten Fotos bzw. des Originalfotos gelöscht (gegebenenfalls auch von der Festplatte, wenn die entsprechende Checkbox im Dialog aktiviert wurde).

VERSIONSSATZ • ELEMENT(E) AUS EINEM VERSIONSSATZ ENTFERNEN löschen. Das Bild wird natürlich nicht gelöscht im eigentlichen Sinne, sondern nur aus dem Fotostapel bzw. Versionssatz entfernt und wieder als separates Bild im Katalog angezeigt.

Um einen Stapel aufzuheben und wieder in Einzelbilder zu zerlegen, markieren Sie entweder eines der Bilder im Stapel oder den kompletten Stapel mit der rechten Maustaste und wählen im Kontextmenü (oder im Menü BEARBEITEN) den Punkt STAPEL • FOTOSTAPEL AUFHEBEN aus. Dasselbe gibt es auch bei den Versionssätzen, bei denen Sie mit der rechten Maustaste im Kontextmenü (oder im Menü BEARBEITEN) VERSIONSSATZ • VERSIONSSATZ IN EINZELNE ELEMENTE KONVERTIEREN auswählen.

9.11.4 Fotostapel und Versionssatz kombinieren

Sie können auch mehrere Versionssätze in einem Fotostapel zusammenzufassen. Im Grunde brauchen Sie nur die Versionssätze und Fotostapel zu markieren und einen Fotostapel zu erzeugen. Solche Fotostapel mit Versionssätzen erkennen Sie daran, dass in der Miniaturvorschau beide Symbole ❶ (für einen Fotostapel und Versionssatz) rechts oben zu sehen sind. Die einzelnen Versionen werden dann wie gewöhnlich dargestellt, nur wird ein Versionssatz zusätzlich zwischen gestrichelten Linien ❷ eingeschlossen. Beachten Sie, dass beim Mischen von Fotostapeln und Versionssätzen schnell die Übersicht verloren geht.

▲ **Abbildung 9.184**
Ein geschlossener Fotostapel, der mindestens einen Versionssatz enthält

▲ **Abbildung 9.185**
Ein geöffneter Fotostapel, der zwei Versionssätze enthält

9.12 Bildinformationen

Um mehr Informationen zu einem Bild zu erhalten, markieren Sie einfach das gewünschte Bild im Medienbrowser und aktivieren das entsprechende Bedienfeld auf der rechten Seite über die Schaltfläche TAGS/INFO ❽. Alternativ nutzen Sie die Tastenkombination [Alt]+[↵]. Wählen Sie hier das Register INFORMATIONEN ❸ aus. Hier finden Sie jetzt mit ALLGEMEIN ❹, METADATEN ❻ und VERLAUF ❼ drei Bereiche von Informationen.

▲ **Abbildung 9.186**
Bildinformationen

9.12 Bildinformationen

Allgemein | Am Anfang finden Sie einen BILDTITEL, den Sie für die Datei vergeben können. Sinnvoll kann ein solcher Titel für die interne Suche nach Bildern im Organizer oder beim Betrachten einer Diashow sein.

Im nächsten Textfeld finden Sie den NAMEN der Datei, den Sie hier auch gleich ändern können. In BEWERTUNGEN sehen Sie die aktuelle Sterne-Bewertung des Bildes. Wenn Sie das Bild noch nicht bewertet haben, können Sie dies hier nachholen. Nach der Bewertung gibt Photoshop Elements neben GRÖSSE die Dateigröße in Kilobyte (KB) oder Megabyte (MB) sowie die Abmessung des Bildes in Pixeln (Höhe x Breite) an.

Wollen Sie das Datum und die Uhrzeit ändern, klicken Sie auf DATUM. Dies ist sinnvoll, wenn Sie Bilder eingescannt haben, sich aber noch an das Aufnahmedatum der gescannten Bilder erinnern können (oder wenn bei der Kamera ein falsches Datum eingestellt war). Darunter wird der Dateipfad des Bildes angezeigt. Um das Verzeichnis direkt zu öffnen, klicken Sie auf PFAD. Schließlich können Sie über AUDIO ❺ noch einen Audiokommentar zum Bild aufsprechen und abspeichern (sofern Sie ein Mikrofon besitzen).

Metadaten | Für eine Ansicht der vielen Metadaten (und allgemeinen Dateieigenschaften) zu einem Bild klicken Sie einfach auf METADATEN ❾. Wie viele und welche Daten sich hier befinden, hängt zunächst vom Modell der Kamera ab.

Um sich nur die Exif-Kameradaten anzeigen zu lassen, klicken Sie auf die Schaltfläche ZUSAMMENFASSUNG ⓫ rechts neben dem Textlabel METADATEN. Über die Schaltfläche VOLLSTÄNDIG ⓬ daneben werden hingegen alle Daten wie IPTC, EXIF, GPS oder Camera Raw aufgelistet.

Verlauf | Mit dem letzten Bereich VERLAUF ❿ erhalten Sie Informationen zur Historie des Bildes, etwa über den Zeitpunkt des Imports oder die letzte Änderung.

> **Dateiendung**
> Beim Umbenennen der Bilddatei brauchen Sie nicht auf die Dateiendung zu achten. Diese wird am Schluss automatisch vom Organizer wieder angefügt.

> **Metadaten**
> Metadaten sind allgemeine Daten, die Informationen über andere Daten enthalten. Metadaten zu Fotos geben etwa Informationen über den Ort der Aufnahme (GPS), die Kameradaten und -einstellungen während der Aufnahme (Exif), zu den Rohdateien (Camera Raw) und gegebenenfalls auch zum Bearbeitungsverlauf.

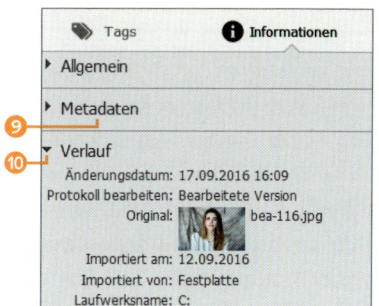

◀◀ **Abbildung 9.187**
Informationen zur Historie des Bildes

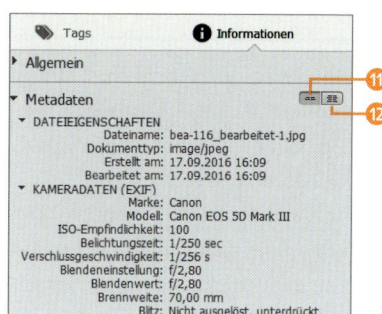

◀ **Abbildung 9.188**
Die Metadaten liefern vielfältige Informationen zu einem Foto.

Kapitel 9 Fotos organisieren und verwalten

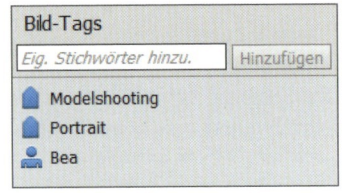

▲ **Abbildung 9.189**
Übersicht über die Stichwörter für ein Bild

Bild-Tags | Mit welchen Stichwörtern ein markiertes Bild versehen wurde, wird unten in der rechten Bedienfeldleiste unterhalb von Bild-Tags angezeigt. Aufgelistet werden dort, falls vorhanden, Stichwort-Tags, Smart-Tags, Personen, Orte und Ereignisse. Hierbei könnten Sie gegebenenfalls einzelne Tags mit einem rechten Mausklick auswählen und entfernen.

Alle Metadaten in Datei speichern | Wenn Sie Ihre Medien mit Stichwort-Tags, Personen-Tags, Ort-Tags und Ereignis-Tags versehen haben, können Sie diese Daten über DATEI • ALLE METADATEN IN DATEI SPEICHERN in den Medien sichern. Dies ist mit den Dateiformaten JPEG, TIFF, PSD und Camera Raw möglich. Viele Bildverwaltungsprogramme können diese Metadaten lesen. Auch wenn Sie Bilder in den Organizer Ihres Katalogs importieren, werden diese Tags berücksichtigt, und Sie werden in einem Dialog abgefragt, ob und welche Tags Sie importieren wollen.

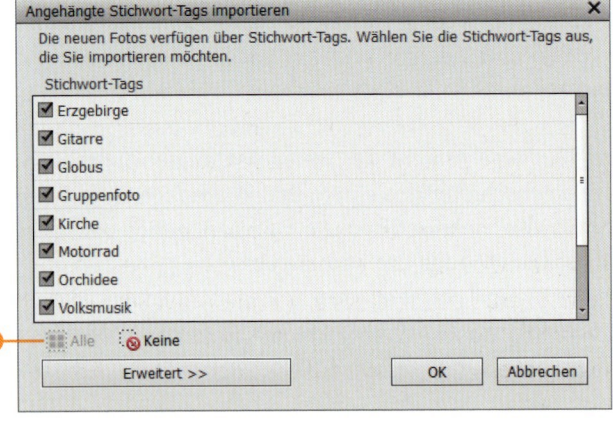

▲ **Abbildung 9.190**
Es wurden neue Medien importiert, die bereits Stichwort-Tags enthalten haben. Hier können Sie auswählen, welche Tags Sie mit importieren wollen. Klicken Sie auf ALLE ❶, und es werden alle Stichwort-Tags in den Katalog übernommen. Bereits bestehende Stichwort-Tags werden einfach übernommen.

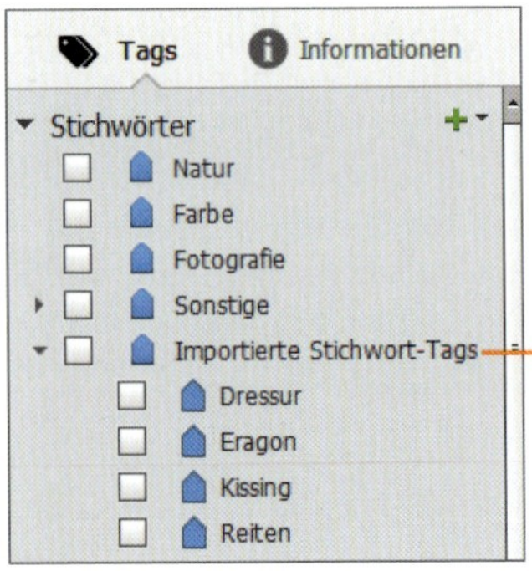

▲ **Abbildung 9.191**
Neben Stichwort-Tags werden auch Personen-Tags, Ort-Tags oder Ereignis-Tags importiert, wenn diese in den Metadaten der Bilder gespeichert wurden. Allerdings werden diese Tags dann zu gewöhnlichen Stichwort-Tags und werden bei den Stichwörtern aufgelistet.

Alle so importierten Tags stehen dann bei STICHWÖRTER unter IMPORTIERTE STICHWORT-TAGS ❷ zur Verfügung. Das umfasst auch die zuvor erstellten Personen-, Ort- und Ereignis-Tags. Diese werden bei einem Import zu »normalen« Stichwort-Tags, weil es in Metadaten von Bildern nun mal keine solchen Informationen gibt. Allerdings können in Metadaten auch die GPS-Daten gesichert werden, sodass Sie im ORTE-Modus den Ort der Aufnahme wiederfinden sollten.

9.13 Nach Bildern suchen

Je größer Ihr Fotoarchiv wird, desto mehr werden Sie die vielen verschiedenen Suchfunktionen im Organizer schätzen lernen. Für die Suche nach Fotos bietet der Organizer über das Menü Suchen sehr viele Möglichkeiten.

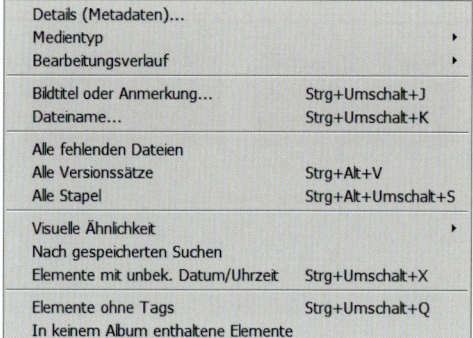

◀ **Abbildung 9.192**
Das Menü Suchen bietet vielfältige Suchmöglichkeiten.

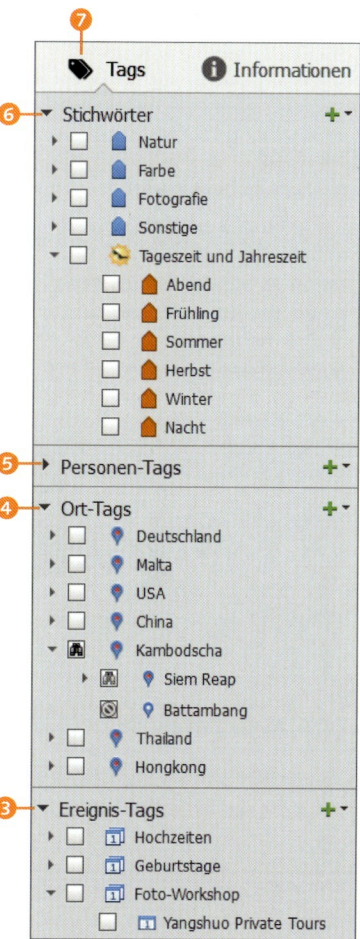

9.13.1 Suche nach speziellen Tags

Wer fleißig seine Medien mit Stichwörtern, Personen-Tags, Ort-Tags und Ereignis-Tags verwaltet hat, der darf sich über eine mächtige Suche freuen, die über den Reiter Tags ❼ aufgerufen werden kann.

Mithilfe dieser Suche können Sie mit Stichwörter ❻, Personen-Tags ❺, Ort-Tags ❹ und den Ereignis-Tags ❸ gezielt einzeln oder kombiniert suchen. Gezielt auf die Anwendung einer solchen Suche nach Tags wurde bereits in Abschnitt 9.4.1, »Nach Stichwort-Tags suchen«, mit Bezug auf die Stichwörter eingegangen. Dasselbe Prinzip funktioniert ebenso, wenn Sie zusätzlich noch die Personen-Tags, Ort-Tags und/oder Ereignis-Tags aufklappen und die Suche damit kombinieren.

Praxisbeispiel | In Abbildung 9.194 sehen Sie ein solches Suchbeispiel, bei dem nach Medien mit dem Stichwort Sonnenaufgang gesucht wurde. Als Ort der Bilder wurde bei den Ort-Tags Kambodscha in Siem Reap ausgewählt, während Tonle Sap, Phnom Penh und Battambang ausgeschlossen wurden. Und zu guter Letzt wird noch unter Ereignis-Tags in der Gruppe Foto-Workshop das Tag Photo-Cambodia erwartet. Insgesamt wird also nach Medien mit den Tags Sonnenaufgang, Kambodscha, Siem Reap (ausgenommen Tonle Sap, Phnom Penh und Battambang) und Photo-Cambodia gesucht.

Die Medien, die exakt mit Ihren Suchkriterien der ausgewählten und ausgeschlossenen Tags übereinstimmen, werden erwar-

▲ **Abbildung 9.193**
Mit der Suche nach verschiedenen Tags kann sehr detailliert gesucht werden, wenn Sie die Bilder mit Stichwörter, Personen-Tags, Ort-Tags und Ereignis-Tags versehen haben.

tungsgemäß im Medienbrowser angezeigt ❶. Eine Übersicht ❷ über die ausgewählten und ausgeschlossenen Tags Ihrer Suche finden Sie im Medienbrowser über den Medien aufgelistet.

Abbildung 9.194 ▶
Auflistung nach speziellen Tags gesuchter Bilder im Medienbrowser.

Suchkriterium löschen
Über die Schaltfläche LÖSCHEN ❹ heben Sie die vorhandenen Suchkriterien (die gesetzten Häkchen) wieder auf.

(Voll-/Teil-/Null-)Treffer
Ein Volltreffer entspricht exakt dem Suchkriterium, ein Teiltreffer entspricht mindestens einem der Kriterien, und ein Nulltreffer enthält keines der Suchkriterien.

Teiltreffer | Wollen Sie sogenannte Teiltreffer anzeigen, die, bezogen auf das Suchkriterium des Beispiels in Abbildung 9.194, entweder das Stichwort SONNENAUFGANG oder PHOTO-CAMBODIA oder den Ort KAMBODSCHA enthalten, müssen Sie über OPTIONEN ❸ den Eintrag TEILTREFFER EINBLENDEN auswählen.

Das Suchkriterium können Sie auch speichern ❺, um später bei Bedarf erneut darauf zurückzugreifen.

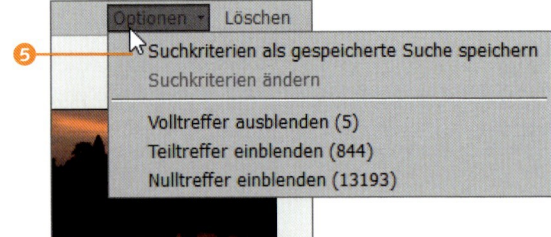

▲ **Abbildung 9.195**
Teiltreffer erkennen Sie an einem Häkchen im Bild.

▲ **Abbildung 9.196**
Über OPTIONEN können Sie zwischen Teil- und Volltreffer umschalten.

9.13.2 Details (Metadaten)

Neben der eben beschriebenen Suche nach Tags dürfte die Suche nach Details wohl die zweite eierlegende Wollmilchsau unter den Suchfunktionen sein. Wo die erweiterte Suche noch nach Kriterien sucht, die Sie im Organizer selbst den Medien zugewiesen haben, forschen Sie mit SUCHEN • DETAILS (METADATEN) in den eingebetteten Metadaten der Medien *und* in den von Ihnen vergebenen Stichwort-Tags, Alben, Personen, Ereignissen usw.

Zum Nachlesen
Eine Schritt-für-Schritt-Anleitung unter Verwendung dieser Suche finden Sie im Abschnitt »Album nach Metadaten erzeugen« auf Seite 222. Dort wird auch diese Suche umfassend beschrieben.

Setzen Sie ein Häkchen vor DIESES SUCHKRITERIUM ALS GESPEICHERTE SUCHE SPEICHERN ❼, und vergeben Sie einen NAMEN ❻ dafür, können Sie diese Suche unter einem Namen speichern, um später bei Bedarf erneut darauf zurückzugreifen.

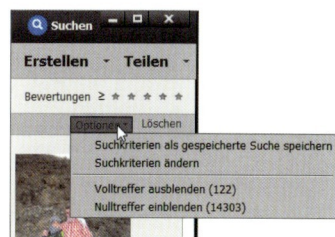

▲ **Abbildung 9.197**
Das Suchergebnis können Sie auch hier noch nach Volltreffer und Nulltreffer sortieren.

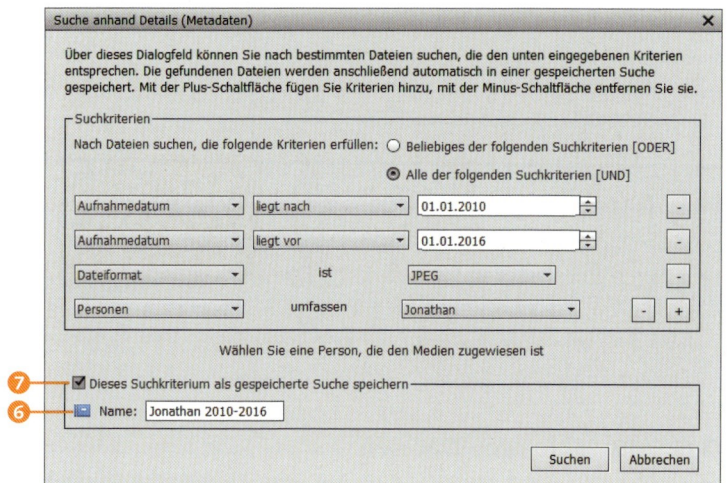

▲ **Abbildung 9.198**
Die Suche nach Details (Metadaten) dürfte wohl die umfassendste Suchfunktion des Organizers sein. Hier kann beinahe jeder Aspekt in der Suche berücksichtigt werden, den der Organizer unterstützt.

9.13.3 Medientyp

Mit SUCHEN • MEDIENTYP (oder Alt+1 bis Alt+6) begeben Sie sich gezielt auf die Suche nach verschiedenen Medientypen (Fotos, Videos, Audiodateien, Projekten, PDF-Dateien und Elementen mit Audiokommentaren).

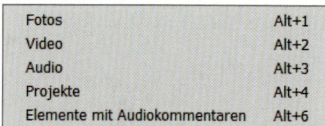

▲ **Abbildung 9.199**
Suche nach einem bestimmten Medientyp

9.13.4 Bearbeitungsverlauf

Interessant ist auch die Suche mit SUCHEN • BEARBEITUNGSVERLAUF. Dabei handelt es sich um eine Suche in einem gespeicherten Verlauf. Mehrere solcher Verläufe stehen Ihnen zur Verfügung. Sie könnten zum Beispiel nach Bildern suchen, die an einem bestimmten Tag importiert, exportiert oder per E-Mail versendet wurden.

Bildtitel oder Anmerkung | Wenn Sie für Ihre Bilder Bildtitel oder Anmerkungen vergeben haben, können Sie mit SUCHEN • BILDTITEL ODER ANMERKUNG (oder Strg/cmd+⇧+J) nach diesen Bildern suchen. Dabei entscheiden Sie im Dialog über die Radiobuttons, ob nur am Anfang von Bildtiteln und Anmerkungen nach einem entsprechenden Wort gesucht werden soll oder ob sich die Suche auf den kompletten Bildtitel und den Text der Anmerkungen beziehen soll.

▲ **Abbildung 9.200**
Suche nach einem bestimmten Bearbeitungsverlauf

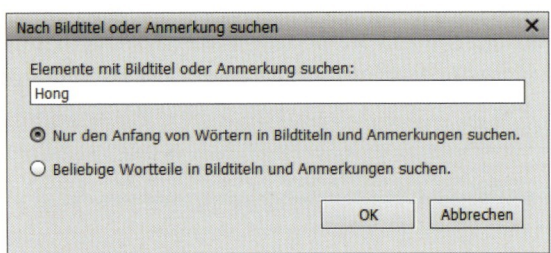

Abbildung 9.201 ▶
Suche nach Bildtiteln und/oder Anmerkungen

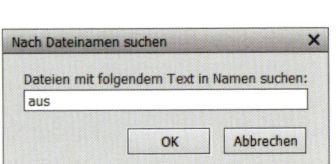

▲ **Abbildung 9.202**
Die einfache Suche nach Dateinamen

Fehlende Dateien wiederfinden
Wie Sie die Verknüpfung von fehlenden Dateien wiederherstellen können, wurde bereits auf Seite 215 unter »Fehlende Dateien« umfassender beschrieben.

9.13.5 Dateiname
Wollen Sie hingegen nur eine einfache Suche nach einem Dateinamen durchführen, rufen Sie SUCHEN • DATEINAME (oder [Strg]/[cmd]+[⇧]+[K]) auf. Für die Suche können Sie natürlich auch Teile eines Wortes, wie zum Beispiel »aus«, verwenden – es würden dann Dateinamen wie »Maus«, »Haus«, »Brause« usw. gefunden.

9.13.6 Alle fehlenden Dateien
Mit SUCHEN • ALLE FEHLENDEN DATEIEN können Sie alle Medien auflisten, für die zwar im Organizer eine Miniaturvorschau existiert, aber deren Verknüpfung zum Originalbild auf der Festplatte nicht mehr hergestellt werden kann, weil diese Datei entweder verschoben wurde oder sich gar nicht mehr auf der Festplatte befindet. Fehlende Dateien erkennen Sie in der Medienvorschau am kleinen Fragezeichen ❶ links oben in der Miniaturvorschau.

Abbildung 9.203 ▶
Suche nach fehlenden Dateien

Versionssätze und Stapel
Mehr zu den Versionssätzen und Stapeln in Abschnitt 9.11

9.13.7 Versionssätze oder Fotostapel
Die nächsten beiden Suchmöglichkeiten, SUCHEN • ALLE VERSIONSSÄTZE (oder [Strg]/[cmd]+[Alt]+[V]) und SUCHEN • ALLE STAPEL (oder [Strg]/[cmd]+[Alt]+[⇧]+[S]), werden ohne einen weiteren Dialog gestartet und zeigen alle vorhandenen Versionssätze bzw. Stapel im Medienbrowser an.

9.13.8 Suche nach visueller Ähnlichkeit
Die beiden Funktionen VISUELL ÄHNLICHE FOTOS UND VIDEOS und OBJEKTE, DIE IN FOTOS ERSCHEINEN aus dem Untermenü SUCHEN

• VISUELLE ÄHNLICHKEIT sind sich recht ähnlich. Der Unterschied liegt eigentlich nur darin, dass Sie mit VISUELL ÄHNLICHE FOTOS UND VIDEOS das komplette Bild für die Suche verwenden. Mit der Funktion OBJEKTE, DIE IN FOTOS ERSCHEINEN hingegen können Sie in einem Bild ein Objekt auswählen, nach dem Sie in allen anderen Bildern suchen wollen.

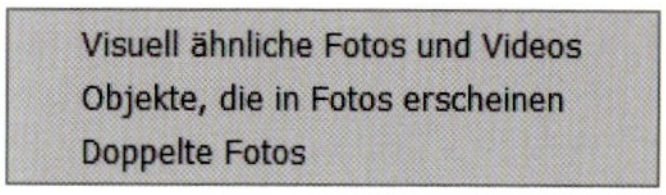

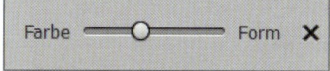

▲ Abbildung 9.204
Visuelle Suchfunktionen aus dem Menü SUCHEN • VISUELLE ÄHNLICHKEIT

Farbe oder Form | Beide Funktionen sind so implementiert, dass Sie hiermit verstärkt nach visuellen Ähnlichkeiten entweder in puncto Farbe oder Form suchen können. Hierzu wird Ihnen ein Schieberegler (Abbildung 9.205) angeboten. Schieben Sie diesen Regler in Richtung FARBE, wird bei der visuellen Suche mehr die Farbe berücksichtigt. Schieben Sie den Regler in Richtung FORM, werden eher ähnliche Formen berücksichtigt. So ist es zum Beispiel eher sinnvoll, den Schieberegler in Richtung FORM zu ziehen, wenn Sie nach visuellen Ähnlichkeiten in Bildern mit viel Architektur wie Gebäuden suchen. Auf der Suche nach visuell ähnlichen Landschaftsaufnahmen sollten Sie den Regler eher in Richtung FARBE ziehen, um ein besseres Ergebnis zu erhalten. Hier empfehle ich Ihnen einfach, ein wenig zu experimentieren, um ein Gefühl dafür zu bekommen.

▲ Abbildung 9.205
Mithilfe des Schiebereglers konzentrieren Sie die Suche nach visuell ähnlichen Bildern auf FORM und/oder FARBE.

Schritt für Schritt
Nach visuell ähnlichen Bildern suchen

Wählen Sie zunächst das Bild im Medienbrowser aus, das als Grundlage für die Suche nach visueller Ähnlichkeit dienen soll.

1 Suche nach Objekten einrichten
Rufen Sie SUCHEN • VISUELLE ÄHNLICHKEIT • OBJEKTE, DIE IN FOTOS ERSCHEINEN auf. Im Bild sehen Sie einen weißen Rahmen ❸, den Sie jetzt auf dem Objekt platzieren, das Sie suchen wollen. Über die je vier Eck- und Seitenpunkte können Sie den Rahmen um das (Such-)Objekt passend skalieren. Mit einem Klick auf die Schaltfläche OBJEKT SUCHEN ❷ starten Sie die visuelle Suche. Mit ABBRECHEN können Sie den Vorgang vorzeitig beenden.
   Wenn die Bilder noch nicht indiziert wurden, bietet Ihnen der Organizer über einen Dialog die Möglichkeit an, die Mediendateien für ein besseres Suchergebnis zu indizieren.

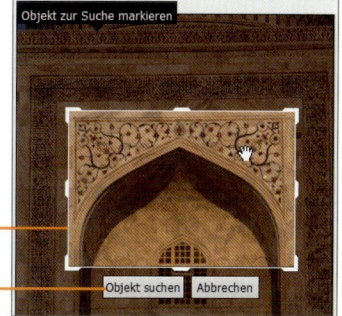

▲ Abbildung 9.206
Grenzen Sie das Objekt ein, nach dem Sie suchen wollen.

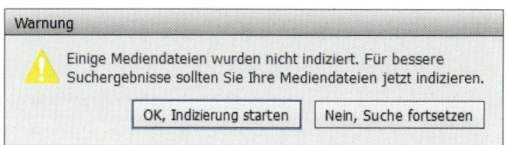

◄ Abbildung 9.207
Für eine bessere Suche sollten Sie die Mediendateien vorher noch indizieren.

2 Suchoption anpassen

Jetzt listet Ihnen der Organizer die Bilder mit einem Prozentwert auf, der die visuelle Übereinstimmung der gefundenen Bilder mit dem markierten Bild angibt. Über den Schieberegler ❷ können Sie das Suchergebnis nach FARBE oder FORM verfeinern. Probieren Sie es ruhig aus. Gegebenenfalls fügen Sie dem aktuellen visuellen Suchmuster über das Plussymbol ❶ per Drag & Drop weitere Bilder hinzu.

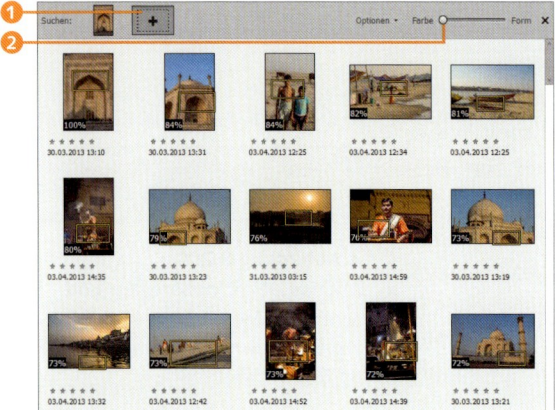

▲ **Abbildung 9.208**
Hier wurde der Regler komplett in Richtung FARBE geschoben, weshalb hier natürlich viele Bilder mit ähnlicher Farbe wie die des ausgewählten Objekts aufgelistet werden.

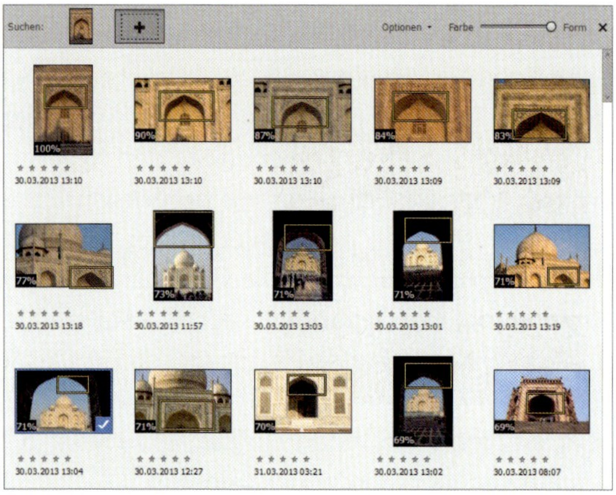

▲ **Abbildung 9.209**
Bei dieser Suche hingegen wurde der Regler komplett in Richtung FORM geschoben, wodurch die Ergebnisse dem Original des Objekts (hier ein typisch indischer Torbogen) schon viel näherkommen.

Die Funktion NACH VISUELL ÄHNLICHEN FOTOS UND VIDEOS SUCHEN funktioniert im Grunde recht ähnlich, nur dass Sie in Arbeitsschritt 1 keinen Rahmen für einen bestimmten Bereich im Bild vorgeben können. Bei dieser Funktion wird das komplette ausgewählte Bild für die Suche nach visuellen Ähnlichkeiten verwendet.

Nach doppelten Fotos suchen | Die Funktion SUCHEN • VISUELLE ÄHNLICHKEIT • DOPPELTE FOTOS ist sehr hilfreich, wenn Sie mehrere Bilder stapeln (zu einem Fotostapel, siehe Abschnitt 9.11, »Versionssätze und Fotostapel«) oder doppelte bzw. visuell ähnliche Bilder löschen wollen.

Die Verwendung ist denkbar einfach: Wählen Sie ein Album aus, in dem Sie nach doppelten Fotos suchen möchten, und rufen Sie diese Funktion auf. Natürlich können Sie auch den kompletten Katalog verwenden. Die Suche kann jetzt abhängig vom Umfang der Bilder etwas dauern. Ein Fortschrittsbalken informiert Sie über den Fortschritt.

Einzigartige Fotos
Unter EINZIGARTIGE FOTOS ❹ werden die Fotos aufgelistet, zu denen keine visuell ähnlichen oder doppelten Gegenstücke gefunden wurden. Trotzdem können Sie diese einzelnen Bilder jederzeit per Drag & Drop nach oben zu den visuell ähnlichen Fotos ziehen und fallen lassen, um sie dann einem Fotostapel hinzuzufügen.

Anschließend erscheint ein Dialogfenster, in dem Sie über die Schaltfläche STAPELN ❻ einen neuen Fotostapel aus den Bildern erstellen können (über STAPEL AUFHEBEN ❼ können Sie diesen Fotostapel auch wieder auflösen).

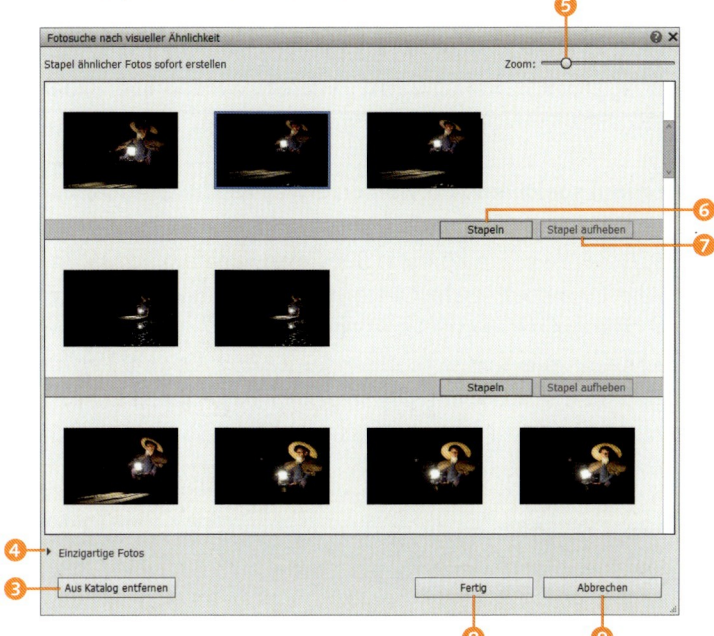

◀ Abbildung 9.210
Mit DOPPELTE FOTOS können Sie ganz bequem Fotos stapeln oder doppelte Bilder löschen.

Alternativ können Sie doppelte oder ähnliche Bilder hier löschen. Dazu brauchen Sie sie lediglich zu markieren und über die Schaltfläche AUS KATALOG ENTFERNEN ❸ zu löschen. Standardmäßig werden diese Bilder nur aus dem Katalog und nicht von der Festplatte entfernt. Wollen Sie diese Bilder komplett vom Rechner entfernen, müssen Sie im sich öffnenden Dialog ein Häkchen vor AUSGEWÄHLTE ELEMENTE AUCH VON DER FESTPLATTE LÖSCHEN ❿ setzen.

Über den Schieberegler ZOOM ❺ können Sie die Größe der Miniaturvorschau anpassen. Mit FERTIG ❽ bestätigen Sie den Dialog, und mit ABBRECHEN ❾ beenden Sie den Vorgang ohne Änderungen.

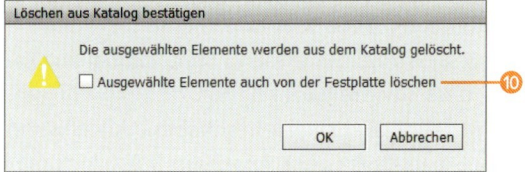

◀ Abbildung 9.211
Hier geben Sie an, ob Sie das Foto nur aus dem Katalog oder gleich von der Festplatte löschen (genauer in den Papierkorb schieben) wollen.

9.13.9 Weitere Suchfunktionen

Wenn Ihr Archiv Bilder ohne bekanntes Datum enthält, können Sie diese mit der dialoglosen Suche finden. Wählen Sie hierzu den Menüpunkt SUCHEN • ELEMENTE MIT UNBEK. DATUM/UHRZEIT oder alternativ die Tastenkombination [Strg]/[cmd]+[⇧]+[X].

Mit SUCHEN • ELEMENTE OHNE TAGS (oder [Strg]/[cmd]+[⇧]+[Q]) lassen Sie im Medienbrowser alle Bilder auflisten, die Sie noch nicht mit einem Stichwort-Tag versehen haben.

Ähnlich funktioniert auch die Suchfunktion SUCHEN • IN KEINEM ALBUM ENTHALTENE ELEMENTE. Hierbei werden alle Bilder aufgelistet, die keinem Album zugeordnet wurden.

Suchkriterium speichern und wiederverwenden | Hier sollte natürlich noch angemerkt werden, dass sämtliche Suchvorgänge auch gespeichert werden können. Bei vielen Suchfunktionen finden Sie die Dropdown-Liste OPTIONEN, in der Sie über SUCHKRITERIEN ALS GESPEICHERTE SUCHE SPEICHERN die Suchkriterien sichern können. In einem sich öffnenden Dialog geben Sie dann den Namen für die Suche ein. Die so gespeicherte Suche können Sie jederzeit über SUCHEN • NACH GESPEICHERTEN SUCHEN im sich öffnenden Dialog erneut verwenden.

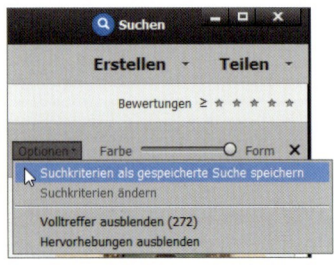

▲ Abbildung 9.212
Suchkriterien lassen sich auch speichern …

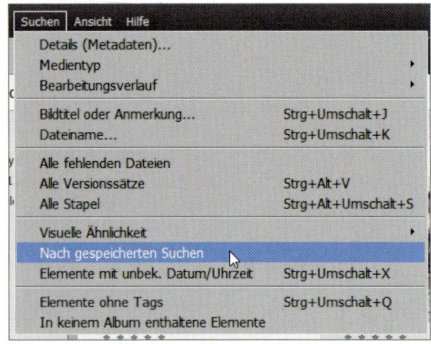

▲ Abbildung 9.213
… und über das SUCHEN-Menü …

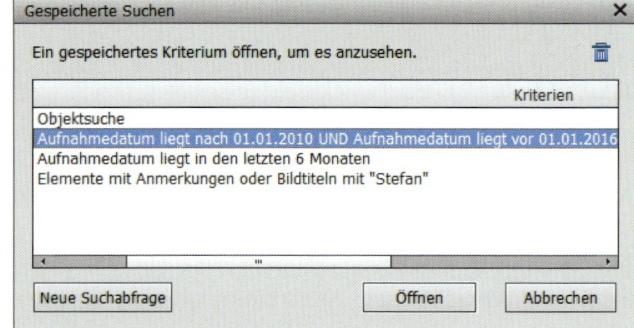

▲ Abbildung 9.214
… jederzeit wiederverwenden.

9.13.10 Komfortable Suche mit Filter

Eine besonders komfortable und mächtige Suche nach Bildern finden Sie mit einer speziellen Such-Oberfläche des Organizer, die Sie erreichen, wenn Sie rechts oben auf die SUCHEN-Schaltfläche ❶ klicken. Voraussetzung, um diesen Filter optimal zu verwenden, ist natürlich, dass Sie Ihre Bilder fleißig mit Stichwörtern, Orte-, Personen- und Ereignis-Tags versehen haben. Auch wenn Sie die automatischen Smart-Tags (siehe Abschnitt 9.6, »Automatische Smart-Tags«) aktiviert haben, können Sie spätestens jetzt Kapital daraus schlagen.

Der Aufbau der Filtermaske ist relativ einfach gehalten. Über ein Suchfeld ❷ können Sie gezielt nach Suchbegriffen mit der

▲ Abbildung 9.215
Den Suchfilter rufen Sie über die blaue SUCHEN-Schaltfläche ❶ auf.

9.13 Nach Bildern suchen

Tastatur suchen. Auf der linken Seite ❸ stehen mehrere Icons zur Verfügung. Wenn Sie mit der Maustaste darüber stehen bleiben, fährt die Leiste mit Inhalten für den Suchfilter aus. Zur Auswahl stehen (von oben nach unten) Smart-Tags (wenn aktiviert), Personen-Tags, Orte-Tags, Datum, Ordner, Stichwörter, Alben, Ereignis-Tags, Sterne-Bewertung und Medientypen.

▼ **Abbildung 9.216**
Der Suchfilter im Überblick

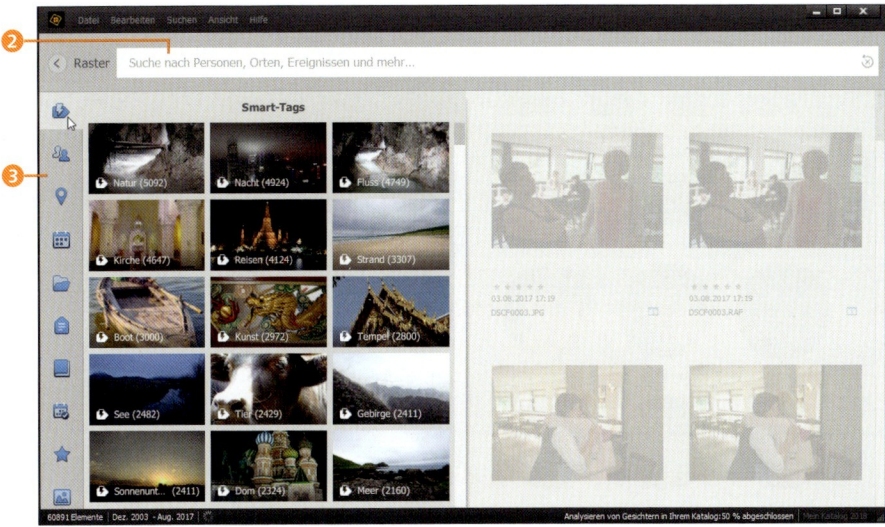

Schritt für Schritt
Suchen mit dem Suchfilter

1 Suchfilter aufrufen

In diesem Workshop soll der Suchfilter ein wenig in der Praxis demonstriert werden, um ein Gefühl für dessen Vielseitigkeit zu vermitteln. Die Suchparameter können natürlich wesentlich komplexer sein, als im Beispiel gezeigt wird.

Rufen Sie den Suchfilter über die blaue SUCHEN-Schaltfläche ❹ rechts oben im Organizer auf.

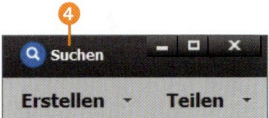

▲ **Abbildung 9.217**
Suchfilter aufrufen

2 Suchfilter formulieren

Jetzt finden Sie auf der linken Seite des Fensters mehrere Icons für die Suchausdrücke. Wenn Sie mit der Maustaste über einem der Icons stehen bleiben, wird das Panel aufgeklappt, dessen Inhalt, wenn Sie es anklicken, als Suchausdruck verwendet wird. Ich suche hier zunächst nach Bildern, auf denen die Personen »Jürgen«, »Arti« oder »Vivi« zu sehen sind und die irgendwo in »China« gemacht wurden. Neben der Möglichkeit, die entsprechenden Icons im Panel auszuwählen, können Sie den Suchausdruck auch direkt im Textfeld ❶ (Abbildung 9.218) eintippen.

301

3 Suchkriterium verfeinern

Über die Symbole zwischen den Suchausdrücken können Sie die Kriterien verfeinern. Hierbei stehen Ihnen drei Möglichkeiten zur Verfügung. Das Plussymbol steht für UND, womit beide miteinander verbundenen Suchausdrücke zutreffen müssen. Der Schrägstrich steht für eine ODER-Verknüpfung, bei der nur einer der beiden Ausdrücke übereinstimmen muss.

Abbildung 9.218 ▼
Ersten Suchfilter formulieren

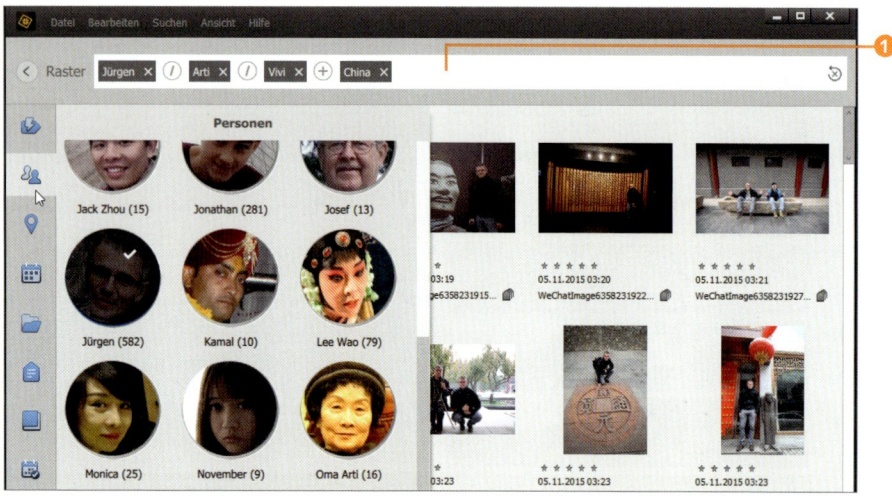

Suchkriterium löschen
Einzelne Suchkriterien können Sie über das kleine x-Symbol ❸ entfernen. Den kompletten Suchausdruck hingegen können Sie über das Symbol ganz rechts im Textfeld ❹ löschen.

Alternativ haben Sie noch eine Option mit dem Minussymbol, mit der Sie Suchkriterien ausschließen können. So wie der Ausdruck in Abbildung 9.218 formuliert wurde, werden alle Bilder ausgefiltert, bei denen »Jürgen«, »Arti« oder »Vivi« und »China« zutreffen. Da ich hier ein Gruppenfoto von all den Personen in einem Bild haben will, muss ich das Suchkriterium zwischen »Jürgen«, »Arti« und »Vivi« auf ein logisches UND ❷ (Plussymbol) ändern.

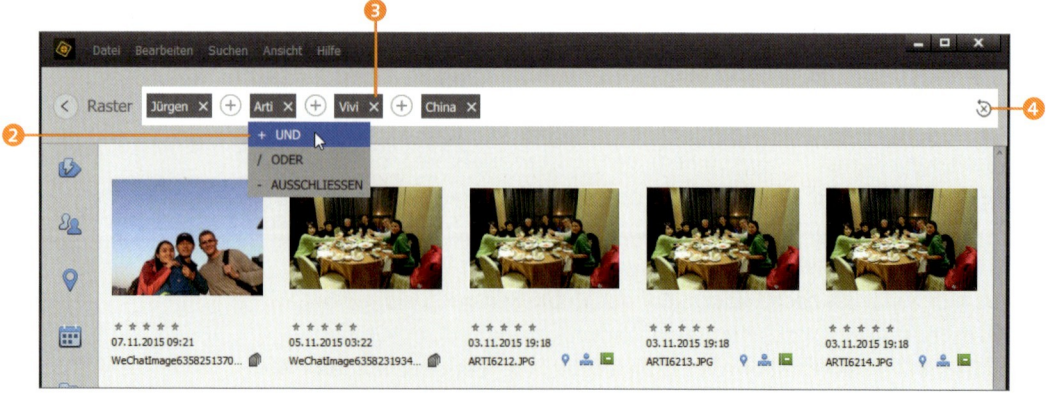

▲ **Abbildung 9.219**
Suchkriterium verfeinern

Fast am Ziel. Im Beispiel sind immer noch Gruppenfotos mit anderen Personen außer den drei Gesuchten enthalten. Im Beispiel kann ich das Problem lösen, indem ich »Monica« über das Minussymbol 6 vom Suchfilter ausschließe. Im Beispiel führt es jetzt zum erwünschten Ziel, und die drei gesuchten Personen auf einem Bild in China sind gefunden. Klicken Sie auf RASTER 5, wenn Sie mit der Suche fertig sind.

▼ Abbildung 9.220
Ziel erreicht

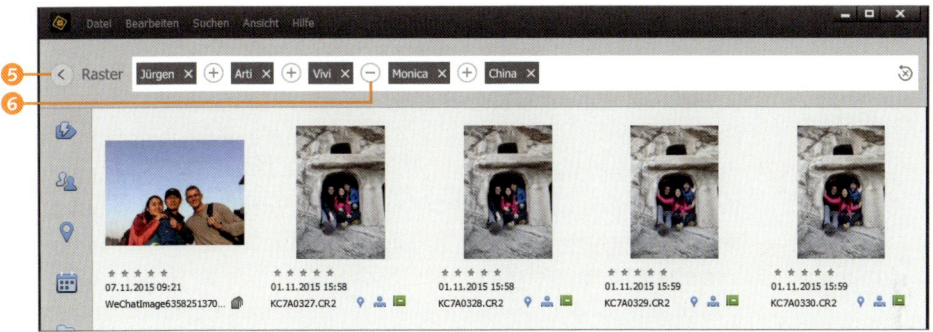

4 Suche weiterverwenden

Jetzt können Sie die ausgefilterten Bilder im Organizer weiterverwenden. Entweder stecken Sie diese in ein Album, oder Sie geben diese Bilder weiter. Ebenso können Sie diese Suche auch für spätere Verwendungen speichern.

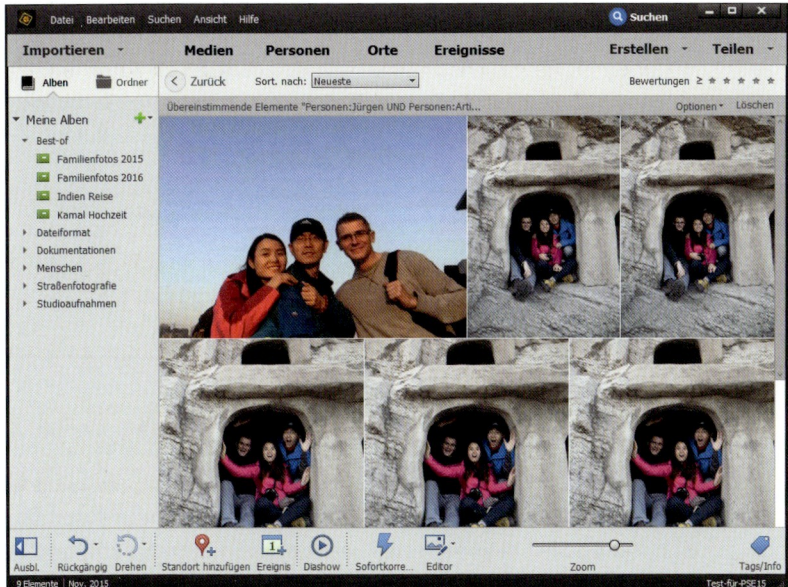

▲ Abbildung 9.221
Die gesuchten Bilder wurden gefunden.

9.14 Bilder sichern und exportieren

Regelmäßiges Backup
Wie oft Sie Backups durchführen, entscheiden Sie letztlich selbst. Wenn Sie aber viel fotografieren, sollten Sie auf jeden Fall regelmäßige Sicherungen erstellen, zum Beispiel einmal pro Woche oder pro Monat, gegebenenfalls auch deutlich öfter.

Wie es sich für ein gutes Verwaltungsprogramm gehört, bietet Ihnen der Organizer natürlich auch wichtige Funktionen an, um eine Sicherung des kompletten Katalogbestands zu besorgen. Ebenso ist es möglich, alle oder selektierte Medien zu verschieben bzw. zu kopieren (auch auf einen Wechseldatenträger). Neben dem Kopieren und Verschieben ist natürlich auch ein Export von Dateien möglich.

9.14.1 Katalog sichern und wiederherstellen

Hat sich Ihr Organizer-Bestand ein wenig gefüllt, empfiehlt es sich, den kompletten Katalogbestand des Organizers zu sichern. Wenn nämlich Ihre Festplatte einmal kaputtgeht, Sie sich einen anderen Rechner zulegen, Ihr Laptop gestohlen wird oder Sie aus Versehen ganze Verzeichnisse löschen, sind ohne Sicherungskopie all Ihre Bilder, die Sie vielleicht jahrelang gesammelt haben, verloren.

Der Organizer erinnert Sie ebenfalls von Zeit zu Zeit daran, den Katalog und die neuen Dateien zu sichern. Wollen Sie diesen Dialog nicht mehr sehen, brauchen Sie nur ein Häkchen vor NICHT WIEDER ANZEIGEN ❶ zu setzen.

Sie rufen das Sichern des Katalogs über den Menüpunkt DATEI • KATALOG SICHERN oder mit der Tastenkombination [Strg]/[cmd]+[B] auf. Hierbei überprüft der Organizer zunächst, ob der Katalog noch auf dem neuesten Stand ist. Fehlen Dateien, können Sie vor dem Backup noch danach suchen. Klicken Sie im folgenden Dialog auf ERNEUT VERBINDEN, um nach den fehlenden Dateien zu suchen; mit WEITER überspringen Sie diese Suche.

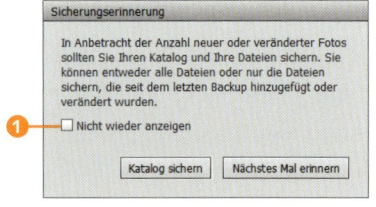

▲ Abbildung 9.222
Von Zeit zu Zeit erscheint ein Dialog, der Sie daran erinnert, dass es mal wieder Zeit für eine Sicherung wäre.

Abbildung 9.223 ▶
Ist der Katalog vollständig, können Sie die fehlenden Bilder vor dem Backup erneut verknüpfen.

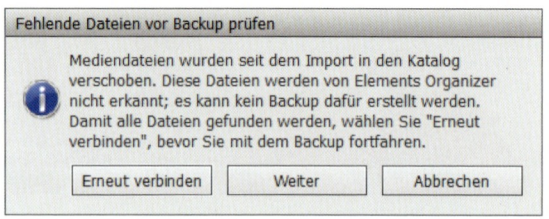

Backup auf CD/DVD
Ein inkrementelles Backup ist nur sinnvoll bei wiederbeschreibbaren Datenträgern wie einer externen Festplatte oder einem USB-Stick. Um eine Sicherung auf CD/DVD durchzuführen, müssen Sie immer ein komplettes Backup erstellen.

Anschließend folgt der eigentliche Dialog, den Sie aufgerufen haben. Hier haben Sie die Wahl zwischen KOMPLETTES BACKUP ❷ und INKREMENTELLES BACKUP ❸. Beim ersten Sichern Ihrer Dateien führen Sie ein komplettes Backup durch. Künftig können Sie dann mit dem inkrementellen Backup nur die neuen und geänderten Dateien sichern. Ein inkrementelles Backup lässt sich nur durchführen, wenn bereits ein komplettes Backup erstellt wurde.

9.14 Bilder sichern und exportieren

Mehr zum inkrementellen Backup finden Sie als Download auf der Bonus-Webseite zum Buch unter *www.rheinwerk-verlag.de/4486*.

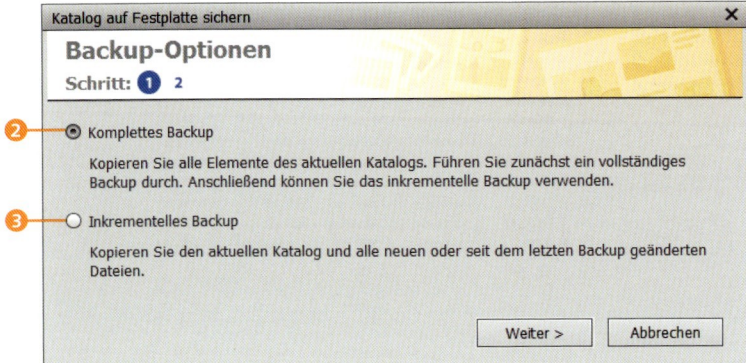

◀ **Abbildung 9.224**
Der Katalog kann komplett oder inkrementell gesichert werden.

Anschließend wird die Gesamtgröße der Medien berechnet, ehe Sie im nächsten Dialog das Ziellaufwerk ❹ wählen, auf dem Sie das Backup sichern wollen. Beachten Sie hierbei aber Folgendes: Wenn Sie nur das Ziellaufwerk beim BACKUP-PFAD ❺ angeben (zum Beispiel bei einer externen Festplatte), werden alle Bilder in das Wurzelverzeichnis des Speichermediums gesichert. Deshalb empfiehlt es sich, ein Verzeichnis über die Schaltfläche DURCHSUCHEN ❼ auszuwählen oder neu anzulegen.

Beim inkrementellen Backup müssen Sie in VORHERIGE BACKUP-DATEI ❻ den Pfad zur Datei »Backup.tly« über die Schaltfläche DURCHSUCHEN ❼ daneben auswählen. Diese Datei befindet sich in demselben Verzeichnis, in dem Sie das komplette Backup durchgeführt haben; sie wird für den Vergleich mit dem aktuellen Katalog benötigt.

Backup auf externen Medien

Führen Sie regelmäßig ein Backup auf einem externen Speichermedium durch. Zwar sichern Sie sich auch mit einem Backup auf derselben Festplatte wie der Katalog gegen ungewollte Änderungen der Bilder ab und können Bilder schnell wiederherstellen. Ist aber der Rechner (zum Beispiel die Festplatte) plötzlich defekt, ist guter Rat meist teuer. Eine gute Backup-Strategie ist das Sichern von Daten auf mehreren Medien. So erstelle ich neben der regelmäßigen Sicherung auf dem Rechner eine zusätzliche Sicherung auf einer externen Festplatte (oder einem USB-Stick) sowie regelmäßige Komplett-Backups auf Medien wie CD oder DVD.

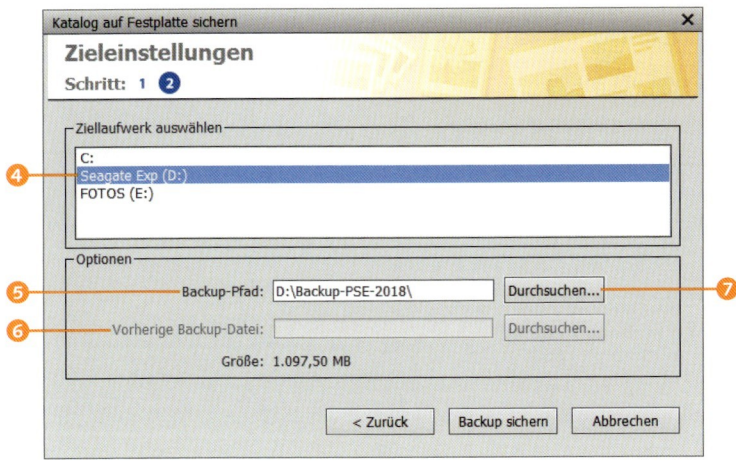

◀ **Abbildung 9.225**
Zielangaben für das Backup

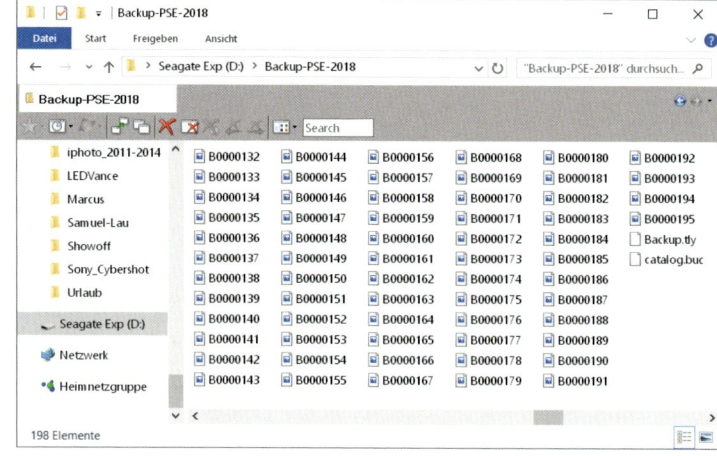

Abbildung 9.226 ▶
Hier der Ordner mit den gesicherten Daten, wie er gewöhnlich aussieht. Gesichert werden alle Bilder und andere Mediendateien. Besonders wichtig für die spätere Wiederherstellung sind die Dateien »Backup.tly« und »catalog.buc«, die alle Informationen zu den Alben, Stichwort-Tags usw. enthalten.

Gesicherten Katalog wiederherstellen | Einen gesicherten Katalog können Sie über DATEI • KATALOG WIEDERHERSTELLEN wieder laden. Zunächst müssen Sie im Bereich WIEDERHERSTELLEN VON ❷ auswählen, ob Sie den Katalog von einer CD/DVD oder FESTPLATTE wiederherstellen wollen. Bei Letzterem müssen Sie noch den Pfad zur ».tly«-Datei angeben. Mithilfe dieser Datei findet der Organizer die anderen Dateien von selbst.

Im zweiten Bereich, DATEIEN UND KATALOG WIEDERHERSTELLEN IN ❶, stellen Sie ein, wo Sie die Dateien und den Katalog wiederherstellen wollen und ob Sie die ursprüngliche Ordnerstruktur wiederherstellen wollen.

Mit einem Klick auf WIEDERHERSTELLEN ❸ wird der Katalog mit allen Alben, Stichwort-Tags und natürlich Bewertungen wiederhergestellt.

> **Windows- und Mac-kompatibel**
>
> Das Wiederherstellen mithilfe der ».tly«-Datei funktioniert auch über die Systemgrenzen von Mac und Windows hinweg. So können Sie ohne Probleme Ihren unter Windows gesicherten Katalog mit allen Bildern, Alben, Tags usw. auf einem Mac-Rechner wiederherstellen (in diesem Fall ja eher erstellen). Andersherum funktioniert dies genauso.

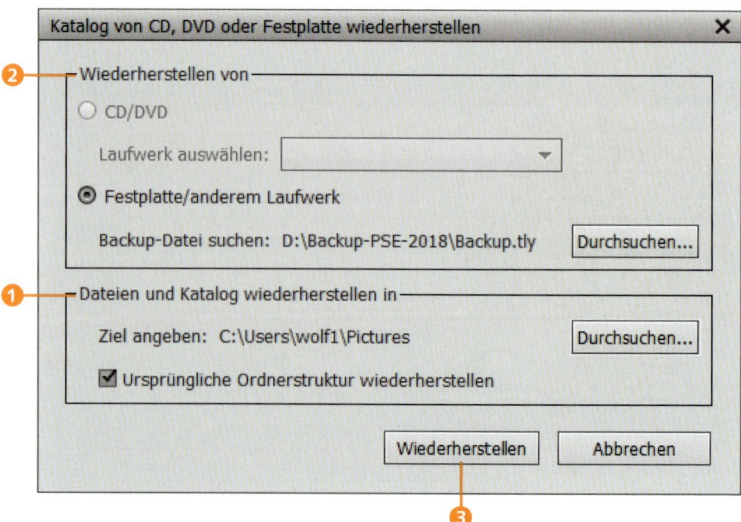

Abbildung 9.227 ▶
Der Dialog, um einen gesicherten Katalog wiederherzustellen

9.14.2 Medien auf Wechseldatenträger verschieben/kopieren

Perfekt für die Weitergabe bestimmter Medien sollte der Befehl DATEI • AUF WECHSELDATENTRÄGER KOPIEREN/VERSCHIEBEN bzw. `Strg`/`cmd`+`⇧`+`O` sein, mit dem Sie die Medien entweder komplett verschieben oder kopieren können.

Wählen Sie ein Album aus, wird genau dieses Album kopiert/verschoben. Dieses Feature macht diese Funktion zum perfekten Befehl, wenn Sie auf die Schnelle Bilder für jemanden auf einen Wechseldatenträger kopieren wollen, weil Sie hierbei auch die mächtigen Suchfunktionen des Organizers verwenden können.

In Abbildung 9.228 wollte ich zum Beispiel jemandem alle Bilder von mir ❹ (JÜRGEN) und meinem Freund ARTI ❺, die in BEIJING ❻ bei einem Foto-Workshop mit VIVIHIKING ❼ gemacht wurden, zukommen lassen.

Zu diesem Zweck habe ich einfach auf die Suche nach PERSONEN-TAGS, ORT-TAGS und EREIGNIS-TAGS kombiniert zurückgegriffen.

Was wird kopiert/verschoben?
Kopiert oder verschoben werden hierbei immer die Medien, die im Medienbrowser aktuell angezeigt werden oder ausgewählt wurden. Das gilt natürlich auch für Personen- und Ereignisstapel oder ausgewählte Orte (in den Modi Personen, Orte und Ereignisse). Aber Vorsicht, wenn Sie bei Personen- oder Ereignisstapeln nichts ausgewählt (mit einem blauen Rahmen versehen) haben, werden alle Fotostapel verschoben/kopiert.

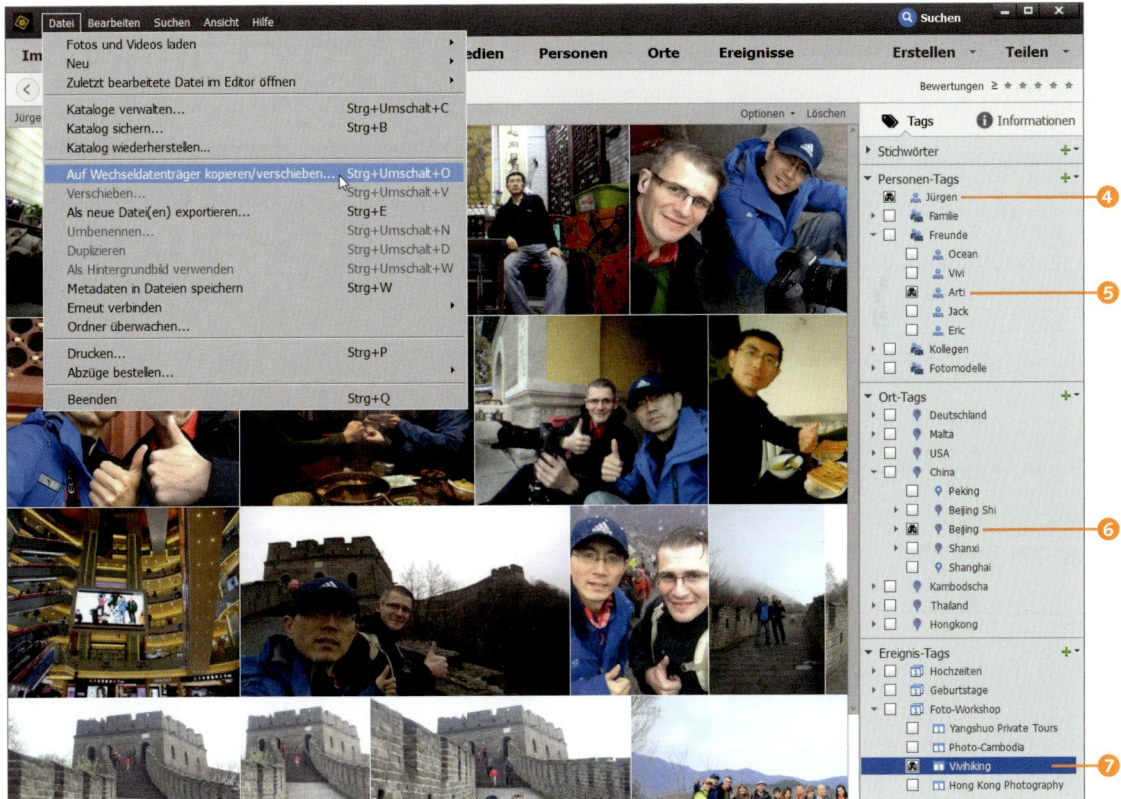

▲ **Abbildung 9.228**
Nur die Bilder, die im Medienbrowser angezeigt werden, werden verschoben/kopiert.

> **Verschieben auf externes Medium**
>
> Wenn Sie die Dateien verschieben, bleiben die Voreinstellungen (Alben, Stichwörter, Personen usw.) erhalten. Sollten Sie allerdings die Medien auf ein externes Medium verschieben und wollen Sie später auf diese Medien zurückgreifen, müssen Sie logischerweise das externe Medium wieder an Ihren Rechner anschließen. Ansonsten finden Sie diese Medien unter FEHLENDE DATEIEN mit einem kleinen Fragezeichen links oben in der Miniaturvorschau vor.

Standardmäßig ist mit dem sich öffnenden Dialog zunächst einmal die Option DATEIEN KOPIEREN ❶ ausgewählt. Wollen Sie hingegen die Dateien verschieben, müssen Sie die Option DATEI VERSCHIEBEN aktivieren. Allerdings sollten Sie sich dann bewusst sein, dass die Medien verschoben und am ursprünglichen Ort **gelöscht** werden. Keine Sorge, am Ende, bevor die Bilder tatsächlich gelöscht werden, erfolgt noch eine Sicherheitsabfrage, ob Sie das wirklich tun wollen. Das kann natürlich nützlich sein, wenn der Speicherplatz auf dem Datenträger knapp wird oder Sie einfach die Medien auf einer anderen Partition oder einem externen Datenträger verwalten wollen.

Sind bei den Medien auch Fotostapel und Versionssätze enthalten, finden Sie darunter weitere Checkboxen ❷, über die Sie entscheiden können, ob hier auch alle Dateien kopiert/verschoben werden sollen.

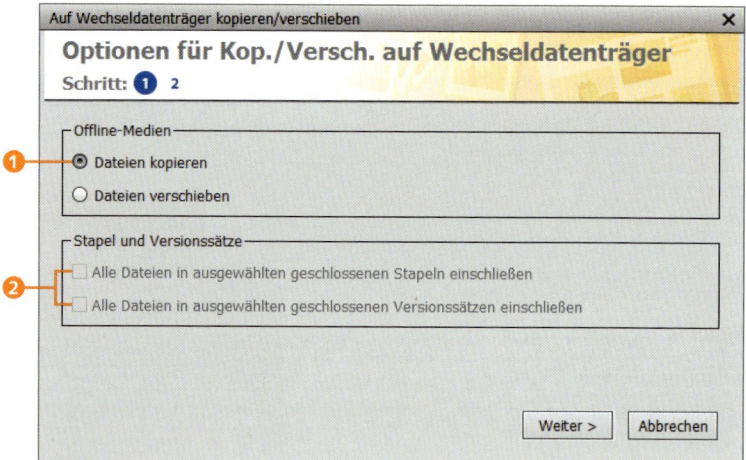

▲ Abbildung 9.229
Hier entscheiden Sie, ob Sie die Medien kopieren oder verschieben wollen.

Anschließend wird die Gesamtgröße der Medien berechnet, ehe Sie im nächsten Dialog das Ziellaufwerk ❸ wählen, in das Sie die Medien verschieben/kopieren wollen. Beachten Sie hierbei aber Folgendes: Wenn Sie nur das Ziellaufwerk beim Zielpfad ❹ angeben (zum Beispiel bei einer externen Festplatte), werden alle Bilder in das Wurzelverzeichnis des Speichermediums gesichert. Deshalb empfiehlt es sich, ein Verzeichnis über die Schaltfläche DURCHSUCHEN ❺ auszuwählen oder neu anzulegen. Klicken Sie auf OK, und die Medien werden kopiert/verschoben.

9.14 Bilder sichern und exportieren

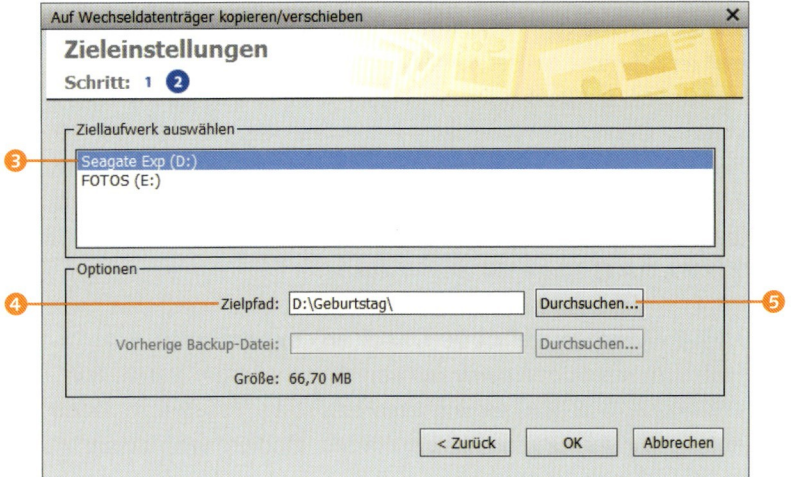

◄ Abbildung 9.230
Gewünschtes Laufwerk und Zielpfad zum Kopieren/Verschieben der Medien auswählen

Haben Sie die Option zum Verschieben anfangs ausgewählt, werden Sie nochmals gefragt, ob Sie sich sicher sind, dass die Dateien an der ursprünglichen Position gelöscht werden sollen.

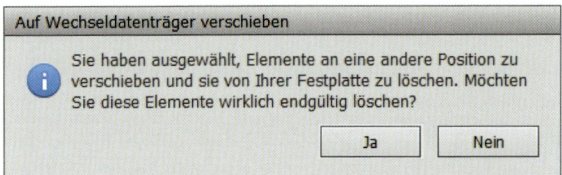

◄ Abbildung 9.231
Klicken Sie hier auf NEIN, haben Sie im Endeffekt nur die Medien kopiert, und auch die alten Pfadverknüpfungen bleiben erhalten.

9.14.3 Ausgewählte Medien verschieben

Mit dem Befehl DATEI • VERSCHIEBEN bzw. [Strg]/[cmd]+[⇧]+[V] können Sie ausgewählte Bilder in ein anderes Verzeichnis verschieben.

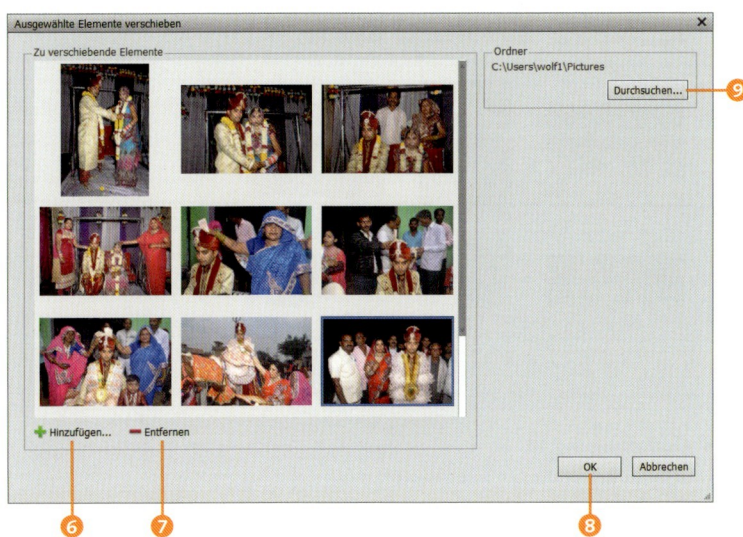

◄ Abbildung 9.232
Mehrere Elemente in ein anderes Verzeichnis verschieben

309

Neue Pfadangaben
Im Katalog des Organizers werden die so verschobenen Medien dann unter der neuen Pfadangabe verwaltet.

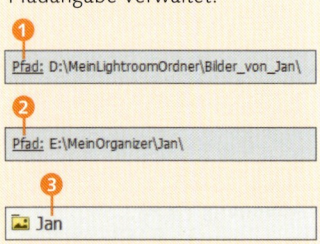

▲ **Abbildung 9.233**
Es ist wichtig zu wissen, dass bei dieser Funktion alle Bilder vom ursprünglichen Pfad ❶ in den neuen Pfad ❷ kopiert werden. Wenn Sie dabei alle Bilder aus einem Verzeichnis verschieben, kennt der Organizer dann nur noch den neuen Pfad und weiß nichts mehr vom ursprünglichen Pfad. Zusätzlich finden Sie den neuen Ordner mit Namen ❸ unter MEIN ORDNER als importierten Ordner aufgelistet.

Was wird exportiert?
Exportiert werden auch hierbei immer die Medien, die im Medienbrowser aktuell angezeigt werden oder ausgewählt wurden.

Um die Funktion zu verwenden, brauchen Sie lediglich Bilder zu markieren und den Befehl aufzurufen. Im sich öffnenden Dialog können Sie jetzt über das Plussymbol ❻ (Abbildung 9.233) weitere Elemente hinzufügen und über das Minussymbol ❼ markierte Elemente entfernen. Den neuen Pfad geben Sie unter ORDNER an, dort wählen Sie mit der Schaltfläche DURCHSUCHEN ❾ einen entsprechenden Ordner aus (oder legen einen neuen an). Mit OK ❽ starten Sie den Vorgang.

9.14.4 Medien als neue Datei(en) exportieren

Auch ideal für die Weitergabe von Bildern ist der Befehl DATEI • ALS NEUE DATEI(EN) EXPORTIEREN bzw. [Strg]/[cmd]+[E]. Damit können Sie im Organizer vorhandene Medien unabhängig als neue Datei(en) exportieren.

Über das grüne Plussymbol ❺ können Sie dem Exportiervorgang weitere Bilder hinzufügen, und über das Minussymbol ❹ lassen sich markierte Elemente entfernen. Über DATEITYP ❻ können Sie das Format der zu exportierenden Dateien festlegen. Die Größe (in Pixel) und gegebenenfalls die Qualität (nur bei JPEG) können Sie unter GRÖSSE UND QUALITÄT ❼ einstellen. Wohin die Dateien exportiert werden sollen, geben Sie unter SPEICHERORT ❽ mit der Schaltfläche DURCHSUCHEN an. Den DATEINAMEN ❾ können Sie entweder belassen oder einen gemeinsamen Stammnamen verwenden (»China-Marktplatz-01.jpg«, »China-Marktplatz-02.jpg« usw.). Mit der Schaltfläche EXPORTIEREN ❿ starten Sie den Export.

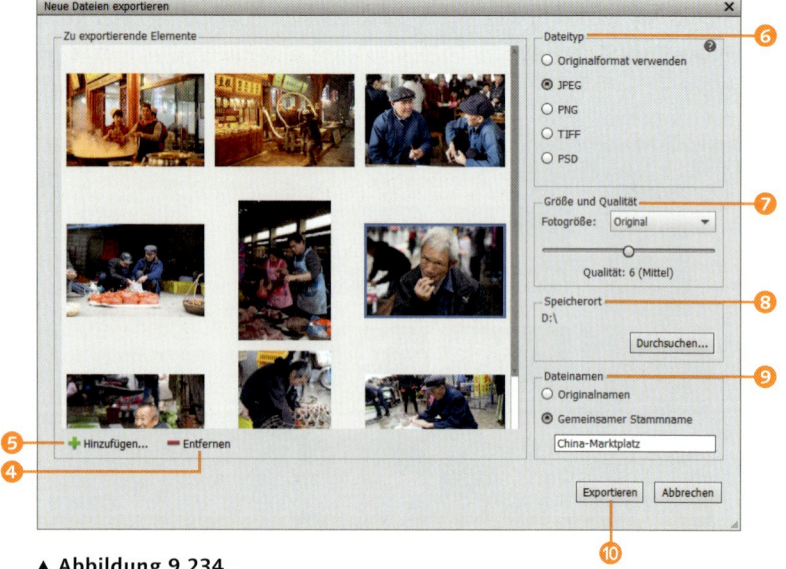

▲ **Abbildung 9.234**
Ausgewählte Elemente exportieren

9.15 Workflow für die Medienverwaltung

In diesem Teil haben Sie jetzt die enorme Fülle an Funktionen des Organizers kennengelernt. Auf den ersten Blick mag Sie die immense Vielseitigkeit zunächst fast erschlagen, aber Adobe hat es dieses Mal geschafft, dem User durch eine extrem benutzerfreundliche Anwenderoberfläche den Überblick zu erhalten. Und für diejenigen, die noch etwas unentschlossen sind, wie sie ihre Bilder jetzt am besten verwalten sollen, möchte ich nun noch einen Workflow zeigen, wie ich ihn persönlich gerne verwende. Vielleicht finden Sie hier die eine oder andere Anregung.

1. **Importieren**: Der erste Schritt dürfte immer der Import der Bilder in den Organizer sein. Dieser Punkt wurde in Kapitel 7, »Fotos in den Organizer importieren«, beschrieben.
2. Ordnung auf dem System mit **Ordneransicht**. Hier ist es zweckmäßig, schon beim Import darauf zu achten, dass Sie Ordner sinnvoll benennen, um sich die Sache bei der flachen Ordneransicht einfacher zu machen. Wer allerdings kein Fan der Ordneransicht ist, kann anschließend seine Bilder natürlich auch mit Alben allein ordnen. Hier empfehle ich Ihnen, auch direkt die »schlechten« Bilder aus dem Katalog zu entfernen bzw. komplett von der Festplatte zu löschen. Die Ordner werden in Abschnitt 9.3, »Ordneransicht«, umfassend beschrieben.
3. Jetzt können Sie die Bilder im **Fotoeditor** oder, bei RAW-Bildern, mit **Camera Raw** und dann im Fotoeditor **bearbeiten**. Wie Sie Bilder vom Organizer aus im Fotoeditor öffnen können, wurde in Abschnitt 8.4, »Vom Organizer zum Fotoeditor«, beschrieben. Wie Sie die Bilder bearbeiten können, wird im weiteren Verlauf des Buches noch beschrieben. Hier würde es sich auch direkt empfehlen, die Bilder in **Versionssätzen** und/oder **Fotostapeln** zu organisieren, wie dies in Abschnitt 9.11, »Versionssätze und Fotostapel«, beschrieben wurde.
4. Nachdem die Bilder jetzt fertig bearbeitet wurden, wird es Zeit für die eigentliche Verwaltung in Alben sowie mit Stichwort-Tags. Alben eignen sich prima, um ausgewählte Fotos zu verwalten, die sich nicht alle in einem »flachen« Ordner befinden, oder wenn Sie eben überhaupt kein Fan der Ordnerverwaltung sind. Alben werden in Abschnitt 9.2, »Alben erstellen und verwalten«, umfassend behandelt. Für eine bessere Suche nach Bildern empfehle ich Ihnen, Stichwort-Tags zu verwenden, und um die Qualität beurteilen zu können, eignen sich Smart-Tags. Beides wird in Abschnitt 9.4, »Stichwort-Tags«, be-

Nur eine Anregung

An dieser Stelle muss ich natürlich nochmals anmerken, dass dies nur einen von vielen möglichen Workflows darstellt, wie Sie Ihre Bilder verwalten können.

schrieben. Hier wäre auch ein guter Zeitpunkt, die Bilder zu bewerten (siehe Abschnitt 9.7, »Bilder bewerten«).

5. Da die Bilder jetzt schon etwas geordneter in Alben bzw. in einem Ordner vorliegen und nicht der komplette Katalog vor Ihnen liegt, ist nun ein guter Zeitpunkt, um Ihre Medien nach Personen (siehe Abschnitt 9.8, »Personenfotos verwalten«), Orten (siehe Abschnitt 9.9, »Orte erstellen und verwalten«) und Ereignissen (siehe Abschnitt 9.10, »Ereignisse erstellen und verwalten«) zu verwalten.

6. Es gibt zwar keinen pauschal geeigneten Zeitpunkt, eine Sicherungskopie des Katalogs vorzunehmen, aber an dieser Stelle möchte ich Sie nochmals daran erinnern, dass Sie regelmäßig eine Sicherung durchführen sollten, wie dies in Abschnitt 9.14.1, »Katalog sichern und wiederherstellen«, beschrieben wurde.

7. Nachdem die Bilder jetzt gut organisiert sind, sind Sie gerüstet für alle Fälle, in denen Sie Medien weitergeben, wie dies in Abschnitt 9.14.2, »Medien auf Wechseldatenträger verschieben/kopieren« (nur kopieren), oder in Abschnitt 9.14.3, »Ausgewählte Medien verschieben«, beschrieben wurde. Natürlich können Sie jetzt auch eine Diashow, ein Online-Album oder Ähnliches daraus erstellen. Darauf wird allerdings etwas später im Buch eingegangen (siehe Teil XII, »Präsentieren und Teilen«).

Abschließend möchte ich Ihnen in Tabelle 9.1 noch kurz einen Überblick über die vielen verschiedenen Symbole unterhalb der Medien in der Medienvorschau liefern.

Symbol	Bedeutung
	Album
	Stichwort-Tag
	Personen
	Orte
	Ereignisse
	mehrere Schildchen auf einmal

▲ **Tabelle 9.1**
Mögliche vorhandene Symbole in der Miniaturvorschau

TEIL III
Bildkorrektur

Kapitel 10
Grundlegendes zur Bildkorrektur

Bis zu einem gewissen Grad ist die Korrektur eines Bildes sicherlich Erfahrungssache, dennoch lässt sich eine gute Bildkorrektur nicht einfach nach Gefühl durchführen. Man muss schon einige Regeln einhalten. Um Ihnen einen kleinen Leitfaden an die Hand zu geben, stelle ich Ihnen in diesem Kapitel einige Grundlagen der Bildkorrektur vor.

10.1 Vorgehensweise für eine gute Korrektur

Sicher haben auch Sie schon Ihre Erfahrungen mit verschiedenen Korrekturexperimenten gemacht – mit teilweise eher schlechten als rechten Ergebnissen. Manchmal ist ein gutes Ergebnis auch ein Produkt des Zufalls. Gerade Einsteiger sind schnell frustriert, wenn sich die hohen Erwartungen an die Bildkorrektur nicht erfüllen. Die manuelle Bildkorrektur erfordert einiges Hintergrundwissen – aber deshalb haben Sie sich ja schließlich für dieses Buch entschieden.

Es gibt zwar keinen Königsweg für eine gute Korrektur, weil diese in der Regel vom vorliegenden Bildmaterial abhängt. Allerdings fahren Sie immer gut, wenn Sie Farbkorrekturen noch vor dem Anpassen von Helligkeit und/oder Kontrast vornehmen: Bei farblich ausbalancierten Bildern ist es einfacher, Helligkeit und Kontrast zu regeln. An dieser Stelle werden Sie sich sicherlich auch noch fragen, wie das dann mit dem Nachschärfen ist. Zwar wird das Thema erst in einem späteren Teil (siehe Kapitel 17, »Bilder schärfen«) des Buches behandelt, aber hier kann ich generell empfehlen, diesen Schritt immer als letzten durchzuführen, weil man meist erst am Schluss sicher beurteilen kann, ob ein Bild noch eine gewisse Schärfe verträgt oder nicht.

> **Korrekturmodus**
> Wenngleich Photoshop Elements über verschiedene Korrekturmodi verfügt, widmet sich dieses Kapitel ausschließlich der manuellen Korrektur im Experte-Modus des Fotoeditors. Er ist für Bildkorrekturen stets die beste Lösung und liefert optimale Ergebnisse. Die Schnellkorrekturlösungen wurden bereits in Kapitel 2, »Schnelle Bildkorrekturen im Fotoeditor«, behandelt.

Tipp: das RAW-Format
Wenn Sie Bilder mit einer digitalen Kamera im RAW-Format aufnehmen, können Sie fast jedes Bild noch nachträglich korrigieren. Mehr dazu finden Sie in Kapitel 2, »Schnelle Bildkorrekturen im Fotoeditor«.

10.1.1 Kann man alles reparieren, was kaputt ist?
Die Überschrift soll darauf aufmerksam machen, dass auch die Möglichkeiten der digitalen Bildbearbeitung nicht grenzenlos sind. Ist ein Foto wirklich gänzlich misslungen, sollten Sie eine Korrektur überdenken. Details wie Helligkeit, Farbstiche oder schwache Kontraste lassen sich gewöhnlich jederzeit korrigieren. Sind aber bestimmte Informationen nicht mehr im Bild enthalten, kann man diese nicht einfach wieder »hineinzaubern«. Dies gilt häufig auch für nachträglich digitalisierte, zum Beispiel eingescannte Bilder.

10.1.2 Die Korrektur planen
Versuchen Sie, bereits beim Betrachten des Bildes ein wenig zu planen, wie Sie das Bild verbessern könnten. Ist die Aufnahme zu dunkel? Fehlt es an Kontrast? Ist der Bildausschnitt nicht optimal? Mangelt es an Farbe? Meistens sind es nur ein oder zwei, höchstens aber drei Dinge, die korrigiert werden müssen. Wohlgemerkt: Die Rede ist von einer normalen Retusche und nicht von einer Bildmanipulation. Doch selbst für eine Bildmanipulation müssen Sie das Bild zuerst korrigieren.

Keine Experimente
Vermeiden Sie auf jeden Fall wildes Herumprobieren. Bedenken Sie, dass sich jeder Vorgang auf die einzelnen Pixel im Bild auswirkt. Machen Sie daher vor allem nicht den Fehler, nach einer missratenen Korrektur eine weitere Korrektur durchzuführen, um die vorherige zu verbessern.

Gerade Einsteiger sind häufig der Meinung, dass jedes Bild korrigiert werden muss. Dem ist aber nicht so. Es gibt durchaus Aufnahmen, die keiner Korrektur bedürfen und die Sie mit einer Korrektur nur verschlechtern würden. Fragen Sie sich bei jedem Bild also immer zuerst, ob Sie es unbedingt einer Korrektur unterziehen müssen.

10.1.3 Der richtige Bildmodus
Die Bildkorrekturen sollten Sie standardmäßig im RGB-Bildmodus durchführen. Zum einen kommen die Bilder von der Digitalkamera und auch vom Scanner meist im RGB-Modus, und zum anderen stehen Ihnen nur in diesem Modus alle Funktionen von Photoshop Elements zur Verfügung. Außerdem ersparen Sie sich in diesem Modus eine lästige und mit potenziellen Qualitätseinbußen verbundene Umwandlung.

10.1.4 Verwenden Sie Techniken für die nicht-destruktive Bearbeitung
Das Ziel bei einer nicht-destruktiven Bildbearbeitung ist es, Änderungen an einem Bild vorzunehmen, ohne die ursprünglichen Bilddaten zu ändern. Hierbei werden die einzelnen Pixel im Bild nicht angetastet und im Originalzustand belassen. Die Änderungen werden zwar direkt auf das Foto angewendet und hineingerechnet, aber auf einer separaten Ebene abgelegt. Durch diese

nicht-destruktive Bearbeitung wird die Bildqualität niemals verschlechtert, und Sie können auch noch nach einer längeren Zeit die Werte im Bild anpassen oder Ebenen optimieren. An dieser Stelle ist es noch nicht wirklich von Bedeutung, ob Sie sich mit Ebenen und der Bearbeitung von Bildern auskennen. Hier sollen Sie lediglich einen ersten Überblick erhalten, welche Techniken Ihnen mit Photoshop Elements für die nicht-destruktive Bildbearbeitung zur Verfügung stehen:

- Arbeiten mit Einstellungsebenen: An den Einstellungsebenen können Sie Änderungen an einem Bild wie Farb- und Tonwertkorrekturen vornehmen, ohne die Pixelwerte des Originalbildes zu verändern. Einen Überblick darüber erhalten Sie gleich im nächsten Abschnitt 10.1.5, »Flexibel arbeiten mit Einstellungsebenen«.
- Retuschieren in einer separaten Ebene: Auch mit den verschiedenen Werkzeugen für die Retusche, wie dem Kopierstempel, Reparatur-Pinsel und Bereichsreparatur-Pinsel, können Sie nicht-destruktiv arbeiten, indem Sie die Retusche auf einer separaten Ebene durchführen und die Option ALLE EBENEN AUFNEHMEN aktivieren. Auf die Retuschewerkzeuge wird noch gesondert in Kapitel 33, »Retuschewerkzeuge«, eingegangen.
- Bearbeitung mit dem Camera-Raw-Plug-in: Bei Korrekturen von Roh-, JPEG- oder TIFF-Bildern mit dem Camera-Raw-Plug-in bleiben die Bilder geschützt, und die Korrektureinstellungen werden getrennt von der ursprünglichen Bilddatei gespeichert. Auf das Camera-Raw-Plug-in wird in Kapitel 30, »RAW – das digitale Negativ«, eingegangen.
- Maskieren mit Ebenenmasken: Ebenenmasken sind ebenfalls nicht-destruktiv, weil Sie die Masken jederzeit nachbearbeiten können, ohne dass hierbei ausgeblendete Pixel verloren gehen. Die Ebenenmasken werden in Kapitel 28, »Ebenenmasken«, ausführlich beschrieben.

Bilder mit Ebenen speichern
Voraussetzung dafür, ein nicht-destruktiv bearbeitetes Bild nach einer längeren Zeit wieder zu editieren oder zu optimieren, ist, dass Sie auch diese nicht-destruktiven Bearbeitungsinformationen im Bild mitspeichern. In der Praxis bedeutet dies, dass Sie das Bild mitsamt den Ebenen in einem Format wie PSD oder TIFF speichern müssen. Wenn Sie das Bild als JPEG speichern oder die Ebenen auf eine Ebene reduzieren, werden die Bearbeitungen auf das Bild angewendet, und diese nicht-destruktiven Informationen werden verworfen.

10.1.5 Flexibel arbeiten mit Einstellungsebenen

Zwar werden die Ebenen erst in Teil VIII des Buches beschrieben, dennoch gehören die Einstellungsebenen in das vorliegende Kapitel der Bildkorrektur. Mit den Einstellungsebenen können Sie Korrekturen an einem Bild ausführen, ohne die Pixel des eigentlichen Bildes zu verändern, oder, wie Sie es im Abschnitt zuvor erfahren haben, eine nicht-destruktive Bearbeitung durchführen.

Der wesentliche Vorteil von Einstellungsebenen liegt darin, dass das Originalbild nicht verändert wird. Sie können jederzeit eine Einstellungsebene ausblenden, löschen oder erneut aufru-

Einstellungsebene versus Ebene
Beachten Sie, dass Einstellungsebenen nicht wie normale Ebenen funktionieren. Einstellungsebenen enthalten nur Werkzeugeinstellungen und keine Pixel.

Kapitel 10 Grundlegendes zur Bildkorrektur

fen und verändern, wenn die Korrektur nicht den gewünschten Effekt erbringt.

Schritt für Schritt
Einstellungsebenen zur Bildkorrektur verwenden

Kapitel_10:
Canal-Grande.jpg,
Canal-Grande.psd

Am Beispiel des Bildes »Canal-Grande.jpg« möchte ich Ihnen den Umgang mit den Einstellungsebenen genauer erläutern. Öffnen Sie das Bild im Fotoeditor. Die Korrektur ist hier zunächst noch Nebensache.

Abbildung 10.1 ▶
Das Ausgangsbild für die Korrektur

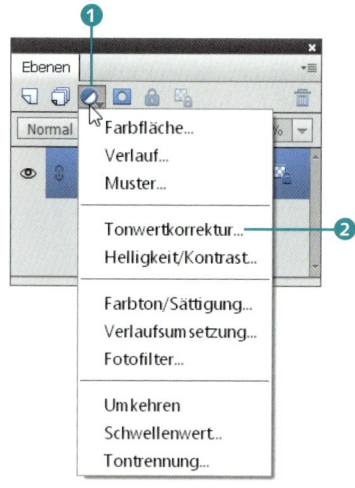

◀ **Abbildung 10.2**
Verschiedene Einstellungsebenen

1 Ebenen-Bedienfeld aufrufen

Für die Einstellungsebenen benötigen Sie das Bedienfeld EBE-NEN. Sollte dieses Bedienfeld nicht angezeigt werden, rufen Sie es über das Menü FENSTER • EBENEN auf. Die Einstellungsebenen finden Sie im Ebenen-Bedienfeld über das zweite Icon ❶ von links. Wenn Sie dieses Icon anklicken, öffnet sich ein Untermenü.

2 Einstellungsebene für die Korrektur auswählen

Wählen Sie in diesem Untermenü die benötigte Korrektur in Form einer Einstellungsebene aus. In diesem Beispiel habe ich TONWERTKORREKTUR ❷ ausgewählt.

3 Einstellungsebene anlegen

Wenn Sie die Einstellungsebene TONWERTKORREKTUR ausgewählt haben, finden Sie im Ebenen-Bedienfeld eine neue Einstellungsebene (hier mit dem Namen »Tonwertkorrektur 1«) vor. Standardmäßig wird bei dem Ebenentitel der Name des entsprechenden Korrekturwerkzeugs angezeigt. Zusätzlich wird ein Korrekturen-Bedienfeld geöffnet, das die entsprechenden Einstellungsmöglichkeiten präsentiert und jeweils den Namen der jeweiligen Korrektur, hier also Tonwertkorrektur, trägt.

In der neuen Einstellungsebene finden Sie zwei Miniaturen vor: ein Symbol ❸ für das jeweils ausgewählte Korrekturwerkzeug und eine leere Maske ❹, die Einstellungsebenen übrigens standardmäßig immer besitzen.

Ebenenmaske
Was es mit der Maske in der Ebene auf sich hat und was Sie damit machen können, erfahren Sie in Kapitel 28, »Ebenenmasken«.

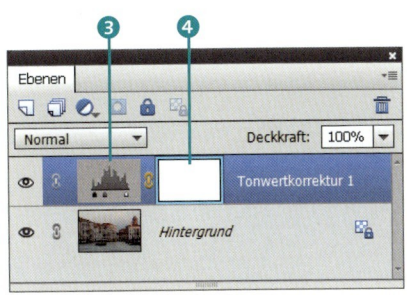
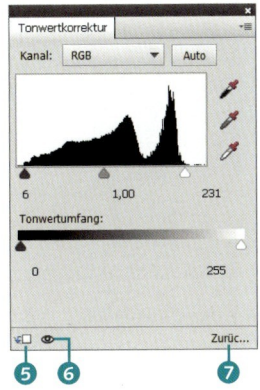

◂◂ **Abbildung 10.3**
Photoshop Elements legt eine Einstellungsebene »Tonwertkorrektur 1« an …

◂ **Abbildung 10.4**
… und öffnet zugleich das entsprechende Dialogfenster für die Korrekturen im gleichnamigen Bedienfeld.

4   Korrektur durchführen

Über das zur Einstellungsebene gehörende Bedienfeld Korrekturen können Sie nun die Bildkorrektur – in diesem Fall eine Tonwertkorrektur – durchführen.

Im Bedienfeld Tonwertkorrektur finden Sie zu jeder Einstellungsebene kleine Schaltflächen. Aktivieren Sie die erste Schaltfläche ❺, wirkt sich die Korrektur der Einstellungsebene nur auf die unmittelbar darunterliegende Ebene im Stapel aus. Standardmäßig wirkt sich die Einstellungsebene im deaktivierten Zustand auf alle darunterliegenden Ebenen aus. Mit dem Augensymbol ❻ daneben blenden Sie die im Bild sichtbaren Korrekturen ein und aus. Mit der Schaltfläche Zurücksetzen ❼ daneben setzen Sie die Korrekturen wieder auf den Standardwert zurück.

5   Der Vorher-Nachher-Vergleich

Einen direkten Vorher-Nachher-Vergleich können Sie jederzeit über das Augensymbol ❻ im Korrekturen-Bedienfeld ein- und wieder ausblenden. Die gleiche Wirkung erzielen Sie auch im Ebenen-Bedienfeld, indem Sie auch hier auf das Augensymbol ⓫ (Abbildung 10.6) in der entsprechenden Einstellungsebene klicken. Ist das Augensymbol durchgestrichen ⓬, wurde die Einstellungsebene ausgeblendet und lässt sich mit einem Klick auf dieser Position wieder einblenden.

Bei der Verwendung mehrerer Einstellungsebenen können Sie durch abwechselndes Ein- und Ausblenden die Korrekturen miteinander vergleichen. Sie können hierbei mehrere gleiche Ein-

Symbole im Ebenen-Bedienfeld
Sollten die Ebenennamen bei Ihnen abgeschnitten werden, brauchen Sie nur den Dialog oder das Bedienfeld etwas größer zu skalieren, oder Sie können die Größe der Miniaturvorschau der Icons über die Bedienfeldoptionen ändern (siehe Abschnitt 25.4.5, »Miniaturansicht ändern«).

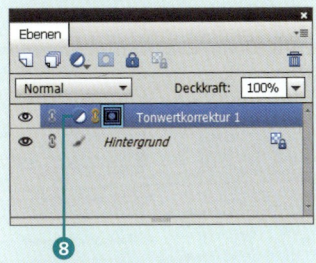

▴ **Abbildung 10.5**
Hier sehen Sie ein alternatives Symbol für die Einstellungsebene ❽.

stellungsebenen mit denselben oder verschiedenen Werkzeugen testen.

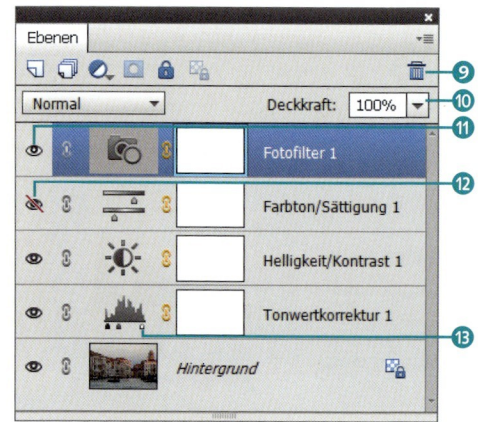

▲ Abbildung 10.6
Mehrere Einstellungsebenen im Einsatz. Sehr schön ist es auch, dass jede Einstellungsebene eine für die verwendete Korrektur passende Ebenenminiatur besitzt.

Deckkraft
Über die DECKKRAFT ⓭ ändern Sie die Ebenen-Deckkraft des Werkzeugs. Standardmäßig wird mit 100 % immer die maximale Deckkraft verwendet. Sie können aber über den entsprechenden Schieberegler dieses Werkzeug auch ein wenig abschwächen. Vorwiegend wird die Deckkraft bei den verschiedenen Füllmethoden benutzt. Mehr zu den verschiedenen Füllmethoden und zur Deckkraft erfahren Sie in Abschnitt 24.2 und in Kapitel 27.

6 Einstellungsebene nachkorrigieren
Das Besondere an den Einstellungsebenen ist, dass Sie die Werte jederzeit nachjustieren können. Hierzu müssen Sie nur auf das entsprechende Werkzeugkorrektur-Symbol ⓭ im Ebenen-Bedienfeld doppelklicken, und die entsprechenden Einstellungsmöglichkeiten werden im dazugehörigen Korrekturen-Bedienfeld mit den bisher getroffenen Einstellungen erneut angezeigt.

Wird das Korrekturen-Bedienfeld bereits angezeigt, reicht es aus, wenn Sie nur die entsprechende Einstellungsebene auswählen. Das Korrekturen-Bedienfeld lässt sich auch über FENSTER • KORREKTUREN aufrufen.

7 Einstellungsebene löschen
Wollen Sie eine Einstellungsebene löschen, klicken Sie diese Ebene, noch besser das Miniatursymbol der Ebene (nicht die Maske), mit der rechten Maustaste an und wählen im Kontextmenü EBENE LÖSCHEN aus. Alternativ entfernen Sie eine im Ebenen-Bedienfeld ausgewählte Einstellungsebene, indem Sie diese mit gedrückt gehaltener linker Maustaste auf das Mülleimersymbol ❾ ziehen und dort fallen lassen.

▲ Abbildung 10.7
Einstellungsebenen mit aussagekräftigen Namen versehen

8 Namen der Einstellungsebenen ändern
Häufig testet man mehrere Einstellungsebenen mit demselben Werkzeug, aber mit unterschiedlichen Werten. Um hier nicht den

Überblick zu verlieren, sollten Sie die Namen der Einstellungsebenen per Doppelklick ändern (oder mit einem rechten Mausklick im Kontextmenü über EBENE UMBENENNEN).

9 Bild speichern

Am Ende können Sie das Bild mitsamt den Einstellungsebenen speichern. Abhängig vom Format werden die einzelnen Ebenen im Bild mitgespeichert oder nicht. Sofern Sie die nicht-destruktive Bearbeitung sichern wollen, um später weiter an dem Bild zu arbeiten, sollten Sie das Bild mitsamt Ebenen im PSD- oder TIFF-Format sichern.

Wollen Sie stattdessen das Bild mit den Einstellungsebenen auf eine Ebene reduzieren (natürlich zusammen mit den durchgeführten Änderungen), klicken Sie mit der rechten Maustaste auf eine der Ebenen und wählen im Kontextmenü SICHTBARE AUF EINE EBENE REDUZIEREN (alternativ über die Tastenkombination `Strg`/`cmd`+`⇧`+`E`) oder gleich AUF HINTERGRUNDEBENE REDUZIEREN. Den gleichen Punkt finden Sie auch im Menü EBENE.

Speichern von Ebenen
Um bei der Arbeit mit mehreren Ebenen die einzelnen Teilbilder beim Speichern zu erhalten, müssen Sie ein Dateiformat verwenden, das Ebenen unterstützt. Bei Photoshop Elements sind dies die Formate PSD und TIFF. Speichern Sie ein Dokument mit mehreren Ebenen zum Beispiel im JPEG-Format, werden die Ebenen automatisch auf eine (Hintergrund-)Ebene reduziert.

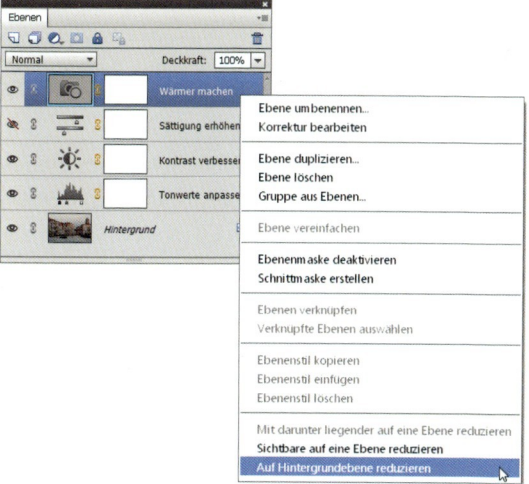

◀ **Abbildung 10.8**
Reduzieren Sie für das fertige Bild alle Ebenen auf eine.

▼ **Abbildung 10.9**
Das Bild hat nach der Korrektur mehr Kontrast und auch kräftigere Farben, ohne übersättigt zu wirken. Der eigentliche Korrekturvorgang wurde Ihnen bei diesem Beispiel noch vorenthalten – er soll auf den nächsten Seiten dargestellt werden.

Kapitel 10 Grundlegendes zur Bildkorrektur

10.2 Arbeitsschritte rückgängig machen

Sie glauben, Fotografen und Photoshop-Profis (oder ich) öffnen »schnell mal« ein Bild in Photoshop Elements, korrigieren und bearbeiten es und sind dann gleich fertig? Eher nicht. In der digitalen Bildbearbeitung gibt es keine Patentrezepte zur perfekten Nachbearbeitung eines Bildes; folglich wird sehr viel experimentiert und ausprobiert. Nicht immer sehen die Ergebnisse auf Anhieb gut aus, weshalb das Rückgängigmachen von Arbeitsschritten wohl das am häufigsten eingesetzte Kommando ist.

10.2.1 Rückgängig per Tastatur und Menü

In den meisten Fällen werden Sie zum schnellen Rückgängigmachen von Arbeitsschritten mit den Tastatur- und Menübefehlen auskommen. Um den zuletzt durchgeführten Arbeitsschritt zu annullieren, nutzen Sie entweder die Tastenkombination [Strg]/[cmd]+[Z] oder den Menüpunkt BEARBEITEN • RÜCKGÄNGIG.

Was ist ein »Arbeitsschritt«?
Wenn Sie ein Kommando ausführen oder ein Werkzeug verwenden, gilt jeder dieser Vorgänge als Arbeitsschritt. Malen Sie zum Beispiel mit dem Pinsel eine Linie auf das Bild, ist dies ein Arbeitsschritt. Beachten Sie, dass ein Absetzen während des Zeichnens den Arbeitsschritt beendet. Wenn Sie nach dem Absetzen erneut den Pinsel zum Zeichnen verwenden, ist dies schon ein zweiter Arbeitsschritt. Um also beide Pinselstriche wieder zu entfernen, müssen Sie den Arbeitsschritt zweimal rückgängig machen. Wollen Sie mehr als einen Arbeitsschritt widerrufen, sollten Sie das Rückgängig-Protokoll benutzen (siehe Abschnitt 10.2.2, »Das Rückgängig-Protokoll verwenden«).

▲ **Abbildung 10.10**
Wenn Sie einen Schritt rückgängig gemacht oder wiederholt haben, wird dieser Arbeitsschritt im Bildfenster eingeblendet.

Beachten Sie allerdings, dass nach dem Schließen eines Bildes keine Möglichkeit mehr besteht, zuvor vorgenommene Arbeitsschritte rückgängig zu machen. Anders verhält es sich, wenn Sie eine Bilddatei gespeichert haben, ohne sie zu schließen. Hier steht das Rückgängigmachen nach wie vor zur Verfügung.

Schritte wiederherstellen | Möchten Sie den zuletzt rückgängig gemachten Schritt wiederherstellen oder wiederholen, verwenden Sie die Tastenkombination [Strg]/[cmd]+[Y] oder das Menü BEARBEITEN • WIEDERHOLEN.

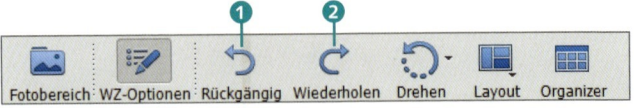

Abbildung 10.11 ▶
Die Befehle zum Rückgängigmachen und Wiederholen von Arbeitsschritten finden Sie auch am unteren Rand des Fotoeditorfensters als Schaltflächen RÜCKGÄNGIG ❶ und WIEDERHOLEN ❷ zum Anklicken vor.

Zuletzt gespeicherte Version | Um zur zuletzt gespeicherten Version eines Bildes zurückzukehren, wählen Sie den Menüpunkt BEARBEITEN • ZURÜCK ZUR LETZTEN VERSION oder benutzen die Tastenkombination [Strg]/[cmd]+[⇧]+[A]. Dieser Arbeitsschritt wird ebenfalls dem Rückgängig-Protokoll hinzugefügt, sodass Sie auch diesen Befehl jederzeit wieder rückgängig machen können.

10.2 Arbeitsschritte rückgängig machen

Maximale Anzahl | Die Anzahl der Arbeitsschritte, die Sie bei Photoshop Elements rückgängig machen können, passen Sie über das Menü BEARBEITEN/PHOTOSHOP ELEMENTS EDITOR • VOREINSTELLUNGEN • LEISTUNG über die PROTOKOLLOBJEKTE 3 an. Standardmäßig sind hier 50 Schritte vorgegeben; Arbeitsschritte, die weiter zurückliegen, werden aus dem Speicher gelöscht und können nicht mehr rückgängig gemacht werden. Dieser Wert lässt sich aber auch auf bis zu 1.000 Schritte erhöhen. Änderungen des Wertes sind allerdings erst nach einem Neustart von Photoshop Elements gültig. Beachten Sie jedoch, dass ein sehr hoher Wert zulasten des Arbeitsspeichers geht.

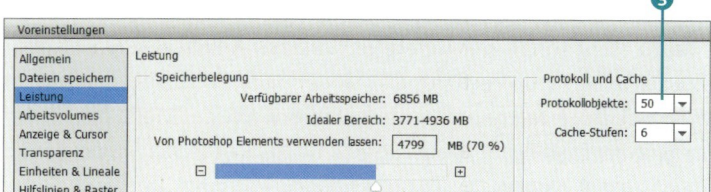

◀ Abbildung 10.12
Mit PROTOKOLLOBJEKTE 3 stellen Sie ein, wie viele Schritte Sie rückgängig machen können.

10.2.2 Das Rückgängig-Protokoll verwenden

Eine etwas übersichtlichere Aufzeichnung der durchgeführten Arbeitsschritte finden Sie mit dem Bedienfeld RÜCKGÄNGIG-PROTOKOLL. Sie rufen es mit dem Befehl FENSTER • RÜCKGÄNGIG-PROTOKOLL auf. Der Vorteil gegenüber den Menü- und Tastaturbefehlen liegt ganz klar im besseren Bedienkomfort. Sie können hiermit nämlich zu einem gewünschten Arbeitsschritt zurückgehen und dabei andere Arbeitsschritte einfach überspringen.

Kapitel_10:
ruinen.jpg

◀ Abbildung 10.13
Das RÜCKGÄNGIG-PROTOKOLL listet die an einem Bild vorgenommenen Arbeitsschritte auf.

Ganz oben im Rückgängig-Protokoll-Bedienfeld sehen Sie in Abbildung 10.13 das Bild und den Namen der Datei 4 (hier »ruinen«.

jpg«), auf die sich das Protokoll bezieht. Der zuletzt ausgeführte Arbeitsschritt steht immer ganz unten ❼ und der früheste Arbeitsschritt an erster Stelle ❺.

Zu einem früheren Bildzustand zurückkehren | Um zu einem früheren Bildstatus zurückzukehren, klicken Sie einfach auf dessen Namen. Der aktuelle Bildzustand wird mit einer blauen Hintergrundfarbe belegt ❻.

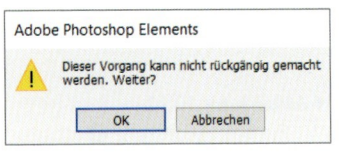

▲ Abbildung 10.14
Das Löschen des Rückgängig-Protokolls können Sie nicht mehr rückgängig machen.

Das Rückgängig-Protokoll leeren | Wenn der Arbeitsspeicher knapp wird und die Befehle immer länger für die Ausführung benötigen, können Sie das Rückgängig-Protokoll auch leeren. Hierzu steht Ihnen der Befehl BEARBEITEN • ENTLEEREN • PROTOKOLL LÖSCHEN zur Verfügung.

Dasselbe erreichen Sie über das erweiterte Menü im Rückgängig-Protokoll mit dem Befehl PROTOKOLL DER RÜCKGÄNGIG GEMACHTEN AKTIONEN LÖSCHEN oder mit einem Rechtsklick auf einen Arbeitsschritt.

Wollen Sie hingegen nur alle Arbeitsschritte ab einem bestimmten Schritt entfernen, wählen Sie zuerst den entsprechenden Arbeitsschritt und führen dann über das Bedienfeldmenü oder einen Rechtsklick auf den Schritt im Protokoll den Befehl LÖSCHEN aus. Der aktuelle Arbeitsschritt und alle folgenden werden dann gelöscht.

Rückgängig in Dialogboxen
Auch bei den Einstellungen in Dialogboxen, die Sie in diesem Buch noch häufig verwenden werden, können Sie meistens mit [Strg]/[cmd]+[Z] den letzten Schritt zurücknehmen. Allerdings gilt dies nur, solange die Dialogbox noch geöffnet ist, und betrifft auch nur die letzte Änderung.

Dialogboxen zurücksetzen | Wenn Sie hingegen in einem Dialog die [Alt]-Taste drücken, wird die Schaltfläche ABBRECHEN ❶ zur Beendigung des Dialogs in eine ZURÜCK-Schaltfläche verwandelt. Klicken Sie nun bei gedrückter [Alt]-Taste auf die Schaltfläche ZURÜCK ❷, werden alle Einstellungen des Dialogs wieder in den Urzustand versetzt. Dadurch ersparen Sie sich ein Neustarten des Dialogs.

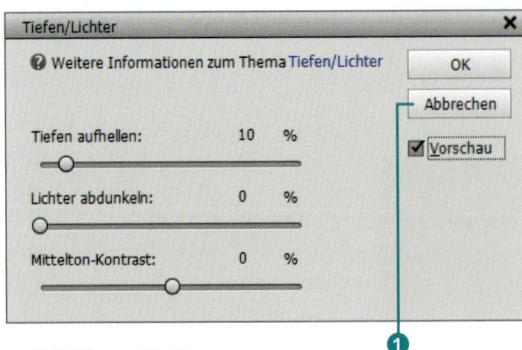

▲ Abbildung 10.15
Einen Dialog verlassen Sie in der Regel mit dem Button ABBRECHEN.

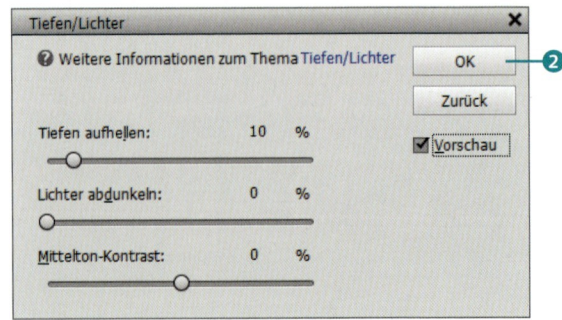

▲ Abbildung 10.16
Durch Drücken der [Alt]-Taste wird aus der Schaltfläche ABBRECHEN ein ZURÜCK(SETZEN)-Button.

Kapitel 11
Tiefen und Lichter korrigieren

Die erste Korrekturarbeit an einem Pixelbild sollte sich immer den Lichtern und Tiefen widmen. Das Hauptaugenmerk richtet sich dabei auf die hellsten und dunkelsten Bereiche oder Pixel im Bild.

11.1 Das Histogramm – die Tonwertverteilung im Bild

Die *Lichter* sind die hellsten Bereiche oder Pixel im Bild, als *Tiefen* bezeichnet man die dunkelsten. *Mitteltöne* heißen die Pixel im mittleren Tonwertbereich des Bildes, also zwischen den Lichtern und Tiefen.

Korrektur der Tonwerte | Angestrebt wird bei der Tonwertkorrektur, dass die hellsten Bereiche im Bild tatsächlich weiß und die dunkelsten Bereich auch schwarz sind. Ist dies nicht der Fall, sollten Sie Weißpunkt und Schwarzpunkt im Bild durch eine Korrektur festlegen.

Beachten Sie dabei, dass bei der Anpassung der Tonwerte eines Bildes an die hellsten Lichter und dunkelsten Tiefen auch die Mitteltöne verändert werden. Teilweise verbessert eine Tonwertkorrektur auch die Kontraste oder behebt einen Farbstich. Häufig erweist sich die Tonwertkorrektur daher als die einzige durchzuführende Korrektur.

Tonwertverteilung überprüfen | Um die Tonwertverteilung eines Bildes zu prüfen, wird ein sogenanntes Histogramm verwendet. Ein Histogramm lassen Sie bei Photoshop Elements entweder über das Bedienfeld FENSTER • HISTOGRAMM oder als Teil des

> **Perfektes Foto?!**
> Sofern Sie nicht in einem Studio fotografieren, werden Sie wohl relativ selten ein perfekt belichtetes Foto machen. Meistens ist immer ein Objekt im Vordergrund zu dunkel oder der Hintergrund zu hell.

> **Tonwert spreizen**
> Bei einer Tonwertkorrektur werden keine neuen Tonwerte hinzugefügt, sondern die bestehenden Tonwerte nur verschoben oder gestreckt. Man spricht hier auch von der *Tonwertspreizung*.

Kapitel 11 Tiefen und Lichter korrigieren

Histogramm in der Kamera
Das Histogramm ist nicht nur ein Teil von Photoshop Elements. Viele andere Bildbearbeitungsprogramme bieten für die Überprüfung der Tonwertverteilung ebenfalls das Histogramm an. Selbst in den digitalen Kameras können Sie sich das Histogramm eines Bildes anzeigen lassen und dabei auch gleich überprüfen.

Werkzeugs zur Tonwertkorrektur (ÜBERARBEITEN • BELEUCHTUNG ANPASSEN • TONWERTKORREKTUR) anzeigen.

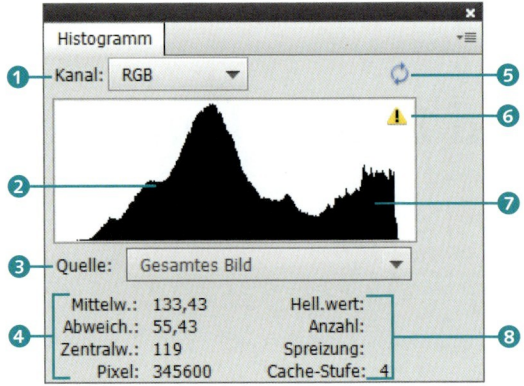

Abbildung 11.1 ▶
Das Histogramm-Bedienfeld

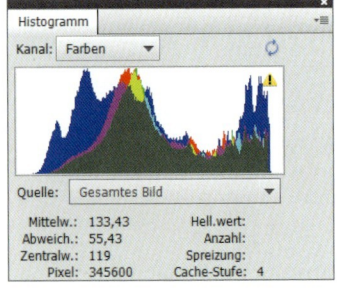

▲ **Abbildung 11.2**
Dasselbe Histogramm nochmals, nur wurde hier FARBEN beim KANAL eingestellt.

Die Balken im Histogramm | Die Balken ❷ im Histogramm bilden die Tonwerte aller im Bild vorhandenen Pixel ab. Ganz links finden Sie die schwarzen Pixel mit dem Tonwert 0 (im RGB-Modus). Dazwischen liegen die Mitteltöne, die von links nach rechts von den dunklen zu den hellen Tönen hin verlaufen. Auf der rechten Seite des Balkens sehen Sie die hellsten Töne, die weißen Pixel mit dem Tonwert 255 (im RGB-Kanal ❶).

Die Höhe des Balkens zeigt an, wie häufig der Tonwert im Bild vorhanden ist. Je häufiger ein Tonwert im Bild vorkommt, desto höher ist der Balken. Umgekehrt gilt: Je niedriger der Balken ist, desto geringer ist der Tonwert im Bild vorhanden. Die Tonwertverteilung gilt normalerweise für das gesamte Bild. Einzelne Farbkanäle können Sie sich über die Dropdown-Liste neben KANAL ❶ anzeigen lassen. Häufig ist hier statt des Kanals RGB der Kanal FARBEN eingestellt. Ich empfehle, hier immer den RGB-Kanal (Rot, Grün und Blau) anzeigen zu lassen, weil die Übersicht hiermit besser ist.

Aktualisierung | Ein kleines Dreieck mit Ausrufezeichen ❻, das rechts oben im Balken-Histogramm erscheint, zeigt an, dass das Bild verändert wurde und das Histogramm noch die unveränderte Version des Bildes anzeigt. Um die Änderung auch im Histogramm anzuzeigen, klicken Sie einfach dieses kleine Dreieck mit dem Ausrufezeichen oder die kleine Refresh-Schaltfläche ❺ darüber an.

Quelle | Enthält das Bild mehrere Ebenen, können Sie über die Dropdown-Liste QUELLE ❸ eine Ebene oder auch das komplette Bild auswählen, dessen Tonwerte Sie betrachten wollen.

Statistik zum Histogramm | Unterhalb der Quelle finden Sie auf der linken Seite einige Statistiken ❹ zum Histogramm. Mit dem Mittelwert wird die durchschnittliche Helligkeit des Bildes (zwischen 0 und 255) angegeben. Liegt der Wert unter 128, erscheint das Bild dunkler; liegt er darüber, erscheint es heller. Der Wert in Abweichung gibt an, wie stark die Helligkeitswerte variieren. Wie hell oder wie dunkel der mittlere Farbwert eines Bildes ist, stellt der Zentralwert dar. Unter Pixel wird die Gesamtzahl der Pixel angezeigt, die das Histogramm bilden.

Helligkeitswert (Tonwertangaben) | Fahren Sie mit dem Mauszeiger auf eine Stelle des Histogramm-Balkens, bekommen Sie einige Angaben ❽ zu dieser Stelle ❼ angezeigt. Hierbei erfahren Sie den genauen Helligkeitswert (Tonwert), die Angabe, wie viele Pixel (Anzahl) es mit diesem Wert gibt, und die Anzahl noch dunklerer Tonwerte (Spreizung). Den Wert Cache-Stufe können Sie ignorieren, da er sich nicht auf das Bild selbst bezieht.

> **Helligkeitswert**
>
> Anstelle des Begriffs *Helligkeitswert* hätte man beim Histogramm-Bedienfeld besser den verständlicheren Ausdruck *Tonwertangaben* wie bei Photoshop verwenden sollen.

Live-Histogramm | Wenn Sie die Tonwerte zum Beispiel mit Überarbeiten • Beleuchtung anpassen • Tonwertkorrektur ändern, können Sie im Histogramm-Bedienfeld (Fenster • Histogramm) die Änderung live im Histogramm verfolgen. Die hellgrauen Balken zeigen den aktuellen Wert an und die schwarzen Balken die tatsächliche Auswirkung der durchgeführten Tonwertänderung.

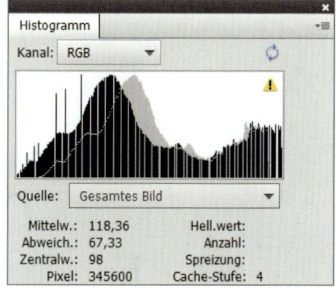

▲ **Abbildung 11.3**
Die Änderungen der Tonwerte können Sie im Histogramm-Bedienfeld live verfolgen.

11.2 Histogramme richtig analysieren

Sie wissen nun, dass ein Tonwert der Helligkeitswert eines Pixels in einem Farbkanal ist. Im Normalfall, das bedeutet bei einem RGB-Bild mit 8 Bit Farbtiefe, liegt dieser Wert zwischen 0 (keine Helligkeit vorhanden; Schwarz) und 255 (maximale Helligkeit; Weiß).

Kapitel_11:
Schwarz-Grau-Weiss.jpg

Zur Demonstration betrachten wir eine einfache Grafik – ein Rechteck mit schwarzen, weißen und grauen Tonwerten – und das zugehörige Histogramm. Das Histogramm in Abbildung 11.5 zeigt vier Balken. Der erste Balken ❺ links mit dem Helligkeitswert 0 repräsentiert die schwarzen ❶ und dunkelsten Pixel im Bild, die Tiefen. Der zweite Balken ❻ in der Mitte links mit dem Helligkeitswert 85 steht für die dunkelgrauen ❷ Pixel (dunkle Mitteltöne). Der dritte Balken ❼ in der Mitte rechts mit dem Helligkeitswert 170 steht für hellgraue ❸ Pixel, (helle Mitteltöne) und der vierte Balken rechts ❽ mit dem Helligkeitswert 255 zeigt die hellsten und weißen Pixel ❹ an (die Lichter).

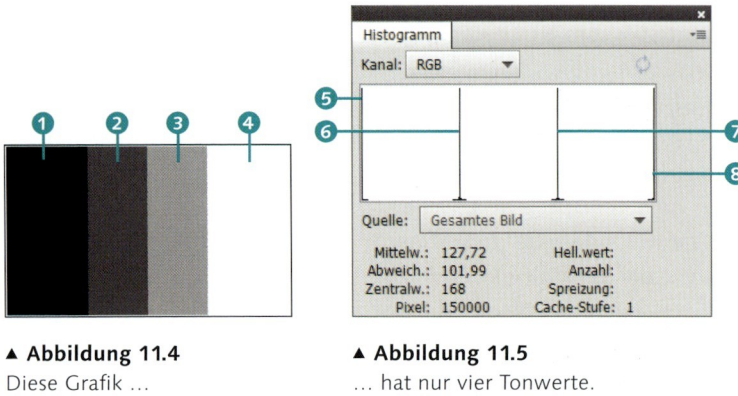

▲ **Abbildung 11.4**
Diese Grafik …

▲ **Abbildung 11.5**
… hat nur vier Tonwerte.

Zugegeben, die Grafik in Abbildung 11.4 hat wenig mit der digitalen Fotografie zu tun. Sie verdeutlicht aber recht anschaulich, wie sich die Werte im Histogramm zusammensetzen.

11.2.1 Histogramm dunkler Bilder

Kapitel_11:
Nuernberg.jpg

Die Balken zu dem Foto »Nuernberg.jpg« türmen sich sehr stark am linken Rand der dunklen Tonwerte. Der hohe Berg auf der linken Seite kommt von dem vielen Schwarz und den dunklen Farben im Bild. Wollen Sie solch dunkle Bereiche aufhellen, riskieren Sie dabei, das Bild stark zu verrauschen.

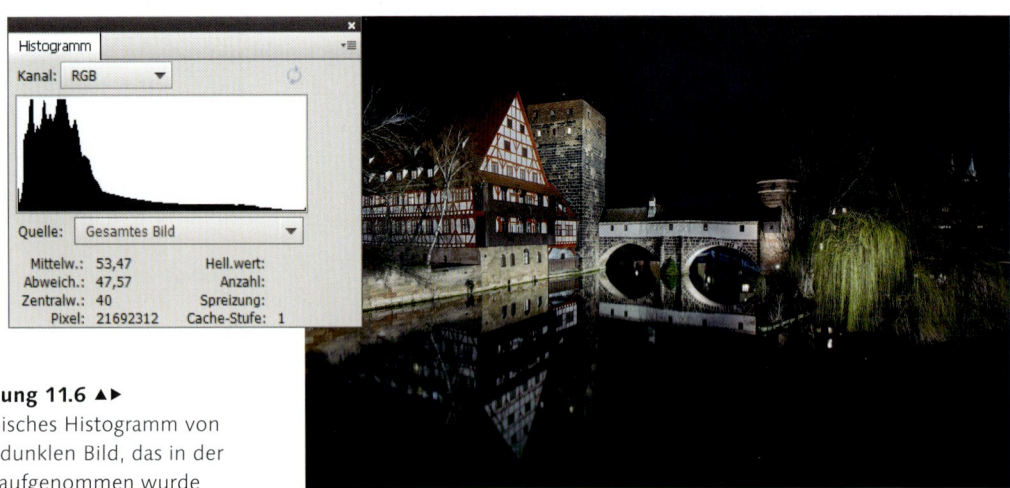

Abbildung 11.6 ▲▶
Ein typisches Histogramm von einem dunklen Bild, das in der Nacht aufgenommen wurde

11.2.2 Histogramm heller Bilder

Kapitel_11:
József-Antall-Monument.jpg

Ein Beispiel für das andere Extrem eines Bildes mit zu hellen Tonwerten zeigt das Foto »József-Antall-Monument.jpg«. Hier türmen sich die hellen Tonwerte im Histogramm weit über den rechten Rand hinaus. Die hohen Balken im rechten Bereich ergeben sich aus dem weißen und stark überstrahlten Himmel. Daher müssen Sie hier mit **Zeichnungsverlusten** im Lichterbereich rechnen. Eine Reparatur der zu hellen Bereiche ist hier kaum noch möglich, da die nötigen Bildinformationen (genauer die Tonwertabstufungen) fehlen.

◂▴ **Abbildung 11.7**
Leider weist das Bild starke Zeichnungsverluste im hellen Bereich auf.

11.2.3 Histogramm kontrastarmer Bilder

Ist das Histogramm eher zu schmal bzw. befinden sich die hellsten Lichter und dunkelsten Tiefen vorwiegend in der Mitte des Histogramms, hat das Bild häufig nur wenige Kontraste. Meistens entsteht hierbei der Eindruck eines Grauschleiers, der über dem Bild liegt. Kontrastarme Bilder, wie das aus Abbildung 11.8, lassen sich häufig mit ein oder zwei Arbeitsschritten korrigieren. Wie Sie das anstellen, erfahren Sie in Abschnitt 11.4.1, »Flaue Bilder korrigieren«.

 Kapitel_11: Berchtesgadener-Alpen.jpg

◂▴ **Abbildung 11.8**
Befinden sich die Balken vorwiegend in der Mitte des Histogramms, wirkt das Bild häufig flau und kontrastarm, wie hinter einem Nebelschleier.

Kapitel 11 Tiefen und Lichter korrigieren

11.2.4 Ein ausbalanciertes Histogramm

Kapitel_11:
Buda-Castle.jpg

Das Histogramm des Fotos »Buda-Castle.jpg« weist eine gleichmäßige Helligkeitsverteilung und keine auffälligen Spitzen in den Tiefen oder Lichtern auf. Vielmehr sind viele Helligkeiten mit ähnlichem Anteil vorhanden. Histogramme von Bildern mit gleichmäßiger Helligkeitsverteilung haben in der Regel keine auffälligen Berge.

Abbildung 11.9 ▲▶
Das Bild ist weder zu hell noch zu dunkel, sondern ausbalanciert und stimmig.

11.2.5 Das ideale Histogramm

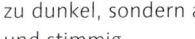
Kapitel_11:
Relax.jpg

Bei einem idealen Histogramm mit mittlerer Helligkeit und durchschnittlichem Kontrastumfang verteilen sich die Balken möglichst glockenförmig von der Mitte aus und an den Rändern auslaufend. Wenn die Histogramm-Balken nicht die gesamte Breite des Diagramms einnehmen, wirkt das Bild meistens flau und kontrastarm.

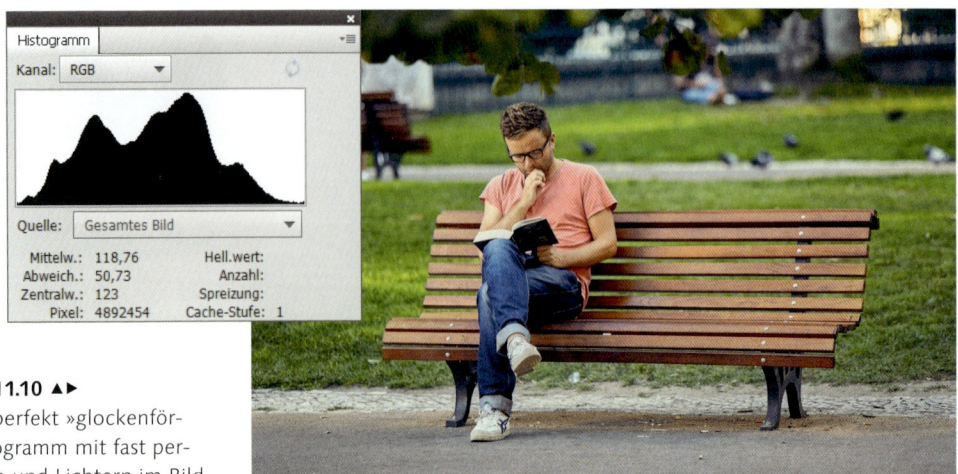

Abbildung 11.10 ▲▶
Ein nahezu perfekt »glockenförmiges« Histogramm mit fast perfekten Tiefen und Lichtern im Bild

Zusammenfassend könnte man das Histogramm eines idealen Fotos wie folgt charakterisieren:
- Die Hügel des Histogramms laufen sanft an den Rändern aus.
- Die gesamte Breite des Histogramms wird verwendet.
- Die »Hügelkette« des Histogramms weist keine zu starken Lücken auf.

Belichtungstipp zum Fotografieren | Zunächst sollten Sie beim Fotografieren, falls technisch möglich, darauf achten, dass Sie die Bilder eher unterbelichtet aufnehmen. Bei überbelichteten Fotos haben Sie den Nachteil, dass an den überbelichteten Stellen keinerlei Informationen (alles ist weiß) mehr vorhanden sind. Ohne die relevanten Bildinformationen ist leider auch keine Korrektur möglich. Etwas zu dunkel geratene Stellen im Bild können Sie hingegen ohne großen Aufwand nachbessern (besonders wenn Sie im Rohformat fotografieren; siehe Kapitel 30, »RAW – das digitale Negativ«).

Das perfekte Bild
An dieser Stelle muss hinzugefügt werden, dass nicht das Histogramm ein perfektes Bild ausmacht. Nur weil sich die Balken schön gleichmäßig über das Histogramm verteilen, heißt dies noch lange nicht, dass das Bild perfekt ist. Bilder, die in der Nacht gemacht wurden oder in der hellsten Sonne zur Mittagszeit, weisen meistens kein ausbalanciertes Histogramm auf und sehen trotzdem oft sehr schön aus. Bei all den Technikdetails vergessen viele (Hobby-)Fotografen gerne mal, dass es im Endeffekt auf das Foto ankommt. Details wie die Kamera, das Objektiv oder die Tonwerte eines Bildes kommen erst an zweiter Stelle.

11.3 Die Tonwertkorrektur

Mit Photoshop Elements können Sie Tonwerte selbstverständlich nicht nur überprüfen, sondern auch selbst anpassen. Hierzu rufen Sie das entsprechende Werkzeug über ÜBERARBEITEN • BELEUCHTUNG ANPASSEN • TONWERTKORREKTUR oder mit der Tastenkombination [Strg]/[cmd]+[L] auf. Im Idealfall leistet eine Tonwertkorrektur drei Dinge:
- Sie entfernt Farbstiche.
- Sie macht die Farben kräftiger.
- Sie verbessert den Kontrast.

Im Mittelpunkt des Dialogs zur Tonwertkorrektur steht ebenfalls das Histogramm. Rund um das Histogramm finden Sie die verschiedenen Bedienelemente zur Korrektur der Tonwerte.

Kanal auswählen | Mit der Dropdown-Liste KANAL ❶ (Abbildung 11.12) geben Sie an, ob Sie die Tonwertkorrektur für alle drei (RGB-)Kanäle oder für jeden Kanal einzeln durchführen wollen. Am einfachsten ist es zwar, mit RGB (oder mit [Alt]+[2]) alle Tonwerte im gesamten Bild auf einmal zu korrigieren, aber exakter geht dies mit den einzelnen Kanälen ROT (oder [Alt]+[3]), GRÜN (oder [Alt]+[4]) oder BLAU (oder [Alt]+[5]). Gerade wenn das Bild einen Farbstich hat, kommen Sie nicht darum herum, den Tonwert eines einzelnen Farbkanals zu korrigieren.

Einstellungsebene
Besser ist es, Sie verwenden für die Tonwertkorrektur eine Einstellungsebene wie in Abschnitt 10.1.5, »Flexibel arbeiten mit Einstellungsebenen«, beschrieben. Zwar wird die Tonwertkorrektur bei den Einstellungsebenen im Korrekturen-Bedienfeld ausgeführt, das sich von dem Dialog TONWERTKORREKTUR optisch leicht unterscheidet, aber das Prinzip und die Anwendung bleiben gleich.

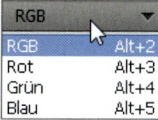

▲ Abbildung 11.11
Wählen Sie den Farbkanal aus, der korrigiert werden soll.

Kapitel 11 Tiefen und Lichter korrigieren

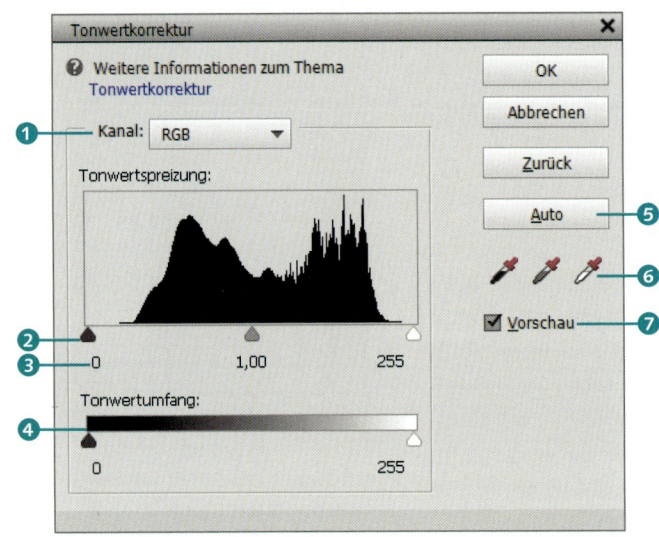

▲ Abbildung 11.12
Eines der am häufigsten verwendeten Werkzeuge ist die TONWERTKORREKTUR, hier als Dialog …

▲ Abbildung 11.13
… und hier als Einstellungsebene im Korrekturen-Bedienfeld TONWERTKORREKTUR.

Vorschau

Damit Sie die gemachten Veränderungen auch immer gleich im Bild sehen, sollten Sie die Checkbox VORSCHAU ❼ (oder das Augensymbol ❼ bei der Einstellungsebene) immer aktiviert lassen. Änderungen an den Tonwerten im Dialogfenster wirken sich erst auf das Bild aus, wenn Sie den Dialog mit OK bestätigen. Die Regler zurücksetzen können Sie mit der Schaltfläche ZURÜCK und den Dialog ohne irgendwelche Auswirkungen auf das Bild beenden mit der Schaltfläche ABBRECHEN. Mehr dazu habe ich bereits in Abschnitt 10.1.5, »Flexibel arbeiten mit Einstellungsebenen«, beschrieben.

Tonwertspreizung | Unterhalb des Histogramms finden Sie drei kleine Pfeile ❷, mit deren Hilfe Sie hauptsächlich die Tonwertkorrektur vornehmen. Jeder dieser Regler lässt sich mit gedrückter linker Maustaste verschieben. Der schwarze Regler auf der linken Seite verändert die Tiefen (den Schwarzpunkt) und der weiße Regler rechts die Lichter (den Weißpunkt). Mit dem grauen Regler in der Mitte passen Sie die Helligkeit des Bildes an. Unterhalb der Tonwertspreizungsregler in den Zahlenfeldern ❸ wird dann der entsprechende Tonwert angezeigt, den Sie mit dem Regler eingestellt haben. Alternativ geben Sie die Werte per Tastatur in die Zahlenfelder ein.

Tonwertumfang | Mit den Reglern bei TONWERTUMFANG ❹ reduzieren Sie – der Name sagt es – den Umfang der Tonwerte.

Auto(-Tonwertkorrektur) | Die Schaltfläche AUTO ❺ entspricht dem Menübefehl ÜBERARBEITEN • AUTO-TONWERTKORREKTUR (oder der Tastenkombination ⇧+Strg/cmd+L). Mit diesem Kommando lassen Sie die Tonwertkorrektur automatisch von Photoshop Elements durchführen.

Pipetten | Mit den Pipetten ❻ im Dialog können Sie den Schwarz-, Grau- und Weißpunkt selbst bestimmen, indem Sie ihn im Bild direkt anklicken. Es ist allerdings relativ schwierig, diese Punkte bei Bildern mit vielen Megapixeln zu finden.

11.4 Die Tonwertkorrektur in der Praxis

Nach so viel Theorie möchte ich Ihnen den sinnvollen Einsatz der Tonwertkorrektur an einigen typischen Beispielen vorführen.

11.4.1 Flaue Bilder korrigieren

Erscheint ein Bild flau und kontrastarm, hat es entweder nur wenige verschiedene Tonwerte, oder reines Schwarz und Weiß fehlen. Im Histogramm erkennen Sie diesen Mangel meistens an einem Hügel, dessen Ausläufer links und/oder rechts nur dünn oder gar nicht belegt sind.

Schnelle Dunstentfernung
Anstatt ein flaues und kontrastarmes Bild manuell mit der Tonwertkorrektur zu korrigieren, können Sie auch die Funktion DUNSTENTFERNUNG verwenden, die Sie im Menü ÜBERARBEITEN vorfinden. Diese Funktion wird noch gesondert in Abschnitt 11.5, »Dunstentfernung«, vorgestellt.

Schritt für Schritt
Kontrast verbessern

Sie können den Kontrast bei solchen Bildern verstärken, indem Sie den linken Schwarzpunktregler nach rechts und den rechten Weißpunktregler nach links jeweils bis zum Anfang eines Histogramm-Hügels ziehen.

Kapitel_11:
Berchtesgadener-Alpen.jpg

◄ **Abbildung 11.14**
Ein flaues und kontrastarmes Bild

1 Einstellungsebene anlegen oder Werkzeug aufrufen
Laden Sie das Beispielfoto »Berchtesgadener-Alpen.jpg« in den Fotoeditor. Legen Sie zunächst wieder eine Einstellungsebene an (siehe Abschnitt 10.1.5, »Flexibel arbeiten mit Einstellungsebenen«). Alternativ können Sie auch direkt das Werkzeug zur Tonwertkorrektur verwenden (über [Strg]/[cmd]+[L]), allerdings müssen Sie dann auf den Komfort der Einstellungsebenen verzichten.

2 Schwarzpunkt und Weißpunkt setzen
Wie im Histogramm deutlich zu erkennen, fehlen im Bild sowohl schwarze als auch weiße Tonwerte, denn es befinden sich links und rechts keine Balken. Dieser Mangel lässt das Bild flau erschei-

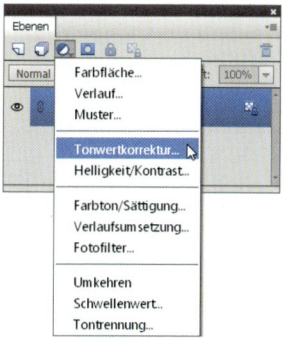

▲ **Abbildung 11.15**
Erstellen Sie eine Einstellungsebene TONWERTKORREKTUR.

Kapitel 11 Tiefen und Lichter korrigieren

Tipp: Feintuning
Wenn Sie den Kontrast noch ein wenig mehr verbessern wollen, können Sie auch noch den Mitteltonregler ❸ etwas nach rechts schieben.

nen. Dies ändern Sie, indem Sie schwarze und weiße Tonwerte hinzufügen. Ziehen Sie hierzu den Schwarzpunktregler ❶ nach rechts bis zum Anfang des steilen Berges. Im Beispiel entspricht dies ungefähr dem Wert 30.

Ziehen Sie als Nächstes den Weißpunktregler ❷ nach links bis zum Anfang des steilen Berges (entspricht im Beispiel dem Wert 240). Alle Tonwerte von 240 bis 254 werden nun weiß.

3 Bild auf Hintergrundebene reduzieren

Wollen Sie mit der Bearbeitung später weitermachen, sollten Sie das Bild mitsamt der Einstellungsebene im PSD- oder TIFF-Format speichern. Zum Schluss brauchen Sie nur noch eine der beiden Ebenen im Ebenen-Bedienfeld mit der rechten Maustaste anzuklicken und im Kontextmenü AUF HINTERGRUNDEBENE REDUZIEREN auszuwählen. Jetzt können Sie das verbesserte Bild beispielsweise im JPEG-Format abspeichern. Fertig.

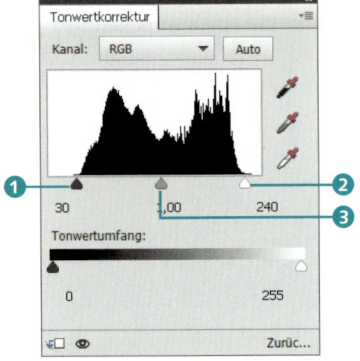

▲ **Abbildung 11.16**
Mit den beiden Reglern bestimmen Sie den neuen Schwarz- und den neuen Weißpunkt im Bild.

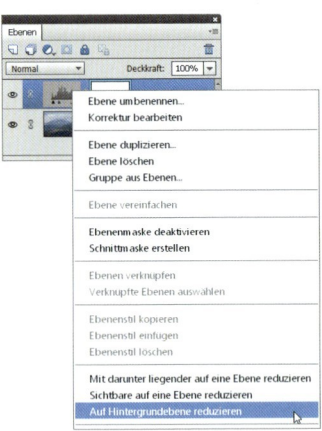

◄ **Abbildung 11.17**
Einstellungsebene und Hintergrundebene auf eine Ebene reduzieren

4 Nach der Korrektur

Das korrigierte Bild hat nun deutlich mehr Kontraste und ist nicht mehr so flau.

▼ **Abbildung 11.18**
Nach der Korrektur sieht das Bild erheblich kontrastreicher und nicht mehr so flau aus.

Durchlöchertes Histogramm | Sicherlich fallen Ihnen während der Überarbeitung mit der Tonwertkorrektur im Histogramm-Bedienfeld die Lücken auf. Die Ursache hierfür ist, dass Sie durch die Korrektur die Tonwerte auseinandergezogen haben. Solange die Lücken nicht sehr groß sind oder die Anzahl der Pixel gering ist, ist das kein Problem.

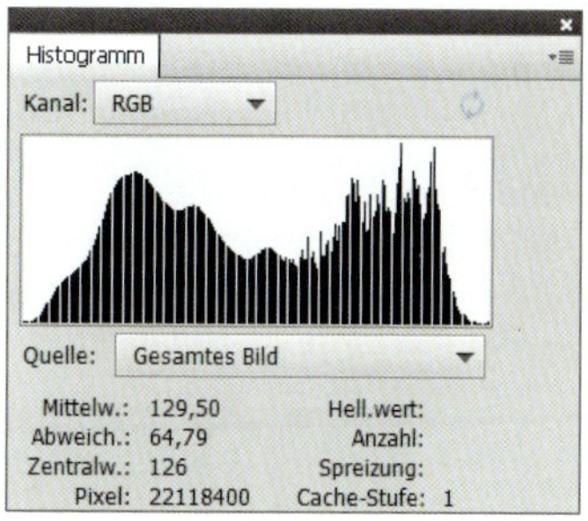

11.4.2 Zu dunkle und zu helle Bilder

Auch zum Aufhellen oder Abdunkeln von Bildern ist die Tonwertkorrektur hervorragend geeignet. Hierfür verwenden Sie bei der Tonwertkorrektur den sogenannten Gammaregler, also den mittleren, grauen Regler. Wenn Sie diesen Regler nach links ziehen, wird das Bild aufgehellt, ziehen Sie ihn nach rechts, wird das Bild abgedunkelt.

▲ **Abbildung 11.19**
Das Histogramm zeigt nach der Tonwertkorrektur eine sogenannte Tonwertspreizung.

Schritt für Schritt
Bild aufhellen

Das folgende Beispiel »Rossio.jpg« soll die Arbeit mit dem Gammaregler anhand eines etwas zu dunkel geratenen Vordergrunds demonstrieren. Laden Sie daher das Bild in den Fotoeditor.

Zum Weiterlesen
Es ist auch möglich, zu hell oder zu dunkel geratene Bilder mit den Füllmethoden der Ebenen aufzuhellen oder abzudunkeln. Wie dies funktioniert, erfahren Sie bei den Ebenen im Abschnitt »Bilder über Füllmethode aufhellen oder abdunkeln« auf Seite 689.

 Kapitel_11: Rossio.jpg

▲ **Abbildung 11.20**
Durch die Beleuchtung im Hintergrund hat das Fotomodell zu starke Schatten bekommen, und ein Teil des Gesichts ist fast schwarz.

1 Einstellungsebene anlegen oder Werkzeug aufrufen
Legen Sie zunächst wieder eine Einstellungsebene an, oder verwenden Sie das Werkzeug zur Tonwertkorrektur (mit Strg/cmd+L).

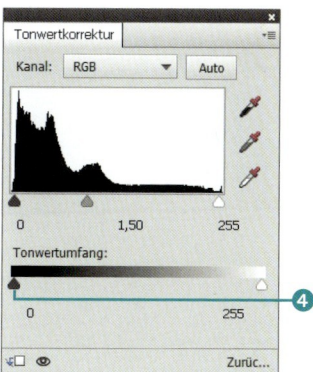

▲ **Abbildung 11.21**
Der mittlere Regler verschiebt die Mitteltöne des Bildes.

2 Bild aufhellen
Um das Bild aufzuhellen, ziehen Sie den mittleren Schieberegler ❹ mit gedrückter linker Maustaste nach links, bis der Wert etwa bei 1,50 liegt. Bestätigen Sie den Dialog mit OK.

Abbildung 11.22 ▼
Mehr als ein Handgriff war für das Aufhellen nicht nötig, um das Bild ins richtige Licht zu rücken.

3   Nach der Korrektur

Das Aufhellen und Abdunkeln erledigen Sie im Grunde mit einem Handgriff. Berücksichtigen Sie aber, dass für beide Korrekturen genügend Informationen, das heißt Pixel, im Bild zur Verfügung stehen müssen, sonst bewirkt Ihre Korrektur höchstens ein verstärktes Bildrauschen.

11.4.3   Farbstich entfernen

Mit der Tonwertkorrektur haben Sie auch ein hervorragendes Mittel zur Hand, um Farbstiche zu korrigieren. Den Farbstich können Sie entweder manuell mit den einzelnen RGB-Kanälen beheben oder auch mit nur einem Klick. Da Sie in diesem Kapitel mit den essenziellen Funktionen der Tonwertkorrektur vertraut gemacht werden sollen, finden Sie hier zunächst noch die Lösung, einen Farbstich mit den einzelnen RGB-Kanälen zu beheben.

Schritt für Schritt
Farbstich entfernen

Kapitel_11:
blaustich.jpg

Das Bild aus Abbildung 11.23 enthält einen deutlich erkennbaren Blaustich, der durch einen falschen Weißabgleich der Digitalkamera entstanden ist.

Abbildung 11.23 ▶
Eine Aufnahme mit einem Blaustich

11.4 Die Tonwertkorrektur in der Praxis

1 Einstellungsebene anlegen oder Werkzeug aufrufen

Laden Sie das Bild »blaustich.jpg« in den Fotoeditor. Legen Sie zunächst wieder eine Einstellungsebene an, oder verwenden Sie das Werkzeug zur Tonwertkorrektur (Tastenkürzel [Strg]/[cmd]+[L]).

2 Kanal zur Korrektur aufrufen

Wählen Sie nun den Bildkanal im Dialog aus. Das Beispielbild weist einen Blaustich auf; rufen Sie also zunächst den Kanal BLAU ❶ auf (alternativ mit [Alt]+[5]).

3 Farbstich per Messung ermitteln

Nicht immer ist es so eindeutig wie hier festzustellen, was für einen Farbstich das Bild hat. Um also herauszufinden, wie es um die Farbverteilung in Ihrem Bild bestellt ist, können Sie das Farbwähler-Werkzeug  [I] sowie das Informationen-Bedienfeld (FENSTER • INFORMATIONEN) nutzen. Suchen Sie im Bild eine Stelle, die eigentlich grau sein müsste, und führen Sie die Pipette (ohne zu klicken) über diese Stelle.

Im Informationen-Bedienfeld lesen Sie nun in den RGB-Farbinformationen die Farbverteilung ab. Im Beispiel ist an diesen Stellen stets der blaue Farbkanal ❷ dominierend. Ein neutrales Grau würde sich dagegen aus R = 127, G = 127 und B = 127 zusammensetzen. Die Schwierigkeit ist eigentlich nur, den idealen Graupunkt zu finden. In der Praxis werden Sie hierbei selten ein exaktes Grau vorfinden, bei dem alle drei Kanäle (Rot, Grün und Blau) den Wert 127 besitzen. In der Regel sind allerdings solch genaue Werte selten nötig.

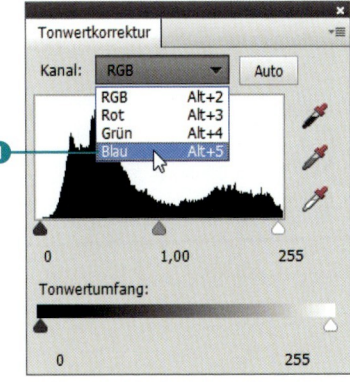

▲ Abbildung 11.24
Bearbeiten Sie den blauen Tonwertkanal.

Farbwerte messen

Es bedarf schon einer gewissen Erfahrung, gepaart mit Fingerspitzengefühl, um den Farbwert zu messen und zu verstehen. Genau genommen messen Sie mit dieser Methode die Graubalance im Bild. Detailliertere Ausführungen hierzu finden Sie im Abschnitt »Farbwerte messen« auf Seite 356. Ich empfehle Ihnen auf jeden Fall, sich intensiver damit zu befassen. Es gibt übrigens auch Möglichkeiten, den Farbstich mit einem Klick zu entfernen (siehe Abschnitt 12.2), aber genauer wird es immer, wenn Sie dies manuell vornehmen. Außerdem lernen Sie mit diesem Weg den unverzichtbaren Umgang mit den Tonwerten und dem Histogramm besser kennen.

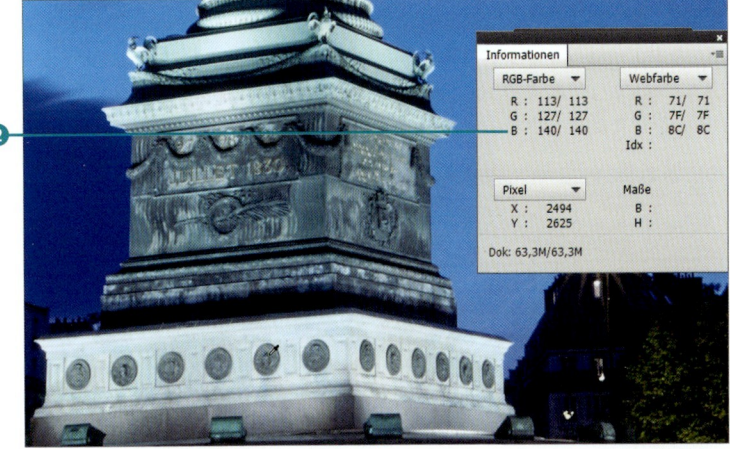

▲ Abbildung 11.25
Die RGB-Farbwerte im Informationen-Bedienfeld geben genaue Auskunft über den Farbstich im Bild.

4 Blauen Farbstich entfernen

Ziehen Sie den mittleren, grauen Regler ❶ nach rechts auf den Wert 0,85, um die Intensität des Blaukanals zu reduzieren.

Mit dem Pipette-Werkzeug und dem Informationen-Bedienfeld können Sie nun einen Vorher-Nachher-Vergleich ❷ der RGB-Farbkanäle betrachten. Der Wert vor dem Strich entspricht dabei dem Wert vor der Tonwertkorrektur, der Wert hinter dem Schrägstrich zeigt das Ergebnis, wie es aussähe, sollten Sie die Tonwertkorrektur mit der Schaltfläche OK abschließen. Die Intensität des Blaus wurde erheblich reduziert. Allerdings fällt im Informationen-Bedienfeld auch auf, dass in diesem Beispiel der Rotkanal ❸ immer noch schwächer ist.

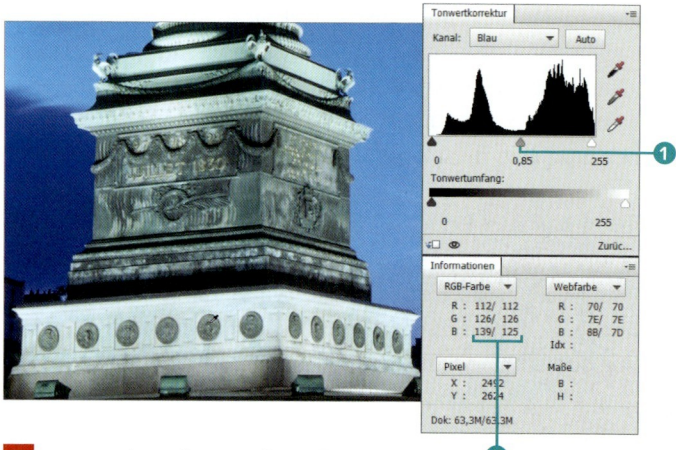

Abbildung 11.26 ▸
Die blauen Farbwerte im Bild wurden reduziert, wie der blaue Farbwert (B) im Informationen-Bedienfeld im Vorher-nachher-Vergleich anzeigt.

5 Intensität des Rotkanals stärken

Wählen Sie den Kanal ROT ❹ in der Dropdown-Liste (oder betätigen Sie [Alt]+[5]), und ziehen Sie hierbei den mittleren, grauen Regler ❺ nach links auf den Wert 1,17. Reduzieren Sie jetzt die Einstellungsebene auf eine Hintergrundebene, oder, wenn Sie den Dialog TONWERTKORREKTUR verwendet haben, bestätigen Sie diesen mit der Schaltfläche OK.

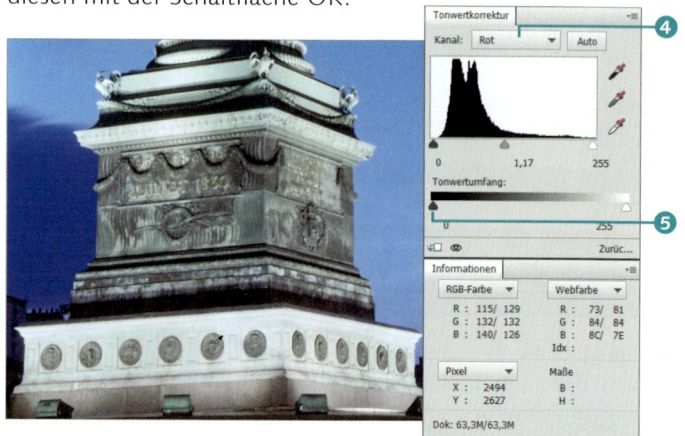

Abbildung 11.27 ▸
Erst die Verstärkung der Rottöne im Bild entfernt den Farbstich vollständig.

6 Bild auf Hintergrundebene reduzieren

Wenn Sie eine Einstellungsebene für die Korrektur verwendet haben, brauchen Sie zum Schluss nur noch die Einstellungsebene(n) im Ebenen-Bedienfeld mit der rechten Maustaste anzuklicken und im Kontextmenü AUF HINTERGRUNDEBENE REDUZIEREN auszuwählen. Jetzt können Sie das verbesserte Bild abspeichern.

7 Vergleich nach der Korrektur

Der Farbstich wurde mit der Korrektur erfolgreich behoben, und der blaue Schleier ist aus dem Bild verschwunden. Zugegeben, den Farbstich mit den einzelnen RGB-Kanälen zu entfernen ist etwas komplexer, aber Sie haben hierbei sehr essenzielle Kenntnisse im Umgang mit der Tonwertkorrektur erfahren. In der Praxis dürften Sie häufig eine Mischung aus der Ein-Klick-Lösung und dann eventuell dem Feintuning mit den einzelnen RGB-Kanälen verwenden. Allerdings hängt dies wie immer vom verwendeten Bildmaterial und dem Farbstich ab.

Die Ein-Klick-Lösung

Anstatt wie in diesem Workshop jeden Kanal einzeln anzupassen, könnten Sie im Arbeitsschritt 2 das graue Pipette-Werkzeug in der Tonwertkorrektur auswählen und im Bild mithilfe des Informationen-Bedienfeldes einen möglichst exakten Grauwert ermitteln. Haben Sie einen guten Grauwert gefunden, brauchen Sie nur noch mit dem Pipette-Werkzeug im entsprechenden Bereich im Bild zu klicken, und weg ist der Farbstich.

▼ **Abbildung 11.28**
Das Bild im Vorher-Nachher-Vergleich

Farbstich kanalweise entfernen | Bei manchen Bildern ist es allerdings nicht immer so einfach, einen Farbstich zu entfernen. Aber auch hier können Sie häufig Abhilfe schaffen, wenn Sie einmal die einzelnen Kanäle bei der Tonwertkorrektur unter die Lupe nehmen.

Hier kann es zum Beispiel hilfreich sein nachzusehen, ob der jeweilige Rot-, Grün- oder Blau-Kanal den vollen Umfang im Histogramm verwendet, was in diesem Beispiel eben nicht der Fall ist. Wo sich der rote Kanal ❶ noch im vollen Umfang des Histogramms erstreckt, weisen der grüne ❷ und der blaue ❹ Kanal deutliche Defizite im hellen Bereich des Histogramms auf. Ziehen Sie daher den weißen Regler des grünen ❸ und denselben Regler des blauen ❺ Kanals an den Anfang des Histogramm-Hügels. Jetzt sollte der Gelbstich verschwunden sein.

Kapitel_11:
Gelbstich.jpg

Kapitel 11 Tiefen und Lichter korrigieren

Abbildung 11.29 ▶
Das Bild hat hier aufgrund der künstlichen Beleuchtung mithilfe eines Baustrahlers einen Gelbstich, der sich allerdings nicht so recht messen lassen will.

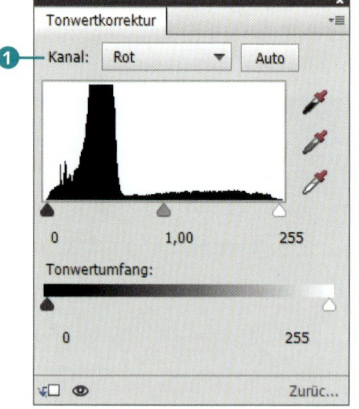

▲ **Abbildung 11.30**
Der rote Kanal wird im vollen Umfang verwendet.

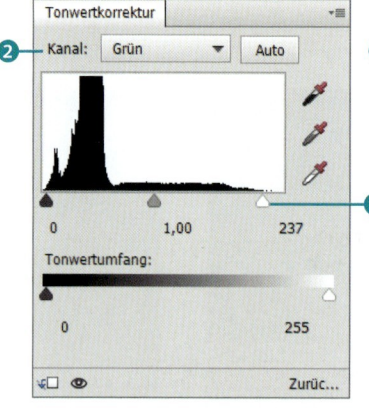

▲ **Abbildung 11.31**
Der grüne Kanal lässt Informationen in den hellen Bereichen vermissen.

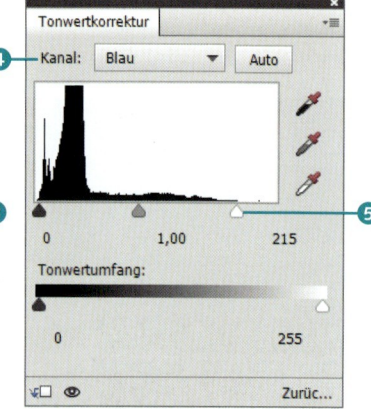

▲ **Abbildung 11.32**
Dasselbe Problem haben wir auch beim blauen Kanal.

Abbildung 11.33 ▶
Nach der Korrektur der einzelnen Kanäle ist der Gelbstich im Bild verschwunden. Das gelbliche Licht des Baustrahlers bleibt dabei trotzdem leicht erhalten.

340

11.4.4 Bilder ohne Schwarz oder Weiß

Zwar ist das Histogramm eine sehr wichtige Hilfe bei der Bildkorrektur, aber hierbei gibt es auch immer wieder Ausnahmen. Nicht immer führt das Ziehen eines Reglers an den Anfang des Histogramm-Hügels zum Erfolg. Ein typisches Beispiel sind Aufnahmen wie Sonnenuntergänge, die meist kein richtiges Weiß enthalten. Schneeaufnahmen fehlt umgekehrt oft das Schwarz. Bei solchen Motiven sollten Sie sich mit extremeren Tonwertkorrekturen zurückhalten. Meistens genügt es schon, wenn Sie mit dem mittleren Schieberegler (Gammaregler) das Bild insgesamt ein wenig aufhellen oder abdunkeln.

11.4.5 Tonwertkorrektur bei Graustufenbildern

Die Tonwertkorrektur bei Graustufenbildern funktioniert im Prinzip ebenso wie auf den letzten Seiten beschrieben – mit einer entscheidenden Ausnahme: Während Sie bei einem RGB-Bild auf jeden der drei Kanäle einzeln zugreifen können, ist dies beim Graustufenbild nicht mehr möglich; hier steht Ihnen nur noch ein Kanal, der Graustufenkanal, zur Verfügung. Graustufenbilder reagieren deshalb auch sehr viel schneller und empfindlicher als RGB-Bilder auf eine Anpassung des Tonwertes.

Kapitel_11: graustufenbild.jpg

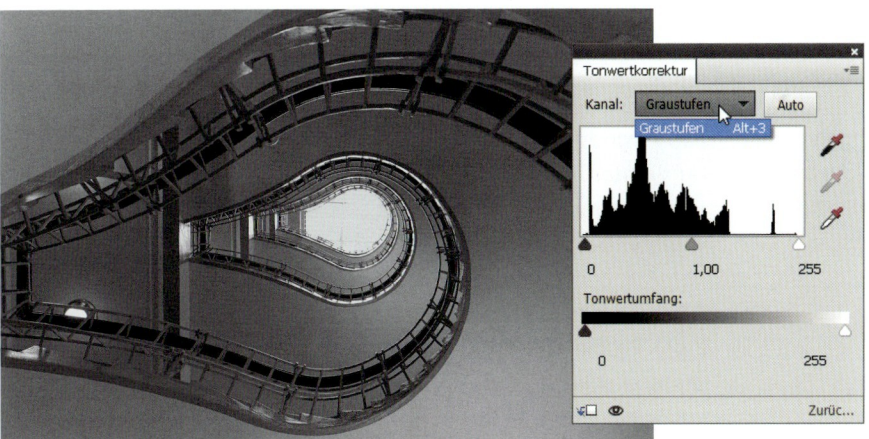

▲ Abbildung 11.34
Graustufenbilder haben zwar nur einen Kanal, davon abgesehen werden sie jedoch wie RGB-Bilder bearbeitet.

11.4.6 Tonwertumfang reduzieren

Vielleicht fragen Sie sich, wozu Sie den TONWERTUMFANG ❶ bei der Tonwertkorrektur benötigen. Schließlich können Sie doch mit der Tonwertkorrektur einen guten Kontrastumfang und eine feine Verteilung der hellen und dunklen Bildbereiche erzielen.

Abbildung 11.35 ▶
Die Begrenzung des Tonwertumfangs wird hauptsächlich im Druck benötigt und lässt sich mit den Schiebereglern oder mit der Zahleneingabe durchführen.

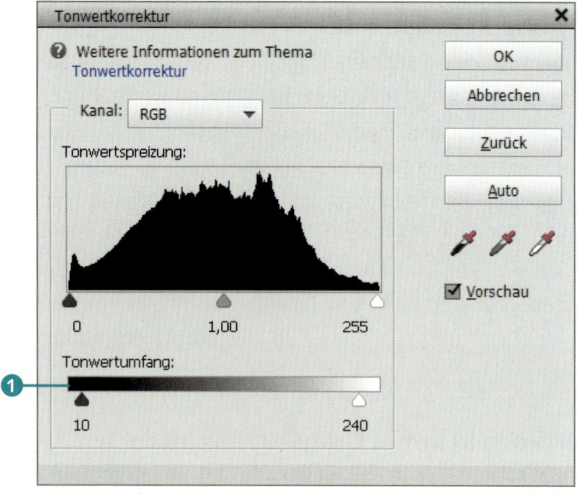

Prozentwerte
Beachten Sie, dass im Druck mit Prozentwerten zwischen 0 % (Weiß) und 100 % (Schwarz) gerechnet wird, weshalb Sie hier ein wenig rechnen müssen. Die Formel lautet:
2,55 × (100 − Wert %). Sollen zum Beispiel die Tiefen auf 95 % Flächendeckung eingestellt werden, lautet die Rechnung:
2,55 × (100 − 95) = 12,75. Somit schieben Sie den schwarzen TONWERTUMFANG-Regler auf den Wert 12 oder 13.

Das stimmt zwar im Prinzip, allerdings spiegeln sich diese Verbesserungen nicht immer im **Druck** wider. Hier kann es aus technischen Gründen passieren, dass die hellsten oder dunkelsten Pixel nicht auf dem Papier wiedergegeben werden. Wo zum Beispiel auf dem Bildschirm noch eine feine helle Struktur zu erkennen war, wird auf dem Papier plötzlich nur noch eine weiße leere Fläche ausgegeben.

Wie stark der Tonwertumfang hierbei begrenzt werden muss, hängt zum einen vom Druckverfahren und zum anderen vom verwendeten Papier ab. Je schlechter also Druckverfahren und Papier sind, desto stärker muss der Tonwertumfang nachbearbeitet werden. Leider hat dieses Einschränken des Tonwertumfangs auch die Nebenwirkung, dass das Bild an Kontrast verliert und weniger brillant erscheint.

11.4.7 Unter- oder überbelichtete Bilder retten
Zwei Problemfälle, die in keinem Bildbearbeitungsbuch fehlen dürfen, sind unterbelichtete und überbelichtete Fotos. Diese kommen leider häufiger vor, als einem lieb ist. Im Folgenden zeige ich Ihnen für beide Fälle einen Lösungsweg auf.

Schritt für Schritt
Überbelichtung ausgleichen

Kapitel_11:
Jerusalem_sunset.jpg

Die Belichtungsautomatik einer Kamera strebt immer dieselbe Zielhelligkeit bei Bildern an. Dies ist grundsätzlich sinnvoll, aber nicht bei jedem Bild erwünscht. Das folgende Bild »Jerusalem_sunset.jpg« wurde eigentlich während des Sonnenuntergangs vom Ölberg aus aufgenommen. Durch die untergehende Sonne

11.4 Die Tonwertkorrektur in der Praxis

erscheint das Bild allerdings fast wie am Tag fotografiert und ist viel zu hell geraten. Die Sonnenuntergangsstimmung ist hier ein wenig dahin, aber trotzdem sind noch genügend Informationen vorhanden, um ein wenig mehr Dramatik aus diesem Bild herauszuholen. Laden Sie das Bild in den Fotoeditor.

Strukturen erhalten
Wenn Sie in einem Bild die dunklen Töne (in diesem Fall Schwarz) hervorheben wollen, achten Sie darauf, dass die Strukturen des Bildes an den dunklen Stellen nicht »absaufen«, also nicht ganz im Dunklen verschwinden.

▲ **Abbildung 11.36**
Falsche Lichtstimmung durch Belichtungsautomatik – dieses Bild wurde ein wenig überbelichtet.

1 Tonwertkorrektur aufrufen
Legen Sie zunächst wieder eine Einstellungsebene für eine TONWERTKORREKTUR an. Wie immer können Sie auch hier direkt das Werkzeug zur Tonwertkorrektur (Tastenkürzel [Strg]/[cmd]+[L]) verwenden.

2 Mitteltöne abdunkeln und Lichter begrenzen
Ziehen Sie den schwarzen Schieberegler ❷ etwa auf den Wert 10 des Histogramms, damit die dunklen Werte im Bild auch wirklich schwarz werden. Schieben Sie anschließend den grauen Regler ❸ nach rechts, bis auch die mittleren Tonwerte zur Dämmerung passen. Im Beispiel habe ich den Regler auf den Wert 0,80 gezogen.

Wenn die hellen Bereiche vom Himmel immer noch zu stark leuchten, reduzieren Sie auch den TONWERTUMFANG im Lichterbereich über den weißen Anfasser ❹ auf den Wert 240. Bestätigen Sie den Dialog mit OK.

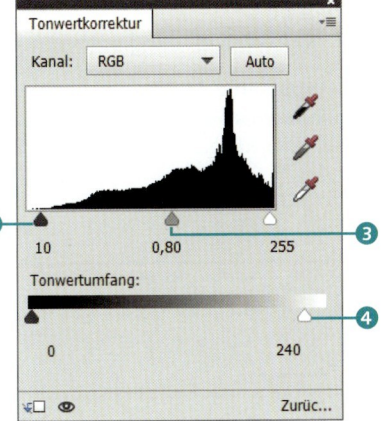

▲ **Abbildung 11.37**
TONWERTUMFANG reduzieren (hier als Einstellungsebene mit eigenem Bedienfeld)

3 Sättigung erhöhen
Damit die Stimmung auf dem Bild nicht so farblos und düster wirkt, sollten Sie die Farbsättigung ein wenig erhöhen. Verwen-

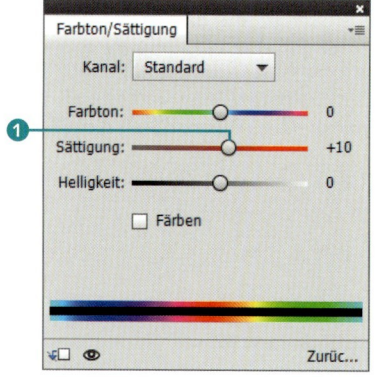

▲ **Abbildung 11.38**
Über den Regler SÄTTIGUNG intensivieren Sie die Farben im Bild (hier habe ich die Einstellungsebene statt des Dialogs verwendet).

den Sie hierzu eine weitere Einstellungsebene FARBTON/SÄTTIGUNG oder den entsprechenden Dialog über ÜBERARBEITEN • FARBE ANPASSEN • FARBTON/SÄTTIGUNG ANPASSEN (erreichbar über Strg/cmd+U). Stellen Sie den Schieberegler zur SÄTTIGUNG ❶ auf den Wert +10.

4 Bild auf Hintergrundebene reduzieren

Wollen Sie mit der Bearbeitung später weitermachen, sollten Sie das Bild mitsamt der Einstellungsebene im PSD- oder TIFF-Format speichern – sofern Sie Einstellungsebenen für die Korrektur verwendet haben, versteht sich. Im Beispiel habe ich außerdem noch eine Einstellungsebene mit einem FOTOFILTER mit WARMFILTER ❷ hinzugefügt, damit die Sonnenuntergangsstimmung noch besser zur Geltung kommt. Dies ist allerdings eher Geschmackssache.

Zum Schluss brauchen Sie nur noch eine Ebene im Ebenen-Bedienfeld mit der rechten Maustaste anzuklicken und im Kontextmenü AUF HINTERGRUNDEBENE REDUZIEREN auszuwählen. Jetzt können Sie das verbesserte Bild beispielsweise im JPEG-Format abspeichern. Fertig.

▲ **Abbildung 11.39**
Ein warmer Fotofilter als Einstellungsebene wurde hinzugefügt.

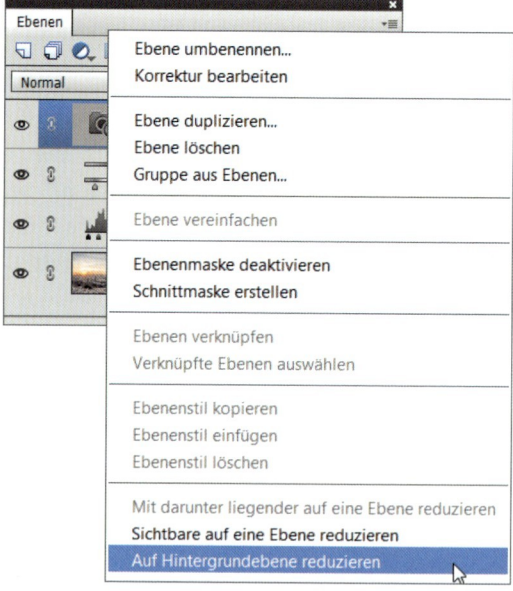

▲ **Abbildung 11.40**
Alles auf eine Hintergrundebene reduzieren

5 Nach der Korrektur

Nach der Korrektur vermittelt das Bild die richtige Stimmung bzw. Tageszeit. Auch die Kontraste wurden durch die Bearbeitung wesentlich verbessert. Das Bild wirkt nicht mehr so trist und flau.

11.4 Die Tonwertkorrektur in der Praxis

▲ **Abbildung 11.41**
Nach dem Ausgleichen der leichten Überbelichtung wirkt das Bild lebhaft und wie zu der entsprechenden Tageszeit aufgenommen.

Schritt für Schritt
Unterbelichtung aufhellen

Auch die Unterbelichtung ist ein häufiges Problem beim Fotografieren. Fotografieren Sie zum Beispiel gegen die Sonne, kann Ihnen die Belichtungsautomatik auch hier einen Strich durch die Rechnung machen und das Bild zu dunkel aufnehmen, weil die Sonne so hell war. Dasselbe gilt auch für eine zu kurze Belichtungszeit, etwa in einer dunkleren Umgebung, weil dadurch nicht genügend lange Licht auf den Sensor gekommen ist. Laden Sie unser Beispielfoto »Sankt-Stephans-Basilika.jpg« in den Fotoeditor.

▲ **Abbildung 11.42**
Die kurze Belichtungszeit in einer dunklen Kirche lässt fast alles in der Dunkelheit verschwinden.

1 Tonwertkorrektur aufrufen
Legen Sie zunächst wieder eine Einstellungsebene für eine TONWERTKORREKTUR an, oder nutzen Sie das Werkzeug zur Tonwertkorrektur (zum Beispiel mit [Strg]/[cmd]+[L]).

2 Mitteltöne aufhellen
Ziehen Sie den mittleren, grauen Schieberegler ❶ (Abbildung 11.43) so weit nach links, bis Ihnen die Gesamthelligkeit des Bildes gefällt. Im Beispiel habe ich den Wert auf 1,50 gesetzt – aber seien Sie vorsichtig: Bei zu starkem Aufhellen besteht die Gefahr von Bildrauschen. Um eine hundertprozentige Kontrolle über das Bildrauschen zu haben, sollten Sie die Bildansicht auf 100 % (bzw. 1:1) setzen.

3 Sättigung erhöhen
Damit das Bild farbiger wirkt und die tolle Stimmung auch vermittelt, sollten Sie die Farbsättigung leicht erhöhen. Verwenden

Sie hierzu eine weitere Einstellungsebene FARBTON/SÄTTIGUNG, oder wählen Sie den entsprechenden Dialog über ÜBERARBEITEN • FARBE ANPASSEN • FARBTON/SÄTTIGUNG ANPASSEN (Strg/cmd+U). Stellen Sie den Schieberegler der SÄTTIGUNG ❷ auf den Wert +20.

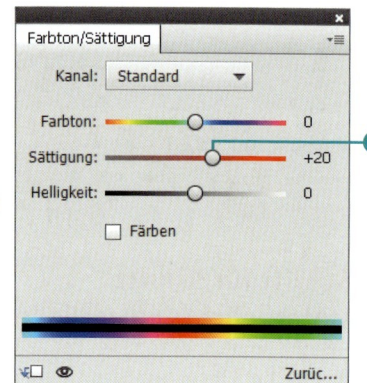

Abbildung 11.43 ▶
Über den mittleren, grauen Regler erhöhen Sie die Gesamthelligkeit des Bildes.

Abbildung 11.44 ▶▶
Auch in diesem Bild müssen Sie nach der Tonwertkorrektur die Sättigung erhöhen.

Achtung vor Bildrauschen
Beim Aufhellen der Unterbelichtung sollten Sie unbedingt auch die dunklen Stellen mit einer 1:1-Ansicht im Auge behalten, weil ein zu starkes Aufhellen auch unerwünschtes Bildrauschen hervorrufen kann.

4 Bild auf Hintergrundebene reduzieren
Falls Sie Einstellungsebenen für die Korrektur verwendet haben, brauchen Sie zum Schluss nur noch die Einstellungsebene(n) im Ebenen-Bedienfeld mit der rechten Maustaste anzuklicken und im Kontextmenü AUF HINTERGRUNDEBENE REDUZIEREN auszuwählen. Jetzt können Sie das verbesserte Bild abspeichern.

5 Nach der Korrektur
Nach der Korrektur hat das Bild mehr Farbe und wirkt deutlich stimmiger. Durch die Aufhellung sind auch noch einige Details besser sichtbar geworden.

▲ **Abbildung 11.45**
Die Belichtung wurde korrigiert und die Farbsättigung erhöht.

Ein ähnliches Problem tritt häufig auch auf, wenn Sie gegen die Sonne fotografieren. Beim folgenden Beispielfoto »gegen-die-sonne.jpg« wurde die Belichtungsautomatik der Kamera durch die Sonne irritiert. Aber auch dieses Problem lässt sich ganz einfach beheben, indem Sie den mittleren, grauen Schieberegler nach links ziehen.

▲ **Abbildung 11.46**
Die Sonne hat die Belichtungsautomatik der Kamera irritiert, was sich aber auch hier ganz einfach mit dem mittleren, grauen Regler beheben lässt.

11.5 Dunstentfernung

In Abschnitt 11.4.1, »Flaue Bilder korrigieren«, haben Sie in einem Workshop erfahren, wie Sie flaue und kontrastarme Bilder mithilfe einer Tonwertkorrektur vom Nebelschleier befreien können. Dasselbe können Sie auch mit der Funktion DUNSTENTFERNUNG machen, die Sie über ÜBERARBEITEN • DUNSTENTFERNUNG aufrufen.

Über den Schieberegler DUNSTREDUZIERUNG ❶ (Abbildung 11.47) legen Sie fest, wie stark Sie den Dunst bzw. Nebelschleier des Bildes entfernen wollen. Je weiter Sie den Regler nach rechts ziehen, umso intensiver wird der Dunst reduziert. Der Regler EMPFINDLICHKEIT ❷ hingegen legt einen Schwellenwert für die Dunsterkennung fest. Ziehen Sie den Regler ganz nach links, wird überhaupt kein Dunst erkannt, und die Einstellung von DUNSTREDUZIERUNG hat keinen Effekt. Wenn Sie hingegen den Regler nach rechts ziehen, erhöhen Sie auch die Erkennung von Dunst. Über VORHER-NACHHER ❸ können zwischen einer Vorher- und einer Nachher-Ansicht der Vorschau wechseln. Mit OK ❹ wird die Dunstentfernung auf das Bild angewendet.

Kapitel_11: Berchtesgadener-Alpen.jpg

Automatische Dunstentfernung

Wenn es mal schnell gehen soll, können Sie die Dunstreduzierung mit der Automatik über das Menü ÜBERARBEITEN • AUTOMATISCHE DUNSTENTFERNUNG ausprobieren.

Kapitel 11 Tiefen und Lichter korrigieren

Abbildung 11.47 ▶
Die Funktion zur Dunstentfernung im Einsatz

Kapitel 11: Reisfelder.jpg

Die Funktion für die Dunstentfernung ist sehr hilfreich für schwierigere Fälle von Dunst und Nebel im Bild. Wenn Sie das linke Bild »Reisfelder.jpg« und das dazu dazugehörige Histogramm daneben betrachten und auch selbst probieren, den Dunst zu entfernen, werden Sie feststellen, dass Sie hier mit dem Workshop aus Abschnitt 11.4.1, »Flaue Bilder korrigieren«, nicht mehr weiterkommen, um den Nebel zu entfernen bzw. zu reduzieren. Das Bild in der rechten Seite wurde mit der Funktion DUNSTENTFERNUNG bearbeitet. Das Endergebnis kann sich sehen lassen.

▲ **Abbildung 11.48**
Hier kommen Sie mit der Tonwertkorrektur und dem Setzen des Schwarzpunktes und Weißpunktes nicht mehr weiter, auch nicht mehr mit einzelnen RGB-Kanälen. Rechts sehen Sie das Bild nach der Funktion zur Dunstentfernung.

11.6 Auto-Tonwertkorrektur

Die AUTO-TONWERTKORREKTUR lässt sich ausführen über ÜBERARBEITEN • AUTO-TONWERTKORREKTUR (oder mit der Tastenkombination [Strg]/[cmd]+[⇧]+[L]). Die Ausführung der Automatik funktioniert im Prinzip wie bei einer Tonwertkorrektur von Hand, bei der die Schieberegler, Kanal für Kanal, an den Anfang der Histogramm-Hügel gezogen werden. Der Nachteil dieser Automatik ist, dass sie auch spezifische Bildeigenschaften neutralisiert und korrigiert, die man vielleicht lieber erhalten würde. Unter Umständen können Sie diese Automatik aber verwenden, wenn das Bild bereits über einen gleichmäßigen Tonwertumfang verfügt.

Automatik versus manuell
Das Resultat der automatischen Tonwertkorrektur ist relativ unvorhersehbar und selten befriedigend. Verwenden Sie die Auto-Tonwertkorrektur daher – wie alle Automatikfunktionen – nur ausnahmsweise.

11.7 Automatische intelligente Farbtonbearbeitung

Eine etwas bessere Alternative zur AUTO-TONWERTKORREKTUR finden Sie in der AUTOMATISCHEN INTELLIGENTEN FARBTONBEARBEITUNG über das Menü ÜBERARBEITEN (oder mit der Tastenkombination [Strg]/[cmd]+[Alt]+[T]). Diese Funktion nutzt einen intelligenten Algorithmus auf die Tonwerte des geöffneten Bildes.

Die Verwendung der Funktion ist sehr einfach. In der Mitte finden Sie einen Regler ❺ (eine Art Joystick), den Sie zur Feinabstimmung der Farbtonverarbeitung mit gedrückt gehaltener Maustaste in eine der vier Ecken ziehen sollten.

Kapitel_11:
waechterloewc.jpg

▼ **Abbildung 11.49**
Über den Dialog AUTOMATISCHE INTELLIGENTE FARBTONVERARBEITUNG können Sie eine visuelle Farbtonverarbeitung mit einem Regler ❺ durchführen.

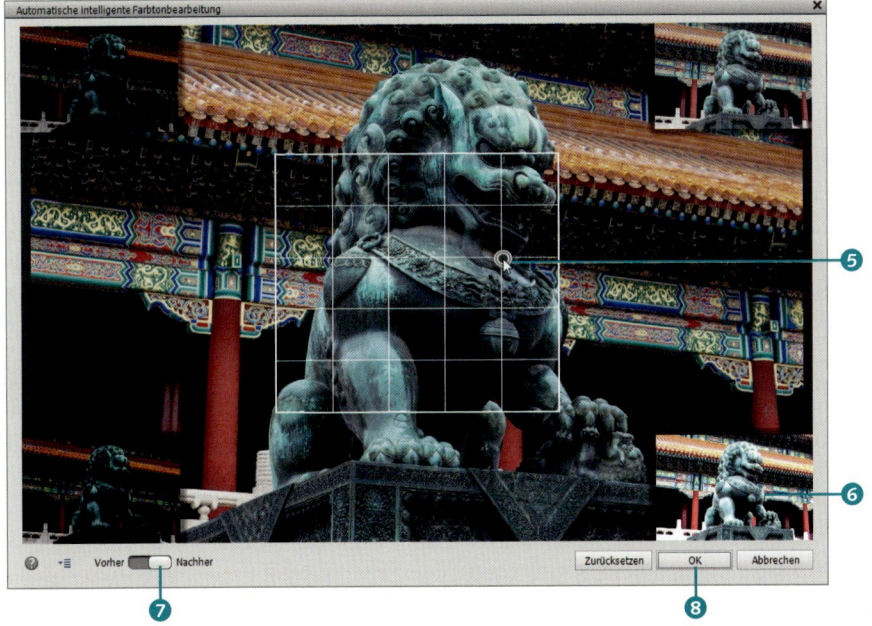

Anhand der Miniaturen ❻ an den Ecken können Sie nachverfolgen, welchen Effekt Sie erwarten können, je weiter Sie den Regler in die entsprechende Richtung der Ecke ziehen. Standardmäßig wird die Korrektur live angezeigt. Mit dem entsprechenden Schalter ❼ können Sie zwischen der VORHER- und NACHHER-Ansicht umschalten. Die Einstellung wird erst auf das Bild ausgeführt, wenn Sie die Schaltfläche OK ❽ bestätigt haben.

▲ **Abbildung 11.50**
Die Funktion lernt mit.

Aus der Korrektur lernen | Wenn Sie diese Funktion verwenden, können Sie im Menü des Dialogs die Option AUS DIESER KORREKTUR LERNEN ❶ aktivieren (ist standardmäßig aktiviert). Mithilfe dieser Option lernt die Software von Ihren Aktionen und verwendet diese Einstellung als Ausgangseinstellung für das nächste Bild ebenfalls wieder. Je mehr Bilder Sie mit dieser Funktion korrigieren, desto intelligenter wird sie. Diese Einstellung kann sehr hilfreich sein, wenn Sie viele ähnliche Bilder mit ähnlichen Korrekturen bearbeiten müssen. Ebenfalls über das Menü können Sie die Miniaturecken ❷ (de-)aktivieren.

Das Lernen der Funktion können Sie über BEARBEITEN/PHOTOSHOP ELEMENTS EDITOR • VOREINSTELLUNGEN • ALLGEMEIN über die Schaltfläche LERNEN DER AUTOMATISCHEN INTELLIGENTEN FARBTONVERARBEITUNG ZURÜCKSETZEN ❸ wieder zurücksetzen.

Abbildung 11.51 ▶
Intelligente Lernfunktion wieder zurücksetzen

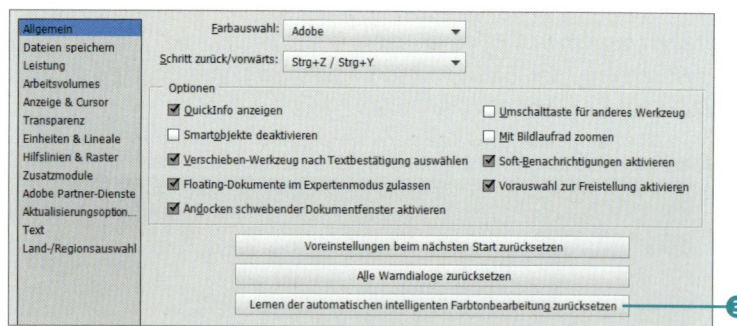

Gradationskurve

Auch wenn der Dialog mit dem Diagramm ❻ eine Art Gradationskurve zeigt, ist diese Anzeige nur visueller Natur. Eine echte Gradationskurve bietet Photoshop Elements (noch) nicht an. Allerdings lässt sich eine solche als Zusatzmodul nachinstallieren, wie ich in Anhang C, »Zusatzmodule«, beschreibe.

11.8 Farbkurven anpassen

Im Menü unter ÜBERARBEITEN • FARBE ANPASSEN • FARBKURVEN ANPASSEN finden Sie einen weiteren Dialog, der sich für die schnelle Korrektur von Tiefen, Mitteltönen und Lichtern eignet. Rätselhaft bleibt, warum dieser Dialog bei den Farben abgelegt wurde, da sich hiermit eigentlich keinerlei Farbveränderungen durchführen lassen.

Wenn Sie ein Bild mit dem Dialog anpassen wollen, klicken Sie zunächst auf STIL AUSWÄHLEN ❹. Ist das Bild zum Beispiel zu dunkel, wählen Sie einfach TIEFEN AUFHELLEN aus. Häufig sind hierbei allerdings die Ergebnisse eher unbefriedigend und nur als Vorauswahl zu gebrauchen, die Sie mit den Schiebereglern ❺ noch von Hand nachjustieren müssen. Schieben Sie zum Beispiel den Regler TIEFEN ANPASSEN nach rechts, werden die Tiefen im Bild und dunkle Bildbereiche weiter aufgehellt. Diese Änderung wirkt sich auch auf das Diagramm ❻ daneben aus. Der Tiefenpunkt wandert hier nach oben.

Im Beispiel in Abbildung 11.52 wurde durch diese Maßnahmen die Gesamthelligkeit des Bildes verbessert, indem die Tiefen aufgehellt und zusätzlich noch ein paar Regler betätigt wurden.

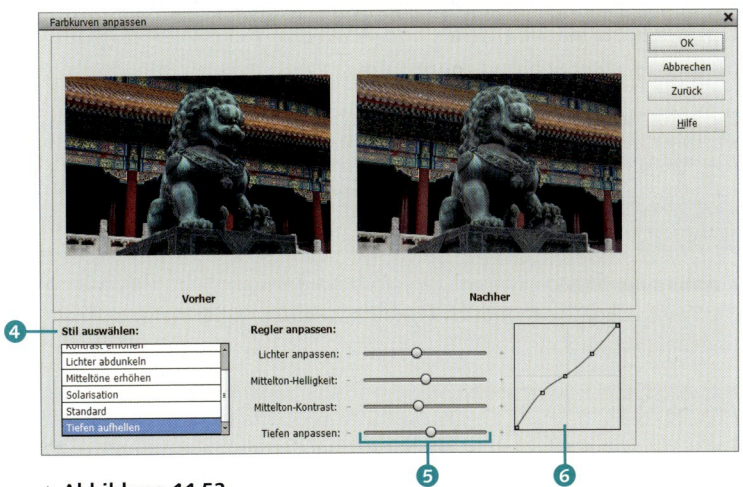

▲ **Abbildung 11.52**
Auch über den Dialog FARBKURVEN ANPASSEN können Sie die Belichtung im Bild korrigieren.

Alternative: Tonwertkorrektur
Anstatt die Tiefen, Mitteltöne und Lichter mit dem FARBKURVEN-Dialog zu verbessern, sollten Sie auch zu diesem Zweck auf die klassische Tonwertkorrektur zurückgreifen. Hierbei sehen Sie sofort, wie sich eine Korrektur auswirkt, und können anhand des Histogramms wesentlich genauer arbeiten. Selbst mit der Schnellkorrektur unter BELEUCHTUNG haben Sie mehr Kontrolle über die Korrektur als mit dem FARBKURVEN-Dialog.

Praktisch ist hierbei auch die VORHER-NACHHER-Ansicht im Dialog. Leider lässt sich diese Ansicht nicht näher heranzoomen – was in der Praxis fast immer erforderlich ist. So ist kaum zu erkennen, ob das Bild zu stark aufgehellt oder abgedunkelt wurde. Dies offenbart sich erst, nachdem Sie die Änderung schon mit OK bestätigt haben. Oft werden dann unerwünschte Details im Bild sichtbar, etwa das Bildrauschen in unserem Beispiel.

Tipp
Da sich die einzelnen Funktionen visuell sofort auf das Bild auswirken, können Sie das Dokumentfenster als 1:1-Vorschaufenster verwenden. Allerdings setzt dies auch voraus, dass der Dialog FARBKURVEN ANPASSEN das Dokumentfenster nicht überdeckt.

11.9 Detailarbeit: Werkzeuge zum Nachbelichten und Abwedeln

Um einzelne Bildteile aufzuhellen oder abzudunkeln, finden Sie in den Werkzeugoptionen den Abwedler und den Nachbelichter sowie das Schwamm-Werkzeug, mit dem Sie die Farb-

Achtung: Retusche!

Diese Werkzeuge müssen Sie mit Bedacht einsetzen, weil sie, wie ein Pinsel, direkt auf der Bildebene eingreifen – es werden also die Pixel des Bildes geändert. Einmal auf diese Weise geänderte Pixel lassen sich kaum wiederherstellen. Verwenden Sie diese Werkzeuge daher nur für kleine Detailanpassungen oder Retuschen.

sättigung einzelner Bildpartien ändern können. Alle Werkzeuge erreichen Sie auch mit dem Tastenkürzel [O].

Abwedler und Nachbelichter werden gerne in ihrer Funktion verwechselt: Der **Nachbelichter** hellt nämlich das Bild nicht auf, wie man annehmen könnte, sondern er **verdunkelt** es. Zur Aufhellung von Bildbereichen verwenden Sie den **Abwedler**. Es gilt also:

- Nachbelichter – Bildbereiche abdunkeln
- Abwedler – Bildbereiche aufhellen
- Schwamm-Werkzeug – Sättigung von Bildbereichen verändern

Optionen für Nachbelichter und Abwedler | Die Werkzeugoptionen sind identisch und schnell erklärt.

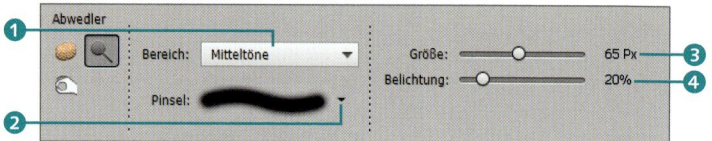

▲ **Abbildung 11.53**
Die Werkzeugoptionen für den Abwedler und den Nachbelichter sind identisch.

Auf der linken Seite in der Dropdown-Liste ❷ stellen Sie die Form der Werkzeugspitze ein. Über den Schieberegler Grösse ❸ regulieren Sie die Größe der Werkzeugspitze. Die Wirkung des Werkzeugs bestimmen Sie über die Dropdown-Liste Bereich ❶. Hierbei legen Sie fest, ob Sie die hellsten (Lichter), die dunkelsten (Tiefen) oder die mittleren (Mitteltöne) Helligkeitswerte des Bildes verändern wollen. Mit dem Schieberegler Belichtung ❹ hingegen stellen Sie ein, wie stark das Werkzeug wirken soll. Häufig wirken hierbei schon Werte von 10 bis 20 % recht gut. Bei höheren Werten wirken die Übergänge schnell zu hart.

Schritt für Schritt
Einzelne Bildpartien aufhellen

Kapitel_11:
zu-dunkel.jpg

Im folgenden Bild ist die Person durch das Gegenlicht und den Schatten zu dunkel geraten. Eine allgemeine Aufhellung des Bildes, beispielsweise mit einer Tonwertkorrektur, entfällt hier, weil sonst der Himmel und die Tischdecke zu hell würden und teilweise komplett ins Weiß verschwänden. In diesem Fall ist eine partielle Korrektur besser geeignet.

11.9 Detailarbeit: Werkzeuge zum Nachbelichten und Abwedeln

1 Abwedler einstellen

Laden Sie das Bild »zu-dunkel.jpg« in den Fotoeditor. Wählen Sie den Abwedler aus. Belassen Sie die Form der Pinselspitze wie in der Voreinstellung, und stellen Sie eine GRÖSSE von 300 Px ein. Wählen Sie für den BEREICH die MITTELTÖNE aus. Die BELICHTUNG können Sie in diesem Beispiel auf 20 % setzen. Verwenden Sie auf jeden Fall auch einen weichen Pinsel.

▲ **Abbildung 11.54**
Die Person ist hier zu dunkel geraten.

▲ **Abbildung 11.55**
ABWEDLER-Optionen einstellen

2 Bereiche aufhellen

Zoomen Sie (zum Beispiel mit `Strg`/`cmd`+`+`) nun etwas weiter in das Bild hinein, um vorwiegend die dunklen Bereiche der Personen zu erfassen. Umfahren Sie mit gedrückter linker Maustaste die Bereiche ❺ mit dem Werkzeug. Nun sollten die Details deutlich sichtbarer werden.

Wollen Sie den Bereich weiter aufhellen, sollten Sie die Pinselgröße etwas reduzieren und vor allem die BELICHTUNG auf ca. 10 % verringern, damit der Übergang nicht zu hart wird. Je öfter Sie aufhellen, desto feiner und genauer müssen Sie arbeiten.

Tipp: Vor Übermalen schützen
Wenn Sie genauer arbeiten wollen, können Sie diese Personen auch mit dem Schnellauswahl-Werkzeug auswählen und so den Himmel vor versehentlichem Aufhellen schützen. Das Schnellauswahl-Werkzeug wird in Abschnitt 23.3, »Das Schnellauswahl-Werkzeug«, beschrieben.

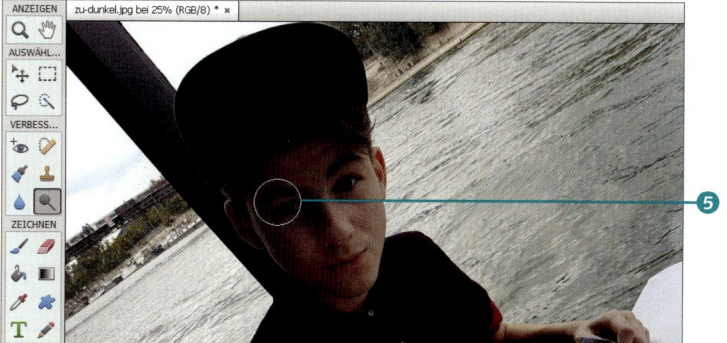

▲ **Abbildung 11.56**
Malen Sie zum Aufhellen über die dunkle Person. Wollen Sie ein zweites Mal aufhellen, reduzieren Sie zunächst die Belichtungsstärke.

3 Nach der Korrektur

Die Korrektur mit dem Abwedler bringt noch einige Details mehr zum Vorschein. Allerdings sollten Sie hierbei wirklich sehr behut-

Nicht-destruktive Lösung
Der Nachteil dieser Lösung liegt darin, dass Sie mit diesen Werkzeugen direkt auf den Originalpixeln des Bildes destruktiv operieren und sie damit ändern. Eine nicht-destruktive Lösung könnten Sie mit den Ebenenmasken erzielen, indem Sie eine Einstellungsebene für eine Tonwertkorrektur hinzufügen, die Person im Bild entsprechend beispielsweise mithilfe des Gammareglers aufhellen und dann mithilfe der Ebenenmaske der Tonwertkorrektur entsprechende Bereiche (de-)maskieren.

▼ **Abbildung 11.57**
Die Details der Person sind jetzt besser zu sehen. Es wirkt jetzt eher so, als ob ein Blitz verwendet worden wäre.

sam vorgehen, um die dunklen Bildbereiche nicht zu stark zu verrauschen und unerwünschte Artefakte zu vermeiden.

Was hier für den Abwedler zum Aufhellen von zu hellen Bildbereichen gilt, lässt sich analog auch mit dem Nachbelichter bei zu hellen Bildbereichen durchführen. Natürlich dürfen Sie von den Werkzeugen keine Wunder erwarten – wo es keine Details mehr gibt, lässt sich auch nichts mehr hervorzaubern.

Mehrmaliges Anwenden
Denken Sie daran: Wenn Sie mit gedrückter linker Maustaste mehrmals über dieselbe Stelle im Bild fahren, bearbeiten Sie die Pixel an dieser Stelle gleich mehrfach mit dem Schwamm-Werkzeug. Für den Nachbelichter und den Abwedler gilt dasselbe.

Abbildung 11.58 ▶
Die Werkzeugoptionen des Schwamm-Werkzeugs

Optionen für das Schwamm-Werkzeug | Das Schwamm-Werkzeug bietet etwas andere Optionen als der Nachbelichter und der Abwedler. Neben den bekannten Einstellungen wie FORM und GRÖSSE des Pinsels finden Sie hier auch die Einstellung MODUS ❶. Damit legen Sie fest, ob Sie bei Teilen im Bild die Farbsättigung erhöhen oder reduzieren wollen. Mit der Option FLUSS ❷ geben Sie an, wie schnell die Pixel aufgetragen werden sollen. Je kleiner dieser Wert ist, desto schwächer ist die Wirkung.

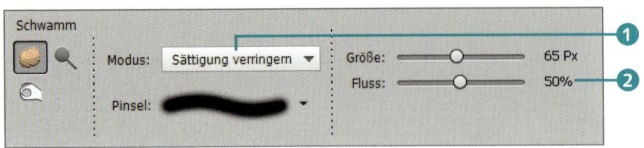

11.10 Tiefen und Lichter mit dem Assistenten

Im ASSISTENT-Modus finden Sie in der Kategorie GRUNDLAGEN einige Funktionen (hier speziell AUFHELLEN UND ABDUNKELN und TONWERTKORREKTUR), die vereinfacht den Funktionen im Menü ÜBERARBEITEN • BELEUCHTUNG ANPASSEN entsprechen.

Kapitel 12
Farbkorrektur

Neben der Korrektur der Beleuchtung gehört die Farbkorrektur zu den grundlegenden Schritten der Bildbearbeitung. Unerwünschte Farbstiche sind dabei die häufigste Fehlerquelle bei den Farben. Ein solcher Farbstich kann zum Beispiel bei Aufnahmen unter Kunstlicht entstehen. Aber auch Digitalkameras oder Scanner produzieren manchmal Bilder mit einer Farbabweichung.

12.1 Farbstich ermitteln

Im letzten Kapitel haben Sie bereits gelernt, wie Sie mit der Tonwertkorrektur einen solchen Farbstich beheben (siehe Abschnitt 11.4.3). Meistens reicht dieses Vorgehen auch aus. Für die schwierigeren Fälle zeige ich Ihnen im Folgenden einige weitere Möglichkeiten, Probleme mit ungenauen Farbmischungen zu beheben.

Einen Farbstich in einem vielfarbigen Bild zu erkennen, fällt selbst geübten Betrachtern oft schwer. Ein zusätzliches Problem ist, dass ein Bild auf jedem Monitor und auf jedem Rechner anders aussieht.

Farbkorrektur
Der Begriff *Farbkorrektur* bezeichnet normalerweise die Behebung von Farbstichen und nicht, wie oft irrtümlich angenommen, die Änderung der Farbsättigung eines Bildes.

Woher kommt der Farbstich? | Es gibt viele Situationen, in denen Farben des Bildes nicht korrekt dargestellt werden. Da es viele verschiedene Lichtquellen gibt und damit die Kamera auch auf diese Lichtquellen reagieren kann, muss die Farbtemperatur des entsprechenden Lichtes in Ihrer Kamera eingestellt werden. Dies erreichen Sie, indem Sie den richtigen Weißabgleich in der Kamera vor der Aufnahme des Fotos setzen. Da viele Fotografen diesen Wert gerne auf AWB (Automatischer Weißabgleich) stehen lassen, kann es zu falschen Farbwerten kommen, weil die Automatik nicht immer perfekt eine Farbanpassung durchführt – obgleich die modernen Kameras hier schon sehr naturgetreue Farben wiedergeben können.

Kapitel 12 Farbkorrektur

Bild- und Pixelmanipulationen
Photoshop Elements stellt Ihnen für die Farbkorrektur zahlreiche Werkzeuge zur Verfügung. Viele dieser Werkzeuge, die ich in diesem Abschnitt behandele, haben allerdings weniger mit der Farbkorrektur zu tun als mit der Kategorie der Bild- und Pixelmanipulationen bzw. -verfremdungen.

In der Praxis treten daher Farbstiche häufiger bei schwierigeren Lichtbedingungen wie dem Morgenrot oder Abendhimmel (Orange-/Magenta-/Gelb- und/oder Rotstich) oder künstlichen Lichtquellen wie Leuchtstofflampen (Grünstich) auf. Besonders schwierig sind hierbei auch Innenaufnahmen, Nachtaufnahmen oder Aufnahmen mit Schnee im Winter.

Farbwerte messen | Ein guter Indikator für die richtige Farbmischung eines Bildes sind die Grautöne. Gerade im RGB-Modus eines Bildes entsteht ein neutrales Grau, wenn die drei Farbkanäle Rot, Grün und Blau ungefähr gleich sind. Wenn in einem Bild die **Graubalance** stimmt, sollten auch die anderen Farben keinen Farbstich aufweisen.

Vielleicht fragen Sie sich nun, ob Sie diese Graubalance nicht auch auf andere Farben anwenden können. Betrachten Sie in diesem Fall einmal die Abbildung mit den grünen Farben, und versuchen Sie zu entscheiden, welcher Grünton zu viel Blau und welcher zu viel Rot enthält. Die Beurteilung wird noch schwieriger, wenn weitere Farben hinzukommen, und ist zuletzt nur noch Geschmackssache.

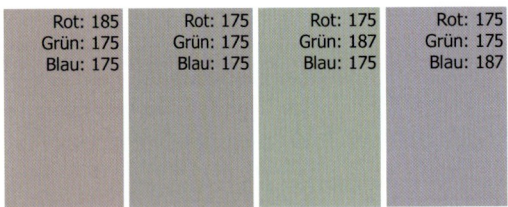

▲ Abbildung 12.1
Bei Grautönen lässt sich schnell erkennen, welchen Farbstich ein Bild hat. Der erste Grauton hat einen rötlichen Stich, der zweite ist neutral und damit perfekt, der dritte Grauton hat einen Grünstich und der letzte Grauton einen Blaustich.

▲ Abbildung 12.2
Während man bei den Grautönen schnell sieht, wo zu viel Blau oder Rot vorhanden ist, ist dies bei Farben, wie hier bei den grünen Flächen, nicht mehr so einfach zu erkennen.

Schritt für Schritt
Farbmischung bestimmen

Vor der Korrektur eines Farbstichs müssen Sie herausfinden, welche Farbe für die verfälschte Farbwiedergabe verantwortlich ist.

1 Pipette einstellen
Laden Sie das Bild »Nachtaufnahme.jpg« in den Fotoeditor. Verwenden Sie das Farbwähler-Werkzeug 🖉 aus der Werkzeugpalette. Schneller geht es mit dem Tastenkürzel [I]. In den Werkzeugoptionen können Sie bestimmen, wie groß der Bereich sein

▲ Abbildung 12.3
Die Farbwiedergabe des Bildes benötigt eine Anpassung.

Kapitel_12:
Nachtaufnahme.jpg

soll, aus dem Sie die Farbe auswählen wollen. Die Standardeinstellung, hier 1 Pixel (wird als leeres Quadrat angezeigt) ❶, ist für unsere Zwecke nicht geeignet, da es zwischen den einzelnen Pixeln immer noch zu Farbabweichungen kommen kann. Wählen Sie daher einen höheren Aufnahmebereich (3 × 3 oder 5 × 5) aus. Da Photoshop Elements leider nur drei verschiedene Aufnahmebereiche bietet, entscheiden Sie sich für den größten Bereich, Durchschnitt (5 × 5) ❷.

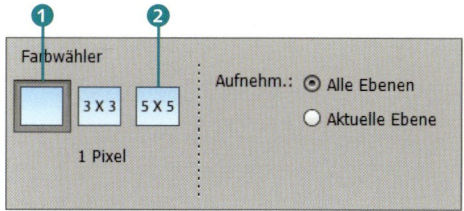

▲ Abbildung 12.4
Die Werkzeugoptionen der Pipette

Gegenfarben

Dass ich im Beispiel das Bild mit einem Magentastich dotiert habe, liegt daran, dass Magenta die Gegenfarbe von Grün ist. Einen Farbstich können Sie immer beheben, indem Sie die Gegenfarbe erhöhen oder die Farbe des Farbstichs reduzieren. Gegenfarben werden auch als *Komplementärfarben* bezeichnet. Die Komplementärfarbe von Rot ❸ ist Cyan ❹, die von Grün ❺ ist Magenta ❻ und jene von Blau ❼ ist Gelb ❽. Bezogen auf das Beispielbild »Nachtaufnahme.jpg« ist der Grünanteil zu niedrig, und somit bedeutet dies automatisch, dass die Gegenfarbe Magenta zu hoch ist. Daher leuchtet es ein, wenn Sie den Grünanteil des grünen Kanals erhöhen, sodass sich der Magentaanteil reduziert. Es ist manchmal ganz nützlich, sich mit den Komplementärfarben auszukennen.

2 Informationen-Bedienfeld aufrufen

Um den durchschnittlichen Wert, der mit der Pipette aufgenommen wird, ordentlich ablesen zu können, rufen Sie das Informationen-Bedienfeld über Fenster • Informationen (oder F8) auf.

3 Grauton messen

Das Bild in Abbildung 12.4 hat keine wirklich naturgetreue Farbwiedergabe. Dies lässt sich bereits mit bloßem Auge erkennen. Da einige Gebäude hier grau sind, haben Sie einen neutralen Grauton für die Messung der Graubalance gefunden.

Bewegen Sie den Mauszeiger mit dem Farbwähler (in Form einer Pipette) auf einen bestimmten Bereich im Bild, dessen Grauton Sie messen wollen. Im Informationen-Bedienfeld werden jeweils die Werte für das Pixel angezeigt, auf das der Cursor weist.

Der gemessene Grauwert im Informationen-Bedienfeld zeigt eindeutig, dass der Grauwert nicht ausgeglichen ist. Immer ist hier der Blauwert ❾ (Abbildung 12.6) der höchste, was oft typisch für Nachtaufnahmen oder Aufnahmen zur »Blauen Stunde« ist. Auch der Rotanteil ist häufig etwas niedriger, was bedeutet, dass zu viel Cyan vorhanden ist. Aber hauptsächlich weist das Bild einen extrem niedrigen Grünwert auf, was auf einen Magentastich hindeutet.

Das Bild hat also einen Magentastich durch das viele Kunstlicht drum herum, daher müssen Sie dem Bild Magenta entziehen. Das geht zum Beispiel über die RGB-Kanäle mit der Tonwertkorrektur.

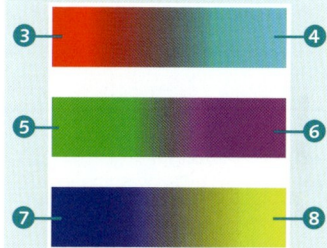

▲ Abbildung 12.5
Die Kanäle Rot, Grün und Blau mit ihren Gegenfarben Cyan, Magenta und Gelb

357

Kapitel 12   Farbkorrektur

wie ich es in Abschnitt 11.4.3, »Farbstich entfernen«, beschreibe. Im hier vorliegenden Beispiel müssten Sie den mittleren Schieberegler des grünen Kanals wie auch des roten Kanals erhöhen. Auf den folgenden Seiten zeige ich Ihnen aber auch noch andere Wege auf.

Abbildung 12.6 ▶
Grautonwerte im Informationen-Bedienfeld auslesen

Graubalance bei Bildern ohne neutralen Punkt | Leider ist es nicht immer ganz einfach, in einem Bild einen neutralen Grauton für die Graubalance zu finden. Wenn es keinen neutralen Grauton gibt, sind viel Fingerspitzengefühl und auch Erfahrung gefordert, um den richtigen Messpunkt im Bild zu finden. Häufig können Sie aber schon mit dem bloßen Auge den Farbstich erkennen. Nicht immer gelingt dies direkt auf Anhieb. Auf jeden Fall sollten Sie jedoch die Graubalance in einem Bild überprüfen.

12.2   Farbstich mit einem Mausklick entfernen

Photoshop Elements wäre nicht so erfolgreich und für seine Einfachheit bekannt, wenn es nicht auch eine Ein-Klick-Lösung zum Entfernen eines Farbstichs gäbe. Rufen Sie hierzu einfach den entsprechenden Dialog über Überarbeiten • Farbe anpassen • Farbstich entfernen auf.

Abbildung 12.7 ▶
Farbstich mit einem Mausklick korrigieren

358

Das Prinzip ist relativ einfach: Nachdem Sie den Dialog aufgerufen haben, klicken Sie mit der Pipette einen Teil im Bild an, der grau, weiß oder schwarz sein sollte. Bei vielen Bildern ist dies nicht so einfach zu ermitteln, weshalb Sie vielleicht mehrere Versuche benötigen.

Die Korrektur des Farbstichs können Sie jederzeit mit der Schaltfläche Zurück wieder aufheben.

▲ **Abbildung 12.8**
Das Bild links hat einen leichten Gelbstich. Im mittleren Bild wurde dieser mit der Ein-Klick-Lösung auf eine graue Fläche behoben. Zum Vergleich finden Sie im rechten Bild die Lösung, in der der Farbstich mit der Tonwertkorrektur behoben wurde.

Die manuelle Lösung liefert in Abbildung 12.8 das bessere Ergebnis, weil es in diesem Bild recht schwer war, eine perfekte graue Fläche zu finden. Der Erfolg der Ein-Klick-Lösung hängt ohnehin von dem Bereich ab, den Sie im Bild anklicken.

Natürlich ist auch diese Methode zur Behebung eines Farbfehlers nicht so präzise wie die Arbeit mit der Tonwertkorrektur, wobei auch hier das Gelingen entscheidend davon abhängt, welchen Farbwert Sie zur Korrektur auswählen.

Kapitel_12:
Lichtspiele.jpg

Einstellungsebene »Farbton/Sättigung«

Farbton/Sättigung steht auch als Einstellungsebene zur Verfügung (siehe Abschnitt 10.1.5, »Flexibel arbeiten mit Einstellungsebenen«). Das Korrekturen-Bedienfeld Farbton/Sättigung unterscheidet sich dann zwar optisch leicht vom gleichnamigen Dialog, aber das Prinzip und die Anwendung bleiben gleich.

12.3 Farbton und Sättigung anpassen

Der Dialog Farbton/Sättigung, den Sie über Überarbeiten • Farbe anpassen • Farbton/Sättigung anpassen oder mit der Tastenkombination Strg/cmd+U aufrufen, ermöglicht Ihnen

Kapitel 12 Farbkorrektur

ein Verschieben der Farbtöne innerhalb eines Farbspektrums sowie Anpassungen der Sättigung und der Helligkeit.

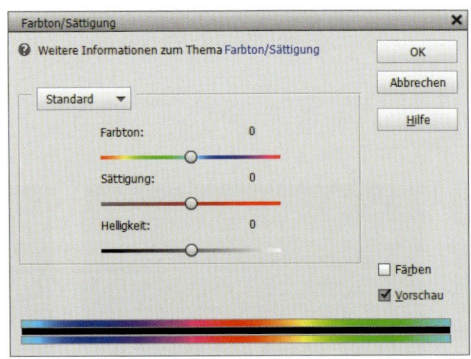
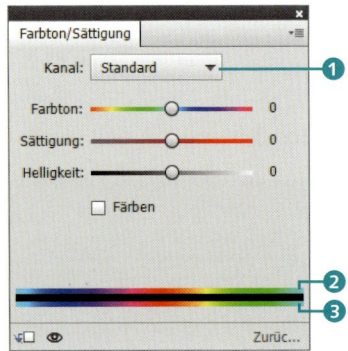

Abbildung 12.9 ▶
Der destruktiv arbeitende Dialog FARBTON/SÄTTIGUNG ist ein interessantes Werkzeug, um die Farben im Bild zu verändern.

Abbildung 12.10 ▶▶
Das Gleiche gibt es natürlich auch als nicht-destruktiv arbeitende Einstellungsebene mit eigenem Bedienfeld.

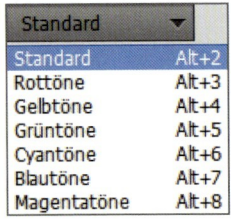

▲ **Abbildung 12.11**
Einschränken der Bearbeitung auf bestimmte Farbtöne

Das Verschieben der Farbtöne über den Schieberegler FARBTON basiert auf den drei Grundlagen Farbton (**H**ue), Sättigung (**S**aturation) und Helligkeit (**B**rightness), kurz dem **HSB**-Farbkreis. Das Verschieben der Farben im Spektrum wird dabei unten im Dialog angezeigt. Der obere Farbumfang ❷ ist hierbei der Standardspektralbereich. Der untere Farbumfang ❸ wird verschoben, sobald Sie den Schieberegler FARBTON nach links oder rechts bewegen. Schwarze und weiße Pixel bleiben von einer Farbverschiebung mit dem Regler FARBTON unberührt.

Mit dem Schieberegler SÄTTIGUNG verstärken oder reduzieren Sie die Farbkraft. Mit dem Regler HELLIGKEIT fügen Sie einem Bild mehr Weiß oder mehr Schwarz hinzu – je nach Richtung der Verschiebung.

Über die Dropdown-Liste ❶ können Sie neben dem gesamten Bild (STANDARD) auch einzelne Bild- oder Farbbereiche verändern. Wählen Sie zum Beispiel in der Liste GELBTÖNE aus, wirken sich anschließend alle Veränderungen mit dem Dialog nur auf diesen Farbbereich aus. Natürlich lässt es sich hierbei nicht ganz vermeiden, dass auch andere Farbbereiche mit verändert werden. Grüntöne haben zum Beispiel auch einen Anteil Gelb und werden somit ebenfalls geändert.

Was sind Farbton und Sättigung? | Der Farbton ist schlicht und einfach die Farbe im Bild. Die Farbsättigung zeichnet die Reinheit und Intensität einer Farbe aus. Bei der Korrektur oder Änderung von Farbe (mit dem Regler FARBTON) bzw. der Farbsättigung (mit dem Regler SÄTTIGUNG) müssen Sie vorsichtig sein. Nichts kann ein Bild mehr zerstören als eine übertriebene Farbsättigung. Versuchen Sie daher, immer eine möglichst ausgeglichene Farbbalance zu erzielen.

Zum Weiterlesen
In diesem Abschnitt wird nur die Korrektur bzw. Verbesserung von Farben in einem Bild erklärt. Es ist aber auch möglich, mithilfe dieser Dialoge unter anderem eine Farbverfremdung durchzuführen. Darauf wird in Abschnitt 16.5, »Farbton verschieben«, eingegangen. Auch tonen lassen sich die Bilder, wie Sie in Abschnitt 16.1.1, »Bilder färben mit ›Farbton/Sättigung‹«, nachlesen können.

12.3 Farbton und Sättigung anpassen

Im Gegensatz zu einer Tonwertkorrektur gibt es bei der Farbkorrektur kein zuverlässiges Hilfsmittel wie ein Histogramm, um die Qualität der Farbe zu messen. Der richtige Farbton und die richtige Sättigung sind somit eher eine Sache des persönlichen Geschmacks.

Farbsättigung anpassen | In der Abbildung »Graffiti.jpg« wurde die Farbsättigung über den Regler SÄTTIGUNG ❹ stufenweise um jeweils +20 erhöht. Abhängig vom subjektiven Geschmacksempfinden des Betrachters ist eine Erhöhung ab +40 meistens schon zu viel des Guten.

Zum Weiterlesen

Mit dem Regler FARBTON verschieben Sie das Farbspektrum und verfremden damit die einzelnen Pixel. Über KANAL können Sie dies auch mit einzelnen Farbtönen erreichen. Der Regler wird daher eher selten zur Bildkorrektur verwendet und wird in Abschnitt 15.2.1, »Farben teilweise entfernen – Color Key«, und Abschnitt 16.5, »Farbton verschieben«, umfassender beschrieben.

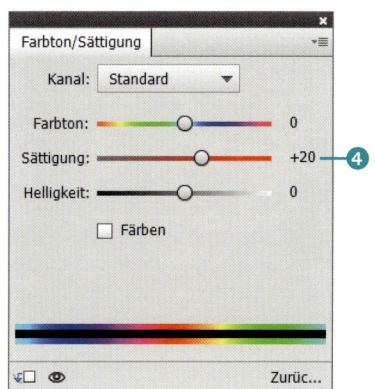

◀ Abbildung 12.12
Die Intensität und die Reinheit der Farben werden über den Regler SÄTTIGUNG ❹ reguliert.

Alternativ können Sie die Sättigung der Farben natürlich auch reduzieren, wenn diese zu intensiv sind oder Sie zu kreativen Zwecken das Bild etwas entsättigen wollen.

 Kapitel_12: Graffiti.jpg; Temple-of-Heaven.jpg

▲ Abbildung 12.13
Hier können Sie sehr schön unterschiedliche Farbsättigungen sehen. Das Bild links wurde nicht behandelt. Im zweiten Bild wurde die SÄTTIGUNG um +20 erhöht. Im dritten Bild wurde die SÄTTIGUNG auf +40 und im vierten gar auf +60 erhöht, wodurch die Farbbalance schon sehr unnatürlich wirkt.

Wollen Sie die Sättigung einzelner Farbkanäle anpassen, brauchen Sie lediglich einen KANAL 1 auszuwählen und die Sättigung nur für diesen Kanal anzupassen. Ein beliebtes Beispiel ist es, die Sättigung für einen blauen Himmel über die CYANTÖNE und BLAUTÖNE zu verbessern oder die Sättigung von zu knalligen Farbkanälen im Bild zu reduzieren.

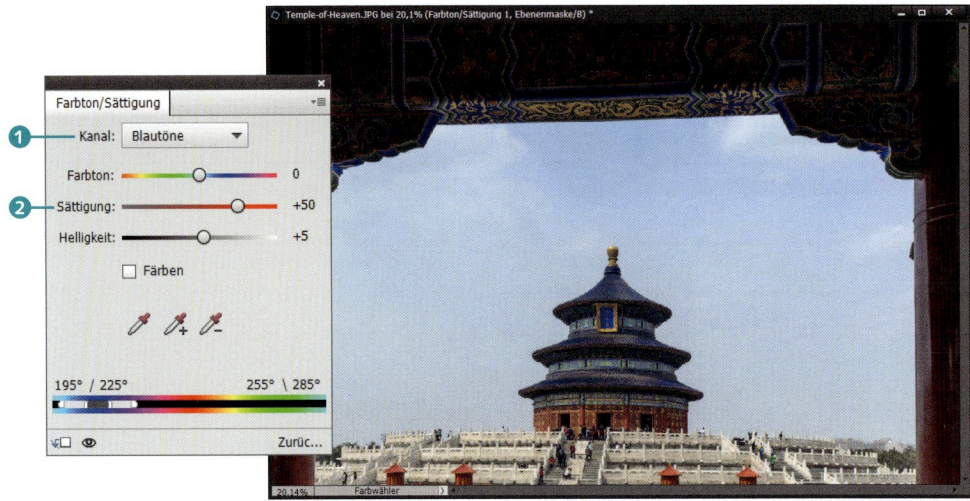

▲ **Abbildung 12.14**
Einzelne Farbtöne können Sie über KANAL 1 auswählen und anpassen. Im Beispiel wurde die SÄTTIGUNG 2 von Cyantönen und Blautönen erhöht, um so den flauen Himmel etwas strahlender zu machen.

12.4 Farbton, Farbsättigung und Farbbalance mit dem Schnell-Modus

Zum Nachlesen
Der SCHNELL-Modus wird in Kapitel 2, »Schnelle Bildkorrekturen im Fotoeditor«, behandelt.

An dieser Stelle muss ich noch die Farbfunktionen bei den Korrekturen im SCHNELL-Modus hervorheben, da dieser einige Features bietet, die der EXPERTE-Modus nicht hat. Da wäre zum Beispiel der Regler DYNAMIK 3 innerhalb der Korrektur FARBE. Diese Option ist ähnlich wie die Sättigung, nur wirkt sie nicht auf alle Farben im Bild gleich, sondern nur auf Farben mit einer geringeren Sättigung. Damit wird das Bild nicht so schnell übersättigt, wie dies mit dem Regler von SÄTTIGUNG passieren kann.

Unter der Korrektur BALANCE hingegen finden Sie mit TEMPERATUR 4 und FARBTONUNG 5 zwei weitere Regler. Mit TEMPERATUR geben Sie an, welche Lichtart im Bild neutral dargestellt werden soll. Das Bild wird wärmer bzw. rötlicher, je weiter Sie den Regler erhöhen, und kühler bzw. bläulicher, je weiter Sie diesen reduzieren. Mit dem Regler FARBTONUNG können Sie diese

Weißabgleich
Wenn man es genau nimmt, stellen Sie mit den Reglern TEMPERATUR 4 und FARBTONUNG 5 den Weißabgleich für das Bild ein. Mehr zum Thema **Weißabgleich** finden Sie auf Seite 747.

Einstellungen noch etwas nachjustieren, um einen grünen oder magentafarbenen Farbstich auszugleichen.

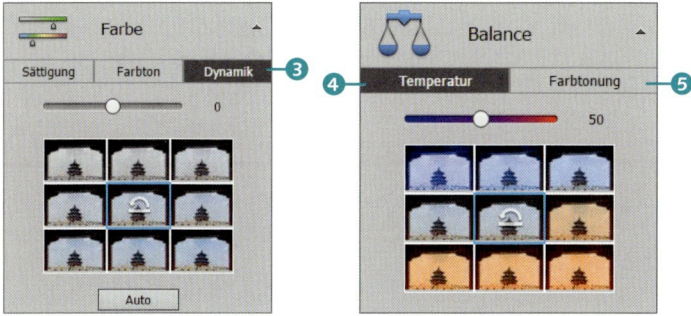

◀ **Abbildung 12.15**
Im SCHNELL-Modus verstecken sich interessante Farbfunktionen, die man im EXPERTE-Modus vergeblich sucht.

12.5 Hauttöne anpassen

Hauttöne werden auf Fotografien häufig nicht ganz natürlich wiedergegeben. Zwar werden die Kameras diesbezüglich immer »schlauer« und korrigieren solche Fehler zunehmend schon beim Ablichten, trotzdem kommt es bei Aufnahmen bei Kunstlicht oder mit Blitzlicht noch häufig vor, dass die Hautfarbe nicht richtig dargestellt wird. Auch hierzu bietet Ihnen Photoshop Elements die passende Funktion an, die Sie über ÜBERARBEITEN • FARBE ANPASSEN • FARBE FÜR HAUTTON ANPASSEN aufrufen.

Hautbräunung ohne Solarium
Das Werkzeug zum Anpassen der Hauttöne wird auch gerne verwendet, um einen blassen Teint auf dem Foto ein wenig »nachzubräunen«.

Schritt für Schritt
Wärmere Hautfarbe erstellen

Die folgende Schritt-für-Schritt-Anleitung führt vor, wie Sie einen blassen Teint bei der Bildbearbeitung ein wenig bräunen.

Kapitel_12:
Kammy.jpg

◀ **Abbildung 12.16**
Der Hautfarbe soll mehr Teint verliehen werden.

1 Hautbereich auswählen

Laden Sie das Bild »Kammy.jpg« in den Fotoeditor. Rufen Sie nun zunächst den Dialog über das Menü ÜBERARBEITEN • FARBE ANPASSEN • FARBE FÜR HAUTTON ANPASSEN auf. Klicken Sie im Bild mit der zum Dialog gehörenden Pipette ❸ auf den Hautbereich, den Sie verändern wollen. Hierbei sollte sich der Teint bereits ein wenig verändern. Außerdem erscheinen bei den Farbbalken im Dialog die Schieberegler für BRÄUNUNG, RÖTUNG und TEMPERATUR ❶. Sind Sie mit dem Ergebnis der ersten Auswahl nicht zufrieden, wählen Sie mit einem Klick auf die Schaltfläche ZURÜCK ❷ einen neuen Hautbereich aus.

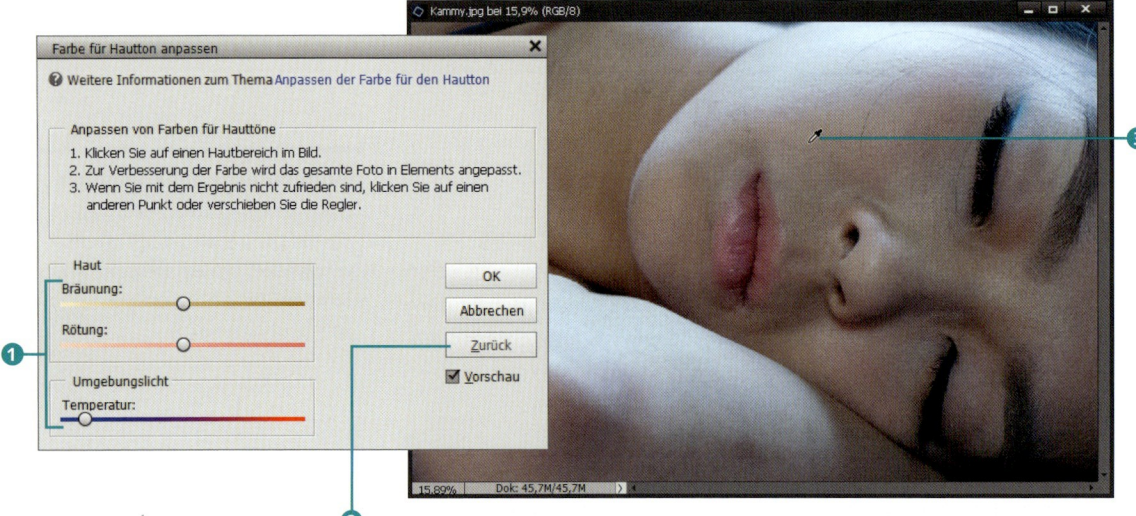

▲ **Abbildung 12.17**
Nach einem Klick ins Bild erscheinen im Dialogfenster die benötigten Schieberegler.

2 Hautfarbe anpassen

In diesem Fall hat sich durch das Anklicken der Haut im Bild der Teint schon ein wenig verbessert. Mit den neu hinzugekommenen Schiebereglern können Sie das Ganze aber noch etwas feiner nachjustieren.

So hat sich zwar der Teint insgesamt verbessert, aber die Hautfarbe wirkt noch etwas unwirklich. Schieben Sie daher den Regler für RÖTUNG ❺ ganz nach rechts. Bei Bildern, in denen die Person eine eher rötliche Haut hat, schieben Sie diesen Regler logischerweise nach links, um Hautrötungen zu entfernen. Schließlich wollen wir die Haut noch ein wenig nachbräunen. Ziehen Sie hierzu den Regler BRÄUNUNG ❹ nach rechts, bis Sie mit dem Ergebnis zufrieden sind. Bestätigen Sie den Dialog dann mit OK.

Umgebungslicht ändern

Mit dem Schieberegler TEMPERATUR im Rahmen UMGEBUNGSLICHT sorgen Sie im Bild insgesamt für wärmere (Rot) oder kältere (Blau) Farben. Da dieser Regler am empfindlichsten (vor allem auch auf dem Hintergrund) reagiert, sollten Sie ihn möglichst sparsam und vorsichtig verwenden.

12.5 Hauttöne anpassen

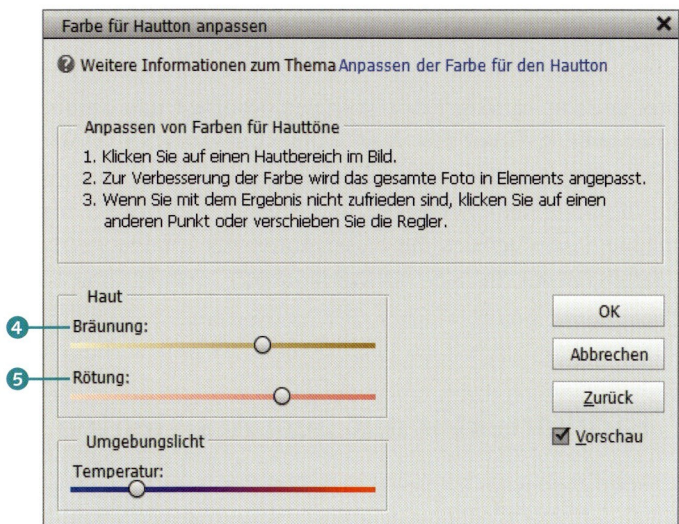

▲ **Abbildung 12.18**
Gehen Sie beim Justieren der Schieberegler behutsam vor.

3 Nach der Korrektur

Der Teint erscheint nun wesentlich wärmer als zuvor. Allerdings wird auch der eingangs erwähnte Nachteil des Werkzeugs erkennbar: Außer dem Teint hat sich leider auch die gesamte Farbtönung des Bildes leicht geändert, was nicht immer erwünscht ist.

Auch diese Funktion ist also eher gröberer Natur, da sie nicht punktuell die Hautfarbe, sondern das gesamte Bild verändert, einschließlich des Hintergrunds. Auch bei fast weißer Haut richten Sie mit dieser Funktion kaum etwas aus – etwa, wenn Sie bei einer Aufnahme den Blitz direkt auf die Person gerichtet haben. Für eine detailliertere Anpassung speziell der Hauttöne müssen Sie daher auf Ebenen zurückgreifen.

Hauttöne mit Ebenen verbessern

Wie Sie der Haut einen besseren Teint verleihen, ohne zugleich andere Bildbereiche zu verändern, erfahren Sie in Abschnitt 33.4, »Porträtretusche mit dem Bereichsreparatur-Pinsel«.

▲ **Abbildung 12.19**
Das Bild im Vorher-Nachher-Vergleich

365

12.6 Automatische Farbkorrektur

Die automatische Farbkorrektur korrigiert Kontrast und Farbe. Aufgerufen wird sie über den Menüpunkt ÜBERARBEITEN • AUTO-FARBKORREKTUR (oder mit [Strg]/[cmd]+[⇧]+[B]). Auch hier sind die Resultate sehr heterogen und reichen von perfekt bis unbrauchbar. Einen Versuch mit dieser Automatik können Sie allemal starten, bevor Sie eine Tonwertkorrektur manuell durchführen.

12.7 Farbkorrektur mit dem Assistenten

Im ASSISTENT-Modus im Register unter FARBE finden Sie weitere Funktionen, die den Funktionen im Menü ÜBERARBEITEN • FARBE ANPASSEN entsprechen (genauer FARBEN VERBESSERN, FARBSTICH ENTFERNEN und HAUTTÖNE KORRIGIEREN).

Kapitel 13
Helligkeit und Kontrast korrigieren

Veränderungen von Helligkeit und Kontrast nimmt man in der Bildbearbeitung in aller Regel nach den Farbkorrekturen vor, da sich bei farblich ausgeglichenen Bildern Helligkeit und Kontrast leichter einstellen lassen.

13.1 Der Dialog »Helligkeit/Kontrast«

Am schnellsten und einfachsten korrigieren Sie Helligkeit und Kontrast mit dem gleichnamigen Dialog, den Sie über den Menüeintrag ÜBERARBEITEN • BELEUCHTUNG ANPASSEN • HELLIGKEIT/KONTRAST aufrufen.

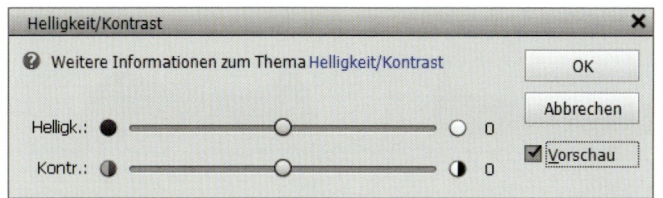

▲ Abbildung 13.1
Die einfachste Möglichkeit, Helligkeit und Kontraste eines Bildes zu korrigieren, hier mit dem Dialogfenster …

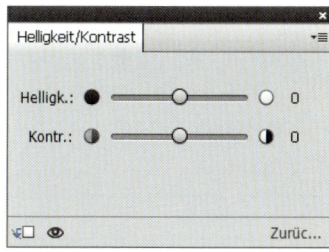

▲ Abbildung 13.2
… oder hier als Einstellungsebene mit eigenem Bedienfeld

Helligkeit | Mit dem Regler HELLIGKEIT beeinflussen Sie die Helligkeit des Bildes. Diese wird erhöht, wenn Sie den Regler nach rechts schieben, und reduziert, wenn Sie ihn nach links schieben. Im Detail, also im Histogramm, werden beim Verschieben des Reglers nach rechts die hellen Bereiche im Bild zusammengeschoben ❷ und die restlichen Tonwerte gespreizt ❶ (Abbildung 13.3).

Einstellungsebene
Alternativ zu diesem Dialog können Sie für diese Korrektur auch eine Einstellungsebene verwenden (siehe Abschnitt 10.1.5, »Flexibel arbeiten mit Einstellungsebenen«). Die Regler im Korrekturen-Bedienfeld HELLIGKEIT/KONTRAST unterscheiden sich zwar optisch etwas vom Dialog, aber das Prinzip und die Anwendung bleiben gleich.

Umgekehrt werden beim Abdunkeln des Bildes die tiefen Bereiche zusammengeschoben ❸ und die hellen Bereiche gespreizt ❹.

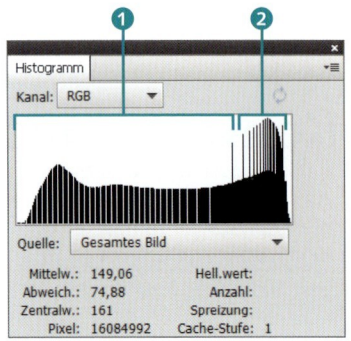

▲ **Abbildung 13.3**
Auswirkung der Aufhellung im Histogramm

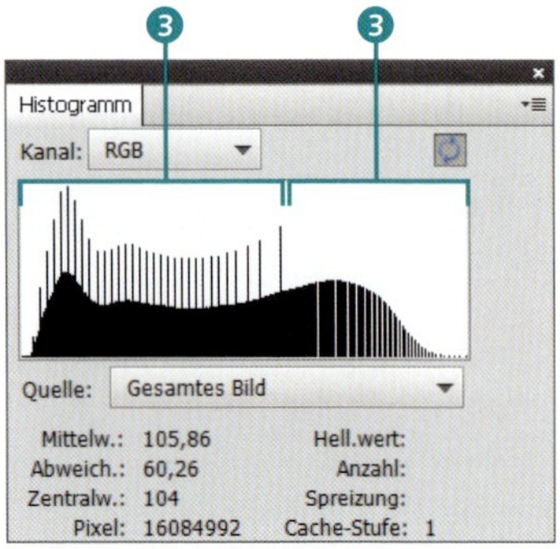

▲ **Abbildung 13.4**
Auswirkung der Abdunklung im Histogramm

Hilfsmittel
Um zu vermeiden, dass durch das Ändern von HELLIGKEIT/KONTRAST einige Details im Bild verloren gehen, sollten Sie den kritischen Bildbereich regelmäßig mit der Pipette [I] und dem Informationen-Bedienfeld messen, ehe Sie den Dialog mit OK bestätigen (siehe hierzu auch Abschnitt 12.1, »Farbstich ermitteln«). Zusätzlich empfiehlt es sich, das Histogramm im Auge zu behalten, um Zeichnungsverluste zu vermeiden.

Kontrast | Schieben Sie den Regler KONTRAST nach rechts, erhöhen Sie den Kontrast. Im Histogramm findet hier eine Tonwertspreizung, ausgehend von den Mitteltönen ❻, statt. Die Tiefen ❺ und Lichter ❼ werden hierbei zusammengeschoben.
Schieben Sie hingegen den Regler nach links, wird der Kontrast reduziert, und die Tonwertspreizung spielt sich vorwiegend in den Tiefen ❽ und Lichtern ❿ des Histogramms ab. Hierbei werden die Mitteltöne zusammengeschoben ❾.

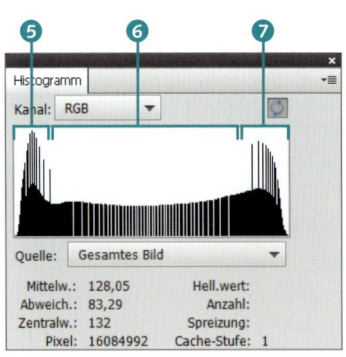
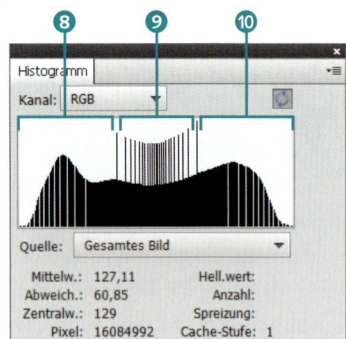

▲ **Abbildung 13.5**
Auswirkung der Kontrasterhöhung im Histogramm

▲ **Abbildung 13.6**
Auswirkung der Kontrastverringerung im Histogramm

13.1.1 Nachteile
Der Nachteil dieser schnellen Anpassung von Helligkeit und Kontrast liegt darin, dass Pixel für Pixel eines Bildes bearbeitet und keine Rücksicht auf den Tonwertverlauf des Bildes genommen wird. Erhöhen Sie zum Beispiel bei einem Bild die HELLIGKEIT um

den Wert +30, werden alle RGB-Farbwerte um diesen Wert erhöht. Besonders problematisch ist dies bei sehr hellen Grauwerten wie 225 (R = 225, G = 225, B = 225). Hierbei würden alle Grauwerte auf den Wert 255 erhöht und somit in reines Weiß verändert. Gegensteuern können Sie hier meistens durch ein gleichzeitiges Erhöhen der Kontraste.

In der Praxis sollten Sie daher nur auf den Dialog Helligkeit/Kontrast zurückgreifen, wenn Sie die Tonwertkorrektur des Bildes bereits durchgeführt haben oder der Tonwert optimal ist und Sie das Bild lediglich noch aufhellen oder die Kontraste verbessern wollen.

Kapitel_13: sunrise.jpg

▲ **Abbildung 13.7**
Ein extremes Negativbeispiel dafür, was passiert, wenn man bei einem Bild die Helligkeit unüberlegt erhöht. Der Himmel und Teile des Turmes wurden im rechten, bearbeiteten Bild zu Weiß verändert, sodass teilweise auch Bildteile regelrecht überstrahlt bzw. »aufgefressen« werden.

13.1.2 Auto-Kontrast

Die Funktion Auto-Kontrast versucht, den Kontrast des Bildes wie bei einer Tonwertkorrektur im RGB-Kanal automatisch zu optimieren. Dadurch bleibt auf jeden Fall die Farbstimmung des Bildes erhalten. Allerdings hat dies auch den Nachteil, dass Farbstiche nicht korrigiert werden. Die Automatik erreichen Sie unter Überarbeiten • Auto-Kontrast (oder mit dem Tastenkürzel Alt + ⇧ + Strg/cmd + L).

Automatik versus manuell
Wie alle Automatikfunktionen sollten Sie auch den Auto-Kontrast nur in Ausnahmefällen verwenden, weil sich hiermit die Korrektur nur eingeschränkt kontrollieren lässt.

13.2 Helligkeit und Kontrast mit der Tonwertkorrektur

Die beste Möglichkeit zur Korrektur von Helligkeit und Kontrast bietet in Photoshop Elements nach wie vor die Tonwertkorrektur (Überarbeitungen • Beleuchtung anpassen • Tonwertkor-

Zum Weiterlesen
Die Tonwertkorrektur wurde ausführlich in Abschnitt 11.3 behandelt. Dort wurde auch erläutert, wie Sie mit der Tonwertkorrektur Helligkeit und Kontrast im Bild anpassen.

REKTUR, `Strg`/`cmd`+`L` oder als Einstellungsebene). Noch eine Spur feiner ließe sich die Tonwertkorrektur mit einer Gradationskurve einstellen – leider ist eine solche in Photoshop Elements nicht von Haus aus integriert.

13.3 Farbvariationen und Farbkurven

Auch über die Farbkurven (ÜBERARBEITEN • FARBE ANPASSEN • FARBKURVEN ANPASSEN) können Sie Korrekturen an der Helligkeit und/oder am Kontrast durchführen. Der Dialog wurde in Abschnitt 11.8, »Farbkurven anpassen«, näher beschrieben.

13.4 Der Dialog »Tiefen/Lichter«

Ein äußerst effektiver Korrekturdialog in Photoshop Elements ist TIEFEN/LICHTER. Mit seiner Hilfe korrigieren Sie in kürzester Zeit Bilder mit über- oder unterbelichteten Partien. Auch zu dunkle Bildpartien lassen sich mit diesem Dialog sehr gut reparieren.

Schritt für Schritt
Beleuchtung korrigieren

Kapitel_13:
Industrie.jpg

Als einfaches Beispiel dient das folgende Bild, das vor Dunkelheit nur so strotzt. Bei diesem Bild sind die Tiefen bei der Fabrik relativ dunkel. Um den schönen Sonnenuntergang nicht zu zerstören, sollten Sie hier vorwiegend nur die Tiefen im Bild anpassen.

1 Dunkle Bildbereiche aufhellen

Nachdem Sie das Bild »Industrie.jpg« in den Fotoeditor geladen haben, öffnen Sie zuerst den Dialog über das Menü ÜBERARBEITEN • BELEUCHTUNG ANPASSEN • TIEFEN/LICHTER. Standardmäßig befindet sich gleich nach dem Aufrufen des Dialogs der Wert des Schiebereglers TIEFEN AUFHELLEN ❶ auf 35 %, weshalb Sie auch sofort eine Veränderung des Vorschaubildes sehen. In vielen Fällen (und so auch in diesem) ist dieser Wert bereits zu hoch, weshalb Sie ihn reduzieren müssen.

▲ **Abbildung 13.8**
Die Tiefen sind im Bild zu dunkel geraten. Trotzdem sind im Bild noch genügend notwendige Informationen vorhanden.

Im Beispiel habe ich diesen Wert auf 25 % gesetzt. Um stets einen Vergleich zwischen Vorher- und Nachher-Bild zu haben, können Sie das Häkchen vor VORSCHAU ❹ deaktivieren und wieder aktivieren.

13.5 Die Mitteltöne mit Klarheit aufpeppen

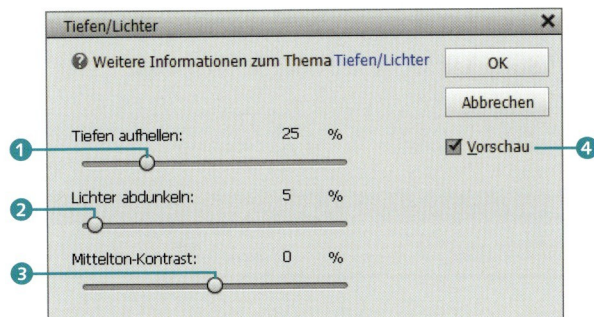

◀ Abbildung 13.9
Tiefen aufhellen

2   Helle Bildbereiche abdunkeln
Sofern im Bild auch helle Bereiche vorhanden sind, sollten Sie auch diese ein wenig abdunkeln. Im Beispiel ist der Sonnenuntergang etwas blass und dunkel geworden. Ziel ist es, diese Strahlkraft noch etwas kräftiger zu machen. Ziehen Sie hierzu den Schieberegler von Lichter abdunkeln 2 auf den Wert 5 %. Nach der Korrektur mit Tiefen/Lichter wurde außerdem noch die Farbsättigung leicht angehoben.

Mittelton-Kontrast
Mit dem Schieberegler Mittelton-Kontrast 3 verändern Sie einzelne Pixel, die weder richtig dunkel noch richtig hell sind. Den Regler sollten Sie allerdings nur dann einsetzen, wenn das Bild durch die Tiefen/Lichter-Veränderung zu flau geworden ist.

3   Nach der Korrektur
Nach der Korrektur wirkt das Bild wieder viel stimmiger und ausgeglichener. Die sehr hellen Höhen und dunklen Tiefen wurden erheblich reduziert.

▲ Abbildung 13.10
Vor der Korrektur (links) und nach der Korrektur (rechts) mit dem Tiefen/Lichter-Dialog

13.5 Die Mitteltöne mit Klarheit aufpeppen

Eine bessere Alternative zum Kontrast-Regler ist der Regler Klarheit. Leider ist diese Funktion nur über die Sofortkorrektur des Organizers zu finden. Trotzdem ist es diesen Umweg zu machen oftmals wert, wenn Sie damit Ihren Bildern einen härteren Look geben wollen. Wählen Sie hierzu ein oder mehrere Bilder im

Organizer aus, auf die Sie den Regler KLARHEIT anwenden wollen, und klicken Sie auf die Schaltfläche SOFORTKORREKTUR ❶.

Abbildung 13.11 ▶
Aufrufen der SOFORTKORREKTUR ❶ im Organizer

Den KLARHEIT-Regler können Sie aufklappen, wenn Sie auf das letzte Icon auf der rechten Seite ❸ klicken; dort können Sie eine Schiebeleiste ❷ nach oben oder unten ziehen.

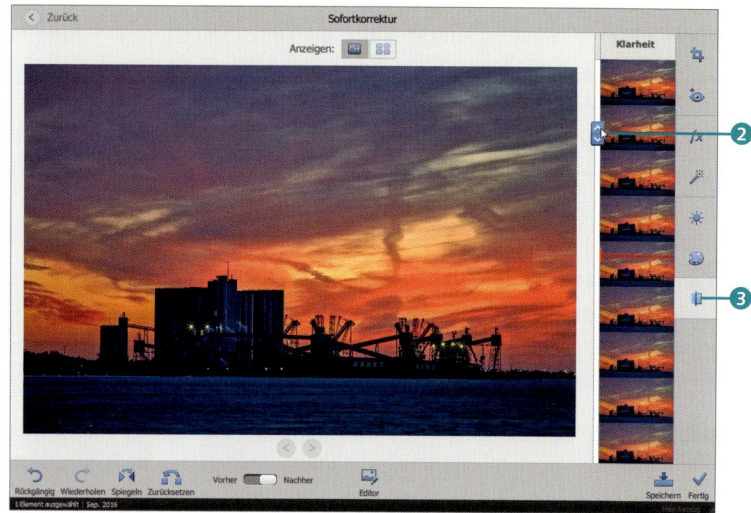

▲ **Abbildung 13.12**
Den KLARHEIT-Regler können Sie auf der rechten Seite über das letzte Icon aufklappen.

Wie schon mit dem KONTRAST-Regler können Sie mit KLARHEIT den Kontrast des Bildes verbessern. Im Gegensatz zum Regler KONTRAST arbeitet der Regler KLARHEIT mehr in den Mitteltönen und schiebt die Tiefen- und Lichterbereiche im Histogramm nicht so weit nach außen. Der Regler KONTRAST hingegen wirkt stärker auf das gesamte Histogramm und kann bei extremer Nutzung eher zu Tonwertbeschneidungen führen als der Regler KLARHEIT. Der Regler KLARHEIT sorgt bei einem Bild dafür, dass es wesentlich schärfer und knackiger wirkt.

Kapitel_13:
overgrown.jpg

Der Regler KLARHEIT ist in der Tat beeindruckend und liefert oftmals tolle Ergebnisse. Aber Sie sollten beim Erhöhen des Reglers das Bild in der 1:1-Ansicht betrachten.

13.5 Die Mitteltöne mit Klarheit aufpeppen

▲ **Abbildung 13.13**
Links sehen Sie das Originalbild. Im mittleren Bild wurde der Kontrast auf den maximalen Wert hochgezogen, und rechts wurde die Klarheit auf den maximalen Wert gestellt. Die extremen Werte dienen hier allein der Demonstration, dass Sie mit dem Regler KLARHEIT weniger »kaputtmachen« können als mit dem Regler KONTRAST.

Gerade an scharfen Kanten oder Wolken kommen leicht unschöne Effekte (wie etwa ein »Heiligenschein« um das Objekt, auch *Halo* genannt) zum Vorschein. Auch sehen diese harten Kanten nicht bei jedem Bild gut aus. Allerdings ist dies hier wieder eine Frage des subjektiven Eindrucks und des persönlichen Geschmacks und Stils. Trotzdem sollten Sie aufpassen, den Regler KLARHEIT nicht zu hoch einzustellen. Gerade bei Porträtfotos werden damit hässliche Details wie Falten und unreine Haut deutlich sichtbarer. Umgekehrt könnten Sie den Regler gerade bei Porträts auch nach unten ziehen, um bestimmte Bildpartien etwas softer wirken zu lassen.

▲ **Abbildung 13.14**
Dreimal ein zugeschnittener Teilausschnitt einer Porträtaufnahme, bei der am Model noch nichts »beschönigt« wurde. Links das Bild aus der Kamera, in der Mitte wurde die Klarheit stark erhöht und bringt Details hervor, die wir hier nicht haben wollen, und rechts wurde die Klarheit heruntergezogen und reduziert, wodurch alles weicher geworden ist.

 Kapitel_13: face.jpg

Bei Bildern mit vielen Strukturen und Details, wie beispielsweise Architekturaufnahmen oder Landschaften, bringt eine moderate Erhöhung der Klarheit allerdings oft mehr Dramatik in das Bild und lässt es wesentlich knackiger wirken. Auch eventuell soft abgebildete Wolken einer Landschaftsaufnahme wirken auf einmal wesentlich intensiver.

▲ **Abbildung 13.15**
Links sehen Sie das Originalbild, und rechts wurde der Regler KLARHEIT hochgezogen.

TEIL IV
Farbe, Farbveränderungen und Schwarzweiß

Kapitel 14
Mit Farben malen

Dieses Kapitel behandelt die Einstellung, Bearbeitung und Manipulation von Farben bei der Bildbearbeitung, kurz alle Funktionen, mit denen Sie die Farbe der einzelnen Pixel ändern oder löschen. Hierzu zählen die Standardmalwerkzeuge (das Pinsel-Werkzeug, der Buntstift, der Radiergummi und ihre jeweiligen Optionen) ebenso wie das Füllwerkzeug und das Verlaufswerkzeug.

14.1 Farben einstellen

Um die benötigten Farben einzustellen, bietet Ihnen Photoshop Elements mehrere Möglichkeiten, die Sie auf den folgenden Seiten näher kennenlernen werden.

14.1.1 Farbwahlbereich: Vorder- und Hintergrundfarbe

Die einfachste und schnellste Möglichkeit, die Farbe für ein Werkzeug festzulegen, bietet der Farbwahlbereich in der Werkzeugpalette.

Standardmäßig ist für die Vordergrundfarbe ❶ Schwarz und für die Hintergrundfarbe ❹ Weiß eingestellt. Sollten Sie diese Farben verändert haben, können Sie sie jederzeit mit der kleinen Schaltfläche ❷ wiederherstellen. Alternativ nutzen Sie dafür das Tastenkürzel D (Abkürzung für *Default Colors*, auf Deutsch *Standardfarben*). Mit der anderen kleinen Schaltfläche ❸ tauschen Sie Vorder- und Hintergrundfarbe. Schneller geht dies mit dem Tastenkürzel X (für e*x*change Colors, deutsch *Farben austauschen*).

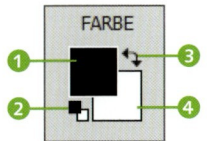

▲ **Abbildung 14.1**
Diesen Farbwahlbereich finden Sie ganz unten in der Werkzeugpalette.

Wirkungsbereich von Vorder- und Hintergrundfarbe | Die Vordergrundfarbe ist meistens die Malfarbe, die mit dem Pinsel-Werkzeug, dem Buntstift und dem Füllwerkzeug verwendet wird. Vorder- und Hintergrundfarbe hingegen werden

Kapitel 14 Mit Farben malen

vom Verlaufswerkzeug ■ berücksichtigt. Beim Radiergummi spielt die Hintergrundfarbe die Hauptrolle. Außerdem benutzen einige Filter und Effekte die eingestellte Vorder- und/oder Hintergrundfarbe.

Tabelle 14.1 ▶
Tastenkürzel für den Farbwahlbereich in der Werkzeugpalette

Vorhaben	Taste
Standardfarben Weiß und Schwarz für Vorder- und Hintergrund einstellen	D
aktuelle Vorder- und Hintergrundfarbe tauschen	X

14.1.2 Der Farbwähler

Um die Vorder- oder Hintergrundfarbe einzustellen, klicken Sie auf den gewünschten Farbwahlbereich in der Werkzeugpalette. Es öffnet sich ein Farbwähler, den Sie auch aus einigen anderen Werkzeugen oder Filtern aufrufen können.

Falscher Farbwähler
Sollten Sie einen anderen Farbwähler als den abgebildeten sehen, haben Sie den Windows-Farbwähler eingestellt. Es empfiehlt sich, den Farbwähler von Adobe zu verwenden. Führen Sie hierzu die Tastenkombination [Strg]/[cmd]+[K] aus, und wählen Sie im folgenden Dialogfenster in der Drop-down-Liste FARBAUSWAHL statt WINDOWS (bzw. APPLE beim Mac) die Einstellung ADOBE aus.

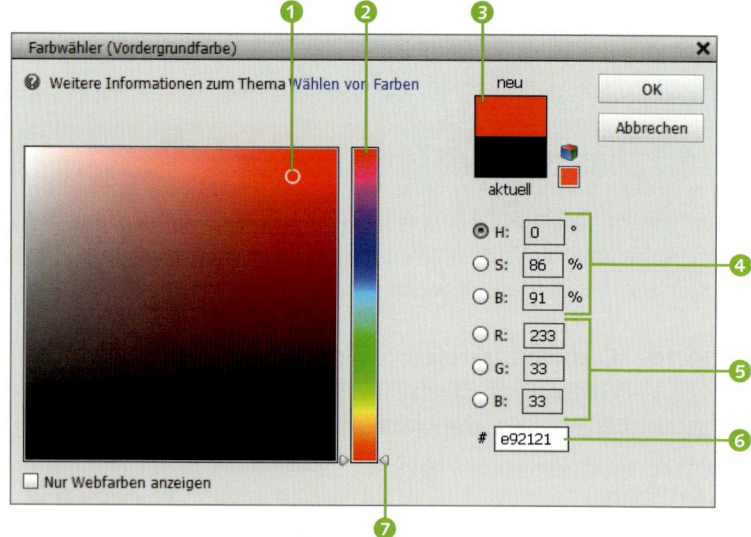

Abbildung 14.2 ▶
Der Farbwähler von Photoshop Elements

Farbe mit dem Farbwähler auswählen | Der Farbwähler von Photoshop Elements bietet Ihnen mit HSB ❹, RGB ❺ und der BinHex-Farbaufzeichnung ❻ drei verschiedene Möglichkeiten zur Einstellung der Farbe.

Äußerst praktisch ist die Auswahl mit dem **HSB**-System. Die Abkürzung steht für *H*ue (Farbton), *S*aturation (Sättigung) und *B*rightness (Helligkeit). Je nachdem, welche der drei Optionen H, S oder B Sie hier auswählen, ändert sich das Aussehen des schmalen Farbbalkens ❷ daneben. Durch das Verstellen des Schiebereglers ❼ im Farbbalken ändern Sie die Farbe. Im Falle des HSB-Farbsystems wird hierbei die Helligkeit, die Sättigung oder der Farbton (je nach zuvor ausgewählter Option) geändert.

Sättigung
Bei der Sättigung wird der Grauanteil einer Farbe erhöht oder reduziert. Erhöhen Sie die Sättigung, sinkt der Grauanteil der Farbe, bei reduzierter Sättigung steigt er.

14.1 Farben einstellen

Im Farbfeld ❶ werden nun die Farben der ausgewählten Option angezeigt und können durch einen Klick geändert werden. Die Anzeige des Farbfeldes variiert ein wenig, je nach gewählter Option:
▶ Haben Sie die Option H (Farbton) ausgewählt, können Sie über den Farbbalken den Farbton bestimmen und anschließend über das große Farbfeld links Helligkeit und Sättigung des Tons anpassen.
▶ Haben Sie die Option S (Sättigung) gewählt, können Sie über den Farbbalken die Sättigung einstellen und im Farbfeld aus verschiedenen Varianten Farbton und Helligkeit einstellen.

Werte von Hand eingeben
Wenngleich im Buch meist die Rede von Schiebereglern und Mausklicks ist, können Sie eine manuelle Eingabe der Werte direkt in die Zahlenfelder immer auch über die Tastatur vornehmen.

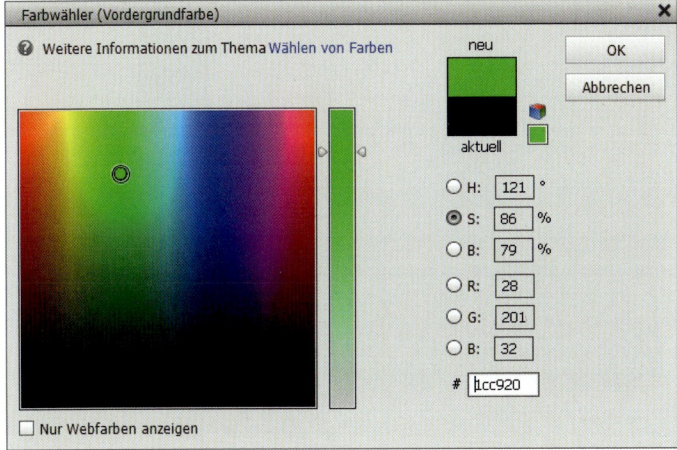

◀ Abbildung 14.3
Bei der ausgewählten Option S finden Sie im Farbfeld eine Variation aus Farbton und Helligkeit.

▶ Haben Sie hingegen die Option B (Helligkeit) gewählt, können Sie im Farbbalken die Farbe heller oder dunkler einstellen und im Farbfeld eine Sättigung sowie einen Farbton festlegen.

In dem kleinen Farbmusterfeld ❸ werden der ursprüngliche Farbton (unten) und die neu gewählte Farbe (oben) übereinander angezeigt. Wenn Sie das untere (ursprüngliche) Farbmuster anklicken, wird die Farbe auf die letzte Einstellung zurückgesetzt. Sind Sie mit der Auswahl Ihrer Farbe fertig, bestätigen Sie mit OK, und die ausgewählte Farbe wird im Farbwahlbereich der Werkzeugpalette als neue Vorder- bzw. Hintergrundfarbe angezeigt.

Alternative RGB | Alternativ zum HSB-Farbsystem können Sie hierbei auch das klassische RGB-Farbsystem mit den Radioschaltflächen R, G und B verwenden. Oder Sie geben die Farbkennzeichnung – wie im Webdesign üblich – in der hexadezimalen Schreibweise ein oder wählen sie über das Farbfeld aus.

Kapitel 14   Mit Farben malen

BinHex-Werte
Für das Web sind die BinHex-Farbwerte wichtiger, die Sie im Farbwähler unter RGB mit dem Zeichen »#« davor ❷ finden.

Websichere Farben | Sicherlich ist Ihnen im Dialog des Farbwählers auch die Checkbox NUR WEBFARBEN ANZEIGEN ❶ aufgefallen. Wenn Sie diese Checkbox anklicken, wird die Farbauswahl im Farbfeld stark eingeschränkt, da nur noch Farben eingeblendet werden, die als »websicher« gelten. Allerdings gilt diese Farbpalette mittlerweile als überholt und veraltet. Als websicher galten nämlich früher Farben, die auch auf Systemen mit nur 8 Bit Farbtiefe (insgesamt, wohlgemerkt) dargestellt werden konnten. Da heute jeder Billigrechner größere Farbtiefen darstellen kann, ist diese Option nur noch bedingt von Interesse.

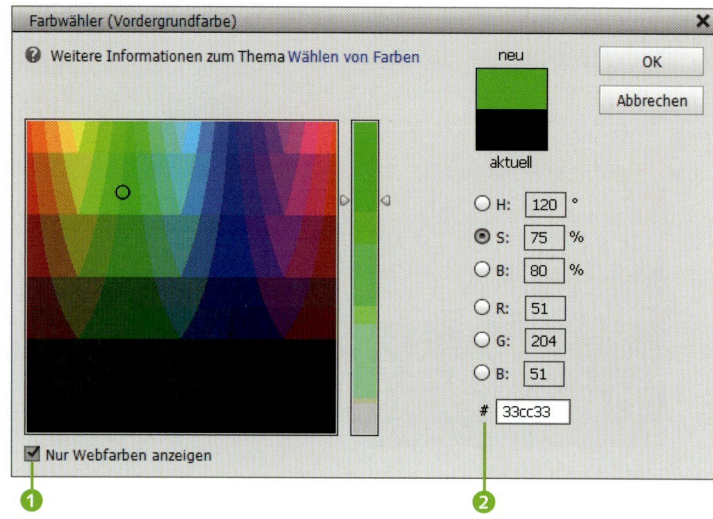

Abbildung 14.4 ▶
Mit NUR WEBFARBEN ANZEIGEN schränken Sie die Farbwahl stark ein.

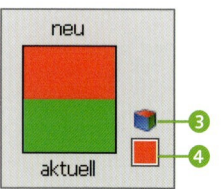

▲ **Abbildung 14.5**
Unterstützung bei der Wahl websicherer Farben

Auch die kleinen Symbole, die häufig neben dem Farbmusterfeld eingeblendet werden, beziehen sich auf die Websicherheit von Farben. Wird zum Beispiel ein kleiner Würfel ❸ daneben angezeigt, ist dies eine Warnung, dass die aktuell gewählte Farbe nicht websicher ist. Mit dem kleinen farbigen Quadrat ❹ darunter wählen Sie durch Anklicken automatisch eine websichere Farbe aus, die der aktuell gewählten Farbe recht ähnlich ist.

14.1.3   Das Farbfelder-Bedienfeld

Das Farbfelder-Bedienfeld unter FENSTER • FARBFELDER bietet eine weitere Möglichkeit für den Zugriff auf Farben. Zwar können Sie hier keine Farben einstellen wie mit dem Farbwähler, dafür aber **Farben abspeichern**, die Sie bereits eingestellt haben. Die gespeicherten Farben können Sie dann als Vorder- und Hintergrundfarbe laden. Praktisch ist dieses Bedienfeld auf jeden Fall, da Sie mit ihm eine einmal erstellte Farbe bequem abspeichern und wieder laden können, ohne jedes Mal umständlich mit dem Farbwähler hantieren zu müssen.

14.1 Farben einstellen

Farbe für Vorder- und Hintergrund auswählen | Wollen Sie eine neue Farbe als Vordergrundfarbe mit dem Bedienfeld FARBFELDER auswählen, klicken Sie einfach das gewünschte Farbfeld an. Wenn Sie mit dem Cursor kurz auf dem Feld verweilen, wird auch die Farbbezeichnung eingeblendet.

Um die ausgewählte Farbe als Hintergrundfarbe einzustellen, gehen Sie wie bei der Vordergrundfarbe vor, halten jedoch beim Anklicken der gewählten Farbe zusätzlich die Taste [Strg]/[cmd] gedrückt.

Neue Farben hinzufügen | Sie können dem aktuellen Farbfeld jederzeit neue Farben hinzufügen. Hierzu müssen Sie nur die Vordergrundfarbe im Farbwahlbereich der Werkzeugpalette einstellen. Fahren Sie anschließend mit dem Cursor über eine freie Fläche auf dem Bedienfeld FARBFELDER, wobei sich der Mauszeiger in ein Fülleimersymbol ❻ verwandelt, und drücken Sie nun die linke Maustaste. Alternativ können Sie auch über das Bedienfeldmenü mit dem Befehl NEUES FARBFELD dem Farbfelder-Bedienfeld die aktuelle Vordergrundfarbe hinzufügen.

Anschließend werden Sie im folgenden Dialog noch aufgefordert, einen Namen für die neue Farbe einzugeben.

Weitere Farbfelder
Über die Dropdown-Liste ❺ können Sie neben den Standardfarbfeldern auch aus einer Menge anderer vordefinierter Farbfelder wählen.

▲ Abbildung 14.6
Das Bedienfeld FARBFELDER in der Standardansicht

▲ Abbildung 14.7
Neue Farbe hinzufügen …

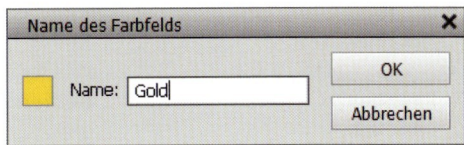

▲ Abbildung 14.8
… und einen passenden Namen vergeben

Farben löschen | Zum Löschen einer Farbe aus dem Farbfeld müssen Sie sich mit dem Cursor auf dem entsprechenden Farbfeld befinden und die Taste [Alt] gedrückt halten, wodurch aus dem Cursor ein Scherensymbol ❷ (Abbildung 14.9) wird. Nun brauchen Sie nur noch die Maustaste zu drücken, und die Farbe wird gelöscht. Alternativ ziehen Sie eine ausgewählte Farbe per Drag & Drop auf das Mülleimersymbol ❶.

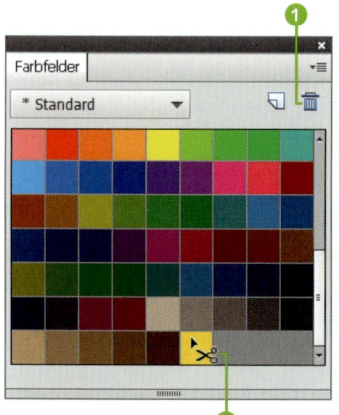

▲ Abbildung 14.9
Eine Farbe aus dem Farbfeld löschen

Farbfelder verwalten mit dem Vorgaben-Manager | Um mehrere Farben auf einmal zu löschen, öffnen Sie den Vorgaben-Manager. Gehen Sie hierzu über das Bedienfeldmenü auf Vorgaben-Manager, oder rufen Sie Bearbeiten • Vorgaben-Manager auf, und wählen Sie in der Dropdown-Liste Vorgabe ❸ Farbfelder aus. Alternativ betätigen Sie die Tastenkombination [Strg]/[cmd]+[2]. Jetzt können Sie zum Beispiel mehrere zusammenliegende Farben mit [⇧] oder auseinanderliegende Farben mit [Strg]/[cmd] markieren und über die Schaltfläche Löschen ❹ entfernen.

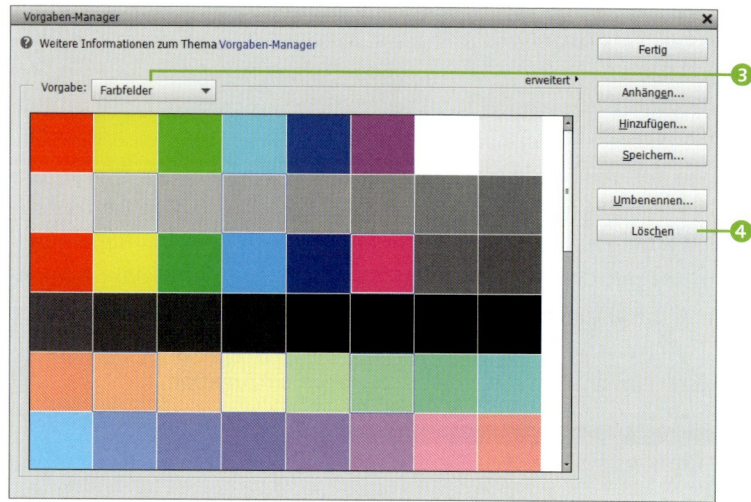

▲ Abbildung 14.10
Mit dem Vorgaben-Manager lassen sich die Farbfelder einfach verwalten.

Auch andere Verwaltungsaufgaben wie das Laden, Speichern und Umbenennen von Farbfeldern sind über den Vorgaben-Manager möglich.

Bedienfeldmenü des Farbfelder-Bedienfeldes | Die Farbfelder können Sie auch über das Bedienfeldmenü verwalten. Auch hier können Sie neue Farbfelder anlegen ❺, die Ansichtsoptionen festlegen ❻ und den Vorgaben-Manager aufrufen ❼. Weitere Befehle ❽ stehen mit den darunter befindlichen Einträgen zur Verfügung. Über Farbfelder laden fügen Sie weitere Farbfelder zu den bereits angezeigten hinzu; Farbfelder speichern sichert aktuelle Farbfelder. Mit Farbfelder für Austausch speichern legen Sie Farbfelder im ASE-Format ab. Dies ist recht nützlich, wenn Sie die Farbfelder beispielsweise mit Adobe InDesign oder Adobe Illustrator verwenden wollen. Um aktuelle Farbfelder durch andere zu ersetzen, wählen Sie den Punkt Farbfelder ersetzen aus.

Farbfelder sortieren
Über den Vorgaben-Manager können Sie Farbfelder auch unkompliziert per Drag & Drop neu sortieren. Ziehen Sie einfach die gewählte Farbe mit gedrückter linker Maustaste an die gewünschte Position.

▲ Abbildung 14.11
Das Bedienfeldmenü der Farbfelder

14.1 Farben einstellen

Speichern und Laden von Farbfeldern | Leider ist das Speichern der Farbfelder ein wenig verwirrend und umständlich gestaltet. Verändern Sie zunächst das Standardfarbfeld, indem Sie zum Beispiel eine Farbe hinzufügen oder löschen. Nun finden Sie in der Dropdown-Liste ein Sternchen (*) neben STANDARD. Damit wird angezeigt, dass es in dem Farbfeld Änderungen gibt, die noch nicht gespeichert wurden. Um das Farbfeld bzw. das veränderte Farbbedienfeld zu speichern, gehen Sie auf das Bedienfeldmenü zum Befehl FARBFELDER SPEICHERN. In der folgenden Dialogbox sichern Sie das neue Farbfeld mit der Endung ».aco« in Ihrem Benutzerverzeichnis unter dem gewünschten Namen.

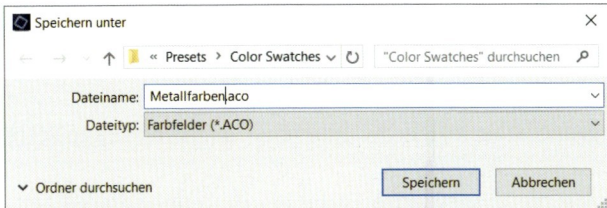

▲ **Abbildung 14.12**
Speichern eines Farbfeldes

Wollen Sie nun dieses Farbfeld zu einem beliebigen Zeitpunkt wieder in das Farbfelder-Bedienfeld laden, können Sie dies zwar über das Bedienfeldmenü mit dem Befehl FARBFELDER LADEN erledigen, dadurch werden allerdings die geladenen Farbfelder dem aktuellen Farbfeld hinzugefügt. Um nur die von Ihnen erzeugten und abgespeicherten Farben zu laden und anzuzeigen, wählen Sie im Bedienfeldmenü den Punkt FARBFELDER ERSETZEN aus.

Vorhaben	Windows	Mac
neues Farbfeld aus der Vordergrundfarbe erstellen und am Ende des Bedienfeldes hinzufügen	an das Ende (leerer Bereich) des Bedienfeldes klicken	an das Ende (leerer Bereich) des Bedienfeldes klicken
Farbe als Vordergrundfarbe einstellen	Farbfeld anklicken	Farbfeld anklicken
Farbe als Hintergrundfarbe einstellen	`Strg` + Farbfeld anklicken	`cmd` + Farbfeld anklicken
Farbe aus dem Farbfeld löschen	`Alt` + Farbfeld anklicken	`Alt` + Farbfeld anklicken

Für eine umfangreichere Verwaltung der Farben würde ich Ihnen auch hier wieder empfehlen, den Vorgaben-Manager zu verwen-

---

Speicherorte

Während die mitgelieferten Farbfelder im Programmverzeichnis unter [LAUFWERK]:\PROGRAMME\ADOBE\PHOTOSHOP ELEMENTS 2018\PRESETS\COLOR SWATCHES (bzw. beim Mac PROGRAMME/PHOTOSHOP ELEMENTS 2018/SUPPORT FILES/PRESETS/COLOR SWATCHES) liegen (bei 32-Bit-Systemen dürfte der Ordner PROGRAMME (X86) anstatt PROGRAMME lauten), finden Sie Ihre persönlichen Vorgaben in Ihrem Benutzerverzeichnis (zum Beispiel unter Windows [LAUFWERK]:\BENUTZER\<IHR BENUTZERVERZEICHNIS>\APPDATA\ROAMING\ADOBE\PHOTOSHOP ELEMENTS\16.0\PRESETS\COLOR SWATCHES). Grundsätzlich sollten Sie die Original-Farbfelder nicht überschreiben und neue Farbfelder immer im Benutzerverzeichnis speichern. Beim Mac ist dies /USERS/<IHR BENUTZERVERZEICHNIS>/LIBRARY/APPLICATION SUPPORT/ADOBE/ADOBE PHOTOSHOP ELEMENTS 16/PRESETS/COLOR SWATCHES.

◀ **Tabelle 14.2**
Tastenbefehle für die Arbeit mit dem Farbfelder-Bedienfeld

Farbfelder von InDesign und Illustrator

Haben Sie ein Farbfeld vor sich, das zum Beispiel mit InDesign oder Illustrator mit der Endung ».ase« erstellt wurde, können Sie auch dieses Farbfeld in Photoshop Elements laden und verwenden.

den. Beachten Sie, dass Sie auch im Vorgaben-Manager zuvor ER-WEITERT • FARBFELDER ERSETZEN aufrufen müssen, um exklusiv die von Ihnen erstellten Farbfelder im Vorgaben-Manager anzuzeigen und zu bearbeiten.

14.1.4 Farbe mit dem Farbwähler-Werkzeug auswählen

Das Farbwähler-Werkzeug ⌨I 🖋 wird bevorzugt zur Auswahl von im Bild vorhandenen Farben eingesetzt. Gerade bei Retuschen ist dieses Werkzeug unverzichtbar, um zum Beispiel einen gleichmäßigen Farbton für die Haut zu finden.

Bedienung des Farbwähler-Werkzeugs | Die Anwendung des Farbwähler-Werkzeugs ist denkbar einfach: Sie klicken lediglich eine Stelle im Bild an, und die Farbe an dieser Stelle wird als Vordergrundfarbe im Farbwahlbereich der Werkzeugpalette verwendet.

Wollen Sie die ausgewählte Farbe als Hintergrundfarbe festlegen, halten Sie beim Anklicken der Farbe zusätzlich die Taste ⌨Alt gedrückt.

Werkzeugoptionen | Das Farbwähler-Werkzeug hat zwei Werkzeugoptionen. Da wäre zunächst der Aufnahmebereich ❶ für den Farbwähler. Standardmäßig ist dieser Wert auf 1 PIXEL eingestellt. Um eine durchschnittliche Farbmessung durchzuführen, können Sie einen höheren Wert verwenden. Wählen Sie zum Beispiel 5 × 5 PIXEL DURCHSCHNITT aus, wird ein durchschnittlicher Farbwert zurückgegeben, der aus einem 5 × 5 Pixel großen Bereich der angeklickten Stelle im Bild berechnet wird. Natürlich wird auch der Durchschnittswert bei einem größeren Aufnahmebereich als Vordergrundfarbe bzw. mit gehaltener ⌨Alt-Taste als Hintergrundfarbe verwendet. Nützlich ist ein größerer Aufnahmebereich beim Messen von Farbwerten, um zum Beispiel die richtige Farbmischung oder die Graubalance zu überprüfen (siehe Abschnitt »Farbwerte messen« auf Seite 356).

> **Zoomen für genauere Messungen**
> Um die Messung des Farbwähler-Werkzeugs möglichst genau durchzuführen, werden Sie häufig etwas weiter in das Bild hineinzoomen müssen.

> **Zum Weiterlesen**
> Die Ebenen erhalten natürlich ein extra Kapitel im Buch. Mehr darüber erfahren Sie in Kapitel 24, »Ebenen in Photoshop Elements«.

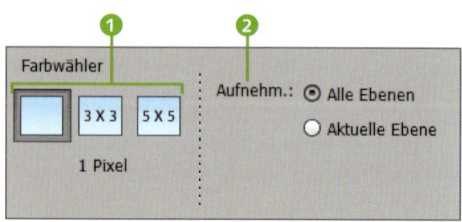

▲ Abbildung 14.13
Die Werkzeugoptionen des Farbwähler-Werkzeugs

Die zweite Option ist der Aufnahmemodus ❷, bei dem Sie auswählen können, ob die Pixel aus allen vorhandenen Ebenen oder nur aus der aktuellen Ebene ausgewertet werden. Alle Ebenen zu berücksichtigen macht natürlich nur Sinn, wenn mehrere Ebenen in einem anderen Modus als Normal übereinanderliegen und/oder die Deckkraft unter 100 % liegt.

Fehlerquelle Aufnahmebereich | Die Option des Aufnahmebereichs der Pipette birgt eine versteckte Fehlerquelle: Beachten Sie hier, dass es mehrere Dialoge gibt, die das Farbwähler-Werkzeug zum Abgleich in ihren Dialogfeldern integriert haben (zum Beispiel Farbton/Sättigung, Tonwertkorrektur). Alle Dialoge und sonstigen Werkzeuge, die einen Farbwähler verwenden, benutzen den eingestellten Aufnahmebereich des Farbwähler-Werkzeugs. Aufnahmebereiche von 1 Pixel oder 5 × 5 Pixel Durchschnitt liefern hierbei in der Regel unterschiedliche Werte derselben Position, was vielleicht nicht immer beabsichtigt ist.

Um dieser Falle zu entgehen, sollten Sie nach jeder Verwendung des Farbwähler-Werkzeugs den Aufnahmebereich auf 1 Pixel zurücksetzen – allerdings vergisst man dies gerne. Klicken Sie daher besser bei aktivem Farbwähler mit der rechten Maustaste ins Bild. In dem sich öffnenden Kontextmenü können Sie so aus fast allen Dialogen heraus die Pipette kontrollieren oder ändern.

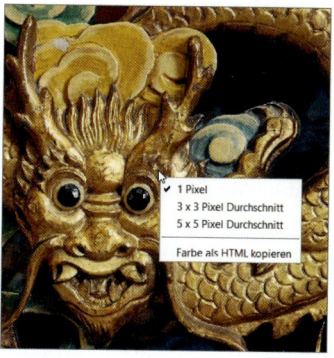

▲ **Abbildung 14.14**
Klicken Sie mit der rechten Maustaste bei einer aktiven Pipette ins Bild, um den Aufnahmebereich zu verändern oder zu überprüfen.

Vorhaben	Taste
Farbwähler-Werkzeug aufrufen	I
Farbe als Vordergrundfarbe setzen	ins Bild klicken
Farbe als Hintergrundfarbe setzen	Alt + ins Bild klicken
schnell vom Malwerkzeug zum Farbwähler-Werkzeug wechseln und die aufgenommene Farbe als Vordergrundfarbe setzen	beliebiges Malwerkzeug + Alt + ins Bild klicken

◀ **Tabelle 14.3**
Tastenbefehle für das Farbwähler-Werkzeug

Grafiktablett
Wenn sich das Malen mit der Maus etwas holprig anfühlt und Sie gerne detaillierte Illustrationen erstellen wollen, sollten Sie vielleicht über die Anschaffung eines Grafiktabletts nachdenken. Nach kurzer Eingewöhnungszeit lassen sich mit dem Tablett wesentlich präzisere und schnellere Ergebnisse erzielen.

14.2 Die Malwerkzeuge

Das Pinsel-Werkzeug und der Buntstift sind die Standardmalwerkzeuge schlechthin. Viele andere Werkzeuge, die Sie noch kennenlernen werden, arbeiten nach einem ähnlichen Prinzip und verfügen über ähnliche Einstellungsmöglichkeiten und Werkzeugspitzen wie diese beiden Werkzeuge.

Zwar behandelt dieser Abschnitt »nur« Malwerkzeuge, aber gerade weil sich viele andere Werkzeuge recht ähnlich verwenden und bedienen lassen, möchte ich Ihnen unbedingt empfehlen, sich diesen Abschnitt und insbesondere die **Verwendung des Pinsel-Werkzeugs** etwas genauer durchzulesen und auch damit zu experimentieren. Speziell bei der Retusche von Bildern werden Sie es noch sehr häufig mit diesem Werkzeug zu tun bekommen.

Das Gegenstück zu Pinsel-Werkzeug und Buntstift ist der Radiergummi ✐, mit dem Sie nicht nur die mit Pinsel-Werkzeug und Buntstift aufgetragene Farbe löschen können, sondern auch Bildpixel im Allgemeinen.

▲ **Abbildung 14.15**
Eine einfache Freihandzeichnung mit einem Grafiktablett

14.2.1 Das Pinsel-Werkzeug

Mit dem Pinsel-Werkzeug [B] ✐ zeichnen Sie Striche auf ein Bild oder in ein leeres Dokument. Diese Striche haben wahlweise weiche oder harte Kanten. Als Farbe wird automatisch die im Farbwahlbereich der Werkzeugpalette eingestellte Vordergrundfarbe verwendet.

Verwendung des Pinsel-Werkzeugs | Der Umgang mit dem Pinsel-Werkzeug ist leicht. Für eine einfache **Freihandzeichnung** müssen Sie nur mit der Pinselspitze (dem Cursor) über das Bild oder Dokument fahren und die Stelle anklicken, auf der Sie mit dem Zeichnen beginnen wollen. Bewegen Sie nun zum Zeichnen den Cursor mit gedrückter linker Maustaste über das Bild. Sobald Sie die Maustaste loslassen, wird der Zeichenvorgang (oder auch ein Arbeitsschritt) beendet.

▲ **Abbildung 14.16**
Das Zeichnen von geraden Linien mit einer Verbindung wird mit ⇧ realisiert.

Zum Zeichnen von **geraden Linien** benötigen Sie die ⇧-Taste. Klicken Sie zunächst auf den gewünschten Anfangspunkt der Linie. Sobald Sie die Maustaste loslassen, sehen Sie den Startpunkt der Linie. Wählen Sie nun die Position des Endpunktes aus, und klicken Sie dort, während Sie gleichzeitig ⇧ gedrückt halten. Jetzt haben Sie eine gerade Linie gezeichnet. Analog dazu erstellen Sie eine **Verbindung** von dem zuletzt gezeichneten Punkt zu einem weiteren Punkt, indem Sie eine dritte Position anklicken und dabei die ⇧-Taste gedrückt halten.

Um eine **vertikale** oder **horizontale Linie** zu zeichnen, wählen Sie wiederum zunächst einen Startpunkt im Bild aus. Halten Sie nun die ⇧-Taste und die linke Maustaste gedrückt. Wenn Sie den Pinsel nach oben oder nach unten bewegen, wird eine vertikale Linie gezeichnet (auch wenn Sie mit dem Pinsel etwas »aus der Spur« geraten). Eine horizontale Linie zeichnen Sie, wenn Sie die Maus nach links oder rechts bewegen. Erscheint die horizontale bzw. vertikale Linie wie gewünscht, sollten Sie zuerst die

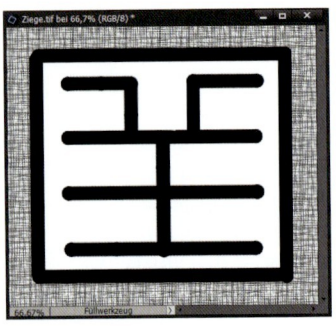

▲ **Abbildung 14.17**
Drücken Sie gleichzeitig die Maustaste und ⇧, zeichnen Sie horizontale und vertikale Linien.

Maustaste loslassen und dann erst die ⌂-Taste, um ein »Vermalen« aus der Spur zu vermeiden. Probieren Sie es einfach aus, dann wissen Sie, was ich meine.

Werkzeugoptionen | Mit den ersten beiden Schaltflächen ❷ können Sie zwischen dem PINSELMODUS (Standardeinstellung) und dem AIRBRUSH-MODUS auswählen. Der PINSELMODUS bedarf eigentlich keinerlei Erklärung. Anders hingegen der AIRBRUSH-MODUS: Mit dieser Option erzeugen Sie weiche Farbübergänge. Während im PINSELMODUS nur dann Farbe aus der Werkzeugspitze kommt, wenn Sie den Cursor bei gedrückter Maustaste bewegen, versprüht das Airbrush-Werkzeug seine Farbe auch beim Stillhalten der Maus. Bei längerem Verweilen auf einem Punkt mit gedrückter linker Maustaste bildet sich so ein immer dickerer »Fleck« – wie aus einer Spraydose.

Die voreingestellte Spitze des Pinsel-Werkzeugs ändern Sie über das Dropdown-Menü ❺ der Werkzeugoptionen. Hier können Sie sich auch die verschiedenen PINSEL ❶ nach Kategorien auflisten lassen. Weiche Werkzeugspitzen sorgen im Unterschied zu harten Spitzen für verblassende Konturen. Über den Regler GRÖSSE ❹ stellen Sie die Stärke der Werkzeugspitze ein.

Mit der Deckkraft (hier DECKKR.) ❸ regulieren Sie die Deckkraft bzw. Transparenz der aufgetragenen Pixel. Mit MODUS ❻ bestimmen Sie, wie die aufgetragenen Pixel mit den darunterliegenden Pixeln verrechnet werden sollen. Die Modi und ihre Bezeichnungen entsprechen denen der Ebenen-Füllmethoden. Eine Beschreibung der Modi finden Sie in Kapitel 27, »Füllmethoden von Ebenen«.

Werkzeugspitze schneller auswählen

Die Flyout-Menüs der Werkzeugoptionen zum Auswählen einer Werkzeugspitze können Sie sich auch schneller über einen Rechtsklick im Bild bzw. Dokument anzeigen lassen.

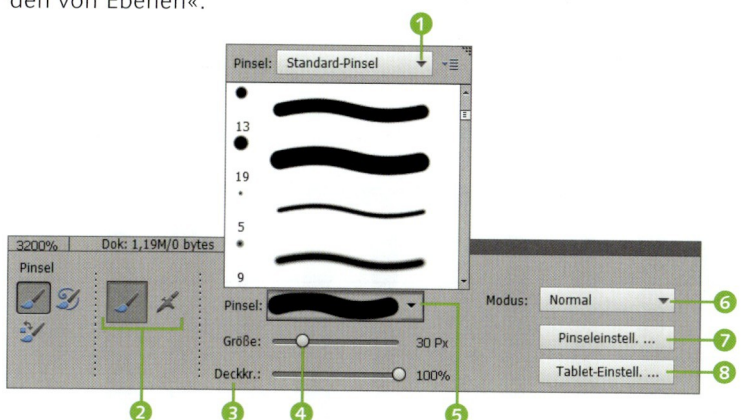

◀ Abbildung 14.18
Die Werkzeugoptionen für das Pinsel-Werkzeug

Mit der Schaltfläche PINSELEINSTELLUNGEN ❼ öffnen Sie ein Untermenü mit vielen weiteren Pinseloptionen.

Klicken Sie auf die Schaltfläche TABLET-EINSTELLUNGEN ❽, öffnet sich ein weiteres Untermenü, mit dem Sie weitere Grafik-

Kapitel 14 Mit Farben malen

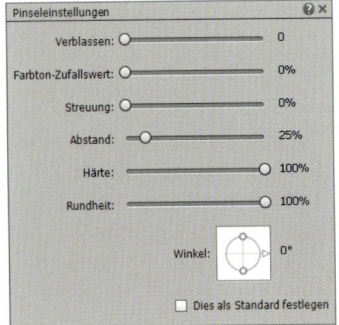

▲ **Abbildung 14.19**
In den Pinseleinstellungen verbirgt sich ein wahres Eldorado an Pinseloptionen.

Darstellung der Werkzeugspitze ändern
Die Darstellung der Werkzeugspitzen von Malwerkzeugen können Sie jederzeit über Bearbeiten/Photoshop Elements Editor • Voreinstellungen • Anzeige & Cursor im Bereich Malwerkzeuge verändern.

tablett-Optionen einstellen können, zum Beispiel ob der Druck des Zeichenstifts auf das Grafiktablett Auswirkung auf die Größe, Deckkraft, Streuung oder Rundheit des Pinselstrichs haben soll.

Pinseleinstellungen | Für das Beispiel in Abbildung 14.20 wurden alle Pinselstriche mit einem Durchmesser von 30 Pixeln mit unterschiedlichen Optionen gezeichnet.

❶ Die erste Linie wurde mit einem harten Pinsel erstellt.
❷ Die zweite Linie wurde mit einem weichen Pinsel erstellt.
❸ Die nächste Linie wurde wieder mit einem harten Pinsel, aber bei reduzierter Deckkraft (50 %) gemalt.
❹ Bei der vierten Linie wurde die Pinseloption Verblassen verwendet, mit der Sie festlegen können, nach wie vielen Arbeitsschritten der Malstrich vollständig verblasst.
❺ Daneben wurde die Pinseloption Farbton-Zufallswert verwendet, mit der Sie einstellen, mit welcher Häufigkeit der gemalte Strich zwischen der eingestellten Vorder- und Hintergrundfarbe wechselt.
❻ Beim Pinselstrich daneben wurde die Pinseloption Streuung verwendet, mit der Sie definieren, wie beim Zeichnen die einzelnen Punkte in einem Strich verteilt werden.
❼ Der nächste Pinselstrich wurde mit der Option Abstand gezeichnet, mit der Sie festlegen, in welchem Malabstand die einzelnen Punkte gezeichnet werden.
❽ Beim nächsten Pinselstrich wurde die Option Härte geändert, mit der Sie die Kantenschärfe des Strichs bestimmen.
❾ Bei dem folgenden Strich wurde die Rundheit geändert, wodurch Sie das Verhältnis zwischen der kurzen und langen Achse des Pinsels bestimmen.
❿ Bei den Smileys wurde lediglich der Winkel nach jedem erneuten Ansetzen geändert, wodurch die Pinselspitze gedreht wurde.

▼ **Abbildung 14.20**
Unterschiedliche Pinseleinstellungen

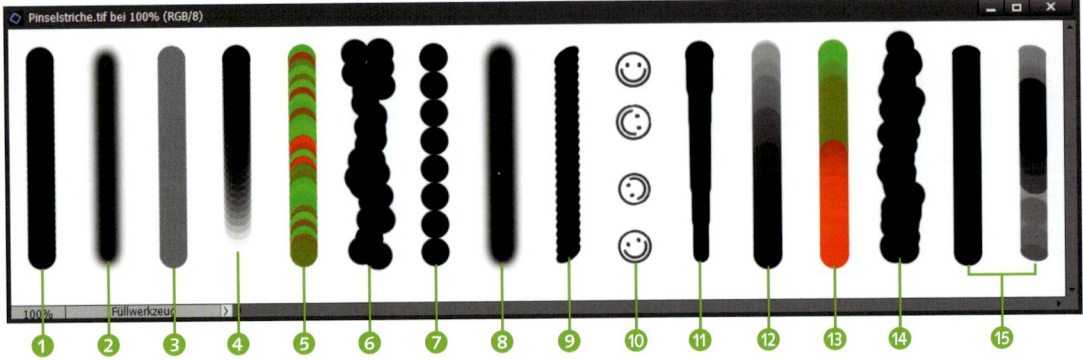

Tablet-Einstellungen | Die nächsten Striche wurden mit den TABLET-EINSTELLUNGEN und einem Grafiktablett gezeichnet. Im Grunde wirken sich die einzelnen Optionen auf das Grafiktablett aus, je nachdem, wie leicht oder fest Sie mit dem Stift aufdrücken.

- ⓫ Die Linie wurde bei aktivierter GRÖSSE-Option aufgezeichnet.
- ⓬ Bei dieser Linie wurde die Option DECKKRAFT aktiviert, mit der die Deckkraft der Linie umso stärker wird, je kräftiger Sie mit dem Stift auf das Tablett drücken.
- ⓭ Selbiges gilt auch für diese Linie, die mit der Option FARBTON-ZUFALLSWERT realisiert wurde und die von der eingestellten Vorder- und Hintergrundfarbe abhängt.
- ⓮ Bei der nächsten Linie wurde die STREUUNG aktiviert.
- ⓯ Die letzten beiden Linien wurden jeweils mit aktiver RUNDHEIT gezeichnet, wobei bei der letzten Linie noch zusätzlich die Option DECKKRAFT aktiviert wurde.

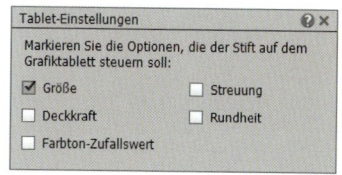

▲ Abbildung 14.21
Über die Schaltfläche TABLET-EINSTELLUNGEN lassen sich diverse Optionen für ein Grafiktablett einstellen.

Experimentieren Sie!
Interessante Effekte lassen sich durch Experimentieren mit den verschiedenen Stil-, Größen- und Toleranzoptionen erzielen. Hier können Sie verschiedene Kunststile simulieren.

Kapitel_14: Cantonese-Opera.jpg

14.2.2 Der Impressionisten-Pinsel

Der Impressionisten-Pinsel ⓑ ist eher ein Kreativwerkzeug und befindet sich in demselben Fach wie das Pinsel-Werkzeug.

Dieses Werkzeug arbeitet allerdings etwas anders als das normale Pinsel-Werkzeug, denn es verändert die Farben und Details eines geöffneten Bildes. Fahren Sie mit diesem Werkzeug über das Bild, sieht dieses anschließend aus, als wäre es mit Pinselstrichen oder Pinseltupfern gemalt worden – eben in impressionistischer Manier.

▲ Abbildung 14.22
Die Aufnahme wurde mit dem Impressionisten-Pinsel bearbeitet, wodurch das Endergebnis auf der rechten Seite entstand.

14.2.3 Das Farbe-ersetzen-Werkzeug

Auch das Farbe-ersetzen-Werkzeug ⓑ finden Sie im Fach der Pinsel-Werkzeuge. Dieses Werkzeug ist eine Mischung aus Retusche- und Kreativwerkzeug. Es ersetzt gezielt Farbe aus einem Bild durch die festgelegte Vordergrundfarbe im Farbwahlbereich. Dabei werden auch Kanten im Bild erkannt, sodass andere Bereiche nicht versehentlich umgefärbt werden.

 Kapitel_14: Shiva.jpg

Bedienung | Die Anwendung ist denkbar einfach: Klicken Sie im Bild auf die Farbe, die Sie ersetzen wollen, und ziehen Sie anschließend die Pinselspitze über das Bild, um die Zielfarbe durch die im Farbwahlbereich gesetzte Vordergrundfarbe zu ersetzen.

Beim Beispiel in Abbildung 14.23 wurde lediglich die Pinselspitze vergrößert. Ansonsten wurden die Standardeinstellungen (Modus: Farbe; Grenzen: Benachbart und Toleranz: 30 %) verwendet.

Abbildung 14.23 ▶
Das Farbe-ersetzen-Werkzeug soll hier die Farbe der gelben Unterbekleidung von Shiva durch einen grünen Ton ersetzen.

Werkzeugoptionen | Bei den Werkzeugoptionen des Farbe-ersetzen-Werkzeugs stellen Sie über den Regler Grösse ❷ zunächst die Stärke des Pinsels ein. Mit dem Regler Toleranz ❶ geben Sie an, wie ähnlich sich die Farben sein sollen, die ersetzt werden. Je niedriger der Wert, desto ähnlicher muss die zu ersetzende Farbe sein. Um die Farbe tatsächlich zu ersetzen, stellen Sie unter Modus ❺ Farbe ein. Neben der Möglichkeit, die Farbe zu ersetzen, finden Sie hier auch die Optionen Sättigung, Luminanz und Farbton.

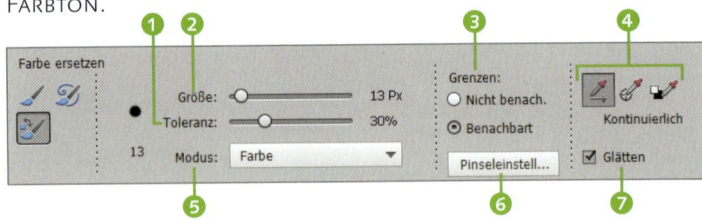

Abbildung 14.24 ▶
Die Optionen des Farbe-ersetzen-Werkzeugs

Unter dem Punkt Grenzen ❸ wählen Sie zwischen den Optionen Nicht benachbart und Benachbart:

▶ Mit Nicht benachbart wird die aufgenommene Farbe in allen Bereichen des Bildes ersetzt, über die der Mauszeiger fährt.

▶ Die Option Benachbart ersetzt nur die Farben, die unmittelbar neben der Farbe unter dem Mauszeiger liegen.

Abbildung 14.25 demonstriert den Unterschied zwischen Benachbart und Nicht benachbart in der Werkzeugoption Grenzen. Beim oberen Bild wurde der Wert Benachbart verwendet, wodurch nur die Farben ersetzt wurden, die neben den Farben unterhalb des Mauszeigers – dem Hotspot – liegen. Der andersfarbige Bereich, im oberen Beispiel rund um den gelben Lendenschurz (hier der schwarze Schatten), verhindert, dass auch das restliche Gelb mit umgefärbt wird, obwohl sich der Pinsel darüber 8 befindet. Wollen Sie, dass alle Bereiche einer bestimmten Farbe unterhalb des Pinsels durch eine andere Farbe ersetzt werden, setzen Sie die Option von Grenzen auf Nicht benachbart, wie im unteren Bild 9 geschehen. Im Beispiel wird hier nun auch alles Gelb in Grün umgefärbt, wenn sich der Pinsel darüber befindet.

Über die Schaltfläche Pinseleinstellungen 6 können Sie einzelne Einstellungen des Pinsels wie Härte, Malabstand, Rundungen usw. anpassen.

Mit den drei Schaltflächen 4 können Sie auswählen, wie die Aufnahme der Farbe beim Ersetzen vor sich gehen soll. Mit der ersten Schaltfläche Kontinuierlich (Standardeinstellung) wird dauerhaft beim Zeichnen am Hotspot die Farbe aufgenommen und durch die eingestellte Vordergrundfarbe ersetzt. Verweilen Sie länger auf einer anderen Farbe und bewegen Sie den Mauscursor, wird diese Farbe durch die eingestellte Vordergrundfarbe ersetzt. Bei der Schaltfläche Einmal wird nur einmalig die zuerst am Hotspot ausgewählte Farbe verwendet und durch die Vordergrundfarbe ersetzt. Beide Optionen (Kontinuierlich und Einmal) gelten wohlgemerkt so lange während eines Malvorgangs, bis Sie die Maustaste wieder loslassen. Die dritte Schaltfläche Hintergrundfarbfeld hingegen ersetzt beim Malen die eingestellte Hintergrundfarbe durch die eingestellte Vordergrundfarbe.

Mit der letzten Option, Glätten 7, können Sie dafür sorgen, dass der zu korrigierende Bereich glatte Kanten erhält.

▲ **Abbildung 14.25**
Oben wurde Benachbart, unten Nicht benachbart gewählt.

14.2.4 Der Buntstift

Die Erläuterungen zum Pinsel-Werkzeug gelten größtenteils auch für den Buntstift [N] . Auch bei diesem Werkzeug stehen harte und weiche Werkzeugspitzen zur Verfügung. Im Unterschied zum Pinsel kann der Buntstift aber keine weichen Kanten erzeugen. Wenn Sie also für den Buntstift eine Werkzeugspitze mit weichen Kanten wählen, wird eine Linie mit unsauberen Kanten erzeugt, ähnlich wie auch mit einem realen Buntstift.

Werkzeugoptionen | Auch die Werkzeugoptionen des Buntstifts entsprechen weitgehend denen des Pinsel-Werkzeugs. Eine Ausnahme bildet die Option Automatisch löschen 1. Ist diese Op-

▲ **Abbildung 14.26**
Striche, die mit einem Buntstift mit weichen Kanten, aber ohne weiche Übergänge gezeichnet wurden

tion aktiviert, können Sie mit der eingestellten Hintergrundfarbe im Farbwahlbereich der Werkzeugpalette die Vordergrundfarbe übermalen.

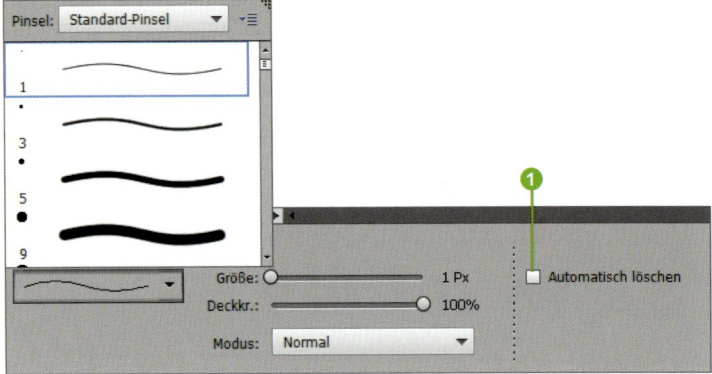

Abbildung 14.27 ▶
Die Werkzeugoptionen des Buntstifts entsprechen größtenteils denen des Pinsels.

Einsatzgebiet | Vorwiegend wird der Buntstift bei Bildern im BITMAP-Modus verwendet, in dem lediglich schwarze und weiße Farbe zum Einsatz kommt. Auch wenn Sie bei einer Arbeit unbedingt scharfe und harte Linien benötigen, sollten Sie den Buntstift dem Pinsel-Werkzeug vorziehen, weil beim Pinsel-Werkzeug auch bei den »harten« Werkzeugspitzen die Kanten ein wenig geglättet werden.

14.2.5 Der Radiergummi

Das Gegenstück zum Pinsel-Werkzeug und Buntstift ist natürlich der Radiergummi E , mit dem Sie die aufgetragenen Striche und Pixel wieder entfernen können.

Verwendung des Radiergummis | Der Einsatz des Radiergummis erklärt sich eigentlich von selbst: Wählen Sie den Radiergummi aus, stellen Sie die gewünschten Optionen ein, setzen Sie den Cursor auf das Bild, und beginnen Sie mit gedrückter Maustaste zu radieren. Auch beim Radieren können Sie durch Halten der ⇧-Taste gerade Linien löschen, wie dies bereits beim Zeichnen von Linien mit dem Pinsel-Werkzeug in Abschnitt 14.2.1 beschrieben wurde. Beachten Sie allerdings, dass Sie beim Löschen von Pixeln diese unwiderruflich aus dem Bild entfernen.

Werkzeugoptionen | Auch die Werkzeugoptionen entsprechen zum Teil denen des Pinsel-Werkzeugs und des Buntstifts. Einzig bei ART ❷ finden Sie hier mit BUNTSTIFT, PINSEL und QUADRAT etwas Neues: Hier stellen Sie ein, ob sich die Werkzeugspitze beim Radieren wie ein Pinsel-Werkzeug oder wie ein Buntstift

---

Pixelgenau radieren
Wenn Sie exakt einzelne Pixel mit einer Werkzeuggröße von 1 Pixel radieren wollen, müssen Sie als ART ❷ BUNTSTIFT verwenden. Nur so findet keine Kantenglättung statt, die beim Radieren auf die benachbarten Pixel angewandt würde, wie dies mit dem MODUS PINSEL der Fall ist.

verhalten soll. Der Buntstift erzeugt, wie erwähnt, härtere Kanten als das Pinsel-Werkzeug. Die Einstellung QUADRAT stellt eine quadratische Werkzeugspitze ein. Diese benötigen Sie etwa, wenn Sie in einer hohen Zoomstufe pixelgenau radieren müssen. In diesem Modus werden dann die anderen Werkzeugspitzen nicht mehr zur Auswahl angeboten.

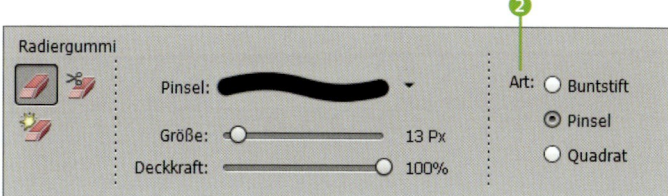

◀ **Abbildung 14.28**
Die Werkzeugoptionen des Radiergummis

14.2.6 Der Hintergrund-Radiergummi

Mit dem Hintergrund-Radiergummi [E] werden die Pixel nicht gelöscht, sondern beim Radieren in transparente Pixel umgewandelt. Mit diesem Werkzeug können Sie daher recht problemlos störende Objekte und/oder Pixel vom Hintergrund entfernen. Das Fadenkreuz im Kreis der Pinselspitze wird dabei als *Hotspot* bezeichnet. Wenn Sie den Hintergrund-Radiergummi im Bild mit gedrückter Maustaste ziehen, werden alle Pixel innerhalb des Kreises, die einen ähnlichen Farbwert wie das Pixel unter dem Hotspot haben, gelöscht. Bei richtiger Anwendung bleiben auch die Kanten des Vordergrundobjekts erhalten, während Sie die Hintergrundpixel löschen.

Werkzeugoptionen | Die Stärke der Pinselspitze stellen Sie mit dem Regler GRÖSSE ❹ ein. Mit dem Regler TOLERANZ ❸ geben Sie an, wie ähnlich der Farbwert eines Pixels sein sollte, um vom Hintergrund-Radiergummi berücksichtigt zu werden. Je niedriger der Wert, desto ähnlicher muss die Hotspot-Farbe sein, um gelöscht zu werden. Mit der Schaltfläche PINSELEINSTELLUNGEN ❻ können Sie einzelne Einstellungen des Pinsels wie HÄRTE, MALABSTAND, RUNDUNGEN usw. anpassen.

Unter GRENZEN ❺ wählen Sie BENACHBART, um nur die benachbarten Bereiche zu löschen, die die Hotspot-Farbe enthalten. Mit NICHT BENACHBART werden alle Pixel innerhalb des Kreises gelöscht, die der Hotspot-Farbe ähnlich sind.

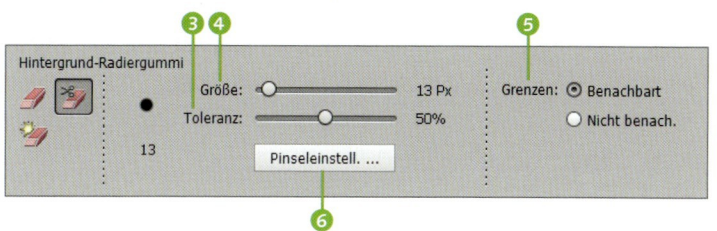

◀ **Abbildung 14.29**
Werkzeugoptionen des Hintergrund-Radiergummis

Abbildung 14.30 ▶
Die Optionen von GRENZEN ❺ sollen hier nochmals am gelben Lendenschurz demonstriert werden. Links wurde die Option BENACHBART ausgewählt, weshalb die gelbe Farbe rechts, über der sich auch noch der Pinsel befindet ❼, nicht berücksichtigt wurde. Im Bild daneben wurde die Option NICHT BENACHBART verwendet, und daher wird dort jetzt der gelbe Bereich ❽ entfernt, bei dem sich der Pinsel über ihr befindet. Mit dem Schachbrettmuster wird in Photoshop Elements die Transparenz verdeutlicht.

Kapitel_14:
Castelo-de-São-Jorge.jpg

Schritt für Schritt
Hintergrund-Radiergummi verwenden

Manchmal ist auch ein schöner Himmel gewünscht. Damit in einem solchen Fall ein neuer Himmel, beispielsweise aus einem anderen Bild, eingefügt werden kann, muss der Original-Himmel zunächst entfernt werden. Das geht unter anderem mit dem Hintergrund-Radiergummi.

1   Hintergrund-Radiergummi auswählen und Optionen einstellen

Laden Sie das Bild »Castelo-de-São-Jorge.jpg« in den Fotoeditor. Wählen Sie den Hintergrund-Radiergummi in der Werkzeugpalette  (zum Beispiel mit E) aus. Legen Sie als Nächstes die Optionen für das Werkzeug fest. Im Beispiel habe ich eine größere Werkzeugspitze mit 400 Pixeln verwendet. Die GRENZEN habe ich auf NICHT BENACHBART gestellt und die TOLERANZ auf 30 %.

2   Hintergrund löschen

Führen Sie nun den Cursor auf den Bildbereich, den Sie entfernen wollen. Drücken Sie die linke Maustaste, und ziehen Sie die Werkzeugspitze über den zu löschenden Bildbereich. Achten Sie genau darauf, mit dem Hotspot des Werkzeugs ❶ nicht über den Bildbereich hinauszufahren, den Sie löschen wollen.

Am Ende finden Sie einen transparenten Hintergrund (der als Schachbrettmuster angezeigt wird) an der gelöschten Stelle, an der Sie zum Beispiel über eine weitere Ebene einen neuen Himmel einfügen können. Alles über Ebenen erfahren Sie in Teil VIII des Buches. Wie Sie den Himmel austauschen können, beschreibe ich in einem Workshop in Abschnitt 26.4, »Einfache Fotomontagen mit Ebenen«.

Tipp
Um möglichst genau zu arbeiten und nicht falsche Bildbereiche zu entfernen, sollten Sie weit in das Bild hineinzoomen und die Werkzeugspitze mit der Tastatur vergrößern (⇧+#) oder verkleinern (#). Ebenso sollten Sie die TOLERANZ reduzieren, falls nicht erwünschte Bereiche ebenfalls entfernt werden.

14.2 Die Malwerkzeuge

◄ Abbildung 14.31
Dank des Hotspots werden nur ähnliche Pixel innerhalb der Werkzeugspitze gelöscht, auch wenn die komplette Spitze darüber hinausgeht.

14.2.7 Der Magische Radiergummi

Für den Magischen Radiergummi stehen Ihnen mehrere Optionen zur Verfügung.

Werkzeugoptionen | Zunächst können Sie mit der TOLERANZ ❷ den zu löschenden Farbbereich festlegen. Es werden jene Bildteile gelöscht, deren Farbwertbereich dem ausgewählten Pixel ähnlich ist. Je niedriger dieser Wert hierbei ist, desto ähnlicher muss der Farbwert des Pixels sein. Mit der DECKKRAFT ❸ legen Sie die Stärke des Radierens fest. Bei 100 % werden beim Radieren der Ebene die Pixel vollkommen transparent und beim Radieren mit fixierter Transparenz durch die Hintergrundfarbe ersetzt. Wenn Sie die DECKKRAFT reduzieren, tritt dieser Effekt nur teilweise ein.

Kapitel_14:
Arco-da-Rua-Augusta.jpg

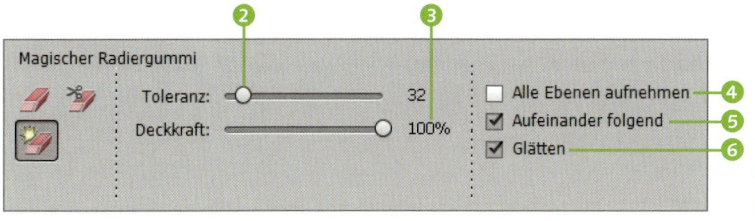

◄ Abbildung 14.32
Die Werkzeugoptionen des Magischen Radiergummis

Wenn Sie die Option ALLE EBENEN AUFNEHMEN ❹ aktivieren, werden alle Farben zum Löschen aus allen sichtbaren Ebenen verwendet. Wenn Sie nur die Farben aus der aktiven Ebene löschen wollen, lassen Sie diese Option deaktiviert.

Wenn Sie die Checkbox AUFEINANDER FOLGEND ❺ mit einem Häkchen versehen, werden nur die Pixel gelöscht, die direkt an

> **Nacharbeit**
> Auch wenn der Magische Radiergummi sehr gut arbeitet, werden Sie dennoch um ein wenig Nacharbeit mit dem Hintergrund-Radiergummi oder dem Radiergummi häufig nicht herumkommen.

das ausgewählte Pixel angrenzen, wie Sie es in Abbildung 14.33 auch sehen können. Deaktivieren Sie diese Option, werden alle identischen oder ähnlichen Pixel (abhängig von der TOLERANZ) im Bild entfernt, wie dies in Abbildung 14.34 gemacht wurde. Damit die Kanten des gelöschten Bereichs natürlicher wirken, können Sie die Checkbox GLÄTTEN ❻ aktivieren.

Verwendung des Magischen Radiergummis | Die Verwendung des Werkzeugs ist ganz einfach: Nachdem Sie die Optionen des Werkzeugs eingestellt und gegebenenfalls die entsprechende Ebene im Ebenen-Bedienfeld ausgewählt haben, markieren Sie im Bildbereich mit der Maus den Teil, den Sie entfernen wollen, und klicken diesen an. Je nach Einstellung der Werkzeugoptionen werden nun Pixel im Bildbereich gelöscht.

▲ Abbildung 14.33
Hier wurde der Hintergrund mit dem Magischen Radiergummi und aktiver Option AUFEINANDER FOLGEND entfernt.

▲ Abbildung 14.34
Hier wurde der Hintergrund ebenfalls mit dem Magischen Radiergummi, aber nicht aktiver Option AUFEINANDER FOLGEND entfernt.

Wann welcher Radiergummi? | Wann Sie den Magischen Radiergummi einsetzen sollten und wann eher den Hintergrund-Radiergummi, hängt vom Motiv ab. Bei einfachen Motiven mit einfarbigen großen Flächen ist der Magische Radiergummi besser geeignet. Für etwas detailliertere Arbeiten bietet sich der Hintergrund-Radiergummi an. Um einzelne Pixel zu bearbeiten, ist der normale Radiergummi die beste Wahl.

14.2.8 Das Smartpinsel-Werkzeug

Eine spezielle Art von Pinsel-Werkzeugen von Photoshop Elements sind die Werkzeuge Smartpinsel-Werkzeug [F] und Detail-Smartpinsel-Werkzeug [F] . Bevorzugt lassen sich diese

14.2 Die Malwerkzeuge

Werkzeuge für Tonwerteffekte und Farbkorrekturen verwenden, aber auch für kreative Arbeiten eignen sie sich.

Automatische Auswahl und Korrektur | Die Effekte beider Werkzeuge werden über Einstellungsebenen realisiert, wodurch das Originalbild bzw. die Bildebene unangetastet bleibt. Im Prinzip funktionieren diese Werkzeuge wie eine Kombination aus Schnellauswahl-Werkzeug (siehe Abschnitt 23.3, »Das Schnellauswahl-Werkzeug«) und Einstellungsebenen, bei der Sie aus einer Palette von vordefinierten Korrekturen und Effekten auswählen können.

Gerade für Einsteiger sind diese Werkzeuge ideale Hilfsmittel, da sie schwierigere Dinge wie Auswahlen, Ebenen und Ebenenmasken im Hintergrund von Photoshop Elements automatisch für Sie erstellen.

Vielfältig einsetzbar
Die Smartpinsel-Werkzeuge sind gar nicht so leicht einzuordnen – diese Werkzeuge könnte man ebenso gut in den Kapiteln zur Bildkorrektur (siehe Teil III) besprechen sowie bei den Auswahlen (siehe Teil VII) oder auch Ebenen (siehe Teil VIII). Daran erkennen Sie auch, wie vielfältig Sie das Werkzeug einsetzen können.

Werkzeugoptionen | In der Pop-up-Palette ❷ können Sie sich eine Liste der vorhandenen Smartpinsel-Werkzeuge anzeigen lassen. Standardmäßig werden hierbei zunächst nur Korrekturen UNIVERSAL aufgelistet, aber die Dropdown-Liste ❼ zeigt Ihnen nach Themen sortiert auch andere vordefinierte Korrekturen an.

Über GRÖSSE ❸ und die Schaltfläche PINSELEINSTELLUNGEN ❹ stellen Sie den Pinsel ein (siehe Abschnitt 14.3, »Pinsel- und Werkzeugspitzen«).

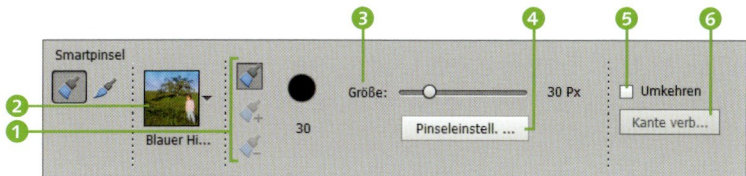

▲ Abbildung 14.35
Optionen des Smartpinsel-Werkzeugs

Mit der Checkbox UMKEHREN ❺ kehren Sie die Auswahl um: Was nicht ausgewählt war, ist nun ausgewählt, und was zuvor ausgewählt war, ist nun nicht mehr ausgewählt. Dies entspricht dem Kommando AUSWAHL • AUSWAHL UMKEHREN (oder ⇧+Strg/cmd+I). Mit der Schaltfläche KANTE VERBESSERN ❻ können Sie über einen Dialog die Kanten der Auswahl verbessern.

Die drei kleinen Pinsel ❶ sind ebenfalls schnell erklärt. Um eine neue Auswahl für Korrekturen auf dem Bild festzulegen, sollten Sie den Pinsel für NEUE AUSWAHL auswählen. Wollen Sie einer bereits vorhandenen Auswahl weitere Bereiche hinzufügen, aktivieren Sie den Pinsel (DER AUSWAHL HINZUFÜGEN). Sollen

▲ Abbildung 14.36
Über das Pop-up-Menü wählen Sie aus den zahlreichen Vorgaben.

Kapitel 14   Mit Farben malen

Zum Weiterlesen
Mehr zu den Auswahlbefehlen können Sie in Abschnitt 22.3, »Auswahlbefehle im Menü«, und zum Dialog Kante verbessern in Abschnitt 22.5.3 nachlesen.

hingegen Teile einer bereits vorhandenen Auswahl entfernt werden, verwenden Sie den Pinsel (Von Auswahl subtrahieren).

Die Smartpinsel im Einsatz | Die Verwendung des Smartpinsel-Werkzeugs ist kinderleicht. Den praktischen Einsatz erläutert der folgende Workshop.

Abbildung 14.37 ▶
Der Gesamteindruck des Motivs ist dunkel, grau und trübe. Mit dem Smartpinsel-Werkzeug wollen wir hier noch einiges herausholen.

Kapitel_14:
kopfsteinpflaster.jpg,
kopfsteinpflaster.psd

Schritt für Schritt
Bildkorrektur mit dem Smartpinsel-Werkzeug

Mit dem Smartpinsel-Werkzeug lassen sich Korrekturen einfach auf ein Bild bzw. bestimmte Stellen im Bild auftragen. In den Vorgaben findet sich auch ein Blauer Himmel – genau das Richtige für diese etwas fahl geratene Aufnahme des eigentlich strahlend blauen Himmels.

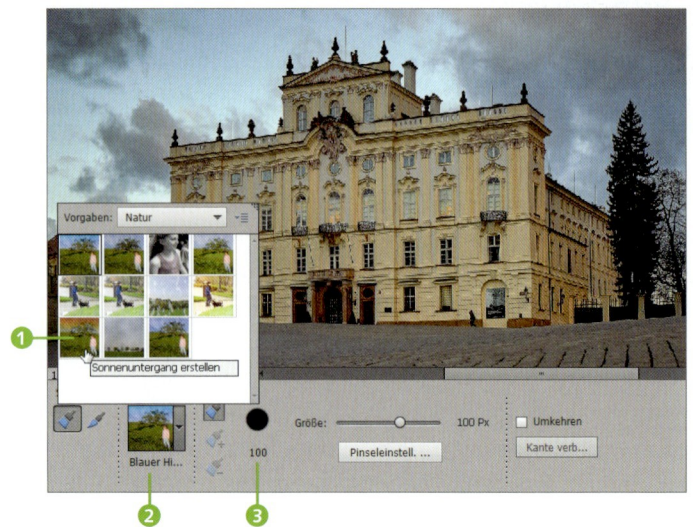

Abbildung 14.38 ▶
Zunächst soll der Himmel dem Sonnenuntergang bzw. einem abendlichen Rot näher kommen.

398

14.2 Die Malwerkzeuge

1 Korrektur auswählen

Öffnen Sie das Bild »kopfsteinpflaster.jpg« im Fotoeditor, und wählen Sie das Smartpinsel-Werkzeug [F] aus der Werkzeugpalette aus. Verwenden Sie aus der Pop-up-Palette ❷ SONNENUNTERGANG ❶ aus der Vorgabe NATUR, und stellen Sie die GRÖSSE des Pinsels ❸ auf 100 Pixel.

2 Korrektur ins Bild malen

Malen Sie die Korrektur im Bild auf dem Himmel mit gedrückt gehaltener linker Maustaste auf. Die Korrektur wird als eigene Einstellungsebene ❼ vorgenommen. Haben Sie zu viel ausgewählt, können Sie dies jederzeit mit dem Pinsel wieder von der Auswahl abziehen; ebenso können Sie weitere Bildbereiche hinzufügen.

Die Pinsel ❹ aus den Werkzeugoptionen finden Sie auch im Bild zur Auswahl wieder. Sie sehen nun einen Farbpunkt ❺ im Bild. Dieser Farbpunkt dient als Referenz für die Korrektur. Erstellen Sie eine weitere Korrektur, wird ein weiterer Farbpunkt angelegt. Der Himmel sollte jetzt in Orange erstrahlen.

Deckkraft reduzieren

Häufig sind die aufgemalten Korrekturen recht stark und übertrieben und müssen etwas angepasst werden. Meistens reicht es aus, wie auch in diesem Beispiel, einfach die DECKKRAFT ❻ der Ebene etwas zu reduzieren. Hier wurde die Deckkraft auf 22 % gestellt. Dies ist allerdings auch Geschmackssache.

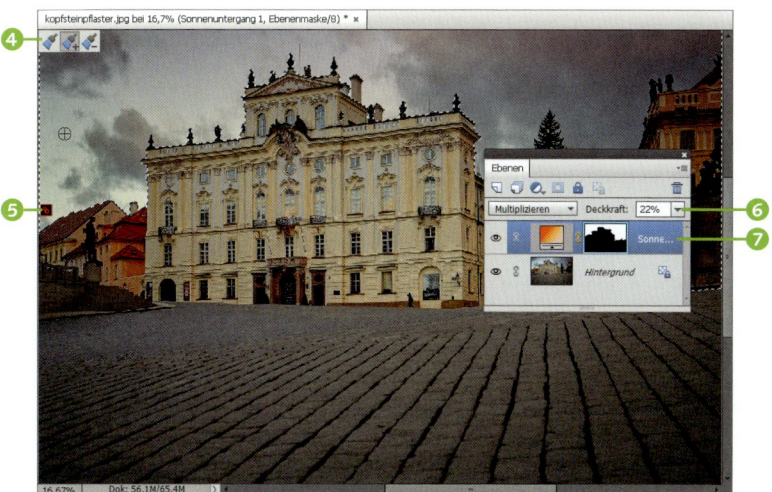

◀ **Abbildung 14.39**
Photoshop Elements erstellt automatisch eine Einstellungsebene, und Sie können sofort losmalen.

3 Weitere Korrekturvorgabe für das Bild vorbereiten

Nun soll noch eine zweite Korrekturvorgabe im Bild verwendet werden. Wählen Sie hierzu zunächst in den Werkzeugoptionen den Pinsel für eine neue Auswahl. Verwenden Sie aus der Gruppe BELEUCHTUNG ❽ die Korrekturvorgabe HELLER ❾.

4 Weitere Korrektur ins Bild malen

Malen Sie, wie schon beim Himmel, eine weitere Korrektur auf den Vordergrund mitsamt den Gebäuden im Bild. Auch hier gilt:

▲ **Abbildung 14.40**
Machen Sie das Bild heller.

Haben Sie zu viel gemalt, ziehen Sie diesen Bereich mit ![] wieder von der Auswahl ab. Dasselbe gilt für das Hinzufügen von Bildbereichen mit ![]. Nun sollten Sie im Ebenen-Bedienfeld eine weitere Einstellungsebene ❷ vorfinden und im Bild einen zweiten Farbpunkt ❶.

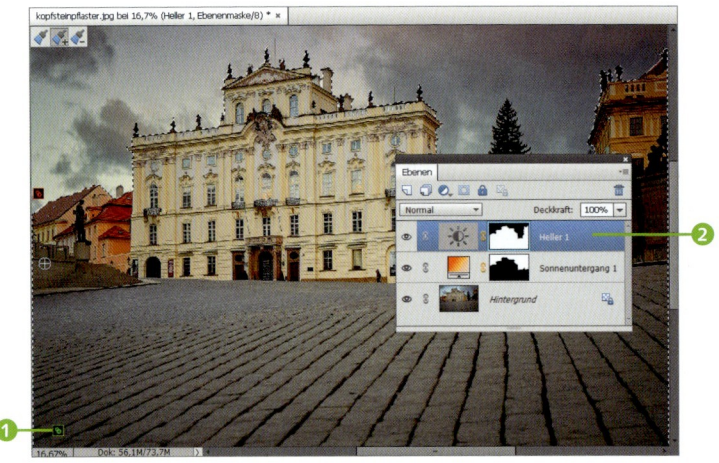

Abbildung 14.41 ▶
Für die beiden Korrekturen SONNENUNTERGANG und HELLER wurde je eine Einstellungsebene angelegt.

5 Gegebenenfalls Arbeitsschritt 3 und 4 wiederholen

Natürlich können Sie noch beliebige weitere Korrekturen ins Bild malen und die Arbeitsschritte 3 und 4 bei Bedarf wiederholen. Im Beispiel wurde nochmals der Himmel mit der Korrekturvorgabe WOLKENKONTRAST aus der Gruppe NATUR sowie HOHER KONTRAST für den Vordergrund aus der Gruppe BELEUCHTUNG ❸ hinzugefügt. Bei allen Ebenen wurde die DECKKRAFT ❹ etwas reduziert. Jetzt wirkt das Bild schon etwas dramatischer und interessanter.

Abbildung 14.42 ▶
Jetzt hat das Bild eine dramatischere Stimmung. Trotzdem ist hier noch ein Feintuning nötig.

14.2 Die Malwerkzeuge

6 Korrektureinstellungen ändern (1)

Im nächsten Schritt wollen wir nun die Korrektureinstellungen einer Einstellungsebene ändern. Hierzu stehen Ihnen drei Möglichkeiten zur Verfügung:

- Klicken Sie doppelt auf die Ebenenminiatur (nicht Ebenenmaske!) der Einstellungsebene im Ebenen-Bedienfeld.
- Noch einfacher geht es mit einem Doppelklick auf den Farbpunkt oder indem Sie diesen mit der rechten Maustaste anklicken und im Kontextmenü den Punkt KORREKTUREINSTELLUNGEN ÄNDERN auswählen. Hierbei können Sie auch über das Kontextmenü die entsprechende Ebene auswählen, die Sie ändern wollen.
- Ähnlich können Sie auch eine mit dem Smartpinsel-Werkzeug erstellte Korrektur **löschen**, indem Sie entweder die entsprechende Einstellungsebene im Ebenen-Bedienfeld löschen oder per Rechtsklick auf den Farbpunkt KORREKTUR LÖSCHEN auswählen.

Farbpunkte nicht sichtbar
Die Farbpunkte sind nur dann sichtbar und anwählbar, wenn Sie eines der Smartpinsel-Werkzeuge aktiviert haben. Von anderen Werkzeugen aus können Sie die Korrektureinstellungen nur über einen Doppelklick auf die Ebenenminiatur ändern.

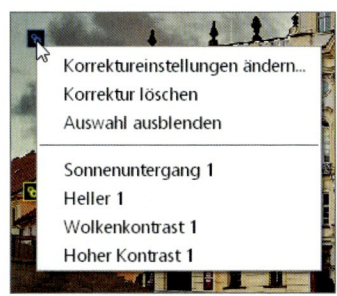

▲ Abbildung 14.43
Korrekturen verwerfen oder auswählen

7 Korrektureinstellungen ändern (2)

Je nachdem, welche Korrektureinstellung Sie ausgewählt haben, erscheint nun das zur Einstellungsebene gehörende Bedienfeld. Im Beispiel wurde die Aufhellung mit dem Dialog HELLIGKEIT/KONTRAST realisiert. Durch die Aufhellung allein wirkt der Vordergrund etwas zu flau. Erhöhen Sie daher im Dialog den KONTRAST ❺ auf 20.

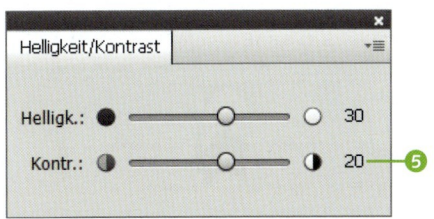

◀ Abbildung 14.44
Die Arbeit des Smartpinsel-Werkzeugs können Sie nachträglich justieren.

8 Korrektureinstellungen ändern (3)

Im vorliegenden Beispiel wurden außerdem noch die Korrektureinstellungen für den Himmel mit dem Sonnenuntergang und dem blauen Himmel angepasst, indem die Verlaufsfüllung geändert wurde. Doppelklicken Sie beispielsweise auf die Verlaufsfüllung ❶ (Abbildung 14.45) im Ebenendialog, öffnet sich der Dialog zur Verlaufsfüllung. Wenn Sie hier wiederum auf den Verlauf ❷ doppelklicken, öffnet sich der Dialog zum Bearbeiten von Verläufen, in dem Sie dann Ihren eigenen Sonnenuntergang bzw. Verlauf erstellen bzw. anpassen können.

Zum Nachlesen
Hier wurde nicht gesondert auf die Bearbeitung von Verläufen eingegangen, weil dies Teil von Abschnitt 14.4.6, »Das Verlaufswerkzeug«, ist, in dem Sie auch in dem Workshop »Eigene Verläufe erstellen« erfahren, wie Sie eigene Verläufe erstellen bzw. bearbeiten können.

Kapitel 14   Mit Farben malen

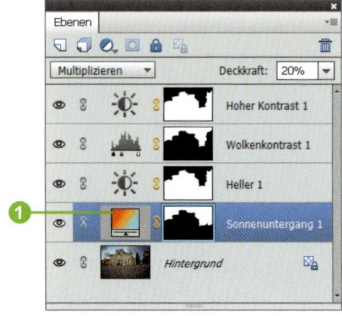

▲ **Abbildung 14.45**
Anpassen einzelner Korrekturvorgaben …

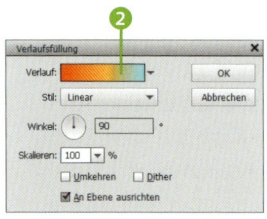

▲ **Abbildung 14.46**
… wie hier die Verlaufsfüllung …

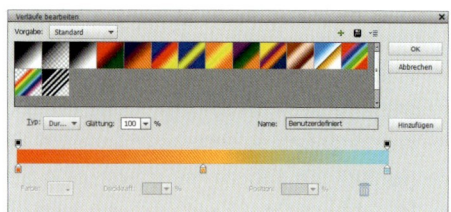

▲ **Abbildung 14.47**
… den persönlichen Bedürfnissen anpassen

9   Korrekturvorgaben ändern

Es sollte hier unbedingt noch erwähnt werden, dass Sie jederzeit eine aufgemalte Korrekturvorgabe nachträglich ändern können. Hierzu müssen Sie lediglich die entsprechende Ebene auswählen ❹ und die jeweilige Korrekturvorgabe in einer bestimmten Gruppe wählen. Im Beispiel wurde die nicht ganz ernst gemeinte Vorgabe BLEISTIFTSKIZZE ❸ aus KÜNSTLERISCH verwendet. In der Praxis könnten Sie so zwischen BLAUER HIMMEL und WOLKENKONTRAST beim Himmel wechseln und sehen, was besser aussieht.

Abbildung 14.48 ▼
Auch die Korrekturvorgaben lassen sich jederzeit nachträglich ändern.

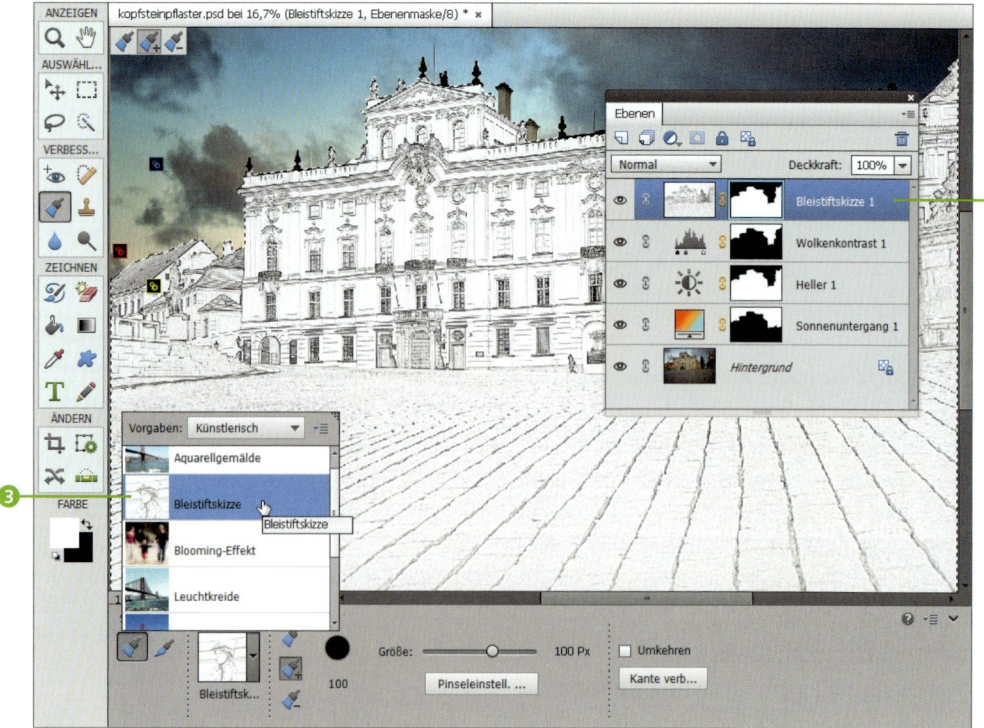

402

14.2 Die Malwerkzeuge

10 Ebenen reduzieren

Speichern Sie die Bearbeitung als PSD- oder TIFF-Format ab, wenn Sie das Beispiel künftig weiterbearbeiten wollen. Wenn Sie mit dem Ergebnis schließlich zufrieden sind, können Sie alle Ebenen auf eine reduzieren. Klicken Sie hierzu eine der Ebenen im Ebenen-Bedienfeld mit der rechten Maustaste an, wählen Sie im Kontextmenü Auf Hintergrundebene reduzieren aus, und speichern Sie das Bild anschließend beispielsweise im JPEG-Format für die Weitergabe ab.

Geschmacksfrage

Die Bearbeitung, wie sie hier mit dem Beispielbild demonstriert wurde, ist natürlich auch eine Frage des persönlichen Geschmacks. Wenn Ihnen im Beispiel die Farben zu viel des Guten sind, können Sie auch die Sättigung oder die Deckkraft entsprechend reduzieren. Das Beispiel dient eben wieder nur als Workshop, um das Smartpinsel-Werkzeug zu demonstrieren. Erlaubt ist, was einem persönlich gefällt.

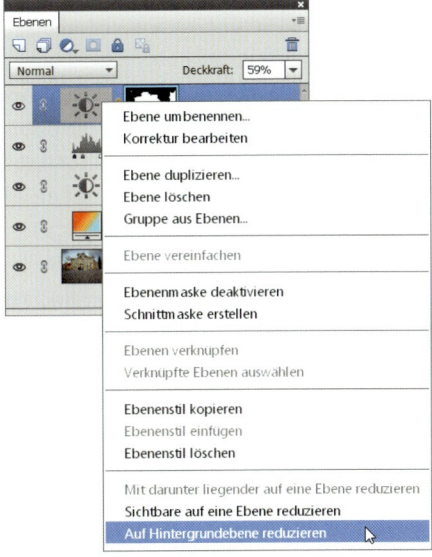

◀ **Abbildung 14.49**
Wer will, reduziert die Ebenen nach getaner Arbeit.

Einstellungen anpassen

Die Bildkorrektur mit dem Smartpinsel-Werkzeug ist ein häufig unterschätztes Werkzeug. Selten passen hier allerdings die aufgemalten Korrekturvorgaben auf Anhieb und müssen dem Bild entsprechend angepasst werden. Wenn Sie sich damit aber auseinandersetzen, die Deckkraft entsprechend anpassen, die Korrektureinstellungen ändern und auch ein Gefühl für Farben haben oder kreativ sind, lässt sich mit diesem Werkzeug viel erreichen. Einzig vermisst man die Option, eigene Vorgaben anlegen und speichern zu können.

11 Analyse

Vergleichen Sie zuletzt die Vorher- und die Nachher-Ansicht miteinander, sind die Resultate mit dem Werkzeug in der Tat beeindruckend – gerade in Anbetracht des geringen Aufwands.

▲ **Abbildung 14.50**
Links das Bild im Originalzustand, rechts nach der Überarbeitung mit dem Smartpinsel-Werkzeug

Kapitel 14   Mit Farben malen

Übersicht über die verschiedenen Smartpinsel-Werkzeuge | Genau genommen unterscheidet man bei den verschiedenen Vorgaben von Smartpinsel-Werkzeugen zwischen einfachen Effekten und Vorlagen, die über eine Einstellungsebene mit Ebenenmaske realisiert werden. Im Grunde kann es Ihnen aber egal sein, ob Sie einen einfachen Effekt oder einen Effekt mit einer Einstellungsebene verwenden, solange Sie nicht die Korrektureinstellungen der Ebene nachträglich verändern wollen, wie wir das im vorherigen Workshop »Bildkorrektur mit dem Smartpinsel-Werkzeug« in den Arbeitsschritten 6 und 7 gemacht haben. Dies funktioniert nämlich mit den einfachen Effekten nicht.

Einstellungsebenen und Ebenenmasken

Mehr zu den Einstellungsebenen finden Sie in Abschnitt 24.3.3. Die Ebenenmasken wiederum behandele ich in Kapitel 28.

Aufgepinselte Ebene nachträglich anpassen? | Wenn Sie etwas mit dem Smartpinsel-Werkzeug aufmalen, wird dafür eine neue Ebene mithilfe der Ebenenmaske angelegt. Einige dieser aufgepinselten Korrektureinstellungen können nachträglich angepasst werden, wie Sie dies in den Arbeitsschritten 6 und 7 der Schritt-für-Schritt-Anleitung »Bildkorrektur mit dem Smartpinsel-Werkzeug« gesehen haben. Andere aufgepinselte Ebenen wiederum sind im Grunde nur einfache Effekte. Genau genommen gibt es hierbei drei verschiedene Arten von Ebenen, die mit dem Smartpinsel-Werkzeug aufgemalt werden können:

1. Ebene mit Ebenenmaske: Bei dieser Ebene sehen Sie in der Ebenenminiaturvorschau eine Kopie des Hintergrundbildes mit dem aufgepinselten Effekt und der schwarzweißen Ebenenmaske daneben. Solche Ebenen haben keine weiteren Einstellungen mehr, die nachträglich justiert werden könnten.
2. Einstellungsebene mit Ebenenmaske: Bei dieser Ebene (Abbildung 14.52) finden Sie das Symbol einer Einstellungsebene neben der schwarzweißen Ebenenmaske vor. Diese Einstellung können Sie durch Doppelklicken des Symbols nachträglich über den sich öffnenden Korrektur-Dialog anpassen.

▲ Abbildung 14.51
Ebene mit Ebenenmaske

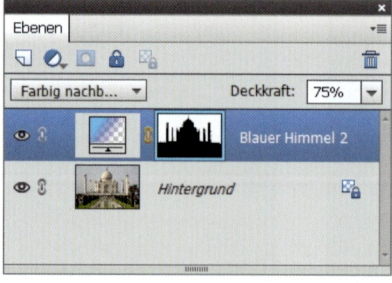

▲ Abbildung 14.52
Einstellungsebene mit Ebenenmaske

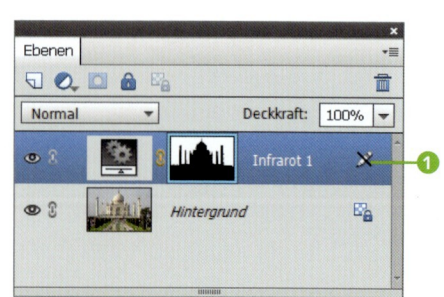

▲ Abbildung 14.53
Nicht editierbare Einstellungsebene mit Ebenenmaske

3. **Nicht bearbeitbare Einstellungsebene mit Ebenenmaske:** Diese Ebene hat zwar auch eine Einstellungsebene, aber diese ist nicht mehr nachträglich änderbar. Solche Ebenen erkennen Sie am durchgestrichenen Stiftsymbol ❶ rechts außen.

Alles einblenden
Wenn Sie ALLES EINBLENDEN unter den Vorlagen auswählen, werden alle vorhandenen Vorlagen aufgelistet.

Universal | Unter UNIVERSAL sind eigentlich nur die Vorlagen enthalten, die häufig verwendet werden. Die einzelnen Vorlagen finden Sie in den folgenden Sektionen natürlich auch wieder in der jeweils passenden Kategorie. Leider sind die universellen Vorlagen fest vorgegeben, und eigene Favoriten können Sie nicht hinzufügen. Rechts oben können Sie über die kleine Schaltfläche ❷ die Ansicht der Miniaturvorschau ändern.

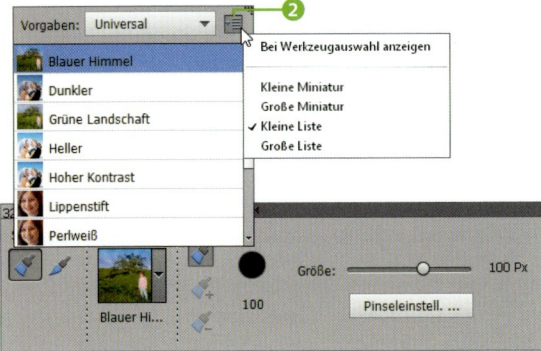

▲ Abbildung 14.54
Unter UNIVERSAL werden häufig benötigte Vorlagen zusammengefasst.

Künstlerisch | Die Vorlagen in KÜNSTLERISCH sind Effekte und können somit nicht über irgendwelche Korrektureinstellungen der Ebene geändert werden. Sie sind auch im Effekte-Bedienfeld enthalten, nur dass Sie die Effekte hier gezielt »aufpinseln« können.

Vorlage	Anpassbar	Beschreibung
AQUARELLGEMÄLDE	nein	Der aufgemalte Bereich sieht so aus, als wäre er mit Wasserfarben gezeichnet worden.
BLEISTIFTSKIZZE	nein	Der aufgemalte Bereich sieht anschließend aus wie mit einem Bleistift gezeichnet.
BLOOMING-EFFEKT	nein	Der aufgemalte Bereich bekommt einen Blooming-Effekt.

▲ Tabelle 14.5
Beschreibung der in KÜNSTLERISCH enthaltenen Vorlagen

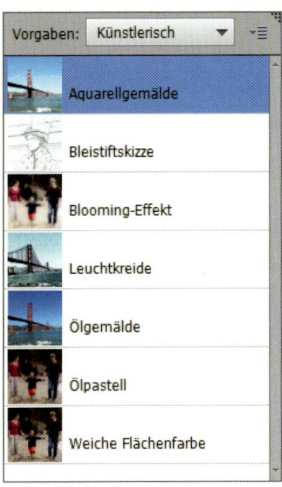

▲ Abbildung 14.55
Die Vorlagen in KÜNSTLERISCH

Tabelle 14.5 ▶
Beschreibung der in KÜNSTLERISCH enthaltenen Vorlagen (Forts.)

Vorlage	Anpassbar	Beschreibung
LEUCHTKREIDE	nein	Der aufgemalte Bereich sieht aus wie mit Leuchtkreide gezeichnet, wodurch ein knalliger Bonbon-Effekt von Farben wie bei einem Comic entsteht.
ÖLGEMÄLDE	nein	Der aufgemalte Bereich wirkt so, als wäre das Bild ein klassisches Ölgemälde.
ÖLPASTELL	nein	Damit lassen Sie die Farben verlaufen, sodass der Eindruck entsteht, es wäre alles mit Ölfarben gemalt.
WEICHE FLÄCHENFARBE	nein	Hier werden die ausgemalten Bereiche leicht weichgezeichnet.

▲ Abbildung 14.56
Die Vorlagen in BELEUCHTUNG

Beleuchtung | Alle fünf Vorlagen unter BELEUCHTUNG werden über die Einstellungsebene HELLIGKEIT/KONTRAST realisiert und können daher auch jederzeit nachträglich korrigiert werden.

Vorlage	Anpassbar	Beschreibung
DUNKLER	ja	Reduziert die Helligkeit.
HELLER	ja	Erhöht die Helligkeit.
HOHER KONTRAST	ja	Erhöht den Kontrast.
NIEDRIGER KONTRAST	ja	Reduziert den Kontrast.
SPOTLICHT	ja	Erhöht die Helligkeit im Bild drastisch.

▲ Tabelle 14.6
Beschreibung der in BELEUCHTUNG enthaltenen Vorlagen

▲ Abbildung 14.57
Unter FARBE lassen sich unterschiedliche Farben aufmalen, die jederzeit über die Einstellungsebene angepasst werden können.

Farbe | In FARBE finden Sie 15 Vorlagen, um Farben auf das Bild aufzumalen. Dieses Aufmalen wird mithilfe der Einstellungsebene VERLAUFSUMSETZUNG realisiert und kann daher jederzeit nachträglich geändert werden. Anhand der Miniaturabbildungen können Sie gut erkennen, welche Farbe dabei auf das Bild gemalt wird. Daher kann ich hierbei auf eine genauere Beschreibung der einzelnen Vorlagen verzichten.

Fotografisch | Unter FOTOGRAFISCH finden Sie allerlei interessante Vorlagen für beliebte fotografische Effekte vor.

Vorlage	Anpassbar	Beschreibung
BLAUDRUCK	ja	Aufgemaltes im Bild wird blau-weiß eingefärbt.
FERROTYPIE	ja	Erzeugt den Stil einer alten Blechfotografie, wie sie zwischen 1855 und 1930 verwendet wurde.
FILMNEGATIV	nein	Erzeugt ein Fotonegativ aus dem aufgemalten Bereich.
KUPFERPLATTE	ja	Erzeugt den Eindruck, als wäre der aufgemalte Bereich auf eine Kupferplatte gepresst.
NEUTRALER FARBTON, SCHWARZWEISS	ja	Damit malen Sie ein einfaches Schwarzweiß ins Bild.
POLAROID	ja	Die aufgemalten Bereiche bekommen die typischen Farben einer alten Polaroid-Kamera.
RÖNTGENBILD	ja	Der Eindruck eines Röntgenbildes entsteht bei dieser Vorlage nicht, eher der eines Bildes, das auf silbernes Metall gepresst wurde.
SCHUHKARTON-FOTO	ja	Malt ausgewaschene Farben in das Bild, sodass es wie ein älteres Foto aussieht.
SEPIA-DUPLEX	ja	Der aufgemalte Bereich wird in der klassischen Sepia-Verlaufstönung eingefärbt.
VERGILBTES FOTO	ja	Erzeugt einen alten, vergilbten Schwarzweißeffekt.

▲ Abbildung 14.58
Unter FOTOGRAFISCH finden Sie viele Vorlagen, um den aufgemalten Bereich künstlich altern zu lassen.

▲ Tabelle 14.7
Beschreibung der in FOTOGRAFISCH enthaltenen Vorlagen

Natur | Die Gruppe NATUR enthält einige interessante Lösungen, um fade Naturaufnahmen aufzupeppen.

Vorlage	Anpassbar	Beschreibung
BLAUER HIMMEL	ja	Fügt dem aufgemalten Bereich eine blaue Verlaufsfüllung hinzu – ideal, um einen flauen Himmel aufzufrischen.
DUNKLER HIMMEL	ja	Verdunkelt hellere Blautöne und erzielt dabei sattere Farben.

▲ Abbildung 14.59
In NATUR sind viele Vorlagen zum Verbessern von Naturaufnahmen enthalten. Einige dieser Vorlagen lassen sich aber durchaus auch für andere Zwecke verwenden.

◄ Tabelle 14.8
Beschreibung der in NATUR enthaltenen Vorlagen

Tabelle 14.8 ▶
Beschreibung der in Natur enthaltenen Vorlagen (Forts.)

Vorlage	Anpassbar	Beschreibung
Geblümt	ja	Fügt ein Blumenmuster hinzu.
Grüne Landschaft	ja	Verbessert die Sättigung und Helligkeit von grünen Farbtönen.
Regen	nein	Fügt einen Regenschauer hinzu.
Schnee	nein	Fügt einen starken Schnellfall hinzu.
Schneefall	ja	Fügt ein Muster hinzu, das einen Schneefall simulieren soll.
Sommer	nein	Der aufgemalte Bereich wirkt wärmer als im Sommer aufgenommen.
Sonnenuntergang	ja	Damit malen Sie eine Verlaufsfüllung in das Bild, die den Eindruck von Abendsonne erwecken soll.
Winter	nein	Erzeugt einen Effekt, als wäre es im aufgemalten Bereich Winter.
Wolken	ja	Malt ein Muster mit Wolken auf das Bild. Ideal, um einen langweiligen Himmel mit Wolken zu versehen.
Wolkenkontrast	ja	Erhöht den Kontrast mithilfe der Tonwertkorrektur. Kann auch für andere Bildbereiche außer Wolken verwendet werden.

Kapitel_14:
desert.jpg, desert.psd

▲ **Abbildung 14.60**
Das Bild vorher ...

▲ **Abbildung 14.61**
Das Bild nachher ...

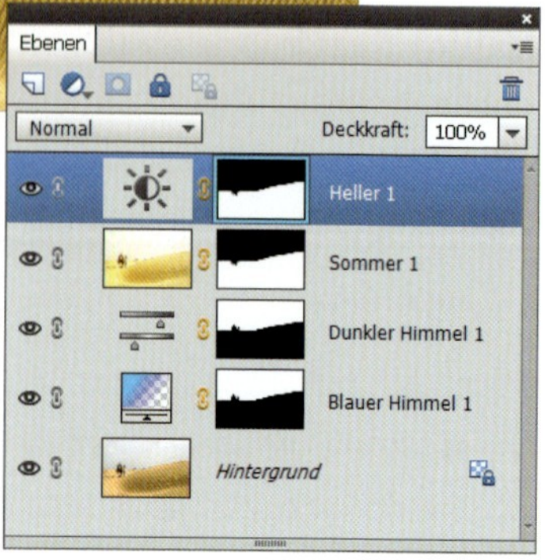

Abbildung 14.62 ▶
... mit den vier vom Smartpinsel-Werkzeug aufgemalten Vorlagen Blauer himmel, Dunkler Himmel, Sommer und Heller.

Portrait | PORTRAIT listet einige Vorlagen auf, um Verbesserungen auf Porträtfotos aufzumalen.

Vorlage	Korrekturen	Beschreibung
DETAILS	ja	Fügt dem angemalten Bereich mehr Details hinzu, indem der Kontrast erhöht wird.
HAUTTÖNE AUFHELLEN	ja	Damit hellen Sie beispielsweise rötliche Hauttöne auf, indem die Helligkeit erhöht wird.
LIPPENSTIFT	ja	Fügt dem aufgemalten Bereich eine rötliche Farbfläche hinzu.
PERLWEISS	ja	Fügt dem aufgemalten Bereich eine nicht ganz weiße Farbfläche hinzu.
PERLWEISS EXTRA	ja	Fügt dem aufgemalten Bereich eine weiße Farbfläche hinzu – extremes Bleaching.
SPRAYBRÄUNUNG	ja	Damit lässt sich Solariumbräune auf die Haut malen. Hierbei wird ein bräunlicher Fotofilter als Einstellungsebene verwendet.
STRAHLENDE AUGEN	ja	Schafft strahlendere Augen durch eine Tonwertkorrektur des Weißreglers.

▲ **Tabelle 14.9**
Beschreibung der in PORTRAIT enthaltenen Vorlagen

▲ **Abbildung 14.63**
Die Vorlagen in PORTRAIT sind vorwiegend für Verbesserungen von Personenfotos gedacht.

Schwarzweiß | Unter den Vorlagen SCHWARZWEISS finden Sie verschiedene Varianten von Schwarzweißeffekten, die Sie auf das Bild aufmalen können. Zusätzlich finden Sie hier tolle Schwarzweißfilter, die man sich auch im Effekte-Bedienfeld von Photoshop Elements wünschen würde. Aber es ist ja zum Glück kein Problem, das komplette Bild mit einem dieser Filter anzumalen.

Vorlage	Korrekturen	Beschreibung
BLAUFILTER	nein	Beim Umfärben in Schwarzweiß werden die roten und grünen Farben dunkler, und alle Blautöne werden heller.
BLAUSÄTTIGUNG VERRINGERN	nein	Färbt nur die blauen Farbanteile in Schwarzweiß um. Alle anderen Farben bleiben erhalten.

▲ **Abbildung 14.64**
Unter den Vorlagen in der Gruppe SCHWARZWEISS finden Sie viele Schätze für Schwarzweißbilder, die sich auch auf das ganze Bild angewendet gut eignen.

◀ **Tabelle 14.10**
Beschreibung der vorhandenen Vorlagen in SCHWARZWEISS

Vorlage	Korrekturen	Beschreibung
BUNTE MITTE	nein	Schwächt die Farben ab, sodass der Eindruck eines Schwarzweißbildes entsteht. Trotzdem bleibt die Farbe ganz blass erhalten.
FARBE VERBLASSEN, HORIZONTAL	nein	Verblasst die Farben in horizontaler Richtung.
FARBE VERBLASSEN, VERTIKAL	nein	wie FARBE VERBLASSEN, HORIZONTAL, nur in vertikaler Richtung.
GELBFILTER	nein	Hierbei werden bei der Schwarzweißwiedergabe alle roten und grünen Farben heller und alle blauen Farben dunkler.
GRAUSTUFEN	ja	Färbt den angemalten Bereich in wenigen Graustufen ein.
GRÜNFILTER	nein	Dabei werden die roten und blauen Farben dunkler und die grünen Farben heller dargestellt.
GRÜNSÄTTIGUNG VERRINGERN	nein	Färbt nur die grünen Farbanteile in Schwarzweiß um. Alle anderen Farben bleiben erhalten.
INFRAROT	nein	Malt den beliebten Infraroteffekt auf das Bild.
KALTER FARBTON, SCHWARZWEISS	ja	Erzeugt ein kühl wirkendes Schwarzweiß, indem eine blauweiße Verlaufsumsetzung auf das Bild gemalt wird.
ROTFILTER	nein	Die roten Farben werden hierbei heller dargestellt. Grün und Blau werden dunkler.
ROTFILTER MIT HOHEM KONTRAST	nein	Wie ROTFILTER, nur wird zusätzlich der Kontrast erhöht.
ROTSÄTTIGUNG VERRINGERN	nein	Färbt nur die roten Farbanteile in Schwarzweiß um. Alle anderen Farben bleiben erhalten.
SCHWARZWEISS, MITTE	ja	Der ausgewählte Bereich wird von außen noch in Farbe bis zur Mitte hin immer mehr in Schwarzweiß umgewandelt.

Tabelle 14.10 ▶
Beschreibung der vorhandenen Vorlagen in SCHWARZWEISS (Forts.)

Spezialeffekte und Strukturen | Die Vorlagen unter Spezial-
effekte und Strukturen eignen sich eher für künstlerische und
kreative Zwecke, weshalb ich mir eine genauere Beschreibung
hier sparen kann. Die Miniaturvorschauen der einzelnen Vorlagen
sprechen ohnehin für sich selbst.

◂◂ **Abbildung 14.65**
Viele nette Spielereien finden Sie
unter Spezialeffekte.

◂ **Abbildung 14.66**
Zum Aufmalen unterschiedlicher
Strukturen (Muster) finden Sie
interessante Vorgaben in Strukturen.

▴ **Abbildung 14.67**
Das Bild vorher …

▴ **Abbildung 14.68**
… und das Bild nach dem Aufmalen einer Struktur
(hier Willkürlich) auf den weißen Hintergrund und
mit dem Spezialeffekt Farbumkehrung auf dem Hund

Umkehreffekte und Tönung | Die Vorlagen unter Umkehref-
fekt enthalten Funktionen, die den Bereich um den angemalten
Bereich herum bearbeiten. Am interessantesten dürfte hier die
Funktion Umkehren – Schwarzweiss sein, mit der sich im Handumdrehen ein Color Key erstellen lässt. Wie sich das umsetzen
lässt und welche alternativen Möglichkeiten es für diese Technik
gibt, erfahren Sie in Abschnitt 15.2.1, »Farben teilweise entfernen – Color Key«.

 Kapitel_14:
Blue.jpg

Kapitel 14 Mit Farben malen

Last, but not least finden Sie unter TÖNUNG noch einige Effekte, um beim Anmalen die Bereiche mit gängigen und beliebten Farben zu tonen.

Abbildung 14.69 ▶
Mit den verschiedenen Umkehreffekten wird der nicht ausgewählte Bereich verändert.

Abbildung 14.70 ▶▶
Partielles Tonen leicht gemacht mit den Vorlagen in TÖNUNG.

14.2.9 Das Detail-Smartpinsel-Werkzeug

Das Detail-Smartpinsel-Werkzeug [F] unterscheidet sich in den Werkzeugoptionen vom einfachen Smartpinsel-Werkzeug auf den ersten Blick nur dadurch, dass Sie hier unter voreingestellten Pinselspitzen ❶ wählen können. Alle übrigen Werkzeugoptionen sind gleich.

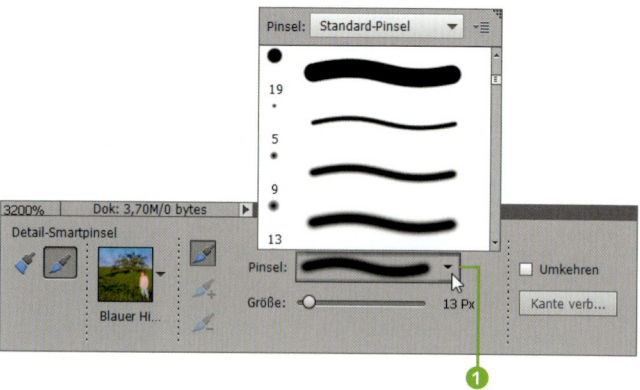

Abbildung 14.71 ▶
Wählen Sie eine der voreingestellten Pinselspitzen.

Bedienung des Detail-Smartpinsel-Werkzeugs | Erst bei der Verwendung des Detail-Smartpinsel-Werkzeugs wird der Unterschied zum Smartpinsel-Werkzeug deutlich. Während das Smartpinsel-Werkzeug wie das Schnellauswahl-Werkzeug [A] funktioniert, arbeitet das Detail-Smartpinsel-Werkzeug wie das Pinsel-Werkzeug.

Somit ist das Detail-Smartpinsel-Werkzeug eher für Bilder oder Bildbereiche geeignet, die sich zur Korrektur oder Veränderung nicht so einfach wie beim Smartpinsel-Werkzeug mit einer Auswahl erfassen lassen. Auch für detailliertere Nacharbeiten zum Smartpinsel-Werkzeug eignet sich das Werkzeug bestens (daher auch sein Name).

14.3 Pinsel- und Werkzeugspitzen

Die Werkzeugspitzen werden neben den typischen Malwerkzeugen wie Pinsel-Werkzeug, Buntstift oder Radiergummi auch bei Werkzeugen für Illustrationen und Retuschen von Photoshop Elements verwendet. Die Anwendung und Wirkung der Werkzeugspitzen ist bei allen Werkzeugen recht ähnlich.

14.3.1 Werkzeugspitzen auswählen und einstellen über die Werkzeugoptionen

Zum schnellen Auswählen und Einstellen der Werkzeugspitze verfügen die entsprechenden Werkzeuge in den Werkzeugoptionen über ein Dropdown-Menü Pinsel ❸, um andere Kategorien bzw. Varianten von Pinseln auflisten zu lassen. Die Pinsel-Varianten können Sie übrigens auch anzeigen, indem Sie mit aktivem Werkzeug mit der rechten Maustaste ins Bild klicken. Grundsätzlich finden Sie bei fast allen Werkzeugen, die einen Pinsel als Werkzeugspitze haben, darunter gleich die Option Grösse ❹, um den Durchmesser des Pinsels einzustellen.

Pinsel-Werkzeug versus Werkzeugspitze »Pinsel«
Vielleicht verwirrt es Sie ein wenig, dass mit Pinsel hier immer wieder die Werkzeugspitze gemeint ist und nicht das gleichnamige Werkzeug. Das Werkzeug zum Malen wird im Buch stets als *Pinsel-Werkzeug* bezeichnet, während sich die einfache Bezeichnung *Pinsel* auf eine Werkzeugspitze bezieht (manchmal auch Pinselspitze), die auch in Verbindung mit anderen Werkzeugen in Photoshop Elements verwendet wird.

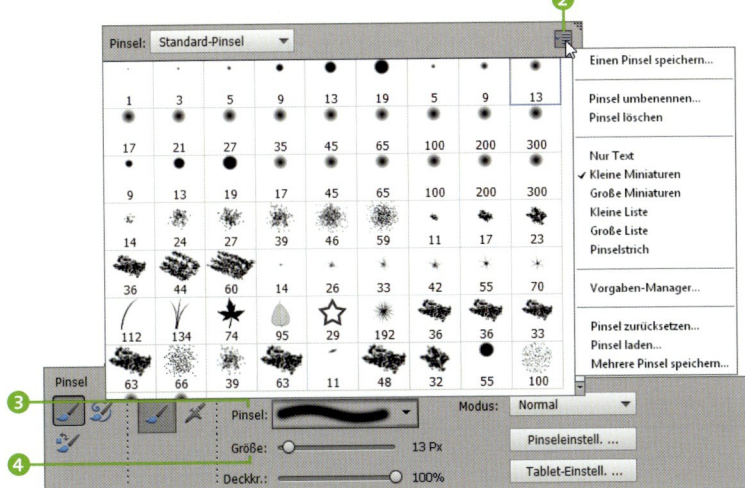

◄ **Abbildung 14.72**
Die Varianten des Pinsel-Werkzeugs werden als Kleine Miniaturen angezeigt. Andere Ansichten erreichen Sie über das Seitenmenü ❷.

Werkzeugspitzen auswählen und einstellen ohne Pinsel-Varianten | Einige Werkzeuge, wie das Schnellauswahl-Werkzeug [A], der Reparatur-Pinsel [J], das Farbe-ersetzen-Werkzeug [B] und der Hintergrund-Radiergummi [E], weichen etwas von den anderen Werkzeugen ab. Sie bieten erweiterte Einstellungsmöglichkeiten für den Pinsel, dafür aber **keine** Liste mit Pinselspitzen. Hier können Sie neben der Härte (ehemals Kantenschärfe) auch die Form (Rundung), die Neigung (Winkel) und den Abstand (Malabstand) festlegen. Die Dropdown-Liste

Malabstand: Gepunktete Linien
Der Malabstand legt fest, in welchen Abständen ein Werkzeug Pinselpunkte setzt. Je niedriger dieser Wert ist, desto eher entsteht beim Malen mit der Maus eine durchgezogene Linie. Erhöhen Sie den Wert, können Sie gepunktete Linien zeichnen.

GRÖSSE ist vor allem für Besitzer von Grafiktabletts interessant – alle anderen können diesen Wert auf AUS setzen.

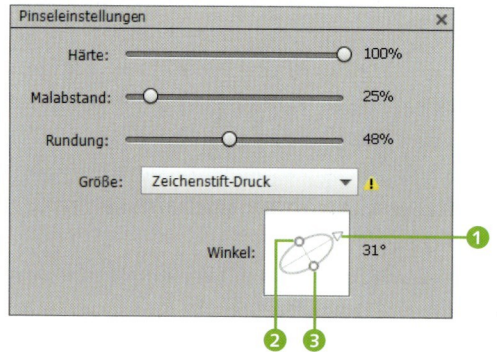

Abbildung 14.73 ▶
Erweiterte Einstellungen für die Pinselspitze des Schnellauswahl-Werkzeugs

Die Werte geben Sie entweder über die Tastatur ein oder verändern sie durch Bewegen des Schiebereglers. WINKEL und RUNDUNG für die Pinselform lassen sich neben der Zahleneingabe per Maus neigen und verformen. An der Pfeilspitze ❶ können Sie den Winkel drehen und an den beiden Punkten ❷ und ❸ seine Rundung verformen.

14.3.2 Darstellung der Werkzeugspitzen am Bildschirm

In der Regel ist die Darstellung der Werkzeugspitzen optimal eingestellt. Wer hier aber eine andere Werkzeugspitze benutzen möchte, der findet im Bereich MALWERKZEUGE die entsprechenden Optionen unter BEARBEITEN/PHOTOSHOP ELEMENTS EDITOR • VOREINSTELLUNGEN • ANZEIGE & CURSOR (oder [Strg]/[cmd]+[K] und dann ANZEIGE & CURSOR). Gelegentlich verwende ich zum Beispiel gerne das Fadenkreuz, weil ich hiermit die Wirkung des Werkzeugs zum Rand hin genauer erkennen kann.

Fadenkreuz auf die Schnelle
Wenn Sie die Feststelltaste arretieren, wird bei den Malwerkzeugen immer die Ansicht FADENKREUZ angezeigt.

Abbildung 14.74 ▼
Hier ändern Sie die Darstellung der Pinselspitzen.

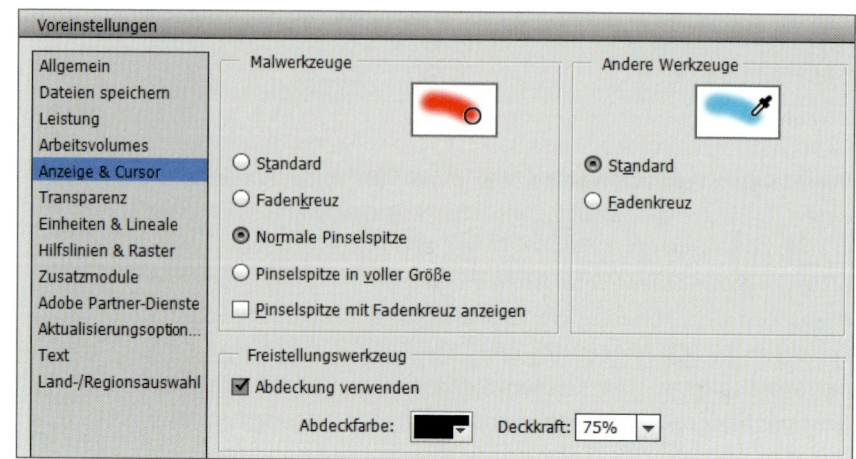

14.3.3 Pinselspitzen verwalten

Photoshop Elements bietet von Haus aus eine ganze Menge an Pinselspitzen an. Sie haben bereits erfahren, dass Sie weitere Pinselspitzen über die Dropdown-Liste PINSEL laden können.

Nicht alle vorhandenen Werkzeugspitzen stehen sofort zur Verwendung in der Liste bereit. Auf diese Weise bleibt die Liste übersichtlich. Sämtliche Werkzeugspitzen werden daher in Bibliotheken organisiert. Die Bibliotheken verwalten Sie über das Seitenmenü oder über den Vorgaben-Manager.

Fremde oder eigene Pinselspitzen laden | Sie können jederzeit weitere Bibliotheken mit Pinselspitzen laden, die nicht offizieller Teil von Photoshop Elements sind. Das Internet bietet kostenlose und kommerzielle Pinsel (englisch *brushes*) in großer Zahl – eine gute Adresse ist zum Beispiel *http://www.brusheezy.com*. Um externe Bibliotheken nachzuladen, finden Sie bei der Auswahl der Pinsel über das erweiterte Menü einen Eintrag PINSEL LADEN 7.

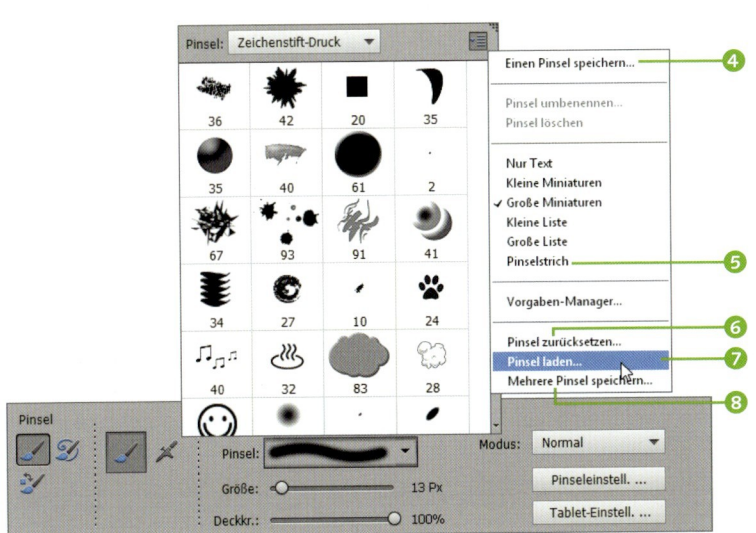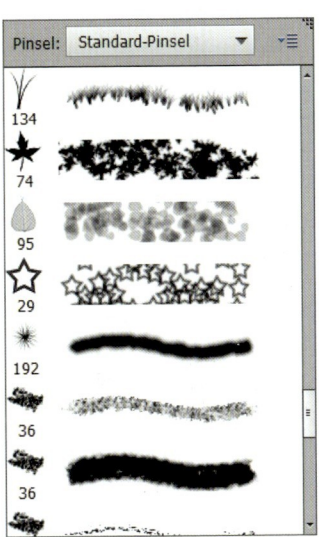

▲ **Abbildung 14.75**
Sie können weitere Werkzeugspitzen nachladen. Rechts wurde die Ansicht auf PINSELSTRICH 5 geändert.

Wenn Sie PINSEL LADEN ausgewählt haben, ruft Photoshop Elements standardmäßig den LADEN-Dialog mit dem Ordner des Anwenders auf, in dem die Werkzeugspitzen-Bibliotheken gespeichert werden. Sie können aber auch mithilfe des Dialogs in einem beliebigen Ordner des Systems eine Pinselbibliothek mit der Endung ».abr« (für *Adobe brushes*) laden.

Pinsel zurücksetzen

Im erweiterten Menü finden Sie über dem Eintrag PINSEL LADEN noch den Eintrag PINSEL ZURÜCKSETZEN 6, um die Liste der Pinsel wieder auf den »Werkszustand« zurückzusetzen.

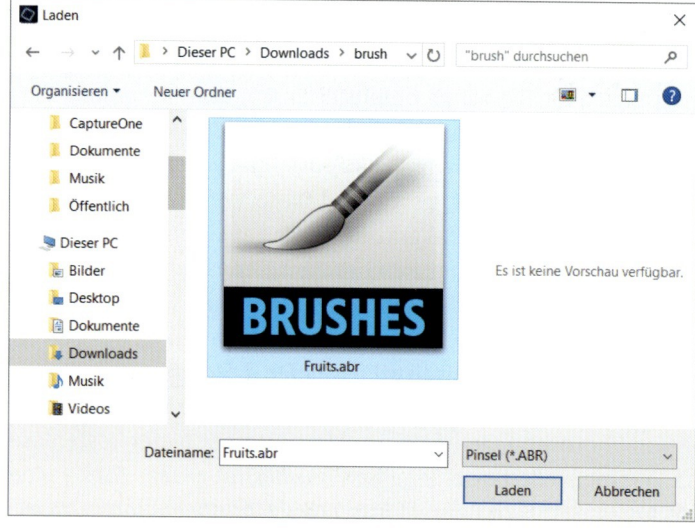

Abbildung 14.76 ▶
Der Dialog zum Laden einer Werkzeugspitzen-Bibliothek

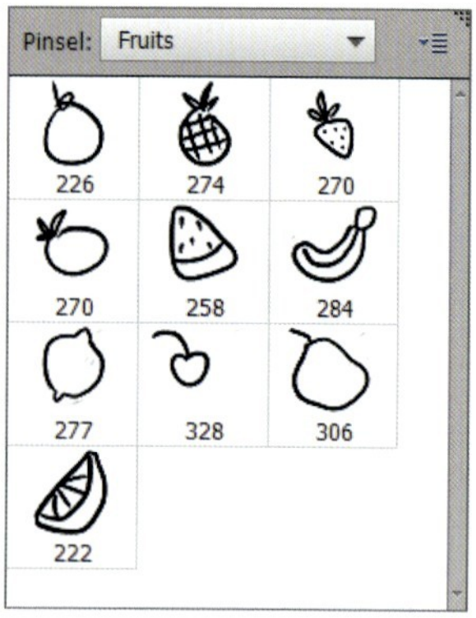

▲ **Abbildung 14.77**
Hier wurde eine Bibliothek mit Früchten von der Webseite *www.brusheezy.com* geladen.

Standardverzeichnisse für die Pinsel | Wenn neue Werkzeugspitzen-Bibliotheken automatisch beim Programmstart von Photoshop Elements über die Dropdown-Liste bei der Auswahl der Pinselspitzen aufgelistet werden sollen, speichern Sie diese Bibliotheken im Standardverzeichnis.

▶ Bei **Windows** ist das Benutzerverzeichnis zu finden unter:
[Laufwerk]:\Users\<Ihr Benutzerverzeichnis>\AppData\Roaming\Adobe\Photoshop Elements\16.0\Presets\Brushes

▶ Beim **Mac** lautet der Pfad zum Benutzerverzeichnis:
/Users/<Ihr Benutzerverzeichnis>/Library/Application Support/Adobe/Adobe Photoshop Elements 16/Presets/Brushes

Alternativ können Sie die Pinsel auch im Programmverzeichnis ablegen.

▶ Bei **Windows** lautet dieses:
[Laufwerk]:\Programme (x86)\Adobe\Photoshop Elements 2018\Presets\Brushes (32-Bit) bzw. [Laufwerk]:\Programme\Adobe\Photoshop Elements 2018\Presets\Brushes

▶ Beim **Mac** ist der Pfad:
Programme/Photoshop Elements 2018/Support Files/Presets/Brushes

Pinsel speichern | Ebenfalls über das erweiterte Menü bei der Auswahl der Werkzeugspitze finden Sie die Befehle Einen Pinsel speichern ❹ (Abbildung 14.75) und Mehrere Pinsel speichern ❽. Mit dem Kommando Einen Pinsel speichern legen Sie einen Pinsel unter einem neuen Pinselnamen in der Bibliothek ab. Mit

MEHRERE PINSEL SPEICHERN hingegen sichern Sie die aktuelle Liste unter einem neuen Namen. Dies ist dann sinnvoll, wenn Sie die Pinsel der Liste verändert haben und diese Änderungen später wiederverwenden wollen. Speichern Sie diese Änderungen außerdem im Standardverzeichnis für die Pinsel, stehen Ihnen diese Werkzeugspitzen beim nächsten Programmstart über die Dropdown-Liste PINSEL zur Verfügung.

Pinsel umbenennen oder löschen | Den Pinselnamen können Sie ebenfalls über das erweiterte Menü mit dem Kommando PINSEL UMBENENNEN ändern. Mit dem Menüpunkt PINSEL LÖSCHEN entfernen Sie einen Pinsel aus einer Liste.

Andere Werkzeugspitzen im Vorgaben-Manager verwalten
Um andere Werkzeugspitzen als die Standardpinsel im Vorgaben-Manager zur Verwaltung aufzulisten, laden Sie die entsprechende Bibliothek (mit der Endung »*.abr«) über LADEN oder über ERWEITERT • PINSEL ERSETZEN im LADEN-Dialog.

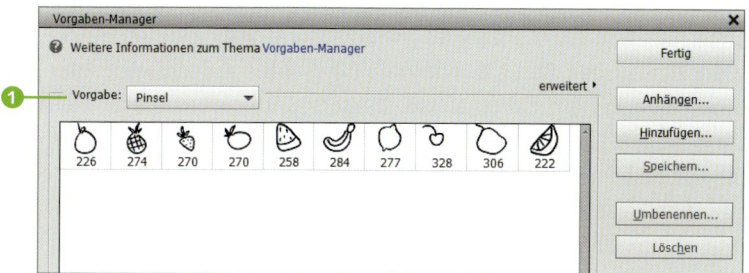

◀ **Abbildung 14.78**
Über den VORGABEN-MANAGER können Sie auch die Pinselreihenfolge per Drag & Drop einstellen.

Vorgaben-Manager | Mit dem Vorgaben-Manager können Sie die Werkzeugspitzen recht komfortabel verwalten. Den Vorgaben-Manager rufen Sie entweder über das erweiterte Menü auf oder über BEARBEITEN/ADOBE PHOTOSHOP ELEMENTS EDITOR • VORGABEN-MANAGER mit PINSEL als VORGABE ❶ (Abbildung 14.78) in der Dropdown-Liste.

14.3.4 Eigene Pinselspitze aus Bildbereichen erstellen
Mithilfe von Auswahlwerkzeugen können Sie aus bestimmten Teilen des Bildes (oder auch aus dem gesamten Bild) eine Werkzeugspitze definieren. So legen Sie auf einfachem Weg sehr interessante Strukturen als Werkzeugspitzen fest.

Im Folgenden zeige ich Ihnen in zwei Schritt-für-Schritt-Anleitungen, wie Sie eine neue Pinselspitze aus einem Bildbereich und eine Werkzeugspitze als Wasserzeichen zum Bildschutz erstellen können.

Geeignete Bilder
Als Grundlage für eine eigene Pinselspitze (auch *Brushes* genannt) können Sie Fotografien, Fotoausschnitte, Formen oder Muster verwenden. Bedenken Sie jedoch, dass das Bild in Graustufen konvertiert wird. Wenn der Hintergrund des ausgewählten Objekts nicht weiß ist, sollten Sie das Objekt gesondert freistellen.

Schritt für Schritt
Eine Pinselspitze aus einem Bildbereich erstellen

In diesem Workshop soll aus dem Bild »buddha.jpg« eine Werkzeugspitze erstellt werden, laden Sie es daher in den Fotoeditor.

Kapitel_14:
buddha.jpg

Beachten Sie dabei: Wenn Sie aus einem Bildbereich eine Werkzeugspitze machen wollen, ist es nicht möglich, Farben aus dem Bildbereich in die Vorlage aufzunehmen. Gemalt wird die Werkzeugspitze immer mit der aktuell eingestellten Vordergrundfarbe im Farbwahlbereich der Werkzeugpalette.

1 Bildbereich auswählen

Verwenden Sie das Schnellauswahl-Werkzeug [A] , und erstellen Sie eine Auswahl um den gewünschten Bildbereich, der hier die Buddha-Statue sein soll. Der Auswahlbereich für einen Pinsel sollte maximal 2.500 × 2.500 Pixel messen, weil die maximale mögliche Größe einer Pinselspitze eben 2.500 Pixel sein kann. Sie können auch mit dem Auswahlrechteck-Werkzeug [M] oder auch mit dem Auswahlellipse-Werkzeug [M] einen rechteckigen oder runden Bereich innerhalb eines Bildes auswählen. Allerdings wird in dem Fall auch der Hintergrund, sofern dieser nicht weiß ist, mit zur Auswahl hinzugefügt. Genau genommen können Sie für den Pinsel jede beliebig erstellte Auswahl verwenden. Je genauer Sie dabei arbeiten, umso besser wird das Ergebnis. In den ersten Übungsversuchen, die Ihnen ein Gefühl dafür vermitteln, wie Sie aus einer Auswahl einen Pinsel erstellen können, müssen Sie nicht so genau vorgehen.

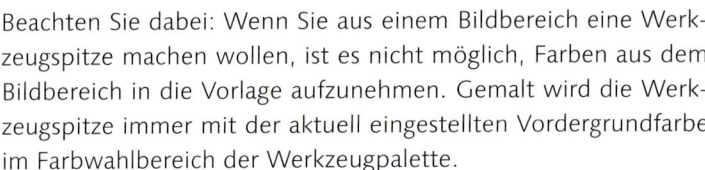

▲ **Abbildung 14.79**
Wählen Sie den Buddha mit einem Auswahlwerkzeug aus.

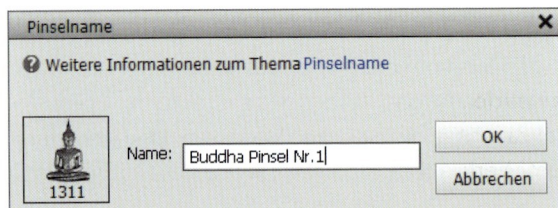

▲ **Abbildung 14.80**
Vergeben Sie einen möglichst aussagekräftigen Namen. Der Pinsel wird als Graustufenbild hinzugefügt.

2 Pinsel erstellen

Wählen Sie den Menübefehl BEARBEITEN • PINSEL AUS AUSWAHL DEFINIEREN aus. Im folgenden Dialog müssen Sie nur noch einen Namen für den Pinsel vergeben.

Der Pinsel wird in Graustufen hinzugefügt. Wenn Sie mehr eine Strichzeichnung benötigen, können Sie das Bild »buddha.jpg« vorher mit FILTER • ANPASSUNGSFILTER • SCHWELLENWERT in ein Bild aus Schwarz und Weiß konvertieren und dann wieder den Menübefehl BEARBEITEN • PINSEL AUS AUSWAHL DEFINIEREN verwenden.

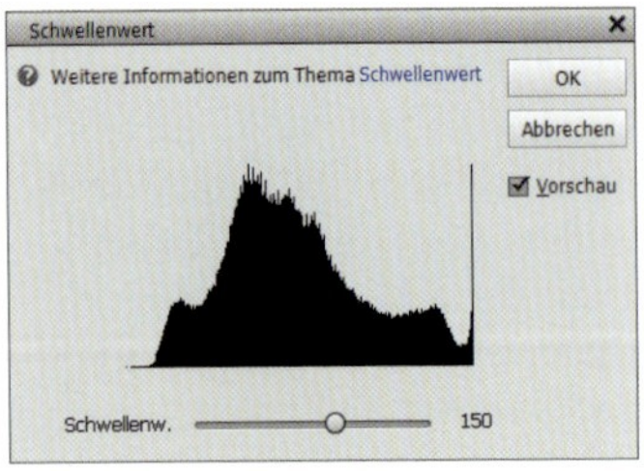

▲ **Abbildung 14.81**
Bild in reines Schwarz und Weiß konvertieren

14.3 Pinsel- und Werkzeugspitzen

▲ **Abbildung 14.82**
Das Ergebnis einer Strichzeichnung mit dem Filter Schwellenwert

Abbildung 14.83 ▲
Der linke Pinsel ist die Pinselspitze, die aus Graustufen erstellt wurde, und der rechte Pixel ist die Pinselspitze, die mit dem Schwellenwert erstellt wurde und daher mehr einer Strichzeichnung entspricht.

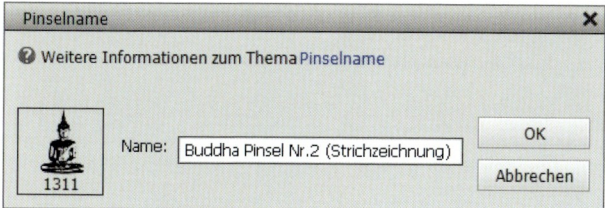

◄ **Abbildung 14.84**
Ein zweiter Pinsel wird als Strichzeichnung hinzugefügt.

3 **Pinsel verwenden**
Der neue Pinsel taucht nun auch als Werkzeugspitze (zum Beispiel beim Pinsel-Werkzeug) auf ❶ (Abbildung 14.85) und kann auch wie eine solche verwendet werden. Bei der Verwendung von Pinselspitzen können Sie über die Pinseleinstellung ❷ eine gewisse Streuung einbringen, damit die einzelnen aufgemalten Buddhas mehr zufällig, verblassend und in unterschiedlichen Abständen aufgemalt werden.

Pinselvorgaben aus Bildbereich bearbeiten | Damit die Pinselvorlage gut gelingt, müssen Sie sie meistens etwas nachbearbeiten. Im Beispiel habe ich es Ihnen recht einfach gemacht, weil der Hintergrund komplett weiß war, und auch die Kontraste und die Helligkeit stimmten. Folgende Punkte sind zu beachten, wenn Sie einen Pinsel aus einem Bildbereich erstellen wollen:

▸ **Weißer Hintergrund**: Damit brauchbare Konturen um den Pinsel zu erkennen sind, ist ein weißer Hintergrund unabdingbar. Um diese Voraussetzung zu erfüllen, haben Sie mehrere Möglichkeiten. Nutzen Sie eine Tonwertkorrektur oder bei

Hintergrund prüfen
Um zu überprüfen, ob der Hintergrund auch weiß ist, verwenden Sie die Pipette ⟨I⟩ mit dem Informationen-Bedienfeld. Stellen Sie sicher, dass die RGB-Werte hierbei auch wirklich alle 255 betragen.

schwierigeren Fällen eine Einstellungsebene mit SCHWELLEN-WERT. Alternativ konvertieren Sie das komplette Bild in den BITMAP-Modus (BILD • MODUS • BITMAP). Und natürlich steht Ihnen die Möglichkeit zur Verfügung, zuvor ein Objekt freizustellen (beispielsweise mit dem Zauberstab, siehe Abschnitt 23.2, »Der Zauberstab«) und dann in einen weißen Hintergrund zu setzen, wie ich es im Beispielbild auch gemacht habe. Allerdings sind hierfür auch Kenntnisse über Ebenen nötig (siehe Teil VIII).

▼ **Abbildung 14.85**
Der Pinsel steht sofort zur Verfügung, hier für ein Wasserzeichen oder einen kreativen Bilderrahmen.

- **Kontrast und Helligkeit**: Häufig müssen Sie auch den Kontrast des Bildbereichs extrem erhöhen und das Pinselelement stark abdunkeln. Es hängt natürlich davon ab, wie und wozu Sie die Pinselspitze verwenden wollen. Wenn Sie allerdings nur schwach gefärbte Bildelemente als Pinsel aufnehmen, werden diese auch beim Auftragen als Werkzeugspitze nur sehr schwach sichtbar sein, wie dies im Beispielbild auch der Fall war.
- **Bildgröße**: Wenn die Bildelemente zu groß sind, um als Pinsel (2.500 × 2.500 Pixel) durchzugehen, sollten Sie das Bild duplizieren und verkleinern.

Schritt für Schritt
Bildschutz mit Wasserzeichen

Besonders nützlich ist ein Pinsel, den Sie als Wasserzeichen zum Bildschutz vor Datenklau aus dem Internet verwenden können. Im folgenden Workshop soll ein solches transparentes Wasserzeichen erstellt werden. Auch wenn es klar sein sollte: Das Wasserzeichen setzen Sie natürlich niemals auf das Originalbild.

1 Text setzen

Erstellen Sie ein neues Bild mit ⌈Strg⌉/⌈cmd⌉+⌈N⌉ mit einer Größe von 1.200 × 400 Pixeln und weißem Hintergrund. Wählen Sie das Horizontale Textwerkzeug ⌈T⌉ aus, und stellen Sie in den Werkzeugoptionen die gewünschte Schrift ein, im Beispiel Rockwell Bold ❸, mit 72 Pt ❹.

Textwerkzeug
Mehr zum Textwerkzeug und zu seiner Verwendung finden Sie in Teil XI, »Mit Text und Formen arbeiten«.

▲ Abbildung 14.86
Geben Sie einen Text für Ihr Wasserzeichen ein.

Klicken Sie mit der Maus in das leere Bild, und geben Sie den gewünschten Text ein. Wenn Sie einen längeren Text schreiben wollen, markieren Sie einfach mit gedrückter linker Maustaste den Text oder einzelne Buchstaben, und verändern Sie die Größe des Textes. Sind Sie mit dem Text zufrieden, klicken Sie das grüne Häkchen ❺ zur Bestätigung an. Nun verwenden Sie das Verschieben-Werkzeug ⌈V⌉, um die Position des Textes ein wenig auszurichten.

2 Schrift gestalten

Dieser Schritt ist optional. Wenn Sie wollen, verzieren Sie die Schrift noch mit anderen Stilen oder Effekten. Wie genau dies funktioniert, erfahren Sie ausführlich in Teil XI des Buches. Im Beispiel habe ich hier eine Textverkrümmung ❷ und einen Schlagschatten ❶ hinzugefügt.

▲ **Abbildung 14.87**
Wer es ein wenig ausgefallener mag, der kann seinen Text auch noch etwas gestalten.

3   Pinsel definieren

Gehen Sie wieder in das Menü BEARBEITEN • PINSEL DEFINIEREN, und geben Sie für den neuen Pinsel einen Namen ein. Bestätigen Sie Ihre Eingaben mit OK.

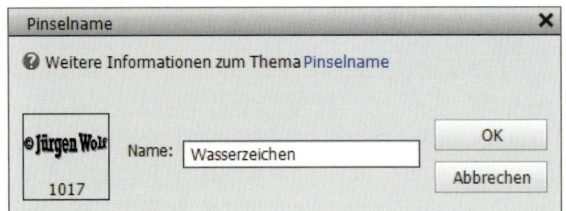

▲ **Abbildung 14.88**
Der Pinsel wird gespeichert.

Mehrere Bilder mit Wasserzeichen versehen
Wollen Sie mehrere Dateien schnell mit einem Wasserzeichen versehen, finden Sie über DATEI • MEHRERE DATEIEN VERARBEITEN eine Möglichkeit dazu. Hierbei können Sie den Text, die Position, Schriftart und -größe, die Deckkraft und die Farbe vorgeben. Leider ist es nicht möglich, Ihren selbst erstellten Pinsel dafür zu verwenden.

4   Pinsel verwenden

Laden Sie ein Bild in Photoshop Elements, und verwenden Sie das Pinsel-Werkzeug B . Wählen Sie den neuen Pinsel im Dropdown-Menü aus, und stellen Sie die GRÖSSE des Pinsels ein. Reduzieren Sie gegebenenfalls die DECKKRAFT. Mit einem Klick in das Bild bringen Sie nun das neue Wasserzeichen an.

14.4 Flächen füllen

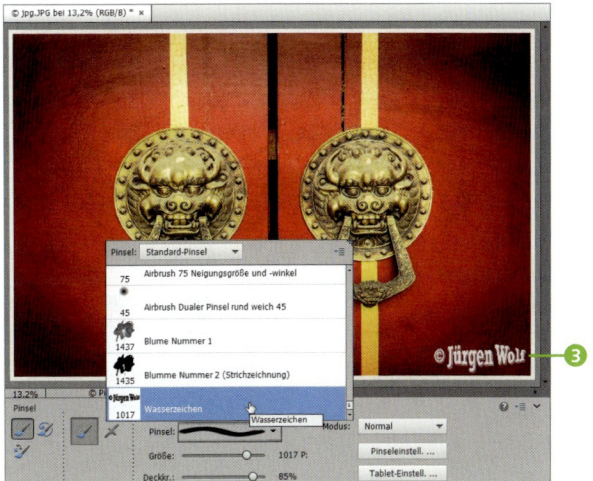

▲ Abbildung 14.89
Rechts unten wurde das Wasserzeichen ❸ mit dem neuen Pinsel eingefügt.

▲ Abbildung 14.90
Auch mithilfe von Objekten und Text lassen sich …

Wasserzeichen mit Objekt | Natürlich lassen sich auch ausgefallenere Wasserzeichen erstellen. So können Sie beispielsweise jederzeit diese Schritt-für-Schritt-Anleitung mit der von Seite 417, »Eine Pinselspitze aus einem Bildbereich erstellen«, kombinieren, um beispielsweise auch noch ein Objekt im Wasserzeichen zu integrieren.

▲ Abbildung 14.91
… sehr kreative und aufwendige Wasserzeichen erstellen.

14.4 Flächen füllen

Um größere Bildflächen mit Farbe zu füllen, stehen Ihnen komfortablere Alternativen zu den Pinsel-Werkzeugen zur Verfügung. Hierbei haben Sie die Wahl, eine Fläche mit einer Farbe, mit Farbverläufen oder mit Mustern zu füllen. Gerade Farbverläufe spielen als Hilfsmittel der Bildgestaltung eine wichtige Rolle.

Solche Flächenfüllungen werden zwar vorwiegend bei Auswahlen und Ebenen eingesetzt, dennoch will ich Ihnen nun schon an dieser Stelle die entsprechenden Werkzeuge vorstellen.

14.4.1 Das Füllwerkzeug

Zum Füllen transparenter oder gefärbter Flächen wie Ebenen oder Auswahlen mit einer neuen Farbe oder einem Muster steht Ihnen das Füllwerkzeug K zur Verfügung. Am besten funktioniert das Füllwerkzeug bei einfarbigen Flächen ohne ein bestimmtes Muster. Hat das Bild hingegen verschiedenfarbige Konturen, funktioniert das Füllwerkzeug nur bedingt.

Flächen füllen mit Einstellungsebene

Alternativ zum Füll- und zum Verlaufswerkzeug, mit denen Sie Flächen einfärben, können Sie auch eine Einstellungsebene mit VOLLTONFARBE, VERLAUF oder MUSTER anlegen und verwenden. Mehr zu den Einstellungsebenen erfahren Sie in Abschnitt 10.1.5.

Kapitel 14 Mit Farben malen

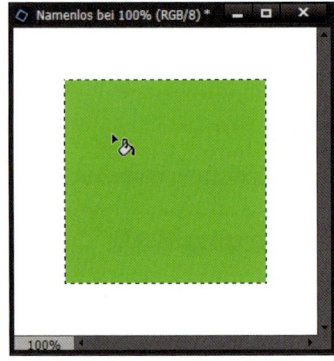

▲ **Abbildung 14.92**
Das ausgewählte Viereck wurde hier mithilfe des Füllwerkzeugs grün eingefärbt.

Füllmethoden (Modus)
Die Modi der Füllmethoden (MODUS) entsprechen denen der Ebenen-Füllmethoden und werden auch ebenso bezeichnet. Eine genauere Beschreibung der Modi finden Sie in Kapitel 27, »Füllmethoden von Ebenen«.

Abbildung 14.93 ▶
Die Werkzeugoptionen des Füllwerkzeugs

Bedienung des Füllwerkzeugs | Die Anwendung ist denkbar einfach: Klicken Sie bei ausgewähltem Füllwerkzeug auf die Bildoberfläche oder in eine ausgewählte Fläche. Der angeklickte Bereich wird sodann standardmäßig mit der aktuellen Vordergrundfarbe des Farbwahlbereichs der Werkzeugpalette gefüllt.

Werkzeugoptionen des Füllwerkzeugs | Wie bereits erwähnt, verwendet das Füllwerkzeug standardmäßig die eingestellte Vordergrundfarbe. Wenn Sie jedoch die Option MUSTER ❶ aktivieren, können Sie die Fläche mit einem Muster füllen, das Sie aus einer Liste im Dropdown-Menü ❷ auswählen können. Dieses Dropdown-Menü wird allerdings nur angezeigt, wenn Sie die Option MUSTER aktiviert haben. Die Auswahl und Verwaltung der Muster funktioniert ebenso wie bei den Pinseln.

Mit der DECKKRAFT regulieren Sie die Transparenz der aufzutragenden Farbe. Die Option TOLERANZ reguliert, dass das Füllwerkzeug nicht einfach nur füllt, sondern auch die Farbwerte von Pixeln berücksichtigt. Der mögliche Wertebereich beträgt 0–255. Je höher Sie diesen Wert setzen, desto mehr Farbwertbereiche werden berücksichtigt und mit der eingestellten Farbe oder dem eingestellten Muster gefüllt. Setzen Sie die TOLERANZ auf den maximalen Wert 255, wird die komplette Ebene bzw. Auswahl gefüllt.

Unter MODUS stellen Sie die Füllmethode ein, also wie die aufgetragenen Pixel mit den darunterliegenden Pixeln verrechnet werden sollen.

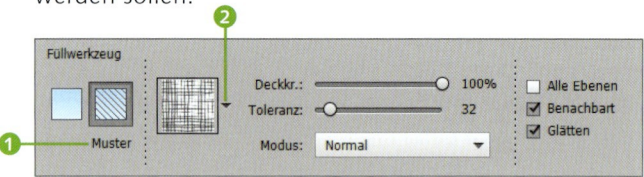

Mit der Option ALLE EBENEN entscheiden Sie, ob diese Farbdaten zum Füllen auf alle sichtbaren Ebenen angewendet werden sollen. Die Option BENACHBART legt fest, ob an der angeklickten Stelle nur die im Bild nebeneinanderliegenden Pixel mit ähnlichem Farbbereich (abhängig von der TOLERANZ) eingefärbt werden. Haben Sie die Option GLÄTTEN aktiviert, werden die Kanten der Farbfüllung geglättet, damit sie natürlicher wirken.

14.4.2 Ebene füllen

Für das Füllen von Flächen müssen Sie nicht zwangsläufig zum Füllwerkzeug oder zu einem sonstigen Pinsel-Werkzeug greifen. Sie können auch eine Füllebene nutzen. Das entsprechende Kom-

14.4 Flächen füllen

mando finden Sie im Menü unter BEARBEITEN • EBENE FÜLLEN. Bei der Verwendung einer Füllebene können Sie auch die Eigenschaften der Füllung ändern und die Maske der Füllebene so bearbeiten, dass der Verlauf nur auf einen Teil des Bildes beschränkt wird.

Die Anwendung ist einfach: Legen Sie zuerst im Fotoeditor die Vordergrund- oder Hintergrundfarbe fest, und wählen Sie dann den Bereich oder bei mehreren Ebenen die Ebene aus, den bzw. die Sie füllen wollen. Gehen Sie nun auf BEARBEITEN • EBENE FÜLLEN, und stellen Sie die gewünschten Optionen ein, ehe Sie den Dialog mit OK bestätigen und das Kommando ausführen.

Mit welchem Inhalt Sie die Fläche füllen, wählen Sie in der Dropdown-Liste VERWENDEN ❸ aus. Neben den Vordergrund- und Hintergrundfarben können Sie hierbei auch benutzerdefinierte Farben, Schwarz, Weiß, Grau sowie Muster auswählen. Wenn Sie ein Muster verwenden wollen, wählen Sie es darunter über das Flyout-Menü neben EIGENES MUSTER ❹ aus.

Pipette zur Farbauswahl
Zur Farbauswahl ist bei diesem Dialog auch die Pipette aktiv. Mit ihr können Sie eine Farbe zum Füllen aus einem Bild oder den Farbfeldern auswählen. Auch den Aufnahmebereich der Pipette können Sie in den Werkzeugoptionen einstellen.

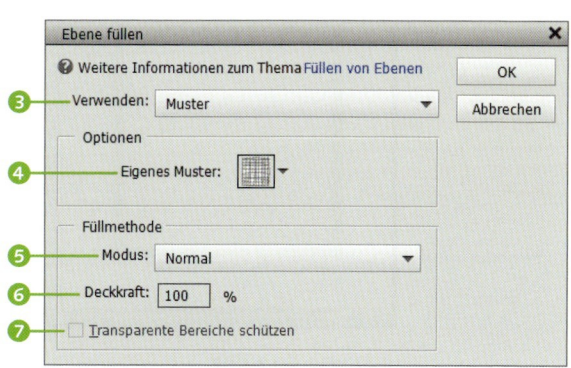

▲ Abbildung 14.94
Eine Ebene füllen …

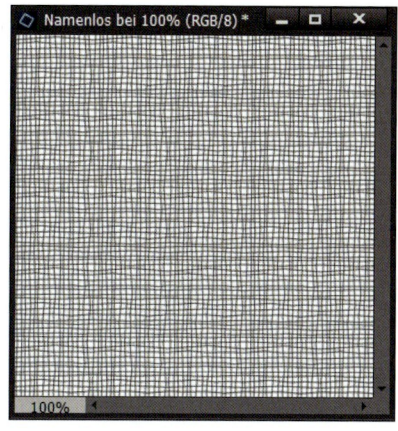

▲ Abbildung 14.95
… und was dabei herauskommt

Wenn Sie den Inhalt zum Füllen festgelegt haben, können Sie die Füllmethode einstellen: Mit dem MODUS ❺ geben Sie an, wie die Farbpixel, die Sie verwenden wollen, mit den vorhandenen Pixeln im Bild gemischt werden. Bei DECKKRAFT ❻ legen Sie die Transparenz der zu verwendenden Farbe fest. Wenn Sie die Option TRANSPARENTE BEREICHE SCHÜTZEN ❼ aktivieren, werden nur die deckenden Pixel gefüllt.

14.4.3 Auswahl füllen

Das Füllen einer Auswahl funktioniert analog zum Füllen von Ebenen. Wenn Sie im Bild eine Auswahl vornehmen, finden Sie im Menü nun den Punkt BEARBEITEN • AUSWAHL FÜLLEN vor. Es

Zum Nachlesen
Dem Thema **Auswahlen** widmet sich Teil VII des Buches.

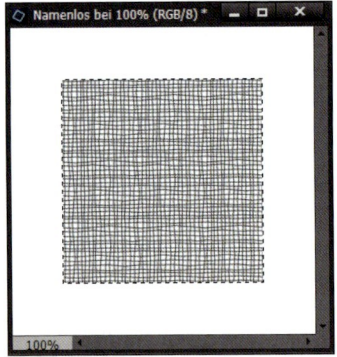

▲ **Abbildung 14.96**
Das Füllen einer Auswahl mit
BEARBEITEN • AUSWAHL FÜLLEN

wird sogar derselbe Dialog wie beim Füllen von Ebenen angezeigt (dass dieser Dialog allerdings auch wieder mit EBENE FÜLLEN betitelt ist, ist etwas verwirrend).

Im Gegensatz zu EBENE FÜLLEN enthält allerdings der Dialog AUSWAHL FÜLLEN in der Dropdown-Liste VERWENDEN noch die Option INHALTSSENSITIV, mit der die ausgewählte Fläche unauffällig mit den umliegenden Pixeln gefüllt werden kann, um den Eindruck zu erwecken, es habe sich an der ausgewählten Stelle niemals etwas befunden. Mehr zu dieser Option erfahren Sie in Abschnitt 33.3.3, »Inhaltsbasierte Retusche«.

14.4.4 Kontur füllen

Wenn Sie im Bild eine Auswahl getroffen haben, finden Sie im Menü auch den Befehl BEARBEITEN • KONTUR FÜLLEN. Mit diesem ziehen Sie eine farbige Kontur bzw. einen Rahmen um eine Auswahl oder den Inhalt einer Ebene.

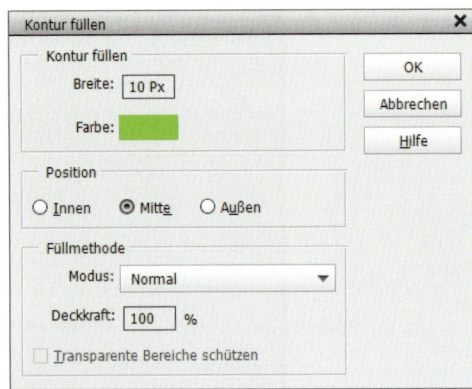

▲ **Abbildung 14.97**
Der Dialog KONTUR FÜLLEN …

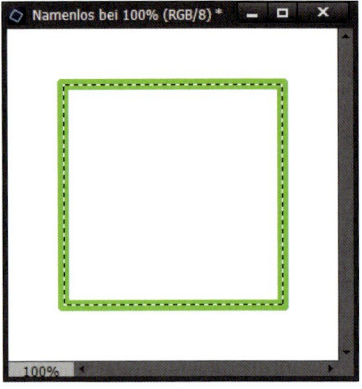

▲ **Abbildung 14.98**
… und was mit einer Auswahl geschieht

Unter BREITE geben Sie die Breite der Kontur an, mit FARBE entsprechend deren Farbe. Über POSITION legen Sie fest, ob die Kontur innerhalb, außerhalb oder mittig zur Auswahl- bzw. Ebenenbegrenzung positioniert werden soll. Wie die Farbe mit den vorhandenen Pixeln vermischt wird, bestimmen Sie mit MODUS. Für eine etwas transparente Kontur reduzieren Sie die DECKKRAFT; die Checkbox TRANSPARENTE BEREICHE SCHÜTZEN ist nur vorhanden, wenn die Ebene auch solche Bereiche enthält.

Muster mit dem Musterstempel
Nicht nur das Füllwerkzeug eignet sich zum Auftragen von Mustern – Sie können Muster auch mit dem Musterstempel [S] auftragen.

14.4.5 Muster erstellen und verwalten

Sie wissen bereits, dass Sie mit dem Füllwerkzeug auch Muster auf ein Bild oder eine Auswahl aufbringen können. Auch hierbei ist es möglich, eigene Muster zu erstellen und in einer Bibliothek zu speichern, um sie später wiederzuverwenden.

Zur Verwaltung von Musterbibliotheken können Sie auch hier wieder den Vorgaben-Manager (Bearbeiten • Vorgaben-Manager) oder das Flyout-Menü verwenden. Außerdem finden Sie unzählige fertige Muster im Internet. Selbstverständlich können Sie auch die Muster vom großen Photoshop verwenden. Die Dateiendung von Mustern lautet »*.pat« (für englisch *pattern* = Muster). Eine gute Webseite mit vielen Mustern (und auch Pinseln, Texturen usw.) finden Sie unter http://alice-grafixx.de.

> **Standardverzeichnis für die Muster**
> Wollen Sie, dass neue Musterbibliotheken automatisch beim Programmstart von Photoshop Elements über die Dropdown-Liste bei der Auswahl der Muster aufgelistet werden, müssen Sie darauf achten, dass Sie diese Bibliothek im Standardverzeichnis ablegen. Der Pfad ist dabei derselbe wie bei den Pinseln, nur der letzte Ordner lautet natürlich nicht Brushes, sondern Pattern. Alternativ legen Sie die Pinsel im Programmverzeichnis ab. Auch hier finden Sie den korrekten Pfad auf Seite 416, und halten Sie im Ordner Presets nach dem Ordner Pattern Ausschau.

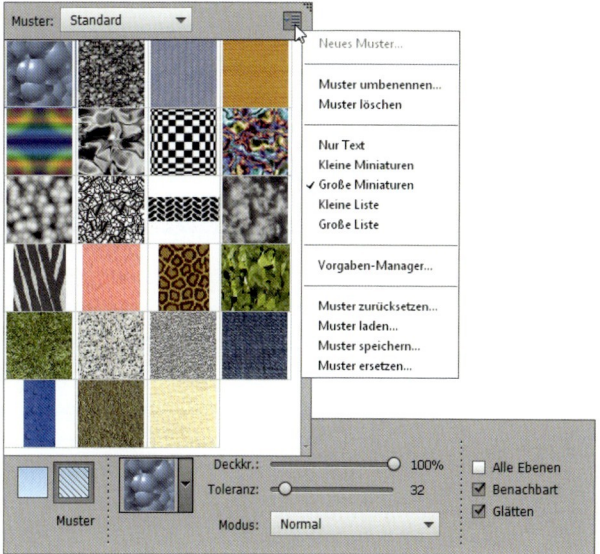

◄ **Abbildung 14.99**
Dropdown-Menü mit einer Liste weiterer Muster

Eigenes Muster erstellen | Sie können der Auswahlliste auch eigene Muster hinzufügen. Allerdings sind die Mittel zur Herstellung komplexerer Muster mit Photoshop Elements ein wenig beschränkt. Nur das große Photoshop bietet für diesen Zweck einen zusätzlichen Mustergenerator, der bei Bedarf nachinstalliert werden kann. Mit ihm verläuft das Füllen mit selbst erstellten Mustern nahtlos und ohne Fugen.

Einfachere Muster wie Streifen- oder Schachbrettmuster lassen sich allerdings ohne größeren Aufwand erstellen.

Um ein eigenes Muster zu erstellen, wählen Sie einfach einen geeigneten Bildausschnitt mit dem Auswahlrechteck oder ein komplettes Bild aus (beispielsweise mit Strg/cmd+A). Rufen Sie anschließend im Menü Bearbeiten • Muster aus Auswahl definieren oder Bearbeiten • Muster festlegen auf, je nachdem, was bei Ihnen angezeigt wird. Vergeben Sie zuletzt noch einen Namen für das neue Muster – und fertig.

> **Kacheleffekt**
> Wenn Sie einen Kacheleffekt erstellen wollen, sehen Sie sich einmal Filter • Stilisierungsfilter • Kacheleffekt an. Allerdings sind die Mittel auch hier ein wenig beschränkt.

> **Muster aus Filter**
> Um Muster ohne großen Aufwand zu erzeugen, eignet sich besonders das Menü Filter • Renderfilter.

Kapitel 14 Mit Farben malen

Tipp: Online-Mustergeneratoren
Eigene Muster können Sie auf vielen Online-Mustergeneratoren erzeugen. Der Vorgang ist überall annähernd gleich. Sie erstellen ein Muster mithilfe eines Generators auf der entsprechenden Webseite, speichern das Muster auf Ihrer Festplatte und öffnen diese im Fotoeditor. Am Schluss brauchen Sie jetzt nur noch BEARBEITEN • MUSTER FESTLEGEN aufzurufen, und schon haben Sie ein neues Muster in Ihrer Sammlung. Einige meiner Favoriten sind: www.patterncooler.com, http://patternizer.com und http://bgpatterns.com.

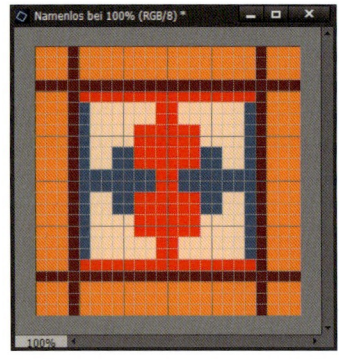

▲ **Abbildung 14.100**
Grundlage für ein einfaches Muster

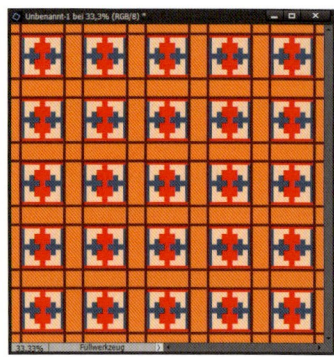

▲ **Abbildung 14.101**
Das fertige Muster nach der Verwendung mit dem Füllwerkzeug

14.4.6 Das Verlaufswerkzeug

Um einen bestimmten Bereich mit einem Verlauf zu füllen, steht Ihnen das Verlaufswerkzeug [G] ▣ zur Verfügung. Verläufe werden in der Praxis recht häufig bei fortgeschrittenen Techniken oder kreativen Arbeiten verwendet.

Bedienung des Verlaufswerkzeugs | Um einen bestimmten Bereich mit einem Verlauf zu füllen, klicken Sie beim Anfangspunkt ❶ ins Bild und ziehen mit gedrückter linker Maustaste eine Linie in die Richtung des gewünschten Verlaufs. Der Verlauf endet an der Position, an der Sie die Maustaste wieder loslassen ❷ (Endpunkt). Die beiden Punkte legen fest, wie der Verlauf aussieht.

Genau genommen entscheiden diese beiden Punkte nur die Richtung des Verlaufs und wie weich dieser gerät. Je länger die gezogene Linie wird, desto weicher wird der Farbverlauf. Der Farbverlauf selbst erstreckt sich immer über die ganze Bildfläche. Um die Ausbreitung des Verlaufs zu beschränken, müssen Sie zuvor eine Auswahl (zum Beispiel mit dem Auswahlrechteck) anlegen.

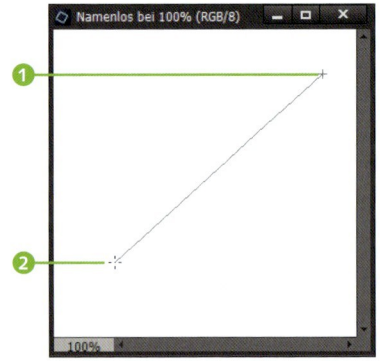

▲ **Abbildung 14.102**
Mit dem Anfangs- und dem Endpunkt legen Sie die Richtung des Verlaufs fest und wie weich dieser gerät.

Abbildung 14.103 ▶
Ein Verlauf über die gesamte Bildfläche

Abbildung 14.104 ▶▶
Ein eingeschränkter Verlauf innerhalb einer Auswahl

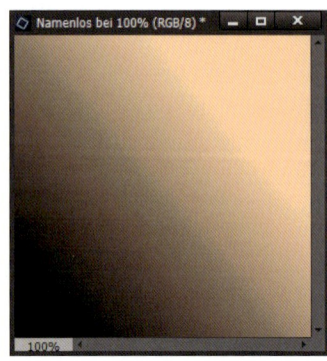
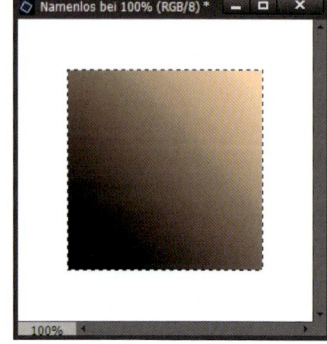

14.4 Flächen füllen

Werkzeugoptionen | Zunächst wählen Sie in der Auswahlliste für Verläufe ❸ eine Verlaufsfüllung aus. Standardmäßig wird die von Ihnen eingestellte Vordergrund- und Hintergrundfarbe angezeigt, gefolgt von mehreren fertigen Verläufen. Mit einem Klick auf die kleine Schaltfläche ⓫ öffnen Sie das Seitenmenü, in dem Sie, ähnlich wie bereits bei den Werkzeugspitzen oder Farbpaletten, weitere Verlaufsbibliotheken verwalten können. Sie können in diesem Menü auch eigene Bibliotheken speichern und laden. Verläufe können Sie natürlich auch mithilfe des Vorgaben-Managers (BEARBEITEN • VORGABEN-MANAGER) verwalten. Über die Schaltfläche BEARBEITEN ❼ können Sie Verläufe nachbearbeiten und eigene Verläufe erstellen.

Mit dem MODUS ❹ geben Sie an, wie sich der Verlauf mit den vorhandenen Pixeln im Bild mischen soll. Die DECKKRAFT ❺ legt die Transparenz des Verlaufs fest. Je niedriger dieser Wert ist, desto besser können Sie erkennen, welche Pixel sich unter dem Verlauf befinden. Mit der Option UMK. ❽ vertauschen Sie die Reihenfolge der Verlaufsfarben in der Verlaufsfüllung. Wenn Sie einen Verlauf verwenden wollen, der Transparenz enthält, und dies auch darstellen wollen, müssen Sie die Option TRANSP. ❾ aktivieren. DITHER ❿ erstellt eine Füllung (auch *Dither-Muster* genannt) mit weicherer Abstufung und weniger deutlichen Streifen. Dies kann zum Beispiel nötig werden, wenn ein Webbrowser Verläufe nicht richtig darstellen kann.

Horizontaler oder vertikaler Verlauf
Um einen exakten horizontalen oder vertikalen Verlauf zu erstellen, halten Sie die ⇧-Taste gedrückt und bewegen mit gedrückter linker Maustaste den Cursor nach oben oder unten (für einen vertikalen Verlauf) bzw. nach rechts oder links (für einen horizontalen Verlauf).

▲ **Abbildung 14.105**
Die Auswahlliste der vorhandenen Verläufe können Sie über ⓫ auflisten.

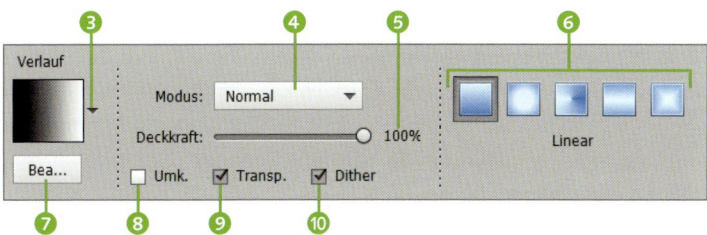

◄ **Abbildung 14.106**
Die Werkzeugoptionen des Verlaufswerkzeugs

Mit den nächsten fünf Schaltflächen ❻ stellen Sie den Verlaufstyp ein. Folgende Verlaufstypen stehen Ihnen hierbei zur Verfügung:

- **Linear** : Die Farbstufung verläuft in einer geraden Linie vom Anfangs- bis zum Endpunkt.
- **Kreisförmig** : Hier verläuft die Farbstufung vom Anfangs- bis zum Endpunkt in einem kreisförmigen Muster.
- **Winkel** : Die Farbabstufung verläuft gegen den Uhrzeigersinn um den Anfangspunkt herum.
- **Reflektiert** : Der Übergang erfolgt als symmetrischer linearer Verlauf auf beiden Seiten des Startpunktes.
- **Raute** : Der Übergang verläuft vom Startpunkt aus in einem Rautenmuster nach außen. Den Endpunkt stellt eine Ecke in der Raute dar.

Füllmethoden (Modus)
Eine ausführliche Beschreibung der Modi finden Sie in Kapitel 27, »Füllmethoden von Ebenen«.

Kapitel 14 Mit Farben malen

Standardverzeichnis für Verläufe

Sollen neue Verläufe automatisch beim Programmstart von Photoshop Elements über das Seitenmenü bei der Auswahl der Verläufe aufgelistet werden, müssen Sie diese Bibliothek im Standardverzeichnis ablegen. Wie die Pinsel liegen auch die Verläufe im Verzeichnis PRESETS und dort im Unterverzeichnis GRADIENTS. Alternativ legen Sie die Verläufe im Programmverzeichnis im Unterordner GRADIENTS ab.

Verläufe laden | Photoshop Elements bietet viele Verläufe an; die diversen Optionen steigern diese Vielfalt noch. Auch aus dem Web (zum Beispiel unter *http://alice-grafixx.de*) können Sie Verläufe herunterladen und in die Bibliothek integrieren – entweder über den Vorgaben-Manager (BEARBEITEN • VORGABEN-MANAGER) oder über das Seitenmenü, in dem Sie den Verlauf auswählen. Auch hier sind wieder die Verläufe, die für das große Photoshop erstellt wurden, mit dem kleinen Photoshop Elements kompatibel. Die Endung für Verläufe lautet ».grd« (*Gradient* = Verlauf).

Eigene Verläufe erstellen | Noch interessanter und reizvoller jedoch ist das Erstellen eigener Verläufe. Im Prinzip stellen Sie keine ganz neuen Verläufe her, sondern verändern nur vorhandene Verläufe und speichern diese unter einem neuen Namen.

Schritt für Schritt
Eigene Verläufe erstellen

Den Dialog zum Bearbeiten von Verläufen starten Sie entweder mit einem Doppelklick auf den Bereich ❶ in den Werkzeugoptionen des Verlaufswerkzeugs, in denen Sie die Verläufe auflisten können, oder über die Schaltfläche BEARBEITEN ❷ daneben.

1 Verlauf auswählen

Suchen Sie sich zunächst einen Verlauf aus, den Sie als Grundlage für den neuen Verlauf verwenden wollen. Der Verlauf, den Sie in der Liste angeklickt haben ❹, wird im Balken ❻ angezeigt. Wenn Sie bei den aktuellen Vorgaben nicht fündig werden, können Sie über das grüne Plussymbol ❸ auf dem Rechner vorhandene Verläufe in die Vorgabe laden.

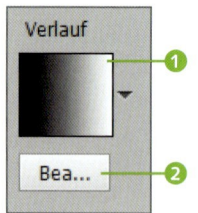

▲ **Abbildung 14.107**
Dialog zum Bearbeiten von Verläufen öffnen

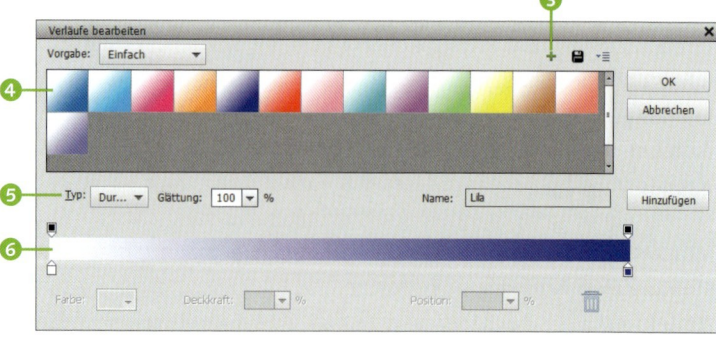

Abbildung 14.108 ▶
Wählen Sie einen vordefinierten Farbverlauf als Basis für Ihren eigenen Verlauf.

2 Neue Farbe hinzufügen

Als TYP ❺ belassen Sie DURCHGEHEND, und für sanfte Übergänge sollten Sie die GLÄTTUNG auf 100 % belassen.

14.4 Flächen füllen

Um nun eine neue Farbe, genauer eine **Farbunterbrechung**, hinzuzufügen, klicken Sie im unteren Bereich des Farbbalkens (der Mauszeiger wird hierbei zum Handsymbol ❼). Gegebenenfalls fügen Sie noch mehrere neue Farbunterbrechungen hinzu. Jetzt finden Sie einen neuen Farbunterbrechungsregler ❽ unterhalb des Balkens.

Doppelklicken Sie diesen Farbunterbrechungsregler, und Sie können über den Farbwähler die Farbe neu definieren. Natürlich können Sie so auch die bereits vorhandenen Farben der Farbunterbrechungsregler ändern. Versehentlich hinzugefügte Farbunterbrechungsregler können Sie über das Mülleimersymbol ❾ wieder entfernen.

▲ Abbildung 14.109
Alternativ können Sie die Farbe auch über die kleine Dropdown-Liste FARBE ändern.

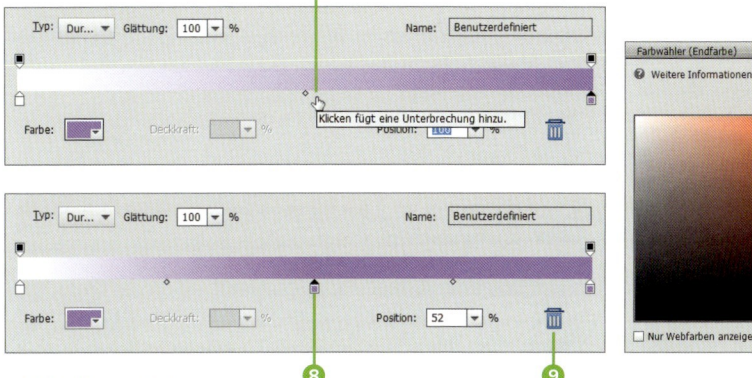

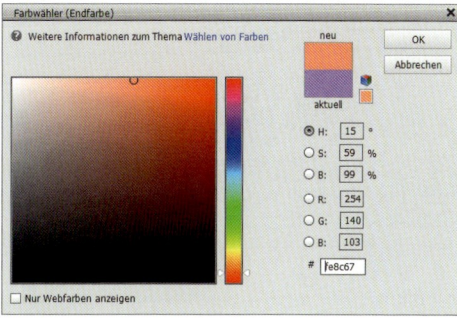

▲ Abbildung 14.110
Ein Klick auf eine der Farbunterbrechungen öffnet den Farbwähler.

3 Position der Farbe festlegen
Durch das Verstellen des neuen Farbunterbrechungsreglers können Sie außerdem die Position der Farbe ändern. Alternativ geben Sie diesen Wert im Textfeld POSITION ❿ von Hand ein.

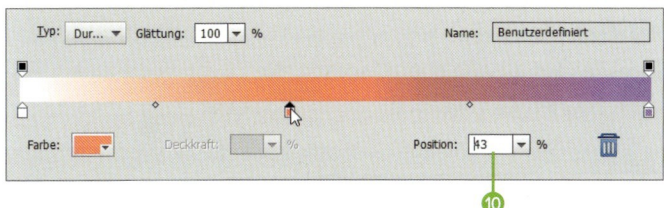

◀ Abbildung 14.111
Durch das Ziehen der Farbunterbrechungsregler bestimmen Sie die Position der Farben.

4 Verlaufsübergänge verändern
Mit den Rautensymbolen ❷ (Abbildung 14.112) ändern Sie die Verlaufsübergänge zwischen zwei Farbunterbrechungsreglern. Sie legen fest, wo die Mitte zwischen den beiden Übergängen liegen soll. Auch diesen Wert können Sie über das Ziehen des Rautensymbols oder durch manuelle Zahleneingabe im Feld POSITION ❸ verändern.

Abbildung 14.112 ►
Verlaufsübergänge zwischen zwei Farbunterbrechungsreglern ändern

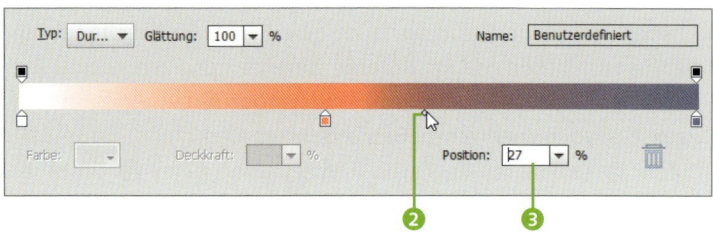

5 Transparenz einstellen

Analog erstellen Sie oberhalb des Balkens durch Anklicken des Bereichs 4 eine **Deckkraftunterbrechung** für die Transparenz. Auch hierbei wird ein Regler für die Deckkraftunterbrechung 5 angelegt. Über DECKKRAFT 6 stellen Sie den Grad der Transparenz ein. Ebenfalls analog zur Farbunterbrechung finden Sie hier die Rautensymbole, mit deren Hilfe Sie den Mittelpunkt zwischen zwei Deckkraftunterbrechungen festlegen.

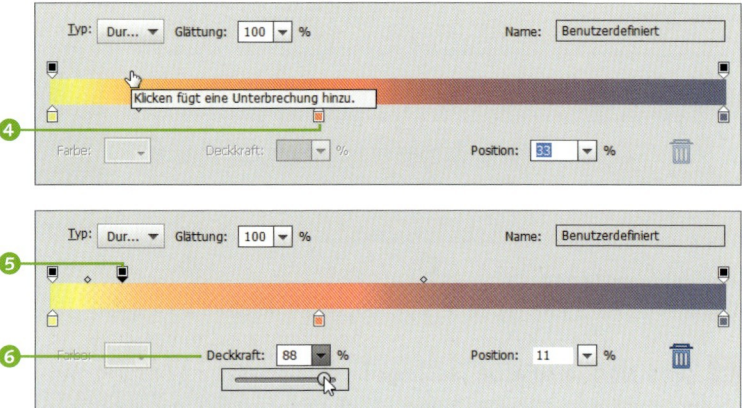

▲ **Abbildung 14.113**
Bereiche des Verlaufs können auch transparent sein.

6 Verlauf speichern

Um den Verlauf zu speichern, sollten Sie zuvor noch einen eindeutigen Namen 9 vergeben.

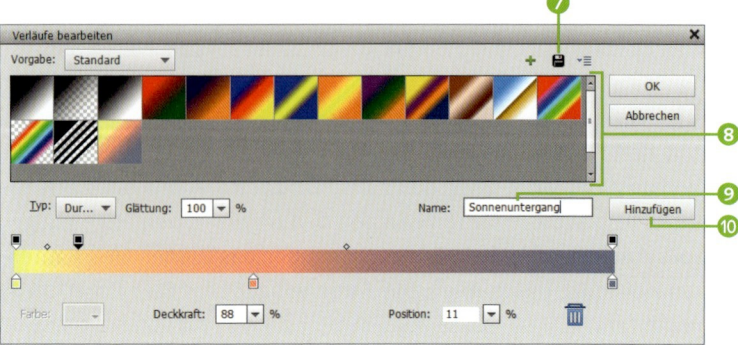

Abbildung 14.114 ►
Der neue Verlauf erscheint in der Vorlagenübersicht.

14.4 Flächen füllen

Bei einem Klick auf die Schaltfläche Hinzufügen ❿ erscheint der neue Verlauf in der Vorlagenübersicht ❽. Um die Verläufe dauerhaft zu sichern, empfiehlt es sich, sie über die Schaltfläche mit der Diskette ❼ in einer eigenen Bibliothek abzulegen.

Verläufe mit Störungen (Rauschverläufe) | Interessante Ergebnisse erzielen Sie auch mit dem Typ ⓫ Rauschen (auch als *Rauschverlauf* bezeichnet). Mit Kantenunschärfe ⓬ stellen Sie die Striche des Verlaufs ein.

▲ **Abbildung 14.115**
Der neue Farbverlauf im Einsatz mit einem linearen Verlaufstyp

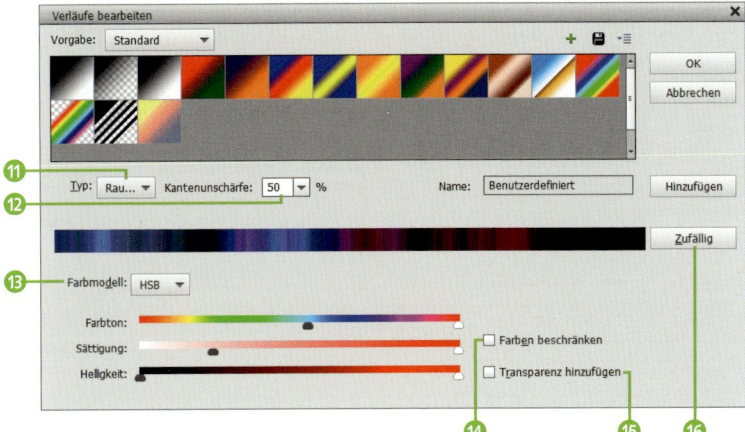

▲ **Abbildung 14.116**
Erstellen von Rauschverläufen

Je niedriger der Wert, desto weicher werden die Verläufe. Als Farbmodell ⓭ wählen Sie RGB oder HSB. Mit der Option Farben beschränken ⓮ reduzieren Sie die Sättigung von zu kräftigen Farben. Die Option Transparenz hinzufügen ⓯ spricht für sich selbst. Mit der Schaltfläche Zufällig ⓰ erzeugen Sie einen neuen Verlauf, der aus zufälligen Werten ermittelt wird.

▲ **Abbildung 14.117**
Der Rauschverlauf im Einsatz

Kapitel 15
Schwarzweißbilder

Schwarzweißbilder liegen im Trend – selbstverständlich lernen Sie in diesem Buch alles, was Sie wissen müssen, um schöne Schwarzweißfotos zu erstellen.

15.1 Was bedeutet eigentlich »Schwarzweiß«?

Der Begriff *Schwarzweißbilder* ist eigentlich nicht ganz zutreffend. Da die so bezeichneten Bilder nicht nur schwarz und weiß sind, wäre die Bezeichnung *Graustufenbilder* korrekter – aber im allgemeinen Sprachgebrauch hat sich nun einmal die Bezeichnung *Schwarzweißfotografie* durchgesetzt.

◄ **Abbildung 15.1**
Schwarzweißbilder sind nicht nur schwarz und weiß – sie enthalten in der Regel auch mehrere Grautöne.

Schwarzweißbilder aus der Kamera | Viele Digitalkameras bieten die Möglichkeit an, Bilder gleich im Schwarzweißmodus zu fotografieren, sodass Sie sich die nachträgliche Schwarzweißkonvertierung sparen können. Wenn Sie Aufnahmen gleich im Schwarzweißmodus machen, verschenken Sie jedoch viel Gestaltungsfreiheit, weshalb ich eher davon abraten möchte.

Exkurs: Bilder aus der Kamera

Digitale Bilder werden von den Kamerasensoren zunächst mit einer einzigen Belichtung als Schwarzweißfotos (oder genauer als Graustufenfotos) aufgenommen. Die Farbe entsteht erst, indem jedem Pixel im Chip der Kamera eine winzige Folie aufgedampft wird, was wieder einem Farbauszug der drei Grundfarben Rot, Grün und Blau entspricht. 50 % der Pixel sind hierbei grün, und die anderen 50 % verteilen sich auf die Farben Rot und Blau. Dies entspricht ungefähr den menschlichen Sehgewohnheiten. Die noch fehlenden Informationen werden von der Software in der Kamera berechnet. Genau genommen werden so die Digitalbilder in der Kamera aus drei unterschiedlichen Graustufenbildern erstellt.

Abbildung 15.2 ▶
Links sehen Sie die drei Graustufenbilder mit dem roten, grünen und blauen Kanal und rechts das Endergebnis, das Sie nach dem Fotografieren zu Gesicht bekommen.

15.2 Schwarzweißbilder erstellen

Photoshop Elements bietet einige Möglichkeiten an, Bilder in Schwarzweiß bzw. in Graustufen umzuwandeln. Einige eignen sich besser, andere schlechter. Warum dies so ist und wie Sie die Methoden einsetzen, erfahren Sie jetzt.

Bilder entfärben | Die einfachste und schnellste Methode, ein Farbbild in ein Schwarzweißbild zu konvertieren, bietet der Befehl ÜBERARBEITEN • FARBE ANPASSEN • FARBE ENTFERNEN (Tastenkürzel ⇧+Strg/cmd+U). Bei dieser Funktion bleibt auch die Gesamthelligkeit des Bildes weitgehend konstant. Die Funktion FARBE ENTFERNEN können Sie auch nur auf einen ausgewählten Bildbereich anwenden.

Diese Methode der Bildentfärbung bietet jedoch keine weiteren Einstellungsmöglichkeiten. Gegenüber dem Graustufenmodus hat sie allerdings den Vorteil, dass die Aufnahme im RGB-Modus vorliegt und somit nach Wunsch wieder in ein Farbbild verwandelt werden kann.

Gleichwertiges Gegenstück
Denselben Effekt wie mit der Funktion FARBE ENTFERNEN erzielen Sie, wenn Sie im Dialogfeld FARBTON/SÄTTIGUNG die Option SÄTTIGUNG auf 100 setzen.

15.2 Schwarzweißbilder erstellen

Bild in Graustufenmodus konvertieren | Eine weitere Möglichkeit zur Schwarzweißkonvertierung ist die Umwandlung des RGB-Modus in Graustufen (BILD • MODUS • GRAUSTUFEN). Danach besteht keine Möglichkeit mehr, dem Bild Farbe hinzufügen, weil hiermit alle nötigen Farbinformationen verworfen werden. Auch viele Funktionen lassen sich in diesem Modus nicht mehr verwenden (und sind demnach ausgegraut). Das einzige Argument für die Umwandlung eines Bildes in den Graustufenmodus ist der Speicherplatz. Ein Bild im Graustufenmodus benötigt erheblich weniger Speicherplatz als ein herkömmliches RGB-Bild.

Bildmodi
Weitere Informationen zu den Bildmodi wie dem Graustufen- oder dem RGB-Modus finden Sie in Abschnitt 6.3, »Farben – Farbtiefe und Bildmodus«.

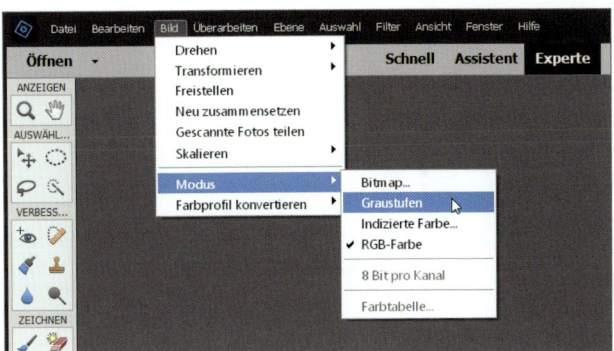

◄ **Abbildung 15.3**
Die schlechteste Möglichkeit der Schwarzweißkonvertierung ist das Ändern des RGB-Modus in den Graustufenmodus.

15.2.1 Farben teilweise entfernen – Color Key

Mit dem Dialog oder der Einstellungsebene FARBTON/SÄTTIGUNG können Sie die Farbsättigung eines Bildes teilweise entfernen, indem Sie den Schieberegler SÄTTIGUNG nach links ziehen. Zwar arbeitet der Dialog im Prinzip wie die Funktion FARBE ENTFERNEN, aber Sie haben hierbei zusätzlich die Option, gezielt die Sättigung einzelner Farben zu reduzieren und so einen Color-Key-Effekt im Bild zu erzeugen.

Schritt für Schritt
Ausgewählte Farben erhalten

An dem Bild »Wong-Tai-Sin.jpg« will ich Ihnen demonstrieren, wie Sie einzelne Farben in einem Bild in Schwarzweiß umwandeln und gleichzeitig andere erhalten. Laden Sie dazu das Bild »Wong-Tai-Sin.jpg« in den Fotoeditor.

Kapitel_15:
Wong-Tai-Sin.jpg

1 **Einstellungsebene anlegen oder den Dialog aufrufen**
Legen Sie zunächst eine Einstellungsebene für FARBTON/SÄTTIGUNG an (siehe Abschnitt 10.1.5, »Flexibel arbeiten mit Einstellungsebenen«), oder verwenden Sie den entsprechenden Dialog (zum Beispiel über [Strg]/[cmd]+[U]).

Kapitel 15   Schwarzweißbilder

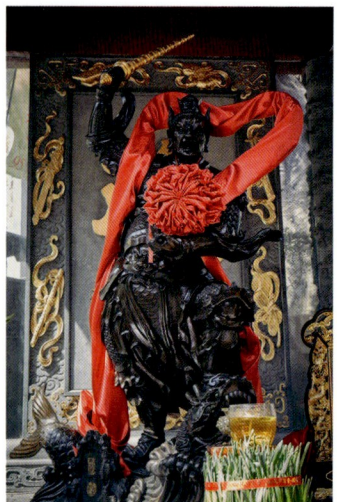

▲ **Abbildung 15.4**
In diesem Bild sollen nur die roten Farben erhalten bleiben.

Abbildung 15.5 ▶
Leider ist das Ergebnis noch nicht wie erwünscht.

2   Sättigung selektiver Farben entfernen

Wählen Sie im Dialog Farbton/Sättigung über die Dropdown-Liste ❶ die Gelbtöne aus, und ziehen Sie den Schieberegler für die Sättigung ❷ ganz nach links auf den Wert 100. Wiederholen Sie diesen Schritt bei Grüntöne, Cyantöne, Blautöne und Magentatöne. Nur die Rottöne fassen Sie nicht an.

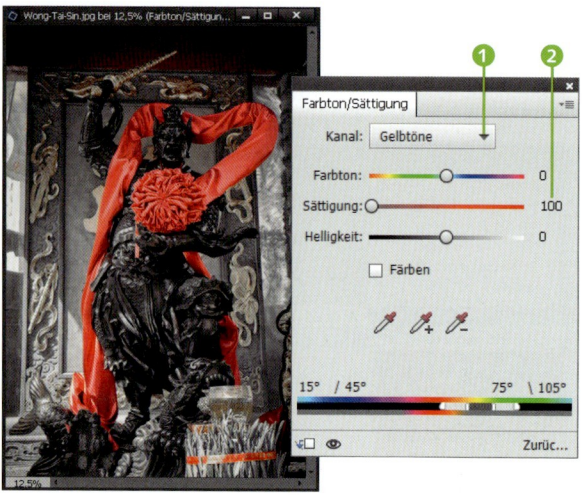

3   Feintuning

Vermutlich werden beim Auswählen eines bestimmten Farbtons nicht gleich alle gewünschten Bereiche entsättigt. Im Beispiel sind es die gelben Farbtöne. Hier greifen Sie gleich manuell ein, indem Sie den Gelbtonbereich erweitern. Wählen Sie hierzu im Dialog bzw. in der Einstellungsebene zunächst in der Dropdown-Liste die Gelbtöne ❹ aus.

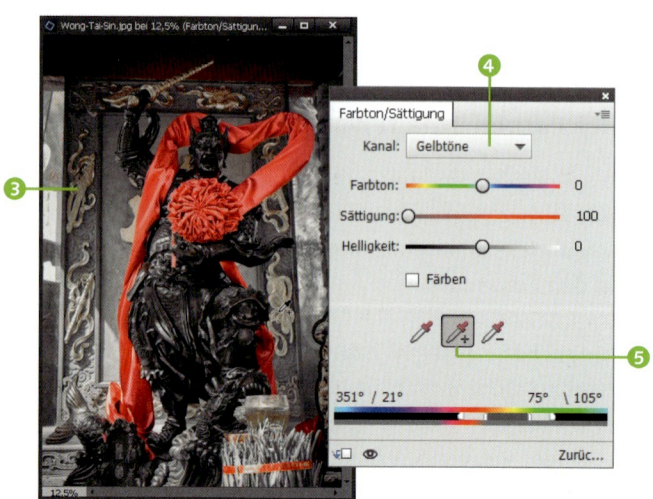

Abbildung 15.6 ▶
Wenn der Bereich der Gelbtöne erweitert wird, sieht das Ergebnis schon etwas besser aus

438

15.2 Schwarzweißbilder erstellen

Verwenden Sie jetzt die Pipette mit dem Plussymbol 5, und klicken Sie damit im Bild auf den gelben Bereich 3, der noch entsättigt werden soll. Da Sie den Regler Sättigung bei Gelbtöne auf –100 gestellt haben, wird der entsprechende Farbbereich sofort entsättigt. Wiederholen Sie den Schritt gegebenenfalls so oft, bis Sie mit dem Ergebnis zufrieden sind.

4   Nach dem Entfernen von Farbe

Nach dem Entfernen aller Farbtöne außer den roten sollte das Bild mit Ausnahme der roten Bereiche in Schwarzweiß angezeigt werden. Natürlich funktioniert das Entfernen einzelner Farben nicht immer so harmonisch wie in diesem Beispiel, in dem die farblichen Unterschiede der einzelnen Objekte so deutlich sind. Verfahren Sie deshalb bei Bedarf analog mit den anderen Farbtönen in der Dropdown-Liste. Wenn Sie eine Einstellungsebene verwendet haben, reduzieren Sie anschließend die beiden Ebenen wieder auf eine Hintergrundebene (siehe Abschnitt 10.1.5, »Flexibel arbeiten mit Einstellungsebenen«).

Color Key mit Smartpinsel-Werkzeug
Den Color-Key-Effekt können Sie auch einfach mit dem Smartpinsel-Werkzeug [F] aufpinseln. Das Smartpinsel-Werkzeug habe ich in Abschnitt 14.2.8, »Das Smartpinsel-Werkzeug«, umfassend beschrieben.

◀ Abbildung 15.7
Durch ein selektives Entfernen einzelner Farben können Sie den Fokus des Bildes auf einzelne Objekte noch mehr betonen.

▲ Abbildung 15.8
Weitere Schwarzweiss-Funktionen des Smartpinsel-Werkzeugs

Color Key mit dem Smartpinsel-Werkzeug | Wenn Ihnen die zuvor aufgeführte Methode zu umständlich ist oder einige Farbbereiche sich damit nicht erfassen und in Schwarzweiß umwandeln lassen, können Sie einzelne, weniger komplexe Bereiche eines Bildes auch einfach mit dem Smartpinsel-Werkzeug [F] oder dem Detail-Smartpinsel-Werkzeug [F] schwarzweiß »anmalen«. Hierzu brauchen Sie nur bei den Einstellungen unter Vorgaben den Eintrag Umkehreffekte 1 (Abbildung 15.9) zu wählen und dort die Option Umkehren – Schwarzweiss einzustellen. Dann malen Sie den Color-Key-Effekt einfach ins Bild.

Kapitel 15 Schwarzweißbilder

Die Werkzeuge bieten aber auch noch weitere SCHWARZWEISS-Funktionen ❻ (Abbildung 15.8) an, die Sie einfach nur noch auf das Bild aufpinseln. Die Verwendung der beiden Werkzeuge habe ich in Abschnitt 14.2.8, »Das Smartpinsel-Werkzeug«, beschrieben. Besonders zu erwähnen wäre hierbei auch, dass sich darunter auch professionellere Filter wie Rotfilter, Grünfilter, Gelbfilter und Blaufilter befinden, mit denen Sie Bilder komplett einfärben können.

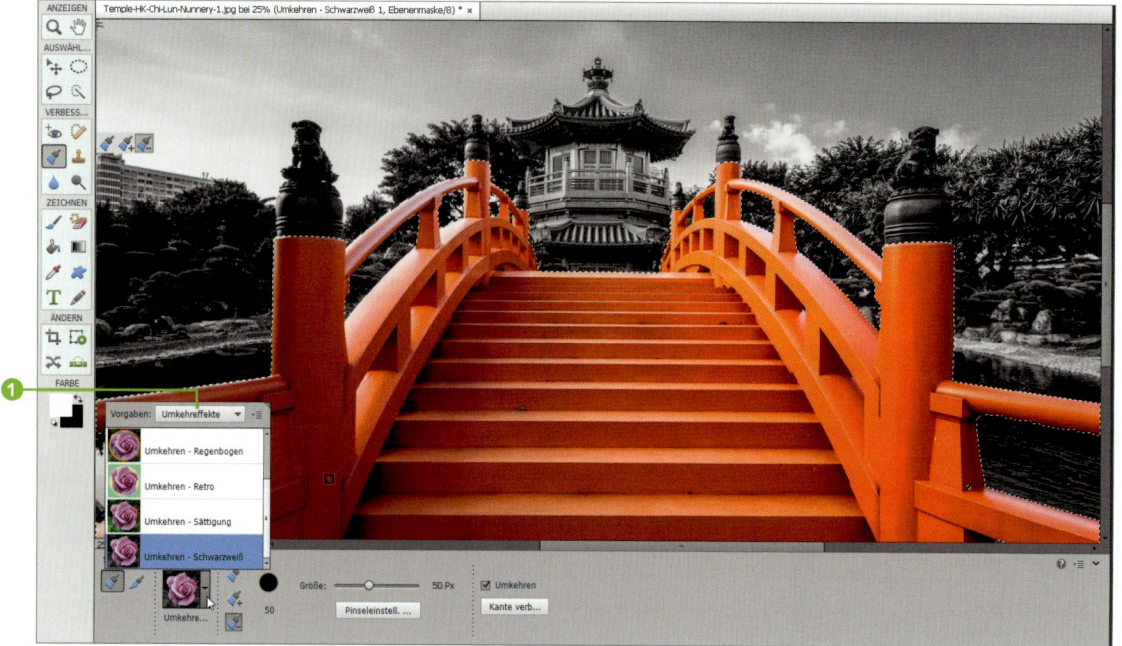

▲ **Abbildung 15.9**
Mit UMKEHREN • SCHWARZWEISS lässt sich ein Color-Key-Effekt einfach ins Bild malen.

Das Smartpinsel-Werkzeug ist allerdings eher für Bildbereiche geeignet, bei denen sich das schwarzweiß »einzufärbende« Objekt farblich deutlich hervorhebt. Für komplexere Situationen sollten Sie eher auf FARBTON/SÄTTIGUNG oder eine Mischung aus beiden Möglichkeiten zugreifen.

Schwarzweiß-Auswahl mit dem Assistenten | Gerade der eben mit dem Smartpinsel-Werkzeug vorgestellte Color-Key-Effekt UMKEHREN – SCHWARZWEISS ist eigentlich relativ beliebt – ging aber irgendwie immer in der Menge der Funktionenauswahlen des Werkzeugs unter. So haben das auch die Entwickler von Photoshop Elements gesehen und diesen Smartpinsel mit der Funktion UMKEHREN – SCHWARZWEISS in den ASSISTENT-Modus unter SCHWARZWEISS-AUSWAHL gepackt, mit dem ein Schwarzweißeffekt aufgemalt werden kann. Da sich die ASSISTENT-Funktion quasi von selbst Schritt für Schritt erklärt, gehe ich hier nicht mehr näher darauf ein.

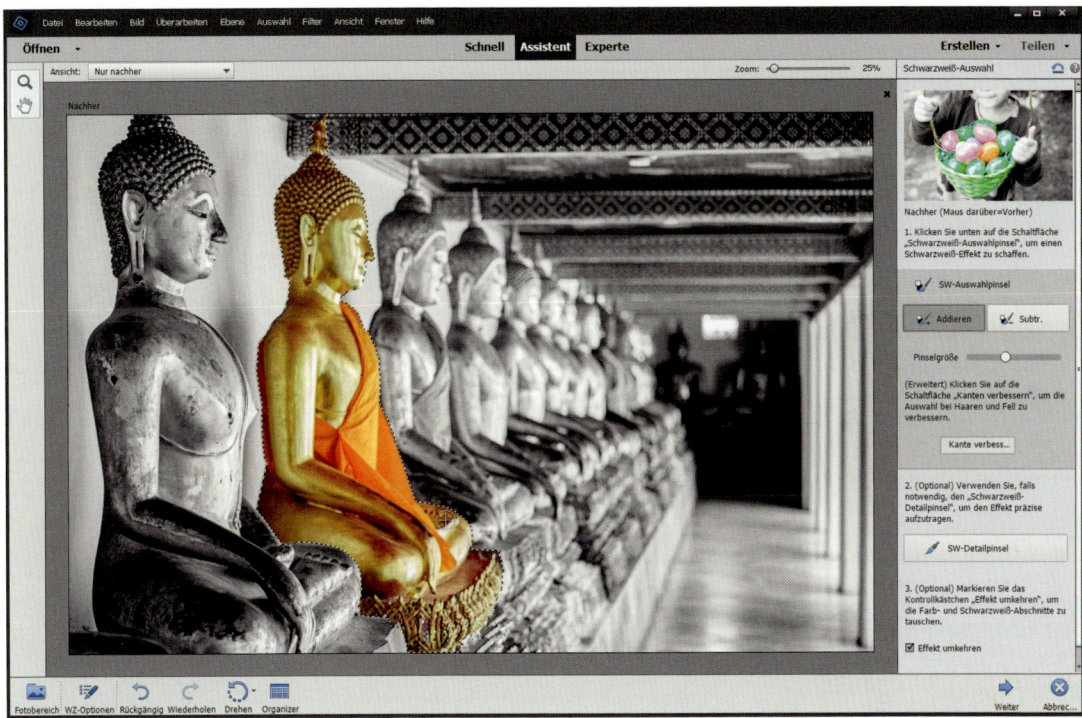

▲ **Abbildung 15.10**
Die SCHWARZWEISS-AUSWAHL im ASSISTENT-Modus ist im Grunde eine schön verpackte Form des Smartpinsel-Werkzeugs mit der Funktion UMKEHREN – SCHWARZWEISS.

Schwarzweiß-Farbpop mit dem Assistenten | Mit SCHWARZWEISS-FARBPOP finden Sie im ASSISTENT-Modus eine Funktion, mit der eine bestimmte Farbe in einem Bild erhalten werden kann. Hierbei können Sie neben den vorgegebenen Farben ROT, GELB, BLAU und GRÜN auch eine eigene Farbe mit der Farbpipette im Bild auswählen und die Toleranz der Auswahl regeln bzw. den Effekt verfeinern, indem zu viel oder zu wenig Ausgewähltes entfernt oder (wieder) hinzugemalt werden kann. Auch hier erklärt sich die Funktion Assistent-typisch von selbst, weshalb ich auch hier auf eine weitere Beschreibung guten Gewissens verzichten kann.

Kapitel 15 Schwarzweißbilder

![Screenshot Photoshop Elements Assistent Schwarzweiß-Farbpop]

▲ **Abbildung 15.11**
Eine einzelne Farbe können Sie mit der Assistent-Funktion Schwarzweiss-Farbpop aufnehmen. Hier wurde die Farbe der roten Nase erhalten.

Kapitel_15:
noddles.jpg

15.2.2 In Schwarzweiß konvertieren

Die sicher optimale und vielseitigste Möglichkeit, ein Bild mit Photoshop Elements in ein Schwarzweißbild zu konvertieren, dürfte der Befehl In Schwarzweiss konvertieren sein. Den Dialog dazu rufen Sie über das Menü Überarbeiten • In Schwarzweiss konvertieren oder mit dem Tastenkürzel [Strg]/[cmd]+[Alt]+[B] auf.

Schritt für Schritt
Bilder in Schwarzweiß konvertieren

Laden Sie zuerst das Bild »noddles.jpg« in den Fotoeditor, und öffnen Sie anschließend den Dialog Überarbeiten • In Schwarzweiss konvertieren (oder [Strg]/[cmd]+[Alt]+[B]).

1 Stil auswählen

Wählen Sie bei den Stilen ❶ eine Option aus, die etwa dem Inhalt Ihres Bildes entspricht. Finden Sie keinen passenden Eintrag, können Sie die Stile auch durchprobieren und mithilfe der Vorher-Nachher-Ansicht entscheiden, welcher Schwarzweißstil Ihnen am besten gefällt. Hier habe ich Porträts ausgewählt, weil es sich bei dem Bild auch passend um ein Porträt handelt.

442

15.2 Schwarzweißbilder erstellen

2 Kanäle bearbeiten

Verändern Sie bei Bedarf die Schieberegler von Rot, Grün und Blau, um die Intensität anzupassen. Auf diese Weise färben Sie natürlich nicht die Bilder ein, sondern fügen nur dem Schwarzweißbild mehr oder weniger Daten aus dem ursprünglichen Kanal hinzu.

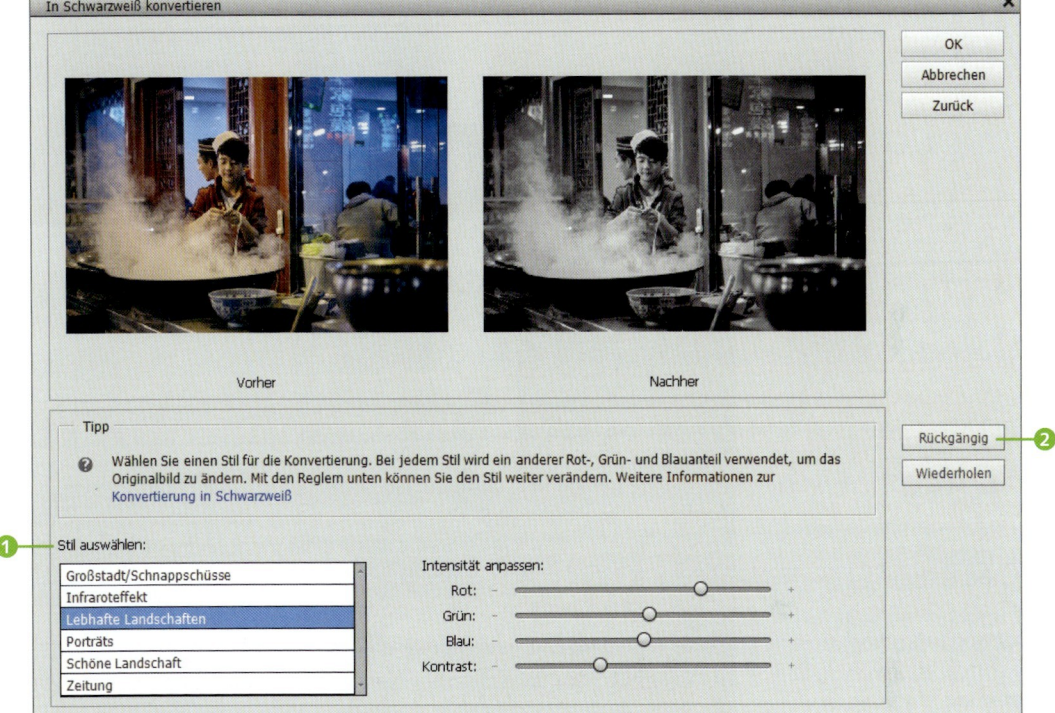

▼ **Abbildung 15.12**
Entscheiden Sie sich zunächst für einen geeigneten Stil.

- Bei Porträts hat es sich bewährt, den Rot-Kanal anzuheben (nach rechts ziehen, um das Gesicht zu betonen).
- In Landschaften können Sie immer mehr Grün hinzufügen, um Bildbereiche aufzuhellen. Geben Sie aber acht, dass das Bild dabei nicht zu hell wird.

Wenn eine Einstellung nicht das gewünschte Ergebnis bringt, können Sie jederzeit die Schaltfläche Rückgängig ❷ anklicken. Im Beispiel habe ich keine Änderungen mehr vorgenommen.

3 Kontrast anpassen

Zum Schluss passen Sie bei Bedarf noch den Kontrast über den gleichnamigen Schieberegler an. Im Beispiel habe ich den Kontrast nur geringfügig erhöht, weil das Bild schon recht kontrastreich war. Klicken Sie auf OK, um das Bild zu konvertieren.

Abbildung 15.13 ▶
Die Schwarzweißumwandlung habe ich beim oberen Bild mit dem Dialog IN SCHWARZWEISS KONVERTIEREN durchgeführt, beim unteren Bild habe ich FARBE ENTFERNEN verwendet.

Die Unterschiede nach der Schwarzweißkonvertierung (linkes Bild) sind in puncto Kontrastanhebung im Vergleich zu FARBE ENTFERNEN (rechtes Bild) eindeutig. Trotzdem ist es auch hier wieder ein Frage des persönlichen Geschmacks, ob Sie lieber kontrastreiche oder etwas kontrastärmere Schwarzweißbilder mögen.

15.2.3 »Schwarzweiß« im Assistent-Modus

Mit der Funktion SCHWARZWEISS im ASSISTENT-Modus finden Sie ebenfalls eine weitere Möglichkeit, aus vier verschiedenen Schwarzweißvorgaben auswählen und den Effekt mit weichem Licht aufpinseln und verschönern zu können. Die Funktion im ASSISTENT-Modus ist erneut selbsterklärend, weshalb ich auch hier nicht mehr näher darauf eingehen werde.

15.2 Schwarzweißbilder erstellen

▲ **Abbildung 15.14**
Die Funktion SCHWARZWEISS im ASSISTENT-Modus

15.2.4 Camera Raw

Zu guter Letzt bietet Ihnen Photoshop Elements die Möglichkeit, ein Schwarzweißbild mit dem Dialog CAMERA RAW direkt aus dem Rohbild zu erstellen. Mehr zum Rohformat (RAW) und zur Arbeit mit diesem Format erfahren Sie in Kapitel 30.

15.2.5 Schwarzweißbilder einfärben

Wenn Sie Schwarzweißbilder einfärben wollen, kommen Sie nicht um die klassischen Malwerkzeuge herum. Wichtig hierbei ist es, dass Sie gegebenenfalls das Bild vorher in den RGB-Modus umwandeln. Auch Farbverläufe lassen sich sehr gut zum Kolorieren verwenden.

In der Praxis werden Sie allerdings beim Kolorieren von Schwarzweißbildern mit vielen Details mehrere Ebenen oder Masken verwenden müssen.

Schritt für Schritt
Ein Schwarzweißbild nachkolorieren

Kapitel_15:
lampe.jpg

Hier zeige ich Ihnen ein einfaches Beispiel, wie Sie Bildbereiche in einem Schwarzweißbild von Hand kolorieren. Mit dieser Technik lassen sich oft interessante Effekte erzielen.

Farbe-ersetzen-Werkzeug
Das Farbe-ersetzen-Werkzeug beschreibe ich in Abschnitt 14.2.3 genauer.

1 Farbe-ersetzen-Werkzeug verwenden
Öffnen Sie das Bild »lampe.jpg« im Fotoeditor, und wählen Sie das Farbe-ersetzen-Werkzeug  aus. Verwenden Sie eine

Kapitel 15 Schwarzweißbilder

ausreichende Pinselgröße ❸ von ca. 300 Pixeln. Stellen Sie die Toleranz auf den Wert 20 % ❷ ein. Wählen Sie eine Vordergrundfarbe ❶ zum Malen im Bild aus. Im Beispiel habe ich dazu einen dunklen Rotton verwendet. Färben Sie nun mit dem Farbe-ersetzen-Werkzeug die Lampe um. Für die Details sollten Sie näher in das Bild hineinzoomen.

Abbildung 15.15 ▼
Die Lampe wird im Schwarzweißbild rot eingefärbt.

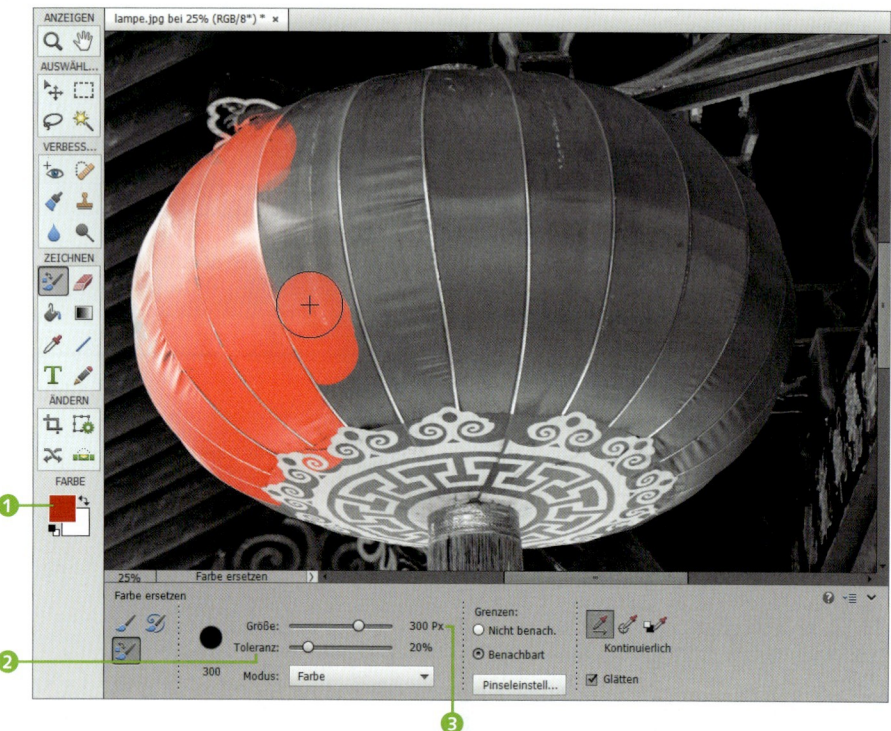

2 Sättigung reduzieren

Manchmal wirkt eine Farbe nach dem Auftragen zu knallig. Legen Sie daher eine Einstellungsebene für Farbton/Sättigung an (siehe Abschnitt 10.1.5, »Flexibel arbeiten mit Einstellungsebenen«), oder verwenden Sie den Dialog Farbton/Sättigung (zum Beispiel mit [Strg]/[cmd]+[U]). Wählen Sie nun in der Dropdown-Liste die Rottöne ❹ aus. Reduzieren Sie hierbei die Sättigung auf –30 und die Helligkeit auf –20 ❺.

Wenn Sie eine Einstellungsebene verwendet haben, reduzieren Sie diese auf eine Hintergrundebene oder bestätigen den Dialog mit OK, wenn Sie den gewöhnlichen Dialog Farbton/Sättigung verwendet haben.

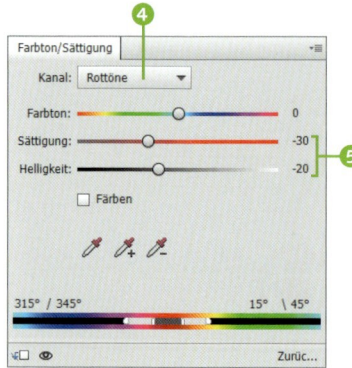

▲ **Abbildung 15.16**
So fügt sich die Kolorierung harmonisch ins Bild ein.

3 Nach dem Kolorieren

Auch wenn das Kolorieren nicht ganz exakt durchgeführt wird, fällt die nachträglich aufgetragene Farbe kaum als Manipulation auf. Das liegt an unserer Farbwahrnehmung, die eine viel schlechtere Auflösung hat als die Helligkeitswahrnehmung.

▲ **Abbildung 15.17**
Ausgangsbild (links) und Ergebnis (Mitte und rechts)

◄ **Abbildung 15.18**
Auf diese Weise können Sie auch ältere Schwarzweißbilder kolorieren.

15.2.6 Retro-Look für Schwarzweißbilder

Um einem Bild einen etwas altertümlichen oder nicht so harten Schwarzweißlook zu verleihen, müssen Sie im Grunde nur den Tonwertumfang reduzieren. Bezogen auf ein Histogramm, nehmen Sie damit einem Bild seine reinen Schwarz- und/oder Weißpunkte weg.

Kapitel_15: Elevador-de-Santa-Justa.jpg

Schritt für Schritt
Schwarzweißbilder altern

Aus dem Bild »Elevador-de-Santa-Justa.jpg« wollen wir ein etwas klassischeres Schwarzweißbild erstellen, indem wird den Tonwertumfang reduzieren.

Kapitel 15 Schwarzweißbilder

◄ **Abbildung 15.19**
Das Bild soll in ein Schwarzweißbild mit reduziertem Tonwertumfang umgewandelt werden.

1 Bild in Schwarzweiß umwandeln

Laden Sie zuerst das Bild »Elevador-de-Santa-Justa.jpg« in den Fotoeditor, und öffnen Sie anschließend den Dialog Überarbeiten • In Schwarzweiss konvertieren (oder [Strg]/[cmd]+[Alt]+[B]). Wählen Sie hier einen Stil ❶ aus, und passen Sie über die Regler ❷ die Intensität des Stiles an. Alternativ zu diesem Dialog können Sie Farben aus dem Bild auch einfach mit Überarbeiten • Farbe anpassen • Farbe entfernen entfernen.

Abbildung 15.20 ▼
Bild in ein Schwarzweißbild umwandeln

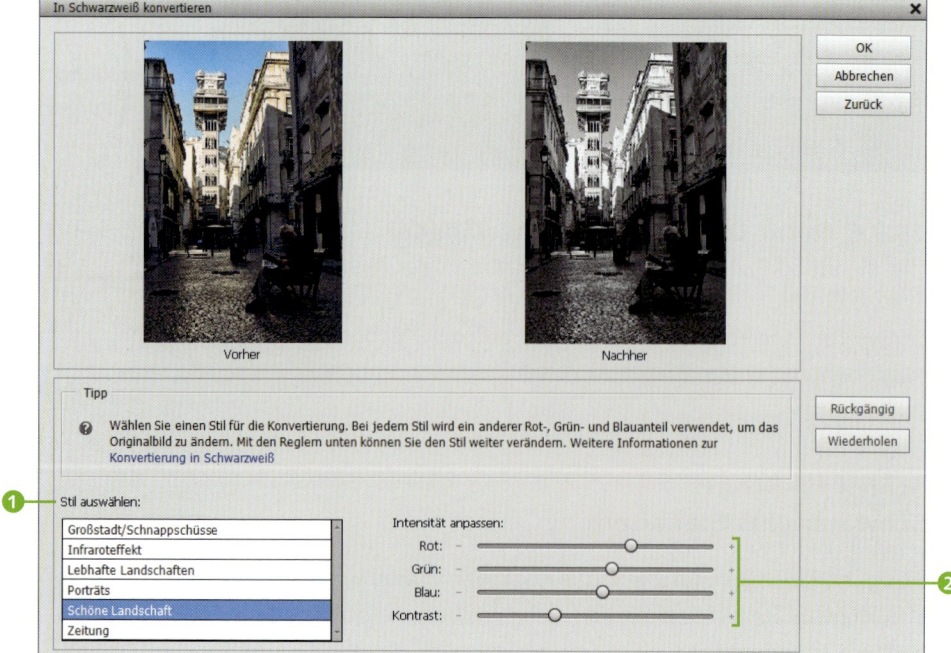

2 Tonwertumfang reduzieren

Legen Sie jetzt eine Einstellungsebene für TONWERTKORREKTUR an (siehe Abschnitt 10.1.5, »Flexibel arbeiten mit Einstellungsebenen«). Ziehen Sie hierbei jetzt den Schwarzpunktregler ❸ vom Tonwertumfang nach rechts, und entfernen Sie das reine Schwarz aus dem Bild. Dasselbe können Sie auch mit dem Weißpunktregler ❹ machen indem Sie diesen nach links ziehen, um dem Bild reines Weiß zu entziehen. Damit beschneiden Sie die dunkelsten bzw. hellsten Tonwerte, wodurch es anschließend kein reines Schwarz oder Weiß mehr im Bild gibt. Diese Einstellungen machen Sie ganz nach Ihrem persönlichem Geschmack, zudem sind sie auch immer vom entsprechenden Bildmaterial abhängig. Wenn Sie eine Einstellungsebene verwendet haben, reduzieren Sie diese auf eine Hintergrundebene.

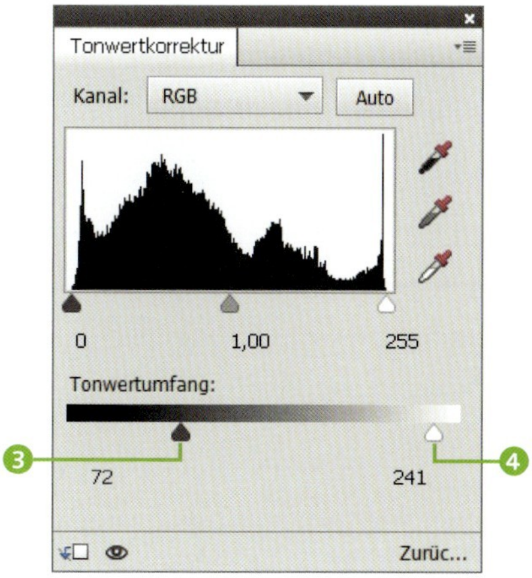

▲ **Abbildung 15.21**
Tonwertumfang reduzieren

3 Rauschen hinzufügen

Je nach Geschmack können Sie noch über FILTER • RAUSCHFILTER • RAUSCHEN HINZUFÜGEN ein Monochrom-Rauschen zum Bild hinzufügen.

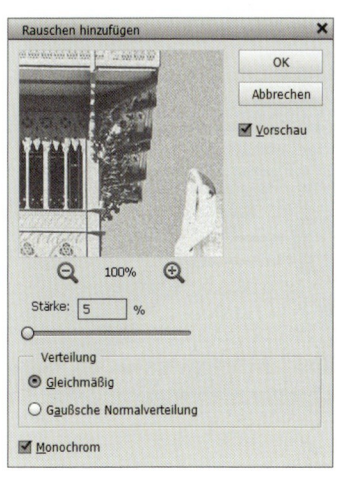

▲ **Abbildung 15.22**
Bei Bedarf können Sie noch ein Monochrom-Rauschen hinzufügen.

▲ **Abbildung 15.23**
Links das klassische Schwarzweißbild, rechts wurde der Tonwertumfang etwas reduziert, sodass dieses Bild kein reines Schwarz und Weiß mehr enthält.

15.2.7 Schwellenwert

Der Schwellenwert eignet sich sehr gut für kreative Arbeiten, bei denen Sie ein Farb- oder Graustufenbild in reines Schwarz und Weiß umwandeln. Da sich der Schwellenwert verändern lässt, können Sie selbst festlegen, ab welchem Wert (0 bis 255) ein

Kapitel 15 Schwarzweißbilder

Pixel zu Weiß oder zu Schwarz konvertiert wird. Aufrufen können Sie den Schwellenwert über das Menü FILTER • ANPASSUNGSFILTER • SCHWELLENWERT. Den sich daraufhin öffnenden Dialog sehen Sie in Abbildung 15.24. Auch als Einstellungsebene ist der Schwellenwert vorhanden. Mit dem Schwellenwert werden alle Pixel im Bild, die heller als dieser Wert sind, in Weiß umgewandelt. Alle Pixel, die dunkler als der Schwellenwert sind, werden zu Schwarz.

Schwarz- und Weißpunkt ermitteln | Mithilfe des Schwellenwertes können Sie auch sehr gut die hellsten und dunkelsten Bildbereiche in einem Bild bestimmen. Schieben Sie hierzu den Schieberegler des Schwellenwertes in Richtung des Bereichs, den Sie ermitteln wollen. Wenn Sie sich diese Stellen merken und den Dialog abbrechen, können Sie mit den Pipetten der Tonwertkorrektur gezielt den Schwarz- und Weißpunkt des Bildes bestimmen.

Abbildung 15.24 ▲▶
Den SCHWELLENWERT können Sie für die Bestimmung der hellsten und dunkelsten Bildbereiche verwenden.

15.2.8 »Altmodisches Foto« im Assistent-Modus

Im ASSISTENT-Modus finden Sie unter der Kategorie KREATIVE BEARBEITUNGEN die Funktion ALTMODISCHES FOTO. Zwar ist diese Funktion auch wieder nur ein Zusammenschnitt verschiedener Funktionen aus dem EXPERTE-Modus, sie kann aber sehr komfortabel angewandt werden.

Kapitel 16
Farbverfremdung

Farbverfremdung ist ein beliebtes Mittel, einem Bild den letzten Schliff zu geben. Gerne werden Farbverfremdungen bei Schwarzweißbildern benutzt; sie sind aber nicht auf diese Verwendung beschränkt.

16.1 Bilder tonen

Durch Tonen verpassen Sie Bildern einen bestimmten Look. So wirken zum Beispiel Bilder, die mit Sepiabraun getönt wurden, wie Fotografien aus alten Zeiten. Für einen modernen Look bietet sich eher eine Blautonung an.

▲ **Abbildung 16.1**
Die Sepiatonung verleiht dem Bild ein nostalgisches Flair.

▲ **Abbildung 16.2**
Zu technischen oder modernen Motiven passt eher eine blaue Tonung.

16.1.1 Bilder färben mit »Farbton/Sättigung«

Die wohl beliebteste Möglichkeit zum Tonen von Bildern ist der bereits bekannte Dialog FARBTON/SÄTTIGUNG. Den Dialog rufen

Kapitel 16 Farbverfremdung

Top-Tipp

Wollen Sie die Farbe zum Tonen für das Bild genauer einstellen, können Sie, bevor Sie den Dialog FARBTON/SÄTTIGUNG aufrufen, eine Vordergrundfarbe im Farbwahlbereich einstellen. Diese wird dann, wenn Sie die Option FÄRBEN ❶ aktivieren, gleich als Farbe zur Tonung verwendet.

Sie über ÜBERARBEITEN • FARBE ANPASSEN • FARBTON/SÄTTIGUNG ANPASSEN (oder Strg/cmd+U) auf oder legen ihn als Einstellungsebene an.

Um mit dem Dialog FARBTON/SÄTTIGUNG zu arbeiten, aktivieren Sie rechts unten die Option FÄRBEN ❶. Nun stellen Sie mit dem Schieberegler FARBTON die gewünschte Färbung ein.

Die anderen beiden Regler haben auch hier die bereits bekannte Funktionalität. Mit SÄTTIGUNG steigern oder reduzieren Sie die Farbsättigung. Mit HELLIGKEIT färben Sie das Bild heller oder dunkler.

▲ **Abbildung 16.3**
Zum Einfärben von Graustufenbildern müssen Sie auf jeden Fall die Option FÄRBEN aktivieren.

16.1.2 Fotofilter einsetzen

Ebenfalls sehr komfortabel zum Tonen von Bildern ist der Dialog FOTOFILTER, den Sie entweder über das Menü FILTER • ANPASSUNGSFILTER • FOTOFILTER aufrufen oder als Einstellungsebene verwenden.

Einstellungsebenen verwenden

Fast alle Farbverfremdungen sind sowohl über das Menü FILTER • ANPASSUNGSFILTER als auch als Einstellungsebenen einsetzbar. In der Regel würde ich Ihnen zu Einstellungsebenen raten, da Sie mit diesen zusätzlich den MODUS (Füllmethode der Ebene) und die DECKKRAFT einstellen können.

Auch dieser Dialog ist einfach zu handhaben: Die gewünschte Farbe zum Tonen wählen Sie entweder mit der Option FILTER ❷ aus den vordefinierten Farben über die Dropdown-Liste oder manuell mit dem Farbwähler über die Option FARBE ❸. Wie stark die Tonung aufgetragen werden soll, geben Sie mit DICHTE ❹ an. Je höher der Wert, desto stärker wird die Farbtonung. Wollen Sie die ursprüngliche Helligkeit erhalten, lassen Sie die Option LUMINANZ ERHALTEN ❺ aktiviert.

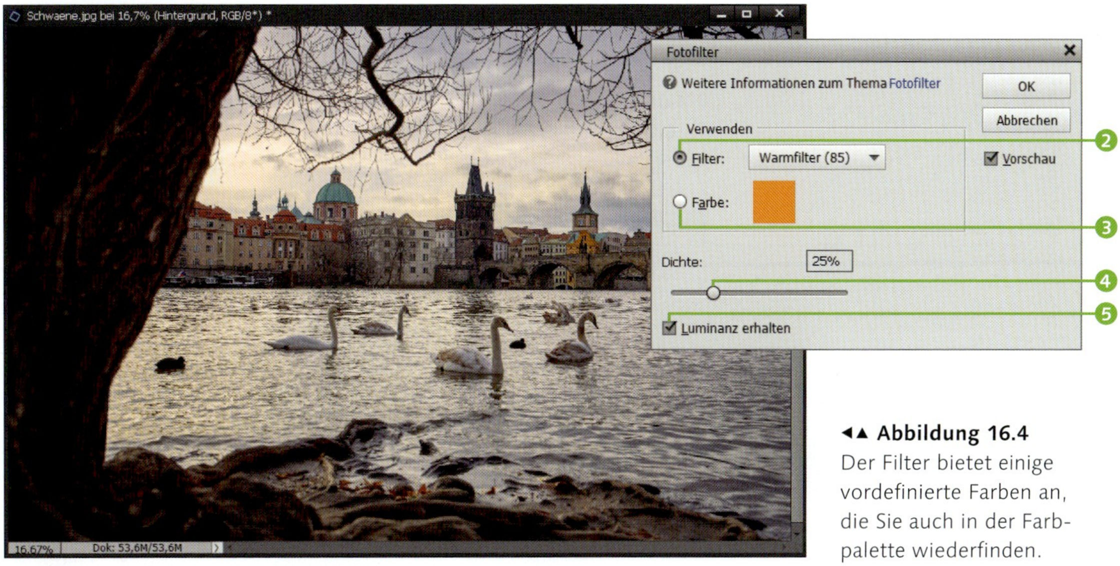

◂▴ Abbildung 16.4
Der Filter bietet einige vordefinierte Farben an, die Sie auch in der Farbpalette wiederfinden.

Neben dem Tonen von Schwarzweißbildern werden die Fotofilter auch gerne eingesetzt, um die Stimmung, Tageszeit oder Temperatur von Bildern zu verändern. Damit kann ein verregneter Tag plötzlich warm wirken oder ein warmes Bild auf einmal kalt.

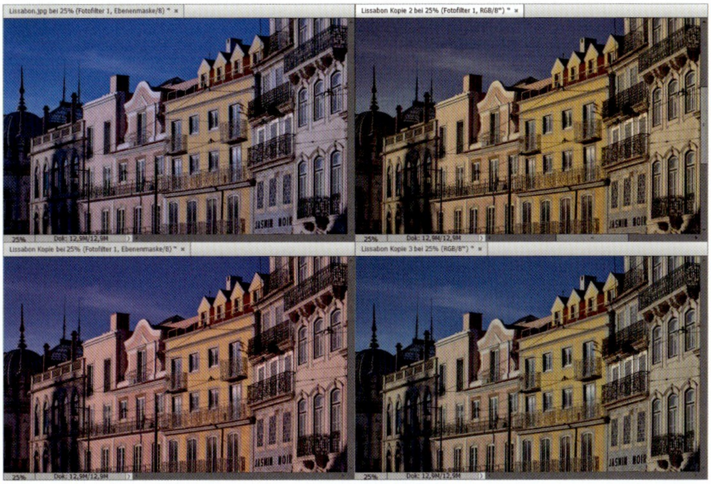

◂ Abbildung 16.5
Viermal das gleiche Bild zur Demonstration mit verschiedenen Fotofiltern und somit verschiedenen Stimmungen. Links oben habe ich Kaltfilter (LLB) verwendet. Rechts daneben kam Warmfilter (81) zum Einsatz. Links unten habe ich Magenta benutzt, und rechts daneben finden Sie das Original.

16.1.3 Tonen über die Tonwertkorrektur

Eine etwas ungewöhnlichere, aber ebenfalls sehr gute Möglichkeit zum Tonen von Bildern ist die Tonwertkorrektur, die Sie über das Menü Überarbeiten • Beleuchtung anpassen • Tonwertkorrektur aufrufen (oder mit der Tastenkombination Strg/cmd+L). Alternativ können Sie auch eine Einstellungsebene Tonwertkorrektur verwenden.

Kapitel 16 Farbverfremdung

Wählen Sie im Dialog zur Tonwertkorrektur unter KANAL ❶ einen Farbkanal zur Bearbeitung aus (im Beispiel ist es der rote Farbkanal). Nun stellen Sie mit dem mittleren Schieberegler ❷ die gewünschte Farbe ein. Um die Farben zu mischen, wiederholen Sie diesen Vorgang einfach mit einem anderen Farbkanal.

▲ **Abbildung 16.6**
Auch die TONWERTKORREKTUR ist sehr gut zum Tonen von Bildern geeignet, weil sich hiermit alle Bildbereiche gleichmäßig entsprechend ihrer Helligkeit einfärben lassen. Hier wird davon ausgegangen, dass Sie die Bilder vorher in ein Schwarzweißbild umgewandelt haben.

16.2 Bilder mit Verlaufsfarben tonen

Anstelle von einfachen Farben können Sie auch einen Verlauf zum Tonen nutzen. Hierzu bietet Photoshop Elements den Dialog VERLAUFSUMSETZUNG über den Menüpunkt FILTER • ANPASSUNGSFILTER • VERLAUFSUMSETZUNG an. Alternativ legen Sie hierfür eine Einstellungsebene über das Ebenen-Bedienfeld an.

Die Farbe, die sich links im Balken der Verlaufsumsetzung befindet, ersetzt die Tonwerte, die auch links im Histogramm angezeigt werden (also die dunkleren Farben). Die Farben rechts werden folglich durch jene Farben ersetzt, die sich rechts im Histogramm befinden (also die helleren Farben). Der Übergang der Verlaufsumsetzung wird somit von links nach rechts durch den Verlauf des Histogramms ersetzt.

Mit einem Klick auf das kleine Dreieck ❸ auf der rechten Seite des Balkens öffnen Sie ein Menü, in dem Sie weitere Verläufe auswählen können. Wenn Sie auf den Verlauf klicken, können Sie ihn nachträglich bearbeiten.

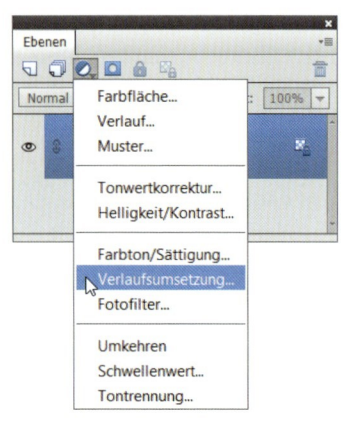

▲ **Abbildung 16.7**
VERLAUFSUMSETZUNG als Einstellungsebene

16.3 Tontrennung

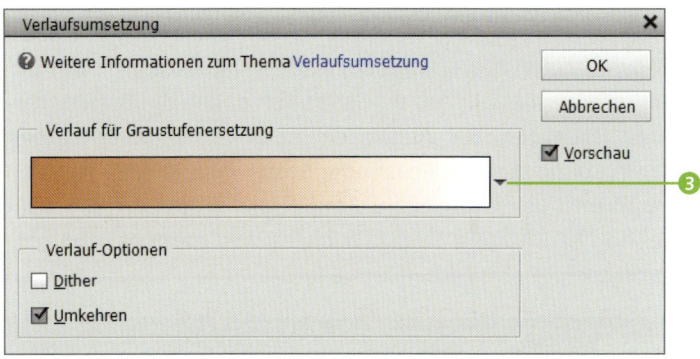

Verläufe bearbeiten
Wie Sie Verläufe bearbeiten und nachträglich ändern, habe ich im Abschnitt »Eigene Verläufe erstellen« auf Seite 430 beschrieben.

◀ **Abbildung 16.8**
Der Dialog zur Verlaufsumsetzung

Mit der Option Dither fügen Sie ein Störungsmuster in den Verlauf ein. Mit Umkehren kehren Sie den Verlauf um und erzeugen so eine Art »Negativ« vom üblichen Verlauf.

▲ **Abbildung 16.9**
Links das Originalbild, in der Mitte eine normale Verlaufsumsetzung und rechts der Negativeffekt mit der Option Umkehren

Auch der Assistent bietet ein paar interessante Möglichkeiten an, die Farben von Bildern zu verändern. Tolle Effekte erzielen Sie beispielsweise mit Gesättigter Diafilmeffekt und mit dem Lomo-Effekt in der Kategorie Fotoeffekte.

16.3 Tontrennung

Eine andere Art der Tonung zur künstlerischen Gestaltung ist die Tontrennung als Vorstufe zum Hoch- oder Siebdruck. Die Tontrennung rufen Sie über das Menü Filter • Anpassungsfilter • Tontrennung auf. Alternativ steht Ihnen hierzu auch eine Einstellungsebene zur Verfügung.

Kapitel 16 Farbverfremdung

Eine solche Tontrennung wird durchgeführt, indem die Anzahl der Tonwertstufen bzw. Helligkeitswerte in allen Kanälen des Bildes reduziert wird. Die Anzahl der Stufen geben Sie im entsprechenden Dialog an. Die Anzahl der noch vorhandenen Farben ergibt sich dann aus der Anzahl der Stufen multipliziert mit den drei Kanälen (Rot, Grün, Blau). Im Beispiel wurden drei Stufen verwendet. In unserem RGB-Bild ergibt dies nach der Tontrennung insgesamt neun Farben (3 × 3).

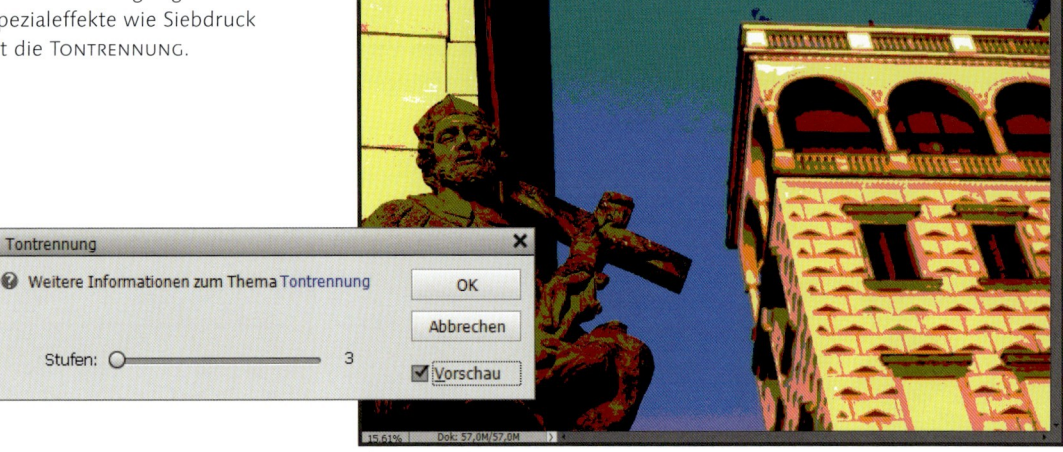

Abbildung 16.10 ▼▶
Immer bestens geeignet für Spezialeffekte wie Siebdruck ist die Tontrennung.

16.4 Umkehren

Mit dem Menüpunkt Umkehren erzeugen Sie eine invertierte Bildansicht, die an ein Negativ erinnert. Rufen Sie diese Funktion über das Menü Filter • Anpassungsfilter • Umkehren (oder [Strg]/[cmd]+[I]) auf, oder legen Sie auch hier wieder eine Einstellungsebene an.

Abbildung 16.11 ▶
Ein invertiertes Bild

16.5 Farbton verschieben

Über den Dialog FARBTON/SÄTTIGUNG bzw. die gleichnamige Einstellungsebene können Sie die einzelnen Farbtöne über den FARBTON-Regler verfremden bzw. manipulieren.

Schritt für Schritt
Farben im Farbumfang verschieben

Im folgenden Bild soll eine Farbverschiebung des cyanfarbigen Kleides erfolgen. Laden Sie das Bild »blaues-kleid.jpg« in den Fotoeditor.

1 Farbton/Sättigung aufrufen
Legen Sie eine Einstellungsebene an wie in Abschnitt 10.1.5 beschrieben, oder verwenden Sie das Werkzeug für FARBTON/SÄTTIGUNG (Tastenkürzel [Strg]/[cmd]+[U]).

2 Farbton Cyan verschieben
Wählen Sie in der Dropdown-Liste ❶ CYANTÖNE aus. Schieben Sie den Regler FARBTON ❷ ganz nach rechts auf den Wert +180. Das Kleid sollte nun rot erscheinen. Da die Farbe zu satt ist, ziehen Sie den Regler für die SÄTTIGUNG ❸ ganz auf –10.
 Wenn Sie hierfür (wie im Beispiel) eine Einstellungsebene verwendet haben, müssen Sie nur noch die Ebenen auf die Hintergrundebene reduzieren, beim Dialog klicken Sie auf die Schaltfläche OK.

Zum Nachlesen
Der Dialog FARBTON/SÄTTIGUNG bzw. die gleichnamige Einstellungsebene wurde in Abschnitt 12.3, »Farbton und Sättigung anpassen«, beschrieben.

Kapitel_16: blaues-kleid.jpg

▲ Abbildung 16.12
Die Ausgangsdatei

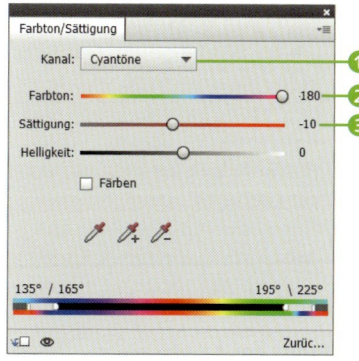
▲ Abbildung 16.13
Verschieben Sie den Farbton Cyan.

▲ Abbildung 16.14
Eine einfache Bildverfremdung einzelner Farben über FARBTON/SÄTTIGUNG

Kapitel 16 Farbverfremdung

Auf diese Weise können Sie viele Bildverfremdungen vornehmen und beispielsweise die Augen- oder Haarfarbe einer Person verändern. Idealerweise wählen Sie allerdings hier die Bereiche für die Farbtonverschiebung mit einem Auswahlwerkzeug aus.

Kapitel_16:
magenta.jpg

Einstellungsbereich der »Farbton-/Sättigung«-Regler ändern |
Nicht immer gelingt das Verschieben von Farbtönen so gut wie in unserem Workshop, denn oft werden einfach nicht alle Farbtöne erfasst.

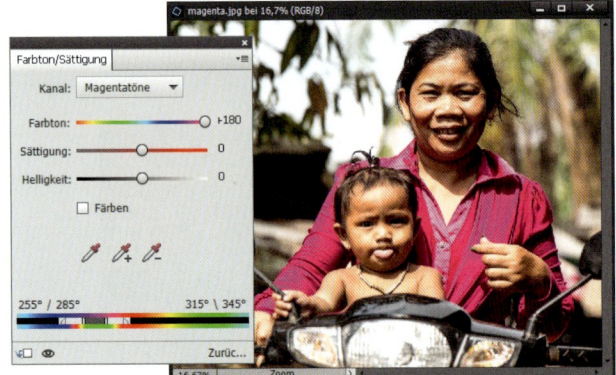

▲ **Abbildung 16.15**
Bei diesem Bild wurde versucht, alle Magentatöne der Bluse und Jacke zu verschieben. Leider klappt das hier nicht so gut, weil eben auch rote Farbtöne enthalten sind. Würden Sie die roten Farbtöne verschieben, würde hiervon nämlich auch die Hautfarbe erfasst.

Farbleiste verschieben

Um die komplette Farbleiste des Einstellungsreglers zu verschieben, halten Sie die [Strg]/[cmd]-Taste gedrückt. Dies hat keine Auswirkungen auf das Bild, sondern verschafft Ihnen lediglich einen besseren Überblick, falls die Regler an die Seitenränder oder darüber hinaus »rutschen«.

Breite des Farbbereichs

Standardmäßig hat beim Auswählen eines Farbtons der Farbbereich eine Breite von 30° und nimmt auch an beiden Seiten um 30° ab. Diesen Wert können Sie direkt über den Einstellungsreglern ❻ ablesen.

Wenn bei einem Bild nicht alle (oder vielleicht auch zu viele) Farbtöne erfasst werden, müssen Sie manuell nachhelfen. Wählen Sie hierzu den Einstellungsbereich der Farbton-/Sättigung-Regler unterhalb des Dialogs Farbton/Sättigung. Wichtig ist, dass Sie zuvor einen der Farbkanäle im Dropdown-Menü ausgewählt haben. Der Einstellungsbereich gliedert sich in vier Teile. Über die beiden weißen Dreiecke ❶ stellen Sie die Farbabnahme ohne Auswirkungen auf den Farbbereich ein. Mit den beiden hellgrauen Mittelteilen ❹ können Sie den gesamten Schieberegler verstellen, um einen anderen Farbbereich auszuwählen – ohne Auswirkungen auf die Farbabnahme.

▲ **Abbildung 16.16**
Der Einstellungsregler von Farbton/Sättigung

16.5 Farbton verschieben

Mit den vertikalen weißen Leisten ❷ ändern Sie den Bereich der Farbkomponenten. Je größer dieser Bereich ist, desto geringer ist die Farbabnahme. Mit dem dunkelgrauen Mittelteil ❸ können Sie den ganzen Regler verschieben, um einen anderen Farbbereich auszuwählen. Wenn Sie diese Einstellungsregler so verschieben, dass sie in einen anderen Farbbereich fallen, wird dies mit einem anderen Namen im Dropdown-Menü ❺ angezeigt. Fallen zum Beispiel Magentatöne beim Verschieben der Regler in den roten Bereich, ändert sich der Name in Rottöne 2. Hiermit können Sie bis zu sechs Varianten eines Farbbereichs konvertieren.

Wem das Verschieben mit den Reglern zu komplex ist, der kann den Farbbereich auch mit der Pipette auswählen, die sich ebenfalls in dem Dialog befindet. Wollen Sie dem Farbbereich zum Beispiel weitere Grüntöne hinzufügen, wählen Sie die Pipette mit dem Plussymbol ❽ aus und klicken im Bild auf die verbliebenen Grüntöne, die dem Farbbereich hinzugefügt werden sollen. Sie können jederzeit wieder ins Bild klicken, um verschiedene Grüntöne hinzuzufügen. Dementsprechend ändern sich nun auch die Einstellungsregler. Umgekehrt können Sie natürlich auch bestimmte Farbtöne mit der Pipette und dem Minussymbol ❾ entfernen, wenn Sie mehr als nötig aufgenommen haben sollten.

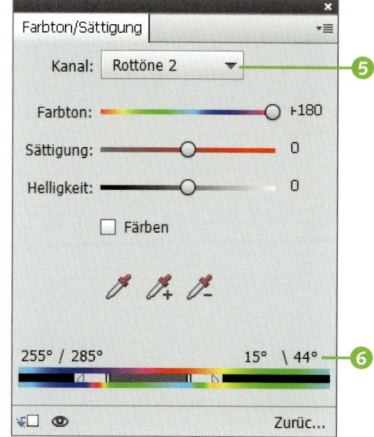

▲ **Abbildung 16.17**
Hier habe ich die Einstellungsregler von Magentatöne so verschoben, dass diese in den roten Farbbereich gefallen sind, wodurch sich der Name in Rottöne 2 geändert hat.

▲ **Abbildung 16.18**
Erst nachdem der Farbbereich mit den Einstellungsreglern (hier mit der Pipette) geändert wurde, wurden auch alle Magentatöne umgefärbt. Hierbei mussten im Farbbereich auch einige Rottöne aufgenommen werden. Dies funktioniert allerdings eher selten so gut wie in diesem Bild. Hier ging es letztendlich nur darum, Ihnen den Einstellungsregler ganz unten von Farbton/Sättigung etwas näher zu erklären.

Schnellzugriff
Um einen Farbbereich zu erweitern, können Sie auch bei ausgewählter Pipette ❼ (ohne Plus- oder Minussymbol) ⇧ gedrückt halten. Analog dazu verkleinern Sie einen Bereich mit der Taste Alt .

Kapitel 16 Farbverfremdung

Kapitel_16:
door-knockers.jpg

16.6 Farben ersetzen

Wem der Dialog FARBTON/SÄTTIGUNG zum Verfremden oder Ersetzen von Farben nicht ausreicht, der sollte sich den Dialog FARBE ERSETZEN ansehen, der unter ÜBERARBEITEN • FARBE ANPASSEN • FARBE ERSETZEN zu finden ist. Die folgende einfache Schritt-für-Schritt-Anleitung bringt Ihnen diesen Dialog etwas näher.

Schritt für Schritt
Farbe auswechseln

Bei dem folgenden Bild wollen wir die rote Farbe der Türe durch eine andere Farbe austauschen, ohne dass die Manipulation allzu sehr auffällt.

▼ **Abbildung 16.19**
Die rote Farbe soll ausgetauscht werden.

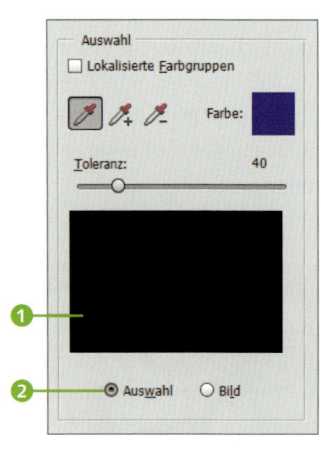

▲ **Abbildung 16.20**
Farbe ersetzen

1 **Dialog »Farbe ersetzen« aufrufen**
Wenn Sie das Bild »door-knockers.jpg« in den Fotoeditor geladen haben, rufen Sie den Dialog über ÜBERARBEITEN • FARBE ANPASSEN • FARBE ERSETZEN auf. In der Mitte des Dialogs finden Sie eine schwarze Maskenansicht ❶. Sollte hier das komplette farbige Bild angezeigt werden, befindet sich die Miniaturvorschau im Modus BILD. Schalten Sie den Modus über die Schaltfläche auf AUSWAHL ❷.

Rückgängig machen
Den letzten Schritt in der Maskenansicht können Sie mit ⌘/cmd + Z rückgängig machen. Mit gedrückter Alt-Taste verwandeln Sie die Schaltfläche ABBRECHEN in einen ZURÜCK-Button, mit dem Sie die Maskenansicht komplett zurücksetzen können.

2 **Die zu verändernde Farbe auswählen**
Aktivieren Sie nun die linke Pipette ❹, und wählen Sie damit im Bild ❸ die Farbe aus, die Sie verändern wollen (hier die rote Farbe). Es ändert sich sodann die Maskenansicht ❺ im Dialog. Die weißen Stellen in der Maskenansicht stehen für die Pixel, die

16.6 Farben ersetzen

für eine Farbveränderung ausgewählt sind; die schwarzen Pixel bleiben unangetastet.

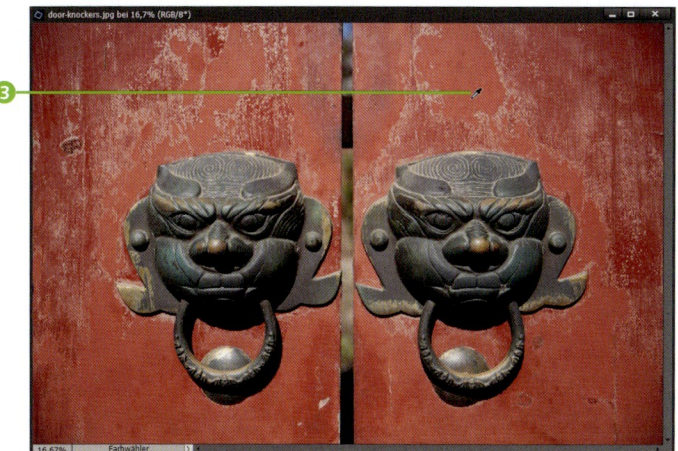

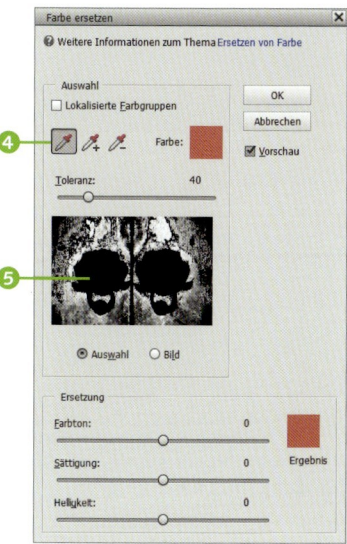

▲ **Abbildung 16.21**
In der Maskenansicht zeigen weiße Bereiche die aufgenommenen Stellen im Bild an.

3 Toleranz einstellen

Über den Schieberegler TOLERANZ 8 stellen Sie die Toleranz zum Auswählen der Pixel ein. Je höher dieser Toleranzwert ist, desto mehr Pixel werden ausgewählt.

Meist ist es deshalb besser, zum Hinzufügen weiterer Farben die Pipette 7 zu verwenden. Klicken Sie mit der Pipette in das Bild, um weitere Farbbereiche in die Auswahl aufzunehmen.

Haben Sie versehentlich Farben eingefangen, die Sie gar nicht auswählen wollten, entfernen Sie sie mit der Pipette ganz rechts 6. Zum Schluss sollten Sie nochmals ein Feintuning mit dem Schieberegler TOLERANZ versuchen.

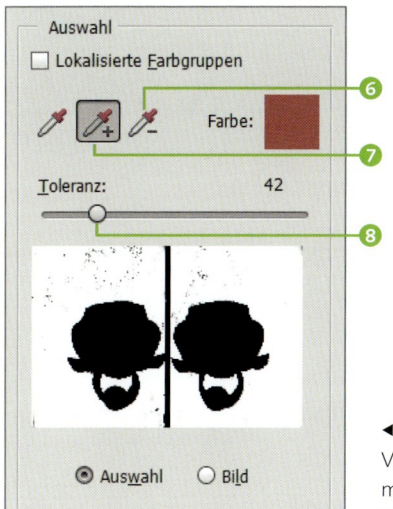

◀ **Abbildung 16.22**
Verfeinern Sie die Auswahl mithilfe der Pipetten und des Toleranzwertes.

4 Farbe ersetzen

Wenn Sie die Farbe im Bild wie gewünscht aufgenommen haben, können Sie die Farben ersetzen. Im Beispiel habe ich den Schieberegler FARBTON zur Verfremdung auf den Wert 120 gesetzt. Damit die neue Farbe im Bild jetzt nicht zu knallig und somit unecht wirkt, habe ich die SÄTTIGUNG auf –20 reduziert. Zum Schluss habe ich vorsichtig die TOLERANZ nochmals angepasst, damit die Manipulation nicht auffällt. Bestätigen Sie den Dialog mit OK.

Wenn Sie mit dem Ergebnis noch nicht ganz zufrieden sind, können Sie jederzeit erneut den Dialog FARBE ERSETZEN für die Problembereiche verwenden.

Abbildung 16.23 ▶
Nach einem Durchgang mit dem Dialog FARBE ERSETZEN kann sich das Ergebnis schon sehen lassen.

TEIL V
Schärfen und Weichzeichnen

Kapitel 17
Bilder schärfen

Durch Nachschärfen geben Sie vielen Bildern den letzten Schliff. Darüber hinaus können Sie das Nachschärfen auch bei Bildern einsetzen, die skaliert wurden, oder bei Unschärfen, die beim Einscannen entstanden sind.

17.1 Allgemeines zum Thema Schärfen

Bevor wir auf die konkreten Einstellungen zur Schärfeverbesserung in Photoshop Elements eingehen, sollten wir kurz zu definieren versuchen, worin eigentlich genau die Ursachen für Unschärfen liegen.

17.1.1 Was ist Schärfe, und wie entsteht sie?

Kameraseitig ist die Schärfe eines Bildes abhängig vom Objektiv, vom Bildsensor und vom Prozessor. Je leistungsfähiger diese Komponenten sind und je besser sie harmonieren, desto bessere Ergebnisse werden Sie erzielen. In der Kamera selbst wird die Schärfe vom Prozessor vor dem Abspeichern des Bildes durch eine Kantenkorrektur und Kontrastanhebung durchgeführt. Zwar kann dieses Nachschärfen bei teureren Digitalkameras abgeschaltet werden, aber bedenken Sie immer, dass ein Nachschärfen am PC nicht dasselbe ist wie das Schärfen der Kamera!

Der Schärfeeindruck beim Betrachten eines Bildes hängt im hohen Maße vom **Kontrast** ab. Je höher die Helligkeitsunterschiede bei feinen Details und Strukturen sind, desto schärfer wirkt das Bild für das Auge. Daher können Sie mit einer einfachen Kontrastanhebung mehr Details ans Licht bringen, die zuvor nicht wahrnehmbar waren.

Kapitel 17 Bilder schärfen

17.1.2 … und wie macht Photoshop Elements das?

Ein häufiges Missverständnis ist die Vorstellung, dass mit dem Nachschärfen von Bildern Motivdetails hinzugefügt werden. Dies ist nicht der Fall, denn nicht im Bild vorhandene Informationen lassen sich auch durch das Scharfzeichnen nicht herbeizaubern. Insofern ist das nachträgliche Scharfzeichnen am PC nicht mit dem Scharfstellen eines Kameraobjektivs zu vergleichen.

Das Scharfzeichnen von digitalen Fotos ist eine reine Rechenoperation des PCs, bei der benachbarte Pixel miteinander verglichen werden. Wo Pixel mit unterschiedlicher Helligkeit zusammenliegen, erhöht der Schärfefilter den **Kontrast** zwischen den Pixeln – darin liegt sein Geheimnis.

17.2 Fehler beim Schärfen

Kapitel_17: carvings.jpg

Wenn Sie es mit dem Schärfen übertreiben, kann sich die Qualität des Bildes allerdings auch verschlechtern. Bei überschärften Bildern werden schnell unerwünschte Artefakte mit auffälligem Bildrauschen sichtbar oder ein weißer Saum um die Kontrastgrenzen (*Halo-Effekt*). Dies führt möglicherweise sogar zu einer falschen Darstellung von Farben, wie auch in den Fotos in Abbildung 17.1 zu sehen ist: Das Bild links oben ist ungeschärft; das Bild rechts oben wurde normal geschärft; das Bild links unten ist überschärft, wodurch unerwünschte Artefakte sichtbar werden; das Bild rechts unten wurde extrem überschärft, was den unerwünschten weißen Saum (Halo) und falsche Farben hervorruft.

Abbildung 17.1 ▼
Verschiedene Schärfestufen im Vergleich

Beim Vergleich dieser Bilder erkennen Sie, dass das nachträgliche Schärfen eine ziemlich anspruchsvolle Arbeit ist. Häufig wird ein

Bild überschärft, ohne dass dies gleich auffällt: Die Schärfe lässt sich nämlich erst deutlich beurteilen, wenn die Ansicht des Bildes auf 100 %, 1:1 oder TATSÄCHLICHE PIXEL eingestellt wurde. Stellen Sie daher beim Nachschärfen die Ansicht auf 1:1 oder auf TATSÄCHLICHE PIXEL ein. Glücklicherweise bieten viele Schärfefilter eine 100 %-Vorschau ❶ an.

Wann soll ich überhaupt nachschärfen? | Natürlich gibt es hier keinen ultimativen Königsweg, aber generell kann empfohlen werden, das Schärfen als letzten Arbeitsschritt (Ausnahme: die Grundschärfe von Camera-Raw-Bildern) durchzuführen, weil viele andere Nachbearbeitungen direkt oder indirekt die einzelnen Pixel des Bildes verändern und dadurch die Kanten abgesoftet (weichgezeichnet) werden könnten. Außerdem ergibt es auch wenig Sinn, das Bild erst zu schärfen, um dann beispielsweise die durch das Schärfen verstärkten Bildstörungen wie Rauschen oder Staub aus einem Bild zu entfernen. Außerdem können Sie am Ende am besten beurteilen, ob das Bild noch eine gewisse Schärfe verträgt.

Generell sollten Sie das Bild zunächst betrachten, ob es überhaupt eine Schärfung nötig hat. Manchmal reicht es einfach nur aus, den Kontrast etwas zu erhöhen, womit dunkle Pixel noch dunkler und helle Pixel noch heller werden und somit ein deutlich besserer Schärfeeindruck entsteht.

Schärfe und Autofokus | Die Rede ist hier vom Nachschärfen von Bildern, womit im Foto mehr Details hervorgehoben werden. Eine solche Schärfe entsteht vereinfacht durch eine Kontrastanhebung von bereits kontrastreichen Bildbereichen. Daher hängt der Grad der Schärfung immer von jeder einzelnen Aufnahme ab. Generell ist es wichtig, dass die Fotos in der Kamera bereits scharf aufgenommen wurden. Ein stark verwackeltes oder unscharfes Bild kann keine Software der Welt mehr retten. Daher sollte bereits bei der Aufnahme der Fokus auf das Objekt scharf gestellt gewesen sein.

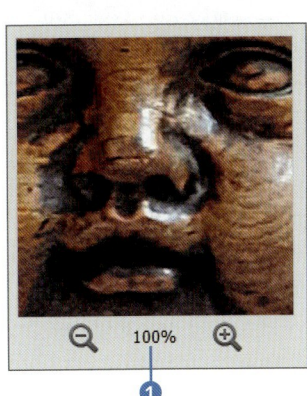

◀ **Abbildung 17.2**
Um die Schärfe am Bildschirm beurteilen zu können, sollten Sie bei der Ansicht der Schärfefilter immer mindestens 100 % verwenden.

Vorher-Nachher-Vergleich im Buch
Wie bereits erwähnt, sollten Sie ein Nachschärfen immer in der 100 %-Ansicht duchführen. Deshalb kann es auch sein, dass die Vorher-Nachher-Vergleiche bei den Abbildungen im Buch nicht so drastisch zu erkennen sind. Ich empfehle Ihnen daher unbedingt, die einzelnen Workshops selbst in der Praxis zu testen.

Ausnahme: Camera-Raw-Bilder
Wenn Sie in JPEG fotografieren, werden Ihre Fotos bereits in der Kamera ein wenig geschärft. Verwenden Sie ein Camera-Raw-Format zum Fotografieren, werden die Bilder nicht in der Kamera geschärft, und Sie müssen auf jeden Fall eine Grundschärfung daran durchführen, was das Camera-Raw-Plug-in von Photoshop Elements von Haus aus bereits für Sie macht. Auf das Schärfen mit dem Camera-Raw-Plug-in wird noch in Abschnitt 30.3.8, »Schärfen und Rauschreduzierung«, eingegangen.

Alternative: Kontrastanhebung
Es muss allerdings nicht immer nachgeschärft werden. Oft reicht auch »nur« eine Kontrastanhebung aus, wodurch ebenfalls ein verbesserter Schärfeeindruck entsteht. Definitiv nachschärfen sollten Sie allerdings fast immer, wenn Sie ein Bild verkleinern, weil hierbei doch ein gewisser Schärfeverlust entsteht.

17.3 Unscharf maskieren

Der Filter UNSCHARF MASKIEREN (auch häufig *USM* genannt) ist immer noch die klassische und beliebteste Methode, ein Bild nachzuschärfen. Der Name stammt noch aus analogen Zeiten, als man ein unscharfes Negativ über das Original legte, um den Kontrast zu erhöhen.

Sie rufen den Schärfefilter über das Menü ÜBERARBEITEN • UNSCHARF MASKIEREN auf. Es öffnet sich der Dialog mit drei Faktoren und einem Vorschaubild.

Mit dem ersten Parameter, STÄRKE ❶ (1–500%), regeln Sie, wie stark der Kontrast zu den benachbarten Pixeln erhöht, also wie stark nachgeschärft werden soll. In der Praxis dürften Sie mit Werten zwischen 80 und 200% akzeptable Ergebnisse erzielen. Wenn Sie höhere Werte verwenden, müssen Sie den RADIUS ❷ auf einen Wert unter 1 absenken.

Mit dem RADIUS stellen Sie ein, wie viele Pixel (0,1–1.000) im Umfeld des zu schärfenden Bereichs bei der Kontrasterhöhung berücksichtigt werden sollen. In der Praxis genügt hier ein Wert von 1 bis 5 Pixeln, höhere Werte machen häufig das Bild kaputt. Mit dem letzten Wert, SCHWELLENWERT ❸ (0–255), geben Sie an, wie viel Helligkeitsunterschied zwischen den Pixeln bestehen muss, damit der Kontrast erhöht wird. Aber Achtung: Je niedriger dieser Wert ist, desto stärker wird geschärft. Erhöhen Sie den Wert, nimmt der Grad der Schärfung ab. Somit werden Bildfehler wie Bildrauschen und Körnungen verringert, die bei zu starkem Schärfen verstärkt werden.

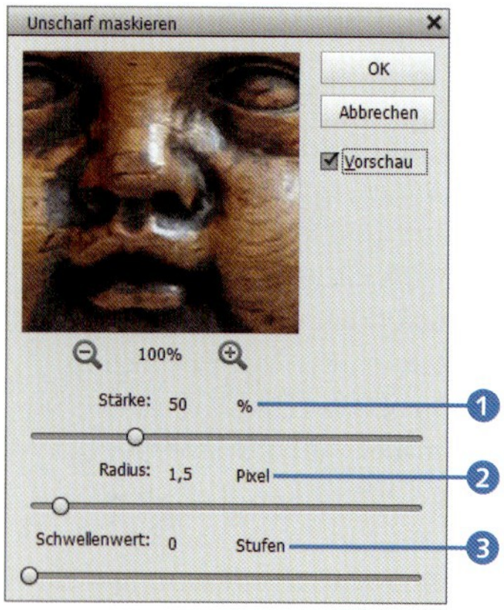

▲ **Abbildung 17.3**
Der Dialog UNSCHARF MASKIEREN und seine Einstellungsmöglichkeiten

Welche Schärfe wofür? | Die jeweils beste Schärfeeinstellung hängt von verschiedenen Faktoren ab: von der Art des Motivs (Landschaftsaufnahme oder Porträt) ebenso wie vom Zustand des Bildes (Sind Körnungen oder Bildrauschen vorhanden, Staub vom Scanner usw.?). Auch die Bildauflösung spielt eine entscheidende Rolle: Je niedriger das Bild aufgelöst ist, desto geringer sollten Sie auch den RADIUS einstellen. Im Folgenden gebe ich Ihnen einige grundsätzliche Anhaltspunkte zur Orientierung. In aller Regel müssen Sie jedoch individuelle Lösungen finden.

Mehrfach schärfen
In der Praxis hat es sich bewährt, ein Bild mehrfach mit niedrigen Einstellungswerten nachzuschärfen. Hierbei ist das Risiko geringer, ein Bild durch Überschärfen zu verderben.

Was kann ich alles beim Schärfen kaputt machen? | Wenn Sie alle Bilder im selben Maße und mit derselben Technik schärfen, kann dies zu einer wahrnehmbaren Verschlechterung der Bildqualität führen. Die üblichen Verschlechterungen, die bei einer unbedachten Nachschärfung im Allgemeinen auftreten können, sind:

- **Bildrauschen**: Vorhandenes Bildrauschen wird mit dem Nachschärfen gewöhnlich noch mehr verstärkt und deutlicher betont, weil die Kanten der verrauschten Pixel stärker hervorgehoben werden. Etwas unterdrücken können Sie dies, wenn Sie einen Schärfefilter mit einem Schwellenwert verwenden. Mit dem SCHWELLENWERT können Sie ein wenig Einfluss darauf nehmen.
- **Farbverschiebung**: An den Kanten kann es beim Schärfen zu deutlichen Farbverschiebungen kommen. Gewöhnlich werden die einzelnen Farbkanäle Rot, Grün und Blau jeweils einzeln geschärft. Hier kann es mit einem bestimmten SCHWELLENWERT passieren, dass eben nur der Rot-Kanal geschärft wird und nicht auch der Blau- und der Grün-Kanal.
- **Lichtsaum** (Halo): Das Problem tritt gerne auf, wenn man es mit der Schärfe übertreibt. Dabei entstehen deutliche Lichtsäume an den Bildkanten, die dem Betrachter gewöhnlich sofort auffallen. Das Problem lässt sich einfach umgehen, indem man es mit der Schärfe nicht übertreibt und das Bild beim Schärfen immer in der 100%-Ansicht betrachtet.

17.3.1 Detaillierte Bilder mit guter Schärfe

Bildern mit sehr vielen Details und guter Schärfe geben Sie den letzten Schliff, indem Sie die STÄRKE etwas erhöhen (100–200) und einen kleinen RADIUS (weniger als 1) sowie einen mittleren SCHWELLENWERT (1–5) wählen. Diese Werte eignen sich auch sehr gut für nachträglich digitalisierte Bilder.

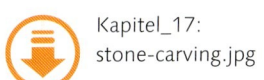

Kapitel_17:
stone-carving.jpg

▲ **Abbildung 17.4**
Ein detailreiches Bild mit guter Schärfe

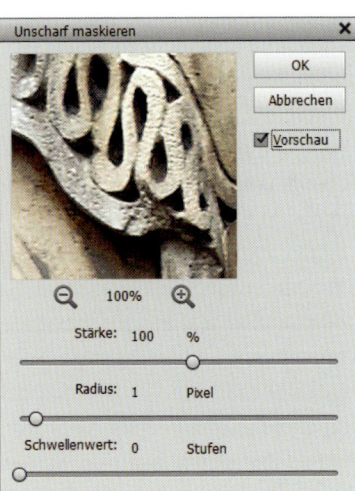

▲ **Abbildung 17.5**
Dem Bild wird mit einer etwas höheren STÄRKE und geringem RADIUS der letzte Schliff gegeben.

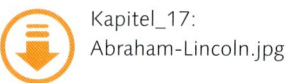

Kapitel_17:
Abraham-Lincoln.jpg

17.3.2 Bilder mit geringer Schärfe

Bei Bildern mit geringer Schärfe, wie unscharfen Scans, sollten Sie eine höhere STÄRKE (um die 150–200) und einen etwas größeren RADIUS (2–4) verwenden. Abhängig vom Motiv sollten Sie auch einen mittleren SCHWELLENWERT (1–5) wählen, da sich hier das Bild schnell vergröbert.

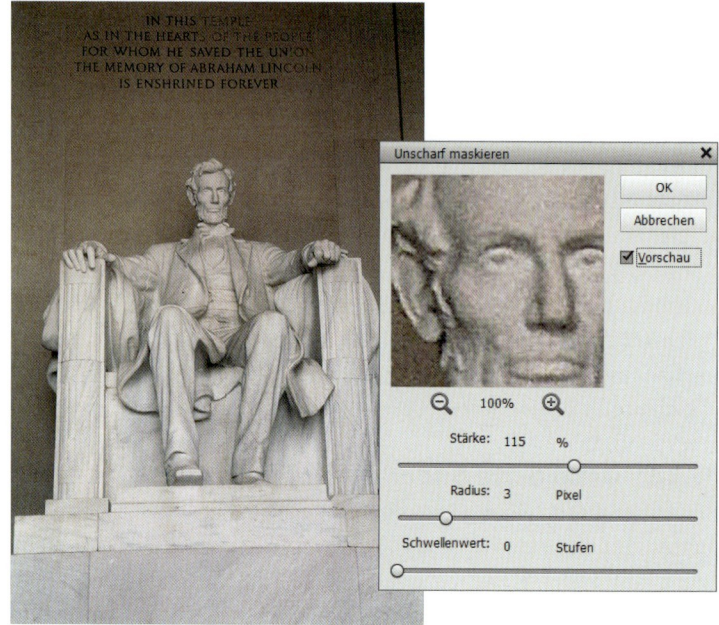

Abbildung 17.6 ▶
Ein recht unscharfer Scan

Abbildung 17.7 ▶▶
Hier wird mit einer höheren STÄRKE und einem höheren RADIUS nachgeholfen. Im Bild treten zwar einige Schärfungsfehler auf, dennoch wirkt das Bild insgesamt besser.

17.3.3 Bilder mit schwachem Kontrast

Bilder mit schwachem Kontrast sind keine »flauen« Bilder, sondern Bilder mit vielen kontrastarmen Flächen. Dazu gehören zum Beispiel Aktfotos oder Porträts, auf denen viel Haut zu sehen ist. Legen Sie bei solchen Bildern ein besonderes Augenmerk auf den SCHWELLENWERT. Meistens werden Sie hier mit Werten bis zu 10 sehr gute Ergebnisse erzielen.

Den RADIUS sollten Sie auch hier nicht zu stark anheben, sondern auf einen Wert von etwa 1 bis 3 einstellen. Auch die STÄRKE belassen Sie auf einem normalen Wert (80–100). Schärfen Sie kontrastarme Bilder zu stark, werden einzelne, überdeutlich helle Pixel sichtbar. Bei Porträts würde dies dazu führen, dass die Haut stark »gerunzelt« erscheint. Im linken Vorschaubild aus Abbildung 17.8 wurde auf den Schwellenwert verzichtet – hier wirkt die Haut alt und runzlig. Beim rechten Vorschaubild wurde der SCHWELLENWERT um 10 Stufen erhöht – und schon sieht die Haut wieder glatt und jung aus; außerdem wurde das Bild dadurch insgesamt etwas schärfer.

> **Schwellenwert erhöhen**
>
> Es ist häufig nicht sinnvoll, den SCHWELLENWERT zu stark zu erhöhen, weil Sie dann nur wieder die STÄRKE erhöhen müssen, um überhaupt einen Schärfeeffekt zu erkennen. Ein überhöhter Schwellenwert würde nur die zu starken Einstellungen von STÄRKE und RADIUS wieder »ausbügeln«.

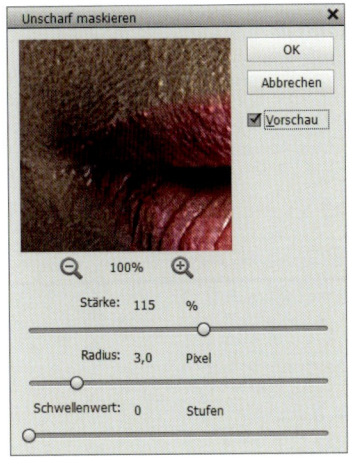 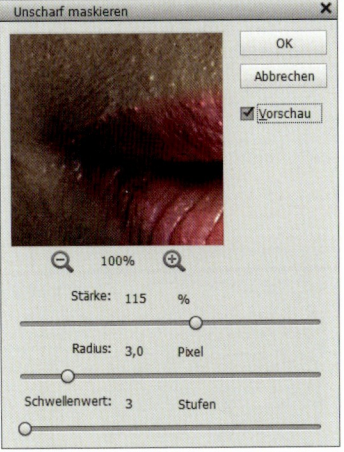

◀ **Abbildung 17.8**
Bei diesen Vorschaubildern des USM-Filters erkennen Sie eindeutig den Effekt des Schwellenwertes.

17.3.4 Nachschärfen für den Druck

Auch das Ausgabemedium ist ein weiteres wichtiges Kriterium für den richtigen Schärfegrad. Alle soeben beschriebenen Empfehlungen haben sich auf die Bildschirmdarstellung bezogen. In der Praxis wird empfohlen, beim gedruckten Bild ruhig noch etwas stärker nachzuschärfen. Allerdings hängt auch hier wiederum der Schärfegrad vom vorhandenen Bild ab.

17.4 Schärfe einstellen

Einen weiteren Dialog zum Schärfen von Bildern finden Sie in demselben Menü, ÜBERARBEITEN, unter SCHÄRFE EINSTELLEN. Neben den bereits aus Abschnitt 17.3, »Unscharf maskieren«, bekannten Werten wie STÄRKE und RADIUS sehen Sie hier drei weitere Werte, die Sie zum Schärfen verwenden können. Auf den Schwellenwert müssen Sie in diesem Dialog verzichten. Zusätzlich lassen sich allerdings mit diesem Dialog auch die Tiefen und Lichter getrennt schärfen.

Mit dem nächsten Wert, ENTFERNEN ❷ (Abbildung 17.9), legen Sie über die Dropdown-Liste den Algorithmus für das Schärfen fest (die interne Berechnung, mit der das Bild bearbeitet werden soll). Zur Auswahl stehen:

- GAUSSSCHER WEICHZEICHNER
- VERWACKELN
- BEWEGUNGSUNSCHÄRFE

Der GAUSSSCHE WEICHZEICHNER ist dieselbe Methode, die bei UNSCHARF MASKIEREN zum Einsatz kommt. Mit VERWACKELN wird die Struktur mit Kanten und Details etwas feiner nachgeschärft, und mit BEWEGUNGSUNSCHÄRFE reduzieren Sie Unschärfen, die etwa durch Bewegungen der Kamera oder des Motivs während der Aufnahme entstanden sind.

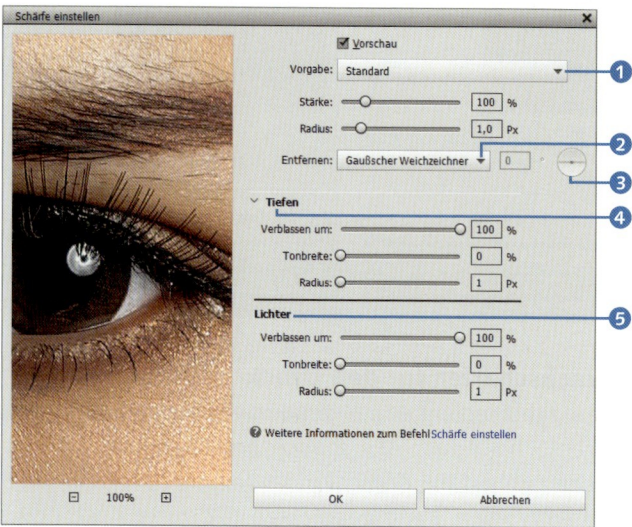

Abbildung 17.9 ▶
Der Dialog SCHÄRFE EINSTELLEN liefert noch mehr Einstellungsmöglichkeiten als UNSCHARF MASKIEREN. Zwar müssen Sie auf einen Schwellenwert verzichten, aber dafür können Sie die Tiefen und Lichter gezielt schärfen.

Vorgaben laden/speichern
Über VORGABE ❶ können Sie einzelne Vorgaben speichern und bei Bedarf auch wieder laden.

Das Steuerelement WINKEL ❸ wird erst aktiv, wenn Sie bei ENTFERNEN die Methode BEWEGUNGSUNSCHÄRFE ausgewählt haben. Hier legen Sie dann fest, in welcher Richtung Sie die Bewegung der Kamera oder des Motivs ausgleichen wollen. Den gewünschten Wert geben Sie entweder von Hand im Zahlenfeld ein oder indem Sie mit der Maus an den schwarzen Linien des Rädchens drehen.

Unterhalb von TIEFEN ❹ und LICHTER ❺ können Sie zusätzlich noch gezielt das Schärfen von dunklen und hellen Bereichen anpassen. Beide Bereiche haben jeweils folgende drei Regler zum Justieren der jeweiligen Tonbereiche:

▶ VERBLASSEN UM: Passt den Umfang des Schärfens in den Tiefen bzw. Lichtern an. Der voreingestellte Wert von maximal 100 % hat dieselbe Bedeutung, als wenn keine Schärfung speziell in diesem Tonbereich hinzugefügt worden wäre.

▶ TONBREITE: Mit diesem Regler stellen Sie ein, wie breit der Tonbereich der Tiefen bzw. Lichter verändert werden soll. Hierbei gilt, je kleiner der Wert ist, desto mehr werden die Schärfungen auf die dunkleren (bei Tiefen) bzw. helleren (bei Lichtern) Bereiche beschränkt.

▶ RADIUS: Damit legen Sie einen Bereich um die einzelnen Pixel fest, egal, ob sich diese in den Tiefen oder in den Lichtern befinden. Wenn Sie den Regler nach rechts verschieben, wird ein größerer Bereich definiert. Das Gegenteil passiert, wenn Sie den Regler nach links verschieben.

Richtig eingesetzt, können Sie mit den jeweils drei Reglern unter TIEFEN und LICHTER limitieren, wo genau eine Schärfung hinzugefügt wird und wo nicht.

Die Optionen zu TIEFEN und LICHTER lassen sich auf- und zuklappen. Sollten diese bei Ihnen nicht angezeigt werden, können Sie diese Optionen durch das Anklicken des kleinen Dreiecks neben TIEFEN/LICHTER aufklappen.

▲ **Abbildung 17.10**
Die Optionen zu TIEFEN/LICHTER lassen sich auf- und zuklappen.

17.5 Schärfe-Tricks für Profis

Die folgenden Tricks setzen schon einige Kenntnisse beim Umgang mit Ebenen voraus und richten sich daher eher an fortgeschrittene Anwender. Wer sich also lieber zuerst in die Ebenentechnik einarbeiten möchte, schlägt an dieser Stelle in Teil IX des Buches nach. Sie können die folgenden Schritt-für-Schritt-Anleitungen aber auch einfach einmal nachvollziehen: Klicken Sie einfach mit, und lernen Sie am Beispiel, wie die Ebenen Ihnen für das Schärfen von Bildern nützlich sein können.

17.5.1 Schärfen mit Hochpass

Zum Schärfen besonders plastischer Bilder mit vielen Kanten bietet sich der Hochpass-Filter an. Dieser Filter ist relativ beliebt beim Nachschärfen von Porträt- und Makroaufnahmen, lässt sich aber auch bei vielen anderen Gelegenheiten ebenfalls verwenden. Der Vorteil dieser Methode ist, dass durch das Schärfen weniger unerwünschte Artefakte erzeugt werden.

Schritt für Schritt
Schärfen mit Hochpass

Eine sehr sanfte und doch effektive Schärfungsmethode bietet der Hochpass-Filter, der in diesem kurzen Workshop vorgestellt werden soll. Laden Sie dafür das Beispielbild »Budapest.jpg« in den Fotoeditor.

Kapitel_17:
Budapest.jpg

1 Ebene duplizieren

Klicken Sie das Bild im Ebenen-Bedienfeld (über FENSTER • EBENEN, falls nicht sichtbar) mit der rechten Maustaste an, und wählen Sie im Kontextmenü EBENE DUPLIZIEREN aus. Daraufhin öffnet sich eine Dialogbox, in der Sie den Namen der neuen Ebene eingeben können. Bestätigen Sie die voreingestellten Angaben mit OK. Nun sollten Sie im Ebenen-Bedienfeld eine zweite Ebene als Kopie der Original-Hintergrundebene sehen.

Abbildung 17.11 ▶
Die Hintergrundebene wird dupliziert.

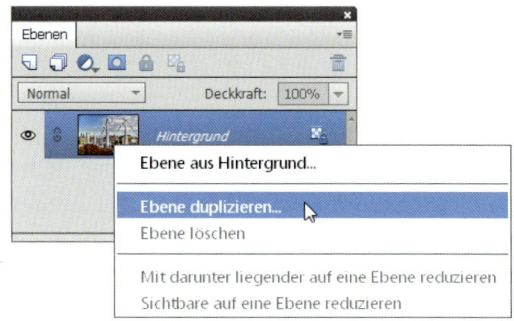

2 Hochpass-Filter ausführen

Wählen Sie im Ebenen-Bedienfeld die gerade kopierte Ebene ❶ mit einem Mausklick an, um sie zu markieren. Rufen Sie als Nächstes den Hochpass-Filter über das Menü Filter • Sonstige Filter • Hochpass auf. Ziehen Sie den Regler auf einen Wert, damit Sie die Strukturen der zu schärfenden Kanten erkennen können. Es sollten allerdings keine deutlichen Farben auf der grauen Fläche sichtbar werden. In dem Fall haben Sie die Schärfung zu stark eingestellt. Im Beispiel wurde der Radius ❷ des Filters auf »7,0« gezogen und mit der Schaltfläche OK bestätigt.

Extreme Werte ausprobieren

Wenn Sie trotzdem einmal extreme Werte für den Hochpass-Filter verwenden wollen und es werden Farben auf der grauen Fläche sichtbar, können Sie die Farben dieser ausgewählten Ebene einfach mit dem Befehl Überarbeiten • Farbe anpassen • Farbe entfernen oder ⌥+Strg/cmd+U entfernen.

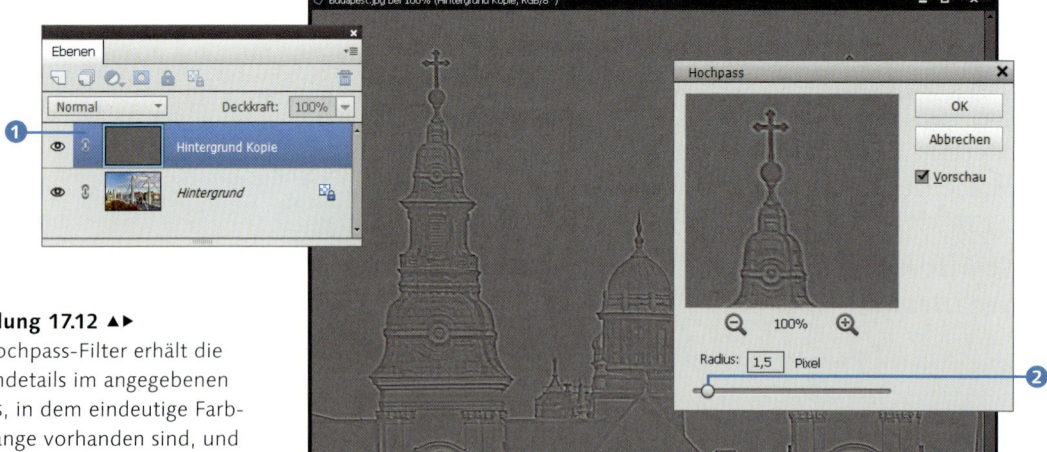

Abbildung 17.12 ▲▶
Der Hochpass-Filter erhält die Kantendetails im angegebenen Radius, in dem eindeutige Farbübergänge vorhanden sind, und unterdrückt den Rest des Bildes.

3 Füllmethode der Ebene ändern

Ändern Sie die Füllmethode ❸ der Ebene entweder auf Hartes Licht oder Weiches Licht. Auch die Füllmethode Ineinanderkopieren ist dafür geeignet. Um den Effekt nun besser zu erkennen, sollten Sie das Bild in die 100 %-Ansicht bringen und das Augensymbol ❹ im Ebenen-Bedienfeld im Wechsel aktivieren und deaktivieren. Wollen Sie außerdem die Wirkung der Konturstärke steuern, können Sie die Deckkraft ❺ der Ebene reduzieren.

17.5 Schärfe-Tricks für Profis

◄ **Abbildung 17.13**
Blenden Sie die obere Ebene ein und wieder aus, um den Effekt der Füllmethode beurteilen zu können.

4 Ebenen vereinen

Klicken Sie eine der Ebenen im Ebenen-Bedienfeld wieder mit der rechten Maustaste an, und wählen Sie im Kontextmenü AUF HINTERGRUNDEBENE REDUZIEREN. Fertig ist das Hochpass-Schärfen.

▲ **Abbildung 17.14**
Links sehen Sie die Originalfassung des Bildes und rechts das Bild, das mit dem Hochpass-Verfahren geschärft wurde.

Wenn Ihnen das Hochpass-Verfahren zum Nachschärfen Ihrer Bilder zusagt und Sie diese Schärfetechnik häufiger verwenden wollen, können Sie das Hochpass-Verfahren nutzen, das ich als Aktion für Photoshop Elements erstellt habe. Die Aktion lässt sich mit nur einem Klick starten und ausführen. Sie finden diese Datei auf der Downloadseite zum Buch. Natürlich können Sie die Stärke des Radius für den HOCHPASS-Dialog interaktiv regeln. Informationen darüber, wie Sie Aktionen in Photoshop Elements nachinstallieren können, finden Sie in Anhang C.2, »Aktionen anwenden und nachinstallieren«.

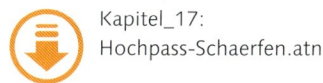
Kapitel_17:
Hochpass-Schaerfen.atn

17.5.2 Partielle Schärfung

Für Bilder, die nur in Teilen geschärft werden müssen, bietet Photoshop Elements den Scharfzeichner  an. Leider ist das Werkzeug nicht immer ideal für diesen Zweck, weil es beim Schärfen verstärkt Artefakte erzeugt. Außerdem arbeitet das Werkzeug mit destruktiver Wirkung auf die einzelnen Pixel, was ein späteres

Ebenenmasken

Photoshop Elements bietet seit der Version 9 Ebenenmasken an. Mehr zu den Ebenenmasken in Photoshop Elements erfahren Sie in Kapitel 28.

Kapitel_17:
Kormoranfischer.jpg

Nacharbeiten fast unmöglich macht. Daher sind auch für die partielle Schärfung Ebenen die erste Wahl – in diesem Fall Ebenenmasken. Den Effekt der partiellen Schärfung könnten Sie noch verstärken, indem Sie eine weichgezeichnete und eine scharfgezeichnete Ebene mit einer Ebenenmaske dazwischen verwenden.

Eine partielle Schärfung eignet sich bei Bildern, bei denen ein weiteres Schärfen zu unschönen Artefakten oder Bildrauschen führen würde. So lassen sich zumindest einzelne Objekte nachschärfen, ohne das komplette Bild zu verschlechtern.

Schritt für Schritt
Einzelne Bildbereiche schärfen

In dem Bild »kormoranfischer.jpg« soll nur die Person im Vordergrund geschärft werden. Der ohnehin schon recht dunkle Hintergrund soll unscharf bleiben, damit die Tiefenwirkung nicht verloren geht und kein unschönes Bildrauschen auftritt.

1 Ebene duplizieren

Nachdem Sie das Bild in den Fotoeditor geladen haben, klicken Sie es im Ebenen-Bedienfeld (falls nicht sichtbar, über FENSTER • EBENEN) mit der rechten Maustaste an und wählen im Kontextmenü EBENE DUPLIZIEREN aus. Daraufhin öffnet sich eine Dialogbox, in der Sie den Namen der neuen Ebene eingeben können. Belassen Sie die vorgegebenen Angaben, und bestätigen Sie den Dialog mit OK.

Jetzt sollten Sie im Ebenen-Bedienfeld eine zweite Ebene als Kopie der Original-Hintergrundebene sehen.

2 Ebene scharfzeichnen

Klicken Sie bei der kopierten Ebene das Augensymbol ❶ an, damit diese Ebene nicht mehr angezeigt wird. Wählen Sie die Hintergrundebene ❷ mit der Maus aus, und rufen Sie ÜBERARBEITEN • UNSCHARF MASKIEREN auf. Schärfen Sie die Ebene mit einer STÄRKE von 100 und einem RADIUS von 3. Bestätigen Sie den Dialog mit OK.

Klicken Sie wieder auf das Augensymbol ❸, damit das Auge und die oberste Ebene wieder angezeigt werden. Die geschärfte Ebene wird nun von der darüberliegenden Kopie des Originals verdeckt.

3 Ebenenmaske anlegen

Aktivieren Sie erneut die obere (ungeschärfte) Ebene ❻, und legen Sie eine Ebenenmaske an, indem Sie auf das kleine Rechteck mit dem Kreis in der Mitte ❹ klicken. Jetzt finden Sie im Ebenen-Bedienfeld eine weiße Fläche ❺ neben dem Bild vor – die Ebenenmaske.

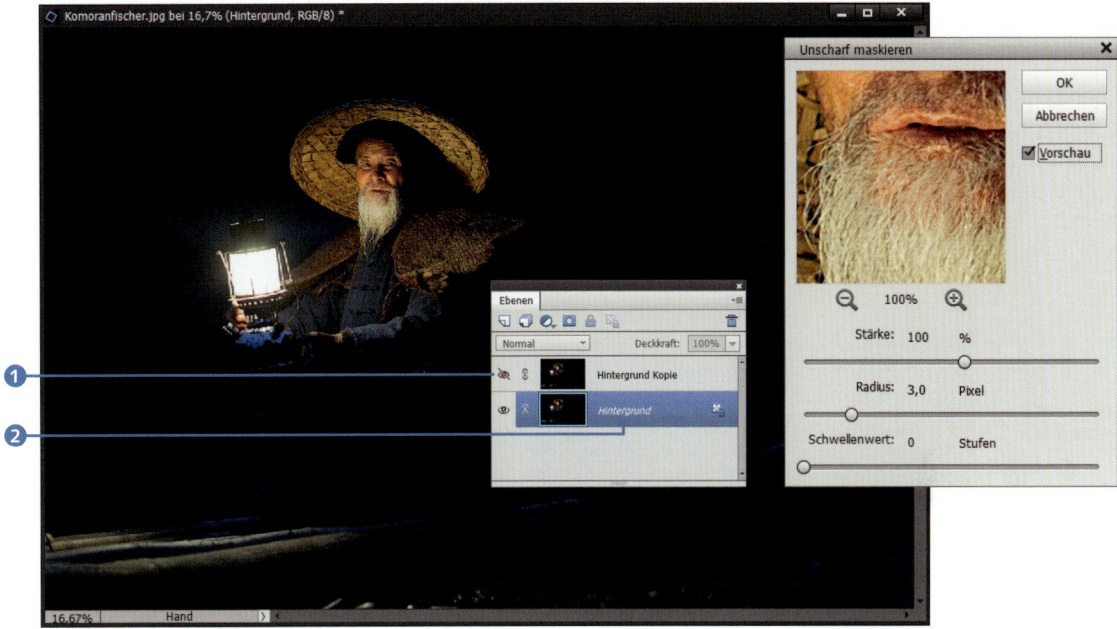

▲ Abbildung 17.15
Schärfen Sie die Hintergrundebene.

4 Schärfe aufpinseln

Wählen Sie die Ebenenmaske (also das weiße Feld ❺) im Ebenen-Bedienfeld mit einem Mausklick aus. Stellen Sie Schwarz ❶ (Abbildung 17.17) als Vordergrundfarbe ein, und wählen Sie das Pinsel-Werkzeug [B] mit einer weichen und ausreichend großen Werkzeugspitze.

◄ Abbildung 17.16
Hier wurde eine Ebenenmaske angelegt.

Malen Sie mit dem Pinsel-Werkzeug überall dort auf das Bild, wo Sie Bereiche schärfen wollen. Durch die Ebenenmaske und unsere schwarze Vordergrundfarbe wird nun die obere Ebene an diesen Stellen transparent und lässt die Ebene darunter – in unserem Fall also die geschärfte Hintergrundebene – zum Vorschein kommen. Schritt für Schritt werden diese Stellen dadurch scharfgezeichnet, denn die geschärfte Ebene darunter kommt zum Vorschein.

Maskieren und Demaskieren

Zwar werden die Ebenenmasken noch gesondert behandelt, aber den Vorgang, den Sie hier mit schwarzer Farbe auf die Ebenenmaske ❺ aufgetragen haben, wird als *Maskieren* bezeichnet. Mit schwarzer Farbe verdecken Sie praktisch diesen Bereich im Bild, ohne direkt auf die Pixel des Bildes selbst zuzugreifen, also: nicht-destruktiv. Das Gegenstück zum Maskieren ist das Demaskieren, und dies können Sie mit einer weißen Pinselfarbe vornehmen. Wenn Sie beispielsweise im Arbeitsschritt zu viel maskiert haben, können Sie diesen Bereich auf der Ebenenmaske mit weißer Farbe wieder demaskieren und somit sichtbar machen.

Für detailliertere Bereiche passen Sie die Werkzeugspitze nach Bedarf an und zoomen ins Bild hinein.

Abbildung 17.17 ▲
Mit einer schwarzen Pinselspitze bringen Sie auf der Ebenenmaske die geschärfte Ebene darunter zum Vorschein.

5 **Ebenen vereinen**
Klicken Sie eine der Ebenen im Ebenen-Bedienfeld mit der rechten Maustaste an, und wählen Sie im Kontextmenü AUF HINTERGRUNDEBENE REDUZIEREN. Fertig ist die partielle Schärfung.

▲ **Abbildung 17.18**
Im rechten Bildausschnitt des Bildes wurde an der Person eine partielle Schärfung durchgeführt. Hätten Sie hier das gesamte Bild geschärft, wäre beim dunklen Hintergrund ein verstärktes Rauschen aufgetreten.

17.5.3 Tonwertkorrektur

Die einfachste und oftmals übersehene Methode zur Schärfung von Bildern ist die einfache Tonwertkorrektur. Beim folgenden Bild wurde eine einfache Tonwertkorrektur auf den einzelnen Kanälen durchgeführt. Hierbei wurden lediglich die Tiefen und Lichter der Kanäle Rot, Grün und Blau an den Anfang der Histogramm-Berge verschoben. Den Kontrast weiter verstärken können Sie mit den Mitteltönen (mittlerer Schieberegler) oder dem Dialog HELLIGKEIT/KONTRAST.

> **Schärfen ohne Nachschärfen**
> Mit der Tonwertkorrektur heben Sie den Kontrast und somit auch den subjektiven Schärfeeindruck an. Der Vorteil dabei ist, dass keine negativen Effekte auftreten können (wie Artefakte, verstärktes Bildrauschen usw.).

◄▲ **Abbildung 17.19**
Das obere Bild ist die Originalfassung. Unten wurde nur eine einfache Tonwertkorrektur durchgeführt. Die Details und die Farben treten viel deutlicher und klarer hervor.

Tipp | Dasselbe können Sie übrigens auch mit ÜBERARBEITEN • FARBE ANPASSEN • FARBKURVEN ANPASSEN erreichen, indem Sie als Stil ❶ (Abbildung 17.20) KONTRAST ERHÖHEN festlegen. Gegebenenfalls können Sie hierbei noch den LICHTER-Regler ❷ ein wenig nach rechts und den TIEFEN-Regler ❸ ein wenig nach links ziehen. Dies hängt natürlich immer vom vorhandenen Quellbild ab.

 Kapitel_17:
Hopfensee.jpg

Kapitel 17 Bilder schärfen

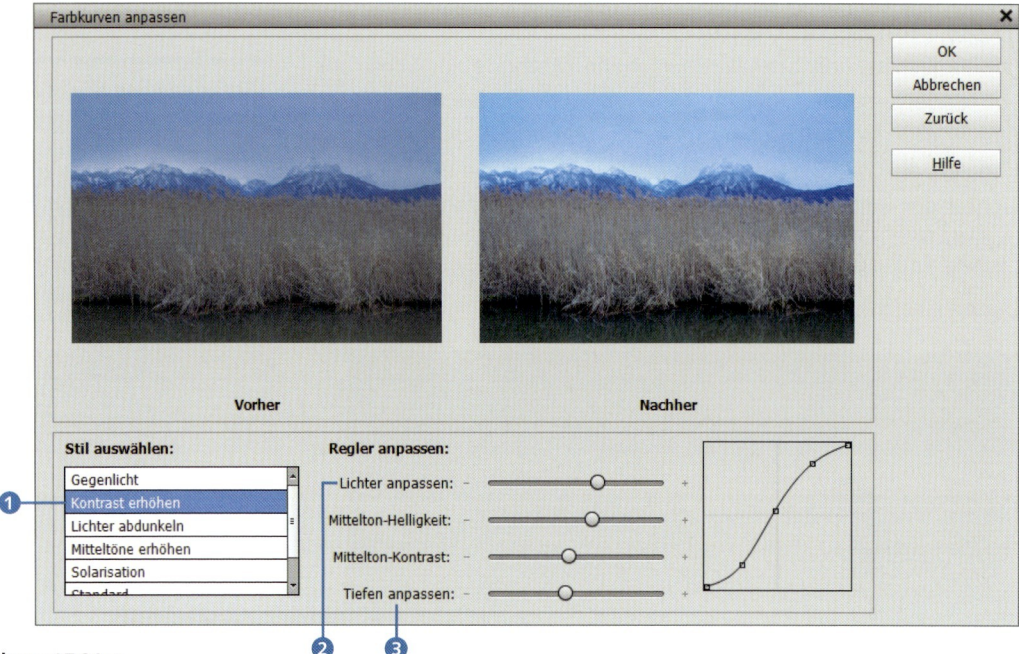

Abbildung 17.20 ▲
Durch die Erhöhung des Kontrasts bekommt das Bild mehr Brillanz und wirkt »schärfer«.

17.6 Der Scharfzeichner

Der Scharfzeichner ⎡R⎤ ▲ dient vorwiegend dem gezielten Nachschärfen einzelner Bildbereiche. Mit dem Werkzeug können Sie auf den Bildebenen arbeiten, so wie Sie es schon vom Pinsel-Werkzeug her kennen. Sie müssen nur mit gedrückter linker Maustaste die Werkzeugspitze über die Partien des Bildes ziehen, die scharfgezeichnet werden sollen.

Werkzeug nur bedingt brauchbar
In der Praxis ist vom Einsatz des **Scharfzeichners** im großen Umfang **abzuraten**. Die Gefahr der Überschärfung und Überzeichnung mit diesem Werkzeug ist relativ groß. Verwenden Sie für partielle Schärfungen besser Ebenenmasken (siehe Abschnitt 17.5.2, »Partielle Schärfung«).

Werkzeugoptionen | Die Optionen des Werkzeugs ähneln denen des Pinsel-Werkzeugs. Öffnen Sie das Pinselmenü, indem Sie das Dropdown-Menü von Pinsel anklicken, und wählen Sie die Werkzeugspitze aus. Mit Grösse stellen Sie die Größe der Werkzeugspitze ein. Unter Modus legen Sie fest, wie die aufgetragene Schärfe mit den vorhandenen Pixeln gemischt werden soll. Wie stark geschärft werden soll, bestimmen Sie mit der Option Stärke. Je höher dieser Wert, desto stärker wird geschärft. Der Standardwert von 50 % ist allerdings in den meisten Fällen schon zu stark. Wenn Sie das Häkchen vor Alle Ebenen aufnehmen setzen, wird das Scharfzeichnen auf alle sichtbaren Ebenen angewendet. Anderenfalls wird nur die aktive Ebene scharfgezeichnet. Um möglichst die Details im Bild beizubehalten, können Sie ein Häkchen vor Details beibehalten setzen, um eine zu starke Pixelung zu minimieren. Natürlich funktioniert das auch nur bis zu einem gewissen Grad.

◀ **Abbildung 17.21**
Die Optionen des Scharfzeichners

17.7 Verwacklungen reduzieren

Mit ÜBERARBEITEN • VERWACKLUNG REDUZIEREN finden Sie eine intelligente Funktion, die Ihnen dabei hilft, Verwacklungen Ihre Bildes zu reduzieren, die auftreten, wenn Sie Ihre Kamera während der Aufnahme bewegt haben. Dies kann schnell passieren, wenn wenig Licht vorhanden ist und Sie mit einer niedrigeren Belichtungszeit frei Hand ohne Stativ fotografieren. Zwar besteht hierbei die Möglichkeit, die ISO zu erhöhen, aber eine höhere ISO erhöht, abhängig vom Sensor der Kamera, gerne mal das Bildrauschen. Oft denkt man aber einfach gar nicht daran, die richtigen Einstellungen an der Kamera zu machen. Die besten Motive warten gewöhnlich nicht, bis man die Kamera eingestellt hat. Aber erwarten Sie von dieser Methode auch keine Wunder – ein gänzlich verwackeltes Bild können Sie damit auch nicht mehr retten. Trotzdem sind die Ergebnisse mit dieser Funktion durchaus beeindruckend.

Schritt für Schritt
Verwacklung reduzieren

Im folgenden Bild »verwackelt.jpg« habe ich die Kamera während der Aufnahme leicht bewegt. Für die richtigen Einstellungen war hier keine Zeit mehr, sonst hätte ich diese Momentaufnahme nicht machen können. Die Verwacklung soll im folgenden Workshop mit der Funktion VERWACKLUNG REDUZIEREN behandelt werden.

Kapitel_17:
verwackelt.jpg

1 **Bild öffnen**
Öffnen Sie das Bild »verwackelt.jpg« im Fotoeditor. Wenn Sie wollen, können Sie hierbei schon ÜBERARBEITEN • VERWACKLUNG AUTOMATISCH REDUZIEREN aufrufen, um Photoshop Elements die Verwacklung automatisch reduzieren zu lassen. Wenn Sie die manuelle Methode bevorzugen, fahren Sie mit dem Arbeitsschritt 2 fort.

Kapitel 17 Bilder schärfen

Vergrößerungsfenster
Über das Lupensymbol ❺ oder mit [Q] können Sie ein Vergrößerungsfenster ein- bzw. ausblenden lassen. Das Fenster lässt sich überall auf dem Dialog verschieben und mit unterschiedliche Faktoren (0.5x; 1x; 2x und 4x) zoomen.

2 Verwacklung reduzieren-Dialog aufrufen

Wählen Sie ÜBERARBEITEN • VERWACKLUNG REDUZIEREN. Im sich öffnenden Dialog finden Sie jetzt einen rechteckigen Verwacklungsbereich ❸ vor. Der Algorithmus des VERWACKLUNG REDUZIEREN-Dialogs analysiert nun diesen Bereich, um die Verwacklung zu reduzieren. Diesen rechteckigen Bereich können Sie über den Punkt in der Mitte ❷ jederzeit verschieben. Über die Ecken- und Seitenanfasser können Sie die Größe des Verwacklungsbereichs anpassen. Mit dem Regler EMPFINDLICHKEIT ❶ stellen Sie ein, wie stark die Funktion zur Reduzierung von Verwacklungen angewendet werden soll. Je kräftiger die Verwacklung im Bild gewesen ist, umso stärker sollten Sie diesen Regler nach rechts ziehen. Über VORHER-NACHHER ❹ haben Sie die Kontrolle über das Ergebnis. Sind Sie mit dem Ergebnis zufrieden, können Sie den Dialog mit OK bestätigen.

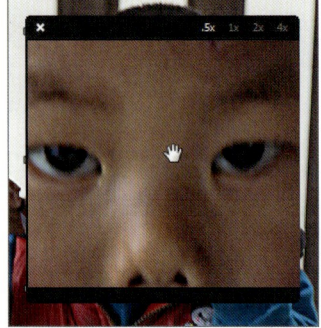

▲ **Abbildung 17.22**
Das Vergrößerungsfenster ist hilfreich, um die Reduzierung der Verwacklung zu kontrollieren.

▲ **Abbildung 17.23**
Der VERWACKLUNG REDUZIEREN-Dialog

Schlechter Verwacklungsbereich
Wenn Sie eine schlechte Position oder eine schlechte Größe des Verwacklungsbereichs ausgewählt haben, wird innerhalb des rechteckigen Verwacklungsbereichs ein dreieckiges Schild mit einem Ausrufezeichen angezeigt. In dem Fall sollten Sie die Größe oder Position des Verwacklungsbereichs ändern.

3 Weitere Verwacklungsbereiche hinzufügen

Es ist auch möglich, mehrere Verwacklungsbereiche hinzuzufügen. Hierfür müssen Sie das Icon VERWACKLUNGSBEREICH HINZUFÜGEN ❻ anklicken, und es wird ein weiterer Bereich hinzugefügt. Alternativ können Sie auch mit gedrückter Maustaste einen solchen Bereich aufziehen. Sinngemäß sollte es sich hierbei auch um einen Bereich mit einer sichtbaren Verwacklung handeln.

Wie gehabt können Sie diese Verwacklungsbereiche mit gedrückt gehaltener Maustaste auf dem Punkt in der Mitte verschieben und über die Anfasser an den Seiten und Ecken in der Größe anpassen. Sie können einen Verwacklungsbereich über den Punkt in der Mitte auch deaktivieren und wieder aktivieren, was gerade bei mehreren Bereichen sinnvoll ist, um so vielleicht einen besseren Bereich zu finden. Über das kleine X rechts oben ❼ können Sie einen Verwacklungsbereich entfernen.

◄ **Abbildung 17.24**
Hier wurden mehrere Verwacklungsbereiche hinzugefügt.

4 **Ergebnis betrachten**
Im vorliegenden Beispiel ist das Endergebnis, nachdem die Funktion VERWACKLUNG REDUZIEREN auf das Bild angewendet wurde, recht beachtlich.

▲ **Abbildung 17.25**
Links das Bild vor und rechts nach dem Anwenden der Funktion VERWACKLUNG REDUZIEREN

Kapitel 18
Bilder weichzeichnen

Beim Weichzeichnen wird das Bild durch Reduktion der Bildschärfe verändert. Neben den Schärfefiltern gehören die Weichzeichner zu den meistverwendeten Filterarten – und auch hier gibt es mehrere Varianten.

18.1 Anwendungsgebiete für das Weichzeichnen

Zwar hat das Weichzeichnen nicht denselben hohen Stellenwert in der digitalen Bildbearbeitung wie das Scharfzeichnen, aber da es sich für viele Anwendungszwecke und spezielle Effekte sehr gut eignet und verwenden lässt, sollten Sie mit den verschiedenen Weichzeichnern vertraut sein.

Eine klassische Anwendung für das Weichzeichnen ist beispielsweise die Reduzierung von Bildrauschen. Auch bei der Schönheitsretusche wie dem Glätten der Haut oder Entfernen von Hautunreinheiten können die Weichzeichner behilflich sein. Neben Effekten wie glamourösen oder verträumten Stimmungen im Bild lässt sich mit Weichzeichnern unter anderem auch der Schärfentiefe-Effekt nachträglich hinzufügen.

In der Praxis werden solche Weichzeichner eher selten auf das komplette Bild angewendet. Gewöhnlich zeichnen Sie nur bestimmte ausgewählte Bildbereiche weich. Meistens werden Sie für solche Weichzeichnungen mit Ebenenmasken arbeiten.

18.2 Automatische Weichzeichner

Im Menü FILTER • WEICHZEICHNUNGSFILTER finden Sie mit DURCHSCHNITT, WEICHZEICHNEN und STARK WEICHZEICHNEN drei Filter, die ganz ohne Dialog und Optionen auskommen. Klicken Sie den gewünschten Filter einfach an, um ihn auf das Bild anzuwenden.

18.3 Gaußscher Weichzeichner

Der wohl populärste Weichzeichner ist der Filter GAUSSSCHER WEICHZEICHNER, den Sie ebenfalls im Menü FILTER • WEICHZEICHNUNGSFILTER finden. Der Name des Filters geht zurück auf Johann Carl Friedrich Gauß und auf die von ihm entdeckte Gaußsche Normalverteilung (eine komplizierte mathematische Berechnung). Der Gaußsche Filter wird gerne verwendet, um bei Bildern eine geringere Schärfentiefe (oder auch *Tiefenschärfe* genannt) zu erzeugen, also weniger Bildteile scharf zu zeigen. Auf diese Weise können Sie den Blick des Betrachters noch stärker auf das Hauptobjekt im Bild lenken.

Fotografieren mit Schärfentiefe
Um beim Fotografieren die Schärfentiefe zu steuern, müssen Sie wissen, wie weit die Blende geöffnet sein muss, damit das Hauptmotiv scharf gestellt wird und der Hintergrund allmählich verschwimmt. Nicht immer hat man genügend Zeit, die Kamera entsprechend einzustellen, und so ist die nachträgliche Bearbeitung mit Photoshop Elements eine gute Alternative.

Schärfentiefe verringern | In der folgenden Anleitung lernen Sie, wie Sie nachträglich bei einem Foto künstlich die Schärfentiefe verringern. Für den Fall, dass Sie dieses Buch chronologisch durcharbeiten, weise ich darauf hin, dass in diesem Beispiel mit Ebenen und Ebenenmasken gearbeitet wird, obwohl ich diese Themen erst an späterer Stelle behandeln werde (siehe Kapitel 28).

Schritt für Schritt
Schärfentiefe reduzieren

Kapitel_18:
Unterhaltung.jpg

Fototechnisch ist die Schärfentiefe eine Mischung aus den Einstellungen von Brennweite, Blende und dem Abstand zwischen der Kamera und dem Aufnahmemotiv. Allerdings sind dies Themen für andere Bücher. Hier soll nur gezeigt werden, wie Sie die gewünschte Unschärfe mit Photoshop Elements erzeugen bzw. eine vorhandene Unschärfe verstärken können.

1 Ebene duplizieren
Laden Sie das Bild »Unterhaltung.jpg« in den Fotoeditor. Klicken Sie das Bild im Ebenen-Bedienfeld mit der rechten Maustaste an (über FENSTER • EBENEN), und wählen Sie EBENE DUPLIZIEREN aus. Daraufhin öffnet sich eine Dialogbox, in der Sie den Namen der neuen Ebene eingeben können. Bestätigen Sie den Dialog

mit den vorgegebenen Angaben mit OK. Sie finden nun im Ebenen-Bedienfeld eine zweite Ebene als Kopie der Original-Hintergrundebene.

2 Ebene weichzeichnen

Wählen Sie die neu kopierte Ebene aus ❶, und öffnen Sie anschließend den Dialog GAUSSSCHER WEICHZEICHNER über FILTER • WEICHZEICHNUNGSFILTER. Stellen Sie den RADIUS ❷ zum Weichzeichnen über den Schieberegler oder über das Zahleneingabefeld auf den Wert 10, und bestätigen Sie mit OK.

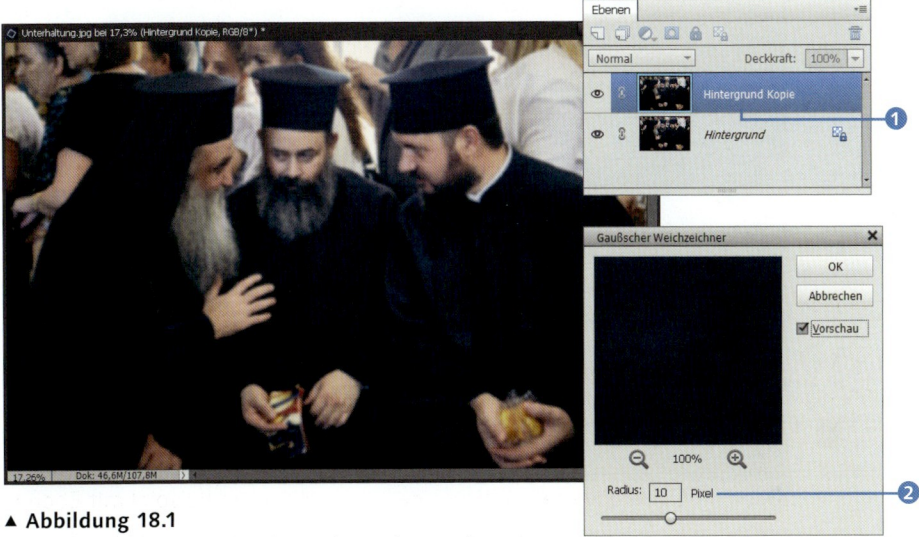

▲ Abbildung 18.1
Die kopierte Ebene wird recht stark weichgezeichnet.

3 Ebenenmaske anlegen

Stellen Sie sicher, dass die obere (weichgezeichnete) Ebene noch aktiviert ist, und legen Sie eine Ebenenmaske an, indem Sie auf das kleine Rechteck mit dem Kreis in der Mitte ❸ klicken. Jetzt finden Sie im Ebenen-Bedienfeld eine weiße Fläche ❹ neben dem Bild vor – die Ebenenmaske.

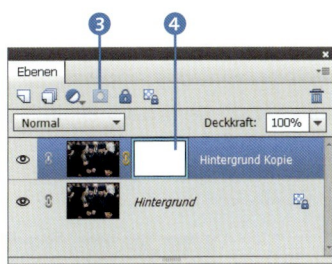

▲ Abbildung 18.2
Eine Ebenenmaske wurde angelegt.

4 Ebene maskieren

Wählen Sie die Ebenenmaske ❹ mit einem Mausklick aus. Stellen Sie mit der Taste [D] Schwarz und Weiß als Vorder- und Hintergrundfarbe ein. Wählen Sie nun das Pinsel-Werkzeug [B] mit einer weichen und ausreichend großen Werkzeugspitze (im Beispiel wurde eine GRÖSSE von 300 Px verwendet). Die exakte Größe hängt natürlich von Ihrem Motiv und von der Bildgröße ab. Fahren Sie mit dem Pinsel um die Statue herum, und das Original-Hintergrundbild darunter kommt zum Vorschein.

Abbildung 18.3 ▼
Über die Ebenenmaske erzeugen Sie eine künstlich reduzierte Schärfentiefe im hinteren Bereich des Bildes.

Zeichnen Sie am besten zuerst die Ränder des Objekts nach. Verwenden Sie dann für den Rest eine größere Pinselspitze. Wenn Sie mit dem Pinsel zu weit über den Rand der Statue gemalt haben, bessern Sie dies aus, indem Sie Weiß als Vordergrundfarbe wählen (zum Beispiel mit X). Wenn Sie erneut X drücken, können Sie mit der schwarzen Farbe fortfahren, bis Sie die komplette Statue in der Ebenenmaske maskiert haben und der Teil des Bildes scharf dargestellt wird.

Abbildung 18.4 ▼
Links das Bild in der Originalfassung, rechts das Bild mit einer künstlich verringerten Schärfentiefe, die die drei Priester im Bild noch deutlicher heraushebt

5 Ebenen vereinen

Klicken Sie zuletzt eine der Ebenen im Ebenen-Bedienfeld mit der rechten Maustaste an, und wählen Sie im Kontextmenü Auf Hintergrundebene reduzieren. Fertig ist die künstlich verringerte Schärfentiefe.

18.4 Selektiver Weichzeichner

▲ **Abbildung 18.5**
Der Assistent bietet auch eine eigene Funktion für die FELDTIEFE (Schärfentiefe) an.

Kapitel_18:
loewe.jpg

Schärfentiefe per »Feldtiefe« | Einfacher geht es aber mit der Funktion SCHÄRFENTIEFE im ASSISTENT-Modus von Elements, der unter SPEZIELLE BEARBEITUNGEN untergebracht ist. Hierfür müssen Sie lediglich mit dem Schnellauswahl-Werkzeug  das Objekt markieren, das im Fokus bleiben soll, und können anschließend den WEICHZEICHNER HINZUFÜGEN ❷ bzw. den Effekt über den Schieberegler ❸ verstärken. Die Geschichte mit der Ebenenmaske übernimmt hierbei der Assistent für Sie.

▲ **Abbildung 18.6**
Wechseln Sie in den Modus BENUTZERDEFINIERT ❹.

18.4 Selektiver Weichzeichner

Den SELEKTIVEN WEICHZEICHNER finden Sie im Menü FILTER • WEICHZEICHNUNGSFILTER. Der SELEKTIVE WEICHZEICHNER zeichnet nur flächige Strukturen weich. Die Kanten hingegen bleiben möglichst erhalten. Dieser Filter eignet sich vor allem für kreative und künstlerische Bildbearbeitungen. Aber auch bei einem Gesicht könnten Sie mit diesem Filter die Hautunreinheiten weichzeichnen, während kontrastreiche Bereiche wie die Konturen des Gesichtes oder Haare nicht berührt werden.

Mit RADIUS ❶ (Abbildung 18.7) legen Sie die Größe des Bereichs um jedes Pixel fest, das beim Weichzeichnen berücksichtigt werden soll. Der SCHWELLENWERT ❷ bestimmt, wie stark die Farbtonwerte benachbarter Pixel abweichen müssen, damit diese

Kapitel_18:
hautunreinheiten.jpg

Kapitel 18 Bilder weichzeichnen

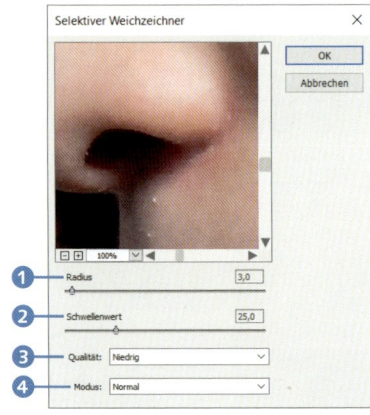

▲ **Abbildung 18.7**
Der Selektive Weichzeichner

weichgezeichnet werden. Befindet sich die Farbe benachbarter Pixel unter dem angegebenen Schwellenwert, werden diese nicht mit weichgezeichnet. Es gilt also: Je geringer der Schwellenwert, desto stärker wird weichgezeichnet.

Wie hoch die Qualität der Weichzeichnung werden soll, legen Sie in der gleichnamigen ❸ Dropdown-Liste fest. Hier haben Sie die Wahl zwischen drei Qualitätsstufen. Je höher die Qualität, desto mehr Rechenzeit wird für die Weichzeichnung verbraucht. Entscheidend für das Resultat des Selektiven Weichzeichners ist der verwendete Modus ❹: Mit Normal erzielen Sie eine normale Weichzeichnung gemäß den eingestellten Werten. Nur Kanten wandelt ein Bild in eine Schwarzweißgrafik um. Ineinanderkopieren ist eine Kombination der Modi Normal und Nur Kanten.

Im linken Bild von Abbildung 18.8 sehen Sie die Originalfassung, und im rechten Bild wurde der Selektive Weichzeichner im Modus Normal verwendet, um die Hautunreinheiten zu entfernen. Der Filter wirkt hier relativ stark, und das Ergebnis ist fast schon etwas zu plastisch, ähnlich wie bei einem Comic. In der Praxis wird dieser Filter eher selten auf das komplette Bild angewendet, sondern eher auf bestimmte ausgewählte Teilbereiche. Allerdings hängt dies wie immer vom Bildmotiv ab.

Abbildung 18.8 ▶
Im linken Bild sehen Sie die Originalfassung, und im rechten Bild wurde der Selektive Weichzeichner im Modus Normal verwendet.

In Abbildung 18.9 sehen Sie auf der linken Seite den Modus Nur Kante und im rechten Bild den Modus Ineinanderkopieren im Einsatz, der die Kanten vom Modus Nur Kante in das weichgezeichnete Bild vom Modus Normal kopiert. Die beiden Modi sind eher als Hilfe für den Modus Normal zu verstehen, weil Sie hiermit recht gut erkennen und vor allem steuern können, was der Filter als Kanten verwendet und was weichgezeichnet wird. Eine Art Maskierung, wenn Sie so wollen. Die Kanten, die nicht weichgezeichnet werden, sind in weißer Farbe zu sehen, und alles, was schwarz ist, wird weichgezeichnet.

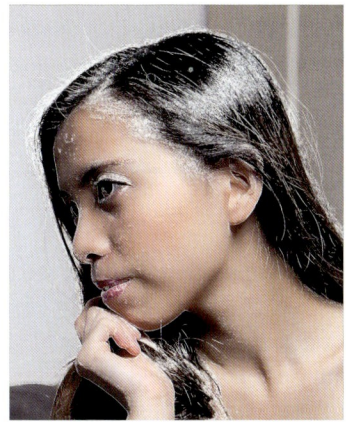

◀ **Abbildung 18.9**
Im linken Bild wurde der Modus Nur Kanten und im rechten Bild der Modus Ineinanderkopieren verwendet.

18.5 Bewegungsunschärfe

Ebenfalls im Menü Filter • Weichzeichnungsfilter finden Sie Bewegungsunschärfe. Der Filter eignet sich nicht nur, um Bewegungsunschärfe aus einem Bild zu nehmen, sondern auch, um diese dem Bild bewusst hinzuzufügen.

Kapitel_18:
Red-cab.jpg;
Red-cab.psd

▲ **Abbildung 18.10**
Das linke Bild ist die Originalfassung. Rechts wurde der Filter Bewegungsunschärfe hinzugefügt, wodurch das Bild erheblich mehr Dynamik erhält.

Mitziehen
In der Fotografie entsteht diese Bewegungsunschärfe des Hintergrunds, indem bei einem sich bewegenden Motiv die Kamera mitgezogen wird. Der Verwischeffekt resultiert als Folge einer längeren Belichtungszeit in der Kamera. Das Motiv bleibt dadurch scharf, und der Hintergrund erscheint verwischt.

Durch das Verwischen des Hintergrunds entsteht mehr Dynamik in einem Bild. Allerdings muss dieser Effekt immer auch zum Bildmotiv passen.

Die Bewegungsschärfe in diesem Bild wurde genauso eingearbeitet wie die geringere Schärfentiefe in der Schritt-für-Schritt-Anleitung »Schärfentiefe reduzieren« (siehe Abschnitt 18.3,

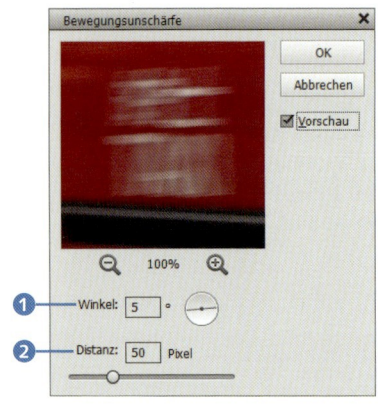

▲ **Abbildung 18.11**
Einstellungen für die Bewegungsunschärfe aus Abbildung 1.10

»Gaußscher Weichzeichner«); während dort im zweiten Schritt der Gausssche Weichzeichner auf die Ebene angewendet wurde, kam hier der Filter Bewegungsunschärfe zum Einsatz.

Als Winkel ❶ zum Mitziehen wurde 5° verwendet. Hier sollten Sie immer einen Winkel wählen, der etwa der Flug- oder Bewegungsrichtung des Hauptmotivs entspricht. Mit dem Wert Distanz ❷ verwischen Sie den Hintergrund. Je höher dieser Wert ist, desto stärker wird der Hintergrund um den angegebenen Winkel verwischt. Im Beispiel führen 50 Pixel zu einem guten Ergebnis.

Geschwindigkeitsbildlauf mit dem Assistenten | Anstatt den Filter Bewegungsunschärfe können Sie auch die Assistent-Funktion Geschwindigkeitsbildlauf verwenden, um einem Motiv auf dem Foto etwas mehr Geschwindigkeit zu verleihen. Hierbei müssen Sie nur das Motiv auswählen und dann zum Hintergrund eine Bewegungsunschärfe hinzufügen. Dies funktioniert hiermit wieder Assistent-typisch einfach.

▲ **Abbildung 18.12**
Mit der Assistent-Funktion Geschwindigkeitsbildlauf verleihen Sie einem Motiv etwas mehr Tempo.

Bewegungseffekt mit dem Assistenten | Eine weitere Möglichkeit, eine schnellere Bewegung zu einem Objekt im Bild hinzuzufügen, finden Sie mit der Funktion Bewegungseffekt im Assistent-Modus von Elements, der unter Kreative Bearbeitungen untergebracht ist.

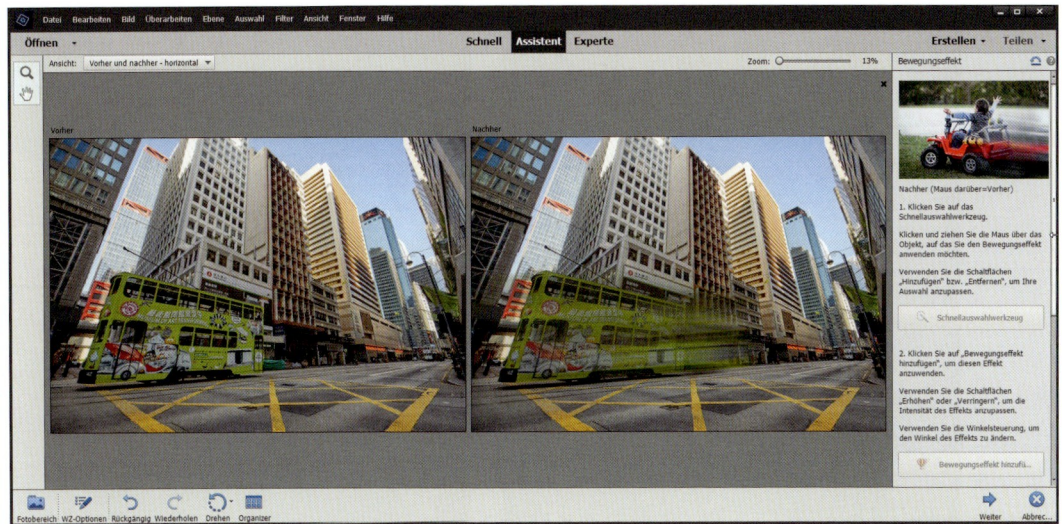

▲ Abbildung 18.13
Mit der ASSISTENT-Funktion BEWEGUNGSEFFEKT entsteht der Eindruck einer höheren Geschwindigkeit der fahrenden Tram in der Abbildung.

18.6 Radialer Weichzeichner

Der Filter RADIALER WEICHZEICHNER ist auch nur bedingt dazu geeignet, die Schärfe aus dem Bild zu nehmen. Der Filter wird allerdings sehr gerne verwendet, um einem Bild mehr Dynamik und Schwung zu verleihen. Genau genommen lassen sich hiermit verschiedene Kameratechniken künstlich erstellen. Sie rufen diesen Filter ebenfalls über das Menü FILTER • WEICHZEICHNUNGSFILTER • RADIALER WEICHZEICHNER auf.

Kapitel_18:
Statue-of-Liberty.jpg

Wie stark der Filter weichzeichnen soll, geben Sie mit der Option STÄRKE an. Je höher der Wert ist, desto stärker ist der Effekt der ausgewählten METHODE. Hierfür steht Ihnen die Option KREISFÖRMIG zur Verfügung, die eine kreisförmige Bewegungsunschärfe eines sich drehenden Objekts simuliert. Die andere Option, STRAHLENFÖRMIG, erzeugt hingegen den Eindruck, als wäre während der Aufnahme an ein Motiv heran- oder aus einem Motiv herausgezoomt worden. Diesen Effekt könnten Sie selbst beim Fotografieren erzeugen, indem Sie etwas länger belichten und beim Fotografieren (mit einer entsprechenden digitalen Spiegelreflexkamera) den Zoom verstellen.

Über den MITTELPUNKT ❸ geben Sie an, wo die Mitte der ausgewählten METHODE ist. Von diesem Punkt aus wird dann der gewählte Effekt ausgeführt. Leider gibt es hierbei keine Vorschaufunktion, sodass Sie ein wenig herumprobieren müssen. Zu guter Letzt können Sie noch die QUALITÄT des auszuführenden Filters einstellen.

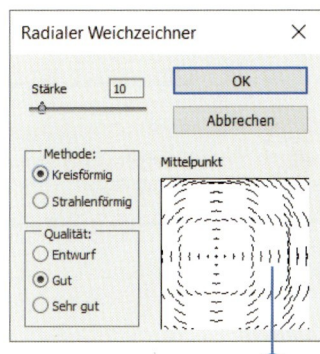

▲ Abbildung 18.14
Der Filter RADIALER WEICHZEICHNER

Kapitel 18 Bilder weichzeichnen

▲ **Abbildung 18.15**
Das linke Bild ist die Originalfassung. Im rechten Bild wurde die
Methode Kreisförmig mit einer Stärke von 3 verwendet.

Wollen Sie nicht, dass das Hauptmotiv mit Radialer Weichzeichner verwischt wird, können Sie hierbei selbstverständlich auch auf den Trick mit der Ebenenmaske zurückgreifen, wie Sie dies bereits in der Schritt-für-Schritt-Anleitung »Schärfentiefe reduzieren« in Abschnitt 18.3, »Gaußscher Weichzeichner«, getan haben. Während Sie dort im zweiten Arbeitsschritt die Ebene mit dem Gaussschen Weichzeichner bearbeitet haben, verwenden Sie hier dagegen den Radialen Weichzeichner.

Im linken Bild von Abbildung 18.16 sehen Sie das Bild im Originalzustand. Im rechten Bild wurde der Himmel ausgewählt und eine Ebenenmaske hinzugefügt, und anschließend wurden mit Filter • Renderfilter • Wolken künstliche Wolken für den Himmel erzeugt. Diese Wolken wurden mit dem Radialen Weichzeichner und der Methode Strahlenförmig mit einer Stärke von 75 weichgezeichnet, wodurch im Endergebnis die Wolken wie bei einer Langzeitbelichtung aussehen. Zugegeben, das Beispiel ist schon etwas komplexer, und es erfordert gute Kenntnisse rund um Ebenen und Ebenenmasken, aber es soll nur zeigen, dass diese Filter sich durchaus für seriöse und kreative Bearbeitungen einsetzen lassen.

Kapitel_18:
Wolkenkratzer.jpg und
Wolkenkratzer.psd

18.6 Radialer Weichzeichner

▲ **Abbildung 18.16**
Die Wolken wirken hier dank der Methode STRAHLENFÖRMIG des Filters RADIALER WEICHZEICHNER wie bei einer Langzeitbelichtung.

Ebenfalls sehr komfortabel ist der ZOOM-BURST-EFFEKT, den Sie im ASSISTENT-Modus ❶ unter KREATIVE BEARBEITUNGEN finden.

▼ **Abbildung 18.17**
Der ZOOM-BURST-EFFEKT des Assistenten im Einsatz

495

18.7 Matter machen

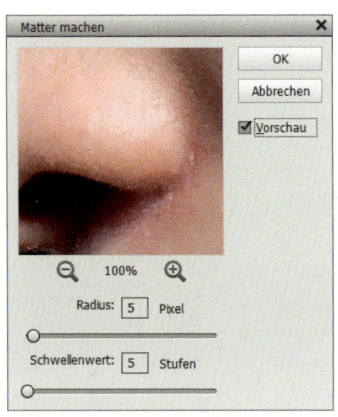

▲ **Abbildung 18.18**
Der Filter MATTER MACHEN

Ebenfalls im Menü FILTER • WEICHZEICHNUNGSFILTER finden Sie einen Eintrag mit dem Filter MATTER MACHEN. Dieser Filter versucht, die Kanten im Bild zu erhalten, und eignet sich daher auch sehr gut, um Bildstörungen wie Rauschen und Körnigkeit zu entfernen. Neben der Behebung von Bildstörungen dient dieser Filter in der Praxis aber auch der Hautbearbeitung für Beauty-Retusche, um die Haut zu glätten. Und natürlich kann der Filter auch als das verwendet werden, was Sie aus dem Namen herauslesen können: um eine glänzende Stelle im Bild matter zu machen.

Mit dem RADIUS geben Sie an, wie groß der Bereich sein soll, in dem das Weichzeichnen ausgeführt werden soll. Mit dem SCHWELLENWERT stellen Sie ein, wie viel die benachbarten Pixel abweichen müssen, damit sie ebenfalls weichgezeichnet werden. Ein höherer SCHWELLENWERT bedeutet allerdings auch, dass die Kanten im Bild unter Umständen verloren gehen.

18.8 Der Weichzeichner und der Wischfinger

Unterhalb des Scharfzeichners ⓇR 💧 finden Sie auch den Weichzeichner ⓇR ▲ und den Wischfinger ⓇR 🖐. Wie den Scharfzeichner sollten Sie auch diese Werkzeuge nur notfalls bei kleinen Reparaturen verwenden. Bei stark geschärften Bildern werden Sie mit diesen Werkzeugen höchstens einen hässlichen Farbenbrei erzeugen.

Mit dem Werkzeug können Sie auf den Bildebenen arbeiten, so wie Sie es vom Pinsel-Werkzeug her kennen. Ziehen Sie einfach die Werkzeugspitze mit gedrückter linker Maustaste über die Partien des Bildes, die weichgezeichnet werden sollen.

Die vorhandenen Optionen sind dieselben wie schon beim Scharfzeichner – mit dem Unterschied, dass sie sich auf das Weichzeichnen bzw. Verschmieren beziehen. Der Wischfinger hat eine zusätzliche Checkbox FINGERFARBE. Wenn Sie diese aktivieren, verwenden Sie die eingestellte Vordergrundfarbe im Farbwahlbereich zum Verschmieren. Dabei sollten Sie allerdings die STÄRKE reduzieren, da es sonst wie mit dem Pinsel-Werkzeug gemalt wirkt.

Um partielle Bildbereiche weichzuzeichnen, gehen Sie am besten ebenso vor wie in der Schritt-für-Schritt-Anleitung »Schärfentiefe reduzieren« in Abschnitt 18.3, »Gaußscher Weichzeichner«.

TEIL VI
Freistellen und Ausrichten

Kapitel 19
Freistellen

Sicherlich haben Sie sich schon manchmal gefragt, wie es Fotografen immer gelingt, bei Aufnahmen den richtigen Blickwinkel zu erwischen. Gerade wenn es einmal etwas schneller gehen soll, drückt man eben einfach ab. Die Kunst besteht dann im richtigen Zuschnitt der Bilder oder im perfekten Freistellen für eine Fotomontage.

19.1 Hintergrund-Radiergummi – Express-Freistellung

Manchmal möchte man ein Hauptmotiv von seinem Hintergrund lösen, um es in einer Fotomontage zu verwenden. Für solche Projekte bietet Ihnen Photoshop Elements einige Möglichkeiten.

Wenn Sie Bildmontagen erstellen möchten, kommen Sie um das Freistellen von Motiven nicht herum. Um ein Bildmotiv von seinen umgebenden Pixeln zu lösen, gibt es in Photoshop Elements mehrere Möglichkeiten – nicht alle Methoden sind gleich gut geeignet. Einen schnellen Weg bietet der Hintergrund-Radiergummi.

Freistellen mit Auswahlen
Natürlich können Sie Motive auch mithilfe von Auswahlen freistellen. Da den Auswahlen aber ein eigener Buchteil gewidmet ist, lesen Sie bitte in Teil VII nach, wie Sie Auswahlen für das Freistellen von Bildern nutzen.

Hintergrund-Radiergummi | Den Hintergrund-Radiergummi ⌇E⌇ mit seinen Optionen habe ich bereits in Abschnitt 14.2.6 beschrieben. Er eignet sich besonders zum Freistellen weniger anspruchsvoller Motive mit kontrastarmem Hintergrund, wie zum Beispiel eines Himmels mit wenigen Wolken.

Schritt für Schritt
Freistellen mit dem Hintergrund-Radiergummi

Für einfache Freistell-Jobs wie hier beim Bild »heller-himmel.jpg« eignet sich der Hintergrund-Radiergummi hervorragend.

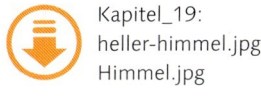

Kapitel_19:
heller-himmel.jpg,
Himmel.jpg

Kapitel 19 Freistellen

Schachbrettmuster

In den folgenden Workshops werden Sie des Öfteren ein Schachbrettmuster auf dem Bild sehen, wenn Sie ein Bild freistellen. Dieses Schachbrettmuster ist natürlich nicht mehr Teil des Bildes, sondern stellt den transparenten (durchsichtigen) Bereich dar. Wollen Sie hier die Größe der Quadrate oder die Farbe ändern, passen Sie dies über Bearbeiten/Photoshop Elements Editor • Voreinstellungen • Transparenz an. Im Beispiel eignet sich ein dunkles Schachbrettmuster, weil Sie hierbei besser den hellen Himmel erkennen können, den Sie entfernen wollen.

1 Hintergrund entfernen

Öffnen Sie zunächst das Bild »heller-himmel.jpg« im Fotoeditor. Wählen Sie den Hintergrund-Radiergummi [E] in der Werkzeugleiste sowie eine ausreichend große Werkzeugspitze (im Beispiel habe ich 300 Pixel eingestellt). Bei den Grenzen habe ich Nicht benach. gewählt, die Toleranz habe ich auf 20 % gesetzt. Bei nahezu gleichfarbigen Bereichen sollten Sie die Toleranz reduzieren (hier auf 10 %). Umfahren Sie nun mit der Werkzeugspitze die Steine. Achten Sie darauf, dass Sie mit dem Hotspot (Mittelpunkt) mit der Form eines Fadenkreuzes ❶ der Werkzeugspitze nicht auf die Dächer geraten. Wenn Sie die Werkzeugspitze ziehen, werden nur Pixel innerhalb des Kreises mit ähnlichem Farbwert (abhängig von Toleranz) unter dem Hotspot gelöscht.

▲ Abbildung 19.1
Der Hintergrund-Radiergummi in Aktion

▲ Abbildung 19.2
Bei schwierigen Bereichen sollten Sie näher in das Bild hineinzoomen.

2 Details entfernen

Zoomen Sie nun kräftig mit [Strg]/[cmd]+[+] in das Bild hinein, um auch die Details zu entfernen, die noch nicht vom Hintergrund-Radiergummi erfasst wurden. Achten Sie auch hier immer darauf, mit dem Hotspot ❷ nur auf die zu entfernenden Pixel zu klicken.

3 Hintergrund komplett löschen

Wenn Sie die Pixel um den Vordergrund gelöscht haben, entfernen Sie mit dem normalen Radiergummi [E] den Rest des Hintergrunds mit einer großen Werkzeugspitze.

19.1 Hintergrund-Radiergummi – Express-Freistellung

▲ **Abbildung 19.3**
Der Rest des Himmels ist schnell entfernt.

4 In die Zwischenablage kopieren

Den so freigestellten Vordergrund können Sie nun vor einem anderen Hintergrund, etwa einem dramatischeren Himmel, als neue Ebene einfügen. Wählen Sie das komplette Bild mit den freigestellten Basaltsäulen mit [Strg]/[cmd]+[A] aus, und kopieren Sie es dann mit [Strg]/[cmd]+[C] in die Zwischenablage.

5 Bild als neue Ebene einfügen

Öffnen Sie das Bild »Himmel.jpg«, und fügen Sie mit [Strg]/[cmd]+[V] das freigestellte Objekt vor dem Himmel ein. Photoshop Elements erstellt dabei automatisch eine neue Ebene. Verwenden Sie das Verschieben-Werkzeug [V], um die Ebene an die gewünschte Position zu setzen. Im Bild sind nun zwei Ebenen vorhanden: der Himmel und das freigestellte Gebäude mit den Steinen im Vordergrund (siehe Ebenen-Bedienfeld über FENSTER • EBENEN).

Schneiden Sie den Bildausschnitt bei Bedarf noch mit dem Freistellungswerkzeug [C] zurecht. Häufig ist es nämlich so, dass das einzufügende Bild nicht genau die Größe hat, die zu dem Bild mit dem Himmel passt. Umgekehrt macht es dann keinen Sinn, weil man sonst ein Bild hochskalieren müsste, was nicht schön aussieht.

Passende Bilder auswählen

Hier muss natürlich noch erwähnt werden, dass die Größe der Bilder auch eine Rolle spielt, wenn dieser Workshop auch mit anderen Bildern funktionieren soll. Auf jeden Fall sollte der Himmel immer mindestens die (Pixel-)Größe des freigestellten Bildes haben. Im Notfall können Sie das freigestellte Bild auch kleiner skalieren (siehe Kapitel 20, »Bildgröße und Auflösung ändern«).

501

Kapitel 19 Freistellen

Abbildung 19.4 ▲▶
Die Steine sowie das Gebäude und der Himmel wurden in einer Datei zusammengefügt.

6 Lichter anpassen

Je nach Bildquelle und dem einzufügenden Himmel müssen Sie eventuell noch die Lichter der beiden Ebenen aufeinander abstimmen, damit der Himmel oder der Vordergrund nicht so »hineingeklebt« wirken. Hier würde sich beispielsweise für den Vordergrund der Dialog Tiefen/Lichter aus dem Menü Überarbeiten • Beleuchtung anpassen eignen.

Im vorliegenden Beispiel wurde nur die Ebene mit dem Himmel angepasst. Dazu habe ich hier die Ebene mit dem Himmel im Ebenen-Dialog ausgewählt ❷ und diese über eine Einstellungsebene ❶ Tonwertkorrektur aufgehellt, indem ich den mittleren Regler auf 1,80 ❸ gezogen habe. Die Einstellungsebenen wurden in Abschnitt 10.1.5, »Flexibel arbeiten mit Einstellungsebenen«, behandelt.

Abbildung 19.5 ▶
Die Ebene mit dem Himmel wird etwas aufgehellt.

19.1 Hintergrund-Radiergummi – Express-Freistellung

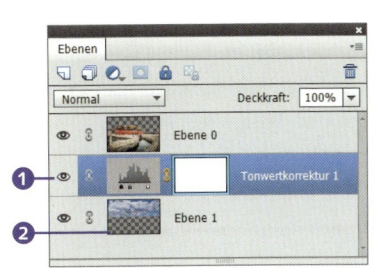
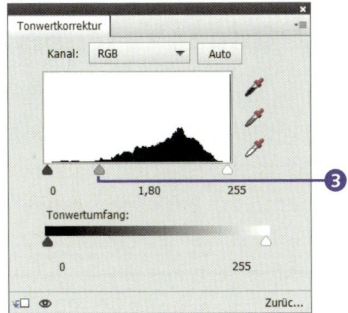

◄◄ **Abbildung 19.6**
Achten Sie bei der Korrektur darauf, dass die Ebene mit dem Himmel im Ebenen-Bedienfeld ❷ markiert ist.

◄ **Abbildung 19.7**
Wir verwenden hier die Tonwertkorrektur zum Aufhellen des Himmels, indem wir den mittleren Regler nach links ziehen.

7 Ebenen zusammenfügen

Nun sollten Sie nur noch im Ebenen-Bedienfeld eine der beiden Ebenen mit der rechten Maustaste anklicken und im Kontextmenü Sichtbare auf eine Ebene reduzieren auswählen.

Manipulation vertuschen | Damit eine Manipulation, wie im Beispiel mit dem ausgetauschten Himmel, nicht so stark auffällt, können Sie am Ende einen einheitlichen Look auf das Bild anwenden. Hierzu bieten sich in Photoshop Elements zum Beispiel im Schnell-Modus oder im Organizer in der Sofortkorrektur die Effekte an.

▲ **Abbildung 19.8**
Links das Bild in der Originalfassung und rechts das vom trüben Himmel befreite Bild mit neuem Hintergrund

◄ **Abbildung 19.9**
Mithilfe eines einheitlichen Looks können Sie die Manipulation im Bild etwas vertuschen. Wenn es schnell gehen soll, bieten sich hierzu die Effekte an.

Kapitel 19 Freistellen

Freistellungswerkzeug = Freistellen?

Leider wurde das Freistellungswerkzeug etwas unglücklich benannt. Unter Freistellen versteht man in der Grafikbearbeitung das Herauslösen eines Bildmotivs aus dem Hintergrund. In der englischen Version heißt das entsprechende Werkzeug Crop, daher auch das Tastenkürzel C. Ein Werkzeugname wie Zuschneiden, wie er auch in anderen Bildbearbeitungsprogrammen verwendet wird, wäre hier sinnvoller gewesen.

19.2 Bilder zuschneiden

Mit dem Zuschneiden von Bildern können Sie zunächst die Bildgröße ändern. Darüber hinaus können Sie das Beschneiden für gestalterische Eingriffe nutzen, etwa um störende Hintergrundelemente zu entfernen oder mehr Nähe zu erzeugen. Häufig genügen ein kleiner Zuschnitt oder ein geringfügiges Ausrichten eines Bildes, um aus einem guten ein perfektes Motiv zu machen.

Der Bildausschnitt ist also entscheidend daran beteiligt, wie ein Bild wirkt, wie das abgebildete Motiv in den Mittelpunkt gestellt oder aus diesem herausgenommen wird. Auf diese Weise steuern Sie mithilfe des Ausschnitts den Blick des Betrachters. Häufig können Sie mit dem richtigen Beschneiden auch Bilder mit vielen störenden Nebenmotiven noch retten.

19.2.1 Das Freistellungswerkzeug

Das Freistellungswerkzeug C aus der Werkzeugpalette wird verwendet, um einen rechteckigen Bildbereich auszuwählen und aus der Auswahl ein neues Bild zu erzeugen. Die Bildbereiche außerhalb der Kanten werden dabei entfernt.

Den Bildausschnitt können Sie über zwei Wege festlegen. Zum einen können Sie die Werkzeugoptionen verwenden, um die Zahlenwerte für Breite (B), Höhe (H) und Auflösung (Auflös.) des gewünschten Ausschnitts einzugeben. Schneller geht das Aufziehen eines Rahmens mit gedrückter linker Maustaste.

Abbildung 19.10 ▶
Über die Werkzeugoptionen des Freistellungswerkzeugs wird die Bildgröße von Hand vorgegeben.

19.2.2 Bildausschnitt mit Zahlenwerten definieren

Sollten Sie die Werte für das Seitenverhältnis von Hand eingeben wollen, wird für die Werte von Breite (B) und Höhe (H) die Maßeinheit Pixel (Px) verwendet, sofern Sie nichts anderes eingeben. Für Maßeinheiten wie Zentimeter müssen Sie der Zahl ein »cm« folgen lassen, für Millimeter die Angabe »mm«.

Wenn Sie zwischen Breite und Höhe auf das Symbol zum Vertauschen ❶ klicken, werden die eingegebenen Werte vertauscht. Neben der Bildgröße können Sie auch die Auflösung ändern. Geben Sie hier bei Auflös. keinen Wert ein, bleibt die Auflösung unverändert. Wenn Sie die Werte manuell eingeben, wird in der Dropdown-Liste ❷ der Werkzeugoptionen der Eintrag Benutzerdefiniert angezeigt.

Zum Weiterlesen

Mehr zum Thema **Auflösung** finden Sie in Kapitel 20, »Bildgröße und Auflösung ändern«.

Auflösung neu berechnen

Beachten Sie allerdings: Wenn Sie über Zahlenwerte in den Werkzeugoptionen die Bildgröße und die Auflösung verändern, wird das Bild auch neu berechnet. Hierbei müssen Sie mit Schärfeverlusten rechnen.

19.2.3 Bildausschnitte mit der Maus definieren

Die gängigere Methode zum Beschneiden eines Bildes ist die Maus. Stellen Sie den Mauszeiger über das Bild, und ziehen Sie mit gedrückter Maustaste ein Rechteck auf. Größe und Position des Rechtecks können Sie jederzeit nachträglich anpassen.

Über die Dropdown-Liste ❷ geben Sie an, wie beim Zuschneiden das Verhältnis der Höhe und Breite eingehalten werden soll. Folgende Optionen stehen Ihnen hierbei zur Verfügung:

- Keine Beschränk.: Das Bild kann beliebig in jeder Größe zugeschnitten werden.
- Fotoverhältnis verw.: Beim Zuschneiden wird das ursprüngliche Seitenverhältnis des Bildes eingehalten. Wenn Sie hierbei zum Beispiel die Höhe verändern, ändert sich auch automatisch die Breite im entsprechenden Verhältnis.
- Voreingestellte Formate: Hier können Sie das Bild in einem vordefiniertem (Foto-)Format, wie zum Beispiel 10×15 cm, 13×18 cm, 15×20 cm oder 20×30 cm zuschneiden. Entsprechend dem Format wird auch die Auflösung berechnet.

Sehr nützlich beim Zuschneiden eines Bildes ist auch das Informationen-Bedienfeld (Fenster • Informationen), das verschiedene Bildmaße sowie die Größe des Beschnittrechtecks ❸ anzeigt.

Diese Informationen über die Größe des Beschnittrechtecks werden außerdem auch gleich beim Aufziehen des Rahmens rechts unten ❹ angezeigt.

Um den ausgewählten Bildbereich endgültig zuzuschneiden, klicken Sie entweder auf das grüne Häkchen unterhalb des Zuschnittrahmens, oder Sie klicken doppelt mit der Maus in die Auswahl (oder Sie bestätigen mit ⏎). Abbrechen können Sie den Zuschnitt mit dem Stoppsymbol oder mit Esc.

19.2.4 Bildausschnitt vorschlagen lassen

Es ist gerade für Einsteiger nicht immer einfach, einen guten Bildausschnitt mit der Maus zu definieren. So haben das auch die Entwickler von Photoshop Elements gesehen und daher unter Freistellungsempfehlungen ❻ (Abbildung 19.15) einige Vorschläge hinzugefügt, wie das Bild zugeschnitten werden könnte. Dazu wird das Foto anhand verschiedener Dinge analysiert, und ein kluger Algorithmus bietet Ihnen dann vier Vorschläge an Zuschnitten an, aus denen Sie wählen können. Bei den Vorschlägen wird auch das Verhältnis der Höhe und Breite berücksichtigt, das Sie in der Dropdown-Liste ❺ ausgewählt haben.

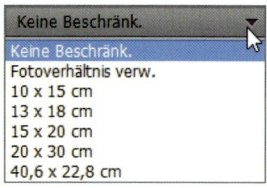

▲ **Abbildung 19.11**
Seitenverhältnis einstellen

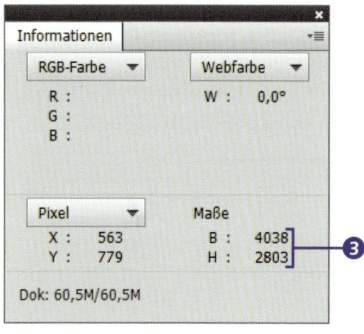

▲ **Abbildung 19.12**
Helfer beim Zuschneiden mit dem Freistellungswerkzeug

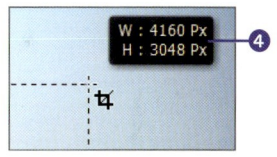

▲ **Abbildung 19.13**
Die Größe des Beschnittrechtecks

▲ **Abbildung 19.14**
Zuschnitt bestätigen oder abbrechen

Kapitel 19 Freistellen

▲ **Abbildung 19.15**
Werkzeugoptionen des Freistellungswerkzeugs

Einheiten ändern
Die Maßangaben ❹ (Abbildung 19.13) zur Größe des Beschnittrechtecks, die beim Aufziehen des Rahmens angezeigt werden, können Sie über VOREINSTELLUNGEN • EINHEITEN & LINEALE in der Dropdown-Liste LINEALE ändern.

Die Verwendung von FREISTELLUNGSEMPFEHLUNGEN ❻ ist sehr einfach. Sie gehen lediglich mit dem Mauszeiger über einen der vier Vorschläge und können dadurch im Foto den entsprechenden Bildausschnitt sehen, der Ihnen als Zuschnitt entsprechend dem ausgewählten Verhältnis von Höhe und Breite angeboten wird. Gefällt Ihnen einer dieser Vorschläge, brauchen Sie diesen nur anzuklicken und mit dem grünen Häkchen bzw. per ⏎ darauf zuschneiden lassen. Natürlich können Sie nachträglich auch den vorgeschlagenen Zuschnitt im Bild über die Ecken nach Ihren Bedürfnissen anpassen bzw. mit gedrückt gehaltener Maustaste in der Position verschieben, bevor Sie den Zuschnitt übernehmen.

19.2.5 Raster anzeigen

Besonders wenn Sie ein Bild möglichst optimal zuschneiden möchten, bietet das Freistellungswerkzeug mit den drei Schaltflächen für das Raster einige sehr hilfreiche Optionen an.

▲ **Abbildung 19.16**
Mit diesen Schaltflächen finden Sie Hilfsmittel zum Zuschneiden der Bilder.

Einsatzzweck | Sicherlich fragen Sie sich jetzt, wozu solche Raster wie DRITTEL-REGEL überhaupt gut sein sollen. Möglicherweise benötigen viele Ihrer Fotos gar keine solche Hilfe beim Zuschneiden, weil Sie vielleicht bereits intuitiv nach diesen Regeln fotografieren. So zentrieren beispielsweise Anfänger häufig ein Motiv im Bild. Allerdings sind solche zentrierten Motive oft langweilig für den Betrachter (obgleich es hier natürlich auch wieder Ausnahmen gibt). Ich will Ihnen jetzt gar nicht den mathematischen Aspekt des Goldenen Schnitts näher erläutern. Entscheidend ist nur, dass Sie wissen, dass Sie mit dessen Hilfe wesentlich attraktivere und harmonischere Fotos erstellen können. Sehen Sie sich beispielsweise einmal einen Film oder eine Fernsehsendung an, und beachten Sie die Kameraführung. Fast nie wird hierbei das Hauptmotiv total zentriert gezeigt.

Anfängerfehler
Das Zentrieren von Motiven im Bild ist ein häufiger Einsteigerfehler. Aber sobald man sich mit Dingen wie *Goldener Schnitt* und *Drittel-Regel* befasst, fotografiert man häufig in einem ganz anderen Blickwinkel.

Hierzu nun eine Übersicht über die unterschiedlichen Raster:

▶ DRITTEL-REGEL : Bei der DRITTEL-REGEL wird der Zuschnittrahmen in je zwei horizontale und zwei vertikale Linien und somit neun gleiche Teile aufgegliedert. Das Hauptmotiv sollten Sie hierbei an den Schnittpunkten der Linien platzieren und dann zuschneiden.

Kapitel_19:
Vivi.jpg

19.2 Bilder zuschneiden

▲ **Abbildung 19.17**
Dank der DRITTEL-REGEL wird die Frau außerhalb der Mitte des Fotos platziert. Abhsängig vom gewählten Motiv kann dadurch das Bild harmonischer wirken.

▶ RASTER : Verwendet ein einfaches Raster aus Quadraten für die Überlagerung des Zuschnittrahmens. Das kann recht hilfreich sein, wenn das Bild zusätzlich über die Eckpunkte ❶ gedreht oder gerade ausgerichtet werden soll. Die vielen Linien des Rasters eignen sich prima, um ein Bild an eventuell vorhandenen Kanten auszurichten.

Gerade ausrichten
Natürlich bietet Photoshop Elements ein spezielles Werkzeug an, um ein Bild auszurichten, und zwar das Gerade-ausrichten-Werkzeug P .

▲ **Abbildung 19.18**
Das RASTER eignet sich zum Beispiel prima zum Drehen und Ausrichten des Zuschnitts.

Kapitel 19 Freistellen

▶ Ohne : Damit ziehen Sie einen leeren Zuschnittrahmen auf.

Abbildung 19.19 ▶
Mit der Option Ohne wird ein leerer Zuschnittrahmen aufgezogen.

Schritt für Schritt
Bild optimal zuschneiden

Kapitel_19:
Vivi.jpg

Bei dem folgenden Bild wollen wir die Person im Bild noch mehr betonen. Durch einen gezielten Bildausschnitt soll das Gefühl von Nähe verstärkt werden.

1 Freistellungswerkzeug wählen

Öffnen Sie das Bild »Vivi.jpg« im Fotoeditor. Aktivieren Sie in der Werkzeugpalette das Freistellungswerkzeug C ⌷. Wählen Sie beim Seitenverhältnis die gewünschte Option ❶ aus, und setzen Sie bei Bedarf die Felder für Breite (B), Höhe (H) und Auflösung (Auflös.). Im Beispiel habe ich mich für Fotoverhältnis verwenden entschieden und mich nicht um die Breite, Höhe und Auflösung gekümmert. Als Raster ❷ würde sich hier die Drittel-Regel eignen.

Abbildung 19.20 ▶
Mit diesen Einstellungen können Sie das Bild im vorliegenden Fotoverhältnis zuschneiden.

2 Bildausschnittsvorschläge betrachten

Dieser Arbeitsschritt ist natürlich optional. Gehen Sie mit dem Mauscursor über eine der vier Miniaturvorschauen bei den Freistellungsempfehlungen ❸, und betrachten Sie die Vorschläge, die Ihnen angeboten werden. Gerade als Einsteiger sind solche Vorschläge eine enorme Hilfe. Aus vielen Tests mit dieser Option habe ich die Erfahrung gewonnen, dass diese Vorschläge häufig sehr gut sind und ich fast immer mindestens einen sehr guten Vorschlag dabei vorfinde. Weil im vierten Vorschlag ❹ des Beispiels die gewünschte Nähe zur vorderen Person erzielt wird, habe ich mich für diesen entschieden und ihn angeklickt.

◀ **Abbildung 19.21**
Hier wurde die vierte Empfehlung ausgewählt.

3 Zuschnittrahmen ziehen oder anpassen

Wenn Ihnen keine der Freistellungsempfehlungen vom Arbeitsschritt zuvor zugesagt hat, können Sie auch mit gedrückter linker Maustaste im Bild um den Ausschnitt einen groben Rahmen ab der linken oberen Zuschnittsecke ❺ ziehen und die Maustaste bei der gewünschten neuen rechten unteren Ecke ❻ des Zuschnitts wieder loslassen.

Verschieben mit der Tastatur
Wenn Sie die ⌥Alt⌥-Taste gedrückt halten, können Sie die Auswahl mit den Pfeiltasten verschieben.

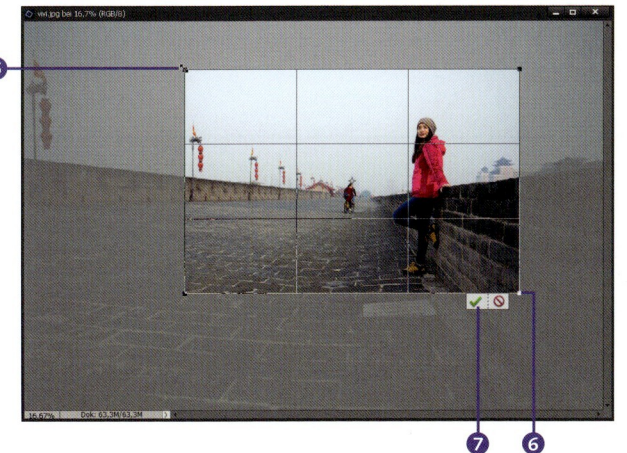

◀ **Abbildung 19.22**
An den Griffpunkten lässt sich der Zuschnittrahmen nachträglich anpassen.

Griffpunkte an den Kanten
Die vier Griffpunkte an den flachen Kanten sind natürlich nur dann vorhanden, wenn Sie kein festes Seitenverhältnis (also Keine Beschränkung) ausgewählt haben. Bei einem festen Seitenverhältnis wie beispielsweise Fotoverhältnis verwenden stehen Ihnen nur die Griffpunkte an den vier Ecken zur Verfügung.

Nach dem Auswählen einer Freistellungsempfehlung oder dem Loslassen eines mit der Maus erstellten Zuschnittrahmens wird ein Auswahlrechteck als Begrenzungsrahmen mit Griffpunkten an den Ecken und Kanten angezeigt. An den Griffpunkten können Sie nun noch die Auswahl mit gedrückt gehaltener linker Maustaste anpassen. Ebenfalls können Sie den Zuschnittbereich mit gedrückter Maustaste innerhalb der Auswahl verschieben. Um das Auswahlrechteck zu drehen, ziehen Sie es außerhalb des Begrenzungsrahmens (der Zeiger wird hier zum gebogenen Pfeil) mit gedrückt gehaltener linker Maustaste in die entsprechende Richtung. Auch das Seitenverhältnis können Sie noch nachträglich einstellen.

4 Zuschnitt durchführen

Wenn Sie mit der Auswahl zufrieden sind, führen Sie den Zuschnitt mit ⏎ oder durch einen Klick auf das grüne Häkchen ❼ (Abbildung 19.22) unterhalb der Auswahl durch.

Durch den neuen Ausschnitt wird die Person im Bild deutlich stärker betont und wirkt auch näher. Der Zuschnitt macht das Bild insgesamt ausdrucksstärker.

▲ **Abbildung 19.23**
Links das Bild in der Originalfassung, rechts das Bild nach dem Zuschneiden mit dem Freistellungswerkzeug

Farbe ändern | Nicht immer ist die schwarze transparente Hintergrundfarbe für das Freistellungswerkzeug ideal zum Freistellen von Bildern geeignet. Glücklicherweise können Sie diese Einstellung über Bearbeiten/Photoshop Elements Editor • Voreinstellungen • Anzeige & Cursor ändern. Unter Freistellungswerkzeug können Sie hier über das Häkchen Abdeckung verwenden ❶ diesen transparenten Hintergrund komplett (de-)aktivieren. Mit Abdeckfarbe ❷ können Sie eine andere Farbe auswählen, und die Transparenz stellen Sie mit Deckkraft ❸ ein.

19.3 Das Ausstecher-Werkzeug

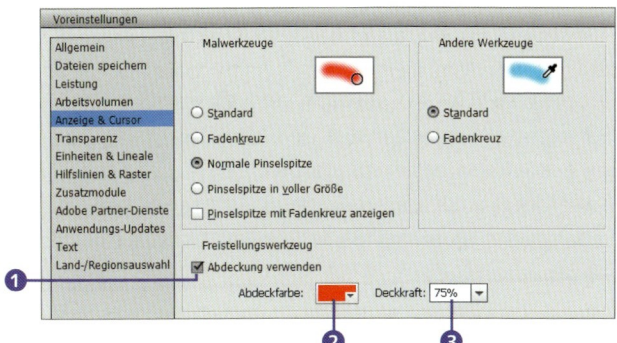

▲ **Abbildung 19.24**
Die Anzeige des Bereichs, der entfernt werden soll, lässt sich ebenfalls verändern.

▲ **Abbildung 19.25**
Bei manchen Bildern ist der schwarze transparente Bereich um den Zuschnitt weniger geeignet. In diesem Beispiel wurde daher eine blaue Farbe ausgewählt.

19.2.6 Bilder zuschneiden mit dem Assistent-Modus

Im ASSISTENT-Modus finden Sie in der Kategorie GRUNDLAGEN die Funktion FOTO ZUSCHNEIDEN, die Sie mit einer Beschreibung durch den ganzen Vorgang mit dem Freistellungswerkzeug führt.

▼ **Abbildung 19.26**
Auch der ASSISTENT-Modus bietet eine geführte Funktion zum Freistellen von Bildern.

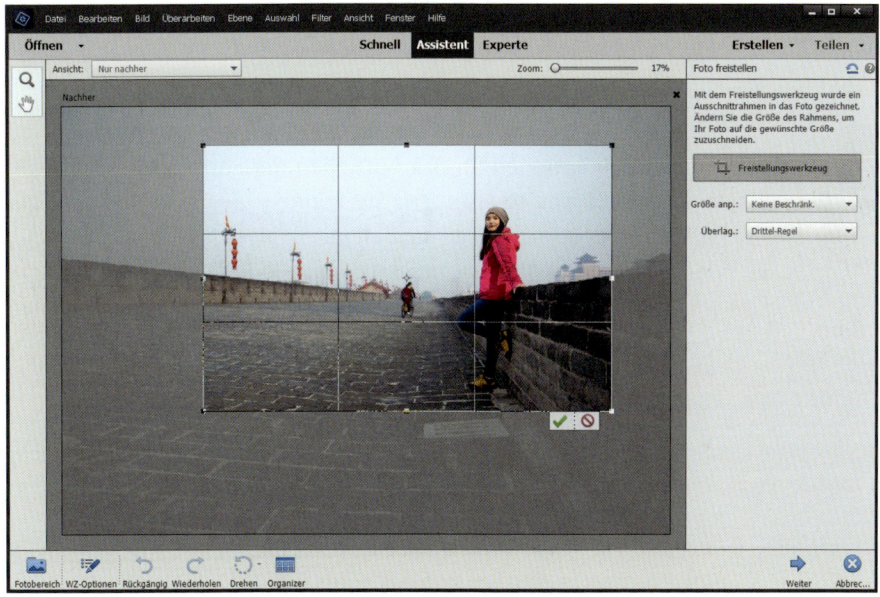

19.3 Das Ausstecher-Werkzeug

Mit dem Ausstecher-Werkzeug [C] ⚙ stechen Sie ein Bild mit einer von Ihnen gewählten Form aus. Hierzu müssen Sie lediglich die Form auf das Foto aufziehen und gegebenenfalls nachträglich verschieben oder skalieren, bis Sie den gewünschten Bereich ausgewählt haben.

Über die Dropdown-Liste AUSSCHNITTFORM ❶ wählen Sie die gewünschte Form zum Ausstechen aus den Miniaturen aus. Aufgelistet werden zunächst nur die Standardformen. Über FORMEN ❷ können Sie allerdings auch andere Formen auflisten lassen. Mit der kleinen Schaltfläche ❸ rechts oben können Sie die Ansicht der Miniaturvorschau verändern.

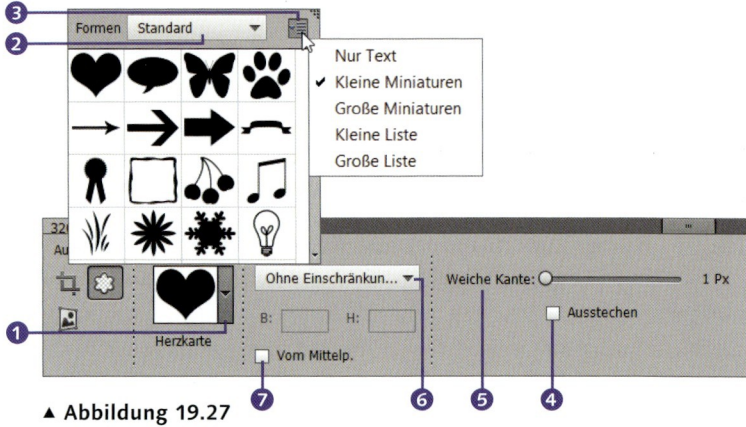

▲ **Abbildung 19.27**
Die Optionen des Ausstecher-Werkzeugs

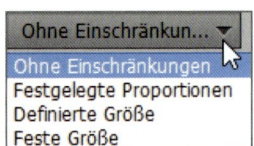

▲ **Abbildung 19.28**
Diverse Geometrie-Optionen helfen beim Aufziehen der Form mit der Maus.

Kapitel_19:
tulpe.jpg

Über die Dropdown-Liste GEOMETRIE-OPTIONEN ❻ stellen Sie die folgenden Optionen für das Aufziehen der Form ein:

▶ OHNE EINSCHRÄNKUNGEN: Sie können die Form in beliebiger Größe und Proportion aufziehen.
▶ FESTGELEGTE PROPORTIONEN: Hiermit können Sie die Form zwar in beliebiger Größe, aber mit einer festen Proportion (Höhe und Breite) aufziehen.
▶ DEFINIERTE GRÖSSE: Die Form wird mit der von Photoshop Elements vorgegebenen fixen Größe aufzogen.
▶ FESTE GRÖSSE: Hier geben Sie über die Textfelder Breite (B) und Höhe (H) die feste Größe ein, die die fertige Form haben soll.

VOM MITTELP. ❼: Setzen Sie ein Häkchen vor diese Option, wird die Form vom Mittelpunkt aus aufgezogen.

Im Schieberegler WEICHE KANTE ❺ können Sie die Kanten des zugeschnittenen Bereichs weichzeichnen. Hierbei ist ein Wert von 0 bis 250 Pixel möglich. Je höher der Wert, desto stärker werden die Kanten des Zuschnitts weichgezeichnet. Wenn Sie die Checkbox AUSSTECHEN ❹ aktivieren, wird das Bild nach der Bestätigung über das grüne Häkchen gleich auf die Größe der aufgezogenen Form zugeschnitten.

19.3 Das Ausstecher-Werkzeug

▲ Abbildung 19.29
Hier wurde das Ausstecher-Werkzeug mit deaktivierter Option AUSSTECHEN verwendet …

▲ Abbildung 19.30
… und hier mit aktivierter Option AUSSTECHEN, wodurch das Bild gleich auf die Größe der Form zugeschnitten wurde.

Die praktische Verwendung des Ausstecher-Werkzeugs ist denkbar einfach und bietet zudem viele Möglichkeiten, wie der folgende Workshop erläutert.

Kapitel_19: Faces-of-Angkor.jpg

Schritt für Schritt
Kreative Bildumrandung erstellen

Das Ausstecher-Werkzeug bietet unzählige Formen, mit denen viele kreative Effekte möglich sind. So lassen sich zum Beispiel ganz einfach Bilderrahmen erstellen.

1 Form zum Ausstechen auswählen

Laden Sie das Bild »Faces-of-Angkor.jpg« in den Fotoeditor, und wählen Sie das Ausstecher-Werkzeug C aus der Werkzeugpalette aus. Gehen Sie auf die Dropdown-Liste AUSSCHNITTFORM ❾. Über FORMEN ❽ finden Sie jetzt unter AUSSCHNITTFORMEN eine Menge interessanter Formen, die sich bestens für eine Bildumrandung eignen. Natürlich können Sie sich auch nach anderen Formen umsehen; seien Sie kreativ!

▲ Abbildung 19.31
Diesem Bild wollen wir eine kreative Umrandung spendieren.

◄ Abbildung 19.32
Zunächst sollten Sie eine passende Form für den Zuschnitt wählen.

513

Kapitel 19 Freistellen

2 Weitere Werkzeugeinstellungen

Bei den FORMOPTIONEN belassen Sie es bei den Standardeinstellungen. Für WEICHE KANTE ❿ (Abbildung 19.32) verwenden Sie in diesem Beispiel 5 Pixel.

3 Bild ausstechen

Ziehen Sie mit gedrückt gehaltener linker Maustaste den Zuschnittrahmen über den gewünschten Bereich, den Sie anschließend ausstechen wollen. Wenn Sie die Maustaste losgelassen haben, können Sie über die je vier Griffpunkte an den Seiten und Ecken die Größe des Zuschnitts nachträglich einstellen. Natürlich können Sie auch jederzeit die Position mit gedrückt gehaltener Maustaste im mittleren Bereich des Bildes verändern.

Bestätigen Sie den Freistellungsvorgang, indem Sie entweder auf das grüne Häkchen klicken oder ⏎ betätigen. Abbrechen hingegen können Sie den Vorgang über das Stoppsymbol oder die Taste Esc.

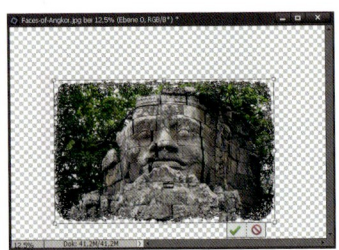

▲ **Abbildung 19.33**
Unser aufgezogener Zuschnittrahmen mit dem Aussstecher-Werkzeug

4 Ausgestochene Form weiter gestalten

Jetzt können Sie natürlich noch weiterhin kreativ bleiben und der ausgestochenen Form über FENSTER • EFFEKTE beispielsweise einen Schlagschatten spendieren. Sie finden verschiedene Schlagschatten bei STILE ❷, indem Sie in der Dropdown-Liste ❶ SCHLAGSCHATTEN auswählen. Den Schlagschatten können Sie ganz einfach hinzufügen/ändern, indem Sie doppelt auf die entsprechende Miniaturvorschau ❸ klicken.

Zum Weiterlesen

Mehr zu den Ebenenstilen und -effekten, wie sie im Beispiel mit dem Schlagschatten verwendet wurden, erfahren Sie in Kapitel 36, »Ebenenstile und -effekte«.

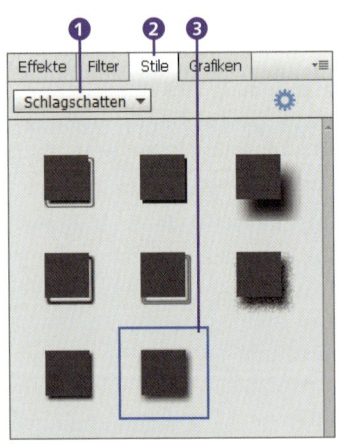

▲ **Abbildung 19.34**
Einen einfachen Schlagschatten hinzufügen ...

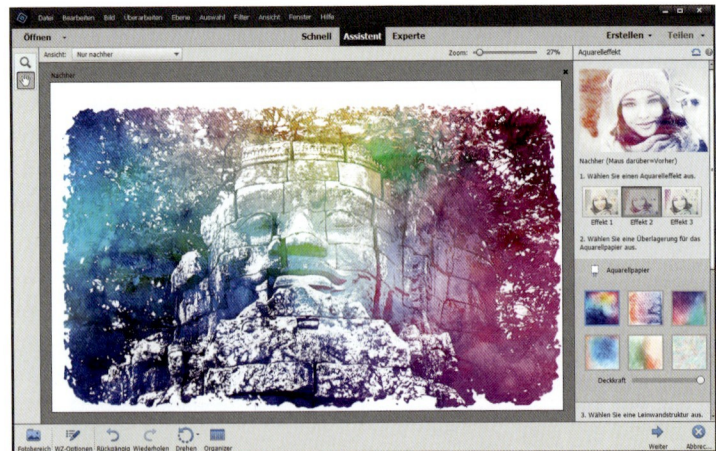

▲ **Abbildung 19.35**
... oder einfach einen Wasserfarbeneffekt verwenden, den Sie im ASSISTENT-Modus in SPEZIELLE BEARBEITUNGEN mit AQUARELLEFFEKT finden

5 Auf Hintergrundebene reduzieren

Vielleicht wollen Sie jetzt noch das Bild mit dem Freistellungswerkzeug C möglichst genau um die ausgestochene Form zurechtschneiden.

▲ Abbildung 19.36
Das Endergebnis links mit einem sehr interessanten Rahmen. Beim Bild auf der rechten Seite wurde zusätzlich noch der AQUARELL-EFFEKT verwendet.

Am Ende verwenden Sie entweder diese freigestellte Ebene für weitere Kreationen, wie beispielsweise eine Fotocollage, oder Sie reduzieren die Datei über EBENE • AUF HINTERGRUNDEBENE REDUZIEREN zu einem fertigen Bild und speichern dieses in einem Format Ihrer Wahl. Das Thema **Ebenen** wird in Teil VIII dieses Buches im Detail behandelt.

19.4 Hintergründe strecken – das Neu-zusammensetzen-Werkzeug

Das Neu-zusammensetzen-Werkzeug W aus der Werkzeugpalette kann dazu verwendet werden, die Größe eines Bildes zu ändern, ohne dass ausgewählte Informationen des Motivs verloren gehen. Zunächst hat es den Anschein, als sei dies nur ein Werkzeug zum Skalieren von Bildern. Aber dieses Werkzeug kann weitaus mehr, als es auf den ersten Blick erkennen lässt.

Skalieren ohne Verzerrung | Anders als beim gewöhnlichen Skalieren, bei dem alles im Bild verzerrt wird, wenn Sie die Größe ändern, können Sie mit dem Neu-zusammensetzen-Werkzeug bestimmte Bereiche im Bild markieren, um diese ausgewählten Bereiche beim Ändern der Größe zu erhalten. Außerdem haben Sie mit dem Werkzeug die Möglichkeit, bestimmte Bereiche im Bild zu entfernen. Anhand dieser Beschreibung dürfte Ihnen jetzt auch klar sein, warum man bei diesem Werkzeug von »Neu zusammensetzen« spricht.

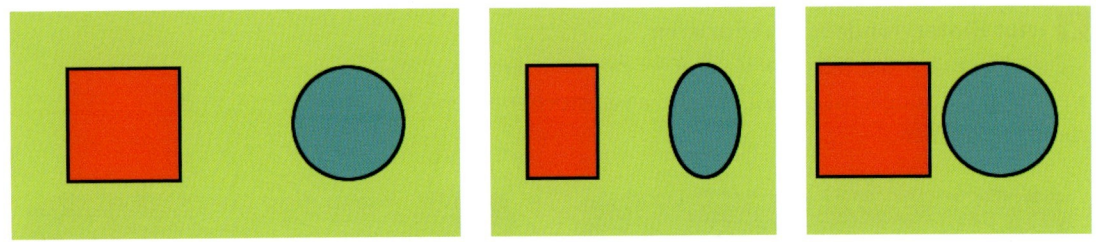

▲ **Abbildung 19.37**
Auf der linken Seite sehen Sie das Originalbild. Das mittlere Bild wurde ganz gewöhnlich skaliert, wodurch die geometrischen Formen auch zusammengestaucht wurden. Das Gleiche wurde mit dem rechten Bild gemacht, nur wurden die geometrischen Formen dieses Mal mit dem Neu-zusammensetzen-Werkzeug geschützt, bevor das Bild skaliert wurde.

Schutzbereiche markieren | Mit dem Pinsel mit Plussymbol ❶ markieren Sie im Bild den Bereich, den Sie beim anschließenden Verändern der Bildgröße schützen wollen. Photoshop Elements versucht dann, diesen Bereich im Bild nicht zu verzerren. Im Bild wird dieser markierte Bereich mit einer transparenten grünen Farbe aufgepinselt. Wollen Sie wieder etwas vom aufgepinselten geschützten Bereich im Bild entfernen, verwenden Sie den Radiergummi mit dem Plussymbol ❹ daneben.

Bildbereiche, die Sie beim Verändern der Bildgröße komplett entfernen wollen, markieren Sie mit dem Pinsel mit dem Minussymbol ❷. Diese Bildbereiche werden im Bild mit einer transparenten roten Farbe angezeigt. Auch hier finden Sie daneben einen Radiergummi mit einem Minussymbol ❸, mit dem Sie zu viel aufgepinselte Bereiche wieder wegradieren können, damit sie im Bild erhalten bleiben.

Abbildung 19.38 ▶
Optionen des Neu-zusammensetzen-Werkzeugs

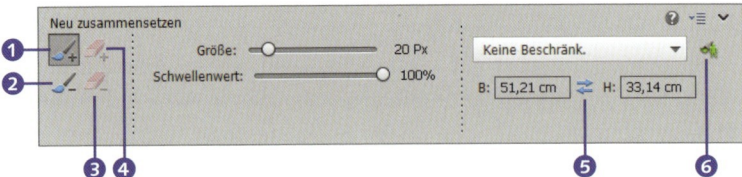

Sie können jederzeit einen aufgepinselten oder wegradierten Bereich mit Strg/cmd+Z rückgängig machen.

Werkzeugspitze einstellen | Mit GRÖSSE stellen Sie die Größe der Werkzeugspitze der eben erwähnten Pinsel und des Radiergummis ein. Mit dem Schieberegler SCHWELLENWERT stellen Sie den Schwellenwert für die Neuzusammensetzung zur Verzerrungsminimierung ein. Standardmäßig ist hier ein Wert von 100% vorgegeben. Ein Wert von 0% entspräche einer gewöhnlichen Skalierung über BILD • SKALIEREN • SKALIEREN.

19.4 Hintergründe strecken – das Neu-zusammensetzen-Werkzeug

Wie schon beim normalen Freistellungswerkzeug können Sie hier ebenfalls über eine Dropdown-Liste das Seitenverhältnis einstellen. Standardmäßig ist auch hier Keine Beschränkung vorgegeben. Alternativ können Sie auch hier noch das Fotoverhältnis des Bildes beibehalten oder aus den voreingestellten Formaten auswählen. Natürlich können Sie die Werte für Breite und Höhe genauso manuell als Zahlenwert (Maßeinheit Pixel) eingeben. Klicken Sie auf das Doppelpfeilsymbol ❺ zwischen Breite und Höhe, werden die beiden angegebenen Werte miteinander vertauscht.

Personen automatisch schützen | Interessant für Fotos, auf denen Personen abgebildet sind, ist der Pinsel Hauttöne hervorheben ❻. Photoshop Elements versucht hierbei, automatisch im Bild alle möglichen Hautfarben zu schützen (grün einzufärben), die es findet. Diese Automatik funktioniert allerdings nur dann zuverlässig, wenn sich im Bild sonst kaum hauttonartige Farben befinden.

Schritt für Schritt
Bild neu zusammensetzen

Bei dem folgenden Bild wollen wir die Breite des Bildes verringern, ohne dass dabei die angelnden Personen im Bild verzerrt werden. Der nicht besetzte Stuhl in der Mitte soll außerdem aus dem Bild entfernt werden.

Kapitel_19: fishing.jpg

1 Neu-zusammensetzen-Werkzeug wählen
Laden Sie das Bild »fishing.jpg« in den Fotoeditor. Wählen Sie in der Werkzeugpalette das Neu-zusammensetzen-Werkzeug [W] aus. Stellen Sie beim Seitenverhältnis die Option Keine Beschränkung ein. Wählen Sie eine passende Größe für den Pinsel. Im Beispiel habe ich hier 100 Pixel eingestellt.

2 Bereich zum Erhalten auswählen
Wählen Sie den Pinsel mit dem Plussymbol ❶ (Abbildung 19.39), um einen bestimmten Bereich im Bild zu schützen. Malen Sie mit dem Pinsel im Bild die Personen aus, sodass sie mit einer transparenten grünen Farbe eingefärbt sind. Zu viel Eingefärbtes können Sie jederzeit wieder mit dem Radiergummi mit dem Plussymbol entfernen.

Für ein genaues Arbeiten ist ein regelmäßiges Ein- und Auszoomen unumgänglich. Ebenso werden Sie die Größe der Werkzeugspitze öfter anpassen müssen. Berücksichtigen Sie hierbei auch die Schatten der Personen.

Kapitel 19 Freistellen

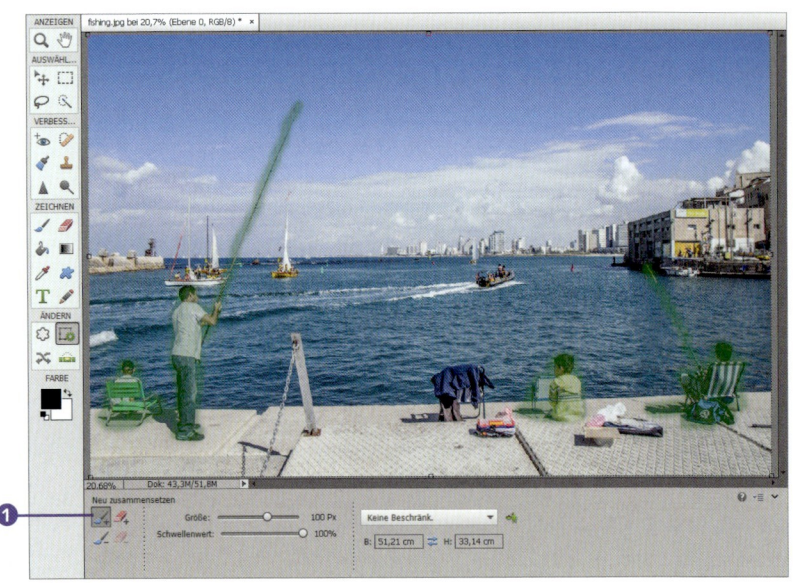

Abbildung 19.39 ▶
Die Personen wurden in diesem Bild als »geschützt« markiert.

3 Bereich zum Entfernen auswählen

Verwenden Sie den Pinsel mit dem Minussymbol ❷, um die Bereiche im Bild zu markieren, die später bei der Veränderung der Größe entfernt werden sollen. Stellen Sie hier wieder eine passende Größe für den Pinsel ein, und malen Sie den leeren Stuhl in der Mitte mit transparenter roter Farbe an. Alternativ können Sie hiermit auch eine Person entfernen. Zu viel ausgemalte Bereiche können Sie mit dem Radiergummi mit dem Minussymbol wieder entfernen.

Abbildung 19.40 ▶
Der Stuhl (in Rot) soll anschließend nicht mehr auf dem Bild sein.

518

19.4 Hintergründe strecken – das Neu-zusammensetzen-Werkzeug

4 **Bild neu zusammensetzen**

Jetzt können Sie an den Griffen der vier Ecken und Seiten die Größe des Bildes verändern und es neu zusammensetzen. Im Beispiel habe ich den Griff auf der linken Seite ❸ in die Mitte gezogen. Hierbei erkennen Sie jetzt schon sehr gut, dass sich die geschützten Bereiche im Bild nicht ändern und dass der Bereich, den Sie zum Entfernen markiert haben, verschwunden ist.

Sind Sie mit dem Ergebnis zufrieden, brauchen Sie nur noch das grüne Häkchen ❹ oder ⏎ zu betätigen, oder Sie brechen mit dem roten Stoppsymbol ❺ oder Esc ab.

▲ **Abbildung 19.41**
Das Bild wird in der Größe reduziert und neu zusammengesetzt.

5 **Bild zuschneiden**

Da das Neu-zusammensetzen-Werkzeug leider keine direkte Option zum Freistellen besitzt, wählen Sie das Freistellungswerkzeug C 🔲 und schneiden das Bild aus, sodass der transparente Bereich auf der linken Seite entfernt wird. Wollen Sie außerdem das Fotoverhältnis beibehalten, müssen Sie beim Freistellungswerkzeug die entsprechende Option auswählen (wie wir es hier getan haben).

Kapitel 19 Freistellen

Abbildung 19.42 ▲
Bild zuschneiden

6 Auf Hintergrundebene reduzieren

Zum Schluss müssen Sie nur noch die Ebene mit der rechten Maustaste anklicken und im Kontextmenü AUF HINTERGRUNDEBENE REDUZIEREN auswählen. Unschöne Artefakte, die durch die Größenveränderung entstanden sind, entfernen Sie beispielsweise mit dem Kopierstempel [S] und dem Bereichsreparatur-Pinsel [J]. Mehr zu diesen Werkzeugen erfahren Sie in Abschnitt 33.1 und Abschnitt 33.3.

▲ **Abbildung 19.43**
Links sehen Sie das Originalbild. Das rechte Bild wurde mit dem Neu-zusammensetzen-Werkzeug verkleinert.

Neu zusammensetzen mit dem Assistent-Modus | Da die Arbeit mit dem Neu-zusammensetzen-Werkzeug recht komplex ist, finden Sie diesen Vorgang auch im ASSISTENT-Modus über das Aufgabenbedienfeld unter der Kategorie SPEZIELLE BEARBEITUNGEN mit NEU ZUSAMMENSETZEN wieder.

Kapitel 20
Bildgröße und Auflösung ändern

Wie Bildgröße und Auflösung zusammenhängen, haben Sie bereits in Abschnitt 5.1 erfahren. Wichtig wird dieses Wissen vor allem dann, wenn Sie die Größe eines Bildes verändern wollen – zum Beispiel für einen Ausdruck oder wenn Sie bestimmte Vorgaben von einem Fotodienstleister bekommen.

20.1 Der Bildgröße-Dialog

Wollen Sie das gesamte Bild vergrößern oder verkleinern, finden Sie das passende Werkzeug im Menü Bild • Skalieren unter Bildgrösse (alternativ mit der Tastenkombination [Strg]/[cmd]+[Alt]+[I]).

Bildgröße und Auflösung sind mit dem Dialog Bildgrösse zwar schnell geändert, wenn Sie aber nicht genau wissen, was Sie hier tun, wirkt sich diese Änderung schnell negativ auf die Bildqualität aus.

20.1.1 Pixelmaße ändern

Um ein Bild neu zu berechnen oder, genauer, seine Pixelmasse ❶ zu ändern (*Resampling*), aktivieren Sie die Checkbox Bild neu berechnen mit ❺ und wählen gegebenenfalls eine entsprechende Interpolationsmethode ❻ aus.

Über die Zahlenfelder von Breite und Höhe bei Pixelmasse können Sie die Pixelgröße ändern. Als Maßeinheit verwenden Sie hierbei Pixel oder Prozent. Das Kettensymbol ❼ dahinter bedeutet, dass Sie die Proportionen (Seitenverhältnis) des Bildes nicht verändern können. Sollten Sie Breite und Höhe unabhängig voneinander ändern wollen, etwa um das Bild zu strecken, müssen Sie die Checkbox Proportionen beibehalten ❹ deaktivieren.

Bild neu berechnen
Wenn die Pixelmaße verändert werden, wirkt sich die Neuberechnung nicht nur auf die Anzeigegröße aus, sondern auch auf die Druckausgabe und Bildqualität. Wird die Anzahl der Pixel im Bild reduziert (*Downscaling*), werden zugleich Informationen aus dem Bild entfernt. Analog werden beim Vergrößern eines Bildes (*Upscaling*) neue Pixel hinzugefügt. Diese neuen Pixel werden aus den Farbwerten der benachbarten Pixel errechnet. Hierbei verliert das Bild an Schärfe. Grundsätzlich gilt, dass eine Skalierung von 30 % die Qualität eines Bildes drastisch verschlechtert.

Für das Interpolationsverfahren ❻ zum Neuberechnen eines Bildes stehen Ihnen folgende Möglichkeiten zur Verfügung:

- PIXELWIEDERHOLUNG (HARTE KANTEN BEIBEHALTEN): Dieses Verfahren verzichtet auf jede Art der Kantenglättung. Es ist daher weniger präzise und eignet sich eher für Illustrationen mit ungeglätteten Kanten. Außerdem können beim Verzerren oder Skalieren Zacken entstehen, weshalb die Methode **für Fotos ungeeignet** ist.
- BILINEAR: Dieses Verfahren erzeugt Bilder mittlerer Qualität, findet aber kaum noch Verwendung.
- BIKUBISCH (GLATTER/SCHÄRFER): Das Verfahren BIKUBISCH ist der aktuelle Standard und bietet **die beste Möglichkeit** für die Neuberechnung. Noch bessere Qualitäten erzielen Sie mit den Verfahren BIKUBISCH GLATTER (OPTIMAL BEI VERGRÖSSERUNG) beim Vergrößern (Upscaling) von Bildern und mit BIKUBISCH SCHÄRFER (OPTIMAL BEI VERKLEINERUNGEN) bei Verkleinerungen (Downscaling). Sollte das Bild beim Verkleinern mit BIKUBISCH SCHÄRFER überscharf geraten, probieren Sie die Option BIKUBISCH (OPTIMAL FÜR EINEN GLATTEN VERLAUF) aus.

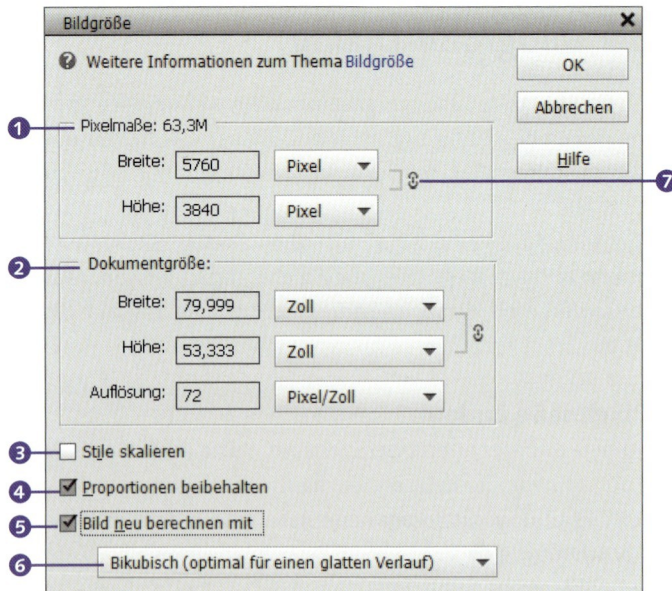

▲ Abbildung 20.1
Der Dialog BILDGRÖSSE

20.1.2 Dokumentgröße ändern

Wenn es um das Drucken geht, ist nicht die Pixelgröße im Bild entscheidend, sondern die Bildgröße und die Auflösung in Zentimetern sind maßgebend. Sofern Sie die Auflösung des Bildes ändern wollen, müssen Sie die Werte BREITE, HÖHE und AUFLÖSUNG unter DOKUMENTGRÖSSE ❷ ändern. Aus Abschnitt 5.1, »Abbildungsgröße und Bildausschnitt«, wissen Sie ja mittlerweile, dass die Auflösung nichts mit der Darstellung auf dem Monitor zu tun hat und somit keinen Einfluss auf das Bild hat. Auch hier können Sie die Proportionen des Bildes ungleichmäßig verzerren, wenn Sie die Option PROPORTIONEN BEIBEHALTEN ❹ deaktivieren. Als Maßeinheiten für die BREITE und HÖHE werden hierzulande gewöhnlich Zentimeter (CM) und für die AUFLÖSUNG PIXEL/ZOLL (dasselbe wie Pixel/Inch) verwendet.

Mit der Option STILE SKALIEREN ❸ sorgen Sie bei Bildern mit mehreren Ebenen, die zum Beispiel Ebenenstile wie Schlagschatten verwenden, dafür, dass auch diese Effekte mitwachsen oder -schrumpfen.

Warnung | Zum Schluss muss ich noch eine kleine Warnung hinzufügen. Egal, ob Sie die Bildausgabegröße, die Bildgröße oder die Auflösung ändern oder welche Interpolationsmethode Sie verwenden: Beim Skalieren eines Bildes gehen immer Informationen verloren. Wie Sie bereits wissen, lassen sich einmal verlorene Informationen nicht wiederherstellen. Daher sollten Sie **ein Bild immer nur einmal skalieren**. Wenn Sie mit dem Ergebnis nicht zufrieden sind, machen Sie den Vorgang rückgängig und fangen wieder von vorn an.

Schritt für Schritt
Bilder strecken

Wenn Sie Bilder skalieren, muss dies nicht unbedingt im proportionalen Verhältnis geschehen. Ein beliebter Effekt ist das ungleichmäßige Skalieren von Breite und Höhe. Damit lassen Sie zum Beispiel Personen oder Gegenstände auf dem Bild schmaler (oder natürlich auch breiter) aussehen, lassen den Horizont weiter wirken oder simulieren eine Weitwinkelaufnahme.

Kapitel_20:
Plansee.jpg

1 Bildanalyse
Die Landschaftsaufnahme »Plansee.jpg« wirkt recht eng, weil das Bild etwas zugeschnitten werden musste, da sich auf beiden Seiten störende Elemente befanden. Bei einer solchen Aufnahme wünscht man sich natürlich einen viel weiteren Winkel. Diesen Eindruck können Sie dem Bild nachträglich verpassen, indem Sie die Breite des Bildes strecken. Öffnen Sie das Bild im Fotoeditor.

Dünner machen

Gerne werden auch Personen künstlich schlanker gemacht. Hierfür hat Photoshop Elements sogar zwei eigene Aktionen spendiert, die Sie über FENSTER • AKTIONEN im Ordner DÜNNER MACHEN finden. Mehr zu den Aktionen erfahren Sie in Anhang C, »Zusatzmodule, Aktionen und Plug-ins«.

Kapitel 20   Bildgröße und Auflösung ändern

Abbildung 20.2 ▶
Das Bild wirkt schmal.

2   Bild strecken

Öffnen Sie das Dialogfenster über den Menüpunkt BILD • SKALIEREN • BILDGRÖSSE oder [Strg]/[cmd]+[Alt]+[I]. Aktivieren Sie zunächst die Checkbox BILD NEU BERECHNEN MIT ❸, und verwenden Sie für die Interpolation BIKUBISCH GLATTER (OPTIMAL BEI VERGRÖSSERUNGEN) ❹, da Sie ja die Bildausgabe vergrößern wollen. Entfernen Sie das Häkchen vor PROPORTIONEN BEIBEHALTEN ❷, damit Sie HÖHE und BREITE unabhängig voneinander verändern können. Schalten Sie die Maßeinheit für BREITE und HÖHE bei PIXELMASSE von PIXEL auf PROZENT ❶ um. Vergrößern Sie nun die BREITE auf 105 % bis 110 %, und bestätigen Sie den Dialog mit OK. Gegebenenfalls verringern Sie außerdem die HÖHE auf 90 %.

Tipp

Wollen Sie ein Bild vergrößern oder verkleinern und dabei einzelne selektive Bereiche im Bild schützen, können Sie auch das Neu-zusammensetzen-Werkzeug [W] dazu verwenden. Mehr zu diesem Werkzeug habe ich in Abschnitt 19.4, »Hintergründe strecken – das Neu-zusammensetzen-Werkzeug«, geschrieben.

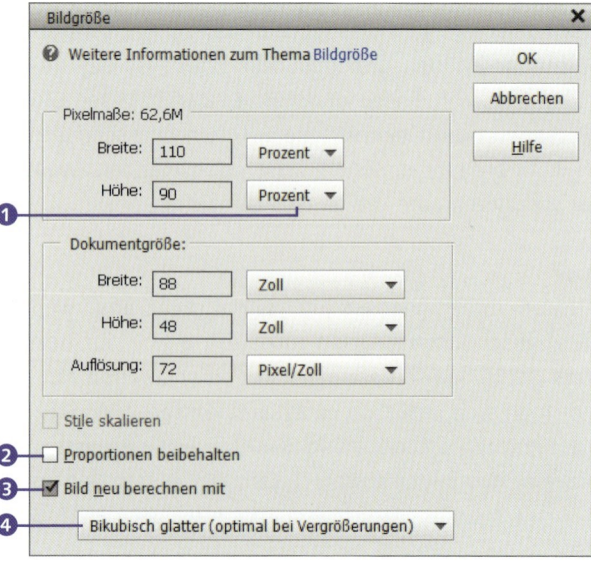

Abbildung 20.3 ▶
Deaktivieren Sie die Option PROPORTIONEN BEIBEHALTEN.

3 Vorher-Nachher-Vergleich

Wenn Sie jetzt das Vorher-Bild mit dem Nachher-Bild vergleichen, entsteht beim gestreckten Bild in der Tat der Eindruck, als wäre es aus einem anderen Winkel aufgenommen worden. Sie sollten hierbei allerdings immer etwas Fingerspitzengefühl bei den Werten für HÖHE und BREITE beweisen, damit das Ganze nicht wie gestaucht wirkt. Bei jedem Bild werden Sie außerdem für solche Zwecke andere Werte eingeben müssen. Bei einem Porträt können Sie beispielsweise die Person im Bild durch Strecken in die Höhe schlanker wirken lassen. Nach dem Strecken ist es außerdem meist empfehlenswert, das Bild nachzuschärfen (ÜBERARBEITEN • UNSCHARF MASKIEREN).

▼ **Abbildung 20.4**
Links sehen Sie das Bild in der Originalfassung und rechts in der gestreckten Version.

20.2 Bildfläche erweitern

Wollen Sie die Bildfläche an einer Seite oder an allen vier Seiten des Bildes vergrößern, finden Sie im Menü unter BILD • SKALIEREN • ARBEITSFLÄCHE (alternativ mit der Tastenkombination [Strg]/[cmd]+[Alt]+[C]) einen entsprechenden Dialog. Die so vergrößerte Arbeitsfläche wird dann mit der aktuell ausgewählten Hintergrundfarbe erweitert. Wenn das Bild mehrere Ebenen hat, wird nur die aktuelle Ebene mit der ausgewählten Hintergrundfarbe erweitert. Bei allen anderen Ebenen sind diese Bereiche transparent.

Einsatzzweck
Auf diese Weise lässt sich beispielsweise auf einfache Art ein Rahmen um ein Bild ergänzen, oder Sie schaffen Platz für neue Bildelemente in Montagen.

Die Optionen des Dialogs | Innerhalb des oberen Bereichs ❶ (Abbildung 20.5) finden Sie die Angaben zur aktuellen Größe des Bildes. Darunter im Bereich NEUE GRÖSSE ❷ können Sie in den Zahlenfeldern BREITE und HÖHE die Bildfläche vergrößern. Wenn Sie hierbei die Checkbox RELATIV ❸ aktivieren, wird das Bild um die in BREITE und HÖHE angegebenen Werte vergrößert. Ist die Checkbox deaktiviert, wird das Bild auf die von Ihnen angegebenen Maße vergrößert. Sind diese Werte geringer als die aktuelle Größe des Bildes, wird das Bild – nach Anzeige einer Warnung – beschnitten. Dies ist zum Beispiel sinnvoll, wenn Sie ein Bild anhand einer bestimmten Position pixelgenau beschneiden möchten.

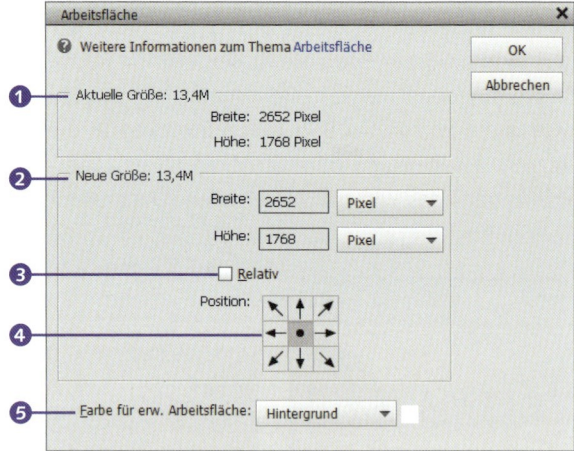

Abbildung 20.5 ▶
Der Dialog zur Erweiterung der Arbeitsfläche

An welcher Position das Bild erweitert oder beschnitten werden soll, legen Sie unter POSITION ❹ fest. Die Farbe der neuen Bildfläche bestimmen Sie im Dropdown-Menü FARBE FÜR ERW. ARBEITSFLÄCHE ❺. Allerdings können Sie nur eine Farbe festlegen, wenn das Bild eine Hintergrundebene besitzt. Gibt es bei dem Bild keine Hintergrundebene, wird die Arbeitsfläche mit Transparenz erweitert.

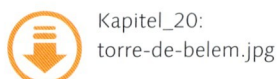

Kapitel_20:
torre-de-belem.jpg

Einige Beispiele | Im Folgenden gebe ich Ihnen einige Beispiele, wie Sie die Bildfläche erweitern können.

Abbildung 20.6 ▶
Das Originalbild

20.2 Bildfläche erweitern

 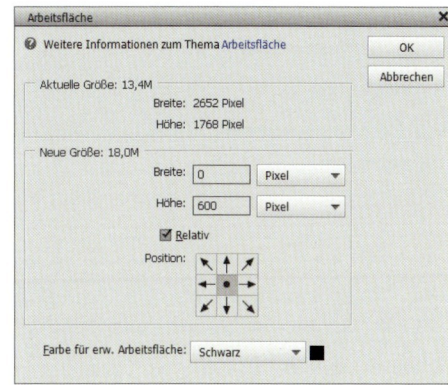

▲ **Abbildung 20.7**
Hier wurde die Arbeitsfläche in der Höhe um insgesamt 600 Pixel erweitert, wodurch ein typischer Filmbalken entsteht. Solche schwarzen Balken heben gerade bei helleren Bildmotiven das Motiv hervor.

 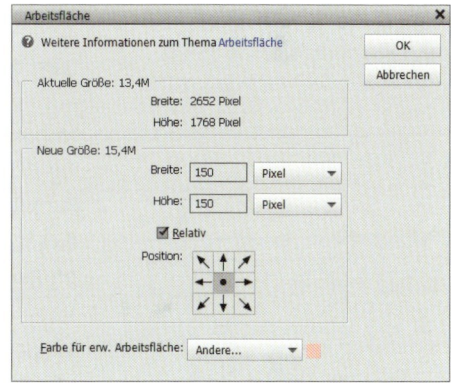

▲ **Abbildung 20.8**
Hier wurde die zusätzliche Arbeitsfläche, je 150 Pixel in Höhe und Breite, in Pink hinzugefügt. So ist ein Bilderrahmen entstanden.

 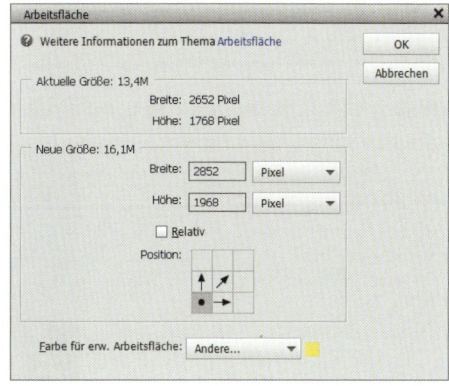

▲ **Abbildung 20.9**
Hier wurde die Arbeitsfläche rechts und oben jeweils um gut 200 Pixel erweitert. Da nicht die relativen, sondern die absoluten Maße verwendet wurden, müssen diese Pixel zur Aktuellen Grösse hinzugerechnet werden.

Kapitel 20 Bildgröße und Auflösung ändern

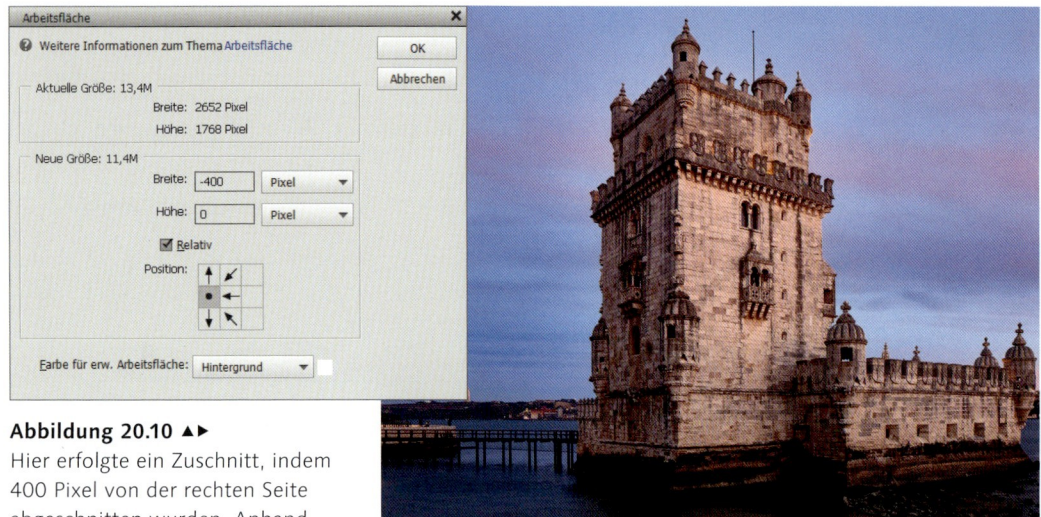

Abbildung 20.10 ▲▶
Hier erfolgte ein Zuschnitt, indem 400 Pixel von der rechten Seite abgeschnitten wurden. Anhand der Pfeilrichtung von POSITION erkennen Sie schnell, ob die Arbeitsfläche mit den Angaben vergrößert oder verkleinert wird.

20.3 Skalieren von Elementen

Neben der Möglichkeit, die Pixelmaße von Bildern über den Dialog BILDGRÖSSE zu skalieren, gibt es eine weitere fortgeschrittene Funktion über den Menüpunkt BILD • SKALIEREN • SKALIEREN. Mit dieser Funktion und den dazugehörigen Optionen in den Werkzeugoptionen skalieren Sie Ebenen, Auswahlen oder Formen.

Schritt für Schritt
Eine Auswahl skalieren

Kapitel_20:
tiny-buddha.jpg

Die folgende Anleitung soll Ihnen ein Gefühl für das Skalieren mit der gleichnamigen Funktion vermitteln. Im Bild »tiny-buddha.jpg« erscheint die Buddha-Statue in der Mitte des Bildes zwischen dem Tor ein wenig mickrig. Diese wollen wir jetzt digital etwas vergrößern und hervorheben.

Abbildung 20.11 ▶
Die Buddha-Statue in der Bildmitte soll mehr hervorgehoben werden.

20.3 Skalieren von Elementen

1 Element zum Skalieren auswählen

Öffnen Sie das Bild »tiny-buddha.jpg« im Fotoeditor. Wählen Sie in der Werkzeugpalette das Schnellauswahl-Werkzeug [A] 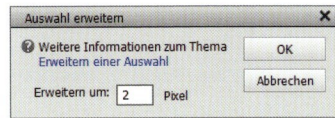, und wählen Sie mit gedrückt gehaltener Maustaste die Buddha-Statue aus. Erweitern Sie die Auswahl ein wenig mit AUSWAHL • AUSWAHL VERÄNDERN • ERWEITERN um 2 Pixel, damit nicht von der Statue abgeschnitten wird. Dadurch müssen Sie nicht so genau beim Auswählen vorgehen.

◂ **Abbildung 20.12**
Erstellen Sie eine grobe Auswahl mit dem Schnellauswahl-Werkzeug.

2 Auswahl skalieren

Wählen Sie im Menü den Punkt BILD • SKALIEREN • SKALIEREN. Nun haben Sie zwei Möglichkeiten, die Auswahl zu skalieren:

▶ Ziehen Sie die Griffpunkte an den Ecken ❶ (Abbildung 20.13) mit gedrückter linker Maustaste. Um dabei das Seitenverhältnis zu erhalten, aktivieren Sie die Checkbox PROPORTIONEN BEIBEHALTEN ❹, oder halten Sie alternativ beim Ziehen die ⇧-Taste gedrückt.

▶ Die alternative Vorgehensweise habe ich im Beispiel gewählt: Geben Sie in den Werkzeugoptionen einen Prozentwert für die Breite (B) und/oder die Höhe (H) ein. Wählen Sie zunächst für die Lage des Referenzpunktes ❺ die Mitte aus. Auf diese Weise wird der Mittelpunkt des zu skalierenden Elements in der Mitte der Auswahl erhalten. Aktivieren Sie PROPORTIONEN BEIBEHALTEN ❹, und geben Sie den Wert 180 % entweder bei B oder bei H ein. Der andere Wert wird automatisch an das Seitenverhältnis angepasst.

Führen Sie nun die Transformation mit ⏎ durch oder indem Sie auf das grüne Häkchen ❸ drücken oder im Begrenzungsrahmen doppelklicken. Haben Sie es sich noch einmal anders überlegt, brechen Sie den Vorgang entweder über das Stoppsymbol ❷ oder mit Esc ab.

Kapitel 20 Bildgröße und Auflösung ändern

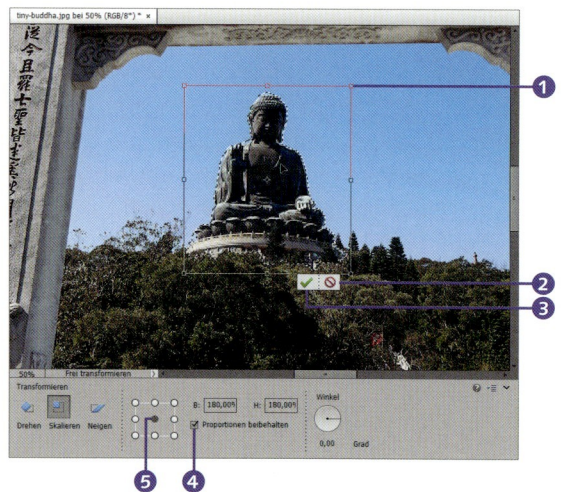

Abbildung 20.13 ▶
Nehmen Sie die Einstellungen in den Werkzeugoptionen des Werkzeugs vor.

Mit dem Verschieben-Werkzeug [V] ✣ können Sie noch nachträglich die vergrößerte Auswahl verschieben und platzieren. Die so erstellte Vergrößerung ist vielleicht noch nicht die hohe Kunst der Bildbearbeitung, dennoch ist diese Art der Skalierung von Auswahlen sehr gut geeignet, um einzelne Bildelemente hervorzuheben.

▼ **Abbildung 20.14**
Das linke Bild ist die Originalfassung. Die Version rechts zeigt den vergrößerten Bildbereich.

Die Funktion zum Skalieren ist ein Teil der Funktion FREI TRANSFORMIEREN, die Sie über das Menü BILD • TRANSFORMIEREN bzw. [Strg]/[Cmd]+[T] aufrufen können. Neben der Möglichkeit der Skalierung können Sie hier durch Anwählen der entsprechenden Schaltflächen das Bild drehen ❻ oder neigen ❼. Auf die Funktion FREI TRANSFORMIEREN wird nochmals gesondert im Kapitel zu den Ebenen in Abschnitt 26.1.2, »Frei transformieren«, eingegangen.

Abbildung 20.15 ▶
Die Funktion zur Skalierung bietet über die Werkzeugoptionen weitere Funktionen zum DREHEN und NEIGEN von Bildern.

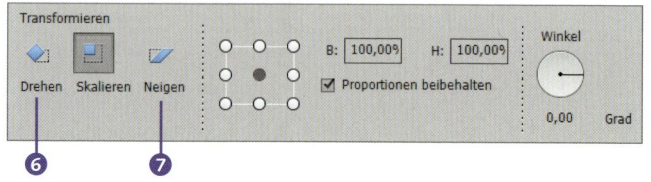

Kapitel 21
Bilder ausrichten

Natürlich bietet Photoshop Elements auch Funktionen an, um Bilder neu auszurichten, die Perspektive zu korrigieren oder Bilder zu kombinieren. Denn nicht immer kann man die Kamera im richtigen Moment auslösen oder einen geeigneten Aufnahmestandpunkt wählen.

21.1 Bilder gerade ausrichten

Mit dem Gerade-ausrichten-Werkzeug [P] können Sie Bilder vertikal oder horizontal begradigen oder neu ausrichten. Das Werkzeug lässt sich relativ einfach verwenden: Suchen Sie im Bild eine Linie aus, die gerade sein soll. Klicken Sie nun auf den Anfang ❶ der Linie, und ziehen Sie den Cursor mit gedrückter linker Maustaste zum Ende der Linie ❷. Die beiden Punkte sind nun auf der Anzeige mit einem grauen Strich verbunden. Wenn Sie die Maustaste loslassen, wird das Bild entlang dieser Linie gedreht, also gerade ausgerichtet.

Senkrecht ausrichten
Um ein Bild in der Senkrechten auszurichten, drehen Sie es zuerst um 90° nach links oder rechts (BILD • DREHEN). Wenden Sie dann das Gerade-ausrichten-Werkzeug auf die Senkrechte (die jetzt vorübergehend eine Waagerechte ist) an. Anschließend drehen Sie das Bild wieder um 90° nach rechts oder links zurück.

Kapitel_21:
schiefer-horizont.jpg

◀ **Abbildung 21.1**
Die beiden Punkte ❶ und ❷ bestimmen die neue Horizontlinie.

Kapitel 21 Bilder ausrichten

Werkzeugoptionen | Das Gerade-ausrichten-Werkzeug bietet nur zwei Optionen: Über ALLE EBENEN DREHEN ❷ wählen Sie zuerst aus, ob Sie im Fall mehrerer Ebenen beim Ausrichten alle mitdrehen wollen. Nur wenn diese Option aktiviert ist (was standardmäßig auch der Fall ist), stehen Ihnen die drei Schaltflächen ❶ zur Verfügung, über die Sie einstellen, wie die Arbeitsfläche beim Begradigen angepasst werden soll. Mit der Option KANTEN AUTOMATISCH FÜLLEN ❸ werden die Kanten und Flächen des Bildes, die bei den Einstellungen von GRÖSSE ANPASSEN oder ORIGINALGRÖSSE entstehen, durch sinnvolle Daten vom Bild statt mit der Hintergrundfarbe aufgefüllt. Nach der Ausführung des Werkzeugs sollten die so aufgefüllten Kanten nicht mehr auffallen. **Tipp:** Dieses inhaltssensitive Auffüllen der Flächen und Kanten funktioniert häufig recht gut. Wenn es beim ersten Mal nicht gleich perfekt klappt, sollten Sie den Vorgang nochmals rückgängig machen und erneut ausführen.

Folgende Optionen können Sie für die Arbeitsfläche über die drei Schaltflächen auswählen:

▶ GRÖSSE ANPASSEN : Die Bildfläche wird so geändert, dass das gedrehte Bild immer vollständig sichtbar ist. Da Ecken beim Drehen gewöhnlich über den Bildbereich reichen, wird das begradigte Bild auch vergrößert. Ohne die Option KANTEN AUTOMATISCH FÜLLEN wird der vergrößerte Bereich mit der eingestellten Hintergrundfarbe gefüllt, wenn das Bild ein normales Hintergrundbild ist. Handelt es sich um eine Ebene, wird der vergrößerte Bereich transparent. Mit dieser Option werden keine Pixel beschnitten. Verwenden Sie hingegen die Option KANTEN AUTOMATISCH FÜLLEN, werden diese Flächen und Kanten mit relevanten Daten des Bildes aufgefüllt, sodass dieses Auffüllen im Idealfall nicht auffällt.

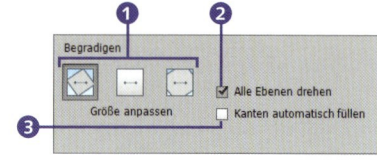

▲ **Abbildung 21.2**
Optionen des Gerade-ausrichten-Werkzeugs

▲ **Abbildung 21.3**
GRÖSSE ANPASSEN mit deaktivierter Option KANTEN AUTOMATISCH FÜLLEN

▲ **Abbildung 21.4**
GRÖSSE ANPASSEN mit aktivierter Option KANTEN AUTOMATISCH FÜLLEN

▶ Hintergrund entfernen : Mit dieser Option wird das Bild passend zugeschnitten, und alle leeren Hintergrundbereiche, die nach dem Ausrichten entstehen, werden entfernt. Dabei werden einige Pixel im Bild beschnitten.

◀ **Abbildung 21.5**
Bild gerade ausgerichtet mit der Option Hintergrund entfernen

▶ Originalgrösse : Mit der letzten Option behält die Arbeitsfläche die gleiche Größe wie das Originalbild. Einige Bereiche des begradigten Bildes werden hier beschnitten. Ist die Option Kanten automatisch füllen deaktiviert, werden die frei gewordenen Bereiche bei einem gewöhnlichen Hintergrundbild mit der eingestellten Hintergrundfarbe gefüllt und bei Ebenen transparent dargestellt. Mit der Option Kanten automatisch füllen hingegen werden diese Flächen und Kanten wieder mit relevanten Daten des Bildes aufgefüllt.

◀ **Abbildung 21.6**
Originalgrösse ausgerichtet mit deaktivierter Option Kanten automatisch füllen

Abbildung 21.7 ▶
ORIGINALGRÖSSE ausgerichtet mit der Option KANTEN AUTOMATISCH FÜLLEN

Kapitel_21: schief.jpg

Bilder vertikal ausrichten | Es ist auch möglich, Bilder mit dem Gerade-ausrichten-Werkzeug vertikal auszurichten. Wollen Sie ein Bild vertikal ausrichten, müssen Sie nur eine vertikale Linie mit gedrückt gehaltener Maustaste an der Stelle ziehen, die vertikal ausgerichtet werden soll. Wenn Sie die Maustaste loslassen, wird das Bild vertikal ausgerichtet.

Abbildung 21.8 ▶
Hier wurde zuerst eine vertikale Linie ❶ gezogen. Mit gehaltener [Strg]/[cmd]-Taste kann die Maustaste losgelassen werden …

Abbildung 21.9 ▶▶
… und das Bild wird dann vertikal ausgerichtet.

21.1.1 Automatisch gerade ausrichten

Neben der Möglichkeit, Bilder mit dem Werkzeug gerade auszurichten, bietet Photoshop Elements zwei automatische Funktionen zu diesem Zweck. Soll das Bild gedreht werden, während die umgebenden Arbeitsflächen erhalten bleiben, wählen Sie den Menüpunkt BILD • DREHEN • BILD GERADE AUSRICHTEN aus.

Soll das Bild automatisch begradigt und passend zugeschnitten werden, entscheiden Sie sich stattdessen für BILD • DREHEN • BILD GERADE AUSRICHTEN UND FREISTELLEN.

21.1.2 Weitere Möglichkeiten zum geraden Ausrichten

Auch mit dem Freistellungswerkzeug [C] [↻] können Sie ein Bild gerade ausrichten. Ziehen Sie zunächst wieder den Rahmen auf. Anschließend gehen Sie mit dem Mauszeiger in den abgedunkelten Bereich außerhalb der Auswahl. In der Nähe einer Ecke verwandelt sich der Mauszeiger in einen gebogenen Doppelpfeil ❷. Nun können Sie mit gedrückter linker Maustaste den Rahmen drehen.

Automatik versus manuell
In der Praxis werden Sie wohl meistens selbst entscheiden wollen, anhand welcher Linie Sie das Bild gerade ausrichten. Die Automatik versagt zudem bei Bildern, deren Hintergrund nicht automatisch zu ermitteln ist. Dennoch ist es interessant, auszutesten, wie Photoshop Elements die Korrektur automatisch vornimmt.

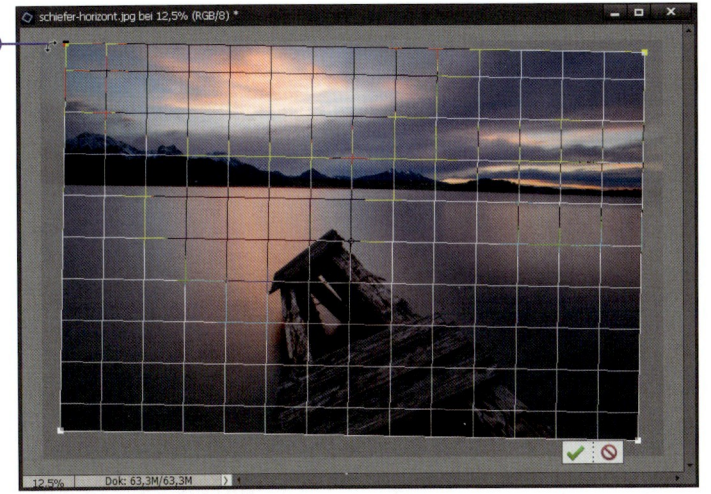

◄ **Abbildung 21.10**
Bild ausrichten mit dem Freistellungswerkzeug

Ähnlich funktioniert das Ausrichten auch mit der Funktion BILD • SKALIEREN • SKALIEREN (siehe Abschnitt 20.3), wenn Sie in den Werkzeugoptionen statt der Skalierung eine Drehung angeben. Bei dieser Methode wird die Hintergrundebene automatisch in eine normale Ebene umgewandelt.

21.2 Perspektive korrigieren

Früher musste man bei analogen Kameras mit teuren Spezialausrüstungen die Perspektive steuern. Im digitalen Zeitalter ist dies nicht mehr nötig. Selbst Profis bearbeiten ihre Bilder am PC nach und nutzen Werkzeuge, wie Sie sie auch in Photoshop Elements wiederfinden.

21.2.1 Kameraverzerrung korrigieren

Unter FILTER • KAMERAVERZERRUNG KORRIGIEREN erreichen Sie einen Dialog für die Korrektur typischer Verzerrungsprobleme. Mit diesem Dialog beheben Sie typische Bildfehler wie kissen- und tonnenförmige Verzerrungen, Vignettierungen oder perspektivische Verzerrungen.

Abbildung 21.11 ▼
Der Dialog KAMERAVERZERRUNG KORRIGIEREN

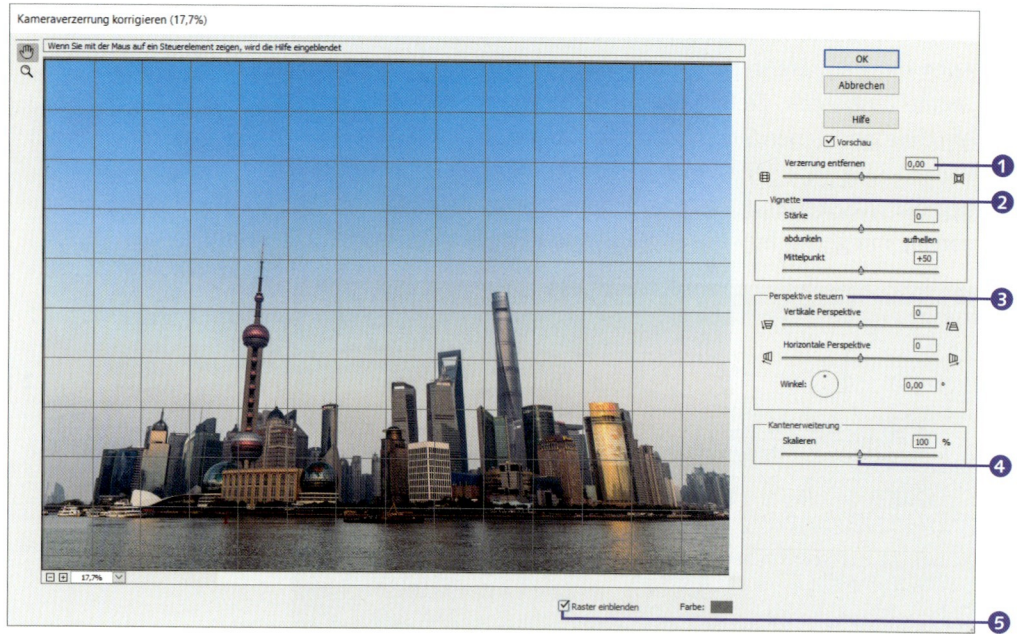

Kissen- und tonnenförmige Verzerrungen entfernen | Über den Schieberegler oder das Zahleneingabefeld VERZERRUNG ENTFERNEN ❶ korrigieren Sie waagerechte und senkrechte Linien, die zur Bildmitte hin oder von der Bildmitte weg gekrümmt sind. Solche kissen- oder tonnenförmigen Verzerrungen treten besonders bei Zoomobjektiven auf. Häufig fallen solche Verzerrungen gar nicht auf, weil Bildmotive wie Tier- oder Naturaufnahmen selten gerade Linien enthalten. Bei Aufnahmen von Gebäuden stören solche Ausbeulungen allerdings sehr.

> **Vignettierung hinzufügen**
> Gerne werden Vignettierungen Bildern auch als Stilmittel hinzugefügt (ebenfalls über VIGNETTE ❷).

Vignettierung entfernen/hinzufügen | Über VIGNETTE ❷ korrigieren Sie Bilder mit abgedunkelten Rändern. Solche Ränder entstehen durch Objektivfehler und falsche Blendeneinstellungen. Allerdings bilden selbst die besten Objektive das Motiv nach außen etwas dunkler ab. Manchmal wählt man auch absichtlich eine »falsche« Blende, etwa um einen unschärferen Hintergrund zu erzielen. Gerade bei Porträtaufnahmen wird man auf solche Stilmittel nicht verzichten wollen.

21.2 Perspektive korrigieren

Mit dem Schieberegler oder Zahleneingabefeld STÄRKE stellen Sie den Grad der Aufhellung oder Abdunklung an den Rändern ein. Mit MITTELPUNKT legen Sie die Breite des Bereichs fest, ab dem sich der Regler STÄRKE auswirkt. Je höher der Wert ist, desto mehr beschränkt er sich auf die Ränder.

Perspektive steuern | Unter PERSPEKTIVE STEUERN ❸ berichtigen Sie fehlerhafte Bildperspektiven. Mit dem Schieberegler VERTIKALE PERSPEKTIVE korrigieren Sie Fehler, die durch eine aufwärts oder abwärts geneigte Kamera entstanden sind. Nach der Korrektur sollten die vertikalen Linien im Bild wieder parallel zum Bildrand ausgerichtet sein. Mit HORIZONTALE PERSPEKTIVE richten Sie entsprechend die horizontalen Linien aus. Mit dem Regler WINKEL können Sie das Bild drehen, um weitere Anpassungen der Perspektive vorzunehmen oder um die Kameraneigung auszugleichen.

Kantenerweiterung | Über den Schieberegler SKALIEREN ❹ lässt sich das Bild vergrößern oder verkleinern, ohne dass die Pixelmaße verändert werden. Diese Form der Skalierung entfernt leere Bildbereiche, die zum Beispiel durch die Korrektur einer Kissen- oder Tonnenverzerrung oder eine perspektivische Korrektur entstanden sind. Bei einer Vergrößerung wird das Bild beschnitten und auf die ursprünglichen Pixelmaße interpoliert.

Raster einblenden | Aktivieren Sie die Checkbox RASTER EINBLENDEN ❺ unterhalb des Bildes, wird ein Raster angezeigt. Die Farbe des Rasters bestimmen Sie mit der Option FARBE über einen Farbwähler. Das Raster ist enorm hilfreich, um beim Korrigieren der Perspektive das Bild an die waagerechten und senkrechten Linien anzugleichen.

Bildansicht steuern | Ebenfalls unterhalb des Bildes können Sie über das Plus- und das Minussymbol in das Bild hinein- oder aus ihm herauszoomen. Alternativ wählen Sie über das kleine Dreieck ❻ vorgegebene Zoomstufen aus oder passen die Bildansicht an die Fenstergröße an.

Werkzeuge | In diesem Dialog finden Sie nur Werkzeuge, die für die Bildansicht benötigt werden. Hierzu zählen das Hand-Werkzeug [H] zum Verschieben eines vergrößerten Bildausschnitts und das Zoom-Werkzeug [Z]. Um aus dem Bild herauszuzoomen, halten Sie [Alt] gedrückt.

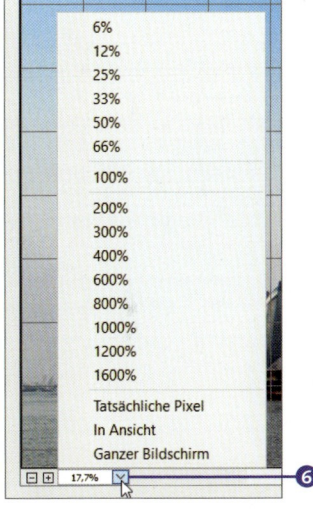

▲ **Abbildung 21.12**
Verwenden von verschiedenen Zoomstufen für die Bildansicht

Tastenkombinationen
Alternativ nutzen Sie zum Zoomen die Tastenkombinationen [Strg]/[cmd]+[+] und [Strg]/[cmd]+[−] und für das Hand-Werkzeug die gehaltene Leertaste.

Kapitel 21 Bilder ausrichten

Kapitel_21:
schiefe-perspektive.jpg

Schritt für Schritt
Perspektive korrigieren

Gerade bei Architekturaufnahmen von hohen Gebäuden oder Türmen wirken Verzeichnungen oder stürzende Linien störend. Verzeichnungen treten besonders bei Zoomobjektiven häufiger auf. Bei Bildern, die keine markanten Linien aufweisen, fallen Verzeichnungen kaum ins Gewicht. Im Beispiel wurde von unten nach oben fotografiert, wodurch die Linien der Gebäude deutlich nach innen verlaufen. Ähnlich ist dies, wenn Sie ein hohes Gebäude von oben fotografieren, nur dass hierbei die stürzenden Linien nach außen verlaufen.

▲ **Abbildung 21.13**
An den äußeren Gebäuden fallen die stürzenden Linien am deutlichsten auf.

1 Perspektive ausgleichen

Öffnen Sie das Bild »schiefe-perspektive.jpg« im Fotoeditor. Starten Sie Filter • Kameraverzerrung korrigieren, und gleichen Sie zuerst die stürzenden Linien über den Regler Vertikale Perspektive ❶ aus. Setzen Sie den Wert auf »–45«. Ändern Sie gegebenenfalls die Rasterfarbe ❷, falls Ihnen die Linien nicht deutlich genug erscheinen.

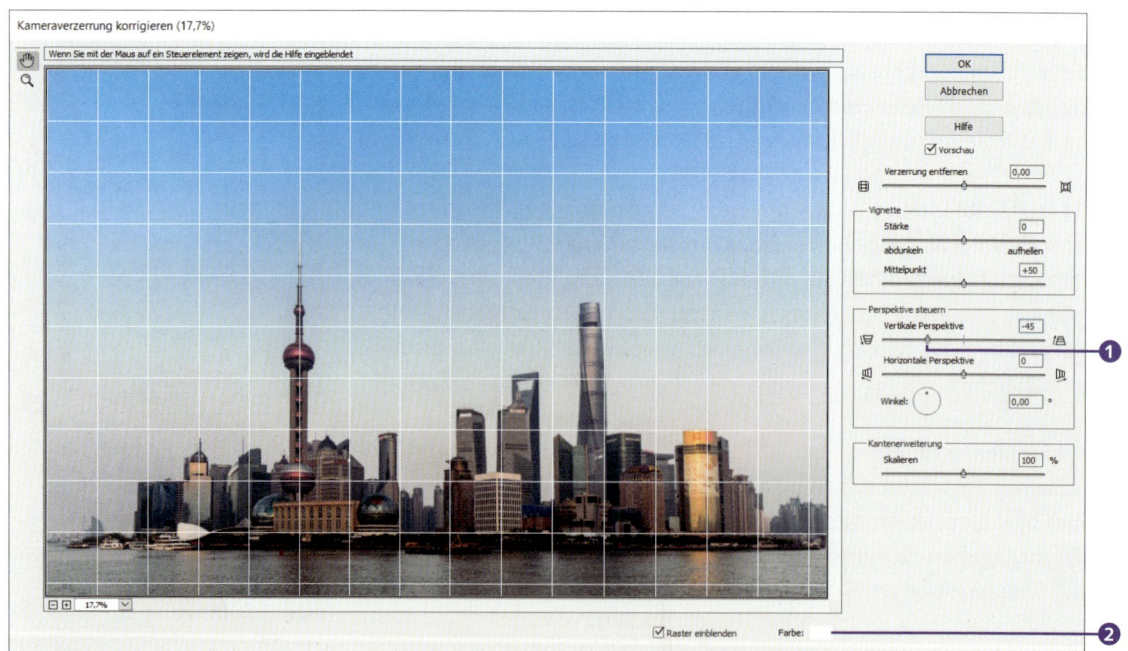

▲ **Abbildung 21.14**
Das Raster hilft bei der Korrektur der senkrechten Linien im Bild.

2 Bild skalieren

Nachdem Sie die Perspektive ein wenig ausgeglichen haben, wird das Bild zunächst unten abgeschnitten. Um diesen Beschnitt wieder rückgängig zu machen, müssen Sie das Bild skalieren. Ver-

21.2 Perspektive korrigieren

schieben Sie daher den Regler SKALIEREN ❸ auf 95 %, und bestätigen Sie den Dialog mit OK.

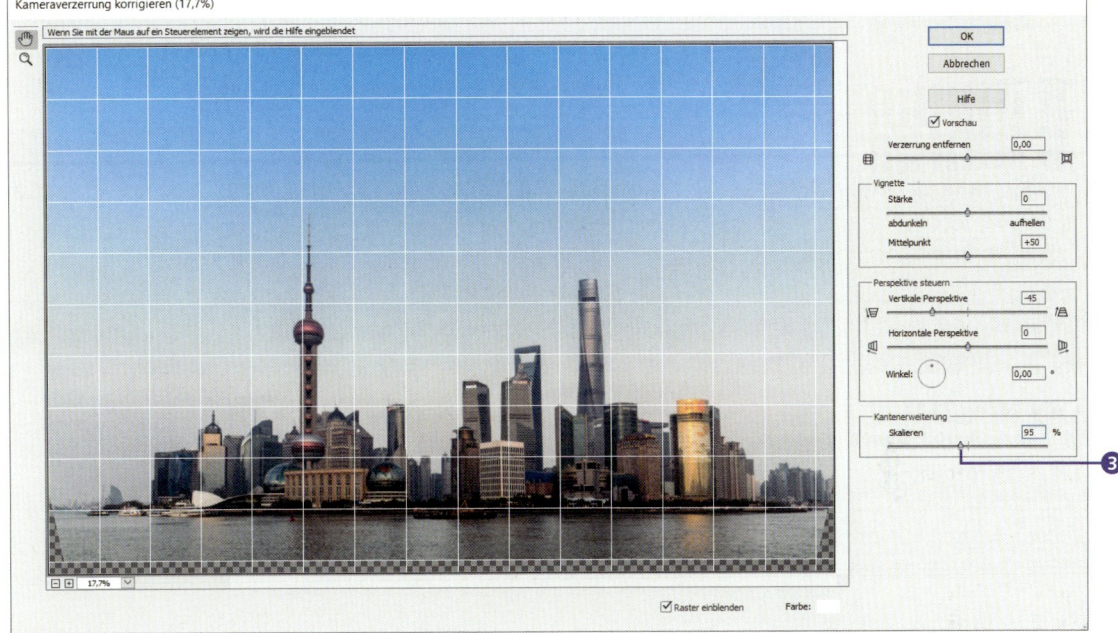

▲ **Abbildung 21.15**
Über die Skalierung holen Sie Bildbereiche zurück, die Photoshop Elements abgeschnitten hat.

3   Bild zuschneiden

Wählen Sie aus der Werkzeugpalette das Freistellungswerkzeug [C] 🔲 , und ziehen Sie ein Rechteck um den größtmöglichen rechtwinkligen Ausschnitt ohne transparente Flächen. Bestätigen Sie den Zuschnitt mit ⏎ oder mit dem grünen Häkchen.

◀ **Abbildung 21.16**
Schneiden Sie die überflüssigen Bereiche des Bildes einfach weg.

Kapitel 21 Bilder ausrichten

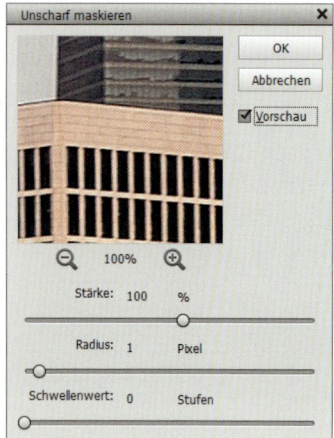

4 Bild schärfen

Da das Bild skaliert wurde, sollten Sie es zuletzt nochmals leicht nachschärfen, um gegebenenfalls verschwundene Bildkanten zurückzuholen. Rufen Sie hierzu ÜBERARBEITEN • UNSCHARF MASKIEREN auf. Wählen Sie einen RADIUS von »1« und eine STÄRKE von »100«. Klicken Sie dann auf OK.

▲ Abbildung 21.17
Der letzte Feinschliff mit UNSCHARF MASKIEREN

▲ Abbildung 21.18
Im Vorher-Nachher-Vergleich fällt auf, wie deutlich die Verzerrung des Bildes war.

Schritt für Schritt
Vignettierung beseitigen

Kapitel_21: Vignettierung.jpg

Ist die Blende zu weit offen und der Hintergrund recht hell, bilden häufig auch die besten Objektive den Rand leicht dunkel ab. Hier ist es ebenfalls mit dem Filter KAMERAVERZERRUNG KORRIGIEREN einfach, diese Vignettierung zu entfernen. Alternativ fügen Sie über denselben Weg eine Vignettierung hinzu, um den Blick des Betrachters mehr auf die Mitte zu lenken oder dem Bild eine dunklere Atmosphäre zu verleihen.

1 Raster ausblenden

Öffnen Sie das Bild »Vignettierung.jpg« im Fotoeditor, und rufen Sie FILTER • KAMERAVERZERRUNG KORRIGIEREN auf. Um die Vignettierung besser erkennen zu können, sollten Sie das Raster ausblenden ❸. Die Vignettierung an den Ecken ❶ ist in diesem Bild deutlich zu sehen.

▲ Abbildung 21.19
An den Rändern ist das Bild viel zu dunkel.

2 Vignettierung entfernen

Die Ecken entfernen Sie über den Schieberegler STÄRKE ❷ im Rahmen VIGNETTE, indem Sie diesen nach rechts ziehen. Würden Sie den Regler nach links ziehen, würden die Ecken (noch) mehr abgedunkelt. Im Beispiel habe ich den Regler auf »+70« gestellt, um die Vignettierung zu beseitigen. Bestätigen Sie den Dialog mit OK.

▲ **Abbildung 21.20**
Die Vignettierung wurde entfernt.

21.2.2 Bild durch Verzerren korrigieren

Eine Korrektur der Perspektive können Sie nicht nur mit dem Dialog KAMERAVERZERRUNG KORRIGIEREN vornehmen. Photoshop Elements bietet Ihnen im Menü BILD • TRANSFORMIEREN weitere Funktionen an, die teilweise sogar komfortabler sind, weil Sie hier mit der Maus arbeiten können.

Schritt für Schritt
Perspektive durch Verzerren anpassen

Öffnen Sie das Bild »verzerrung.jpg« im Fotoeditor. Zur besseren Beurteilung der Perspektivverzerrung sollten Sie das Raster über ANSICHT • RASTER einblenden.

Kapitel_21:
verzerrung.jpg

1 Bildansicht anpassen

Passen Sie nun die Bildansicht für die folgende Bearbeitung an. Sie benötigen ausreichend Platz, um anschließend die Verzerrung der Perspektive durchführen zu können. Im Beispiel habe ich das Bild auf eine Zoomstufe von 12,5 % gestellt, und das Dokumentfenster habe ich an den Seiten etwas mehr in die Höhe und Breite gezogen, sodass anschließend genügend Platz für die Transformation zur Verfügung stand.

Kapitel 21 Bilder ausrichten

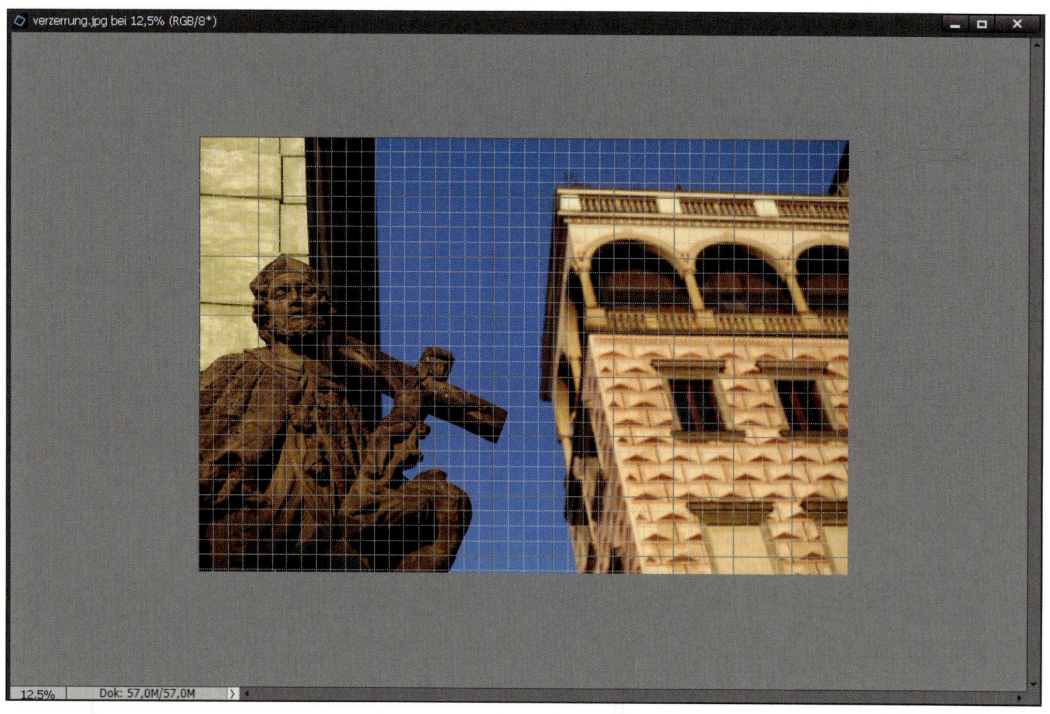

▲ **Abbildung 21.21**
Zoomen Sie aus dem Bild heraus.

2 Perspektive verzerren

Rufen Sie BILD • TRANSFORMIEREN • VERZERREN auf. Beachten Sie hierbei mit einem Blick ins Ebenen-Bedienfeld, dass aus dem Hintergrund eine Ebene gemacht wurde. Klicken Sie auf den Anfasser oben rechts ❶, und ziehen Sie ihn weiter nach rechts, bis die senkrechte Kante des Gebäudes auf der linken Seite parallel zum Raster ist. Ziehen Sie analog den Anfasser links oben ❸ leicht nach links, bis die senkrechte Kante der Eckmauer auf der rechten Seite parallel zum Raster ist. Hierdurch hat sich die rechte Kante wieder ein wenig verschoben, sodass Sie sie über den entsprechenden Anfasser ❶ noch einmal anpassen müssen.

Wiederholen Sie diesen Vorgang so oft, bis die Kanten am Gebäude und an der linken Eckmauer möglichst parallel zum Raster sind. Durch diese Maßnahmen wurde das Bild ein wenig gestaucht. Gleichen Sie dies aus, indem Sie den mittleren oberen Anfasser ❷ etwas nach oben ziehen. Bestätigen Sie dann den Vorgang mit ⏎ oder mit dem grünen Häkchen ❹.

Durch die Transformation wurde aus der Hintergrundebene eine Ebene gemacht, die Sie wieder mit EBENE • AUF HINTERGRUNDEBENE REDUZIEREN zu einer solchen machen müssen.

Hintergrundebene versus Ebene
Mehr zu den verschiedenen Ebenen erfahren Sie in Abschnitt 24.3, »Typen von Ebenen«.

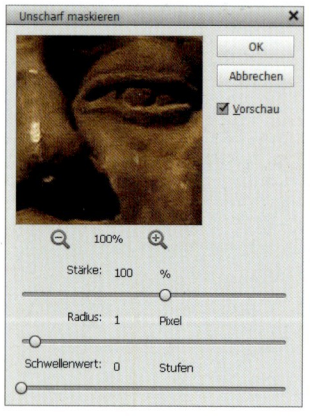

▲ **Abbildung 21.22**
UNSCHARF MASKIEREN

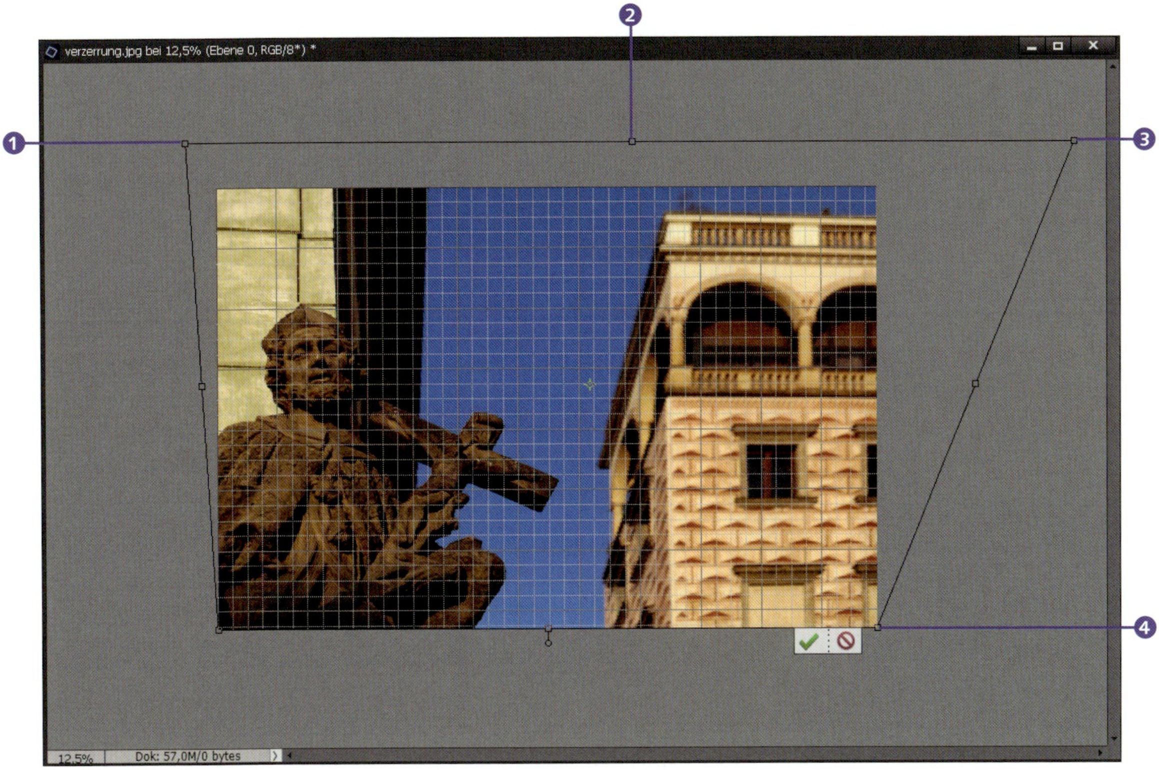

21.2 Perspektive korrigieren

▲ **Abbildung 21.23**
Orientieren Sie sich beim Verzerren am eingeblendeten Raster.

3 Bild schärfen

Durch das Verzerren verlieren die Kanten häufig an Schärfe, was Sie mit ÜBERARBEITEN • UNSCHARF MASKIEREN ausgleichen können. Bei einem RADIUS von »1« und einer STÄRKE von »100 %« sollte das Bild wieder schärfer werden.

Das Ergebnis mit der VERZERREN-Funktion kann sich sehen lassen. Zum Anpassen der Perspektive ist diese Funktion komfortabler als der Weg über den Dialog KAMERAVERZERRUNG KORRIGIEREN.

▲ **Abbildung 21.24**
Links das Bild in der Originalfassung, rechts die Version, in der ich die Perspektive mit VERZERREN korrigiert habe

21.3 Perspektivisches Freistellen-Werkzeug

Mit dem Perspektivisches Freistellen-Werkzeug [C] können Sie die Perspektive im Bild korrigieren und gleichzeitig das Bild zuschneiden. Das Werkzeug eignet sich zum Beispiel sehr gut, um die stürzenden Linien zu korrigieren, was beispielsweise der Fall ist, wenn Sie hohe Gebäude von unten nach oben oder umgekehrt fotografiert haben.

Schritt für Schritt
Perspektive anpassen und Bild zuschneiden

Diesen Workshop könnten Sie auch mit dem Dialog KAMERAVERZERRUNG KORRIGIEREN bzw. BILD • TRANSFORMIEREN und dann mit dem Freistellen-Werkzeug durchführen, aber mit dem Perspektivisches Freistellen-Werkzeug können Sie hierbei gleich zwei Fliegen mit einer Klappe schlagen. In der folgenden Abbildung »Verzerrung-extrem.jpg« wurde ein hohes Gebäude von unten nach oben und zusätzlich noch mit einem extremen Weitwinkelobjektiv fotografiert, weshalb die stürzenden Linien hier schon recht extrem sind.

Abbildung 21.25 ▶
Ein extremes Beispiel von stürzenden Linien

1 **Freistellungsrahmen aufziehen**

Laden Sie das Bild in den Fotoeditor, und aktivieren Sie das Perspektivisches Freistellen-Werkzeug [C]. Zeichnen Sie jetzt mit gedrückt gehaltener Maustaste einen Rahmen um das Objekt mit den stürzenden Linien (hier dem Gebäude). Alternativ können Sie auch die einzelnen Punkte durch Klicken an den vier Ecken hinzufügen. Über RASTER EINBLENDEN ❸ können Sie Rasterlinien zur Hilfe einblenden lassen. Optional können Sie hierbei auch die Breite (B) und Höhe (H) ❶ und die AUFLÖSUNG ❷ vorgeben.

21.3 Perspektivisches Freistellen-Werkzeug

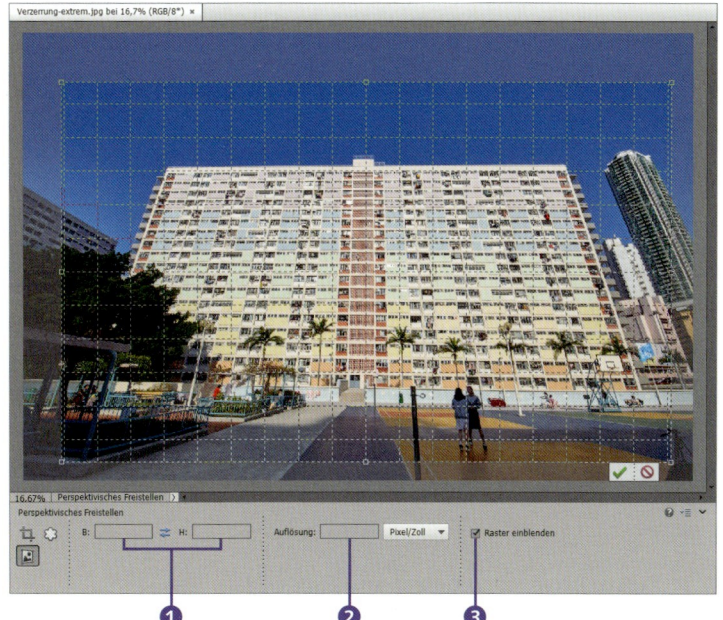

◄ **Abbildung 21.26**
Einen Rahmen mit dem Perspektivisches Freistellen-Werkzeug aufziehen

2 Freistellungsrahmen an Perspektive anpassen

Passen Sie jetzt die Eckpunkte des Freistellungsrahmens durch Verschieben an, damit die Seiten des Freistellungsrahmens mit den Seiten der stürzenden Linien des Objekts (hier dem Gebäude) parallel verlaufen.

◄ **Abbildung 21.27**
Freistellungsrahmen an die Perspektive anpassen

Wenn Sie genauer arbeiten wollen, müssen Sie tiefer ins Bild hineinzoomen. Gerade bei einem extremen Beispiel wie dem vorliegenden Bild ist dies sehr empfehlenswert, weil Sie hierbei noch genauer arbeiten können. Es erfordert zunächst ein wenig Übung, um mit dem Perspektivisches Freistellen-Werkzeug gute Ergebnisse zu erzielen.

Kapitel 21   Bilder ausrichten

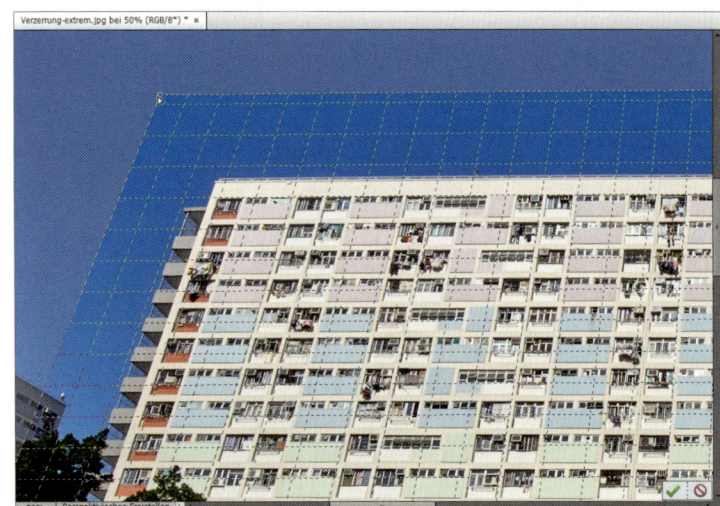

Abbildung 21.28 ▶
Für ein besseres Ergebnis sollten Sie tiefer ins Bild hineinzoomen.

3   Perspektive korrigieren und Bild freistellen

Mit ← bzw. Enter oder dem grünen Häkchen führen Sie den perspektivischen Zuschnitt durch. Da bei einer perspektivischen Verzerrung einzelne Bildbereiche gestreckt oder gestaucht werden, geht dies nicht ganz ohne einen Schärfeverlust einher. Diesem Schärfeverlust können Sie mit ÜBERARBEITEN • UNSCHARF MASKIEREN etwas gegensteuern.

▼ **Abbildung 21.29**
Mit UNSCHARF MASKIEREN können Sie den Schärfeverlust etwas ausgleichen.

▲ **Abbildung 21.30**
Nach dem Freistellen mit dem Perspektivisches Freistellen-Werkzeug

▲ **Abbildung 21.31**
Links sehen Sie die Originalfassung, rechts die Version, in der ich die Perspektive mit dem Perspektivisches Freistellen-Werkzeug korrigiert habe.

21.4 Photomerge – Panoramen & Co.

Mit der Funktion PHOTOMERGE fügen Sie mehrere Dateien zu einer zusammen. War Photomerge früher nur auf Panoramabilder spezialisiert, bietet es inzwischen weitere interessante Möglichkeiten, etwa die Erstellung eines »perfekten« Gruppenbildes aus mehreren »teilperfekten« Aufnahmen oder die Kombination verschiedener Gesichter.

21.4.1 Panoramabilder erstellen

Die wohl beliebteste Funktion von Photomerge dürfte das Erstellen von Panoramabildern sein. Wenn das Fotomaterial für ein Panorama gut ist, ist auch das Endergebnis überraschend gut.

Genau genommen verwendet Photomerge eines der Bilder als Quellbild und fügt daran die anderen Ebenen sauber an. An den überlappenden Stellen fügt Photoshop Elements eine Ebenenmaske hinzu, um einen optimalen Übergang zwischen den Ebenen zu erzeugen.

Nachträgliche Bearbeitung
Da Elements auch Ebenenmasken kennt, könnten Sie die verschiedenen Bereiche des Panoramas theoretisch auch noch nach der PHOTOMERGE-Funktion bearbeiten (was in der Praxis allerdings selten der Fall ist).

Fotoaufnahmen für Photomerge | Für ein gutes Panoramabild brauchen Sie zunächst die geeigneten Fotos als Grundlage. Beachten Sie daher bei Aufnahmen, die Sie mit Photomerge verarbeiten wollen, folgende Punkte:

- **Verwenden Sie die gleiche Brennweite**: Bei Aufnahmen für Panoramafotos gilt immer: Finger weg vom Zoom!
- **Schalten Sie die Belichtungsautomatik aus**: Deaktivieren Sie die Belichtungsautomatik der Kamera. Zwar gleicht Photomerge unterschiedliche Belichtungen aus; wenn die Unter-

Kapitel 21 Bilder ausrichten

▲ Abbildung 21.32
Diese Bilder wurden als Panorama aufgenommen.

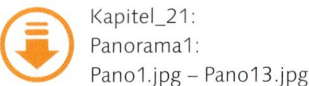

Kapitel_21:
Panorama1:
Pano1.jpg – Pano13.jpg

Funktion aus Organizer aufrufen

Alternativ können Sie die entsprechenden Fotos für das Panorama auch im Organizer mit gehaltener ⌈Strg⌉/⌈cmd⌉-Taste auswählen und mit BEARBEITEN • PHOTOMERGE • PHOTOMERGE-PANORAMA an den Fotoeditor übergeben.

schiede aber zu stark sind, hat Photomerge Probleme mit der Ausrichtung.

▸ **Verwenden Sie ein Stativ**: Photomerge gleicht zwar leichte Drehungen aus, dies führt beim Zusammenfügen aber leicht zu Fehlern.

▸ **Lassen Sie die Bilder überlappen**: Lassen Sie die Bilder um 25 bis 40 % überlappen. Je geringer Sie die Überlappung lassen, desto schwieriger wird das Überblenden mit Photomerge.

▸ **Verwenden Sie keine Verzerrungslinse**: Verwenden Sie für die Aufnahmen keine Objektive, die das Motiv stark verzerren (zum Beispiel Fischaugenobjektiv).

▸ **Vermeiden Sie bewegte Objekte**: Schnelle, bewegte Objekte sollten nicht mit auf Bilder kommen, die Sie für Panoramen verwenden wollen. Auch windige Tage und schnell ziehende Wolken werden leicht zu einem Problem.

Schritt für Schritt
Ein Panorama erstellen

Die Montage mehrerer Bilder zu einem Panorama ist mit Photomerge denkbar einfach, wie es der folgende Workshop zeigen soll.

1 Assistent aufrufen

Wechseln Sie in den ASSISTENT-Modus ❷. Die Funktion finden Sie im Bereich PHOTOMERGE ❸ mit PHOTOMERGE-PANORAMA ❹ wieder. Wenn Sie die Bilder des Panoramas bereits geöffnet haben, finden Sie diese unten im FOTOBEREICH ❶ vor. Sollten Sie die Bilder noch nicht geladen haben, so können Sie dies wie üblich über DATEI • ÖFFNEN machen.

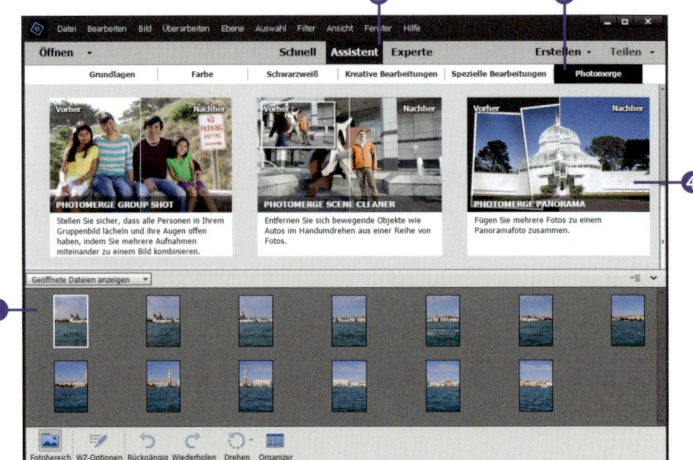

Abbildung 21.33 ▸
Die PANORAMA-Funktion finden Sie im ASSISTENT-Modus vor. Hier wurden bereits die Bilder für das Panorama geladen.

2 Layout und Einstellungen festlegen

Im Fotobereich wählen Sie jetzt mit gehaltener [Strg]/[cmd]-Taste die Fotos aus, die Sie für das Panorama verwenden wollen. Im Beispiel sind es alle Bilder. Wird der Fotobereich nicht angezeigt, können Sie diese über die entsprechende Schaltfläche ❺ anzeigen lassen. Markierte Bilder haben eine weiße Umrandung.

Wie die Bilder montiert werden, legen Sie in dem Menü fest, das sich öffnet, wenn Sie das kleine Dreieck ❽ anklicken. In diesem Beispiel reicht die oberste Option Automatisches Panorama aus. Unterhalb der Layout-Auswahl finden Sie weitere Einstellungen, mit denen Sie neben der Standardeinstellung Bilder zusammen überblenden ❼ auch automatische Korrekturen zu den einzelnen Bildern vornehmen lassen können, wie etwa das Beheben von Vignettierungen oder geometrischer Verzerrungen.

Abbildung 21.34 ▲
Verschiedene Layouts zur Erstellung eines Panoramas

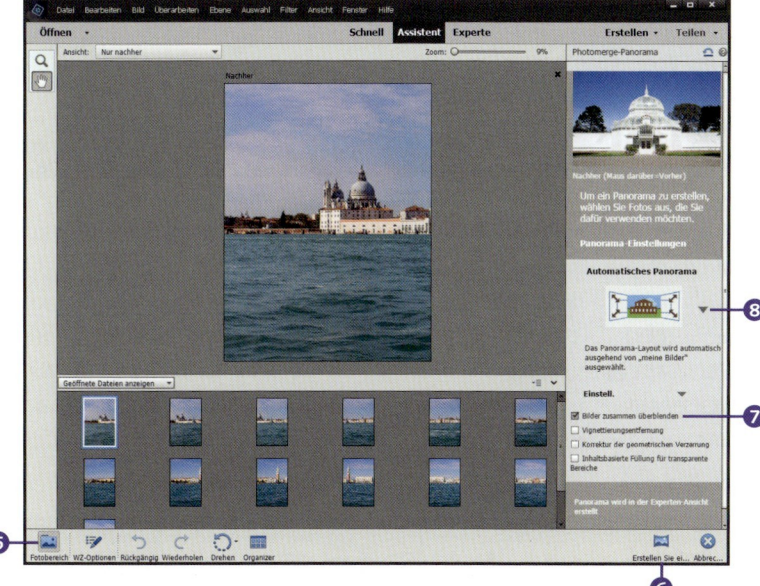

◀ **Abbildung 21.35**
Layout und Einstellungen für das Panorama festlegen

3 Panorama erstellen

Klicken Sie nun auf die kleine Schaltfläche Erstellen Sie ein Panorama ❻, und es wird eine ziemlich aufwendige Rechenoperation gestartet, die je nach Rechenleistung ein wenig Zeit in Anspruch nimmt. Die Zusammensetzung selbst wird wiederum im Experte-Modus durchgeführt.

4 Panorama speichern und/oder weiterbearbeiten

Am Ende wird das zusammengesetzte Panorama wieder im Assistent-Modus geöffnet, in dem Sie jetzt entweder das Ergebnis speichern oder weiterbearbeiten können. Im Beispiel muss das Bild noch passend zugeschnitten werden, was Sie sowohl im SCHNELL- also auch im EXPERTE-Modus mit dem Freistellungswerkzeug C durchführen können.

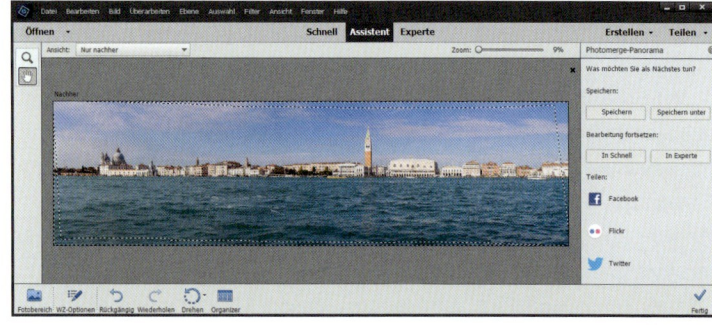

Abbildung 21.36 ▸
Das fertige zusammengesetzte Panorama im ASSISTENT-Modus, in dem Sie das Ergebnis nun speichern oder weiterbearbeiten können

Abbildung 21.37 ▸
Das fertige Panorama nach dem Freistellen

Kapitel_21:
Panorama2:
Pano1.jpg – Pano12.jpg

Kanten automatisch füllen | Bei der Erstellung eines Panoramas werden die Kanten automatisch mit bildrelevanten Daten ausgefüllt. Nicht immer wird hierbei allerdings ein passender Bereich gefunden. Die automatisch gefüllten Kanten werden mit einer Auswahl ❶ angezeigt. Wollen Sie die automatisch gefüllten Kanten entfernen, müssen Sie nur das Bild in EXPERTE ❷ öffnen und die ←-Taste drücken bzw. BEARBEITEN • LÖSCHEN über das Menü auswählen.

Abbildung 21.38 ▸
Automatisch gefüllte Kanten eines Panoramas können im EXPERTE-Modus entfernt werden.

21.4 Photomerge – Panoramen & Co.

◄ **Abbildung 21.39**
Hier wurden die automatisch gefüllten Kanten des Panoramas entfernt.

Layouts | Meistens klappt die Panoramaerstellung mit der Option Automatisches Panorama recht gut. Dennoch sollten Sie auch die anderen Optionen kennen, falls Sie mit Automatisch einmal nicht ans Ziel kommen. Bei allen Beispielen wurde auf den automatischen Zuschnitt der Kanten verzichtet, damit Sie die einzelnen Optionen hier deutlicher erkennen können:

▶ Perspektivisch: Hierbei wird versucht, ein möglichst einheitliches Panorama zu erstellen, indem eines der Bilder (gewöhnlich das mittlere) als Referenzbild verwendet wird. Die übrigen Bilder werden anhand dieses Bildes positioniert, gedreht oder gedehnt, sodass bei der fertigen Komposition der überlappende Inhalt über mehrere Ebenen übereinstimmt.

◄ **Abbildung 21.40**
Bei der perspektivischen Montage kann es zu starken Verzerrungen kommen.

551

▶ ZYLINDRISCH: Dieses Layout arbeitet weniger mit Verzerrungen, sodass hier tendenziell weniger Verzeichnungen auftreten als beim perspektivischen Layout. Auch hier wird ein Referenzbild (gewöhnlich das mittlere) verwendet, an dem die anderen Bilder wie an einem auseinandergeklappten Zylinder angeordnet werden. Das Layout ist besonders für die Erstellung von breiten Panoramabildern geeignet.

Abbildung 21.41 ▶
Mit der Option ZYLINDRISCH werden die Bilder nicht so stark verzerrt.

▶ KUGELFÖRMIG: Hiermit werden die einzelnen Bilder so ausgerichtet, dass man mit diesem Panorama quasi die Innenseite einer Kugel auskleiden könnte.

Abbildung 21.42 ▶
Hier wurden die einzelnen Bilder so angeordnet, dass man damit die Innenseite einer Kugel auskleiden könnte.

▶ COLLAGE: Die Ebenen werden aneinander ausgerichtet. Überlappende Inhalte werden zueinander transformiert (gedreht oder skaliert) und anhand einer Quellebene angeordnet.

21.4 Photomerge – Panoramen & Co.

◀ **Abbildung 21.43**
Das Panorama mit der Option COLLAGE

▶ REPOSITIONIEREN: Mit diesem Layout werden nur die überlappenden Bereiche angepasst, ohne Änderung der Perspektive (genauer Quellebene).

▲ **Abbildung 21.44**
Hier wurden die Bilder nur repositioniert.

Wenn PHOTOMERGE-PANORAMA fertig ist, werden die einzelnen Bilder in einer Datei mit mehreren Ebenen und Ebenenmasken (siehe Teil VIII) angelegt.

21.4.2 Photomerge-Gesichter
Mit der Funktion PHOTOMERGE-GESICHTER kombinieren Sie Elemente aus verschiedenen Gesichtern zu einem neuen Gesicht.

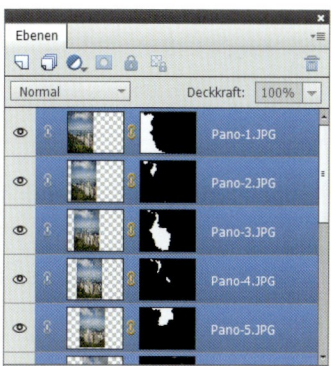

▲ **Abbildung 21.45**
Photomerge arbeitet mit mehreren Ebenen und Masken, um die überlappenden Bildbereiche zu montieren.

Kapitel 21 Bilder ausrichten

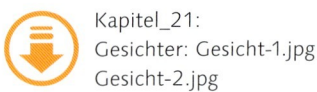
Kapitel_21:
Gesichter: Gesicht-1.jpg,
Gesicht-2.jpg

Schritt für Schritt
Photomerge-Gesichter – ein neuer Mund

Mit PHOTOMERGE-GESICHTER lassen sich großartige Spaßbilder erstellen. In diesem Beispiel sollen der Mund und die Augen ausgetauscht werden. Es lassen sich aber auch ernsthaftere Einsatzmöglichkeiten vorstellen, beispielsweise um zwei Gruppenaufnahmen zu einer zu kombinieren, in der alle Personen die Augen geöffnet haben.

1 Bilder öffnen

Wechseln Sie in den ASSISTENT-Modus, und öffnen Sie die Bilder »Gesicht-1.jpg« und »Gesicht-2.jpg«. Rufen Sie dann die Funktion PHOTOMERGE-GESICHTER im Bereich PHOTOMERGE auf.

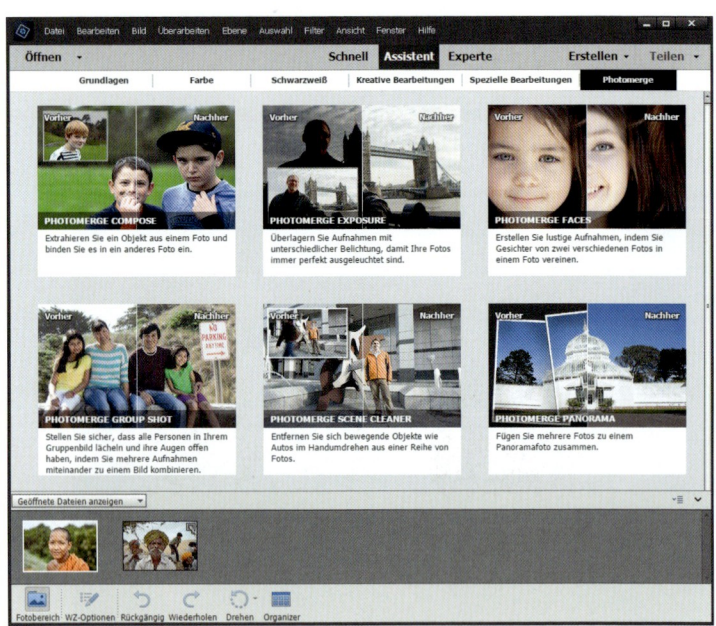

Abbildung 21.46 ▶
Bilder laden und die PHOTOMERGE-GESICHTER-Funktion im Assistenten aufrufen

2 Quellbild und Grundbild festlegen

Auf der linken Seite sollte der Mann mit dem Bart als Quellbild ❶ verwendet werden. Ist dieser dort nicht standardmäßig abgebildet, klicken Sie ihn einfach im Fotobereich ❸ an. Den jüngeren Mönch ohne Bart hingegen ziehen Sie mit gedrückt gehaltener Maustaste aus dem Fotobereich und lassen diesen auf der rechten Seite im ENDERGEBNIS ❷ fallen, sodass auf der linken Seite der Mann mit und auf der rechten Seite der Mann ohne Bart abgebildet ist.

21.4 Photomerge – Panoramen & Co.

◀ **Abbildung 21.47**
QUELLE und ENDERGEBNIS festlegen

3 Fotos ausrichten

Aktivieren Sie das Ausrichtungswerkzeug ❼, und wählen Sie in beiden Bildern die drei Ausrichtungspunkte. Hierzu müssen Sie nur die drei Punkte im Quell- und Zielbild an dieselbe Position bringen. Punkt 1 wurde **in beiden Bildern** über das bildlinke ❹, Punkt 2 jeweils über das bildrechte Auge ❺ und Punkt 3 jeweils über den Mund ❻ gesetzt.

▼ **Abbildung 21.48**
Legen Sie nacheinander in beiden Bildern die Ausrichtungspunkte fest.

In welcher Reihenfolge Sie die Punkte setzen, bleibt Ihnen überlassen. Wichtig ist nur, dass Sie die korrespondierenden Punkte in den beiden Bildern an derselben Position setzen: Zum Beispiel bestimmen Sie die gewünschten Punkte zunächst im Quellbild, wechseln dann ins Zielbild und setzen dort die korrespondierenden Punkte. Alternativ legen Sie die Punkte einfach abwechselnd im Quell- und im Zielbild fest.

Betätigen Sie nun die Schaltfläche Fotos ausrichten ❽, und das Quellbild wird am Zielbild ausgerichtet.

4 Gesichtsbereiche übernehmen

Verwenden Sie nun den Buntstift ❸, und malen Sie im Quellbild ❶ die Bereiche an, die Sie in das Zielbild montieren wollen. Die Größe der Werkzeugspitze stellen Sie mit Größe ein. So können Sie dem Endbild noch weitere Inhalte hinzufügen oder gegebenenfalls mit dem Radiergummi ❹ wieder entfernen. Als Option für die Anzeige können Sie Striche anzeigen auswählen, um die Buntstiftstriche im Quellbild anzuzeigen. Mit Regionen anzeigen werden die ausgewählten Regionen im Endbild angezeigt.

▲ **Abbildung 21.49**
Markieren Sie im Quellbild die Bereiche, die in das Zielbild übertragen werden sollen.

5 Gesicht fertigstellen

Wenn die Montage abgeschlossen ist, klicken Sie auf Weiter, um das Photomerge-Gesicht zu speichern oder weiterzubearbeiten. Mit Bild zurücksetzen ❷ können Sie nochmals von vorn anfangen; mit Abbrechen beenden Sie Photomerge-Gesichter.

21.4 Photomerge – Panoramen & Co.

▲ **Abbildung 21.50**
Rechts sehen Sie die Person mit dem neuen Mund und Bart und links das Original.

Natürlich spricht hierbei auch nichts gegen ein Spaßbild aus einer Mischung zwischen verschiedenen Tieren oder einem Menschen und einem Tier oder auch von Statuen und Menschen. Werden Sie einfach selbst kreativ.

▲ **Abbildung 21.51**
Auch solche Spaßbilder sind mit Photomerge-Gesichter möglich.

21.4.3 Photomerge-Gruppenbild

Ähnlich wie Photomerge-Gesichter funktioniert die Funktion Photomerge-Gruppenbild. Mit dieser Funktion erstellen Sie aus mehreren vom Motiv her nicht ganz optimalen Gruppenfotos ein perfektes Bild. Häufig kommt es vor, dass einzelne Personen auf einem Gruppenfoto die Augen geschlossen haben, gerade nicht lächeln oder sonst irgendetwas machen, was man auf dem Bild nicht sehen will. Wenn Sie hier eine ganze Serie von Fotos ge-

 Kapitel_21:
Gruppe: Gruppe-1.jpg, Gruppe-2.jpg

macht haben, können Sie aus mehreren Fotos das jeweils beste von jeder Person für eine Montage verwenden.

Schritt für Schritt
Gruppenbilder optimieren

Im ersten der folgenden beiden Bilder ist einmal die rechte Person mit angewinkelten Beinen in der Luft, und im zweiten Bild ist es die linke Person. Mit PHOTOMERGE-GRUPPENBILD ist dieser Mangel leicht zu beheben, damit beide Personen gleichzeitig mit angewinkelten Beinen in der Luft sind.

▲ **Abbildung 21.52**
Einmal springt die eine Person mit angewinkelten Beinen in die Luft und ein anderes mal die andere Person.

1 Photomerge-Gruppenbild aufrufen
Wechseln Sie in den ASSISTENT-Modus, und öffnen Sie die Bilder »Gruppe-1.jpg« und »Gruppe-2.jpg«. Rufen Sie dann die Funktion PHOTOMERGE-GRUPPENBILD im Bereich PHOTOMERGE auf.

2 Endergebnis auswählen
Wählen Sie aus dem Fotobereich ❷ das beste Gruppenfoto aus, und ziehen Sie es in das Fenster ENDERGEBNIS ❸. Das Foto für das Fenster QUELLE ❶ legen Sie durch einfaches Anklicken des entsprechenden Bildes im Fotobereich fest. Damit Sie die Bilder zwischen QUELLE und ENDERGEBNIS aus dem Fotobereich nicht verwechseln, sind sie mit einem farbigen Rahmen codiert.

▲ **Abbildung 21.53**
Wählen Sie als ENDERGEBNIS immer das beste Bild.

3 »Gute« Bereiche markieren
Wählen Sie nun den Buntstift ❺ aus, und malen Sie im Bereich QUELLE ❹ den Bereich aus, den Sie gerne im Bereich ENDERGEBNIS sehen würden. Über den Regler GRÖSSE können Sie die Pinselgröße einstellen.

21.4 Photomerge – Panoramen & Co.

▲ **Abbildung 21.54**
Markieren Sie die Bereiche in der QUELLE, die Sie ins ENDERGEBNIS übertragen möchten.

4 Gegebenenfalls weitere Fotos auswählen
Sobald Sie die Maustaste loslassen, erscheint der markierte Bereich von QUELLE im Bereich ENDERGEBNIS. Haben Sie in der QUELLE zu viel ausgewählt, können Sie jederzeit Inhalte mit dem Radiergummi ❻ entfernen.

Um dem Endergebnis weitere Personen aus anderen Bildern hinzuzufügen, klicken Sie einfach im Fotobereich das entsprechende Bild an, sodass es im Bereich QUELLE erscheint. Gehen Sie dann analog zu Schritt 3 vor. Klicken Sie auf die Schaltfläche WEITER, wenn Sie mit dem Gruppenbild im ENDERGEBNIS zufrieden sind, um das Gruppenbild abzuspeichern oder weiterzubearbeiten.

 **+**  **=**

▲ **Abbildung 21.55**
Aus zwei nicht ganz perfekten Bildern wurde ein perfektes: Im Endbild sind beide Personen mit angezogenen Beinen in der Luft.

Striche und Regionen anzeigen | PHOTOMERGE-GRUPPENBILD bietet einige weitere Optionen: Mit der Checkbox STRICHE ANZEIGEN lassen Sie die Striche, die Sie mit dem Buntstift gemalt haben, im Quellbild anzeigen. Wenn Sie die Checkbox REGIONEN ANZEIGEN aktivieren, werden die ausgewählten Regionen im ENDERGEBNIS dargestellt.

Unter ERWEITERTE OPTIONEN finden Sie das Ausrichtungswerkzeug wieder, das wir bereits im vorherigen Abschnitt in Verbindung mit der Funktion PHOTOMERGE-GESICHTER verwendet haben.

Automatische Ausrichtung
PHOTOMERGE-GRUPPENBILD verwendet eine automatische Ausrichtung, die in der Regel recht zuverlässig funktioniert. Daher sollten Sie eine manuelle Ausrichtung nur durchführen, wenn das Ergebnis mit der Automatik nicht gelungen ist.

Mit seiner Hilfe richten Sie das Bild anhand von drei Markierungen im Quell- und Endbild aus (unter ERWEITERTE OPTIONEN finden Sie noch den Punkt PIXEL ÜBERBLENDEN für denselben Zweck).

21.4.4 Photomerge-Szenenbereinigung

Die Funktion SZENENBEREINIGUNG funktioniert ganz ähnlich wie die Funktion GRUPPENBILD. Sie erreichen sie ebenfalls über den ASSISTENT-Modus im Bereich PHOTOMERGE. Mit ihr entfernen Sie zum Beispiel Touristen oder sich bewegende Fahrzeuge, die ins Bild geraten sind, oder fügen umgekehrt Personen einer Aufnahme hinzu.

Abbildung 21.56 ▶
Ein einfaches Beispiel für die Szenenbereinigung: Die Blendenflecken ❶ des Sonnenaufgangs, die im rechten Bild zu sehen sind, sollen durch denselben Bereich des Bildes auf der linken Seite ersetzt werden, das ein paar Sekunden vor dem Sonnenaufgang (und damit ohne Blendenflecken) gemacht wurde.

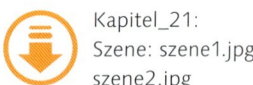

Kapitel_21:
Szene: szene1.jpg, szene2.jpg

Um gute Ergebnisse zu erhalten, benötigen Sie Bilder von derselben Szene (versteht sich), die möglichst im gleichen Winkel aufgenommen wurden.

Wenn Sie ein unerwünschtes Objekt aus einem Bild entfernen möchten, zeichnen Sie den zu bereinigenden Bereich im Endbild mit dem Buntstift ein.

Abbildung 21.57 ▶
Störende Elemente können Sie aus Bildern »herausmalen« ❶. Im Beispiel haben Sie anschließend ein Bild mit einem Sonnenaufgang hinter der Prager Stadtkulisse ohne Blendenflecken.

Der umgekehrte Vorgang funktioniert analog. Wollen Sie dem Endbild einen Bildbereich vom Quellbild hinzufügen, brauchen Sie diesen Bereich nur im Quellbild mit dem Buntstift anzumalen.

Photomerge-Belichtung | Die Funktion PHOTOMERGE-BELICHTUNG behandele ich in Abschnitt 31.5, weil ich in Teil IX des Buches auch die damit verbundene DRI-Technik beschreibe.

TEIL VII
Auswahlen

Kapitel 22
Einfache Auswahlen erstellen

Auswahlen kommen vorwiegend zum Einsatz, wenn Sie nur einzelne Bildbereiche und nicht das komplette Bild oder ganze Ebenen bearbeiten wollen. Natürlich sind Auswahlen auch bestens zum Freistellen von komplizierten Motiven geeignet.

22.1 Auswahlwerkzeuge im Überblick

Da sich nicht jedes Auswahlwerkzeug für jedes Motiv eignet, bietet Photoshop Elements mehrere solcher Werkzeuge an:

- Auswahlrechteck : Wird für quadratische oder rechteckige Auswahlen verwendet.
- Auswahlellipse : Wird für runde und ovale Auswahlbegrenzungen eingesetzt.
- Lasso : Hiermit erstellen Sie frei gezeichnete Auswahlen.
- Polygon-Lasso : Erstellt Auswahlen, die sich aus mehreren geraden Kanten zusammensetzen.
- Magnetisches Lasso : Wird für Auswahlen benutzt, die sich automatisch an Kanten von Bildbereichen ausrichten.
- Zauberstab : Wählt mit einem einzigen Mausklick bestimmte Pixel im Bild aus, die eine ähnliche Farbe enthalten.
- Schnellauswahl-Werkzeug : Erstellt eine schnelle Auswahl anhand von Farben und Strukturen.
- Auswahlpinsel : Wird zur Kennzeichnung eines Bereichs verwendet, der ausgewählt oder nicht ausgewählt werden soll (Maskenmodus).
- Auswahl verbessern-Pinsel : Dieses Werkzeug ist besonders gut geeignet, um eine bereits erstellte Auswahl ganz komfortabel und einfach nachzuarbeiten und zu verbessern.

Kapitel 22 Einfache Auswahlen erstellen

> ▸ Automatische Auswahl : Mit diesem Werkzeug erstellen Sie eine grobe Auswahl um einen Bereich, und die Software versucht, das Motiv innerhalb dieses Bereichs automatisch auszuwählen.

Auswahl nicht sichtbar
Wenn die Ameisenlinien bei einer Auswahl nicht sichtbar sind, haben Sie sie vielleicht aus Versehen über ANSICHT • AUSWAHL oder [Strg]/[cmd]+[H] abgeschaltet. Über dieses Menü bzw. diese Tastenkombination aktivieren bzw. deaktivieren Sie die Sichtbarkeit der Auswahlmarkierung.

Auswahlen und Ebenen | Auswahlen und Ebenen sind zwar jetzt zwei verschiedene Themen, aber um die Auswahlen effektiv einsetzen zu können, kommen Sie nicht um die Kenntnisse der Ebenen herum. Wenn Sie beispielsweise ein Objekt auswählen, um es dann freizustellen, benötigen Sie Kenntnisse von den Ebenen und allem, was damit zu tun hat. Gerade Bildbearbeitungseinsteiger kommen bei der Einführung in die Auswahlen und die Auswahlwerkzeuge hier häufig ins Straucheln, weil noch die nötigen Kenntnisse von den Ebenen fehlen. Als Autor steht man vor dem Dilemma, entweder das Kapitel mit den Auswahlen vor den Ebenen oder umgekehrt zu setzen. Aber auch das Erklären von Ebenen am Beispiel, ohne dass Sie sich mit Auswahlen auskennen, ist schwierig. Sollten Sie also ein Einsteiger in der Bildbearbeitung sein, lesen Sie sich zunächst das Kapitel mit den Auswahlen durch, und behalten Sie dabei im Hinterkopf, dass die Ebenen gleich im nächsten Kapitel beschrieben werden, in dem sich das eine oder andere Wie und Warum sicher auflösen werden.

Kapitel_22: Blume.jpg

Funktionsprinzip von Auswahlen | Das Funktionsprinzip von Auswahlen ist im Grunde immer gleich, egal, welchen Befehl oder welches Werkzeug Sie hierzu verwenden.

Abbildung 22.1 ▸
Diese Silhouette wurde hier als Auswahl vom Hintergrund isoliert.

Wenn Sie im Bild eine Auswahl erstellt haben, können Sie nur noch die Auswahl bearbeiten. Das restliche Bild ist geschützt. Eine Auswahl erkennen Sie an den »Ameisenlinien« ❶ rund um den ausgewählten Bereich. In der Regel bezieht sich eine Auswahl immer auf die aktive Bildebene.

Eine solche Auswahl können Sie jederzeit gezielt bearbeiten oder korrigieren. Natürlich können Sie eine Auswahl auch in die Zwischenablage kopieren und als neue Datei einfügen, in ein anderes Bild verschieben oder als Montage auf eine eigene Ebene legen.

22.2 Auswahlrechteck und -ellipse

Besonders leicht zu bedienen sind die geometrischen Auswahlwerkzeuge wie das Auswahlrechteck [M] [▢] und die Auswahlellipse [M] [◯]. Wie Sie den Namen der beiden Auswahlwerkzeuge bereits entnehmen können, wählen Sie hiermit quadratische oder rechteckige bzw. runde oder elliptische Bereiche aus.

Es liegt auf der Hand, dass eine geometrische Auswahl eher seltener dazu verwendet wird, ein bestimmtes Bildelement für die Weiterbearbeitung auszuwählen, auch wenn dies in der Praxis natürlich möglich ist. Das Auswahlwerkzeug dient eher als unermüdlicher Helfer für viele andere nützliche Dinge:

- **Rahmen erstellen**: Für kreative Zwecke und für die verschiedensten Bildkompositionen erstellen Sie mit den Werkzeugen runde, ovale und eckige Rahmen.
- **Auswahl mit Text und Farbe füllen**: Auch wird das Werkzeug gerne benutzt, um eine Auswahl mit Farbe zu füllen und/oder um Text darauf zu platzieren.
- **Bilder zuschneiden**: Das Zuschneiden von Bildern ist mit den beiden Auswahlwerkzeugen ebenfalls möglich. Wählen Sie einfach den gewünschten rechteckigen, runden oder ovalen Bereich aus, und schneiden Sie ihn mit BILD • FREISTELLEN zu. Der Vorteil ist dabei, dass das Bild nicht neu berechnet werden muss.

22.2.1 Werkzeugoptionen

Mit den ersten vier Icons ❷ (Abbildung 22.2) legen Sie fest, was mit den Auswahlen passieren soll. Hierbei können Sie die Auswahlbereiche ersetzen, addieren, subtrahieren oder Schnittmengen bilden. Mehr dazu erfahren Sie in Abschnitt 22.4, »Auswahlen kombinieren«.

Wenn Sie GLÄTTEN ❹ aktivieren, wird die Auswahlkante geglättet. Diese Option steht nur bei der Auswahlellipse zur Verfügung.

Abbildung 22.2 ▶
Die Werkzeugoptionen des Auswahlrechtecks und der Auswahlellipse

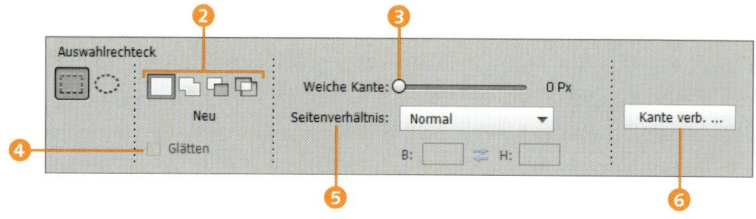

Tipp
Um die Position der Auswahlbegrenzung zu ändern, *während* Sie mit dem Werkzeug eine Auswahl mit gedrückt gehaltener linker Maustaste aufziehen, brauchen Sie nur die Leertaste gedrückt zu halten und die Auswahl mit der Maus an die gewünschte Position zu ziehen. Lassen Sie dann die Leertaste (aber nicht die Maustaste!) wieder los, können Sie die Auswahl weiter aufziehen. Bitte verwechseln Sie diesen Vorgang nicht mit dem Verschieben einer bereits fertiggestellten Auswahl.

Wollen Sie die Auswahlbegrenzung weichzeichnen, damit sie mit dem Bereich außerhalb der Kante verschmilzt, geben Sie einen Wert beim Schieberegler WEICHE KANTE ❸ an. Damit können Sie außerdem beim Auswahlrechteck abgerundete Ecken erzeugen.

Bei SEITENVERHÄLTNIS ❺ können Sie aus den folgenden drei Optionen auswählen:

▶ NORMAL: Mit diesem Modus ziehen Sie die Auswahl frei im Bild auf. Dieser Wert ist die Standardeinstellung.
▶ FESTES SEITENVERHÄLTNIS: Wollen Sie eine Auswahl mit bestimmten Proportionen aufziehen, verwenden Sie diesen Modus und geben das Seitenverhältnis in den Zahlenfeldern für Breite (B) und Höhe (H) ein. Geben Sie zum Beispiel bei beiden Feldern »1« ein, wird beim Auswahlrechteck ein Quadrat und bei der Auswahlellipse ein runder Kreis aufgezogen.
▶ FESTE GRÖSSE: Wollen Sie hingegen eine feste Größe in Pixeln (Px) oder Zentimetern (cm) verwenden, legen Sie dies mit diesem Modus fest. Die Angaben dazu geben Sie in den Zahlenfeldern B und H ein.

Mit der Schaltfläche KANTE VERB. ❻ rufen Sie einen umfangreichen Dialog auf, der Ihnen beim Verbessern und Verfeinern Ihrer Auswahl behilflich ist. Mehr zu diesem Dialog erfahren Sie in Abschnitt 22.5.3, »Kante verbessern«.

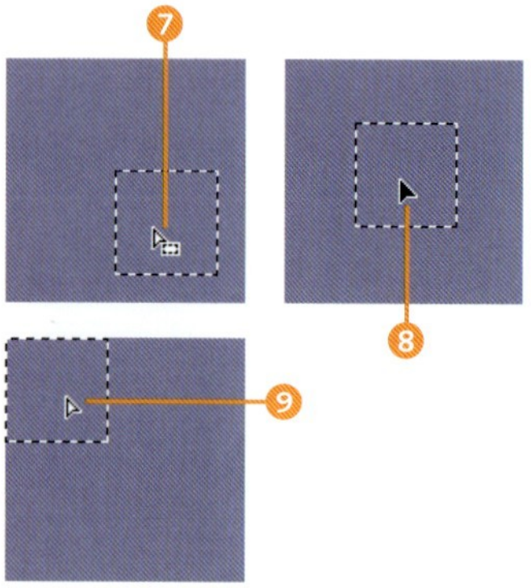

22.2.2 Die Werkzeuge im Einsatz

Auch die Bedienung der geometrischen Auswahlwerkzeuge ist schnell erklärt: Aktivieren Sie zunächst das entsprechende Werkzeug. Wollen Sie einen rechteckigen Bereich auswählen, verwenden Sie das Auswahlrechteck [M]. Für eine runde oder ovale Auswahl nehmen Sie die Auswahlellipse [M]. Legen Sie dann die Optionen fest, und bewegen Sie die Maus in das Bild. Ziehen Sie mit gedrückter linker Maustaste über den Bereich, den Sie auswählen wollen. Wenn Sie die Maustaste loslassen, wird die Auswahl mit »Ameisenlinien« angezeigt.

Halten Sie während des Ziehens der Auswahl [⇧] gedrückt, können Sie die Auswahl, abhängig vom gewählten geometrischen Werkzeug, auf ein **Quadrat** oder einen **Kreis** einschränken. Eine Auswahl können Sie auch **verschieben**, indem Sie innerhalb der

▲ **Abbildung 22.3**
Drei unterschiedliche Symbole am Mauszeiger einer quadratischen Auswahl

gezogenen Auswahl die Maustaste gedrückt halten. Die Auswahl können Sie wieder **aufheben**, indem Sie innerhalb des Dokumentfensters an einer beliebigen Stelle mit der linken Maustaste klicken oder `Esc` (oder `Strg`/`cmd`+`D`) drücken.

Symbole am Mauszeiger | Bei der Arbeit mit Auswahlen zeigen Ihnen auch die wechselnden Symbole am Mauszeiger an, was Sie tun können. Das erste Symbol ❼ bedeutet, dass Sie sich innerhalb einer Auswahl befinden. Beim zweiten Symbol ❽ wird die Auswahl mit gedrückt gehaltener linker Maustaste verschoben, und beim letzten Symbol ❾ befindet sich mindestens eine Auswahlkante an der Bildkante. Dabei rastet die Auswahlkante automatisch an der Bildkante ein. Wollen Sie dieses »Einrasten« vermeiden, halten Sie `Strg`/`cmd` gedrückt.

Wollen Sie eine Auswahl exakt von einem Mittelpunkt aus aufziehen, an dem sich aktuell der Cursor befindet, halten Sie `Alt` während des Aufziehens gedrückt. Wollen Sie von diesem Mittelpunkt aus ein Quadrat oder einen Kreis erstellen, drücken Sie die Tasten `Alt`+`⇧`.

Kein Beispiel?
Zu den geometrischen Auswahlen gibt es zunächst kein Beispiel, weil ich Ihnen anhand dieser Werkzeuge die Optionen und Auswahlbefehle in Abschnitt 22.3 näherbringen will.

Vorhaben	Tasten
Werkzeug aufrufen	`M`
ein Quadrat oder einen Kreis aufziehen	`⇧` beim Ziehen gedrückt halten
eine Auswahl vom aktuellen (Mittel-)Punkt aufziehen	`Alt` beim Ziehen gedrückt halten
ein Quadrat oder einen Kreis vom aktuellen (Mittel-)Punkt aufziehen	`Alt`+`⇧` beim Ziehen gedrückt halten
Auswahl verschieben	linke Maustaste innerhalb der Auswahl gedrückt halten
Auswahl noch während des Aufziehens verschieben	linke Maustaste während des Aufziehens gedrückt halten und die Leertaste drücken
Auswahl aufheben	Mausklick in einen beliebigen Bereich des Dokumentfensters oder Drücken der Taste `Esc`, nachdem eine Auswahl aufgezogen wurde
aufgezogene Auswahl in Pfeilrichtung bewegen	Pfeiltasten

◄ **Tabelle 22.1**
Tastenbefehle für Auswahlrechteck und Auswahlellipse

22.3 Auswahlbefehle im Menü

Ganz essenziell für Ihre Arbeit mit den Auswahlwerkzeugen ist auch die genaue Kenntnis der speziellen Optionen und Auswahlbefehle. Um Ihnen die verschiedenen Optionen und Befehle zu den Auswahlen näherzubringen, greife ich auf die geometrischen Auswahlwerkzeuge Auswahlrechteck und Auswahlellipse zurück. Die Funktionalität dieser Werkzeuge können Sie ohne Weiteres auf die übrigen Auswahlwerkzeuge übertragen.

Eine Übersicht über die allgemeinen Auswahlbefehle finden Sie im Menü AUSWAHL. Der einzige Auswahlbefehl, der hier vielleicht etwas näher erläutert werden sollte, ist AUSWAHL • AUSWAHL UMKEHREN ❶ (⇧+Strg/cmd+I). Damit ist es möglich, eine erstellte Auswahl zu vertauschen (zu *invertieren*). So können Sie zum Beispiel jederzeit ganz einfach das Motiv im Bild auswählen und bearbeiten und anschließend die Auswahl umkehren, um alles andere außerhalb des Motivs zu bearbeiten.

Im linken Bild in Abbildung 22.5 wurde ein einfaches Quadrat ❷ zur Bearbeitung ausgewählt. Beim rechten Bild wurde dieselbe Auswahl mit BILD • AUSWAHL UMKEHREN umgekehrt. Somit ist hier die eigentliche Auswahl jetzt alles außerhalb ❸ des Quadrats und innerhalb der beiden Ameisenlinien.

Die wichtigsten Auswahlbefehle liegen als Tastenbefehle für den schnelleren Zugriff vor.

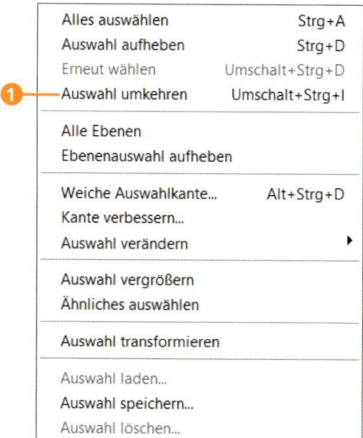

▲ **Abbildung 22.4**
Das Menü AUSWAHL mit sehr vielen Befehlen zum Steuern von Auswahlen

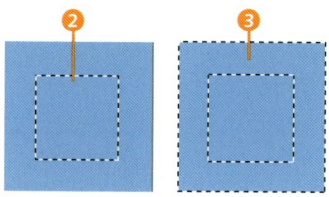

▲ **Abbildung 22.5**
Auswahl umkehren

Vorhaben	Windows	Mac
das komplette Bild auswählen	Strg+A	cmd+A
bestehende Auswahl aufheben	Strg+D	cmd+D
zuletzt aufgehobene Auswahl wiederherstellen (erneut auswählen)	⇧+Strg+D	⇧+cmd+D
Auswahl umkehren (invertieren)	⇧+Strg+I	⇧+cmd+I
Ausgewählten Bildbereich löschen. Bei einem normalen Hintergrundbild erhält der gelöschte Bereich die eingestellte Hintergrundfarbe. Auch dies ist also eine indirekte Möglichkeit, eine Auswahl mit der Hintergrundfarbe zu füllen. Bei normalen Ebenen ist dieser gelöschte Bereich transparent.	Entf	←

Tabelle 22.2 ▶
Die wichtigsten Tastenbefehle für Auswahlen im Überblick

Vorhaben	Windows	Mac
ausgewählten Bildbereich mit Vordergrundfarbe füllen	Alt+Entf	Alt+←
weiche Auswahlkante hinzufügen	Strg+Alt+D	cmd+Alt+D
Auswahllinie (Ameisenlinien) ein- oder ausblenden	Strg+H	cmd+H

◄ **Tabelle 22.2**
Die wichtigsten Tastenbefehle für Auswahlen im Überblick (Forts.)

22.4 Auswahlen kombinieren

Bei vielen Auswahlwerkzeugen können Sie festlegen, wie sich eine weitere Auswahl zu einem vorhandenen Auswahlbereich verhalten soll. Somit können Sie verschiedene Auswahlbereiche und verschiedene Auswahlwerkzeuge miteinander kombinieren.

Neue Auswahl | Die Standardeinstellung ist mit der ersten Schaltfläche immer NEU ❹ (für »Neue Auswahl«). Ist diese Schaltfläche aktiviert, wird, sobald Sie das Auswahlwerkzeug ein zweites Mal ansetzen, die vorher erstellte Auswahl gelöscht und durch die neue ersetzt.

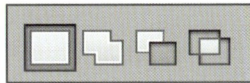

▲ **Abbildung 22.6**
Mit den vier Schaltflächen können Sie Auswahlbereiche unterschiedlich kombinieren.

Der Auswahl hinzufügen | Mit der Option HINZUFÜGEN ❺ legen Sie mehrere Auswahlen im Bild an, ohne dass vorhandene Auswahlen verschwinden. Dabei können Sie die Auswahlbereiche getrennt oder auch überlappend aufziehen.

◄◄ **Abbildung 22.7**
Mit NEU wird bei jedem Werkzeugeinsatz eine neue Auswahl erzeugt. Zur besseren Übersicht wurde die Auswahl in den Abbildungen mit dem Füllwerkzeug K eingefärbt.

◄ **Abbildung 22.8**
Mit HINZUFÜGEN bilden mehrere Auswahlen eine Einheit.

Von Auswahl subtrahieren | Mit der nächsten Schaltfläche, SUBTRAHIEREN ❻, entfernen Sie bei der zweiten Auswahl einen Bereich der ersten Auswahl. Die neue Auswahl wird hierbei aus der alten Auswahl entfernt.

Kapitel 22 Einfache Auswahlen erstellen

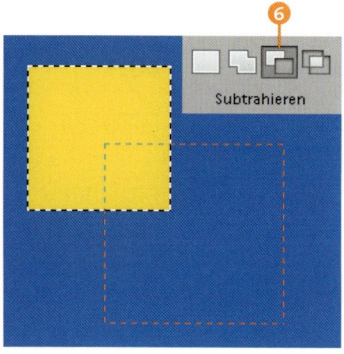

Abbildung 22.9 ▶
Mit SUBTRAHIEREN wird die neue Auswahl von der vorhandenen Auswahl abgezogen.

Schnittmenge mit Auswahl bilden | Mit der Option SCHNITTMENGE ❼ bilden überlappende Auswahlen eine Schnittmenge.

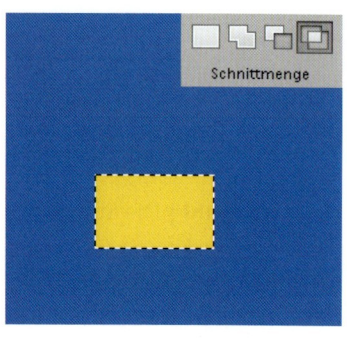

Abbildung 22.10 ▶
Mit der Option SCHNITTMENGE bleiben nur übereinanderliegende Auswahlbereiche erhalten.

Tastenbefehle für Auswahloptionen | Sie können die verschiedenen Auswahlkombinationen nicht nur mit den Schaltflächen aktivieren, sondern alternativ auch mit Tastenbefehlen.

Mauszeiger-Symbole

Wenn Sie sich nicht sicher sind, welche Auswahloption gerade aktiv ist, helfen Ihnen die kleinen Symbole am Auswahl-Cursor weiter. Ein kleines Plussymbol verweist auf die Einstellung HINZUFÜGEN, ein Minussymbol steht für SUBTRAHIEREN und ein kleines x für SCHNITTMENGE.

Tabelle 22.3 ▶
Tastenbefehle zum Verändern der Auswahlkombinationen

Vorhaben	Tasten
eine neue Auswahl erstellen (und gegebenenfalls eine vorhandene aufheben)	Auswahlwerkzeug normal verwenden
der Auswahl hinzufügen	⇧ und Auswahlwerkzeug
von Auswahl abziehen	Alt und Auswahlwerkzeug
Schnittmenge bilden	⇧ + Alt und Auswahlwerkzeug

Kapitel_22: Pfoten.jpg

22.5 Auswahlen nachbearbeiten

Haben Sie einmal eine Auswahl erstellt, können Sie sie noch weiter nachbearbeiten – zum Beispiel um sie weiter zu verfeinern. Dazu stehen Ihnen, abhängig vom verwendeten Auswahlwerkzeug, unterschiedliche Möglichkeiten zur Verfügung.

22.5.1 Weiche Kante

Standardmäßig verlaufen die Kanten zwischen der Auswahl und dem restlichen Bildbereich hart und scharf. Viele Auswahlwerkzeuge bieten einen Schieberegler WEICHE KANTE an, über den Sie einen Pixelwert eingeben können, um eine weich verlaufende Kante zu erzeugen.

In Abbildung 22.13 sehen Sie ein Beispiel. Dort habe ich eine ellipsenförmige Auswahl mit weicher Kante (hier 100 Pixel) um das Bild gezogen, die Auswahl mit AUSWAHL • AUSWAHL UMKEHREN umgekehrt und mit ⬅ den Rand gelöscht, der dann automatisch mit der eingestellten Hintergrundfarbe (hier Weiß) gefüllt wird.

▲ **Abbildung 22.11**
Option WEICHE KANTE

▲ **Abbildung 22.12**
Im Quadrat und Kreis links wurde eine harte Kante mit 0 Pixeln verwendet. Rechts wurde eine WEICHE KANTE von 10 Pixeln vergeben.

Abbildung 22.13 ▲
So wirkt sich eine weiche Kante auf Bilder aus.

Nachträglich anwenden | Sie können jederzeit nachträglich eine weiche Auswahlkante über AUSWAHL • WEICHE AUSWAHLKANTE oder [Alt]+[Strg]+[D] bzw. [Alt]+[cmd]+[F] (beim Mac) anwenden. Es öffnet sich dann ein Dialog, in dem Sie über eine Pixelanzahl angeben, wie weich die Kanten verlaufen sollen. So können Sie weiche Auswahlkanten auch bei Auswahlwerkzeugen anwenden, die keine weichen Kanten über die Werkzeugoptionen unterstützen, zum Beispiel beim Zauberstab [A].

◀ **Abbildung 22.14**
Mit diesem Dialog bekommt eine Auswahl eine weiche Auswahlkante.

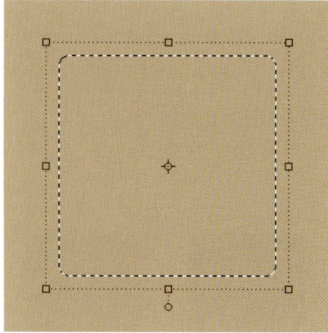

▲ Abbildung 22.15
Der harte und der weiche Auswahlbereich werden sichtbar.

▲ Abbildung 22.16
Die Option Glätten

Glättung für Montagen
Die Glättung wird auch gerne für Fotomontagen verwendet, wenn ein ausgewähltes Objekt freigestellt werden soll. Durch die Glättung fällt das einmontierte Objekt nicht so sehr als Montage auf.

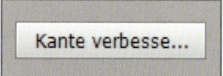

▲ Abbildung 22.17
Die Schaltfläche Kante verbessern zum Aufrufen des gleichnamigen Dialogs

Kanten sichtbar machen | Bei einer Auswahllinie erkennt man manchmal nicht gleich, ob die Auswahl eine weiche Kante hat oder nicht. Um den eigentlichen Auswahlbereich mitsamt der ursprünglichen harten und der neu hinzugekommenen weichen Kante anzuzeigen, müssen Sie nur das Verschieben-Werkzeug aufrufen [V] und zusätzlich die Begrenzungsrahmen in den Werkzeugoptionen aktivieren.

22.5.2 Glätten

Viele Auswahlwerkzeuge bieten zudem die Option Glätten an. Wenn Sie eine Auswahl glätten, werden die Farben zwischen den Auswahlkanten und dem Hintergrund miteinander verrechnet. Dadurch ist der Übergang zwischen der Auswahl und dem dahinter befindlichen Bereich nicht so »hart«. In gewisser Hinsicht lässt sich die Option Glätten mit der Option Weiche Kante vergleichen, nur dass Sie eben beim Glätten den Umfang nicht definieren können.

Überall dort, wo unregelmäßige Kanten bei der Auswahl entstanden sind, greift dieses Glätten, indem diese Bereiche mit Rundungen versehen werden. Genauer formuliert: Der Farbübergang zwischen Kantenpixeln und Hintergrundpixeln wird verwischt. Sinnvoll ist diese Option somit bei Auswahlen mit vielen Rundungen.

Ein nachträgliches Glätten, wie dies eine Weiche Kante erlaubt, ist bei einer vorhandenen Auswahl nicht möglich.

22.5.3 Kante verbessern

Einige Auswahlwerkzeuge bieten in den Werkzeugoptionen die Schaltfläche Kante verbessern an. Alternativ steht diese Funktion auch den anderen Auswahlwerkzeugen über das Menü Auswahl • Kante verbessern zur Verfügung. Mit diesem Dialog können Sie eine Auswahl noch feiner nachjustieren.

Ansicht optimieren | Wenn Sie erst einmal eine Auswahl erstellt haben und den Dialog aufgerufen haben, sollten Sie über den Ansichtsmodus zunächst die Anzeige der Auswahl einstellen. Über das Dropdown-Menü Anzeigen ❺ finden Sie eine ganze Liste mit Ansichten für Ihre Auswahl. Mit der Taste [F] können Sie diese Ansichten auch durchlaufen, und mit [X] lässt sich eine Ansicht (de-)aktivieren.

Sehr hilfreich ist hier auch, dass Sie bei aktivem Dialog auf das Zoom-Werkzeug ❶ [Z] und das Hand-Werkzeug ❷ [H] zurückgreifen können.

22.5 Auswahlen nachbearbeiten

Kantenerkennung verfeinern | Über den Bereich KANTENERKEN-NUNG können Sie die Kanten der Auswahl einblenden lassen und weiter manuell verfeinern.

Hier legt zunächst der RADIUS ❾ fest, wie breit der Bereich ist, in dem das Werkzeug überhaupt die Kantenverfeinerung durchführt. Diesen Radius können Sie sich über RADIUS ANZEIGEN ❻ anzeigen lassen. Setzen Sie außerdem ein Häkchen vor SMART-RADIUS ❽, wird der Bereich der Kantenerkennung automatisch verfeinert. Für einen Vorher-Nachher-Vergleich der Auswahl nutzen Sie die Option ORIGINAL ANZEIGEN ❼. Setzen Sie hier ein Häkchen, wird die ursprüngliche Auswahl angezeigt.

Links daneben finden Sie noch ein Radius-verbessern-Werkzeug ❸ und ein Verfeinerung-löschen-Werkzeug ❹, mit denen Sie diese Kantenerkennung auch noch nachträglich hinzu- bzw. wegmalen können.

Im Bereich KANTE ANPASSEN stehen Ihnen einige Optionen ❿ zur Verfügung, um Ihre Auswahl weiter zu verbessern:

- ABRUNDEN: Aus kantigen und gezackten Linien bei der Auswahl entstehen leicht gerundete Linien.
- WEICHE KANTE: Diese Funktion entspricht exakt der zuvor beschriebenen Option von Abschnitt 22.5.1.
- KONTRAST: Hiermit wird der Kontrast der Auswahlkante verstärkt, wodurch automatisch härtere Kanten entstehen, je mehr der Wert erhöht wird.
- KANTE VERSCHIEBEN: Mit dieser Funktion verkleinern oder erweitern Sie die Auswahlkante.

▲ **Abbildung 22.18**
Verschiedene Ansichten für Ihre Auswahl. Jede Ansicht kann auch über ein Tastenkürzel, das direkt danebensteht, erreicht werden (beispielsweise W für AUF WEISS).

Top-Hilfsmittel für Auswahlen
Der Dialog KANTE VERBESSERN wird leider häufig vernachlässigt. Dabei bieten gerade die darin enthaltenen Werzeuge mit dem Radius-verbessern-Werkzeug ❸ und Verfeinerung-löschen-Werkzeug ❹ das berühmte Tüpfelchen auf dem i, womit Sie auch Bilder mit Haaren auswählen und freistellen können. Wie dies genau funktioniert, erfahren Sie in einem separaten Workshop in Abschnitt 23.3, »Das Schnellauswahl-Werkzeug«.

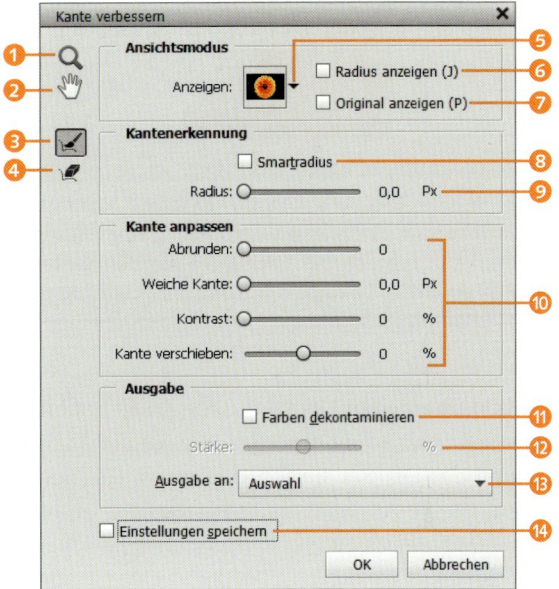

◀ **Abbildung 22.19**
Mit diesem Dialog können Sie die Kanten einer Auswahl verbessern.

573

Die Einstellung FARBEN DEKONTAMINIEREN ⑪ und der dazugehörende Regler STÄRKE ⑫ können verwendet werden, um die Farbränder bei der Auswahl zu entfernen, indem stattdessen auf Farben im umliegenden Bereich zurückgegriffen wird.

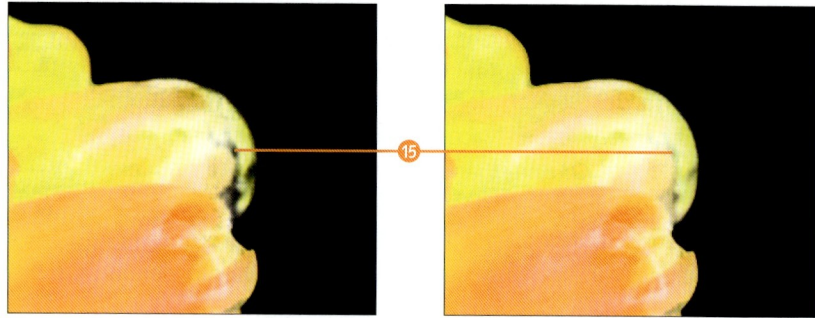

▲ **Abbildung 22.20**
In der linken Abbildung wurde die Option FARBEN DEKONTAMINIEREN nicht und in der rechten Abbildung mit 100 % STÄRKE verwendet. Dabei können Sie sehr schön sehen, wie der Wassertropfen ⑮ in der linken Abbildung durch diese Aktion in der rechten Abbildung mit der umgebenden Farbe »dekontaminiert« wurde und somit auch weicher wirkt – in diesem Fall also nicht so nützlich.

▲ **Abbildung 22.21**
Hierzu auch noch ein positives Beispiel der Option FARBEN DEKONTAMINIEREN. Im linken Bild sehen Sie eine starke Vergrößerung einer Auswahl mit weißer Auswahlmaske als Hintergrund. Die harten dunklen Kanten wurden im rechten Bild durch die Dekontaminierung mit einer STÄRKE von 100 % fast komplett beseitigt.

Die Auswahl ans Bild übergeben | Mit AUSGABE AN ⑬ finden Sie noch verschiedene sehr nützliche Optionen, wie Sie die Auswahl nach der Bestätigung des Dialogs ausgeben können. Hierbei haben Sie die Möglichkeit, die Auswahl mit EBENENMASKE, als NEUE EBENE, NEUE EBENE MIT EBENENMASKE, NEUES DOKUMENT oder NEUES DOKUMENT MIT EBENENMASKE zu öffnen.

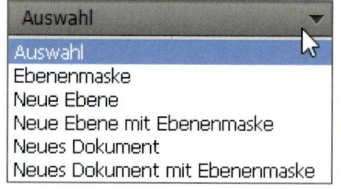

▲ **Abbildung 22.22**
Was wollen Sie mit Ihrer Auswahl machen?

22.5 Auswahlen nachbearbeiten

Wollen Sie den Dialog KANTEN VERBESSERN künftig immer mit den zuletzt gemachten Einstellungen öffnen, brauchen Sie nur ein Häkchen vor EINSTELLUNGEN SPEICHERN ⓮ zu setzen.

▲ Abbildung 22.23
Mein persönlicher Favorit ist, den nicht ausgewählten Bereich mit Schwarz oder Weiß auszublenden.

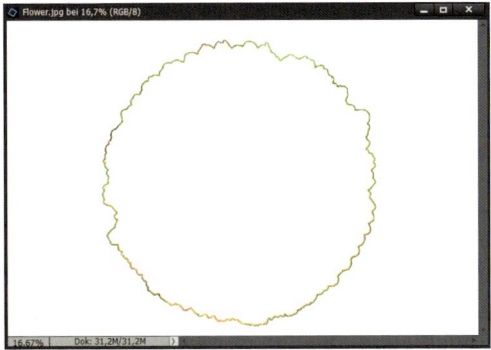

▲ Abbildung 22.24
Hier wurde die Option RADIUS ANZEIGEN aktiviert, wodurch die KANTENERKENNUNG angezeigt wird. Der RADIUS wurde auf 10 Pixel gesetzt.

22.5.4 Auswahl verändern

Vier weitere Werkzeuge finden Sie über das Menü AUSWAHL • AUSWAHL VERÄNDERN. Mit ihnen können Sie, unabhängig vom verwendeten Auswahlwerkzeug, die Auswahlen nachträglich verändern.

Umrandung | Mit UMRANDUNG erstellen Sie eine weiche und geglättete Auswahlbegrenzung. Wenn Sie die neue Auswahlbegrenzung hinzugefügt haben, sind nur noch die Pixel zwischen den beiden Auswahlbegrenzungen ausgewählt. Sie erstellen damit einen Rahmen mit einer bestimmten Breite.

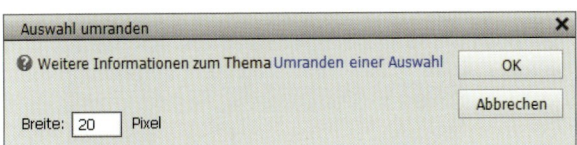

▲ Abbildung 22.25
Stärke des Rahmens um die aktuelle Auswahl festlegen

Abrunden | Mit ABRUNDEN wird im Umfeld jedes Pixels nach anderen Pixeln gesucht, die in demselben Farbbereich liegen. Die gefundenen Pixel werden dann der Auswahl hinzugefügt. Natürlich lässt sich hiermit auch eine rechteckige oder quadratische Auswahl mit abgerundeten Ecken versehen. Interessanter erscheint diese Funktion aber in Verbindung mit dem Zauberstab,

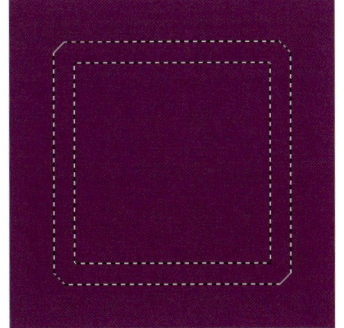

▲ Abbildung 22.26
Aus dem ursprünglich ausgewählten quadratischen Bereich wurde eine Umrandung gemacht.

575

wenn innerhalb der Auswahl einzelne Pixel immer noch nicht ausgewählt wurden.

Erweitern und Verkleinern | Mit den Befehlen ERWEITERN und VERKLEINERN vergrößern bzw. verkleinern Sie die Größe der Auswahl um einen bestimmten Pixelwert.

22.5.5 »Auswahl vergrößern« und »Ähnliches auswählen«

Der Befehl AUSWAHL VERGRÖSSERN hat nichts mit dem zuvor beschriebenen Befehl ERWEITERN zu tun. Mit AUSWAHL VERGRÖSSERN erweitern Sie eine Auswahl auf ähnliche Farbbereiche. Wenn Sie zum Beispiel mit dem Zauberstab eine Auswahl erstellt haben und jetzt den Befehl AUSWAHL • AUSWAHL VERGRÖSSERN aufrufen, werden alle benachbarten Pixel in die Auswahl aufgenommen, die in der Werkzeugoption TOLERANZ des Zauberstabs angegeben sind. Ähnlich funktioniert auch der Befehl AUSWAHL • ÄHNLICHES AUSWÄHLEN, nur dass hiermit nicht nur die benachbarten Pixel berücksichtigt werden, sondern alle Pixel im gesamten Bild, die im TOLERANZ-Bereich liegen. Um die Auswahl Stück für Stück zu erweitern, rufen Sie den Befehl mehrmals auf.

22.5.6 Auswahl transformieren

Wollen Sie eine aktive Auswahl in der Größe anpassen oder die Perspektive ändern (beispielsweise skalieren, drehen, verzerren), können Sie hierzu den Menübefehl AUSWAHL • AUSWAHL TRANSFORMIEREN aufrufen.

»Bitmap«-Modus
Die beiden Funktionen AUSWAHL VERGRÖSSERN und ÄHNLICHES AUSWÄHLEN können nicht mit Bildern im BITMAP-Modus verwendet werden.

Zum Weiterlesen
Die Transformation einer Auswahl soll an dieser Stelle nicht im Detail beschrieben werden, weil dafür mit Abschnitt 26.1, »Ebenen verschieben und transformieren«, bereits ein umfangreicher Abschnitt existiert. Nur eben mit dem Unterschied, dass dort der komplette Inhalt einer Ebene und bei den Auswahlen eben nur der Auswahlrahmen transformiert wird.

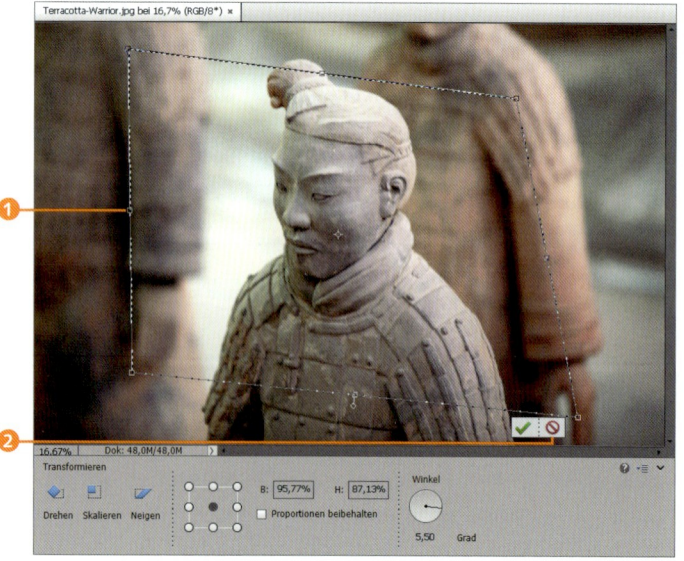

Abbildung 22.27 ▶
Hier wird gerade eine rechteckige Auswahl transformiert.

Wenn Sie dieses Werkzeug aktiviert haben, erscheinen um die Auswahl ein Transformationsrahmen ❶ und unterhalb die passenden Werkzeugoptionen. Die Auswahl können Sie mithilfe des Transformationsrahmens oder über die manuelle Eingabe der Werkzeugoptionen ändern. Die Transformation müssen Sie anschließend mit dem grünen Häkchen (oder ⏎) bestätigen oder mit dem Stoppsymbol (oder Esc) abbrechen ❷.

◀ **Abbildung 22.28**
Hier wurde einem Bild mithilfe einer transformierten Auswahl ein Rahmen mit Schlagschatten spendiert.

22.6 Auswahlen verwalten

Sie haben mühevoll eine Auswahl erstellt und würden nun gerne mit einem anderen Auswahlwerkzeug ausprobieren, ob es noch genauer geht? Vielleicht brauchen Sie diese Auswahl auch später noch einmal? Zum Glück bietet Photoshop Elements die Möglichkeit, eine Auswahl zu speichern und wieder zu laden.

22.6.1 Auswahl speichern

Um eine Auswahl zu speichern, rufen Sie Auswahl • Auswahl speichern auf, woraufhin sich ein Dialog öffnet. In der Dropdown-Liste Auswahl ❸ wird der Name der gerade benutzten Auswahldatei angezeigt. Mit Neu speichern Sie eine neue Datei. Den Namen der Datei geben Sie im Texteingabefeld Name ein. Mit OK wird die Auswahl in einem Alphakanal gesichert. Es ist durchaus möglich, mehrere Auswahlen zu speichern.

Datenformat für das Sichern von Auswahlen

Wenn Sie eine Auswahl speichern und zu einem anderen Zeitpunkt wieder laden wollen, sollten Sie die Datei in einem Format speichern, das auch Auswahlen mitspeichern kann. Hierfür kommen das TIFF- und das PSD-Format infrage. Bei gewöhnlichen JPEGs bleibt die Auswahl beim Speichern nur so lange erhalten, bis Sie das Bild schließen.

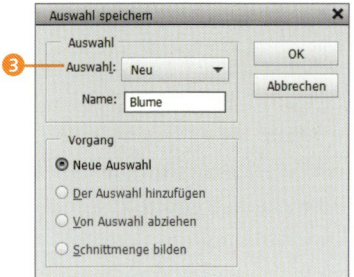

◀ **Abbildung 22.29**
Der Dialog zum Speichern einer Auswahl

22.6.2 Auswahl laden

Laden können Sie Auswahlen jederzeit über das Menü AUSWAHL • AUSWAHL LADEN. In der Dropdown-Liste AUSWAHL ❶ klicken Sie den Namen der gespeicherten Auswahl an. Mit der Checkbox UMKEHREN ❷ invertieren Sie die Auswahl gleich beim Laden.

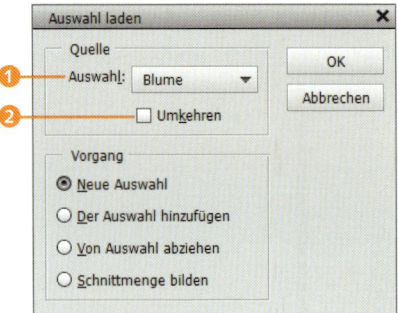

▲ Abbildung 22.30
Der Dialog zum Laden einer Auswahl

22.6.3 Auswahl löschen

Die Option AUSWAHL • AUSWAHL LÖSCHEN spricht für sich: Damit entfernen Sie eine Auswahl, die Sie über die Dropdown-Liste auswählen, wieder.

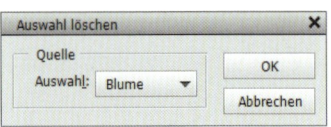

▲ Abbildung 22.31
Der Dialog zum Löschen einer gespeicherten Auswahl

22.7 Wichtige Arbeitstechniken

Bevor wir uns der Erstellung etwas komplexerer Auswahlen widmen, finden Sie hier noch einige grundlegende und unverzichtbare Arbeitstechniken, die bei allen Arten von Auswahlen nützlich sind.

22.7.1 Auswahllinie verschieben

Wollen Sie nur die Auswahllinie (Ameisenlinie) ohne den Inhalt verschieben, haben Sie die folgenden zwei Möglichkeiten (eine für die Tastatur und eine für die Maus):

▶ Um die Auswahllinie Pixel für Pixel zu verschieben, eignen sich die Pfeiltasten der **Tastatur** sehr gut. Jeder Tastendruck verschiebt dabei die Auswahllinien um einen Pixel in die Richtung des jeweils gedrückten Pfeils. Wenn Sie zusätzlich ⇧ gedrückt halten, wird die Auswahl um 10 statt um 1 Pixel verschoben.

▶ Wenn Sie die Auswahllinie mit der **Maus** verschieben wollen, verwenden Sie das Auswahlrechteck-Werkzeug und verschieben innerhalb des ausgewählten Bereichs mit gedrückt gehaltener Maustaste die Auswahllinie in einen anderen Bereich.

Auswahl aufheben

Wollen Sie eine Auswahl aufheben, können Sie dies entweder mit Esc , Strg / cmd + D oder AUSWAHL • AUSWAHL AUFHEBEN durchführen. Haben Sie aus Versehen eine Auswahl aufgehoben, lassen Sie sie mit Strg / cmd + ⇧ + D wieder anzeigen.

Exakter verschieben

Um das Verschieben mit der Maus auf die Waagerechte, Senkrechte oder auf einen 45°-Winkel einzuschränken, halten Sie während der Bewegung mit dem Mauszeiger die Taste ⇧ gedrückt.

22.7 Wichtige Arbeitstechniken

Kapitel_22: day.jpg

◄ **Abbildung 22.32**
Die verschobene Auswahllinie (hier erzeugt per Auswahlrechteck-Werkzeug)

22.7.2 Auswahlinhalt verschieben

Auch zum Verschieben des kompletten Inhalts der Auswahl verwenden Sie entweder die Maus oder die Tastatur:

▶ Wechseln Sie zum Verschieben-Werkzeug V, und betätigen Sie die Pfeiltasten auf der **Tastatur**, um den ausgewählten Inhalt in die entsprechende Richtung zu verschieben. Standardmäßig wird pro Tastendruck um je einen Pixel in die entsprechende Richtung verschoben. Mit gehaltener ⇧-Taste erhöhen Sie diesen Wert auf 10 Pixel.

Inhaltssensitives Verschieben

Wollen Sie den Inhalt einer Auswahl verschieben, ohne ein Loch als Hintergrundfarbe oder eine Transparenz zu hinterlassen, können Sie das Inhaltssensitives Verschieben-Werkzeug dafür verwenden. Das Werkzeug versucht, das Loch des verschobenen Bereichs automatisch mit dem umliegenden Bildbereich zu füllen. Das Werkzeug wird in Abschnitt 33.5 umfassender beschrieben.

◄ **Abbildung 22.33**
Wenn Sie den Inhalt einer Auswahl verschieben, entsteht ein Loch im Bild. Je nachdem, ob Sie mit einer Ebene oder mit einem Hintergrundbild arbeiten, ist der Hintergrund des Loches entweder transparent oder entspricht (wie hier) der eingestellten Hintergrundfarbe (hier Rot).

▶ Bei der Arbeit mit der **Maus** drücken Sie innerhalb der Auswahl Strg/cmd und verschieben den Auswahlinhalt mit gedrückt gehaltener linker Maustaste. Alternativ können Sie aber auch hier zum Verschieben-Werkzeug wechseln, um ebenfalls den Auswahlinhalt mit gedrückt gehaltener Maustaste zu verschieben. Auch hier bewegen Sie mit gehaltener ⇧-Taste den Auswahlinhalt exakt in die Senkrechte, Waagerechte und im 45°-Winkel.

22.7.3 Auswahlinhalt löschen

Den ausgewählten Inhalt entfernen Sie schnell mit [Entf], [←] oder mit dem Befehl BEARBEITEN • LÖSCHEN. Wie das entstehende Loch aussieht, hängt davon ab, ob Sie auf einer Ebene oder auf einer Hintergrundebene gearbeitet haben. Wie auch schon beim Verschieben erscheint das Loch transparent, wenn eine Ebene verwendet wurde, oder in der eingestellten Hintergrundfarbe, wenn ein Hintergrundbild verwendet wurde.

▲ **Abbildung 22.34**
Hier wurde die Auswahl einer Hintergrundebene gelöscht. Der gelöschte Bereich wird mit der eingestellten Hintergrundfarbe gefüllt (hier Rot).

▲ **Abbildung 22.35**
In dieser Abbildung wurde die Auswahl einer normalen Ebene gelöscht, wodurch der entfernte Bereich transparent wird.

22.7.4 Auswahl duplizieren

Um den Inhalt einer Auswahl zu duplizieren, halten Sie die [Strg]/[cmd]+[Alt]-Taste darüber gedrückt und verschieben das so erstellte Duplikat mit gehaltener Maustaste. Auch hier funktioniert der Trick mit der gehaltenen [⇧]-Taste, um die Bewegung des Verschiebens auf die Senkrechte, Waagerechte oder den 45°-Winkel zu beschränken.

Abbildung 22.36 ▶
Eine verschobene Kopie der Auswahl, die keine Ebene ist und die Sie jederzeit noch verschieben oder löschen können, solange die schwebende, duplizierte Auswahl nicht aufgehoben wurde

Beachten Sie zudem, dass bei dieser Methode, eine Auswahl zu duplizieren, keine eigene Ebene angelegt wird, wie dies beim gewöhnlichen Copy & Paste der Fall wäre. Solange Sie die schwebende, duplizierte Auswahl nicht aufheben (z. B. mit Strg/cmd+D), können Sie sie jederzeit noch verschieben oder löschen.

22.7.5 Auf neuer Ebene weiterarbeiten

Wenn Sie einen Auswahlinhalt auf eine neue Ebene bringen wollen, um dort mit ihr weiterzuarbeiten, haben Sie zwei Möglichkeiten: Entweder duplizieren Sie die Auswahl, dann liegt der ausgewählte Bereich deckungsgleich auf einer neuen Ebene. Oder Sie schneiden die Auswahl aus und fügen ihren Inhalt auf einer neuen Ebene ein.

Auswahl auf Ebene | Um eine Kopie der aktuellen Auswahl auf einer neuen Ebene einzufügen, haben Sie zwei Möglichkeiten. Beachten Sie, dass sich hierbei in Ihrem Bild zunächst nichts ändert. Die neue Ebene bzw. das Motiv der neuen Ebene liegt deckungsgleich über der Hintergrundebene.

- Verwenden Sie den Befehl EBENE • NEU • EBENE DURCH KOPIE oder die Tastenkombination Strg/cmd+J.
- Kopieren Sie die Auswahl mit BEARBEITEN • KOPIEREN oder Strg/cmd+C, und fügen Sie sie mit BEARBEITEN • EINFÜGEN oder Strg/cmd+V in eine neue Ebene ein.

Inhalt einer Auswahl in eine neue Ebene einfügen | Wollen Sie hingegen den Inhalt der Auswahl ausschneiden und in eine neue Ebene einfügen, um so das Motiv und seinen Hintergrund unabhängig voneinander zu bearbeiten, gehen Sie folgendermaßen vor:

- Verwenden Sie den Befehl EBENE • NEU • EBENE DURCH AUSSCHNEIDEN oder Strg/cmd+⇧+J.
- Schneiden Sie die Auswahl mit BEARBEITEN • AUSSCHNEIDEN oder Strg/cmd+X aus, und fügen Sie sie mit BEARBEITEN • EINFÜGEN oder Strg/cmd+V in eine neue Ebene ein.

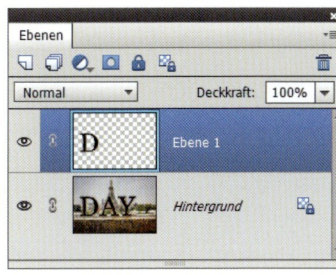

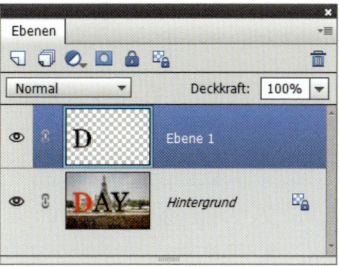

◀◀ **Abbildung 22.37**
Wenn Sie den Inhalt einer Auswahl ausschneiden und in eine neue Ebene einfügen, entsteht ein Loch im Hintergrundbild.

◀ **Abbildung 22.38**
Die Auswahl wurde als neue Ebene eingefügt.

Kapitel 23
Komplexe Auswahlen erstellen

Nachdem Sie sich nun mit den einfachen Auswahlwerkzeugen und den verschiedenen Optionen und Menübefehlen auskennen, wird es Zeit, sich an etwas komplexere Auswahlen heranzuwagen. Komplexe Auswahlen zu erstellen kann ein aufwendiger und langwieriger Prozess sein und erfordert ein gewisses Maß an Sorgfalt und Geduld. In der Praxis werden Sie hierbei häufig mehrere Auswahlfunktionen und Werkzeuge miteinander kombinieren müssen.

23.1 Die Lasso-Werkzeuge

Bei der Arbeit mit den Lasso-Werkzeugen umzeichnen Sie den Bildbereich, den Sie auswählen wollen, mit der Maus. Photoshop Elements bietet Ihnen zu diesem Werkzeug mit dem Lasso, dem Magnetischen Lasso und dem Polygon-Lasso drei Varianten an.

23.1.1 Das einfache Lasso

Das einfache Lasso ⌊L⌋ eignet sich zum Erstellen einer frei gezeichneten Auswahl. Das Werkzeug wird beim Freistellen von Objekten verwendet, um zunächst eine grobe Auswahl anzulegen, die nach und nach verfeinert werden soll. Für präzise Auswahlen eignet sich das Werkzeug eher nicht.

Werkzeugoptionen | Die allgemeinen Werkzeugoptionen des gewöhnlichen Lassos unterscheiden sich nicht von denen der geometrischen Auswahlwerkzeuge (siehe Abschnitt 22.1).

▲ Abbildung 23.1
Bei diesem Bild wurde eine grobe Auswahl mit dem Lasso gezogen.

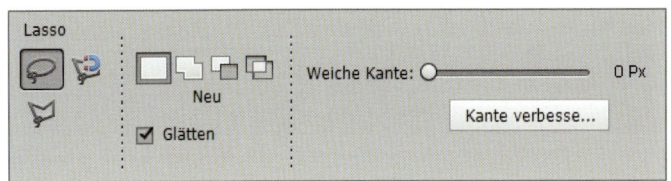

◄ Abbildung 23.2
Optionen des Lassos

Darstellung des Mauszeigers
Der Mauszeiger als Lasso-Darstellung ist Ihnen vielleicht ein wenig zu ungenau. Ändern Sie in diesem Fall seine Form, indem Sie über BEARBEITEN/PHOTOSHOP ELEMENTS EDITOR • VOREINSTELLUNGEN • ANZEIGE & CURSOR im Rahmen ANDERE WERKZEUGE die Option FADENKREUZ statt STANDARD auswählen.

Bedienung | Die Verwendung des Lassos ist recht intuitiv: Stellen Sie zunächst die gewünschten Werkzeugoptionen ein. Wenn Sie mit der Maus auf das Bild gehen, verwandelt sich der Mauszeiger in ein Lasso-Symbol. Klicken Sie jetzt auf die Position im Bild, an der die Auswahl beginnen soll. Halten Sie die linke Maustaste gedrückt, und umfahren Sie mit dem Mauszeiger das gewünschte Objekt. Hierbei können Sie sich jederzeit an der Auswahllinie (Ameisenlinie) orientieren, die beim Zeichnen angezeigt wird. An der Stelle, an der Sie die Maustaste loslassen, werden Startpunkt und Endpunkt mit einer geraden Linie verbunden.

Haben Sie die Maustaste aus Versehen losgelassen, können Sie die Auswahl auch nachträglich noch erweitern, indem Sie in den Werkzeugoptionen HINZUFÜGEN auswählen. Sie müssen bei der Auswahl mit dem Lasso ein gutes Händchen für die Maus haben, um eine saubere Auswahl zu ziehen. Mit einem Grafiktablett geht dies natürlich wesentlich leichter von der Hand als mit der Maus. Außerdem erleichtert das Hineinzoomen in das Bild die Arbeit mit dem Lasso erheblich.

Auch bei diesem Werkzeug können Sie über die Werkzeugoptionen nachträglich Bereiche der erstellten Auswahl hinzufügen, von ihr abziehen oder eine Schnittmenge bilden. Alternativ und schneller funktionieren hier die folgenden Tasten:

- ⇧, um eine vorhandene Auswahl zu vergrößern
- Alt, um etwas von der Auswahl abzuziehen
- Alt+⇧, um eine Schnittmenge zu bilden

23.1.2 Das Magnetische Lasso

Das Magnetische Lasso L  ist so etwas wie ein erweitertes normales Lasso mit Funktionen des Zauberstabs. Im Gegensatz zum normalen Lasso richtet sich das Magnetische Lasso beim Zeichnen einer Auswahlbegrenzung automatisch an den Kanten der Bildbereiche aus, über die es gezogen wird. Daher eignet sich das Magnetische Lasso besonders für schnelle Auswahlen mit möglichst präzisen Auswahlbegrenzungen von Objekten mit komplexen Kanten, die sich von der Umgebung abheben (dunkle Bereiche auf hellem Hintergrund oder umgekehrt).

Kapitel_23:
doorknocker.jpg

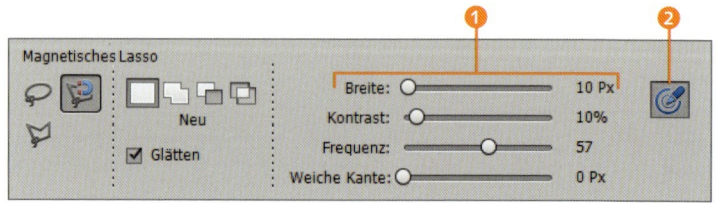

Abbildung 23.3 ▶
Dank vieler Optionen ist das Magnetische Lasso sehr flexibel einsetzbar.

Werkzeugoptionen | Im Magnetischen Lasso finden Sie neben den bereits bekannten Optionen, die ich in Abschnitt 23.1.1 beschrieben habe, vier weitere Schieberegler ❶ und eine Option für Grafiktabletts ❷.

- BREITE: Hier legen Sie den Bereich der Kantenerkennung fest. Damit erkennt das Werkzeug beim Ziehen einer Auswahl nur die Kanten, die sich innerhalb der angegebenen Breite des Zeigers befinden. Hierbei können Sie einen Pixelwert zwischen 1 und 256 eingeben. Bei Bildern, in denen sich das auszuwählende Objekt deutlich vom Rest des Bildes abhebt, können Sie einen höheren Wert angeben. Ein höherer Wert hat den Vorteil, dass Sie mit der Maus nicht so knapp am Objekt herumfahren müssen, um die gewünschte Kante auswählbar zu machen.
- KONTRAST: Hiermit legen Sie die Empfindlichkeit des Magnetischen Lassos fest. Bei einem höheren Wert werden nur die Kanten erkannt, die sich deutlich von der Umgebung abheben. Mit einem niedrigeren Wert werden kontraststärmere Kanten erkannt, worunter allerdings auch die Genauigkeit der Auswahl leiden kann. Mögliche Werte reichen hier von 1 bis 100 %.
- FREQUENZ: Je höher dieser Wert ist, desto mehr und desto schneller werden Befestigungspunkte (auch als *Ankerpunkte* bezeichnet) gesetzt. Bei geradlinigen Motiven muss die Frequenz nicht so hoch sein wie bei unebenen und kurvigen Motiven. Hierbei können Sie einen Wert zwischen 0 und 100 festlegen.

Die Option ZEICHENSTIFTBREITE ❷ ist nur für Besitzer von Grafiktabletts sinnvoll. Ist diese Option aktiviert und verwenden Sie ein Tablett, wirkt sich ein kräftigerer Druck mit dem Stift auf das Tablett auf die BREITE aus.

Bedienung | Die Handhabung des Magnetischen Lassos ist im Grunde ebenso einfach wie die des gewöhnlichen Lassos. Allerdings sollten Sie beim Magnetischen Lasso immer zuerst einen Blick auf die soeben beschriebenen Werkzeugoptionen werfen.

Um mit dem Magnetischen Lasso eine Auswahl aufzuziehen, gehen Sie zunächst mit dem Mauszeiger zum Startpunkt der Auswahl. Um die Auswahl zu starten, klicken Sie einmal und ziehen dann den Mauszeiger langsam nah (abhängig von der BREITE) an der Kante entlang (ohne die Maustaste gedrückt zu halten), bis Sie wieder am Ausgangspunkt ankommen. Um die Auswahl zu schließen, haben Sie vier Möglichkeiten:

- Klicken Sie mit dem Mauszeiger genau auf den Startpunkt.

▲ Abbildung 23.4
Ein gutes Bild für das Magnetische Lasso

Kantenerkennung anzeigen

Wollen Sie den Zeiger des Magnetischen Lassos nicht als übliches Lasso-Symbol anzeigen lassen, brauchen Sie nur die ⇧-Taste zu drücken. Dadurch wird die Werkzeugspitze als Kreis mit der vorgegebenen BREITE (Kantenerkennung) angezeigt, was eine viel bessere Kontrolle ermöglicht.

Wichtige Tastenkürzel

Zwar finden Sie in der folgenden Tabelle einen Überblick über die Tastenkürzel in Verbindung mit dem Magnetischen-Lasso-Werkzeug, aber die häufigsten und wichtigsten Kürzel dürften wohl diese sein: ← oder Entf zum Löschen des jeweils letzten Ankerpunkts, + oder − zum Hinein- oder Herauszoomen und die Leertaste, um die Bildansicht zu verschieben.

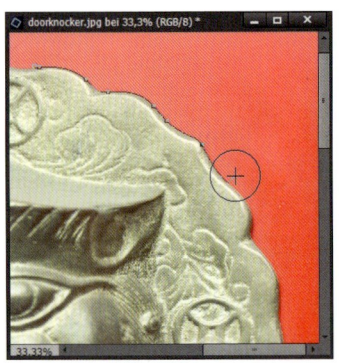

▲ **Abbildung 23.5**
Die Ankerpunkte bei der Verwendung des Magnetischen Lassos. Außerdem wurde die ⧈-Taste arretiert, um anstelle des Lasso-Symbols die Breite des Erkennungsabstands anzuzeigen.

- Doppelklicken Sie an einer beliebigen Stelle. Photoshop Elements schließt die Auswahl automatisch und versucht, selbsttätig die Kanten auf dem Weg von der letzten Mausposition bis zum Startpunkt zu finden.
- Anstelle eines Doppelklicks genügt auch ein Klick mit gehaltener [Strg]/[cmd]-Taste.
- Als vierte Möglichkeit steht Ihnen ein Druck auf [↵] zur Verfügung.

Nachkorrektur | Die verschiedenen Befestigungspunkte (bzw. Ankerpunkte) werden bei der Auswahllinie als kleine Quadrate angezeigt. Das zuletzt hinzugefügte Quadrat ist dabei immer gefüllt. Wie viele Ankerpunkte sich auf einer Auswahl befinden, hängt zunächst von der eingestellten Frequenz ab und davon, wie und wo Sie selbst geklickt haben. Diese Ankerpunkte sind wichtig, wenn Sie die Auswahl nachkorrigieren oder verbessern müssen.

- Den letzten Ankerpunkt können Sie jeweils durch Drücken von [←] oder [Entf] löschen.
- Verläuft eine Linie in die falsche Richtung und haben Sie noch keinen Ankerpunkt gesetzt, gehen Sie einfach mit dem Mauszeiger zum letzten Ankerpunkt zurück.
- Arbeitet das Werkzeug nicht genau genug, hilft nur noch das Verringern der Breite und die Erhöhung der Frequenz.
- Um noch einmal von vorn zu beginnen und alle Ankerpunkte bzw. Auswahlen zu entfernen, drücken Sie [Esc].

Das Ergebnis der Freistellung mit dem Magnetischen Lasso kann sich sehen lassen.

▲ **Abbildung 23.6**
Zum Verfeinern der Auswahl habe ich hier am Ende noch die Auswahl mit dem Auswahl verbessern-Pinsel ⧈ nachgearbeitet.

Abbildung 23.7 ▶
Hier habe ich den freigestellten Türklopfer in einen anderen Hintergrund eingefügt und das Ganze mit einem Zitat von Ramana Maharshi ergänzt.

23.1 Die Lasso-Werkzeuge

Nützliche Tastenkürzel | Ein weiteres besonderes Feature ist die Möglichkeit, Werkzeugoptionen auch während der Verwendung des Auswahlwerkzeugs zu verändern. Besonders wichtig erscheinen mir hierbei die Zoomfunktion und die Möglichkeit, die Breite des Erkennungsabstands anzuzeigen.

▼ **Tabelle 23.1**
Nützliche Tastenbefehle für das Magnetische Lasso

Vorhaben	Windows	Mac
Magnetisches Lasso aufrufen	L	L
ins Bild hineinzoomen	+	+
aus dem Bild herauszoomen	-	-
Bildansicht verschieben mit Hand-Werkzeug	Leertaste gedrückt halten	Leertaste gedrückt halten
Breite verringern	#	–
Breite erhöhen	⇧ + #	–
Frequenz verringern	Ü	–
Kantenkontrast erhöhen	?	–
kurzzeitiger Wechsel vom Magnetischen Lasso zum normalen Lasso	Alt und Maustaste gedrückt halten	Alt und Maustaste gedrückt halten
kurzzeitiger Wechsel vom Magnetischen Lasso zum Polygon-Lasso	Alt gedrückt halten und mit Klicks Liniensegmente anlegen	Alt gedrückt halten und mit Klicks Liniensegmente anlegen
Breite des Erkennungsabstands anzeigen	⇧-Taste arretieren	⇧-Taste arretieren
Vorgang abbrechen	Esc	Esc
Auswahl schließen	Doppelklicken oder Strg+Klick	Doppelklicken oder cmd+Klick

23.1.3 Das Polygon-Lasso

Das Polygon-Lasso L ist das ideale Auswahlwerkzeug, wenn die Auswahl aus mehreren geraden Linien und unterschiedlichen Winkeln besteht.

Das Bild in Abbildung 23.8 zeigt Ihnen nur eine schematische Darstellung: Die weißen Punkte sind Richtungsänderungen. Diese Punkte müssen Sie anklicken, um die alte Linie mit der neuen Linie zu verankern und um wieder eine andere Richtung einschlagen zu können.

Werkzeugoptionen | Die Werkzeugoptionen des Polygon-Lassos bieten gegenüber den anderen Lassos nichts Neues. Alle Optionen habe ich bereits in Abschnitt 23.1.1 beschrieben.

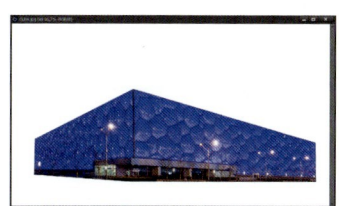

▲ **Abbildung 23.8**
Ein denkbares Objekt für das Polygon-Lasso

Abbildung 23.9 ▶
Polygon-Lasso-Optionen – die Schaltfläche KANTE VERBESSERN ist erst aktiviert, wenn Sie den Auswahlbereich geschlossen haben.

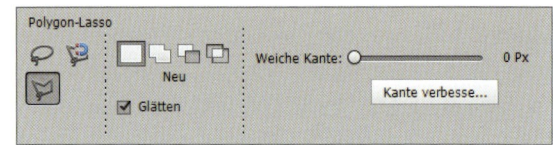

Bedienung | Gehen Sie mit der Maus ins Bild, und klicken Sie auf die gewünschte Anfangsposition des ersten geraden Segments, um den ersten Befestigungspunkt zu erstellen. Klicken Sie jetzt erneut auf das Ende des geraden Segments, wodurch eine Linie vom Anfangspunkt zum Endpunkt gezogen wird. Klicken Sie so weiter, um weitere Segmente zu erstellen. Den jeweils letzten Befestigungspunkt können Sie mit [Entf]/[←] bei Bedarf löschen.

Um den **Auswahlbereich** zu **schließen**, reicht es aus, wenn Sie wieder am Startpunkt angekommen sind. Alternativ doppelklicken Sie oder drücken die [Strg]/[cmd]-Taste und klicken, um den Auswahlbereich endgültig zu schließen.

Tabelle 23.2 ▶
Wichtige Tastenbefehle für das Polygon-Lasso

Vorhaben	Windows	Mac
Polygon-Lasso auswählen	[L]	[L]
Liniensegmente im 45°-Winkel ziehen	[⇧]	[⇧]
letzten Befestigungspunkt löschen	[Entf]	[←]
Vorgang abbrechen	[Esc]	[Esc]
kurzzeitiger Wechsel vom Polygon- zum normalen Lasso	[Alt] gedrückt halten	[Alt] gedrückt halten
Auswahlbereich schließen	Doppelklick und [Strg] + Klick	Doppelklick und [cmd] + Klick

Hinweis

Auch der eingestellte Aufnahmebereich bei der Pipette [I] hat einen entscheidenden Einfluss darauf, was alles mit einem Zauberstab-Klick aufgenommen wird. Wechseln Sie daher gegebenenfalls zur Pipette [I], und passen Sie den Aufnahmebereich an. Mehr dazu erfahren Sie im Abschnitt »Fehlerquelle Aufnahmebereich« auf Seite 385.

23.2 Der Zauberstab

Der Zauberstab [A] 🪄 ist der Auswahlspezialist für Bildbereiche mit unregelmäßigen Formen. Er wählt seine Motive anhand ähnlicher Farben aus.

Werkzeugoptionen | Neben den bereits bekannten Werkzeugoptionen aus Abschnitt 23.1.1 finden Sie hier den Schieberegler TOLERANZ ❹, den Sie bereits im Zusammenhang mit dem Füllwerkzeug kennengelernt haben. Dieser Parameter ist immer relevant, wenn Farbe im Spiel ist. Mit der TOLERANZ legen Sie fest, wie sensibel das Werkzeug auf Farbunterschiede reagieren soll. Je niedriger dieser Wert ist, desto weniger unterschiedliche Farben werden berücksichtigt. Je höher der Wert ist, desto mehr Farbabweichungen werden bei der Auswahl berücksichtigt.

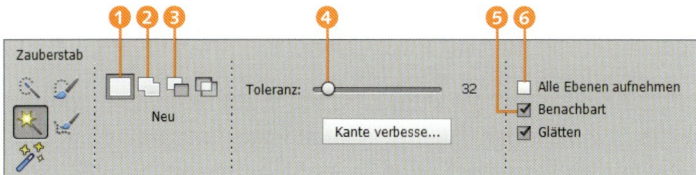

◀ **Abbildung 23.10**
Die Werkzeugoptionen für den Zauberstab

Mit der Option BENACHBART 5 wird die Auswahl des Zauberstabs gravierend verändert. Diese Option ist standardmäßig aktiviert und bewirkt, dass nur die Farben ausgewählt werden, die im benachbarten Bereich liegen. Deaktivieren Sie diese Option, werden alle Pixel im Bild ausgewählt, die im entsprechenden Farbbereich (abhängig von TOLERANZ) liegen.

Durch Aktivieren der Option ALLE EBENEN AUFNEHMEN 6 beziehen Sie die Farben aus allen Ebenen mit ein. Ist die Option deaktiviert, werden nur die Farben der aktiven Ebene ausgewählt.

Anwendungsbeispiele | Der Zauberstab ist also eher ein Spezialist, um ein Motiv anhand ähnlicher bzw. gleicher Farben auszuwählen. Hier finden Sie einige Beispiele, die Ihnen dabei helfen sollen, das Werkzeug besser zu beherrschen.

Kapitel_23:
redDoor.jpg

◀ **Abbildung 23.11**
Drei Beispiele für die Auswahl mit dem Zauberstab. Damit Sie die erstellten Auswahlen etwas besser erkennen können, habe ich sie im Endergebnis mit einer grauen Hintergrundfarbe maskiert.

Im linken Bild sehen Sie eine rote Tür mit einem roten Schild darüber. Ziel ist es, die rote Tür mit dem Zauberstab auszuwählen. Bei allen drei Beispielen daneben wurde die Einstellung NEUE AUSWAHL 1 verwendet. Im ersten Beispiel wurde die rote Tür bei einer TOLERANZ 4 von 32 ausgewählt. Bei der zweiten Auswahl wurde die TOLERANZ auf 100 erhöht, wodurch hier der rote Bereich der Tür bereits komplett ausgewählt wurde. Dieselbe Toleranz wurde dann auch noch im letzten Beispiel rechts verwendet, nur wurde hier das Häkchen vor BENACHBART 5 entfernt,

Auswahl hinzufügen/entfernen
Natürlich müssen Sie nicht zwangsläufig die Option TOLERANZ 4 oder BENACHBART 5 verwenden, um die Auswahl zu erweitern. Auch hierfür bieten sich die Optionen DER AUSWAHL HINZUFÜGEN 2 und VON AUSWAHL SUBTRAHIEREN 3 an, um weitere Bereiche zur bereits vorhandenen Auswahl hinzuzufügen oder aus ihr wieder zu entfernen.

wodurch jetzt alle zur Toleranz passenden Farbbereiche im Bild ausgewählt wurden, was nun auch das Schild darüber mit einschließt.

23.3 Das Schnellauswahl-Werkzeug

Das Schnellauswahl-Werkzeug [A] 🔍 sucht sich seine Auswahl anhand von Farben und Strukturen eines ausgewählten Bildbereichs. Im Gegensatz zum Zauberstab, der mit dem Schnellauswahl-Werkzeug vergleichbar ist, übermalen Sie mit diesem Werkzeug das Motiv zum Auswählen wie mit einem gewöhnlichen Pinsel-Werkzeug. Beim Zauberstab klicken Sie ja, und beim Lasso umzeichnen Sie den Rand. Glücklicherweise müssen Sie beim Übermalen nicht so exakt vorgehen, da das Schnellauswahl-Werkzeug die Begrenzungen automatisch erstellt.

Werkzeugoptionen | Auch hier finden Sie die Ihnen bereits bekannten Schaltflächen Neu, Hinzufügen und Subtrahieren ❶. Die Option Schnittmenge fehlt hier und macht bei diesem Werkzeug auch keinen Sinn.

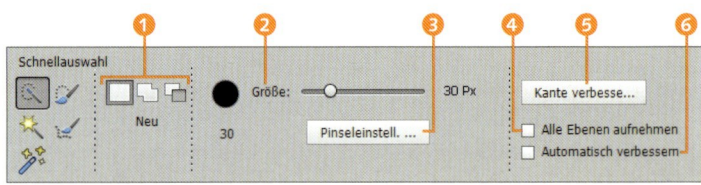

Abbildung 23.12 ▶
Die Werkzeugoptionen des Schnellauswahl-Werkzeugs

Über Grösse ❷ stellen Sie den Durchmesser ein. Mit der Schaltfläche Pinseleinstell. ❸ stellen Sie den Pinsel wie bei einem normalen Malwerkzeug ein (siehe Abschnitt 14.3, »Pinsel- und Werkzeugspitzen«). Wichtig für den Pinsel des Schnellauswahl-Werkzeugs sind allerdings vorwiegend die Grösse und die Härte der Werkzeugspitze. Die anderen Werte wie Malabstand, Winkel und Rundung sind für das Schnellauswahl-Werkzeug im Grunde irrelevant. Den Durchmesser des Pinsels verkleinern oder vergrößern Sie mit [#] bzw. mit [⇧]+[#].

Entscheidend für die Wirkung
Was beim Zauberstab die Toleranz ist, ist für das Schnellauswahl-Werkzeug die Einstellung von Grösse und Härte.

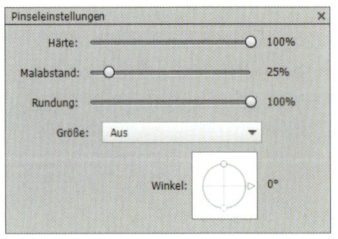

▲ **Abbildung 23.13**
Die Pinseleinstellungen für das Schnellauswahl-Werkzeug

Wenn sich die Auswahl auf alle vorhandenen Ebenen auswirken soll, aktivieren Sie die Option Alle Ebenen aufnehmen ❹. Mit Automatisch verbessern ❻ veranlassen Sie eine Weichzeichnung der Auswahl. Noch präziser steuern Sie die Auswahl über die Schaltfläche Kante verbessern ❺. Den sich daraufhin öffnenden Dialog habe ich bereits in Abschnitt 22.5.3 beschrieben.

23.3 Das Schnellauswahl-Werkzeug

Bedienung | Die Bedienung ist ebenfalls relativ einfach: Gehen Sie mit dem Mauszeiger auf das Motiv, das Sie auswählen wollen, und malen Sie es mit gedrückt gehaltener linker Maustaste aus. Sobald Sie zu malen beginnen, springt die Option von NEU auf HINZUFÜGEN um. Selbstverständlich können Sie den Bereich auch jederzeit nur durch Anklicken erweitern oder reduzieren.

Kapitel_23: Elephant.jpg, Hintergrund7.jpg, Elephant+Hintergrund.psd, Elephant+Hintergrund7.psd

 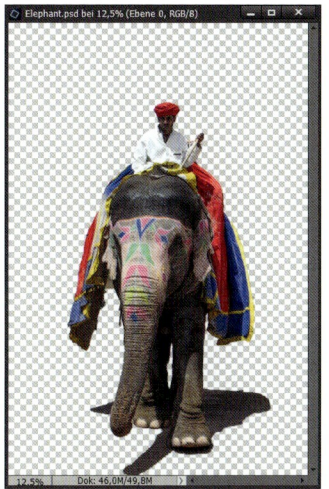

◂ **Abbildung 23.14**
Das Schnellauswahl-Werkzeug im Einsatz. Das Werkzeug eignet sich nicht nur für einfache Formen, sondern auch zur Auswahl komplexerer Formen. Dank intuitiver und automatischer Bedienung erzielen Sie hiermit in kürzester Zeit recht gute Ergebnisse. Links sehen Sie die Auswahl mit der üblichen Auswahllinie, und rechts habe ich zur Verdeutlichung eine Überlagerungsfarbe mithilfe des Dialogs KANTE VERBESSERN verwendet.

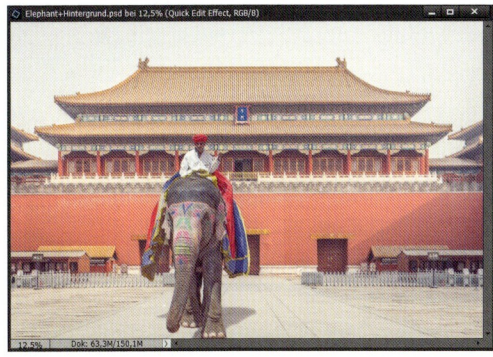 

▴ **Abbildung 23.15**
Hier habe ich den ausgewählten Elefanten mit Reiter in die Zwischenablage kopiert (BEARBEITEN • KOPIEREN) und an einem anderen und attraktiveren Ort (Hintergrund) eingefügt (BEARBEITEN • EINFÜGEN). Links wurde er vor der Verbotenen Stadt in China ausgesetzt und rechts auf der Karlsbrücke in Prag. Auf beiden Bildern wurde der Reiter kleiner skaliert.

Schritt für Schritt
Person mit Haaren auswählen und freistellen

Im folgenden Workshop erfahren Sie, wie Sie eine Person mitsamt Haaren auswählen und freistellen können. Zwar ist kein Auswahlwerkzeug in der Lage, jede Haarsträhne oder jedes winzige

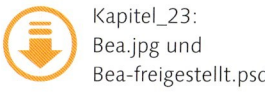

Kapitel_23:
Bea.jpg und
Bea-freigestellt.psd

Kapitel 23   Komplexe Auswahlen erstellen

▲ **Abbildung 23.16**
Dieses Fotomodell soll ausgewählt und freigestellt werden.

Detail perfekt freizustellen, aber denoch lassen sich mithilfe der Auswahlwerkzeuge und dem KANTE VERBESSERN-Dialog beachtliche Ergebnisse erzielen. In diesem Workshop geht es primär darum, dass Sie sich mit dem KANTE VERBESSERN-Dialog intensiver vertraut machen, weil dieser Dialog den Unterschied zwischen einer guten und einer sehr guten Auswahl macht. Der KANTE VERBESSERN-Dialog wurde ja bereits theoretisch in Abschnitt 22.5.3, »Kante verbessern« beschrieben.

1   Auswahl erzeugen

Laden Sie das Bild »Bea.jpg« in den Editor. Wählen Sie das Schnellauswahl-Werkzeug ⬚ [A] mit einer passenden Pinselgröße aus. Im Beispiel wurde die GRÖSSE ❸ auf 100 Pixel gestellt. Malen Sie mit dem Werkzeug über das Model, und Photoshop Elements versucht, die Konturen zu finden, und erstellt eine erste grobe Auswahl. Haben Sie zu viel ausgewählt bzw. wollen Sie den Bereich unter den Achseln entfernen, wählen Sie VON AUSWAHL SUBTRAHIEREN ❷ in der Werkzeugleiste aus bzw. halten die [Alt]-Taste gedrückt und malen über den Bereich, den Sie von der Auswahl wieder entfernen wollen. Fehlende Bereiche können Sie jederzeit mit DER AUSWAHL HINZUFÜGEN ❶ dazumalen. Für ein genaueres Arbeiten kommen Sie hier nicht um ein häufigeres Ein- und Auszoomen des Bildes mit [Strg]/[cmd]+[+] bzw. [Strg]/[cmd]+[-] herum.

Abbildung 23.17 ▶
Zunächst wird das Fotomodell mit dem Schnellauswahl-Werkzeug grob ausgewählt.

2 Kante verbessern-Dialog aufrufen

An vielen Ecken und Kanten wirkt die Auswahl immer noch grob und hart. Für feinere Details, wie beispielsweise die Haare, können Sie KANTE VERBESSERN ❸ verwenden, was Photoshop Elements in jedem Auswahlwerkzeug als Schaltfläche in den Werkzeugoptionen mit anbietet. Alternativ können Sie diesen Dialog über AUSWAHL • KANTE VERBESSERN aufrufen. Damit Sie die Auswahl besser erkennen können, sollten Sie im Dialog bei der Option ANZEIGEN ❹ eine entsprechende Auswahl treffen. Im Beispiel bietet sich zunächst die ÜBERLAGERUNG dafür an, weil Sie hiermit auch die Bereiche hinter der bereits gemachten Auswahl sehen können. Hier können Sie jederzeit zwischen den Optionen wechseln. Persönlich schalte ich hier des Öfteren zwischen ÜBERLAGERUNG und AUF WEISS bzw. AUF SCHWARZ um.

Auswahl verbessern-Pinsel
Der Auswahl verbessern-Pinsel bietet keine Schaltfläche KANTE VERBESSERN an. Allerdings bietet dieses Werkzeug eine spezielle Funktion an, die recht ähnlich arbeitet wie der KANTE VERBESSERN-Dialog. Mehr dazu erfahren Sie noch gesondert in Abschnitt 23.5, »Auswahl verbessern-Pinsel«.

◄▲ **Abbildung 23.18**
Einstellen des geeigneten Ansichtsmodus für die folgende Verbesserung der Auswahl

3 Auswahl verbessern

Passen Sie die Pinselgröße ❸ (Abbildung 23.19) des Radius-verbessern-Werkzeugs ❶ des KANTE VERBESSERN-Dialogs in der Werkzeugleiste an, und malen Sie im Bild über die Bereiche des Bildes, denen die Kanten noch recht hart sind oder in denen sich die Haare des Models befinden. Sie können gerne mit dem Werkzeug weit über den Bereich hinausmalen. Wenn Sie die Maustaste loslassen, entfernt Photoshop automatisch die Bereiche, die nicht dazugehören, und wählt ziemlich klug die Bereiche aus, die zum Bild gehören. Auch hier muss noch hinzugefügt werden, dass nicht jedes einzelne Strähnchen erfasst wird und das Ergebnis vom verwendeten Quellbild abhängt. Je detaillierter ein Hintergrund ist, umso schwieriger wird es, eine perfekte Aus-

Kantenerkennung
Wenn Sie den SMARTRADIUS aktivieren und den Regler RADIUS etwas erhöhen, kann die Auswahlkante besser an die Umgebung angepasst werden und liefert, abhängig vom auszuwählenden Motiv, oftmals ein besseres Ergebnis. Am besten probieren Sie diese Optionen einfach in der Praxis aus.

Kapitel 23 Komplexe Auswahlen erstellen

Werkzeug wechseln
Sie können jederzeit mit der Taste E zwischen dem Radius-verbessern- und Verfeinerung-löschen-Werkzeug wechseln.

Abbildung 23.19 ▼
Mit dem Radius-verbessern-Werkzeug ❶ können Sie die Details einer Auswahl ausarbeiten.

wahl zu erstellen. Daher werden Sie auch bei diesem Beispiel auf die eine oder andere Haarsträhne verzichten müssen. Im Beispiel habe ich mit dem Radius-verbessern-Werkzeug um alle Konturen des Models außen herum gemalt, weil damit die harten und ausgefransten Kanten deutlich verbessert werden.

Haben Sie an einigen Stellen zu viel ausgewählt, können Sie mit dem Verfeinerung-löschen-Werkzeug ❷ zu viel Ausgewähltes wieder entfernen und die ursprünglichen Kanten wiederherstellen.

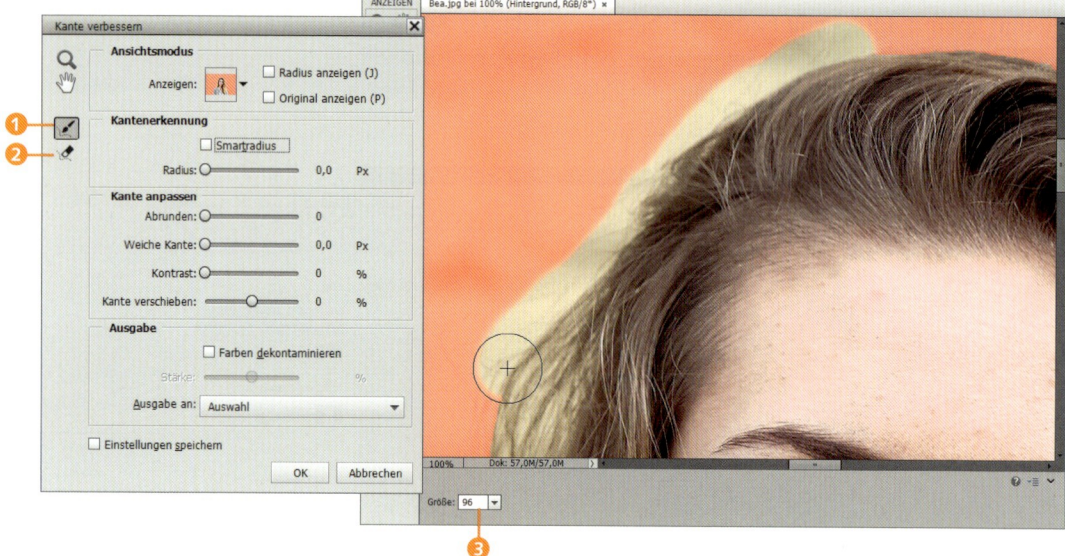

Abbildung 23.20 ▶
Auch wenn nicht jedes Strähnchen erfasst wird, ist das Ergebnis dank des Radius-verbessern- und Verfeinerung-löschen-Werkzeugs ziemlich beeindruckend. Als Anzeigemodus wurde hier Auf Weiss verwendet.

23.3 Das Schnellauswahl-Werkzeug

4 Auswahl weitergeben

Wenn Sie mit der Auswahl zufrieden sind, betätigen Sie die Schaltfläche OK, und Sie können mit der erstellten Auswahl weiterarbeiten. Alternativ können Sie über AUSGABE AN ❹ die Auswahl gleich als NEUE EBENE, NEUE EBENE MIT EBENENMASKE, NEUES DOKUMENT oder NEUES DOKUMENT MIT EBENENMASKE öffnen. Im Beispiel empfehle ich die Option NEUE EBENE MIT EBENENMASKE, weil Sie mithilfe von Ebenenmasken die Auswahl immer noch nachträglich nicht-destruktiv ändern können.

Ebenen und Ebenenmasken
An dieser Stelle zieht der Workshop mit dem Schwierigkeitsgrad etwas an, sofern Sie noch nie mit Ebenen oder Ebenenmasken zu tun hatten. Die Ebenen lernen Sie in Kapitel 24 und die Ebenenmasken in Kapitel 28 noch ausführlich kennen.

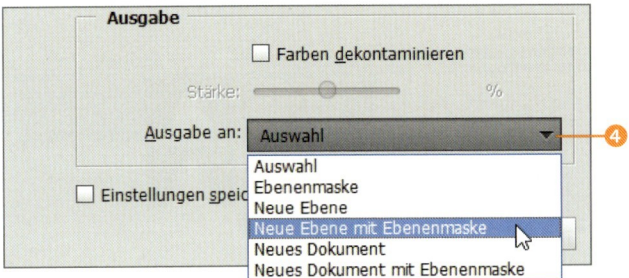

◄ **Abbildung 23.21**
Über AUSGABE AN ❹ geben Sie an, wie der ausgewählte Bereich im Fotoeditor weiter behandelt bzw. ausgegeben werden soll.

5 Ebene duplizieren und Bearbeitung abspeichern

Im Ebenen-Dialog finden Sie jetzt das Bild mit der schwarzweißen Ebenenmaske vor. Ein toller Trick, mit dem die feinen Details, wie im Beispiel die Haare, verstärkt werden, ist, die Ebene mit der Ebenenmaske zu duplizieren. Wählen Sie hierzu einfach die Ebene aus ❺, und drücken Sie [Strg]/[cmd]+[J], und die Haare und feinen Details im Bild werden mit diesem Trick verbessert. Bevor Sie weiterarbeiten, sollten Sie die Bearbeitung im PSD- oder TIFF-Format zwischenspeichern.

◄▼ **Abbildung 23.22**
Die Freistellung des Fotomodells kann sich sehen lassen.

6 Sichtbare Ebene auf eine reduzieren

Wählen Sie die oberste Ebene im Ebenen-Dialog aus ❷, und reduzieren Sie mit [Strg]/[cmd]+[E] die beiden sichtbaren Ebenen auf eine. Dabei werden Sie auch gleich gefragt, ob Sie die Ebenenmasken anwenden wollen, was Sie hier mit ANWENDEN ❶ bestätigen. Jetzt können Sie diese Ebenen beispielsweise mit [Strg]/[cmd]+[C] in die Zwischenablage kopieren und mit [Strg]/[cmd]+[V] in ein anderes geöffnetes Bild einmontieren.

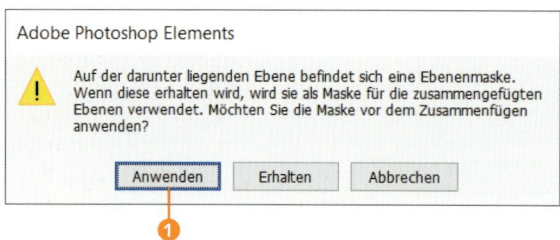

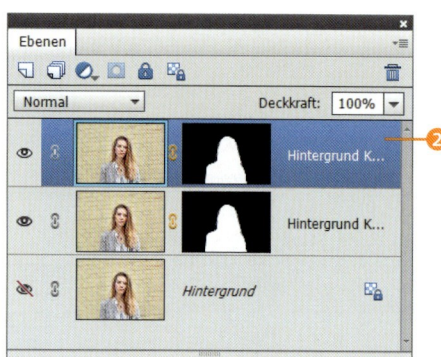

Abbildung 23.23 ▲▶
Sichtbare Ebenen auf eine reduzieren

▲ **Abbildung 23.24**
Das freigestellte Fotomodell auf der linken Seite wurde in die Zwischenablage kopiert und rechts in ein neues Bild eingefügt bzw. montiert.

Das Thema **Einfache Fotomontage mit Ebenen** wird noch gesondert in Abschnitt 26.4 behandelt und würde an dieser Stelle auf zu viele Dinge vorgreifen. Sie haben mit diesem Workshop zumindest die Grundlagen kennengelernt, wie Sie komplexere Objekte freistellen können.

23.4 Der Auswahlpinsel

Der Auswahlpinsel A befindet sich in demselben »Fach« wie das Schnellauswahl-Werkzeug und arbeitet im Grunde auch wie dieses. Auch hier müssen Sie lediglich Ihre Auswahl »aufpinseln« – mit dem Unterschied, dass beim Auswahlpinsel die Kanten nicht automatisch aufgespürt werden. Eine mit dem Auswahlpinsel aufgemalte Auswahl entspricht also exakt dem Pinselstrich.

 Kapitel_23: guardian.jpg

Ideal für Nacharbeiten

Der Auswahlpinsel macht eine gute Figur bei der Nacharbeit einer Auswahl. Wenn beispielsweise bei einer Auswahl viele ganz kleine Bereiche nicht erfasst wurden, können Sie diese einfach mit diesem Werkzeug durch Aufmalen hinzufügen (oder entfernen). Mit Einführung des Auswahl verbessern-Pinsels finden Sie eine interessante Alternative bzw. Erweiterung zum Auswahlpinsel, um nur die Auswahl nachzuarbeiten bzw. zu verbessern.

◄ **Abbildung 23.25**
Ein klassisches Beispiel für den Auswahlpinsel. Hier wurde zuvor mit dem Schnellauswahl-Werkzeug die Statue ausgewählt, aber einige feinere Details wurden dabei nicht sauber erfasst. Hier kann uns der Auswahlpinsel weiterhelfen.

Die Werkzeugoptionen | Die Standardeinstellung ❸ des Werkzeugs ist die Option HINZUFÜGEN. Wenn Sie die Auswahl reduzieren wollen, finden Sie daneben die Schaltfläche SUBTRAHIEREN. Im Dropdown-Menü ❺ wählen Sie eine der vordefinierten Pinselspitzen aus. Mit GRÖSSE ❻ stellen Sie ein, wie groß die Pinselspitze sein soll.

Wie hart die Kanten der Auswahl werden, geben Sie mit KANTENSCHÄRFE ❼ an (entspricht in etwa der Option KANTEN GLÄTTEN anderer Auswahlwerkzeuge). Je deutlicher der Wert unter 100 % liegt, desto weicher werden die Übergänge zwischen ausgewählten oder maskierten und nicht ausgewählten oder nicht maskierten Bereichen.

Pinselgröße ändern

Die GRÖSSE der Pinselspitze können Sie hierbei auch mit den Tasten # und ⇧+# verringern bzw. erhöhen.

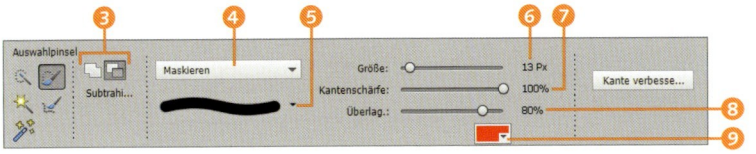

▲ **Abbildung 23.26**
Die Werkzeugoptionen des Auswahlpinsels

Auswahl- und Maskenmodus

In der Praxis wird der Auswahlmodus verwendet, um die Auswahl zu vergrößern, und der Maskenmodus, um die Auswahl zu verkleinern. In beiden Modi können Sie mit gehaltener Alt-Taste Bereiche aus der Auswahl oder Maskierung entfernen.

Mit der Dropdown-Liste ❹ stellen Sie den Modus ein und lassen diesen entweder auf Auswahl stehen, um wie gewohnt einen Auswahlbereich mit den Ameisenlinien zu erzeugen, oder Sie stellen mit dem anderen Wert Maskieren die Auswahl auf einen Maskenbereich um. Der maskierte Bereich wird in einer Überlagerungsfarbe angezeigt, die Sie über eine zusätzliche Werkzeugoption ❾ einstellen können.

Um Sie jetzt nicht zu verwirren: Der maskierte Bereich ist normalerweise der Bereich, der *nicht* ausgewählt werden soll. Sie können diesen Modus jederzeit verwenden, um die Auswahl zu verkleinern, und so zwischen den Modi Auswahl und Maskieren hin- und herschalten. Wenn Sie den Maskenmodus verwenden, finden Sie auch eine Option Überlag. ❽, mit der Sie angeben, wie stark die Überlagerungsfarbe sein soll.

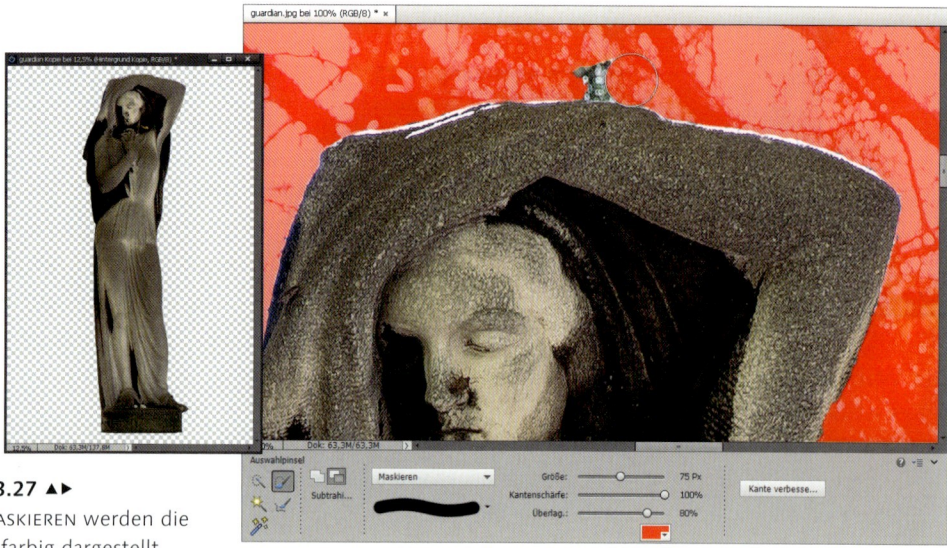

Abbildung 23.27 ▲▶
Im Modus Maskieren werden die Bereiche, die farbig dargestellt werden, nicht ausgewählt. Hier wurden die Details nachbearbeitet, die zuvor mit dem Schnellauswahl-Werkzeug nicht erfasst wurden, und anschließend freigestellt. Rechts sehen Sie das Ergebnis.

Ideal für Touchscreen
Der Auswahl verbessern-Pinsel ist auch hervorragend für Bildschirme mit einer Touchscreen-Funktion geeignet.

23.5 Auswahl verbessern-Pinsel

Ein wirklich interessantes Auswahlwerkzeug ist der Auswahl verbessern-Pinsel [A], der bei der Nachbearbeitung einer Auswahl enorm behilflich ist. Er ist dem Auswahlpinsel [A] zunächst recht ähnlich, bietet allerdings darüber hinaus noch bessere und wesentlich komfortablere Optionen, um eine Auswahl zu verfeinern.

Werkzeugoptionen | Zunächst einmal befinden sich bei den Werkzeugoptionen mit Der Auswahl hinzufügen und Von

23.5 Auswahl verbessern-Pinsel

AUSWAHL SUBTRAHIEREN die auswahltypischen Funktionen, die bestimmen, wie die Auswahl eine bereits vorhandene Auswahl verändern soll. Diese Optionen wurden bereits ausführlich in Abschnitt 22.4, »Auswahlen kombinieren«, beschrieben.

Daneben finden Sie zwei weitere Schaltflächen mit DRÜCKEN ❸ und ABRUNDEN ❷. Im Hauptfokus des Werkzeugs steht zunächst DRÜCKEN ❸ (oder auch *Push-Auswahl* genannt), womit Sie eine bereits erstellte Auswahl erweitern und verkleinern können. Ob die Auswahl bei der Verwendung des Auswahl verbessern-Pinsels erweitert oder verringert wird, hängt davon ab, ob Sie das Werkzeug innerhalb oder außerhalb der vorhandenen Auswahl verwenden.

Kante verbessern

Das Prinzip des Auswahl verbessern-Pinsels entspricht dem Radius-verbessern- und Verfeinerung-löschen-Werkzeug des KANTE VERBESSERN-Dialogs. Daher verfügt auch der Auswahl verbessern-Pinsel in den Werkzeugoptionen nicht über die Schaltfläche KANTE VERBESSERN.

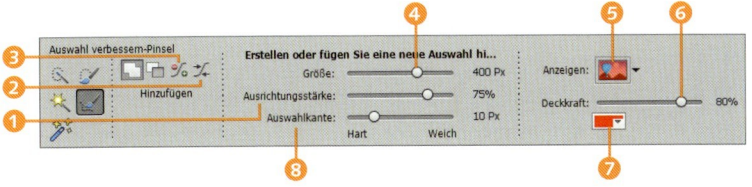

▲ Abbildung 23.29
Die Werkzeugoptionen für den Auswahl verbessern-Pinsel

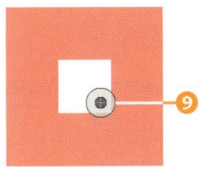

▲ Abbildung 23.28
Das Plussymbol ❾ zeigt an, dass Sie sich innerhalb der Auswahl befinden und diese erweitern können.

Wenn Sie mit der Werkzeugspitze innerhalb einer Auswahl stehen, finden Sie im dunkleren Hotspot der Werkzeugspitze ein Plussymbol ❾. Dies bedeutet, dass, wenn Sie mit dem Werkzeug hier mit gedrückt gehaltener Maustaste zu malen beginnen, die Auswahl erweitert wird. Befindet sich der dunklere Hotspot außerhalb einer Auswahl, wird darin ein Minussymbol ❿ angezeigt, und bei der Verwendung des Werkzeugs wird jetzt die Auswahl verkleinert. Wohlgemerkt, die Auswahl wird hierbei nicht einfach so vergrößert oder verkleinert, sondern das Werkzeug versucht, eine bessere Auswahl an den umliegenden Kanten des dunklen Hotspots zu finden und zu erfassen. Gehen Sie mit dem grauen Bereich der Pinselspitze über eine Auswahlkante, ist dieser Bereich leer, also ohne ein Minus- bzw. Plussymbol. In dem Fall schaltet das Werkzeug in den AUSWAHLKANTE BEARBEITEN-Modus, womit Sie feinere Details, wie beispielsweise Haare, Gras, Tierfelle usw. ausarbeiten können. Der Modus entspricht exakt dem Radius-verbessern- und Verfeinerung-löschen-Werkzeug des KANTE VERBESSERN-Dialogs, nur dass Sie hier nicht noch umständlich einen extra Dialog öffnen müssen.

Wie genau diese Kanten dabei erfasst werden sollen, können Sie mit der Option AUSRICHTUNGSSTÄRKE ❶ einstellen. Je höher der Wert ist, umso genauer werden die Kanten erfasst. Die Größe der Pinselspitze stellen Sie über die gleichnamige Option ❹ ein.

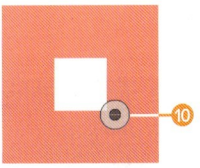

▲ Abbildung 23.30
Das Minussymbol ❿ zeigt an, dass Sie sich außerhalb der Auswahl befinden und diese reduzieren können.

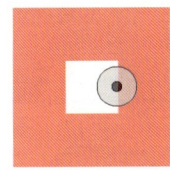

▲ Abbildung 23.31
Kein Symbol in der Mitte wird angezeigt, wenn Sie mit dem grauen Bereich des Werkzeugs über einer Auswahlkante stehen, was die Details einer Auswahl ausarbeitbar macht.

▲ Abbildung 23.32
Über ANZEIGEN können Sie eine Überlagerungsfarbe oder einfach nur AUF SCHWARZ oder AUF WEISS auswählen.

Nachdem Sie die Auswahl erstellt haben, können Sie für Feinarbeiten die Option ABRUNDEN ❷ verwenden, mit der Sie unschöne oder ausgefranste Kanten einer Auswahl verfeinern und weicher machen können.

Mit dem Schieberegler AUSWAHLKANTE ❽ legen Sie fest, wie hart (niedriger Wert) bzw. weich (hoher Wert) Sie die Details der Auswahlkante nachbearbeiten wollen, wenn Sie mit der grauen Pinselspitze direkt über der Auswahlkante entlangfahren. Mit dem Schieberegler legen Sie praktisch die Größe des grauen Bereichs der Pinselspitze fest, wenn Sie das Werkzeug mit dem Modus AUSWAHLKANTE BEARBEITEN verwenden.

Über ANZEIGEN ❺ legen Sie fest, wie der nicht ausgewählte Bereich überlagert werden soll. Hierbei können Sie entweder den Wert ÜBERLAGERUNG verwenden, woraufhin Sie dann darunter über DECKKRAFT ❻ und die Überlagerungsfarbe ❼ eine entsprechende Farbe und eben die Deckkraft der Überlagerungsfarbe festlegen können. Alternativ können Sie hier auch einfach nur AUF SCHWARZ oder AUF WEISS auswählen.

Kapitel_23:
dienen.jpg;
dienen-freigestellt.psd;
dienen-grusskarte.psd

Schritt für Schritt
Den Auswahl verbessern-Pinsel verwenden

Die Beschreibung zu diesem Werkzeug liest sich zunächst etwas kompliziert. Der folgende Workshop soll Ihnen daher zeigen, dass sich dieses Werkzeug sehr intuitiv und komfortabel verwenden lässt, wenn Sie sich damit eingehender auseinandersetzen und einiges ausprobieren. Wie immer gilt allerdings auch hier, dass Auswahlen bei komplexeren Bildern etwas mehr Fingerspitzengefühl, Erfahrung, Zeit und Geduld erfordern.

1 **Bereich auswählen**

Laden Sie das Bild »dienen.jpg« in den Fotoeditor. Zunächst sollten Sie eine erste grobe Auswahl rund um die Statue zeichnen. Welches Auswahlwerkzeug Sie hierfür verwenden, bleibt Ihnen überlassen. Sie können diese grobe Auswahl entweder mit dem Lasso-Werkzeug ⌊L⌋ 🪢 oder mit dem Schnellauswahl-Werkzeug ⌊A⌋ 🖌 erstellen.

Im Beispiel wurde die erste grobe Auswahl mit Letzterem erstellt. Ob Sie hierbei über die Statue hinaus- oder in sie hineinmalen, ist an dieser Stelle noch nicht so wichtig. Die Feinarbeiten führen Sie anschließend ohnehin mit dem Auswahl verbessern-Pinsel 🖌 durch.

▲ Abbildung 23.33
Die Statue soll mit dem neuen Auswahl verbessern-Pinsel ausgewählt und freigestellt werden.

23.5 Auswahl verbessern-Pinsel

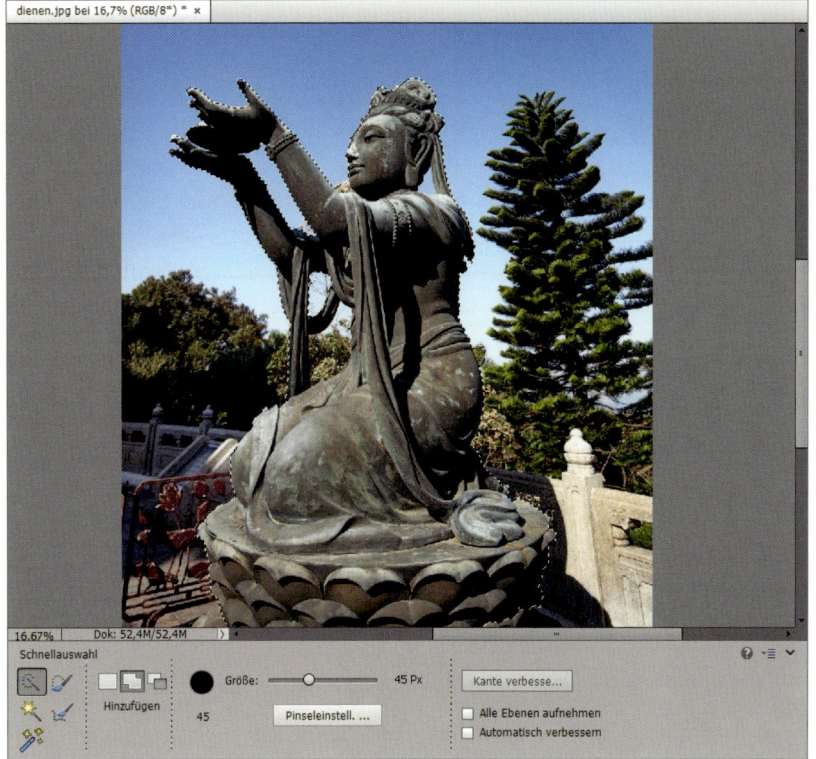

▲ **Abbildung 23.34**
Eine erste grobe Auswahl wurde erstellt.

2 Einstellungen für den Auswahl verbessern-Pinsel

Wählen Sie als Nächstes den Auswahl verbessern-Pinsel A
mit der Option DRÜCKEN ❶ aus. Anschließend müssen Sie eine
passende GRÖSSE ❷ für den Pinsel einstellen. Im Beispiel wurden
hier zunächst 100 Pixel verwendet. Die Option AUSRICHTUNGS-
STÄRKE ❸ wurde hier auf volle 100 % gestellt. Über ANZEIGEN ❹
wurde die Option ÜBERLAGERN ausgewählt und die DECKKRAFT
❺ der roten Überlagerungsfarbe ❻ auf 70 % gestellt. Sie können
sowohl Farbe als auch Überlagerung natürlich jederzeit ändern.

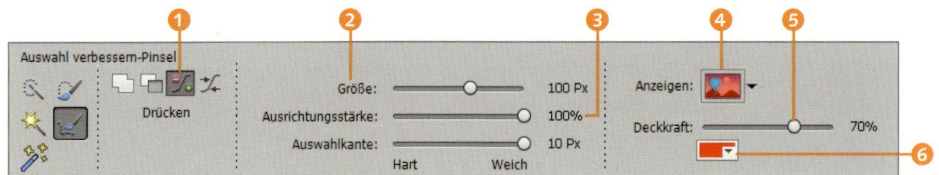

▲ **Abbildung 23.35**
Werkzeugeinstellungen vornehmen

3 Vorhandene Auswahl reduzieren

Als Erstes soll hier demonstriert werden, wie Sie zu viel Ausgewähltes einfach entfernen können. Zoomen Sie in das Bild in ei-

Kapitel 23 Komplexe Auswahlen erstellen

Plus und Minus
Merken Sie sich einfach, dass ein Minus im dunklen Hotspot bedeutet, dass Sie etwas aus einer vorhandenen Auswahl entfernen, und ein Plus im Hotspot, dass Sie etwas zu einer Auswahl hinzufügen. Der Clou bei diesem Werkzeug ist ja, dass Sie ohne Wechseln des Werkzeugs oder Betätigen irgendeiner Tastenkombination jederzeit etwas zur Auswahl hinzufügen oder aus ihr entfernen können.

nen Bereich hinein, in dem Sie zu viel ausgewählt haben. Setzen Sie die Werkzeugspitze außerhalb der Auswahllinie an, sodass Sie im dunklen Hotspot der Werkzeugspitze ein Minussymbol ❷ erkennen können. Wenn Sie jetzt mithilfe des Hotspots an der Kante der Statue malen, wird die Auswahl dort entfernt, und das Werkzeug versucht, die Kanten der Statue zu finden. Versuchen Sie nicht, mit dem Hotspot-Bereich die Statue zu berühren, weil dies das eigentliche Malwerkzeug ist und Sie somit einen Bereich innerhalb der Statue auswählen würden. Der hellere äußere Bereich der Pinselspitze ist der Bereich, in dem das Werkzeug die Kanten der Statue sucht. Hierbei kann es von Vorteil sein, wenn Sie langsam mit dem dunklen Hotspot-Bereich außerhalb der Statue zeichnen ❶. Je sauberer Sie arbeiten, desto besser wird das Ergebnis der Auswahl.

▲ **Abbildung 23.36**
Reduzieren von Auswahlbereichen

4 Hinzufügen von Auswahlbereichen

Ob Sie Auswahlbereiche in einem Schritt reduzieren bzw. hinzufügen oder alles getrennt vornehmen wollen, bleibt Ihnen überlassen. Ich habe in diesem Beispiel zunächst schon einmal die kompletten Bereiche der groben Auswahl rund um die Statue entfernt. Natürlich habe ich dabei auch den einen oder anderen Bereich innerhalb der Statue erfasst, und diese will ich jetzt dem Auswahlbereich wieder hinzufügen.

Ein- und Auszoomen
Sowohl das Anpassen als auch das Verfeinern durch Hinzufügen und Entfernen von Auswahlbereichen der Auswahl hängen natürlich auch vom verwendeten Motiv ab. Sie werden hierbei öfter hinein- und herauszoomen und die Größe der Pinselspitze entsprechend anpassen müssen.

Zoomen Sie daher auch hier erneut möglichst tief in den Bereich hinein, in dem Sie etwas der Auswahl wieder hinzufügen wollen. Bewegen Sie sich dabei innerhalb der Auswahl, sodass im dunklen Hotspot ein Plussymbol ❸ zu sehen ist. Zeichnen oder schieben Sie jetzt mit gedrückt gehaltener Maustaste diesen Auswahlbereich nach außen ❹, und achten Sie auch hier wieder darauf, dass Sie nicht mit dem dunklen Hotspot-Bereich über die Kanten der Statue zeichnen.

23.5 Auswahl verbessern-Pinsel

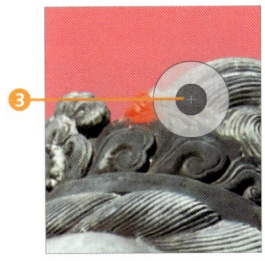

◄ **Abbildung 23.37**
Bereiche zur Auswahl hinzufügen

5 Auswahlbereich innerhalb einer Auswahl entfernen

Wenn sich innerhalb einer Auswahl ein Bereich befindet, der hier ebenfalls nicht dazugehört, können Sie diesen Bereich mit der Option VON AUSWAHL SUBTRAHIEREN ❺ entfernen.

▼ **Abbildung 23.38**
Die extrem nützliche Option VON AUSWAHL SUBTRAHIEREN ist ebenfalls vorhanden.

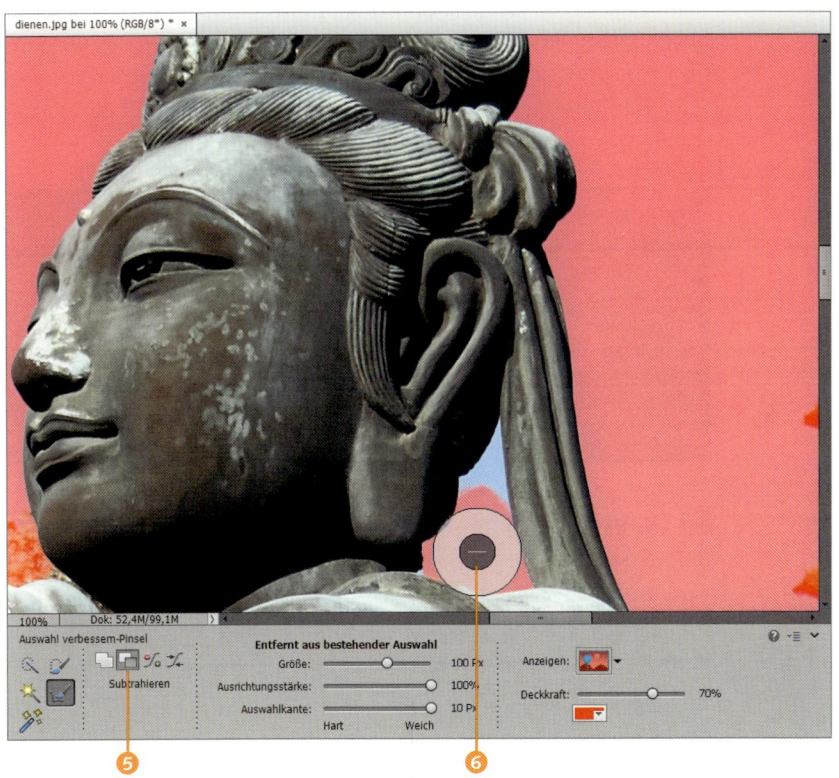

In unserem Beispiel mit der Statue befindet sich auf der linken Seite unter den Achseln ein solcher Bereich. Stellen Sie hierzu eine passende Pinselgröße (hier 100 Pixel) ein, und entfernen Sie diesen Bereich, wie bereits im dritten Arbeitsschritt gezeigt wurde, indem Sie auch hier akribisch darauf achten, nicht mit dem dunklen Hotspot-Bereich in die Bereiche der Statue hineinzuzeichnen. Es wird auch hier wieder ein Minussymbol ❻ im dunklen Hotspot-Bereich angezeigt.

Kapitel 23 Komplexe Auswahlen erstellen

Dunkler und heller Pinselbereich
Um den Auswahl verbessern-Pinsel wirklich effektiv und erfolgreich anwenden zu können, müssen Sie das Gefühl für und den Umgang mit dem dunkleren Hotspot-Bereich und dem helleren äußeren Bereich der Pinselspitze entwickeln bzw. verstehen und beherrschen. Am besten klappt dies, wenn Sie probieren, probieren und nochmals probieren.

6 Komplexere Auswahlbereiche

Auch bei kleineren Bereichen und komplexeren Details einer Auswahl arbeitet das Werkzeug erstaunlich gut. In der linken Abbildung können Sie sehen, dass die Details nicht ordentlich ausgewählt wurden ❶. Das Problem können Sie in diesem Fall dadurch beheben, dass Sie einfach mit dem dunkleren Hotspot ein wenig in diesen Bereich hineingehen ❷ und dann die Maustaste gedrückt halten, ohne dabei die Maus zu bewegen. Jetzt können Sie zusehen, wie das Werkzeug seine Arbeit tut und im helleren Bereich nach Kanten sucht, um diese der Auswahl hinzuzufügen. Das Werkzeug untersucht hierbei immer den helleren Bereich der Pinselspitze nach geeigneten Kanten, die zum dunkleren Bereich der Pinselspitze passen. Daher hängt der Erfolg, die Kanten im hellen Pinselbereich zu finden, auch von der Pinselgröße, der Option AUSRICHTUNGSSTÄRKE und natürlich vom Bildmotiv ab. Das Prinzip funktioniert natürlich auch, wenn Sie etwas aus einer Auswahl entfernen wollen.

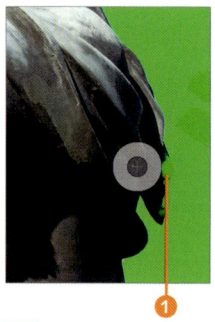 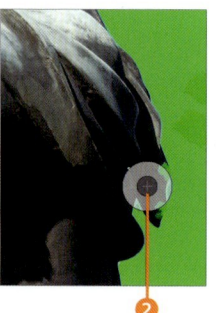 

Abbildung 23.39 ▶
Der hellere Bereich der Pinselspitze versucht bei gedrückt gehaltener Maustaste immer, die Kanten passend zum dunkleren Hotspot-Bereich zu finden. Zur besseren Übersicht wurde eine grüne Farbe verwendet.

7 Kanten glätten

Beim Erstellen einer Auswahl ist es häufig so, dass die Kanten nicht ganz weich sind. Wenn Sie das Objekt dann freistellen wollen, um es an einer anderen Stelle einzumontieren, sieht dies nicht sehr schön aus, weil die Kanten dann recht hart und gefranst aussehen. Auch dafür ist der Auswahl verbessern-Pinsel mit der Option ABRUNDEN ❸ gerüstet. Wählen Sie diese Option aus, zoomen Sie mindestens 100 % in das Bild hinein (in der folgenden Abbildung waren es gar 200 %), und überprüfen Sie die Auswahllinie. Stellen Sie eine passende Pinselgröße ein, und bügeln Sie gefranste und grobe Kanten ❹ der Auswahllinie aus, indem Sie mit ABRUNDEN darüberzeichnen. Als Endergebnis erhalten Sie eine glattere und weichere Auswahlkante ❺.

Auswahl speichern
Das Erstellen von komplexeren Auswahlen kann eine ziemlich zeitintensive Arbeit sein. Daher ist es empfehlenswert, die Auswahlen gelegentlich zur Sicherheit mit AUSWAHL • AUSWAHL SPEICHERN zu sichern.

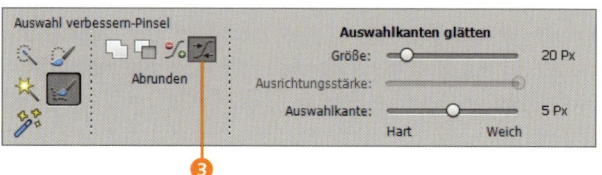

Abbildung 23.40 ▶
Mit diesen Einstellungen werden die Kanten geglättet.

23.5 Auswahl verbessern-Pinsel

◂ **Abbildung 23.41**
Auswahlkante mit der Option
ABRUNDEN ❸ glatter machen

8 Ab Arbeitsschritt 3 wiederholen

Wiederholen Sie bei Bedarf die einzelnen Vorgänge ab dem Arbeitsschritt 3 so lange, bis Sie mit der Auswahl zufrieden sind. Bedenken Sie auch hier, dass Sie jederzeit zu den anderen Auswahlwerkzeugen wechseln können. Sie können hierbei auch jederzeit den KANTE VERBESSERN-Dialog über das Menü AUSWAHL • KANTE VERBESSERN aufrufen. Dieser Dialog wurde bereits in Abschnitt 22.5.3 ausführlich beschrieben.

> **Auswahlkante bearbeiten**
> Im Angebot wäre hier noch der AUSWAHLKANTE BEARBEITEN-Modus, der aktiv wird, wenn Sie mit dem grauen Bereich direkt über der Auswahlkante stehen. Für diesen Modus finden Sie im folgenden Workshop noch ein klassisches Beispiel.

◂ **Abbildung 23.42**
Die erstellte Auswahl mit dem
Auswahl verbessern-Pinsel

9 Neues Dokument aus Auswahl

Sind Sie mit der Auswahl zufrieden, kopieren Sie anschließend die Auswahl mit [Strg]/[cmd]+[C] in die Zwischenablage. Über DATEI • NEU • BILD AUS ZWISCHENABLAGE erhalten Sie die Buddha-Statue freigestellt als neues Bild.

Kapitel 23   Komplexe Auswahlen erstellen

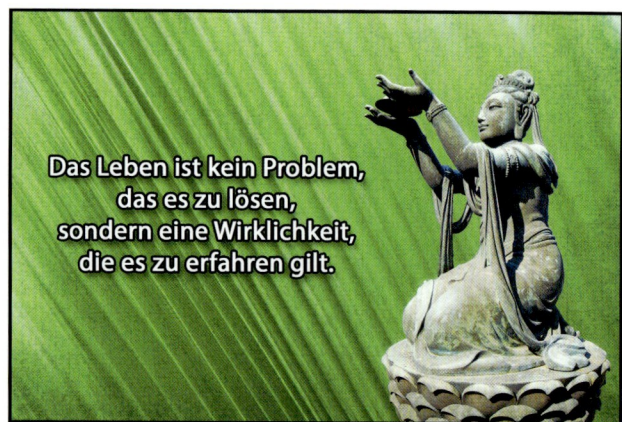

▲ **Abbildung 23.43**
Links: Die fertig freigestellte Statue können Sie nun in anderen Bildern verwenden. Rechts: Die Statue als Illustration in einer Grußkarte einmontiert

Schritt für Schritt
Person mit Haaren freistellen

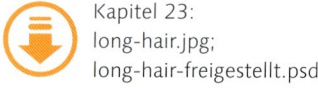
Kapitel 23:
long-hair.jpg;
long-hair-freigestellt.psd

Es liegt auf der Hand, dass ich auch einen Workshop für das Auswählen einer Person mit Haaren demonstrieren will, um den Modus Auswahlkante bearbeiten in der Praxis zu zeigen, der als komfortablere Alternative für den Kante verbessern-Dialog für die Auswahl von feinen Details gedacht ist. Haare auszuwählen ist so etwas wie die Königsdisziplin für Auswahlen, und dem soll sich der Auswahl verbessern-Pinsel nun stellen.

Abbildung 23.44 ▶
Ein erste grobe Auswahl erstellen

23.5 Auswahl verbessern-Pinsel

1 Bereich auswählen
Laden Sie das Bild »long-hair.jpg« in den Fotoeditor, und erstellen Sie eine grobe Auswahl der Dame auf dem Bild mit dem Schnellauswahl-Werkzeug [A] .

2 Auswahl verbessern-Pinsel verwenden
Als nächsten Schritt können Sie, wie im Workshop »Den Auswahl verbessern-Pinsel verwenden« auf Seite 600 in den Arbeitsschritten 2 bis 6 beschrieben wurde, die Auswahl mit dem Auswahl verbessern-Pinsel [A] erweitern, reduzieren und verfeinern.

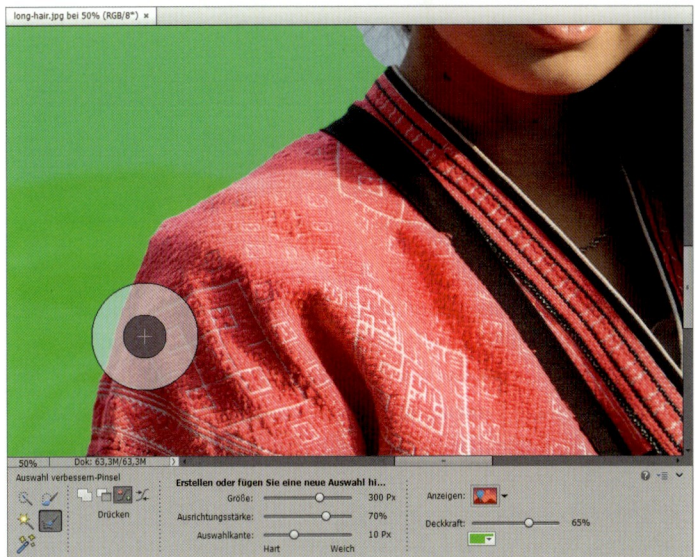

◀ **Abbildung 23.45**
Die erstellte Auswahl mit dem Auswahl verbessern-Pinsel ausarbeiten

3 Auswahlkante bearbeiten
Zum Auswählen feinerer Details, wie hier der Haare, können Sie entweder den Dialog AUSWAHL • KANTE VERBESSERN aufrufen, oder Sie verwenden den Modus AUSWAHLKANTE BEARBEITEN des Auswahl verbessern-Pinsels, wofür dieser Workshop auch gedacht ist. Über den Regler AUSWAHLKANTE ❷ (Abbildung 23.46) legen Sie fest, wie hart bzw. weich Sie die Details der Auswahlkante nacharbeiten wollen. Der maximale Wert hängt von der GRÖSSE ❸ der Pinselspitze ab. Im Beispiel wurde bei einer Pinselspitze von 200 Pixel eine weiche Auswahlkante von 15 Pixel gewählt. Wenn Sie mit der Pinselspitze des grauen Bereichs auf die Auswahlkante gehen, ist im grauen Bereich ❶ weder ein Minus- noch ein Plussymbol enthalten, und Sie befinden sich im AUSWAHLKANTE BEARBEITEN-Modus des Werkzeugs. Den Durchmesser des grauen Bereichs im Modus AUSWAHLKANTE BEARBEITEN können Sie jederzeit mit dem Regler AUSWAHLKANTE anpassen.

> **Kante verbessern**
> Dieser Dialog wurde bereits in Abschnitt 22.5.3 ausführlich beschrieben.

Kapitel 23   Komplexe Auswahlen erstellen

Abbildung 23.46 ▶
Wenn Sie mit der Pinselspitze über die Auswahlkante gehen, wird der AUSWAHLKANTE BEARBEITEN-Modus des Auswahl verbessern-Pinsels verwendet.

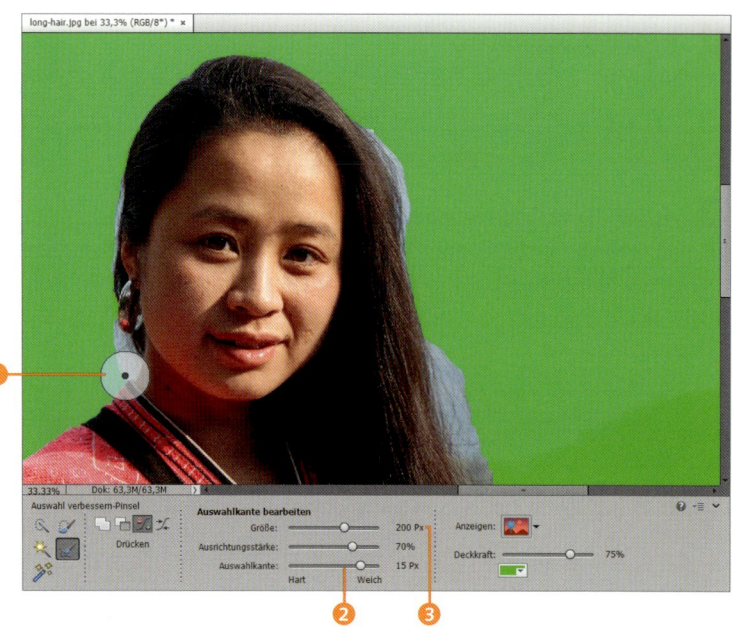

Rückgängig machen
Im Gegensatz zum Radius verbessern-Pinsel des KANTE VERBESSERN-Dialogs können Sie den Vorgang im AUSWAHLKANTE VERBESSERN-Modus des Auswahl verbessern-Pinsels mit [Strg]/[cmd]+[Z] wieder rückgängig machen und müssen nicht erst mit dem Verfeinerung-löschen-Werkzeug darübermalen.

Mit Klicken und Malen im AUSWAHLKANTE VERBESSERN-Modus werden die Details der Bereiche innerhalb der Pinselspitze feiner ausgearbeitet, so wie Sie dies schon vom Radius verbessern-Werkzeug des KANTE VERBESSERN-Dialogs her kennen. Im Beispiel wurde die Pinselspitze ❹ mit gedrückt gehaltener Maustaste um die Haare herumgezogen bzw. geklickt, wodurch die feinen Details immer mehr ausgearbeitet wurden. Der Vorgang wurde an sehr kniffligen Stellen mehrmals wiederholt. Sind Sie mit dem Ergebnis nicht zufrieden, können Sie jederzeit mit demselben Werkzeug die Bereiche zur Auswahl wieder hinzufügen bzw. entfernen, indem Sie mit dem Werkzeug wieder außerhalb der Auswahlkante gehen, um dann erneut mit dem AUSWAHLKANTE VERBESSERN-Modus die Details der Auswahl zu verbessern.

Abbildung 23.47 ▼
Im linken Bild sehen Sie den AUSWAHLKANTE VERBESSERN-Modus im Einsatz, und in der rechten Abbildung sehen Sie das Ergebnis dieses Modus. Zwischenzeitlich wurde die Überlagerung AUF WEISS geändert, um so die Details der Haare besser erkennen zu können.

608

4 Neues Dokument aus Auswahl

Sind Sie mit der Auswahl zufrieden, kopieren Sie anschließend die Auswahl mit [Strg]/[cmd]+[C] in die Zwischenablage. Über DATEI • NEU • BILD AUS ZWISCHENABLAGE erhalten Sie die Dame freigestellt als neues Bild.

◀ Abbildung 23.48
Das Endergebnis mit dem AUSWAHLKANTE VERBESSERN-Modus des Auswahl verbessern-Pinsels steht dem Dialog KANTE VERBESSERN in nichts nach und darf als komfortablere Alternative für schwierigere Details gesehen werden.

23.6 Das Automatische Auswahl-Werkzeug

Das Automatische Auswahl-Werkzeug [A] ist genau das, wonach es sich anhört. Sie erstellen hiermit zunächst eine grobe Auswahl um das Motiv herum, und die Software versucht, das Motiv innerhalb dieser Selektion automatisch auszuwählen. Am besten klappt es mit dem Werkzeug, wenn sich das Motiv etwas deutlicher vom Hintergrund abhebt. Die feinere Auswahl können Sie dann bei Bedarf mit den anderen Auswahlwerkzeugen oder dem KANTE VERBESSERN-Dialog vornehmen.

Das Automatische Auswahl-Werkzeug wurde neu mit Photoshop Elements 2018 hinzugefügt. Das Werkzeug finden Sie neben dem EXPERTE-Modus auch in einigen Funktionen des SCHNELL-Modus, wie beispielsweise HINTERGRUND ERSETZEN, wieder.

Werkzeugoptionen | Auch hier finden Sie die Ihnen bereits bekannten Schaltflächen NEU, HINZUFÜGEN und SUBTRAHIEREN ❶. Die Option SCHNITTMENGE fehlt hier und macht auch bei diesem Werkzeug keinen Sinn.

Kapitel 23 Komplexe Auswahlen erstellen

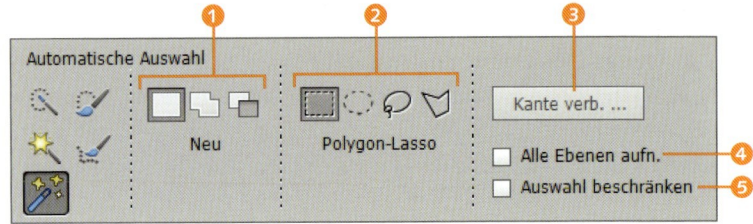

Abbildung 23.49 ▶
Die Werkzeugoptionen des Automatische Auswahl-Werkzeugs

Für die grobe Auswahl um das Motiv herum stehen Ihnen vier Optionen ❷ mit dem Rechteck, der Ellipse, dem Lasso und dem Polygon-Lasso zur Verfügung. Die Verwendung der einzelnen Optionen entspricht der Ihnen bereits bekannter Werkzeuge und muss an dieser Stelle nicht nochmals erläutert werden. Die Option RECHTECK entspricht dem Auswahlrechteck-Werkzeug, die Ellipse dem Auswahlellipse-Werkzeug, das Lasso dem Lasso-Werkzeug und das Polygon-Lasso dem Polygon-Lasso-Werkzeug.

Wenn sich die Auswahl auf alle vorhandenen Ebenen auswirken soll, aktivieren Sie die Option ALLE EBENEN AUFNEHMEN ❹. Mit AUSWAHL BESCHRÄNKEN ❺ beschränken Sie das Ergebnis auf den Inhalt des ausgewählten Bereichs. Noch präziser steuern Sie die Auswahl über die Schaltfläche KANTE VERBESSERN ❸. Den sich daraufhin öffnenden Dialog habe ich bereits in Abschnitt 22.5.3 beschrieben.

Kapitel_23:
long-hair-2.jpg

Bedienung | Die Bedienung ist ebenfalls relativ einfach: Wählen Sie eine der vier Optionen RECHTECK, ELLIPSE, LASSO oder POLYGON-LASSO, und erstellen Sie damit einen grobe Auswahl um das Motiv herum. Wenn Sie die Auswahl erstellt haben, versucht die Software, das Motiv innerhalb der Selektion zu erkennen und automatisch auszuwählen. Sobald die automatische Auswahl erstellt wurde, springt die Option von NEU auf HINZUFÜGEN um. Selbstverständlich können Sie den Bereich jederzeit erweitern oder reduzieren und mit anderen Auswahlwerkzeugen anpassen.

Schritt für Schritt
Das Automatische Auswahl-Werkzeug verwenden

Wie bereits erwähnt, arbeitet das Werkzeug am besten, wenn sich das Motiv, das Sie auswählen wollen, deutlicher vom Hintergrund abhebt. Im folgenden Workshop erfahren Sie, wie Sie mit diesem Werkzeug eine schnelle automatische Auswahl erstellen können.

1 Grobe Auswahl erstellen
Laden Sie das Bild »long-hair-2.jpg« in den Fotoeditor, und aktivieren Sie das Automatische Auswahl-Werkzeug. Wählen

23.6 Das Automatische Auswahl-Werkzeug

Sie dann die Auswahloption aus, die Sie für die grobe Auswahl verwenden wollen. Im Beispiel hebt sich die Dame recht deutlich vom Hintergrund ab, weshalb ich mich hier für die Option Rechteck ❻ entscheide. Ziehen Sie mit gedrückt gehaltener Maustaste einen Auswahlrahmen, der die Dame innen komplett erfasst.

◀ **Abbildung 23.50**
Eine grobe Auswahl um das Motiv erstellen

2 Auswahl bearbeiten

Mit der groben automatischen Auswahl wurde in diesem Beispiel schon erstaunlich genau gearbeitet. Im nächsten Schritt können Sie bei Bedarf die feineren Details mit dem Kante verbessern-Dialog oder anderen Auswahlwerkzeugen nachbearbeiten.

▲ **Abbildung 23.51**
Diese Auswahl wurde bereits mit dem Automatische Auswahl-Werkzeug erzielt. Hier muss nicht mehr viel nachbearbeitet werden.

▲ **Abbildung 23.52**
Nach ein paar Detailverbesserungen mit dem Kante verbessern-Dialog wurde das Motiv freigestellt.

▲ **Abbildung 23.53**
Das Ergebnis mit AUSWAHL BESCHRÄNKEN

Abbildung 23.54 ▶
Mit AUSWAHL BESCHRÄNKEN ❶ stellen Sie hier sicher, dass sich die automatische Auswahl auch wirklich nur mit dem selektierten Bereich der groben Auswahl beschäftigt und nicht hier die komplette Person auswählt.

Auswahl beschränken | Wenn Sie eine der vier Optionen für die grobe Auswahl beim Bild »long-hair-2.jpg« ausgewählt haben und dabei vielleicht nicht die komplette Person, sondern nur den Kopf selektiert haben, wird trotzdem die komplette Person automatisch ausgewählt. Wollen Sie dies nicht, müssen Sie die Option AUSWAHL BESCHRÄNKEN ❶ aktivieren. Dann wird nur in dem Bereich eine automatische Auswahl erstellt, den Sie bei der groben Auswahl auch wirklich selektiert haben.

23.7 Welches Auswahlwerkzeug ist das beste?

In den vorangegangenen Abschnitten haben Sie alle Auswahlwerkzeuge kennengelernt, und vielleicht stellen Sie sich nun die Frage nach dem ultimativen Auswahlwerkzeug. Die Antwort werden Sie vermutlich selbst schon kennen. Keines der Auswahlwerkzeuge ist ein Allzweckmittel, und in der Praxis werden Sie wohl eher selten mit nur einem Auswahlwerkzeug auskommen, sondern eher zwischen mehreren Auswahlwerkzeugen hin- und herschalten. Welches Werkzeug Sie letztendlich wozu verwenden, hängt dann natürlich auch noch von dem Motiv ab, das Sie ausgewählt haben. Somit kann es nur empfehlenswert sein, sich mit allen Auswahlwerkzeugen vertraut zu machen.

TEIL VIII
Ebenen

Kapitel 24
Ebenen in Photoshop Elements

In vielen Kapiteln habe ich Sie bereits auf diesen Buchteil verwiesen, und Sie können sich daher sicherlich denken, dass das Thema Ebenen sehr wichtig ist. In der Tat sind die Ebenen so etwas wie die Kreuzungen einer stark befahrenen Straße: Erst mit den Ebenen können Sie richtig flexibel und kreativ arbeiten. Ohne Ebenen wäre Ihr Grafik- und Bildbearbeitungsprogramm nur halb so vielseitig.

24.1 Das Ebenen-Prinzip

Zunächst einmal hat jedes Bild, das Sie bearbeiten, mindestens eine Ebene. Stellen Sie sich eine Ebene als eine Folie oder Glasscheibe vor, auf der etwas gezeichnet wird. Auf diese Ebene können Sie jederzeit weitere Ebenen legen. Durch die Transparenz der Ebenen (abgesehen von der Hintergrundebene) können Sie die darunterliegenden Ebenen ebenfalls sichtbar machen. Dies ist allerdings abhängig von der Deckkraft und Füllmethode der Ebenen. Auch die Reihenfolge der einzelnen Ebenen lässt sich jederzeit verändern und ist ausschlaggebend für das Gesamtbild.

Kapitel_24:
Drei-Ebenen.psd

▲ **Abbildung 24.1**
Eine Ebene liegt über der anderen.

Speichern mehrerer Ebenen
Um bei der Arbeit mit mehreren Ebenen die einzelnen Teilbilder beim Speichern zu erhalten, müssen Sie ein Dateiformat verwenden, das Ebenen unterstützt. Bei Photoshop Elements sind dies die Formate PSD und TIFF. Speichern Sie ein Dokument mit mehreren Ebenen zum Beispiel im JPEG-Format, werden die sichtbaren Ebenen automatisch auf eine (Hintergrund-)Ebene reduziert.

Für die Bearbeitung von Bildern mit Ebenen wird das Ebenen-Bedienfeld verwendet. Wird dieses Bedienfeld nicht angezeigt, können Sie es jederzeit über das Menü FENSTER • EBENEN öffnen.

Das Prinzip und der Aufbau von Ebenen sind immer recht ähnlich. Sie verwenden zunächst ein Hintergrundbild ❶. Auf dieses Hintergrundbild, das im Grunde auch nur eine Ebene ist, legen Sie jetzt weitere Ebenen, wie zum Beispiel freigestellte und transparente Bildmotive (❷ und ❸).

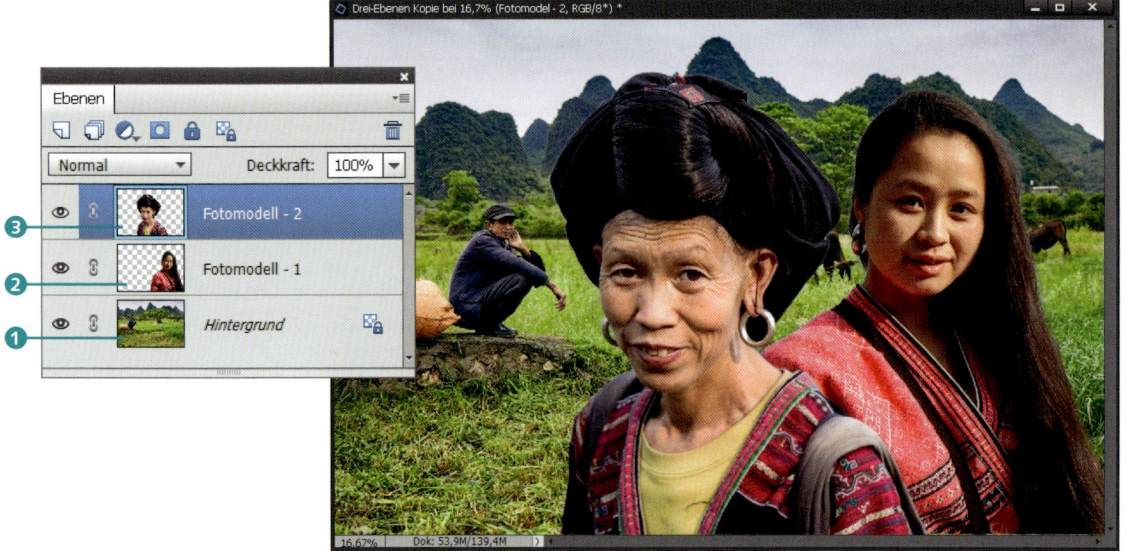

▲ **Abbildung 24.2**
Das Bild mit seinen Ebenen im Ebenen-Bedienfeld. Auf der Hintergrundebene ❶ wurde eine freigestellte Person als neue Ebene eingefügt. Über die Person ❷ wurde eine weitere freigestellte Person ❸ als dritte Ebene gelegt, womit der Eindruck entsteht, die Person stände vor der anderen Person.

Auch die Reihenfolge, wie Sie die einzelnen Ebenen anordnen, ist von Bedeutung, wenn sich einzelne Ebenen mit Transparenz überlappen. Im Beispiel wurde die Ebene mit dem »Fotomodell - 1« ❹ über die Ebene von »Fotomodell - 2« ❺ gelegt. Dadurch entsteht jetzt der Eindruck, dass sich die zweite Person vorn befände. Allerdings sieht dies, bezogen auf das Größenverhältnis der beiden Personen, jetzt etwas unrealistisch aus. In der Praxis macht es keinen Sinn, unbearbeitete Bilder mit voller Deckkraft übereinanderzulegen, weil in diesem Fall immer nur das oberste Bild sichtbar wäre. Daher werden Sie in der Regel ausschließlich freigestellte Motive oder Teile eines Bildes auf einer eigenen Ebene platzieren. Nur das unterste Bild dient gewöhnlich als Hintergrundbild.

24.2 Transparenz und Deckkraft

▲ **Abbildung 24.3**
Auch die Anordnung der Reihenfolge der einzelnen Ebenen ist entscheidend für das Endergebnis.

Hier noch ein paar wichtige Argumente, warum Sie sich mit den Ebenen befassen sollten:
- Sie können jederzeit Bildbereiche von einzelnen Ebenen nachträglich und unabhängig voneinander bearbeiten.
- Es lassen sich jederzeit einzelne Bildteile einer Komposition nachträglich von mehreren Ebenen verschieben, umordnen, verändern oder löschen.
- Auch die Eigenschaften der einzelnen Ebenen wie die Durchsichtigkeit oder Füllmethode kann jederzeit nachträglich angepasst werden.
- Sie können Ebenen jederzeit ein- bzw. ausblenden, um so verschiedene Bildteile zusammenzustellen und auszuprobieren.

24.2 Transparenz und Deckkraft

Wenn Sie mit Ebenen gestalten, ist eine Eigenschaft besonders wichtig: die Transparenz der Ebene, also ihre Durchsichtigkeit.

24.2.1 Ebenentransparenz

Sicherlich ist Ihnen schon des Öfteren bei Bildern oder im Ebenen-Bedienfeld bei der Miniatur das grau-weiße **Schachbrettmuster** aufgefallen. Dieses Muster symbolisiert die Ebenentransparenz – oder, einfacher, den durchsichtigen Teil einer Ebene.

Kapitel 24 Ebenen in Photoshop Elements

Befände sich unterhalb der Ebene eine weitere Ebene, würde der Inhalt der unteren Ebene überdeckt von der oberen Ebene angezeigt. Das Schachbrettmuster und seine Farbe können Sie über BEARBEITEN/PHOTOSHOP ELEMENTS EDITOR • VOREINSTELLUNGEN • TRANSPARENZ ändern.

Abbildung 24.4 ▲▶
Transparente Flächen des Bildes werden mit einem Schachbrettmuster angezeigt.

24.2.2 Ebenen-Deckkraft

Auch die DECKKRAFT ❶ von Ebenen lässt sich über einen Schieberegler reduzieren. Damit lassen Sie zum Beispiel Ebenen unter anderen Ebenen durchscheinen. Bei der untersten Ebene scheint so, sofern es keine Hintergrundebene ist, das grau-weiße Schachbrettmuster durch. Mit der DECKKRAFT steuern Sie die Transparenz der gesamten Ebene.

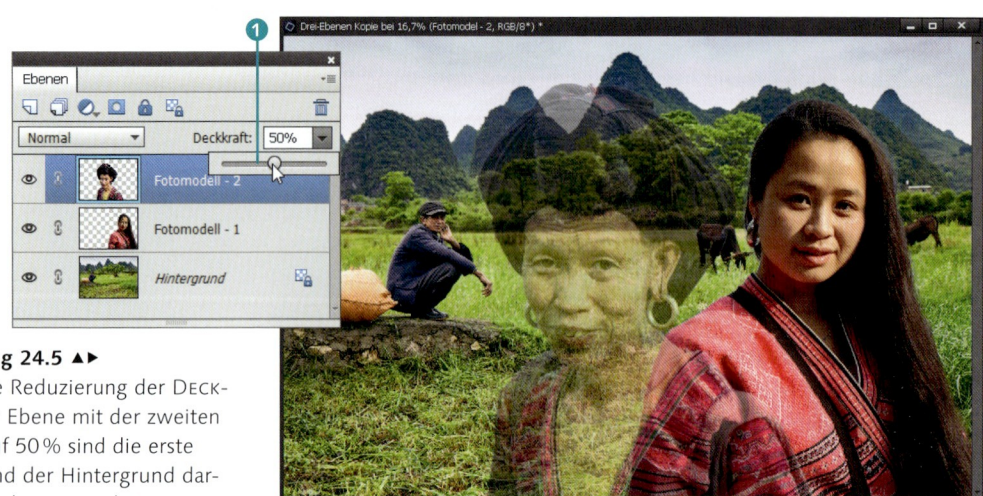

Abbildung 24.5 ▲▶
Durch die Reduzierung der DECKKRAFT der Ebene mit der zweiten Person auf 50 % sind die erste Person und der Hintergrund darunter sichtbar geworden.

24.3 Typen von Ebenen

Sie wissen bereits, dass alle Bilder in Photoshop Elements aus mindestens einer Ebene bestehen. Dabei wird zwischen verschiedenen Typen von Ebenen unterschieden, die teilweise in ihrer Verwendung und Bearbeitung different sind.

24.3.1 Hintergrundebenen

Jedes Foto, das Sie in Photoshop Elements öffnen, und jede leere Datei, die Sie neu anlegen (abgesehen von einem transparenten Hintergrundinhalt), liegen als Bild in einer Hintergrundebene vor. Dies zeigt auch schon der Name »Hintergrund« ❷ im Ebenen-Bedienfeld an.

Jedes Bild kann dabei nur eine Hintergrundebene haben. Außerdem unterscheidet sich eine Hintergrundebene von anderen Ebenen durch folgende Eigenschaften:

- Hintergrundebenen können im Ebenenstapel nicht verschoben werden und liegen immer ganz unten im Stapel.
- Hintergrundebenen können nicht transparent sein, weil sie keinen Alphakanal besitzen. Wenn Sie eine Hintergrundebene radieren oder Teile davon ausschneiden, erscheint immer die eingestellte Hintergrundfarbe aus dem Farbwahlbereich an diesen Stellen.
- Die DECKKRAFT einer Hintergrundebene kann nicht reduziert werden.

Kapitel_24: Entrance.jpg

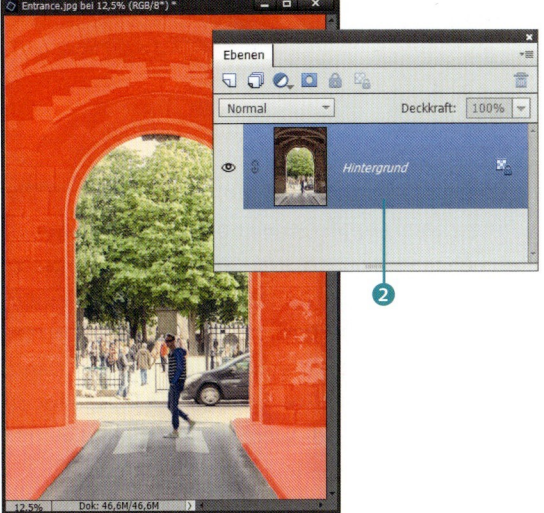

▲ **Abbildung 24.6**
Die Durchfahrt wurde ausgewählt …

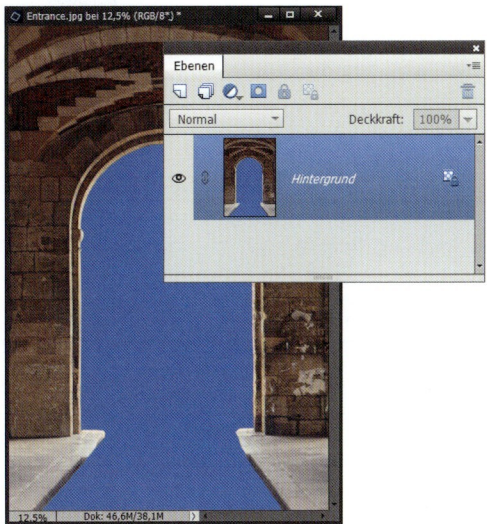

▲ **Abbildung 24.7**
… und mit `Entf`/`←` gelöscht. Dadurch wurde der Hintergrund mit der aktuell eingestellten Hintergrundfarbe (hier Blau) gefüllt.

Kapitel 24   Ebenen in Photoshop Elements

Hintergrundebene in Bildebene umwandeln | Es ist relativ einfach, aus einer Hintergrundebene eine Bildebene zu machen. Hierzu brauchen Sie nur die Hintergrundebene im Ebenen-Bedienfeld mit der rechten Maustaste anzuklicken und im Kontextmenü EBENE AUS HINTERGRUND auszuwählen. Alternativ finden Sie das Kommando über den Menüpunkt EBENE • NEU • EBENE AUS HINTERGRUND. Daraufhin öffnet sich ein Dialog, in dem Sie NAME, MODUS und DECKKRAFT der neuen Ebene eingeben können.

> **Schneller umwandeln**
> Noch einfacher und schneller geht es, wenn Sie die Hintergrundebene im Ebenen-Bedienfeld doppelklicken.

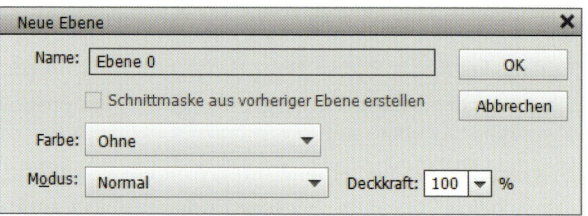

Abbildung 24.8 ▶
Neue Ebene aus Hintergrund erzeugen

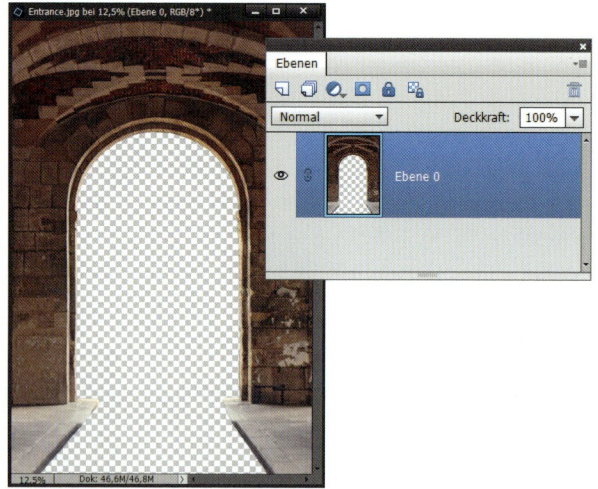

Abbildung 24.9 ▶
Wurde aus einer Hintergrundebene eine Bildebene gemacht und der ausgewählte Bereich mit `Entf`/`←` gelöscht, wird dieser Bereich jetzt transparent.

Bildebene in Hintergrundebene umwandeln | Um eine Bildebene wieder in eine Hintergrundebene umzuwandeln, wählen Sie im Menü EBENE • NEU • HINTERGRUND AUS EBENE. Grundsätzlich funktioniert dies auch über das Ebenen-Bedienfeld mit einem Rechtsklick auf die unterste Ebene und die Option AUF HINTERGRUNDEBENE REDUZIEREN im Kontextmenü – allerdings nur dann, wenn das Bedienfeld nur eine einzige Ebene enthält. Befinden sich mehrere Ebenen im Bedienfeld, werden mit diesem Befehl alle Ebenen zu einer Hintergrundebene zusammengefügt.

24.3.2   Bildebenen

Wenn von Ebenen die Rede ist, sind meistens die »normalen« Bildebenen gemeint, die in der Praxis auch am häufigsten zum

Einsatz kommen. Dieser Ebenentyp enthält von Haus aus einen Alphakanal und somit auch Transparenz.

24.3.3 Einstellungsebenen
Mehr als einmal haben Sie bereits Einstellungsebenen in diesem Buch verwendet. Die Einstellungsebenen ❶ sind unverzichtbar für die Bildkorrektur. Mit ihrer Hilfe können Sie verschiedene Korrekturen ausprobieren, ohne das Originalbild zu verändern.

Zum Weiterlesen
Die Einstellungsebenen habe ich bereits in Abschnitt 10.1.5, »Flexibel arbeiten mit Einstellungsebenen«, umfassend beschrieben.

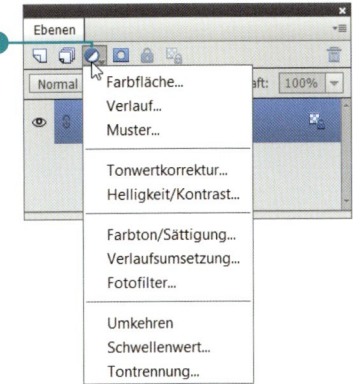

◄ **Abbildung 24.10**
Photoshop Elements bietet eine Vielzahl an Einstellungsebenen an.

24.3.4 Textebenen
Eine Textebene erkennen Sie am großen »T« ❷ im Ebenen-Bedienfeld. Sobald Sie eines der Textwerkzeuge aus der Werkzeugpalette auswählen und in das Bild klicken, legt Photoshop Elements automatisch eine solche Ebene an.

Vektoren und Pixel
Schlagen Sie in Abschnitt 6.1.2, »Vektorgrafik – die mathematische Grafik«, nach, um mehr über den Unterschied zwischen Pixeln und Vektoren zu erfahren.

◄▲ **Abbildung 24.11**
Die Textebene erkennen Sie am großen »T« ❷ in der Ebenenminiatur.

Text besteht bei Photoshop Elements aus Vektoren und nicht aus Pixeln. Der Vorteil liegt auf der Hand: Durch die mathematisch definierte Form des Textes lässt sich die Schrift verlustfrei skalieren. Lassen Sie sich also nicht abschrecken, wenn bei näherem Hereinzoomen der Text etwas »pixeliger« wirkt. Sobald Sie den Text ausdrucken, stimmt die Schärfe wieder.

24.3.5 Formebenen

Formebenen legen Sie mit den Formwerkzeugen an: Diese finden Sie im EXPERTE-Modus der Werkzeugpalette, wenn Sie die Taste U drücken. Folgende Formwerkzeuge werden angeboten:

- Eigene-Form-Werkzeug
- Rechteck-Werkzeug
- Abgerundetes-Rechteck-Werkzeug
- Ellipse-Werkzeug
- Polygon-Werkzeug
- Stern-Werkzeug
- Linienzeichner

Zum Weiterlesen
Mehr über die Formwerkzeuge können Sie in Abschnitt 38.1, »Die Formwerkzeuge im Überblick«, nachlesen.

Formebenen sind wie die Textebenen Ebenen mit mathematischen Vektorinformationen und somit stufenlos und verlustfrei skalierbar. In der Praxis werden Formebenen für einfache Logos oder für Schaltflächen auf Webseiten verwendet. Formebenen lassen sich mit Farben, Mustern oder Verläufen füllen.

Abbildung 24.12 ▶
Formebenen bestehen aus Vektorinformationen. Hier wurden gleich mehrere solcher Formen verwendet.

Kapitel 25
Das Ebenen-Bedienfeld

Bevor Sie intensiv mit Ebenentechniken arbeiten können, müssen Sie auf jeden Fall die Befehle und Steuerungsmöglichkeiten der Ebenen kennen.

25.1 Überblick über das Ebenen-Bedienfeld

Zwar stehen Ihnen hier auch mit dem Menü EBENE sämtliche Befehle zur Verfügung, aber weitaus komfortabler und schneller für das Arbeiten mit der Ebene ist das Ebenen-Bedienfeld – es ist gleichsam die Hauptsteuerzentrale. Sollten Sie das Ebenen-Bedienfeld geschlossen haben, öffnen Sie es über FENSTER • EBENEN, oder klicken Sie unten rechts im Fotoeditor auf den Button EBENEN ❶.

Kapitel_25: cover.psd

▲ **Abbildung 25.1**
Das Ebenen-Bedienfeld ein- und ausblenden

Jede Ebene wird im Ebenen-Bedienfeld in einer eigenen Zeile mit einer Miniaturvorschau, dem Namen und gegebenenfalls zusätzlichen Ebeneneigenschaften dargestellt. Zu jeder einzelnen Ebene werden auch die DECKKRAFT und die Füllmethode angezeigt.

Auch funktionsmäßig ist das Ebenen-Bedienfeld stark besetzt. Mit einem Rechtsklick auf eine Ebene öffnet sich ein Kontextmenü mit vielen Ebenenbefehlen. Am oberen Rand finden Sie außerdem die wichtigsten Befehle, die Sie auch über das Menü EBENE oder mit einem Rechtsklick erreichen, als Schaltflächen vor.

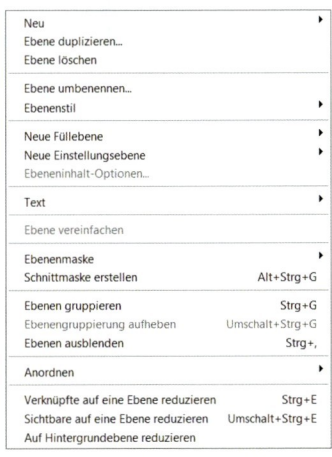

▲ **Abbildung 25.2**
Alle Befehle zu den Ebenen finden Sie im Menü EBENE. Schneller steuern Sie die Ebenen über das Ebenen-Bedienfeld.

Kapitel 25 Das Ebenen-Bedienfeld

Das Ebenen-Bedienfeld im Detail

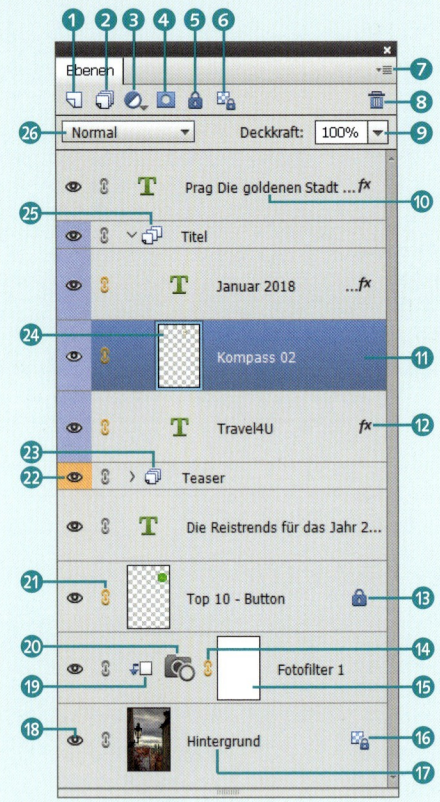

◄▼ **Abbildung 25.3**
Das Ebenen-Bedienfeld mit dazugehörigem Bild

① Neue Ebene erstellen
② Neue Gruppe erstellen
③ Einstellungsebene hinzufügen
④ Ebenenmaske hinzufügen
⑤ Alles fixieren
⑥ Transparente Pixel fixieren
⑦ Bedienfeldmenü aufrufen
⑧ Ebene löschen
⑨ Deckkraft der Ebenenpixel
⑩ Ebenenname
⑪ Aktive Ebene
⑫ Ebene mit Ebenenstil
⑬ Ebene ist komplett fixiert
⑭ Verknüpfung zwischen Ebenenmaske und Ebene
⑮ Ebenenmaske
⑯ Ebene ist teilweise fixiert
⑰ Hintergrundebene
⑱ Sichtbarkeit der Ebene
⑲ Ebene mit Schnittmaske
⑳ Einstellungsebene
㉑ Die Ebenen sind verknüpft
㉒ Ebene mit Farbmarkierung
㉓ Ebenengruppierung (Zugeklappt)
㉔ Ebenenminiatur mit transparentem Objekt
㉕ Ebenengruppierung (Aufgeklappt)
㉖ Füllmethode der aktiven Ebene

Auf den folgenden Seiten finden Sie einen Überblick über das Ebenen-Bedienfeld. Ich empfehle Ihnen daher, die Datei »cover.psd« in den Fotoeditor zu laden, um sich selbst mit dem Bedienfeld in der Praxis vertraut zu machen.

25.2 Ebenen auswählen

Sobald Sie mit mehr als einer Ebene arbeiten, ist es wichtig, vor dem Ausführen einer Funktion oder der Arbeit mit einem Werkzeug die gewünschte Ebene auszuwählen.

25.2.1 Aktuell bearbeitete Ebene

Bei Bildern mit vielen Ebenen wird es schnell unübersichtlich; daher müssen Sie immer wissen, welche Ebene im Augenblick aktiv ist. Dies ist besonders wichtig bei der Bearbeitung von Ebenen, weil sich die Arbeiten meistens auf diese aktive Ebene auswirken. Im Ebenen-Bedienfeld erkennen Sie an der blauen Markierung ❷, welche Ebene bearbeitet wird. Auch die Bildtitelleiste ❶ gibt Auskunft, welche Ebene im Augenblick aktiv ist.

▼ **Abbildung 25.4**
Das Ebenen-Bedienfeld und der Bildtitel geben Auskunft darüber, welche Ebene im Augenblick bearbeitet wird.

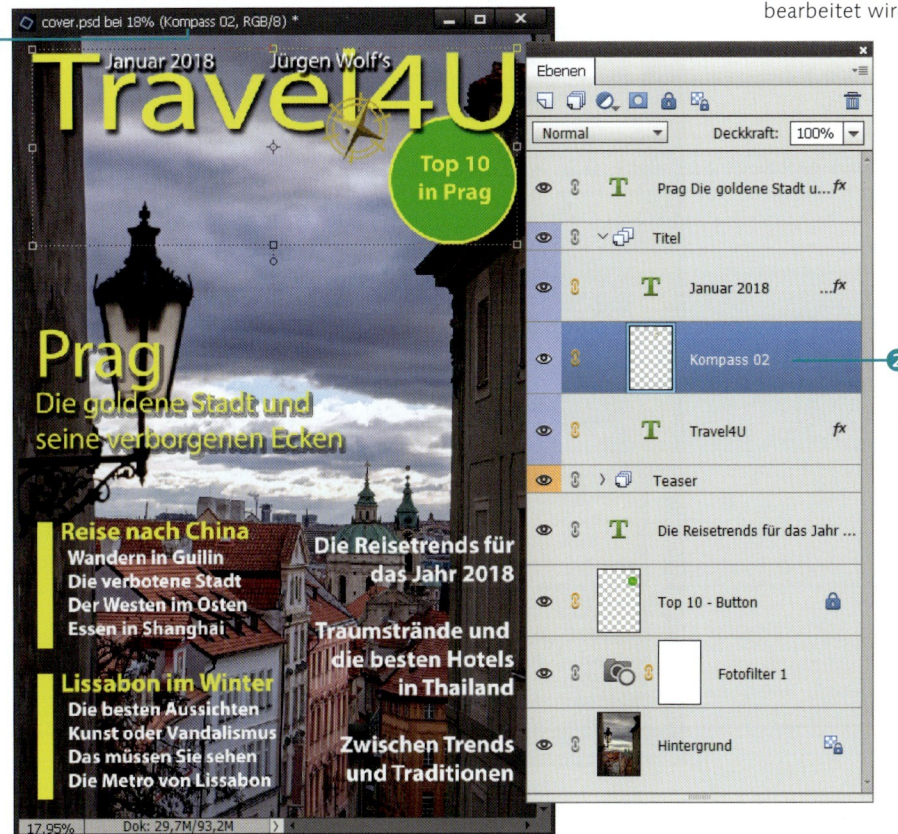

25.2.2 Ebene auswählen

Um eine Ebene auszuwählen, gibt es mehrere Möglichkeiten:
▶ Die gängigste Methode dürfte das Auswählen der entsprechenden Ebene im Ebenen-Bedienfeld per Mausklick sein ❷.

Kapitel 25 Das Ebenen-Bedienfeld

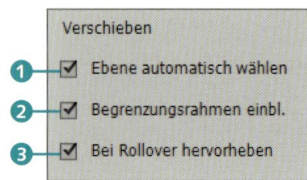

▲ **Abbildung 25.5**
Einige Werkzeugoptionen des Verschieben-Werkzeugs, die Ihnen beim Auswählen von Ebenen helfen

- Mit den Tastenkombinationen [Alt]+[+] und [Alt]+[-] wechseln Sie eine Ebene höher bzw. tiefer. Mit den Tastenkombinationen [Alt]+[.] und [Alt]+[,] springen Sie direkt die oberste bzw. unterste Ebene an.
- Sie können auch eine Ebene mit dem Verschieben-Werkzeug [V] direkt im Bild auswählen, wenn die Werkzeugoption EBENE AUTOMATISCH WÄHLEN ❶ aktiviert ist. Wenn hierbei die Werkzeugoption BEGRENZUNGSRAHMEN EINBL. ❷ aktiv ist, wird beim Auswählen (Anklicken mit der Maus) einer Ebene der Begrenzungsrahmen eingeblendet. Und ist die dritte Option BEI ROLLOVER HERVORHEBEN ❸ aktiviert, wird ein blauer Rahmen um die Ebene angezeigt, wenn Sie mit dem Mauscursor über der Ebene stehen. Standardmäßig sind alle drei Werkzeugoptionen aktiviert.

Abbildung 25.6 ▶
Hier wird die Ebene »Travel4U« mit dem Verschieben-Werkzeug angewählt. Den blauen Rahmen ❹ sehen Sie, wenn Sie mit dem Mauszeiger über der Ebene stehen (Option BEI ROLLOVER HERVORHEBEN) …

Abbildung 25.7 ▶
… und hier wurde die Ebene »Travel4U« jetzt mit dem Verschieben-Werkzeug angeklickt und ist somit ausgewählt (auch im Ebenen-Dialog) (Option BEGRENZUNGSRAHMEN EINBLENDEN).

25.2.3 Auswahlen aus Ebenenpixeln erstellen

Manchmal ist es nötig, aus einer Ebene eine Auswahl zu erstellen. Auch hierfür bietet das Ebenen-Bedienfeld eine einfache Möglichkeit: Wenn Sie in einer Ebene alle deckenden Pixel auswählen wollen, klicken Sie einfach mit gehaltener [Strg]/[cmd]-Taste auf die Ebenenminiatur des Ebenen-Bedienfeldes. Der Mauszeiger wird hierbei zu einer Hand mit leerem Quadrat ❺. Mit einem einzigen Klick werden jetzt alle deckenden Pixel ausgewählt.

Um weitere Pixel von anderen Ebenen können Sie die Auswahl ausweiten, indem Sie [Strg]/[cmd]+[⇧] gedrückt halten. Im Quadrat des Mauszeigers finden Sie dann passend dazu ein Plussymbol. Klicken Sie jetzt erneut auf eine weitere transparente Ebenenminiatur, wird die Auswahl damit erweitert.

Analog verkleinern Sie den Auswahlbereich mit der gehaltenen Tastenkombination [Strg]/[cmd]+[Alt] auf einer Ebenenminiatur. Auch hierbei ändert sich der Inhalt des Quadrats im Mauszeiger in ein Minussymbol.

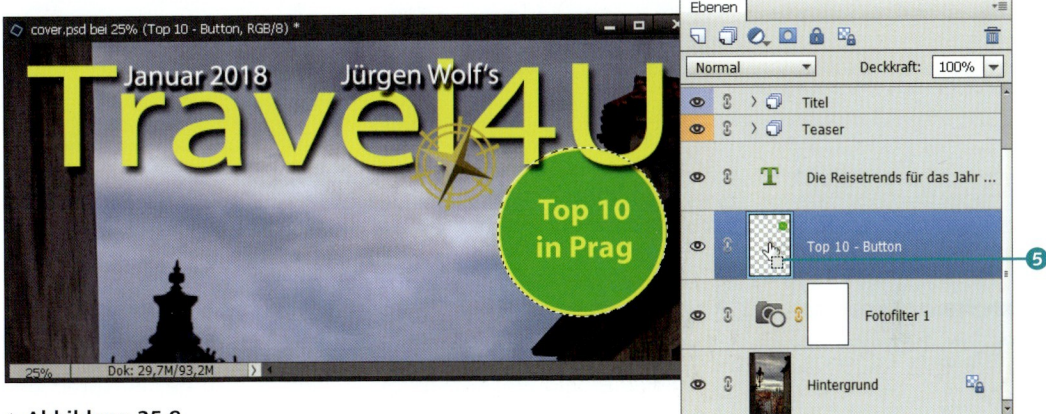

▲ **Abbildung 25.8**
Einfach und effektiv werden mit einem Klick alle deckenden Pixel (sichtbaren Bildteile) einzelner Ebenen ausgewählt. Im Beispiel wurden die deckenden Pixel der Ebene »Top 10« ausgewählt, um eine Kontur um die Ebene zu ziehen.

25.2.4 Mehrere Ebenen auswählen

Manchmal ist es notwendig, mehrere Ebenen auf einmal zu bearbeiten. Damit ist es möglich, verschiedene Arbeitsschritte wie zum Beispiel ein Verschieben, Transformieren, Ausrichten oder diverse Effekte auf mehreren Ebenen gleichzeitig durchzuführen. Hierzu bieten sich folgende Optionen an:

▶ Über das Menü Auswahl • Alle Ebenen aktivieren Sie alle Ebenen im Ebenen-Bedienfeld auf einmal. Das Gegenstück zum gleichzeitigen Deaktivieren aller Ebenen ist Auswahl • Ebenenauswahl aufheben.

Pixeloperationen
Beachten Sie allerdings, dass sich Pixeloperationen wie Malen, Retusche und Bildkorrekturen immer nur auf eine aktive Ebene anwenden lassen. Versuchen Sie dennoch, mit dem Pinsel zu malen, quittiert Photoshop Elements dies mit einem Warnhinweis und bricht Ihre Aktion ab.

- Mit AUSWAHL • ÄHNLICHE EBENEN wählen Sie Ebenen eines bestimmten Typs (siehe Abschnitt 24.3) aus. Wollen Sie zum Beispiel alle Textebenen auswählen, markieren Sie mindestens eine Textebene und rufen AUSWAHL • ÄHNLICHE EBENEN auf.
- Natürlich funktioniert hierbei auch die Auswahl mit der gedrückt gehaltenen Strg/cmd-Taste im Ebenen-Bedienfeld, wenn Sie beliebige Ebenen auswählen wollen. Um aufeinanderfolgende Ebenen zu aktivieren, können Sie beim Auswählen auch ⇧ gedrückt halten. Klicken Sie zum Beispiel bei gedrückter ⇧-Taste die erste und die letzte Ebene an, haben Sie automatisch auch sämtliche Ebenen dazwischen ausgewählt.

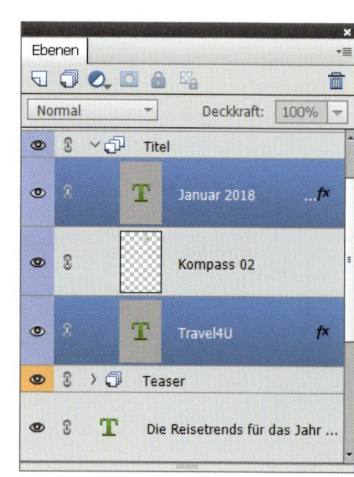

Abbildung 25.9 ▶
Aufeinanderfolgende Ebenen werden mit gehaltener ⇧-Taste ausgewählt, beliebige Ebenen wählen Sie mit gehaltener Strg/cmd-Taste aus (rechts).

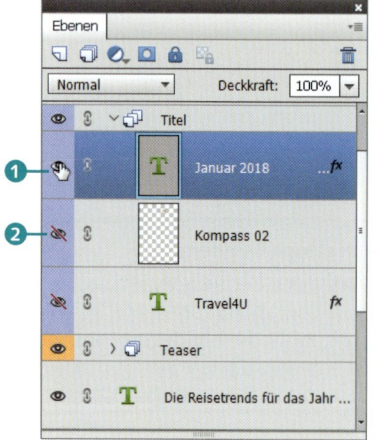

▲ **Abbildung 25.10**
Mit einem Klick auf das Augensymbol ❶ blenden Sie Ebenen aus und ein.

25.2.5 Sichtbarkeit der Ebenen

Ob eine Ebene sichtbar ist oder nicht, erkennen Sie im Ebenen-Bedienfeld am Augensymbol ganz links in der entsprechenden Ebene. Ist das Symbol durchgestrichen ❷, ist die Ebene nicht sichtbar. Durch Anklicken des Augensymbols blenden Sie die Ebene ein und aus. Alternativ können Sie auch die Tastenkombination Strg/cmd+, für das Ein- bzw. Ausblenden der aktiven Ebene verwenden.

Wenn Sie aus der Ebenenkomposition ein Bild in einem bestimmten Dateiformat erstellen wollen, sollten Sie wissen, dass nur die Ebenen verwendet werden, die sichtbar sind. Das Gleiche gilt auch für das Drucken: Ausgeblendete Ebenen werden dabei nicht beachtet.

Mehrere Ebenen ausblenden | Um mehrere Ebenen auf einmal auszublenden, müssen Sie nicht jedes Augensymbol einzeln anklicken, sondern haben noch folgende Möglichkeiten:

25.3 Ebenen anlegen und löschen

▶ Fahren Sie mit gedrückter linker Maustaste die Reihe der Augensymbole entlang. Dies gilt sowohl für das Ein- als auch für das Ausblenden.

▶ Klicken Sie mit der rechten Maustaste auf ein Augensymbol, und wählen Sie im Kontextmenü die entsprechende Option aus. Gewöhnlich werden Sie sich hierbei für ALLE ÜBRIGEN EBENEN EIN-/AUSBLENDEN entscheiden, um alle Ebenen bis auf die aktuelle ein- bzw. auszublenden. Schneller geht dies, wenn Sie mit gehaltener [Alt]-Taste das Augensymbol einer Ebene anklicken. Dabei werden ebenfalls alle übrigen Ebenen ein- oder ausgeblendet.

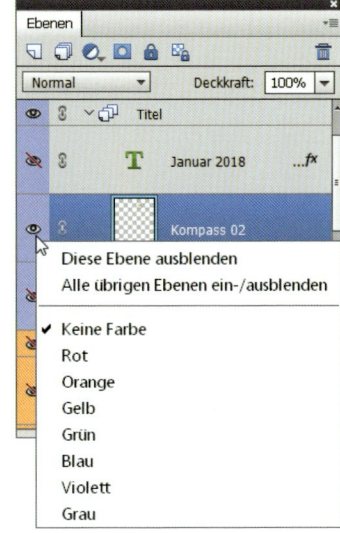

▲ **Abbildung 25.11**
In einem Arbeitsschritt alle Ebenen bis auf eine aus- oder einblenden

25.3 Ebenen anlegen und löschen

Auch um eine neue Ebene anzulegen, stehen Ihnen mehrere Möglichkeiten zur Verfügung:

▶ Die einfachste Methode ist, auf das entsprechende Icon im Ebenen-Bedienfeld zu klicken. Die neue Ebene wird hierbei oberhalb der aktiven Ebene erstellt und ist transparent. Halten Sie außerdem beim Anklicken des Icons [Alt] gedrückt, wird noch ein Dialog angezeigt, in dem Sie NAME, MODUS und DECKKRAFT der Ebene eingeben können.

▶ Dasselbe (inklusive Dialogfenster) erreichen Sie auch mit der Tastenkombination [Strg]/[cmd]+[⇧]+[N] oder über den Menüeintrag EBENE • NEU • EBENE.

▶ Wollen Sie die neue Ebene unterhalb der aktiven Ebene anlegen, brauchen Sie nur [Strg]/[cmd] gedrückt zu halten, während Sie das Icon im Ebenen-Bedienfeld anklicken. Dies funktioniert natürlich auch mit einem zusätzlichen Dialogfenster, wenn Sie [Strg]/[cmd]+[Alt] gedrückt halten.

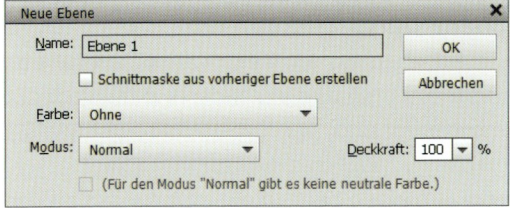

◀ **Abbildung 25.12**
Der Dialog zum Erstellen einer neuen Ebene

25.3.1 Neue Ebene durch Duplizieren

Oft benötigen Sie eine Ebene als Kopie, etwa um mit Filtern oder anderen Effekten zu experimentieren, ohne gleich die Originalebene zu ändern. Folgende Möglichkeiten stehen Ihnen zur Verfügung, um neue Bildinhalte durch Duplizieren zu erzeugen:

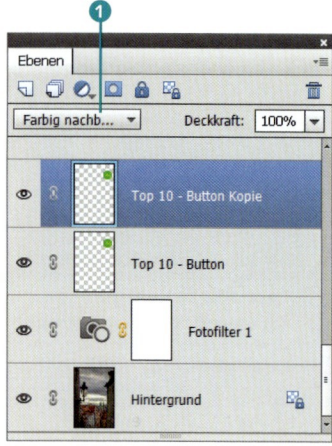

▲ **Abbildung 25.13**
Bei diesem Beispiel wurde von der Ebene »Top 10 – Button« ein Ebenenduplikat »Top 10 – Button Kopie« erstellt, um einen Bildeffekt mit den Ebenen-Füllmethoden ❶ zu nutzen.

Bild dupliziert, aber nichts passiert

Abgesehen von der Arbeit mit dem Verschieben-Werkzeug ist es normal, wenn das Duplizieren einer Ebene keine Auswirkung auf das Gesamtbild hat (sofern Sie keine Füllmethode bei der Ausgangsebene verwendet haben). Schließlich wird das Duplikat immer an derselben Stelle eingefügt wie die Ausgangsebene.

Kopieren mit dem Verschieben-Werkzeug

Neue Inhalte können Sie auch mit dem Verschieben-Werkzeug V von einem Dokumentfenster in ein anderes ziehen. Bei komplexen Bildkompositionen erwischt man hierbei allerdings schnell das falsche Objekt.

▶ Ziehen Sie die Ebene, die Sie duplizieren wollen, im Ebenen-Bedienfeld mit gedrückt gehaltener linker Maustaste auf das Icon, mit dem Sie normalerweise eine neue Ebene anlegen würden, und lassen Sie die Ebene darauffallen. Nach dem Loslassen der Maustaste erhalten Sie ein Duplikat der Ausgangsebene mit dem Zusatz »Kopie« im Namen.

▶ Klicken Sie mit der rechten Maustaste auf die Ebene, und wählen Sie im Kontextmenü den Punkt EBENE DUPLIZIEREN aus. Dieselbe Option finden Sie auch im Menü unter EBENE • EBENE DUPLIZIEREN. Es erscheint ein Dialogfenster, in dem Sie den Namen und die Zieldatei für das Duplikat angeben können. Als Zieldatei können Sie entweder die aktuelle oder eine neue Datei auswählen.

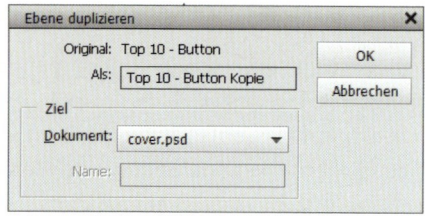

▲ **Abbildung 25.14**
Dialogfenster von EBENE DUPLIZIEREN

▶ Noch schneller können Sie eine Kopie der im Ebenen-Bedienfeld aktiven Ebene anlegen, indem Sie die Tastenkombination Strg/cmd+J drücken. Diesen Befehl erreichen Sie auch über das Menü unter EBENE • NEU • EBENE DURCH KOPIE.

▶ Alternativ können Sie auch das Verschieben-Werkzeug V verwenden, um ein Duplikat anzufertigen, indem Sie Alt gedrückt halten und die aktive Ebene im Bild mit der Maus oder den Pfeiltasten bewegen.

25.3.2 Neue Ebene durch Einkopieren

Eine neue Ebene wird ebenfalls angelegt, wenn Sie eine Ebene per Drag & Drop von einem Bild in ein anderes ziehen oder über Strg/cmd+C kopieren und per Strg/cmd+V einfügen. Hierzu stehen Ihnen zwei Möglichkeiten zur Verfügung:

▶ **Per Drag & Drop**: Um eine Ebene in ein anderes Bild zu kopieren, müssen Sie zunächst einmal beide Bilder öffnen. Dann ist es am einfachsten, wenn Sie den Mauszeiger im Ebenen-Bedienfeld auf die Ebene bewegen ❸, die Sie in das andere Bild kopieren wollen. Halten Sie nun die linke Maustaste gedrückt, und ziehen Sie die Ebene aus dem Ebenen-Bedienfeld heraus auf das Bild ❷, in das Sie die Ebene kopieren wollen. Lassen

Sie die Ebene dort fallen (Maustaste loslassen). Damit es per Drag & Drop auch klappt, müssen beide Fenster frei schwebend nebeneinander sichtbar sein. Wie Sie schwebende Fenster im Fotoeditor verwenden, können Sie in Abschnitt 5.5.4, »Schwebende Fenster im Fotoeditor verwenden«, nachlesen.

 Kapitel_25: Icon.psd, Cover_mit-Icon.psd

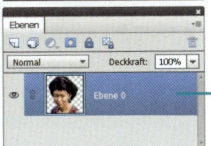

◄ **Abbildung 25.15**
Mit einfachem Drag & Drop lässt sich jederzeit eine Ebene in ein anderes Bild kopieren.

Bilder nebeneinander
Um die Bilder, so wie hier, nebeneinanderstellen zu können, aktivieren Sie in den Voreinstellungen des Fotoeditors unter Allgemein die Option Floating-Dokumente im Expertenmodus zulassen oder stellen die Fenster mit Fenster • Bilder • Nebeneinander nebeneinander.

▶ **Kopieren und Einfügen**: Natürlich funktioniert auch hier das klassische Kopieren einer Ebene in die Zwischenablage mit Bearbeiten • Kopieren oder mit dem Tastenkürzel [Strg]/[cmd]+[C] sowie das Einfügen ins andere Bild über Bearbeiten • Einfügen oder [Strg]/[cmd]+[V]. Der Vorteil dieser Methode ist auch, dass Sie hierbei nicht von Photoshop Elements abhängig sind und jede beliebige Grafik, die Sie zum Beispiel mit dem Webbrowser oder einer anderen Grafikanwendung in die Zwischenablage kopiert haben, als neue Ebene einfügen können.

25.3.3 Ebenen löschen

Mit der Zeit sammeln sich im Ebenen-Bedienfeld die Ebenen, die Sie für Experimente dupliziert haben. Außerdem blähen zu viele unnötige Ebenen die Dateigröße und natürlich auch die Rechenzeit enorm auf. Schwachbrüstige Rechner haben dann schon so ihre Probleme, wenn zusätzlich umfangreiche Operationen durchgeführt werden sollen. Um nicht mehr benötigte Ebenen aus dem Bedienfeld zu löschen, nutzen Sie eine der folgenden Möglichkeiten:

▶ Ziehen Sie die Ebene(n) mit gedrückt gehaltener linker Maustaste in den Papierkorb oben im Ebenen-Bedienfeld.
▶ Markieren Sie die Ebene(n), und klicken Sie auf das Mülleimersymbol oben im Ebenen-Bedienfeld.
▶ Markieren Sie die Ebene(n), führen Sie einen Rechtsklick auf die entsprechende Ebene im Ebenen-Bedienfeld aus, und wählen Sie im Kontextmenü Ebene löschen aus.

▲ **Abbildung 25.16**
Das Ergebnis nach einigen Anpassungen der eingefügten Ebene

- Markieren Sie die Ebene(n), und wählen Sie im Menü EBENE • EBENE LÖSCHEN aus.
- Markieren Sie die Ebene(n), und wählen Sie im erweiterten Bedienfeldmenü EBENE LÖSCHEN aus.

Wie Sie sehen, funktioniert das Löschen immer auch für mehrere Ebenen gleichzeitig. Sehr hilfreich ist auch die Möglichkeit, alle ausgeblendeten Ebenen über das Bedienfeldmenü ❶ und den Eintrag AUSGEBLENDETE EBENEN LÖSCHEN zu entfernen.

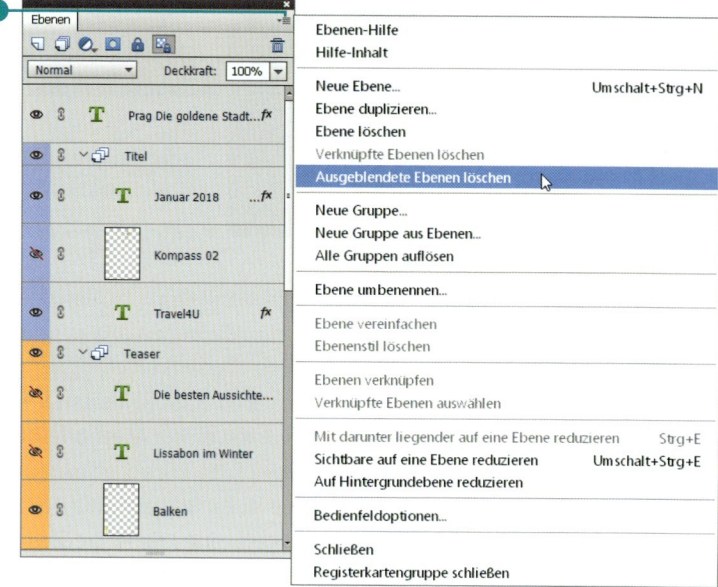

Abbildung 25.17
Das Bedienfeldmenü bietet ebenfalls viele Möglichkeiten, überflüssige Ebenen zu entfernen.

25.3.4 Ebenen schützen

Um Ebenen vor ungewollten Veränderungen zu schützen, stehen Ihnen zwei Möglichkeiten zur Verfügung:
- ALLE PIXEL FIXIEREN ❷: Das Schlosssymbol schützt eine Ebene vor jeglicher Art von Veränderung.
- TRANSPARENTE PIXEL FIXIEREN ❸: Wenn Sie das Schlosssymbol mit dem Schachbrett bei einer Ebene anklicken, werden alle transparenten Pixel dieser Ebene vor Übermalen oder Befüllen geschützt.

▲ Abbildung 25.18
Zwei Möglichkeiten, eine Ebene zu schützen

25.4 Ebenen verwalten

Mit den Verwaltungsmöglichkeiten im Ebenen-Bedienfeld behalten Sie auch bei der Arbeit mit mehreren Ebenen immer den Überblick.

25.4.1 Ebenen benennen

Wenn Sie eine neue Ebene über EBENE • NEU • EBENE oder Strg/cmd+⇧+N erstellen oder eine Ebene duplizieren, können Sie beim Anlegen bzw. Kopieren der Ebene einen Namen vergeben. Nutzen Sie auf jeden Fall die Möglichkeit, individuelle Namen zu vergeben, damit Sie nicht irgendwann den Überblick verlieren. Nicht immer hilft Ihnen die Miniaturvorschau, um den Überblick über Ihre Ebenen zu bewahren.

Leider wird das Dialogfeld zur Namensvergabe nicht angezeigt, wenn Sie das NEU-Icon im Ebenen-Bedienfeld anklicken. Wollen Sie trotzdem den NAMENSVERGABE-Dialog über das NEU-Icon sehen, halten Sie während des Anklickens Alt gedrückt.

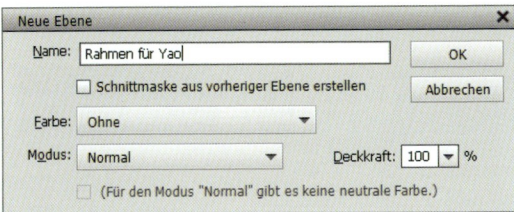

▲ **Abbildung 25.19**
Der Dialog zum Erzeugen einer neuen Ebene ermöglicht Ihnen das Benennen der Ebene.

Automatische Namensvergabe
Wenn Sie nicht direkt beim Anlegen einen Namen vergeben, werden neue Ebenen einfach durchnummeriert (»Ebene 1«, »Ebene 2« usw.). Ähnlich ist dies mit duplizierten Ebenen, nur noch mit dem Zusatz »Kopie« (zum Beispiel »Ebene 3 Kopie«, »Ebene 3 Kopie 2« usw.). Diese automatisch vergebenen Bezeichnungen sind nicht sehr förderlich für ein effektives Arbeiten mit vielen Ebenen, da man schnell den Überblick verliert.

Nachträglich benennen | Wenn Sie einen Ebenennamen nachträglich verändern wollen, doppelklicken Sie entweder auf den Text des Ebenentitels und ändern den Namen, oder Sie doppelklicken die Ebene insgesamt und geben den neuen Namen in dem sich öffnenden Dialog ein. Alternativ funktioniert dies auch per Rechtsklick auf eine Ebene mit dem Befehl EBENE UMBENENNEN im Kontextmenü.

▲ **Abbildung 25.20**
Direkte Namensänderung im Ebenen-Bedienfeld

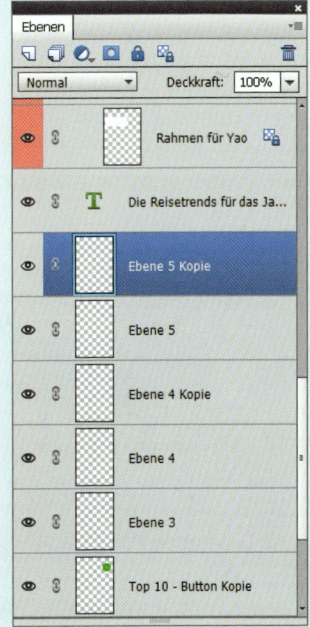

▲ **Abbildung 25.21**
Sind die Ebenen nicht richtig benannt, werden Sie sich schon bald nicht mehr in Ihrer Datei zurechtfinden.

25.4.2 Ebenen verknüpfen

Um Ebenen miteinander zu verknüpfen, müssen Sie die Ebene markieren ❷ (Abbildung 25.22), die Sie verknüpfen wollen, und bei der anderen Ebene, die Sie mit dieser Ebene verknüpfen wollen, auf das Kettensymbol ❶ klicken. Eine Ebene mit einer Verknüpfung erkennen Sie an den gelben Kettensymbolen ❸ und ❹, wenn eine der Ebenen ausgewählt ist. So können Sie natürlich jederzeit weitere Ebenen miteinander verknüpfen.

Mit einer solchen Verknüpfung lassen sich die gleichen Arbeiten (zum Beispiel Transformieren, Drehen, Verschieben) durchführen, die Sie auch mit mehreren gleichzeitig markierten Ebenen ausführen könnten. Die verknüpften Ebenen verhalten sich quasi, als wären sie nur eine Ebene.

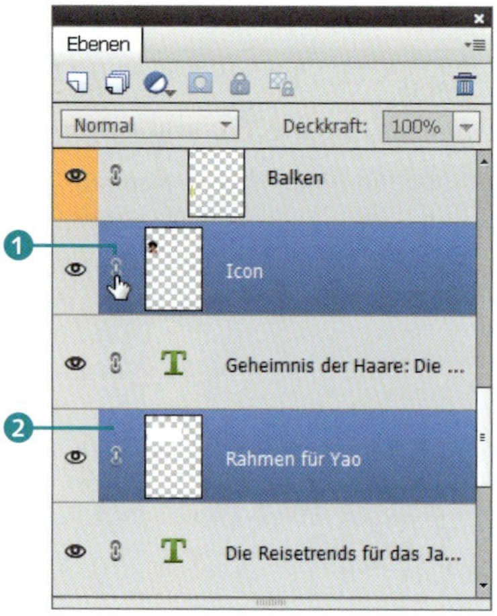

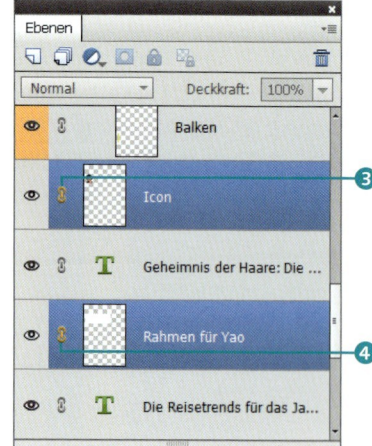

Abbildung 25.22 ▶
Hier wurde die Ebene »Rahmen für Yao« markiert ❷. Um diese jetzt mit der Ebene »Icon« zu verknüpfen, brauchen Sie nur das Kettensymbol ❶ anzuklicken …

Abbildung 25.23 ▶▶
… und die Kettensymbole ❸ und ❹ werden in gelber Farbe angezeigt, wenn eine der verknüpften Ebenen ausgewählt wurde.

▲ **Abbildung 25.24**
Die Ebene »Rahmen für Yao« wurde vorübergehend gelöst.

Das Loslösen der Verknüpfung erfolgt ähnlich: Hierzu wählen Sie eine der verknüpften Ebenen im Ebenen-Bedienfeld an und klicken wieder auf das (gelbe) Kettensymbol.

Wollen Sie den Verbund von Ebenen nur vorübergehend lösen, reicht es auch aus, mit gehaltener ⇧-Taste auf das Kettensymbol der entsprechenden Ebene im Ebenen-Bedienfeld zu klicken. Das Kettensymbol wird dann durchgestrichen ❺. Rückgängig machen Sie dies durch erneutes Anklicken des Symbols bei gehaltener ⇧-Taste.

25.4.3 Ebenen anordnen

Besonders wichtig bei der Bearbeitung von Ebenen ist die Reihenfolge im Ebenen-Bedienfeld. Sie entscheidet wesentlich mit, was letztendlich im Gesamtbild angezeigt wird und welche Bildteile von anderen Bildteilen überdeckt werden.

Zum Anordnen der Ebenen nutzen Sie entweder die Maus, das Menü EBENE • ANORDNEN oder die Tastatur:

▶ **Drag & Drop**: Die wohl einfachste und schnellste Möglichkeit, die Reihenfolge der Ebenen zu verändern, bietet das klassische Drag & Drop. Hierzu fassen Sie einfach eine Ebene mit gedrückt gehaltener linker Maustaste und ziehen sie in die gewünschte Zeile im Ebenen-Bedienfeld. Dies funktioniert auch mit mehreren markierten Ebenen gleichzeitig.

25.4 Ebenen verwalten

▸ **Tastaturbefehle und Menü**: Neben Drag & Drop stehen Ihnen zum Verschieben auch Menü- und Tastaturbefehle zur Verfügung. Um die markierte(n) Ebene(n) im Ebenen-Bedienfeld eine Zeile nach oben oder nach unten zu schieben, verwenden Sie die Befehle EBENE • ANORDNEN • SCHRITTWEISE VORWÄRTS (Strg/cmd+.) und EBENE • ANORDNEN • SCHRITTWEISE RÜCKWÄRTS.

▸ Mit den Befehlen EBENE • ANORDNEN • NACH VORNE BRINGEN (⇧+Strg/cmd+.) und EBENE • ANORDNEN • NACH HINTEN STELLEN (⇧+Strg/cmd+.) verschieben Sie die Ebene(n) ganz nach oben (als aktive) bzw. ganz nach unten (als unterste) Ebene. Mit EBENE • ANORDNEN • UMKEHREN kehren Sie die Reihenfolge aller aktuell markierten Ebenen um.

▲ **Abbildung 25.25**
Hier wird beispielsweise die Ebene »Icon« über die Textebene »Geheimnis der Haare: Die …« gezogen, was Sie an der horizontalen Linie ❻ erkennen.

▲ **Abbildung 25.26**
Die Befehle im Menü EBENE • ANORDNEN und ihre Tastenkürzel

▸ **Anordnen mit dem Verschieben-Werkzeug**: Beim Verschieben-Werkzeug V finden Sie ebenfalls ein Dropdown-Menü ANORDNEN mit denselben Befehlen wie im Untermenü EBENE • ANORDNEN.

25.4.4 Ebenen gruppieren

Bei einem umfangreichen Projekt mit vielen Ebenen ist es hilfreich, einzelne Ebenen in einer Gruppe zusammenzufassen. Beim Bearbeiten der einzelnen Ebenen können Sie hiermit jeweils die zu bearbeitende Gruppe aufklappen und alle nicht zu bearbeitenden Gruppen zuklappen. Das hilft enorm, die Übersicht zu behalten. Praktischerweise fassen Sie hierfür die einzelnen Ebenen in eine sinnvolle Gruppe zusammen. Um eine neue Gruppe anzulegen, wählen Sie die Ebenen mit gedrückt gehaltener Strg/cmd-Taste im Ebenen-Dialog aus und wählen entweder EBENE • EBENEN GRUPPIEREN oder Strg/cmd+G. Alternativ können Sie auch über einen rechten Mausklick im Kontextmenü, auf einer Gruppe von ausgewählten Ebenen, den Befehl GRUPPE AUS EBENEN zum Gruppieren anwenden. Es öffnet sich ein Dialog, in dem Sie einen Namen für die Gruppe, eine FARBE und auch bei Bedarf einen MODUS mitsamt DECKKRAFT angeben können. Für die gewöhnliche Gruppierung wählen Sie einfach den Modus HINDURCHWIRKEN.

Kapitel 25   Das Ebenen-Bedienfeld

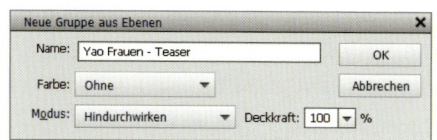

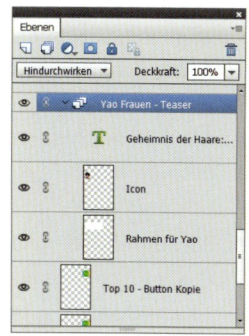

▲ **Abbildung 25.27**
Ebenen zum Gruppieren auswählen, Befehl aufrufen …

▲ **Abbildung 25.28**
… einen Namen für die Gruppe vergeben …

▲ **Abbildung 25.29**
… und schon sind die Ebenen übersichtlich aufgeräumt.

Kapitel_25: Cover_Gruppiert.psd

Gruppierung verwalten | Eine erstellte Gruppe von Ebenen können Sie über das kleine Pfeilsymbol links neben dem Gruppennamen ❶ auf- und zuklappen. Den Gruppennamen können Sie jederzeit ändern, wenn Sie doppelt darauf ❷ klicken. Mit einem rechten Mausklick auf das Augensymbol ❸ können Sie die Gruppe und alle darin enthaltenen Ebenen mit einer (anderen) Farbe markieren.

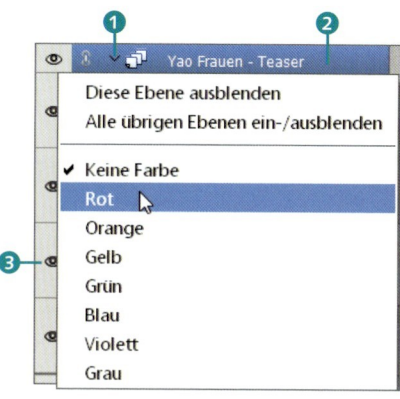

Abbildung 25.30 ▶
Hier wird mit einem rechten Mausklick auf das Augensymbol ❸ der Gruppe eine Farbe ausgewählt …

Abbildung 25.31 ▶▶
… wodurch alle in der Gruppe enthaltenen Ebenen ebenfalls mit dieser Farbe markiert werden.

Gruppen verschachteln
Es sollte auch noch erwähnt werden, dass es durchaus auch möglich ist, Gruppen von Ebenen ebenfalls wieder zu gruppieren und so verschiedene Gruppen zu verschachteln.

Eine komplette Gruppe mit Ebenen können Sie duplizieren, wenn Sie den Gruppennamen auswählen und EBENE • GRUPPE DUPLIZIEREN anklicken. Auf demselben Weg können Sie auch eine Gruppe mit Ebenen über EBENE • GRUPPE LÖSCHEN entfernen. Allerdings werden damit auch die in der Gruppe enthaltenen Ebenen, mit einer vorherigen Rückfrage, gelöscht. Wollen Sie lediglich die Gruppierung aufheben, können Sie dies über EBENE • EBENENGRUPPIERUNG AUFHEBEN bzw. ⇧+Strg+G vornehmen. Fast alle Befehle finden Sie auch über das Kontextmenü ❹, wenn

25.4 Ebenen verwalten

Sie die Gruppe mit Ebenen im Ebenen-Dialog mit der rechten Maustaste anklicken.

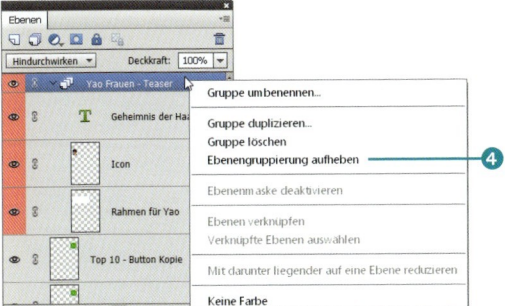

◄ **Abbildung 25.32**
Auch über das Kontextmenü finden Sie alle nötigen Befehle zur Verwaltung der Ebenengruppe.

Das Umsortieren von Ebenen lässt sich ebenfalls ganz einfach mit gedrückt gehaltener Maustaste einer Ebene im Ebenen-Dialog in oder aus einer Ebenengruppe durch Fallenlassen realisieren.

◄◄ **Abbildung 25.33**
Hier wird die noch ungruppierte Textebene »Der Reisetrend für das Jahr ...« hinter die Ebene »Balken« innerhalb der Ebenengruppe »Teaser« gezogen ...

◄ **Abbildung 25.34**
... wodurch diese Textebene zur Gruppe hinzugefügt und damit entsprechend der Gruppenfarbe auch automatisch markiert wird.

Sichtbarkeit der Ebenengruppen | Auch bei einer Gruppe von Ebenen können Sie jederzeit die einzelnen Ebenen mit dem Augensymbol ein- und ausblenden, wie Sie das von nicht gruppierten Ebenen her bereits kennen. Wenn Sie hierbei allerdings auf das Augensymbol ❶ (Abbildung 25.36) der Ebenengruppe selbst klicken, werden alle in der Gruppe enthaltenen Ebenen aus- bzw. eingeblendet. Das ist sehr praktisch, weil man so mal schnell eine ganze Gruppe von Ebenen aus- und einblenden kann.

▲ **Abbildung 25.35**
Hier sind noch alle Ebenen eingeblendet.

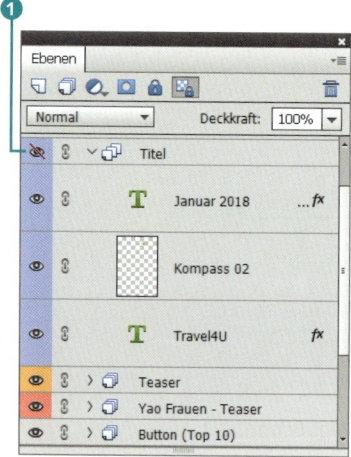

▲ **Abbildung 25.36**
Hier wurde das Augensymbol ❶ der Ebenengruppe »Titel« deaktiviert …

▲ **Abbildung 25.37**
… womit gleich alle drei in der Ebenengruppe »Titel« enthaltenen Ebenen ausgeblendet wurden.

Farbmarkierung für Ebenen | Ebenfalls extrem hilfreich für eine bessere Übersicht bei einem Projekt mit vielen Ebenen ist die Möglichkeit, die einzelnen Ebenen farblich zu markieren. Hierfür müssen Sie nur eine Ebene mit der rechten Maustaste im Ebenen-Dialog anklicken und ihr über das Kontextmenü eine entsprechende Farbe zuweisen. Ist eine Ebene in einer anders farblich markierten Gruppe enthalten, können Sie durchaus auch einzelne Ebenen in einer Gruppe mit einer anderen Farbe markieren.

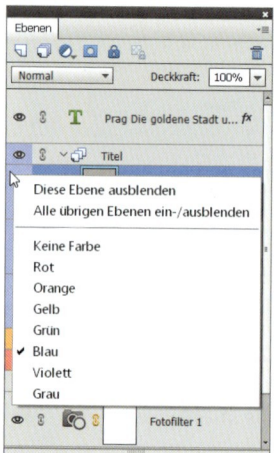

Abbildung 25.38 ▶
Ebenen lassen sich jederzeit farblich markieren, bzw. die Farbmarkierung kann jederzeit geändert werden.

Die Funktion zur Farbmarkierung einer Ebene finden Sie auch im Dialog zum Anlegen einer neuen Ebene über das Neu-Icon

25.4 Ebenen verwalten

🔲 im Ebenen-Bedienfeld mit gehaltener [Alt]-Taste, [Strg]/[cmd]+[⇧]+[N] oder Menü EBENE • NEU • EBENE vor wie auch beim Dialog zum Anlegen für eine neue Gruppe von Ebenen.

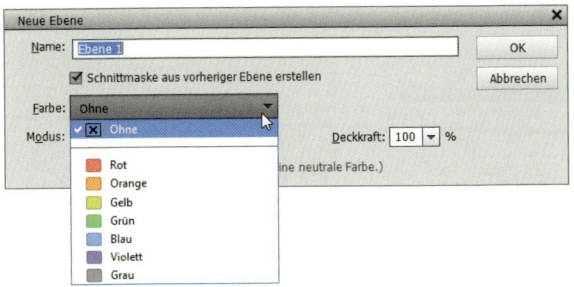

▲ **Abbildung 25.39**
Farbmarkierung beim Anlegen einer neuen Ebene

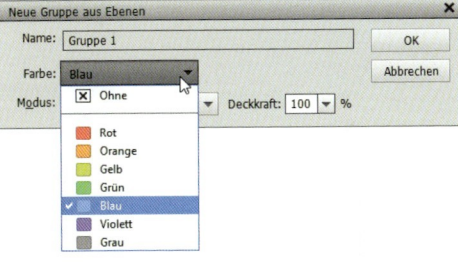

▲ **Abbildung 25.40**
Farbmarkierung beim Anlegen einer neuen Ebenengruppe

Hilfsmittel | Richtig eingesetzt, ist die Möglichkeit, die Ebenen zu gruppieren und/oder farblich zu markieren, ein sehr schönes Hilfsmittel, was gerade bei aufwendigen Arbeiten mit sehr vielen Ebenen sehr nützlich ist, weil man hiermit immer schön die Übersicht behält.

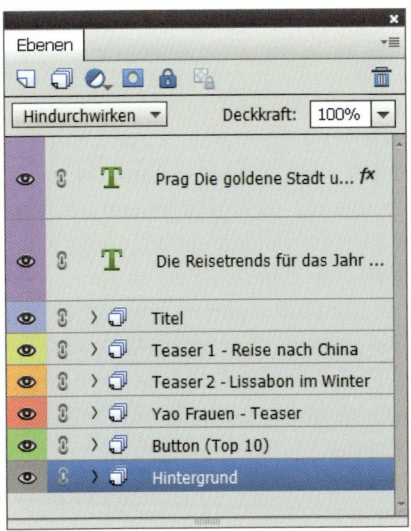

◀ **Abbildung 25.41**
Hier nochmals das Beispiel »Cover_Gruppiert.psd« – sauber geordnet in einzelnen Gruppen und mit Farbmarkierungen versehen. Es wirkt sehr übersichtlich und aufgeräumt.

Abbildung 25.42 ▶
Und hier nochmals zum Vergleich: jetzt ohne eine Gruppierung und ohne Farbmarkierung von Ebenen. Es fällt schon schwerer, hier die Übersicht zu behalten.

25.4.5 Miniaturansicht ändern

Wollen Sie die Darstellung der Miniaturvorschau im Ebenen-Bedienfeld ändern, wählen Sie im Bedienfeldmenü den Punkt BEDIENFELDOPTIONEN. Die dargestellten Icons entsprechen exakt der neuen Miniaturgröße, die Sie mit der Option OHNE auch komplett abschalten können.

Kapitel 25 Das Ebenen-Bedienfeld

Noch schneller können Sie die Miniaturansicht ändern, indem Sie mit der rechten Maustaste in einem freien Bereich des Ebenen-Bedienfeldes klicken ❶. Über das Kontextmenü ändern Sie dann die Größe der Miniaturansicht.

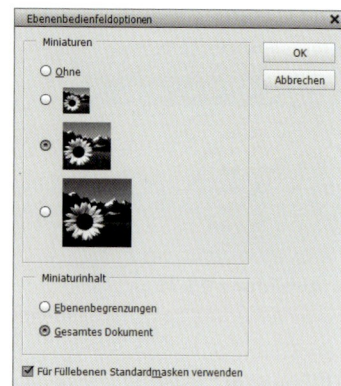

Abbildung 25.43 ▶
Miniaturgröße über die Ebenen-BEDIENFELDOPTIONEN ändern

Abbildung 25.44 ▶▶
Die Miniaturansicht können Sie auch direkt im Ebenen-Bedienfeld ändern.

▲ **Abbildung 25.45**
Die oberste Ebene ist eine »gestempelte« Ebene. Sie wird wie eine normale Ebene behandelt.

25.4.6 Ebenen reduzieren

Je mehr Ebenen ein Bild enthält, desto umfangreicher und unübersichtlicher wird die Datei. In solchen Fällen ist es möglich, Ebenen **zusammenzufügen**. Genauer spricht man hierbei vom **Reduzieren**. Um Ebenen zu reduzieren, haben Sie wie immer mehrere Möglichkeiten.

Auf Hintergrundebene reduzieren | Den Befehl AUF HINTERGRUNDEBENE REDUZIEREN erreichen Sie entweder über das Menü EBENE oder über das Kontextmenü, das nach einem rechten Mausklick auf einer Ebene im Ebenen-Bedienfeld angezeigt wird, oder über das Bedienfeldmenü des Ebenen-Bedienfeldes. Mit diesem Kommando fügen Sie alle vorhandenen und sichtbaren Ebenen im Ebenen-Bedienfeld zu einer einzigen (Hintergrund-)Ebene zusammen. Bei nicht sichtbaren Ebenen fragt Photoshop Elements, ob Sie sie zuvor löschen wollen, was Sie mit OK bestätigen müssen, wenn Sie alle Ebenen vereinen wollen.

Stempeln | Das Stempeln ist dem Befehl AUF HINTERGRUNDEBENE REDUZIEREN recht ähnlich, wird aber von Photoshop Elements nirgendwo aufgelistet und auch nicht dokumentiert. Aufrufen können Sie diese Operation daher auch nur über den Tastenbefehl ⇧+Alt+Strg/cmd+E.

Mit dieser Funktion werden alle **sichtbaren** Ebenen im Ebenen-Bedienfeld auf eine Ebene reduziert. Im Gegensatz zum Befehl AUF HINTERGRUNDEBENE REDUZIEREN handelt es sich hierbei aber um eine neue und zusätzliche Ebene im Stapel. Die anderen Ausgangsebenen bleiben davon unberührt.

Auf eine Ebene reduziert kopieren | Den Befehl AUF EINE EBENE REDUZIERT KOPIEREN rufen Sie entweder über das Menü BEARBEITEN oder mit der Tastenkombination [Strg]/[cmd]+[⇧]+[C] auf. Dabei wird alles, was ausgewählt und sichtbar ist, in die Zwischenablage kopiert. Am schnellsten wählen Sie alles Sichtbare mit [Strg]/[cmd]+[A] aus. Beachten Sie, dass hierbei nicht die einzelnen Ebenen kopiert, sondern alle sichtbaren Ebenen zu einer einzigen (Hintergrund-)Ebene zusammengefügt und dann in die Zwischenablage gelegt werden.

Über BEARBEITEN • EINFÜGEN oder [Strg]/[cmd]+[V] fügen Sie diese eine Ebene in ein beliebiges Bild als weitere Ebene ein oder erstellen über DATEI • NEU • BILD AUS ZWISCHENABLAGE daraus ein neues Dokument. Die **Zwischenablage** beschränkt sich allerdings nicht allein auf Photoshop Elements. Das in die Zwischenablage kopierte Bild können Sie auch in anderen Programmen wie dem großen Photoshop oder in GIMP (als neues Bild) einfügen.

Sichtbare auf eine Ebene reduzieren | Auch diesen Befehl erreichen Sie entweder über das Menü EBENE, über das Kontextmenü der Ebene oder über das Bedienfeldmenü des Ebenen-Bedienfeldes. Schneller führen Sie den Befehl mit [Strg]/[cmd]+[⇧]+[E] aus. Mit diesem Befehl werden nur die sichtbaren Ebenen reduziert. Sichtbare Ebenen erkennen Sie am Augensymbol im Ebenen-Bedienfeld.

Um nur bestimmte Ebenen im Ebenen-Bedienfeld auf eine Ebene zu reduzieren, können Sie sie alternativ auch mit gehaltener [Strg]/[cmd]-Taste markieren und den Befehl AUF EINE EBENE REDUZIEREN oder [Strg]/[cmd]+[E] ausführen. Befindet sich in Ihrer Auswahl eine Ebene, deren Augensymbol deaktiviert wurde, wird diese verworfen.

Verknüpfte auf eine Ebene reduzieren | Wenn die aktive Ebene im Ebenen-Bedienfeld eine verknüpfte Ebene ist, können Sie diese Ebenen über das Menü EBENE, das Kontextmenü der Ebene oder das Bedienfeldmenü mit VERKNÜPFTE AUF EINE EBENE REDUZIEREN auf eine Ebene reduzieren. Alternativ steht Ihnen auch hierfür die Tastenkombination [Strg]/[cmd]+[E] zur Verfügung.

Mit darunterliegender auf eine Ebene reduzieren | Der Befehl MIT DARUNTERLIEGENDER AUF EINE EBENE REDUZIEREN ist auf demselben Weg erreichbar wie der Befehl SICHTBARE AUF EINE EBENE

▲ **Abbildung 25.46**
Diese Komposition benötigt im PSD-Format 57 und im TIFF-Format 62 Megabyte Speicher bzw. 47 Megabyte als TIFF mit LZW-Komprimierung.

Abbildung 25.47 ▼
Die Schaltfläche WARNUNG zeigt hier an, dass das Dokument mehrere Ebenen enthält, das Dateiformat aber keine Ebenen unterstützt und beim Speichern alle Ebenen auf eine reduziert werden. Klicken Sie auf die Schaltfläche, wird ein Dialog mit einem entsprechenden Hinweis angezeigt.

REDUZIEREN und steht Ihnen zur Verfügung, wenn Sie eine Ebene im Ebenen-Bedienfeld markiert haben. Damit fügen Sie die aktuell markierte Ebene mit der darunterliegenden Ebene zusammen. Alternativ verwenden Sie auch hier die Tastenkombination Strg / cmd + E .

25.4.7 Bilder mit Ebenen speichern

Am Ende der Ebenenkomposition (oder auch zwischendurch) werden Sie die Arbeit sichern wollen. Hierzu haben Sie wieder zwei Möglichkeiten.

Bild mit Ebenen sichern | Wenn Sie die komplette Ebenenkomposition mitsamt den Ebenen sichern wollen (was Sie ganz zu Beginn auch immer tun sollten), sind Sie auf zwei Datenformate beschränkt: zum einen auf das PSD-Format, das auch Photoshop verwendet, und zum anderen auf das TIFF-Format. Der Nachteil ist natürlich, dass solche Dateien sehr groß sein können und somit für die Weitergabe weniger geeignet sind. Dennoch ist es unerlässlich, die Komposition zu sichern, ehe Sie daraus eine einzige Bilddatei mit einer Hintergrundebene erstellen.

Bild ohne Ebenen sichern | Ganz klar: Für die Weitergabe sind 100-Megabyte-Bilder kaum geeignet. Dennoch empfiehlt es sich, eine Ebenenkomposition immer zuerst mitsamt allen Ebenen in einem geeigneten Format zu sichern, um später für Korrekturen oder Verbesserungen wieder Zugriff darauf zu haben.

Dateiformate, die keine Ebenen unterstützen, erkennen Sie im Dialog SPEICHERN UNTER an der Schaltfläche WARNUNG ❶ neben der Schaltfläche SPEICHERN. Wenn Sie auf die Schaltfläche WARNUNG klicken, wird ein entsprechender Dialog angezeigt, der Sie über die Warnmeldung aufklärt. Bevor ein Bild mit Ebenen in einem Bildformat gespeichert wird, das keine Ebenen unterstützt, wird zuvor automatisch AUF HINTERGRUNDEBENE REDUZIEREN ausgeführt, ehe das Bild als eine (Hintergrund-)Ebene gespeichert wird. Alternativ speichern Sie einfach eine Kopie; dann bleibt Ihnen die (noch ungespeicherte) Originaldatei mit den Ebenen erhalten.

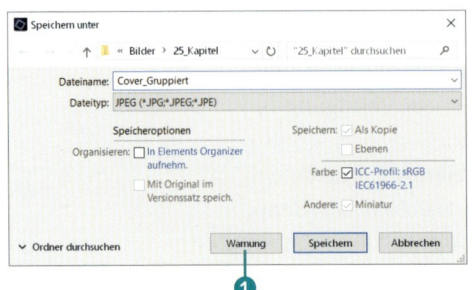

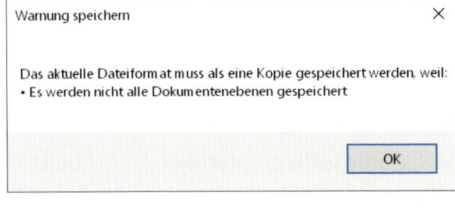

Kapitel 26
Mit Ebenen arbeiten

Nachdem Sie nun mit der Verwaltung von Ebenen etwas vertrauter sind, wollen wir uns in diesem Kapitel dem praktischen Umgang mit Ebenen widmen.

26.1 Ebenen verschieben und transformieren

Selten passen neue Ebenen, die Sie einfügen oder erstellen, auf Anhieb mit den anderen Ebenen zusammen. Häufig kommen Sie nicht um ein Anpassen von Größe, Position und Perspektive herum.

Kapitel_26: backstage.tif

26.1.1 Ebeneninhalte verschieben

Zum Verschieben von Ebeneninhalten muss immer die entsprechende Ebene aktiv und das Verschieben-Werkzeug [V] [⊕] ausgewählt sein. Ist dies gegeben, können Sie die Ebene mit gedrückt gehaltener linker Maustaste auswählen und verschieben. Mit gedrückt gehaltener [⇧]-Taste beschränken Sie das Verschieben mit der Maus auf 45°-Schritte.

Alternativ verwenden Sie zum Verschieben die Pfeiltasten der Tastatur. Ein Tastendruck verschiebt dabei die Ebene um ein Pixel in Pfeilrichtung. Mit gedrückt gehaltener [⇧]-Taste wird die Ebene hingegen um 10 Pixel pro Tastendruck verschoben. Um das Verschieben mit den Pfeiltasten anwenden zu können, müssen Sie natürlich zuvor die Ebene mit der Maus und dem Verschieben-Werkzeug anfassen.

26.1.2 Frei transformieren

Um eine Ebene zu transformieren, rufen Sie Bild • Transformieren • Frei transformieren auf oder nutzen das Tastenkürzel [Strg]/[cmd]+[T]. Über das freie Transformieren haben Sie mithilfe der Werkzeugoptionen gleich Zugriff auf alle gebräuchlichen Transformierarten wie Drehen, Skalieren und Neigen.

Um eine Ebene frei zu transformieren, müssen Sie sie zuvor aktivieren. Am besten wählen Sie die Ebene über das Ebenen-Bedienfeld aus. Beachten Sie hierbei auch, dass eine Hintergrundebene, wenn Sie sie transformieren, ohne Nachfrage in eine normale Ebene umgewandelt wird. Wichtig ist auch, dass eine Ebene zum Transformieren nicht voll fixiert sein darf.

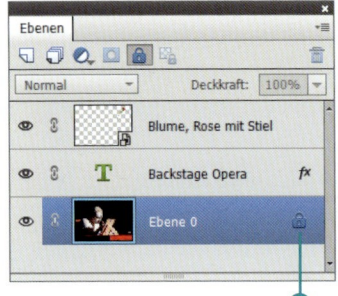

▲ **Abbildung 26.1**
Ebenen, die mit dem Schlosssymbol ❶ vollständig fixiert sind, können nicht transformiert werden.

Abbildung 26.2 ▼
Transformationsrahmen und Werkzeugoptionen beim freien Transformieren

Transformationsrahmen | Wenn Sie Frei Transformieren aufgerufen haben, erscheinen im Dokumentfenster um den Ebeneninhalt der Transformationsrahmen (oder auch Begrenzungsrahmen) ❷ und die passenden Werkzeugoptionen. Die Ebene können Sie jetzt entweder mithilfe des Transformationsrahmens und der Maus oder über die Werkzeugoptionen ändern. Um eine Transformation zu bestätigen, klicken Sie entweder das grüne Häkchen ❸ oder drücken [↵]. Abbrechen können Sie das Transformieren mit dem Stoppsymbol ❹ oder mit [Esc].

Wollen Sie mehrere Ebenen im Dokument gleichzeitig transformieren, müssen Sie sie zuvor mit dem Kettensymbol ❺ im Ebenen-Bedienfeld verknüpfen. Ist allerdings mindestens eine der Ebenen vollständig fixiert, ist auch hier keine Transformation möglich.

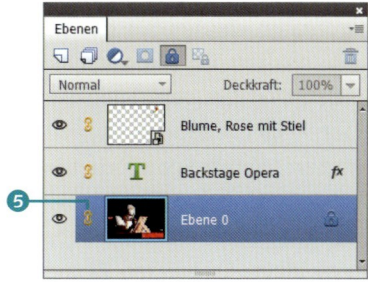

◄◄ Abbildung 26.3
Alle drei Ebenen wurden miteinander verknüpft, um diese gemeinsam zu transformieren.

◄ Abbildung 26.4
Wenn aber mindestens eine der verknüpften Ebenen vollständig fixiert ist, ist keine Transformation möglich.

Wenn Sie Ebenen mit unterschiedlicher Pixelgröße übereinanderlegen, wird eventuell im Fall einer Verknüpfung dieser Ebenen der Transformationsrahmen (bzw. Begrenzungsrahmen) erweitert, der die verknüpften Ebenen umfasst.

▲ **Abbildung 26.5**
Hier wurde die Ebene mit dem Text zum Transformieren ausgewählt.

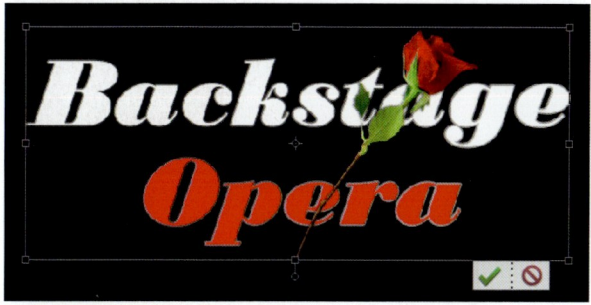

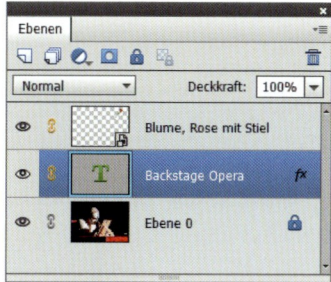

▲ **Abbildung 26.6**
Jetzt wurden die Ebenen »Blume, Rose mit Stiel« und »Backstage Opera« miteinander verknüpft ...

◄ **Abbildung 26.7**
... wodurch der Begrenzungsrahmen um beide Ebenen gezogen wird. Die Transformation bezieht sich dadurch auf beide Ebenen.

Transformationsrahmen mit Inhalt verschieben | Sie können den Transformationsrahmen (bzw. Begrenzungsrahmen) mitsamt Inhalt jederzeit an eine andere Position verschieben. Bewegen Sie hierzu einfach den Mauszeiger in den Transformationsrahmen, und ziehen Sie den Rahmen mit gedrückt gehaltener linker Maustaste an die gewünschte Position im Bild.

Ebenen skalieren | Um die Breite und Höhe der Ebene zu verändern, ziehen Sie an den kleinen Quadraten in den Ecken ❶ des Transformationsrahmens. Standardmäßig werden hierbei die Proportionen von Höhe und Breite eingehalten. Dies können Sie allerdings deaktivieren, indem Sie in den Werkzeugoptionen das Häkchen vor PROPORTIONEN BEIBEHALTEN ❹ entfernen. Alternativ skalieren Sie Breite und Höhe in den Werkzeugoptionen in den Zahlenfeldern B und H ❺ durch die Eingabe der Zahlenwerte. Wollen Sie hingegen nur die Proportionen der Ebene skalieren, ziehen Sie einfach an den mittigen Quadraten ❷ des Transformationsrahmens.

▼ **Abbildung 26.8**
Eckpunkte zum Skalieren der ausgewählten Ebene (hier »Ebene 0«). Wollen Sie mehrere oder alle Ebenen gleichzeitig skalieren, müssen Sie die Ebenen miteinander mit dem Kettensymbol verknüpfen.

Auch der Befehl BILD • SKALIEREN • SKALIEREN führt zu demselben Ziel, nur dass hier in den Werkzeugoptionen automatisch das SKALIEREN-Symbol ❸ aktiviert ist, das Sie ja auch in den Werkzeugoptionen von FREI TRANSFORMIEREN einschalten können.

Ebenen drehen | Wollen Sie mit dem Befehl FREI TRANSFORMIEREN das Bild drehen, müssen Sie sich etwas außerhalb des

26.1 Ebenen verschieben und transformieren

Transformationsrahmens nähern, bis aus dem Mauszeiger ein gebogener Pfeil mit zwei Spitzen ❻ wird. Alternativ steht Ihnen unterhalb des unteren Quadrats des Transformationsrahmens ein Kreissymbol ❼ zur Verfügung. Wenn Sie mit dem Mauszeiger darüberfahren, wird der Zeiger zu einem Symbol mit kreisförmig angeordneten Pfeilen. Auch hier können Sie mit gedrückter linker Maustaste die Ebene(n) drehen, oder Sie geben den Winkel in den Werkzeugoptionen im entsprechenden Zahlenfeld ⓫ ein.

Auch den **Drehmittelpunkt** können Sie in den Werkzeugoptionen durch Anklicken festlegen. Der kleine Kreis, der hier nicht weiß gefüllt ist ❿, ist der Referenzpunkt. Standardmäßig ist dies immer die Mitte des Bildes; im Beispiel in Abbildung 26.9 befindet sich der Drehmittelpunkt jedoch in der Mitte unten.

Über das DREHEN-Symbol ❽ in den Werkzeugoptionen können Sie die Operation von FREI TRANSFORMIEREN auf das Drehen einschränken.

▼ **Abbildung 26.9**
Ausgewählte Ebenen drehen (hier die Textebene: »Backstage Opera«). Wollen Sie mehrere oder alle Ebenen gleichzeitig drehen, müssen Sie die Ebenen miteinander mit dem Kettensymbol verknüpfen.

Ebene neigen | Um eine Ebene zu neigen, halten Sie entweder für den Befehl FREI TRANSFORMIEREN die Tasten [Strg]/[cmd]+[⇧] gedrückt und ziehen mit der Maus an den Seitengriffen des Transformationsrahmens, oder Sie aktivieren das NEIGEN-Icon ❾ in den Werkzeugoptionen. Dasselbe erreichen Sie auch über BILD • TRANSFORMATION • NEIGEN.

647

Abbildung 26.10 ▲▶
Ausgewählte Ebenen neigen (hier die Textebene »Backstage Opera«). Wollen Sie mehrere oder alle Ebenen gleichzeitig neigen, müssen Sie die entsprechenden Ebenen über das Kettensymbol miteinander verknüpfen.

Kapitel_26: Doorknockers.jpg

26.1.3 Ebenen verzerren

Insgesamt gibt es drei verschiedene Möglichkeiten, eine Ebene zu verzerren. Für alle drei Möglichkeiten benötigen Sie einen Transformationsrahmen, den Sie entweder über den Befehl FREI TRANSFORMIEREN (Strg/cmd + T) oder durch Aktivieren des Verschieben-Werkzeugs V erzeugen.

▲ **Abbildung 26.11**
Ebene frei verzerren

Frei verzerren | Zum freien Verzerren halten Sie einfach die Strg/cmd-Taste gedrückt und ziehen dann mit der Maus einen beliebigen Griff des Transformationsrahmens in die gewünschte Richtung. Alternativ erreichen Sie das freie Verzerren auch über BILD • TRANSFORMIEREN • VERZERREN.

Relatives Verzerren zum Mittelpunkt | Auch die Funktion zum Verzerren relativ zum Mittelpunkt ist in Photoshop Elements nirgendwo explizit aufgelistet. Verwenden können Sie diese Funktion nur durch Halten der Tastenkombination Strg/cmd + Alt. Mit den Griffen drehen Sie dann das Bildobjekt um den eingestellten Mittelpunkt. Die Bildobjekte werden dabei wie bei einer dreidimensionalen Drehung um den Mittelpunkt gedreht. Mithilfe der Werkzeugoptionen, die Sie mit FREI TRANSFORMIEREN oder Strg/cmd + T aufrufen, können Sie den Drehmittelpunkt ändern, der standardmäßig in der Mitte liegt.

▲ **Abbildung 26.12**
Relativ zum Mittelpunkt verzerren

Perspektivisches Verzerren | Die perspektivische Verzerrung wird gerne für verzerrte Architekturfotos verwendet, wie Sie bereits in Abschnitt 21.2.2, »Bild durch Verzerren korrigieren«, gesehen haben. Sie rufen diese Art der Verzerrung über die Tastenkombination [Strg]/[cmd]+[Alt]+[⇧] auf oder alternativ über das Menü BILD • TRANSFORMIEREN • PERSPEKTIVISCH VERZERREN. Jetzt können Sie das Bild über die Griffe am Transformationsrahmen verzerren.

▲ **Abbildung 26.13**
Auch solche Spielereien sind mit dem perspektivischen Verzerren möglich.

26.2 Ebenen ausrichten und verteilen

Mehrere Ebenen lassen sich bei Bedarf mithilfe des Verschieben-Werkzeugs [⊕] [V] mühelos verteilen oder sauber aneinander ausrichten. Hierzu finden Sie unter AUSRICHTEN ❶ und VERTEILEN ❷ die entsprechenden Befehle.

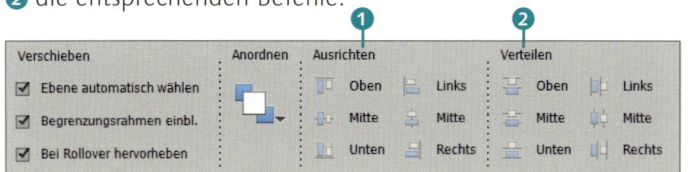

◀ **Abbildung 26.14**
Befehle zum AUSRICHTEN und VERTEILEN in den Werkzeugoptionen des Verschieben-Werkzeugs

26.2.1 Mehrere Ebenen untereinander ausrichten

Wollen Sie mehrere Ebenen aneinander ausrichten, müssen mindestens zwei Ebenen markiert oder miteinander verknüpft sein. Außerdem dürfen die Ebenen nicht fixiert sein. Folgende Möglichkeiten stehen Ihnen unter dem Punkt AUSRICHTEN zur Verfügung:

- OBEN: Richtet alle ausgewählten Ebenen an der höchsten Kante aller ausgewählten Ebenen oder an der obersten Auswahlbegrenzung aus.
- MITTE (vertikal): Richtet alle ausgewählten Ebenen an der vertikalen Mitte aller ausgewählten Ebenen oder an der vertikalen Mitte einer Auswahlbegrenzung aus.
- UNTEN: Damit werden alle ausgewählten Ebenen an der untersten Kante aller ausgewählten Ebenen oder an der untersten Auswahlbegrenzung ausgerichtet.
- LINKS: Richtet alle ausgewählten Ebenen an der linken Kante aller ausgewählten Ebenen oder an der linken Kante einer Auswahlbegrenzung aus.
- MITTE (horizontal): Damit werden alle ausgewählten Ebenen an der horizontalen Mitte aller ausgewählten Ebenen oder an der horizontalen mittleren Auswahlbegrenzung ausgerichtet.
- RECHTS: Richtet alle ausgewählten Ebenen an der rechten Kante aller ausgewählten Ebenen oder an der rechten Kante einer Auswahlbegrenzung aus.

26.2.2 Ebenen verteilen

Was für das Ausrichten von Ebenen gilt, gilt auch für das Verteilen von Ebenen. Die entsprechenden Befehle werden gleich neben Ausrichten mit Verteilen aufgelistet. Folgende Möglichkeiten stehen Ihnen hierbei zur Verfügung:

- ▶ Oben: Alle ausgewählten Ebenen werden ausgehend von der höchsten Kante der ausgewählten Ebenen verteilt.
- ▶ Mitte (vertikal): Verteilt die ausgewählten Ebenen ausgehend von der vertikalen Ebenenmitte.
- ▶ Unten: Alle ausgewählten Ebenen werden ausgehend von der untersten Kante der ausgewählten Ebenen verteilt.
- ▶ Links: Die ausgewählten Ebenen werden ausgehend von der Kante, die sich am weitesten links befindet, verteilt.
- ▶ Mitte (horizontal): Alle ausgewählten Ebenen werden ausgehend von der horizontalen Mitte jeder Ebene verteilt.
- ▶ Rechts: Hiermit werden die ausgewählten Ebenen ausgehend von der Kante, die sich am weitesten rechts befindet, verteilt.

Schritt für Schritt
Ebenen ausrichten und verteilen

Kapitel_26: Sprachtrainingskarte.tif

Um Sie mit den verschiedenen Befehlen vertraut zu machen, zeigt diese Schritt-für-Schritt-Anleitung, wie Sie mehrere Ebenen ausrichten und verteilen.

In Abbildung 26.15 finden Sie drei durchsichtige Tafeln, die auf drei unterschiedlichen Ebenen liegen. Diese Tafeln sollen jetzt sauber ausgerichtet und verteilt werden.

Abbildung 26.15 ▶
Dieser Unordnung wollen wir zu Leibe rücken, um ein Gefühl dafür zu bekommen, wie Sie einzelne Ebenen ordentlich ausrichten.

1 Ebenen auswählen

Zunächst wählen Sie die Ebenen aus, die Sie ausrichten und verteilen wollen. Öffnen Sie hierzu das Ebenen-Bedienfeld (Fenster • Ebenen), und markieren Sie die entsprechenden Ebenen im Be-

26.2 Ebenen ausrichten und verteilen

dienfeld. Im Beispiel sind dies die Ebenen »Tafel-1«, »Tafel-2« und »Tafel-3«. Um nicht immer auf dem Ebenen-Bedienfeld nachschauen zu müssen, ob alle Ebenen ausgewählt sind, habe ich alle drei Ebenen im Dialog markiert und über das Kettensymbol ❶ direkt miteinander verknüpft.

▲ Abbildung 26.16
Die Verknüpfung verhindert ein versehentliches Deaktivieren einer der drei Ebenen.

2 Verschieben-Werkzeug aufrufen

Rufen Sie als Nächstes das Verschieben-Werkzeug [V] auf. Im Bild wird jetzt um die drei ausgewählten Ebenen ein Rahmen angezeigt ❷, den Sie bereits als Transformationsrahmen bzw. Begrenzungsrahmen kennengelernt haben. In der Tat könnten Sie hiermit auch gleich alle möglichen Transformationen durchführen. Wir benötigen diesen Rahmen hier allerdings zum Ausrichten und Verteilen der Ebenen.

◀ Abbildung 26.17
Photoshop Elements zieht einen Transformationsrahmen um die drei Ebenen.

3 Ebenen ausrichten

Legen Sie unter Ausrichten fest, an welcher Kante die Ebenen ausgerichtet werden sollen. Im Beispiel habe ich mich für Links ❸ entschieden, um alle Tafeln an der linken Kante der Begrenzungsebene auszurichten. Um ein Gefühl für das Ausrichten zu bekommen, experimentieren Sie ruhig mit den verschiedenen Ausrichtungen.

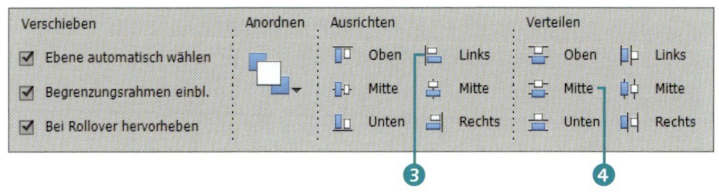

◀ Abbildung 26.18
Linke Kanten ausrichten

4 Ebenen verteilen

Im nächsten Schritt sollen die Ebenen gleichmäßig im Rahmen aufgeteilt werden. Wählen Sie hierzu bei Verteilen den Eintrag Mitte (vertikal) ❹ aus. Jetzt sind die Ebenen auch sauber aufgeteilt.

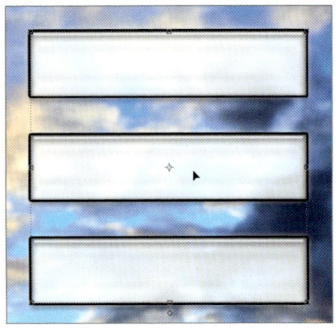

▲ **Abbildung 26.19**
Auch die Position der verknüpften Ebenen können Sie leicht anpassen.

Abbildung 26.20 ▶
Geben Sie einen Text ein.

Zum Weiterlesen
Auf das Textwerkzeug gehe ich noch explizit in Teil XI, »Mit Text und Formen arbeiten«, ein.

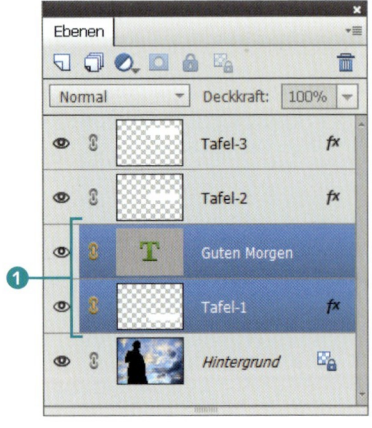

▲ **Abbildung 26.21**
Wählen Sie die neue Textebene und die Ebene »Tafel-1« aus.

5 Ebenen positionieren

Da sich nun alle Ebenen in Reih und Glied befinden, können Sie den ganzen Schwung innerhalb des Ebenenrahmens mit gedrückt gehaltener linker Maustaste an die gewünschte Position verschieben.

6 Text einfügen

Zuletzt will ich Ihnen noch schnell zeigen, wie Sie einen Text innerhalb dieser Tafeln einfügen und mittig ausrichten. Entfernen Sie zunächst die Verknüpfung der drei Ebenen. Wählen Sie das Textwerkzeug T T, und stellen Sie in den Werkzeugoptionen eine ausreichend große Schrift ein. Im Beispiel habe ich die Schriftart ARIAL BOLD mit 200 PT verwendet. Als Schriftfarbe wird die ausgewählte Vordergrundfarbe verwendet, hier Rot.

Wählen Sie im Ebenen-Bedienfeld die Tafel bzw. Ebene aus, auf die Sie den Text setzen wollen. Klicken Sie auf dem Bild in diese Tafel, und geben Sie den gewünschten Text ein.

7 Ebenen auswählen

Es wurde automatisch über der ersten Tafel eine neue (Text-)Ebene angelegt. Um nun Tafel und Text aneinander auszurichten, wählen Sie die beiden Ebenen ❶ im Ebenen-Bedienfeld aus.

8 Ebenen ausrichten

Aktivieren Sie wieder das Verschieben-Werkzeug V. In den Werkzeugoptionen wählen Sie unter AUSRICHTEN zunächst MITTE (vertikal) ❷ und anschließend MITTE (horizontal) ❸ aus. Jetzt sollte der Text zentriert in der Tafel stehen. Auf die gleiche Weise können Sie jetzt den anderen Tafeln Text hinzufügen.

◂ **Abbildung 26.22**
Text und Tafel werden mittig zueinander ausgerichtet.

9 Weitere Texte und Ebenen
Sie sehen also, dass es recht einfach ist, Ebenen mithilfe des Verschieben-Werkzeugs und dessen Optionen auszurichten. Zwar wäre dies auch mit dem Raster (Ansicht • Raster) möglich, aber das ist doch eine ziemliche »Frickelei«.

◂ **Abbildung 26.23**
Das Endergebnis kann sich sehen lassen: eine schön gestaltete Sprachtrainingskarte zum Lernen von Spanisch und Italienisch. Die oberste Tafel enthält die spanische Sprache, die mittlere Tafel die italienische, und die letzte Tafel enthält das entsprechende Wort in deutscher Sprache.

26.3 Schnittmasken

Mit dem Einsatz von Schnittmasken können Sie den Inhalt einer Ebene zum Maskieren einer darüberliegenden Ebene verwenden. Dies ist hilfreich, wenn Sie mehr als zwei Ebenen benutzen und sich eine Ebene nur auf die direkt darunterliegende Ebene beziehen soll. Ich möchte Ihnen an einem einfachen Beispiel zeigen, wie sich eine Schnittmaske auswirkt.

Im Bild »Luftballons.tif« finden Sie drei Ebenen mit Luftballons, die Photoshop Elements als Grafiken zur Verfügung stellt, vor. Leider gibt es hier nur die beiden Farben Rot und Blau. Wir wollen aber noch einen grünen Luftballon haben.

Kapitel_26:
Luftballons.tif

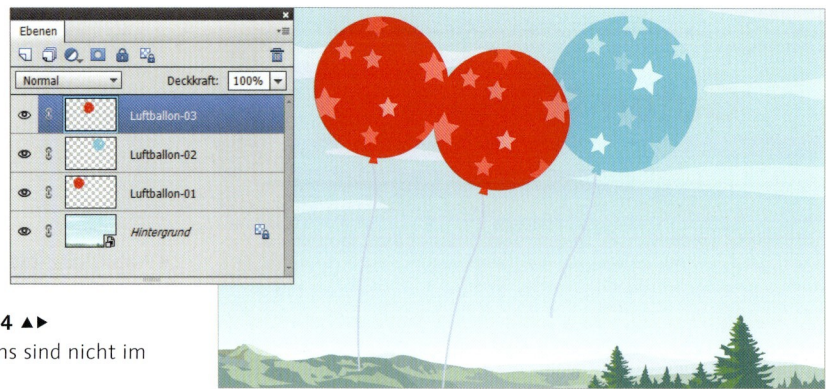

Abbildung 26.24
Grüne Luftballons sind nicht im Angebot.

Hier im Buch angekommen, dürften Sie viele Wege kennen, einen grünen Luftballon herzustellen bzw. umzufärben. Im Beispiel wurde hierzu oberhalb der Ebene »Luftballon-03« eine Farbton/Sättigung-Einstellungsebene hinzugefügt, um hier den Regler FARBTON zu verschieben, bis der Luftballon in grüner Farbe erstrahlt. In Abbildung 26.25 wurden dadurch allerdings alle Ebenen aufgrund der Farbverschiebung »umgefärbt«.

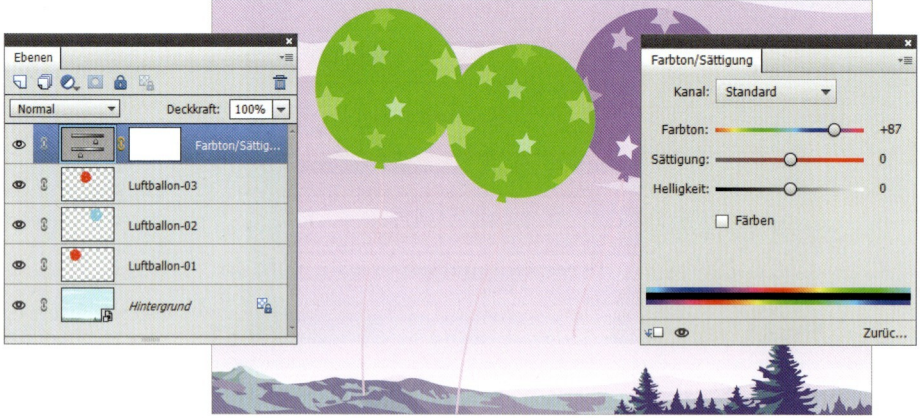

▲ **Abbildung 26.25**
Alle Ebenen wurden hier mit einer Farbton/Sättigung-Einstellungsebene umgefärbt.

Aus der Einstellungsebene FARBTON/SÄTTIGUNG soll jetzt eine Schnittmaske erstellt werden, damit sie sich nur noch auf die darunterliegende Ebene bezieht. Eine Schnittmaske im Ebenen-Bedienfeld erkennen Sie daran, dass die Miniaturvorschau und der Name der Ebene leicht eingerückt sind. Der Name der Grundebene in der Maske ist zudem unterstrichen. Alle über dieser Grundebene liegenden Ebenen werden mit einem Schnittmaskensymbol ❶ angezeigt.

26.3 Schnittmasken

▲ **Abbildung 26.26**
Mithilfe einer Schnittmaske wirkt sich die Einstellungsebene nicht mehr auf alle Ebenen aus, sondern nur noch auf die darunterliegende Ebene, was in diesem Fall der Luftballon von »Luftballon-03« ist.

26.3.1 Schnittmasken erzeugen

Folgende Möglichkeiten haben Sie, eine Schnittmaske zu erzeugen:

- Der einfachste und schnellste Weg führt über das Ebenen-Bedienfeld. Setzen Sie hierzu den Mauszeiger genau zwischen zwei Ebenen, halten Sie [Alt] gedrückt, und betätigen Sie die linke Maustaste. Der Mauszeiger ändert sich in einen Doppelkreis mit Pfeil ❷. Auf demselben Weg lösen Sie eine vorhandene Schnittmaske wieder auf.
- Den gleichen Effekt erzielen Sie auch über das Menü oder mit einer Tastenkombination. Aktivieren Sie die Ebenen, die Sie zur Schnittmaske machen wollen, und wählen Sie im Menü den Punkt Ebene • Schnittmaske erstellen, oder nutzen Sie die Tastenkombination [Strg]/[cmd]+[G]. Lösen können Sie die Schnittmaske wieder mit Ebene • Schnittmaske zurückwandeln oder ebenfalls mit [Strg]/[cmd]+[G].
- Wenn Sie eine Ebene über Ebene • Neu • Ebene oder [Strg]/[cmd]+[⇧]+[N] anlegen, können Sie gleich beim Anlegen im entsprechenden Dialog ein Häkchen vor Schnittmaske aus vorheriger Ebene erstellen ❸ setzen.

▲ **Abbildung 26.27**
Das Symbol des Mauszeigers zeigt an, dass Sie eine Schnittmaske erzeugen oder (hier) wieder lösen können.

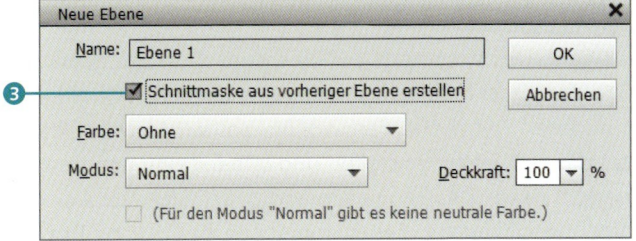

◀ **Abbildung 26.28**
Auch im Dialog Neue Ebene können Sie diese Ebene gleich als Schnittmaske zur vorherigen Ebene anlegen.

655

Kapitel_26:
Deutschland.tif

26.3.2 Anwendungsgebiet

In der Praxis werden diese Schnittmasken zum Retuschieren, bei Einstellungsebenen oder bei der Arbeit mit Texten verwendet. So ist es zum Beispiel auch möglich, in einer Schnittmaske mehrere Ebenen zu verwenden. Allerdings müssen diese Ebenen immer in aufeinanderfolgender Reihenfolge vorliegen.

Ein gutes Beispiel für eine kreative Textgestaltung zeigt Abbildung 26.29. Damit die Ebene mit der Deutschland-Flagge nicht das komplette Bild überlagert, sondern nur für die darunterliegende Textebene zur Textgestaltung verwendet wird, wurde einfach eine Schnittmaske daraus erstellt.

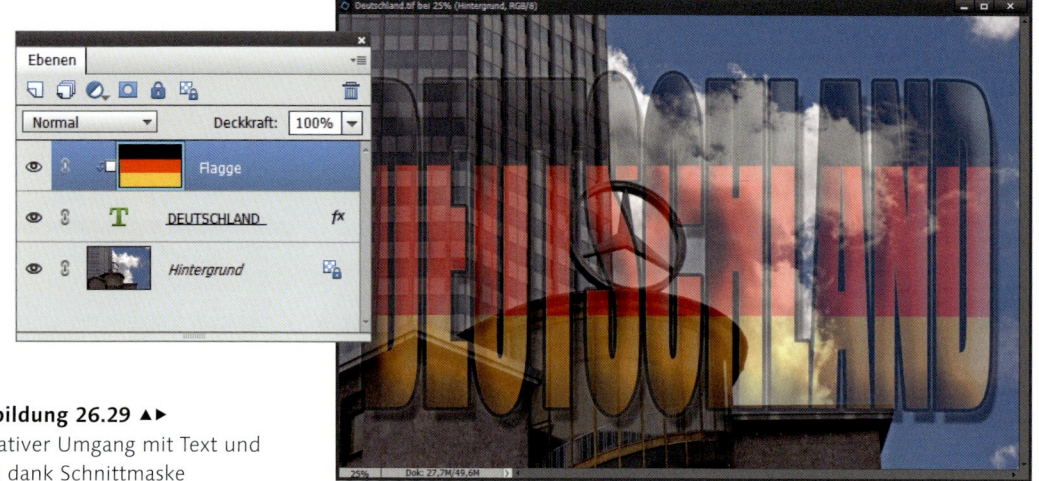

Abbildung 26.29 ▴▸
Kreativer Umgang mit Text und Bild dank Schnittmaske

26.4 Einfache Fotomontagen mit Ebenen

Ein wichtiges Anwendungsgebiet von Ebenen sind Fotomontagen. Diese setzen natürlich voraus, dass Sie den grundlegenden Umgang mit den Werkzeugen von Photoshop Elements und natürlich auch den Auswahlen bereits beherrschen. Folgende Tipps will ich Ihnen außerdem zu einer gelungeneren Fotomontage geben:

Composing, Montage, Collage
Die Fotomontage wird häufiger auch als *Composing* oder *Collage* bezeichnet. Manchmal ist auch einfach nur die Rede von einer *Montage*. Dabei werden verschiedene Bildinhalte über mehrere Ebenen zu einem neuen Bild zusammengesetzt. Dabei gibt es eigentlich keine festen Regeln, und der Kreativität sind hierbei keine Grenzen gesetzt.

▸ **Bildauswahl**: Das Wichtigste für eine gute Montage ist natürlich eine geeignete Bildauswahl. Gerade wenn Sie ein Objekt in ein anderes Bild montieren wollen, sollten Sie ein Objekt wählen, das sich leicht freistellen und wieder einfügen lässt.

▸ **Lichtverhältnisse**: Das ist meistens das Schwierigste bei der Montage eines Objekts. Selten herrschen bei beiden Bildern dieselben Lichtverhältnisse. Sind einmontierte Objekte im

26.4 Einfache Fotomontagen mit Ebenen

Vergleich zum Zielbild zu hell oder zu dunkel, wird die Fotomontage schwieriger, weil Sie mit anderen Werkzeugen, wie etwa der TONWERTKORREKTUR, HELLIGKEIT und KONTRAST usw., nacharbeiten müssen. Nicht immer lässt sich daher jedes Objekt sauber und unauffällig in ein anderes Zielbild montieren.

- **Planung**: Ganz wichtig ist eine sorgfältige Planung. Zwar können Sie auch einmal einfach so dahinarbeiten, aber trotzdem sollten Sie einige Dinge wie Schatten, harte oder weiche Übergänge usw. vorher überdenken.
- **Genügend Zeit**: Eine gelungene Fotomontage braucht Zeit. Je mehr Zeit Sie sich nehmen, desto sauberer wird die Arbeit sein. Etwas aufwendigere Montagen lassen sich nun einmal nicht in ein paar Minuten zusammenstellen.

Schritt für Schritt
Objekt in ein anderes Bild einmontieren (der manuelle Weg)

Der Klassiker der Fotomontage ist natürlich, Bildobjekte in andere Bilder zu montieren, ohne dass dies dem Betrachter auffällt. Das Prinzip ist relativ einfach: Man stellt ein Objekt aus einem Bild frei und fügt es als neue Ebene in (oder auf) einem anderen Bild ein. Jetzt feilt man so lange an dem hinzugefügten Objekt, bis die Montage kaum oder gar nicht mehr auffällt. In diesem Workshop wollen wir die Person aus dem Bild »ausblick.jpg« in das Panoramabild »stadtblick.jpg« einmontieren.

Kapitel_26: ausblick.jpg, stadtblick.jpg, stadtblick+ausblick.psd

◂▾ **Abbildung 26.30**
Die Person links soll in das rechte Panoramabild einmontiert werden.

1 Objekt auswählen

Laden Sie das Bild »ausblick.jpg« in den Fotoeditor. Erstellen Sie mit einem Auswahlwerkzeug eine Auswahl um die Person. Im Beispiel habe ich zunächst hierfür das Schnellauswahl-Werkzeug  verwendet.

Tipp

Wenn das Objekt, das Sie freistellen wollen, einen deutlichen Schatten wirft, können Sie diesen auch auswählen. Damit ersparen Sie sich später die Arbeit, manuell einen Schatten erstellen zu müssen. Im Beispiel wäre es allerdings sehr schwierig geworden, die Person mitsamt Schatten auszuwählen. Daher wurde darauf verzichtet, um Ihnen anschließend zu demonstrieren, wie Sie einen eigenen Schatten erstellen können.

Über die Werkzeugoptionen HINZUFÜGEN und SUBTRAHIEREN und das Anpassen der Pinselgröße habe ich die Auswahl nach und nach verfeinert. Für Detailarbeiten habe ich dann den Auswahl verbessern-Pinsel [A] verwendet. Je genauer Sie hier arbeiten, desto besser wird das Endergebnis.

▲ Abbildung 26.31
Die Person wurde ausgewählt.

Auf die Bedienung der einzelnen Auswahlwerkzeuge wird an dieser Stelle allerdings nicht mehr eingegangen, weil diese Werkzeuge allesamt bereits in Kapitel 23 beschrieben wurden.

▲ Abbildung 26.32
Eine Ebenenmaske wurde zur Freistellung verwendet.

▲ Abbildung 26.33
Das Symbol des Mauszeigers zeigt an, dass Sie eine Schnittmaske erzeugen oder (hier) wieder lösen können.

2 Objekt freistellen

Da Sie sich nie sicher sein können, ob Sie noch Bildteile von der Freistellung bei der Montage benötigen, sollten Sie aus der erstellten Auswahl eine Ebenenmaske erzeugen, anstatt die Auswahl zu kopieren und auf eine neue Ebene oder Datei einzufügen. Klicken Sie daher im Ebenen-Dialog auf die Schaltfläche MASKE HINZUFÜGEN ❶, und die Person wird nicht-destruktiv mit einer Maske freigestellt. Damit können Sie jederzeit nachträglich Bildbereiche der Person dazumalen oder entfernen. Speichern Sie zur Sicherheit die freigestellte Person als TIFF- oder PSD-Datei ab.

3 Objekt in das Zielbild kopieren

Als nächsten Schritt sollten Sie die freigestellte Person mit transparentem Hintergrund in das Zielbild kopieren. Öffnen Sie daher das Bild »stadtblick.jpg« im Fotoeditor. Aktivieren Sie das Bild mit

26.4 Einfache Fotomontagen mit Ebenen

der Person, ziehen Sie die Ebene aus dem Ebenen-Bedienfeld ❷ in das Zielbild ❸, und lassen Sie sie dort fallen. Jetzt sollte die Person schon einmal vor der Stadt sitzen (wenn auch noch etwas unbeholfen).

◀▼ **Abbildung 26.34**
Kopieren Sie das Objekt per Drag & Drop als neue Ebene in das Zielbild.

Natürlich können Sie auch andere Wege gehen, um ein Objekt von einem Bild als neue Ebene in ein anderes zu kopieren. Darauf bin ich in Abschnitt 25.3.2, »Neue Ebene durch Einkopieren«, eingegangen. Wichtig für diese Vorgehensweise ist, dass Sie die Bilder nicht in Reitern, sondern in einzelnen Fenstern geöffnet haben oder die beiden Bilder über den Befehl FENSTER • BILDER • NEBENEINANDER entsprechend anordnen.

4 Objektgröße anpassen

Im seltensten Fall dürfte jetzt die Größe des Objekts im Zielbild optimal passen. Hierzu können Sie dann BILD • TRANSFORMIEREN • FREI TRANSFORMIEREN bzw. [Strg]/[cmd]+[T] verwenden, um das Bild entsprechend an den Ecken ❶ (Abbildung 26.35) zu skalieren. In Abschnitt 20.3, »Skalieren von Elementen«, bin ich bereits auf das Thema eingegangen. Im Beispiel habe ich die Person nicht mehr skaliert. Mit dem Verschieben-Werkzeug [✥] [V] bringen Sie das Objekt an die gewünschte Position im Bild. Im Beispiel soll die Person am linken unteren Rand an der Kante sitzen.

Kapitel 26   Mit Ebenen arbeiten

Abbildung 26.35 ►
Im Beispiel habe ich die Person noch an die linke untere Kante platziert, damit diese auch »real« in das Bild passt und ihre sitzende Position entsprechend überzeugend wirkt.

Ebenenmasken

Die Ebenenmasken werden noch gesondert in Kapitel 28 des Buches behandelt und gehören neben den Auswahlen und Ebenen zu den wichtigsten Bearbeitungsmöglichkeiten für Fotomontagen bzw. Composings. Der Vorgang, bei dem Sie hier weiße Farbe auf die Ebenenmaske aufgetragen haben, wird als *Demaskieren* bezeichnet. Mit weißer Farbe decken Sie praktisch diesen Bereich im Bild auf, ohne direkt auf die Pixel des Bildes zuzugreifen, also: nicht-destruktiv. Das Gegenstück zum Demaskieren ist das Maskieren, das Sie mit einer schwarzen Pinselfarbe vornehmen können. Wenn Sie beispielsweise im Arbeitsschritt zu viel demaskiert haben, können Sie diesen Bereich auf der Ebenenmaske mit schwarzer Farbe wieder maskieren, also nicht sichtbar machen. Auf diese Weise können Sie auch in der Ebene mit der Person ❺ dafür sorgen, dass das Bein genau an der Stelle der Kante mit schwarzer Farbe entfernt wird.

5   Montage vertuschen

An dieser Stelle kommt ein Punkt, der hier etwas verallgemeinert ist, weil er immer vom eingefügten Objekt und vom Zielbild abhängt. Ein allgemeines Rezept für diesen Arbeitsschritt gibt es nicht. Ab hier können Sie alle bereits kennengelernten Mittel und Werkzeuge verwenden, um die Montage zu vertuschen. Dabei kann es sich um mehrere Punkte handeln, wie beispielsweise das Anpassen der Lichtverhältnisse mit der TONWERTKORREKTUR oder dem TIEFEN/LICHTER-Dialog. Wollen Sie nur einzelne Bereiche aufhellen oder abdunkeln, können Sie auch zum Abwedler oder Nachbelichter greifen.

Auch Werkzeuge wie Weichzeichner, Scharfzeichner und Wischfinger eignen sich für die partielle Vertuschung von zu harten oder (eher selten) zu weichen Kanten. And last, but not least dürfen Sie hier auch den Radiergummi nicht vergessen. Verwenden Sie hingegen Ebenenmasken, dann malen Sie anstelle des Radiergummis mit einer schwarzen oder weißen Farbe auf diese Maske, um Bildbereiche zu (de-)maskieren. Wirkt das Objekt oder der Hintergrund insgesamt zu hart, können Sie auch mit dem GAUSSSCHEN WEICHZEICHNER die Überschärfe etwas aus dem Bild nehmen.

Im Beispiel habe ich die Ebene mit der Person ❺ im Ebenen-Dialog ausgewählt und mit [Strg]/[cmd]+[J] dupliziert. Dann habe ich die DECKKRAFT ❹ der duplizierten Ebenen auf 15 % reduziert. Nun aktivieren Sie die Ebenenmaske ❸, verwenden den Pinsel [B] und malen mit einer weißen Vordergrundfarbe unterhalb der Kante ❷ der Glasfläche, auf der die Person sitzt, die Schuhe und ein Teil des Beins der Person mit schwacher Deckkraft frei, als würden diese tatsächlich durch das milchige Glas der Sitzfläche hindurchschimmern. Zu viel Hinzugemaltes können Sie mit schwarzer Farbe auf der Ebenenmaske wieder wegmalen.

26.4 Einfache Fotomontagen mit Ebenen

▲ **Abbildung 26.36**
Der Schuh und ein Teil des Beines scheinen durch das milchige Glas der Sitzfläche hindurch.

6 Spiegelung hinzufügen

Da die Person auf einer Glasfläche sitzt, können Sie hier auch eine leichte Spiegelung hinzufügen. Wählen Sie erneut die Ebene der Person aus, und duplizieren Sie diese mit [Strg]/[cmd]+[J]. Wählen Sie dann die Ebenenmaske in der Kopie aus, und klicken Sie mit der rechten Maustaste darauf. Im Kontextmenü wählen Sie jetzt EBENENMASKE ANWENDEN, woraufhin Sie eine weitere Ebene der freigestellten Person 6, jetzt aber ohne Ebenenmaske, vorfinden. Diese Ebene soll jetzt für die Spiegelung auf der Glasfläche verwendet werden. Wählen Sie diese Ebene aus, und führen Sie nun die Befehle BILD • DREHEN • EBENE UM 180° DREHEN und dann BILD • DREHEN • EBENE HORIZONTAL SPIEGELN aus.

Jetzt soll noch ein schöner Winkel für die Spiegelung ausgewählt werden. Deaktivieren Sie die oberste Ebene 1, (Abbildung 26.38) und aktivieren Sie die Ebene für die Spiegelung 2. Reduzieren Sie die Zoomstufe stark, damit Sie auf dem Dokumentfenster mehr Platz zum Skalieren haben. Schieben Sie die Ebene für die Spiegelung nach unten ins Bild, damit sich die reale und die gespiegelte Person Gesäß an Gesäß spiegeln. Wählen Sie jetzt [Strg]/[cmd]+[T], und transformieren Sie die Ebenen mit gehaltener [Strg]/[cmd]-Taste an den Ecken. Sind Sie mit der Transformierung zufrieden, führen Sie die Transformierung mit dem

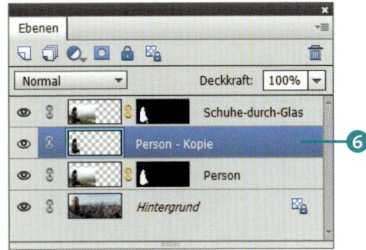

▲ **Abbildung 26.37**
Die Ebene mit der Spiegelung sollte unter die Ebene der freigestellten Person geschoben werden.

grünen Häkchen durch. Schieben Sie am Ende die Ebene mit der Spiegelung ❷ unter die Ebene der freigestellten Person ❶ im Ebenen-Dialog, und reduzieren Sie die Deckkraft auf 13 %. Die oberste Ebene sollten Sie auch wieder aktivieren.

Abbildung 26.38 ▲▶
Die Ebene für die Spiegelung transformieren

7   Schatten erstellen

Viele Montagen wirken häufig nicht natürlich, weil hierbei keinerlei oder falsche Schatten verwendet werden. Dabei ist es meist kein großer Aufwand, einen Schatten zu erstellen. Duplizieren Sie im Beispiel die Ebene mit der Spiegelung der Person mit ⌈Strg⌉/⌈cmd⌉+⌈J⌉ oder mit EBENE • EBENE DUPLIZIEREN. Aktivieren Sie diese Ebenenkopie ❸ im Ebenen-Bedienfeld, und rufen Sie ÜBERARBEITEN • FARBE ANPASSEN • FARBTON/SÄTTIGUNG auf. Ziehen Sie den Regler für HELLIGKEIT ❺ ganz nach links, sodass die Ebene komplett schwarz ist, und bestätigen Sie den Dialog mit OK. Setzen Sie die DECKKRAFT ❹ auf 80 %.

◀ **Abbildung 26.39**
Eine neue Ebene für den Schatten erstellen

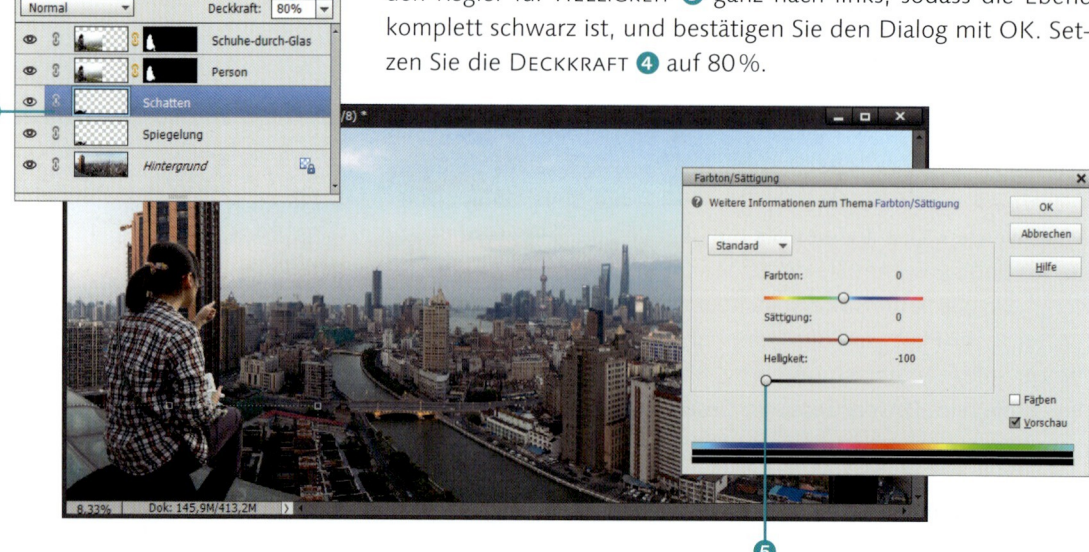

8 Schatten drehen, positionieren und/oder transformieren

Jetzt müssen Sie den Schatten in die richtige Position bringen. Hierbei sollten Sie in der Umgebung des Bildes nachsehen (wenn möglich), aus welcher Richtung die Sonne bzw. das Licht den Schatten wirft. Hierbei können Sie in der Regel genauso vorgehen wie schon im Arbeitsschritt 6 zuvor mit der Erstellung einer Spiegelung, nur dass Sie in dem Fall dann die Ebene mit dem Schatten entsprechend drehen und transformieren. Hierbei sollten Sie darauf achten, wohin Sie den Schatten werfen. Am einfachsten gelingt dies, wenn Sie im Bild vorhandene Schatten vorfinden und dieselbe Richtung dafür verwenden. Im Beispiel haben wir ja bereits mit der Spiegelung und dem Duplikat als Schatten im Arbeitsschritt 7 die Vorarbeit geleistet. Wir benötigen nur ein paar Schatten genau an der Stelle, auf der die Person direkt mit dem Gesäß sitzt.

Im Beispiel wurde die Ebene mit dem Schatten ausgewählt ❻, und mit dem Radiergummi 🧽 E mit einer weichen Pinselspitze wurden die dunklen Stellen um das Gesäß ❼ wegradiert, bis ein echt wirkender Schatten entstanden ist.

▲ Abbildung 26.40
Schatten angepasst

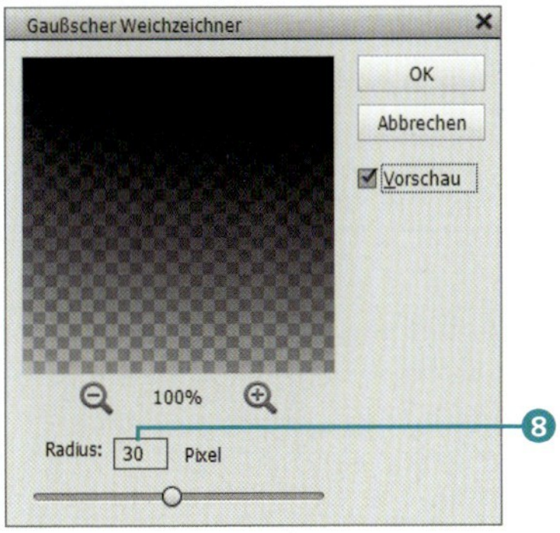

9 Schatten weichzeichnen

Zum Schluss können Sie den Schatten über Filter • Weichzeichnungsfilter • Gaussscher Weichzeichner soften. Im Beispiel habe ich hierfür einen Radius von 30 Pixeln ❽ verwendet. Wie stark Sie weichzeichnen, ist natürlich auch hier wieder Gefühlssache und hängt von der Umgebung und dem Licht ab.

▲ Abbildung 26.41
Zu harte Schatten weichzeichnen

10 Ebenen zusammenfügen

Bevor Sie im Ebenen-Bedienfeld die Ebenen zu einer Ebene zusammenfügen, sollten Sie die Ebenenkomposition als PSD-Datei speichern, falls Sie später noch Änderungen daran vornehmen wollen.

Abbildung 26.42 ▶
Das Endergebnis einer einfachen Fotomontage

11 Einheitliche Farbstimmung

Den letzten Schliff geben Sie einem Bild dann noch mit einer einheitlichen Farbstimmung. Auch wenn das einmontierte Bild fast perfekt gelingt und alles zusammengesetzt schon richtig stimmig wirkt, können Sie mit einer einheitlichen Farbstimmung aller zusammengesetzten Ebenen die Qualität noch etwas maximieren, damit das Composing noch stimmiger und harmonischer wirkt. Hierfür bieten sich beispielsweise verschiedene Einstellungsebenen an. So könnten Sie Füllebene, Verlaufsebenen oder Fotofilter dafür verwenden. Auch die Füllmethoden der Ebenen können Sie hierbei anpassen. Ganz klar bietet sich dafür auch die TONWERTKORREKTUR an ebenso wie im SCHNELL-Modus beispielsweise die EFFEKTE oder KORREKTUREN (besonders FARBE und BALANCE). Hier gibt es wirklich extrem viele Möglichkeiten.

Tipp: Mehr Schatten

Gegebenenfalls können Sie nochmals die Ebene mit den Schatten kopieren und kleiner skalieren, um noch einen kleineren, härteren Schatten direkt am Ende der Beine einzumontieren. Auch hier hilft es dann noch, mit der DECKKRAFT der Ebene zu experimentieren. Auch dieses Thema lässt sich hier nicht so einfach verallgemeinern und hängt natürlich wiederum vom verwendeten Objekt ab und davon, wo das Bild einmontiert wird.

Abbildung 26.43 ▶
Um die Einheit der Montage zu maximieren, können Sie noch für eine einheitliche Farbstimmung sorgen. Hierfür gibt es viele Möglichkeiten. Im Beispiel wurde hier ein Effekt im SCHNELL-Modus verwendet.

26.4 Einfache Fotomontagen mit Ebenen

Schritt für Schritt
Objekt in ein anderes Bild einmontieren
(mit Photomerge-Komposition)

Gerade für Einsteiger in die Bildbearbeitung sind aufwendige Fotomontagen bzw. Composings zunächst noch recht komplex, weil hierfür der Umgang mit so ziemlich allen Facetten der Bildbearbeitung beherrscht werden muss und auch ein gewisses Maß an Erfahrung unbedingt erforderlich ist. Auch Geduld und Zeit spielen für ein gutes Composing eine entscheidende Rolle. Daher bietet Photoshop Elements mit Photomerge-Komposition auch einen einfacheren Weg an, womit Sie ganz einfach ein Objekt in ein anderes Bild einmontieren können.

Kapitel_26:
Kristy.jpg,
Forbidden-City.jpg

1 Photomerge-Komposition aufrufen

Laden Sie das Quellbild mit dem Objekt, aus dem Sie etwas extrahieren wollen (hier »Kristy.jpg«), und das Zielbild, in das das extrahierte Objekt eingefügt werden soll (hier »Forbidden-City.jpg«), in den Fotoeditor.

2 Photomerge-Komposition aktivieren

Wechseln Sie jetzt, falls noch nicht geschehen, in den Assistent-Modus, und wählen Sie im Bereich Photomerge die Funktion Photomerge-Komposition aus.

▲ Abbildung 26.44
Diese Dame …

▲ Abbildung 26.45
… wollen wir in die Verbotene Stadt versetzen.

665

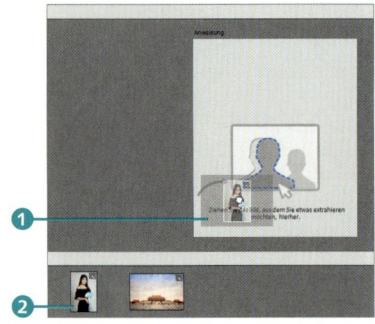

▲ Abbildung 26.46
Quellbild in den dafür vorgesehenen Bereich ziehen

3 Objekt zum Extrahieren auswählen

Ziehen Sie das Bild aus dem Fotobereich ❷ mit den Miniaturvorschauen auf die graue Fläche ❶, aus der Sie ein Objekt extrahieren wollen. Im Beispiel ist es das Bild mit dem Fotomodell.

4 Auswahl erzeugen und verfeinern

Jetzt finden Sie auf der rechten Seite drei Auswahlwerkzeuge, die Ihnen sehr bekannt vorkommen dürften. Vereinfacht handelt es sich hierbei bei der Schaltfläche SCHNELL ❸ um das Schnellauswahl-Werkzeug, bei KONTUR ❺ um eine Form des Auswahlpinsels und bei VERF. ❹ um den Auswahl verbessern-Pinsel, also um drei bekannte Werkzeuge, nur etwas komfortabler und für sich selbst sprechend verpackt.

▲ Abbildung 26.47
Auswählen des Objekts mithilfe der Auswahlwerkzeuge

Alle drei Auswahlwerkzeuge bieten einen entsprechenden Auswahlmodus an, um damit Auswahlen hinzuzufügen oder zu entfernen (zu subtrahieren), sowie die Möglichkeit, die Pinselgröße anzupassen.

Im Beispiel habe ich das Fotomodell zunächst mit dem Auswahlwerkzeug unter SCHNELL ❸ erfasst und dann abwechselnd mit

26.4 Einfache Fotomontagen mit Ebenen

Verf. ❹ verfeinert. Zur besseren Beurteilung der Kanten können Sie über das Dropdown-Menü Als Hintergrund einstellen ❻ eine entsprechende Auswahl treffen (hier mit Überlagern). Und zu guter Letzt finden Sie auch hier wieder die Schaltfläche Kante verbessern ❼, die den Dialog Kante verbessern aufruft, den Sie ebenfalls schon in Abschnitt 22.5.3 des Buches kennengelernt haben, um die Kanten der Auswahl zu verbessern. Wenn Sie mit der Auswahl zufrieden sind, klicken Sie auf die Schaltfläche Weiter.

5 Extrahiertes Objekt platzieren

Jetzt wurde das extrahierte Fotomodell automatisch auf dem Hintergrundbild mit der Verbotenen Stadt platziert. Sie können nun dieses extrahierte Objekt entsprechend verschieben und/oder skalieren. Im Beispiel habe ich die Zelle etwas gerade gedreht und auf der linken Seite platziert. Mithilfe der Pinsel Ausblenden ❽ und Einblenden ❾ können Sie Teile des zuvor extrahierten Objekts weg- bzw. wieder hinzumalen. Dass dies überhaupt möglich ist, ist den Umständen zu verdanken, dass bei der Extrahierung eine Ebenenmaske verwendet wird. Klicken Sie anschließend auf Weiter.

Die Auswahlwerkzeuge im Detail

In dieser Anleitung werden die Auswahlwerkzeuge nicht erneut beschrieben. Der Umgang mit den einzelnen Auswahlwerkzeugen wurde bereits in Kapitel 23 umfassend erläutert. Außerdem bieten alle drei Auswahlwerkzeuge hier eine für sich selbst sprechende Beschreibung an.

▼ **Abbildung 26.48**
Das extrahierte Fotomodell wird positioniert und mit Ausblenden und Einblenden stimmig in das Hintergrundbild eingearbeitet.

6 Farbton und Beleuchtung anpassen

Zum Schluss können Sie noch die Luminanz, den Kontrast, die Temperatur und die Sättigung über die einzelnen Regler an-

»Zurück«- und »Abbrechen«-Schaltfläche

Mit der Schaltfläche ZURÜCK können Sie jederzeit nochmals zum vorherigen Schritt wechseln. Mit ABBRECHEN hingegen können Sie die komplette PHOTOMERGE-KOMPOSITION vorzeitig abbrechen.

passen. Oder aber Sie versuchen mit der Schaltfläche FARBTON AUTOM. ANPASSEN ❶ (Abbildung 26.43) Ihr Glück, über die die Software das extrahierte Objekt entsprechend dem Hintergrund anzupassen versucht. Wenn Sie mit der Automatik oder mit deren Einstellungen nicht zufrieden sind, können Sie den ursprünglichen Zustand jederzeit wieder mit der Schaltfläche ZURÜCKSETZEN ❷ wiederherstellen. Sind Sie mit der Komposition zufrieden, brauchen Sie nur noch die Schaltfläche FERTIG anzuklicken. Anschließend können Sie Assistent-typisch auswählen, ob Sie die Arbeit speichern oder im SCHNELL- bzw. EXPERTE-Modus weiterbearbeiten wollen. Im Beispiel habe ich mich für den EXPERTE-Modus entschieden.

▲ Abbildung 26.49
Anpassen von Farbton und Beleuchtung

7 Weitere Arbeiten

Am Ende können Sie wie gehabt weitere Feinarbeiten am einmontierten Objekt vornehmen, wenn Sie noch nicht zufrieden sind. Da bereits in der Schritt-für-Schritt-Anleitung der manuellen Montage mit »Objekt in ein anderes Bild montieren (der manuelle Weg)« auf Seite 657 darauf eingegangen wurde, muss dies hier nicht nochmals wiederholt werden. Im Beispiel habe ich nur noch zwei Einstellungsebenen für eine TONWERTKORREKTUR und FARBTON/SÄTTIGUNG hinzugefügt.

▲ Abbildung 26.50
Die fertige Montage mithilfe des Assistenten

26.4 Einfache Fotomontagen mit Ebenen

Schritt für Schritt
Himmel austauschen

Ebenfalls eine beliebte Frage lautet, wie man einen flauen, überstrahlten oder langweiligen Himmel austauschen kann. Auch dies ist mithilfe von Ebenen kein großer Aufwand. Vorausgesetzt natürlich auch hier wieder, Sie sind mit den Werkzeugen von Photoshop Elements bereits vertraut. Des Weiteren setzt es natürlich auch voraus, dass die Pixelgröße der beiden Bilder recht ähnlich ist. Sicherlich könnten Sie nachträglich den Himmel oder das Vordergrundbild skalieren. Trotzdem ist es natürlich nicht zweckdienlich, wenn eines der Bilder sehr viel größer oder kleiner als das andere ist.

Kapitel_26:
ueberstrahlt.jpg,
Himmel.jpg

1 Himmel entfernen

Laden Sie das Bild »ueberstrahlt.jpg« in den Fotoeditor. Machen Sie aus der Hintergrundebene eine normale Ebene über EBENE • NEU • EBENE AUS HINTERGRUND (für die Transparenz). Verwenden Sie jetzt ein Auswahlwerkzeug wie den Zauberstab , und wählen Sie den grauen Himmel zum Entfernen mit [Entf]/[←] aus, oder benutzen Sie den Magischen Radiergummi, um den Himmel zu entfernen. Je genauer Sie hierbei arbeiten, desto besser wird das Endergebnis.

▲ **Abbildung 26.51**
Bei dieser Aufnahme ist der ohnehin schon trübe Himmel fast komplett ins Weiß abgesoffen. Daher soll hier der Himmel getauscht werden.

◄ **Abbildung 26.52**
Der überstrahlte Himmel wurde entfernt.

2 Himmel ins Zielbild kopieren

Öffnen Sie das Bild »Himmel.jpg«, und ziehen Sie die Hintergrundebene aus dem Ebenen-Bedienfeld mit gedrückt gehaltener linker Maustaste über das Bild »ueberstrahlt.jpg« ❶ (Abbildung 26.53), und lassen Sie den Himmel dort fallen.

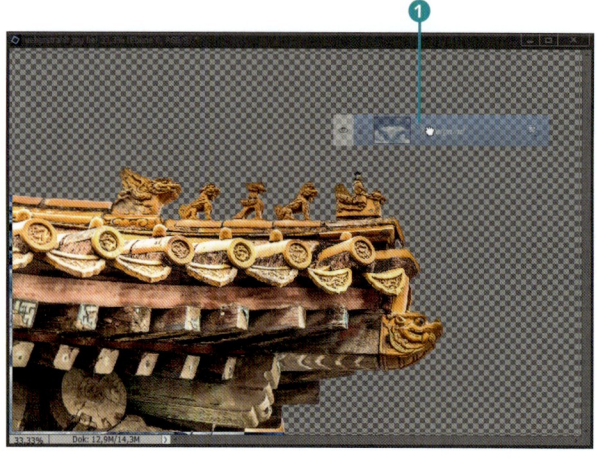 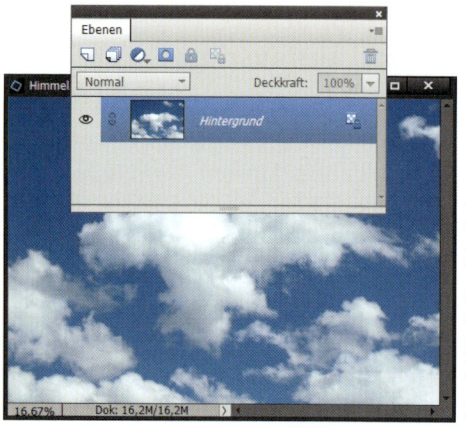

▲ **Abbildung 26.53**
Neuen Himmel einkopieren

3 Ebenen anordnen

Zum Schluss brauchen Sie nur noch im Ebenen-Bedienfeld die Ebene mit dem Himmel ❸ unter die Ebene ❷ mit dem entfernten Bereich zu schieben, und das Bild hat einen neuen Himmel bekommen. Gegebenenfalls können und müssen Sie auch noch die Position des Himmels mit dem Verschieben-Werkzeug anpassen.

▲ **Abbildung 26.54**
Nach dem Anordnen der Ebenen: unser Bild mit einem neuen Himmel

4 Lichtverhältnisse anpassen

Selten stimmen die Lichtverhältnisse des einmontierten Himmels mit dem restlichen Bild überein. Hierbei können Sie die Lichtverhältnisse mit der TONWERTKORREKTUR oder dem TIEFEN/LICHTER-Dialog angleichen.

26.4 Einfache Fotomontagen mit Ebenen

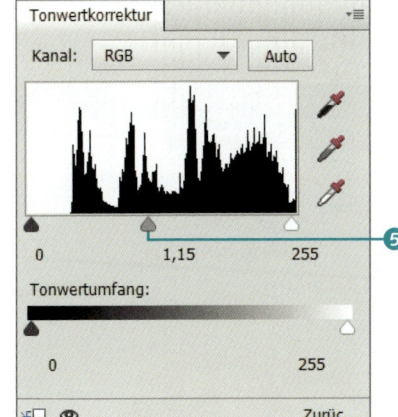

▲ **Abbildung 26.55**
Der Himmel bekommt noch eine Tonwertkorrektur als Einstellungsebene
❹. Hier wird der mittlere Regler ❺ nach rechts gezogen, woraufhin der Himmel ein wenig heller wirkt.

5 Auf Hintergrundebene reduzieren

Am Ende brauchen Sie nur noch die Ebenen über EBENE • AUF HINTERGRUNDEBENE REDUZIEREN zu einer Hintergrundebene zu vereinen und das Bild unter einem anderen Namen abzuspeichern.

▲ **Abbildung 26.56**
Das Endergebnis mit einem neuen Himmel

▲ **Abbildung 26.57**
Nichts spricht dagegen, die komplette Arbeit noch mit einem einheitlichen Bildlook mit einer passenden Farb_umgebung zu versehen.

Hintergrund ersetzen im Assistent-Modus | Auch für das Austauschen des Hintergrunds bietet Photoshop Elements im ASSISTENT-Modus eine einfachere Funktion an, die den unerfahreneren User mit einer Schritt-für-Schritt-Anweisung an die Hand nimmt.

671

Sie finden diese Funktion beim Assistenten unter SPEZIELLE BEARBEITUNGEN mit HINTERGRUND ERSETZEN vor.

▲ **Abbildung 26.58**
Hier wurde der Himmel mit HINTERGRUND ERSETZEN, einer Funktion im ASSISTENT-Modus, ausgetauscht.

Kapitel 27
Füllmethoden von Ebenen

Bisher haben Sie sich bei der Verwendung von Ebenen ganz auf die richtige Reihenfolge und auf die Ebenenmasken verlassen. Alles, was über einer Ebene liegt, verdeckt einen Teil der unteren Ebene. Zwar konnten Sie mit der Deckkraft diesen verdeckten Teil durchscheinen lassen, aber hierbei erlauben die sogenannten Füllmethoden auch unterschiedliche Pixelverrechnungsmethoden.

Wenn Sie die Füllmethode ändern, bezieht sich diese Änderung direkt auf das Verhältnis zweier übereinanderliegender Ebenen – und indirekt auch auf andere übereinandergeschichtete Pixel dieser Ebenen. In der Praxis wirkt sich eine Veränderung der Füllmethode der oberen Ebene auf die darunterliegende Ebene aus.

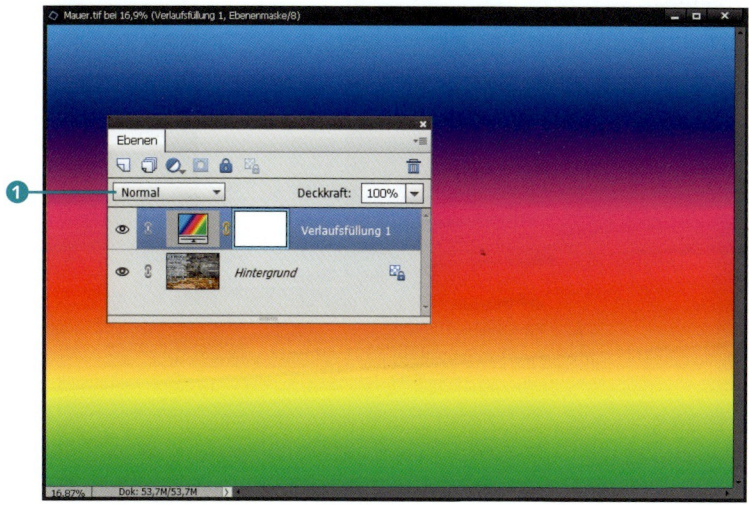

▲ **Abbildung 27.1**
Wenn zwei Ebenen mit der Füllmethode NORMAL ❶ übereinanderliegen, wird immer die untere Ebene von der oberen Ebene verdeckt.

▲ **Abbildung 27.2**
Übersicht über alle Füllmethoden aus dem Ebenen-Bedienfeld

Abbildung 27.3 ▶
Eine Änderung der Füllmethode auf MULTIPLIZIEREN erzeugt einen sehr interessanten Effekt.

Kapitel_27:
Mauer.tif

Das Mischen von Pixeln ist nicht nur den Ebenen vorbehalten. Auch beim Auftragen von Farbpixeln bieten viele Mal- und Retuschewerkzeuge die hier erwähnten Füllmethoden an – nur dass hier mit **Modus** für die gleichen Berechnungen ein anderer Begriff verwendet wird. Genaueres erfahren Sie in Abschnitt 27.2, »Füllmethoden für Mal- und Retuschewerkzeuge«.

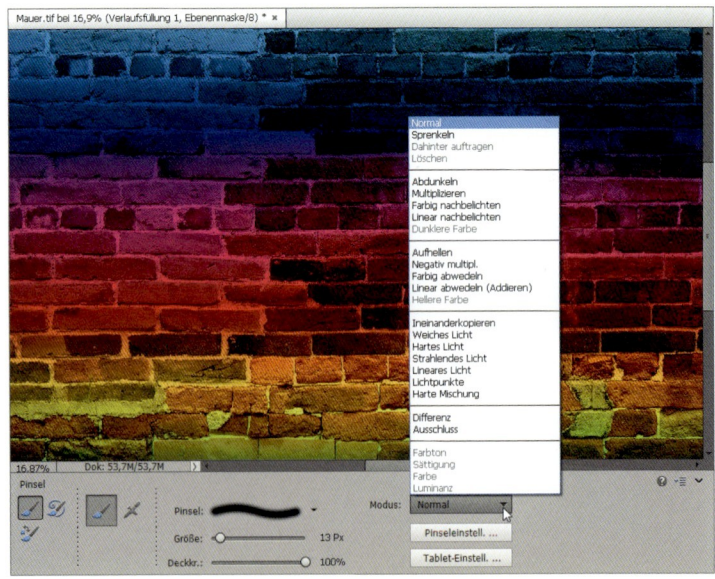

Abbildung 27.4 ▶
Viele Mal- und Retuschewerkzeuge bieten ebenfalls eine Pixelmischung beim Auftragen von Farbpixeln an.

Ob Sie nun die Füllmethoden im Ebenen-Bedienfeld nutzen oder ob Sie Werkzeuge verwenden – alle arbeiten mit denselben Algorithmen. Bei dieser Berechnung werden immer die darunterliegenden Pixel als Ausgangsfarbe verwendet. Die darüberliegenden Pixel sind die Füllfarbe. Beide zusammen werden zu einer Ergebnisfarbe gemischt.

Die Trennungsstriche (Abbildung 27.1) bei der Auflistung der Füllmethoden wurden übrigens nicht willkürlich verwendet, sondern lassen sich in folgende Gruppen aufteilen:

- Normale Füllmethoden: Bei diesen Füllmethoden kann nur ein transparenter Bereich geschaffen werden, wenn die DECKKRAFT reduziert wird. Zu diesen Standardmethoden gehören NORMAL und SPRENKELN.
- Abdunkelnde Füllmethoden: Bei diesen Füllmethoden wird das Endergebnis gewöhnlich dunkler als die Originalbilder. Zu diesen Methoden gehören ABDUNKELN, MULTIPLIZIEREN, FARBIG NACHBELICHTEN, LINEAR NACHBELICHTEN und DUNKLERE FARBE.
- Aufhellende Füllmethoden: Bei diesen Füllmethoden wird das Endergebnis der Bilder häufig heller. Dazu zählen die Methoden AUFHELLEN, NEGATIV MULTIPLIZIEREN, FARBIG ABWEDELN, LINEAR ABWEDELN (ADDIEREN) und HELLERE FARBE.
- Komplexe Füllmethoden: Bei diesen Methoden lässt sich durch das Kombinieren von Füllmethoden eine Vielzahl von Effekten erzielen. Viele der Methoden bilden einen Lichteffekt, der auf die obere Ebene scheint und auch die untere Ebene mit einbezieht. Zu dieser Gruppe gehören INEINANDERKOPIEREN, WEICHES LICHT, HARTES LICHT, STRAHLENDES LICHT, LICHTPUNKTE und HARTE MISCHUNG.
- Invertierte Füllmethoden: Der Ergebnis dieser Methoden sieht aus wie bei einem Fotonegativ. Hierzu werden die beiden Methoden DIFFERENZ und AUSSCHLUSS zu einer Gruppe zusammengefasst.
- Farbton, Helligkeit und Sättigung: Die letzte Gruppe von Methoden bezieht sich häufig auf den Farbton, die Helligkeit oder die Sättigung und erzeugt dabei eine neue Ergebnisfarbe aus den Originalbildern. Zu dieser Gruppe zählen FARBTON, SÄTTIGUNG, FARBE und LUMINANZ.

27.1 Füllmethoden im Überblick

Im Folgenden will ich Ihnen zeigen, was bei einer Pixelberechnung einer bestimmten Ebene passiert. Jede Füllmethode veranschauliche ich, basierend auf dem folgenden Ausgangsbild, mit einem Demonstrationsbild.

Wenn es nicht anders erwähnt wird, spielt die Reihenfolge zweier durch eine Füllmethode überlagerter Ebenen keine Rolle, und es wird »Testbild1.tif« für die Demonstration der Füllmethode verwendet. Bei anderen Füllmethoden hingegen spielt

Kapitel_27:
Testbild1.tif, Testbild2.tif

die Reihenfolge der aufeinanderliegenden Ebenen durchaus eine Rolle, und in diesem Fall wird »Testbild2.tif« zusätzlich noch zur Demonstration neben dem »Testbild1.tif« abgedruckt. Das »Testbild2.tif« ist im Grunde dasselbe, nur wurde hier die Reihenfolge der Ebenen im Vergleich zu »Testbild1.tif« vertauscht.

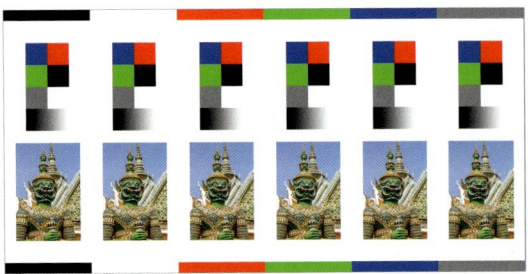
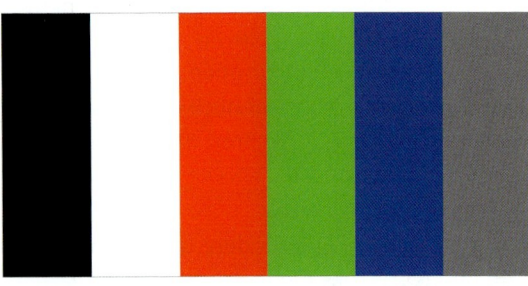

▲ **Abbildung 27.5**
Anhand dieser zwei Ebenen sollen die Wirkungen von Füllmethoden demonstriert werden.

Abbildung 27.6 ▶
Links die Ebenen-Reihenfolge von »Testbild1.tif«, rechts die Ebenen-Reihenfolge von »Testbild2.tif«. Bei Füllmethoden, bei denen die Reihenfolge der Ebenen von Bedeutung ist, wird zusätzlich noch »Testbild2.tif« mit abgedruckt.

Normal | Die Füllmethode NORMAL ist die Standardeinstellung, wie Sie sie auch bisher in diesem Buch verwendet haben. Bei dieser Methode findet zwischen den übereinanderliegenden Pixeln keine Berechnung statt. In der Regel verdecken hierbei die Pixel der darüberliegenden Ebene die Pixel der darunterliegenden Ebene komplett. Eine Ausnahme gibt es: Wenn Sie die DECKKRAFT der oberen Ebene reduzieren, scheint auch die untere Ebene durch.

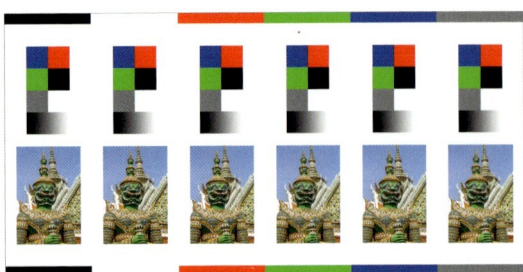

▲ **Abbildung 27.7**
Füllmethode NORMAL (100% DECKKRAFT)

▲ **Abbildung 27.8**
Füllmethode NORMAL (50% DECKKRAFT)

Sprenkeln | Die Methode SPRENKELN funktioniert nur dann, wenn die Ebene, auf die sie angewendet wird, Transparenz enthält. Bei Ebenen, die keine Transparenz enthalten, wirkt diese Füllmethode wie NORMAL. Je geringer hierbei die DECKKRAFT ist, desto stärker werden Pixel von der unteren Ebene eingestreut. Um den Effekt auch bei einer Ebene anzuwenden, die keine direkte Transparenz enthält, können Sie auch die DECKKRAFT dieser Ebene reduzieren. Sehr gut ist dieser Modus auch in Verbindung mit einem Malwerkzeug mit großer Werkzeugspitze geeignet (zum Beispiel dem Pinsel-Werkzeug B).

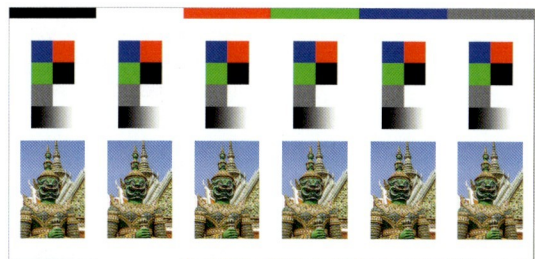

▲ **Abbildung 27.9**
Füllmethode SPRENKELN (100 % DECKKRAFT)

▲ **Abbildung 27.10**
Füllmethode SPRENKELN (50 % DECKKRAFT)

Abdunkeln | Diese Füllmethode betont die dunkleren mittleren Bereiche der sich überlagernden Bilder, indem aus den übereinanderliegenden Pixeln die nächste dunklere Farbe gebildet wird. Daher verschwindet im Testbild (Abbildung 27.11) auf der linken Seite der Bereich der oberen Ebene über dem schwarzen Hintergrund. Weiße Bereiche scheinen vollständig durch. Die mittleren helleren Farbwerte hingegen werden eher durchsichtig und verschmelzen mit den sich überlagernden Bildern.

Multiplizieren | Die Füllmethode MULTIPLIZIEREN ist der von ABDUNKELN recht ähnlich und betont ebenfalls die dunkleren Bereiche der sich überlagernden Bilder. Im Gegensatz zu ABDUNKELN werden hierbei allerdings die mittleren Farbwerte der sich überlagernden Bilder gleichmäßiger vermischt, und die helleren Farbwerte werden stärker durchsichtig. Den Unterschied können Sie schön auf der rechten Seite im Testbild (Abbildung 27.12) an dem grauen Hintergrund im Vergleich zur Füllmethode MULTIPLIZIEREN erkennen. Ansonsten scheint auch hier bei weißen Bereichen das überlagernde Bild durch, und da keine dunklere Farbe als Schwarz erzeugt werden kann, verschwindet auch hier im Testbild auf der linken Seite durch den darunterliegenden schwarzen Hintergrund die obere Ebene wieder komplett.

▲ **Abbildung 27.11**
Füllmethode ABDUNKELN

▲ **Abbildung 27.12**
Füllmethode MULTIPLIZIEREN

Farbig nachbelichten | Mit der Methode FARBIG NACHBELICHTEN verstärken Sie anhand der Sättigungs- und Helligkeitsinformationen der oberen Ebene (der Füllfarbe) den Kontrast der Ausgangsfarbe (untere Ebene), wodurch das Ergebnis dunkler wirkt. Das Resultat erhält so strahlendere Farben und härtere Kontraste. Weiße Bereiche im Vordergrundbild werden transparent, und weiße Bereiche im Hintergrund ersetzen das Vordergrundbild. Mittlere Farbwerte im Hintergrundbild hingegen lassen die Farbwerte im Vordergrundbild leicht transparent durchscheinen. Bei dieser Füllmethode spielt außerdem die Reihenfolge der beiden Ebenen eine Rolle, wie die beiden Testbilder in Abbildung 27.13 und Abbildung 27.14 zeigen.

▲ **Abbildung 27.13**
Füllmethode FARBIG NACHBELICHTEN mit Ebenen-Reihenfolge von »Testbild1.tif«

▲ **Abbildung 27.14**
Füllmethode FARBIG NACHBELICHTEN mit Ebenen-Reihenfolge von »Testbild2.tif«

Linear nachbelichten | LINEAR NACHBELICHTEN funktioniert ähnlich wie MULTIPLIZIEREN, nur dass hierbei die dunkleren mittleren Farbwerte der sich überlagernden Bereiche noch intensiver werden, indem die Pixel durch die Reduzierung der Helligkeit abgedunkelt werden. Im Testbild von Abbildung 27.15 lässt sich diese Intensivierung sehr gut im Vergleich zum Testbild in Abbildung 27.12 mit der Füllmethode MULTIPLIZIEREN an der rechten Seite an dem grauen Hintergrund erkennen.

▲ Abbildung 27.15
Füllmethode LINEAR NACHBELICHTEN

Dunklere Farbe | Bei der Methode DUNKLERE FARBE bleiben die dunkleren Farben der oberen Ebene erhalten. Befindet sich hier wieder eine schwarze Farbe dahinter, verschwindet das komplette Farbmuster, und bei einer weißen Farbe dahinter wird das komplette Farbmuster der oberen Ebene angezeigt.

▲ Abbildung 27.16
Füllmethode DUNKLERE FARBE

Aufhellen | Die Methode AUFHELLEN bewirkt genau das Gegenteil der Methode ABDUNKELN. Beim Vergleich der übereinanderliegenden Ebenen bleibt stets das hellere Pixel der beiden Ebenen erhalten. Dadurch ergibt sich jetzt, dass im Testbild von Abbildung 27.17 auf der linken Seite mit dem schwarzen Hintergrund die darüberliegende Ebene vollständig angezeigt wird und beim weißen Hintergrund daneben die darüberliegende Ebene komplett verschwindet. Hiermit bewirken Sie also genau das Gegenteil von ABDUNKELN (Abbildung 27.11).

Negativ multiplizieren | Die Füllmethode NEGATIV MULTIPLIZIEREN entspricht fast exakt der Füllmethode AUFHELLEN. Im Gegensatz zu AUFHELLEN werden hierbei allerdings die mittleren Farbwerte der sich überlagernden Bilder gleichmäßiger vermischt, und die helleren Farbwerte werden stärker durchsichtig angezeigt. Den Unterschied können Sie recht schön auf der rechten Seite im Testbild (Abbildung 27.18) an dem grauen Hintergrund im Vergleich zur Füllmethode Negativ Multiplizieren erkennen.

▲ Abbildung 27.17
Füllmethode Aufhellen

▲ Abbildung 27.18
Füllmethode Negativ multiplizieren

Farbig abwedeln | Die Füllmethode Farbig abwedeln arbeitet ähnlich wie der Nachbelichter. Bei Farbig abwedeln wird der Kontrast der Ausgangsfarbe (untere Ebene) abgeschwächt. Je heller hierbei die Pixel in der oberen Ebene (Füllfarbe) sind, desto stärker wird der Kontrast abgeschwächt. Ein Füllen mit Schwarz hat keinen Effekt. Im Testbild von Abbildung 27.19 können Sie erkennen, dass hierbei lediglich die Mitteltöne auf der rechten Seite erhalten geblieben sind. Allerdings spielt bei dieser Füllmethode die Reihenfolge der beiden Ebenen eine Rolle, wie die beiden Testbilder in Abbildung 27.19 und Abbildung 27.20 eindrucksvoll zeigen.

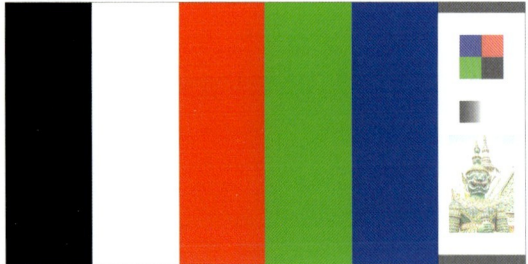

▲ Abbildung 27.19
Füllmethode Farbig abwedeln mit Ebenen-Reihenfolge von »Testbild1.tif«

▲ Abbildung 27.20
Füllmethode Farbig abwedeln mit Ebenen-Reihenfolge von »Testbild2.tif«

Linear abwedeln (Addieren) | Die Füllmethode Linear abwedeln (Addieren) hat im Prinzip dieselbe Wirkung wie Negativ Multiplizieren, nur dass das Endergebnis bei den helleren mittleren Farbwerten insgesamt heller und intensiver ist. Je heller hierbei die aufgetragenen Pixel der oberen Ebene sind, desto stärker wird die Helligkeit der unteren Pixel erhöht.

Hellere Farbe | Die Füllmethode HELLERE FARBE ist das Gegenstück zur Methode DUNKLERE FARBE, bei der die Farbwerte der Füll- und Ausgangsfarbe miteinander verglichen werden. Im Fall der Methode HELLERE FARBE bleiben jetzt die Farben der oberen Ebene erhalten, die heller sind als die Farben der darunterliegenden Ebene. Folglich verschwindet in unserem Testbild der Bereich über dem weißen Bereich, wie Sie dies in Abbildung 27.21 sehr schön erkennen können.

▲ **Abbildung 27.21**
Füllmethode LINEAR ABWEDELN (ADDIEREN)

▲ **Abbildung 27.22**
Füllmethode HELLERE FARBE

Ineinanderkopieren | Bei dieser Füllmethode werden sich überlagernde mittlere Farbwerte abhängig von der Helligkeit der Hintergrundfarbe vermischt. Hellere mittlere Werte des Hintergrunds werden dabei durch ein Überblenden gemischt, und dunklere mittlere Werte werden durch Multiplizieren gemischt. Als Ergebnis erhält man dann gewöhnlich bei einem dunkleren Hintergrundfarbwert ein intensiveres Vordergrundbild. Hellere Farbwerte der unteren Ebene hingegen bleichen die überlagernde obere Ebene eher aus. Weiße und schwarze Bereiche der oberen Ebene jedoch werden transparent und vermischen sich ebenfalls mit der Hintergrundebene, was gewöhnlich zu stärkeren Kontrasten führt.

> **Ebenen-Reihenfolge**
>
> Auch bei dieser Füllmethode spielt die Reihenfolge der Ebenen eine bedeutende Rolle, wie Sie in Abbildung 27.23 und Abbildung 27.24 sehr schön sehen können.

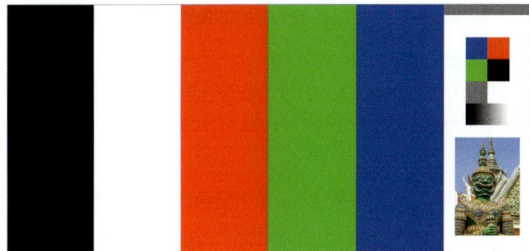

▲ **Abbildung 27.23**
Füllmethode INEINANDERKOPIEREN mit Ebenen-Reihenfolge von »Testbild1.tif«

▲ **Abbildung 27.24**
Füllmethode INEINANDERKOPIEREN mit Ebenen-Reihenfolge von »Testbild2.tif«

Kapitel 27 Füllmethoden von Ebenen

Weiches Licht | Mit der Methode WEICHES LICHT werden die Farben abhängig von der Füllfarbe abgedunkelt oder aufgehellt. Die Wirkung entspricht in etwa der eben vorgestellten Füllmethode INEINANDERKOPIEREN, nur dass die Mischung der beiden Ebenen viel sanfter und nicht so intensiv ist. Auch bei dieser Füllmethode spielt die Reihenfolge der sich überlagernden Ebenen eine Rolle.

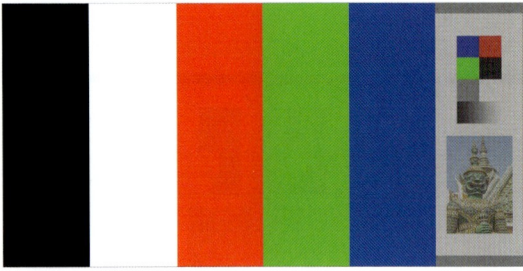

▲ Abbildung 27.25
Füllmethode WEICHES LICHT mit Ebenen-Reihenfolge von »Testbild1.tif«

▲ Abbildung 27.26
Füllmethode WEICHES LICHT mit Ebenen-Reihenfolge von »Testbild2.tif«

Hartes Licht | Bei dieser Füllmethode werden die sich überlagernden Pixel abhängig von der Füllfarbe multipliziert oder negativ multipliziert, wodurch das Endergebnis wie ein von einem Strahler angeleuchtetes Bild aussehen kann. Allerdings hängt auch hier das Endergebnis von der Reihenfolge der sich überlagernden Ebenen ab.

▲ Abbildung 27.27
Füllmethode HARTES LICHT mit Ebenen-Reihenfolge von »Testbild1.tif«

▲ Abbildung 27.28
Füllmethode HARTES LICHT mit Ebenen-Reihenfolge von »Testbild2.tif«

Strahlendes Licht | Diese Methode belichtet die Farben nach, wedelt sie ab und erhöht oder reduziert je nach Füllfarbe den Kontrast. Ist die Füllfarbe der oberen Ebene heller als 50%iges Grau, wird das Bild durch die Reduzierung des Kontrasts heller; anderenfalls wird der Kontrast erhöht, und das Ergebnis fällt dunkler aus. Auch bei dieser Füllmethode spielt die Reihenfolge der sich überlagernden Ebenen eine Rolle.

▲ Abbildung 27.29
Füllmethode STRAHLENDES LICHT mit Ebenen-Reihenfolge von »Testbild1.tif«

▲ Abbildung 27.30
Füllmethode STRAHLENDES LICHT mit Ebenen-Reihenfolge von »Testbild2.tif«

Lineares Licht | Die Methode LINEARES LICHT wirkt ähnlich wie STRAHLENDES LICHT und belichtet Farben nach oder wedelt diese ab. Statt auf den Kontrast zielt diese Methode jedoch auf die Helligkeit ab. Ist die Füllfarbe der oberen Ebene heller als 50%iges Grau, wird das Bild durch die Erhöhung der Helligkeit heller; anderenfalls wird die Helligkeit reduziert, und das Ergebnis fällt insgesamt dunkler aus. Auch bei dieser Füllmethode hängt das Ergebnis von der Reihenfolge der Ebenen ab.

▲ Abbildung 27.31
Füllmethode LINEARES LICHT mit Ebenen-Reihenfolge von »Testbild1.tif«

▲ Abbildung 27.32
Füllmethode LINEARES LICHT mit Ebenen-Reihenfolge von »Testbild2.tif«

Lichtpunkte | Abhängig von der Füllfarbe der oberen Ebene werden mit der Methode LICHTPUNKTE die Farben ersetzt. Ist die Füllfarbe heller als 50%iges Grau, werden alle Pixel ersetzt, die dunkler als die Füllfarbe sind. Pixel, die heller als die Füllfarbe sind, bleiben erhalten. Ist die Füllfarbe hingegen dunkler als 50%iges Grau, werden alle Pixel ersetzt, die heller als die Füllfarbe sind. Pixel, die dunkler sind als die Füllfarbe, werden nicht verändert.

Kapitel 27   Füllmethoden von Ebenen

Hier ist ebenfalls wieder die Reihenfolge der Ebenen entscheidend für das Endergebnis.

▲ **Abbildung 27.33**
Füllmethode LICHTPUNKTE mit Ebenen-Reihenfolge von »Testbild1.tif«

▲ **Abbildung 27.34**
Füllmethode LICHTPUNKTE mit Ebenen-Reihenfolge von »Testbild2.tif«

Harte Mischung | Die Methode HARTE MISCHUNG reduziert die Farben abhängig von den Grundfarben und den Füllfarben auf Weiß, Schwarz, Rot, Grün, Blau, Gelb, Cyan und Magenta. Das Endergebnis erinnert an das GIF-Format mit maximal acht Farben. Auch hier ist die Reihenfolge der Ebenen entscheidend für das Endergebnis.

▲ **Abbildung 27.35**
Füllmethode HARTE MISCHUNG mit Ebenen-Reihenfolge von »Testbild1.tif«

▲ **Abbildung 27.36**
Füllmethode HARTE MISCHUNG mit Ebenen-Reihenfolge von »Testbild2.tif«

Differenz | Die Methode DIFFERENZ subtrahiert die Farbe (Ausgangs- und Füllfarbe) mit dem niedrigeren Helligkeitswert von den Farben mit dem höheren Helligkeitswert. Ein Füllen mit Weiß kehrt den Farbwert der darunterliegenden Ebene um. Eine schwarze Füllfarbe hat keine Auswirkungen.

Ausschluss | Der Modus AUSSCHLUSS entspricht dem zuvor beschriebenen Modus DIFFERENZ, ist aber etwas weicher und kontrastärmer.

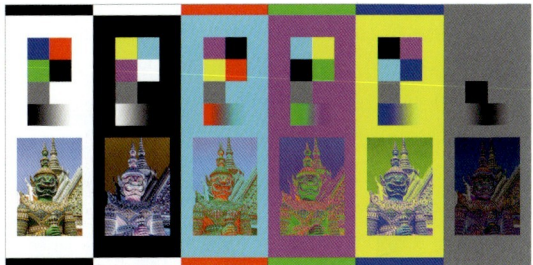 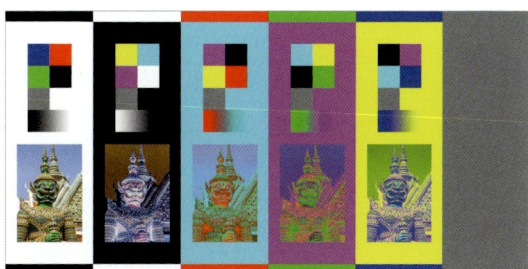

▲ Abbildung 27.37
Füllmethode DIFFERENZ

▲ Abbildung 27.38
Füllmethode AUSSCHLUSS

Farbton | Der Modus FARBTON erzeugt eine Ergebnisfarbe aus der Luminanz und der Sättigung der unteren Ebene (Ausgangsfarbe) und dem Farbton der oberen Ebene (Füllfarbe). Entscheidend für das Ergebnis ist die Ebenen-Reihenfolge.

▲ Abbildung 27.39
Füllmethode FARBTON mit Ebenen-Reihenfolge von »Testbild1.tif«

▲ Abbildung 27.40
Füllmethode FARBTON mit Ebenen-Reihenfolge von »Testbild2.tif«

Sättigung | Mit der Methode SÄTTIGUNG erzeugen Sie eine Ergebnisfarbe mit der Luminanz und dem Farbton der unteren Ebene (Ausgangsfarbe) und der Sättigung der oberen Ebene (Füllebene). Die Reihenfolge der Ebenen ist auch hier von Bedeutung.

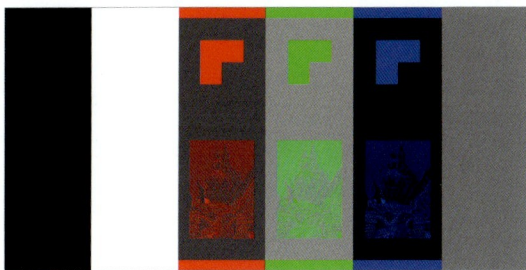 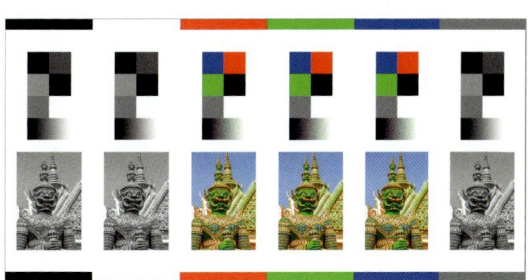

▲ Abbildung 27.41
Füllmethode SÄTTIGUNG mit Ebenen-Reihenfolge von »Testbild1.tif«

▲ Abbildung 27.42
Füllmethode SÄTTIGUNG mit Ebenen-Reihenfolge von »Testbild2.tif«

Farbe | FARBE erzeugt eine Ergebnisfarbe mit der Luminanz der unteren Ebene (Ausgangsfarbe) und Farbton und Sättigung der oberen Ebene (Füllfarbe). Auch hier spielt die Reihenfolge der Ebene eine Rolle für das Endergebnis.

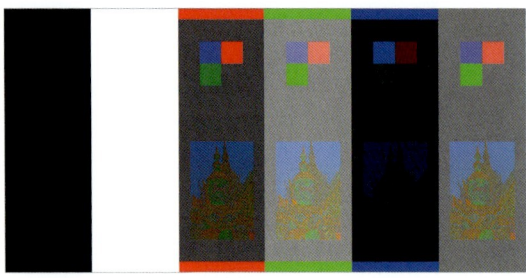

▲ **Abbildung 27.43**
Füllmethode FARBE mit Ebenen-Reihenfolge von »Testbild1.tif«

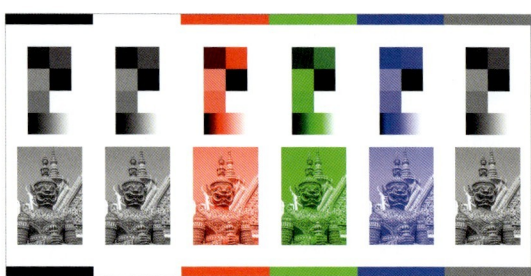

▲ **Abbildung 27.44**
Füllmethode FARBE mit Ebenen-Reihenfolge von »Testbild2.tif«

Luminanz | LUMINANZ erzeugt eine Ergebnisfarbe mit dem Farbton und der Sättigung der unteren Ebene (Ausgangsfarbe) und der Luminanz der oberen Ebene (Füllfarbe). Im Grunde ist dieser Modus eine Umkehrung des Modus FARBE. Die Reihenfolge der Ebenen spielt auch hier eine Rolle für das Aussehen des Endergebnisses.

▲ **Abbildung 27.45**
Füllmethode LUMINANZ mit Ebenen-Reihenfolge von »Testbild1.tif«

▲ **Abbildung 27.46**
Füllmethode LUMINANZ mit Ebenen-Reihenfolge von »Testbild2.tif«

27.2 Füllmethoden für Ebenengruppen

Im Abschnitt zuvor haben Sie erfahren, wie Sie mit Füllmethoden die Pixel von Ebenen unterschiedlich miteinander verrechnen können. Wenn Sie keine Änderung an der Füllmethode einer Ebene machen, steht der Wert auf NORMAL.

Wenn Sie jedoch eine Gruppe von Ebenen erstellen, ändert sich die Füllmethode dieser Gruppe auf HINDURCHWIRKEN ❶.

Der Standardwert HINDURCHWIRKEN für Ebenengruppen steht den einzelnen Ebenen nicht zur Verfügung.

◄ Abbildung 27.47
Der Standardwert für Ebenengruppen bei den Füllmethoden ist HINDURCHWIRKEN ❶.

Die Bedeutung dieser Füllmethode HINDURCHWIRKEN ist schnell erklärt. Dieser Wert sorgt dafür, dass alle Ebenen, die in dieser Gruppe enthalten sind, und auch alle Ebenen außerhalb der Gruppe sich genauso verhalten, als wenn es gar keine Gruppe gäbe – genauer: die Gruppe selbst enthält eigentlich gar keine Fülleigenschaft. Daher ändert sich mit der Füllmethode HINDURCHWIRKEN rein optisch überhaupt nichts.

Wenn Sie allerdings für eine Gruppe eine andere Füllmethode als HINDURCHWIRKEN verwenden, werden die verwendeten Füllmethoden innerhalb der Gruppe nicht auf Ebenen außerhalb der Gruppe angewendet. Auch Einstellungsebenen innerhalb einer solchen Ebenengruppe sind dann nur auf die Ebenen innerhalb der Gruppe beschränkt.

27.3 Füllmethoden für Mal- und Retuschewerkzeuge

Die Modi der Werkzeuge arbeiten nach demselben Prinzip wie die Ebenen-Füllmethoden, nur dass Sie für die Anwendung der Werkzeugmodi lediglich eine Ebene benötigen. Die Werkzeugmodi wirken sich direkt auf die aktive Ebene aus. Bei einigen Mal- und Retuschewerkzeugen finden Sie mit DAHINTER AUFTRAGEN und LÖSCHEN zwei zusätzliche Modi.

Dahinter auftragen | Den Modus DAHINTER AUFTRAGEN finden Sie beim Pinsel-Werkzeug, Buntstift, Füllwerkzeug, Verlaufswerkzeug, Kopierstempel und Musterstempel.

Kapitel_27:
Schmetterling.tif und Baseball.tif

Mit diesem Modus wird eine Farbe nur in den transparenten Bereichen des Bildes aufgetragen. Das entspricht dem Effekt, als würden Sie auf der Rückseite einer Klarsichtfolie etwas aufmalen. Natürlich bedeutet dies auch, dass dieser Modus nur dann funktioniert, wenn die Ebene einen transparenten Bereich besitzt (somit darf sie auch keine Hintergrundebene sein) und im Ebenen-Bedienfeld die Option TRANSPARENTE PIXEL FIXIEREN deaktiviert ist.

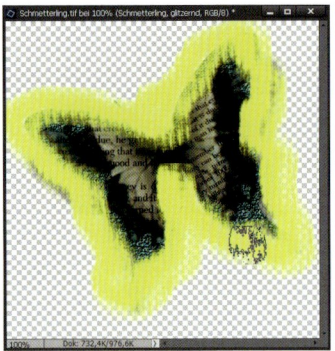

▲ **Abbildung 27.48**
Malen mit dem Pinsel-Werkzeug an den Kanten des Schmetterlings im Modus NORMAL …

▲ **Abbildung 27.49**
… und dasselbe im Modus DAHINTER AUFTRAGEN. Die Kanten des Schmetterlings wurden nicht übermalt, obwohl der Pinsel darüber hinausging. Es wird in diesem Modus nur der transparente Hintergrund berücksichtigt.

▲ **Abbildung 27.50**
Der Modus DAHINTER AUFTRAGEN funktioniert natürlich auch mit den anderen Malwerkzeugen (beispielsweise mit dem Verlaufswerkzeug) – aber leider nicht mit den Smart-Pinseln.

▲ **Abbildung 27.51**
In der Praxis verwende ich den Modus DAHINTER AUFTRAGEN gerne, um einen Schatten hinter einem Objekt aufzutragen, weil hierfür keine neue Ebene nötig ist.

Löschen | Den Modus LÖSCHEN finden Sie beim Pinsel-Werkzeug , Buntstift und bei dem Füllwerkzeug .

Mit diesem Modus wird jedes Pixel bearbeitet und transparent gemacht. Natürlich steht dieser Modus nur dann zur Verfügung, wenn die Ebene keine Hintergrundebene ist und die Option TRANSPARENTE PIXEL FIXIEREN deaktiviert ist. Im Grunde können Sie diesen Modus mit dem Radiergummi beim Pinsel-Werkzeug und Buntstift vergleichen, nur dass Sie hierbei die zusätzlichen Funktionen AIRBRUSH und WEITERE PINSELOPTIONEN zur Verfügung haben. Beim Füllwerkzeug ist dieser Modus mit dem Magischen Radiergummi vergleichbar.

27.4 Füllmethoden in der Praxis

Neben den kreativen Möglichkeiten bieten die Füllmethoden auch einige interessante Mittel zur Bildkorrektur und -verbesserung.

27.4.1 Bilder über Füllmethode aufhellen oder abdunkeln

Ein wichtiges Einsatzgebiet von Füllmethoden liegt in der Korrektur von zu hellen oder zu dunklen Bildern. Damit können Sie Ihre Bilder auf die Schnelle verbessern, ohne in die Pixel des Bildes eingreifen zu müssen – ähnlich wie bei Einstellungsebenen arbeiten Sie hier nicht-destruktiv.

Kapitel_27: Donau.jpg

Schritt für Schritt
Dunkle Bilder per Füllmethode aufhellen

In dieser Schritt-für-Schritt-Anleitung erfahren Sie, wie Sie Bilder mithilfe von Füllmethoden aufhellen oder abdunkeln.

1 Allgemeine Korrekturen vornehmen

Bevor Sie ein Bild mit Ebenen verbessern oder korrigieren, sollten Sie zunächst alle anderen Korrekturen wie Farbkorrekturen usw. durchgeführt haben, weil sich diese Fehler sonst nur noch verstärken. Das folgende Bild »Donau.jpg« ist leider ein wenig zu dunkel geworden, laden Sie es daher in den Fotoeditor.

◄ **Abbildung 27.52**
Die Schatten sind zu dunkel.

▲ **Abbildung 27.53**
Hintergrundebene duplizieren

2 Bildebene duplizieren

Erstellen Sie ein Duplikat der Hintergrundebene über [Strg]/[cmd]+[J]. Alternativ können Sie hierzu auch den Befehl über das Menü EBENE • EBENE DUPLIZIEREN aufrufen, um ein Duplikat zu erstellen.

3 Füllmethode und Deckkraft einstellen

Stellen Sie nun die Füllmethode für die obere Ebene ein. Da dieses Bild zu dunkel wirkt, habe ich NEGATIV MULTIPLIZIEREN ❶

Kapitel 27 Füllmethoden von Ebenen

Korrektur einschränken
Beachten Sie aber: Die Bilder werden auf diese Weise immer nur im Gesamten aufgehellt. Wollen Sie die Korrektur auf bestimmte Bildbereiche einschränken, können Sie Masken einsetzen. Wie das geht, erfahren Sie in Kapitel 28, »Ebenenmasken«.

ausgewählt. Da mit dieser Methode das Bild besonders im Himmelbereich oben rechts fast schon zu stark aufgehellt wird, habe ich die DECKKRAFT ❷ auf 80 % verringert. Mithilfe der DECKKRAFT können Sie somit den Effekt der Füllmethode feinjustieren.

▲ Abbildung 27.54
Allein durch die Füllmethode der obersten Ebene wird das Bild heller.

Helle Bilder abdunkeln | Auch zu helle oder zu flaue Bilder können über Füllmethoden verbessert werden. Sie gehen dafür genauso vor wie in der vorangegangenen Schritt-für-Schritt-Anleitung, wählen allerdings die Füllmethode MULTIPLIZIEREN.

Kapitel_27: grave.jpg

27.4.2 Bleach-Bypass-Effekt
Der Bleach-Bypass-Effekt stammt aus analogen Zeiten, als beim Entwickeln des Farbfilms der Vorgang des Bleichens komplett oder zumindest teilweise ausgelassen wurde. Dadurch wirkt das Bild dunkler und nicht so satt, aber dafür erhöht sich der Kontrast.

Schritt für Schritt
Bleach-Bypass-Effekt per Füllmethode

Im folgenden Beispiel soll die Bleichauslassung durch eine digitale Nachbearbeitung erstellt werden. Dank der Füllmethoden ist dies kein Problem, wie dieser Workshop zeigen soll.

1 Bildebene duplizieren
Laden Sie das Bild »grave.jpg« in den Fotoeditor. Erstellen Sie ein Duplikat der Hintergrundebene mit [Strg]/[cmd]+[J]. Dasselbe erreichen Sie auch über den Menübefehl EBENE • EBENE DUPLIZIEREN.

▲ Abbildung 27.55
Das Bild soll den Bleach-Bypass-Effekt erhalten.

2 Bildebene in Schwarzweiß umwandeln

Wandeln Sie die duplizierte obere Bildebene  mit ÜBERARBEITEN • IN SCHWARZWEISS KONVERTIEREN oder ÜBERARBEITEN • FARBE ANPASSEN • FARBE ENTFERNEN in ein Schwarzweißbild um.

▲ **Abbildung 27.56**
Hintergrundebene duplizieren

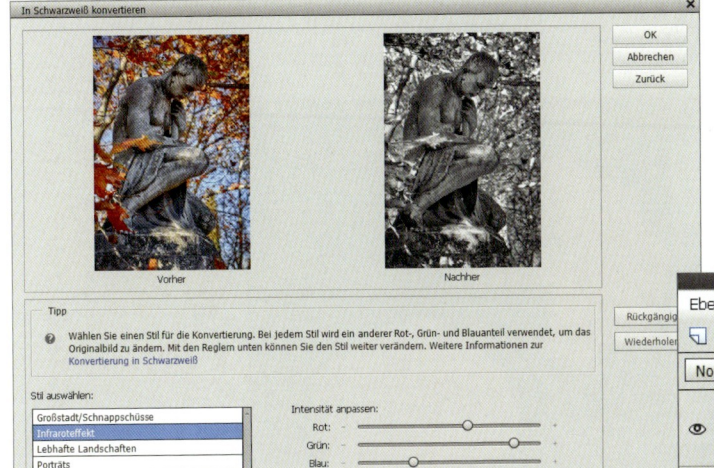

▲ **Abbildung 27.57**
Die duplizierte Ebene in ein Schwarzweißbild umwandeln

3 Füllmethode einstellen

Ändern Sie jetzt die Füllmethode der Ebene auf INEINANDERKOPIEREN ❹, und fertig ist der Bleach-Bypass-Effekt. Sollte Ihnen die Sättigung immer noch zu stark sein, können Sie diese mit einer Einstellungsebene FARBTON/SÄTTIGUNG ❺ noch etwas reduzieren.

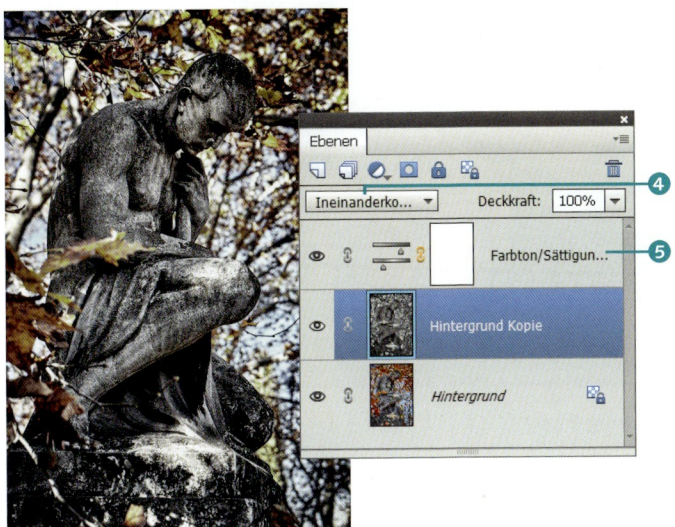

◀ **Abbildung 27.58**
Das fertige Bild mit dem Bleach-Bypass-Effekt

27.4.3 Weiße oder schwarze Hintergründe ohne Freistellen beseitigen

Kapitel_27: Rosen.tif

Wollen Sie mehrere Bilder mit weißen oder schwarzen Hintergründen übereinanderlegen, ohne gleich die Bilder aufwendig freizustellen, können Sie den Ebenenmodus ABDUNKELN oder MULTIPLIZIEREN für weiße und AUFHELLEN oder NEGATIV MULTIPLIZIEREN für schwarze Hintergründe verwenden.

▲ **Abbildung 27.59**
Hier habe ich zwei Ebenen mit Rosen überlappend übereinandergelegt, wodurch die obere Ebene die untere teilweise verdeckt.

▲ **Abbildung 27.60**
Dasselbe Bild nochmals, nur habe ich die obere Ebene mit dem Modus AUFHELLEN ❶ versehen, und die schwarzen Kanten sind verschwunden. Dieser Trick funktioniert allerdings nur mit weißer und schwarzer Farbe.

Kapitel 28
Ebenenmasken

Neben den Auswahlen sind Ebenenmasken die beste Möglichkeit, alle Arten von Manipulationen, Fotocollagen und Bildmontagen zu erstellen. Besser noch als bei den Auswahlen können Sie mithilfe der Ebenenmasken einzelne Bildbereiche ein- und ausblenden, ohne die Bilder zu verändern.

28.1 Anwendungsgebiete von Ebenenmasken

Das Prinzip der Ebenenmasken ist es, einen Teil einer Ebene zu verdecken – genauer zu maskieren – und einen Teil davon sichtbar zu lassen. Das Maskieren von Ebenen darf also gerne als eines der besten Features betrachtet werden, die Photoshop Elements anzubieten hat. Hierzu ein Überblick über einige Anwendungsgebiete von Ebenenmasken:

- Anders als bei Auswahlen mit weichen Kanten sind Ebenenmasken flexibler und genauer steuerbar. Damit lassen sich beispielsweise sehr schöne sanfte Übergänge zwischen bearbeiteten und nicht bearbeiteten Bildbereichen erstellen.
- Da sich einzelne Bildobjekte mithilfe von Ebenenmasken wesentlich genauer und komfortabler als zum Beispiel mit Auswahlen maskieren lassen, können Sie diese Bildobjekte mit Ebenenmasken auch wesentlich einfacher freistellen.
- Mit Ebenenmasken können Sie Bildbereiche kurzzeitig ausblenden – eine prima Alternative zum Radiergummi oder zu einem Auswahlwerkzeug, bei dem Sie die Auswahl mit `Entf` oder BEARBEITEN • LÖSCHEN entfernen müssen.
- Blenden Sie Bildbereiche mit Ebenenmasken aus, können Sie sie jederzeit wiederherstellen. Während beispielsweise mit dem Radierer oder bei einer Auswahl mit BEARBEITEN • LÖ-

schen das Löschen endgültig ist und die Bildpixel unwiderruflich verloren sind, werden die Pixel bei den Ebenenmasken nicht einmal angefasst und können jederzeit wieder eingeblendet werden.

▶ Bei der Bildmontage können Sie genauer und effektiver arbeiten. Jederzeit können Sie einzelne Pixel ein- und wieder ausblenden. Sie malen damit die Bildmontage quasi mit dem Pinsel auf und können dasselbe auch wieder rückgängig machen.

▶ Neben den Montagen eignen sich Ebenenmasken auch prima, um Bilder ohne großen Aufwand mit interessanten Effekten zu versehen. Einige Beispiele dazu werden Sie in diesem Kapitel kennenlernen.

28.2 Funktionsprinzip von Ebenenmasken

Kapitel_28: Schmetterling.tif, Schmetterling-ohne-ebenenmaske.tif, Schmetterling-mit-ebenenmaske.tif

Wenn Sie einer Ebene eine Ebenenmaske hinzufügen, besitzt diese Maske die gleiche Größe und Pixeldichte wie die dazugehörige Ebene. Mit solchen Ebenenmasken können Sie Ausschnitte (auch die komplette Ebene) der dazugehörigen Ebene ausblenden oder andere verdeckte Bereiche hinter der Ebene anzeigen. Im Unterschied zu Werkzeugen, wie beispielsweise dem Radiergummi 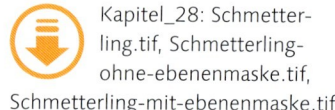 , werden bei einer Ebenenmaske die Bereiche nur ausgeblendet und nicht gelöscht. Bilderbereiche, die Sie mit der Ebenenmaske entfernt haben, lassen sich jederzeit wiederherstellen. Somit arbeiten Sie mit einer Ebenenmaske, im Gegensatz zum Radiergummi, nicht-destruktiv.

Voraussetzung für Ebenenmasken

Um eine Ebenenmaske einer Ebene hinzuzufügen, darf diese Ebene weder eine Hintergrund- oder Textebene sein noch eine Ebene, bei der die Option ALLES FIXIEREN aktiv ist.

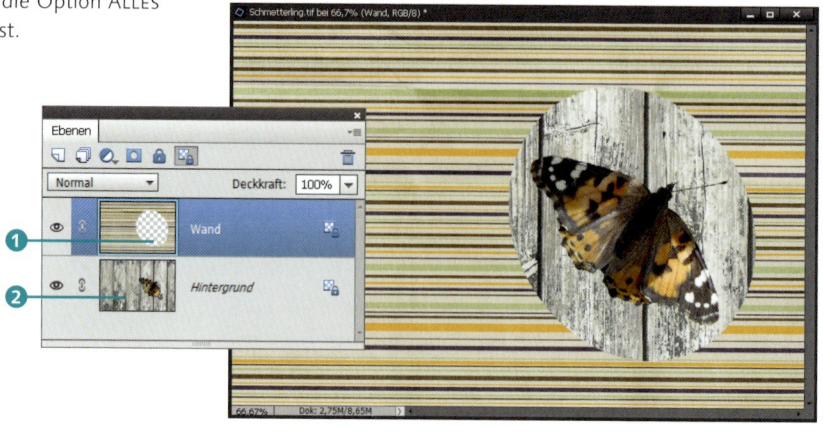

▲ Abbildung 28.1
Hier habe ich mit dem Radiergummi (und einer runden Pinselspitze) Teile der oberen Ebene ❶ wegradiert, sodass der Schmetterling der Ebene darunter ❷ zum Vorschein kam.

28.2 Funktionsprinzip von Ebenenmasken

▲ **Abbildung 28.2**
Hier habe ich nochmals dasselbe gemacht, nur habe ich eine Ebenenmaske ❸ für die obere Ebene verwendet. Die Form habe ich mit dem Pinsel-Werkzeug (und derselben Pinselspitze) und schwarzer Farbe aufgepinselt.

Das Endergebnis ist bei beiden Bildern dasselbe. Mit dem Radiergummi bearbeiten Sie aber direkt die einzelnen Pixel der Ebene. Mit der Ebenenmaske hingegen bleiben die Pixel unangetastet, und Sie können die maskierten Pixel jederzeit wieder einblenden. Wie dies funktioniert, erfahren Sie in den folgenden Abschnitten noch genauer.

Ebenenmasken verständlicher | Ebenenmasken zu verstehen ist im Grunde nicht schwer. Sie können sich dies so vorstellen, als würden Sie mit der Schere eine bestimmte Form aus einem Papier herausschneiden, beispielsweise ein Herz. Nach dem Ausschneiden nehmen Sie diesen herzförmigen Rahmen und legen ihn über ein Foto, das vor Ihnen liegt. Das Foto wird jetzt von der Herzform eingerahmt. Alles im Herz bleibt sichtbar, und alles außen herum ist überdeckt. Nehmen Sie die Herzform wieder vom Foto weg, können Sie das Bild wieder komplett betrachten. Anstatt also das Foto komplett in Form eines Herzens auszuschneiden und somit kaputtzumachen, wurde hier nur eine Maske daraufgelegt. Andersherum können Sie natürlich die ausgeschnittene Herzform selbst ebenfalls auf das Foto legen, sodass nur noch alles außerhalb der Herzform zu erkennen ist. Solche Schablonen (Masken) auf ein Foto zu legen entspricht den Ebenenmasken. Das Foto selbst zu beschneiden entspricht der Verwendung des Radiergummis.

Bezogen auf Abschnitt 26.4, »Einfache Fotomontage mit Ebenen«, in dem Sie im Workshop eine Person mithilfe einer Ebenenmaske freigestellt haben, wurde eigentlich gar nicht richtig freigestellt, sondern Sie haben nur mithilfe der Ebenenmaske den Bereich um die Person herum abgedeckt bzw. maskiert. Der Vorteil an dieser Methode, mit den Ebenenmasken etwas freizustellen, liegt darin, dass Sie jederzeit wieder die maskierten Bereiche aufdecken bzw. demaskieren können, weil die Pixel des Bildes unberührt bleiben.

Abbildung 28.3 ▶
Die Bereiche um die Person wurden mit einer Ebenenmaske abgedeckt bzw. maskiert und können jederzeit wieder aufgedeckt bzw. demaskiert werden.

Wenn Sie hingegen die Bereiche um die Person direkt im Bild entfernen, besteht keine Möglichkeit mehr, etwas vom gelöschten Bereich wiederherzustellen, weil Sie in dem Fall direkt die Pixel des Bildes gelöscht haben.

Abbildung 28.4 ▶
Beim Entfernen der Bereiche um die Person herum ist das Ergebnis zwar zunächst dasselbe, aber wenn Sie hier entfernte Bereiche später wiederherstellen wollen, ist dies nicht mehr möglich.

28.2.1 Graustufenmaske und Alphakanal

Ebenenmasken selbst werden als Graustufenmasken, die auf einem Alphakanal basieren, realisiert, in denen Sie jedem einzelnen Pixel der Maske einen Graustufenwert zuordnen. Jedem Pixel können Sie einen Wert von 0 für Schwarz bis 255 für Weiß zuweisen. Ein schwarzes Pixel ist ein komplett transparentes Pixel, und ein weißes Pixel beeinflusst die Ebene überhaupt nicht.

28.2 Funktionsprinzip von Ebenenmasken

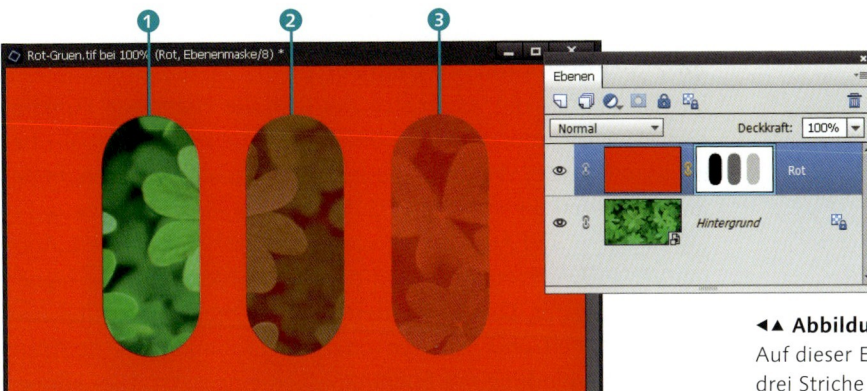

◂▴ **Abbildung 28.5**
Auf dieser Ebenenmaske habe ich drei Striche mit dem Pinsel-Werkzeug aufgemalt.

Im Beispiel habe ich beim Strich links ❶ schwarze Farbe mit dem Wert 0 (Rot, Grün und Blau sind 0) verwendet. Für den mittleren Strich ❷ betrug der Graustufenwert 127 (Rot, Grün und Blau sind 127) und beim letzten Strich ❸ 200 (Rot, Grün und Blau sind 200). Je heller die Graustufenfarbe ist, desto geringer scheint die Farbe der unteren Ebene durch. Wo die Maske weiß geblieben ist, sieht man gar nichts mehr von der unteren Ebene.

28.2.2 Maskieren und demaskieren

Das Prinzip ist also recht einfach: Bemalen Sie die Ebenenmaske mit **schwarzer Farbe**, wird dieser Bereich der Ebene komplett ausgeblendet, woraufhin der darunterliegende Teil durchscheint. Man spricht dabei von einem *maskierten Bereich*. Alle anderen Stellen, an denen die Ebenenmaske **weiß** und somit das Bild der aktuellen Ebene sichtbar ist, werden als *unmaskierter Bereich* bezeichnet. Und weil Ebenenmasken mit Graustufen realisiert sind, können Sie auch andere **Grautöne** (1 bis 254) verwenden, sodass je nach Intensität des Grautons weniger oder mehr **durchscheint**. Dadurch lassen sich beispielsweise Bildkompositionen mit fließenden Übergängen erstellen.

Demaskieren
Wenn Sie einen bereits maskierten Bereich mit weißer Farbe einfärben, ist er wieder demaskiert – sprich, der Bildbereich der aktuellen Ebene ist wieder sichtbar! Sie können also jederzeit den maskierten und unmaskierten Bildbereich nachbearbeiten und müssen nie direkt auf die Pixel der Ebene zugreifen.

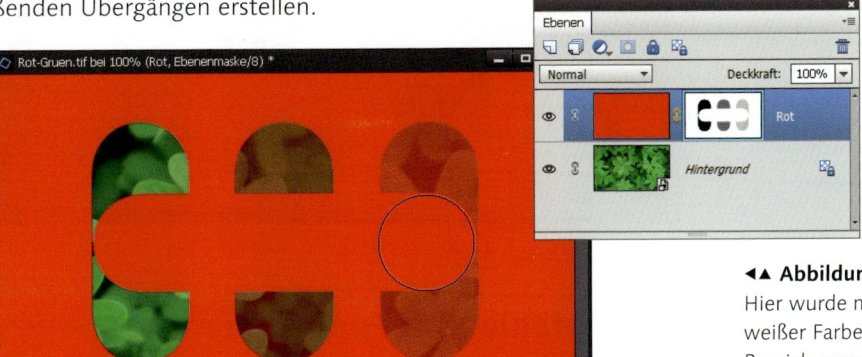

◂▴ **Abbildung 28.6**
Hier wurde mit einem Pinsel mit weißer Farbe über den maskierten Bereich gemalt, wodurch in diesem Bereich die Ebene mit der Ebenenmaske wieder sichtbar wird.

28.2.3 Ebenenmaske bearbeiten

Die Ebenenmasken lassen sich mit fast allen gängigen Funktionen von Photoshop Elements bearbeiten. Sie können fast alle bekannten Befehle, Werkzeuge oder Filter darauf anwenden. In der Praxis werden Sie wohl am häufigsten das Pinsel-Werkzeug [B] zum Ein- und Ausblenden von Bildbereichen benutzen. Auch das Verlaufswerkzeug [G] und das Füllwerkzeug [K] eignen sich prima dafür. Ebenso werden die Werkzeuge oder Filter zum Weichzeichnen und Schärfen oder zur Erhöhung des Kontrasts gerne in Verbindung mit Ebenenmasken eingesetzt. Hier können Sie gerne einmal richtig kreativ sein.

Maske aktivieren | Voraussetzung dafür, dass Sie die Ebenenmaske und nicht die Ebene selbst bearbeiten, ist, dass Sie die Maske der Ebene aktiviert haben. Hierfür müssen Sie natürlich zunächst die richtige Bildebene ausgewählt haben und dann die Maskenminiatur ❸ anklicken. Ob die Ebenenmaske tatsächlich aktiv ist, können Sie an den folgenden drei Merkmalen feststellen:

- Um die Miniaturvorschau der Ebenenmaske finden Sie einen hellblauen Rahmen ❹.
- In der Bildtitelleiste können Sie ebenfalls ablesen, dass die Ebenenmaske ❷ aktiv ist (EBENENMASKE/8).
- Die Farbfelder ❶ in der Werkzeugpalette wechseln sofort zu Schwarz (bzw. zu den unterschiedlichen Graustufen) und Weiß, unabhängig davon, welche Farben dort zuvor ausgewählt waren.

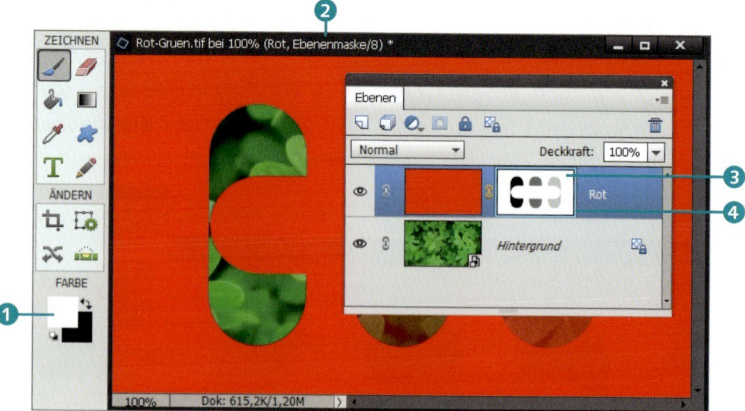

Abbildung 28.7 ▶
Die Merkmale einer aktiven Ebenenmaske

28.3 Befehle und Funktionen

Zum Verwenden von Ebenenmasken bietet Photoshop Elements viele Befehle und Funktionen an. Einige sind über das Untermenü

EBENE • EBENENMASKE erreichbar. Weitere wichtige Kommandos erreichen Sie per rechten Mausklick direkt auf der Ebenenmaske im Ebenen-Bedienfeld ❺ über das Kontextmenü.

▲ **Abbildung 28.8**
Befehle für die Ebenenmaske über das Untermenü EBENE • EBENENMASKE

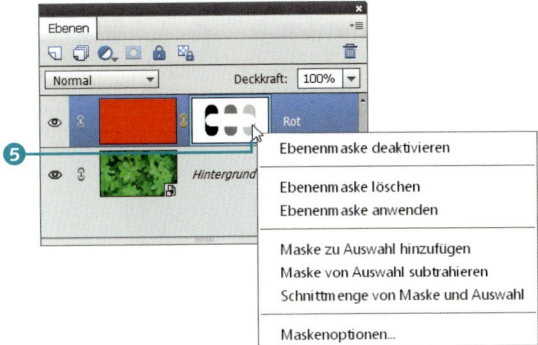

▲ **Abbildung 28.9**
Weitere Befehle lassen sich auch über das Kontextmenü im Ebenen-Bedienfeld auf einer Ebenenmaske aufrufen.

28.3.1 Eine neue Ebenenmaske anlegen

Um eine neue Ebenenmaske einer Ebene hinzuzufügen, gibt es vier Möglichkeiten, wovon zwei sofort und die anderen zwei nur in Verbindung mit Auswahlen zur Verfügung stehen. Alle vier Möglichkeiten lassen sich über das Menü EBENE • EBENENMASKE oder über die kleine Schaltfläche ❻ im Ebenen-Bedienfeld verwenden. Hier stelle ich zunächst die zwei direkten Möglichkeiten und ihre Auswirkung auf die Ebene vor. Die beiden Varianten, die nur in Verbindung mit Auswahlen zur Verfügung stehen, zeige ich Ihnen in Abschnitt 28.3.6, »Auswahlen und Ebenenmasken«.

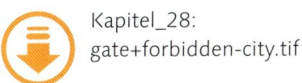

Kapitel_28:
gate+forbidden-city.tif

Nichts maskiert (weiße Maske) | Mit EBENE • EBENENMASKE • NICHTS MASKIERT oder einfach durch Anklicken der Schaltfläche EBENENMASKE HINZUFÜGEN ❻ im Ebenen-Bedienfeld werden Sie zunächst keine Veränderungen an der aktiven Ebene feststellen. Mit einem Blick im Ebenen-Bedienfeld erkennen Sie hier aber eine weiße Ebenenmaske ❼.

Um diese Ebenenmaske anschließend zu maskieren, malen Sie einfach mit schwarzer Farbe darauf. Damit werden Bildbereiche hinter der aktiven Ebene sichtbar. Wichtig ist, dass Sie hier auch wirklich die Ebenenmaske im Ebenen-Dialog aktiviert haben (zu erkennen am blauen Rahmen ❽).

Mit unterschiedlichen Grautonwerten (1 bis 254) können Sie auch Transparenz in unterschiedlichen Stärken verwenden. Wollen Sie den Bereich wieder komplett demaskieren, brauchen Sie lediglich mit weißer Farbe auf der Ebenenmaske zu malen.

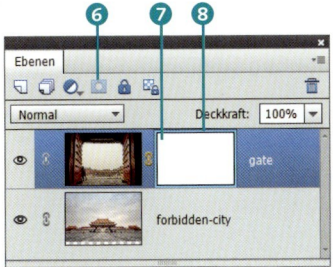

▲ **Abbildung 28.10**
Eine Ebenenmaske wurde mit NICHTS MASKIERT angelegt.

Abbildung 28.11 ▶
Durch das Aufmalen mit dem Pinsel-Werkzeug und schwarzer Farbe auf der Ebenenmaske wird das Bild hinter der Ebene »forbidden-city« angezeigt bzw. freigemalt.

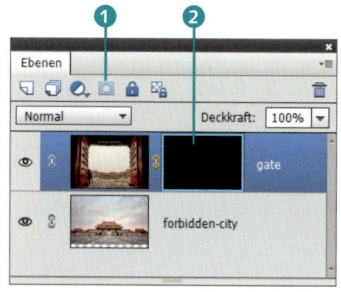

▲ **Abbildung 28.12**
Die Ebenenmaske wurde mit ALLES MASKIERT hinzugefügt.

Alles maskiert (schwarze Maske) | Mit dem Befehl EBENE • EBENENMASKE • ALLES MASKIERT erzielen Sie genau das Gegenteil von NICHTS MASKIERT. Dasselbe erreichen Sie auch, wenn Sie die Schaltfläche ❶ im Ebenen-Bedienfeld mit gehaltener [Alt]-Taste anklicken. Die aktive Ebene verschwindet komplett, weil sie vollständig maskiert und somit transparent ist. Mit einem Blick auf das Ebenen-Bedienfeld erkennen Sie auch den Grund: Sie haben hier zunächst eine komplett schwarze Ebenenmaske ❷.

Um wieder etwas von der aktiven Ebene zu sehen, müssen Sie auf der Ebenenmaske etwas mit weißer Farbe auftragen. Wie immer müssen Sie darauf achten, dass die Ebenenmaske aktiviert ❸ wurde (siehe blauer Rahmen). Auch hier können Sie mit verschiedenen Grautonwerten (254 bis 1) die Stärke der Transparenz bestimmen. Wollen Sie Bereiche oder die komplette Ebene wieder maskieren, übermalen Sie die Stellen mit schwarzer Farbe.

Abbildung 28.13 ▶
Die beiden Tore wurden mit weißer Farbe auf der Ebenenmaske gemalt, wodurch das Bild darunter an den Stellen mit den aufgemalten Bereichen der oberen Ebene von »gate« verdeckt wird.

28.3.2 Ebenenmaske anwenden

Um die Ebenenmaske auf die aktive Ebene anzuwenden, also endgültig in das Bild hineinzurechnen, führen Sie den Befehl EBENE • EBENENMASKE • ANWENDEN aus. Besitzt die aktive Ebene keine Ebenenmaske, ist dieser Befehl ausgegraut. Alternativ klicken Sie mit der rechten Maustaste auf der Ebenenmaske im Ebenen-Bedienfeld und wählen im Kontextmenü den Befehl EBENENMASKE ANWENDEN aus. Beachten Sie aber, dass Sie mit der Anwendung dieses Befehls die Flexibilität, die Ebenenmasken Ihnen bieten, zunichtemachen. Wenden Sie ihn deshalb nur an, wenn Sie mit der Bearbeitung der Maske fertig sind.

Wenn Sie diesen Befehl aufrufen, wird auch die Transparenz, die sich eventuell durch die Ebenenmaske ergeben hat, auf den Alphakanal der aktiven Ebene übertragen.

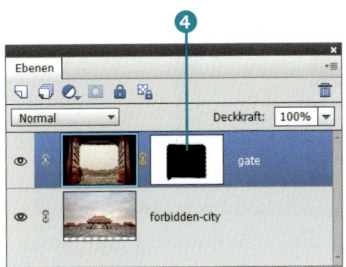 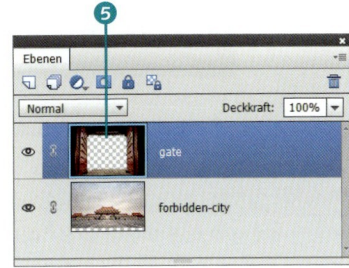

◀ **Abbildung 28.14**
In der linken Miniaturvorschau des Ebenen-Bedienfeldes sehen Sie noch die Ebenenmaske ❸. In der rechten Vorschau ❹ wurde diese Ebenenmaske nach dem Aufruf EBENENMASKE ANWENDEN gelöscht und die Transparenz auf den Alphakanal der Ebene übertragen.

28.3.3 Ebenenmaske löschen

Wollen Sie die Ebenenmaske nicht auf die Ebene anwenden, sondern entfernen, erreichen Sie dies über den Befehl EBENE • EBENENMASKE • LÖSCHEN. Ist dieser Befehl ausgegraut, besitzt die aktive Ebene keine Ebenenmaske. Ebenfalls löschen können Sie die Ebenenmaske über das Ebenen-Bedienfeld, indem Sie mit der rechten Maustaste darauf klicken und im Kontextmenü den Befehl EBENENMASKE LÖSCHEN auswählen.

> **Schneller löschen**
>
> Alternativ lassen Sie zum Löschen die Miniaturvorschau der Ebenenmaske mit gedrückt gehaltener linker Maustaste auf das Mülltonnensymbol im Ebenen-Bedienfeld fallen. Dabei werden Sie aber nochmals gefragt, ob Sie den Vorgang durchführen oder abbrechen wollen und ob Sie die Ebenenmaske auf die Ebene anwenden wollen.

28.3.4 Darstellungsmodi von Ebenenmasken

Um mit Ebenenmasken besser arbeiten zu können, stehen unterschiedliche Darstellungsmodi der Masken zur Verfügung. Gerade bei weichen Übergängen oder nur teilweise transparenten Bildbereichen sind die Graustufenansicht und die Maskierungsfolie eine unverzichtbare Hilfe. Vor allem bei Linien um eine Auswahl können Sie ja nicht erkennen, ob diese weich oder hart angelegt wurde. Zusätzlich darf natürlich eine Möglichkeit nicht fehlen, jederzeit die Ebenenmaske zu deaktivieren und wieder zu aktivieren.

Kapitel_28:
romantic-view.tif

Kapitel 28   Ebenenmasken

Graustufenansicht | Klicken Sie die Miniaturvorschau der Ebenenmaske im Ebenen-Bedienfeld mit gehaltener Alt-Taste an, können Sie die Graustufenansicht der Maske sichtbar machen – sprich, es wird nur noch die reine Ebenenmaske im Bildfenster angezeigt. Mit erneutem Anklicken bei gehaltener Alt-Taste aktivieren Sie wieder die normale Ansicht. Auch wenn Sie eine andere Ebene auswählen, wird die Graustufenansicht automatisch deaktiviert.

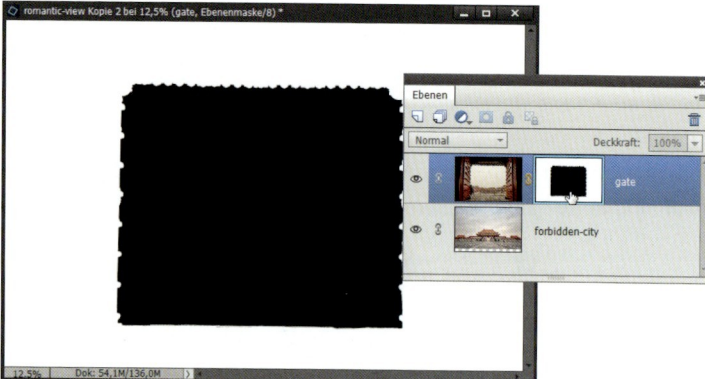

Abbildung 28.15 ▶
Ideal für detaillierteres Arbeiten ist die reine Ansicht der Ebenenmaske. Natürlich können Sie die Ebenenmaske in dieser Ansicht nach wie vor bearbeiten.

Maskierungsfolie | Die Maskierungsfolie können Sie verwenden, wenn Sie die Miniaturvorschau der Ebenenmaske mit den gehaltenen Tasten ⇧+Alt anklicken. Die Maskierungsfolie zeigt den maskierten Bildbereich in einer transparenten Farbe (Standard ist Rot) an. Natürlich lässt sich auch hiermit die Ebenenmaske weiter bearbeiten. Deaktivieren können Sie die Maskierungsfolie wieder, indem Sie die Miniaturvorschau der Ebenenmaske erneut mit gehaltenen Tasten ⇧+Alt anklicken oder indem Sie eine andere Ebene auswählen.

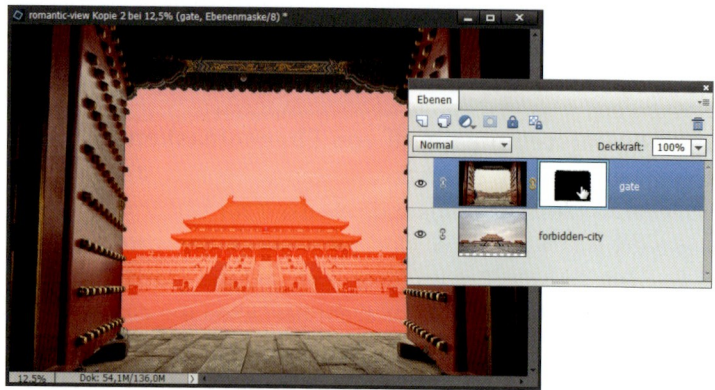

Abbildung 28.16 ▶
Mit der Maskierungsfolie wird die Ebenenmaske in einer transparenten Farbe (standardmäßig in Rot) angezeigt.

Die Farbe und Deckkraft der Maskierungsfolie können Sie natürlich auch ändern. Hierzu müssen Sie lediglich auf der Ebenenmaske im Ebenen-Bedienfeld mit der rechten Maustaste klicken und im Kontextmenü MASKENOPTIONEN auswählen. Im sich öffnenden Dialog stellen Sie jetzt die FARBE ❶ und die DECKKRAFT ❷ der Maskierungsfolie ein.

Maske ausblenden | Ein extrem wichtiges Feature zur Darstellung von Ebenenmasken fehlt noch, und zwar die Möglichkeit, die Ebenenmaske zu aktivieren und zu deaktivieren, sodass Sie zwischendurch die Ebene ohne Ebenenmaske bearbeiten können. Die Funktion rufen Sie entweder über das Menü EBENE • EBENENMASKE • DEAKTIVIEREN zum Deaktivieren auf oder, wenn Sie mit der rechten Maustaste auf der Ebenenmaske im Ebenen-Bedienfeld klicken, über den Kontextmenübefehl EBENENMASKE DEAKTIVIEREN. In der Miniaturvorschau der Ebenenmaske ist eine deaktivierte Ebenenmaske ❸ durchgestrichen.

Wenn die Ebenenmaske deaktiviert ist, können Sie sie ebenfalls wieder über das Menü EBENE • EBENENMASKE • AKTIVIEREN oder über den Kontextmenübefehl EBENENMASKE AKTIVIEREN, den Sie über die Miniaturvorschau der Ebenenmaske via Rechtsklick erreichen, einschalten. Schneller können Sie die Ebenenmaske deaktivieren und wieder aktivieren, indem Sie mit gehaltener ⇧-Taste in der Miniaturvorschau der Ebenenmaske klicken.

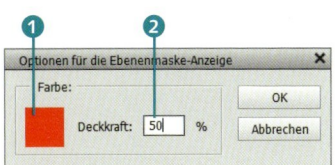

▲ **Abbildung 28.17**
Die Optionen für die Maskierungsfolie einstellen

> **Maskierungsfolie einblenden und Maske ausblenden**
> Wenn Sie bei aktiver Maskierungsfolie die Maske im Ebenen-Bedienfeld mit gehaltener ⇧-Taste ausblenden, bleiben die Bildbereiche, die maskiert wurden, weiterhin sichtbar (sind aber nicht mehr durchsichtig). Das ist beispielsweise dann nützlich, wenn Sie die Maske nochmals an komplexeren Stellen genauer unter die Lupe nehmen möchten.

◀ **Abbildung 28.18**
Am roten x ❸ der Ebenenmaske erkennen Sie, dass diese deaktiviert wurde, weshalb hier die eigentliche Ebene ohne die transparenten Bereiche angezeigt wird.

28.3.5 Verbindung von Ebene und Ebenenmaske

Die Ebene und die Maske sind normalerweise fest miteinander verknüpft. Das erkennen Sie am Kettensymbol ❶ (Abbildung 28.19) zwischen der Ebene und der Maske. Durch diese Verknüpfung können Sie sicher sein, dass, wenn Sie die Ebene verschieben, auch die Ebenenmaske mit verschoben wird. Auch beim Transformieren der Ebene wird die Maske dadurch mit transformiert. Wollen Sie diese Verknüpfung aufheben, klicken Sie auf das Kettensymbol zwischen der Ebene und der Maske.

> **Verknüpfung über das Menü**
> Alternativ können Sie die Verknüpfung auch über das Menü EBENE • EBENENMASKE aufheben und wiederherstellen, wenn Sie die Ebene mit der Maske im Ebenen-Bedienfeld aktiviert haben.

Kapitel 28 Ebenenmasken

Jetzt können Sie die Ebene und die Maske unabhängig voneinander verschieben und transformieren. Klicken Sie erneut zwischen den jetzt leeren Bereich ❷ der Ebene und der Maske, wird die Verknüpfung wieder aktiviert.

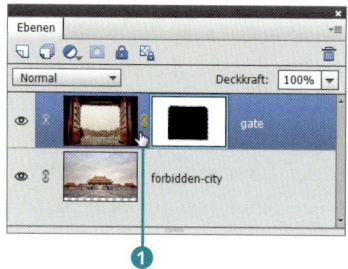
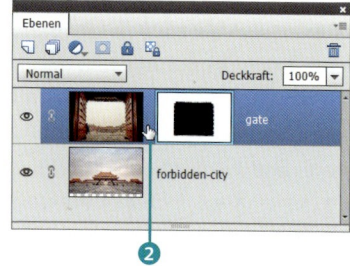

Abbildung 28.19 ▶
Über das Kettensymbol zwischen der Ebene und der Maske …

Abbildung 28.20 ▶▶
… können Sie die Verknüpfung (de-)aktivieren.

28.3.6 Auswahlen und Ebenenmasken

Oftmals werden Sie beim Erstellen einer Montage oder dem Freistellen von Objekten mit einer Auswahl anfangen, um dann den ausgewählten oder nicht ausgewählten Bereich zu maskieren. Wie Sie eine Auswahl als Grundlage für eine Ebenenmaske verwenden können, erklären die folgenden Abschnitte.

Kapitel_28: blue_sky.tif, Siege_Bell_War_Memorial.tif

Auswahl einblenden | Über Ebene • Ebenenmaske • Auswahl einblenden wird die aktuelle Auswahl der Ebene eingeblendet (nicht maskiert; deckend) und der nicht ausgewählte Bereich ausgeblendet (maskiert; transparent). Der Befehl ist ausgegraut, wenn es keine Auswahl gibt. Denselben Befehl erreichen Sie auch wieder über die Schaltfläche ❸ im Ebenen-Bedienfeld, wenn Sie diese anklicken und eine Auswahl vorhanden ist.

Natürlich können Sie jederzeit wieder Bildbereiche der Ebene mit weißer Farbe aufmalen oder mit schwarzer Farbe entfernen. Selbstverständlich sind auch wieder transparente Bereiche über die Grautonwerte 1 bis 254 möglich. In der Miniaturvorschau wird die Ebenenmaske in Form der Auswahl angezeigt ❹.

Abbildung 28.21 ▶
Hier wurde auf der oberen Ebene zunächst alles bis auf den Himmel ausgewählt. Danach wurde der Befehl Ebene • Ebenenmaske • Auswahl einblenden gewählt. Dadurch wird der etwas spannendere Himmel mit den Wolken in der Ebene darunter eingeblendet.

Auswahl ausblenden | Der Befehl EBENE • EBENENMASKE • AUSWAHL AUSBLENDEN ist das Gegenstück zum Befehl AUSWAHL EINBLENDEN. Damit werden praktisch die ausgewählten Bildbereiche ausgeblendet (maskiert; transparent) und die nicht ausgewählten Bereiche eingeblendet (nicht maskiert; deckend). Gibt es keine Auswahl, ist der Befehl ausgegraut. Denselben Befehl erreichen Sie auch über die entsprechende Schaltfläche ❺ im Ebenen-Bedienfeld. Hierbei müssen Sie beim Anklicken die Tasten [Strg]/[cmd]+[Alt] gedrückt halten. Ansonsten gilt dasselbe wie beim Befehl AUSWAHL EINBLENDEN. Auch in der Miniaturvorschau ❻ erkennen Sie in der Ebenenmaske die Form der Auswahl, nur eben im Gegensatz zu AUSWAHL EINBLENDEN in einer invertierten Version.

Alphakanal der Ebene
Dass Photoshop Elements jetzt Ebenenmasken beherrscht, ist sehr erfreulich. Nun wünscht man sich eigentlich nur noch eine weitere Funktion, um den Alphakanal einer Ebene zu maskieren oder nicht zu maskieren. Aber das können Sie ja noch mithilfe von Auswahlwerkzeugen wie dem Zauberstab und der Befehle AUSWAHL EINBLENDEN und AUSWAHL AUSBLENDEN selbst übernehmen.

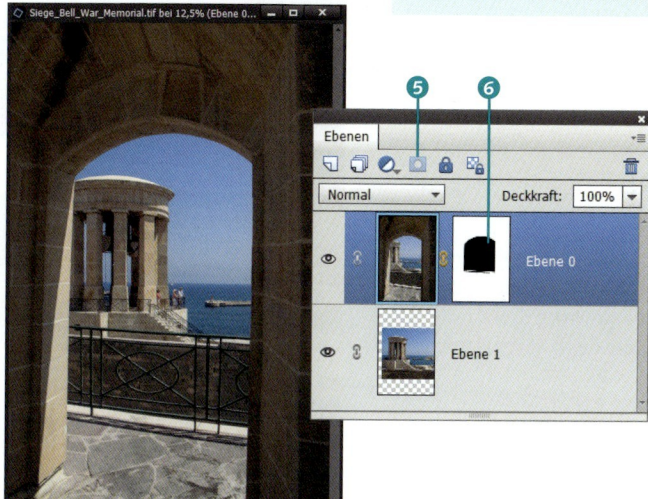

▲ **Abbildung 28.22**
Von dem Kriegsdenkmal ist zuerst nicht einmal eine mickrige Hälfte zu sehen (links), also habe ich den Ausschnitt mit dem Kriegsdenkmal ausgewählt und dann diesen Bereich mit AUSWAHL AUSBLENDEN ausgeblendet. Anschließend habe ich eine weitere Ebene darunter eingefügt, mit einem Bild, auf dem ich das Kriegsdenkmal komplett hinter dem Durchgang fotografiert habe. Und voilà, jetzt haben Sie schon einen interessanteren Bildausschnitt. Hier sind Ebenenmasken besonders effektiv, weil Sie jederzeit an kniffligen Stellen einzelne Bildbereiche hinzumalen oder auch wegmalen können.

Zusätzlich bietet Photoshop Elements Funktionen an, mit deren Hilfe bei Auswahlen, die Sie auf einer Ebene mit Ebenenmasken erstellt haben, die vorhandene Maske berücksichtigt wird. Die einzelnen Funktionen lassen sich allerdings nur im Kontextmenü – nach einem rechten Mausklick auf der Ebenenmaske im Ebenen-Bedienfeld – aufrufen.

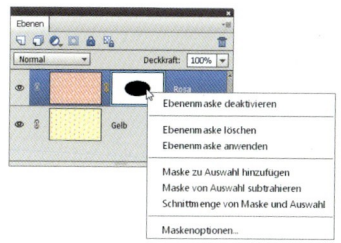

▲ **Abbildung 28.23**
Spezielle Auswahlbefehle für Ebenenmasken

Abbildung 28.24 ▶
Hier habe ich auf der rosa Ebene mit der Ebenenmaske eine kreuzförmige Auswahl ❶ angelegt, auf die anschließend die Befehle Maske zu Auswahl hinzufügen, Maske von Auswahl subtrahieren und Schnittmenge von Maske und Auswahl ausgeführt werden können.

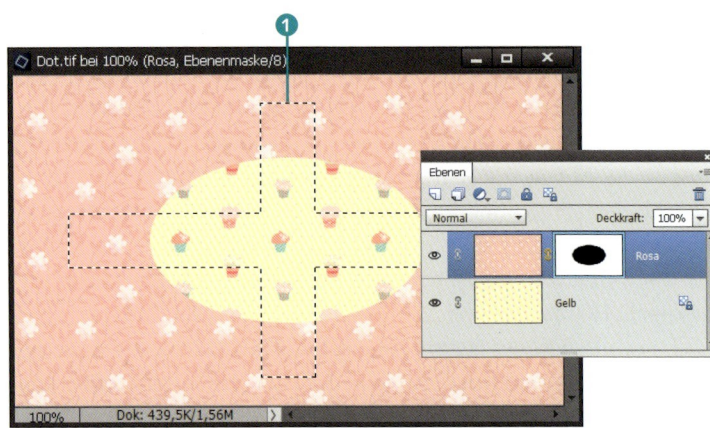

Kapitel_28: Dot.tif

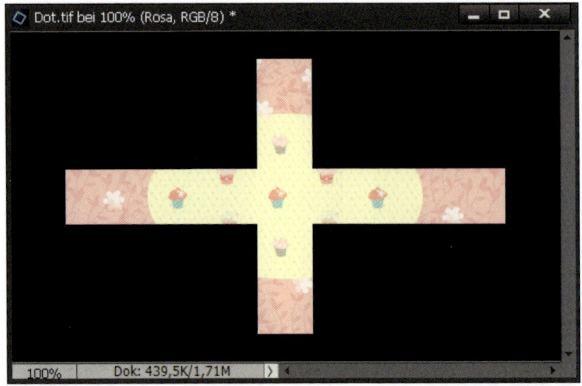

Abbildung 28.25 ▶
Zur Verdeutlichung im Buch wird eine schwarze Maskierungsfarbe verwendet, die die Bereiche anzeigt, die nicht ausgewählt sind.

Maske zu Auswahl hinzufügen | Mit dem Kommando Maske zu Auswahl hinzufügen wird die Ebenenmaske der aktiven Ebene in eine Auswahl umgewandelt und gegebenenfalls einer bereits vorhandenen Auswahl hinzugefügt.

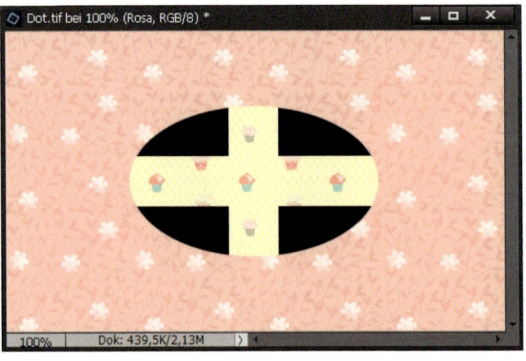

Abbildung 28.26 ▶
Nach dem Aufruf von Maske zu Auswahl hinzufügen

Weiße Bereiche der Ebenenmaske werden ausgewählt und schwarze Bereiche nicht. Graue Bereiche erhalten eine weiche Auswahlkante. Die Ebenenmaske selbst wird durch dieses Kommando nicht verändert.

Maske von Auswahl subtrahieren | Der Befehl MASKE VON AUSWAHL SUBTRAHIEREN ist ähnlich wie schon der Befehl MASKE ZU AUSWAHL HINZUFÜGEN. Auch hiermit wandeln Sie die Ebenenmaske der aktiven Ebene in eine Auswahl um. Weiße Bereiche der Maske werden ausgewählt und schwarze nicht. Graue Bereiche erhalten eine weiche Auswahlkante. Allerdings besteht im Gegensatz zur Funktion MASKE ZU AUSWAHL HINZUFÜGEN der Unterschied, dass eine eventuell schon vorhandene Auswahl im Bild davon abgezogen wird. Gerade dies kann allerdings sehr verwirrend sein, weil dann die schwarzen Bildbereiche der Ebenenmaske ausgewählt werden. Die Ebenenmaske selbst wird mit diesem Befehl nicht verändert.

Schnittmenge von Maske und Auswahl | Der letzte Auswahlbefehl ist SCHNITTMENGE VON MASKE UND AUSWAHL. Auch hier gilt alles, was ich bereits bei den anderen beiden Befehlen zuvor beschrieben habe. Nur besteht bei diesem Befehl der Unterschied, dass bei einer bereits vorhandenen Auswahl im Bild eine Schnittmenge der neuen Auswahl für diese Maske gebildet wird.

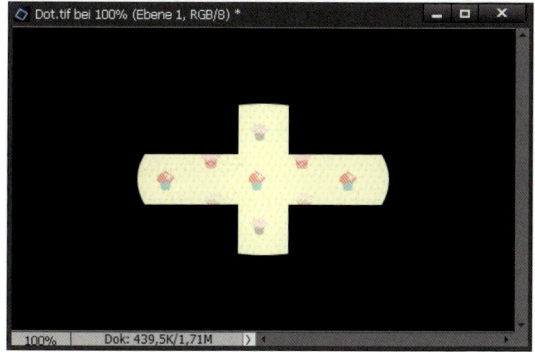

▲ Abbildung 28.27
Die Auswahl nach dem Befehl MASKE VON AUSWAHL SUBTRAHIEREN

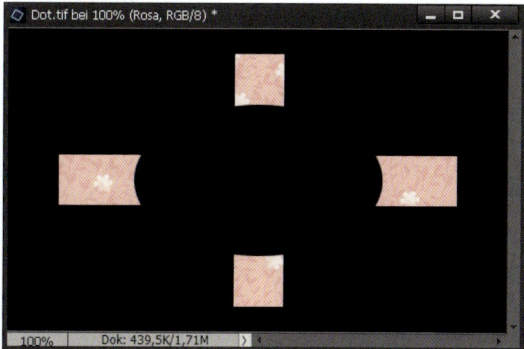

▲ Abbildung 28.28
Die Auswahl nach dem Aufruf von SCHNITTMENGE VON MASKE UND AUSWAHL

28.4 Weitere hilfreiche Funktionen

Die Ebenenmasken sind eine sehr flexible und mächtige Funktion in der digitalen Bildbearbeitung, die Sie nicht mehr missen wollen, wenn Sie deren Umgang beherrschen. Neben den bereits erwähnten Funktionen für die Ebenenmasken finden Sie hier noch weitere Möglichkeiten vor, die Ihnen im Umgang mit Ebenenmasken hilfreich sein können.

Maske umkehren | Sie können eine Ebenenmaske auch umkehren bzw. invertieren. Wenn Sie die Ebenenmaske im Ebenen-Dialog auswählen ❶ und ⌈Strg⌉/⌈cmd⌉+⌈I⌉ bzw. Filter • Anpassungsfilter • Umkehren verwenden, wird alles zuvor Maskierte einer Ebenenmaske demaskiert, und alles Demaskierte wird maskiert. Das entspricht demselben Prinzip, bei dem Sie eine Auswahl umkehren.

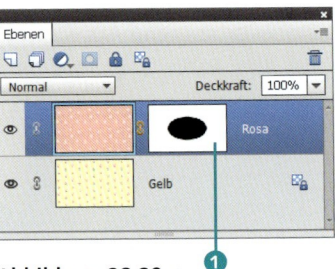

Abbildung 28.29 ▲
Eine Ebenenmaske können Sie jederzeit mit …

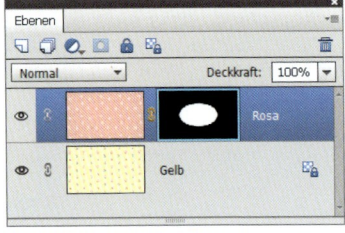

Abbildung 28.30 ▲
… ⌈Strg⌉/⌈cmd⌉+⌈I⌉ umkehren.

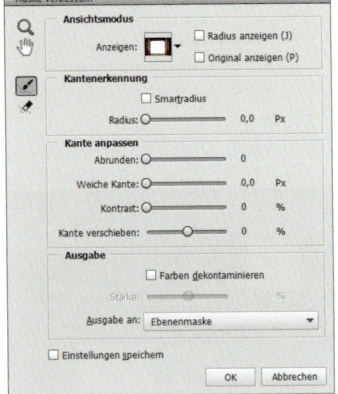

▲ **Abbildung 28.31**
Der Dialog Maske verbessern

Maske verbessern | Sie werden es schon festgestellt haben, dass Ebenenmasken recht eng und intensiv auch mit Auswahlen zusammenarbeiten. Daher steht ihnen auch für die Verbesserung von Ebenenmasken der Dialog Kante verbessern aus dem Menü Auswahl zur Verfügung. Korrekterweise sollte dieser Befehl im Menü allerdings Maske verbessern lauten. Die Anwendung und Funktion des Dialogs entspricht genau dem, was bereits in Abschnitt 22.5.3, »Kante verbessern«, beschrieben wurde.

Auswahl aus Ebenenmaske | Wie Sie eine Ebenenmaske aus einer Auswahl erstellen, wissen Sie bereits. Wollen Sie hingegen aus einer Ebenenmaske eine Auswahl erstellen, müssen Sie nur die Ebenenmaske im Ebenen-Dialog auswählen und mit gehaltener ⌈Strg⌉/⌈cmd⌉-Taste anklicken.

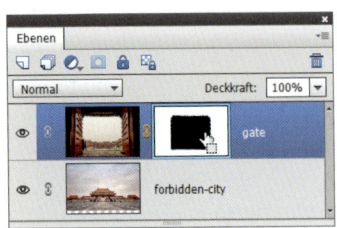

▲ **Abbildung 28.32**
Eine Auswahl wird aus einer Ebenenmaske mit gehaltener ⌈Strg⌉/⌈cmd⌉-Taste erstellt.

Einstellungsebenen mit Ebenenmaske | Dass jede Einstellungsebene ebenfalls eine Ebenenmaske anlegt, dürfte Ihnen bereits aufgefallen sein. Dies hat den Vorteil, dass Sie den Effekt der Einstellungsebene auf ausgewählte Bereiche im Bild anwenden können. So können Sie beispielsweise mit einer Einstellungsebene wie Farbton/Sättigung ausgewählte Bereiche im Bild über den Regler Farbton umfärben. Im weiteren Verlauf (ab Abschnitt 33.4, »Porträtretusche«) werden Sie einige Beispiele dazu sehen.

Kapitel 29
Fotocollagen und -montagen

Jetzt haben Sie viele Funktionen und Befehle zu den Ebenenmasken kennengelernt. Aber in der Theorie hört sich häufig vieles komplizierter an, als es tatsächlich ist. In diesem Abschnitt werde ich Ihnen einige gängige und kreative Praxisbeispiele dazu zeigen.

29.1 Bildelemente verschiedener Bilder kombinieren

Ein beliebter Effekt und ideal für die Einführung der Ebenenmasken ist das Erstellen von digitalen Doppelgängern oder das Entfernen unerwünschter Personen bzw. Objekte aus dem Bild.

29.1.1 Bilder kombinieren – Szenen bereinigen

Die Erzeugung von digitalen Doppelgängern ist dabei meist ein eher leichteres Unterfangen, weil gewöhnlich hierfür die Szene inszeniert werden kann. Wollen Sie auf einer Aufnahme ein Objekt oder eine Person entfernen, wird es schon etwas schwieriger. Sie benötigen dafür mehrere Aufnahmen desselben Motivs, die Sie anschließend in Ebenen übereinanderlegen und maskieren.

Schritt für Schritt
Szene bereinigen

Um dieses Beispiel zu realisieren, müssen Sie einige Vorbereitungen treffen. Sie sollten eine Kamera an einem festen Standpunkt anbringen (am besten mithilfe eines Stativs). Von diesem Standpunkt aus machen Sie jetzt mehrere Fotos. Wichtig ist, dass Sie die Kameraposition niemals ändern. Es ist außerdem empfehlenswert, die Belichtungsautomatik der Kamera abzuschalten

> **Szenenbereinigung manuell?**
> Wer sich hier jetzt an die PHOTOMERGE-SZENENBEREINIGUNG erinnert fühlt, der liegt gar nicht so falsch. Im Grunde machen Sie bei der Szenenbereinigung nichts anderes, nur bekommen Sie dabei nicht mit, was sich hinter den Kulissen abspielt. Außerdem tut man sich bei manchen Beispielen mit der manuellen Bereinigung etwas leichter. Aber probieren Sie es selbst einmal mit diesem Beispiel aus.

Kapitel 29   Fotocollagen und -montagen

Kapitel_29: Ordner: Szenenbereinigung (szene1.jpg–szene6.jpg, bereinigt.jpg)

oder – sofern möglich – komplett auf Automatikeinstellungen zu verzichten und manuell zu fotografieren.

Ziel ist es, alle Personen, die durch das Bild laufen, zu entfernen und am Ende eine Aufnahme zu bekommen, in der nur noch die von Ihnen gewünschten Personen zu sehen sind.

Abbildung 29.1 ▶
Hier wurde sechsmal von derselben Position aus eine Straßenszene vom immer gut besuchten Römer in Frankfurt aufgenommen.

1   Bilder öffnen und in Ebene kopieren

Öffnen Sie das Bild »szene5.jpg« und das Bild »szene1.jpg« im Fotoeditor. Aktivieren Sie das Bild »szene1.jpg«, und wählen Sie das komplette Bild mit AUSWAHL • ALLES AUSWÄHLEN oder [Strg]/[cmd]+[A] aus. Kopieren Sie die Auswahl mit BEARBEITEN • KOPIEREN oder [Strg]/[cmd]+[C] in die Zwischenablage. Aktivieren Sie das Bild »szene5.jpg«, und fügen Sie das erste Bild mithilfe von BEARBEITEN • EINFÜGEN oder [Strg]/[cmd]+[V] wieder ein. Jetzt sollten Sie die beiden Bilder im Ebenen-Bedienfeld pixelgenau übereinanderliegend vorfinden.

▲ **Abbildung 29.2**
Zwei Bilder liegen pixelgenau übereinander.

29.1 Bildelemente verschiedener Bilder kombinieren

2 Ebenenmaske hinzufügen

Aktivieren Sie im Ebenen-Bedienfeld die obere Ebene, und klicken Sie auf die kleine Schaltfläche EBENENMASKE HINZUFÜGEN ❶, wodurch Sie der aktiven Ebene eine weiße Ebenenmaske ❷ hinzufügen.

3 Unerwünschte Bildobjekte maskieren

Wählen Sie das Pinsel-Werkzeug mit einer passenden GRÖSSE der Pinselspitze. Im Beispiel habe ich diese GRÖSSE auf 100 Pixel gestellt ❸. Die Größe der Pinselspitze werden Sie natürlich je nach Situation anpassen müssen. Als Vordergrundfarbe ❹ müssen Sie, falls nicht bereits eingestellt, Schwarz verwenden. Aktivieren Sie jetzt die Ebenenmaske ❻, und malen Sie mit dem schwarzen Pinsel um die unerwünschten Personen herum die Stellen weg, an denen sich unterhalb der Ebene keine Personen befinden, sodass die Personen nach und nach verschwinden ❼ bzw. weggemalt werden. Denken Sie außerdem daran, dass Sie jederzeit zu viel Weggemaltes wieder mit weißer Pinselfarbe hinzumalen können.

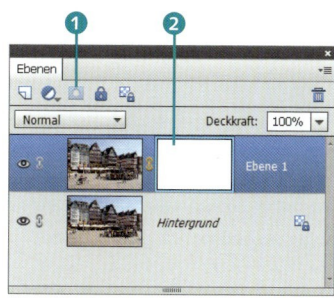

▲ Abbildung 29.3
Ebenenmaske für die obere Ebene anlegen

Tipp
Wissen Sie nicht mehr genau, wo sich keine Personen in der unteren Ebene befinden, können Sie die DECKKRAFT ❺ der Ebene kurzfristig reduzieren.

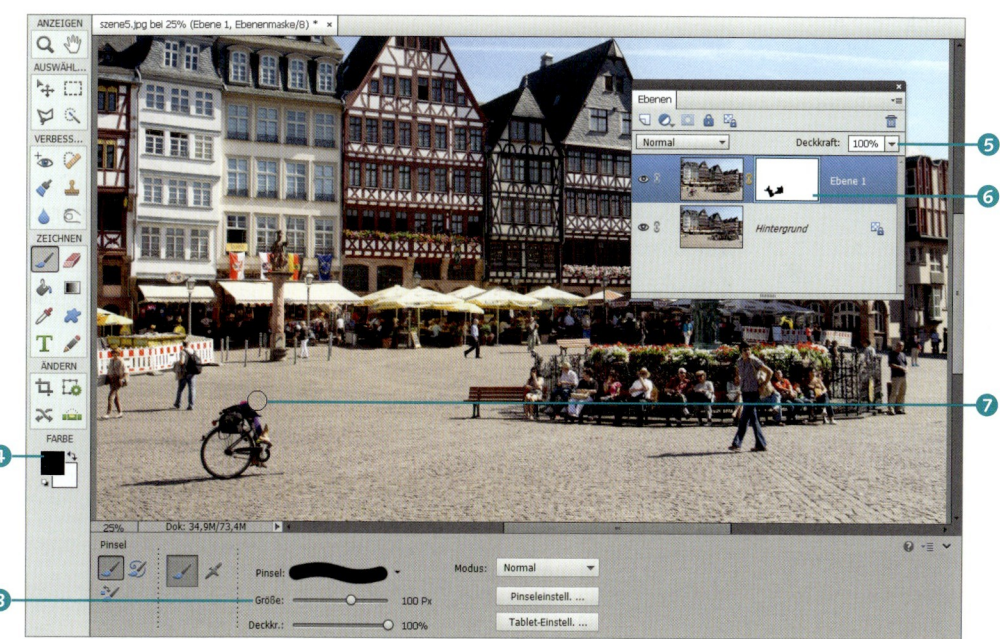

▲ Abbildung 29.4
Durch das Maskieren scheinen die menschenlosen Stellen der unteren Ebene durch.

4 Ebenen zusammenfügen

Markieren Sie die Ebene mit der Ebenenmaske mit der rechten Maustaste, und wählen Sie im Kontextmenü MIT DARUNTERLIEGENDER AUF EINE EBENE REDUZIEREN, oder, schneller, drücken Sie [Strg]/[cmd]+[E]. Jetzt haben Sie im Ebenen-Bedienfeld eine einzelne Ebene mit weniger Personen im Bild.

Tipp
Es ist nicht immer leicht, bei der Szenenbereinigung das richtige Bild für das Übereinanderlegen zu finden. Hier müssen Sie einfach selbst experimentieren und beispielsweise die DECKKRAFT reduzieren oder das Augensymbol kurz aus-/einblenden, um nachzusehen, ob sich das Bild zum Bereinigen der Szene eignet. Hierbei kann es durchaus nützlich sein, nochmals auf ein bereits zuvor verwendetes Bild zurückzugreifen.

5 Schritte 1 bis 4 wiederholen

Wollen Sie weitere Personen aus dem Bild entfernen, brauchen Sie nur die Arbeitsschritte 1 bis 4 zu wiederholen und die Bilder »szene2.jpg« bis »szene4.jpg« zu verwenden. Hierbei müssen Sie daran denken, nach dem Einfügen der neuen Ebene im Arbeitsschritt 1 die Reihenfolge der Ebenen per Drag & Drop im Ebenen-Dialog zu tauschen, damit die zu bearbeitende Ebene immer oben liegt.

Abbildung 29.5 ▶
Das Endergebnis der Szenenbereinigung aus sechs einzelnen Bildern. Ein so leerer Platz wäre ohne eine Szenenbereinigung zu dieser Tageszeit undenkbar gewesen.

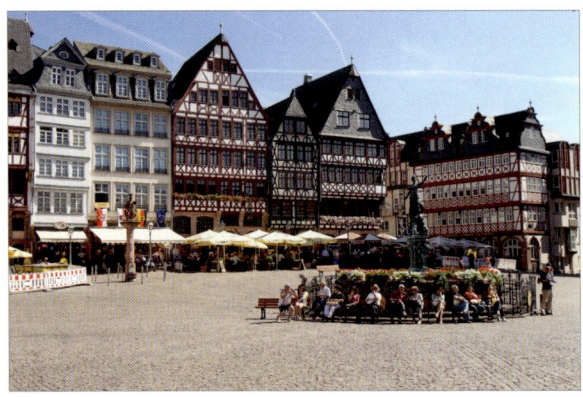

29.1.2 Digitalen Doppelgänger erzeugen

Kapitel_29: Ordner Doppelgänger: Franzi1.jpg, Franzi2.jpg, Franzi3.jpg

Alles, was Sie eben im Workshop zur manuellen Bereinigung einer Szene gesehen haben, können Sie natürlich auch anwenden, wenn Sie einen digitalen Doppelgänger erzeugen wollen. Mit dem Unterschied, dass Sie hierbei natürlich beim Überlagern darauf achten müssen, dass sich in der unteren Ebene die Person befindet, die Sie in der darüberliegenden Ebene mithilfe der Ebenenmaske hinzumalen wollen.

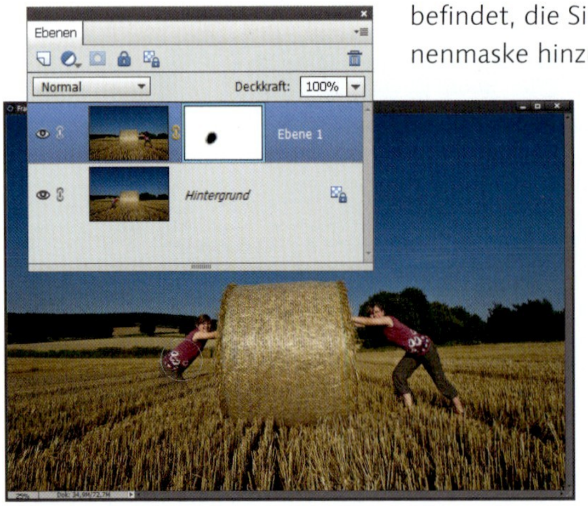

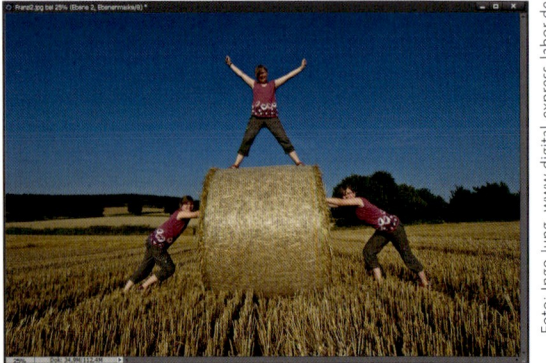

▲ Abbildung 29.6
Durch das Maskieren scheint die zweite Person in der unteren Ebene durch.

Foto: Ingo Jung, www.digital-express-labor.de

▲ Abbildung 29.7
Das Endergebnis mit drei Bildern und zwei digitalen Doppelgängern sowie einem Original

29.2 Kreative Effekte mit Formen und Texten

Bisher haben wir uns auf die Bearbeitung von Pixelbildern beschränkt. Sie können Masken aber auch mit den Form- und Textwerkzeugen von Photoshop Elements einsetzen. So entstehen schöne Grußkarten und Bildeffekte jenseits der klassischen Bildbearbeitung.

29.2.1 Formen ausstanzen

Sehr beliebt ist immer wieder der Effekt, aus einem Bild eine Form auszustanzen oder umgekehrt ein Bild in eine bestimmte Form zu bringen. In Photoshop Elements können Sie das ganz leicht mithilfe der Formwerkzeuge und Ebenenmasken erreichen.

Schritt für Schritt
Ebenenmaske und Ebeneninhalt getrennt voneinander bewegen

In diesem kurzen Workshop erfahren Sie, wie Sie die weiße Ebenenmaske unabhängig von der dazugehörigen Ebene verschieben. Außerdem wird hier auch gleich gezeigt, wie Sie eine Maske mithilfe des Eigene-Form-Werkzeugs 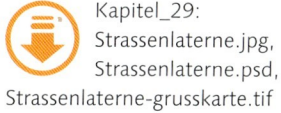 U erstellen.

Kapitel_29:
Strassenlaterne.jpg,
Strassenlaterne.psd,
Strassenlaterne-grusskarte.tif

1 Bild laden und Hintergrund erstellen
Laden Sie das Bild »Strassenlaterne.jpg« in den Fotoeditor. Machen Sie aus dieser Hintergrundebene auch gleich eine Ebene, und zwar über EBENE • NEU • EBENE AUS HINTERGRUND.

Kreativ sein

Im Beispiel beschränken wir uns natürlich auf die grundlegende Technik, die Ebenenmaske unabhängig von der Ebene zu verschieben. Das Prinzip lässt sich allerdings sehr kreativ und vielseitig einsetzen.

◀ **Abbildung 29.8**
Das Bild überdeckt eine mit einem Verlauf gefüllte Ebene.

Erstellen Sie jetzt eine neue leere Ebene über die entsprechende Schaltfläche ❶ (Abbildung 29.8) im Ebenen-Bedienfeld. Füllen Sie diese Ebene mit einem Farbverlauf oder Muster Ihrer Wahl. Im Beispiel habe ich diese Ebene mit dem Verlaufswerkzeug ▣ G mit einem Verlauf gefüllt. Schieben Sie diese Ebene mit gedrückt gehaltener linker Maustaste im Ebenen-Bedienfeld unter die Ebene mit dem Bild ❷, sodass die Ebene nun vom Bild überdeckt wird.

2 Ebenenmaske hinzufügen

Wählen Sie die obere Ebene mit dem Bild, und fügen Sie eine voll maskierte Ebenenmaske hinzu, indem Sie im Ebenen-Bedienfeld die Schaltfläche ❸ mit gehaltener Alt-Taste anklicken. Durch die schwarze Ebenenmaske ❹ wurde das Bild jetzt komplett ausgeblendet, sodass im Bildfenster nur noch die darunterliegende Ebene mit dem Farbverlauf zu sehen ist.

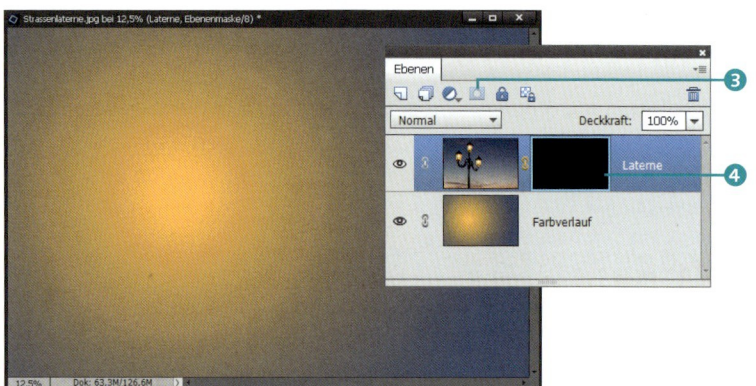

Abbildung 29.9 ▶
Eine voll maskierte Ebenenmaske für die Ebene mit dem Bild anlegen

3 Herzform erstellen

Malen Sie jetzt entweder mit den Malwerkzeugen, wie beispielsweise dem Pinsel-Werkzeug B, mit weißer Farbe ein Guckloch auf die schwarze Ebenenmaske, oder stempeln Sie eine spezielle Form darauf. Im Beispiel habe ich hierzu das Eigene-Form-Werkzeug U mit einem Herz ❺ als Form ausgewählt.

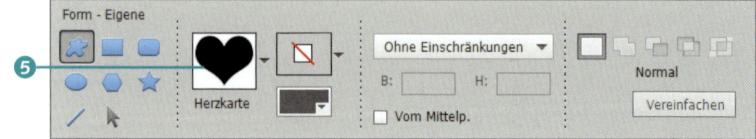

Abbildung 29.10 ▶
Einstellungen für das Eigene-Form-Werkzeug

Mit gedrückt gehaltener linker Maustaste ziehen Sie die gewünschte Form im Bildfenster auf. Im Ebenen-Bedienfeld finden Sie diese Form als neue Ebene ❻ vor.

29.2 Kreative Effekte mit Formen und Texten

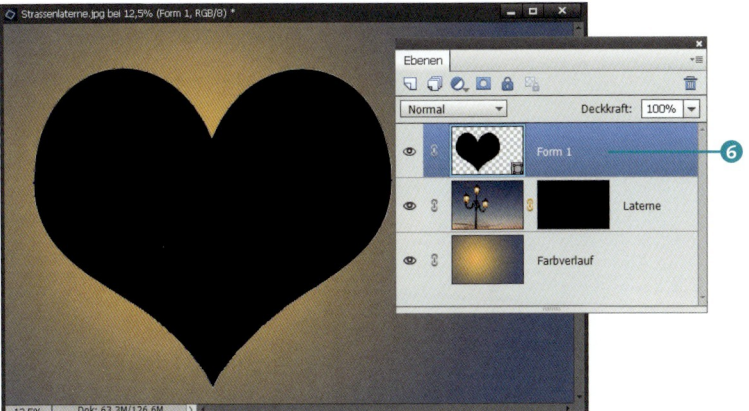

◂ **Abbildung 29.11**
Eine Herzform, mit dem Eigene-Form-Werkzeug erstellt

4 Herz auswählen

Klicken Sie diese Formebene mit der rechten Maustaste an, und rufen Sie EBENE VEREINFACHEN im Kontextmenü auf. Wählen Sie den Zauberstab, und klicken Sie mit dem Werkzeug auf das Herz ❼ der Ebene mit der Herzform, sodass dieses ausgewählt ist. Deaktivieren Sie das Augensymbol ❽ der Ebene mit der Herzform, und aktivieren Sie anschließend die Ebene mit der schwarzen Ebenenmaske ❾. Stellen Sie hierbei sicher, dass Sie auch die Ebenenmaske ausgewählt haben. Dies können Sie am blauen Rahmen um die Ebenenmaske erkennen.

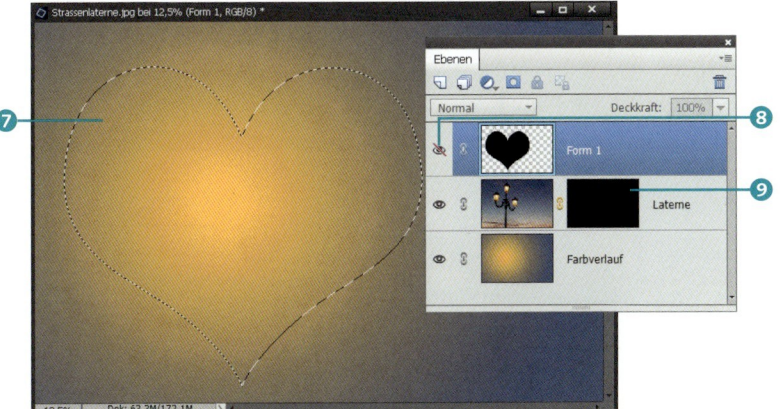

◂ **Abbildung 29.12**
Die Herzform steht als Auswahl zur Verfügung.

5 Auswahl der Ebenenmaske hinzufügen

Verwenden Sie das Füllwerkzeug K, und wählen Sie Weiß als Vordergrundfarbe. Füllen Sie damit die immer noch ausgewählte Herzform. Jetzt sollten Sie einen Bildausschnitt Ihres Fotos mit dieser Herzform vor sich haben. In der Ebenenmaske sollten Sie ebenfalls diese Herzform ❿ erkennen. Entfernen Sie die Auswahl mit AUSWAHL • AUSWAHL AUFHEBEN oder per Strg/cmd+D.

Kapitel 29 Fotocollagen und -montagen

Abbildung 29.13 ▶
Jetzt haben Sie eine Ebenenmaske mit Herzform erstellt.

Tipp
Ähnlich wie bei diesem Beispiel können Sie natürlich auch mit anderen Formen, beispielsweise aus dem Bedienfeld GRAFIKEN [F7], umgehen: Fügen Sie einfach die Form ein, skalieren Sie sie, vereinfachen Sie die Ebene, wählen Sie sie aus, und fügen Sie dann eine entsprechende Maske hinzu.

6 Maskenverknüpfung lösen

Wollen Sie diese Herzform verschieben, drehen oder skalieren, müssen Sie die Verknüpfung der Ebenenmaske aufheben, weil sich sonst alle diese Aktionen auf die Ebene **und** die Ebenenmaske auswirken. Klicken Sie hierzu auf das Kettensymbol ⓫ zwischen der Ebene und der Ebenenmaske. Wenn Sie jetzt die Ebenenmaske auswählen und beispielsweise das Verschieben-Werkzeug verwenden, können Sie die Position und Größe der Ebenenmaske unabhängig von der Ebene verändern. Im Beispiel habe ich die Position des Gucklochs etwas verschoben, sodass ein anderer Ausschnitt des Fotos sichtbar wurde.

Abbildung 29.14 ▶
Die Ebenenmaske habe ich unabhängig von der dazugehörigen Ebene verschoben.

Sind Sie mit dem Ergebnis zufrieden, können Sie alle Ebenen auf eine Hintergrundebene reduzieren. In Abbildung 29.15 sehen Sie das Beispiel aus dem Workshop mit der Herzform, das mit Text und weiteren Stilmitteln versehen wurde.

29.2 Kreative Effekte mit Formen und Texten

◄ **Abbildung 29.15**
Eine einfache Grußkarte
(Zitat: Mooji)

29.2.2 Grafikvorlagen einbinden

Dass Sie auch alle Werkzeuge, Funktionen und sogar Filter auf die Ebenenmasken anwenden können, macht diese noch vielseitiger. Häufig ist einem die Vielfältigkeit von Ebenenmasken gar nicht bewusst.

Schritt für Schritt
Individuelle Bildhintergründe mit Ebenenmasken

Hier folgt ein Workshop als Anregung, wie Sie beispielsweise Rahmen oder kreative Hintergründe mithilfe von Ebenenmasken und den mitgelieferten Grafikvorlagen erstellen können.

Kapitel_29:
musican.jpg

1 Bild laden und Hintergrund erstellen

Laden Sie das Bild »musican.jpg« in den Fotoeditor. Machen Sie aus dieser Hintergrundebene auch gleich eine Ebene über EBENE • NEU • EBENE AUS HINTERGRUND.

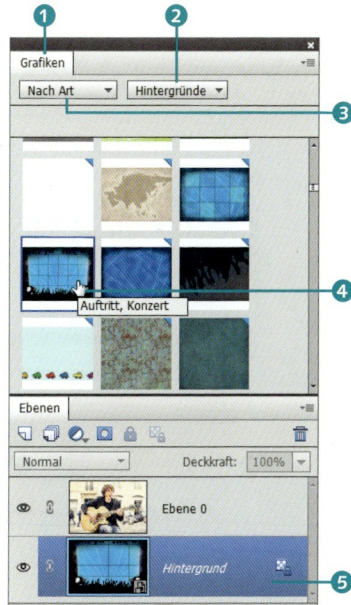

◄▲ **Abbildung 29.16**
Photoshop Elements bietet mit unzähligen Vorlagen die Qual der Wahl.

Kreativ sein

Neben der Möglichkeit, Hintergründe im Bedienfeld GRAFIKEN [F7] zu verwenden, finden Sie hier auch Formen, Rahmen und Grafiken, die sich ebenfalls alle hierzu nutzen lassen. Wie bereits erwähnt, wird die Vielseitigkeit von Photoshop Elements oftmals einfach unterschätzt. Achten Sie darauf, dass Sie Grafiken, Rahmen usw., die rechts oben eine blaue Ecke haben, einmalig aus dem Internet herunterladen müssen. Dafür ist eine Internetverbindung notwendig. Das Herunterladen einzelner Grafiken ist natürlich kostenlos, und wenn Sie eine Grafik erst einmal heruntergeladen haben, wird diese auch auf dem Rechner gespeichert.

Nun könnten Sie eine neue leere Ebene erstellen und diese Ebene mit einem Farbverlauf oder Muster Ihrer Wahl füllen. In diesem Beispiel bin ich allerdings anders vorgegangen: Anstatt manuell eine neue Ebene zu erstellen, habe ich einen der Hintergründe verwendet, die Photoshop Elements im Bedienfeldbereich GRAFIKEN ❶ (FENSTER • GRAFIKEN bzw. [F7]) bereithält. Wählen Sie in der Dropdown-Liste NACH ART ❸ aus und daneben HINTERGRÜNDE ❷. Jetzt wird eine ganze Liste der vorhandenen Hintergründe angezeigt. Wenn Sie einen verwenden wollen, doppelklicken Sie einfach darauf ❹, und dieser Hintergrund wird automatisch unter ❺ das Foto »musican.jpg« im Ebenen-Bedienfeld gelegt. Sie können jederzeit durch erneutes Doppelklicken einen anderen Hintergrund auswählen.

2   Ebenenmaske hinzufügen

Erstellen Sie eine Auswahl auf dem Bild, die das Hauptmotiv irgendwie einrahmt. Achten Sie dabei darauf, dass die Ebene mit dem Bild im Ebenen-Bedienfeld selektiert ist. Im Beispiel habe ich hierzu mit dem Schnellauswahl-Werkzeug [A] die Person ausgewählt. Natürlich spricht auch nichts dagegen, wenn Sie einfach eine Umrandung mit dem Auswahlrechteck-Werkzeug [M] oder Auswahlellipse-Werkzeug [M] erzeugen.

Erstellen Sie jetzt eine Ebenenmaske über das Menü EBENE • EBENENMASKE • AUSWAHL EINBLENDEN. Nun sollten Sie um das Motiv den zuvor erstellten oder ausgewählten Hintergrund eingeblendet sehen.

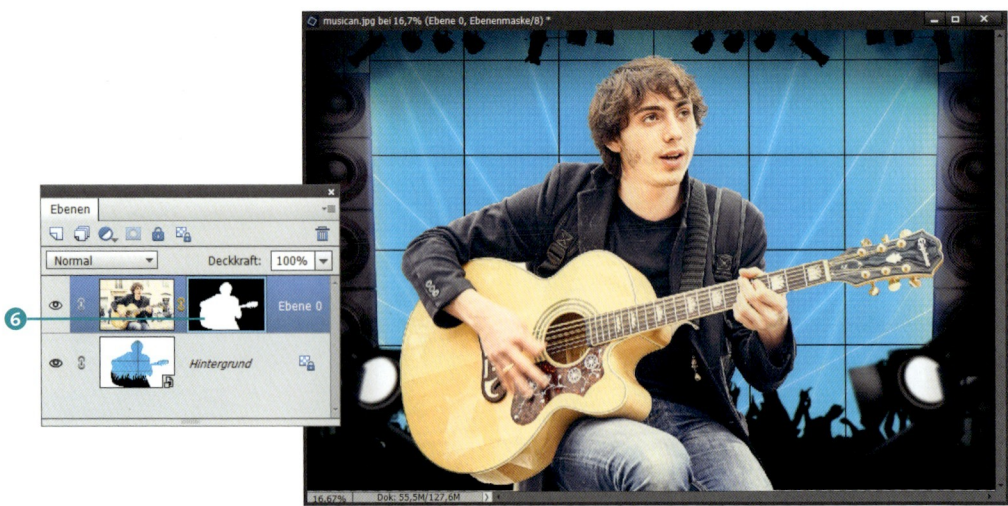

▲ **Abbildung 29.17**
Im Handumdrehen ein neuer Hintergrund mithilfe von Ebenenmasken

3 Ebenenmaske mit Filter bearbeiten

Jetzt brauchen Sie nur noch die Ebenenmaske im Ebenen-Bedienfeld 6 auszuwählen und können Ihrer Kreativität freien Lauf lassen. Sie können hierzu beispielsweise einfach über FILTER • FILTERGALERIE die einzelnen Vorschauen verwenden und auf diese Ebenenmaske anwenden. Natürlich können Sie hier auch weiterhin mit den Werkzeugen oder anderen Befehlen operieren. Denken Sie daran, dass Sie jederzeit den Hintergrund wieder ändern können. Auch mit verschiedenen Ebenenmodi, Duplizieren von Ebenen und Ändern der DECKKRAFT lässt sich hierbei noch vieles ausprobieren (Abbildung 29.18).

▼ **Abbildung 29.18**
Zwei einfache Beispiele, die mithilfe von Ebenenmasken, Hintergründen von Photoshop Elements und Effekten, Deckkraft und Füllmethoden innerhalb einer Minute erstellt wurden

29.2.3 Text-Bild-Kombinationen

Ebenfalls ein beliebter Effekt und mit Ebenenmasken sehr einfach zu erstellen sind sogenannte Bild-Schrift-Montagen.

Schritt für Schritt
Text aus Bild erstellen

In diesem Workshop fügen Sie in einen Text, also in die Buchstaben selbst, ein Bild ein.

Kapitel_29:
Budapest.jpg

1 Bild mit Text versehen

Öffnen Sie das Bild »Budapest.jpg« im Fotoeditor, und aktivieren Sie das Horizontale Textwerkzeug T . Stellen Sie die Schrift und den Schriftgrad 2 (Abbildung 29.19) ein. Im Beispiel habe ich ARIAL BLACK mit einer GRÖSSE 3 von 1000 PT verwendet. Stellen Sie außerdem eine gut sichtbare Farbe 1 ein.

Ziehen Sie mit gedrückt gehaltener linker Maustaste einen Rahmen für den Text auf, und geben Sie diesen ein. Optional gestalten Sie den Text auch noch über die Schaltfläche VERKRÜMMTEN TEXT ERSTELLEN 4 etwas, wie hier im Beispiel zu sehen. Auf den Dialog gehe ich in Abschnitt 37.2.4, »Text verkrümmen«, näher ein.

Zum Nachlesen
Die Textwerkzeuge und ihre Verwendung beschreibe ich in Teil XI, »Mit Text und Formen arbeiten«.

Kapitel 29 Fotocollagen und -montagen

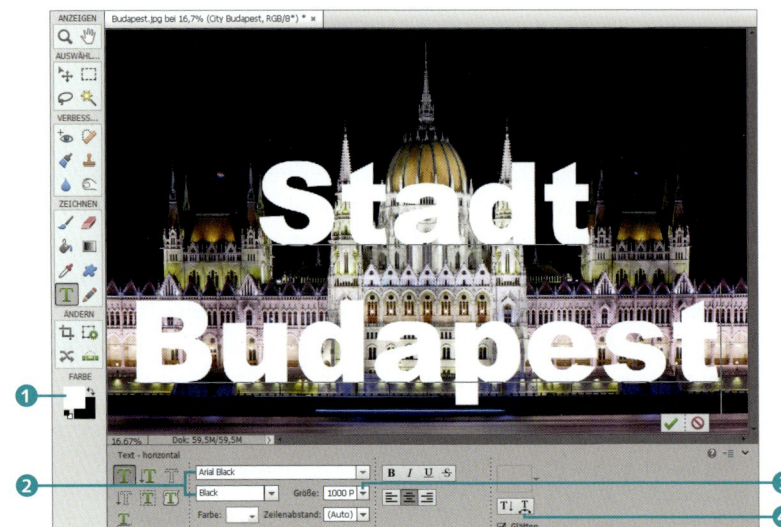

Abbildung 29.19 ▶
Tippen Sie den Text direkt auf das Bild.

◀ **Abbildung 29.20**
Textebene in eine einfache Ebene umwandeln

2 Ebene vereinfachen

Wenn Sie den Text fertig formatiert haben, klicken Sie die Textebene ❺ mit der rechten Maustaste an und wählen im Kontextmenü EBENE VEREINFACHEN aus. Jetzt erscheint der Text auf einem transparenten Hintergrund.

3 Auswahl aus Text erstellen

Wählen Sie den Zauberstab, und deaktivieren Sie bei den Optionen das Häkchen vor BENACHBART ❼. Aktivieren Sie anschließend die Ebene ❻ mit dem Text, und klicken Sie mit dem Werkzeug auf den Text im Dokumentfenster, sodass dieser komplett ausgewählt ist.

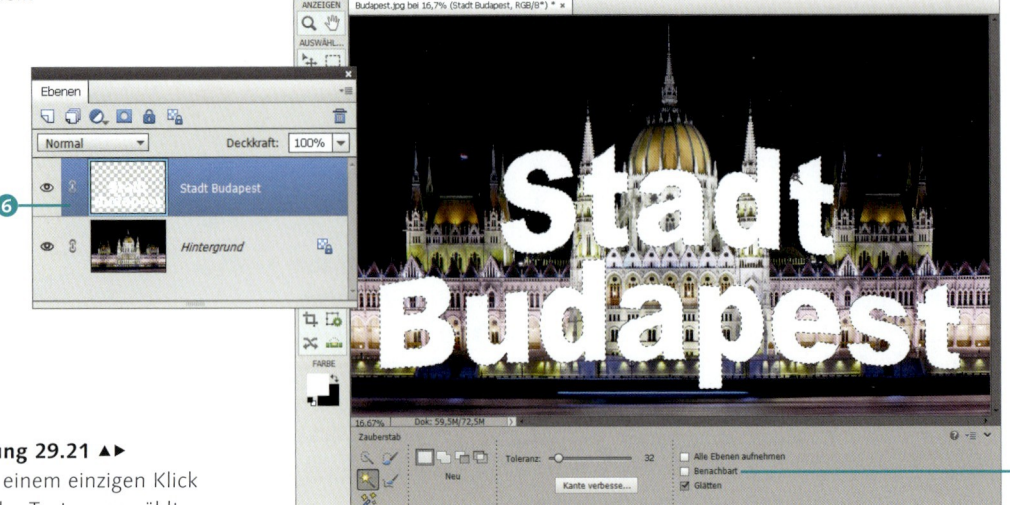

Abbildung 29.21 ▲▶
Mit nur einem einzigen Klick wurde der Text ausgewählt.

29.2 Kreative Effekte mit Formen und Texten

4 Ebenenmaske erstellen

Deaktivieren Sie die Sichtbarkeit der Textebene über das Augensymbol ❾. Jetzt sollte nur noch die Auswahl des Textes auf dem Bild zu sehen sein. Wählen Sie im Ebenen-Bedienfeld das Bild aus, auf das die Bild-Text-Montage mit einer Ebenenmaske angewendet werden soll ❿. Sollte diese Ebene noch eine Hintergrundebene sein, müssen Sie daraus zunächst eine einfache Ebene machen, indem Sie auf diese Hintergrundebene beispielsweise doppelklicken oder im Menü Ebene • Neu • Ebene aus Hintergrund auswählen. Jetzt fügen Sie die Ebenenmaske durch Anklicken der entsprechenden Schaltfläche ❽ im Ebenen-Bedienfeld hinzu.

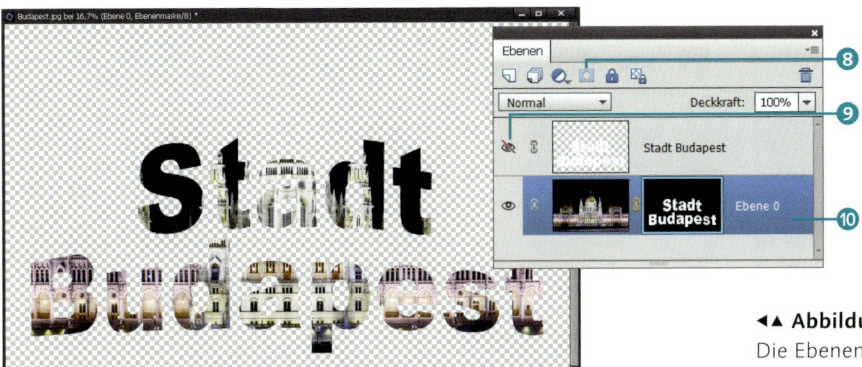

◀▲ **Abbildung 29.22**
Die Ebenenmaske zum Text wurde hinzugefügt.

Als Ergebnis erhalten Sie das in Abbildung 29.23 links angezeigte Bild, in dem noch ein weißer Hintergrund hinzugefügt und drei weitere Ebenen mit Ebenenmaske mit demselben Text dupliziert und verschoben wurden. Natürlich lassen sich hiermit noch wesentlich kreativere Beispiele erstellen, wie Sie in der rechten Abbildung sehen, in der ich einfach eine duplizierte Ebene des Bildes daruntergestellt, die Sättigung erhöht und dann weichgezeichnet habe.

▼ **Abbildung 29.23**
Kreativsein erlaubt! Mit wenig Aufwand lässt sich mit dem Text aus dem Bild vieles weiterentwickeln.

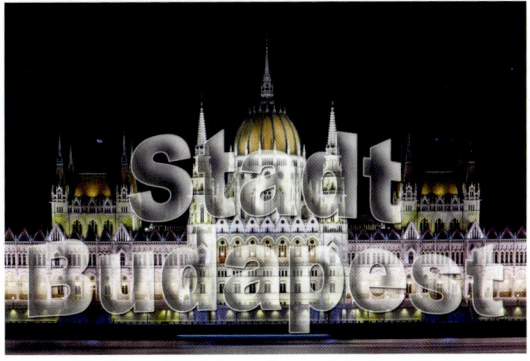

721

29.3 Schwarzweiß und Farbe in Kombination

Ein toller Effekt, der sich ebenfalls nur mit Ebenenmasken realisieren lässt, ist der Übergang von Farbe in Schwarzweiß.

Schritt für Schritt
Bild halb in Farbe und halb in Schwarzweiß

Kapitel_29: Cityview.jpg

Schwarzweißbilder üben eine große Faszination aus. Aber nicht immer muss es ausschließlich reines Schwarzweiß sein – wie wäre es einmal mit einem sanften Übergang im Bild vom farbigen Bildteil zum schwarzweißen Bildteil?

1 **Bild öffnen und Ebene duplizieren**
Laden Sie das Bild »Cityview.jpg« in den Fotoeditor, und duplizieren Sie die Ebene über das Menü EBENE • EBENE DUPLIZIEREN. Im Ebenen-Bedienfeld sollte jetzt zweimal dasselbe Bild pixelgenau übereinanderliegen.

▲ **Abbildung 29.24**
Ebene duplizieren

2 **Bild in Schwarzweiß umwandeln**
Wählen Sie die obere der beiden Ebenen aus, und wandeln Sie sie mit ÜBERARBEITEN • IN SCHWARZWEISS KONVERTIEREN oder [Strg]/[cmd]+[Alt]+[B] in ein Schwarzweißbild um. Im Beispiel habe ich den Stil LEBHAFTE LANDSCHAFTEN ❶ ausgewählt und den Dialog mit OK bestätigt.

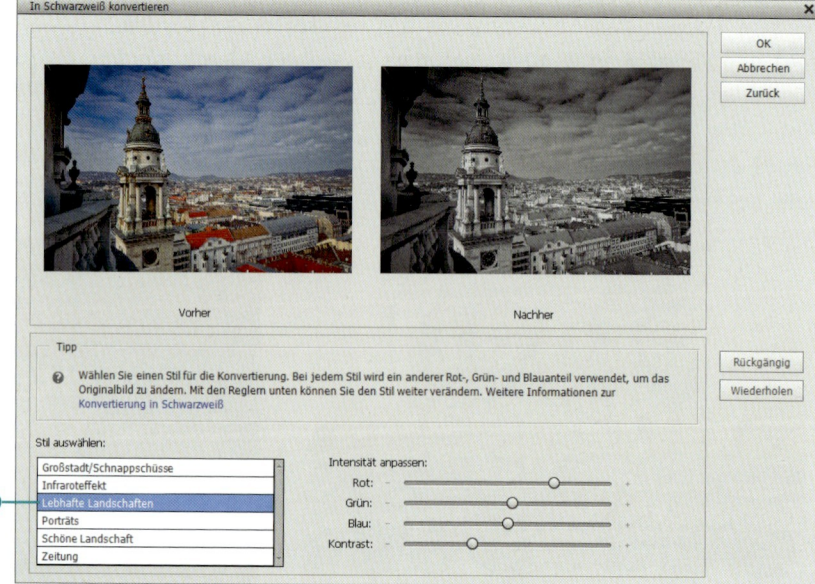

Abbildung 29.25 ▶
Die obere Ebene wird in Schwarzweiß konvertiert.

29.3 Schwarzweiß und Farbe in Kombination

3 Ebenenmaske hinzufügen

Stellen Sie sicher, dass immer noch die obere der beiden Ebenen ausgewählt ist, und klicken Sie auf die Schaltfläche EBENENMASKE HINZUFÜGEN ❷ im Ebenen-Bedienfeld.

4 Ebenenmaske mit Verlauf füllen

Aktivieren Sie die Ebenenmaske ❸ im Ebenen-Bedienfeld, und wählen Sie das Verlaufswerkzeug ▬ G aus.

Verwenden Sie als Verlauf ❹ SCHWARZ, WEISS oder VORDER- ZU HINTERGRUNDFARBE. Als Form würde ich LINEAR ❺ empfehlen. Gehen Sie mit dem Werkzeug zum Bildfenster, ziehen Sie mit gedrückt gehaltener linker Maustaste eine Linie ❻, und lassen Sie die Maustaste los. Je kürzer die Linie, desto kürzer ist der Übergang zwischen Farbe zu Schwarzweiß, und je länger die Linie, desto länger und weicher wird auch der Übergang.

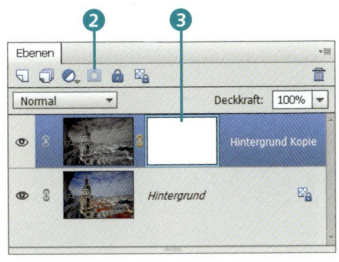

▲ **Abbildung 29.26**
Ebenenmaske der Ebene mit dem Schwarzweißbild hinzufügen

▲ **Abbildung 29.27**
Mit dem Verlaufswerkzeug erzeugen Sie einen Übergang vom Schwarzweiß- zum Farbbild.

Nachdem Sie die Ebenen zusammengefügt haben, könnte das Ergebnis wie in Abbildung 29.28 oder Abbildung 29.29 aussehen.

▲ **Abbildung 29.28**
Das Ergebnis nach dem Workshop

▲ **Abbildung 29.29**
Hier habe ich beim Verlaufswerkzeug die Option KREISFÖRMIG ausgewählt.

29.4 Bilder kombinieren – mit sanften Übergängen

Natürlich müssen Sie für Ihre Collagen nicht immer mit Effekten wie der Schwarzweißumwandlung arbeiten. Auch mit einfachen Übergängen lassen sich interessante Ergebnisse erzielen. Interessant ist, dass Sie auch Bilder aus mehreren Dateien miteinander kombinieren können. Wie das geht, zeigt folgender Workshop.

Schritt für Schritt
Bildkomposition mit dem Verlaufswerkzeug

Neben der Möglichkeit, komplexe Collagen mit Ebenenkopien zu erstellen, lässt sich dies auch mit zwei übereinanderliegenden Fotos bewerkstelligen.

▼ **Abbildung 29.30**
Beide Bilder sollen zu einem weichen Übergang verschmelzen.

Foto: Samuel Lau/www.dofstudio.net

29.4 Bilder kombinieren – mit sanften Übergängen

1 Bilder öffnen und übereinanderlegen

Öffnen Sie die Bilder »Gesicht-1.jpg« und »Gesicht-2.jpg« im Fotoeditor. Aktivieren Sie das Bild »Gesicht-1.jpg«, und wählen Sie das komplette Bild mit Auswahl • Alles auswählen oder [Strg]/[cmd]+[A] aus. Kopieren Sie die Auswahl mit Bearbeiten • Kopieren oder [Strg]/[cmd]+[C] in die Zwischenablage. Aktivieren Sie das Bild »Gesicht-2.jpg«, und fügen Sie das Bild »Gesicht-1.jpg« mithilfe von Bearbeiten • Einfügen oder [Strg]/[cmd]+[V] ein. Nehmen Sie anschließend das Verschieben-Werkzeug , um die eingefügte Ebene an die gewünschte Stelle zu verschieben.

Wählen Sie die obere ❷ der beiden Ebenen im Ebenen-Bedienfeld aus, und fügen Sie über die Schaltfläche ❶ eine neue Ebenenmaske hinzu.

Kapitel_29:
Gesicht-1.jpg,
Gesicht-2.jpg,
Collage.psd

Hinweis
Am besten funktioniert dieser Workshop, wenn beide Bilder dieselben Pixelmaße besitzen. Gegebenenfalls passen Sie einfach die Pixelmaße der Bilder an (siehe Abschnitt 20.1, »Der Bildgröße-Dialog«).

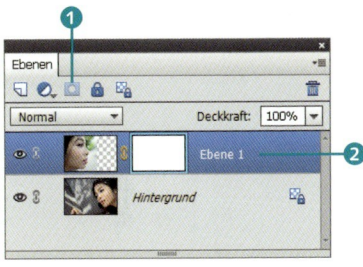

▲ **Abbildung 29.31**
Ebenenmaske der oberen Ebene hinzufügen

▲ **Abbildung 29.32**
Nach dem Einfügen und Verschieben wirkt der Übergang noch unschön.

2 Ebenenmaske mit Verlauf füllen

Aktivieren Sie gegebenenfalls die Ebenenmaske ❻ (Abbildung 29.33) im Ebenen-Bedienfeld, und wählen Sie das Verlaufswerkzeug ▯ [G] aus.

Verwenden Sie als Verlauf ❸ Schwarz, Weiss oder Vorder- zu Hintergrundfarbe. Als Form würde ich Linear ❹ empfehlen, Sie können aber gerne auch mit anderen Formen experimentieren. Gehen Sie jetzt mit dem Werkzeug zum Bildfenster, ziehen Sie mit gedrückt gehaltener linker Maustaste eine Linie ❺ auf die Ebenenmaske, und lassen Sie die Maustaste los.

Je kürzer die Linie, desto kürzer ist der Übergang zwischen den Bildern, und je länger die Linie, desto länger und weicher wird auch der Übergang. Am Ende brauchen Sie nur noch die Ebenen zusammenzufügen.

Abbildung 29.33 ▶
Das Verlaufswerkzeug im Einsatz, um einen sanften Übergang beider Bilder zu schaffen

3 Feintuning

Wenn Sie den sanften Übergang mit dem Verlaufswerkzeug vollzogen haben, werden Sie selten auf Anhieb das perfekte Ergebnis vor sich haben. Hierfür sind in der Regel mehrere Anläufe nötig.

Abbildung 29.34 ▶
Man kann es nicht oft genug wiederholen: Feintuning ist bei Ebenenmasken jederzeit mit dem Pinsel-Werkzeug möglich. Mit schwarzer Farbe entfernen Sie Bereiche aus der Ebenenmaske, und mit Weiß fügen Sie wieder entsprechende hinzu.

▲ **Abbildung 29.35**
Dank Ebenenmasken und ein bisschen Übung sind solche Bildkompositionen mit Photoshop Elements kein Problem mehr. Hier wurden zusätzlich noch ein Effekt und eine Hintergrundstruktur im Schnell-Modus hinzugefügt.

Wenn das Ergebnis dann einigermaßen zufriedenstellend ist, haben Sie immer noch die Möglichkeit, mit einem schwarzen Pinsel einzelne Bereiche zu entfernen und mit dem weißen Pinsel ❽ wieder entsprechende hinzuzufügen. Hierbei lohnt es sich auch, die Deckkraft ❼ des Pinsel-Werkzeugs zu reduzieren und eine weiche Pinselspitze zu verwenden. Die Ebenenmaske muss natürlich wie immer zuvor aktiviert werden.

29.5 Einfache Fotocollagen ohne Ebenenmasken

Aufgrund vieler Anfragen, wie man schnell und einfach eine Fotocollage erstellt, habe ich diesen Abschnitt gerne in das Buch mit aufgenommen. Bei den Vorgehensweisen, die viele Leser eingeschlagen hatten, musste ich zudem feststellen, dass es oft viel komplizierter gemacht wurde, als es eigentlich sein müsste. Photoshop Elements bietet hier von Haus aus tolle Mittel, bei denen Sie noch nicht einmal mit den Ebenenmasken hantieren müssen. Daher folgt hierzu nun ein einfacher Workshop zur Anregung. Einzelne Arbeitsschritte können Sie natürlich jederzeit auslassen oder abändern.

Schritt für Schritt
Eine einfache Fotocollage

Öffnen Sie zunächst die Bilder, aus denen Sie eine Fotocollage erstellen wollen, im Fotoeditor. Falls Sie gerade keine eigenen Beispiele zur Hand haben, nehmen Sie die Dateien »Prag-1.jpg« bis »Prag-9.jpg«.

Kapitel_29:
Ordner Fotocollagen:
Prag-1.jpg bis
Prag-9.jpg

1 Bilder öffnen und Rahmen hinzufügen
Um dem ersten Bild einen Rahmen hinzuzufügen, wählen Sie das Aufgabenbedienfeld GRAFIKEN aus (FENSTER • GRAFIKEN bzw. ). Wählen Sie hier in der zweiten Dropdown-Liste RAHMEN ❾ aus, und es werden alle vorhandenen Rahmen aufgelistet.

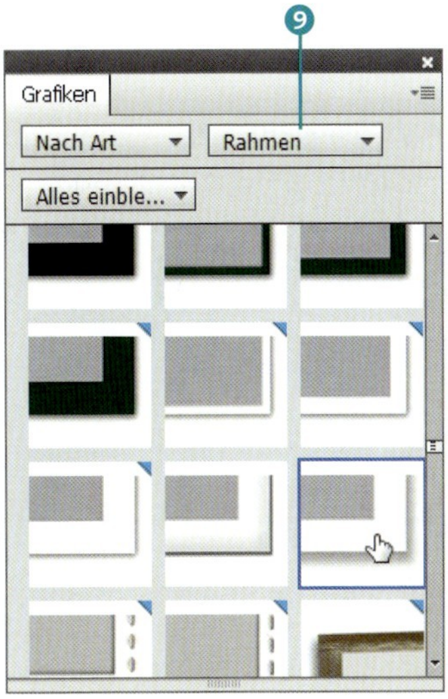

▲ Abbildung 29.36
Suchen Sie im Grafiken-Bedienfeld einen Rahmen aus.

▲ Abbildung 29.37
Rahmen und Bild passen Sie über einen Schieberegler einander an.

Kapitel 29 Fotocollagen und -montagen

> **Internetverbindung**
>
> Grafiken, Rahmen usw., die rechts oben eine blaue Ecke haben, müssen einmalig aus dem Internet heruntergeladen werden. Das Herunterladen dieser Grafiken ist natürlich kostenlos, und wenn Sie eine Grafik erst einmal heruntergeladen haben, wird diese auch auf dem Rechner gespeichert.

Dem Bild verpassen Sie einen Rahmen, indem Sie beispielsweise eine der Miniaturvorschauen der Rahmen in der Liste doppelt anklicken. Photoshop Elements versucht jetzt automatisch, den Rahmen um das Bild anzupassen. Sie können hierbei natürlich nachträglich die Größe des Bildes im Rahmen mit dem Schieberegler ❿ (Abbildung 29.37) ändern.

Die Rahmen können Sie jederzeit wechseln, indem Sie einen anderen Rahmen in der Liste doppelt anklicken oder per Drag & Drop auf das Bild fallen lassen. Auch diesen Rahmen können Sie, wenn ausgewählt, noch nachträglich in Höhe und Breite anpassen.

Versehen Sie auch alle anderen Bilder mit einem Rahmen. Natürlich spricht nichts dagegen, dass Sie selbst kreativ werden und einen eigenen Rahmen für die Bilder erstellen (Beispiele siehe Abschnitt 40.7). Gegebenenfalls müssen Sie die einzelnen Bilder, bei denen Sie eben einen Rahmen hinzugefügt haben, noch mit EBENE • EBENE VEREINFACHEN zusammenführen.

Abbildung 29.38 ▶
Viele kreative Rahmen sind nur einen Mausklick im Bedienfeld GRAFIKEN entfernt.

2 Hintergrundbild erstellen

Im nächsten Schritt benötigen Sie ein Hintergrundbild, auf dem Sie die einzelnen Fotos anschließend einfügen. Hierzu können Sie entweder ein weiteres Foto verwenden oder ein neues Bild anlegen und den Hintergrund selbst gestalten, oder Sie nutzen einen der vorhandenen HINTERGRÜNDE ❶ aus dem Bedienfeld GRAFIKEN, wie es im Beispiel gemacht werden soll.

Legen Sie eine neue, ausreichend große Datei an, in der unsere Bilder anschließend auch Platz haben. Im Beispiel habe ich hierfür ein Bild mit 9.000 × 6.000 Pixeln erstellt und zum Bild passend den Reisehintergrund (International) aus den vorhandenen Hintergründen ausgewählt, indem ich auf dem gewünschten Hintergrund doppelgeklickt habe. Gefällt Ihnen der Hintergrund nicht, tauschen Sie ihn einfach durch einen anderen Hintergrund aus, wie eben beschrieben.

29.5 Einfache Fotocollagen ohne Ebenenmasken

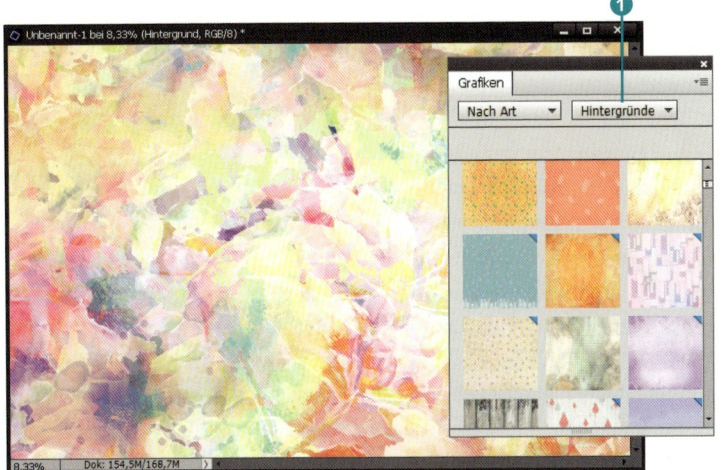

◄ **Abbildung 29.39**
Dies ist das Hintergrundbild für unsere Fotocollage. Auch hier bietet Photoshop Elements viele vordefinierte Hintergründe im Bedienfeld GRAFIKEN an.

3 Bilder einfügen

Wählen Sie nacheinander die einzelnen Bilder für die Collage mit AUSWAHL • ALLES AUSWÄHLEN aus, und kopieren Sie das jeweilige Bild mithilfe von BEARBEITEN • KOPIEREN in die Zwischenablage. Fügen Sie dann das jeweilige Bild mit BEARBEITEN • EINFÜGEN auf dem Hintergrundbild ein.

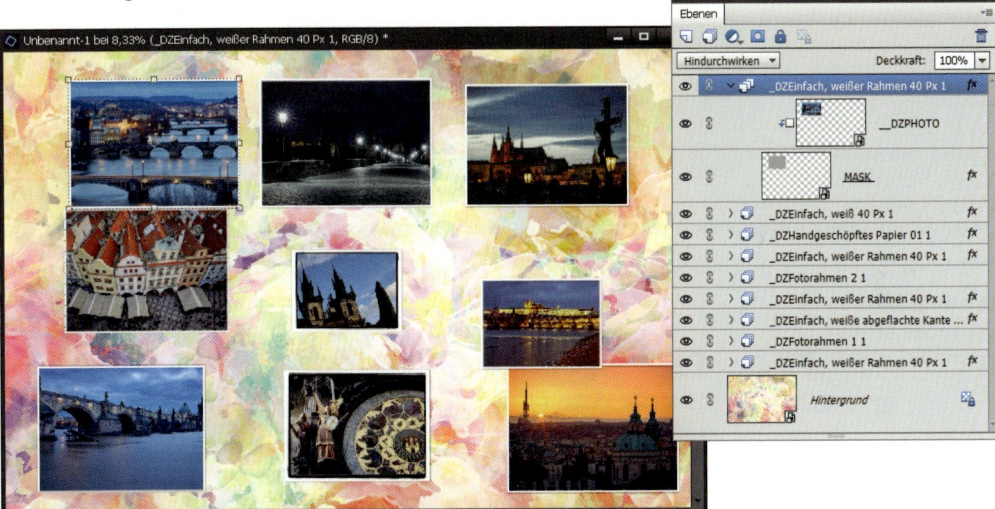

▲ **Abbildung 29.40**
Die einzelnen Bilder wurden auf dem Hintergrund eingefügt.

4 Bilder ausrichten

Im seltensten Fall werden die einzelnen Bilder in der optimalen Größe und Position vorliegen. Wählen Sie daher das Verschieben-Werkzeug aus, und verschieben, drehen oder skalieren Sie die Bilder auf dieser Hintergrundebene, bis Sie damit zufrie-

Zum Weiterlesen
Die Ebenenstile und -effekte behandele ich in Kapitel 36.

5 Ebenenstile verwenden

Über das Bedienfeld EFFEKTE ❶ (FENSTER • EFFEKTE) lassen sich einige interessante STILE, wie zum Beispiel ein SCHLAGSCHATTEN ❷ für die einzelnen Bilder, einrichten. Mit einem Doppelklick auf das FX-Symbol ❸ im Ebenen-Bedienfeld können Sie die meisten dieser Effekte jederzeit noch nachträglich etwas anpassen.

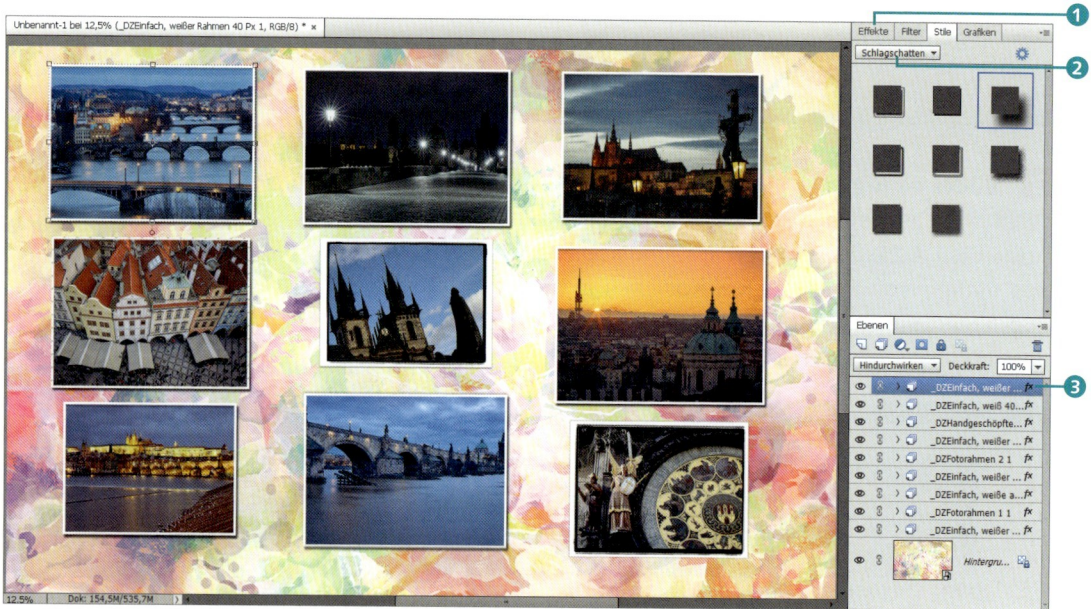

▲ Abbildung 29.41
Hier wird dem Bilderrahmen ein SCHLAGSCHATTEN hinzugefügt.

6 Collage weitergestalten

Sind Sie noch nicht zufrieden, gestalten Sie die Fotocollage weiter. Möglichkeiten dazu gibt es viele. Fügen Sie beispielsweise Grafiken ❹ vom Bedienfeld GRAFIKEN hinzu. Auch Texte finden Sie über dieses Aufgabenbedienfeld. Natürlich können Sie auch das Textwerkzeug dazu verwenden. Reicht Ihnen das immer noch nicht aus, können Sie auch hier die Ebenenmasken für einen weichen Übergang einsetzen.

▲ Abbildung 29.42
Stufenlos skalierbare Grafiken (oder Texte) zur Gestaltung der Fotocollage finden Sie ebenfalls im Bedienfeld GRAFIKEN.

7 Speichern und auf eine Ebene reduzieren

Bevor Sie alle Ebenen über EBENE • AUF HINTERGRUNDEBENE REDUZIEREN zurückführen, sollten Sie die komplette Fotocollage zuvor im PSD-Format speichern, um gegebenenfalls später noch Änderungen daran vornehmen zu können.

29.6 Effekte-Collage vom Assistenten

▲ **Abbildung 29.43**
Fertig ist eine einfache Fotocollage (die fertige Datei heißt »Fotocollage.tif«).

Auf den folgenden Abbildungen sehen Sie noch einige Anregungen von Fotocollagen, die recht ähnlich, wie eben schon beim Workshop gesehen, erstellt wurden.

Kapitel_29:
Ordner Fotocollagen:
Beijing-4x4-Collage.tif

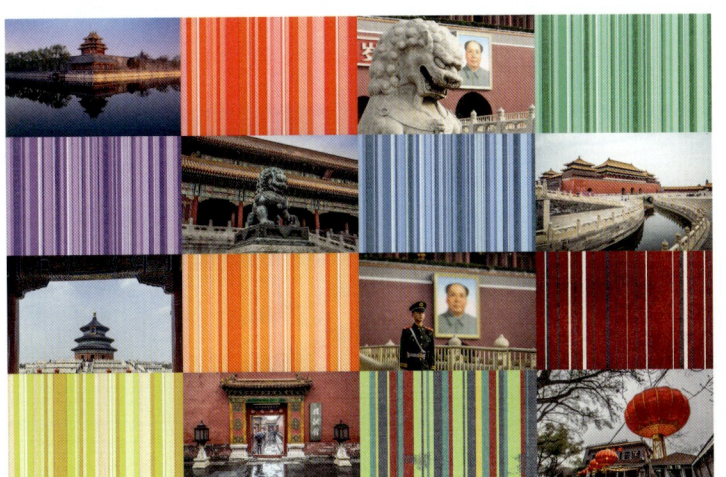

◄ **Abbildung 29.44**
Hier habe ich mehrere Bilder gleichmäßig angeordnet. Zunächst habe ich ausgehend vom Bild links oben die Arbeitsfläche über BILD • SKALIEREN • ARBEITSFLÄCHE vergrößert, damit jeweils 4 × 4 Bilder auf die Fläche passen. Anschließend habe ich die einzelnen Bilder mithilfe von Hilfslinien sauber eingefügt und ausgerichtet.

29.6 Effekte-Collage vom Assistenten

Eine Collage aus einem Bild können Sie im ASSISTENT-Modus mit der Funktion EFFEKTE-COLLAGE erstellen. Die Verwendung gestaltet sich ziemlich einfach.

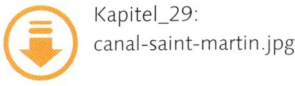

Kapitel_29:
canal-saint-martin.jpg

Kapitel 29 Fotocollagen und -montagen

Abbildung 29.45 ▶
Die Assistent-Funktion Effekte-Collage finden Sie im Assistent-Modus im Bereich Kreative Bearbeitungen.

Sie wählen ein Collagen-Layout ❶ aus 2, 3 oder 4 Abschnitten aus. Dann suchen Sie sich einen aus vielen vordefinierten Stilen ❷ aus und passen zum Schluss über den Regler Deckkraft ❸ noch die Intensität des Effekts an.

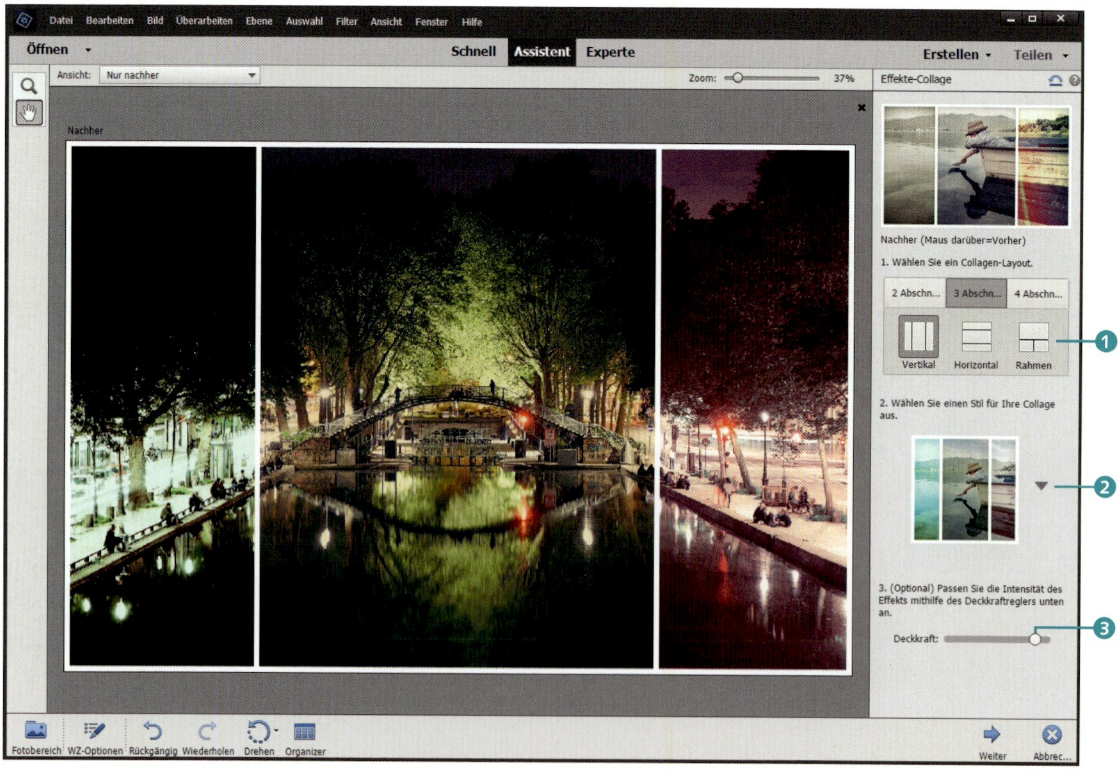

▲ **Abbildung 29.46**
Mit Effekte-Collage lässt sich eine Collage aus einem Bild erstellen.

# TEIL IX
RAW und (H)DRI

Kapitel 30
RAW – das digitale Negativ

Adobe liefert Ihnen mit Camera Raw ein kostenloses Plug-in, das Ihnen im Umgang mit Fotos weitere Optionen und Möglichkeiten bietet. Bevor ich das Plug-in im Folgenden beschreibe, möchte ich zuvor erklären, wozu das RAW-Format überhaupt gut ist und welche Voraussetzungen erforderlich sind, um dieses Format zu verwenden.

30.1 Das RAW-Format

Wollen Sie sich nicht auf die Automatik der Kamera verlassen und das beste Ergebnis aus Ihren Bildern herausholen, sollten Sie das RAW-Format verwenden. Gerade bei schwierigeren Aufnahmen mit ungünstigen Lichtverhältnissen wie Gegenlicht oder Dunkelheit ist das Ergebnis der Nacharbeit im RAW-Format besser als mit den üblichen JPEG- oder TIFF-Dateiformaten. In der professionellen Fotografie ist das RAW-Format längst Standard.

Das RAW- oder Roh-Format (englisch *raw* = roh) ist ein modellabhängiges Dateiformat von Digitalkameras. Bei diesem Format handelt es sich um die Daten, die der Kamerasensor während der Belichtung aufzeichnet und die fast ohne weitere Komprimierung (anders als zum Beispiel JPEG oder TIFF) und Bearbeitung auf das Speichermedium geschrieben werden. Meistens haben Sie mit diesem Format auch eine höhere Bit-Tiefe (16 statt 8 Bit pro Kanal). Man könnte sagen, dass jedes Pixel des Chips der Kamera seine Daten unverfälscht an die RAW-Datei weitergibt.

Sollte also Ihre Digitalkamera ein solches RAW-Dateiformat zum Speichern der Aufnahme anbieten, sollten Sie es auf jeden Fall nutzen.

Was macht eigentlich die Kamera? | Sicherlich stellen Sie sich jetzt die Frage, weshalb Sie das RAW-Format bevorzugen sollten.

RAW-Format für alle?
Leider bieten nicht alle digitalen Kameras an, die Aufnahmen im RAW-Format zu speichern. Die digitalen Spiegelreflex- und viele Systemkameras unterstützen in aller Regel die Speicherung im RAW-Format. Bei den Kompaktkameras sieht dies häufig schlechter aus. Hier bieten meist nur die etwas teureren Modelle RAW-Unterstützung an. Achten Sie daher schon vor dem Kauf darauf, und sparen Sie hier nicht am falschen Ende.

Kein RAW-Format?

Auch wenn Ihre Kamera kein RAW-Format anbietet, sollten Sie diesen Abschnitt trotzdem durchlesen und mit den RAW-Bildern aus dem Downloadbereich des Buches ein wenig experimentieren. Sie werden sehen, es lohnt sich. Außerdem können im RAW-Dialog auch JPEGs bearbeitet werden, wie Sie in Abschnitt 30.3.14 noch erfahren werden.

Speichern im RAW-Format

Das Speichern im RAW-Format geschieht nicht automatisch, sondern muss an der Kamera eingestellt werden. Wie und wo Sie dies tun, ist von Kamera zu Kamera unterschiedlich. Ziehen Sie hierzu gegebenenfalls das Handbuch Ihrer Kamera zurate. Viele Kameras bieten zudem die Möglichkeit, die Bilder in beiden Formaten zu speichern.

Über- und unterbelichtete Bilder retten

Gerade bei sehr dunklen und schattigen oder sehr hellen Bereichen können Sie dank dieser vielen Helligkeitsstufen noch Informationen aus einem Bild herausholen, die bei einem JPEG schlichtweg nicht mehr vorhanden sind. Damit können Sie beispielsweise noch einige Details aus einem überstrahlten Himmel und zu dunklen Schatten hervorholen.

Ich gehe davon aus, dass Sie sich schon etwas intensiver mit Ihrer Kamera befasst haben, als nur den Auslöser zu drücken. Bevor Sie ein Bild machen, können Sie viele Einstellungen anpassen, zum Beispiel Weißabgleich, Farbraum oder Schärfe. Andererseits entscheidet die Kameraautomatik über diese Einstellungen. Wenn Sie jetzt den Auslöser betätigen, berechnet die Kamera anhand dieser Einstellungen, wie das Bild anschließend in das JPEG-Format umgerechnet werden soll.

Wurde zum Beispiel für die Farbtemperatur »Tageslicht« als Einstellung verwendet und stellen Sie anschließend fest, dass vielleicht doch eine andere Farbtemperatur besser gewesen wäre, können Sie dies bei einem JPEG bei der Korrektur nicht mehr so stark und ohne Qualitätseinbußen beeinflussen, wie dies beim RAW-Format möglich wäre.

All diese Daten werden beim Speichern des RAW-Formats vom Chip nicht bearbeitet und beachtet. Die einzigen Einstellungen, die der Chip beim RAW-Format speichert, sind die Verschlusszeit, die Lichtempfindlichkeit (ISO) und die Blende, mit der Sie fotografiert haben.

30.1.1 Vorteile von RAW gegenüber JPEG

Standardmäßig speichern die meisten Kameras die Bilder im JPEG-Format. Sie haben jetzt bereits erfahren, dass das RAW-Format ein digitales Negativ ist, an dem noch keine Entwicklungsarbeiten vorgenommen wurden, wodurch Sie natürlich auch in der Regel etwas mehr Nacharbeit durchführen müssen. Was aber sind die Hauptvorteile von RAW gegenüber JPEG, und warum sollten Sie den Mehraufwand an Nacharbeit mit dem digitalen Negativ nicht scheuen?

▶ **Bessere Anpassung der Belichtung**: Dies ist ein gewaltiger Vorteil des RAW-Formats. Ist das Bild zu hell oder zu dunkel geraten, stehen Ihnen im RAW-Format mehr Informationen zur Verfügung als im JPEG-Format, um die Belichtung anzupassen. Viele Kameras zeichnen zum Beispiel im RAW-Modus die Helligkeitsinformationen für Rot, Grün und Blau mit 10, 12 bzw. 14 Bit pro Kanal auf. JPEG hingegen speichert diese Informationen nur mit 8 Bit pro Kanal. Somit stehen dem RAW-Format 1.024 (210), 4.096 (212) bzw. 16.384 (214) Helligkeitsstufen zur Verfügung, während das JPEG-Format dieselben Informationen in 256 (28) Helligkeitsstufen packen muss.

▶ **Keine Kompression**: Beim RAW-Format wird auf jede Art von Kompression verzichtet. Bei der JPEG-Kompression werden zwar auch nur die Informationen verworfen, die Sie im Bild auf den ersten Blick nicht sehen können, aber sobald Sie bei der Nachbearbeitung zum Beispiel die Schatten aufhellen wollen, machen sich die bei der Kompression entfernten Informationen bemerkbar. Da das RAW-Format erheblich mehr Informationen enthält als das JPEG-Format, benötigt es häufig auch den vier- bis fünffachen Speicherplatz.

30.1.2 Weitere Vorteile des RAW-Formats

Das Speichern von Rohdaten bietet sowohl für den ambitionierten Profi als auch für den Hobbyfotografen eine Menge interessanter Vorteile:

- Beim Fotografieren müssen Sie die Parameter der Kamera nicht so streng beachten, weil Sie sie nachträglich mit Photoshop Elements ändern können. Dies dürfte besonders Einsteiger freuen, die ihre ersten Erfahrungen mit einer digitalen Spiegelreflexkamera machen.
- Sie haben gegebenenfalls Zugriff auf Werte, die Sie in der Kamera (abhängig vom Modell) zuvor nicht ändern konnten.
- Mit der Zeit und mit zunehmender Erfahrung werden Sie eine viel bessere Bildqualität aus den Rohdaten herausholen, als dies mit dem üblichen JPEG-Format möglich wäre.
- Sie ersparen sich viel Zeit und Handarbeit, weil die meisten üblichen Korrekturen schon mit dem RAW-Dialog von Photoshop Elements durchgeführt werden.
- Sie erhalten mehr Bildinformationen (16 statt 8 Bit je Kanal), weil die Rohdaten alles enthalten, was der Chip aufgenommen hat.

30.1.3 Nachteile des RAW-Formats

Natürlich gibt es auch einige Nachteile bei der Verwendung des RAW-Formats. Allerdings ist es wohl eher Ansichtssache, ob man die folgenden Punkte für gravierende Nachteile hält:

- Das RAW-Format benötigt, da es mehr Informationen enthält, erheblich mehr Speicherplatz. Zwar ist der genaue Wert abhängig vom Hersteller, aber häufig ist dies vier- bis fünfmal mehr Speicherplatz, als das JPEG-Format benötigt. Das bedeutet natürlich auch, dass weniger Fotos auf die Speicherkarte der Kamera passen. Auch beim Archivieren der Rohdaten auf der Festplatte benötigen Sie mehr Speicher.
- Aufgrund des erhöhten Bedarfs an Speicherplatz braucht die Kamera länger, um das RAW-Bild zu speichern. Außerdem erhöht sich die Rechenzeit der Kamera, weil der Bildprozessor häufig auf das JPEG-Format hin optimiert wurde.

▶ Ein weiteres Problem ist, dass viele Hersteller ihr eigenes Süppchen kochen. Die Bezeichnung *RAW* ist nämlich nur ein Sammelbegriff für unterschiedliche, herstellerabhängige Formate.

30.1.4 Verschiedene RAW-Formate

RAW ist, wie gesagt, kein universelles Format wie JPEG, sondern ein allgemeiner Sammelbegriff für die Kamera-Rohdaten. Diese Kamera-Rohdaten wiederum liegen von Hersteller zu Hersteller mit unterschiedlichen Dateierweiterungen vor (Tabelle 30.1). Die einzelnen RAW-Formate sind nicht miteinander kompatibel.

Tabelle 30.1 ▶
Herstellerabhängige Dateierweiterung (ohne Garantie auf Vollständigkeit)

Dateierweiterung	Hersteller
3FR	Hasselblad
CRW, CR2	Canon
DCR, DCS	Kodak
ERF	Epson
KDC, DCR, DCS	Kodak Easyshare
MEF	Mamiya
MRW, MDC	Minolta
NEF, NRW	Nikon
ORF	Olympus
PEF	Pentax
RAF	Fuji
RAW	Contax
RAW, RW2	Panasonic
RAW, RWL	Leica
SRF, SR2, ARW	Sony
X3F	Sigma

DNG verwenden oder nicht?
Für Sie bedeutet dies jetzt nicht, dass Sie alle Ihre RAW-Dateien in das DNG-Format konvertieren sollen. Vielmehr kennen Sie jetzt ein RAW-Format, das Sie bei Problemen verwenden können, wenn das Camera-Raw-Plug-in von Adobe mit diesem RAW-Format nicht umgehen kann.

DNG-Format | Adobe hat sich in der Zwischenzeit bemüht, mit dem offenen, nicht proprietären Format DNG (*digitales Negativ*) einen RAW-Standard zu etablieren. Ob sich dieses Format durchsetzt, muss sich noch herausstellen, aber immer mehr Kamerahersteller bieten inzwischen zusätzlich zum herstellerabhängigen RAW-Format das DNG-Format an. Sollte Ihre Kamera DNG noch nicht unterstützen, ist es dennoch mittlerweile möglich, verschiedene RAW-Formate verlustfrei mit dem DNG-Konverter in das DNG-Format umzuwandeln. Dieser Konverter ist bereits in Photoshop Elements integriert. Mehr Informationen dazu finden Sie im Web unter www.adobe.com/de/products/dng.

30.2 RAW-Dateien importieren

Auch bei den RAW-Dateien funktioniert das Importieren mit oder ohne den Organizer, wie ich dies in Abschnitt 7.4, »Import von Kamera oder Kartenleser«, mit dem Foto-Downloader bereits näher beschrieben habe. Importierte RAW-Dateien werden in der Bilderdatenbank des Organizers in einer Vorschau angezeigt.

Sollte der Import der RAW-Dateien nicht gelingen, kann es sein, dass Photoshop Elements – oder genauer das Camera-Raw-Plug-in – den RAW-Typ Ihrer Kamera nicht unterstützt. Da Adobe die Unterstützung von RAW-Formaten verschiedener Hersteller stetig ausbaut, können Sie auf der Webseite www.adobe.com/downloads nachsehen, ob es nicht schon ein aktuelleres Plug-in gibt. Die Versionsnummer von Camera Raw fragen Sie über das Menü unter HILFE/PHOTOSHOP ELEMENTS EDITOR • ÜBER ZUSATZMODUL • CAMERA RAW ab. Zur Drucklegung des Buches war die Version 9.12 aktuell.

RAW und JPEG im Organizer trennen

Wen es stört, dass im Organizer die normalen Bilder im JPEG-Format mit den RAW-Formaten vermischt werden, der sollte sich die Schritt-für-Schritt-Anleitung auf Seite 213 ansehen. Dort habe ich gezeigt, wie Sie ein Smart-Album erzeugen, das nur die RAW-Dateien anzeigt.

▲ Abbildung 30.1
Versionsnummer des Plug-ins ermitteln

Neuere Version erhältlich?

Ob es schon eine neuere Version des RAW-Plug-ins oder Updates für Elements 2018 im Allgemeinen gibt, können Sie über HILFE • AKTUALISIERUNGEN testen und gegebenenfalls gleich automatisch installieren. Eine manuelle Installation ist in der Regel nicht mehr nötig.

Adobe Lightroom

Wem das RAW-Plug-in von Photoshop Elements nicht umfangreich genug erscheint oder wer das eine oder andere vermisst, der findet beim RAW-Experten Adobe Lightroom noch viel mehr Optionen, zum Beispiel Gradationskurven, HSL/Graustufen, Teiltonung, Objektivkorrekturen und Retuschewerkzeug.

30.3 Das Camera-Raw-Plug-in

Beim ersten Start des Camera-Raw-Plug-ins könnte der Eindruck entstehen, es handle sich eher schon um eine eigenständige Anwendung.

Kapitel 30   RAW – das digitale Negativ

Kapitel_30:
sunset.cr2

Im rechten Bereich ❺ finden Sie die eigentlichen Funktionen zur Bearbeitung der RAW-Datei (Anpassung von WEISSABGLEICH, BELICHTUNG, KONTRAST usw.). Die horizontale Leiste ❷ über dem Vorschaubild zeigt einige häufig verwendete Werkzeuge, die Sie zum Teil schon vom Fotoeditor her kennen. Unterhalb der Vorschau ❸ sehen Sie Informationen zum Bild ❹ wie die Ansichtsgröße und den Dateinamen. In der Titelleiste ❶ finden Sie außerdem den Namen der Kamera, von der das Bild importiert wurde.

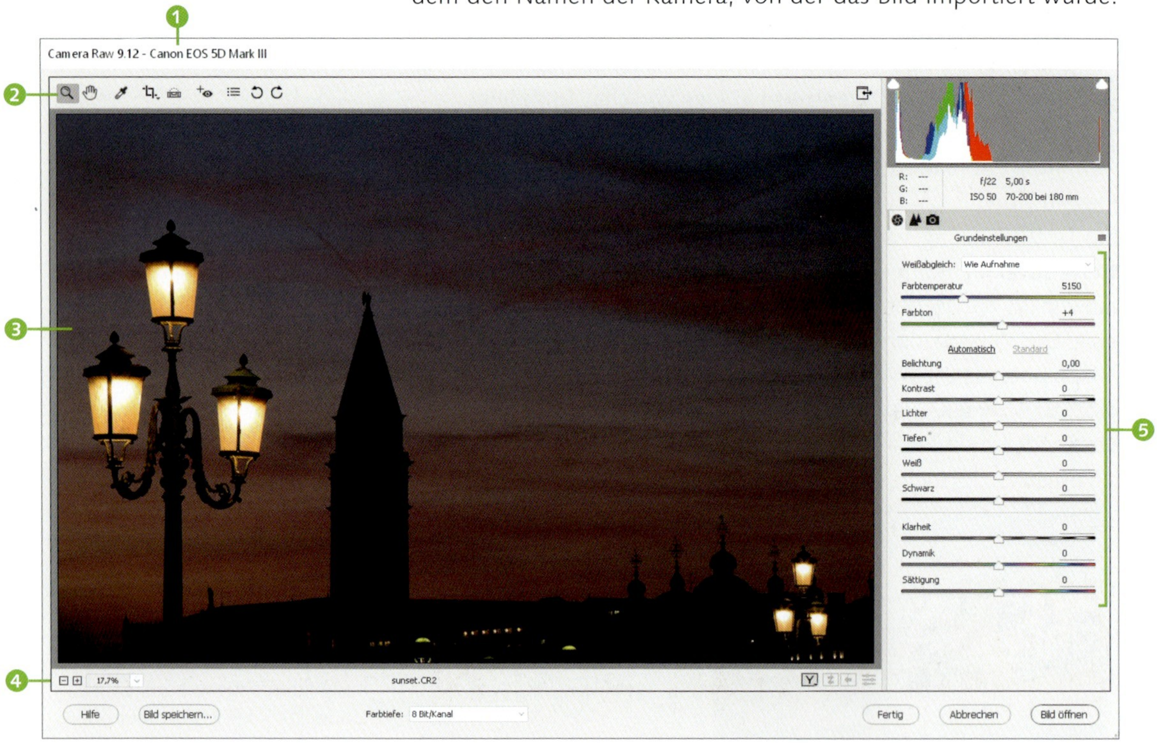

▲ **Abbildung 30.2**
Das Camera-Raw-Dialogfeld

30.3.1   Bilder in Camera Raw öffnen

Um ein Bild im RAW-Format zu öffnen, gibt es mehrere Wege.

RAW-Datei öffnen über den Fotoeditor | Wenn Sie den Fotoeditor geöffnet haben, laden Sie die RAW-Datei mit [Strg]/[cmd]+[Alt]+[O] oder DATEI • IN CAMERA RAW ÖFFNEN. Das RAW-Bild wird dann mit dem Camera-Raw-Plug-in geöffnet.

Noch schneller geht es per Drag & Drop vom Windows Explorer oder Mac-Finder aus. Hierbei lassen Sie einfach die gewünschte RAW-Datei mit gedrückter linker Maustaste aus dem Windows Explorer in den Fotoeditor fallen.

Dunkle oder blasse Bilder?
Wundern Sie sich nicht, wenn das Bild im RAW-Dialogfeld eher blass oder gar dunkel wirkt. Bedenken Sie immer, dass es sich um ein von der Kamera unbehandeltes Rohformat handelt, bei dem Sie mit Camera Raw die Geschicke selbst in die Hand nehmen.

30.3 Das Camera-Raw-Plug-in

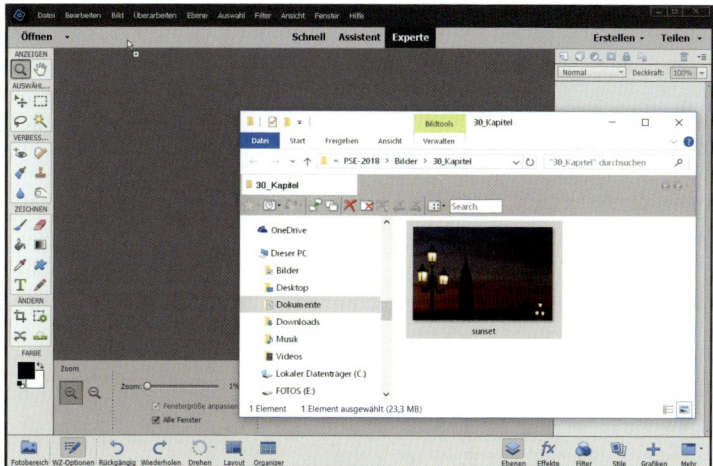

◄ **Abbildung 30.3**
RAW-Datei per Drag & Drop öffnen

RAW-Datei öffnen über Organizer | Das Öffnen eines RAW-Bildes vom Organizer aus funktioniert genauso, als ob Sie ein Bild mit dem Fotoeditor bearbeiten wollen. Wählen Sie einfach das entsprechende RAW-Bild aus, drücken Sie die rechte Maustaste, und klicken Sie im Kontextmenü auf Mit Photoshop Elements Editor bearbeiten. Dasselbe erreichen Sie über die kleine Schaltfläche Editor ❻ oder mit der Tastenkombination Strg/cmd + I.

◄ **Abbildung 30.4**
Das Öffnen von Bildern im RAW-Format aus dem Organizer funktioniert genauso wie das Öffnen gewöhnlicher Bilder.

RAW-Datei öffnen über Explorer und Finder | Natürlich können Sie ein RAW-Bild auch öffnen, ohne zuvor den Fotoeditor oder den Organizer zu starten. Klicken Sie einfach doppelt auf das Icon des RAW-Bildes, und die Datei wird mit dem Camera-Raw-Plug-in geöffnet.

Voraussetzung ist natürlich, dass Photoshop Elements die Standardanwendung zum Öffnen von RAW-Dateien ist. Ist dies noch nicht der Fall, klicken Sie das Icon mit der rechten Maustaste an und wählen im Kontextmenü bei Öffnen mit den Fotoeditor aus.

> **Standardanwendung für RAW**
> Gewöhnlich stellt sich Photoshop Elements selbst als Standardanwendung in den Vordergrund, um RAW-Dateien zu bearbeiten. Wenn Sie allerdings eine Software installieren, mit der sich RAW-Dateien bearbeiten lassen, kann es sein, dass sich dieses Programm als neue Standardsoftware in den Vordergrund drängt.

Kapitel 30 RAW – das digitale Negativ

Ähnlich können Sie dieses ÖFFNEN MIT beim Mac einstellen. Auch hier brauchen Sie nur die Datei mit der rechten Maustaste anzuklicken und im Kontextmenü INFORMATIONEN auszuwählen. Dort finden Sie dann die Option ÖFFNEN MIT, die Sie gegebenenfalls anpassen.

Um RAW-Bilder künftig immer mit Photoshop Elements öffnen zu lassen, klicken Sie eine RAW-Datei im entsprechenden RAW-Format mit der rechten Maustaste an und wählen unter Windows im Kontextmenü EIGENSCHAFTEN. Über den folgenden Dialog finden Sie im Reiter ALLGEMEIN bei ÖFFNEN MIT die Schaltfläche ÄNDERN ❶, um Photoshop Elements als Standardanwendung auszuwählen.

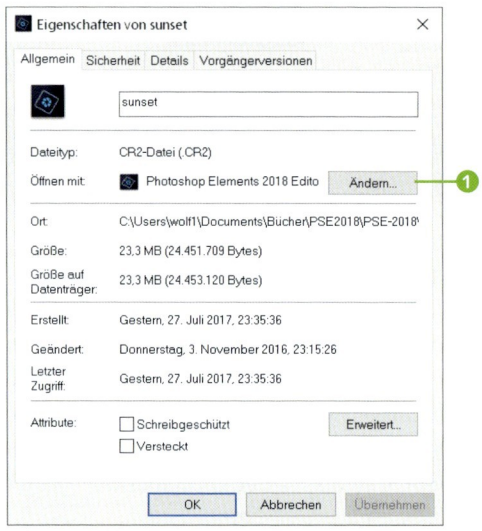

Abbildung 30.5 ▶
Photoshop Elements soll die Standardanwendung für unsere RAW-Bilder sein.

30.3.2 Werkzeuge für die Ansicht
In der oberen Leiste des Camera-Raw-Plug-ins über dem Bild finden Sie einige Werkzeuge, um die Ansicht der Vorschau Ihren Wünschen entsprechend anzupassen.

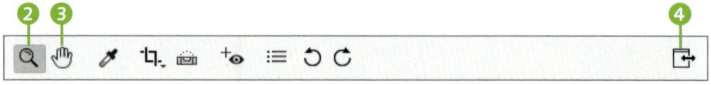

Abbildung 30.6 ▶
Die Werkzeugleiste von Camera Raw

Zoomen mit der Tastatur
Schneller hinein- und herauszoomen können Sie mit der Tastatur über [Strg]/[cmd]+[+] bzw. [Strg]/[cmd]+[-].

Mit dem Zoom-Werkzeug [Z] ❷ stellen Sie den Zoomfaktor für die Vorschau auf den nächsthöheren Wert, wenn Sie auf das Bild klicken. Um wieder herauszuzoomen, drücken Sie [Alt], während Sie in das Bild klicken. Wollen Sie das Vorschaubild in Originalgröße (100 %) anzeigen, klicken Sie doppelt auf das Icon des Zoom-Werkzeugs.

Wenn der Zoomfaktor zu groß geworden ist und Sie das Vorschaufenster verschieben wollen, steht Ihnen auch hier das Hand-Werkzeug [H] ❸ zur Verfügung. Mit gedrückter Leertaste können Sie das Hand-Werkzeug aus jedem Werkzeug heraus verwenden. Wenn Sie doppelt auf das Icon des Hand-Werkzeugs klicken, wird das Vorschaubild an das Fenster angepasst.

Mit dem Icon ❹ aktivieren Sie den Vollbildmodus; ein erneutes Anklicken schaltet das Fenster wieder in den normalen Bildmodus um. Schneller noch geht dies mit dem Tastenkürzel [F] (für **F**ull-screen, englisch für Vollbild).

Die Zoomstufe der Vorschau können Sie auch links unterhalb des Vorschaubildes mit dem kleinen Plus- und Minussymbol oder mit dem kleinen Dreieck anpassen.

30.3.3 Das Histogramm

Um auch bei der Korrektur im RAW-Modus das Bild unter Kontrolle zu haben, gibt es auch im Camera-Raw-Dialog ein Histogramm. Hierbei werden alle drei Farbkanäle (Rot, Grün und Blau) gleichzeitig mit der entsprechenden Farbe angezeigt.

Sehr nützlich sind auch die kleinen Dreiecke ❺ [U] (für **U**nderexposed, englisch für Unterbelichtung) und ❻ [O] (für **O**verexposed, englisch für Überbelichtung) oberhalb des Histogramms. Wenn Sie sie anklicken, schalten Sie eine Farbumfang-Warnung ein. Im Vorschaubild werden diese Bereiche dann farbig hervorgehoben, wenn ein Zeichnungsverlust droht. Alle zu dunklen Stellen (Tiefen) im Bild werden mit dem linken kleinen Dreieck aktiviert und im Bild in blauer Farbe hervorgehoben. Die zu hellen Bereiche im Bild werden mit dem rechten kleinen Dreieck aktiviert und im Bild in roter Farbe hervorgehoben.

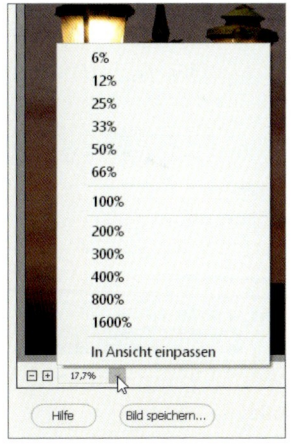

▲ **Abbildung 30.7**
Anpassen der Zoomstufe des Vorschaubildes

Histogramm
Das Histogramm habe ich in Abschnitt 11.1 näher beschrieben.

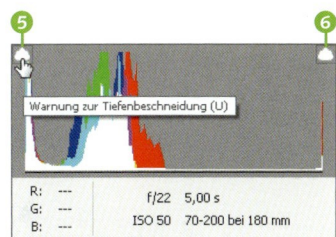

▲ **Abbildung 30.8**
Das Histogramm des Camera-Raw-Dialogs. Leuchtet eines dieser Dreiecke farbig, droht ein Tonwertverlust im entsprechenden Bereich.

▲ **Abbildung 30.9**
Die blauen und roten Stellen sind bei der Korrektur am empfindlichsten hinsichtlich eines Datenverlusts. Im Beispielbild habe ich diese Stellen aber mit Absicht zu Anschauungszwecken provoziert, indem ich die Regler für Weiss und Schwarz extrem übersteuert habe.

Wenn Sie das Zoom-Werkzeug [Z], das Hand-Werkzeug [H] oder das Weißabgleich-Werkzeug [I] über das Vorschaubild bewegen, werden außerdem die RGB-Werte unterhalb des Histogramms

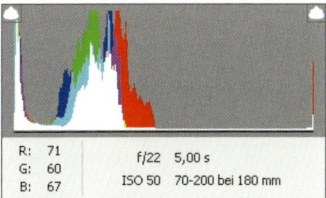

▲ **Abbildung 30.10**
Weitere Daten wie RGB-Werte oder Kameraeinstellungen finden Sie unterhalb des Histogramms.

angezeigt. Daneben finden Sie die Kameraeinstellungen wie die Blende, Belichtung, ISO-Einstellung und Brennweite.

30.3.4 Dateiausgabe-Option (Farbtiefe)

Unterhalb des Vorschaubildes wird die Farbtiefe des Bildes angezeigt. Genauer gesagt handelt es sich hierbei um die Dateiausgabe-Option, mit der Sie angeben, mit welcher Farbtiefe die Datei in Photoshop Elements geöffnet und bearbeitet werden soll.

Es ist auch möglich, das Bild mit 16 Bit je Kanal an den Fotoeditor weiterzugeben. Allerdings steht Ihnen dann nur noch eine beschränkte Auswahl an Funktionen für die Weiterarbeit im Fotoeditor zur Verfügung.

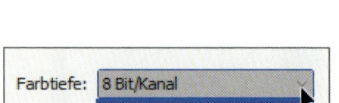

▲ **Abbildung 30.11**
Mit welcher Farbtiefe soll die Datei geöffnet werden?

30.3.5 Verwenden von bisherigen Bildeinstellungen

Wenn Sie mit Camera Raw eine ganze Serie von Bildern bearbeiten müssen, die unter ähnlichen Bedingungen erstellt wurden, ist es sinnvoll, auf bereits erstellte Einstellungen zurückzugreifen, um nicht jedes Mal sämtliche Optionen neu durchzuarbeiten. Des Weiteren haben Sie damit den Vorteil, dass die Bilder bei Verwendung gleicher Einstellungen einen einheitlichen Look erhalten. Um auf frühere Einstellungen zurückzugreifen, finden Sie an der rechten äußeren Seite ein kleines Seitenmenü.

> **Stapelverarbeitung**
> Wie Sie Ihre Einstellungen auf mehrere Bilder hintereinander – in einer Stapelverarbeitung – anwenden, erfahren Sie in diesem Kapitel im Workshop »Mehrere RAW-Bilder auf einmal konvertieren (Stapelverarbeitung)« auf Seite 763.

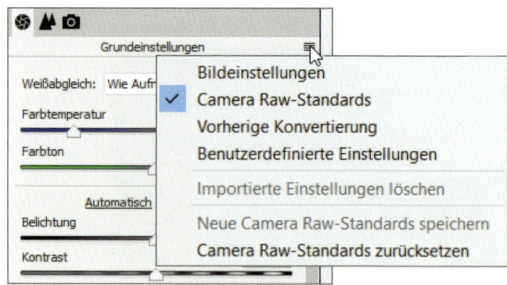

Abbildung 30.12 ▶
Hier können Sie frühere Einstellungen verwalten.

Die Einstellung, vor der sich das Häkchen befindet, ist die im Augenblick aktive Einstellung. Die verschiedenen Optionen haben folgende Bedeutungen:

- BILDEINSTELLUNGEN: Damit setzen Sie bereits durchgeführte Änderungen am Bild wieder zurück.
- CAMERA RAW-STANDARDS: Der Camera-Raw-Standard wirkt sich standardmäßig auf alle Bilder aus, weshalb Sie hier auch eigene Einstellungen als Standard festlegen können, die Sie immer beim Öffnen eines Bildes verwenden wollen. Um eine neue Einstellung als Standardeinstellung zu verwenden (also als Camera-Raw-Standard), wählen Sie den Punkt NEUE CAMERA RAW-STANDARDS SPEICHERN in demselben Menü aus. Um

30.3 Das Camera-Raw-Plug-in

den ursprünglichen Camera-Raw-Standard wiederherzustellen, verwenden Sie CAMERA RAW-STANDARDS ZURÜCKSETZEN.

▶ VORHERIGE KONVERTIERUNG: Mit der Option VORHERIGE KONVERTIERUNG rufen Sie die zuletzt getroffene Einstellung erneut auf, unabhängig davon, ob diese gespeichert wurde oder nicht.

▶ BENUTZERDEFINIERTE EINSTELLUNGEN: Diese Einstellung wird aktiv, sobald Sie einen der Werte bei den Korrekturen verändern. Er zeigt also lediglich an, dass Sie die Standards verändert haben.

30.3.6 Camera-Raw-Voreinstellungen

Wenn Sie eine RAW-Datei bearbeiten, werden die Änderungen niemals auf das Original angewendet. Die RAW-Datei wird niemals überschrieben, es wird immer mit einer Kopie gearbeitet. Wenn Sie zum Beispiel eine RAW-Datei bearbeitet haben und diese Datei erneut öffnen, bleiben die ursprünglichen Einstellungen erhalten, die Sie an der RAW-Datei vorgenommen haben. Diese Voreinstellungen werden in einem gesonderten Dokument gesichert.

Über den Dialog CAMERA RAW-VOREINSTELLUNGEN geben Sie den Ort und die Art der Speicherung an. Diesen Dialog können Sie auch mit dem Icon ≡ oder mit ⌃Strg/cmd+K öffnen.

Vorher-Nachher-Ansichten
Die verschiedenen Vorher-Nachher-Vergleichsansichtsoptionen können Sie mit der Taste Q oder mit der entsprechenden Schaltfläche ❶ rechts unten durchlaufen. Mit der Schaltfläche daneben ❷ oder mit der Taste P können Sie die Vorher-Nachher-Einstellungen miteinander vertauschen, und mit der dritten Schaltfläche ❸ kopieren Sie die aktuelle Einstellung nach »Vorher«. Mit der letzten Schaltfläche ❹ können Sie zwischen der aktuellen gemachten Einstellung und der Standardeinstellung wechseln.

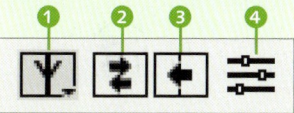

▲ Abbildung 30.13
Vorher-Nachher-Ansichten und weitere Optionen

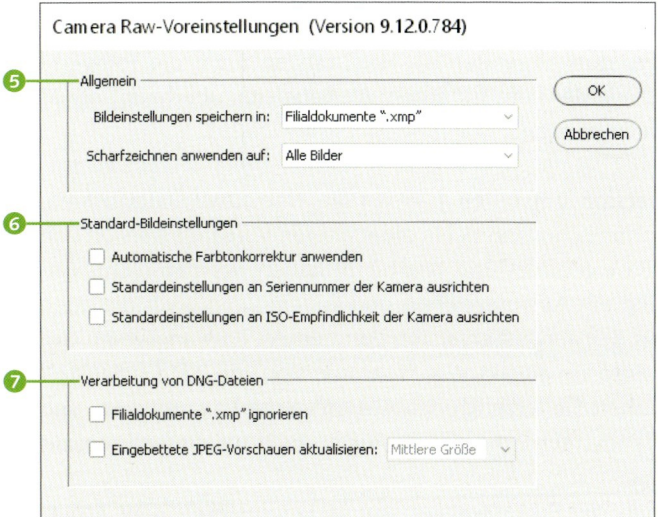

▲ Abbildung 30.14
Hier legen Sie fest, wo und wie die durchgeführten Änderungen der Rohdaten gespeichert werden.

Im Rahmen ALLGEMEIN ❺ wählen Sie aus, ob Sie die Einstellungen in einem **Filialdokument** (mit der Endung »*.xmp«) spei-

Filialdokument
Beim DNG-Format werden die Änderungsinformationen, genauer das Filialdokument, direkt in der Datei eingebettet, weshalb Sie hier auch die Option FILIALDOKUMENTE ".XMP" IGNORIEREN auswählen könnten. Wenn Sie aber kein DNG-Format verwenden und die RAW-Datei mitsamt den gemachten Einstellungen im Adobe Camera-Raw-Plug-in weitergeben wollen, sollten Sie die XMP-Datei anstelle der Camera-Raw-Datenbank verwenden.

745

chern wollen, das sich in demselben Verzeichnis wie das RAW-Bild befindet, oder in der **Camera-Raw-Datenbank**, die in Ihrem Benutzerverzeichnis liegt, zum Beispiel unter [LAUFWERK:] \[IHR BENUTZERVERZEICHNIS]\APPDATA\ROAMING\ADOBE\CAMERARAW, am Mac unter [IHR BENUTZERVERZEICHNIS]/LIBRARY/PREFERENCES.

Im Rahmen STANDARD-BILDEINSTELLUNGEN ❻ geben Sie an, welche Korrekturen standardmäßig auf ein RAW-Bild angewendet werden sollen. Bei VERARBEITUNG VON DNG-DATEIEN ❼ legen Sie fest, wie bei solchen Dateien vorgegangen werden soll.

30.3.7 Grundeinstellungen – Bildkorrekturen

Nachdem Sie sich ein wenig mit der Benutzeroberfläche und den Steuerelementen von Camera Raw vertraut gemacht haben, können Sie nun damit beginnen, ein RAW-Bild Ihren Bedürfnissen anzupassen. Die wichtigsten Einstellungen finden Sie hierbei über den Reiter GRUNDEINSTELLUNGEN. Abgesehen von der Dropdown-Liste WEISSABGLEICH können Sie alle Werte mit dem Schieberegler oder alternativ als Zahleneingabe im Eingabefeld verändern.

Aufgeteilt sind diese GRUNDEINSTELLUNGEN in die Bereiche WEISSABGLEICH ❶, Tonwertanpassung ❷ und Farbsättigung ❸. Es empfiehlt sich, diese Reihenfolge – wie schon bei der üblichen Bildkorrektur – beim Überarbeiten einzuhalten. Natürlich ist das nicht immer möglich, was beispielsweise der Fall ist, wenn ein Bild viel zu dunkel geraten ist. Hier müssen zuvor die Tonwerte angepasst werden, um für einen Weißabgleich überhaupt etwas erkennen zu können.

Prozessversion umstellen | Wenn Sie eine RAW-Datei öffnen, die Sie vorher schon einmal in einer älteren Vorgängerversion von Camera Raw geöffnet und bearbeitet haben, werden rechts unten im Bild ein Ausrufezeichen und zudem auch noch die alten Regler aus der Vorgängerversion von Camera Raw angezeigt. Um jetzt das Foto auf die aktuelle Prozessversion von 2012 umzustellen, brauchen Sie lediglich das Ausrufezeichen anzuklicken, und anschließend stehen die neuen Regler auch für dieses Foto zur Verfügung.

Ebenfalls die Prozessversion auf 2012 umstellen oder ermitteln, mit welcher Prozessversion das Foto in einer Vorgängerversion bearbeitet wurde (oder gar auf eine alte Prozessversion zurückstellen), können Sie über den Reiter KAMERAKALIBRIERUNG ❹ mit der Dropdown-Liste PROZESS ❺, indem Sie den entsprechenden Eintrag auswählen.

30.3 Das Camera-Raw-Plug-in

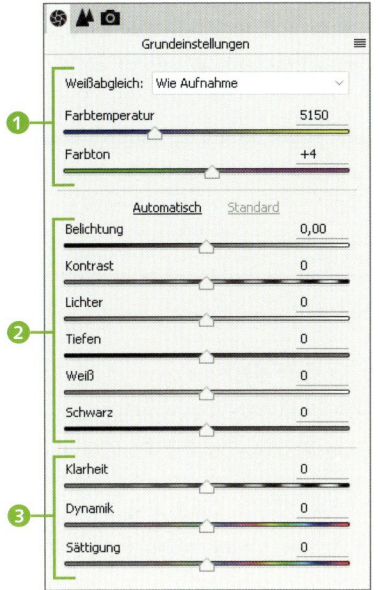
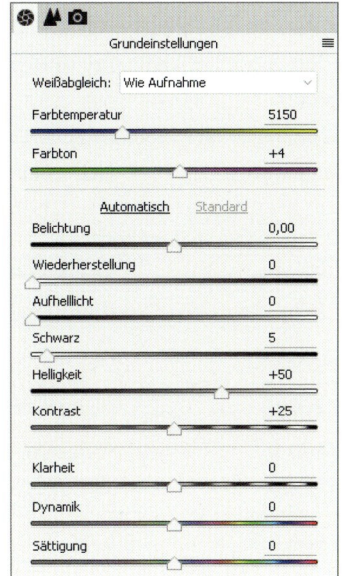

◄◄ **Abbildung 30.15**
Über den Reiter GRUNDEINSTELLUNGEN finden Sie fast alle wichtigen Einstellungen für Ihre RAW-Bilder.

◄ **Abbildung 30.16**
Das Bild wurde mit einer Vorgängerversion von Camera Raw bearbeitet, weshalb Sie hier noch die Regler der Vorgängerversion sehen.

▲ **Abbildung 30.17**
Alternativ können Sie die aktuelle Prozessversion auch über das Dropdown-Menü PROZESS ändern.

Weißabgleich | Mit dem Weißabgleich stellen Sie die Farbtemperatur des Bildes ein. Ein falsch eingestellter Weißabgleich der Kamera kann zu einem **Farbstich im Bild** führen. Camera Raw bietet Ihnen drei Steuerelemente, um einen Farbstich zu korrigieren oder die Stimmung des Bildes zu verändern.

In der Dropdown-Liste WEISSABGLEICH stellen Sie in den GRUNDEINSTELLUNGEN die Farbbalance des Bildes bei den Lichtverhältnissen ein, unter denen das Bild aufgenommen wurde. In manchen Fällen lässt sich über die Dropdown-Liste mit den vordefinierten Weißabgleichoptionen ein besseres Ergebnis erzielen. Meistens ist es allerdings für einen detaillierteren Weißabgleich empfehlenswerter, den Vorgang mit den Schiebereglern FARBTEMPERATUR und FARBTON manuell durchzuführen.

Mit dem Schieberegler FARBTEMPERATUR passen Sie den Weißabgleich anhand einer eigenen Farbtemperatur an. Die Farbtemperatur wird hierbei in Grad Kelvin (K) gemessen. Je höher der Wert ist, desto blauer wird die Lichtfarbe; je geringer er ist, desto rötlicher wird das Licht.

Um hier keine Missverständnisse aufkommen zu lassen: Der Schieberegler FARBTEMPERATUR regelt nicht direkt die Lichttemperatur, sondern gibt an, welche Lichtart in einem Bild als neutral dargestellt werden soll. Daher wird hier das Bild umso rötlicher bzw. wärmer, je weiter Sie den Wert erhöhen, und umso blauer bzw. kälter, je weiter Sie den Wert reduzieren.

Wer hier eigene Farbtemperaturen festlegen will, der sollte sich zumindest ein wenig mit Temperaturen verschiedener Licht-

▲ **Abbildung 30.18**
Über die Dropdown-Liste WEISSABGLEICH lassen sich vordefinierte Optionen verwenden.

Weißabgleich von der Kamera verwenden

Bei einigen Kameras kann Camera Raw die Weißabgleicheinstellung der Kamera lesen. Daher finden Sie die entsprechende Weißabgleicheinstellung unter der Option WIE AUFNAHME wieder. Wenn die Weißabgleicheinstellung der Kamera nicht gelesen werden kann, hat die Option WIE AUFNAHME denselben Effekt wie AUTOMATISCH.

Weißabgleich-Werkzeug

Um den Weißabgleich schnell zu korrigieren, können Sie auch das Weißabgleich-Werkzeug aus der Werkzeugleiste von Camera Raw verwenden. Klicken Sie mit dem Werkzeug im Vorschaubild einen Bereich an, der neutral grau oder weiß sein sollte. Dadurch werden die Regler FARBTEMPERATUR und FARBTON (und somit der Weißabgleich) automatisch angepasst.

Kapitel_30: sunset-2.CR2

quellen und Beleuchtungssituationen auskennen. In Tabelle 30.2 finden Sie eine Liste mit den Farbtemperaturen gängiger Lichtquellen.

Temperatur	Lichtquelle
1.500 K–1.950 K	Kerzenlicht
2.600 K	Glühlampe (40 W)
2.800 K	Glühlampe (100 W)
3.000 K	Leuchtstoffröhre (warmweiß)
3.200 K	Halogenstrahler
3.400 K	Sonne vor dem Untergang
4.000 K	Leuchtstoffröhre (kaltweiß)
5.500 K	Blitzlicht
5.600 K	Tageslicht
7.000 K	bedeckter Himmel
8.000 K–11.000 K	blauer Himmel

▲ **Tabelle 30.2**
Temperaturen für gängige Lichtquellen. Alle Angaben sind ungefähre Richtwerte.

In Abbildung 30.19 sehen Sie dreimal dasselbe Bild mit jeweils unterschiedlichen Farbtemperaturen. Im ersten Bild wurden 3.900 K verwendet. Dieses Bild wirkt fast, als wäre es am Morgen oder an einem kühlen Abend aufgenommen. Beim nächsten Bild wurde die Farbtemperatur auf 5.300 K erhöht, und dieses Bild entspricht jetzt dem tatsächlichen Sonnenuntergang, wie sich dieser im Augenblick der Aufnahme präsentiert hat. Im letzten Bild wurden 6.800 K verwendet, was dem Bild eine noch wärmere und gemütlichere Stimmung verleiht.

▲ **Abbildung 30.19**
Diese Bilder zeigen, dass der Weißabgleich stark zur Stimmung des Bildes beiträgt.

Mit dem zweiten Schieberegler, Farbton, können Sie den Weißabgleich noch ein wenig optimieren, um einen grünen oder magentafarbenen Farbstich gegebenenfalls auszugleichen. Schieben Sie den Regler nach links, erhöhen Sie den Grünanteil und reduzieren gleichzeitig den Magentaanteil. Verschieben Sie den Regler nach rechts, wird der Magentaanteil erhöht und der Grünanteil reduziert.

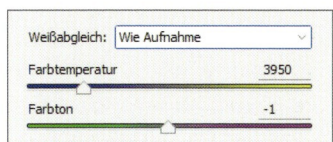

▲ **Abbildung 30.20**
Schieberegler zur Anpassung des Weißabgleichs

Tonwertanpassung | Mit den nächsten sechs Schiebereglern passen Sie die Tonwerte des Bildes an. Wenn Sie hierbei den unterstrichenen Text Automatisch ❶ anklicken, können Sie diese Einstellungen von Camera Raw auch automatisch durchführen lassen. Meistens ist das Resultat dabei aber weniger gut als bei der manuellen Anpassung über die Schieberegler. Testen können Sie die Automatik trotzdem, um zu sehen, was die Automatik mit den Tonwerten machen würde. Rückgängig machen Sie die Automatik wieder durch einen Klick auf den unterstrichenen Text Standard ❷ daneben.

▲ **Abbildung 30.21**
Schieberegler zur Anpassung der Tonwerte

- **Belichtung:** Mit diesem Regler ändern Sie die Mitteltöne bzw. Mittelwerte des Bildes. Damit legen Sie fest, wie hell oder wie dunkel die Lichter und Tiefen des Bildes sind, Sie passen also die Helligkeit oder Dunkelheit des Bildes an. Schieben Sie den Regler nach links, um das Bild abzudunkeln, und nach rechts, um es aufzuhellen. Eine interessante Option beim Ziehen des Reglers ist das Einblenden aktuell veränderter Bereiche, in denen die Lichter beschnitten werden. Halten Sie für diese Anzeige [Alt] gedrückt, während Sie am Regler ziehen. Ebenso kann es sinnvoll sein, eine mögliche Lichter- bzw. Tiefenbeschneidung mit [O] bzw. [U] optisch anzeigen zu lassen.

- **Kontrast:** Mit diesem Regler erhöhen Sie den Kontrast des Bildes. Damit werden die dunklen Bildbereiche im Bild noch dunkler und die hellen Bildbereiche heller.

- **Lichter:** Mit diesem Regler beeinflussen Sie die hellen Bildbereiche, die Lichter, im Bild. Sie werden heller, wenn Sie den Regler nach rechts ziehen. Ziehen Sie hingegen den Regler nach links, werden die Lichter dunkler. Betroffen sind hierbei also die Bereiche im rechten Drittel des Histogramms. Die Hauptaufgabe dieses Reglers ist es normalerweise, aus überstrahlten und grellen Lichtern wieder Details herauszuholen (= Regler nach links ziehen). Die dunklen Bildbereiche (bzw. Schatten) bleiben mit diesem Regler unangetastet.

- **Tiefen:** Dieser Regler ist das Gegenstück von Lichter und beeinflusst nur die dunklen Bildbereiche (Schatten) im Bild. Ziehen Sie den Regler nach links, werden die Tiefen noch dunkler,

Belichtung und Blendenstufen
Die Schrittgröße der Werte von Belichtung entspricht den realen Blendeneinstellungen. Eine Änderung von zum Beispiel +2,00 entspricht einer Vergrößerung der Blende um zwei Blendenstufen.

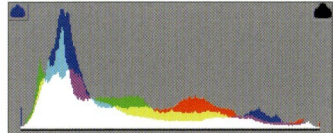

▲ **Abbildung 30.22**
Wer das Histogramm versteht, tut sich erheblich leichter mit der Tonwertanpassung.

ziehen Sie ihn nach rechts, werden die Tiefen aufgehellt. Hier sind also die Bereiche im linken Drittel des Histogramms betroffen. Dieser Regler wird vorwiegend eingesetzt, wenn Sie unterbelichtete Bereiche im Bild haben, um hier die Details aus den Tiefen (bzw. Schatten) wiederherzustellen. Die hellen Bildbereiche lässt dieser Regler unangetastet.

Weiß/Schwarz

Primäres Ziel der Regler WEISS und SCHWARZ soll es natürlich sein, die Tonwerte des Histogramms in vollem Umfang auszunutzen. Auch hier haben Sie beim Ziehen der beiden Regler die Option, mit gehaltener Alt -Taste die veränderten Bildbereiche einzublenden.

▶ WEISS: Damit werden die Weißtöne im Bild mit dem Ziel behandelt, einen (neuen) Weißpunkt zu setzen. Ziehen Sie den Regler nach rechts, wird das Bild heller, ziehen Sie den Regler hingegen nach links, wird es dunkler und blasser. Um hierbei optisch zu überprüfen, wann die Pixel zu reinem Weiß beschnitten werden (wenn beispielsweise der Regler zu weit nach rechts verschoben wird), sollten Sie die Warnung zur Lichterbeschneidung mit O (bzw. über das rechte obere Dreieck im Histogramm) einschalten. Diese Pixel werden im Bild mit roter Farbe angezeigt.

Schwarz-/Weißpunktregler

Das Anpassen der Optionen WEISS bzw. SCHWARZ entspricht dem Weiß- bzw. Schwarzpunktregler bei der Tonwertkorrektur im Fotoeditor.

▶ SCHWARZ: Hiermit werden die Schwarztöne im Bild geändert, womit wir unseren (neuen) Schwarzpunkt setzen. Ziehen Sie diesen Regler nach links, wird das Schwarz kräftiger und dunkler (das Bild insgesamt kontrastreicher), ziehen Sie den Regler nach rechts, wird das Bild heller. Auch hier empfiehlt es sich, die Warnung zur Tiefenbeschneidung mit U (bzw. über das linke obere Dreieck im Histogramm) zu aktivieren. Ziehen Sie den Regler zu weit nach links, wird die Tiefenbeschneidung im Bild mit blauer Farbe dargestellt.

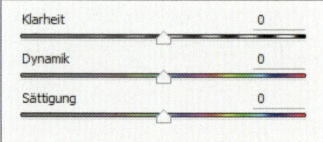

▲ **Abbildung 30.23**
Schieberegler, die sich auf die Sättigung der Farben auswirken

Farbsättigung | Beim Fotoeditor sind Sie beim Anpassen der Farbsättigung auf die Sättigung beschränkt. Im Rohformat stehen Ihnen drei Regler zur Verfügung, um die Farben zu verbessern.

▶ KLARHEIT: Mit dieser Option verbessern Sie die Klarheit der Bildkonturen und stellen so die Bildschärfe wieder her, die bei der Tonwertanpassung teilweise verloren geht. Genau genommen erhöhen Sie hiermit den Kontrast in den Mitteltönen. Um die Bildschärfe auch gut beurteilen zu können, sollten Sie die Ansicht des Vorschaubildes unbedingt auf 100 % einstellen. Über die Jahre wurde dieser Regler stark verbessert, und selbst ein zu hoher Wert verursacht keinen Lichtkranz (auch *Halo* genannt) mehr an den Kanten.

▶ DYNAMIK: Diese Option wirkt sich ähnlich wie SÄTTIGUNG aus, allerdings nicht auf alle Bildfarben gleich, sondern nur auf Farben mit einer etwas geringeren Sättigung. Damit vermeiden Sie zum Beispiel bei Porträts die Übersättigung der Hautfarbe. Auch alte und ausgeblichene Farben lassen sich mit dieser Option simulieren.

▶ Sättigung: Mit dieser Option erhöhen (nach rechts ziehen) oder reduzieren (nach links ziehen) Sie die allgemeine Farbsättigung. Ziehen Sie den Regler komplett nach links, erhalten Sie ein Schwarzweißbild.

30.3.8 Schärfen und Rauschreduzierung

Über den zweiten Reiter, Details, passen Sie die **Bildschärfe** an und reduzieren das **Bildrauschen**, was gerade bei kompakten Digitalkameras sehr wichtig ist (die Ausprägung dieser Fehler hängt auch von der Sensorgröße ab). Im unteren Teil erhalten Sie auch gleich einen Hinweis, wenn das Bild nicht mindestens in Originalgröße (100 %) angezeigt wird. Diese Größe benötigen Sie, um die Auswirkungen der Anpassungen auf das Bild zu beurteilen.

Schärfen | Mit den Reglern unter Schärfen passen Sie die Bildkanten an. Die Variante der Schärfenanpassung entspricht in etwa dem Photoshop-Elements-Filter Unscharf maskieren.

Wenn Sie vorhaben, das Bild umfangreich in Photoshop Elements zu bearbeiten, sollten Sie das Schärfen in Camera Raw deaktivieren und diese Korrektur später in Photoshop Elements nach allen Bearbeitungen und Größenanpassungen durchführen, zum Beispiel mit Unscharf maskieren. Falls Sie keine weitere Bearbeitung planen, sollten Sie alle Ihre RAW-Bilder etwas nachschärfen – allein schon, weil jedes Bild, das mit einer Digitalkamera aufgenommen wird, immer eine gewisse Unschärfe aufweist.

▶ Betrag: Dieser Wert entspricht etwa dem Wert Stärke von Unscharf maskieren. Damit werden die Kanten geschärft, indem bei der Anpassung des angegebenen Wertes der Kontrast zu den benachbarten Pixeln erhöht wird. Mit einem Wert von 0 deaktivieren Sie das Schärfen. Ansonsten führt in der Praxis meistens ein niedriger Wert zu einem reineren Bild.

▶ Radius: Dieser Wert hat dieselbe Wirkung wie der gleichnamige Wert von Unscharf maskieren. Er gibt an, wie viele Pixel im Umfeld des zu schärfenden Bereichs in der Kontrasterhöhung berücksichtigt werden sollen. Ein zu hoher Wert wirkt unnatürlich und macht das Bild häufig kaputt.

▶ Detail: Hiermit bestimmen Sie, wie viele Hochfrequenzdaten im Bild nachgeschärft werden sollen und wie stark Sie die Kanten hervorheben möchten. Hohe Werte verstärken die gesamte Bildstruktur, niedrigere Werte eher versteckte Konturen.

▶ Maskieren: Damit steuern Sie eine Maske um die Kanten. Das Bild wird gleichmäßig geschärft, wenn der Wert auf 0 steht. Je höher Sie den Wert einstellen, desto mehr wird neben den kräftigeren Kanten geschärft.

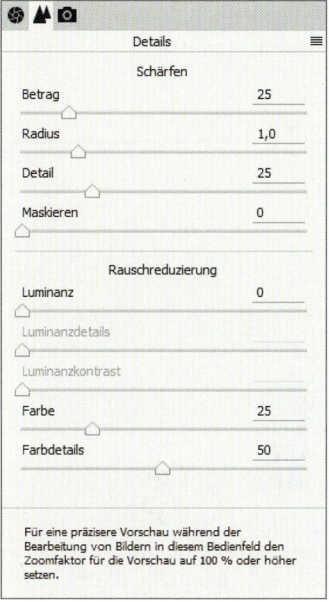

▲ **Abbildung 30.24**
Mehrere Optionen zum Schärfen und zur Rauschunterdrückung

Sinnvolle Werte

Welche Werte Sie zum Schärfen verwenden, hängt natürlich zunächst einmal vom konkreten Anwendungsfall ab. Gute Ergebnisse erzielen Sie auf jeden Fall mit den voreingestellten Werten (Betrag = 25, Radius = 1,0, Detail = 25 und Maskieren = 0). Reicht Ihnen die Schärfe noch nicht aus, erhöhen Sie den Regler Betrag. Die besten Ergebnisse erreichen Sie mit einem Wert von 25 bis 100. Je höher Sie hierbei den Wert schieben, desto mehr unschöne Details wie beispielsweise chromatische Aberrationen, Farb- und Luminanzrauschen können zum Vorschein kommen.

Ursachen für das Bildrauschen
Die häufigsten Ursachen für das Bildrauschen sind zu hoch eingestellte ISO-Empfindlichkeiten oder weniger hochwertige Kompaktkameras.

Rauschreduzierung | Zur Reduzierung von Bildrauschen finden Sie auf der Registerkarte DETAILS mehrere Schieberegler. Beim Bildrauschen unterscheidet man zwischen **Luminanzrauschen** (auch *Graustufenrauschen* genannt), das das Bild körnig wirken lässt, und **Chromrauschen** (*Farbrauschen*), das sich in farbigen Artefakten im Bild äußert. Um hier die Auswirkungen beurteilen zu können, sollten Sie die Vorschau-Ansicht auf mindestens 100 % stellen. In der Praxis würde ich hier sogar 200–300 % empfehlen, um gerade die Auswirkungen des LUMINANZ-Reglers besser erkennen zu können.

- LUMINANZ: Mit Verschieben des Schiebereglers nach rechts reduzieren Sie das Graustufenrauschen. Erst ab einem Wert größer als 0 können Sie auch LUMINANZDETAILS und LUMINANZKONTRAST anpassen.
  - LUMINANZDETAILS: Erhöhen Sie diesen Wert, werden bei verrauschten Bildern mehr Details erhalten, das Rauschen aber wird dann weniger stark reduziert. Ein niedriger Wert hingegen glättet das Rauschen besser, die Details jedoch gehen dabei verloren. Der Regler entspricht in etwa dem Schwellenwert beim Schärfen eines Bildes, nur eben für das Luminanzrauschen.
  - LUMINANZKONTRAST: Hier können Sie den Kontrast des Ergebnisses erhalten, wenn Sie den Wert höher stellen. Ein zu hoher Wert kann natürlich auch hier wieder bedeuten, dass nicht erwünschte Effekte auftreten. Ein niedriger Wert hingegen macht das Ergebnis kontrastärmer.
- FARBE: Das Chrom- oder Farbrauschen reduzieren Sie mit diesem Schieberegler. Der Regler FARBDETAILS wird erst eingeblendet, wenn dieser Wert größer als 0 ist.
  - FARBDETAILS: Dieser Regler entspricht in etwa wieder dem Schwellenwert für Farbe. Je höher Sie diesen Wert einstellen, desto mehr werden die Farbkanten im Bild geschützt, aber es können unerwünschte Farbflecken entstehen. Bei niedrigerem Wert werden diese Flecken zwar entfernt, aber die Details können verloren gehen.

30.3.9 Kamerakalibrierung

Camera Raw verwendet für jedes unterstützte Kameramodell ein Profil zur Verarbeitung von RAW-Bildern. Solche Profile werden mit unterschiedlichen Licht- und Weißabgleichsbedingungen erstellt. Wenn Sie den Weißabgleich in der Kamera einstellen, verwendet Camera Raw dieses Profil, um die Farbinformationen zu extrapolieren. Im Grunde werden Sie diesen Wert ohnehin nie verändern, aber der Vollständigkeit halber möchte ich ihn doch kurz erläutern.

Prozessversion umstellen
Die aktuelle Prozessversion können Sie hier ebenfalls über die Dropdown-Liste PROZESS ändern. Ich empfehle Ihnen hier auf jeden Fall, auf die aktuelle Prozessversion von 2012 zurückzugreifen, weil der Algorithmus und die neuen Regler hier doch erheblich verbessert wurden.

Wollen Sie nicht die neutralen Farben Ihrer Kamera verwenden, finden Sie auf der Registerkarte KAMERAKALIBRIERUNG von Camera Raw bereitgestellte Profile. Hier können Sie auch gleich feststellen, ob Camera Raw ein eigenes Profil verwendet oder das in der Datei eingebettete Profil.

Abhängig von der Kamera und den zur Verfügung stehenden Profilen werden unter NAME gegebenenfalls nur die Option ADOBE STANDARD (immer vorhanden) und eventuell die Option EINGEBETTET aufgelistet, mit der das in der Datei eingebettete Profil verwendet wird. Abhängig vom Kamerahersteller finden Sie eventuell andere eingebettete Profile wieder, wie Sie in Abbildung 30.25 sehen können.

▲ Abbildung 30.25
Verwenden von verschiedenen Kameraprofilen

30.3.10 Werkzeuge zur Retusche und Reparatur

Neben den allgemeinen Korrekturen finden Sie in Camera Raw nützliche und häufig verwendete Werkzeuge, etwa zum Ausrichten und Beschneiden von Bildern.

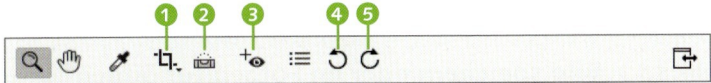

▲ Abbildung 30.26
Die Werkzeuge von Camera Raw

Wenn Sie den Bildausschnitt etwas reduzieren wollen, um zum Beispiel mehr Nähe zu erzeugen, hilft Ihnen das Freistellungswerkzeug C ❶. Ist dann das Bild noch schief, können Sie das Gerade-ausrichten-Werkzeug A ❷ anwenden. Mit dem Rote-Augen-entfernen-Werkzeug E ❸ korrigieren Sie rote Augen im RAW-Format. Das Werkzeug funktioniert wie das Pendant in Photoshop Elements. Auch das Drehen um 90° gegen den Uhrzeigersinn L ❹ und im Uhrzeigersinn R ❺ finden Sie in der Werkzeugpalette wieder.

Freistellen und Ausrichten | Wenn Sie ein Bild freistellen und/oder ausrichten, wird ein grauer Rahmen um die Bildvorschau gelegt. Mit den Anfassern an den Ecken und Seiten können Sie noch Feineinstellungen daran vornehmen. Die Korrektur wird erst beim Öffnen des Bildes im Fotoeditor durchgeführt. Wollen Sie die Freistellungen wieder entfernen, führen Sie einfach einen Rechtsklick im Vorschaubild in Camera Raw aus und wählen im Kontextmenü FREISTELLUNG LÖSCHEN ❼ (Abbildung 30.27), oder Sie drücken einfach die Taste Esc.

Freistellen und Ausrichten

Das Thema **Freistellen und Ausrichten** ist ebenfalls ein wichtiger Arbeitsschritt bei der Bildbearbeitung, weshalb Sie dazu mehr in Teil VI erfahren.

Kapitel 30   RAW – das digitale Negativ

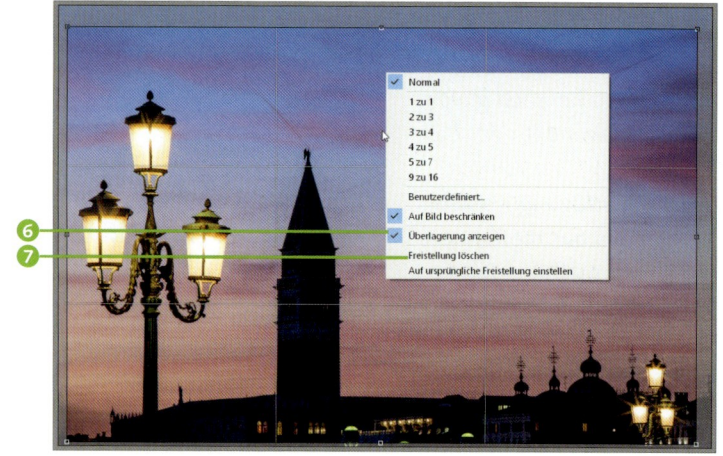

▲ Abbildung 30.27
Eine Freistellung kann in Camera Raw vorbereitet werden. Über einen Rechtsklick im Vorschaubild finden Sie weitere Befehle für die Freistellung, wie beispielsweise eine Überlagerung 6.

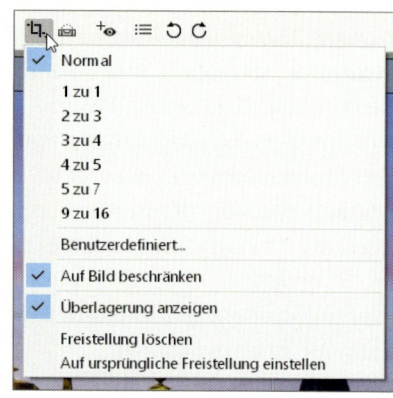

▲ Abbildung 30.28
Die Befehle zum Freistellen können Sie auch einblenden, wenn Sie die linke Maustaste etwas länger auf dem Freistellungswerkzeug gedrückt halten.

30.3.11   Bild speichern oder im Fotoeditor öffnen

Wenn Sie mit den Korrekturen der RAW-Datei mit Camera Raw fertig sind, stehen Ihnen mehrere Möglichkeiten zur Verfügung, um Ihre Arbeiten abzuschließen.

▼ Abbildung 30.29
Möglichkeiten, den Camera-Raw-Dialog abzuschließen

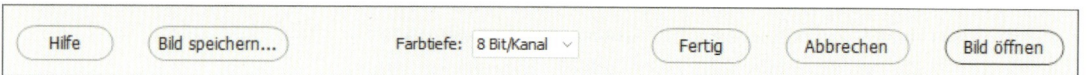

»Bild speichern« als DNG-Datei | Über BILD SPEICHERN rufen Sie einen SPEICHERN-Dialog auf, in dem Sie die RAW-Datei nach dem Entwickeln in 48 Bit Farbtiefe (16 Bit je Kanal) mit einem neuen Dateinamen und gegebenenfalls auch in einem anderen Verzeichnis im Adobe-eigenen RAW-Dateiformat DNG mit allen gemachten Einstellungen im Adobe Camera-Raw-Plug-in speichern können, um das Bild in voller Qualität zu bewahren.

Wo Sie die RAW-Datei speichern, geben Sie mit den Optionen im Bereich ZIEL 1 an; den Namen der Datei legen Sie im Rahmen DATEIBENENNUNG 2 fest. Als DATEIERWEITERUNG können Sie nur die Groß- oder Kleinschreibung von »DNG« auswählen (die Angaben zum Ziel und Dateinamen werden vermutlich niemandem mehr Kopfzerbrechen bereiten).

Innerhalb des Rahmens FORMAT: DIGITAL-NEGATIV 3 können Sie die KOMPATIBILITÄT der DNG-Datei einstellen, falls Sie wollen, dass dieselben Einstellungen auch mit einer älteren Camera-Raw-Version gelten. Hierbei haben Sie mit BENUTZERDEFINIERT

Speichern ohne Dialog
Wenn Sie [Alt] gedrückt halten, verschwinden bei der Schaltfläche BILD SPEICHERN die drei Punkte am Ende. Dies bedeutet, dass ohne einen weiteren Dialog sofort gespeichert wird. Gespeichert werden dann die zuletzt gesetzten Werte und Optionen des jeweiligen Dialogs. Keine Sorge – eine Original-RAW-Datei wird niemals überschrieben. Wenn nicht anders vorgegeben, wird einfach beim Dateinamen eine Nummer hinzugefügt und gegebenenfalls hochgezählt.

30.3 Das Camera-Raw-Plug-in

auch eine Möglichkeit, bei der Kompatibilität selbst Hand anzulegen. Wenn Sie BENUTZERDEFINIERT auswählen, erscheint ein weiterer Dialog (Abbildung 30.31), in dem Sie über eine Drop-down-Liste die DNG-Version manuell einstellen können. Wollen Sie, dass das digitale Negativ beim Speichern nicht komprimiert wird, müssen Sie das Häkchen vor NICHT KOMPRIMIERT setzen. Ist diese Option aktiviert, wird eine verlustlose Komprimierung verwendet, was sinnvoll ist, wenn Sie Speicherplatz sparen wollen.

Original überschreiben
Sie müssen sich keine Sorgen machen, dass Sie aus Versehen eine Original-RAW-Datei überschreiben könnten. Dies ist mit Camera Raw nicht möglich.

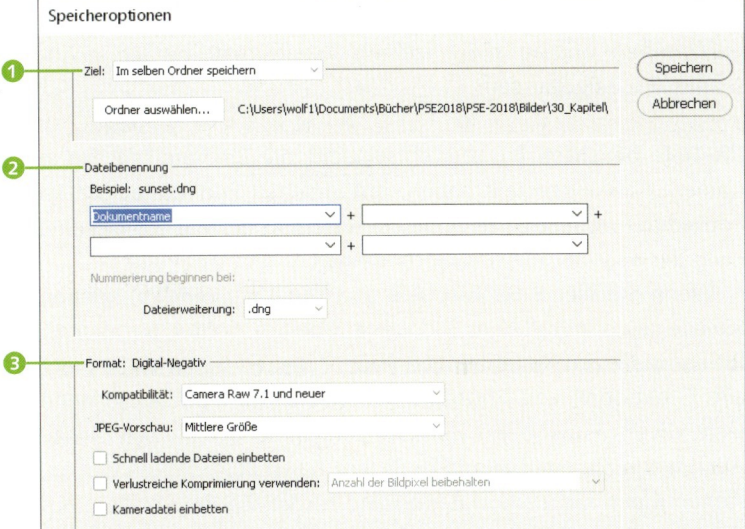

◀ Abbildung 30.30
SPEICHEROPTIONEN für das Sichern einer RAW-Datei im Adobe-eigenen DNG-Format

Die Option LINEAR (MOSAIKFREI) speichert das Bild in einem interpolierten (mosaikfreien) Format. Das Bild kann dann auch in anderen Programmen geöffnet werden, die nicht über ein Profil der Digitalkamera verfügen, mit der das Bild aufgenommen wurde. In der Regel können Sie diese Option deaktiviert lassen.

Mit der Option KAMERADATEI EINBETTEN wird die Original-RAW-Datei in die DNG-Datei eingebettet. Damit steigt zwar der Dateiumfang, aber so können Sie später jederzeit die Originaldatei wiederherstellen. Wollen Sie für andere Anwendungen ein Vorschaubild generieren, um auch in diesen Anwendungen sehen zu können, um welches Bild es sich handelt, integrieren Sie eine solche Vorschau mit der Option JPEG-VORSCHAU.

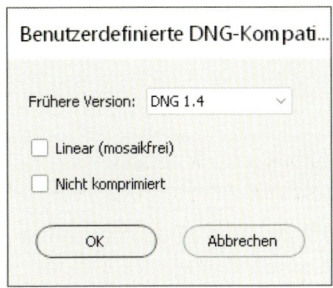

▲ Abbildung 30.31
Benutzerdefinierte DNG-Kompatibilität

Bild im Fotoeditor öffnen | Der häufigste Vorgang, wenn Sie mit den Einstellungen in Camera Raw fertig sind, dürfte das Öffnen des Bildes im Fotoeditor sein. Hierzu klicken Sie einfach auf die entsprechende Schaltfläche BILD ÖFFNEN. Der Camera-Raw-Dialog wird dann geschlossen und das Bild im Fotoeditor geöffnet.

Kopie öffnen

Wenn Sie [Alt] gedrückt halten, wird aus der Schaltfläche BILD ÖFFNEN die Schaltfläche KOPIE ÖFFNEN. Wenn Sie diese Schaltfläche verwenden, wird das Bild geöffnet, ohne dass die Metadaten aktualisiert werden. Mit BILD ÖFFNEN werden dagegen die Metadaten des RAW-Bildes gespeichert, sodass Sie beim nächsten Öffnen des RAW-Bildes mit Camera Raw dieselben Einstellungen vorfinden, mit denen Sie das Bild zuletzt bearbeitet haben. Mit KOPIE ÖFFNEN wird das Bild beim erneuten Öffnen mit den Standardeinstellungen des Camera-Raw-Standards geöffnet.

Bild speichern | Um ein Bild letztendlich tatsächlich in ein gängiges Format wie JPEG oder TIFF zur Weitergabe zu speichern, müssen Sie es über die Schaltfläche BILD ÖFFNEN im Fotoeditor öffnen. Aus Camera Raw heraus ist es nicht möglich, Bilder in ein typisches Format zur Weitergabe zu speichern. Wurde die RAW-Datei im Fotoeditor geöffnet, handelt es sich immer noch um eine RAW-Datei. Diese können Sie jetzt mit dem üblichen Befehl DATEI • SPEICHERN UNTER oder [Strg]/[cmd]+[⇧]+[S] in ein gängiges Format wie beispielsweise JPEG oder TIFF speichern. Wie Sie Bilder speichern, habe ich bereits in Abschnitt 1.5 näher beschrieben, und auf die einzelnen Dateiformate bin ich in Abschnitt 6.5 eingegangen.

Bit-Tiefe beachten | Dabei entscheidet die Bit-Tiefe, die Sie in Camera Raw eingestellt haben, mit welchen Funktionen Sie im Fotoeditor weiterarbeiten oder in welchem Format Sie das Bild nach der Bearbeitung speichern können.

Wenn Sie hier 8 Bit Farbtiefe pro Kanal verwenden, können Sie wie gewohnt mit dem Bild weiterarbeiten. Sollten Sie aber 16 Bit Farbtiefe pro Kanal benutzt haben, stehen Ihnen nicht mehr alle Funktionen von Photoshop Elements zur Verfügung, denn viele dieser Funktionen unterstützen keine 16 Bit pro Kanal. Auch wenn Sie ein Bild mit 16 Bit pro Kanal abspeichern wollen, stehen Ihnen nicht alle Dateiformate zur Verfügung, sondern nur die, die eben 16 Bit unterstützen. Hier böten sich zum Beispiel hochwertige Formate wie TIFF, PNG oder JPEG 2000 an.

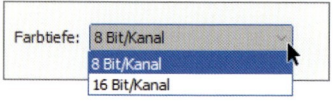

▲ **Abbildung 30.32**
Sie können Bilder mit 8 bzw. 16 Bit Farbtiefe im Fotoeditor öffnen. Sie müssen aber wissen, dass mit 16 Bit Farbtiefe kaum Funktionen im Fotoeditor verwendet werden können.

▲ **Abbildung 30.33**
Falls Sie unsicher sind, ob Sie das Bild mit 8 Bit oder mit 16 Bit pro Farbkanal geöffnet haben, hilft ein schneller Blick in die Titelleiste ❶ (hier RGB/16) oder unterhalb des Dokumentfensters über DOKUMENTPROFIL ❷.

»Fertig« und »Abbrechen« | Mit der Schaltfläche FERTIG schließen Sie den Camera-Raw-Dialog und speichern die vorgenommenen Einstellungen – ohne den Fotoeditor zu öffnen. Beim nächsten Öffnen des RAW-Bildes stehen Ihnen diese Einstellungen gleich wieder zur Verfügung. Die vorgenommenen Einstellungen werden entweder in einer XMP-Datei gespeichert, wenn Sie ein beliebiges proprietäres Camera-Raw-Format verwenden, oder in der Datei eingebettet, wenn Sie das DNG-Format verwenden.

Diese XMP-Datei hat denselben Namen wie die Bilddatei und wird im selben Verzeichnis wie die Camera-Raw-Datei mit der Endung »*.xmp« gespeichert. Wenn Sie beispielsweise eine Camera-Raw-Datei mit dem Namen »fountain.cr2« bearbeitet und mit der Schaltfläche FERTIG das Camera-Raw-Plug-in beendet haben, finden Sie im selben Verzeichnis eine Datei mit dem Namen »fountain.xmp« vor. Dank dieser separaten XMP-Datei ist es auch möglich, dass andere RAW-Konverter wie beispielsweise Lightroom die gemachten Entwicklungseinstellungen lesen und übernehmen können.

Die Schaltfläche ABBRECHEN hingegen beendet den Camera-Raw-Dialog, ohne dass irgendwelche Einstellungen gespeichert werden.

Zurücksetzen
Halten Sie [Alt] gedrückt, wird aus der Schaltfläche ABBRECHEN die Schaltfläche ZURÜCKSETZEN. Mit einem Klick auf diesen Button verwerfen Sie sämtliche Einstellungen.

30.3.12 Bildbearbeitung mit Camera Raw

Zugegeben, das Kapitel war bisher ein wenig theoretisch angelegt. Dies war allerdings unerlässlich, wenn Sie wirklich die einzelnen Optionen von Camera Raw verstehen und den vollen Umfang des RAW-Formats verwenden wollen.

Der folgende Workshop beschreibt nun den üblichen Vorgang, ein RAW-Bild zu bearbeiten und im Fotoeditor zur Weiterarbeit zu öffnen. Natürlich gilt auch hier, dass es dafür kein allgemeines Rezept gibt. Neben dem Motiv, dem gegebenen Licht und den somit noch vorhandenen Informationen ist auch eine gewisse Erfahrung (vor allem im Umgang mit dem Histogramm) nötig, um mit Camera Raw bessere Ergebnisse zu erzielen als ohne das RAW-Format. Daher gilt auch hier: Übung macht den Meister.

Persönlicher Geschmack
Beachten Sie dabei, dass bei der Verarbeitung von RAW-Dateien auch ein wenig der persönliche Geschmack mitwirkt. Der eine liebt es heller, der andere dunkler, und der eine mag vielleicht mehr Farbe und der andere eher den Kontrast. In diesen Fragen können Sie Ihrer Kreativität (fast) freien Lauf lassen.

Schritt für Schritt
Bildbearbeitung mit Camera Raw durchführen

Mit den folgenden Schritten will ich Ihnen demonstrieren, wie die typischen Bearbeitungsvorgänge bei einer RAW-Datei mit Camera Raw ablaufen könnten.

Kapitel_30:
Hintersee.CR2

Kapitel 30 RAW – das digitale Negativ

Abbildung 30.34 ▶
RAW-Bilder wirken oft dunkel oder gar trübe. Bedenken Sie immer, dass diese Bilder nicht von der Kamera »schöngerechnet« wurden. Der Vorteil von dunklen Bildern ist allerdings, dass sich hier im RAW-Modus noch vieles herausholen lässt. Bei überbelichteten Bildern, auch im RAW-Modus, sieht dies schon schlechter aus.

Histogramm im Auge behalten
Wenn Sie nicht so genau wissen, worauf Sie bei der Tonwertkorrektur schauen sollen, sollten Sie sich Abschnitt 11.2, »Histogramme richtig analysieren«, ansehen. Im Beispiel habe ich versucht, ein möglichst glockenförmiges Histogramm zu erzielen.

Abbildung 30.35 ▼
Durch ein Aufhellen der BELICHTUNG ❸ kann man das Bild jetzt besser für die Farbtemperatur beurteilen.

1 Belichtung anpassen

Öffnen Sie das Bild »Hintersee.CR2« mit Camera Raw. Normalerweise würden Sie jetzt als ersten Schritt die Farbtemperatur einstellen. Aber in diesem Beispiel ist das Bild zunächst noch etwas zu dunkel, um einen Farbabgleich beurteilen zu können. Schalten Sie am besten gleich von Anfang an die optische Überprüfung der Tiefenbeschneidung über das linke obere Dreieck ❶ im Histogramm (bzw. mit [U]) und die Lichtbeschneidung über das rechte obere Dreieck ❷ (bzw. mit [O]) ein.

Ziehen Sie jetzt den Regler BELICHTUNG ❸ nach rechts, um das Bild insgesamt aufzuhellen. Im Beispiel wurde die BELICHTUNG auf +1,25 erhöht. Behalten Sie hierbei stets die Lichtbeschneidungen in der Vorschau im Auge, die in roter Farbe angezeigt werden und die Sie, wie die Tiefenbeschneidung in blauer Farbe, immer möglichst gering halten bzw. vermeiden sollten.

2 Farbtemperatur anpassen

Beim Betrachten der Farbtemperatur wirkt das Bild mit der Voreinstellung von 7.200 für meinen Geschmack ganz ordentlich. Hier müssen Sie jetzt selbst entscheiden, ob Sie das Bild gerne etwas »kälter« oder »wärmer« in Szene setzen wollen. Im Beispiel habe ich es gerne etwas wärmer und habe daher den Schieberegler FARBTEMPERATUR ❹ auf 8.200 Kelvin erhöht. Den Wert von FARBTON ❺ habe ich leicht auf -7 reduziert. Jetzt wirkt die Umgebung wärmer, und das Bild ist insgesamt etwas stimmiger. Allerdings ist natürlich auch dies eine Frage des persönlichen Geschmacks.

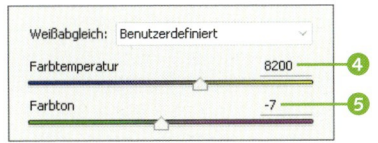

▲ **Abbildung 30.36**
Farbtemperatur erhöhen

3 Weiß- und Schwarzpunkt einstellen

Der Regler WEISS ❼ wurde auf +20 erhöht, um den Weißpunkt zu setzen. Hierbei habe ich den Regler so lange nach rechts gezogen, bis die Helligkeitswerte auf der rechten Seite oben am Histogrammende ❻ angekommen sind. Auch den Regler für SCHWARZ ❽ habe ich hier auf +25 etwas erhöht, weil mir das Bild an einigen Stellen noch zu dunkel gewesen ist. Diesen Regler hätten Sie allerdings auch bei 0 belassen können, da es ja auch durchaus gewollt sein kann, dass pures Weiß oder pures Schwarz im Bild verwendet wird.

Nur alle Kanäle

In manchen Fällen würde man sich eine Tonwertkorrektur für die einzelnen Kanäle Rot, Grün und Blau wünschen, wie das bei Camera Raw mit dem großen Photoshop möglich ist.

▼ **Abbildung 30.37**
Jetzt haben wir den Weiß- bzw. Schwarzpunkt gesetzt, also das hellste Weiß und das dunkelste Schwarz.

Achten Sie darauf, dass nach wie vor die optische Überprüfung für die Tiefen- und Lichtbeschneidung aktiviert ist, womit Sie unter Umständen vermeiden können, dass sich Bildinformationen im Schwarz oder Weiß verlieren. Ein Blick auf das Histogramm

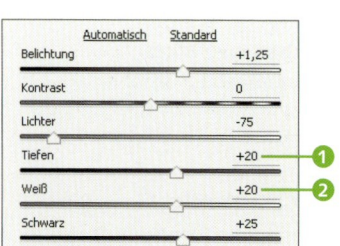

▲ **Abbildung 30.38**
Lichter und Schatten anpassen

▼ **Abbildung 30.39**
Damit das Bild knackiger und kontrastreicher wird, wurden hier noch die Werte KONTRAST ❸ und KLARHEIT ❹ angehoben.

zeigt außerdem, dass wir unser Bild ordentlich über das komplette Spektrum ausgebreitet haben (obgleich auch dies natürlich nichts über die Qualität des Endergebnisses aussagt).

4   Lichter und Tiefen anpassen
Wenn Sie jetzt ein Bild haben, in dem die hellen Bereiche noch etwas überstrahlt sind oder die dunklen Bereich noch zu dunkel, können Sie dies mit den Reglern LICHTER ❶ und TIEFEN ❷ anpassen. Die Tiefen sind eigentlich in diesem Bild schon relativ gut, und Änderungen daran dürften in diesem Bild nur noch eine Frage des persönlichen Geschmacks sein. Ich habe den Regler TIEFEN auf +20 erhöht. Der Himmel dagegen ist mir hier zu hell, weshalb ich den Regler von LICHTER auf −75 reduziert habe.

5   Kontrast einstellen
Wenn im Histogramm die Tiefen auf der linken und die Lichter auf der rechten Seite nicht schön abfallend ausgefüllt werden, können Sie dies verbessern, indem Sie den Regler KONTRAST ❸ erhöhen. In diesem Fall war dies nicht unbedingt nötig. Der KONTRAST wurde trotzdem noch mit +25 etwas angehoben. Des Weiteren können Sie den Kontrast in den Mitteltönen mit dem Regler KLARHEIT verstärken, indem Sie diesen ebenfalls nach rechts ziehen. Im Beispiel habe ich den Regler KLARHEIT ❹ auch auf +25 gezogen, womit das Bild jetzt auch insgesamt schärfer wirkt.

6   Sättigung anpassen
Jetzt kommen wir zur farblichen Umsetzung des RAW-Bildes. Im Beispiel sind die Farben im Bild insgesamt recht flau, weil das

Bild an einem trüben Tag gemacht wurde. Es ist natürlich auch Geschmackssache, aber meiner Meinung nach ist die Farbgebung des Bildes zu schwach. Ich habe mich daher dazu entschlossen, die Farbsättigung mit dem Regler DYNAMIK und SÄTTIGUNG jeweils auf +25 zu erhöhen.

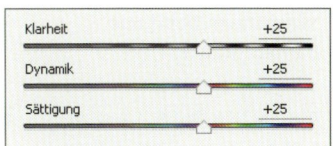

7 Bild schärfen

Wechseln Sie auf den Reiter DETAILS ❺. Stellen Sie die Ansicht auf 100 %, um das Bild gegebenenfalls zu schärfen. Im Beispiel habe ich den Regler von BETRAG ❻ auf +50 erhöht und so den Schärfeeindruck etwas verbessert. Beachten Sie beim Schärfen, dass Sie den Wert nicht zu stark anheben, weil sonst verstärkt Rauschen im Bild auftreten kann. Behalten Sie stets das Bild in der 100 %-Ansicht im Auge.

▲ **Abbildung 30.40**
Durch die vorangegangenen Schritte wirkt das Bild insgesamt etwas übersättigt, weshalb der Wert von DYNAMIK ein wenig reduziert wurde.

8 Rauschen reduzieren

Gerade in sehr dunklen Bereichen, die aufgehellt wurden, kann verstärktes Luminanzrauschen auftreten. In diesem Bild ist dies zwar nicht der Fall, aber um ein vorhandenes Rauschen zu beheben, sollten Sie die Bildgröße auf 100 % oder mehr einstellen und die entsprechenden Bereiche im Bild überprüfen. Wenn es zu stark rauscht, können Sie den Wert des Reglers LUMINANZ ❼ mit Blick auf das Bild langsam erhöhen, bis das Rauschen vermindert oder sogar ganz verschwunden ist.

9 Freistellen und Ausrichten

Zum Schluss können Sie das Bild mit dem Freistellungswerkzeug C noch freistellen und gegebenenfalls ausrichten.

▲ **Abbildung 30.41**
Bei den DETAILS können Sie schärfen und Bildrauschen reduzieren.

Schwarzweißbild mit Camera Raw

Wollen Sie ein reines monochromes Bild mit Camera Raw erstellen, brauchen Sie in Schritt 6 nur den Regler für SÄTTIGUNG ganz nach links auf 100 zu stellen. Allerdings sollten Sie dann auch die anderen Regler für die FARBTEMPERATUR und die Tonwerte anpassen. Da Sie hierbei nicht auf die Farben achten müssen, lässt sich hiermit ein wesentlich kontrastreicheres Bild erstellen. Der Regler DYNAMIK hat allerdings dann keinen Effekt mehr.

▲ **Abbildung 30.42**
Bild freistellen

10 Bild im Fotoeditor öffnen

Wenn Sie mit der Camera-Raw-Bearbeitung fertig sind, öffnen Sie das Bild zur weiteren Bearbeitung im Fotoeditor. Klicken Sie hierzu auf die Schaltfläche BILD ÖFFNEN im Camera-Raw-Dialog.

11 Bild speichern

Auch wenn es vielleicht klar sein sollte: Das Bild, das Sie im Fotoeditor geöffnet haben, ist immer noch im DNG-Format und muss noch in ein gängiges Bildformat gespeichert werden. Hierbei hängt es natürlich davon ab, was Sie mit dem Bild vorhaben. In der Praxis dürfte meistens eine Speicherung im JPEG-Format infrage kommen. Die Beschreibung der wichtigsten Dateiformate folgt in Abschnitt 6.5, »Wichtige Dateiformate für Bilder«.

▲ **Abbildung 30.43**
Das Bild links ist die unbearbeitete RAW-Fassung. Das Bild rechts ist die Version nach der RAW-Behandlung mit Camera Raw. Das Bild ist jetzt bereit für die weitere Bearbeitung im Fotoeditor von Photoshop Elements.

30.3.13 Stapelverarbeitung von RAW-Bildern

Wer mit RAW fotografiert, hat in der Regel sehr viele Bilder zu bearbeiten. Dafür gibt es die Camera-Raw-Standardeinstellung, mit der Sie mehrere RAW-Dateien in einem Rutsch (Stapelverarbeitung) konvertieren können. Dies ist zum Beispiel sinnvoll bei einer Serie von Bildern, die alle mit ähnlichen Voraussetzungen (Belichtung usw.) fotografiert wurden, wie dies beispielsweise bei Bildern für ein Panorama der Fall ist.

Schritt für Schritt
Mehrere RAW-Bilder auf einmal konvertieren (Stapelverarbeitung)

In diesem Workshop sollen RAW-Aufnahmen für ein Panorama in einem Rutsch bearbeitet werden. Da sie sich alle ähneln, können die Einstellungen eines Bildes hier auf die übrigen Bilder übertragen werden.

Kapitel_30:
Ordner Panorama

1 Dateien kopieren
Navigieren Sie zunächst zum Ordner PANORAMA auf der Festplatte Ihres Rechners.

2 RAW-Einstellung festlegen
Öffnen Sie eines der Bilder aus dem Ordner PANORAMA, und führen Sie eine übliche RAW-Korrektur durch, bis Ihnen das Bild optimal eingestellt erscheint.

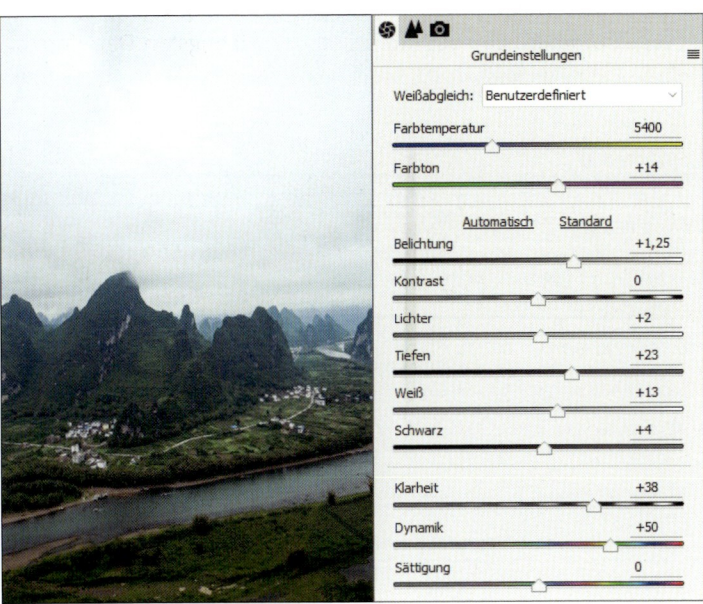

◀ **Abbildung 30.44**
Ich entscheide mich für die Einstellungen aus dieser Abbildung.

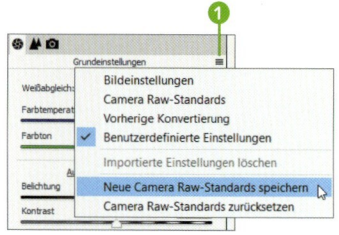

▲ **Abbildung 30.45**
Hier können Sie Voreinstellungen, mit denen ein neu geöffnetes Bild angepasst werden soll, sichern und wieder aufrufen.

3 Einstellungen speichern
Klicken Sie auf das kleine Symbol ❶ zum Ändern der Einstellungen, und wählen Sie im sich öffnenden Seitenmenü den Punkt Neue Camera Raw-Standards speichern aus. Diese Aktion wirkt sich nur auf den Punkt Camera Raw-Standards aus. Die RAW-Bilder selbst werden nach wie vor mit den üblichen Bildeinstellungen geöffnet. Sie brauchen sich übrigens keine Sorgen zu machen, dass Sie hiermit die eigentlichen Standards unwiederbringlich komplett überschreiben könnten. Diese können Sie jederzeit mit Camera Raw-Standards zurücksetzen wiederherstellen.

4 Camera Raw beenden
Über die Schaltfläche Abbrechen beenden Sie anschließend den Camera-Raw-Dialog.

5 Formatkonvertierung
Öffnen Sie, falls noch nicht geschehen, den Fotoeditor, und wählen Sie den Punkt Datei • Mehrere Dateien verarbeiten aus. Es öffnet sich ein Dialog, in dem Sie über die Schaltfläche Durchsuchen von Quelle ❷ den Pfad zum Ordner Panorama auf Ihrer Festplatte angeben. Mit Ziel ❸ bestimmen Sie, wo anschließend die konvertierten Dateien gespeichert werden.

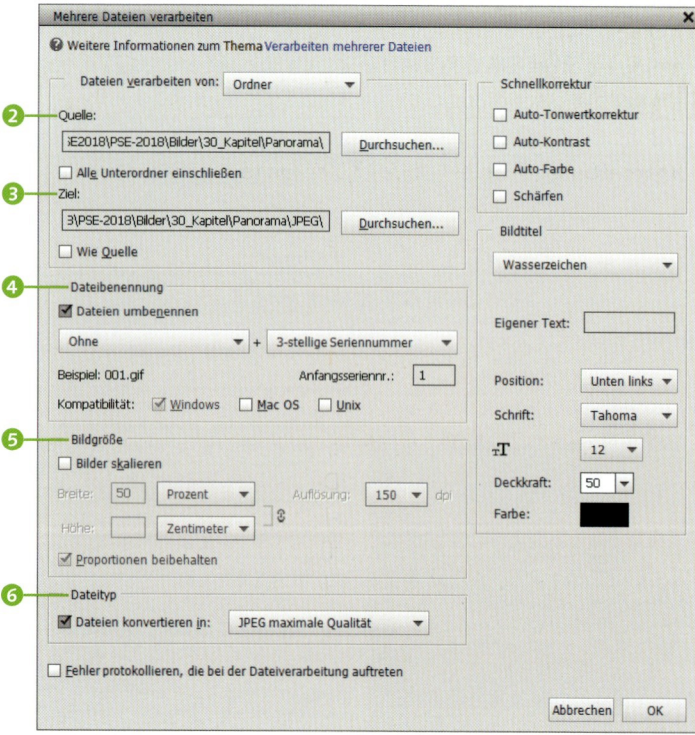

Abbildung 30.46 ▶
Stapelverarbeitung im Fotoeditor

Im Bereich DATEIBENENNUNG ④ vergeben Sie Namen für die konvertierten Dateien. Innerhalb des Bereichs BILDGRÖSSE ⑤ können Sie die Ausgabegröße und die Pixelgröße festlegen. Unter DATEITYP ⑥ stellen Sie ein, in welchem Dateiformat die Dateien gespeichert werden sollen. Setzen Sie das Häkchen vor DATEIEN KONVERTIEREN IN, und verwenden Sie JPEG MAXIMALE QUALITÄT.

6 Dateien verarbeiten

Klicken Sie jetzt auf OK, und Photoshop Elements konvertiert alle im Zielordner befindlichen RAW-Dateien anhand der zuvor festgelegten RAW-Einstellungen, ohne dass Sie sich um etwas kümmern müssen. Die konvertierten RAW-Bilder werden im angegebenen Zielordner (im Beispiel als JPEG-Bilder) abgespeichert. Natürlich bleiben die Original-RAW-Dateien unangetastet.

▼ **Abbildung 30.47**
Hier wurden unsere RAW-Bilder mithilfe von PHOTOMERGE-PANORAMA im ASSISTENT-Modus im Bereich PHOTOMERGE zu einem Panorama zusammengesetzt.

RAW-Bearbeitung mehrerer Bilder | Der letzte Workshop in diesem Kapitel zeigt Ihnen, wie Sie mit Camera Raw bei mehreren Dateien gleichzeitig die Einstellungen ändern.

Schritt für Schritt
Mehrere RAW-Dateien auf einmal mit Camera Raw bearbeiten

Es gibt noch eine zweite Möglichkeit, mehrere RAW-Bilder auf einmal in Camera Raw zu bearbeiten. Diesen Weg habe ich Ihnen bei der Einführung zum Camera-Raw-Dialog noch vorenthalten. Sollten Sie keine RAW-Bilder zur Verfügung haben, verwenden Sie einfach die Bilder aus dem Ordner KLEINE-TEMPEL.

Kapitel_30:
Ordner Alter-Friedhof

1 Dateien laden

Rufen Sie den Dialog zum Öffnen von RAW-Dateien mit [Strg]/[cmd]+[Alt]+[O] oder DATEI • IN CAMERA RAW ÖFFNEN auf. Wählen Sie das Verzeichnis, in dem sich die RAW-Dateien befinden (hier beispielsweise ALTER-FRIEDHOF). Markieren Sie die Bilder, die Sie mit Camera Raw öffnen wollen, und klicken Sie dann auf die Schaltfläche ÖFFNEN.

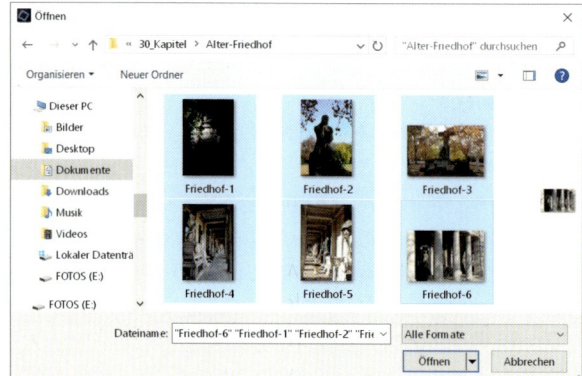

Abbildung 30.48 ▶
Bilder, die mit Camera Raw bearbeitet werden sollen, werden hier markiert.

2 Bilder in Camera Raw auswählen

Jetzt zeigt sich der Camera-Raw-Dialog mit einem neuen Steuerelement, das alle im Organizer ausgewählten Bilder in der linken Seitenleiste ❷ darstellt. Um alle Bilder auf einmal zu bearbeiten, klicken Sie auf die Schaltfläche ALLES AUSWÄHLEN ❶. Wollen Sie nicht alle, sondern nur einzelne RAW-Bilder bearbeiten, wählen Sie diese wie gewohnt mit gehaltener [Strg]/[cmd]-Taste aus.

Abbildung 30.49 ▼
Wählen Sie alle Bilder aus, damit sich die Einstellungen auf alle geöffneten Dateien auswirken.

3 RAW-Einstellungen durchführen

Wenn Sie jetzt die RAW-Einstellungen über die Schieberegler wie Weissabgleich, Tonwertanpassung und Sättigung anpassen, wirken sich diese Einstellungen auf alle Bilder aus. Beachten Sie dabei Folgendes: Falls Sie ein RAW-Bild freistellen oder ausrichten wollen und alle Bilder ausgewählt sind, wirkt sich diese Operation auch auf alle Bilder aus. Wollen Sie einzelne Bilder mit den RAW-Einstellungen feinjustieren, brauchen Sie nur das jeweilige Bild oder die Bilder auszuwählen. Die zuvor getroffenen Einstellungen bleiben erhalten.

Bilder, die verändert wurden, erkennen Sie am kleinen Symbol eines Schiebereglers ❺ rechts unten in den Vorschaubildern. Bilder, die freigestellt oder ausgerichtet wurden, haben links unten ein entsprechendes Symbol ❹. Außerdem finden Sie in der Werkzeugleiste ein Mülleimersymbol ❸, mit dem Sie misslungene Bilder zum Löschen markieren können, was in der Bildervorschau auf der linken Seite mit einem roten x ❻ angezeigt wird.

> **Bilder löschen**
>
> Beachten Sie: Wenn Sie bei einem markierten Bild das Mülleimersymbol ❸ in der Werkzeugleiste anklicken, wird dieses Bild in den Papierkorb Ihres Betriebssystems geschoben. Erst beim nächsten Leeren des Papierkorbs wird die Datei (fast) unwiderruflich gelöscht.

▼ **Abbildung 30.50**
Zahlreiche Icons und Werkzeuge helfen Ihnen dabei, den Überblick zu bewahren.

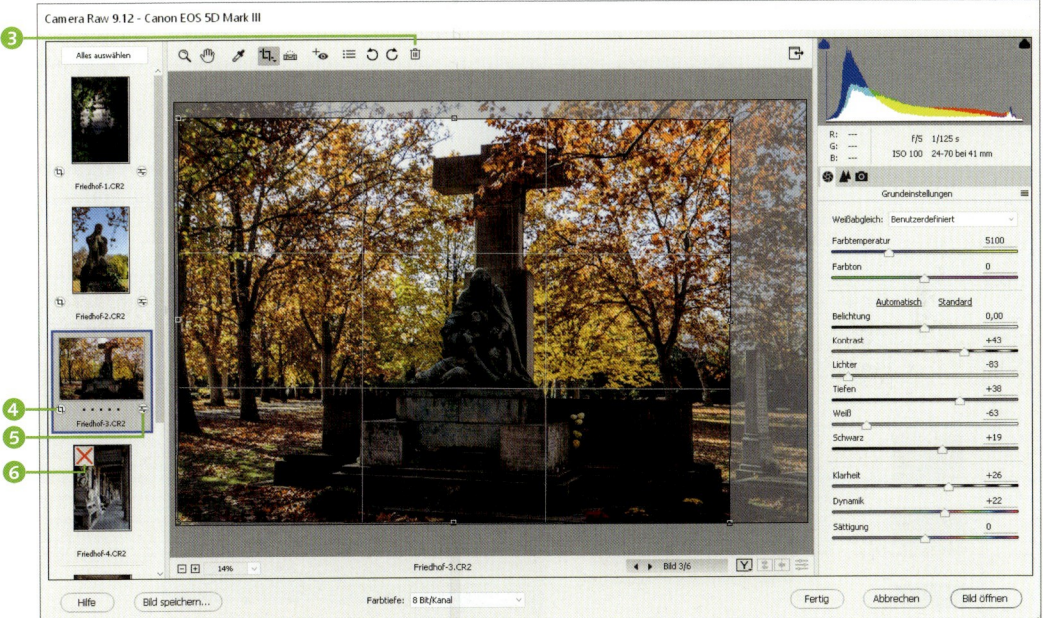

4 Bild(er) öffnen oder speichern

Wollen Sie alle Bilder auf einmal über die Schaltfläche Bild(er) speichern als DNG-Datei speichern oder mit der Schaltfläche Bild(er) öffnen im Fotoeditor öffnen, müssen Sie wieder alle Bilder in der Seitenleiste über die Schaltfläche Alles auswählen selektieren. Anderenfalls werden nur die Bilder gespeichert bzw. geöffnet, die aktuell ausgewählt sind.

Abbildung 30.51 ▶
In Camera Raw bearbeitete Bilder, in den Fotoeditor geladen

30.3.14 JPEG-Bilder mit Camera Raw bearbeiten

Für viele Anwender sind der Workflow und die Korrektur der Bilder mit dem Camera-Raw-Plug-in sehr angenehm und effektiv, sodass man sich wünschen würde, auch herkömmliche Bilder im JPEG-Format (oder auch in anderen Formaten wie TIFF und PSD) mit Camera Raw bearbeiten zu können. Die gute Nachricht ist, dass dies ebenfalls ohne Einschränkungen möglich ist.

Mit dem tollen Algorithmus von Camera Raw, bei dem man nicht mehr so leicht etwas kaputt machen kann, ist die Möglichkeit, JPEG-Bilder mit Camera Raw nachzubearbeiten, ein kleiner Geheimtipp. Hierzu müssen Sie lediglich im Dialog, den Sie mit [Strg]/[cmd]+[Alt]+[O] oder DATEI • IN CAMERA RAW ÖFFNEN aufrufen, JPEG-Bilder statt RAW-Bilder öffnen.

Behandelte Pixel

An dieser Stelle folgt noch der Hinweis, dass Sie natürlich wissen müssen, dass es sich bei JPEG- bzw. TIFF-Bildern um Pixel handelt, die bereits von der Kamera bearbeitet wurden. Daten im Rohformat sind stets von der Kamera unbehandelte Pixel.

Kapitel_30:
Lighttrails.jpg

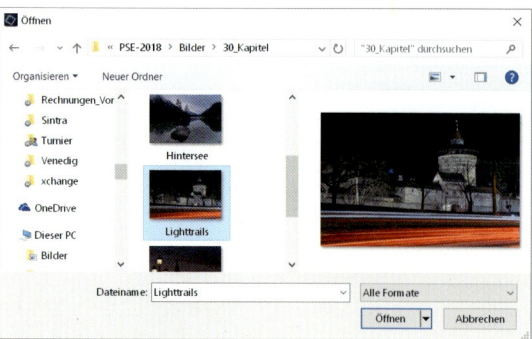

▲ **Abbildung 30.52**
Einfach ein JPEG-Bild im Dialog IN CAMERA RAW ÖFFNEN auswählen …

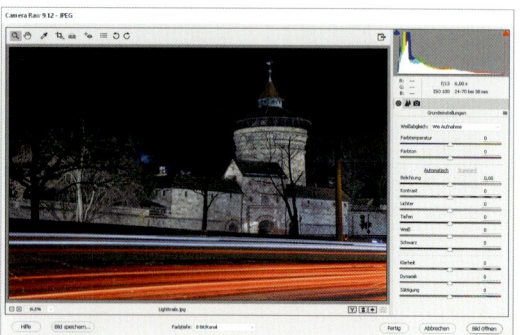

▲ **Abbildung 30.53**
… und das JPEG-Bild kann mit Camera Raw nachbearbeitet werden.

Kapitel 31
DRI-Technik

In diesem Kapitel lernen Sie eine Technik kennen, mit der Sie mehrere gleiche Bilder, allerdings mit unterschiedlichen Belichtungszeiten, zu einem einzigen Bild mit einer deutlich besseren Dynamik zusammenfügen können. Damit werden über- und unterbelichtete Bereiche im Endergebnis vermieden.

31.1 Was ist DRI?

Die Abkürzung DRI steht für *Dynamic Range Increase*. Bei dieser Technik werden von ein und demselben Motiv mehrere Bilder mit unterschiedlichen Belichtungszeiten aufeinandergelegt. Aus jeder Ebene wird hierbei der problematische Bereich (meistens der überstrahlte bzw. überbelichtete Bereich) entfernt, bis zuletzt ein ausgeglichen belichtetes Bild mit einem wesentlich besseren Dynamikumfang übrig bleibt. Aktuell werden derzeit mit **Exposure Blending** und **HDR** zwei Methoden verwendet. Der Begriff *DRI* kann also durchaus für beide Methoden benutzt werden.

Exposure Blending | Mit Ebenen und Masken werden für das Exposure Blending Bilder mit verschiedenen Belichtungszeiten übereinandergelegt, um die Bilder miteinander zu kombinieren. Dabei wird darauf geachtet, dass über- und unterbelichtete Bildbereiche aus dem Bild entfernt werden, sodass das Bild am Ende mehr Details erhält. Für das Exposure Blending können Sie jedes Bildbearbeitungsprogramm verwenden, das mit Ebenen und Transparenz umgehen kann.

HDR(I) | Neben der DRI-Technik gibt es auch die Technik mit der Abkürzung HDRI für *High Dynamic Range Image*. Um hier niemanden zu verwirren: Die Bezeichnung *HDRI-Bild* ist eigentlich

> **HDR nicht mit Photoshop Elements**
> Dass Photoshop Elements kein echtes HDR beherrscht, liegt auch daran, dass nur 8 Bit pro Farbkanal unterstützt werden. Echtes HDR bleibt somit dem großen Photoshop vorbehalten.

nicht ganz korrekt, weil das I in der Abkürzung bereits für *Bild* (englisch *image*) steht. In der Praxis spricht man daher eher von *HDR-Bildern*.

Der Unterschied zwischen der HDRI-Technik und der gleich vorgestellten DRI-Technik liegt darin, dass echte HDR-Bilder nicht im LDR-Format (kurz für *Low Dynamic Range*) mit 8 Bit pro Farbkanal vorliegen, sondern eben im HDR-Format mit 16 oder idealerweise 32 Bit pro Farbkanal. Echte HDR-Bilder können aus diesem Grund nicht in einem beliebigen Dateiformat gespeichert werden – anders als DRI-Bilder. Für echte HDR-Bilder können Sie zum Beispiel kein JPEG mit 8 Bit pro Farbkanal verwenden, sondern müssen auf TIFF in der 32-Bit-Variante zurückgreifen.

Ein weiteres Manko der echten HDR-Bilder ist, dass sie eigentlich mit normalen Monitoren (und natürlich auch bei einem Papierausdruck) zurzeit noch nicht richtig dargestellt werden können. Durchschnittliche Monitore (LDR-Medium) können einen solch hohen Kontrastumfang gar nicht darstellen und reduzieren diese HDR-Bilder letztendlich doch nur wieder auf LDR-Bilder.

> **Nur Exposure Blending ...**
> Ich will hier gar nichts schönreden: Da Photoshop Elements keine HDR-Funktionalität anbietet, ist die hier vorgestellte (manuelle) Exposure-Blending-Technik die einzige Variante, eine DRI-Technik mit Photoshop Elements zu verwenden. Dennoch ist dieses Kapitel nützlich, weil die echte HDR-Technik ähnlich funktioniert.

31.2 Tonemapping – HDR-Bilder simulieren

Um das automatische Konvertieren von HDR- in LDR-Bilder nicht vom Ausgabegerät abhängig zu machen, gibt es eine Technik namens *Tonemapping* (Dynamikkompression), mit der Sie den Kontrastumfang eines Bildes kontrolliert reduzieren. Auch wenn Sie auf dem Bildschirm nur LDR-Fotos betrachten können – die Ergebnisse mit dieser Technik sind wirklich beachtlich.

Schritt für Schritt
HDR bzw. Tonemapping simulieren

Zwar kann Elements kein HDR, aber mithilfe des verbesserten Camera-Raw-Plug-ins und der Möglichkeit, auch JPEGs damit öffnen zu können, können Sie HDR oder (hier besser) ein Tonemapping simulieren, indem Sie bestimmte Regler ganz nach außen ziehen.

Kapitel_31: Aufzug.jpg

1 Bild öffnen

Öffnen Sie die Datei »Aufzug.jpg« in Camera Raw. Wie Sie JPEG-Dateien in Camera Raw öffnen können, haben Sie bereits in Abschnitt 30.3.14, »JPEG-Bilder mit Camera Raw bearbeiten«, gesehen.

31.2 Tonemapping – HDR-Bilder simulieren

2 Einstellungen festlegen

Die Einstellungen sind im Grunde schnell festgelegt. Ziehen Sie den Regler Schwarz ganz nach rechts auf »+100«, den Regler Weiss ganz nach links auf »–100«, den Regler Tiefen auf »+100« und den Regler Lichter auf »–100« ❶.

Am Histogramm erkennen Sie, dass es jetzt ziemlich glockenförmig geworden ist, was ja häufig ein gewünschter Effekt bei perfekten Bildern ist. Jetzt verbessern Sie noch den Kontrast der Mitteltöne, indem Sie den Regler von Klarheit ❷ ganz nach rechts auf »+100« ziehen. Wenn die Farben jetzt zu flach geworden sind, können Sie den Regler Dynamik und/oder Sättigung noch etwas anheben. Im Beispiel habe ich den Regler Dynamik ❸ auf +25 erhöht. Fertig ist ein simuliertes Tonemapping, das Sie jetzt mit Bild öffnen ❹ in den Fotoeditor laden können.

> **HDR-Feintuning**
>
> Im Histogramm sehen Sie, dass Sie die Tonwerte zusammengeschoben haben. Wenn noch in den Tiefen und Lichtern Platz vorhanden ist, können Sie diesen Bereich auffüllen, indem Sie den Regler Kontrast erhöhen. Mittig können Sie die Tonwerte im Histogramm dann noch mit dem Regler Belichtung halten.

▼ **Abbildung 31.1**
HDR bzw. Tonemapping simulieren

◀ **Abbildung 31.2**
Links sehen Sie das Ausgangsbild, und rechts wurde das Tonemapping mit Camera Raw simuliert.

771

31.3 Aufnahmetipps für DRI-Bilder

Bevor ich Sie mit der DRI-Technik vertraut mache, möchte ich Ihnen noch kurz beschreiben, wie Sie Bilder für die DRI-Technik erstellen.

Kabel-Fernauslöser
Ein (Kabel-)Fernauslöser erleichtert Ihnen die Arbeit, und Sie müssen nicht dauerhaft den Finger auf dem Auslöser halten.

Kamera | Die wichtigste Bedingung ist zunächst, dass Ihre **Kamera** eine manuelle Einstellung der Belichtungszeit unterstützt. Wie die Kamera diese längere Belichtung durchführt, hängt vom Hersteller der Kamera ab. Im einfachsten Fall reicht es aus, den Auslöser der Kamera so lange gedrückt zu halten, wie Sie vorhaben, ein Motiv zu belichten (auch als *Bulb-Funktion* bekannt). Bessere Kameras bieten hierbei schon an, die Belichtungszeit manuell einzustellen oder eine ganze Belichtungsreihe zu erstellen.

Standort | Des Weiteren benötigen Sie für die Belichtungsaufnahmen einen **festen Standpunkt** – hier eignet sich am besten ein Stativ. Egal, was Sie als Stativ verwenden, die Kameraposition sollte sich während der Belichtungsreihe nicht mehr ändern, weil dies die anschließende Montage erheblich erschwert.

Anzahl der Bilder | Wie viele Bilder Sie erstellen, hängt vom Motiv, vom vorhandenen Licht und natürlich auch von der persönlichen Erfahrung ab. In der Praxis werden meist zwischen drei und sechs Bilder erstellt. Die Belichtungsdauer hängt ebenfalls vom Motiv, von der Kameraeinstellung und natürlich vom Umgebungslicht (Tageszeit) ab. Ich erstelle für solche Zwecke immer mehrere Aufnahmen mit gängigen Belichtungszeiten, wie beispielsweise 1/60, 1/16, 1/4 und 1 Sekunde (bei Nachtaufnahmen natürlich entsprechend länger). Lieber mache ich einige Aufnahmen zu viel, als Arbeit und Zeit umsonst zu investieren.

ISO-Wert
Wenn Sie die Belichtungszeit verkürzen wollen/müssen, können Sie auch den ISO-Wert in der Kamera erhöhen. Allerdings bewirkt ein erhöhter ISO-Wert meistens auch ein verstärktes Bildrauschen. Gerade bei Kompaktkameras fällt das Bildrauschen bei höheren ISO-Werten deutlich auf.

Kameraeinstellungen | Auch bei den Kameraeinstellungen lässt sich relativ schwer sagen, mit welcher Einstellung Sie die besten Ergebnisse erzielen. In der Praxis empfiehlt es sich zum Beispiel, eine **höhere Blendenzahl** zu verwenden, um eine bessere Schärfentiefe zu erzielen. Allerdings bedeutet eine höhere Blendenzahl wiederum, dass Sie länger belichten müssen, weil dabei ja weniger Licht auf den Sensor fällt. Wenn Sie die Werte aber erst einmal eingestellt haben, sollten Sie sie während der Aufnahmen mit verschiedenen Belichtungszeiten nicht mehr verändern. Hier ist es auch ratsam, nach dem ersten Scharfstellen den Autofokus zu deaktivieren, damit auch von Aufnahme zu Aufnahme immer dieselben Bedingungen herrschen.

31.3 Aufnahmetipps für DRI-Bilder

DRI mit nur einer Aufnahme | Wenn Sie Bilder im RAW-Format fotografieren, können Sie die DRI-Technik Exposure Blending auch mit nur einer Aufnahme durchführen. Hierzu müssen Sie lediglich mehrmals dasselbe Bild mit Camera Raw öffnen und mit unterschiedlichen Belichtungsstufen (über den Regler BELICHTUNG) in verschiedenen Bilddateien speichern. Am Ende haben Sie von demselben Bild mehrere Versionen mit unterschiedlichen Helligkeits- und Belichtungsstufen, die Sie dann im Fotoeditor mit Ebenenmasken überblenden können.

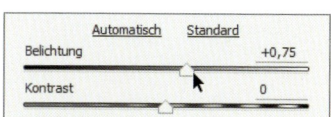

▲ **Abbildung 31.3**
Über Camera Raw und den Regler BELICHTUNG können Sie die DRI-Technik auch mit nur einer Aufnahme umsetzen.

Spezialfall: Nachtaufnahmen | Nachtaufnahmen sind in der Fotografie schon eine Disziplin für sich. Wohlgemerkt, ich spreche hier nicht von Bildern, die mit Blitzlichteinsatz oder Dauerlichtquellen aufgenommen wurden, sondern von Aufnahmen, die mit einer langen Belichtungszeit erstellt wurden.

Kapitel_31:
Paris1.jpg–Paris5.jpg
Die Einzelbilder finden Sie in der Datei »Paris.zip«.

Wer sich schon einmal an der Langzeitbelichtung versucht hat, der musste wohl ernüchtert feststellen, dass bei zu langer Belichtung die Lichter im Bild total überstrahlt sind, während bei zu kurzer Belichtung kaum Zeichnungen zu erkennen sind. Dieses Problem haben Sie übrigens nicht, wenn Sie Nachtaufnahmen machen, bei denen ein gleichmäßiges Licht vorhanden ist. Hier erreichen Sie häufig mit einer Belichtungszeit von 10 bis 30 Sekunden überzeugende Ergebnisse, die kaum nachbearbeitet werden müssen. Befinden sich allerdings im Bild sehr helle und sehr dunkle Bereiche, ist die DRI-Technik (in unserem Fall Exposure Blending) ideal, um das Problem zu beheben.

▼ **Abbildung 31.4**
Gerade bei extrem schlechten Lichtbedingungen (wie Nachtaufnahmen) und einer Belichtungsreihe mit unter- und überbelichteten Bildern sind DRI-Techniken, wie hier mit dem Exposure Blending, eine tolle Sache.

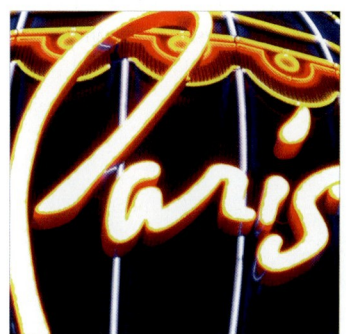 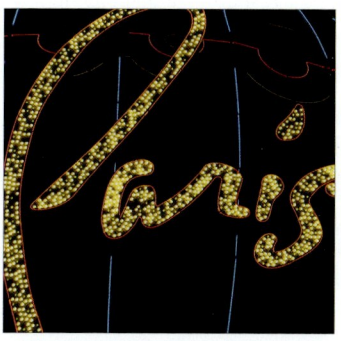 

Das linke Foto in Abbildung 31.4 wurde mit einer relativ langen Belichtungszeit erstellt, wodurch die Lichter vollkommen überstrahlt sind und die einzelnen Glühbirnen nicht mehr erkennbar sind. Die gleichen Lichter im mittleren Bild wurden erheblich kürzer belichtet, allerdings erkennt man in diesem Bild – abgesehen von den Lichtern und auch Glühbirnen – keine Details mehr. Im Bild rechts wurden mithilfe des Exposure Blendings die über- und unterbelichteten Bildbereiche entfernt, wodurch mehr Details auf dem Bild zu sehen sind. Natürlich wurde dieses Endergebnis mit mehr als nur den beiden Bildern erstellt (genau genommen mit fünf Bildern, die Sie im Downloadbereich zum Buch wiederfinden).

31.4 DRI in der Praxis

Um die Technik hinter DRI zu verstehen, zeigt Ihnen hier eine Schritt-für-Schritt-Anleitung die manuelle DRI-Bearbeitung.

Schritt für Schritt
Manuelle DRI-Montage

 Kapitel_31: Ordner Kurhaus (Kurhaus1.jpg–Kurhaus3.jpg)

Die manuelle DRI-Montage ist zwar recht aufwendig, liefert aber manchmal bessere oder etwas andere Ergebnisse als die automatischen Funktionen von Photoshop Elements, die in Abschnitt 31.5, »Automatische DRI-Funktion – Photomerge-Belichtung«, vorgestellt werden.

1 Bilder öffnen

Öffnen Sie zuerst alle JPEG-Bilder (»Kurhaus1.jpg«, »Kurhaus2.jpg« und »Kurhaus3.jpg«) in Photoshop Elements, und stellen Sie für eine bessere Übersicht die Fensteransicht mit FENSTER • BILDER • NEBENEINANDER um, sodass Sie alle Bilder gleichzeitig sehen.

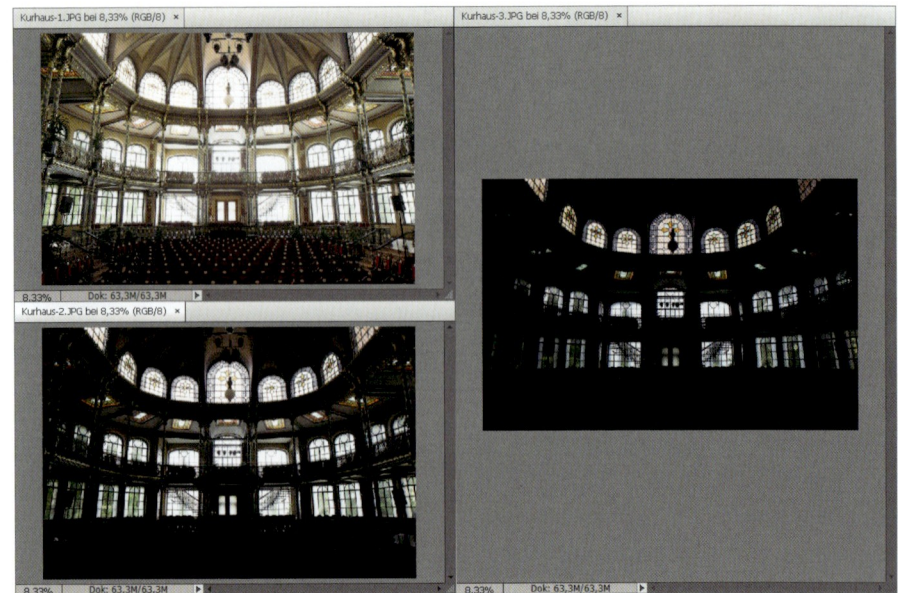

Abbildung 31.5 ▼
Diese drei Aufnahmen sollen zu einer einzigen zusammengefasst werden.

31.4 DRI in der Praxis

2 Bilder in Ebenen kopieren

Wählen Sie das Verschieben-Werkzeug [⊕] [V] aus. Klicken Sie in das Bild »Kurhaus2.jpg«, halten Sie [⇧] und die linke Maustaste gedrückt, und ziehen Sie das Bild auf »Kurhaus3.jpg«. Wiederholen Sie diesen Schritt mit dem Bild »Kurhaus1.jpg«, sodass sich jetzt im Bild »Kurhaus3.jpg« drei Ebenen (siehe Ebenen-Bedienfeld in Abbildung 31.6) befinden.

Schließen Sie die Dokumentfenster von »Kurhaus1.jpg« und »Kurhaus2.jpg«. Besonders wichtig in diesem Fall ist auch die Reihenfolge im Ebenen-Bedienfeld: Das Bild mit der längsten Belichtungszeit muss ganz oben stehen, die kürzeren Belichtungszeiten in absteigender Reihenfolge darunter; ganz unten befindet sich also das Bild mit der kürzesten Belichtungszeit.

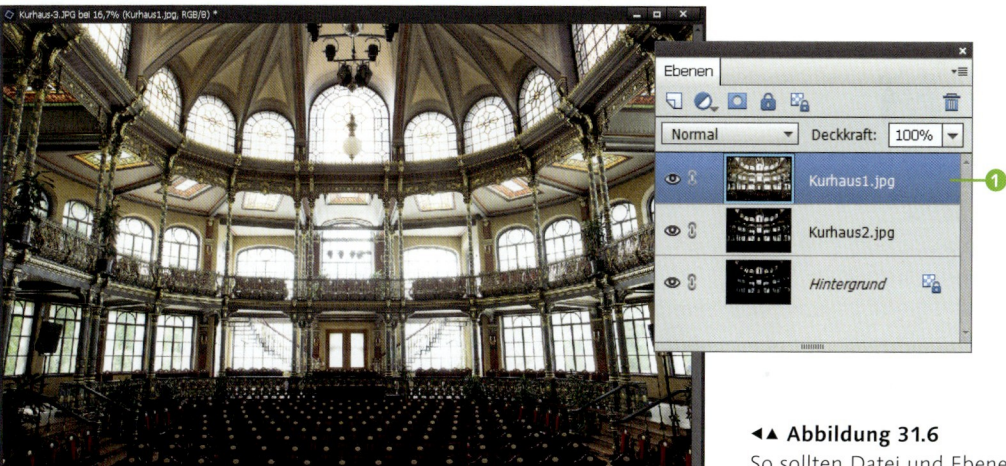

◀▲ **Abbildung 31.6**
So sollten Datei und Ebenen-Bedienfeld jetzt aufgebaut sein.

3 Problematische Bereiche auswählen

Wählen Sie im Ebenen-Bedienfeld die oberste Ebene ❶ mit der längsten Belichtungszeit. Aktivieren Sie als Werkzeug den Zauberstab [✦] [W]. Entscheidend für die DRI-Montage ist der Wert Toleranz ❷ (Abbildung 31.7) in den Werkzeugoptionen des Zauberstabs. Dieser Wert (0–255) hängt natürlich auch vom Motiv ab. Im Beispiel habe ich für die oberste Ebene einen Toleranzwert von 180 für den berücksichtigten Farbbereich festgelegt. Deaktivieren Sie außerdem die Optionen Benachbart und Alle Ebenen aufnehmen. Die Option Glätten hingegen lassen Sie aktiv. Zoomen Sie gegebenenfalls etwas näher in das Bild hinein, und wählen Sie mit dem Zauberstab den hellsten Punkt im Bild aus, wodurch die hellsten Bereiche inklusive der Toleranz ausgewählt werden.

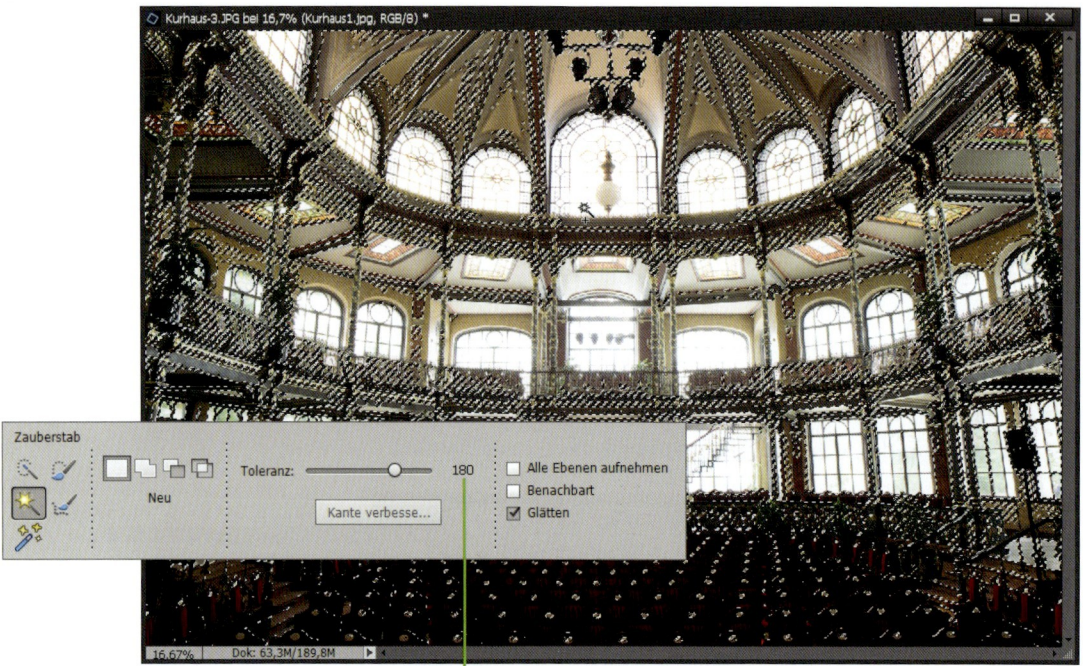

Abbildung 31.7 ▲
Die hellsten und extrem überstrahlten Bildbereiche sind ausgewählt.

Abbildung 31.8 ▶
Damit die Übergänge weich auslaufen, stellen Sie eine WEICHE AUSWAHLKANTE ein.

4 Weiche Auswahlkante

Um harte Kanten zu vermeiden, soll die Auswahlkante noch weichgezeichnet werden. Wählen Sie hierzu AUSWAHL • WEICHE AUSWAHLKANTE oder [Alt]+[Strg]/[cmd]+[D], und verwenden Sie einen RADIUS von »5« Pixeln. Natürlich hängt auch dieser Wert der WEICHEN AUSWAHLKANTE – wie schon die TOLERANZ – vom Bildmotiv ab.

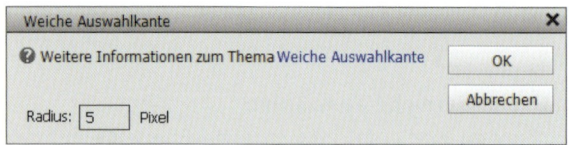

5 Auswahl ausblenden mit Ebenenmaske

Mit dem Befehl EBENE • EBENENMASKE • AUSWAHL AUSBLENDEN können Sie diesen überstrahlten Bereich mithilfe einer Ebenenmaske ausblenden. Im Ebenen-Bedienfeld finden Sie jetzt zu dieser Ebene eine Ebenenmaske ❹, über die die hellsten (überstrahlten) Bereiche der aktiven Ebene ausgeblendet wurden. Wenn Sie die Sichtbarkeit der anderen darunterliegenden Ebenen über das Augensymbol deaktivieren, sehen Sie den ausgeblendeten Bereich in Transparenz ❸ im Bild. Da Sie außerdem Ebenenmasken verwenden, können Sie diesen Bereich ja nach wie vor nacharbeiten.

31.4 DRI in der Praxis

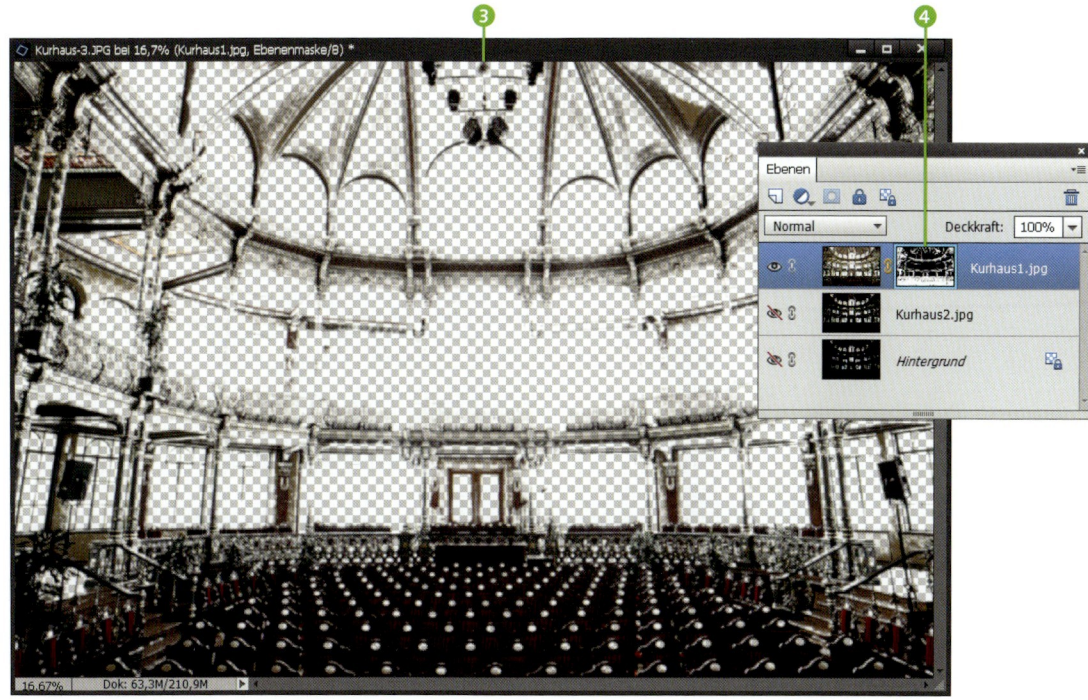

▲ Abbildung 31.9
Hier habe ich die zu hellen und grell überstrahlten Bildbereiche der obersten Ebene mithilfe einer Ebenenmaske ausgeblendet.

6   Arbeitsschritte 3 bis 5 wiederholen

Wiederholen Sie die Arbeitsschritte 3 bis 5 mit der darunterliegenden Ebene (hier »Kurhaus2.jpg«). Wichtig: Reduzieren Sie diesmal die Toleranz für den Zauberstab in der Werkzeugleiste. Da die weniger lang belichteten Bilder nicht mehr so extrem überstrahlte Lichter enthalten, wählen Sie mit der reduzierten Toleranz in den darunterliegenden Ebenen nur die zu hellen Bildbereiche aus und entfernen diese. Zusätzlich erhalten Sie so einen harmonischeren Lichtübergang von einer zur anderen Ebene. Daher gilt hierbei auch: Je mehr Fotos mit unterschiedlichen Belichtungszeiten Sie erstellt haben, desto besser kann das Endergebnis aussehen.

Im Beispiel habe ich für die Ebene »Casino2« eine Toleranz von 100 verwendet.

7   Feintuning der Ebenenmasken

Wo wir schon Ebenenmasken für die DRI-Technik verwenden, können Sie so jetzt jederzeit ausgeblendete Bereiche mit dem Pinsel-Werkzeug und weißer Farbe auf der Ebenenmaske wieder hinzufügen oder mit schwarzer Farbe entsprechend entfernen, wie ich es im Beispiel mit dem Fenster ❶ (Abbildung 31.10) gemacht habe. Hier habe ich außerdem die Graustufenansicht der Ebenenmaske aktiviert. Die Ebenenmasken habe ich ausführlich in Kapitel 28 beschrieben.

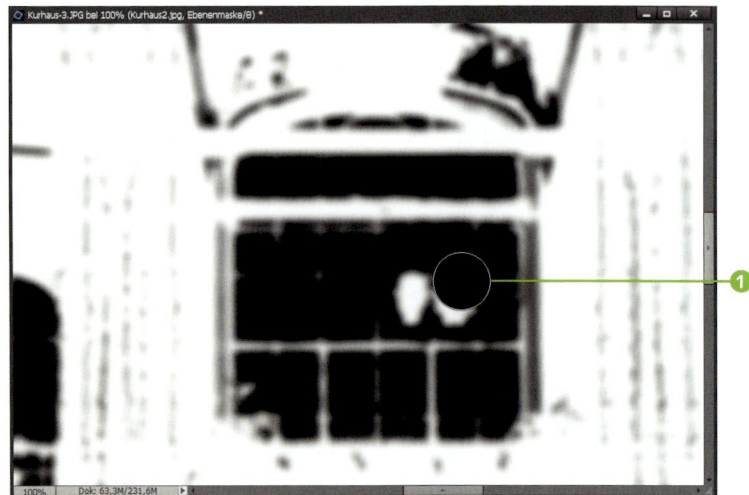

Abbildung 31.10 ▶
Das Nacharbeiten einzelner Bildbereiche ist dank der Ebenenmasken kein Problem.

8   Auf Hintergrundebene reduzieren

Wenn Sie mit dem Ergebnis zufrieden sind, brauchen Sie nur noch über Ebene • Auf Hintergrundebene reduzieren alles zu einer Einheit zu reduzieren.

▲ **Abbildung 31.11**
Das Ergebnis nach der manuellen DRI-Montage kann sich sehen lassen.

Abschließend lässt sich feststellen, dass die angegebenen Werte nur für das Beispiel geeignet sind. Bei Ihrer eigenen DRI-Montage werden Sie also nicht um das Austesten verschiedener Werte herumkommen. Besonders wichtig sind dabei der TOLERANZ-Wert des Zauberstabs und die WEICHE AUSWAHLKANTE. Je öfter Sie aber DRI-Montagen selbst erstellen, desto schneller werden Sie ein Gefühl für die richtigen Einstellungen bekommen. Auch der geübte Umgang mit den Ebenenmasken ist für eine manuelle DRI-Montage unerlässlich.

Allerdings lässt sich diese manuelle DRI-Technik nicht immer ohne Weiteres auf jede Belichtungsserie gleich gut anwenden, da jede einzelne Belichtungsreihenfolge für sich betrachtet andere Werte erfordert und auch entsprechendes Fingerspitzengefühl benötigt. Wer es eilig hat, noch keinerlei Erfahrung besitzt oder mit dem Ergebnis der manuellen DRI-Lösung einfach nicht zufrieden ist, für den bietet sich PHOTOMERGE-BELICHTUNG (bzw. PHOTOMERGE-EXPOSURE) im ASSISTENT-Modus an, die gleich im folgenden Abschnitt verwendet und anhand eines neuen Beispiels beschrieben wird.

31.5 Automatische DRI-Funktion – Photomerge-Belichtung

Mit der Funktion PHOTOMERGE-BELICHTUNG erstellen Sie aus einer Belichtungsreihe mit gleichen Motiven ein gut belichtetes Foto. Im Grunde handelt es sich also um dasselbe Prinzip, wie ich es im Abschnitt zuvor mit der DRI-Technik beschrieben habe – nur eben als komfortable Automatik.

Schritt für Schritt
Automatische DRI-Montage

In diesem Workshop soll die Funktion PHOTOMERGE-BELICHTUNG zum Einsatz kommen.

Kapitel_31:
Ordner montmartre
(treppe-nachts-1.jpg–
treppe-nachts-3.jpg)

1 Bilder öffnen

Öffnen Sie die Bilder »treppe-nachts-1.jpg«, »treppe-nachts-2.jpg« und »treppe-nachts-3.jpg« in Photoshop Elements, und wechseln Sie in den ASSISTENT-Modus. Im Bereich PHOTOMERGE klicken Sie jetzt auf PHOTOMERGE-EXPOSURE und bestätigen den folgenden Dialog mit der Schaltfläche ALLE ÖFFNEN, wodurch alle drei geöffneten Bilder anschließend bei der automatischen DRI-Montage berücksichtigt werden.

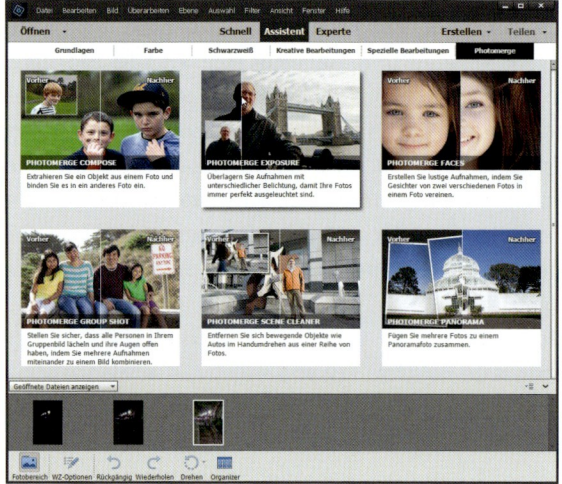

Abbildung 31.12 ▶
Diese drei Aufnahmen einer Belichtungsreihe sollen zu einem guten Foto zusammengesetzt werden.

2 Bilder auswählen

Alle angehakten Bilder im Fotobereich ❷ werden jetzt für die Belichtungsreihe verwendet und als fertiges Bild unter ENDERGEBNIS ❶ angezeigt. Entfernen Sie ein Häkchen vor einem Bild im Fotobereich, wird dieses im Endergebnis nicht mehr berücksichtigt. So können Sie sehr komfortabel testen, ob das Ergebnis der Belichtungsreihe mit oder ohne ein bestimmtes Bild besser aussieht oder nicht.

Abbildung 31.13 ▶
PHOTOMERGE-BELICHTUNG

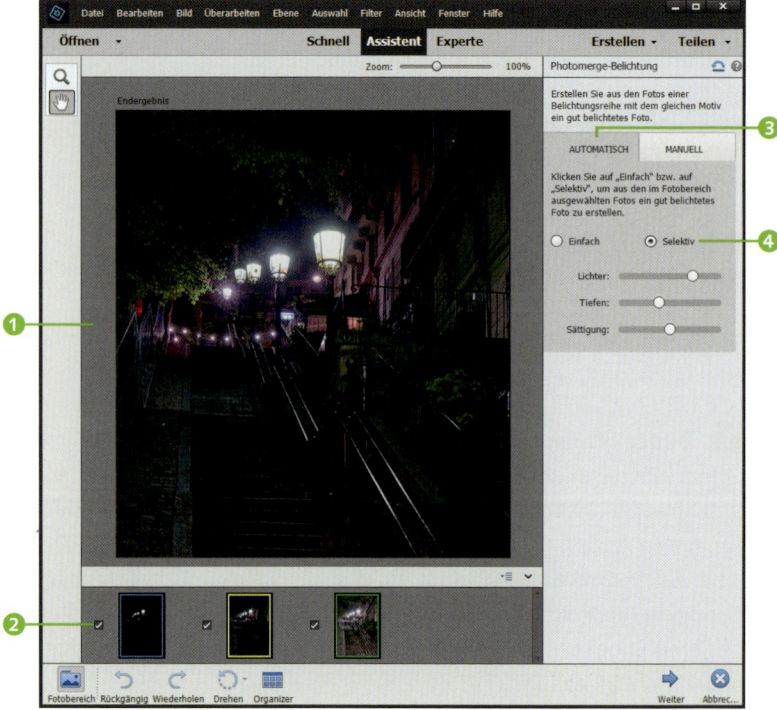

31.5 Automatische DRI-Funktion – Photomerge-Belichtung

3 Selektives Überblenden
Auf der rechten Seite wählen Sie im Reiter Automatisch ❸ aus, ob Sie die Bilder Einfach oder Selektiv ❹ überblenden wollen. Beim einfachen Überblenden verwenden Sie nur die Automatik, während Sie beim selektiven Überblenden das Ergebnis noch etwas genauer einstellen können. Daher sollten Sie die Option Selektiv auswählen. Jetzt haben Sie drei weitere Regler vor sich, mit denen Sie das Endergebnis noch präziser justieren können.

4 Lichterdetails anpassen
Mit dem Regler Lichter schwächen Sie die Lichterdetails mehr ab oder heben sie hervor. Wohlgemerkt ist hier nicht die Rede von Lichtern, wie Sie dies von der Tonwertkorrektur her kennen. Je weiter Sie den Regler nach rechts ziehen, desto mehr Details werden bei den Lichtern angezeigt. Je weiter Sie den Regler nach links ziehen, desto heller strahlen die Lichter.

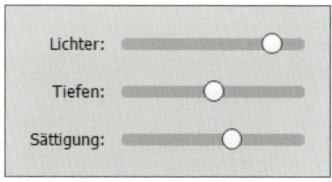

▲ **Abbildung 31.14**
Feinjustieren der Überblendung

5 Tiefen und Sättigung einstellen
Mit dem Regler Tiefen können Sie eben diese verdunkeln oder aufhellen. Im Beispiel habe ich den Wert auf +60 gestellt. Der Regler Sättigung ändert die Intensität der Farbe und des Farbtons. Im Beispiel habe ich die Sättigung leicht um +13 erhöht. Sind Sie mit dem Ergebnis zufrieden, betätigen Sie die Schaltfläche Weiter, und das Ergebnisbild wird erstellt. Anschließend können Sie Assistent-typisch entscheiden, wie Sie mit dem erstellten Ergebnis fortfahren wollen.

◄ **Abbildung 31.15**
Hier das fertige Bild, das aus der Photomerge-Belichtung generiert wurde, mit allen Vorzügen aus den drei Bildern der »guten« Bildbereiche in einem Bild vereint

Kapitel 31 DRI-Technik

Erwähnt werden sollte hier auch die Möglichkeit, die Belichtungsreihe manuell ❶ durchzuführen, indem Sie die belichteten Bereiche mit einem Auswahlwerkzeug aufpinseln. Das manuelle Werkzeug bietet auch eine Möglichkeit an, die DECKKRAFT ❷ einzustellen, um die Pinselstriche nicht zu stark im Endfoto zu sehen. Und wenn das Bild nicht richtig ausgerichtet ist, beheben Sie dies mit dem Ausrichtungswerkzeug (siehe Abschnitt 21.4.2, »Photomerge-Gesichter«).

▼ **Abbildung 31.16**
Auch manuell lässt sich ein Bild aus einer Belichtungsreihe erstellen.

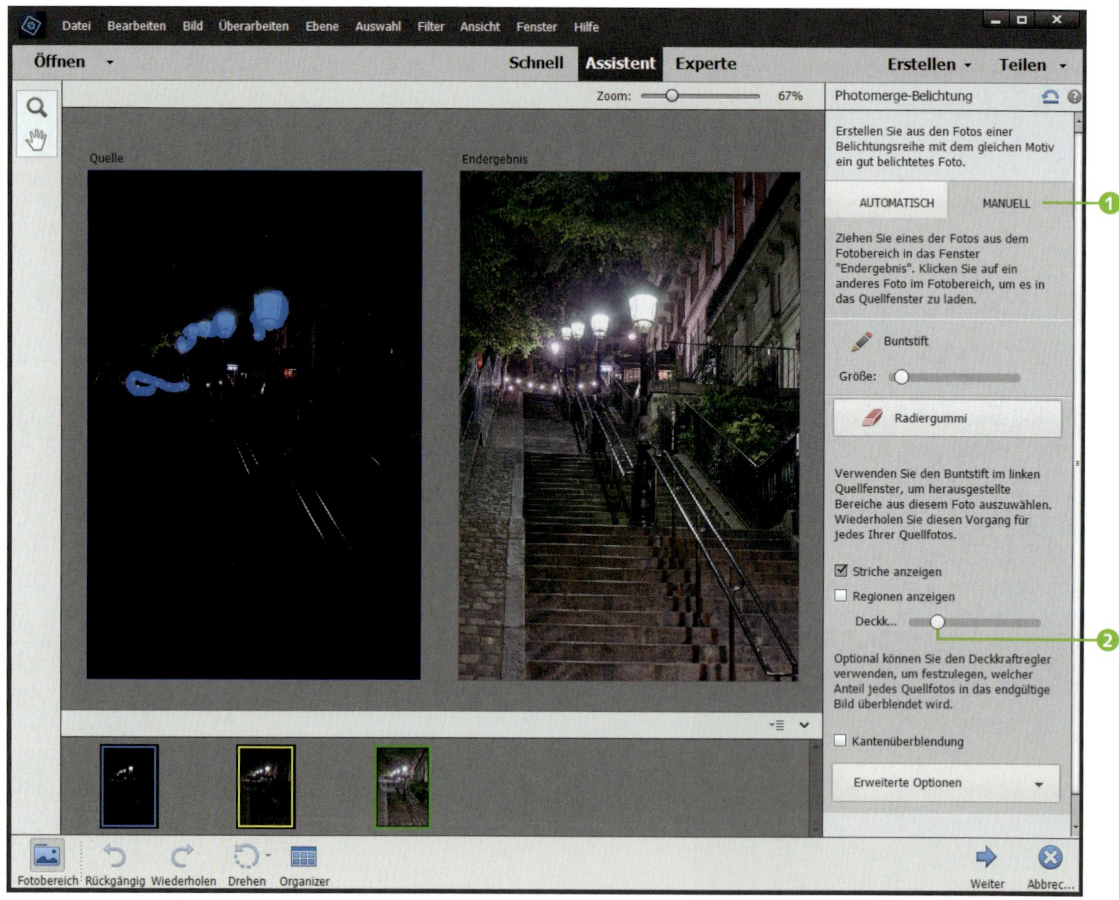

TEIL X
Reparieren und Retuschieren

Kapitel 32
Bildstörungen

Bei der Retusche handelt es sich um das Entfernen von Bildstörungen wie Rauschen, Kratzer, Staub oder unerwünschte Bilddetails. Für solche Detailarbeiten bietet Photoshop Elements interessante Filter und Werkzeuge.

32.1 Hinweise zur Retusche

Da man Bilder auf dem Monitor selten mit 100%iger Auflösung betrachtet, fallen viele Störungen zunächst gar nicht auf. Erst bei näherer Betrachtung bemerkt man dann Störungen wie Bildrauschen, Staub oder starke Kompressionsspuren, die beim Abspeichern von Bildern im JPEG-Format auftreten. Leider ist es nicht immer möglich, solche Störungen komplett zu beheben, aber eine Verbesserung lässt sich häufig allemal erzielen.

Kapitel_32:
Bildrauschen.jpg,
Artefakte.jpg

◀▲ **Abbildung 32.1**
Bei dieser Aufnahme fällt das Bildrauschen bei genauerer Betrachtung in der 100%-Ansicht ganz deutlich auf. Kein Wunder, hier wurde mit ISO 10.000 fotografiert.

Kapitel 32 Bildstörungen

Abbildung 32.2 ▲▶
Die quadratischen Artefakte, die besonders deutlich im Himmel und in den Sonnenstrahlen zu sehen sind, entstanden durch eine zu starke JPEG-Kompression.

Bevor wir in die Praxis einsteigen, möchte ich noch ein paar wichtige Hinweise geben, die Sie vor dem Retuschieren unbedingt beachten sollten:

▶ **Übliche Bildkorrekturen abschließen**
Bevor Sie mit der Retusche anfangen, sollten Sie alle üblichen Bildkorrekturen wie Tonwertkorrektur, Helligkeit und Kontrast, Farbstiche entfernen usw. abgeschlossen haben. Ein eventuell nötiges Nachschärfen verlegen Sie natürlich erst ans Ende der Korrektur.

▶ **Duplikate verwenden**
Wichtig: Verwenden Sie für die Retusche grundsätzlich ein Duplikat, damit Sie das Original bei einer misslungenen Retusche wieder zur Hand haben.

▶ **1:1-Ansicht verwenden**
Gerade um Bildstörungen wie das Bildrauschen auch wirklich erkennen zu können, sollten Sie das Bild in einer 1:1-Ansicht betrachten. Erst in einer 1:1-Ansicht können Sie das Ausmaß der Bildstörung wirklich ausmachen, und in dieser Ansicht können Sie unter Umständen diese Störungen beheben, ohne zu viele Details »kaputtzumachen«.

Bildrauschen aus der Kamera
Das Thema **Bildrauschen** trifft früher oder später einen jeden Fotografen. Spätestens wenn das Umgebungslicht schlechter wird und Sie die ISO-Zahl erhöhen müssen, um zumindest aus der Hand Bilder in einer höheren Verschlusszeit machen zu können, werden Sie mit dem Bildrauschen konfrontiert. Abhängig von der Größe des Bildsensors der Kamera tritt dann ein mehr oder weniger starkes Bildrauschen auf. Je weniger Licht dabei vorhanden ist, umso stärker fällt dieses Rauschen dann meistens auf.

32.2 Bildrauschen entfernen

Als Bildrauschen bezeichnet man unerwünschte und fehlerhafte Pixel in der Bilddatei, die nicht die korrekte Farbe oder Helligkeit haben. Hierbei unterscheidet man zwischen einem Farbrauschen und einem Helligkeitsrauschen (oder auch: Luminanzrauschen). Das Farbrauschen entsteht meistens in dunklen Bildbereichen, in denen unerwünschte bunte Pixel in Rot, Grün und Blau zu sehen sind, wodurch diese Art des Rauschens besonders deutlich auf dem Bild auffällt. Das Helligkeitsrauschen hingegen fällt nicht ganz so markant in helleren Bildbereichen auf, weil hier nur helle und dunkle Pixel vorhanden sind, die an das Filmkorn aus analogen Zeiten erinnern. Bei einem blauen Himmel wirkt sich aber das Helligkeitsrauschen recht störend auf das Bild aus.

Um Bildrauschen oder Körnigkeit entgegenzuwirken, bietet Photoshop Elements einige wirksame Filter und Funktionen an, die ich im Folgenden vorstellen möchte.

> **Spezialisten für Rauschreduzierung**
> Das Buch behandelt zwar Photoshop Elements, aber hier soll nicht auf den berühmten Blick über den Tellerrand verzichtet werden. Es gibt spezielle Filterprogramme, mit denen Sie eine gute Rauschunterdrückung erzielen und die sich in der Vergangenheit oft bewährt haben. Hierbei sollten auf jeden Fall noch die beiden Programme Neat Image von http://www.neatimage.com/ und Noise Ninja von http://www.picturecode.com/ erwähnt werden, die neben einer Standalone-Awendung auch als Plug-in in Photoshop Elements verwendet werden können.

32.2.1 Rauschen entfernen – die Automatik

Zur Behebung leichter Schäden können Sie im Menü die Option FILTER • RAUSCHFILTER • RAUSCHEN ENTFERNEN verwenden. Diesen Filter können Sie allerdings nicht steuern. Er versucht, Kanten und Bildbereiche zu ermitteln, in denen deutliche Farbveränderungen auftreten. Bis auf die Kanten wird diese Auswahl dann durch Weichzeichnen entrauscht, sodass die Details erhalten bleiben.

32.2.2 Staub und Kratzer

Mehr Steuerungsmöglichkeiten bietet Ihnen der Filter unter FILTER • RAUSCHFILTER • STAUB UND KRATZER. Er reduziert optische Störungen aufgrund stark unähnlicher benachbarter Pixel. Die Parameter RADIUS ❶ (Abbildung 32.3) und SCHWELLENWERT ❷ kennen Sie ja bereits von den Schärfe- und Weichzeichnungsfiltern:

▶ Mit RADIUS bestimmen Sie hier, wie groß der Bereich ist, in dem der Filter nach unähnlichen Pixeln suchen soll. Natürlich bedeutet ein höherer RADIUS auch eine stärkere Unschärfe für das Bild. Obwohl Sie hier theoretisch ziemlich hohe Werte verwenden können, werden Sie in der Praxis eher mit niedrigeren Werten arbeiten.

▶ Mit dem SCHWELLENWERT geben Sie vor, wie weit die Helligkeits- und Farbwerte voneinander abweichen müssen, damit der Filter auf sie angewendet wird.

> **Mit Vorsicht anwenden**
> Bei Bildern mit sehr detaillierten Motiven ist der Filter STAUB UND KRATZER weniger geeignet, da der Schärfeverlust häufig zu groß ist. In der Praxis ist dieser Filter daher eher für unschärfere Scans geeignet, um hier eventuell vorhandenen Staub oder Kratzer zu beseitigen.

Kapitel_32:
Geschwister.jpg

Kapitel 32 Bildstörungen

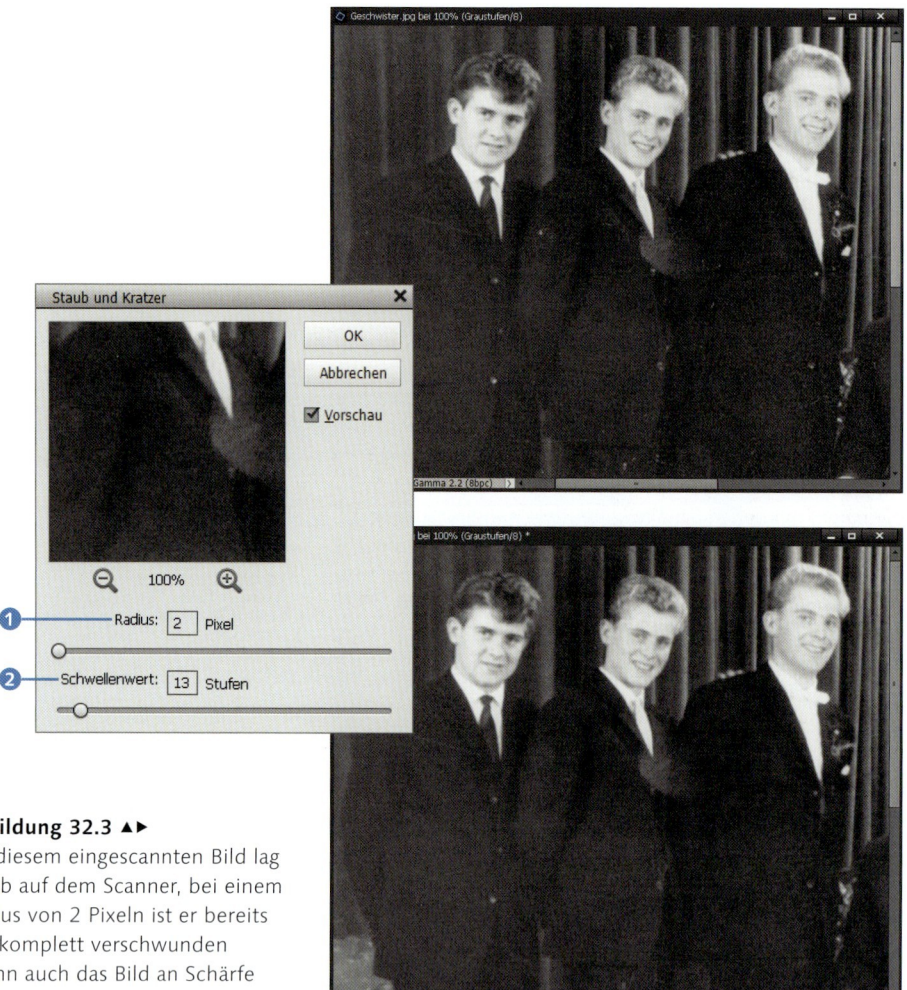

Abbildung 32.3 ▲▶
Bei diesem eingescannten Bild lag Staub auf dem Scanner, bei einem Radius von 2 Pixeln ist er bereits fast komplett verschwunden (wenn auch das Bild an Schärfe verloren hat).

32.2.3 Rauschen reduzieren

Den wohl besten Filter mit den meisten Einstellungsmöglichkeiten finden Sie im Menü unter FILTER • RAUSCHFILTER • RAUSCHEN REDUZIEREN. Dieser Filter verringert Luminanzrauschen und Farbstörungen. Solche Bildstörungen treten zum Beispiel auf, wenn Sie zu wenig Licht beim Fotografieren haben. Auch JPEG-Artefakte, die beim Speichern in niedriger JPEG-Qualität erzeugt werden, lassen sich hiermit reduzieren.

Mit dem Regler STÄRKE ❸ regeln Sie den Grad des Luminanzrauschens. Um feine Bilddetails und Kanten zu erhalten, nutzen Sie den Regler DETAILS ERHALTEN ❹. Je höher hierbei der Wert ist, desto mehr Details bleiben erhalten. Allerdings reduziert ein höherer Wert auch die Wirkung der Rauschunterdrückung von STÄRKE. Um eine chromatische Rauschunterdrückung auszuglei-

chen, verwenden Sie den Regler Farbrauschen reduzieren ❺.
Die Option JPEG-Störung entfernen ❻ sollten Sie aktivieren,
wenn das Bild quadratische JPEG-Artefakte enthält, die bei einer
zu starken JPEG-Kompression typischerweise entstehen.

◀ Abbildung 32.4
Der Dialog Rauschen reduzieren dürfte wohl, neben dem Plug-in Camera Raw, die beste Wahl sein, um Bildstörungen wie Luminanzrauschen, chromatisches Rauschen und JPEG-Artefakte zu reduzieren.

32.2.4 Helligkeit interpolieren

Mit Filter • Rauschfilter • Helligkeit interpolieren reduzieren Sie Bildstörungen in einer Ebene durch das Anpassen der Helligkeitswerte benachbarter Pixel. Dabei sucht der Filter nach Pixeln mit einer ähnlichen Helligkeit. Pixel, die sich von benachbarten Pixeln stark unterscheiden, werden verworfen und durch ein anderes Pixel mit einem durchschnittlichen Helligkeitswert der untersuchten Pixel ersetzt.

Mit Radius bestimmen Sie, wie groß der Bereich ist, in dem der Filter nach Pixeln mit ähnlichen Helligkeitswerten suchen soll. Ein höherer Radius bedeutet auch hier eine stärkere Unschärfe für das Bild, sodass hier ebenfalls nur niedrige Werte zu brauchbaren Ergebnissen führen.

▲ Abbildung 32.5
Der Filter Helligkeit interpolieren hat sich schon in vielen Fällen beim Entfernen von Bildrauschen bewährt.

32.2.5 Rauschen reduzieren mit Weichzeichnungsfiltern

Wenn Sie die Filter zum Reduzieren von Bildrauschen ein wenig an die Weichzeichnungsfilter von Kapitel 18, »Bilder weichzeichnen«, erinnern, dann liegen Sie gar nicht so falsch. Im Grunde sind diese Filter zum Reduzieren von Bildrauschen auch eine Form der Weichzeichnung. Daher eignen sich auch die Weichzeichnungsfilter wie Gaussscher Weichzeichner (siehe Abschnitt 18.3, »Gaußscher Weichzeichner«), Selektiver Weichzeichner (siehe

Abschnitt 18.4, »Selektiver Weichzeichner«) und MATTER MACHEN (siehe Abschnitt 18.7, »Matter machen«) zur Reduzierung des Bildrauschens.

Da durch die beiden Filter SELEKTIVER WEICHZEICHNER und MATTER MACHEN auch die Kanten erhalten bleiben, eignen sich diese beiden Werkzeuge für ein präziseres Weichzeichnen und Entfernen von Bildrauschen als die speziellen Filter zum Entfernen von Bildrauschen, die das komplette Bild glatt bügeln. Der GAUSSSCHER WEICHZEICHNER-Filter hingegen eignet sich sehr gut für das partielle Entfernen von Bildrauschen mithilfe von Ebenenmasken, ähnlich wie Sie dies in Abschnitt 17.5.2, »Partielle Schärfung«, im Workshop »Einzelne Bildbereiche schärfen« gemacht haben. Sie müssen nur die Ebene duplizieren, dann weichzeichnen, eine schwarze Ebenenmaske hinzufügen und die entsprechenden Bildbereiche mit einer weißen Pinselfarbe entrauschen.

32.2.6 Bildrauschen mit Camera Raw reduzieren

Eine weitere sehr gute Möglichkeit, das Bildrauschen zu reduzieren, bietet sich mit dem Camera-Raw-Plug-in an. Aus dem Abschnitt 30.3.14, »JPEG-Bilder mit Camera Raw bearbeiten«, wissen Sie, wie Sie JPEGs damit öffnen können, und die Rauschreduzierung wurde bereits in Abschnitt 30.3.8, »Schärfen und Rauschreduzierung«, kurz beschrieben.

Schritt für Schritt
Das Bildrauschen mit Camera Raw reduzieren

Das Camera-Raw-Plug-in bietet die Variante an, sowohl das Helligkeitsrauschen als auch das Farbrauschen recht komfortabel zu reduzieren. Daher finden Sie hier einen Workshop, der Ihnen auch gleich diese beiden Arten des Bildrauschens etwas näherbringt.

Kapitel_32: Verrauscht.jpg

Abbildung 32.6 ▶
Das Bild enthält ein Bildrauschen.

32.2 Bildrauschen entfernen

1 Bild in Camera Raw öffnen

Öffnen Sie das Bild »Verrauscht.jpg« über DATEI • IN CAMERA RAW ÖFFNEN. Anschließend ist es unerlässlich, die Ansicht auf mindestens 100 % zu stellen, um das Bildrauschen überhaupt beurteilen zu können. Ich habe im Beispiel die Einstellung sogar auf 400 % ❶ gestellt. Am Wassergraben ❷ können Sie hierbei sehr schön das Farbrauschen mit den bunten Pixeln in Rot, Grün und Blau erkennen.

▼ **Abbildung 32.7**
Erst in einer detaillierteren Ansicht lässt sich das Bildrauschen deutlich erkennen.

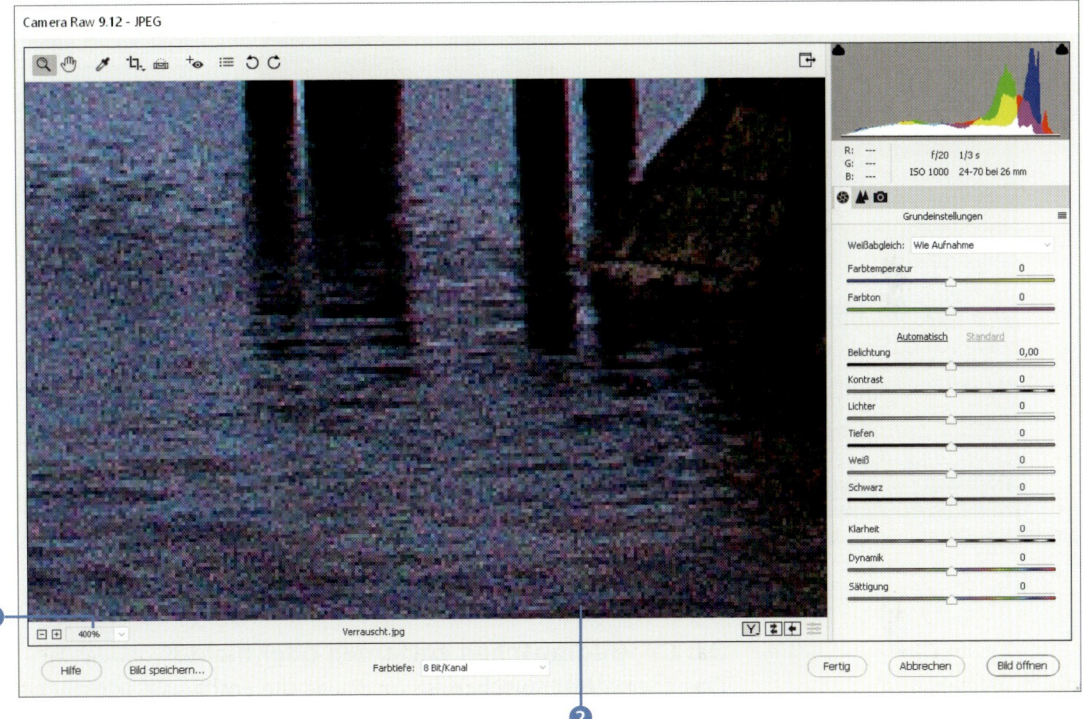

2 Farbrauschen entfernen

Wechseln Sie in das Register DETAILS ❹ (Abbildung 32.8), und schieben Sie den Regler FARBE ❼ nach rechts, bis das Farbrauschen mit den bunten Pixeln im Bild verschwindet. Ich habe den Regler hier bis auf 60 gezogen. Die Details, die durch die Beseitigung des Farbrauschens verloren gegangen sind, können Sie mit dem Regler FARBDETAILS ❽ wieder hervorholen.

3 Helligkeitsrauschen reduzieren

Das Helligkeitsrauschen können Sie mit dem Regler LUMINANZ ❺ reduzieren, indem Sie den Regler nach rechts ziehen. Im Beispiel wurde der Regler auf den Wert 40 gezogen, um das Rauschen auf ein erträglicheres Maß zu reduzieren. Sie können aber auch den Regler bis auf 75 ziehen, um das Rauschen komplett zu entfer-

Vollbildmodus
Mit dem Icon ❸ (Abbildung 32.8) aktivieren Sie den Vollbildmodus; ein erneutes Anklicken schaltet das Fenster wieder in den normalen Bildmodus um.

Kapitel 32 Bildstörungen

Abbildung 32.8 ▼
Das Farb- und Helligkeitsrauschen wurde jetzt auf ein erträgliches Maß mit Camera Raw reduziert.

nen. Dies geht allerdings dann auf Kosten der Details im Bild. Hier müssen Sie selbst entscheiden, was Ihnen wichtiger ist. Die Details, die durch die Reduzierung des Helligkeitsrauschens entfernt wurden, können Sie mit dem Regler LUMINANZDETAILS ❻ darunter etwas hervorholen, indem Sie diesen Wert erhöhen. Jetzt können Sie das Bild mit BILD ÖFFNEN ❾ in den Fotoeditor laden.

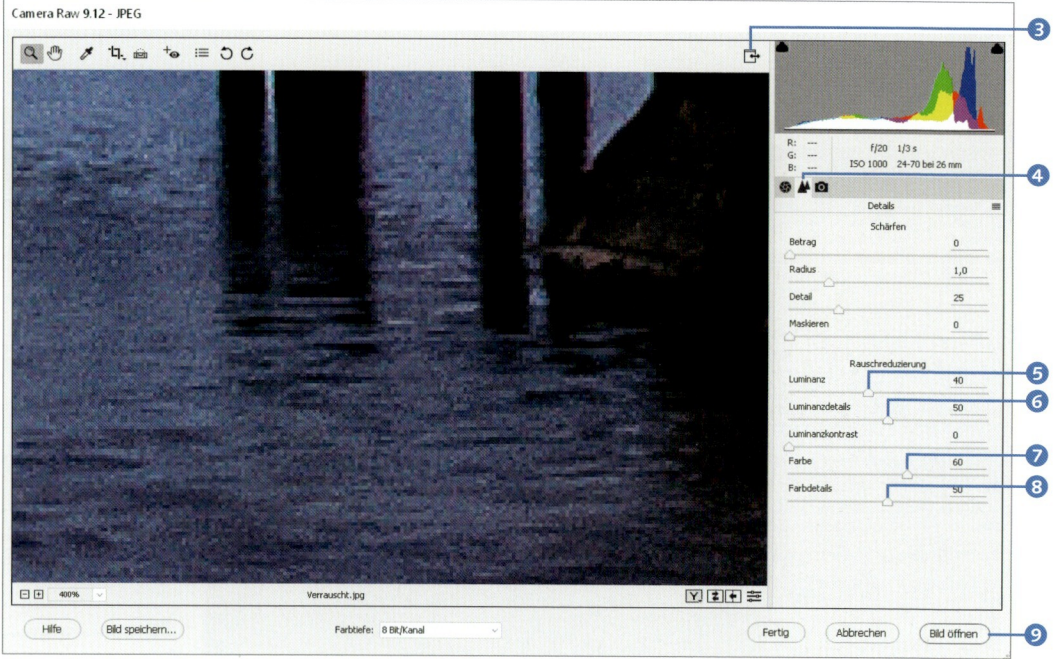

32.2.7 Bildrauschen entfernen oder nicht?

Das Thema **Bildrauschen** ist so alt wie die Fotografie selbst. Das Bildrauschen lässt sich nicht immer ganz vermeiden und schon gar nicht so ohne Weiteres entfernen. Betrachten wir hier einmal die verschiedenen Seiten des Themas.

Die fototechnische Seite | Von der fototechnischen Seite können Sie ein solches Bildrauschen theoretisch reduzieren bzw. vermeiden, wenn Sie die ISO-Einstellung der Kamera möglichst gering halten. Allerdings ist dies nicht immer möglich, wenn beispielsweise nicht genügend Umgebungslicht vorhanden ist oder Sie gar Nachtaufnahmen machen wollen. Hierbei müssen Sie häufig die Empfindlichkeit des Bildsensors (also den ISO-Wert) erhöhen, wenn Sie freihändig fotografieren. Anders sieht es hierbei allerdings aus, wenn Sie mit einem Stativ fotografieren. Hier können Sie den ISO-Wert durchaus niedrig halten und dafür die Belichtungszeit erhöhen.

Die technische Seite | Von der technischen Seite betrachtet, spielt hier auch die Größe des Bildsensors eine sehr bedeutende Rolle. Je größer der verbaute Bildsensor ist, umso weniger rauschen die Kameras gewöhnlich. Daher sind Bilder, die mit kleinen Schnappschusskameras oder Smartphones aufgenommen wurden, häufig wesentlich stärker verrauscht als Bilder, die mit einer DSLR aufgenommen wurden. Mit teuren Vollformatkameras lassen sich heutzutage auch bei ISO-Werten von 6.400 bis hin zu 12.800 sehr gute Bildergebnisse erzielen, in denen man ein Rauschen häufig erst bei einer 100 %-Ansicht erkennen kann. Kameras mit einem größeren Bildsensor sind allerdings in der Regel häufig auch wesentlich teurer.

Die softwaretechnische Seite | Neben der Möglichkeit, den ISO-Wert beim Fotografieren möglichst gering zu halten oder sich eine technisch hochwertige Kamera mit einem großen Bildsensor zu kaufen, bleibt dann letztendlich nur noch die softwaretechnische Möglichkeit, die zum Einsatz kommt, wenn das Bild bereits entstanden und verrauscht ist. Welche Möglichkeiten es mit Photoshop Elements gibt, haben Sie bereits in diesem Kapitel erfahren. Natürlich können Sie sich auch spezielle Software zum Entfernen von Bildrauschen von Drittanbietern besorgen.

Aber egal, wie Sie hierbei vorgehen, Sie sollten sich dabei immer bewusst sein, dass Sie neben dem Bildrauschen auch fast immer die Bildschärfe reduzieren. Bei einigen Bildern mag das Rauschen wirklich störend sein. Bei anderen Bildern fällt das Rauschen häufig erst bei einer 100 %-Ansicht auf. Sie müssen also immer selbst abwägen, ob Ihnen die Reduzierung des Bildrauschens auch die Reduzierung der Bildschärfe wert ist.

32.3 Bildrauschen hinzufügen

Neben der Möglichkeit, Störungen zu entfernen, gibt es natürlich auch die Option, Störungen gezielt hinzuzufügen – über FILTER • RAUSCHFILTER • RAUSCHEN HINZUFÜGEN. Damit erzeugen Sie einen Effekt, wie er sonst entsteht, wenn Sie Bilder mit einem hochempfindlichen Film aufnehmen (das sogenannte Filmkorn). Natürlich eignet sich dieser Filter auch für kreative Zwecke, zum Beispiel um bei einem retuschierten Bild die Manipulationen zu vertuschen.

Mit dem Wert STÄRKE stellen Sie ein, wie stark das Bildrauschen werden soll. Die Art der Verteilung bestimmen Sie über die Radioschaltflächen GLEICHMÄSSIG (für eine feinere Verteilung)

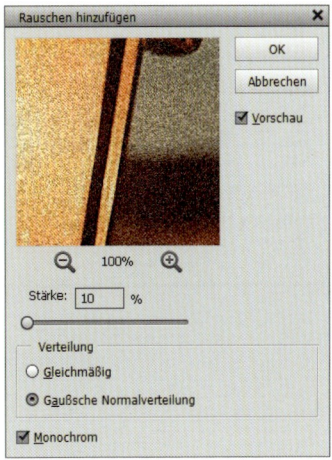

▲ **Abbildung 32.9**
Auch das Hinzufügen von Bildstörungen ist problemlos möglich.

und GAUSSSCHE NORMALVERTEILUNG (für ein gesprenkelteres Aussehen). Mit MONOCHROM wird der Filter nur auf die vorhandenen Tonwerte im Bild angewendet. Die Farben bleiben hierbei unverändert.

Abbildung 32.10 ▶
Ein einfaches Kreativbeispiel, wozu Bildstörungen auch gut sein können. Dem Bild wurde ein klassisches Filmkorn wie in analogen Zeiten hinzugefügt.

Kapitel 33

Retuschewerkzeuge

Wenn es um die gezielte Bearbeitung einzelner Bildbereiche geht, kommen Sie mit den im vorangegangenen Kapitel vorgestellten Funktionen nicht weiter. Photoshop Elements bietet aber viele weitere Werkzeuge, die für individuelle Bildretuschen bestens geeignet sind.

33.1 Der Kopierstempel – Objekte klonen und entfernen

Mit dem Kopierstempel malen Sie aufgenommene Bildbereiche an eine andere Stelle im Bild oder sogar in ein anderes geöffnetes Dokumentfenster. In der Praxis wird dieses Werkzeug meistens verwendet, um Objekte zu duplizieren, Fehler in einem Bild zu entfernen oder Objekte in einem Foto zu überdecken.

Kapitel_33: Posing.jpg

▲ Abbildung 33.1
Das Bild vor der Retusche

▲ Abbildung 33.2
Das Bild nach der Retusche: Die umstehenden Personen wurden mit dem Kopierstempel weggestempelt.

Kapitel 33   Retuschewerkzeuge

Übung macht den Meister
Der Umgang mit den Retuschewerkzeugen muss geübt werden. Sie werden feststellen, dass es nicht immer so einfach ist, in einem Bild bestimmte Dinge zu entfernen oder an anderer Stelle hinzuzufügen, ohne dass es auffällt. Daher sollten Sie auf jeden Fall diese Workshops im Buch erst einmal durchgehen, bevor Sie sich an eigene Projekte machen.

In Photoshop Elements finden Sie diesen Stempel gleich in zweifacher Ausführung: als Kopierstempel 🖋 S und als Musterstempel 🖋 S. Während der Kopierstempel recht häufig zum Einsatz kommt, werden Sie den Musterstempel eher seltener benötigen (für mehr Infos siehe Abschnitt 33.2).

Werkzeugoptionen | Wie gewohnt können Sie auch beim Kopierstempel zunächst die Werkzeugspitze aus einer Liste vordefinierter Pinsel auswählen. Wenn Sie auf den Pfeil neben der Pinseldarstellung klicken ❶, sehen Sie eine Auswahl mit Pinselminiaturen. Noch mehr Pinselspitzen finden Sie über das Pop-up-Menü Pinsel. Über Grösse ❷ legen Sie die Pinselgröße in Pixeln fest, indem Sie entweder den Pop-up-Regler ziehen oder einen numerischen Wert im Textfeld eingeben.

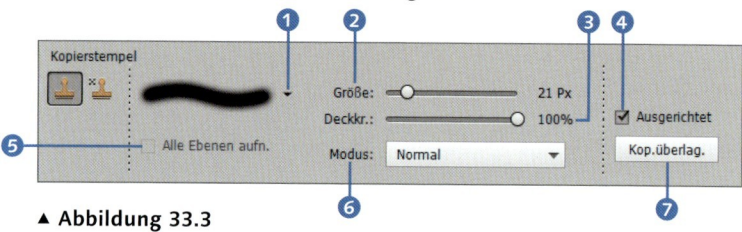

▲ **Abbildung 33.3**
Die Werkzeugoptionen des Kopierstempels

Wie stark die aufgetragenen Farben zu sehen sind, legen Sie mit Deckkr. ❸ fest. Je niedriger dieser Wert ist, desto deutlicher sind die Pixel unter der aufgetragenen Farbe erkennbar. Mit Modus ❻ bestimmen Sie, wie die aufgetragenen Pixel an die vorhandenen Pixel angepasst werden. Hier gilt dasselbe wie für die Füllmethoden von Ebenen (siehe Kapitel 27, »Füllmethoden von Ebenen«). Mit dem (Standard-)Modus Normal werden die neuen Pixel einfach über die vorhandenen gelegt. Ausgerichtet ❹ hebt sich von den üblichen Standard-Werkzeugoptionen ab:

- Ist diese Option **aktiviert**, enthält bei mehrmaligem Stempeln nur der erste Stempeldruck den Original-Aufnahmepunkt. Für jeden weiteren Stempeldruck verschiebt sich der Aufnahmepunkt entsprechend. Dies ist zum Beispiel sinnvoll, um unerwünschte Motive aus dem Bild zu entfernen.
- Ist diese Option hingegen **deaktiviert**, wird der Aufnahmebereich bei jedem erneuten Ansetzen des Stempels vom Original-Anfangspunkt ausgehend aufgestempelt. Der Aufnahmepunkt »wandert« also nicht mit, wie es bei der aktivierten Option der Fall ist. Auf diese Weise lassen sich zum Beispiel mehrere Kopien in demselben oder auch in einem anderen Bild einfügen.

33.1 Der Kopierstempel – Objekte klonen und entfernen

Wollen Sie die Pixel aus allen sichtbaren Ebenen aufnehmen, sollten Sie die Option ALLE EBENEN AUFN. ❺ aktivieren. Soll nur die aktive Ebene berücksichtigt werden, lassen Sie diese Option deaktiviert.

Ganz rechts finden Sie eine weitere Option: eine Schaltfläche ❼, mit der Sie eine Kopierüberlagerung anzeigen lassen können. Diese Option hat keinen Einfluss auf die Wirkung des Werkzeugs, sondern nur auf die Anzeige. Damit sehen Sie, wenn Sie die Option ÜBERLAGERUNG ANZEIGEN ❽ aktivieren, ein teiltransparentes Bild des zu klonenden Bereichs. Wie stark der transparente Bildbereich eingeblendet werden soll, geben Sie mit DECKKRAFT an. Mit BESCHRÄNKT reduzieren Sie die Überlagerung auf die aktuelle Position des Pinsels. Mit AUTOMATISCH AUSBLENDEN wird der transparente Bildbereich immer während des Stempelns ausgeblendet. ÜBERLAGERUNG UMKEHREN zeigt den transparenten Bereich in Form eines digitalen Negativs an, was der Sichtbarkeit meistens zugutekommt.

Tipp
Die transparente Kopierüberlagerung können Sie auch ohne die Option ÜBERLAGERUNG ANZEIGEN ❽ verwenden, indem Sie [Alt]+[⇧] gedrückt halten. Wenn Sie die Tasten wieder loslassen, verschwindet auch die transparente Überlagerung wieder.

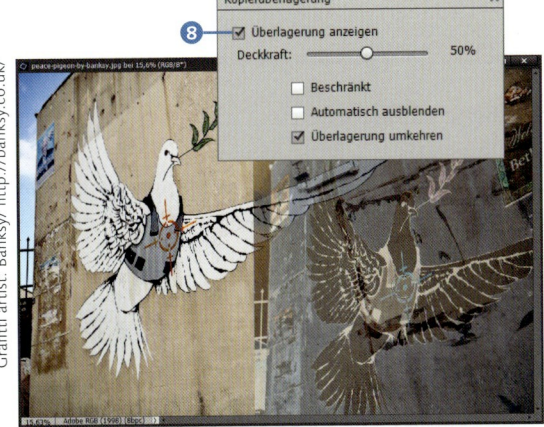

▲ **Abbildung 33.4**
Die zu stempelnde Position wird als transparente Überlagerung angezeigt.

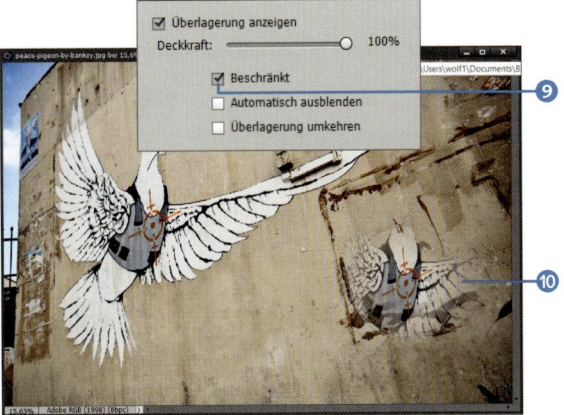

▲ **Abbildung 33.5**
Ebenfalls sehr nützlich ist die Option BESCHRÄNKT ❾, mit der die transparente Überlagerung nur an der Position ❿ des Pinsels angezeigt wird.

Bedienung | Die Bedienung des Kopierstempels ist recht einfach: Aktivieren Sie den Kopierstempel, und stellen Sie die Werkzeugoptionen ein. Wählen Sie nun im Bild die Pixel zur Reparatur oder zum Klonen aus, indem Sie [Alt] gedrückt halten und gleichzeitig mit der linken Maustaste auf die entsprechende Bildpartie klicken. Klicken Sie nun (ohne [Alt]) auf die reparaturbedürftige Stelle im Bild, womit Sie den soeben aufgenommenen Bereich an diese Stelle kopieren. Dieser Vorgang wird als *Stempeln* bezeichnet.

Kapitel 33   Retuschewerkzeuge

Stempeln mit Ebenen
Führen Sie das Stempeln oder Klonen am besten auf einer eigenen, transparenten Ebene durch. So können Sie den geklonten Bereich noch nachträglich anpassen oder Korrekturen vornehmen (zum Beispiel Kanten und Übergänge mit einem weichen Radiergummi bearbeiten).

Kapitel_33:
Taj_Panorama.jpg

Den Ursprungsbereich zum Klonen bzw. Retuschieren drücken Sie nun entweder mit mehreren Klicks auf das Bild auf oder malen ihn mit gehaltener linker Maustaste auf. Bei größeren Bereichen ist Aufmalen besser geeignet und bei kleineren Bereichen eher das Aufdrücken (oder auch Auftupfen). Bei sehr detaillierten Bildern müssen Sie öfter einen neuen Bildbereich aufnehmen.

Schritt für Schritt
Bildmotiv klonen

Im folgenden Beispiel sollen die Türme geklont werden, damit Sie ein Gefühl für den Kopierstempel bekommen. Laden Sie daher das Bild »Taj_Panorama.jpg« in den Fotoeditor.

1 Kopierstempel aktivieren und einstellen

Aktivieren Sie den Kopierstempel , und wählen Sie eine beliebige Werkzeugspitze aus. Am besten sind hierzu weiche Pinsel geeignet. Stellen Sie die GRÖSSE der Pinselspitze auf 200 Pixel. Alle anderen Optionen können Sie belassen. Die Option AUSGERICHTET sollte ebenfalls aktiviert sein.

2 Transparente Ebene anlegen

Erstellen Sie eine neue transparente Ebene über das kleine Icon ❶ im Ebenen-Bedienfeld. Normalerweise ist für das Klonen keine neue Ebene nötig, aber in diesem Fall können Sie mit der Ebene das geklonte Motiv besser angleichen, zum Beispiel gegebenenfalls nachträgliche Änderungen an den geklonten Türmen vornehmen.

▲ **Abbildung 33.6**
Legen Sie eine neue Ebene an.

3 Pixel aufnehmen

Damit Sie beim Klonen anschließend nicht das Gebäude übermalen, sollten Sie die transparenten Überlagerungen mit der Option ÜBERLAGERUNG ANZEIGEN ❺ einblenden und die DECKKRAFT ❼ auf 50 % reduzieren. Hier wurde außerdem noch die Option BESCHRÄNKT ❻ deaktiviert. Aktivieren Sie die Option ALLE EBENEN AUFNEHMEN ❹, damit Sie nicht immer zwischen dem Quellbild und der transparenten Ebene wechseln müssen und Sie somit nicht-destruktiv auf der transparenten Ebene ❸ klonen können. So können Sie gegebenenfalls unbefriedigende Retuschen verwerfen.

Um nun die Türme zu stempeln bzw. zu klonen, wählen Sie die Position aus, die Sie reproduzieren möchten. Halten Sie hierbei [Alt] gedrückt, und klicken Sie mit der linken Maustaste in den gewünschten Bildbereich ❷.

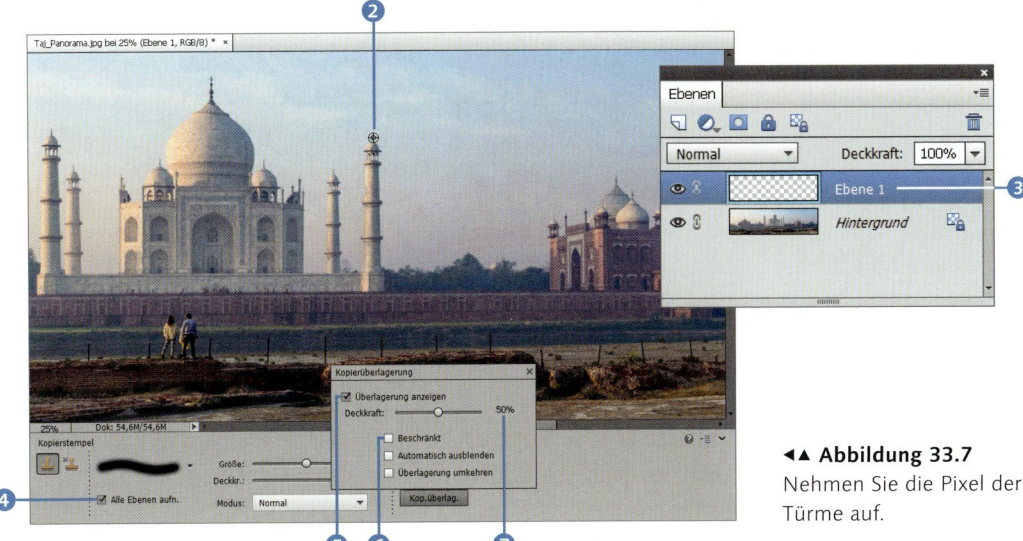

▸▴ **Abbildung 33.7**
Nehmen Sie die Pixel der Türme auf.

4 Pixel klonen

Fahren Sie mit dem Mauszeiger nach rechts, bis sich die transparente Überlagerung nicht mehr mit dem Original überschneidet. Malen Sie mit gedrückt gehaltener linker Maustaste den Turm in der transparenten Überlagerung aus. Zur Kontrolle finden Sie auch ein kleines Kreuz ❽ am Originalmotiv, das die von der Pinselspitze ❾ aktuell geklonte Position anzeigt.

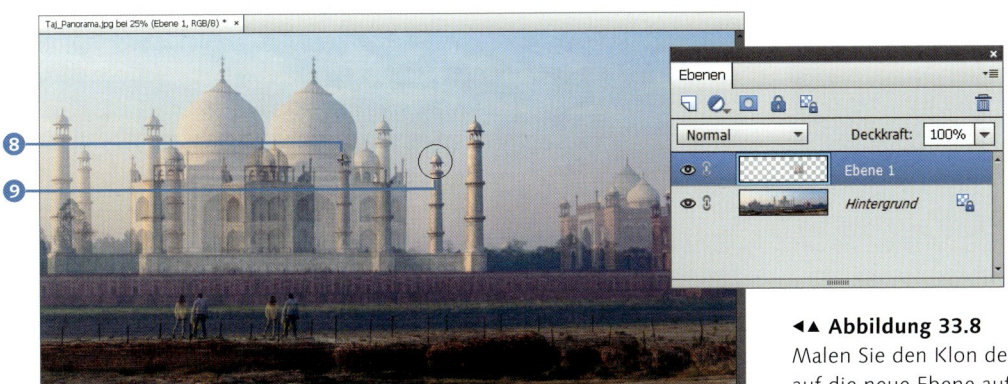

▸▴ **Abbildung 33.8**
Malen Sie den Klon des Turms auf die neue Ebene auf.

5 Geklonten Bereich nacharbeiten

Nicht immer lässt sich der geklonte Bereich so einfach aufpinseln. Oft stimmen beispielsweise die Lichtverhältnisse des geklonten Bereichs nicht mit dem Original überein, oder es wurden unerwünschte Bereiche mitgeklont. Das ist auch der Grund, warum ich hier eine neue Ebene verwendet habe. Hierauf können Sie jederzeit das geklonte Motiv nacharbeiten. Reduzieren Sie zum Schluss die Ebenen auf eine einzige.

Kapitel 33 Retuschewerkzeuge

Abbildung 33.9 ▲
Hier der Taj Mahal im neuen Design mit den neu hinzugeklonten Türmen. Ein Vorher-Bild kann ich mir hierzu, glaube ich, sparen.

Kapitel_33: Wand.jpg

▲ **Abbildung 33.10**
Bei diesem Foto sollen die kleine Baustelle links unten weggestempelt werden.

Schritt für Schritt
Unerwünschte Bildteile mit dem Kopierstempel entfernen

Dass sich der Kopierstempel auch für die professionelle Retusche verwenden lässt, habe ich bereits erwähnt. Diese Schritt-für-Schritt-Anleitung zeigt Ihnen, wie Sie mit dem Kopierstempel retuschieren.

1 Transparente Ebene erstellen

Öffnen Sie das Bild »Wand.jpg«, und erstellen Sie eine neue transparente Ebene über das kleine Icon ❶ im Ebenen-Bedienfeld. Normalerweise ist für das Klonen keine neue Ebene nötig, aber in diesem Fall können Sie mit der Ebene das geklonte Motiv besser angleichen, zum Beispiel gegebenenfalls nachträgliche Änderungen an den geklonten Bereichen vornehmen. Auf diese Weise arbeiten Sie nicht-destruktiv, weil alle Änderungen nur auf den transparenten Ebenen angewendet werden, die Sie jederzeit nachbearbeiten oder bei Nichtgefallen verwerfen können.

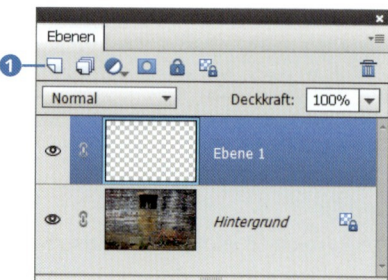

◀ **Abbildung 33.11**
Neue transparente Ebenen für ein nicht-destruktives Klonen anlegen

2 Kopierstempel wählen

Wählen Sie den Kopierstempel , und verwenden Sie eine weiche Pinselspitze. Stellen Sie die GRÖSSE ❸ der Pinselspitze auf ca. 200 Pixel ein. Wählen Sie auch hier wieder ALLE EBENEN

AUFNEHMEN ❷. Alle anderen Optionen belassen Sie. Die Option AUSGERICHTET ❹ sollte aktiviert sein. Für die Überlagerung verwenden wir diesmal die Option BESCHRÄNKT ❻, wodurch die Überlagerung nur auf den aktuellen Pinsel beschränkt ist, was leichter erkennbar macht, womit der neue Bereich übermalt wird, bevor man mit der Maus klickt.

3 Pixel aufnehmen

Im Folgenden soll die kleine Baustelle links unten im Bild weggestempelt werden. Wählen Sie hierzu mit gedrückt gehaltener `Alt`-Taste per Mausklick einen geeigneten Bildbereich rechts unterhalb des Fahrrads mit der Erde ❺ aus, mit dem Sie den Baustellenbereich links unten ersetzen wollen. Dank der aktivierten Option ALLE EBENEN AUFNEHMEN ❷ müssen Sie hierzu nicht einmal zur Hintergrundebene wechseln, sondern können die Aufnahme des geeigneten Bildbereichs gleich in der transparenten Ebene ❼ durchführen.

Alle Ebenen aufnehmen
In der Praxis sollten Sie niemals die Originalebene retuschieren. Für solche Zwecke bieten Werkzeuge wie Kopierstempel, Reparatur-Pinsel und Bereichsreparatur-Pinsel die Optionen ALLE EBENEN AUFNEHMEN an, womit Sie nicht-destruktiv in einer separaten Ebene retuschieren können. Sie können gegebenenfalls unbefriedigende Retuschen nacharbeiten, verwerfen oder noch nicht abgeschlossene Arbeiten im TIFF- oder PSD-Format speichern und später daran weiterarbeiten. Diese Option berücksichtigt alle sichtbaren Ebenen.

◄▲ **Abbildung 33.12**
Nehmen Sie mit dem Kopierstempel Pixel aus dem gewünschten Bildbereich auf.

4 Baustelle wegstempeln

Zoomen Sie jetzt gegebenenfalls mit `Strg`/`cmd`+`+` näher an die Baustelle heran. Stempeln Sie entweder mit einzelnen linken Mausklicks oder durch Ziehen mit der Maus bei gedrückt gehaltener linker Maustaste die Baustelle aus dem Bild weg. Im Beispiele übertrage ich den Bereich mit gedrückter Maustaste mit der Erde von der rechten Seite auf die Baustelle der linken Seite und achte darauf, dass ich die Reifen des Fahrrads dabei nicht mit erfasse.

Kapitel 33 Retuschewerkzeuge

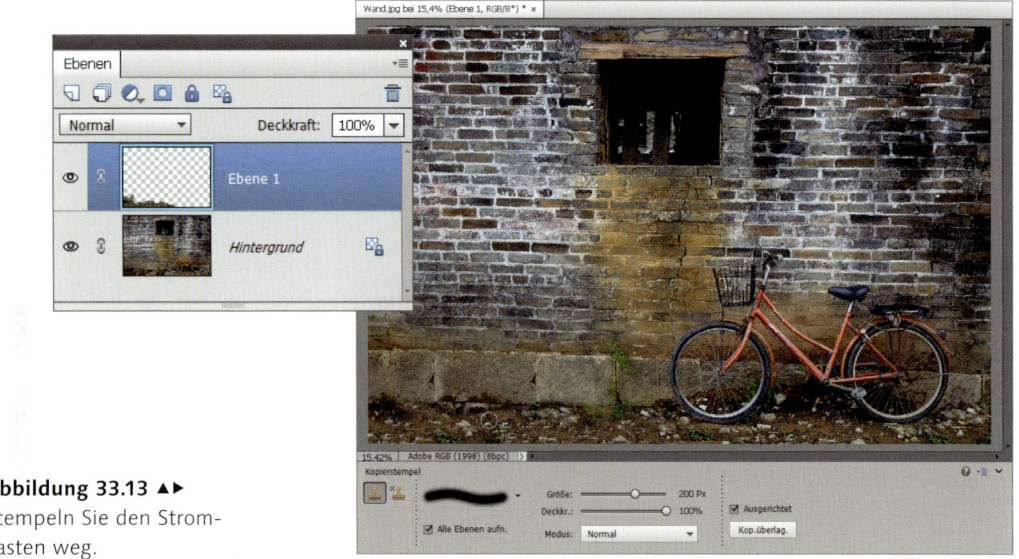

Abbildung 33.13 ▲▶
Stempeln Sie den Stromkasten weg.

5 Arbeitsschritte 3 und 4 wiederholen

In diesem Beispiel werden Sie gegebenenfalls noch mehrmals mit gehaltener [Alt]-Taste einen neuen Bildbereich aufnehmen müssen und eventuell auch die Pinselgröße anpassen. An einigen Stellen, wie dem Übergang zur Hausmauer, dürfte die Retusche etwas schwieriger sein als in anderen Bereichen. Voraussetzung für eine gute Retusche ist hierbei stets eine gute Auswahl. Häufig werden Sie für detaillierte Bereiche mehrmals eine neue Auswahl treffen müssen. Gerade detailreiche Bereiche, wie hier rund um die Hausmauer, erfordern viel Fingerspitzengefühl. Hierbei ist dann oftmals eine harte und etwas kleinere Werkzeugspitze sinnvoll. Auch ein ständiges Ein- und Auszoomen mit [Strg]/[cmd]+[+] bzw. [Strg]/[cmd]+[-] ist unerlässlich für eine saubere Retusche.

Abbildung 33.14 ▲
Links das Bild im Originalzustand und rechts nach Wegstempeln der Baustelle im Bild

33.1 Der Kopierstempel – Objekte klonen und entfernen

Über Bildgrenzen hinaus | Das Klonen von Bildmotiven ist nicht nur auf Ebenen beschränkt, sondern ist auch über die Bildgrenzen hinaus möglich. So können Sie in gewohnter Weise einen bestimmten Pixelbereich in einem Dokumentfenster aufnehmen und ihn in einem anderen Dokumentfenster wieder reproduzieren.

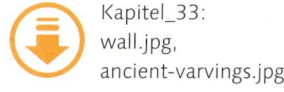
Kapitel_33:
wall.jpg,
ancient-varvings.jpg

▲ **Abbildung 33.15**
Stempeln funktioniert auch über die Dateigrenze hinaus. Hier werden beispielsweise die Steingravuren des rechten Bildes über die trostloste Wand im linken Bild geklont.

Sinnvoll eingesetzt, lassen sich mit dem Kopierstempel interessante Fotomontagen erstellen. Der Opernsänger in Abbildung 33.17 wurde zunächst in eine neue transparente Ebene hineingestempelt. Anschließend wurde der nun unpassende Hintergrund wegradiert bzw. mit dem Zauberstab ausgewählt und entfernt. Nun war der Opernsänger bereit zur Montage in eine andere Landschaft.

Kapitel_33:
tenor.jpg, xian.jpg

▲ **Abbildung 33.16**
Das ursprüngliche Bild ohne den Opernsänger

▲ **Abbildung 33.17**
Der Opernsänger wurde in diese Nachtaufnahme montiert.

803

33.2 Musterstempel

Der Musterstempel ⚒ [S] trägt keinen zuvor ausgewählten Bildbereich auf ein Bild auf, sondern ein voreingestelltes Muster. Dieses Muster wählen Sie über die Werkzeugoptionen aus, die, abgesehen von der Auswahl des Musters und der Option IMPRESSIONISTISCH, exakt dem übergeordneten Kopierstempel ⚒ entsprechen und somit keiner weiteren Erläuterung bedürfen.

▲ **Abbildung 33.18**
Dieser Hintergrund wurde mit dem Musterstempel auf dem langweiligen Himmel und dem Baugerüst im Vordergrund »aufgemalt«. Da es sich hierbei um ein Künstlerviertel handelt, passen die knalligen Farben ganz gut dazu. Ansonsten ist der Musterstempel eher für kreative Arbeiten geeignet.

Abbildung 33.19 ▲
Dieser Bilderrahmen wurde ebenfalls mit dem Musterstempel »aufgemalt«.

33.3 Reparatur-Pinsel und Bereichsreparatur-Pinsel

Anders als die Stempel im Abschnitt zuvor tragen der Bereichsreparatur-Pinsel ✏ [J] und der Reparatur-Pinsel ✏ [J] keine zuvor ausgewählten Pixel an anderer Stelle auf, sondern sie vermischen Pixel. Zwar funktionieren diese Werkzeuge ähnlich wie die Stempel, aber die Wirkung der Reparatur-Pinsel ist weniger drastisch. Diese Werkzeuge eignen sich daher besonders für schwierige Stellen im Bild mit vielen Details oder differenzierten Lichtern und Schatten. Auch für die Retusche von Gesichtern sind die Reparatur-Pinsel besser geeignet als die Stempel, weil sich hiermit einfach sanftere Übergänge »aufmalen« lassen.

33.3.1 Der Reparatur-Pinsel

Zunächst wollen wir einen Blick auf den Reparatur-Pinsel werfen, da er von den beiden Werkzeugen dasjenige mit den genaueren Einstellungsmöglichkeiten ist.

Reparatur-Pinsel oder Kopierstempel?
In der Praxis erzielen Sie die besten Ergebnisse, wenn Sie den Reparatur-Pinsel und den Kopierstempel abwechselnd verwenden. Einige Bildbereiche lassen sich besser mit dem einen, andere besser mit dem anderen Werkzeug retuschieren.

Werkzeugoptionen | Über GRÖSSE ❶ stellen Sie den Pinseldurchmesser ein. Über die Schaltfläche PINSELEINSTELLUNGEN ❹ können Sie die Pinselspitze mit weiteren Optionen wie HÄRTE, MALABSTAND, WINKEL und RUNDUNG einstellen. Wie beim Stempel gibt es auch hier die Option AUSGERICHTET ❺. Aktivieren Sie sie, werden Pixel dauerhaft aufgenommen, und der Aufnahmepunkt geht auch beim Loslassen der Maustaste nicht verloren. Ist diese Option deaktiviert, werden bei jedem erneuten Ansetzen des Werkzeugs wieder die am Aufnahmepunkt aufgenommenen Pixel verwendet.

Unter QUELLE ❷ legen Sie fest, ob Sie zur Reparatur einen aufgenommenen Bereich (AUFGENOMMEN) aus dem Bild oder ein MUSTER verwenden wollen. In letzterem Fall wird das Pop-up-Menü daneben mit der Musterauswahl aktiviert.

Zum Weiterlesen
Was es mit den Werten der Pinselspitze auf sich hat, habe ich bereits in Abschnitt 14.3, »Pinsel- und Werkzeugspitzen«, beschrieben.

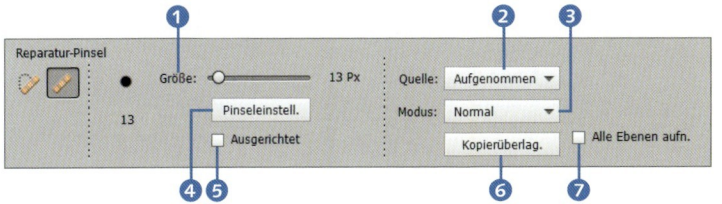

◀ **Abbildung 33.20**
Die Werkzeugoptionen des Reparatur-Pinsels

Mit dem MODUS ❸ legen Sie fest, wie die Quelle und das Muster an die vorhandenen Pixel angeglichen werden sollen – dabei haben Sie allerdings weniger Möglichkeiten als beim Stempel. Auch ein neuer Modus, ERSETZEN, ist hier aufgelistet. Diesen Modus sollten Sie verwenden, wenn das Bild Störungen oder Körnungen (Filmkorn) enthält. Benutzen Sie diesen Modus auch, wenn Sie Störungen und Strukturen an den Kanten des Malstrichs erhalten möchten.

Auch hier finden Sie, wie beim Stempel, ganz rechts noch die Schaltfläche KOPIERÜBERLAG. ❻, mit der Sie die Überlagerung anzeigen lassen können (siehe hierzu im Detail Abschnitt 33.1 unter »Werkzeugoptionen«).

Wollen Sie die Pixel aus allen sichtbaren Ebenen aufnehmen, aktivieren Sie die Option ALLE EBENEN AUFN. ❼. Soll nur die aktive Ebene berücksichtigt werden, lassen Sie diese Option deaktiviert.

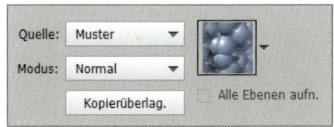

▲ **Abbildung 33.21**
Auch ein Muster lässt sich mit dem Reparatur-Pinsel auftragen.

Bedienung | Der Reparatur-Pinsel wird ähnlich wie der Stempel verwendet. Wählen Sie den Reparatur-Pinsel aus, und stellen Sie die Werkzeugoptionen ein. Nehmen Sie mit einem linken Mausklick und gleichzeitig gehaltener [Alt]-Taste den Bereich im Bild auf, mit dem Sie die fehlerhafte Stelle ausbessern wollen. Bewegen Sie anschließend den Mauszeiger an die Position, die Sie weg-

Kapitel_33: wing.jpg

retuschieren wollen, und malen Sie diese Stelle mit Klicken oder Darüberfahren mit gedrückt gehaltener linker Maustaste aus. Ob Sie besser »tupfen« oder »malen«, hängt auch von der Größe des zu retuschierenden Bereichs ab.

Beim Aufmalen mit gedrückt gehaltener Maustaste hat es zunächst den Anschein, als würden Sie den Kopierstempel verwenden. Sobald Sie allerdings die Maustaste loslassen, vermischt sich dieser »aufgemalte« Bereich mit den darunterliegenden Pixeln.

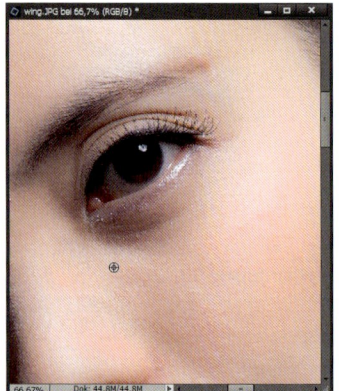 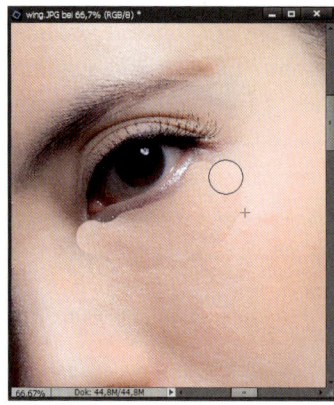 

▲ **Abbildung 33.22**
Im linken Bild wird der Aufnahmebereich ausgewählt. Im mittleren Bild wird mit dem Reparatur-Pinsel retuschiert. Erst wenn Sie die Maustaste loslassen, vermischt sich der neu aufgetragene mit dem darunterliegenden Bereich, wie das rechte Bild zeigt.

Schritt für Schritt
Unerwünschte Objekte mit dem Reparatur-Pinsel aus dem Bild entfernen

Kapitel_33:
Santa-Maria-Formosa.jpg

In Abbildung 33.23 sehen Sie eine typische Straßenszene in Venedig. Was in diesem Bild allerdings stört, ist die Person, die rechts ins Bild gelaufen ist. Diese Person wollen wir nun entfernen.

1 **Transparente Ebene erstellen**
Öffnen Sie das Bild »Santa-Maria-Formosa.jpg«, und erstellen Sie eine neue transparente Ebene über das kleine Icon ❶ im Ebenen-Bedienfeld, auf der Sie anschließend die Retusche nicht-destruktiv ausführen. Auch hier ist nicht zwangsläufig eine neue transparente Ebene nötig, aber auch hier gilt, dass Sie mit der Ebene den korrigierten Bereich nachträglich noch bearbeiten können.

33.3 Reparatur-Pinsel und Bereichsreparatur-Pinsel

◀ **Abbildung 33.23**
Die von rechts ins Bild laufende Person stört den Gesamteindruck.

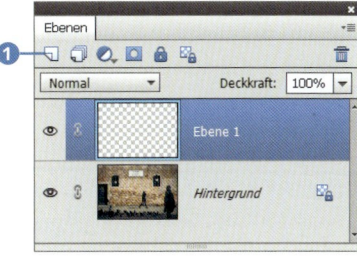

▲ **Abbildung 33.24**
Eine transparente Ebene für die nicht-destruktive Retusche wurde angelegt.

2 Reparatur-Pinsel auswählen und einstellen
Wählen Sie den Reparatur-Pinsel ⟨J⟩ aus, und stellen Sie den Pinsel ein. Im Beispiel habe ich für den Pinsel eine GRÖSSE von 60 Pixeln mit einer HÄRTE von 100 % verwendet. Um hier gleich die Retusche auf der transparenten Ebene anzuwenden, wurde auch die Option ALLE EBENEN AUFNEHMEN ❸ aktiviert. Alle anderen Werte können Sie belassen. Die Option AUSGERICHTET ❷ sollte deaktiviert sein.

3 Person wegretuschieren
Nun soll die Person wegretuschiert werden. Wählen Sie zunächst einen passenden Bereich knapp neben der Person mit ähnlichen Lichtverhältnissen aus, und klicken Sie mit der linken Maustaste und gleichzeitig gehaltener ⟨Alt⟩-Taste auf diesen Bereich.

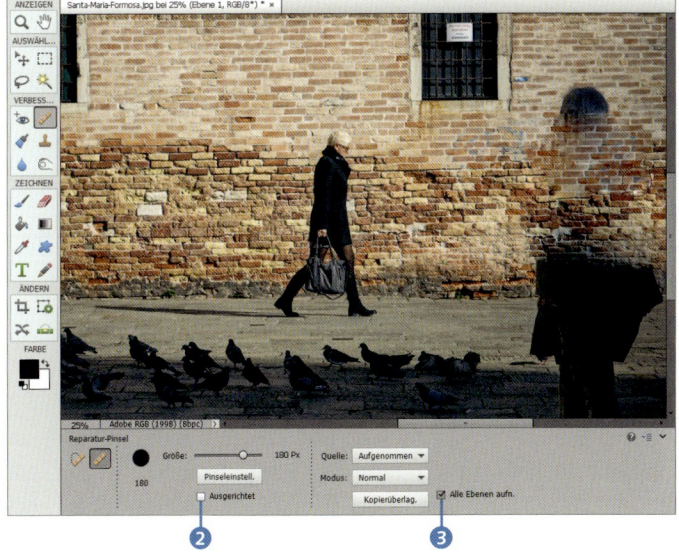

◀ **Abbildung 33.25**
Tupfen oder malen Sie die Person mit einzelnen Mausklicks weg.

807

Licht und Schatten

Das A und O einer erfolgreichen und möglichst unauffälligen Retusche mit dem Reparatur-Pinsel ist, wie schon beim Kopierstempel, der ideale Aufnahmebereich. Beachten Sie beim Retuschieren auch immer Licht und Schatten im Bild: Helle Pixel können nicht einfach mit dunklen Pixeln retuschiert werden.

Entscheidend für eine gute Retusche ist hier der ausgewählte Quellbereich, der auch dem Zielbereich sehr ähnlich ist. Entweder tupfen oder ziehen Sie mit gedrückt gehaltener Maustaste die Person weg.

Im Beispiel habe ich die Bereiche mit immer wieder neuen Quellbereichen und Pinselstrichen weggemalt. Sind Sie mit dem Ergebnis nicht zufrieden, können Sie den Vorgang jederzeit wieder mit [Strg]/[cmd]+[Z] rückgängig machen. Häufig will es beim ersten Mal nicht so klappen, wie man es sich vorstellt. Hier sind ebenfalls wieder viel Fingerspitzengefühl, Übung und ausreichend Zeit erforderlich. Zugegeben, dieses Beispiel ist etwas komplexer für den Reparatur-Pinsel, aber eine sehr gute Übung, um sich mit dem Werkzeug vertraut zu machen.

4 Retusche verfeinern

Falls die Reparatur einzelner Bereiche nicht ganz gelungen sein sollte, schafft vielleicht ein anderer Aufnahmebereich Abhilfe. Bei Bereichen mit weicheren Kanten sollten Sie außerdem für die Pinselspitze eine 75%ige HÄRTE einstellen. Auch die GRÖSSE der Pinselspitze müssen Sie hierbei regelmäßig anpassen. Beachten Sie auch, dass Sie beim Retuschieren stark in ein Bild hineinzoomen und Details erkennen, die der Betrachter des Bildes im Normalfall kaum wahrnimmt.

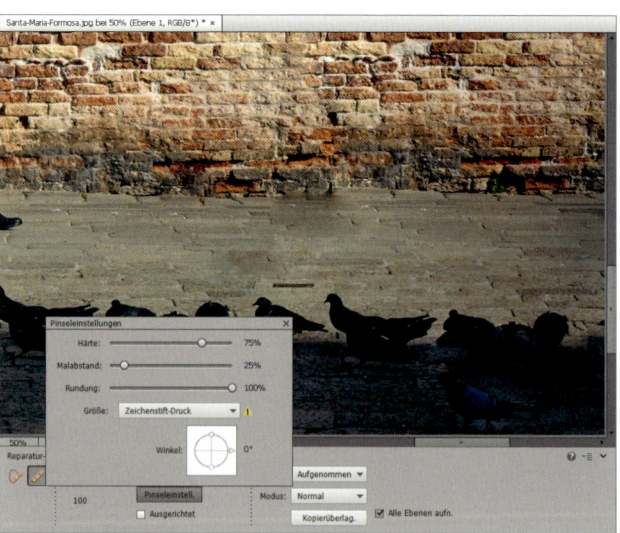

Abbildung 33.26 ▶
Bei normaler Betrachtung fällt die Retusche der Person kaum auf.

5 Detailarbeiten

Manchmal ist sehr viel Feinarbeit und Geduld nötig. Bei einigen Bereichen müssen Sie auch den Kopierstempel [S] einsetzen. Unschöne Übergänge, die wiederum beim Wegstempeln entstanden sind, lassen sich mit dem Reparatur-Pinsel [J] retuschieren. Ein Mix aus beiden Werkzeugen führt in der Regel zum besten Ergebnis.

◀ **Abbildung 33.27**
Das Endergebnis nach vielen kleineren und größeren Stempelvorgängen und Bereichsreparaturen

Schritt für Schritt
Hautunreinheiten auf Porträts korrigieren

Ein unverzichtbares Thema der Bildbearbeitung ist das Korrigieren von Porträts. Da die Bearbeitung von Porträts so beliebt ist, finden Sie verschiedene Beispiele dazu, die Sie durchaus auch an nur einer Person vornehmen können.

Kapitel_33:
wing.jpg

1 Transparente Ebene erstellen
Öffnen Sie das Bild »wing.jpg«, und erstellen Sie eine neue transparente Ebene über das kleine Icon ❶ im Ebenen-Bedienfeld, woraufhin Sie anschließend die Retusche der Hautunreinheiten nicht-destruktiv ausführen. Wie immer ist auch hier nicht zwangsläufig eine neue transparente Ebene nötig, es ist aber sehr hilfreich, weil Sie den korrigierten Bereich jederzeit nachträglich ändern und bearbeiten können.

Auf diese Weise können Sie übrigens jederzeit weitere transparente Ebenen zur Korrektur der Hautunreinigungen anlegen und unter Umständen auch mit der DECKKRAFT ❷ regulieren.

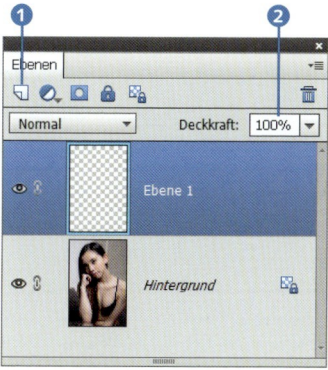

▲ **Abbildung 33.28**
Eine transparente Ebene für die nicht-destruktive Retusche wurde angelegt.

2 Reparatur-Pinsel auswählen und einstellen
Wählen Sie den Reparatur-Pinsel [J] aus, und stellen Sie die Pinselspitze ein. Im Beispiel habe ich für den Pinsel eine GRÖSSE von 50 Pixeln verwendet. Wenn Sie außerdem im ersten Arbeitsschritt eine transparente Ebene angelegt haben, sollten Sie die

Option ALLE EBENEN AUFNEHMEN ❶ aktivieren. Alle anderen Werte können Sie, wie voreingestellt, belassen. Nur die Option AUSGERICHTET habe ich deaktiviert.

Abbildung 33.29 ▶
Die Einstellungen für den Reparatur-Pinsel

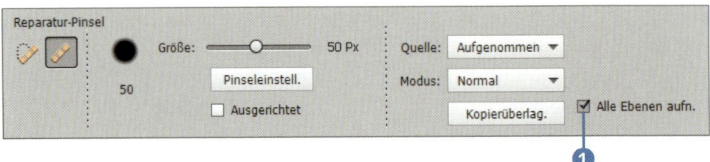

3 Anfangspunkt auswählen

Zoomen Sie etwas weiter in das Bild hinein, und wählen Sie einen sauberen Hautbereich aus, indem Sie die Stelle bei gedrückter ⟨Alt⟩-Taste anklicken ❷. Diesen Bereich wollen wir anschließend für die Korrektur von Hautunreinheiten (Hautirritationen, Pickeln, Muttermalen usw.) verwenden.

Abbildung 33.30 ▲
Wählen Sie einen sauberen Hautbereich aus.

4 Hautunreinheiten entfernen

Gehen Sie mit dem Mauszeiger an die Positionen im Bild, an denen Sie Hautunreinheiten, Irritationen, Muttermale, Pickel usw. entfernen wollen. Klicken (tupfen) Sie diese Stellen (zum Beispiel ❸) einfach mit der linken Maustaste weg. Bei Bedarf wählen Sie einen anderen Anfangspunkt aus.

33.3 Reparatur-Pinsel und Bereichsreparatur-Pinsel

◄ **Abbildung 33.31**
Tupfen Sie unreine Stellen auf der Haut weg.

Bei der Beseitigung von Hautunreinheiten sollten Sie es allerdings nicht übertreiben, damit das Resultat noch natürlich wirkt. Was Sie entfernen, bleibt letztlich Ihnen überlassen und hängt natürlich auch maßgeblich vom Foto selbst ab. Ob Sie zum Beispiel Muttermale oder Sommersprossen auf einem Bild belassen wollen, entscheiden Sie selbst.

▼ **Abbildung 33.32**
Das Porträt nach dem ersten Retuschevorgang, der sämtliche Hautunreinheiten entfernt hat – links das Original, rechts das überarbeitete Bild

33.3.2 Der Bereichsreparatur-Pinsel

Der Bereichsreparatur-Pinsel ⌯ J funktioniert ähnlich wie der Reparatur-Pinsel, nur müssen Sie hier den Aufnahmepunkt nicht selbst festlegen. Dies erledigt das Werkzeug automatisch.

Kapitel 33 Retuschewerkzeuge

Gegenüber dem Reparatur-Pinsel ermöglicht der Bereichsreparatur-Pinsel ein schnelleres Arbeiten – auf Kosten einer geringeren Kontrolle über das Werkzeug. Bei Bildern, die nicht allzu viele Details besitzen, ist dieses halb automatische Werkzeug bestens geeignet.

Werkzeugoptionen | Zunächst wählen Sie bei den Optionen eine vordefinierte Pinselspitze ❷ aus und stellen deren GRÖSSE ❸ ein. Mit den Radioschaltflächen neben TYP ❶ haben Sie Einfluss darauf, welche Pixel bei der Reparatur herangezogen werden sollen:

- Verwenden Sie NÄHERUNGSWERT, werden die Pixel um die Kanten des Auswahlbereichs herum für die Korrektur innerhalb des Auswahlbereichs verwendet.
- Mit STRUKTUR ERSTELLEN hingegen werden alle Pixel innerhalb des Auswahlbereichs verwendet, um eine Struktur für die Bereichskorrekturen zu erstellen.
- Die Option INHALTSBASIERT überprüft die umliegenden Pixel, um eine Auswahl möglichst nahtlos zu füllen, ohne dabei die wichtigen Details wie Licht oder Schatten zu ignorieren. In Abschnitt 33.3.3, »Inhaltsbasierte Retusche«, zeigen ein paar Beispiele, was die neue Option leistet.

Sollen Bildänderungen auf alle Bildebenen angewendet werden, aktivieren Sie die Option ALLE EBENEN AUFN. ❹.

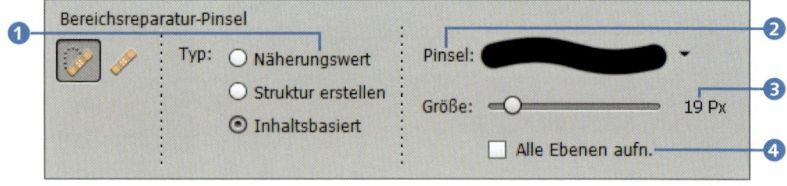

Abbildung 33.33 ▶
Werkzeugoptionen des Bereichsreparatur-Pinsels

Kapitel_33: Kabel.jpg, Temple_Bar.jpg, car.jpg, Nonne.jpg, kickboxing.jpg

33.3.3 Inhaltsbasierte Retusche

Eine interessante Option für den Bereichsreparatur-Pinsel finden Sie mit INHALTSBASIERT ❺.

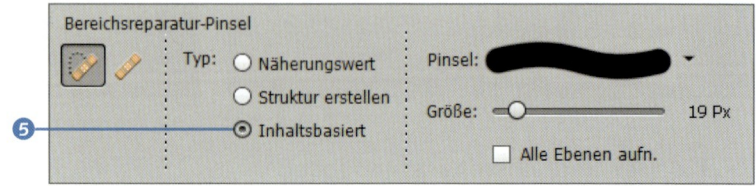

▲ **Abbildung 33.34**
Interessante Möglichkeiten bietet die Option INHALTSBASIERT.

33.3 Reparatur-Pinsel und Bereichsreparatur-Pinsel

Die Möglichkeit, störende Objekte einfach so aus dem Bild zu malen, hört sich natürlich sehr vielversprechend an. Allerdings sollten Sie von dieser neuen Option keine Zaubereien erwarten. Ihr erfolgreiches Verwenden hängt nämlich immer davon ab, was und wo etwas weggemalt werden soll. Die besten Erfolgsaussichten haben Sie, wenn die Umgebung möglichst einheitlich ist und der wegzumalende Bereich deutlich kleiner ist als der noch vorhandene Bereich im Bild. Hierzu einige gelungene und misslungene Beispiele aus der Praxis, die ich absichtlich nicht mehr nachbearbeitet habe.

Vor- und Nacharbeiten
Oft ist das Ergebnis am Anfang noch nicht perfekt. Allerdings erledigt die Option INHALTSBASIERT häufig einen Löwenanteil der Arbeit, störende Objekte zu entfernen, und es sollte anschließend kein Problem mehr sein, den Rest manuell nachzubearbeiten. Manchmal reicht es auch aus, mehrmals mit der Option INHALTSBASIERT über den Bereich zu malen.

◀ **Abbildung 33.35**
Links sehen Sie das unbehandelte Bild. Im rechten Bild wurden die Kabel, die über das Bild verliefen, mit dem Bereichsreparatur-Pinsel und der Option INHALTSBASIERT mit einem Strich fast perfekt entfernt.

◀ **Abbildung 33.36**
In diesem Beispiel habe ich versucht, die Seile des Kampfrings im linken Bild mit dem Bereichsreparatur-Pinsel und der Option INHALTSBASIERT wegzumalen. Das Ergebnis im rechten Bild sieht nicht sehr gelungen aus. Hier scheitert das Werkzeug aufgrund zu vieler Details.

▲ **Abbildung 33.37**
Links sehen Sie im Bild eine Person. Im rechten Bild wurde diese Person schon recht gut bei der ersten Anwendung des Bereichsreparatur-Pinsels und der Option INHALTSBASIERT entfernt. Zwar ist hier noch ein wenig Nacharbeit nötig, aber da die Umgebung eine einfache Struktur aufweist, leistet das Werkzeug recht gute Arbeit.

▲ **Abbildung 33.38**
Im linken Bild sehen Sie das Original mit einem störenden Auto. Zu meiner Überraschung hat das Werkzeug das Auto bereits beim ersten Versuch erstaunlich gut entfernt (rechtes Bild). Zwar sind hier noch mehrere Nacharbeiten nötig, aber das Endergebnis ist besser, als ich es erwartet hatte.

▲ **Abbildung 33.39**
Links das Original, aus dem die Bananen rechts oben mit dem Bereichsreparatur-Pinsel und der Option INHALTSBASIERT entfernt werden sollten. Das rechte Bild zeigt das Endergebnis. Das Werkzeug arbeitet hier relativ gut und hat nur etwas Probleme, diesen Bereich passend zur Umgebung abzudunkeln.

33.3 Reparatur-Pinsel und Bereichsreparatur-Pinsel

Die besten Ergebnisse mit der Option INHALTSBASIERT erzielen Sie, wenn Sie möglichst genau das zu entfernende Objekt in einem Zug ausmalen. Sie sollten nur ganz leicht über das Objekt hinausmalen. Wenn es beim ersten Mal nicht klappt, hilft es, den Vorgang mit [Strg]/[cmd]+[Z] rückgängig zu machen und es nochmals zu probieren. Nicht immer geht es jedoch darum, ganze Bereiche aus einem Bild zu entfernen. Viel häufiger werden Sie die Reparatur-Pinsel für kleinere Retuschen und Bildoptimierungen einsetzen. Wie Sie beispielsweise Hautunreinheiten mit dem Reparatur-Pinsel entfernen, haben Sie ja bereits auf Seite 809 gelesen. Der Bereichsreparatur-Pinsel bietet hier aber weitere Möglichkeiten, die ich Ihnen im nächsten Abschnitt, zusammen mit einigen weiteren Tipps zur Porträtretusche, vorstellen möchte.

Eine Auswahl inhaltssensitiv füllen | Neben der Möglichkeit, störende Objekte aus dem Bild zu »malen«, gibt es noch eine zweite Möglichkeit, eine mit einem Auswahlwerkzeug ausgewählte Fläche mit dem umliegenden Bereich der Auswahl zu füllen, sodass bestenfalls der Eindruck entsteht, es hätte sich an dieser Stelle niemals etwas befunden. Auch hier gilt, dass die Erfolgsaussichten am besten sind, wenn der zu füllende ausgewählte Bereich der Umgebung möglichst einheitlich ist.

Kapitel_33: stock.jpg

Die Verwendung ist ansonsten relativ einfach. Wählen Sie den Bereich, den Sie entfernen wollen, mit einem Auswahlwerkzeug Ihrer Wahl aus, und rufen Sie dann den Dialog BEARBEITEN • AUSWAHL FÜLLEN auf, in dem Sie bei VERWENDEN ❶ die Option INHALTSSENSITIV auswählen und anschließend mit OK bestätigen.

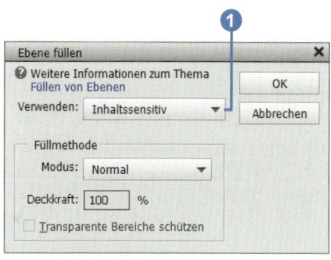

▲ Abbildung 33.40
Den ausgewählten Bereich inhaltssensitiv füllen

Sind Sie mit dem Ergebnis nicht zufrieden, können Sie diesen Vorgang jederzeit wieder mit [Strg]/[cmd]+[Z] bzw. BEARBEITEN • RÜCKGÄNGIG: FLÄCHE FÜLLEN rückgängig machen.

▲ Abbildung 33.41
Der störende Stock wurde mit dem Lasso-Werkzeug ausgewählt und …

▲ Abbildung 33.42
… mit dem Dialog EBENE FÜLLEN mit der Option INHALTSSENSITIV gefüllt.

33.4 Porträtretusche

Die Retusche von Porträts ist ein wichtiges Thema der Bildbearbeitung. Vom kleineren kosmetischen Eingriff bis hin zu digitaler plastischer Chirurgie ist hier fast alles möglich. Dieser Abschnitt soll Ihnen einen kleinen Einblick verschaffen. Wir werden Falten entfernen, eine Person jünger erscheinen lassen, Augen retuschieren, Make-up auftragen und vieles mehr. Doch sehen Sie selbst.

Schritt für Schritt
Falten entfernen und Person verjüngen

Kapitel_33: Portrait.jpg, Portrait_ohne_Falten.jpg, Portrait_mehr_Haare.jpg

In diesem Beispiel wollen wir die Retusche einmal auf die Spitze treiben und sehen, wie wir eine ältere Person virtuell verjüngen können. Im Fokus steht hierbei natürlich das Entfernen von Falten. Bitte nehmen Sie diesen Workshop nicht allzu ernst und eher als Anregung für diverse Retuschearbeiten. Im Workshop wurde auf das Hinzufügen einer tranpsarenten Ebene für die Korrekturen bzw. Manipulationen verzichtet, damit der Workshop überschaubarer bleibt. In der Praxis können Sie in den Arbeitsschritten 1, 2 und 4 jeweils eine neue transparente Ebene anlegen, um die Korrektur bzw. Manipulation nicht-destruktiv darauf auszuführen.

1 Stirnfalten entfernen
Öffnen Sie das Bild »Portrait.jpg« im Fotoeditor. Wählen Sie den Bereichsreparatur-Pinsel [J]. Stellen Sie eine harte, ausreichend große Werkzeugspitze ein. Im Beispiel habe ich 100 Pixel verwendet.

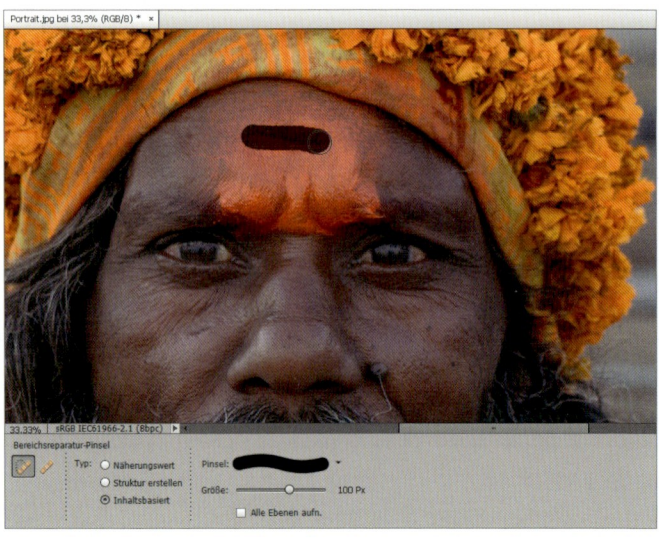

Abbildung 33.43 ▶
Malen Sie die Falten auf der Stirn weg.

33.4 Porträtretusche

Der Typ sollte hier Näherungswert oder Inhaltsbasiert sein. Gegebenenfalls probieren Sie bei Misslingen mit einer der beiden Optionen einfach die jeweils andere aus. Tupfen oder malen Sie jetzt mit dem Werkzeug die Falten auf der Stirn weg. Einen Aufnahmebereich benötigen Sie bei diesem Werkzeug nicht.

2 Fältchen um die Augen entfernen

Machen Sie dasselbe mit den Fältchen an den Augen. Sollten Sie hier mit dem Bereichsreparatur-Pinsel und den Optionen Näherungswert oder Inhaltsbasiert an die Grenzen stoßen, weil das Werkzeug nicht nur »Haut« findet und aufmalt, können Sie stattdessen auch den Reparatur-Pinsel 🖌 J verwenden. Der Vorteil am Reparatur-Pinsel ist, dass Sie sich den »sauberen« Hautbereich selbst aussuchen können.

▲ Abbildung 33.44
Entfernen Sie Schritt für Schritt die Fältchen um die Augen.

Die Retusche ist zwar nun im Vergleich zum Ursprungsbild schon etwas ausgeprägter, die Natürlichkeit der Aufnahme bleibt aber gerade noch so erhalten.

3 Haare bzw. Bart färben

Den grauen Haaren bzw. hier dem grauen Bart können Sie den Garaus machen, indem Sie zunächst über die Schaltfläche ❶ (Abbildung 33.46) im Ebenen-Dialog eine neue transparente Ebene erzeugen und den Modus ❷ auf Weiches Licht stellen. Jetzt können Sie mit einer dunklen Farbe (hier wurde Schwarz ver-

▲ Abbildung 33.45
In dieser Porträtretusche wurden einige Falten ohne Botox entfernt. Das obere Bild zeigt den Zustand vor der Retusche, das untere zeigt den Zustand danach. Ob es die Werbung wohl auch so macht?

817

Kapitel 33   Retuschewerkzeuge

wendet) und dem Pinsel-Werkzeug [B] die Haare färben. Im Beispiel wurden eine Pinselspitze mit 250 Pixeln und eine Deckkraft von 75 % verwendet. Passen Sie auf, dass Sie nicht aus den Haaren bzw. aus dem Bart hinausmalen.

Abbildung 33.46
Haare und Bart färben, ganz ohne Chemie

Tipp

Neue Haare hinzufügen können Sie auch mit dem Inhaltssensitives Verschieben-Werkzeug im Modus Erweitert. Hierbei müssen Sie einfach ein paar Haare auswählen und dann in die gewünschte Richtung zum Erweitern ziehen. Das Inhaltssensitives Verschieben-Werkzeug wird in Abschnitt 33.5, »Inhaltssensitives Verschieben-Werkzeug«, umfassend behandelt.

4   Haare hinzufügen

Zum Schluss können Sie dem Bart noch mehr Haare hinzufügen. Wählen Sie hierzu einfach mit dem Kopierstempel [S] einen Bartbereich mit gehaltener [Alt]-Taste aus, und tupfen bzw. malen Sie neue Barthaare hinzu.

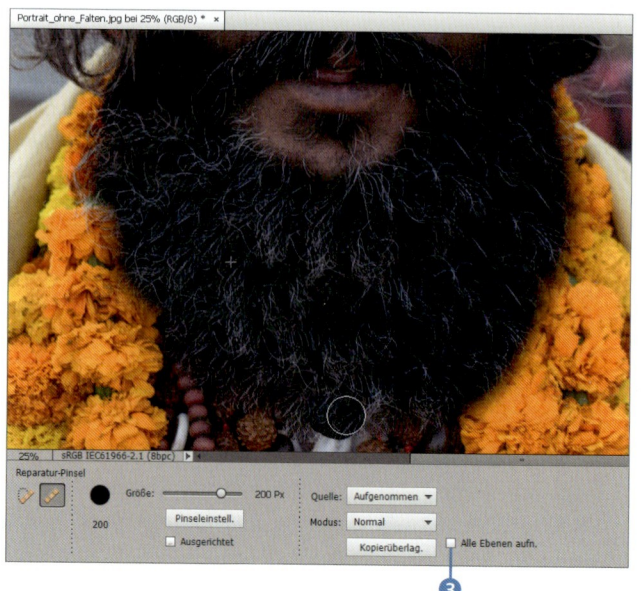

Abbildung 33.47
Haare ohne Verpflanzung hinzugefügt

Zusätzlich wurde in diesem Beispiel auch noch der Reparatur-Pinsel ✏ J verwendet, um den Bartharren an den etwas harten hinzugeklonten Übergängen am Ende etwas weichere Stellen hinzuzutupfen bzw. aufzumalen. Damit es anschließend nicht mehr so auffällt, wurden andere Bereiche wiederum mit dem Bereichsreparatur-Pinsel ✏ J retuschiert.

Wenn Sie neue Haare auf einer transparenten Ebene hinzumalen wollen, sollten Sie bei den entsprechenden Werkzeugen die Option ALLE EBENEN AUFNEHMEN ❸ aktivieren.

◀ **Abbildung 33.48**
Zugegeben, die Verjüngung ist nicht unbedingt perfekt, aber ich denke, dass Sie hierbei die eine oder andere Anregung für ernste oder lustige Retuschen gefunden haben.

Schritt für Schritt
Retusche rund um die Augen

Im folgenden Workshop wollen wir die Augen mehr strahlen lassen, sodass die Aufmerksamkeit mehr auf die Augen des Motivs gerichtet wird. Dies beinhaltet unter anderem das Verbessern von dunklen Augenrändern und ein Aufhellen des Augenweiß. Auch für intensivere Farben brauchen Sie nicht unbedingt Kontaktlinsen zu verwenden, wie dieser Workshop zeigen wird. Verwenden Sie für diesen Workshop die Datei »Bea.jpg«.

Kapitel_33:
Bea.jpg

1 Tränensäcke entfernen
Zunächst wollen wir die Tränensäcke entfernen. Legen Sie hierzu eine neue transparente Ebene über das entsprechende Icon im Ebenen-Dialog an, und wählen Sie den Reparatur-Pinsel  aus. Stellen Sie eine passende Pinselgröße ein (hier 50 Pixel), und aktivieren Sie ALLE EBENEN AUFNEHMEN. Malen Sie jetzt die Tränensäcke unter den Augen weg.

Kapitel 33 Retuschewerkzeuge

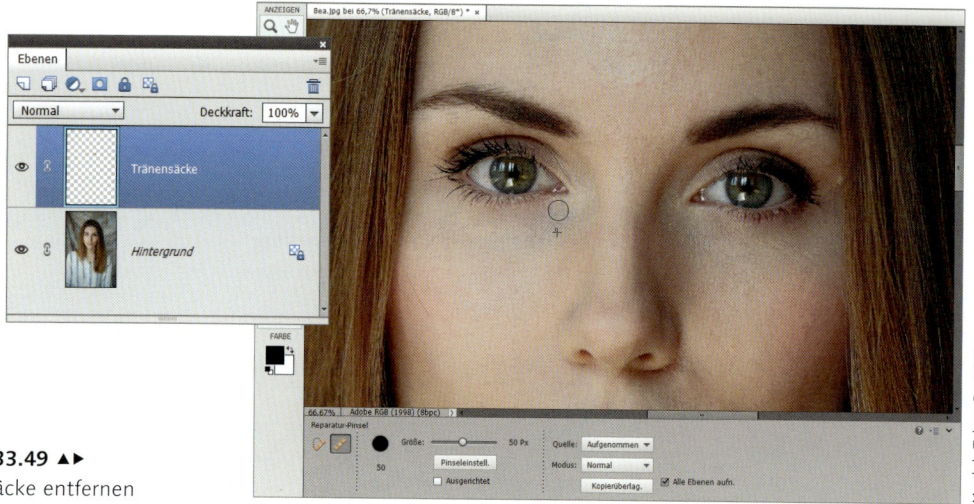

Abbildung 33.49 ▲▶
Die Tränensäcke entfernen

Augenränder wegstempeln

Es ist übrigens durchaus auch möglich, Augenränder mit dem Bereichsreparatur-Pinsel oder dem Reparatur-Pinsel wegzumalen. Allerdings geht hierbei schnell die Natürlichkeit verloren. Auf der anderen Seite können Sie, wie ich in diesem Workshop zeige, mit dieser Technik auch andere Stellen wie Hautrötungen usw. abmildern, ohne gleich eine unnatürlich wirkende »Porzellanhaut« zu generieren.

2 Dunkle Augenränder retuschieren

Wählen Sie jetzt das Pinsel-Werkzeug ✏ B aus, und verwenden Sie bei den Werkzeugeinstellungen eine weiche Spitze. Im Beispiel habe ich eine GRÖSSE von 100 Pixeln benutzt. Stellen Sie im Farbwahlbereich Weiß als Vordergrundfarbe ein. Alternativ können Sie auch mit der Pipette 🖉 eine Hautfarbe statt einer weißen Farbe als Vordergrundfarbe auswählen. Dann wirkt der Effekt nicht so stark. In diesem Beispiel hat die junge Frau kaum Augenränder, aber uns geht es hier ja auch darum, den Fokus auf strahlende Augen zu richten. Erzeugen Sie nun im Ebenen-Bedienfeld über das entsprechende Icon ❶ eine neue transparente Ebene, und malen Sie darauf mit dem Pinsel-Werkzeug die dunklen Augenränder aus.

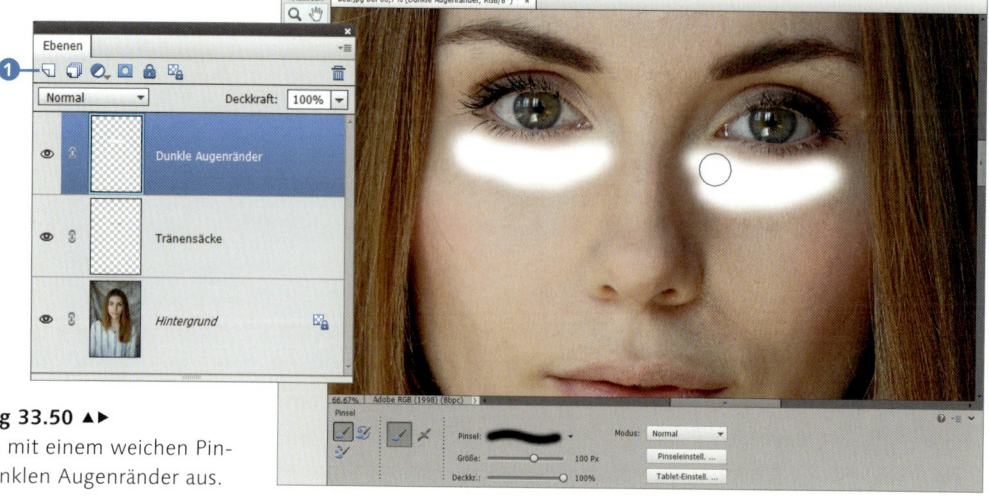

Abbildung 33.50 ▲▶
Malen Sie mit einem weichen Pinsel die dunklen Augenränder aus.

33.4 Porträtretusche

3 Füllmethoden und Deckkraft ändern

Ändern Sie im Ebenen-Bedienfeld die Füllmethode ❷ der transparenten Ebene, auf der Sie die dunklen Augenränder übermalt haben, auf WEICHES LICHT. Reduzieren Sie die DECKKRAFT ❸ auf 50 %. Zusätzlich habe ich hier noch die Ebene mit den dunklen Augenrändern mit FILTER • WEICHZEICHNUNGSFILTER • GAUSSSCHER WEICHZEICHNER mit einem RADIUS von 40 Pixeln weichgezeichnet.

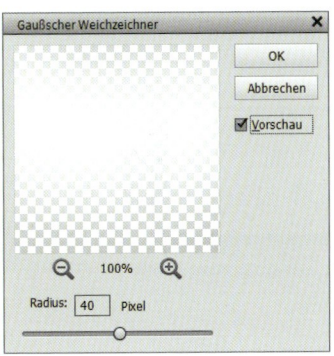

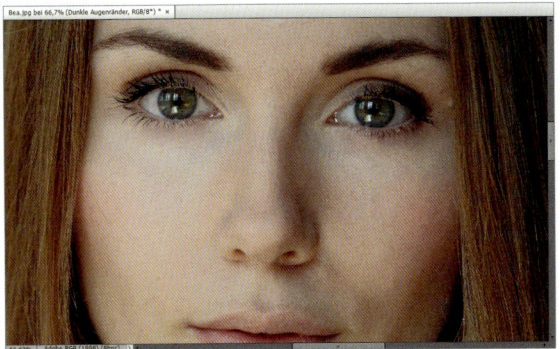

Abbildung 33.51 ▲▶
Wählen Sie die Füllmethode WEICHES LICHT, und reduzieren Sie die DECKKRAFT.

4 Augenweiß aufhellen

Wählen Sie die Hintergrundebene aus, und zoomen Sie tiefer in das Bild, um das Augenweiß besser beurteilen zu können. Wählen Sie jetzt den Abwedler 🔍 ⓪. Verwenden Sie eine passende weiche Pinselspitze mit einer passenden GRÖSSE (hier 25 Pixel).

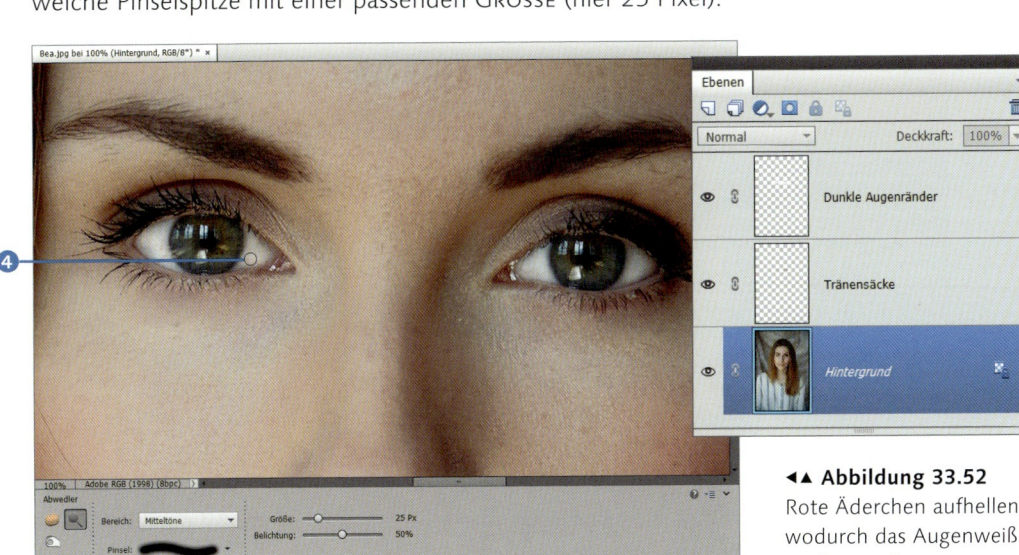

◀▲ **Abbildung 33.52**
Rote Äderchen aufhellen, wodurch das Augenweiß noch weißer wird

821

Die BELICHTUNG wurde auf 50% belassen, und als BEREICH wurden die MITTELTÖNE verwendet. Hellen Sie jetzt im Augenweiß (bei beiden Augen) die roten Äderchen auf, indem Sie diese mit dem Werkzeug wegmalen ❹ (Abbildung 33.52).

5 Iris und Pupille auswählen

Um die Iris und Pupille eines Auges auszuwählen, würde sich die Auswahlellipse [M] anbieten. Im Beispiel habe ich mich aber für den Auswahlpinsel [A] entschieden. Hierfür habe ich mir einen weichen Auswahlpinsel mit 61 Pixeln ausgewählt, der zufällig genau die Größe von Iris und Pupille hat. Damit können Sie quasi im wahrsten Sinne des Wortes die Auswahl aufpinseln. Entfernen können Sie die zu viel ausgewählten Bereiche jederzeit, wenn Sie die Option SUBTRAHIEREN ❶ verwenden.

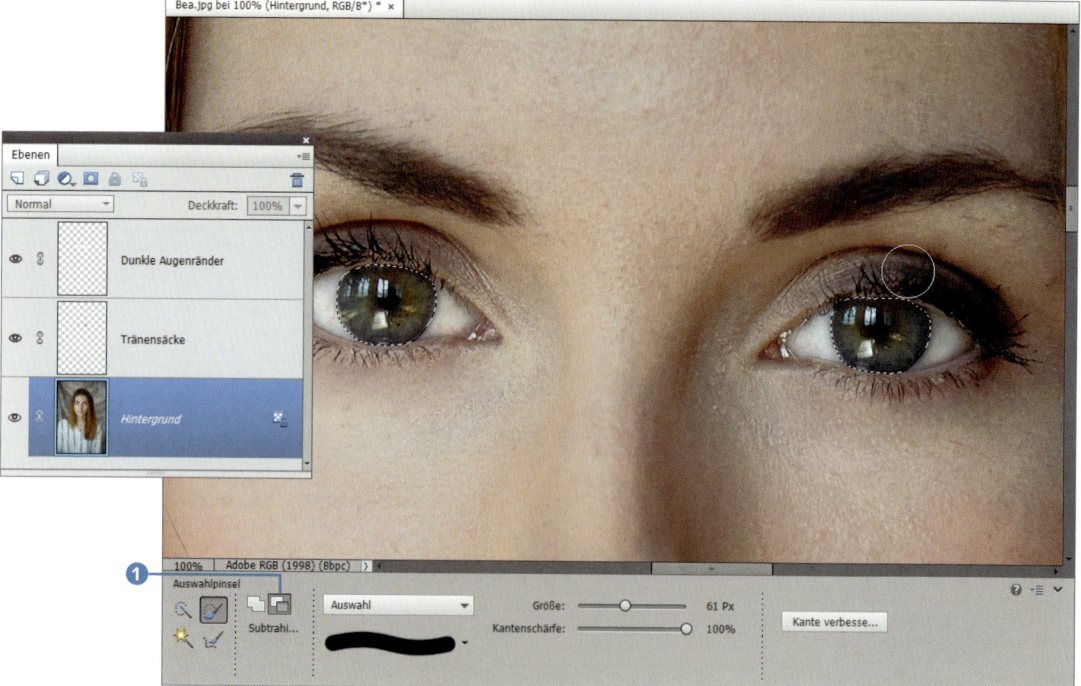

▲ Abbildung 33.53
Auswahl von Pupille und Iris mit dem Auswahlpinsel aufmalen

6 Einstellungsebene hinzufügen

Fügen Sie eine neue Einstellungsebene mit FARBTON/SÄTTIGUNG über das entsprechende Icon ❷ des Ebenen-Dialogs hinzu. Drücken Sie anschließend gleich [Strg]/[cmd]+[I], um die Ebenenmaske zu invertieren, damit die Augen in Weiß und der Rest in Schwarz maskiert werden.

33.4 Porträtretusche

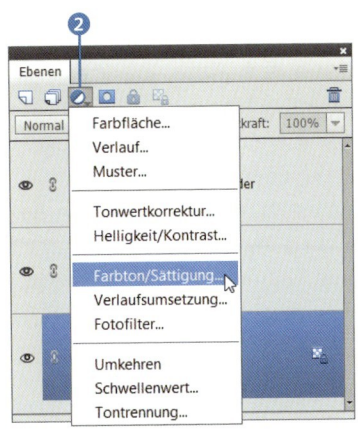

▲ **Abbildung 33.54**
Eine neue Einstellungsebene für FARBTON/SÄTTIGUNG hinzufügen

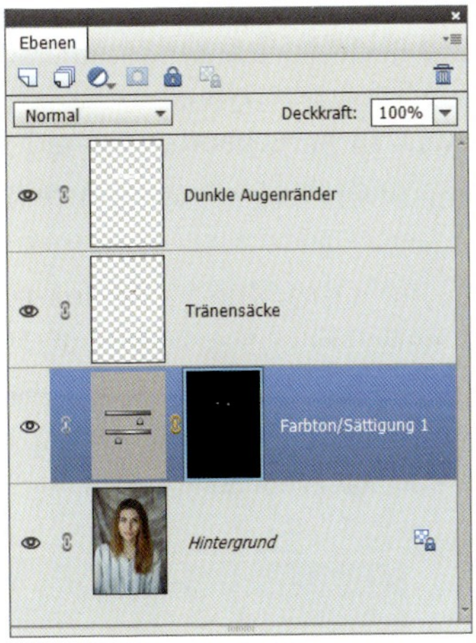

▲ **Abbildung 33.55**
Eine Einstellungsebene, in der nur die Pupille und Iris in der Ebenenmaske ausgewählt sind

7 Augenfarbe ändern

Ändern Sie die Augenfarbe, indem Sie den Regler FARBTON ❸ verschieben. Im Beispiel wurden die Augen auf kräftigeres Grün umgefärbt, und der Regler wurde auf +45 gestellt. Die SÄTTIGUNG wurde ebenfalls mit –40 reduziert, und auch die HELLIGKEIT wurde leicht reduziert. Wenn der Übergang jetzt durch die Auswahl etwas zu hart erscheint, macht dies nicht viel aus. Ein Blick auf den Ebenen-Dialog zeigt, dass Elements für uns gleich eine Ebenenmaske angelegt hat, und wenn Sie das Kapitel dazu (siehe Kapitel 28, »Ebenenmasken«) aufmerksam durchgelesen haben, werden Sie die Vorteile davon kennen und schätzen.

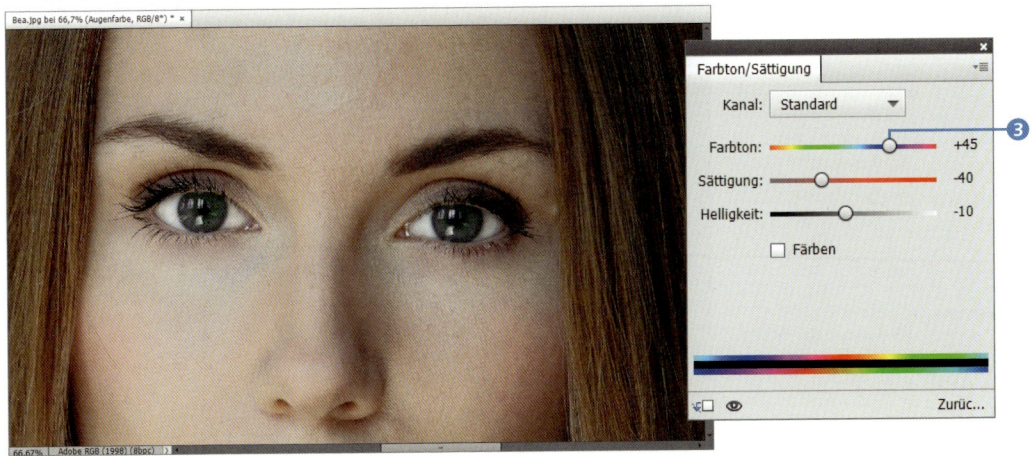

▲ **Abbildung 33.56**
Ändern Sie den Farbton der Augen.

Tipp: Zähne bleichen
Auf die gleiche Weise können Sie bei Bedarf auch die Zähne bleichen.

8 Harte Übergänge nachbearbeiten

Sind die Übergänge zwischen Iris und Pupille und dem Augenweiß zu hart, können Sie jederzeit mit dem Pinsel-Werkzeug B und einer weichen Pinselspitze mit schwarzer Farbe auf der Ebenenmaske Pixel entfernen und mit weißer Farbe hinzufügen. Achten Sie hierbei darauf, dass Sie die Ebenenmaske ❶ auch aktiviert haben (zu erkennen am blauen Rahmen im Ebenen-Bedienfeld). Durch die neue Farbe wirken die Details in den Augen etwas zu hart, weshalb hier noch die Füllmethode der Ebene auf FARBE ❷ gesetzt wurde.

Abbildung 33.57 ▼▶
Dank Ebenenmaske sind jederzeit Nacharbeiten bei der Augenfarbe möglich.

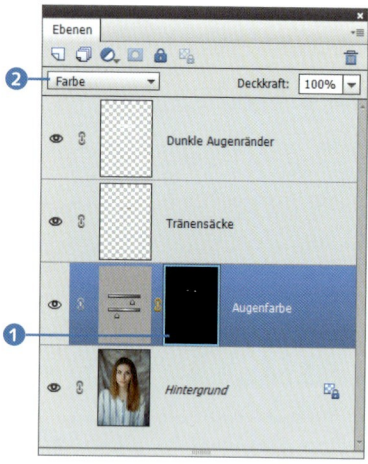

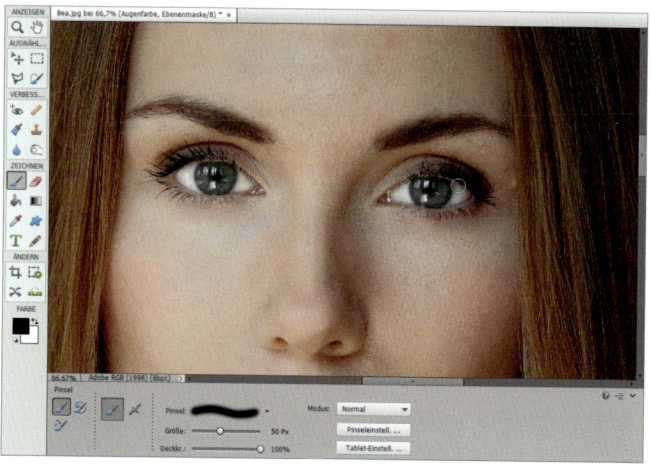

9 Augen schärfen

Zwar wird die globale Schärfung des Bildes erst am Ende der Bearbeitung gemacht, aber ich persönlich schärfe die Augen mit dem Schärfen-Werkzeug ▲ R noch gesondert nach.

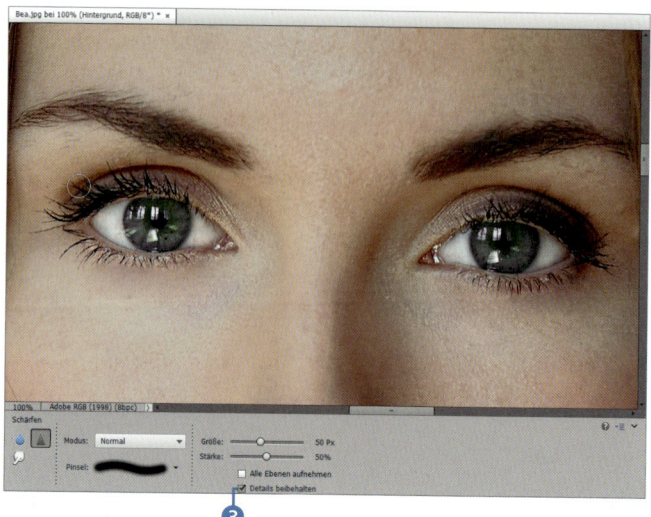

Abbildung 33.58 ▶
Nach dem Schärfen der Augen funkeln diese im wahrsten Sinne des Wortes.

Hierzu stelle ich eine passende Pinselgröße (hier 50 Pixel) ein und belasse den Wert STÄRKE auf 50 %. Auf jeden Fall sollten Sie hier auch die Option DETAILS BEIBEHALTEN ❸ aktiviert lassen. Malen Sie jetzt ein paarmal um die Augen links und rechts herum. Anschließend wirkt der Blick noch viel knackiger und schärfer.

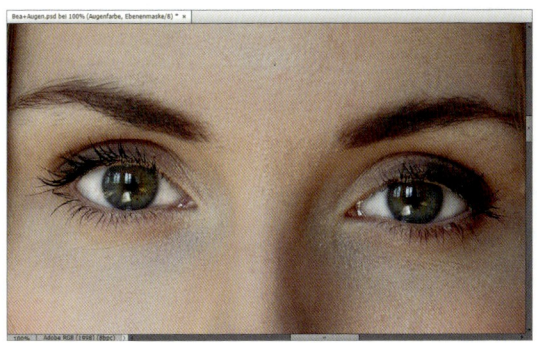 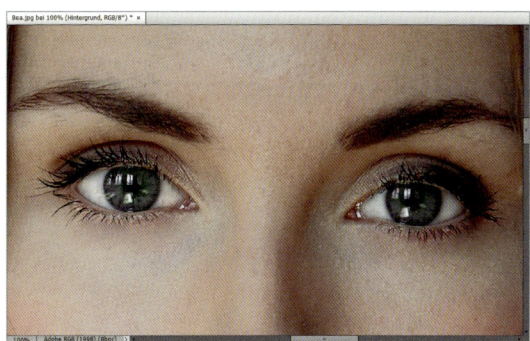

▲ **Abbildung 33.59**
Links sehen Sie das Porträt im Originalzustand und rechts nach der Retusche im Augenbereich. Die Augen rücken jetzt viel mehr in den Mittelpunkt.

Schritt für Schritt
Digitales Make-up auftragen

Einen letzten und besonders beliebten Porträt-Workshop habe ich noch für Sie – das Bearbeiten der Haut (ein nachträgliches Make-up, wenn Sie so wollen), das nicht zu verwechseln ist mit der Korrektur von Hautunreinheiten. Verwenden Sie hierzu die Datei »Bea-before-make-up.jpg«, und laden Sie sie in den Fotoeditor. In einer anderen Schritt-für-Schritt-Anleitung haben wir ja bereits die Augen verbessert, und jetzt wollen wir dem Porträt ein digitales Make-up verpassen.

 Kapitel_33:
Bea-before-make-up.jpg,
Bea-make-up.psd

1 Einstellungsebene »Farbton/Sättigung« anlegen

Legen Sie über das Ebenen-Bedienfeld eine neue Einstellungsebene FARBTON/SÄTTIGUNG an. Wählen Sie anschließend im Ebenen-Bedienfeld die (noch weiße) Ebenenmaske von FARBTON/SÄTTIGUNG aus, und drücken Sie [Strg]/[cmd]+[I], womit diese Ebenenmaske eine schwarze Farbe ❶ erhält (wie in Abbildung 33.60 bereits zu sehen).

Tipp: Make-up-Farbe ändern
Sie können jederzeit nachträglich die Make-up-Farbe über diese Einstellungsebene mit dem Dialog KORREKTUR ändern.

2 Farbton ändern

Ändern Sie nun den FARBTON ❷ der Einstellungsebene auf einen beliebigen Wert. Da wir die Ebenenmaske schwarz eingefärbt haben, ändert sich hier zunächst auf dem Bild selbst noch nichts.

Über die Regler SÄTTIGUNG und HELLIGKEIT können Sie nachträglich regulieren, wie kräftig die Farbe wirken soll. Wenn Sie die HELLIGKEIT reduzieren, können Sie einen gängigen Erdfarbton erstellen.

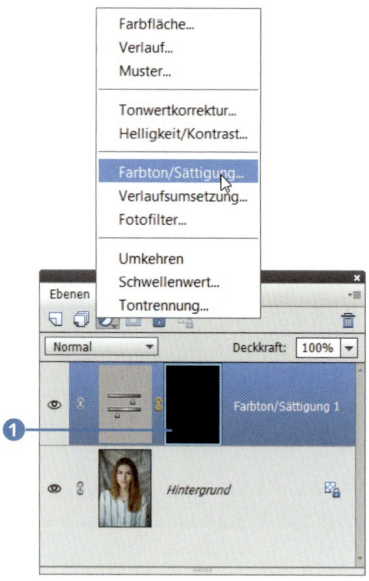

▲ **Abbildung 33.60**
Einstellungsebene FARBTON/SÄTTIGUNG anlegen

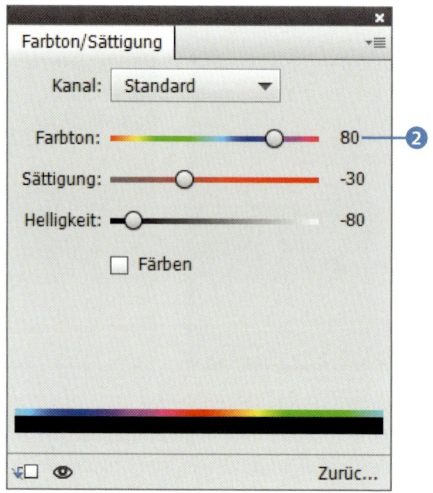

◄ **Abbildung 33.61**
Farbton der Einstellungsebene ändern

3 Augen-Make-up aufmalen

Aktivieren Sie die schwarze Ebenenmaske ❸ im Ebenen-Bedienfeld (zu erkennen am blauen Rahmen), und wählen Sie das Pinsel-Werkzeug aus. Verwenden Sie eine weiche Pinselspitze mit einer GRÖSSE von 20 Pixeln. Reduzieren Sie die DECKKRAFT auf 80 %. Stellen Sie außerdem eine weiße Vordergrundfarbe ❹ ein. Malen Sie jetzt mit dem Pinsel-Werkzeug über den Augen ein Make-up auf ❺. Zum Vorschein kommt die Farbe der Einstellungsebene.

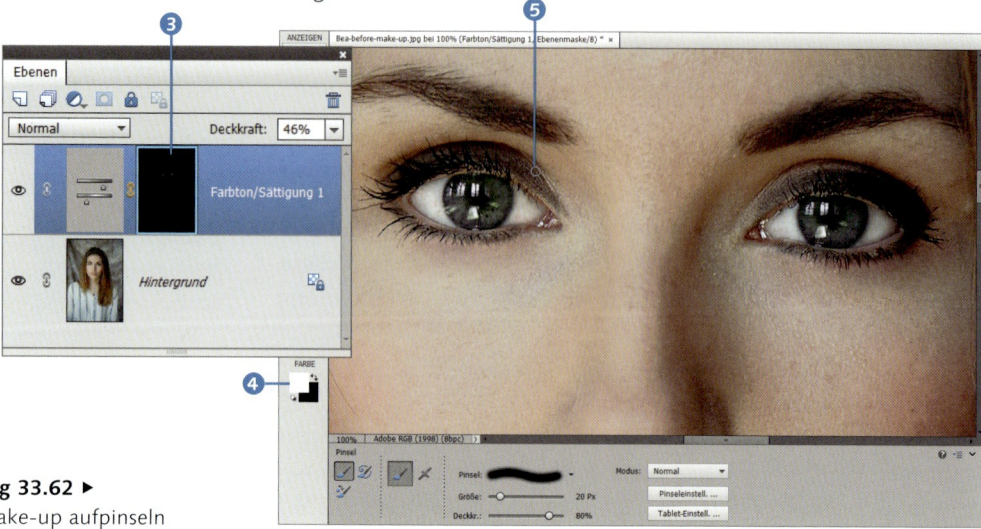

Abbildung 33.62 ▶
Augen-Make-up aufpinseln

4 Augen-Make-up anpassen

Über den Regler FARBTON (FENSTER • KORREKTUREN) der Einstellungsebene können Sie die Farbe des Augen-Make-ups nachträglich ändern. Damit das Make-up außerdem nicht so kräftig aufgetragen wirkt, zeichnen Sie auf Wunsch die Einstellungsebene noch mit FILTER • WEICHZEICHNUNGSFILTER • GAUSSSCHER WEICHZEICHNER weich. Auch die DECKKRAFT der Ebene können Sie reduzieren, wenn Ihnen das Make-up zu stark ist.

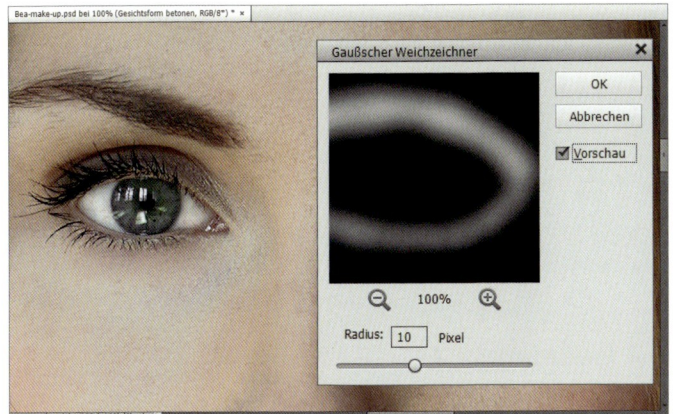

◂▴ **Abbildung 33.63**
Farbe und Weichzeichnung des Augen-Make-ups anpassen

5 Hautunreinheiten entfernen

Im nächsten Schritt können Sie die Hautunreinheiten beseitigen, wie Sie dies vom Workshop »Hautunreinheiten auf Porträts korrigieren« von Seite 809 her kennen. Im Beispiel habe ich die Hautunreinheiten auf einer neuen transparenten Ebene mit dem Bereichsreparatur-Pinsel beseitigt.

6 Neue graue Ebene anlegen

Legen Sie über das Ebenen-Bedienfeld mit der entsprechenden Schaltfläche ❺ eine neue Ebene an, und füllen Sie diese Ebene mit dem Füllwerkzeug mit einer neutralen grauen Farbe (Rot, Grün und Blau haben hierbei denselben Wert, im Beispiel habe ich den Wert 128 verwendet), die Sie zuvor noch als aktive Vordergrundfarbe einstellen müssen. Stellen Sie jetzt den MODUS der Ebene auf INEINANDERKOPIEREN ❻.

7 Gesichtsform betonen

Jetzt haben Sie die Grundlagen und können die Schatten und Lichter der Gesichtsform betonen. Verwenden Sie das Pinsel-Werkzeug mit einer weichen Pinselspitze. Die GRÖSSE können Sie zunächst auf 100 Pixel stellen, sollten sie aber immer entsprechend an den gegebenen Bereichen anpassen. Reduzieren Sie DECKKR.

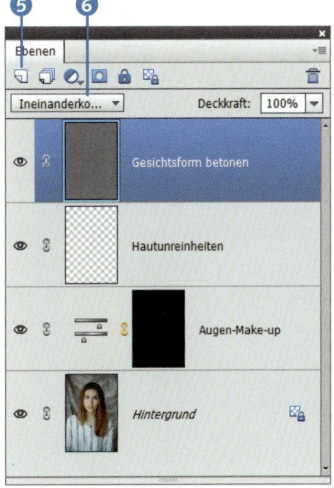

▴ **Abbildung 33.64**
Neue Ebene für die Beauty-Retusche

auf 10 %. Wählen Sie die graue Ebene im Ebenen-Bedienfeld aus. Mit einer schwarzen Vordergrundfarbe malen Sie jetzt die Schatten ins Bild. Hierbei verwenden Sie gewöhnlich die Gesichtsbereiche, die Sie betonen wollen (beispielsweise Wangen, Mund, Augen). Mit weißer Vordergrundfarbe malen Sie die Lichter in das Bild. In der Beauty-Retusche sind das gewöhnlich die Bereiche, die Sie absoften (oder zur Porzellanhaut machen) wollen.

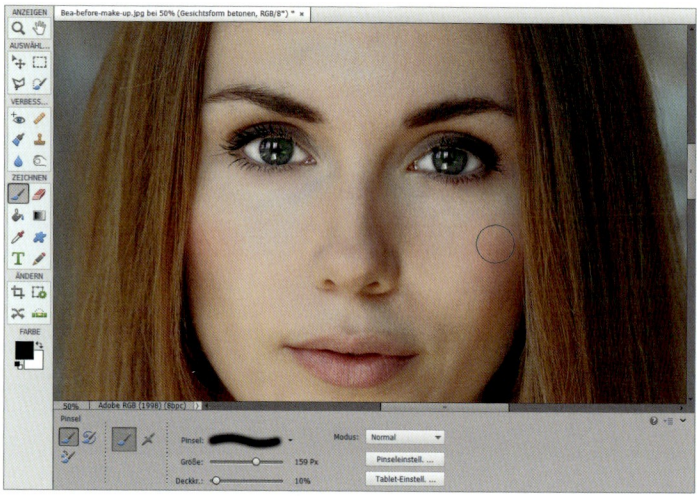

Abbildung 33.65 ▶
Mit Lichtern und Schatten das Gesicht betonen

8 Make-up analysieren

Um die Gesichtsbetonung etwas genauer zu betrachten, können Sie jederzeit das Augensymbol des Hintergrundbildes ❶ im Ebenen-Bedienfeld durchstreichen. Im Beispiel sehen Sie außerdem, dass Sie nicht so exakt arbeiten müssen. Wenn Sie mit dem Ergebnis zufrieden sind, machen Sie die Ebenen wieder sichtbar und fügen sie zu einer Ebene zusammen.

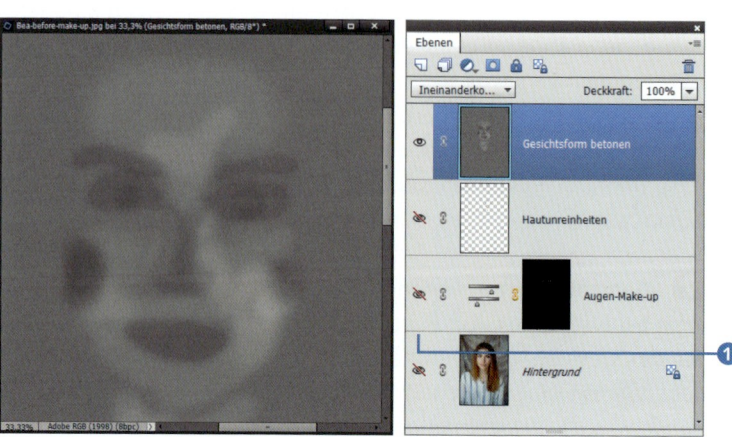

Abbildung 33.66 ▶
Unser Make-up ohne das Hintergrundbild

▲ Abbildung 33.67
Der Vorher-Nachher-Vergleich: Hier wurde das Bild noch nicht behandelt.

▲ Abbildung 33.68
Hier wurde die Retusche rund um die Augen durchgeführt.

▲ Abbildung 33.69
Und hier sehen Sie das Ergebnis nach dem Workshop mit dem neuen virtuellen Make-up.

Den Effekt des Make-ups können Sie verstärken, indem Sie beispielsweise die graue Ebene duplizieren und WEICHES LICHT als Ebenenmodus einstellen. Ebenso können Sie mit der DECKKRAFT der Ebene(n), aber auch des Pinsel-Werkzeugs experimentieren.

Längere Wimpern
Längere Wimpern können Sie entweder mit dem Kopierstempel aus demselben Bild erzeugen oder aus einem anderen Bild hinzuklonen. Alternativ können Sie aber auch im Internet nach Pinselspitzen für längere Wimpern suchen und diese aufmalen.

33.5 Inhaltssensitives Verschieben-Werkzeug

Das Inhaltssensitive Verschieben-Werkzeug ist eine Mischung aus dem Lasso-Werkzeug und der Option INHALTSBASIERT des Bereichsreparatur-Pinsels. Das Werkzeug erlaubt es Ihnen, den Inhalt einer Auswahl im Bild zu verschieben. Der Bildbereich hinter der verschobenen Auswahl wird mit den passenden umliegenden Bildinformationen (inhaltsbasierend) aufgefüllt, und zwar so, dass die Manipulation kaum auffallen sollte bzw. nur noch wenige Nacharbeiten mit anderen Retuschewerkzeugen, wie beispielsweise dem Kopierstempel oder dem Bereichsreparatur-Pinsel, nötig sind. Genau genommen handelt es sich hierbei um ein Auswahl- und Retuschewerkzeug in einem.

Werkzeugoptionen | Mit den ersten vier Icons ❷ legen Sie fest, was mit Auswahlen geschehen soll. Neben dem Anlegen einer neuen Auswahl können Sie auch hier Auswahlbereiche erweitern (HINZUFÜGEN), entfernen (SUBTRAHIEREN) oder eine SCHNITTMENGE bilden. Mehr dazu haben Sie bereits in Abschnitt 22.4, »Auswahlen kombinieren«, erfahren. Mit dem MODUS ❹ stellen Sie ein, wie Sie das Werkzeug verwenden wollen. Hierbei stehen Ihnen zwei Möglichkeiten zur Verfügung:

Kapitel 33 Retuschewerkzeuge

- VERSCHIEBEN: Mit dieser Option verschieben Sie die Auswahl innerhalb des Bildes an eine andere Position. Je mehr der Hintergrund der zu verschiebenden Auswahl mit der neuen Position übereinstimmt, desto besser wird das Ergebnis sein.
- ERWEITERN: Damit können Sie die zu verschiebende Auswahl erweitern. Sinnvoll angewendet, können Sie damit ausgewählte Bereiche wie Gebäude, Bäume usw. erweitern (erhöhen).

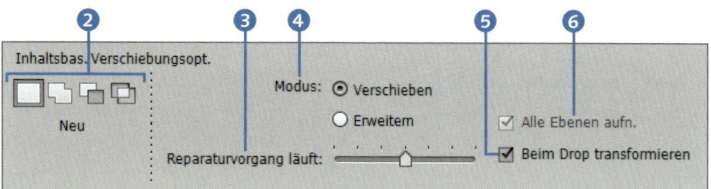

Abbildung 33.70 ▶
Die Werkzeugoptionen des Inhaltssensitives Verschieben-Werkzeugs

Der Regler REPARATURVORGANG LÄUFT ❸ ist kein Regler, um einen Effekt zu verstärken oder zu verringern, sondern damit können Sie einen anderen Algorithmus auswählen, wie der »leere« aufzufüllende Bereich und die Kante der verschobenen Auswahl inhaltsbasierend aufgefüllt bzw. repariert werden sollen. Wenn die Reparatur nicht das gewünschte Ergebnis gebracht hat, können Sie verschiedene Einstellungen des Reglers probieren, bis Sie mit dem Ergebnis zufrieden sind.

Hat Ihr Bilddokument mehrere Ebenen und sollen die Pixel aus allen sichtbaren Ebenen beachtet werden, müssen Sie ALLE EBENEN AUFN. ❻ aktivieren. Wenn nur die aktive Ebene berücksichtigt werden soll, lassen Sie diese Option deaktiviert.

Mit aktiver Option BEIM DROP TRANSFORMIEREN ❺ sorgen Sie dafür, dass nach dem Verschieben ein rechteckiger Rahmen um die Auswahl eingeblendet wird, mit dem Sie den verschobenen Bereich transformieren (drehen und skalieren) können.

Vorhandene Auswahl verwenden
Es ist jederzeit möglich, eine bereits vorhandene Auswahl mit dem Inhaltssensitives Verschieben-Werkzeug zu verwenden, die mit einem anderen Auswahlwerkzeug (siehe Abschnitt 22.1, »Auswahlwerkzeuge im Überblick«) erzeugt wurde. Mit dem Wechsel zum Inhaltssensitives Verschieben-Werkzeug können Sie entweder sofort die Auswahl verschieben oder erweitern (abhängig vom gewählten MODUS) oder die Auswahl weiter bearbeiten mit den Auswahloptionen HINZUFÜGEN, SUBTRAHIEREN oder SCHNITTMENGE.

Bedienung | Die Bedienung des Inhaltssensitives Verschieben-Werkzeugs ist relativ einfach. Nachdem Sie es aktiviert haben, wählen Sie aus, ob Sie eine neue Auswahl (Standardeinstellung NEU) erstellen oder etwas zu einer vorhandenen Auswahl HINZUFÜGEN, von ihr SUBTRAHIEREN oder eine SCHNITTMENGE bilden wollen. Wählen Sie dann über MODUS ❹ aus, ob Sie eine Auswahl auf dem Bild VERSCHIEBEN oder ERWEITERN wollen.

Erstellen Sie dann mit gedrückt gehaltener Maustaste eine Auswahl um das Objekt, das Sie verschieben oder erweitern wollen (in der Annahme, dass Sie eine neue Auswahl erstellen). Sobald Sie die Maustaste loslassen, wird die Auswahl geschlossen und ist bereit zum Verschieben. Setzen Sie den Mauscursor innerhalb der Auswahl, verschieben Sie diese mit gedrückt gehaltener Maustaste, und lassen Sie die Auswahl an der gewünschten Position fallen.

Der alte Bereich der zuvor erstellten Auswahl wird jetzt automatisch mit Bildinformationen um diesen Bereich gefüllt. Auch die Kanten der aktuell verschobenen Auswahl werden gemäß dem neuen Hintergrund automatisch »repariert«. Wenn das inhaltssensitive Füllen bzw. die Reparatur nicht das gewünschte Ergebnis gebracht haben, können Sie den Regler REPARATURVORGANG LÄUFT etwas verschieben, und die Arbeiten werden mit einem neuen Algorithmus durchgeführt.

Schritt für Schritt
Bildmotiv verschieben

Hier soll das Fenster etwas mehr zur linken Seite im Bild verschoben werden. Laden Sie daher das Bild »wand-2.jpg« in den Fotoeditor.

Kapitel_33: wand-2.jpg

◄ **Abbildung 33.71**
Für einen harmonischeren Gesamteindruck soll das zu mittig platzierte Fenster nach links verschoben werden.

1 Bildmotiv auswählen

Aktivieren Sie das Inhaltssensitives Verschieben-Werkzeug  . Im Beispiel soll eine neue Auswahl erstellt werden, weshalb auch das entsprechende Icon NEU ❶ (Abbildung 33.72) ausgewählt ist (bleibt). Als MODUS soll hier VERSCHIEBEN ❸ verwendet werden. Ziehen Sie mit gedrückt gehaltener Maustaste eine Auswahl um das Fenster ❷. Wenn Sie die Maustaste loslassen, wird die Auswahl geschlossen. Sind Sie mit der Auswahl nicht zufrieden, können Sie jederzeit über die Option HINZUFÜGEN weitere Bereiche hinzufügen oder mit SUBTRAHIEREN entfernen.

Lasso-Werkzeug
Die Funktionen, eine Auswahl mit dem Inhaltssensitives Verschieben-Werkzeug zu erstellen, entsprechen denen des Lasso-Werkzeugs , das in Abschnitt 23.1.1, »Das einfache Lasso«, beschrieben wird.

Kapitel 33 Retuschewerkzeuge

Abbildung 33.72 ►
Die Auswahl für das zu verschiebende Motiv wird erstellt.

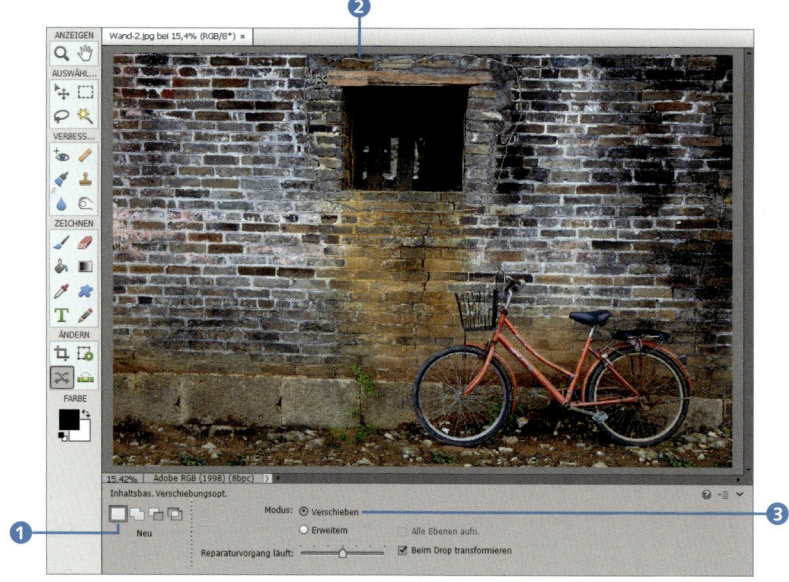

2 Bildmotiv verschieben

Wenn Sie mit der Auswahl zufrieden sind, können Sie diese mit gedrückt gehaltener Maustaste verschieben und an die Stelle im Bild ziehen, an der Sie das Bildmotiv haben wollen. Je mehr der Hintergrund des zu verschiebenden Bildmotivs mit der neuen Position übereinstimmt, desto besser ist das Ergebnis. Lassen Sie die Auswahl an der Position fallen, an der Sie das Bildmotiv platzieren wollen, indem Sie die Maustaste loslassen.

Abbildung 33.73 ►
Ausgewähltes Bildmotiv an die gewünschte Position ziehen und fallen lassen.

3 Reparaturvorgang ändern

Wenn Sie die Maustaste losgelassen haben, wird der alte Bereich der jetzt verschobenen Auswahl mit umliegenden Bildinformationen aufgefüllt. Auch die Kanten des verschobenen Bereichs werden repariert. Haben das Auffüllen und die Reparatur nicht

33.5 Inhaltssensitives Verschieben-Werkzeug

das gewünschte Ergebnis gebracht, können Sie den Regler Reparaturvorgang läuft ❹ verschieben, und es wird ein anderer Algorithmus dafür verwendet. Probieren Sie hier ruhig mehrere Einstellungen aus, um ein Gefühl für diesen Regler zu bekommen. Solange die Auswahllinie um das Bildmotiv besteht, können Sie den Regler immer wieder ändern. Wenn Sie mit dem Ergebnis zufrieden sind, können Sie die Auswahl aufheben, indem Sie mit der linken Maustaste außerhalb des ausgewählten Bereichs klicken.

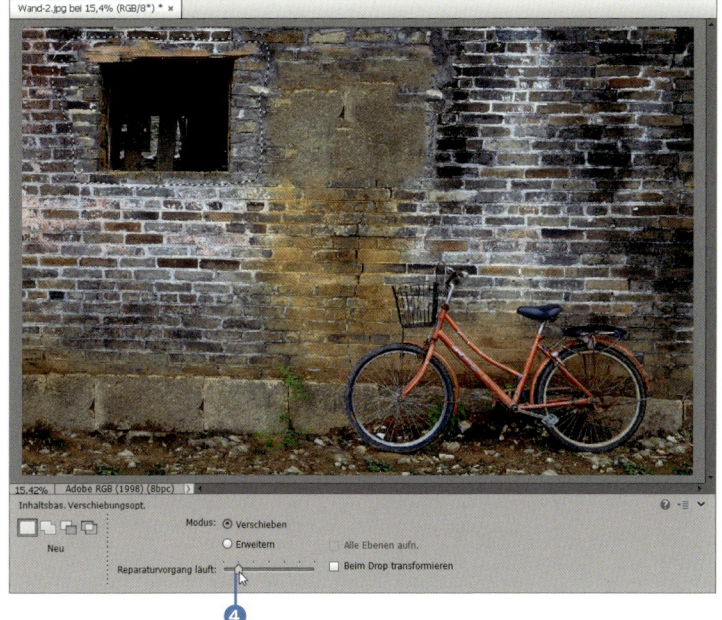

◀ **Abbildung 33.74**
Verschiedene Reparaturvorgänge ausprobieren

4 Nachträgliche Retuschearbeiten

Am Ende können Sie unschöne Kanten oder harte Übergänge mit den üblichen Retuschewerkzeugen wie dem Kopierstempel ⟨S⟩, dem Bereichsreparatur-Pinsel ⟨J⟩ und/oder dem Reparatur-Pinsel ⟨J⟩ beseitigen.

▼ **Abbildung 33.75**
Das Bild vor und nach dem Verschieben mit dem Inhaltssensitives Verschieben-Werkzeug

Kapitel 33 Retuschewerkzeuge

Kapitel_33:
wolkenkratzer.jpg

Schritt für Schritt
Bildmotiv erweitern

Neben dem Verschieben bietet das Inhaltssensitives Verschieben-Werkzeug noch die Option, eine Auswahl zu erweitern. Öffnen Sie zur Demonstration das Bild »wolkenkratzer.jpg«, an dem der Modus ERWEITERN kurz beschrieben werden soll.

1 Auswahl zum Erweitern erstellen

Aktivieren Sie das Inhaltssensitives Verschieben-Werkzeug
Q. Verwenden Sie bei MODUS die Option ERWEITERN ❶.

Abbildung 33.76 ▶
Bereich zum Erweitern auswählen

Ziehen Sie anschließend mit gedrückt gehaltener Maustaste eine Auswahl um den Bereich, den Sie erweitern wollen. Im Beispiel wurde der weiße Turm ausgewählt.

2 Auswahl durch Verschieben erweitern

Exakt waagerecht/senkrecht verschieben

Wollen Sie die Auswahl exakt waagerecht verschieben, brauchen Sie lediglich während des Verschiebens mit der gedrückt gehaltenen Maustaste die ⇧-Taste gedrückt halten. Selbiges funktioniert natürlich auch senkrecht, wenn Sie während des Verschiebens die Tasten Strg/cmd+⇧ gedrückt halten.

Verschieben Sie jetzt mit gedrückt gehaltener Maustaste die Auswahl in die Richtung, in die diese erweitert werden soll. Im Beispiel soll der »Turm« etwas höher gesetzt werden, weshalb die Auswahl nach oben geschoben wurde. Im Beispiel wirkt das jetzt, als würden Sie die Auswahl einfach oben daraufsetzen. Je genauer Sie die Auswahl daraufsetzen, desto besser wird auch hier wieder das Ergebnis. Wenn Sie die Maustaste loslassen, wird die Erweiterung der Auswahl inhaltssensitiv bearbeitet. Auch hier können Sie, wenn der umliegende Bildbereich nicht ordentlich repariert wurde, über den Regler REPARATURVORGANG LÄUFT ❷ einen anderen Algorithmus verwenden, um erneut eine Reparatur des erweiterten Bildbereichs durchzuführen.

33.5 Inhaltssensitives Verschieben-Werkzeug

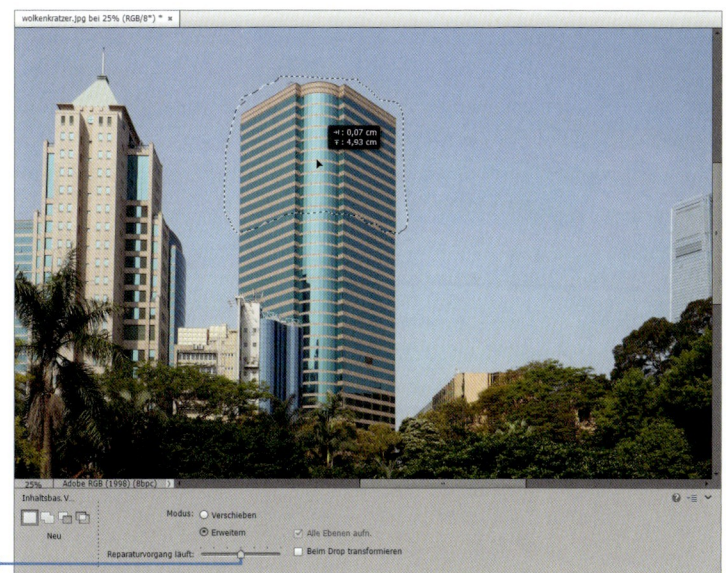

◀ Abbildung 33.77
Der ausgewählte Bildbereich wird erweitert.

3 Auswahl durch Verschieben duplizieren

Mit dem Modus ERWEITERN ergibt sich noch eine zweite Möglichkeit, mit der Sie einen ausgewählten Bildbereich erweitern und auch gleich den Inhalt automatisch passend in den neuen Bereich einfügen können. Im Beispiel wurde ein Teil des Turmes 5 erneut ausgewählt, auf die rechte Seite gezogen und dort fallen gelassen 6.

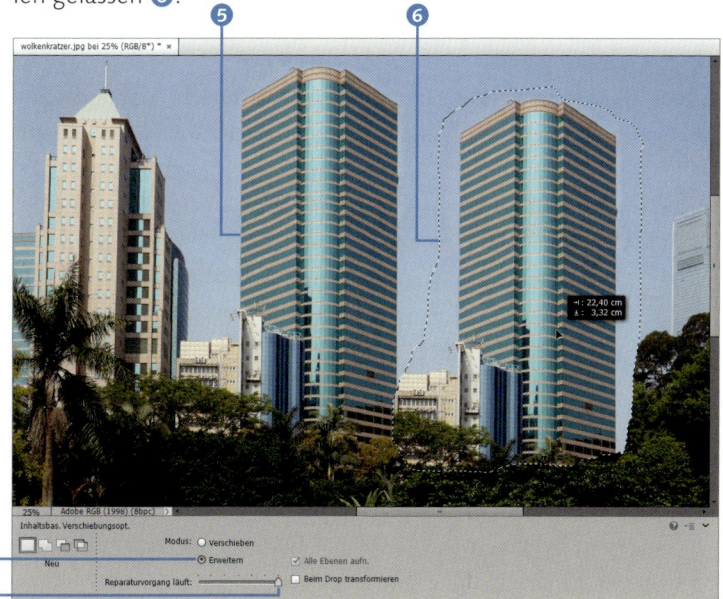

◀ Abbildung 33.78
Hier wurde der Turm ausgewählt, verschoben und dupliziert, das heißt, das Bild wurde um einen weiteren Turm »erweitert«, der hinter den Bäumen steht.

835

Durch den Modus ERWEITERN ❹ wird das Bild um diesen Turm erweitert (der Turm wird quasi dupliziert), und der Bereich außen um den verschobenen Turm herum wird automatisch repariert. Auch hier können Sie mit dem Regler REPARATURVORGANG LÄUFT ❸ nachträglich noch andere Reparatur-Algorithmen ausprobieren.

4   Nachträgliche Retuschearbeiten

Am Ende können Sie auch hier unschöne Kanten oder harte Übergänge mit den üblichen Retuschewerkzeugen wie dem Kopierstempel [S], dem Bereichsreparatur-Pinsel [J] und/oder dem Reparatur-Pinsel [J] beseitigen.

▲ Abbildung 33.79
Das Bild vor der Erweiterung …

▲ Abbildung 33.80
… und nach der Erweiterung mit dem Inhaltssensitives Verschieben-Werkzeug

Die besten Ergebnisse mit dem Inhaltssensitives Verschieben-Werkzeug erzielen Sie immer dann, wenn der Hintergrund der zu verschiebenden Auswahl der Position recht ähnlich ist, an die die Auswahl verschoben wird. Ganz ohne Nacharbeiten wird es bei digitalen Bildern wohl eher selten vonstattengehen.

33.6 Verflüssigen-Filter

Wenn Sie bei einem Bild Bereiche verkrümmen, verzerren, verschieben, vergrößern oder verkleinern wollen, sollten Sie sich den Filter VERFLÜSSIGEN ansehen. Sie finden ihn im Menü FILTER • VERZERRUNGSFILTER • VERFLÜSSIGEN.

Dieser Filter kann verwendet werden, um beispielsweise bei Porträtaufnahmen das Gesicht etwas anzupassen, wie die Lippen schmaler machen, ein Lächeln aufsetzen, die Nase optisch etwas verbessern oder gar eine Person allgemein ein wenig schlanker machen. Ebenso können Sie diesen Filter für spaßige Effekte einsetzen.

▲ **Abbildung 33.81**
Der VERFLÜSSIGEN-Filter im Einsatz einer neuen Hollywood-Diät

Die einzelnen Funktionen in der linken Icon-Leiste des VERFLÜSSIGEN-Filters beschreibe ich kurz im Folgenden:

- **Verkrümmungswerkzeug** [W] – verschiebt die Pixel durch Ziehen mit gedrückter linker Maustaste in eine Richtung.
- **Strudel-Werkzeug (im Uhrzeigersinn)** [C] – dreht die Pixel unter dem Pinsel im Uhrzeigersinn, wenn Sie ins Bild klicken oder den Mauszeiger über das Bild ziehen.
- **Strudel-Werkzeug (gegen Uhrzeigersinn)** [L] – dreht die Pixel unter dem Pinsel gegen den Uhrzeigersinn, wenn Sie ins Bild klicken oder den Mauszeiger über das Bild ziehen.
- **Zusammenziehen-Werkzeug** [P] – verkleinert Objekte unter dem Pinsel durch Anklicken.
- **Aufblasen-Werkzeug** [B] – vergrößert Motive unter dem Pinsel durch Anklicken.
- **Pixel-verschieben-Werkzeug** [S] – verschiebt die Pixel senkrecht zur Malrichtung nach links. Eine Rechtsverschiebung erreichen Sie mit gedrückter [Alt]-Taste.
- **Rekonstruktionswerkzeug** [E] – macht Änderungen rückgängig.

> **Beauty-Retusche**
> Dezent eingesetzt, eignet sich dieses Werkzeug durchaus auch für eine Porträtretusche, um beispielsweise die Nase optisch zu verbessern oder gar eine Person »schlanker« zu machen.

Auf der rechten Seite des VERFLÜSSIGEN-Filters verändern Sie die PINSELGRÖSSE (1–600) und den PINSELDRUCK (1–100) des Pinsels. Jeder höher dieser Druck ist, desto stärker wirken sich die Werkzeuge auf die Veränderungen aus. Wenn Sie ein Grafiktablett verwenden, legen Sie den Druck über den STIFTDRUCK fest.

Kapitel 33 Retuschewerkzeuge

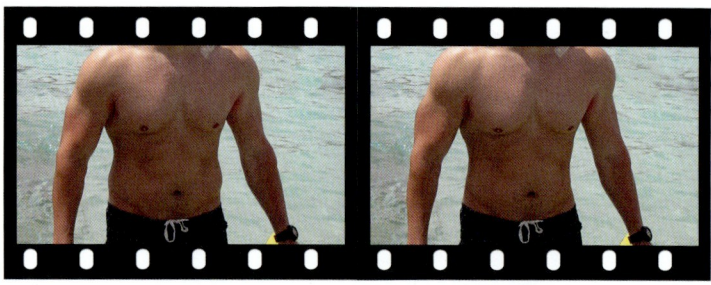

Abbildung 33.82 ▶
Links das Bild vor der Diät und auf der rechten Seite das Bild nach der Zwei-Minuten-Diät mit dem VERFLÜSSIGEN-Filter. Der Speck um die Hüften ist geschrumpft, und ein wenig Muskeln wurden aufgebaut, ohne dass die Manipulation groß auffällt.

Schritt für Schritt
Plastische Chirugie mit dem Verflüssigen-Filter

Kapitel_33:
zugenommen.jpg

Beim folgenden Bild zeigt die dreiwöchige Essensration in Büfettform ihre Wirkung. Die Badehosenfigur ist dahin, und gewöhnlich ist es ein Bild, das man hinterher nicht gerne herzeigt. Wir wollen da ein wenig nachhelfen und den Herrn in Form bringen. Öffnen Sie daher das Bild »zugenommen.jpg« im Fotoeditor.

1 Bauch und Bauchumfang reduzieren
Wählen Sie FILTER • VERZERRUNGSFILTER • VERFLÜSSIGEN aus, woraufhin das Bild im VERFLÜSSIGEN-Filter angezeigt wird. Wählen Sie das Zusammenziehen-Werkzeug ❶ P aus, und ändern Sie die Pinselgröße, damit dieses in etwa den halben Durchmesser des Bauchumfangs hat. Ziehen Sie mit dem Werkzeug entlang der Kante der Hüfte ❷, und der Umfang schrumpft. Die Arbeit mit dem Werkzeug erfordert ein wenig Übung und Fingerspitzengefühl.

▲ **Abbildung 33.83**
Bei diesem Bild soll der VERFLÜSSIGEN-Filter demonstriert werden.

Abbildung 33.84 ▶
Der Speck an den Hüften wurde etwas reduziert.

838

2 Muskeln aufpumpen

Im Beispiel sollen außerdem die Muskeln geringfügig »aufgebaut« werden. Wählen Sie dafür das Aufblasen-Werkzeug ❸ B, und stellen Sie die Größe der Pinselspitze etwas mehr als den Umfang der entsprechenden Muskelgruppe ein, damit der Durchmesser des Pinsels den Muskel komplett erfasst. Klicken Sie mit der Werkzeugspitze ein paarmal auf den Muskel ❹ (hier den Deltamuskel), bis Sie mit dem Ergebnis zufrieden sind.

◄ Abbildung 33.85
Muskelaufbau ohne Training ist mithilfe des VERFLÜSSIGEN-Filters ein Kinderspiel.

3 Hose etwas hochziehen

Da die Hose hier etwas unschön am Bauchansatz herunterhängt, soll diese etwas hochgezogen werden. Wählen Sie hierzu das Verkrümmungswerkzeug ❺ W aus, und ändern Sie die Pinselgröße, damit dieses in etwa fast den Durchmesser des Bauchumfangs hat.

◄ Abbildung 33.86
Jetzt wurde die Hose noch etwas zurechtgezupft.

Ziehen Sie jetzt mit gedrückter Maustaste die Hose etwas nach oben ❽ (Abbildung 33.86), bis diese nicht mehr so durchhängt. Mit demselben Werkzeug wurde hier auch die Hose an den Hosenbeinen etwas heruntergezogen.

Auch hier sind Übung und wahrscheinlich mehrere Versuche erforderlich. Klicken Sie auf WIEDERHERSTELLEN ❼, wenn Sie nochmals von vorn anfangen wollen. Klicken Sie auf OK ❻, um den VERFLÜSSIGEN-Dialog zu bestätigen und die Verformungen auszuführen.

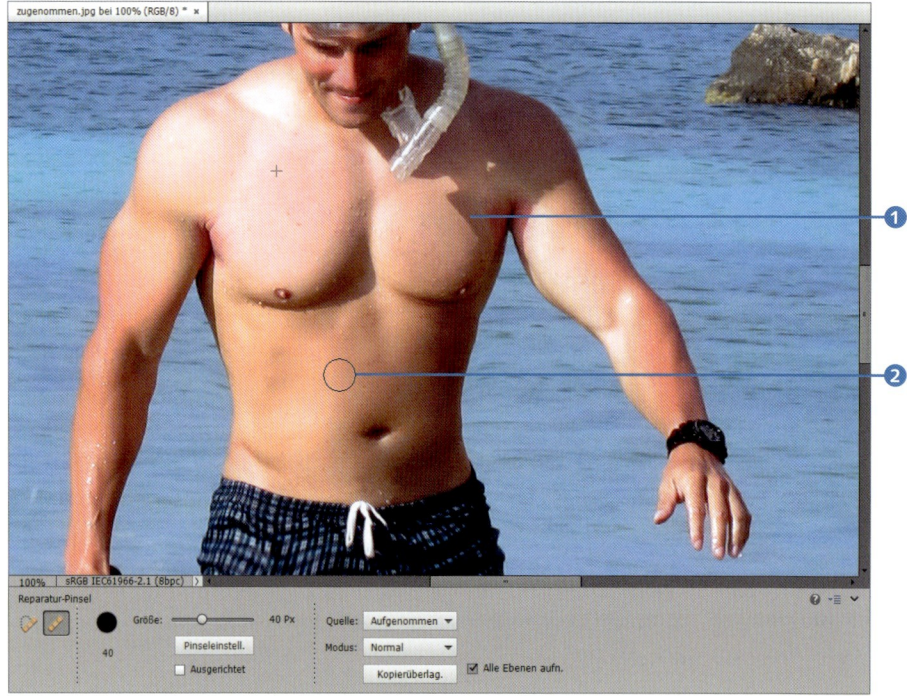

Abbildung 33.87 ▲
Zum Schluss wurde der Bauch noch etwas gestrafft.

Im Beispiel soll außerdem noch der Bauch etwas gestrafft werden. Hierzu verwende ich den Reparatur-Pinsel ⌘ J mit einer passende Größe von etwa 50 Pixeln, wähle mit gehaltener Alt-Taste einen glatten Bereich auf der Brust ❶ aus und tupfe bzw. male damit den Bauch ❷ »straff«.

Wie bereits eingangs erwähnt, lässt sich der VERFLÜSSIGEN-Filter auch für das Gesicht anwenden, um einer Person beispielsweise ein Lächeln aufzusetzen oder um die Lippen bzw. die Nase anzupassen. Aber seit der Version 15 von Photoshop Elements bietet die Software eine spezielle Funktion an, um Gesichtsmerkmale anzupassen, wie Sie gleich im nächsten Abschnitt erfahren werden.

◀ **Abbildung 33.88**
Links sehen Sie das Urlaubsfoto vor und rechts nach der Überarbeitung mit dem VERFLÜSSIGEN-Dialog.

33.7 Gesichtsmerkmale anpassen

Mit der Funktion GESICHTSMERKMALE ANPASSEN können Sie den Gesichtsausdruck einer Person nachträglich anpassen. Diese Funktion eignet sich sowohl für ernsthafte kleinere Anpassungen wie das Hinzufügen eines Lächelns oder das Schlankermachen des Gesichts bis hin zu übertriebenen Spaßeffekten. Angepasst werden können dabei die Lippen, die Augen, die Nase und das Gesicht insgesamt.

Schritt für Schritt
Gesichtsmerkmale anpassen

In diesem kurzen Workshop soll das Werkzeug GESICHTSMERKMALE ANPASSEN in der Praxis demonstriert werden. Sie werden dabei feststellen, dass es viele Optionen gibt, das Gesicht anzupassen, und ich empfehle Ihnen, einfach damit zu experimentieren. Ob Sie damit jetzt eine ernsthafte oder spaßige Anpassung umsetzen wollen, bleibt natürlich Ihnen selbst überlassen.

1 Funktion aufrufen
Laden Sie das Bild »Gesicht-anpassen.jpg« in den Fotoeditor, und rufen Sie anschließend die Funktion mit ÜBERARBEITEN • GESICHTSMERKMALE ANPASSEN auf. Photoshop Elements erkennt das Gesicht gewöhnlich automatisch und markiert den betroffenen Bereich mit einem blauen Kreis ❶ (Abbildung 33.89). Mit [Strg]/[cmd]+[+] bzw. [Strg]/[cmd]+[-] können Sie in das Bild ein- bzw. auszoomen. Die Ansicht können Sie über das Plus- und Minussymbol bzw. die Dropdown-Liste links unten ❷ anpassen.

Kapitel_33:
Gesicht-anpassen.jpg,
carving-face.jpg

Abbildung 33.89 ▶
Photoshop Elements erkennt ein Gesicht automatisch und markiert es mit einem blauen Kreis.

2 Gesichtsmerkmale anpassen

Auf der rechten Seite wählen Sie aus, welches Gesichtsmerkmal Sie anpassen wollen. Wählen Sie das Gesichtsmerkmal aus, wie im Beispiel die Lippen ❹, werden verschiedene Schieberegler für diesen Bereich aufgelistet. Über den Regler Smiley ❸ können Sie beispielsweise den Mundwinkel nach oben oder unten ziehen, um ein Lächeln ins Gesicht zu zaubern oder ein griesgrämiges Gesicht daraus zu machen. Im Beispiel habe ich den Regler nach rechts gezogen, wodurch die Person jetzt mehr lächelt. Des Weiteren habe ich die Oberlippe etwas breiter (Regler nach rechts) und die Unterlippe über die entsprechenden Regler etwas schmaler (Regler nach links) gemacht.

Abbildung 33.90 ▶
Ein breites Lächeln wurde zum Gesicht hinzugefügt.

33.7 Gesichtsmerkmale anpassen

3 Weitere Gesichtsmerkmale anpassen

Wie in Schritt 2 können Sie jetzt bei Bedarf auch mit den Augen, der Nase und dem gesamten Gesicht vorgehen. Zwischen einem Vorher-Nachher-Vergleich können Sie über den Schalter ❺ hin- und herschalten. Im Beispiel habe ich die Nase noch etwas schmaler und das Kinn etwas breiter gemacht. Sind Sie mit dem Ergebnis zufrieden, klicken Sie auf OK, und die gemachten Anpassungen im Dialog werden auf das Bild angewendet.

▲ **Abbildung 33.91**
Über den Vorher-Nachher-Schalter ❺ können Sie jederzeit zwischen den gemachten Änderungen im Gesicht hin- und herschalten.

▼ **Abbildung 33.92**
Links sehen Sie das Bild im ursprünglichen Zustand. In der Mitte wurde ein stärkeres Lächeln hinzugefügt, und im rechten Bild wurden die komplette Mimik und die Gesichtsform geändert.

Die Funktion GESICHTSMERKMALE ANPASSEN erkennt gewöhnlich das Gesicht in einem Foto automatisch. Dies funktioniert auch erstaunlich gut mit Statuen oder gemalten Porträts und lässt sich hierbei auch ganz gut für Spaßbilder einsetzen.

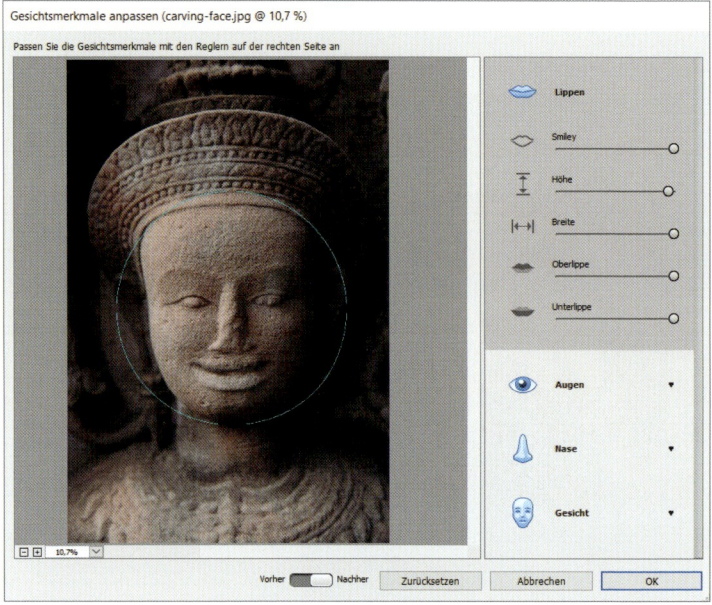

Abbildung 33.93 ▶
Der Algorithmus findet auch in Statuen und gemalten Bildern die Gesichter, womit sich dann auch Spaßbilder erstellen lassen.

Konnte kein Gesicht auf dem Foto gefunden werden, wird eine entsprechende Meldung eingeblendet, und die Funktion GE-SICHTSMERKMALE ANPASSEN kann nicht mit diesem Foto verwendet werden.

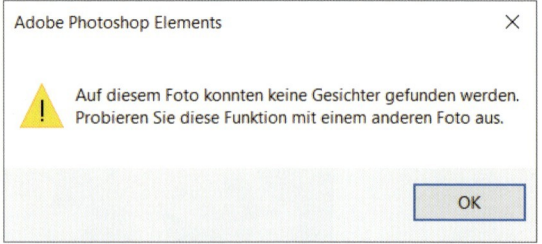

Abbildung 33.94 ▶
Dieser Dialog wird angezeigt, wenn keine Gesichter auf einem Foto gefunden wurden.

Kapitel_33:
Gruppenfoto.jpg

Wenn die Funktion mehrere Gesichter in einem Bild erkennt, werden alle markiert. Das aktive Gesicht wird dabei mit einem blauen Kreis ❶ angezeigt. Gemachte Änderungen werden dann auf das entsprechende Gesicht mit dem blauen Kreis angewendet. Die nicht aktiven Gesichter im Bild erkennen Sie an einem grauen Kreis um das Gesicht ❷. Sie können jederzeit ein anderes Gesicht auswählen, wenn Sie innerhalb des grauen Kreises

33.7 Gesichtsmerkmale anpassen

klicken, wodurch dieser zum blauen aktiven Kreis wird, worauf sich dann die Änderungen mit den Reglern auf der rechten Seite auswirken. So können Sie beispielsweise das Lächeln einzelner Personen nachträglich hinzufügen.

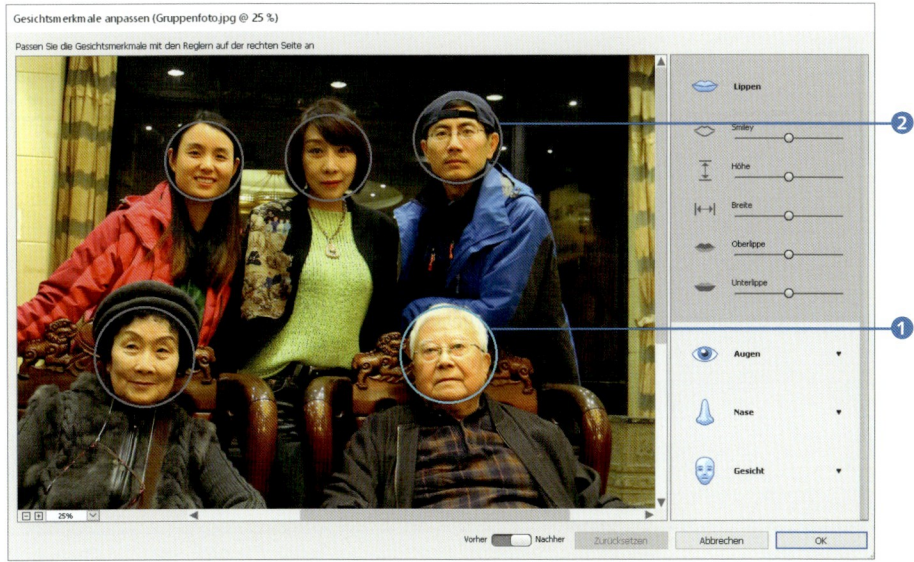

▲ **Abbildung 33.95**
Bei mehreren erkannten Gesichtern können Sie die Merkmale einzelner Gesichter …

Wollen Sie hingegen einzelne Gesichtsmerkmale von mehreren oder allen erkannten Gesichtern bei einem Gruppenfoto gleichzeitig anpassen, müssen Sie nur die entsprechenden Gesichter mit dem grauen Kreis mit gehaltener [Strg]/[cmd]-Taste anklicken. Jetzt können Sie die Gesichtsmerkmale von allen mit einem blauen Kreis markierten Gesichtern gleichzeitig ändern.

◄ **Abbildung 33.96**
… oder aber auch von allen ausgewählten Gesichtern auf einmal ändern.

845

Kapitel 34
Eingescannte Bilder nachbearbeiten

Lagern bei Ihnen vielleicht auch noch kartonweise analoge Fotos auf dem Dachboden oder im Keller? Vielleicht finden Sie ja, es sei an der Zeit, diese Bilder endlich zu digitalisieren? Mit Photoshop Elements haben Sie alles, was Sie dazu brauchen. In diesem Kapitel möchte ich Ihnen zeigen, wie Sie die Bilder einscannen und wie Sie aus den Scans anschließend das Beste herausholen.

34.1 Bilder einscannen

Da Photoshop Elements kein eigenes Programm zum Scannen mitliefert, müssen Sie zunächst das Scan-Programm installiert haben, das Ihrem Scanner beigelegt wurde. Photoshop Elements stellt hierbei nur eine Verbindung zum Scanner über die TWAIN-Schnittstelle her, die wiederum das Scan-Programm aufruft. Beachten Sie allerdings, dass TWAIN nicht mehr für Windows-Versionen mit 64 Bit zur Verfügung steht. Beim Scannen unter Windows ohne eine Scannersoftware können Sie auch die WIA-Schnittstelle von Windows zum Scannen verwenden. Mehr dazu habe ich bereits in Abschnitt 7.5, »Import vom Scanner«, erläutert.

Neu hingegen ist die Scannerunterstützung auf dem Mac. Damit diese klappt, müssen Sie den Scannertreiber Ihres Scannerherstellers installiert haben. Dann können Sie über DATEI • IMPORT • BILDER VOM GERÄT Ihren Scanner aus einer Liste von Geräten auswählen.

Auflösung für das Scannen | Das Thema **Auflösung** wurde bereits in Abschnitt 6.2, »Bildgröße und Auflösung«, behandelt. Trotzdem soll hier nochmals kurz darauf eingegangen werden, weil diesbezüglich oft Verwirrung herrscht. Zunächst müssen Sie entscheiden, wofür Sie die eingescannten Bilder verwenden wollen. Wenn Sie die Bilder nur auf dem Bildschirm anzeigen wol-

Verbindung zum Scanner

Dass eine Verbindung zu einem vorhandenen Scanner bestehen muss, versteht sich eigentlich von selbst.

len, genügt eine niedrigere Auflösung von 72 bis 96 dpi. Alles, was darüber hinausgeht, kann vom Monitor ohnehin nicht mehr angezeigt werden. Allerdings schaden mehr Pixel auch nicht; sie führen lediglich zu einem höheren Datenvolumen.

Sofern Sie allerdings vorhaben, das Bild zu drucken, müssen Sie auch die Auflösung zum Scannen erhöhen. Hierbei ist es entscheidend, ob Sie das Bild im Verhältnis 1:1 oder vergrößert drucken wollen. In der Praxis ist eine Auflösung von **300 dpi** für Bilder im Format 10 × 15 cm fast immer zum Drucken geeignet. Soll das Bild vergrößert ausgedruckt werden, müssen Sie die Auflösung ebenfalls erhöhen. Für einen Tintenstrahlposterdruck mit 150 dpi sollten Sie das Bild schon mit 600 dpi einscannen.

Schritt für Schritt
Bild einscannen und ausrichten

Um ein Bild einzuscannen, müssen Sie zunächst über Photoshop Elements das Scan-Programm aufrufen. Das mit dem Scanner gelieferte Programm wird von Hersteller zu Hersteller ein wenig unterschiedlich aussehen. Sie starten das Programm über den Menüpunkt Datei • Importieren.

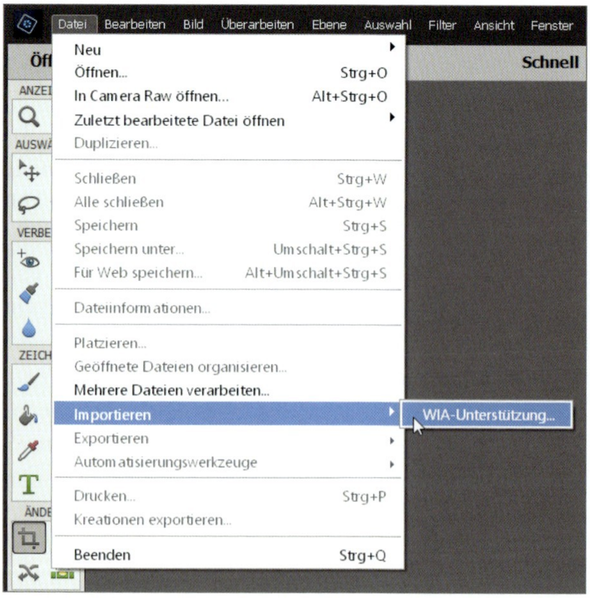

Hinweis
Dieser Arbeitsschritt unterscheidet sich von Software zu Software ein wenig – das Prinzip ist aber immer dasselbe.

Abbildung 34.1 ▶
Starten Sie das gewünschte Scan-Programm.

1 **Bildvorschau und Qualität einstellen**
Klicken Sie zunächst auf Vorschau ❷, um das Bild mithilfe eines Rahmens ❶ schon vorab richtig freizustellen. Abhängig vom geplanten Einsatz des Bildes müssen Sie nun die Auflösung fest-

legen und bestimmen, ob das Bild in Farbe, Graustufen oder Schwarzweiß eingescannt werden soll.

Im Beispiel habe ich die Auflösung 300 dpi ❹ und ein Farbbild ❺ verwendet. Wo Sie diesen Wert einstellen, hängt von der Software ab, die auf Ihrem Rechner installiert ist. Klicken Sie anschließend auf Scannen ❸.

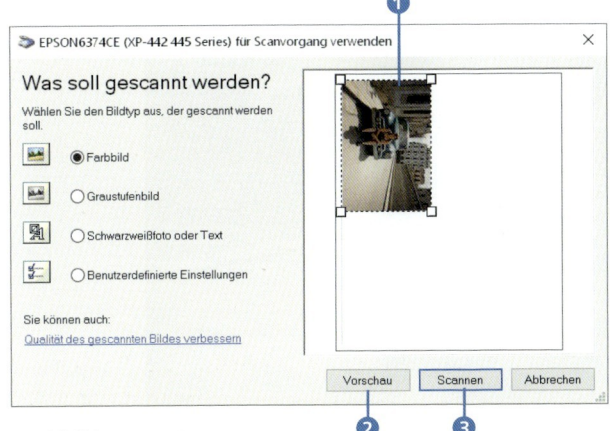

▲ **Abbildung 34.2**
Die Einstellungen vor dem Scannen (in der Abbildung wird die WIA-Schnittstelle zum Scannen verwendet)

2   Nach dem Scannen

Nach dem Scan-Vorgang sollte das Bild in einem neuen Dokumentfenster in Photoshop Elements geöffnet sein.

◀ **Abbildung 34.3**
Das gescannte Bild öffnet sich in einem neuen Dokumentfenster.

3 Bild drehen, ausrichten und zuschneiden

Eventuell müssen das Bild erst mit BILD • DREHEN • 90° NACH LINKS in die richtige Richtung drehen. Sollte das Bild schief eingescannt sein, richten Sie es mit dem Gerade-ausrichten-Werkzeug ![icon] P aus. Zum Schluss musste hier noch mit dem Freistellungswerkzeug ![icon] C der weiße Rand oben und rechts weggeschnitten werden.

Abbildung 34.4 ▶
Das fertig gedrehte und zugeschnittene Bild

34.2 Bildqualität des Scans verbessern

Häufig sind eingescannte Bilder flau, farblos und etwas unscharf. Im folgenden Workshop wollen wir diese Schwächen beseitigen. Als Beispiel verwenden wir das zuvor von mir eingescannte Bild »Cuba.tif«.

Kapitel_34:
Cuba.tif

Schritt für Schritt
Scannerschwächen ausgleichen

Photoshop Elements bietet Ihnen alle Möglichkeiten, Ihre Scans zu optimieren. Sollten Sie keinen eigenen Scan zur Hand haben, können Sie auch die Datei »Cuba.tif« verwenden.

Einstellungsebene
Natürlich können Sie auch die Einstellungsebene TONWERTKORREKTUR verwenden.

1 Tonwertkorrektur

Laden Sie das Bild »Cuba.tif« in den Fotoeditor. Wenn Sie die TONWERTKORREKTUR über ÜBERARBEITEN • BELEUCHTUNG ANPASSEN oder Strg/cmd+L öffnen, erkennen Sie am Histogramm gleich, warum das Bild so flau wirkt: Es hat keinerlei Höhen oder Tiefen. Daher wollen wir im Folgenden Kanal für Kanal korrigieren.

Wählen Sie zunächst den roten Kanal ❶ aus, und ziehen Sie den schwarzen Anfasser ❷ nach rechts an den Anfang der Histogramm-Hügellandschaft. Den weißen Anfasser ❸ schieben Sie analog nach links an den Anfang der Hügellandschaft. Stellen Sie den blauen und den grünen Kanal ebenso ein.

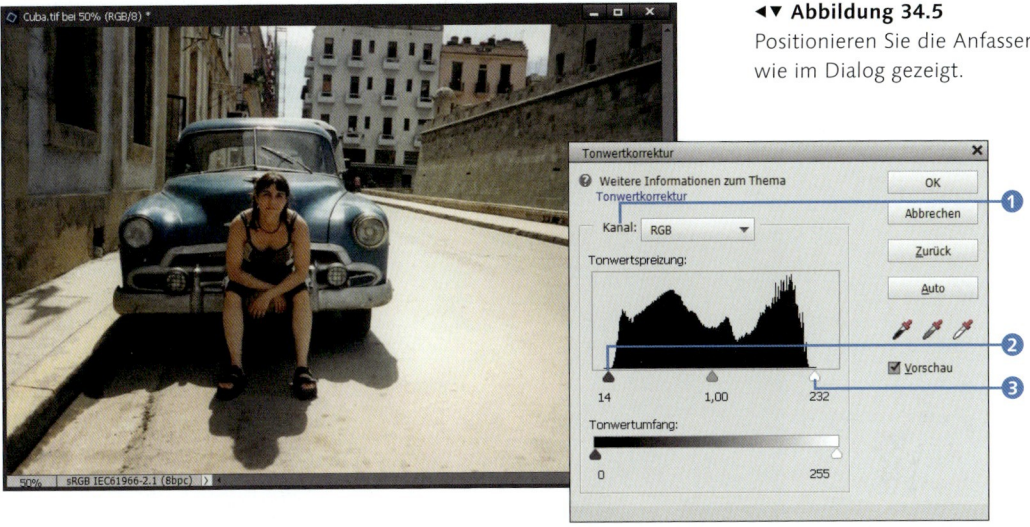

◀▼ **Abbildung 34.5**
Positionieren Sie die Anfasser wie im Dialog gezeigt.

2 Bildrauschen entfernen

Viele Scanner lesen das Bild mit einem relativ starken Rauschen ein. Das Bildrauschen wird natürlich durch das Schärfen zuvor noch ein wenig verstärkt. Mit Filter • Rauschfilter • Rauschen reduzieren rücken wir diesem Problem zu Leibe. Hier müssen Sie selbst ein wenig herumprobieren. Im Beispiel habe ich für Stärke einen Wert von 6 verwendet, für Details erhalten den Wert 60 % und für Farbrauschen reduzieren den Wert 45 %.

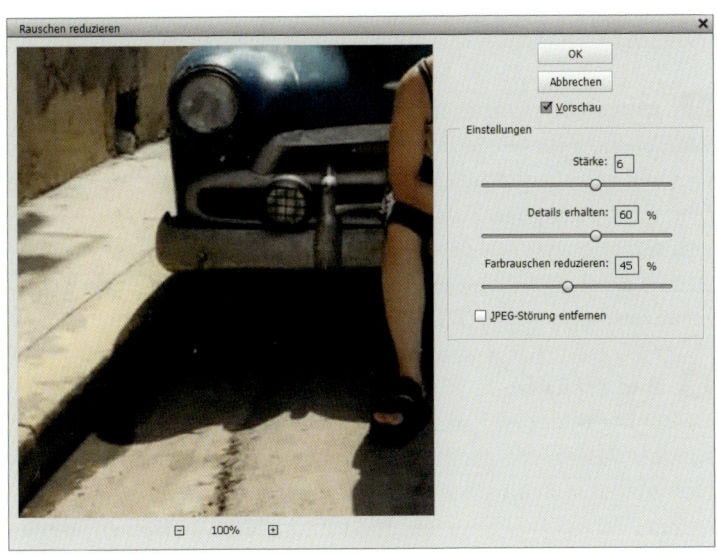

◀ **Abbildung 34.6**
Die Einstellungen im Rauschfilter

3 Staub entfernen

Zwar haben Sie den Staub bereits zuvor mit dem Filter Rauschen reduzieren teilweise entfernt, aber größere Flecken, die zum Beispiel auf dem Foto oder auf dem Scanner waren, sind gegen diesen Filter immun. Verwenden Sie den Bereichsreparatur-Pinsel [J] mit einer weichen, kleinen Werkzeugspitze, um den Staub und unerwünschte Flecken wegzutupfen. Bei schwierigeren und größeren Flächen müssen Sie möglicherweise den Reparatur-Pinsel [J] in einem zuvor ausgewählten Bereich verwenden.

Abbildung 34.7 ▼
Entfernen Sie Flecken und Staub mit dem Bereichsreparatur-Pinsel.

4 Mitteltöne verbessern

Sehr wichtig für die Kontrastwirkung sind auch die Mitteltöne, weshalb wir auch diese ein wenig verbessern wollen. Wählen Sie hierzu Überarbeiten • Beleuchtung anpassen • Tiefen/Lichter, und schieben Sie nur den Regler für Mittelton-Kontrast ❶ auf +15%. Zusätzlich habe ich hier noch die Tiefen um 10% aufgehellt. Bestätigen Sie den Dialog dann wieder mit OK.

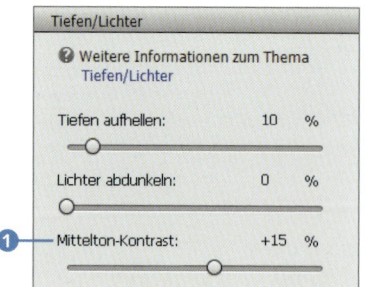

▲ **Abbildung 34.8**
Einstellungen im Dialog Tiefen/Lichter

5 Bild schärfen

Gescannte Bilder weisen häufig nicht nur einen Grauschleier auf, sondern lassen oft auch eine gewisse Schärfe vermissen. Auch hier wollen wir mit Überarbeiten • Unscharf maskieren nachhelfen. Verwenden Sie eine Stärke von 50% und einen Radius von 1,0. Bestätigen Sie den Dialog dann mit OK.

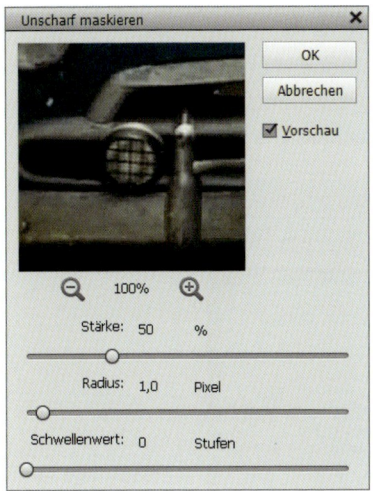

◀ **Abbildung 34.9**
Einstellungen für die Schärfe

> **Moiré-Effekt beseitigen**
> Scannersoftware bietet oft eine Option an, um den sogenannten Moiré-Effekt zu unterdrücken. Er entsteht, wenn feine Muster oder Linien in einem verschobenen Winkel übereinanderliegen. Dadurch entstehen dann Muster, die eigentlich in keinem der übereinanderliegenden Raster so vorher vorhanden waren. Ansonsten könnte es vielleicht helfen, wenn Sie das Bild mit einer doppelten Auflösung einscannen (beispielsweise 600 dpi). Anschließend können Sie den Filter HELLIGKEIT INTERPOLIEREN ganz leicht darauf anwenden. Verkleinern Sie das Bild auf die richtige Auflösung (300 dpi oder 150 dpi), und schärfen Sie am Ende eventuell noch mit UNSCHARF MASKIEREN etwas nach.

6 Analyse

Beim direkten Vergleich der Vorher-Nachher-Abbildungen fällt der Unterschied relativ deutlich auf. Allerdings hängt ein solches Ergebnis auch vom Scanner ab. Da ich aber davon ausgehe, dass der Großteil der Leserschaft einen Otto-Normalverbraucher-Scanner und kein High-End-Gerät verwendet, dürfte dieser Workshop für die meisten relevant sein.

▲ **Abbildung 34.10**
Links das Bild nach dem Einscannen und rechts nach der Überarbeitung: Das Endergebnis weist deutlich frischere Farben, mehr Schärfe und einen viel besseren Kontrast auf.

34.3 Scans aufteilen

Sollten Sie wirklich vorhaben, Ihren Bildbestand zu digitalisieren, brauchen Sie nicht Bild für Bild einzuscannen. Schneller geht es, wenn Sie mehrere Bilder auf den Scanner legen und sie anschlie-

Kapitel_34:
moreScans.jpg

Kapitel 34 Eingescannte Bilder nachbearbeiten

ßend zuschneiden (lassen). Häufig ist es gar nicht anders möglich, mehrere Bilder auf einmal zu scannen – etwa wenn Bilder fest in einem Album kleben. Photoshop Elements bietet für solche Fälle eine Automatik an, die recht zuverlässig arbeitet.

Abbildung 34.11 ▶
Einige alte Fotos wurden hier aus einem Familienalbum eingescannt.

Scans aufteilen | Drehen Sie gegebenenfalls zunächst den Scan in die richtige Richtung. Anschließend genügt ein Aufruf von BILD • GESCANNTE FOTOS TEILEN, und Photoshop zerlegt die Fotos selbstständig in vier neue Dateien.

Freistellen und speichern | Im Beispiel wurden alle zwei Bilder ordentlich zugeschnitten. Nur ein älteres Bild mit ausgefranstem Rahmen, wie er früher verwendet wurde, können Sie noch nachträglich mit dem Freistellungswerkzeug ⌑ C zuschneiden. Speichern Sie die Bilder anschließend ab.

▲ **Abbildung 34.12**
Der Scan wurde in zwei einzelne Fotos geteilt.

Abbildung 34.13 ▶
Ein einzelnes Fotos nach dem Zuschneiden und dem Bearbeiten im ASSISTENT-Modus mit der Funktion ALTES FOTO WIEDERHERSTELLEN, das Sie im Bereich SPEZIELLE BEARBEITUNGEN vorfinden

854

TEIL XI
Mit Text und Formen arbeiten

Kapitel 35
Grundlagen zur Texterstellung

Die Hauptaufgaben von Photoshop Elements sind sicherlich die Bildbearbeitung und die Verbesserung Ihrer Digitalfotos. Das Programm kann aber noch viel mehr: Die Textwerkzeuge bieten Ihnen zahlreiche Möglichkeiten zur Verzierung Ihrer Bilder mit individuellen Texten.

35.1 Text eingeben

Um einen Text zu erstellen oder zu bearbeiten, können Sie das Horizontale Textwerkzeug [T] [T] oder das Vertikale Textwerkzeug [T] [T] aus der Werkzeugpalette verwenden. Jeder Text, den Sie hiermit eingeben, wird auf einer neuen Textebene platziert. Hierbei haben Sie die Möglichkeit, einen einzeiligen Text (auch als *Punkttext* bezeichnet) oder einen mehrzeiligen *Absatztext* zu erstellen.

35.1.1 Einzeiliger Text (Punkttext)

Um einen einzeiligen Punkttext zu erstellen, wählen Sie einfach das Horizontale Textwerkzeug [T] [T] in der Werkzeugpalette aus. Gehen Sie dann mit dem Mauszeiger auf das Bild, wodurch der Mauszeiger zu einem Symbol ❶ (Abbildung 35.1) wird, das anzeigt, dass Sie hier einen Text eingeben können. Dieses Symbol wird auch *Einfügemarke* genannt.

Natürlich funktioniert dies genauso auch mit dem Vertikalen Textwerkzeug [T] [T], allerdings verläuft hierbei die einzeilige Textrichtung von oben nach unten.

Zum Weiterlesen

Mehr zu den Ebenen bzw. in diesem Fall Textebenen habe ich bereits in Abschnitt 35.2.4, »Textebene in eine Ebene umwandeln«, beschrieben.

Abbildung 35.1 ▶
Die Einfügemarke ❶ symbolisiert, dass Sie hier einen Text eingeben können.

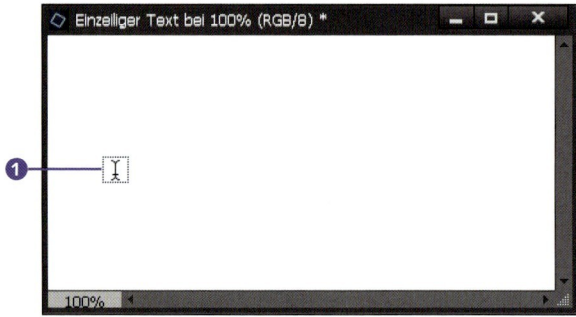

Text eingeben | Wenn Sie jetzt in das Bild klicken, erscheint ein blinkender Textcursor, den Sie sicher von der Textverarbeitung her kennen. Jetzt können Sie mit der Tastatur einen Text eingeben. Der Text bleibt so lange in der Zeile, bis Sie mit ⏎ einen manuellen Zeilenumbruch durchführen. In der Praxis sollten Sie allerdings einen mehrzeiligen Text mit einem Absatztext erstellen.

Unterhalb des Textes in Abbildung 35.2 finden Sie eine Grundlinie ❷, die sich für ein genaues Positionieren auf einer Linie eignet. Der Text selbst wird in der eingestellten Vordergrundfarbe geschrieben. Die Schrift legen Sie in den Werkzeugoptionen fest. Die Textebene ❸ mit dem Icon »T« wird automatisch angelegt.

> ⏎ **versus** Return
> Beachten Sie dabei, dass hier Return auf dem Ziffernblock Ihrer Tastatur nicht dieselbe Funktion wie ⏎ hat. Beim Textwerkzeug bestätigen Sie mit Return die Texteingabe und fügen mit ⏎ einen Zeilenumbruch ein. Bei Notebooks ohne Return-Taste erreichen Sie dasselbe auch mit Strg/cmd+⏎.

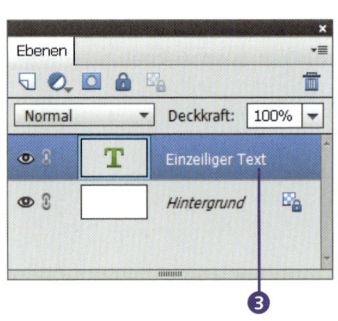

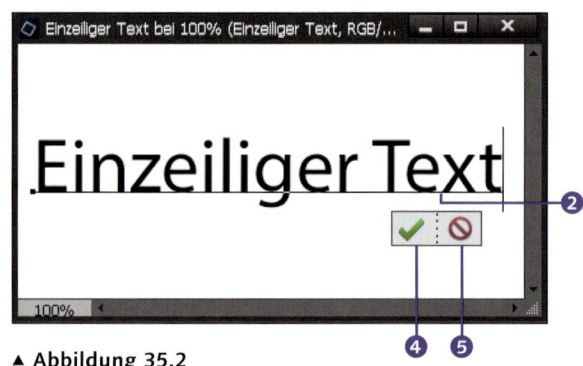

▲ **Abbildung 35.2**
Ein Text und das dazugehörige Ebenen-Bedienfeld

Absatztext: Eingabe bestätigen
Das hier Beschriebene zur Bestätigung oder zum Abbruch der Eingabe gilt auch für den mehrzeiligen Absatztext.

Eingabe bestätigen oder abbrechen | Sind Sie mit der Texteingabe fertig, müssen Sie diese nur noch bestätigen. Dafür nutzen Sie entweder das grüne Häkchen ❹ unter dem Text, die ⏎-Taste im Ziffernblock oder, falls Sie keinen Ziffernblock haben, die Tastenkombination Strg/cmd+⏎. Auch gilt die Eingabe als bestätigt, wenn Sie das Werkzeug wechseln. Die Eingabe abbrechen hingegen können Sie mit dem Stoppsymbol ❺ oder mit Esc. Wenn Sie die Texteingabe abbrechen, wird automatisch auch die dazugehörige Textebene gelöscht.

35.1.2 Mehrzeiliger Text (Absatztext)

Bei umfangreicheren Texten bewirken Sie entweder mit ⏎ einen Zeilenumbruch, oder Sie verwenden einen Absatztext. Der Vorteil eines solchen Absatztextes ist, dass Sie vor dem Eingeben des Textes festlegen können, welcher Bereich als Textfeld dienen soll.

Aktivieren Sie hierzu wieder das Horizontale (oder Vertikale) Textwerkzeug, und gehen Sie mit dem Mauszeiger in das Bild. Klicken Sie jetzt die linke Maustaste, halten Sie sie gedrückt, und ziehen Sie einen Rahmen in diagonaler Richtung auf. Wenn Sie die Maustaste loslassen, finden Sie links oben wieder den blinkenden Textcursor und können mit der Eingabe des Textes über die Tastatur beginnen. Die Texteingabe selbst bestätigen Sie wieder genau so, wie ich es bereits zuvor zum Punkttext beschrieben habe. Der Zeilenumbruch wird automatisch am Rand des Rahmens durchgeführt. Alternativ können Sie natürlich auch wieder manuell einen Zeilenumbruch mit ⏎ einfügen.

Copy & Paste
Natürlich können Sie auch, wie bei einem Texteditor üblich, einen Text, den Sie von einer anderen Anwendung in die Zwischenablage kopiert haben, in den Absatztext einfügen. Damit dies funktioniert, muss aber der Textcursor blinken, womit das Textwerkzeug seine Bereitschaft zur Eingabe signalisiert.

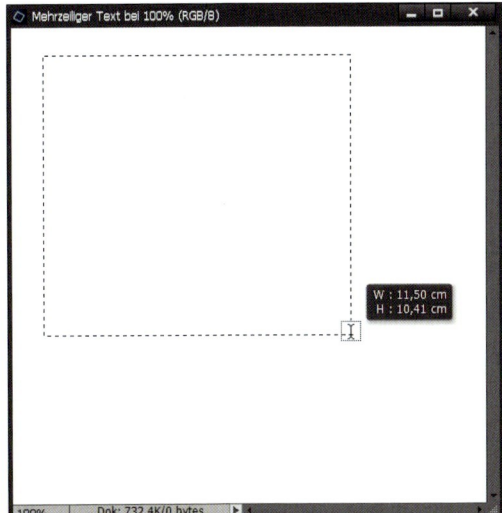

▲ **Abbildung 35.3**
Mit dem Aufziehen des Rahmens legen Sie die Größe des Absatztextes fest.

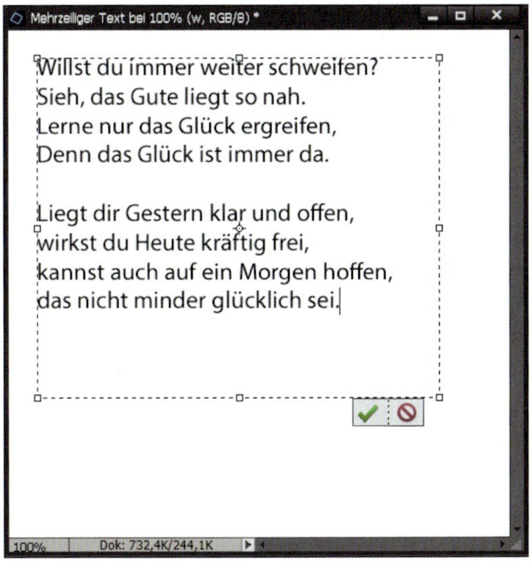

▲ **Abbildung 35.4**
Über die kleinen Symbole an den Seiten und Ecken können Sie den Rahmen nachträglich in der Größe verändern.

Größe des Textrahmens einstellen | Wollen Sie einen exakt quadratischen Absatztext aufziehen, halten Sie während des Aufziehens des Rahmens die ⇧-Taste gedrückt. Möchten Sie hingegen einen Absatztext pixelgenau anlegen, halten Sie die Alt-Taste gedrückt und klicken mit aktivem Textwerkzeug in das Bild. Daraufhin wird ein Zahleneingabefeld geöffnet, in dem Sie die exakte BREITE und HÖHE des Absatztextes in Pixel eingeben können.

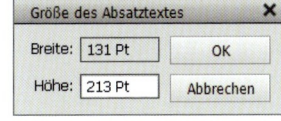

▲ **Abbildung 35.5**
Die Größe des Absatzrahmens können Sie auch exakt eingeben.

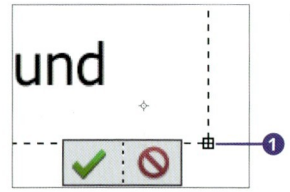

▲ Abbildung 35.6
Es wurde mehr Text eingegeben, als im Rahmen des Absatztextes angezeigt werden kann.

Sofern Sie mehr Text eingeben, als in den aufgezogenen Rahmen für den Absatztext passt, wird das Symbol zum Verändern der Größe rechts unten als Plussymbol ❶ angezeigt. Dieses macht darauf aufmerksam, dass hier noch mehr Text vorhanden ist, der aber nicht angezeigt werden kann.

Größe des Textrahmens verändern | Um den Rahmen des Absatztextes nachträglich zu ändern, klicken Sie einfach in der richtigen Textebene den Text mit dem Textwerkzeug an, und schon wird der Rahmen wieder angezeigt. Über die Symbole an den Ecken und Seiten des Textbegrenzungsrahmens können Sie den Text jetzt mit gedrückter linker Maustaste vergrößern oder verkleinern. Der Zeiger wird, wenn er exakt auf einem Symbol steht, zu einem doppelten Pfeil. Halten Sie während des Ziehens ⇧ gedrückt, werden die ursprünglichen Proportionen bei der Größenänderung eingehalten. Beachten Sie außerdem, dass bei einer Änderung der Rahmengröße auch der Zeilenumbruch erneuert wird.

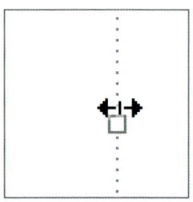

▲ Abbildung 35.7
Wird dieser Doppelpfeil angezeigt, können Sie die Größe des Rahmens verändern.

Textrahmen drehen | Um den Textrahmen mit dem Textwerkzeug zu drehen, platzieren Sie den Mauszeiger knapp außerhalb des Rahmens, bis der Mauszeiger zu einem gebogenen Doppelpfeil ❷ wird. Jetzt können Sie mit gedrückt gehaltener linker Maustaste den Textrahmen drehen. Drücken Sie während des Drehens zusätzlich die ⇧-Taste, beschränken Sie die Drehung auf 15°-Schritte.

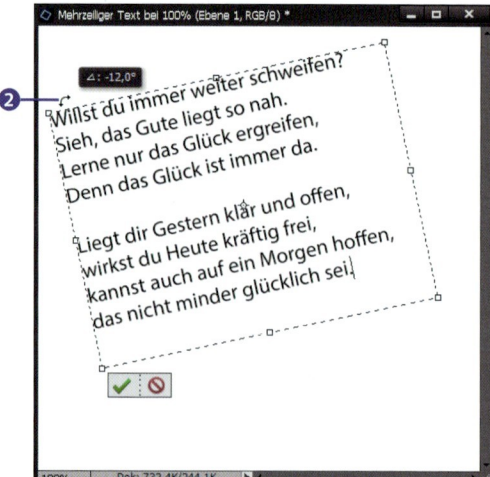

Abbildung 35.8 ▶
Der Textrahmen lässt sich mit dem Textwerkzeug auch drehen.

Textrahmen verschieben | Wollen Sie den Textrahmen mit dem Textwerkzeug verschieben, müssen Sie ebenfalls erst die entsprechende Textebene anklicken, damit der Textrahmen angezeigt wird. Gehen Sie mit dem Mauszeiger außerhalb des Rahmens, bis der Mauscursor wie das Verschieben-Werkzeug ❸ aussieht. Jetzt verschieben Sie mit gedrückt gehaltener linker Maustaste den Rahmen. Alternativ können Sie den Text auch verschieben, wenn Sie sich mit dem Mauszeiger innerhalb des Textrahmens befinden und die [Strg]/[cmd]-Taste gedrückt halten.

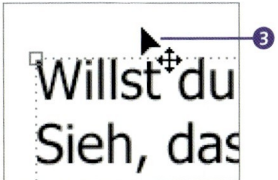

▲ **Abbildung 35.9**
Das Symbol zeigt, dass der Textrahmen verschoben werden kann.

Textebene transformieren | Natürlich funktioniert auch hier eine komplette Ebenentransformation mit [Strg]/[cmd]+[T] oder über den Menüpfad Bild • Transformieren • Frei transformieren, um beispielsweise eine Textebene zu neigen. Dasselbe erreichen Sie aber ebenfalls mit dem Verschieben-Werkzeug [↔] [V]. Diese Transformation lässt sich auch auf einen Punkttext anwenden.

Allerdings sollten Sie immer bedenken, dass eine Ebenentransformation auch die Gefahr birgt, dass der Text verzerrt wird und Zeilenumbrüche nicht erneuert werden. Daher sei Ihnen zunächst empfohlen, immer erst alle Möglichkeiten des Textwerkzeugs auszuschöpfen, bevor Sie auf die Ebenentransformation zurückgreifen.

Zum Nachlesen

Das Thema **Transformation von Ebenen** habe ich in Abschnitt 26.1, »Ebenen verschieben und transformieren«, näher behandelt.

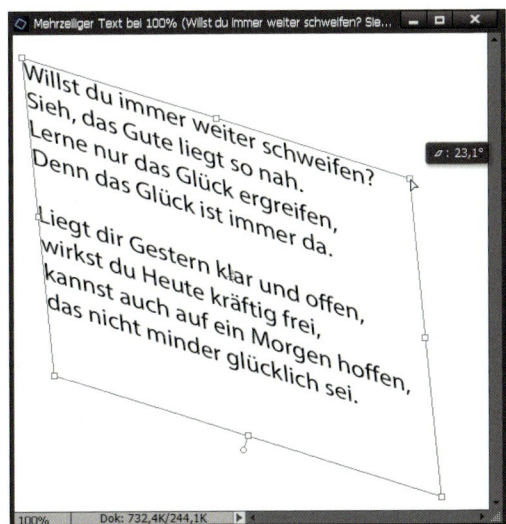

◀ **Abbildung 35.10**
Der Text wurde mit einer Ebenentransformation geneigt.

Textwerkzeug oder Verschieben-Werkzeug | Eine Besonderheit bei der Verwendung der Textwerkzeuge muss noch erwähnt werden: Wenn Sie eine Eingabe mit dem Textwerkzeug über das grüne Häkchen bestätigt haben, wird automatisch das Verschieben-Werkzeug [↔] [V] aktiviert. Dies ist der logische nächste Schritt, um die Textebene sauber zu positionieren. Dass Sie das Verschieben-Werkzeug verwenden, erkennen Sie daran, dass

▲ **Abbildung 35.11**
Das Verschieben-Werkzeug wird gerade verwendet.

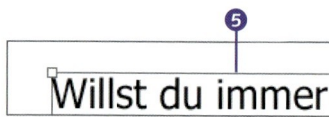

▲ Abbildung 35.12
Die Textebene wird gerade transformiert.

▲ Abbildung 35.13
Das Textwerkzeug wird gerade verwendet.

der Begrenzungsrahmen aus einer gepunkteten Linie ❹ besteht. Beim Textwerkzeug besteht der Begrenzungsrahmen aus einer gestrichelten Linie ❻. Wenn Sie die Textebene mit dem Verschieben-Werkzeug transformieren oder gedreht haben, wird der Begrenzungsrahmen zu einer durchgehenden Linie ❺, bis Sie die Transformation bestätigen oder ablehnen. Dasselbe passiert auch, wenn Sie über BILD • TRANSFORMIEREN • FREI TRANSFORMIEREN zur Ebenentransformation wechseln.

35.2 Text editieren

Den Text können Sie jederzeit nachträglich editieren, indem Sie die Textebene aktivieren und mit dem Textwerkzeug innerhalb des Textes klicken. Hierbei sollte gleich wieder der blinkende Textcursor erscheinen, mit dem Sie Text wie bei einem gewöhnlichen Texteditor einfügen oder löschen können.

35.2.1 Text gestalten

Egal, ob Sie einen Punkttext oder einen Absatztext verwenden wollen, in den Werkzeugoptionen der Textwerkzeuge können Sie die wichtigsten Formatierungen für die Schrift einstellen. Die Schrift können Sie vor der Texteingabe oder auch nachträglich formatieren. Egal, welches Textwerkzeug Sie verwenden, es haben alle dieselben Optionen.

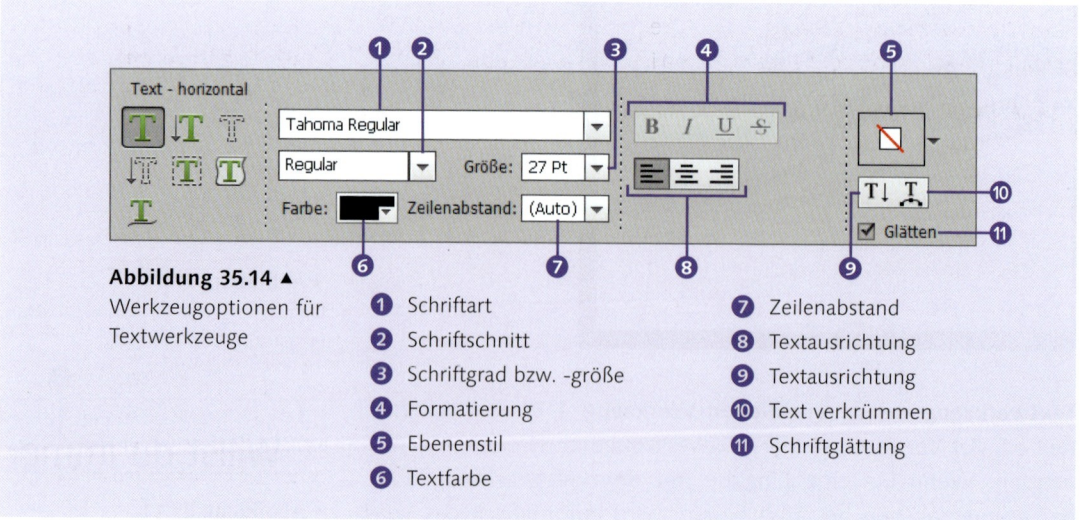

Abbildung 35.14 ▲
Werkzeugoptionen für Textwerkzeuge

❶ Schriftart
❷ Schriftschnitt
❸ Schriftgrad bzw. -größe
❹ Formatierung
❺ Ebenenstil
❻ Textfarbe
❼ Zeilenabstand
❽ Textausrichtung
❾ Textausrichtung
❿ Text verkrümmen
⓫ Schriftglättung

Schriftart auswählen | Im ersten Dropdown-Feld ❶ wählen Sie die Schriftart aus. Aufgelistet werden nur die Schriftarten, die auf dem Rechner installiert sind, und diese unterscheiden sich von Rechner zu Rechner. Neben der Scrollleiste können Sie zum Navigieren durch die Schriften das Mausrad oder die Tasten ↑ und ↓ verwenden sowie den Anfangsbuchstaben oder den ganzen Namen der Schriftart eintippen. Vor der aktiven Schriftart ist ein Häkchen gesetzt.

Schriftschnitt einstellen | Bei der Auswahl der Schrift können Sie den Schriftschnitt ❷ unabhängig von der Schriftart ❶ festlegen. Der Schriftschnitt ist eine weitere Variante einer Schriftart, wie beispielsweise »Standard«, »Fett« oder »Kursiv«. Die Anzahl der vorhandenen Schriftschnitte kann bei jeder Schrift unterschiedlich sein. Fehlt ein gewünschter Schriftschnitt für eine bestimmte Schriftart, können Sie über die ersten beiden Schaltflächen unter ❹ die **Faux**-Versionen von Kursiv- oder Fettschnitt verwenden. Eine Faux-Schrift ist eine vom Computer generierte Version einer Schrift. Dies ist typografisch jedoch nicht korrekt.

Schriftgrad | Wie groß die Schrift geschrieben werden soll, stellen Sie mit dem Schriftgrad ❸ ein. Der Wert bezieht sich immer auf die Höhe der Großbuchstaben und ist standardmäßig auf Punkt (Pt) eingestellt, die typische Größe für Schriften in der Typografie. Über das Menü Bearbeiten/Photoshop Elements Editor • Voreinstellungen • Einheiten & Lineale verändern Sie bei Bedarf die Maßeinheit für den Text. Neben der Maßeinheit Punkt stehen Ihnen Pixel und Millimeter zur Verfügung. Die Einheit Pixel ist beispielsweise bestens geeignet, wenn Sie etwas für das Web gestalten, weil in diesem Bereich alles in Pixel angegeben wird.

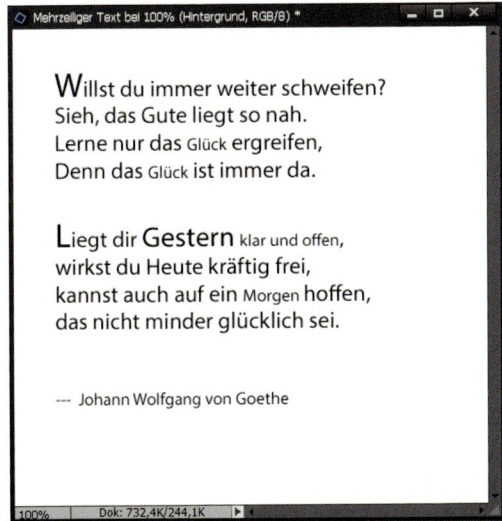

Mehr Schriften
Unabhängig von Photoshop Elements können Sie jederzeit weitere Schriften aus dem Web nachinstallieren. Es gibt unzählige Seiten, die zum Teil kostenlose Schriftarten zur Verfügung stellen. Mein Geheimtipp hierzu ist die Seite *http://www.myfont.de/*.

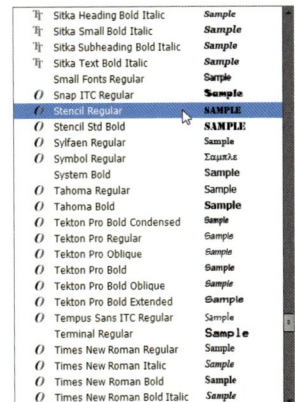

◀ **Abbildung 35.15**
Neben dem Namen der Schriftart finden Sie hier auch eine Schriftvorschau.

Faux-Schrift verwenden
Faux-Schriften sollten Sie nur dann verwenden, wenn eine bestimmte Schriftart keine weiteren Stile zur Verfügung stellt.

Schriftgröße ist relativ ...
Beachten Sie, dass die Größenangabe der Schrift oft nur eine grobe Orientierung darstellt. Häufig unterscheiden sich trotz gleicher Schriftgrade und Schriftschnitte die Wirkung und Laufweite von Schriftarten erheblich voneinander.

◀ **Abbildung 35.16**
Verschiedene Schriftgrößen lassen sich auch auf einzelne Wörter oder einzelne Zeichen anwenden.

Es gibt zusätzlich einige Tastenkombinationen, mit denen Sie den Schriftgrad eines ausgewählten Textes vergrößern oder verkleinern können. Mit [Strg]/[cmd]+[⇧]+[A] verkleinern Sie den ausgewählten Text um zwei Schriftgrade (abhängig von der eingestellten Maßeinheit), und mit [Strg]/[cmd]+[⇧]+[W] vergrößern Sie ihn um zwei Schriftgrade. Verwenden Sie zu diesen Tastenkombinationen zusätzlich [Alt], verringern bzw. erhöhen Sie den Text gleich um je 10 Schriftgrade.

Um innerhalb eines Textes einzelne Wörter oder Buchstaben in einer anderen Schriftgröße zu setzen, markieren Sie die entsprechenden Textteile mit dem Textwerkzeug und ändern dann in den Werkzeugoptionen die Schriftgröße.

▲ **Abbildung 35.17**
Stehen Sie mit dem Mauszeiger über dem Textlabel Grösse, können Sie die Schriftgröße mit gedrückt gehaltener Maustaste verringern bzw. vergrößern.

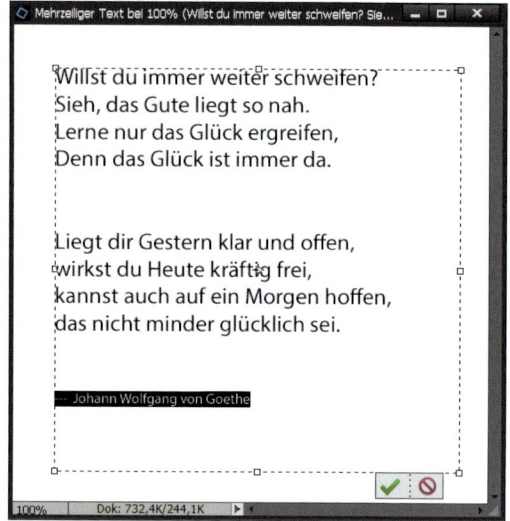

▲ **Abbildung 35.18**
Unterschiedliche Schriftgrößen vergeben

Schriftschnitt II | Mit den vier folgenden Schaltflächen ❹ (Abbildung 35.14) können Sie weitere Formatierungen an der Schrift vornehmen. Neben den beiden erwähnten Faux-Schriftschnitten finden Sie hier auch Schaltflächen, mit denen Sie den Text unter- oder durchstreichen.

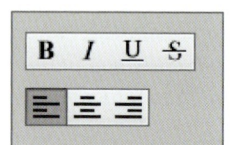

▲ **Abbildung 35.19**
Formatieren und ausrichten

Tipp: Blocksatz ausrichten
Vielleicht vermissen Sie eine Schaltfläche, um Ihren Text im Blocksatz auszurichten. Dies erreichen Sie jedoch mit der Tastenkombination [Strg]/[cmd]+[⇧]+[F], wenn die Textebene aktiviert ist.

Text ausrichten | Die unter ❽ aufgelisteten Icons kennen Sie sicherlich auch aus verschiedenen Textverarbeitungsprogrammen. Es stehen Ihnen eine linksbündige, eine zentrierte und eine rechtsbündige Ausrichtung des Textes zur Verfügung. Alternativ richten Sie den Text, wenn er aktiviert ist, mit den Tastenkombinationen [Strg]/[cmd]+[⇧]+[L] links, mit [Strg]/[cmd]+[⇧]+[R] rechts und mit [Strg]/[cmd]+[⇧]+[C] zentriert aus.

35.2 Text editieren

Zeilenabstand einstellen | Den Zeilenabstand vergrößern oder verkleinern Sie entweder über den Schieberegler, der sich auf dem Symbol ❼ befindet, oder über das Pop-up-Menü. Standardmäßig ist hier AUTO voreingestellt.

Textfarbe auswählen | Auch die Textfarbe ❻ können Sie vor oder nach der Texteingabe ändern. Das Farbmenü in den Werkzeugoptionen listet die Farbfelder (siehe Abschnitt 14.1.3, »Das Farbfelder-Bedienfeld«) auf, aus denen Sie eine Farbe auswählen können. Alternativ stellen Sie über den Farbwähler eine benutzerdefinierte Farbe für die Schrift ein, indem Sie auf die Farbe in den Werkzeugoptionen doppelklicken.

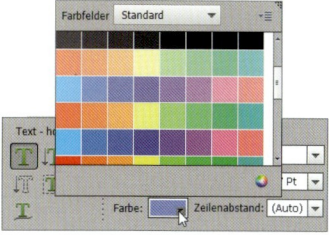

▲ **Abbildung 35.20**
Die Farbe für den Text auswählen. Mit der kleinen Schaltfläche können Sie eine eigene Farbe mit dem Farbwähler einstellen.

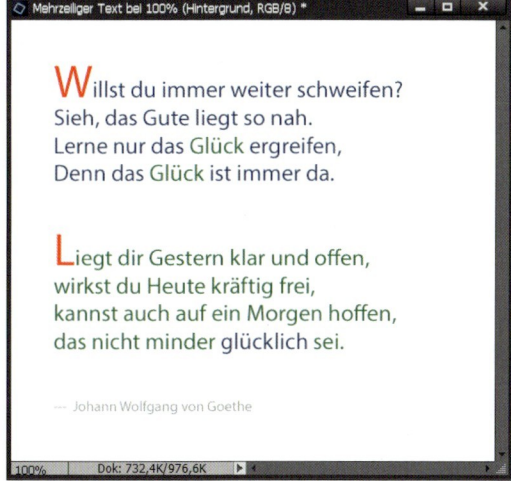

◀ **Abbildung 35.21**
Natürlich lässt sich die Farbe auch wieder auf die einzelnen Wörter oder gar Zeichen anwenden.

Schrift glätten | Über die Checkbox GLÄTTEN ⓫ aktivieren und deaktivieren Sie die Glättung von Schriften. Ist ein Häkchen gesetzt, ist die Schriftglättung aktiv, was der Standardeinstellung entspricht. Die Glättung der Schrift können Sie auch über das MENÜ EBENE • TEXT ein- und ausschalten; die Textebene muss natürlich zuvor aktiviert worden sein. Das Gleiche erreichen Sie über einen rechten Mausklick auf den Text innerhalb des Bildes oder auf die Textebene im Ebenen-Bedienfeld.

▲ **Abbildung 35.22**
Schriftglättung aktivieren

Vielleicht stellt sich Ihnen zunächst die Frage, wozu Sie einen Text überhaupt glätten sollten. Die Notwendigkeit dafür ergibt sich dadurch, wie im Computer ein Text bzw. ein Zeichen aufgebaut ist. Ganz nah betrachtet erkennen Sie »Treppchen« an den Buchstaben, da ein Pixel nicht rund, sondern rechteckig ist. Mithilfe der Glättung (Fachbegriff *Anti-Aliasing*) wird diese harte Treppenbildung vermieden. Der einzelne Buchstabe wird an den Kanten weichgezeichnet.

Kapitel 35   Grundlagen zur Texterstellung

Abbildung 35.23 ▶
Beim oberen Wort ist das Glätten aktiviert. Beim Wort darunter wurde das Glätten deaktiviert.

Verkrümmten Text erstellen | Über die VERKRÜMMEN-Schaltfläche ❿ (Abbildung 35.14) verzerren Sie den Text in vielfältige Formen. Die Verkrümmung wird auf alle Zeichen einer Textebene angewandt. Auf einzelne Zeichen oder Wörter lässt sich diese Aktion jedoch nicht beschränken. Auch können Sie Texte mit dem Attribut FAUX FETT nicht verkrümmen.

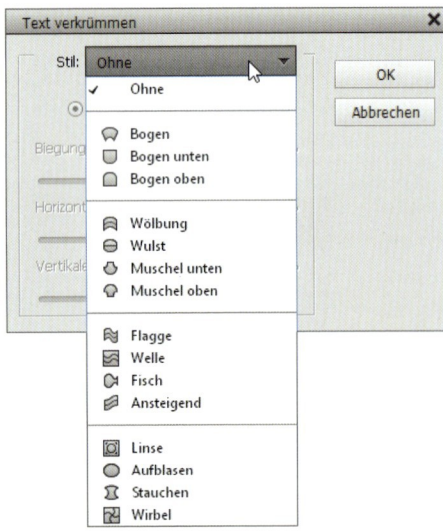

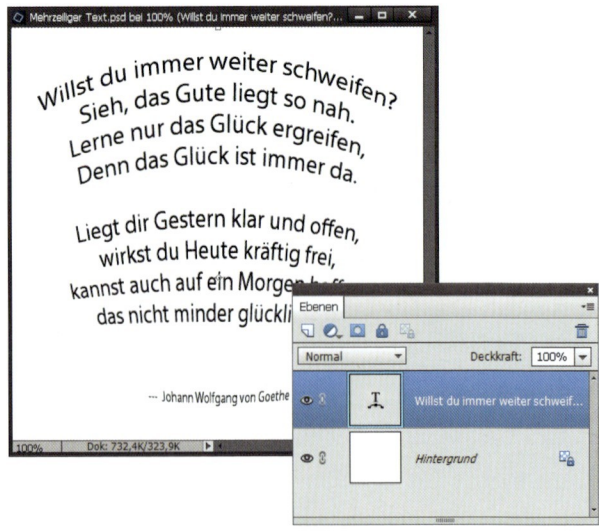

▲ **Abbildung 35.24**
Verschiedene Möglichkeiten, den Text zu verzerren. Alle Stile lassen sich zusätzlich mit den Schiebereglern BIEGUNG, HORIZONTALE VERZERRUNG und VERTIKALE VERZERRUNG anpassen.

▲ **Abbildung 35.25**
Der Text wurde mit dem WULST-Stil verzerrt. Die Verkrümmung kann jederzeit geändert oder wieder entfernt werden. Im Ebenen-Dialog wird außerdem für einen verkrümmten Text ein entsprechendes Symbol angezeigt.

35.2 Text editieren

Textausrichtung ändern | Mit der Schaltfläche ❾ wechseln Sie die Textausrichtung von horizontal nach vertikal und umgekehrt. Auch hier lässt sich nur die Textausrichtung der kompletten Textebene und nicht von einzelnen Zeichen ändern.

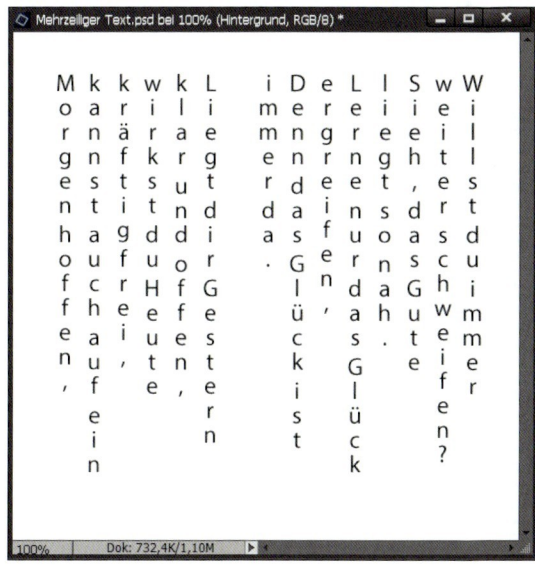

◄ **Abbildung 35.26**
Vertikale Textausrichtung

Ebenenstil hinzufügen | Hier können Sie dem Text einen Ebenenstil ❺ (Abbildung 35.14) hinzufügen. Diese Stile sind nicht nur auf Textebenen beschränkt, sondern sie finden sich auch im Bedienfeld EFFEKTE wieder. Interessant für den Text sind Stile wie abgeflachte Kanten oder Schatten.

Zum Weiterlesen

Die Ebenenstile beschreibe ich gesondert in Kapitel 36, »Ebenenstile und -effekte«.

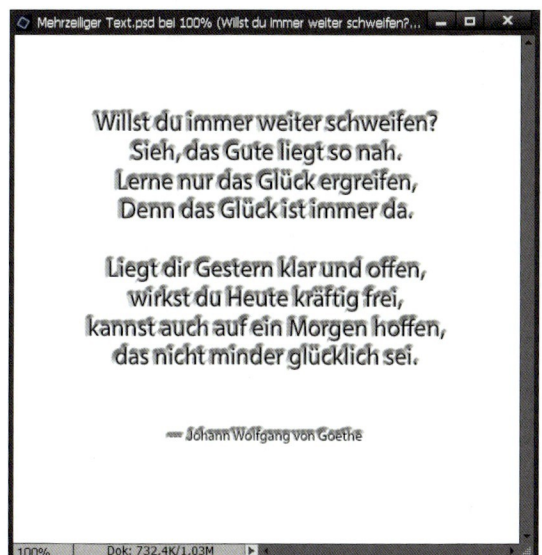

◄ **Abbildung 35.27**
Hier wurde ein einfacher Reliefstil auf den Text angewandt.

▲ **Abbildung 35.28**
Mit dieser Schaltfläche ändern Sie die Textrichtung von horizontal zu vertikal bzw. umgekehrt.

35.2.2 Vertikales Textwerkzeug

Das Vertikale Textwerkzeug entspricht im Grunde dem Horizontalen Textwerkzeug und bietet dieselben Optionen, nur dass hiermit der Text gleich vertikal ausgerichtet geschrieben wird. Eigentlich ist dieses Werkzeug überflüssig, weil Sie dasselbe mit dem Horizontalen Textwerkzeug und der Schaltfläche Textausrichtung ändern erreichen.

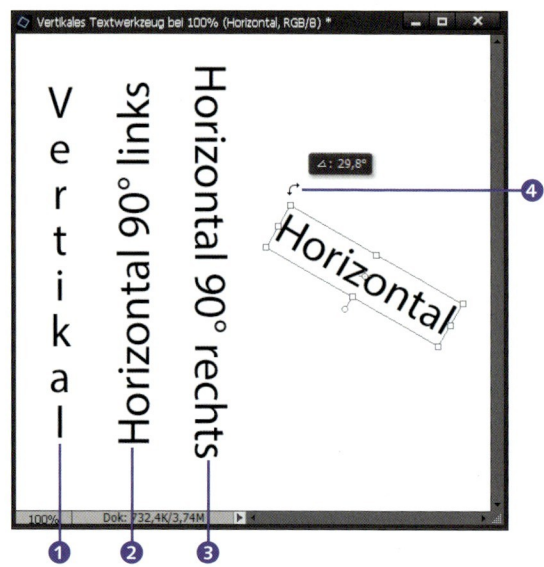

Abbildung 35.29 ▶
Den vertikalen Text ❶ schreiben Sie mit und den horizontalen Text ❷ mit . Für einen um 90° gedrehten horizontalen Text ❸ müssen Sie allerdings den Umweg über den Menüpunkt Bild • Drehen • Ebene 90° nach links/rechts gehen.

Was man sich jetzt vielleicht noch wünschen würde, wäre eine Option, mit der sich die Textebene um 90° nach links oder rechts drehen lässt. Bis dahin müssen wir eben selbst Hand anlegen und die entsprechende Textebene über die Menüpunkte Bild • Drehen • Ebene 90° nach links und Bild • Drehen • Ebene 90° nach rechts in die gewünschte Richtung drehen. Alternativ können Sie hierzu auch das Verschieben-Werkzeug V verwenden und an den Ecken ❹ mit gehaltener -Taste die Textebene in 15°-Schritten drehen.

35.2.3 Teile eines Textes bearbeiten

Im vorigen Abschnitt zu den Optionen der Textwerkzeuge haben Sie gelesen, dass Sie mit einigen Einstellungen den kompletten Text und mit anderen Optionen wiederum einzelne Textinhalte markieren und verändern können.

Einzelne Zeichen ändern | Wenn Sie einzelne Zeichen ändern wollen, müssen Sie diese, wie in der Textverarbeitung üblich, markieren. Hierzu aktivieren Sie im Bild den Textrahmen, sodass der blinkende Textcursor zu sehen ist. Jetzt können Sie die gewünschten Zeichen mit gedrückt gehaltener linker Maustaste markieren und so den Text über die Werkzeugoptionen ändern.

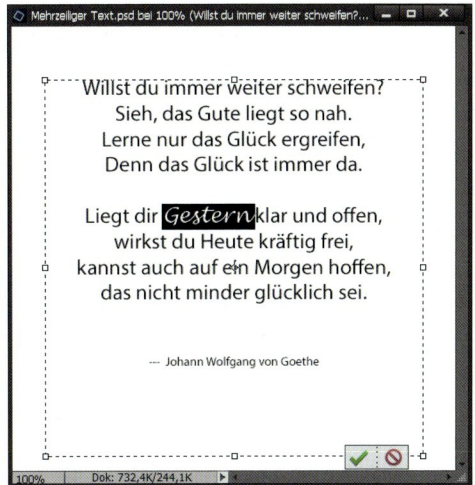

◀ **Abbildung 35.30**
Die Zeichen des markierten Textes können jetzt unabhängig von den anderen Zeichen verändert werden. Ausgenommen hiervon sind jedoch die Ebenenstile, das Verkrümmen von Text und das Ändern der Textausrichtung. Diese Optionen wirken sich immer auf die komplette Ebene aus.

Kompletten Text verändern | Um den kompletten Text zu verändern, doppelklicken Sie im Ebenen-Bedienfeld auf die Ebenenminiatur mit dem »T«. Dadurch wird automatisch der komplette Text dieser Ebene ausgewählt und kann bearbeitet werden.

Kopieren, Ausschneiden, Einfügen und Löschen | Wenn Sie einen Text editieren und mit der rechten Maustaste anklicken, erscheint ein Kontextmenü, in dem Sie einen markierten Text in die Zwischenablage KOPIEREN, AUSSCHNEIDEN oder von dort EINFÜGEN können. Natürlich funktioniert die Zwischenablage systemweit. Haben Sie beispielsweise einen Text aus dem Webbrowser in die Zwischenablage kopiert, können Sie diesen Text in Photoshop Elements wieder einfügen. Alternativ stehen Ihnen diese Befehle auch als Tastenkürzel [Strg]/[cmd]+[C] für Kopieren, [Strg]/[cmd]+[X] für Ausschneiden und [Strg]/[cmd]+[V] für das Einfügen zur Verfügung. Auch LÖSCHEN können Sie einen markierten Text über das Kontextmenü. Schneller sind Sie allerdings mit [Entf]/[←]. Wollen Sie den kompletten Text markieren, verwenden Sie im Kontextmenü ALLES AUSWÄHLEN (oder [Strg]/[cmd]+[A]).

Menü »Bearbeiten«

Befinden Sie sich im Editiermodus mit dem Textwerkzeug, stehen Ihnen die Befehle AUSSCHNEIDEN, KOPIEREN, EINFÜGEN, LÖSCHEN auch im Menü BEARBEITEN zur Verfügung und beziehen sich hierbei auf den Text und nicht mehr auf das Bild.

35.2.4 Textebene in eine Ebene umwandeln

Viele Filter lassen sich nicht auf Textebenen im normalen Zustand anwenden. Auch Ebenenstile werden bei einigen Filtern nicht beachtet. Um dieses Problem zu beheben, müssen Sie die Textebene in eine »normale« Ebene umwandeln. Am einfachsten geht dies, indem Sie die Ebene im Ebenen-Bedienfeld mit der rechten

Zum Weiterlesen

Auch wenn Sie Text mit den normalen Pinsel- und Retuschewerkzeugen bearbeiten wollen, muss er zu einer normalen Ebene vereinfacht werden. Ein Beispiel dazu finden Sie im Workshop »Text in ein Foto montieren« auf Seite 885.

Maustaste anklicken und im Kontextmenü EBENE VEREINFACHEN auswählen. Dasselbe Kommando finden Sie auch im Menü EBENE.

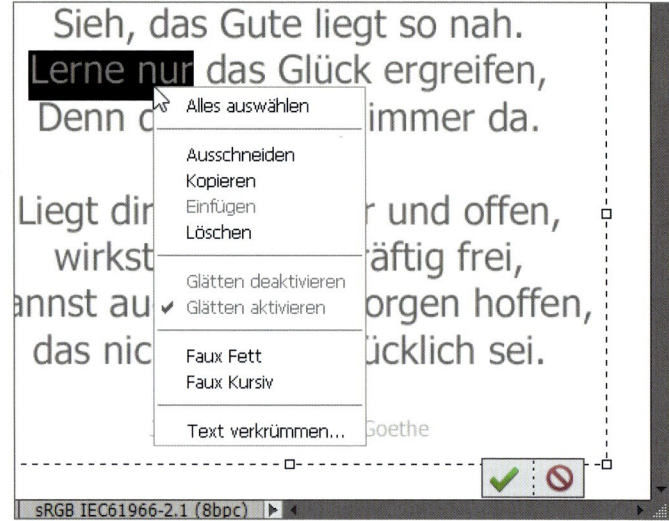

Abbildung 35.31 ▶
Mit einem rechten Mausklick stehen Ihnen beim Editieren weitere Befehle zur Verfügung.

Alternativ schlägt Photoshop Elements diese Konvertierung auch mit einer Dialogbox vor, wenn Sie einen Filter verwenden, der nicht auf eine Textebene anwendbar ist. Beachten Sie allerdings, dass Sie, wenn Sie eine Textebene erst einmal in eine gewöhnliche Ebene konvertiert haben, den Text nicht mehr mit dem Textwerkzeug bearbeiten können. Hier ist es sinnvoll, zuvor noch eine Kopie der Textebene zu erstellen und diese dann über das Augensymbol auszublenden.

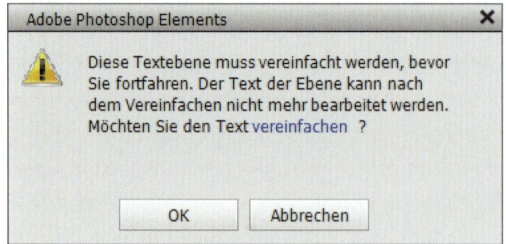

Abbildung 35.32 ▶
So lautet der Hinweis, dass aus der Textebene eine normale Ebene gemacht werden muss, um einen Filter anzuwenden.

Kapitel 36
Ebenenstile und -effekte

Oftmals können Sie mit vorgefertigten Ebenenstilen mit einem Mausklick den Text grafisch aufwerten und einen richtigen Blickfang daraus machen, beispielsweise wenn Sie Schriftzüge für Logos erstellen. Hier sollte aber nicht der Eindruck entstehen, dass Ebenenstile nur auf Textebenen anwendbar sind. Ebenenstile lassen sich unter bestimmten Voraussetzungen auch auf jede beliebige Ebene anwenden.

36.1 Wie werden Ebenenstile angewendet?

Die wichtigste Voraussetzung, um Ebenenstile einer Bild- oder Textebene zuzuweisen, ist, dass die Ebene neben deckenden auch transparente Pixel enthält. Gerade der transparente Bereich wird für die Berechnungen der Ebenenstile verwendet.

Bei Textebenen müssen Sie sich hierüber keine Gedanken machen, weil diese die Voraussetzung der teilweisen Transparenz immer erfüllen. Bei Bildobjekten hingegen müssen Sie selbst für Transparenz sorgen. Die Hintergrundebene kommt dafür nicht infrage. Diese muss in eine reguläre Ebene umgewandelt werden, und die Transparenz müssen Sie erzeugen.

Zum Weiterlesen
Mehr zum Thema **Transparenz** finden Sie in Abschnitt 24.2.1, »Ebenentransparenz«.

◀ **Abbildung 36.1**
Weil dieses Bild keine Transparenz enthält, wird der Effekt nicht angezeigt. Dass diese Ebene aber einen Ebeneneffekt enthält, erkennen Sie am FX-Symbol ❶ im Ebenen-Bedienfeld.

Kapitel 36 Ebenenstile und -effekte

Abbildung 36.2 ▶
Erst wenn das Objekt freigestellt und der Hintergrund transparent ist, wird der ausgewählte Effekt bzw. werden die Effekte, in diesem Fall eine ABGEFLACHTE KANTE und ein SCHLAGSCHATTEN, sichtbar.

36.2 Vordefinierte Ebenenstile

Es stehen Ihnen zwei Möglichkeiten zur Verfügung, einer Ebene einen Effekt zuzuweisen.

Ebenenstil über das Textwerkzeug | Eine Möglichkeit haben Sie bereits bei der Beschreibung der Werkzeugoptionen der Textwerkzeuge kurz kennengelernt. Sie müssen lediglich den Text eingeben, die Textebene aktivieren und in den Werkzeugoptionen über das Pop-up-Menü ❸ in der Auswahlliste einen Ebenenstil auswählen, indem Sie das entsprechende Icon ❷ anklicken. Alternativ können Sie über das Dropdown-Menü STILE ❶ weitere Gruppen von Ebeneneffekten und -stilen auswählen und verwenden. Allerdings hat dieser Weg mit dem Textwerkzeug den Nachteil, dass er auf Textebenen beschränkt ist.

Abbildung 36.3 ▶
Sie können Ebenenstile und -effekte über die Werkzeugoptionen des Textwerkzeugs einstellen.

Ebenenstile über das Effekte-Bedienfeld | Der zweite Weg steht für alle Arten von Ebenen mit Transparenz zur Verfügung und führt über das Effekte-Bedienfeld, das Sie über Fenster • Stile bzw. F6 aufrufen.

Wählen Sie hierbei die Ebene aus, auf die Sie einen Ebenenstil anwenden möchten. Wählen Sie einen Stil aus, indem Sie darauf doppelklicken oder ihn mit der rechten Maustaste anklicken und im Kontextmenü Auf Dokument anwenden auswählen. Alternativ ziehen Sie einen Stil mit gedrückter linker Maustaste auf die Ebene und lassen ihn fallen. Über das Dropdown-Listenfeld 4 können Sie weitere Gruppen von Ebenenstilen auflisten und gegebenenfalls verwenden.

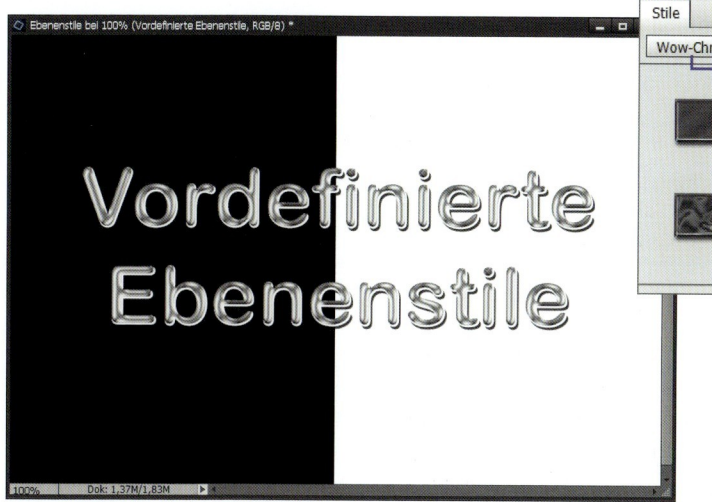

◄▲ **Abbildung 36.4**
Ebenenstile lassen sich über das Effekte-Bedienfeld auf alle Arten von transparenten Ebenen anwenden.

Ebenenstil entfernen | Wenn Ihnen ein Ebenenstil nicht gefällt, können Sie ihn unmittelbar nach dem Zuweisen mit Strg/cmd+Z wieder entfernen. Liegt das Hinzufügen eines Ebenenstils schon einige Arbeitsschritte zurück, löschen Sie ihn mit einem rechten Mausklick auf die Ebene mit dem Ebenenstil oder, nach einem rechten Mausklick auf das fx-Symbol, über das Kontextmenü mit Ebenenstil löschen. Dasselbe Kommando finden Sie bei aktivierter Ebene im Menü unter Ebene • Ebenenstil.

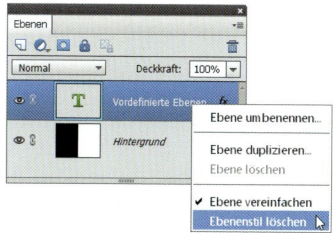

▲ **Abbildung 36.5**
Per Rechtsklick auf das fx-Symbol erreichen Sie das Kontextmenü.

36.3 Eigene Effekte – Ebenenstile anpassen

Wenn Sie für eine Ebene eine Stileinstellung gewählt haben, können Sie diese nachträglich bearbeiten und ändern. Um die Effekte zu modifizieren, doppelklicken Sie einfach im Ebenen-Bedienfeld

Kapitel 36 Ebenenstile und -effekte

auf das FX-Symbol, woraufhin sich ein Dialogfeld öffnet, mit dem Sie die Stileinstellungen und -attribute ändern können.

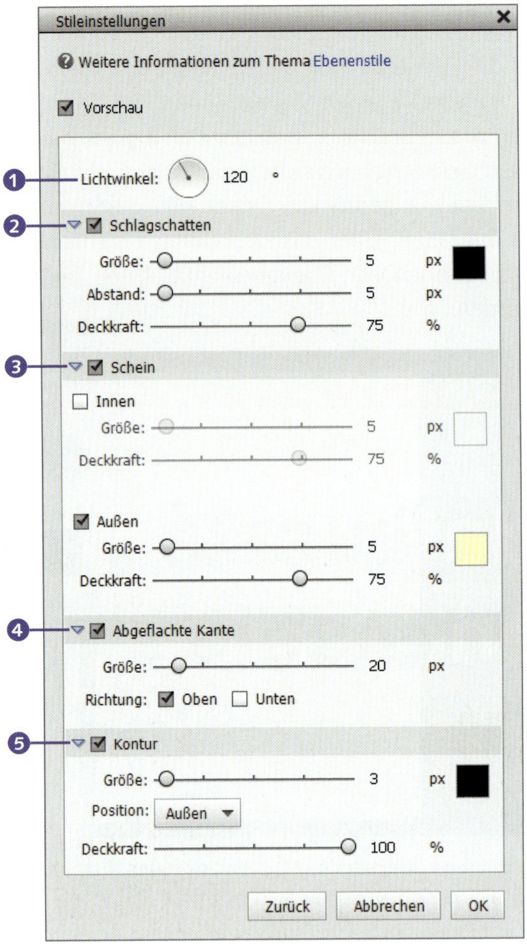

Abbildung 36.6 ▶
Das Dialogfeld, in dem Sie den aktuell verwendeten Ebenenstil ändern

Folgende Stileinstellungen können Sie im Dialogfeld anpassen:

❶ LICHTWINKEL: Mit diesem Regler stellen Sie den LICHTWINKEL ein, der auf die Ebene angewendet wird.

❷ SCHLAGSCHATTEN: Die Schieberegler bestimmen die GRÖSSE, den ABSTAND und die DECKKRAFT des Schlagschattens.

❸ SCHEIN: Hier regulieren Sie die GRÖSSE und DECKKRAFT des Scheins, der von der Außen- oder Innenkante des Eneninhalts ausstrahlt.

❹ ABGEFLACHTE KANTE: Hier stellen Sie die GRÖSSE und RICHTUNG der abgeflachten Kante entlang der Innenkante des Ebeneninhalts ein.

❺ KONTUR: Hiermit legen Sie die GRÖSSE (Stärke) und DECKKRAFT des Strichs fest.

36.3 Eigene Effekte – Ebenenstile anpassen

Schritt für Schritt
Ebeneneffekt verändern

Um einen eigenen Ebenenstil einsetzen zu können, müssen Sie zunächst einen vordefinierten Stil einfügen. Dieser lässt sich dann in einem zweiten Schritt anpassen. In der folgenden Datei »hausmauer.jpg« soll eine Textebene eingefügt werden. Mit dieser Textebene werden wir anschließend mit den Ebenenstilen etwas herumspielen, damit Sie ein Gefühl dafür bekommen.

Kapitel_36: hausmauer.jpg

1 Textebene hinzufügen

Öffnen Sie die Datei »hausmauer.jpg«. Aktivieren Sie das Horizontale Textwerkzeug, und stellen Sie die gewünschte Schriftart, die Schriftgröße und die Textfarbe ein. Im Beispiel wurde HOBO STD MEDIUM mit der Größe von 250 PT in weißer Farbe ausgewählt. Als Text wurde hier schlicht und einfach »Graffiti Style« ins Bild geschrieben, und eine neue Textebene wurde angelegt.

▲ **Abbildung 36.7**
Hier wurde dem Bild eine Textebene hinzugefügt.

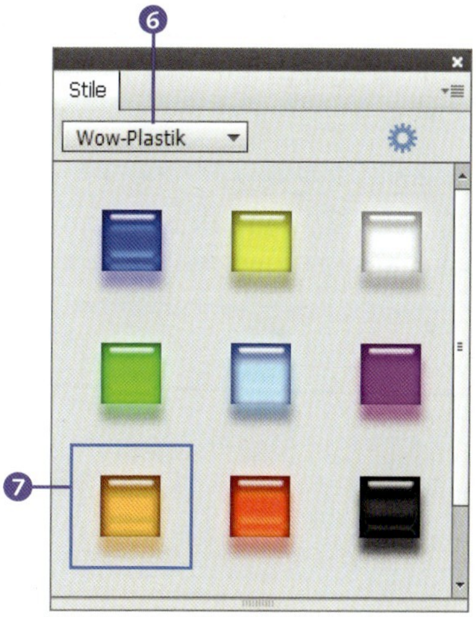

2 Ebenenstil hinzufügen

Nachdem Sie den Text geschrieben haben, fügen Sie einen beliebigen Ebenenstil hinzu. Im Beispiel habe ich eine orange transparente Schrift ❼ aus der Gruppe WOW-PLASTIK ❻ verwendet.

▲ **Abbildung 36.8**
Der Text bekommt noch einen Ebenenstil.

Kapitel 36 Ebenenstile und -effekte

Abbildung 36.9 ▶
Der Text wurde mit einer orangen transparenten Farbe versehen.

3 Ebenenstil zurücksetzen

Klicken Sie im Ebenen-Bedienfeld das FX-Symbol ❶ doppelt, und der Dialog für die STILEINSTELLUNGEN wird geöffnet. Bei diesem Ebenenstil wurden die Attribute SCHLAGSCHATTEN ❷, SCHEIN ❸ und ABGEFLACHTE KANTEN ❹ verwendet. Wenn Sie hier das Häkchen vor einem oder allen dieser Attribute entfernen, haben Sie den oder die Stile der Ebene entfernt, und der Text besitzt keinerlei Effekte mehr. (Natürlich müssen Sie den Ebenenstil nicht unbedingt komplett zurücksetzen. Sie könnten den verwendeten Stil auch einfach entsprechend Ihren Wünschen modifizieren.)

> **Füllmethoden ändern**
> Interessante Effekte erzielen Sie zusätzlich, indem Sie die Füllmethode der Textebene ändern.

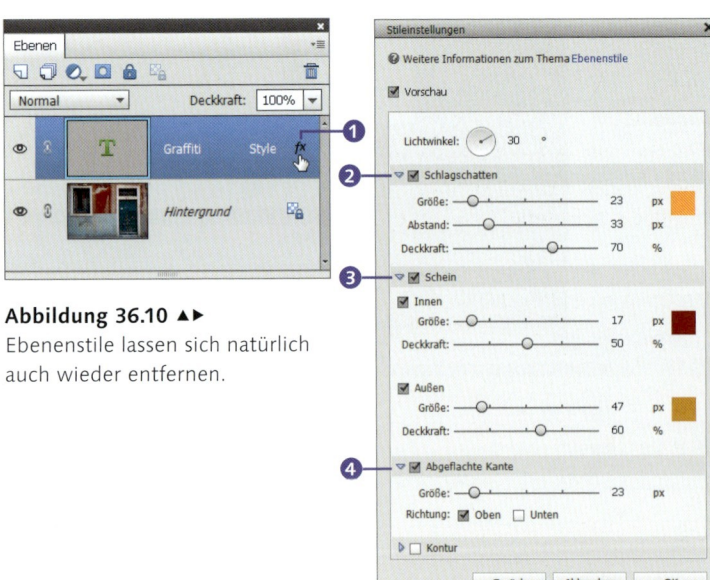

Abbildung 36.10 ▲▶
Ebenenstile lassen sich natürlich auch wieder entfernen.

4 Ebenenstil modifizieren

Egal, ob Sie jetzt die Einstellungen im Arbeitsschritt 2 komplett zurückgesetzt haben oder nicht, jetzt können Sie nach Herzens-

36.3 Eigene Effekte – Ebenenstile anpassen

lust experimentieren. Entscheiden Sie zunächst, was Sie machen möchten. Wollen Sie beispielsweise eine KONTUR ❻ hinzufügen, setzen Sie dort ein Häkchen, und schon stehen Ihnen alle Optionen zur Verfügung, um GRÖSSE, POSITION und die DECKKRAFT der Kontur einzustellen. Das Ergebnis der Veränderungen können Sie in der Textebene verfolgen, wenn im Dialog ein Häkchen vor VORSCHAU ❺ gesetzt ist.

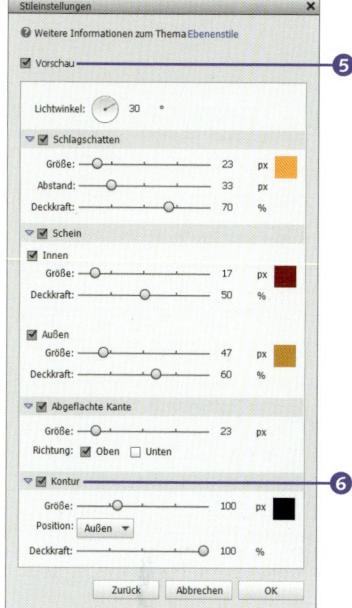

◀▲ **Abbildung 36.11**
Auch eine nachträgliche Veränderung ist möglich.

5 Ebenenstile kombinieren

Sie sind nicht auf einen Stil beschränkt, sondern können alle Möglichkeiten des Dialogs ausschöpfen und miteinander kombinieren. Hierzu setzen Sie ein Häkchen vor den gewünschten Stil und verändern die Werte. Farben wählen Sie aus, indem Sie auf das entsprechende Feld ❼ im Dialog doppelklicken, woraufhin ein Farbwähler erscheint. Sind Sie mit dem Ergebnis zufrieden, bestätigen Sie den Dialog mit OK.

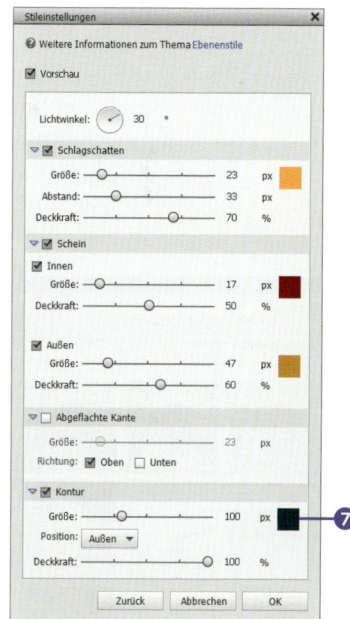

◀▲ **Abbildung 36.12**
Durch die Kombination verschiedener Stile können Sie interessante Effekte erzeugen.

▲ **Abbildung 36.13**
Das Endergebnis, nachdem der Text auch noch etwas verkrümmt und ein wenig mit den Füllmethoden und der Deckkraft der Ebenen experimentiert wurde

36.4 Effekte, Filter und Stile

Hier sollen nur kurz die Bedienfelder EFFEKTE (FENSTER • EFFEKTE), FILTER (FENSTER • FILTER) und STILE (FENSTER • STILE) erwähnt werden. Auf Beispiele wurde hierbei verzichtet, weil es einfach zu viele Effekte, Stile und Filter sind. Hier empfehle ich Ihnen, diese einfach selbst in der Praxis auszuprobieren.

Im Bedienfeld EFFEKTE ❶ finden Sie verschiedene Effekte, die Sie mit einem Doppelklick oder Drag & Drop ohne weitere Optionen auf ein Bild oder eine Auswahl anwenden können. Über eine Dropdown-Liste ❷ können Sie hierbei die einzelnen Kategorien auflisten. Beachten Sie, dass bei einigen Effekten im Ebenen-Bedienfeld eine Kopie des Bildes mitsamt dem Effekt angelegt wird. Unterhalb dieser Kopie finden Sie nach wie vor das Originalbild in unveränderter Form vor.

Das Bedienfeld STILE haben Sie bereits häufiger in diesem Buch verwendet. Um diese Stile möglichst sinnvoll einzusetzen, sollte eine Ebene neben deckenden auch transparente Pixel enthalten. Eine Hintergrundebene wird dabei immer vorher in eine Ebene umgewandelt. Beliebte, häufig verwendete Stile für Text (aber nicht nur dafür), die hierbei enthalten sind, sind SCHLAGSCHATTEN, ABGEFLACHTE KANTEN, KONTUREN, aber auch verschiedene andere Dinge wie BILDEFFEKTE oder FOTOGRAFISCHE EFFEKTE. Über eine Dropdown-Liste können Sie hierbei die einzelnen Kategorien auflisten.

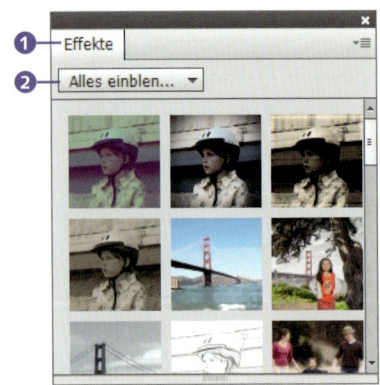

▲ **Abbildung 36.14**
Interessante Effekte finden Sie im Effekte-Bedienfeld.

36.4 Effekte, Filter und Stile

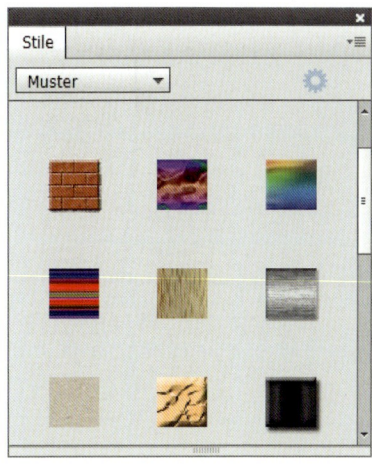

◂ **Abbildung 36.15**
Ein Sammelsurium von Ebenenstilen finden Sie im Bedienfeld STILE.

Die Verwendung von FILTER in Photoshop Elements bedarf eigentlich auch keiner großen Erläuterung, und jeden Filter hierbei zu beschreiben würde den Rahmen des Buches sprengen. Laden Sie daher einfach ein Bild in den Editor, und probieren Sie nach Herzenslust Ihre Kreativität damit aus.

Zur Anwendung müssen Sie nur über die Dropdown-Liste ❸ eine Kategorie auswählen und dann auf den gewünschten Filter klicken. Viele Filter haben, wenn Sie darauf klicken, weitere Optionen mit Schiebereglern, Dropdown-Menü usw., womit Sie den Filter für das Bild speziell anpassen können. Mit dem Häkchen wenden Sie den Filter auf das Bild an, und mit dem Stoppsymbol brechen Sie den Vorgang ab. Es gibt auch Filter, die wiederum keine Optionen haben. Andere, etwas aufwendigere Filter (beispielsweise COMIC) öffnen wiederum ein neues Dialogfenster.

◂ **Abbildung 36.16**
Für die Filter stehen gewöhnlich verschiedene Optionen zum Nachregeln zur Verfügung.

Kapitel 37
Kreative Textgestaltung

Nachdem Sie in diesem Teil schon sehr viel zum Thema Text und Typografie mit Photoshop Elements erfahren haben, möchte ich Ihnen in diesem Kapitel noch ein paar praktische Beispiele als Anregung mitgeben.

37.1 Text-Bild-Effekte

Ein beliebter Typografie-Effekt ist es, aus einem Bild eine Schrift zu erstellen und diese Schrift in einem anderen Bild zu verwenden. Dies erreichen Sie zum Beispiel über das Textmaskierungswerkzeug und per Copy & Paste.

37.1.1 Das Textmaskierungswerkzeug

Das Horizontale und das Vertikale Textmaskierungswerkzeug werden verwendet, um eine Auswahl zu erstellen, die die Form eines Textes hat. Hiermit lassen sich interessante Texteffekte erstellen, indem Sie den Text vom Hintergrund befreien und in ein neues Bild einfügen. Eine so erstellte Textmaskierung können Sie wie eine gewöhnliche Auswahl behandeln. Haben Sie allerdings einmal eine Auswahl aus der Textmaskierung erstellt, können Sie nicht mehr auf die Werkzeugoptionen der Textwerkzeuge zurückgreifen.

Sie können den ausgewählten Text jetzt kopieren, ausschneiden oder den Hintergrund entfernen und den Text als neue Ebene in anderen Bildern verwenden, das heißt, Sie können mit dem Text einfach alles machen, was Sie eben mit einer Auswahl auch machen können.

> **Hinweis**
> Beachten Sie, dass im Gegensatz zu den regulären Textwerkzeugen keine eigene Ebene für den maskierten Text angelegt wird. Die Textauswahlbegrenzung wird im Bild auf der aktiven Ebene angewendet und angezeigt.

Kapitel_37:
Wasser-Mauer.jpg

Kapitel 37 Kreative Textgestaltung

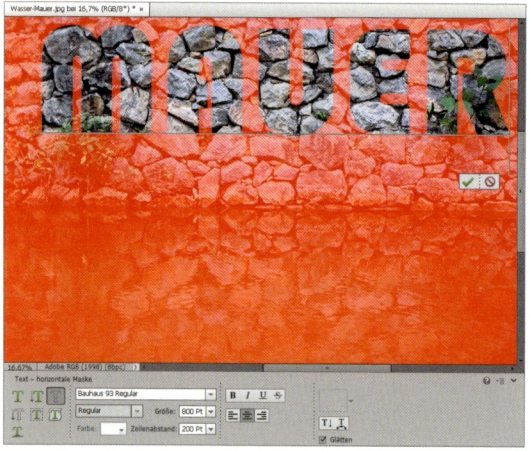

▲ **Abbildung 37.1**
Während der Eingabe eines Textes mit den Textmaskierungswerkzeugen wird der nicht ausgewählte Bereich wie mit einer roten Folie überdeckt (Quickmask) angezeigt.

▲ **Abbildung 37.2**
Sobald Sie die Eingabe bestätigen, erscheinen die Auswahllinien um den Text. Jetzt können Sie den Text bzw. die Form des Textes nicht mehr verändern.

Abbildung 37.3 ▶
Das Endergebnis mit einem Schlagschatten und einer Kontur …

Abbildung 37.4 ▶
… oder eine kreative Spielerei innerhalb des Bildes

37.1.2 Texte und Schnittmasken

Noch einfacher und genauer geht es aber mit einer Schnittmaske. Der Vorteil daran ist, dass Sie jederzeit nachträglich den Text oder gar das Bild, in dem der Text angezeigt wird, ändern können. Mit dem Textmaskierungswerkzeug erstellen Sie hingegen eine endgültige Auswahl, die nicht mehr veränderbar ist.

37.1 Text-Bild-Effekte

Schritt für Schritt
Schrift mit einem Bild füllen

Die Schnittmasken haben Sie bereits in Abschnitt 26.3 kennengelernt. In diesem Workshop sehen Sie, welche Effekte sich mit Texten und Schnittmasken erzeugen lassen.

Kapitel_37:
Angkor-Wat.jpg,
Tulpe.jpg,
Angkor-Wat.psd

1 Text eingeben

Öffnen Sie das Bild »Angkor-Wat.jpg«. Verwenden Sie das Horizontale Textwerkzeug T T. Stellen Sie eine für das Bild geeignete Schriftgröße (hier 700 Pt) sowie eine etwas dickere Schrift ein. Im Beispiel habe ich die Schrift BAUHAUS 93 REGULAR verwendet. ARIAL BOLD wäre eine gute Alternative. Schreiben Sie jetzt den Text Ihrer Wahl in das Bild. Wenn Sie den Text geschrieben haben, können Sie die Textebene jederzeit noch mit dem Verschieben-Werkzeug ⊕ V strecken, damit der Text das Bild mehr ausfüllt.

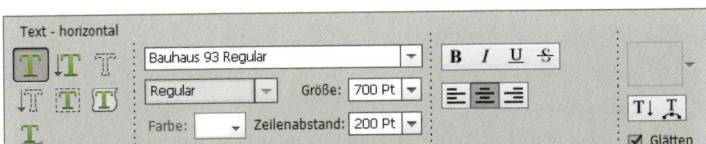

◀ **Abbildung 37.5**
Optionen des Textwerkzeugs einstellen

◀ **Abbildung 37.6**
Geben Sie einen Text ein.

2 Bildebene hinzufügen

Öffnen Sie das Bild »Tulpe.jpg«. Markieren Sie das komplette Bild mit Strg/cmd+A, und kopieren Sie es mit Strg/cmd+C in die Zwischenablage. Aktivieren Sie wieder das Bild »Angkor-Wat.jpg«, und fügen Sie dort das Bild aus der Zwischenablage mit Strg/cmd+V als neue Ebene ein, sodass sich jetzt drei Ebenen im Ebenen-Bedienfeld befinden.

Kapitel 37 Kreative Textgestaltung

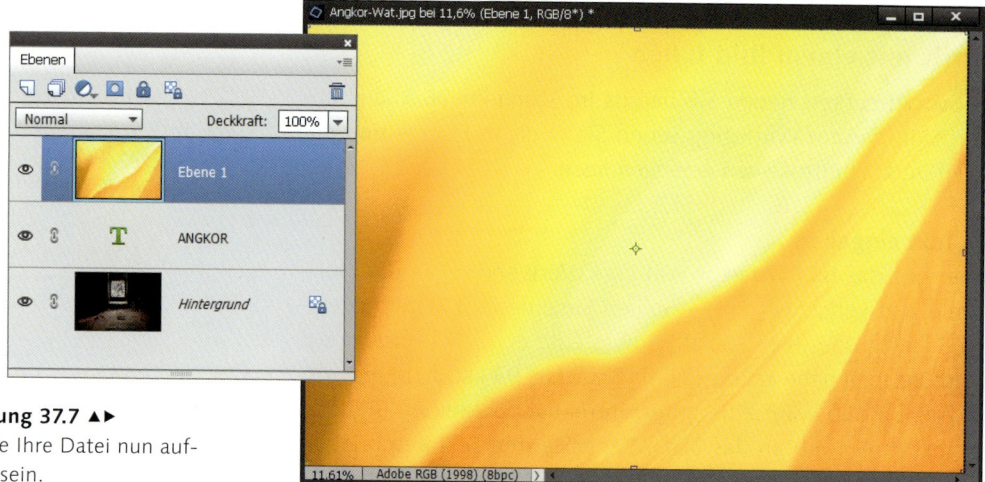

Abbildung 37.7 ▲▶
So sollte Ihre Datei nun aufgebaut sein.

3 Ebenen gruppieren und verschieben

Gehen Sie im Ebenen-Bedienfeld mit dem Mauszeiger zwischen die Textebene und die eben eingefügte Ebene, und halten Sie die [Alt]-Taste gedrückt, sodass das Symbol für die Schnittmaske ❶ angezeigt wird. Klicken Sie dann die linke Maustaste. Jetzt erscheint der Bildinhalt von »Tulpe.jpg« nur dort, wo die Schrift ist. Aktivieren Sie die oberste Ebene, und halten Sie [Strg]/[cmd] gedrückt. Wenn Sie jetzt mit dem Mauszeiger im Bild auf den Text gehen, können Sie die Ebene von »Tulpe.jpg« bei Bedarf verschieben.

Abbildung 37.8 ▲▶
Durch die Gruppierung der Ebenen wird der Text mit der oberen Ebene gefüllt.

4 Ebenenstil hinzufügen

Aktivieren Sie die Textebene und das Horizontale Textwerkzeug [T], und fügen Sie über die Werkzeugoptionen bei STIL einen

Ebenenstil nach Wahl hinzu. Alternativ weisen Sie einen Ebenenstil über das Effekte-Bedienfeld zu.

Gegebenenfalls modifizieren Sie den Ebenenstil anschließend noch über einen Doppelklick auf das FX-Symbol im Ebenen-Bedienfeld. Auch den Text können Sie nach wie vor mit den Werkzeugoptionen des Textwerkzeugs ändern. Wenn Sie zufrieden sind, können Sie alle sichtbaren Ebenen mit [Strg]/[cmd]+[⇧]+[E] auf eine Ebene reduzieren.

▲ **Abbildung 37.9**
Die fertige Datei

37.1.3 Fotomontagen mit Text

Ebenfalls sehr beliebt ist es, einen Text so in ein Foto zu montieren, als sei er ein fester Bestandteil des Motivs.

Schritt für Schritt
Text in ein Foto montieren

Text muss nicht immer nur als deutlich erkennbarer »Fremdkörper« auf ein Bild gelegt werden. Stattdessen können Sie ihn auch so ins Bild integrieren, als sei der Text Teil der Aufnahme.

1 Text setzen

Öffnen Sie das Bild »Opera.jpg«. Verwenden Sie das Horizontale Textwerkzeug [T]. Stellen Sie eine für das Bild geeignete Schriftgröße (hier 1.000 PT) sowie eine geeignete Schrift ein. Im Beispiel habe ich die engere Schrift IMPACT REGULAR verwendet. Als Farbe habe ich Blau gewählt. Schreiben Sie nun den Text Ihrer Wahl in das Bild.

Kapitel_37:
Opera.jpg, Opera.psd

Kapitel 37   Kreative Textgestaltung

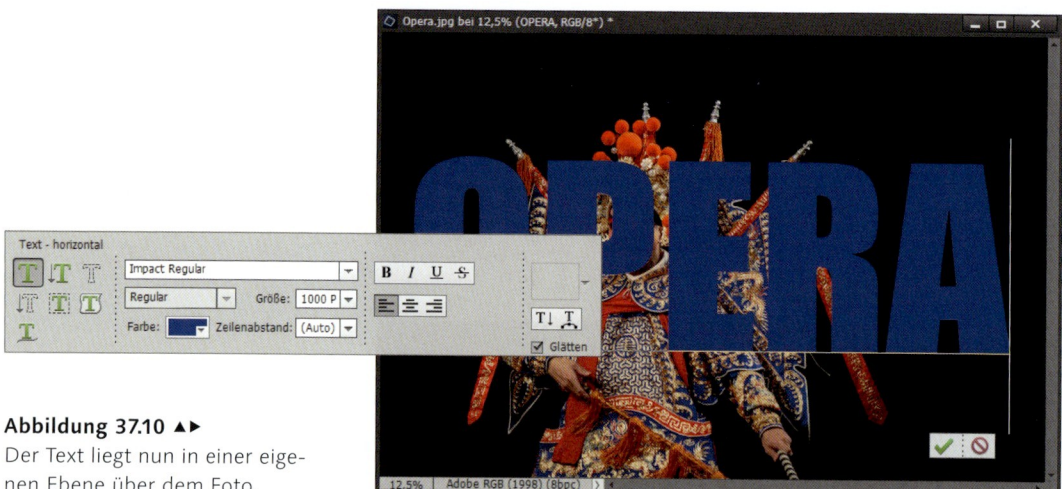

Abbildung 37.10 ▲▶
Der Text liegt nun in einer eigenen Ebene über dem Foto.

2   Text strecken

Im Beispiel soll der Text noch etwas mehr gestreckt werden. Aktivieren Sie die Textebene, und ziehen Sie mit dem Verschieben-Werkzeug ⊕ V den oberen Anfasser ❶ nach oben und den unteren Anfasser ❷ nach unten, bis der Text mittig im Bild liegt und etwa gleichmäßig viel Abstand auf allen Seiten hat.

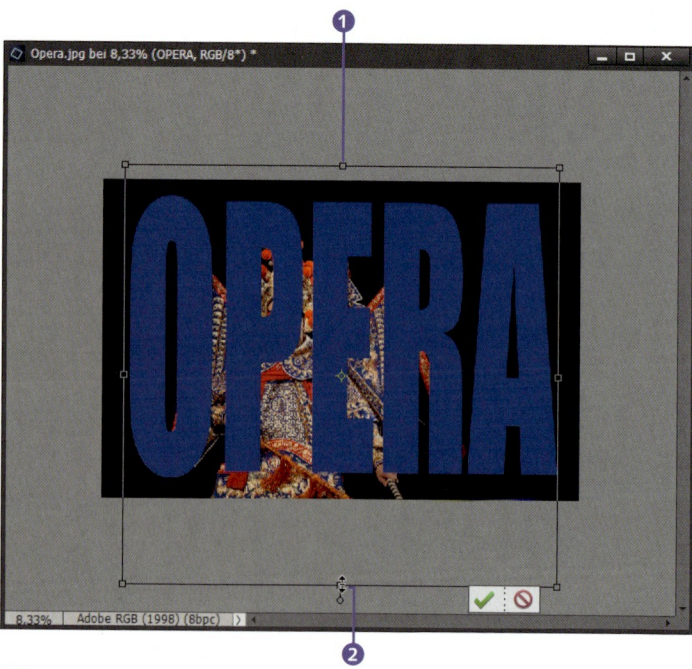

Abbildung 37.11 ▶
Text noch etwas strecken

3   Ebenenstil hinzufügen

Aktivieren Sie die Textebene im Ebenen-Bedienfeld, und wählen Sie einen Ebenenstil aus. Den Ebenenstil weisen Sie entweder über die Werkzeugoptionen des Textwerkzeugs oder über das Effekte-Bedienfeld zu. Über einen Doppelklick auf das kleine FX-Symbol können Sie die Stileinstellungen nachträglich ändern.

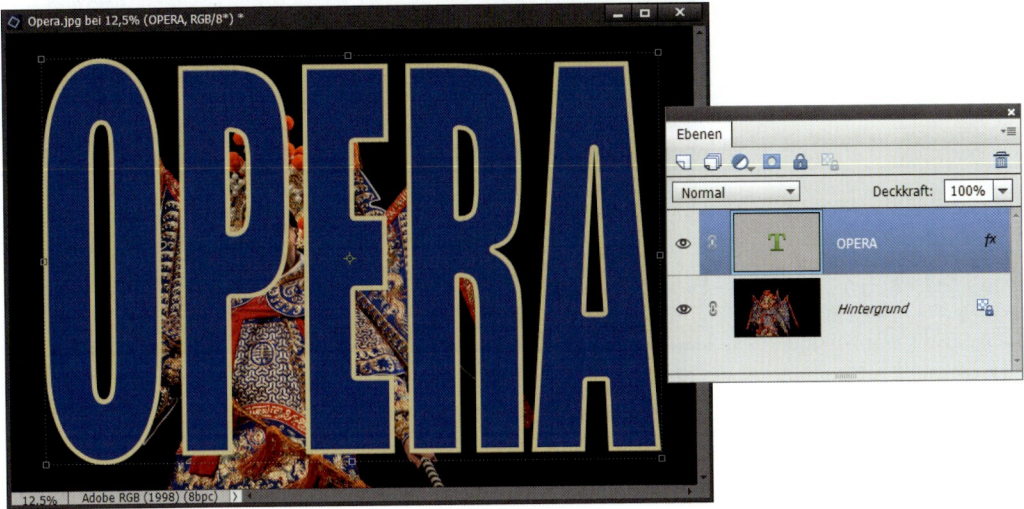

▲ **Abbildung 37.12**
Durch den Ebenenstil wirkt die Schrift plastischer.

4   Textebene in normale Ebene umwandeln

Wenn Sie die Formatierung des Textes abgeschlossen haben, müssen Sie die Textebene in eine normale Ebene konvertieren, um den nächsten Schritt durchführen zu können. Klicken Sie hierzu die Textebene mit der rechten Maustaste an, und wählen Sie im Kontextmenü EBENE VEREINFACHEN aus.

5   Textteile wegradieren

Aktivieren Sie die Ebene mit dem Text. Fügen Sie der Ebene mit dem Text über die entsprechende Schaltfläche ❶ (Abbildung 37.13) eine Ebenenmaske hinzu. Wählen Sie das Pinsel-Werkzeug [E] aus der Werkzeugpalette, und malen Sie den Text mit einer schwarzen Vordergrundfarbe dort weg, wo das Motiv in den Vordergrund und der Text in den Hintergrund gestellt werden soll. Die Größe der Werkzeugspitze werden Sie hierbei der Situation anpassen müssen. Auch ein etwas weiteres Hineinzoomen mit [Strg]/[cmd]+[+] hilft, um möglichst exakt zu malen. Vorübergehend können Sie auch die DECKKRAFT ❷ der Ebene mit dem Text reduzieren, um zu erkennen, ob bzw. was sich hinter den Buchstaben befindet. Zu viel entfernte Bereiche können Sie jederzeit wieder mit weißer Farbe auf die Ebenenmaske aufmalen.

> **Weiche Übergänge**
>
> Wenn die Kanten zu hart werden, sollten Sie entweder eine weiche Pinselspitze verwenden oder mit dem Weichzeichner-Werkzeug [R] die Stellen weichzeichnen.

Kapitel 37 Kreative Textgestaltung

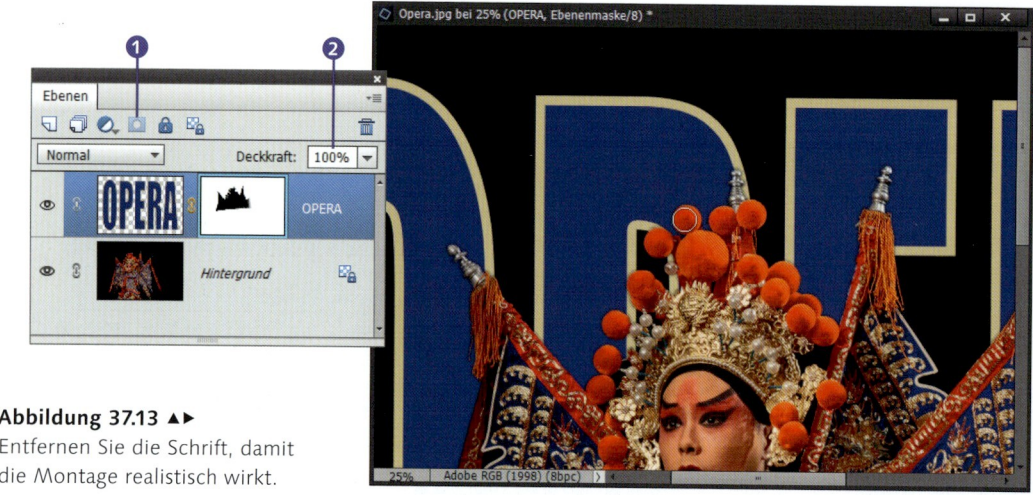

Abbildung 37.13 ▲▶
Entfernen Sie die Schrift, damit die Montage realistisch wirkt.

6 Ebenen zusammenfügen

Schließlich müssen Sie nur noch alle Ebenen beispielsweise mit [Strg]/[cmd]+[⇧]+[E] auf eine reduzieren und das Bild dann abspeichern.

Abbildung 37.14 ▶
Selbst mit so einfachen Mitteln wie dem Textwerkzeug und der Ebenenmaske lassen sich schon ganz ansehnliche Ergebnisse erzielen.

Kapitel_37:
Abstrakt.jpg,
Abstrakt.psd

37.1.4 Fototext mit dem Assistenten

Eine weitere Fototext-Montage bietet der Assistent mit der Funktion FOTOTEXT an. Diese Funktion ist relativ schnell erklärt. Fügen Sie mit dem Text-Werkzeug ❸ einen Text hinzu. Hierbei können Sie über die Werkzeugoptionen bei Bedarf noch ein passsende Schriftart und eventuell auch die Schriftgröße auswählen. Wenn Sie den Text ohnehin in der Breite einpassen oder komplett füllen wollen, stehen Ihnen hierfür zwei Schaltflächen ❹ zur Verfügung, und Sie brauchen die Schriftgröße dann in den Werkzeugoptionen gar nicht erst anzupassen. Anschließend wählen Sie einen schwarzen, weißen oder transparenten Hintergrund ❺ aus. Wenn Sie nicht FÜLLEN ausgewählt haben, können Sie mit der Schaltfläche FREISTELLEN DES BILDES ❻ das Bild gleich entsprechend der Textgröße automatisch zuschneiden lassen. Am Ende fügen Sie bei Bedarf noch einen Schlagschatten ❼ hinzu, dessen Stil bzw. Kontur Sie über die Schaltfläche ERWEITERT ❽ mithilfe des Dialogs STILEINSTELLUNGEN anpassen können.

▼ **Abbildung 37.15**
Sehr komfortabel, um ein Foto als Hintergrund für einen Text zu verwenden, ist die ASSISTENT-Funktion FOTOTEXT.

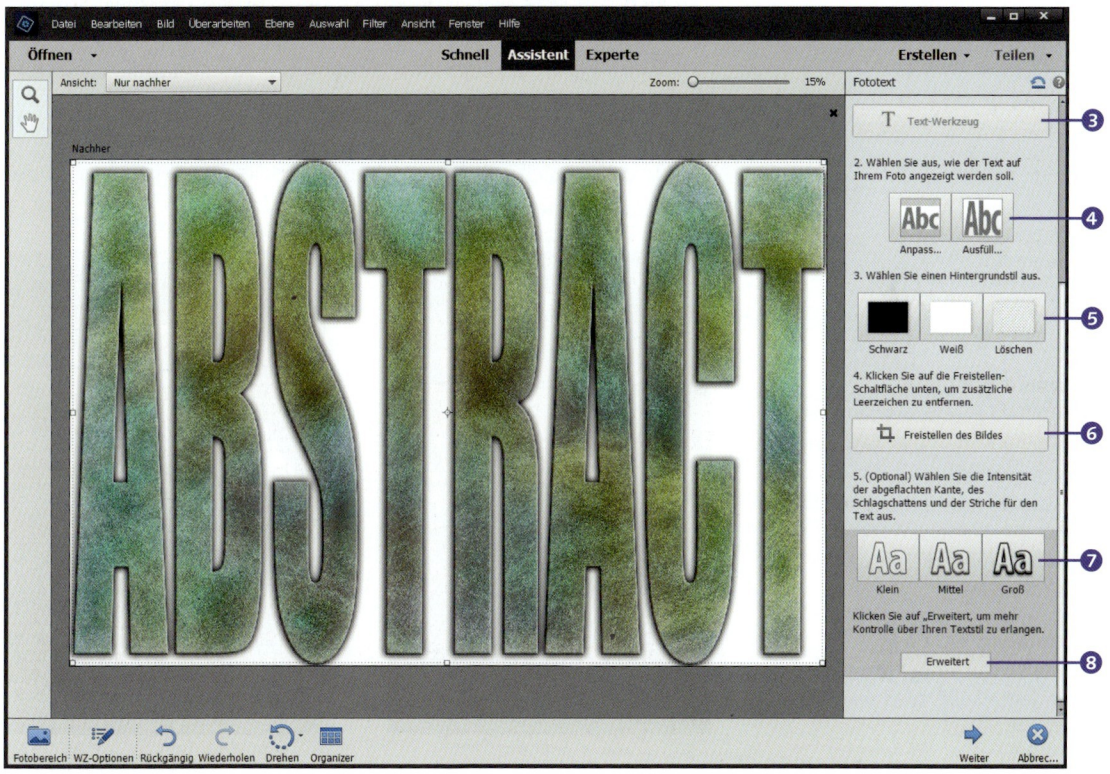

37.2 Text auf Formen bringen

Um einen Text auf eine bestimmte Auswahl oder Form zu schreiben, können Sie die Werkzeuge Text-auf-Auswahl-Werkzeug [T], Text-auf-Form-Werkzeug [T] [T] und Text-auf-eigenem-Pfad-Werkzeug [T] [T] verwenden. Mit jedem dieser Werkzeuge wird der Text auf einer neuen Textebene platziert.

37.2.1 Das Text-auf-Auswahl-Werkzeug

Um einen Text mit dem Text-auf-Auswahl-Werkzeug [T] [T] auf eine Auswahl zu setzen, benötigen Sie natürlich zunächst einmal eine Auswahl. Hierzu stehen Ihnen zwei mögliche Wege zur Verfügung:

- Sie erstellen mit dem Text-auf-Auswahl-Werkzeug eine Auswahl. Im Grunde handelt es sich dabei zunächst um nichts anderes als um das Prinzip des Schnellauswahl-Werkzeugs [A], mit dem die Auswahl erstellt wird, an deren Außenkante Sie dann den Text schreiben können.
- Die zweite Möglichkeit ist, eine bereits vorhandene Auswahl zu verwenden. Dabei haben Sie den Vorteil, bei der Erstellung der Auswahl auf die Funktionen im Auswahl-Menü von Photoshop Elements zugreifen zu können. Das ist nämlich mit dem Text-auf-Auswahl-Werkzeug nicht möglich.

Der Text lässt sich mit einigen kleinen Tricks übrigens auch an der Innenkante einer Auswahl schreiben.

Abbildung 37.16 ▶
Mithilfe der Textwerkzeuge ist es ein Kinderspiel, Text rund um einen Torbogen zu platzieren. Hier wurde der Torbogen mit dem Text-auf-Auswahl-Werkzeug ausgewählt und dann der Text geschrieben.

Abbildung 37.17 ▶▶
Auch solche »Innentexte« sind mit dem neuen Werkzeug schnell erstellt.

Zum Weiterlesen
Die Optionen zur Gestaltung des Textes habe ich bereits in Abschnitt 35.2.1, »Text gestalten«, umfassend beschrieben.

Werkzeugoptionen | Zunächst finden Sie die beiden Schaltflächen Addieren ❶ und Subtrahieren ❷. Befindet sich im Bild noch keine Auswahl, wird diese ebenfalls mit der Option Addieren ❶ erstellt. Die beiden Optionen habe ich bereits in Abschnitt 22.4, »Auswahlen kombinieren«, beschrieben.

Wie auch bei den einfachen Textwerkzeugen können Sie die Schriftart, den Schriftstil, die Schriftgröße und die Schriftfarbe für den Text einstellen. Keine Sorge: Sobald Sie anfangen, den Text zu schreiben, stehen Ihnen auch sämtliche Werkzeugoptionen zur Verfügung, die Sie beispielsweise vom Horizontalen Textwerkzeug her kennen.

Mit dem Schieberegler Versatz ❸ können Sie die Auswahl verkleinern (nach links ziehen) oder vergrößern (nach rechts ziehen), allerdings nur in einem ganz geringen Maße. Wenn Ihnen das nicht ausreicht, erstellen Sie Ihre Auswahl mit einem der Auswahlwerkzeuge – beispielsweise dem Schnellauswahl-Werkzeug – und passen sie dann mit den vielen Funktionen im Menü Auswahl an, beispielsweise Auswahl • Auswahl verändern • Erweitern oder Auswahl • Auswahl verändern • Verkleinern. Leider stehen Ihnen die Funktionen im Menü Auswahl nicht mehr zur Verfügung, wenn Sie mit dem Text-auf-Auswahl-Werkzeug eine Auswahl erstellen.

Werkzeugspitze einstellen
Leider wurde bei dem Werkzeug wohl vergessen, eine Option hinzuzufügen, um die Größe der Werkzeugspitze einzustellen. Da es sich hierbei allerdings im Grunde zunächst nur um das Schnellauswahl-Werkzeug handelt, können Sie auch beim Text-auf-Auswahl-Werkzeug die Werkzeugspitze mit der Taste # verkleinern oder mit ⇧+# vergrößern.

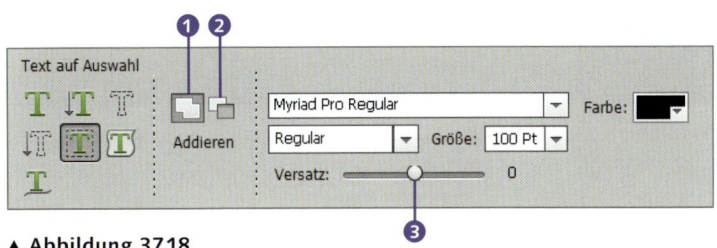

▲ **Abbildung 37.18**
Die Werkzeugoptionen des Text-auf-Auswahl-Werkzeugs

Verwendung des Werkzeugs | Da dieses Werkzeug auf zwei Arten verwendet werden kann, will ich Ihnen diese beiden Möglichkeiten jeweils kurz anhand eines einfachen Beispiels demonstrieren.

Schritt für Schritt
Text auf eine Auswahl schreiben

In dieser Anleitung wird die Auswahl mit dem Text-auf-Auswahl-Werkzeug erstellt. Beachten Sie, dass Sie mit dieser Möglichkeit nicht die Befehle aus dem Menü Auswahl verwenden können.

Kapitel_37:
Ausblick.jpg,
Ausblick.psd

1 Auswahl erstellen
Öffnen Sie das Bild »Ausblick.jpg«. Wählen Sie das Text-auf-Auswahl-Werkzeug aus. Jetzt verwandelt sich der Mauscursor ❹ (Abbildung 37.20), wenn Sie damit über das Bild gehen, in eine Form, wie Sie sie vom Schnellauswahl-Werkzeug her kennen, dessen Funktion Sie letztendlich gerade anwenden. Wählen Sie damit den mittleren Ausblick aus. Hierbei muss natürlich die Option Addieren ❺ (Abbildung 37.21) aktiv sein. Wenn Sie etwas von der Auswahl entfernen wollen, aktivieren Sie die Option Subtrahieren ❻ und entfernen die ausgewählten Stellen im Bild. Wenn Sie die Auswahl über den Regler Versatz ❼ verkleinern oder vergrößern wollen, haben Sie jetzt noch die Gelegenheit dazu. Das ist nützlich, wenn Sie den Text geringfügig unter- oder oberhalb des ausgewählten Objekts schreiben wollen.

▲ **Abbildung 37.19**
Um diesen Ausblick wollen wir mithilfe des Text-auf-Auswahl-Werkzeugs außen herum einen Text schreiben.

Abbildung 37.20 ▶
Mit dem Text-auf-Auswahl-Werkzeug wurde eine Auswahl erstellt.

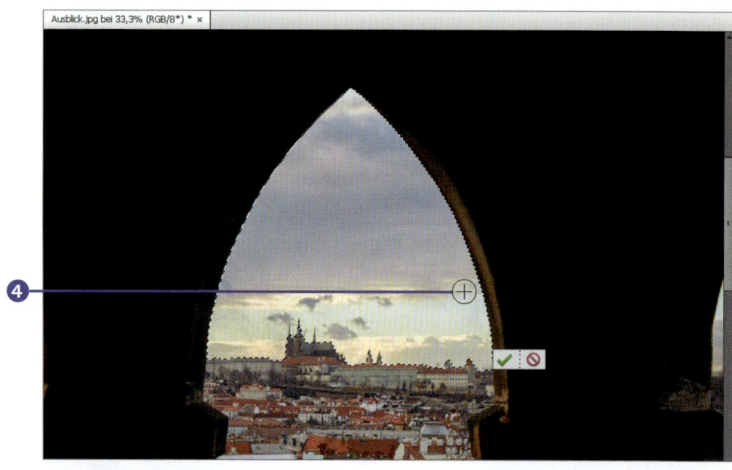

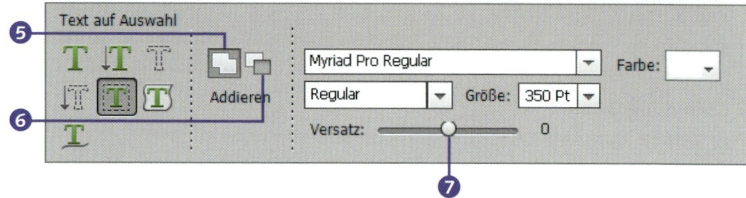

Abbildung 37.21 ▶
Schrift für den Text einstellen

Tipp

Sie sind natürlich nicht auf das Text-auf-Auswahl-Werkzeug zum Erstellen einer Auswahl beschränkt und können auch auf die komplette Palette von Auswahlwerkzeugen zurückgreifen. Mehr dazu erfahren Sie in der nächsten Schritt-für-Schritt-Anleitung mit »Text auf eine vorhandene Auswahl schreiben«.

Sind Sie mit der Auswahl zufrieden, klicken Sie auf das grüne Häkchen (oder betätigen ⏎). Mit dem roten Stoppsymbol (oder Esc) können Sie den Vorgang abbrechen.

2 Schrift einstellen

Als Nächstes stellen Sie in den Werkzeugoptionen die Schriftart und andere Schriftoptionen ein. Im Beispiel habe ich mich für MYRIAD PRO REGULAR mit 350 PT in weißer Farbe entschieden (Abbildung 37.21). Allerdings können Sie anschließend jederzeit die Schrift nachträglich ändern, wie hier geschehen.

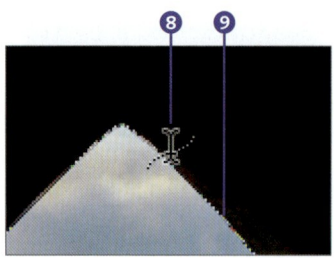

▲ **Abbildung 37.22**
Die Einfügemarke (hier stark vergrößert) zeigt an, dass Sie hier einen Text eingeben können.

3 Text schreiben

Aus der Auswahl ist eine durchgehende Pfadlinie ❾ geworden. Gehen Sie mit dem Mauscursor auf diese Linie, wird der Cursor zu einer speziellen Einfügemarke ❽. Mit einem Mausklick an dieser Einfügemarke erscheint ein blinkender Textcursor, und Sie können jetzt anfangen, den Text mit der Tastatur einzutippen. Wenn Sie jetzt einen Blick auf die Werkzeugoptionen werfen, finden Sie auch wieder alle Optionen vor, um den Text zu gestalten, wie ich dies in Abschnitt 35.2.1, »Text gestalten«, umfassend erläutert habe. Genau genommen wird hier zum Horizontalen Textwerkzeug T gewechselt.

37.2 Text auf Formen bringen

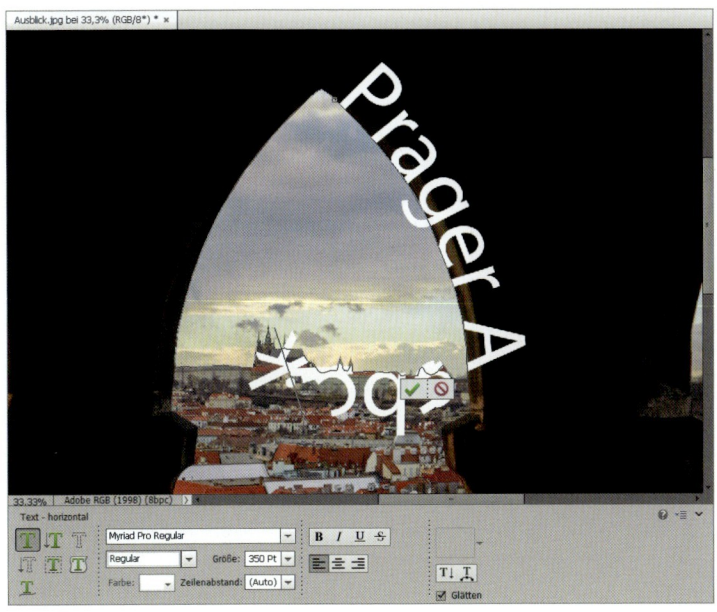

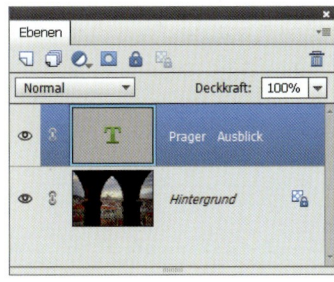

▲ **Abbildung 37.23**
Auch der Text auf Auswahl wird auf eine eigene Ebene gelegt.

▲ **Abbildung 37.24**
Der Text wird um die Auswahl geschrieben.

4 Optional: Text nachträglich editieren

Auch wenn Sie die Eingabe mit dem grünen Häkchen bestätigt haben, können Sie jederzeit wieder mit dem Text-auf-Auswahl-Werkzeug weiteren Text schreiben oder den Text editieren. Achten Sie darauf, dass der Mauscursor die Form der Einfügemarke ❸ hat. Erst dann können Sie auf oder hinter den Text klicken, um weiterzuschreiben. Oder Sie wechseln zum Horizontalen Textwerkzeug, um damit den Text nachträglich zu editieren.

5 Text verschieben

In den wenigsten Fällen wird der Text perfekt um die Auswahl liegen und kann natürlich nachträglich auch auf der Auswahl verschoben werden. Zum nachträglichen Verschieben müssen Sie mit dem Textwerkzeug (beispielsweise mit T) in den Editiermodus gehen (ein blinkender Eingabe-Cursor ist zu sehen). Daraufhin können Sie ein kleines x ❷ (Abbildung 37.25) erkennen, das als Anfangsmarkierung dient, und einen kleinen Kreis, der als Endmarkierung für den Text um die Auswahl fungiert. Gehen Sie auf das kleine x, und halten Sie die [Strg]/[cmd]-Taste gedrückt, können Sie am Cursor einen Pfeil-mit-Eingabesymbol-Cursor ❶ erkennen, mit dem Sie jetzt mit gedrückt gehaltener linker Maustaste (+[Strg]/[cmd]) den Text um die Auswahl herum verschieben können.

> **Mehrere Textebenen**
> Achten Sie unbedingt darauf, dass Sie, wenn Sie den Text nachträglich editieren wollen, hierzu auch auf den Text klicken. Klicken Sie stattdessen in einen freien Bereich, sodass die Einfügemarke sichtbar wird, wird der Text auf eine neue Textebene geschrieben, was ja durchaus gewollt sein kann! Es können also durchaus mehrere Textebenen auf eine Auswahl gebracht werden.

Kapitel 37   Kreative Textgestaltung

▲ **Abbildung 37.25**
Der Text wurde jetzt an die gewünschte Position verschoben und mit weiteren Stilen versehen.

6   Text nach innen verschieben

Im Grunde müssen Sie jetzt nur wie in Arbeitsschritt 4 vorgehen, in dem Sie den Text verschoben haben, nur dass Sie jetzt den Text statt auf der Linie einfach mit gehaltener `Strg`/`cmd`-Taste und gedrückt gehaltener linker Maustaste nach innen verschieben. Ein wenig verwirrend kann es werden, wenn sich die Anfangsmarkierung (das kleine x) und die Endmarkierung (der kleine Kreis) überlappen, weil hier dann kein Text angezeigt wird. Im Grunde wird nämlich beim Wechseln der Seite der Text von der ursprünglichen Anfangsmarkierung zur ursprünglichen Endmarkierung platziert. Hierbei müssen Sie die Markierungen gegebenenfalls wieder mit gehaltener `Strg`/`cmd`-Taste verschieben.

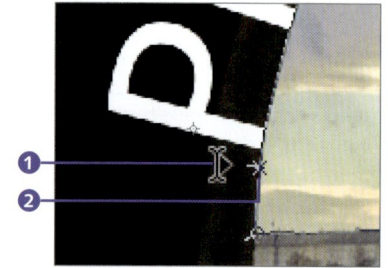

▲ **Abbildung 37.26**
Der Text kann jederzeit nachträglich verschoben werden.

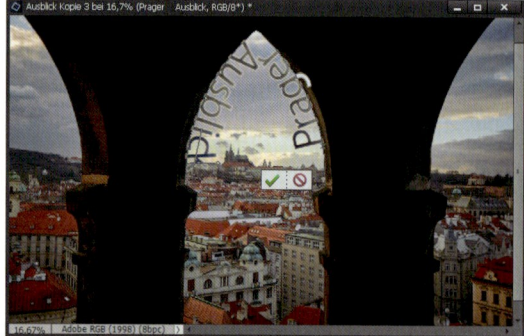

▲ **Abbildung 37.27**
Der Text wurde hier von der äußeren Auswahl nach innen gezogen.

▲ **Abbildung 37.28**
Das Endergebnis der Demonstration des Text-auf-Auswahl-Werkzeugs. Hier wurde die Textebene noch größer skaliert, damit dieser nicht so sehr auf den Auswahllinien aufliegt.

37.2 Text auf Formen bringen

▲ Abbildung 37.29
Hier wurde ein Text auf eine rechteckige Auswahl geschrieben. Das kleine Kreissymbol ❸ überdeckt hier das kleine x-Symbol, was eben einfach bedeutet, dass der Anfangs- und der Endpunkt an derselben Stelle liegen.

▲ Abbildung 37.30
Jetzt wurde mehr Text eingegeben, als dargestellt werden kann. Sie können dies am kleinen Plussymbol ❹ im Kreissymbol erkennen.

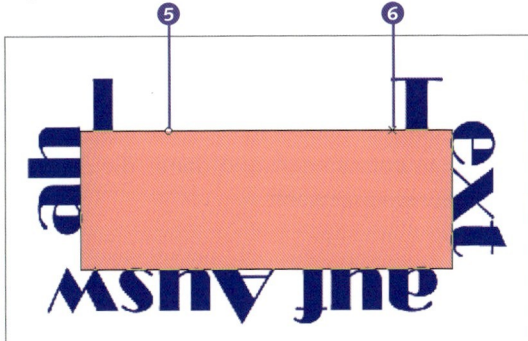

▲ Abbildung 37.31
Jetzt wurden die Markierungen mit gehaltener [Strg]/[cmd]-Taste verschoben. Die Anfangsmarkierung wird mit dem kleinen x ❺ symbolisiert und die Endmarkierung mit dem kleinen Kreissymbol ❻.

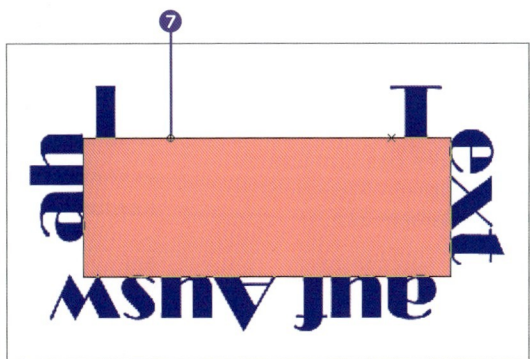

▲ Abbildung 37.32
Dass hier bei der Endmarkierung wieder ein Plussymbol ❼ angezeigt wird, liegt daran, dass erneut über den Bereich hinaus geschrieben wurde.

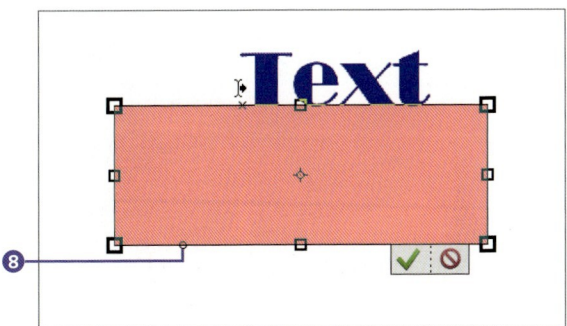

▲ Abbildung 37.33
Die Anfangs- und die Endmarkierung sind auch wichtig, wenn Sie den Text von der Auswahl nach innen bzw. wieder nach außen verlegen wollen. Hierbei wird die Endmarkierung ❽ …

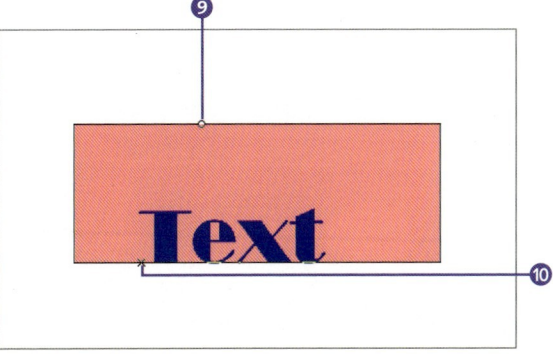

▲ Abbildung 37.34
… zur neuen Anfangsmarkierung ❾, und die ursprüngliche Anfangsmarkierung wird dann zur neuen Endmarkierung ❿.

Kapitel 37 Kreative Textgestaltung

Nochmals detaillierter | Das Text-auf-Auswahl-Werkzeug ist für sich betrachtet ein sehr gelungenes Werkzeug. Nur kann es etwas schwierig sein, die kleinen Symbole zu erkennen, oder auch schwierig werden, wenn man die Seiten wechseln will. Daher will ich Ihnen das Ganze nochmals kurz anhand einer einfachen Auswahl zeigen.

Schritt für Schritt
Text auf eine vorhandene Auswahl schreiben

Kapitel_37: Treppenhaus.jpg, Treppenhaus.psd

Angelehnt an die Schritt-für-Schritt-Anleitung zuvor, zeige ich Ihnen in dieser Anleitung eine Möglichkeit, Text auf eine bereits vorhandene Auswahl zu bringen. Als Beispiel dient ein einfaches Treppenhaus.

1 Auswahl erstellen

Nachdem Sie das Bild »Treppenhaus.jpg« im Fotoeditor geladen haben, erstellen Sie zunächst mit einem beliebigen Auswahlwerkzeug eine Auswahl. Im Beispiel habe ich mich für das Schnellauswahl-Werkzeug entschieden und damit die äußeren Konturen des Treppenhauses ausgewählt.

Zum Weiterlesen

Die Auswahlwerkzeuge haben Sie ja bereits in Kapitel 22 kennengelernt. Eine Übersicht über die verschiedenen Werkzeuge finden Sie ab Abschnitt 22.1.

2 Auswahl ändern

Der Vorteil an dieser Methode, zunächst die Auswahl mit den Auswahlwerkzeugen zu erstellen, liegt darin, dass Sie jederzeit auf die Befehle im Menü AUSWAHL zurückgreifen können. Zugegeben, dies ist auch mit dem Text-auf-Auswahl-Werkzeug möglich, wenn Sie hiermit zu einem der Auswahlwerkzeuge wechseln, aber das ist eben etwas umständlicher.

Abbildung 37.35 ▼
Die Auswahl mit unserem Text-auf-Auswahl-Werkzeug bestätigen …

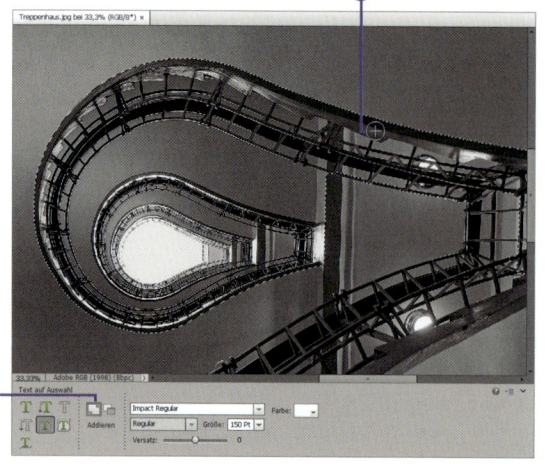

▲ **Abbildung 37.36**
… und Text auf die vorhandene Auswahl schreiben

37.2 Text auf Formen bringen

3 Text-auf-Auswahl-Werkzeug verwenden

Nachdem Sie die Auswahl erstellt haben, wechseln Sie zum Text-auf-Auswahl-Werkzeug ⬛ ⬛; achten Sie dabei darauf, dass die Option ADDIEREN ❷ aktiv ist. Klicken Sie mit dem Mauscursor einmal irgendwo innerhalb der Auswahl ❶. Sie erhalten die gewohnte Bestätigungsauswahl ❸ für das Text-auf-Auswahl-Werkzeug, die Sie aus Arbeitsschritt 1 der vorherigen Schritt-für-Schritt-Anleitung »Text auf eine Auswahl schreiben« kennen. Von jetzt an folgen Sie der Schritt-für-Schritt-Anleitung aus dem vorherigen Workshop ab Schritt 2, »Schrift einstellen«.

37.2.2 Text-auf-Form-Werkzeug

Um den Text in eine bestimmte Form zu bringen, können Sie ihn mit dem Text-auf-Form-Werkzeug ⬛ ⬛ auf eine von vielen Formen schreiben. Sie können auf zwei Arten vorgehen:

▸ Benutzen Sie eine der vorhandenen Formen, die das Text-auf-Form-Werkzeug anbietet. Damit können Sie den Text um die Form herum schreiben. Beachten Sie, dass hierbei keine Formebene, sondern eine Textebene erstellt wird.

▸ Erstellen Sie eine Form mit einem der vielen Formwerkzeuge, wie beispielsweise dem Eigene-Form-Werkzeug ⬛ ⬛, und wechseln Sie dann zum Text-auf-Form-Werkzeug ⬛, um den Text auf bzw. in dieser Form zu schreiben.

Werkzeugoptionen | Mit den Schaltflächen ❹ wählen Sie zunächst die Form aus, die Sie aufziehen und auf der Sie dann den Text schreiben wollen. Zur Auswahl stehen RECHTECK, ABGERUNDETES RECHTECK, ELLIPSE, POLYGON, HERZ, SPRECHBLASE und SCHMETTERLING.

Mit den nächsten Optionen ❺ stellen Sie wieder die Schriftart, den Schriftschnitt, die Schriftgröße und die Schriftfarbe ❻ für den Text ein, den Sie auf die Form schreiben werden. Wenn Sie anfangen, den Text zu schreiben, stehen Ihnen auch hier sämtliche Werkzeugoptionen zur Verfügung, die Sie beispielsweise vom Horizontalen Textwerkzeug ⬛ her kennen.

Zum Weiterlesen

Die Formwerkzeuge lernen Sie in Kapitel 39, »Formen zeichnen mit den Formwerkzeugen«, genauer kennen.

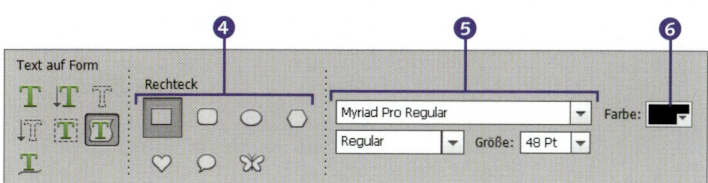

▲ **Abbildung 37.37**
Die Werkzeugoptionen des Text-auf-Form-Werkzeugs ⬛

Verwendung des Werkzeugs | Da dieses Werkzeug ebenfalls auf zwei Arten verwendet werden kann, will ich Ihnen diese auch hier wieder mit zwei sehr einfachen Schritt-für-Schritt-Anleitungen demonstrieren.

Schritt für Schritt
Text auf eine Form schreiben

Das Text-auf-Form-Werkzeug bietet einige vordefinierte Formen, die sich für wichtige Standards, wie das Schreiben von Text in einer Kreisform, gut nutzen lassen.

1 Form auswählen

Aktivieren Sie das Text-auf-Form-Werkzeug [T] [T]. Wählen Sie dann eine Form ❶ aus, um die Sie schreiben wollen. Im Beispiel habe ich mich für die ELLIPSE entschieden. Wollen Sie einen Kreis erstellen, halten Sie einfach während des Aufziehens sowohl die Maustaste als auch die [⇧]-Taste gedrückt. Wollen Sie hingegen die Form mittig aufziehen, halten Sie nur die [Alt]-Taste gedrückt. [⇧] und [Alt] zusammen während des Aufziehens der Form ist natürlich auch möglich. Mit [←] können Sie die Form wieder entfernen.

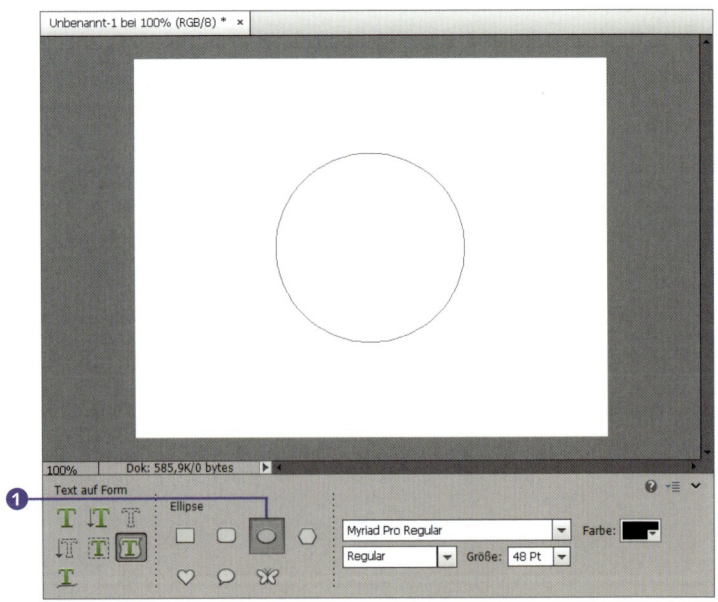

Abbildung 37.38 ▶
Eine Kreisform wurde aufgezogen.

2 Schrift einstellen

Als Nächstes stellen Sie in den Werkzeugoptionen die Schriftart und andere Schriftoptionen ein. Im Beispiel habe ich TIMES NEW

ROMAN REGULAR mit 48 PT in schwarzer Farbe verwendet. Allerdings können Sie die Schrift auch nachträglich ändern.

3 Text schreiben

Gehen Sie jetzt mit dem Mauscursor auf die Linie dieser Form, sodass der Cursor zu einer speziellen Einfügemarke ❷ wird. Mit einem Mausklick an dieser Einfügemarke erscheint ein blinkender Textcursor, und Sie können jetzt anfangen, den Text mit der Tastatur einzutippen. Hierbei wird auch gleich eine neue Textebene ❸ erzeugt. Wenn Sie jetzt einen Blick auf die Werkzeugoptionen werfen, finden Sie auch hier wieder alle Optionen vor, den Text zu gestalten, wie ich sie in Abschnitt 35.2.1, »Text gestalten«, umfassend erläutert habe.

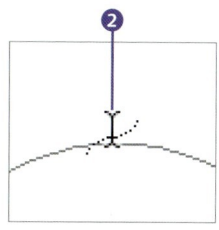

▲ **Abbildung 37.39**
Die Einfügemarke symbolisiert, dass Sie hier einen Text eingeben können.

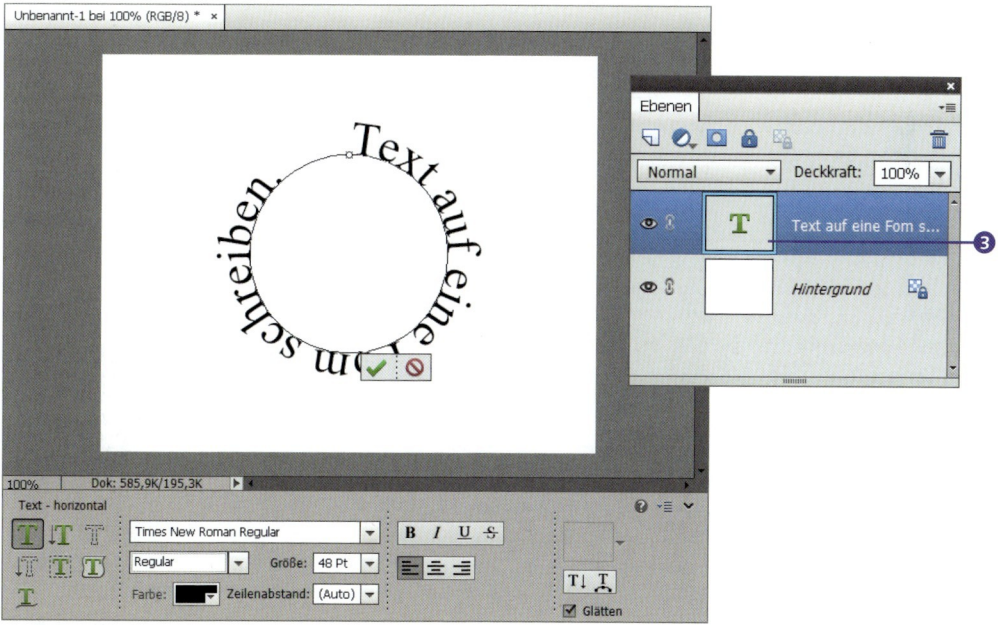

▲ **Abbildung 37.40**
Der Text wird auf einer neuen Textebene auf die Form geschrieben.

Nach der Bestätigung der Eingabe mit dem grünen Häkchen können Sie mit dem Text-auf-Form-Werkzeug weiteren Text schreiben oder den vorhandenen Text editieren. Natürlich muss auch hierzu wieder der Mauscursor die Form der Einfügemarke haben. Sie können aber auch zum Horizontalen Textwerkzeug wechseln und damit den Text nachträglich editieren.

Auch hier symbolisiert ein leerer Kreis ❶ (Abbildung 37.41) den Anfang des Textes. Haben Sie mehr Text eingegeben, als auf die Form passt, wird zusätzlich ein Plussymbol ❷ innerhalb des

Innen oder außen schreiben

Natürlich können Sie auch hier den Text auf der Form jederzeit von außen nach innen oder von innen nach außen verschieben. Auch die Position des Textes lässt sich nachträglich verschieben. Beides funktioniert genau so, wie dies in der Schritt-für-Schritt-Anleitung »Text auf eine Auswahl schreiben« auf Seite 891 beschrieben wurde.

Kapitel 37 Kreative Textgestaltung

 Kapitel_37: kleiner_Planet1.jpg, kleinerPlanet2.jpg

Kreises angezeigt. Als kleine Anregung für kreisrunden Text soll das Beispiel in den folgenden beiden Abbildungen dienen. Der Text wurde auf eine kreisrunde Form geschrieben und anschließend für etwas mehr Plastizität noch mit Ebenenstilen bearbeitet.

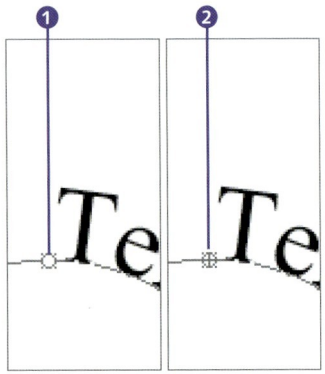

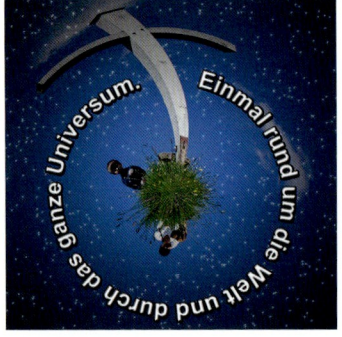

▲ **Abbildung 37.41**
Ein leerer Kreis ❶ zeigt den Anfang des Textes um die Form an, und ein Plussymbol ❷ weist darauf hin, dass mehr Text eingegeben wurde, als auf die Form passt.

▲ **Abbildung 37.42**
Das fertige Bild mit einem kreisrunden Text und ein weiteres Beispiel daneben

Schritt für Schritt
Text auf eine vorhandene Form schreiben

Die zweite Möglichkeit, einen Text auf eine Form zu bringen, ist die, zunächst eine Form mit einem der Formwerkzeuge zu erstellen und dann das Text-auf-Form-Werkzeug zu verwenden.

Zum Weiterlesen
Die verschiedenen Formwerkzeuge und ihre Verwendung habe ich in Kapitel 39, »Formen zeichnen mit den Formwerkzeugen«, umfassend behandelt.

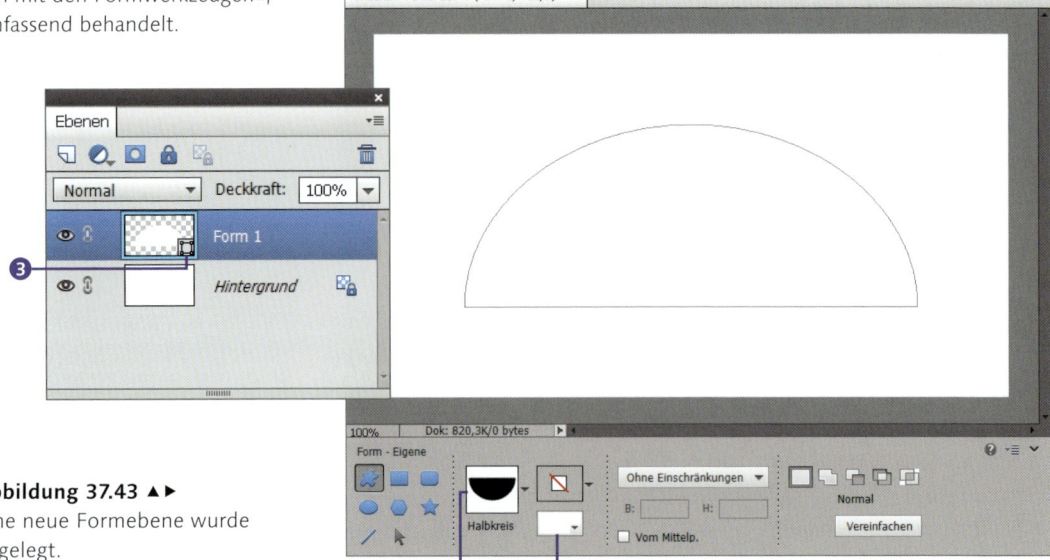

Abbildung 37.43 ▲▶
Eine neue Formebene wurde angelegt.

37.2 Text auf Formen bringen

1 Form aufziehen

Benutzen Sie zunächst ein beliebiges Formwerkzeug, um eine Form aufzuziehen. Im Beispiel habe ich mich für das Eigene-Form-Werkzeug ⬥ [U] in der Werkzeugpalette entschieden. Als Form habe ich einen Halbkreis ❹ erstellt. Als Vordergrundfarbe ❺ der Form habe ich Weiß verwendet. Die Farbe ist hier allerdings nicht so wichtig, weil die Form anschließend wieder gelöscht wird. Wenn Sie die Form mit gedrückt gehaltener Maustaste aufgezogen haben, finden Sie eine Formebene ❸ im Ebenen-Bedienfeld vor. Der Vorteil der Formebene ist klar: Sie können diese Ebene jederzeit nachträglich beispielsweise mit dem Verschieben-Werkzeug ✥ [V] drehen, skalieren, verzerren usw. Im Beispiel habe ich die Formebene mit dem Halbkreis noch über BILD • DREHEN • EBENE UM 180° DREHEN gedreht, damit der Halbkreis nach oben gerichtet ist.

2 Text-auf-Form-Werkzeug verwenden

Wechseln Sie jetzt zum Text-auf-Form-Werkzeug 𝐓 [T], und aktivieren Sie die Formebene ❸ (Abbildung 37.43) im Ebenen-Bedienfeld. Stellen Sie dann wieder wie gewohnt Ihre gewünschte Schrift ein (die Sie natürlich nachträglich auch noch anpassen können). Gehen Sie mit dem Mauscursor auf die Form, bis der Cursor wieder zu einer Einfügemarke ❻ wird. Mit einem Mausklick erscheint wieder der blinkende Textcursor, der anzeigt, dass Sie jetzt den gewünschten Text um die Form schreiben können.

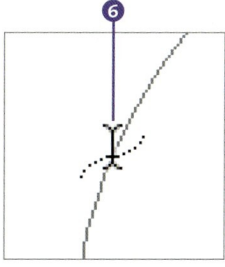

▲ **Abbildung 37.44**
Sie müssen die Formebene aktivieren, um den Text mit dem Text-auf-Form-Werkzeug 𝐓 eingeben zu können.

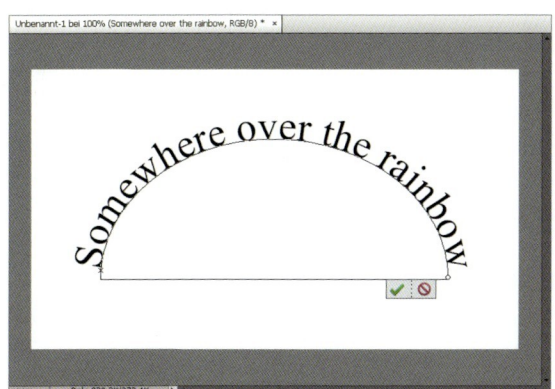

◂ **Abbildung 37.45**
Text um die Form schreiben

3 Formebene löschen

Jetzt brauchen Sie nur noch die Formebene mit der rechten Maustaste anzuklicken und sie über das Kontextmenü mit dem Befehl EBENE LÖSCHEN zu entfernen. Übrig bleibt nur noch die Textebene, deren Text sich aber nach wie vor auf der Form befindet und der natürlich immer noch editierbar ist.

Kapitel 37 Kreative Textgestaltung

Der in Abbildung 37.47 noch sichtbare Pfad auf der Textebene dient quasi nur als Hilfslinie und wird weder ausgedruckt, noch bleibt er im gespeicherten Bild sichtbar.

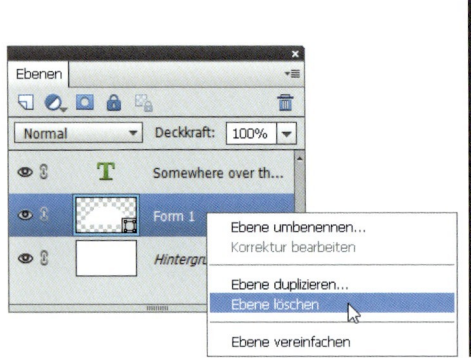

▲ **Abbildung 37.46**
Entfernen Sie die Formebene …

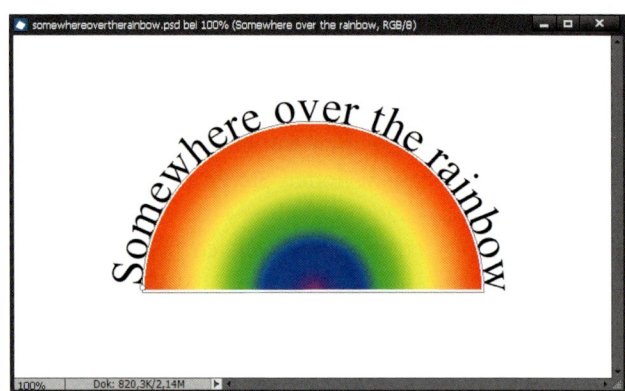

▲ **Abbildung 37.47**
… und übrig bleibt der auf die Form geschriebene und immer noch editierbare Text. Hier wurde außerdem noch der Halbkreis mit einem kreisförmigen Regenbogenverlauf gefüllt.

Zum Weiterlesen
Das Text-auf-Auswahl-Werkzeug habe ich im gleichnamigen Abschnitt 37.2.1 umfassend beschrieben.

Keine echten Pfade
Natürlich muss hier nochmals deutlich betont werden, dass, falls Sie bereits Erfahrung mit Pfaden gemacht haben, Photoshop Elements nicht Pfade im eigentlichen Sinne unterstützt. Erwarten Sie also keine Griffpunkte für die Kurven oder Ähnliches. Zwar sind jetzt beim Hinzufügen neuer Knotenpunkte mit gehaltener [Alt]-Taste seit der Version 13 auch die Griffpunkte zum Anpassen der Kurve des neu erstellten Knotens dabei, aber nur bei der Erstellung und danach nicht mehr. Bereits vorhandene Knotenpunkte haben diese Grifflinien überhaupt nicht, weshalb das Werkzeug immer noch ein sehr uneinheitliches Bild liefert.

Innerhalb oder außerhalb der Form | Leider können Sie nicht direkt beeinflussen, ob der Text außerhalb oder innerhalb der Form geschrieben wird. Mit ein paar Tricks ist es dennoch möglich. Hierzu legen Sie einfach eine neue Form mit einer Formebene an (beispielsweise mit dem Eigene-Form-Werkzeug). Die Formebene wandeln Sie dann über EBENE • EBENE VEREINFACHEN in eine gewöhnliche Ebene um. Dann wählen Sie die Form mit einem Auswahlwerkzeug aus, wenn Sie außerhalb der Form schreiben möchten, oder invertieren sie, wenn Sie den Text innerhalb der Form eintippen wollen. Und zu guter Letzt können Sie – Sie werden es schon ahnen – mit dem Text-auf-Auswahl-Werkzeug schreiben.

37.2.3 Das Text-auf-eigenem-Pfad-Werkzeug

Das letzte Werkzeug, um Text auf eine Form zu bringen, finden Sie mit dem Text-auf-eigenem-Pfad-Werkzeug . Damit schreiben Sie, wie Sie es aus dem Namen schon herauslesen, einen Text auf einen von Ihnen gezeichneten Pfad. Sollten Ihnen die vordefinierten Formen des Text-auf-Form-Werkzeugs also nicht genügen, sind Sie hier genau richtig.

Werkzeugoptionen | Die erste Schaltfläche, ZEICHNEN ❶, ist zunächst immer aktiv, wenn Sie zum Werkzeug wechseln und sich noch kein Pfad auf dem Bild befindet. Damit zeichnen Sie einen

Pfad auf das Bild. Mit der Schaltfläche VERÄNDERN ❷ daneben können Sie einen bereits erstellten Pfad nachträglich bearbeiten.

Mit den nächsten vier Optionen ❸ stellen Sie wieder die Schriftart, den Schriftstil, die Schriftgröße und die Schriftfarbe für den Text ein, der auf den Pfad geschrieben werden soll. Wenn Sie anfangen, den Text zu schreiben, stehen Ihnen wie gewohnt wieder sämtliche Werkzeugoptionen zur Verfügung, die Sie zum Beispiel vom Horizontalen Textwerkzeug T her kennen.

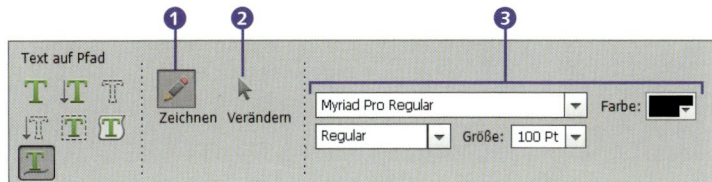

◀ **Abbildung 37.48**
Werkzeugoptionen für das Text-auf-eigenem-Pfad-Werkzeug T

Werkzeug verwenden | Das Text-auf-eigenem-Pfad-Werkzeug T zu verwenden scheint auf den ersten Blick etwas umständlich, ist aber letztendlich eigentlich recht einfach, wenn man weiß, wie es funktioniert. Trotzdem würde man sich eine Möglichkeit wünschen, beispielsweise einfach einmal eine gerade Linie oder mehrere Knotenpunkte manuell zu setzen (wie es das Polygon-Lasso 𝒫 auch macht und kann), um anschließend die Feinarbeiten mit der Option VERÄNDERN vorzunehmen. Das wäre sehr hilfreich und nützlich, wenn man einen Pfad auf ein bestimmtes Objekt zeichnet, wohin man später den Text schreiben will. Somit bleibt Ihnen eben nichts anderes übrig, als freihändig den Pfad zu zeichnen, der dann, gerade mit der Maus ausgeführt, häufig recht wacklig aussieht.

Schritt für Schritt
Text auf Pfad schreiben

Mit dem Text-auf-eigenem-Pfad-Werkzeug können Sie ganz individuelle Pfade zeichnen, an denen sich dann später der Text orientieren soll. Der Einfachheit halber verwenden wir hier nur einen leeren weißen Hintergrund. Aber selbstverständlich können Sie das Text-auf-eigenem-Pfad-Werkzeug auch auf ein Bild anwenden.

1 **Pfad zeichnen**

Wählen Sie das Text-auf-eigenem-Pfad-Werkzeug T T aus. Zeichnen Sie mit gedrückt gehaltener Maustaste einen Pfad auf das Bild. Eine Freihandlinie wird allerdings oft nicht so richtig gerade. Ein wesentlich besseres Ergebnis erzielen Sie, wenn Sie die Linie mit einem Zeichentablett zeichnen.

Tipp: Saubere und gerade Linie
Wollen Sie eine gerade Linie zeichnen (und nachträglich Pfadpunkte und saubere Kurven hinzufügen), können Sie auch das Raster mit einer passenden Größe einblenden und das Ausrichten daran aktivieren. Das Raster wurde in Abschnitt 5.8.2, »Raster verwenden und einstellen«, umfassend behandelt.

Abbildung 37.49 ▶
Einen Pfad in das Bild zeichnen

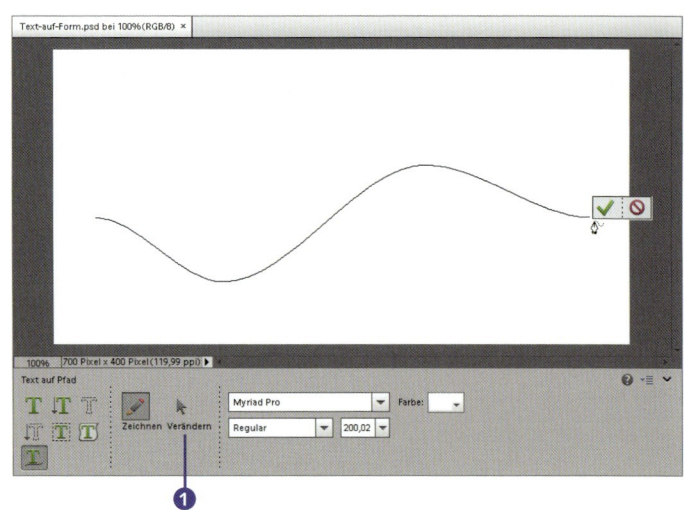

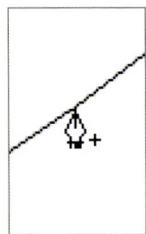

▲ **Abbildung 37.50**
Neue Pfadpunkte fügen Sie mit gehaltener ⇧-Taste hinzu.

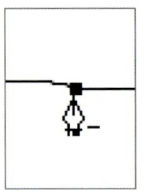

▲ **Abbildung 37.51**
Mit gehaltener Alt-Taste hingegen entfernen Sie vorhandene Pfadpunkte.

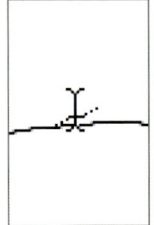

▲ **Abbildung 37.52**
Die Einfügemarke zeigt an, dass Sie dort einen Text eingeben können.

Abbildung 37.53 ▶
Pfadpunkte können jederzeit geändert werden.

2   Pfad anpassen

Wollen Sie den Pfad anpassen, klicken Sie die Schaltfläche VERÄNDERN ❶ an. In der Pfadlinie erkennen Sie jetzt die einzelnen (leider sehr kleinen) Pfadpunkte. Mithilfe der gedrückten linken Maustaste auf den Punkten können Sie diese jetzt verschieben ❷. Klicken Sie auf einer Linie mit gehaltener ⇧-Taste, erscheint in der Werkzeugspitze ein Plussymbol, und Sie können einen weiteren Pfadpunkt hinzufügen. Halten Sie hingegen die Alt-Taste gedrückt, während Sie auf einen Pfadpunkt klicken, erscheint ein Minussymbol in der Werkzeugspitze, sodass Sie einen Pfadpunkt entfernen können. Gehen Sie mit dem Mauszeiger auf die Linie zwischen den Pfadpunkten, können Sie diese mit gedrückt gehaltener linker Maustaste in die gewünschte Richtung verbiegen. Bestätigen Sie den Pfad mit dem grünen Häkchen ❸, oder brechen Sie mit dem roten Stoppschild ❹ ab.

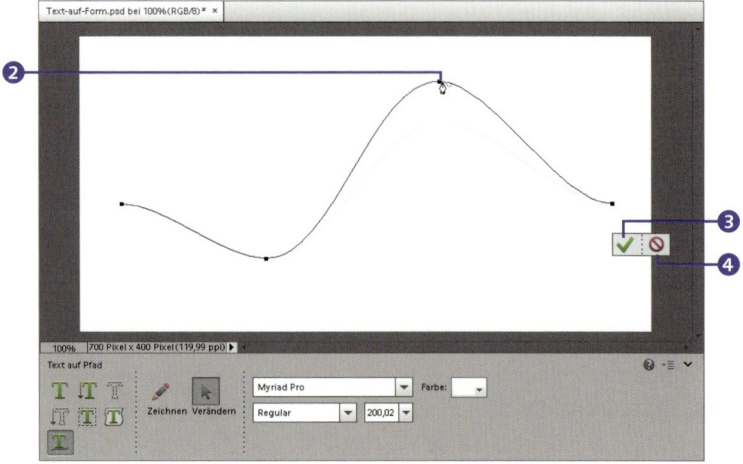

37.2 Text auf Formen bringen

3 Schrift einstellen
Als Nächstes stellen Sie die Schriftoptionen wie Schriftart usw. ein. Hier habe ich mich für MONOTYPE CORSIVA in 30 PT in schwarzer Farbe entschieden. Allerdings können Sie (wie immer) die Schrift auch nachträglich ändern.

4 Text eingeben
Gehen Sie mit dem Mauscursor auf die Pfadlinie, und Sie finden wieder die bekannte Einfügemarke vor. Klicken Sie jetzt mit der linken Maustaste, können Sie Ihren Text eingeben.

5 Pfad nachbearbeiten
Die Pfadpunkte können Sie nachträglich verändern, hinzufügen oder entfernen. Auch der Text bleibt immer noch editierbar. Des Weiteren können Sie jederzeit weitere Textebenen auf dem Pfad anlegen, wenn Sie auf einen freien Bereich der Linie klicken.

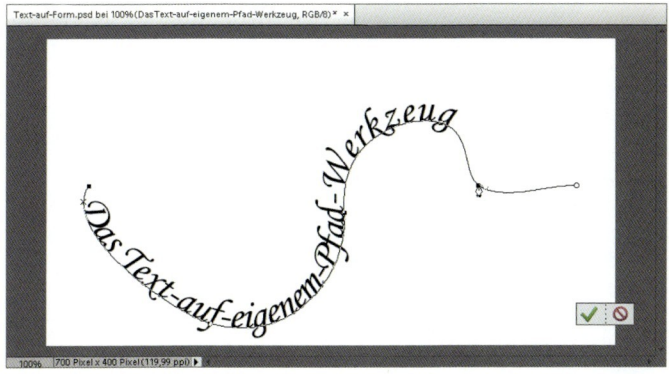

▲ **Abbildung 37.56**
Text und Pfadpunkte können weiterhin bearbeitet werden.

Text innen oder außen schreiben
Auch hier können Sie den Text auf dem Pfad jederzeit von innen nach außen oder umgekehrt verschieben. Auch die Position des Textes lässt sich nachträglich verändern. In der Schritt-für-Schritt-Anleitung »Text auf eine Auswahl schreiben« auf Seite 891 wurde in den Arbeitsschritten 4 und 5 beschrieben, wie es geht.

◀ **Abbildung 37.54**
Der Text wird auf den Pfad geschrieben.

Neue Textebene
Und natürlich auch hier: Wenn Sie den Text nachträglich editieren wollen, dürfen Sie nicht vergessen, auf den Text zu klicken. Klicken Sie stattdessen in einen freien Bereich, sodass die Einfügemarke sichtbar wird, wird der Text auf eine neue Textebene geschrieben, was ja durchaus gewollt sein kann! Es können also durchaus mehrere Textebenen auf einen Pfad gebracht werden.

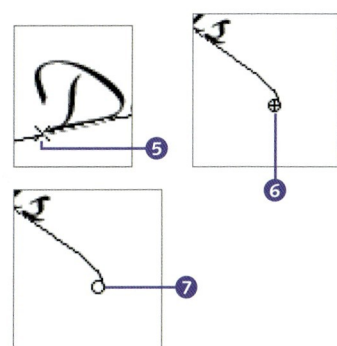

▲ **Abbildung 37.55**
Der Anfang des Textes bei einem Pfad wird mit einem kleinen x ❺ angezeigt. Das Ende ist hier ein geschlossener Kreis ❻. Finden Sie im Kreis noch ein Kreuz ❼ vor, wurde mehr Text auf den Pfad geschrieben, als Platz vorhanden ist.

Kapitel 37 Kreative Textgestaltung

▲ **Abbildung 37.57**
Richtig angewendet, kann man mit dem Text-auf-eigenem-Pfad-Werkzeug auch Text an den Stellen positionieren, an denen sich recht schwer eine Auswahl mit dem Text-auf-Auswahl-Werkzeug anbringen lässt, hier zum Beispiel ein Tattoo auf dem Arm.

Kapitel_37:
Brrrrruum.tif

▲ **Abbildung 37.58**
Das Symbol eines verkrümmten Textes im Ebenen-Bedienfeld

Es sollte außerdem nicht unerwähnt bleiben, dass Sie auch hier zunächst eine Form mit einem der Formwerkzeuge aufziehen können, um anschließend die einzelnen Pfadpunkte des Formwerkzeugs mit dem Text-auf-eigenem-Pfad-Werkzeug und der Option VERÄNDERN zu verändern, hinzuzufügen oder zu entfernen und dann mit dem Werkzeug auch gleich etwas auf diesen Pfad zu schreiben.

37.2.4 Text verkrümmen

Einfache Krümmungen können Sie mit dem Textwerkzeug in den Werkzeugoptionen über die VERKRÜMMEN-Schaltfläche erstellen (siehe Abschnitt 35.2.1, »Text gestalten«), allerdings mit dem Nachteil, dass Sie auf die vorgegebenen Stile beschränkt sind. Alternativ rufen Sie den Dialog über den Menüpunkt EBENE • TEXT • TEXT VERKRÜMMEN oder mit einem rechten Mausklick auf der Textebene über das Kontextmenü auf.

Um den Dialog TEXT VERKRÜMMEN auf einen Text anzuwenden, muss der Text bereits geschrieben und die Textebene im Ebenen-Bedienfeld aktiv sein. Das Tolle an dem Werkzeug ist auch, dass Sie den Dialog jederzeit erneut aufrufen können, um weitere Krümmungen des Textes vorzunehmen oder die Krümmung zu modifizieren. Klicken Sie dazu einfach mit aktiviertem Textwerkzeug in den Text und anschließend auf die VERKRÜMMEN-Schaltfläche in den Werkzeugoptionen. Wollen Sie die Verkrümmung wieder entfernen, wählen Sie im Dialogfenster den STIL ❷ OHNE aus.

Im Ebenen-Bedienfeld wird eine Ebene mit verkrümmtem Text auch mit einem entsprechenden Symbol ❶ angezeigt.

Abbildung 37.59 ▶
Für einfache Teilkreise, Wellen oder Wölbungen reicht die VERKRÜMMEN-Schaltfläche des Textwerkzeugs aus.

Kapitel 38
Formen zeichnen mit Formwerkzeugen

Formen sind relativ vielseitig einsetzbar. Sie sind ideal für Dinge wie Logos, Schaltflächen, Webseitenelemente, aber auch für kreative Zwecke, wie zum Beispiel um einen Bilderrahmen oder einfach nur eine coole Notiz auf einem Bild anzubringen.

38.1 Die Formwerkzeuge im Überblick

Die Formen der Formwerkzeuge werden in Photoshop Elements über Vektorgrafiken realisiert. Das bedeutet, dass beim Aufziehen der Formen und beim nachträglichen Skalieren keinerlei Schärfeverluste zu erwarten sind, wie dies bei Pixelgrafiken der Fall ist. Außerdem können Sie jederzeit die Farbe ändern oder die Ebenenstile darauf anwenden.

Wenn Sie eine Form mit den Formwerkzeugen erstellen, werden diese auf einer speziellen Formebene ❶ erstellt.

Vektorgrafik
Mehr über Vektorgrafiken können Sie Abschnitt 6.1.2, »Vektorgrafik – die mathematische Grafik«, entnehmen.

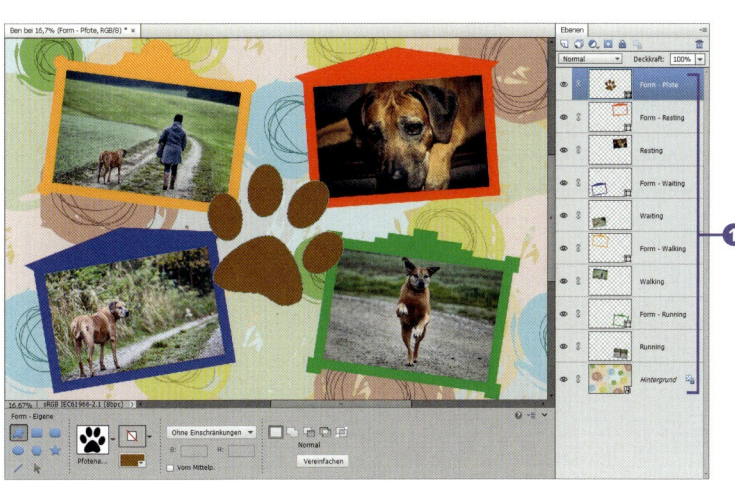

◀ **Abbildung 38.1**
Mehrere vordefinierte Formebenen im Einsatz

Formwerkzeuge
Sie rufen die Formwerkzeuge über die Taste ⎵U⎵ im EXPERTE-Modus auf.

Formen gibt es in Hülle und Fülle. Für jeden Zweck ist etwas dabei. Zunächst wären die klassischen Formen für die geometrischen Dinge wie Rechtecke, Ellipsen oder Polygone zu nennen, dann hilfreiche Formen für Linien oder Pfeile und außerdem eine umfangreiche Sammlung von vorgefertigten Formen.

Werkzeugoptionen | An dieser Stelle sollen die Werkzeugoptionen beschrieben werden, die alle Formwerkzeuge besitzen. Jedes Formwerkzeug hat hingegen noch eigene spezielle, zum Werkzeug passende Optionen, die ich bei den Beschreibungen der einzelnen Werkzeuge kurz erläutern werde.

Über die Dropdown-Liste mit der Farbe ❶ können Sie die Farbe für die Form auswählen. Mithilfe von Ebenenstilen ❷ können Sie den Formen auch Effekte, wie beispielsweise einen Schlagschatten oder Konturen, zuweisen. Mehr über die Ebenenstile entnehmen Sie Abschnitt 36.2, »Vordefinierte Ebenenstile«.

Über die Formoptionen können Sie einstellen, ob eine Form auf eine neue Ebene gezeichnet werden soll oder wie sich die Form mit einer bereits vorhandenen Form überlappen soll. Sie können dabei aus den folgenden fünf Optionen wählen:

❸ NORMAL: Bewirkt genau das, was es sagt: Erstellt für jede neue Form, die Sie aufziehen, eine neue Formebene.

❹ ADDIEREN: Fügt die neue Form über der aktuellen Form auf derselben Ebene hinzu und vereinigt beide Formen, falls sich diese überlappen. Voraussetzung für diese Option ist natürlich, dass bereits eine Formebene existiert.

❺ SUBTRAHIEREN: Hiermit wird der Bereich entfernt, an dem sich die Formen überlappen.

❻ SCHNITTLINIE: Damit werden nur die Bereiche angezeigt, an denen sich die Formen überlappen. Die übrigen Bereiche werden entfernt.

❼ AUSSCHLIESSEN: Entfernt nur die sich überlappenden Bereiche von der vorhandenen und der neuen Form.

Zu guter Letzt können Sie noch mit der Schaltfläche VEREINFACHEN ❽ aus einer vektorbasierten Formebene eine gewöhnliche Pixelebene erstellen.

Tipp
Mit einem Doppelklick auf das Miniaturbild der Formebene im Ebenen-Bedienfeld können Sie ebenfalls die Füllfarbe der Form verändern.

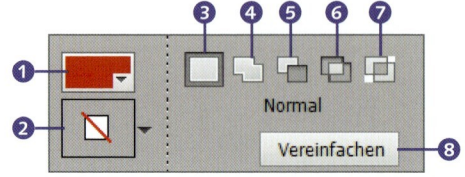

Abbildung 38.2 ▶
Diese Optionen stehen für alle Formwerkzeuge zur Verfügung.

38.1 Die Formwerkzeuge im Überblick

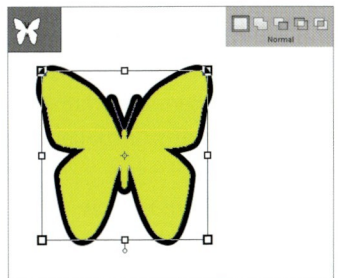

▲ **Abbildung 38.3**
Die Option NORMAL wurde gewählt.

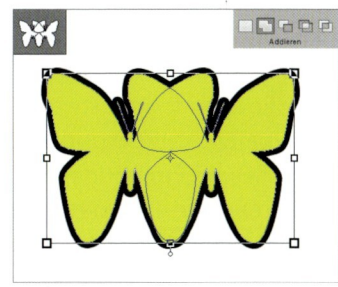

▲ **Abbildung 38.4**
Mit der Option ADDIEREN habe ich einen neuen Schmetterling hinzugefügt.

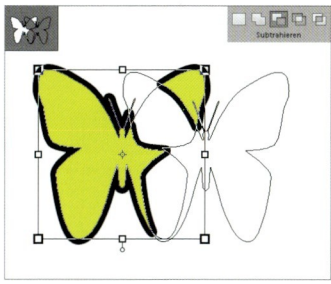

▲ **Abbildung 38.5**
Derselbe Schmetterling nochmals, nur habe ich jetzt die Formoption SUBTRAHIEREN ausgewählt.

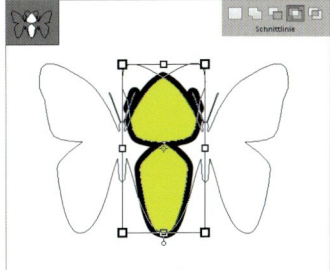

▲ **Abbildung 38.6**
Und unser Schmetterling nochmals, nur dieses Mal mit der Option SCHNITTLINIE

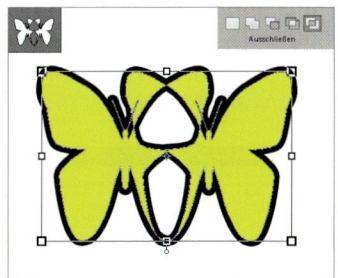

▲ **Abbildung 38.7**
Und zu guter Letzt der neue Schmetterling mit der Option AUSSCHLIESSEN

Eigene-Form-Werkzeug | Wenn Sie auf der Suche nach einer speziellen Form sind, bietet Ihnen das Eigene-Form-Werkzeug [U] viele vorgefertigte Formen an. Über die Dropdown-Liste ❿ wählen Sie die gewünschte Form aus. Aufgelistet werden zunächst nur die Standardformen. Aber über die kleine Dropdown-Liste FORMEN ❾ können Sie auch andere Formen auflisten lassen.

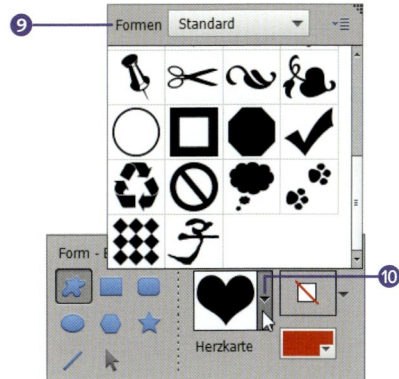

◀ **Abbildung 38.8**
Enorm viele Formen stehen für das Eigene-Form-Werkzeug zur Verfügung.

Kapitel 38 Formen zeichnen mit Formwerkzeugen

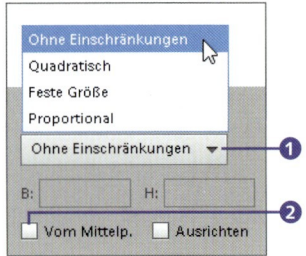

▲ **Abbildung 38.9**
Eigene-Form-Optionen

Über die Formoptionen ❶ stellen Sie die Optionen für das Aufziehen der Form ein. Die einzelnen Formoptionen lassen sich über die Dropdown-Liste öffnen und haben folgende Wirkungen:

- OHNE EINSCHRÄNKUNGEN: Sie können die Form in beliebiger Größe und Proportion aufziehen.
- FESTGELEGTE PROPORTIONEN: Hiermit können Sie die Form zwar in beliebiger Größe, aber nur mit einer festen Proportion (Höhe und Breite) aufziehen.
- DEFINIERTE GRÖSSE: Die Form wird mit der von Photoshop Elements vorgegebenen fixen Größe aufgezogen.
- FESTE GRÖSSE: Hier geben Sie über die Textfelder Breite (B) und Höhe (H) feste Maße für die DEFINIERTE GRÖSSE der fertigen Form ein.

Setzen Sie ein Häkchen vor die Option VOM MITTELP. ❷, wird die Form vom Mittelpunkt aus aufgezogen.

Abbildung 38.10 ▶
Einige Formen, die mit dem Eigene-Form-Werkzeug aufgezogen wurden

Rechteck-Werkzeug | Mithilfe des Rechteck-Werkzeugs [U] können Sie mit gedrückt gehaltener linker Maustaste eine rechteckige Form aufziehen. Zu den bereits beschriebenen Optionen stehen Ihnen auch hier einige spezielle Optionen zur Verfügung, die Sie über das Dropdown-Menü ❸ aufrufen:

- OHNE EINSCHRÄNKUNGEN: Die Form kann beliebig in Breite und Höhe aufgezogen werden.
- QUADRATISCH: Die Form kann zwar in beliebiger Größe aufgezogen werden, beschränkt sich allerdings auf ein Quadrat.

38.1 Die Formwerkzeuge im Überblick

- FESTE GRÖSSE: Zeichnet ein Rechteck in exakt den Maßen auf, die Sie in den Textfeldern für Breite (B) und Höhe (H) angegeben haben.
- PROPORTIONAL: Zieht ein Rechteck in beliebiger Größe mit fest vorgegebenen Proportionen auf, die Sie in den Textfeldern für Breite (B) und Höhe (H) vorgeben.

Setzen Sie ein Häkchen vor die Option VOM MITTELP. ❹, wird die Position, an der Sie anfangen zu zeichnen, als Mittelpunkt für die Form verwendet. Standardmäßig wird eine Form eigentlich von der linken oberen Ecke aufgezogen.

Mithilfe der Option AUSRICHTEN ❺ werden die Kanten der Form an den Pixelbegrenzungen ausgerichtet.

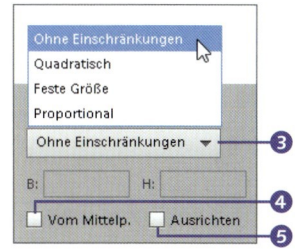

▲ **Abbildung 38.11**
Spezielle Optionen für das Rechteck-Werkzeug

◀ **Abbildung 38.12**
Rechteckige Formen ziehen Sie mit dem Rechteck-Werkzeug auf.

Abgerundetes-Rechteck-Werkzeug | Das Abgerundetes-Rechteck-Werkzeug ▫ [U] entspricht im Grunde dem Rechteck-Werkzeug ▫, nur – wer hätte das gedacht – dass hier zusätzlich eine Option RADIUS ❻ vorhanden ist, mit der Sie über ein Textfeld den Radius für die abgerundeten Ecken eingeben können.

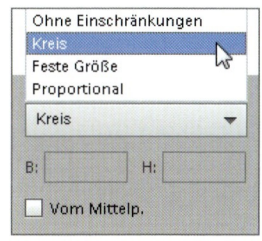

▲ **Abbildung 38.13**
Option für den RADIUS der abgerundeten Ecken

▲ **Abbildung 38.14**
Für rechteckige Formen mit runden Ecken steht Ihnen das Abgerundetes-Rechteck-Werkzeug zur Verfügung.

Ellipse-Werkzeug | Dem Aufziehen einer Ellipse oder eines Kreises dient das Ellipse-Werkzeug ▫ [U]. Die Optionen des Werkzeugs sind fast identisch mit denen des Rechteck-Werkzeugs ▫, allerdings finden Sie statt der Option QUADRAT hier eine Option KREIS, um damit das Zeichnen auf eine Kreisform zu beschränken.

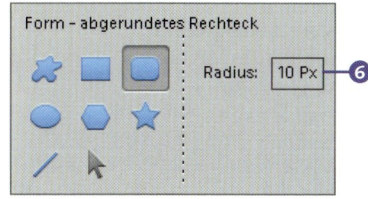

▲ **Abbildung 38.15**
Die Ellipse-Optionen

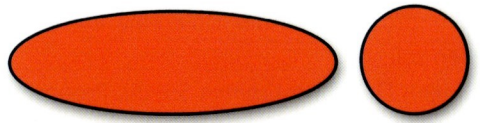

◀ **Abbildung 38.16**
Zum Zeichnen von Ellipsen- und Kreisformen eignet sich das Ellipsen-Werkzeug.

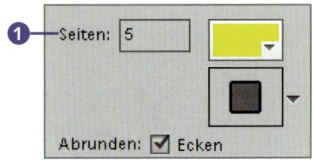

▲ **Abbildung 38.17**
Werkzeugoptionen für das Polygon-Werkzeug

Abbildung 38.18 ▶
Einige mit dem Polygon-Werkzeug aufgezogene Formen

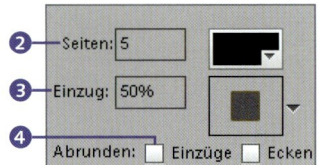

▲ **Abbildung 38.19**
Werkzeugoptionen für das Stern-Werkzeug

Abbildung 38.20 ▶
Einige mit dem Stern-Werkzeug aufgezogene Formen

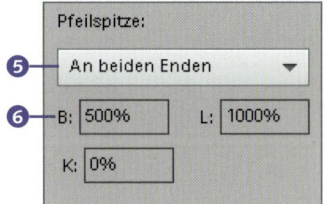

▲ **Abbildung 38.21**
Werkzeugoptionen für Pfeilspitzen

Polygon-Werkzeug | Mit dem Polygon-Werkzeug ❶ Ⓤ können Sie einfache Formen mit unterschiedlichen Ecken zeichnen. Dabei sind Dinge wie Dreiecke oder Vielecke ohne großen Aufwand möglich. Über die Option SEITEN ❶ geben Sie die Anzahl der Ecken bei einem Vieleck an (hier ist ein Wert zwischen 3 und 100 möglich). Setzen Sie ein Häkchen vor ABRUNDEN, werden die Ecken des Polygons abgerundet.

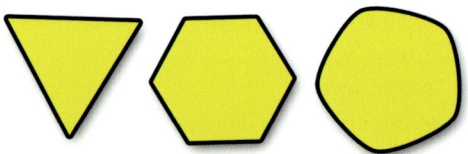

Stern-Werkzeug | Mit dem Stern-Werkzeug ⭐ Ⓤ können Sie Sterne zeichnen. Über die Option SEITEN ❷ geben Sie die Anzahl der Spitzen an (hier ist ein Wert zwischen 3 und 100 möglich). Weitere Optionen sind:

▶ EINZUG ❸: Damit geben Sie an, wie »tief« die Seiten des Sterns aufgezogen werden. Je höher dieser Wert, desto länger werden die Spitzen des Sterns.
▶ ABRUNDEN ❹:
  ▶ Einzüge: Anstelle scharfer Einzüge werden runde Einzüge verwendet.
  ▶ Ecken: Anstelle scharfer Ecken werden abgerundete Ecken verwendet.

Linienzeichner | Mit dem Linienzeichner ✏ Ⓤ können Sie Linien mit und ohne Pfeilspitzen auf ein Bild zeichnen. Über das Textfeld B (für die Breite) ❻ legen Sie die Linienstärke in Pixeln fest. Über die Dropdown-Liste PFEILSPITZE ❺ finden Sie dann folgende weitere Optionen für die Pfeilspitzen (falls verwendet):

▶ AM BEGINN, AM ENDE oder AN BEIDEN ENDEN: Hier legen Sie fest, ob am Anfang und/oder Ende der Linie eine Pfeilspitze aufgezeichnet werden soll.
▶ B (Breite) und L (Länge): Damit bestimmen Sie die Proportionen der Pfeilspitzen. Beachten Sie, dass diese Werte von der Linienstärke abhängen.

▶ K (Rundung): Damit legen Sie fest, wie die Pfeilspitze hinten beim Übergang zur Linie aussieht. Sie können Werte zwischen –50 % und +50 % eingeben. Bei 0 % ist der Übergang genau senkrecht.

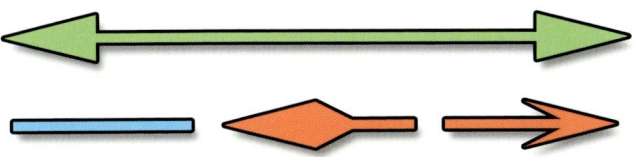

◀ **Abbildung 38.22**
Einige Formen, die mit dem Linienzeichner aufgezogen wurden: Die Pfeilspitzen beim grünen Pfeil wurden mit 0 % Rundung (K) erzeugt. Der rechte rote Pfeil hingegen wurde mit +50 % und der linke rote Pfeil mit –50 % Rundung erstellt.

38.2 Formen auswählen, verschieben und transformieren

Um eine Form auszuwählen, zu verschieben, zu drehen oder zu transformieren, verwenden Sie das Formauswahl-Werkzeug ▶. U . Das Werkzeug können Sie übrigens auch bei allen Formwerkzeugen über das Symbol ganz links in den Werkzeugoptionen aufrufen.

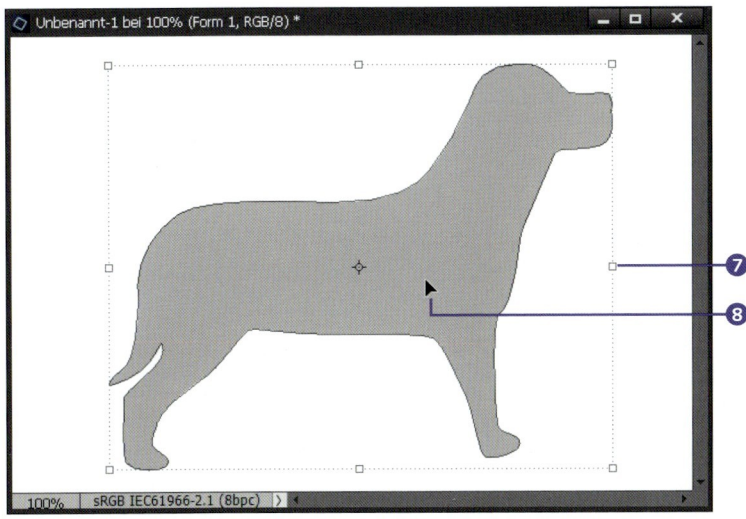

▲ **Abbildung 38.23**
Die Form wurde mit dem Formauswahl-Werkzeug erfasst.

Verschieben-Werkzeug
Auswählen, Verschieben, Drehen oder Transformieren von Formen – all dies ist auch mit dem Verschieben-Werkzeug ⊕ V möglich. Auch das Transformieren einer Form lässt sich über BILD • FORM TRANSFORMIEREN und einen der Befehle durchführen.

Um damit eine Form auszuwählen, klicken Sie sie einfach an. Halten Sie innerhalb der Begrenzungsrahmen ❽ die linke Maustaste gedrückt, um die Form zu verschieben. Über die Griffpunkte ❼ lässt sich die Form skalieren, und wenn Sie die Form etwas außerhalb der Griffpunkte anfassen, können Sie sie drehen.

Das Formauswahl-Werkzeug hat ebenfalls einige Optionen. So können Sie mit BEGRENZUNGSRAHMEN EINBLENDEN ❸ diesen um die Form (de-)aktivieren. Falls Sie mehrere Formen auf einer Ebene aufgezogen haben, können Sie über die nächsten vier Schaltflächen ❶ nachträglich ändern, wie sich eine ausgewählte Form verhalten soll, wenn sie sich mit einer anderen Form auf derselben Ebene überlappt. Die vier Schaltflächen sind allerdings nur aktiv, wenn Sie eine Form ausgewählt haben. Die einzelnen Optionen haben dieselbe Bedeutung wie diejenigen, die ich bereits auf Seite 569 näher erläutert habe.

Die Schaltfläche KOMBINIEREN ❷ steht nur dann zur Verfügung, wenn sich auf derselben Ebene mindestens zwei Formen befinden; mit einem Klick darauf würden Sie diese Formen zu einer einzigen Form gemäß der einer ausgewählten Schaltfläche darüber ❶ kombinieren. Eine zweite identische Form auf derselben Ebene können Sie beispielsweise erstellen, wenn Sie mit gehaltener Alt-Taste und dem Formauswahl-Werkzeug die Form verschieben.

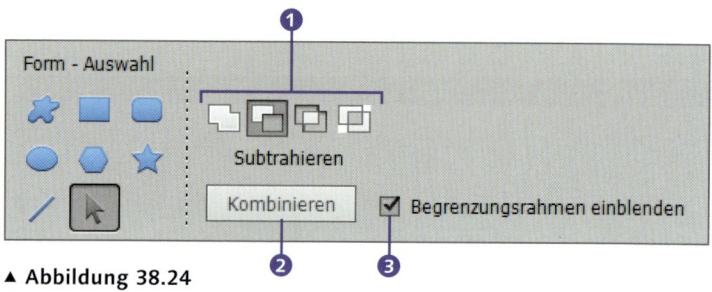

▲ **Abbildung 38.24**
Optionen für das Formauswahl-Werkzeug

Schritt für Schritt
Bilder sprechen lassen – Sprechblasen & Co.

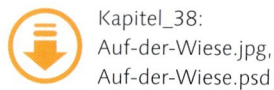

Kapitel_38:
Auf-der-Wiese.jpg,
Auf-der-Wiese.psd

Im folgenden Workshop wollen wir einem einfachen Bild einige einfache Formen hinzufügen und einen kleinen Comicstrip daraus machen.

1 Rechteckige Form aufziehen

Öffnen Sie das Bild »Auf-der-Wiese.jpg«. Für den Beschriftungsrahmen wählen Sie zuerst das Rechteck-Werkzeug ❹ aus der Werkzeugpalette aus. Die Standard-Werkzeugeinstellungen reichen aus. Als Farbe ❺ sollten Sie Weiß wählen. Ziehen Sie links oben eine rechteckige Form auf, wie in Abbildung 38.25 zu sehen ist ❻. Die Größe können Sie jederzeit nachträglich mit dem Formauswahl-Werkzeug anpassen.

38.2 Formen auswählen, verschieben und transformieren

◄ **Abbildung 38.25**
Ziehen Sie eine rechteckige Form für die Beschriftung auf.

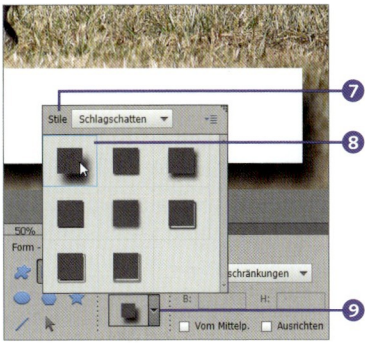

▲ **Abbildung 38.26**
Hier wird der rechteckigen Form ein SCHLAGSCHATTEN mit WEICHER KANTE hinzugefügt.

2 Ebenenstil hinzufügen

Da wir ja eine Art Comic erstellen wollen, wirkt so ein weißer Beschriftungsrahmen recht trist. Fügen Sie daher einfach zunächst über das Dropdown-Menü ❾ einen Schlagschatten hinzu. Den passenden Ebenenstil ❽ können Sie über die Dropdown-Liste STILE ❼ und den Eintrag SCHLAGSCHATTEN auswählen.

3 Ebenenstil anpassen

Doppelklicken Sie das FX-Symbol ⓭ im Ebenen-Bedienfeld, woraufhin sich die Dialogbox STILEINSTELLUNGEN öffnet. Hier passen Sie den Stil der Ebenen an.

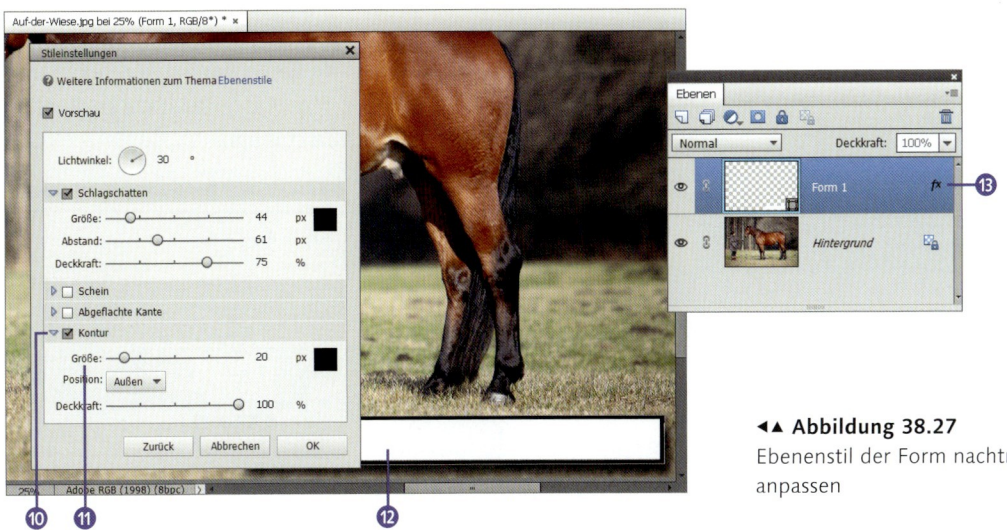

◄▲ **Abbildung 38.27**
Ebenenstil der Form nachträglich anpassen

915

In unserem Beispiel setzen Sie ein Häkchen vor KONTUR ❿ und schieben den Regler von GRÖSSE ⓫ auf den Wert 20. Das Ergebnis können Sie live an Ihrer Form ⓬ sehen. Bestätigen Sie den Dialog mit OK.

4 Text hinzufügen

Wählen Sie das Textwerkzeug, um dem weißen Formrahmen einen Text hinzuzufügen. Als Schriftart habe ich hier COMIC SANS MS REGULAR gewählt; für die Schriftgröße habe ich 72 PT und für die Schriftfarbe Schwarz verwendet.

Abbildung 38.28 ▶
Neulich auf der Wiese …

5 Form anpassen

Im nächsten Schritt aktivieren Sie das Formauswahl-Werkzeug. Wählen Sie zunächst die Formebene ❷ im Ebenen-Bedienfeld aus. Klicken Sie mit dem Formauswahl-Werkzeug auf die Form im Bild, und richten Sie die Größe des Rahmens bezogen auf den Text anhand der Griffpunkte ❶ an den je vier Ecken und Seiten aus. Mit gedrückter linker Maustaste im inneren Bereich der Form können Sie diese auch verschieben.

Kein Qualitätsverlust
Da Formen ja reine mathematische Vektorgrafiken sind, brauchen Sie keinerlei Qualitätsverlust zu befürchten, wenn Sie diese nachträglich skalieren.

Abbildung 38.29 ▼▶
Richten Sie die Form am Text aus.

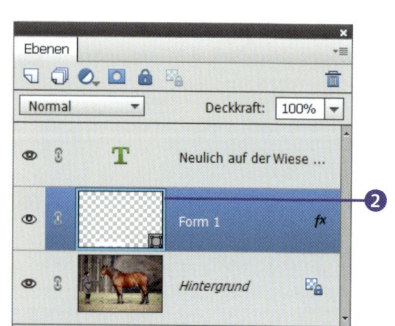

38.2 Formen auswählen, verschieben und transformieren

6 Formebene vereinfachen

Wenn Sie mit der Form zufrieden sind, sollten Sie sicherstellen, dass die Formebene im Ebenen-Bedienfeld aktiviert ist, und nochmals das Rechteck-Werkzeug [U] auswählen. Klicken Sie in den Werkzeugoptionen auf die Schaltfläche VEREINFACHEN ❸, um die Formebene in eine Pixelebene zu verwandeln.

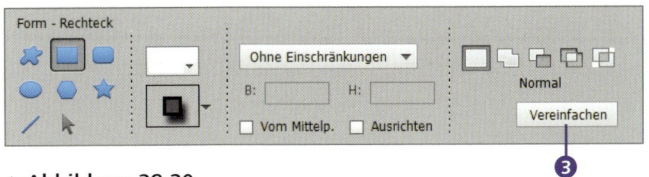

▲ **Abbildung 38.30**
Klicken Sie auf VEREINFACHEN ❸, wird aus der Formebene eine gewöhnliche Ebene ❹.

7 Kreativ werden

Jetzt ist es für Sie an der Zeit, kreativ zu werden. Im Beispiel habe ich die weiße Fläche der ehemaligen Form, die ja jetzt eine gewöhnliche Ebene ❹ ist, mit dem Schnellauswahl-Werkzeug [A] ausgewählt und mit dem Verlaufswerkzeug [G] einen gelb-orangen Verlauf ❺ aufgezeichnet.

Zum Nachlesen

Das Verlaufswerkzeug habe ich in Abschnitt 14.4.6, »Das Verlaufswerkzeug«, umfassend beschrieben.

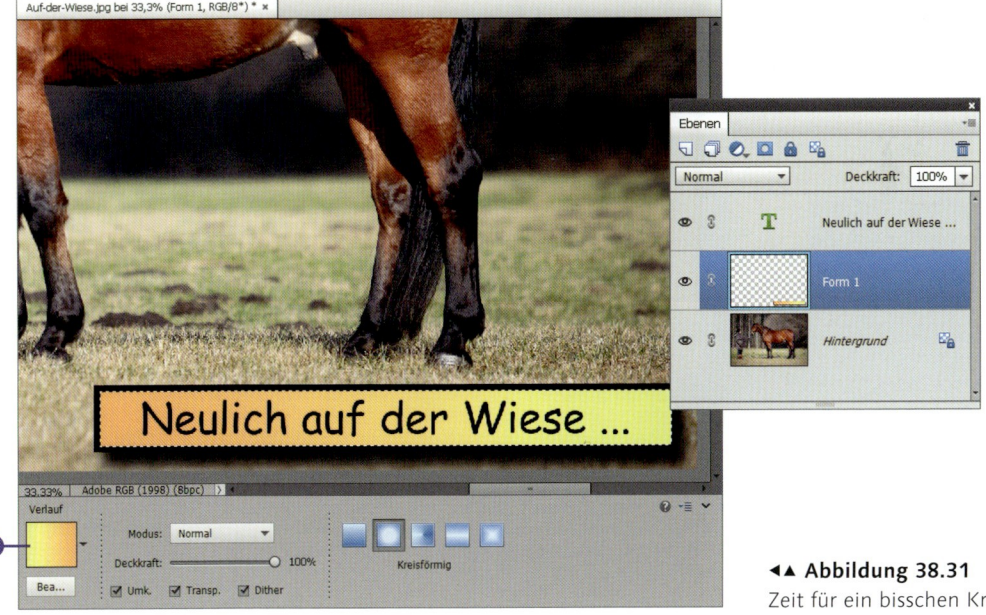

◂▴ **Abbildung 38.31**
Zeit für ein bisschen Kreativität!

8 Weitere Kreativ-Tipps

Um das Beispiel noch etwas »spaßiger« wirken zu lassen, habe ich eine Sprechblase mit dem Eigene-Form-Werkzeug hinzugefügt und diese ebenfalls beschriftet. Sie können den Comic-Effekt auf das Bild über FILTER • ZEICHENFILTER • COMIC anwenden. Auch mit dem Filter COMIC-ROMAN lässt sich ein schönes Ergebnis erzielen. Interessant sind auch die neuen Effekte im SCHNELL-Modus. Für einen Rasterungseffekt können Sie die Ebene mit dem Bild duplizieren und auf diese Kopie den Rasterungseffekt mit FILTER • ZEICHENFILTER • RASTERUNGSEFFEKT anwenden. Dann stellen Sie den MODUS der kopierten Ebene auf INEINANDERKOPIEREN und reduzieren die DECKKRAFT auf 70 %. Am Ende müssen Sie beide Ebenen auf eine Hintergrundebene reduzieren. Über FENSTER • GRAFIKEN können Sie einen Rahmen hinzufügen, der zum Comic passt.

Ganz am Ende sollten Sie die kreative Zusammenstellung dann mit EBENE • AUF HINTERGRUNDEBENE REDUZIEREN zu einem Guss formen und das Bild speichern.

Abbildung 38.32 ▶
Das Endergebnis des Workshops. Das einfache Beispiel soll zeigen, dass sich die Formen für viele Zwecke verwenden lassen, beispielsweise um ein Bild aufzupeppen.

TEIL XII
Präsentieren und Teilen

Kapitel 39
Bilder für das Internet

Verschiedene Gründe sprechen dafür, Bilder eigens für das Internet anzupassen – allen voran die Reduzierung der Datenmengen, die über das Netz gehen. Diesen Aspekt und weitere Gründe möchte ich im Folgenden näher erläutern.

39.1 Kleine Dateigrößen und maximale Bildqualität

Sie haben eine Webseite und möchten Ihre Bilder präsentieren? In diesem Fall wäre es wenig sinnvoll, wenn Sie die Bilder mit 4.000×3.000 Pixeln unkomprimiert mit einer Dateigröße von 3 bis 4 Megabyte hochladen und anzeigen. Eine hohe Auflösung bringt für die Bildschirmanzeige recht wenig, weil die meisten Monitore ohnehin eine geringere Pixelauflösung haben. Standardwerte von Monitoren sind zum Beispiel 1.024×768 oder 1.280×800 Pixel. Somit werden die Bilder zumeist schon vom Webbrowser (herunter-)skaliert angezeigt.

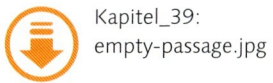
Kapitel_39:
empty-passage.jpg

Das nächste Ärgernis ist das Datenaufkommen, das bei diesem Bild ca. 2 Megabyte oder mehr beträgt. Der Internetnutzer muss also einige Zeit warten, bis das Bild komplett geladen ist. Wie lange genau, hängt natürlich auch von der verfügbaren Internetgeschwindigkeit ab. Bei einer langsamen Verbindung drückt der Betrachter dann schon einmal genervt den ABBRECHEN-Button des Webbrowsers, noch ehe das Bild erscheint.

Sofern Sie für Ihre Webseite den Dienst eines Webhosts beanspruchen, steht Ihnen häufig kein unbegrenztes Datenaufkommen (auch als *Traffic* bezeichnet) zur Verfügung. Bei sehr vielen Zugriffen auf die Bilder summiert sich so schnell ein enormes

Datenvolumen, und Sie erhalten eine unerfreuliche Nachzahlungsforderung von Ihrem Host.

▲ **Abbildung 39.1**
Die Titelleiste des Webbrowsers zeigt schon an, dass dieses Bild um 19 % skaliert ❶ wurde, um es überhaupt vollständig darstellen zu können.

▲ **Abbildung 39.2**
Hätte der Webbrowser das Bild nicht skaliert, bekäme der Betrachter nur einen Bildausschnitt zu sehen.

39.2 Bildgröße anpassen

Zum Weiterlesen
Das Thema **Skalieren** habe ich bereits in Abschnitt 6.2, »Bildgröße und Auflösung«, behandelt.

Der erste Schritt sollte immer das Anpassen der Bildgröße sein. Wählen Sie hierzu den Menüpunkt BILD • SKALIEREN • BILDGRÖSSE aus, oder betätigen Sie die Tastenkombination [Alt]+[Strg]/[cmd]+[I].

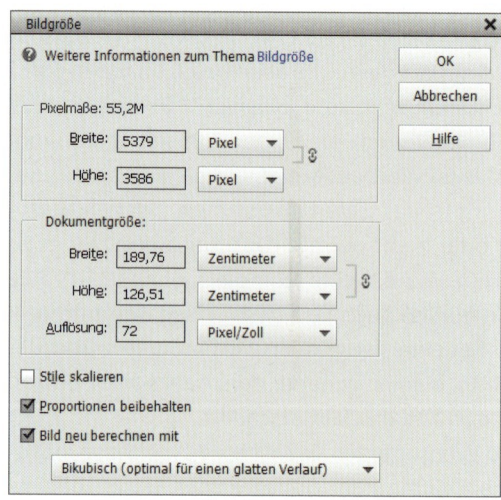

Abbildung 39.3 ▶
Anpassen der Auflösung und der Pixelmaße

Da Sie das Bild für das Internet verwenden, können Sie zunächst die Pixelmaße ändern. Hier müssen Sie abwägen, in welcher Größe das

Bild dargestellt werden soll. Bei einem E-Mail-Anhang müssen Sie sich keine allzu großen Gedanken machen. Soll das Bild aber auf einer Webseite angezeigt werden, müssen Sie die durchschnittlichen Auflösungen von Bildschirmen berücksichtigen. Andererseits ist es auch nicht unbedingt sinnvoll, das Bild exakt in der Bildschirmauflösung anzuzeigen, da kaum jemand den Webbrowser in der Vollbildansicht geöffnet hält. Die tatsächliche Größe ergibt sich somit aus der Darstellungsgröße des sichtbaren Bereichs im Webbrowser. Eine allgemeingültige Empfehlung ist hier leider nicht möglich.

Eine gängige und weitläufige Bildschirmauflösung ist immer noch 1.024 × 768 Pixel. Allerdings hängt dies wiederum von der Art der Publikation ab, in der Sie das Bild unterbringen wollen. Niemand will gerne in einem Bild scrollen. Bei Bildern in Pop-up-Fenstern ist beispielsweise eine Bildgröße von 800 × 600 Pixeln recht geläufig. Bei Publikationen in einem Blog würde ich gar nur eine Höhe von 480 Pixeln oder noch kleiner empfehlen. Bei einem 4:3-Foto wären dies dann 640 × 480 Pixel. Hier kann man das Bild immer noch mit einer größeren Auflösung verlinken, die angezeigt wird, sobald man es anklickt. Bilder von Facebook-Pop-ups verwenden derzeit eine maximale Bildbreite von 960 Pixeln.

Auch das Thema **Auflösung** wird im Folgenden noch einmal zur Sprache kommen (siehe hierzu ausführlich Abschnitt 6.2). In der Regel genügen 72 oder 96 dpi für die Darstellung auf dem Bildschirm.

> **Arbeitsschritt Skalieren**
> Beachten Sie, dass beim Skalieren auch Bilddaten beschädigt werden. Daher sollten Sie ein Foto nur ein einziges Mal skalieren. Jeder weitere Skalierungsvorgang würde das Bild zu stark beeinträchtigen. Auch beim Workflow der Bildbearbeitung sollten Sie das Skalieren erst durchführen, wenn alle anderen größeren Arbeiten am Bild abgeschlossen sind. Wollen Sie außerdem eine Schrift wie einen Grußtext oder einen Copyright-Vermerk ins Bild einfügen, sollten Sie dies nach dem Skalieren tun, da die Schrift sonst schnell zu klein und zu pixelig wird.

▼ **Abbildung 39.4**
Der Assistent bietet eine komfortable Funktion an, um Ihre Bilder für das Web oder den Druck zu skalieren.

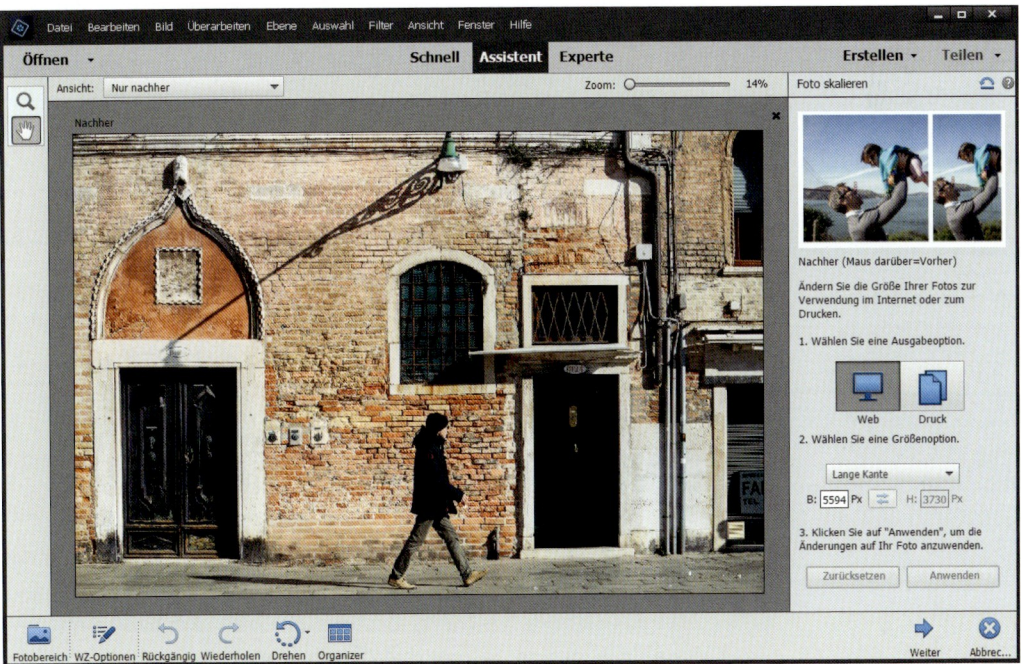

Kapitel 39 Bilder für das Internet

Bild nachschärfen | Wenn Sie das Bild verkleinert haben, sollte in der Regel der letzte Schritt ein Nachschärfen des Bildes sein, weil das Bild beim Verkleinern immer etwas an Schärfe verliert. Hierbei sollten Sie stets ÜBERARBEITEN • UNSCHARF MASKIEREN verwenden und keine automatischen Funktionen.

Bildgröße mit dem Assistenten | Alternativ finden Sie im ASSISTENT-Modus im Bereich GRUNDLAGEN ebenfalls eine sehr komfortable Funktion FOTOGRÖSSE ÄNDERN vor, die Ihnen behilflich ist, das Bild für die Ausgabe auf dem Bildschirm (Web) oder für den Druck zu skalieren.

39.3 Bilder für das Web speichern

Um Bilder für das Web zu speichern, kommen eigentlich nur die komprimierten Formate JPEG, PNG oder GIF infrage. In der Praxis kommt vorwiegend JPEG zum Einsatz.

Zum Weiterlesen
Zu den gängigen Datenformaten siehe ausführlich Abschnitt 6.5, »Wichtige Dateiformate für Bilder«.

Über DATEI • SPEICHERN UNTER oder mit ⇧+Strg/cmd+S rufen Sie den Dialog SPEICHERN UNTER auf, über den Sie den Dateinamen, den Speicherort und insbesondere das Datenformat festlegen. Wählen Sie hier das JPEG-, PNG- oder GIF-Format. Wenn Sie auf SPEICHERN klicken, können Sie die JPEG-OPTIONEN einstellen. Die Auswirkungen der getroffenen Einstellungen erkennen Sie am besten, wenn Sie tiefer in das Bild hineinzoomen (auf 100 % bzw. 1:1).

Abbildung 39.5 ▲▶
Eine solch starke Komprimierung für JPEG-Bilder ist nicht empfehlenswert und wird hier nur zur Demonstration verwendet.

Bei den JPEG-OPTIONEN können Sie unter BILD-OPTIONEN ❶ die Kompression entweder über den Schieberegler, das Zahlenfeld oder das Dropdown-Menü bestimmen. Alle drei Werte erfüllen dieselbe Funktion. Je niedriger Sie die QUALITÄT einstellen, desto

924

mehr verringert sich die Dateigröße, die ebenfalls unter dem Häkchen von Vorschau ❷ angezeigt wird. Allerdings treten bei allzu starker Kompression unerwünschte Artefakte im Bild auf. Für eine passable Qualität sollten Sie den Wert 8 (bzw. Hoch) bei Qualität niemals unterschreiten.

Unterhalb der Bild-Optionen können Sie die Format-Optionen ❸ einstellen. Die einzelnen Optionen haben jeweils die folgenden Effekte:

- Baseline (Standard): Dies ist die Standardeinstellung. Sie erzeugt eine größere Datei als Baseline optimiert.
- Baseline optimiert: Im Gegensatz zu Baseline (Standard) wird eine zusätzliche Glättung eingesetzt, sodass das Bild weichgezeichnet wird. Der Vorteil, der durch diese Glättung entsteht, ist eine weiter reduzierte Dateigröße.
- Mehrere Durchgänge: Mit dieser Option verringern Sie die Dateigröße gegenüber den Baseline-Versionen nochmals ein wenig. Während des Ladevorgangs auf Webseiten erscheint das Bild hierbei zunächst in einer schlechteren Qualität. Mit zunehmender Ladezeit erscheint auch das Bild in einer immer besseren Darstellungsqualität. Mit Durchgänge geben Sie die Zwischenschritte bis zum vollständigen Laden des Bildes an. Je höher die Zahl der Zwischenschritte, desto stärker wird die Datei reduziert.

39.4 Für das Web speichern – die All-in-one-Lösung

Wer es gerne komfortabler und schneller hat, dem bietet Photoshop Elements eine interessante Komplettlösung an. Diese Lösung rufen Sie über Datei • Für Web speichern oder mit der Tastenkombination [Alt]+[⇧]+[Strg]/[cmd]+[S] auf.

Kapitel_39:
gewachsen.jpg

Schritt für Schritt
Bilder für das Web speichern

Wenn Sie Bilder, also Fotos, für das Web speichern, bietet sich das JPEG-Format an. In diesem Workshop erfahren Sie, welche Einstellungen Sie für eine optimale Bildqualität bei vertretbarer Dateigröße vornehmen sollten.

1 Farbraum anpassen

Wenn Sie ein Bild öffnen (zum Beispiel »gewachsen.jpg«), stellen Sie zunächst sicher, dass dieses Bild nicht im Adobe-RGB-Farb-

Kapitel 39 Bilder für das Internet

▲ **Abbildung 39.6**
Unser Bild, das wir zur Speicherung für das Web vorbereiten

raum vorliegt. Viele Webbrowser können diesen Farbraum nämlich nicht richtig darstellen. Um das Farbprofil zu überprüfen und gegebenenfalls zu konvertieren, gehen Sie im Menü auf BILD • FARBPROFIL KONVERTIEREN • IN SRGB-PROFIL KONVERTIEREN. Ist dieses Kommando ausgegraut, liegt das Bild bereits im richtigen Farbmodus vor.

2 Dialog öffnen

Wählen Sie DATEI • FÜR WEB SPEICHERN, oder drücken Sie [Alt]+[⇧]+[Strg]/[cmd]+[S]. Jetzt sehen Sie das Bild in zwei Ansichten. Links befindet sich das Originalbild, rechts wird der Nachher-Zustand angezeigt, den Sie noch nachträglich optimieren können. Alle Optimierungen, die Sie durchführen, wirken sich auf die Vorschau im rechten Bild aus, sodass Sie jederzeit die optimierte Version mit dem Original vergleichen können.

Über das Zoom-Werkzeug ❷ [Z] können Sie weiter in das Bild hineinzoomen und dieses mit dem Hand-Werkzeug ❶ [H] zum gewünschten Bereich schieben. Der Zoomfaktor wird unten links in der Dropdown-Liste ❹ angezeigt, in der Sie ihn gegebenenfalls auch ändern können. Die Größe der Datei ❸ sehen Sie jeweils unterhalb der Bildvorschau. Leider ist die Größenangabe recht verwirrend, weil hier nur angegeben wird, wie viel Speicher das Bild im Arbeitsspeicher benötigt. Hier würde man lieber die Dateigröße wissen wollen. Leider lässt sich das nicht ändern.

▼ **Abbildung 39.7**
Die Vorher-Nachher-Ansicht im Dialog FÜR WEB SPEICHERN

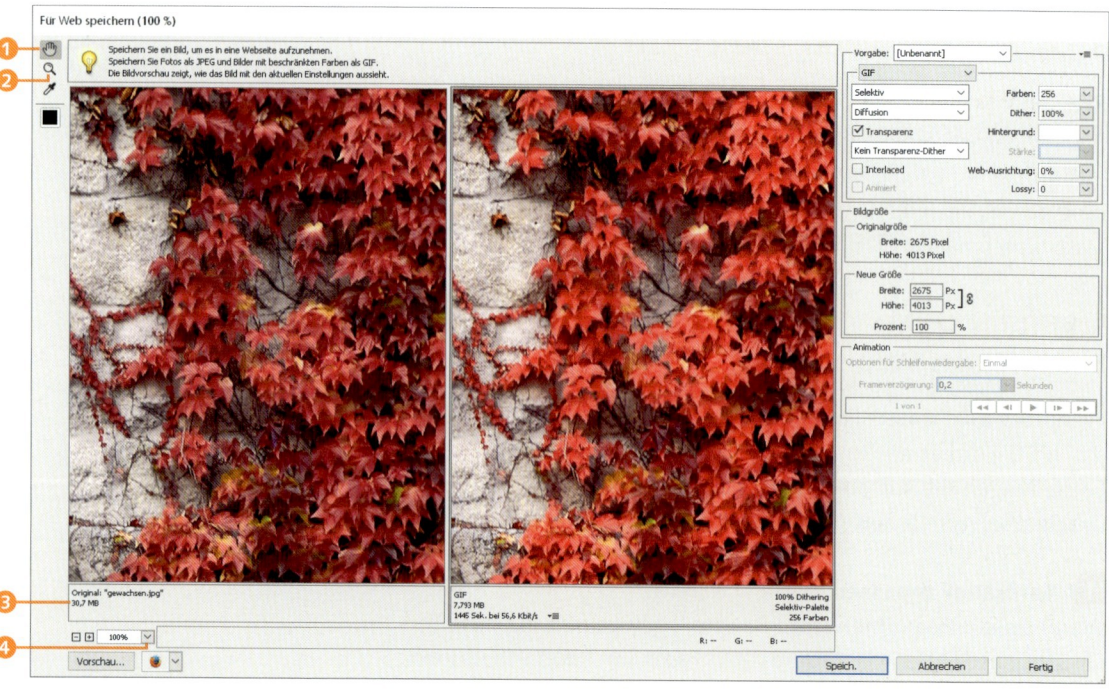

39.4 Für das Web speichern – die All-in-one-Lösung

3 Bildgröße anpassen

Stellen Sie die Bildgröße für die Anzeige am Bildschirm ein. Im Beispiel habe ich eine BREITE ❺ von 800 Pixeln gewählt. Da die Kette ❻ geschlossen (steht für *Proportionen erhalten*) ist, wird automatisch die HÖHE entsprechend angepasst.

▼ **Abbildung 39.8**
Bildgröße anpassen

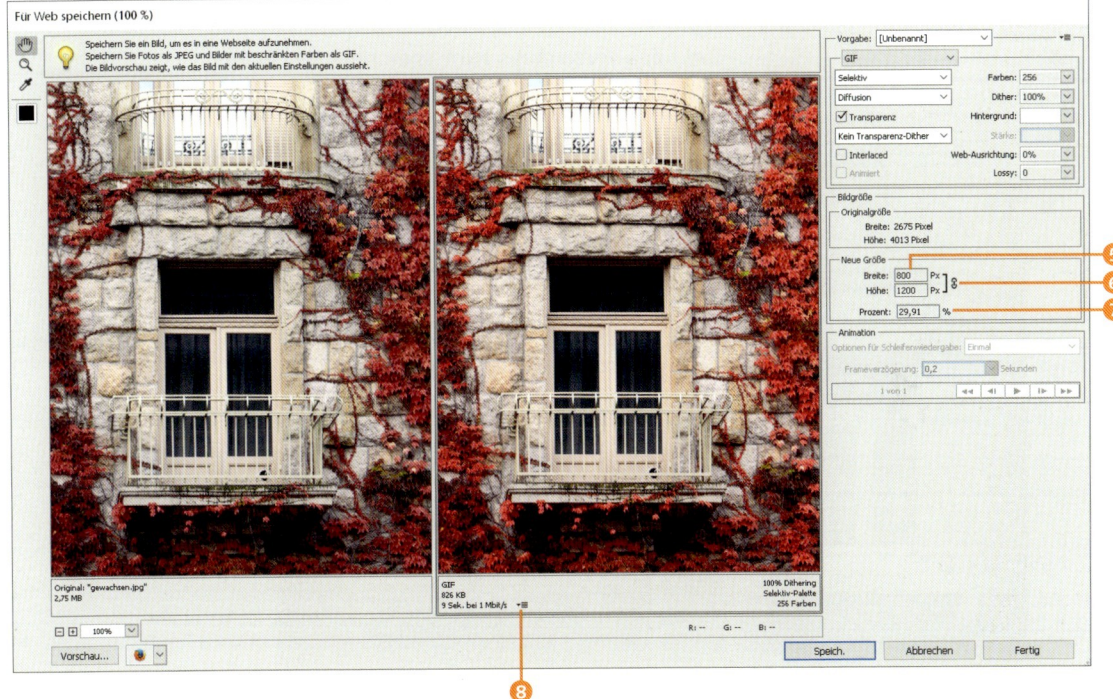

Alternativ skalieren Sie das Bild prozentual ❼. Die Vorschau wird automatisch aktualisiert. Der Wert unterhalb der Nachher-Vorschau gibt an, wie viele Sekunden zum Laden des Bildes bei einer Übertragungsgeschwindigkeit von 56,5 Kbit/s benötigt werden. Dieser Wert ist ein wenig überholt, da er noch von der Geschwindigkeit eines analogen Modems ausgeht. Über das kleine Dropdown-Menü ❽ können Sie andere Geschwindigkeiten auswählen.

4 Bildqualität und Format einstellen

Im nächsten Schritt können Sie das Datenformat und die Qualität einstellen. Sollen Fotos im Web präsentiert werden, empfiehlt es sich, das Datenformat von GIF auf JPEG ❶ (Abbildung 39.9) umzustellen. Alternativ wählen Sie GIF oder PNG – ebenfalls gängige Dateiformate für das Web.

Die Einstellung der QUALITÄT müssen Sie selbst abschätzen. Zoomen Sie hierzu am besten auf 100 % in das Bild hinein, und vergleichen Sie die Versionen. Reduzieren Sie dabei die Qualität so lange, wie keine gravierenden Verschlechterungen zu erkennen sind. Im Beispiel habe ich den Schieberegler von QUALITÄT ❷ bis auf den Wert 75 gezogen, ohne merkliche Artefakte zu erzeugen. Artefakte könnten Sie hierbei auch mit der Option WEICHZEICHNEN ❸ ausbügeln. Die anderen Werte können Sie belassen, wie sie sind. Zuletzt bestätigen Sie mit SPEICHERN, und es öffnet sich der Dialog SPEICHERN UNTER, in dem Sie den Dateinamen und das Verzeichnis zum Speichern festlegen.

Abbildung 39.9 ▼
Einstellen von Format und Bildqualität

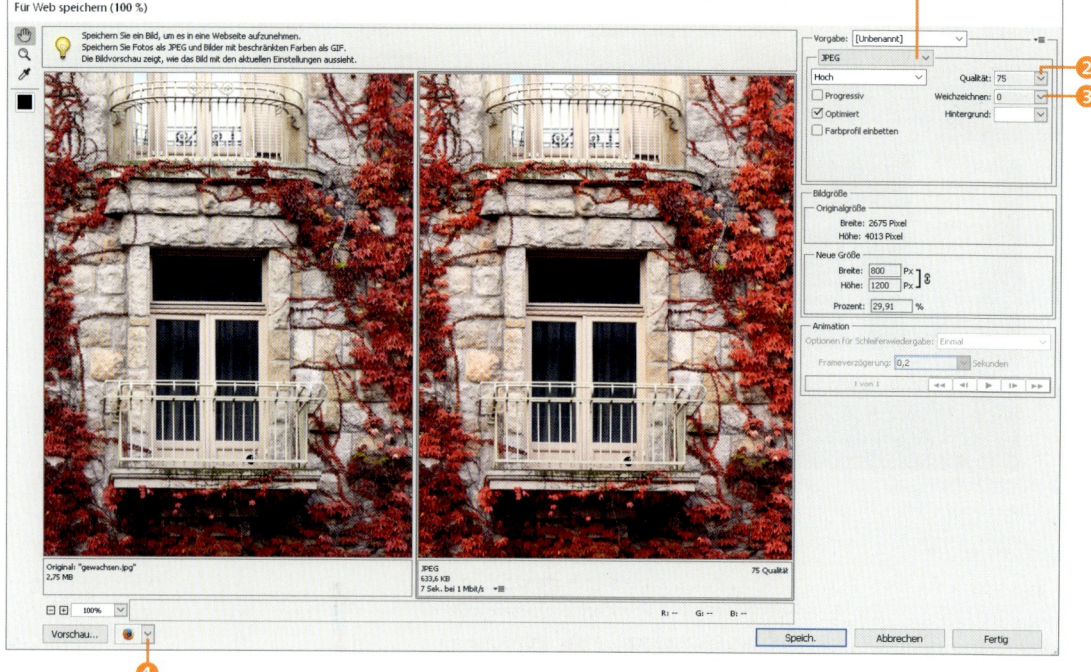

Vorschau
Unterhalb des Dialogs finden Sie die Dropdown-Liste VORSCHAU ❹, in der Sie unter anderem einen Webbrowser einrichten können, in dem Sie das Nachher-Ergebnis in einer Vorschau anzeigen lassen. Den Browser müssen Sie hier noch extra über LISTE BEARBEITEN auswählen.

Im Beispiel wurde das Bild von 3,54 Megabyte auf internettaugliche 634 Kilobyte reduziert.

Manuelle Alternative | Natürlich können Sie anstelle des Dialogs FÜR WEB SPEICHERN auch den manuellen Weg über BILD • SKALIEREN • BILDGRÖSSE und dann DATEI • SPEICHERN UNTER verwenden, der ein mindestens genauso gutes Ergebnis bringt, jedoch einen Mausklick mehr benötigt.

Mehrere Dateien verarbeiten | Wer mehrere Dateien oder einen ganzen Ordner verarbeiten muss, für den bietet sich die Stapelverarbeitung über DATEI • MEHRERE DATEIEN VERARBEITEN an. Neben der Bildgröße und dem Dateiformat können Sie hiermit auch gleich die Dateien umbenennen und/oder mit einem Wasserzeichen versehen. Der Dialog wird in Abschnitt 39.5, »Stapelverarbeitung«, umfassender beschrieben und in Abschnitt 30.3.13, »Stapelverarbeitung von RAW-Bildern«, in der Praxis verwendet.

39.5 Stapelverarbeitung

Wollen Sie einen ganzen Stapel von Fotos verarbeiten und zum Beispiel in einem bestimmten Format speichern, eignet sich Datei • Mehrere Dateien verarbeiten dazu. Diese Funktion erlaubt es, eine ganze Serie von Fotos umzubenennen, kleiner zu skalieren oder in ein anderes Datenformat zu konvertieren. Zwar gibt es hierbei auch Optionen zur Schnellkorrektur, aber das sollten Sie besser selbst in die Hand nehmen.

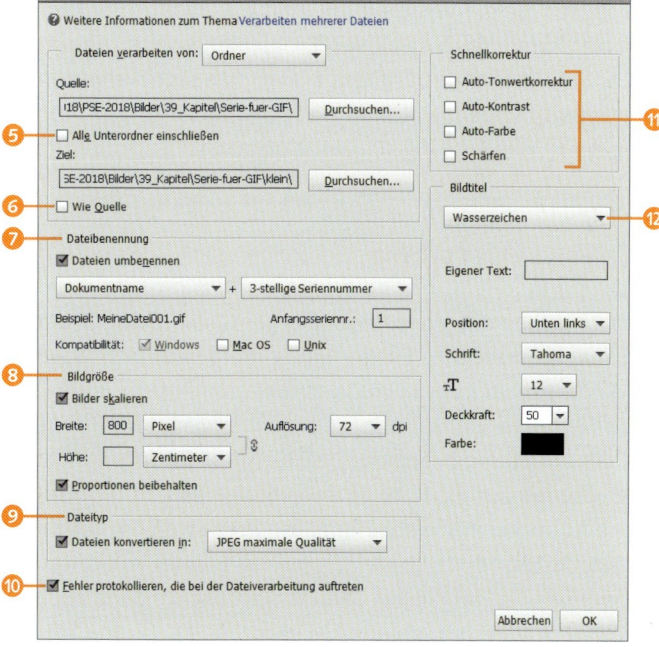

◀ **Abbildung 39.10**
Die Stapelverarbeitung im Fotoeditor steht nur im Experte-Modus zur Verfügung.

Über die Schaltfläche Durchsuchen bei Quelle wählen Sie einen Ordner aus, in dem sich die Bilder befinden, die Sie verarbeiten wollen. Sind dabei auch Unterordner enthalten und sollen diese Dateien auch bearbeitet werden, müssen Sie das entsprechende Häkchen ❺ aktivieren. Über die zweite Schaltfläche Durchsuchen bei Ziel geben Sie das Verzeichnis an, in dem die zu verarbeitenden Dateien gespeichert werden sollen. Wollen Sie die Quelldateien überschreiben, brauchen Sie lediglich ein Häkchen vor Wie Quelle ❻ zu setzen (was Sie allerdings in der Regel nie machen sollten).

> **Nur im Modus »Experte«**
>
> Die Stapelverarbeitung steht Ihnen nur im EXPERTE-Modus zur Verfügung. Im SCHNELL- bzw. ASSISTENT-Modus ist der Befehl MEHRERE DATEIEN VERARBEITEN ausgegraut.

Unter DATEIBENENNUNG ❼ legen Sie die Namen für die zu verarbeitenden Dateien fest. Bei BILDGRÖSSE ❽ können Sie die BREITE, HÖHE und AUFLÖSUNG ändern. Unter DATEITYP ❾ wählen Sie das gewünschte Dateiformat aus, in dem die zu verarbeitenden Dateien gespeichert werden sollen – natürlich nur dann, wenn die Dateien tatsächlich konvertiert und nicht im ursprünglichen Format belassen werden sollen.

Bei SCHNELLKORREKTUR ⓫ finden Sie einige Korrekturen, die Sie bei der Konvertierung automatisch durchführen lassen können. Im Grunde sollten Sie die Nachbearbeitung natürlich nicht Automatiken überlassen, aber wenn Sie ein Bild verkleinern, *könnten* Sie das Bild etwas nachschärfen. Mit BILDTITEL ⓬ können Sie automatisch in jedes Bild ein WASSERZEICHEN oder den BILDTITEL einfügen.

Mit OK starten Sie die Verarbeitung, und mit ABBRECHEN können Sie sie beenden. Für den Fall von Problemen können Sie ein Häkchen vor FEHLER PROTOKOLLIEREN, DIE BEI DER DATEIVERARBEITUNG AUFTRETEN ❿ setzen, womit in einer Log-Datei festgehalten wird, was bei der Verarbeitung schiefgegangen ist.

39.6 Animierte Bilder

Es ist auch möglich, mit Photoshop Elements animierte Bilder im GIF-Format zu erzeugen. Solche Bilder werden zum Beispiel gerne für Werbebanner oder Logos verwendet. Animierte Bildfolgen können Sie relativ einfach über Ebenen erstellen. Jede Ebene wird dabei als ein *Frame* bezeichnet. Natürlich müssen Sie beim Stapeln der Ebenen auf die richtige Reihenfolge achten. Die unterste Ebene ist immer der erste Frame im animierten GIF. Dann wird aufsteigend Ebene für Ebene (Frame für Frame) von unten nach oben verwendet, bis hin zur obersten Ebene, die dann auch den letzten Frame für das animierte GIF darstellt. Der Fotoeditor kompiliert auf Wunsch die Ebenen zu einer animierten GIF-Datei.

Schritt für Schritt
Eine GIF-Animation erstellen

Kapitel_39: Ordner Serie-fuer-GIF: ARTI6025.jpg bis ARTI6036.jpg; Ordner kleine: szene01.jpg bis szene12.jpg, kung-fu.psd, kung-fu.gif

In diesem Workshop führe ich Ihnen die Erstellung einer einfachen GIF-Animation aus mehreren einzelnen Ebenen vor. Hierzu muss erwähnt werden, dass es sich dabei nur um eine von vielen Möglichkeiten handelt, wie Sie die einzelnen Frames für ein animiertes GIF erstellen können.

Theoretisch können Sie auch eine einfache Diashow erstellen, indem Sie Bild für Bild als Ebenen aufeinanderstapeln.

39.6 Animierte Bilder

1 Bildgröße anpassen

Legen Sie zunächst die Größe der Animation fest. Hierzu müssen Sie das Bild, mit dem Sie arbeiten wollen, entsprechend skalieren. Dies könnten Sie beispielsweise über BILD • SKALIEREN • BILDGRÖSSE machen. Aber da im Beispiel gleich zwölf Serienbilder verwendet werden, nutzen Sie hier die Stapelverarbeitung über DATEI • MEHRERE DATEIEN VERARBEITEN.

Wählen Sie das Quellverzeichnis ❶ mit den Bildern aus und dann das Zielverzeichnis ❷, in dem Sie die kleiner skalierten Bildern anschließend speichern wollen. Im Beispiel habe ich auch gleich die Dateiumbenennung verwendet, um die Bilder nach »szene01.jpg«, »szene02.jpg« usw. zu betiteln. Setzen Sie ein Häkchen vor BILDER SKALIEREN ❸, und stellen Sie dann die gewünschte Bildgröße ein. Hier habe ich 800 Pixel Breite ausgewählt, und aufgrund eines Häkchens vor PROPORTIONEN BEIBEHALTEN ❹ wird auch die Höhe entsprechend skaliert. Die Bilder habe ich in JPEG MITTLERE QUALITÄT ❺ konvertiert. Mit OK starten Sie die Stapelverarbeitung.

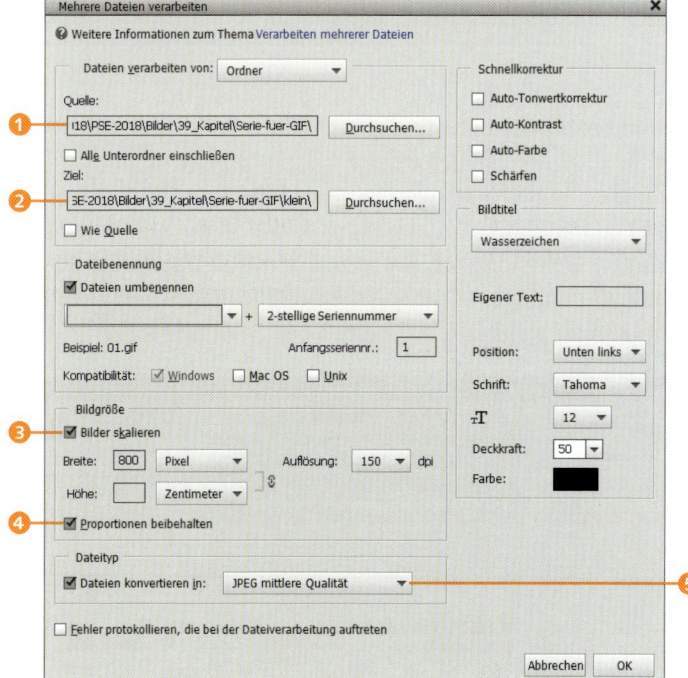

◀ **Abbildung 39.11**
Legen Sie die Bildgröße der Animation über die Stapelverarbeitung fest.

2 Bilder auf Ebenen stapeln

Öffnen Sie jetzt die Bilder »szene01.jpg« bis »szene12.jpg« in den Editor. Verwenden Sie das Bild »szene01.jpg« als Startbild. Wählen Sie jetzt das komplette Bild »szene02.jpg« mit [Strg]/

Kapitel 39 Bilder für das Internet

`cmd`+`A` aus und kopieren es mit `Strg`/`cmd`+`C` in die Zwischenablage. Aktivieren Sie das Bild »szene01.jpg«, und fügen Sie jetzt das in die Zwischenablage kopierte Bild als neue Ebene mit `Strg`/`cmd`+`V` ein. Wiederholen Sie diesen Vorgang mit den Bildern »szene03.jpg« bis »szene12.jpg« in chronologischer Reihenfolge, sodass am Ende auf dem Bild »szene01.jpg« elf weitere Ebenen gestapelt sind.

Abbildung 39.12 ▶
Die Bilder »szene01.jpg« bis »szene12.jpg« liegen hier chronologisch übereinander. Aus den einzelnen übereinanderliegenden Ebenen könnte man jetzt schon eine lustige Kung-Fu-Animation machen.

3 Grafik hinzufügen

Blenden Sie jetzt alle Ebenen bis auf die Hintergrundebene über das Augensymbol aus, und fügen Sie über FENSTER • GRAFIKEN einen Ball ❸ zum Bild hinzu, und passen Sie die Größe und Position der Grafik an. Ziehen Sie die Ebene mit dem Ball über die sichtbare Ebene ❶ im Ebenen-Dialog. Im Beispiel habe ich den Ball in der Mitte ❷ über Kopfhöhe der beiden Personen eingefügt.

Abbildung 39.13 ▶
Ein Ball wurde zum Bild hinzugefügt und über die Ebene über der eingeblendeten Ebene im Ebenen-Dialog gezogen.

932

39.6 Animierte Bilder

4 Ebene duplizieren und dann zusammenfügen

Klicken Sie die Ebene mit dem Ball mit der rechten Maustaste an, und duplizieren Sie diese im Kontextmenü über den Befehl EBENE DUPLIZIEREN. Die Ball-Ebene ❹ über der sichtbaren Ebene klicken Sie erneut mit rechts an und wählen jetzt MIT DARUNTERLIEGENDER AUF EINE EBENE REDUZIEREN aus, womit der Ball jetzt fest in der sichtbaren Ebene integriert ist und nicht mehr bewegt werden kann.

5 Nächste Grafik anpassen

Aktivieren Sie jetzt die nächsthöhere Ebene (hier: EBENE 1), die Sie mit dem Augensymbol ausgeblendet haben, und ziehen Sie darüber die im Schritt 4 duplizierte Ebene mit dem Ball. Jetzt müssen Sie die Position des Balles ändern und diesem eine Flugbahn geben, damit dieser auch Teil der Animation wird. Ich lasse im Beispiel den Ball von der Mitte oben auf der Person rechts fallen, wo diese dann den Ball wegkickt und die Person links den Ball dann zum Platzen bringt. Ich habe die geplante Flugbahn zur Demonstration mit Pfeilen ❺ im Screenshot eingebracht. Wiederholen Sie jetzt den Schritt 4 und 5 immer jeweils um eine Ebene höher.

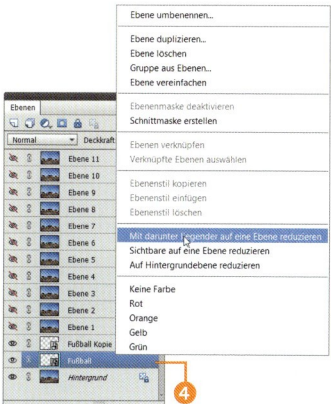

▲ Abbildung 39.14
Den Ball zunächst für die weitere Verwendung duplizieren und dann mit der sichtbaren Ebene vereinen.

◄ Abbildung 39.15
Der Ball wird auf der nächsthöheren Ebene positioniert.

▲ Abbildung 39.16
Den Ball auf die nächste Position verschieben.

6 Szene abschließen

Beim vorletzten Bild, in dem der Ball die Person rechts erreicht, habe ich den Ball etwas verformt und über FENSTER • GRAFIKEN einen comictypischen Knalleffekt ❶ (Abbildung 39.17) ausgesucht und als neue Ebene hinzugefügt. Duplizieren Sie die Ebene mit dem Knalleffekt bei Bedarf noch für das letzte Bild, und fügen Sie dann den Knalleffekt und Ball jeweils über MIT DARUNTERLIEGENDER AUF EINE EBENE REDUZIEREN zu einer Ebene für das vorletzte Bild zusammen. Auf das letzte Bild der Ebene ziehen Sie jetzt noch den duplizierten Knalleffekt und skalieren diesen entsprechend größer oder kleiner und fügen diesen dann auch zu einer Ebene mit dem obersten Bild im Ebenen-Dialog zusammen.

▲ **Abbildung 39.17**
Bereiten Sie die GIF-Datei für die Vorschau vor.

7 Animiertes GIF erzeugen

Wählen Sie über DATEI • FÜR WEB SPEICHERN oder mit Alt+⇧+Strg/cmd+S den entsprechenden Dialog. Stellen Sie als Dateiformat ❷ GIF ein. Setzen Sie außerdem ein Häkchen vor ANIMIERT ❸, sodass der zuvor ausgegraute Animationsrahmen aktiviert wird. Wählen Sie bei OPTIONEN FÜR SCHLEIFENWIEDERGABE ❹ den Wert UNBEGRENZT, wenn Sie Ihre GIF-Animation in einer Endlosschleife abspielen wollen – anderenfalls wählen Sie EINFACH. Wie schnell die Animation abläuft, legen Sie mit FRAMEVERZÖGERUNG ❺ fest. Je niedriger dieser Wert ist, desto schneller wird die Animation abgespielt. Darunter finden Sie eine Art Storyboard, in dem Sie Bild für Bild durchgehen und einzeln bearbeiten können. Natürlich ist diese Bearbeitung nur noch auf Bildqualität und -größe beschränkt.

Über VORSCHAU ❻ können Sie einen Webbrowser auswählen (muss einmalig eingerichtet werden), in dem Sie Ihre GIF-Animation in einer Vorschau betrachten können.

Speichern der einzelnen Frames (Ebenen)

Beachten Sie, dass Sie nachträglich das gespeicherte Bild im GIF-Format mit Photoshop Elements nicht mehr bearbeiten können. Da Elements die einzelnen Frames nicht mehr Ebene für Ebene komplett als Einzelbild speichert und Optimierungen daran vornimmt (genauer gesagt die Ebenen kombiniert), empfehle ich Ihnen, die Animation zuvor als TIFF- oder PSD-Datei zu sichern, falls Sie später Änderungen daran vornehmen wollen.

39.6 Animierte Bilder

▲ **Abbildung 39.18**
Bereiten Sie die GIF-Datei für die Vorschau vor.

8 Animation abspeichern

Sind Sie mit dem Ergebnis zufrieden, speichern Sie die GIF-Animation mit einem Klick auf den SPEICHERN-Button ab. Es öffnet sich ein Dialog, in dem Sie den Dateinamen und den Speicherort festlegen. Nun können Sie die GIF-Animation auf Ihrer Webseite verwenden oder im Webbrowser betrachten. Sie finden das animierte Bild auch im Downloadbereich zum Buch.

Kapitel_39:
kung-fu.gif

◂ **Abbildung 39.19**
Die GIF-Animation im Webbrowser

Kapitel 39 Bilder für das Internet

39.7 Flickr, Facebook, YouTube, Twitter und Vimeo

Upload zu YouTube und Vimeo
Mit beiden Diensten ist es möglich, Videos aus dem Organizer oder selbst erstellte Diashows auf Ihr YouTube- oder Vimeo-Konto hochzuladen.

Natürlich ist auch Elements auf der Höhe der Zeit und bietet somit eine Möglichkeit, Bilder auf Facebook, Twitter oder Flickr und Videos auf YouTube oder Vimeo hochzuladen. Voraussetzung dafür ist selbstverständlich, dass Sie über ein entsprechendes Konto bei den jeweiligen Diensten verfügen *(www.facebook.com, www.twitter.com, www.youtube.com, www.vimeo.com* bzw. *www.flickr.com)*. Alle Funktionen rufen Sie ebenfalls über die Dropdown-Liste Teilen mit den entsprechenden Schaltflächen Facebook, Twitter, Vimeo, Flickr und YouTube auf.

Egal, welchen der Dienste Sie verwenden wollen, Sie müssen Photoshop Elements zunächst noch autorisieren, bevor Sie Bilder hochladen dürfen. Hierbei öffnet sich in allen Fällen ein gesonderter Dialog, in dem Sie die Schaltfläche Autorisieren anklicken müssen. Daraufhin sollte sich die Webseite mit dem Log-in zum entsprechenden Dienst öffnen, mit dem Sie nach dem Einloggen Photoshop Elements erlauben, Bilder hochzuladen. Wenn Sie Photoshop Elements online bei den Diensten autorisiert und das Browserfenster wieder geschlossen haben, brauchen Sie nur noch in einem weiteren Dialogfenster von Photoshop Elements die Schaltfläche Autorisierung abschliessen anzuklicken.

Jetzt können Sie künftig über die Schaltflächen Facebook oder Flickr Ihre Bilder (besser Alben) über den Organizer hochladen. Hochgeladen wird gewöhnlich immer das aktive Album (beim Facebook-Dialog können Sie auch ein anderes Album wählen).

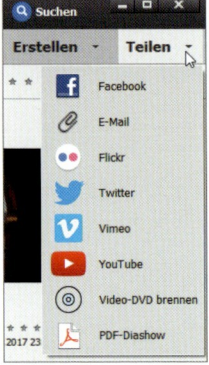

▲ Abbildung 39.20
Mit Facebook, Twitter, YouTube, Vimeo und Flickr werden auch bekanntere Dienste zum Hochladen von Fotos bzw. Videos unterstützt.

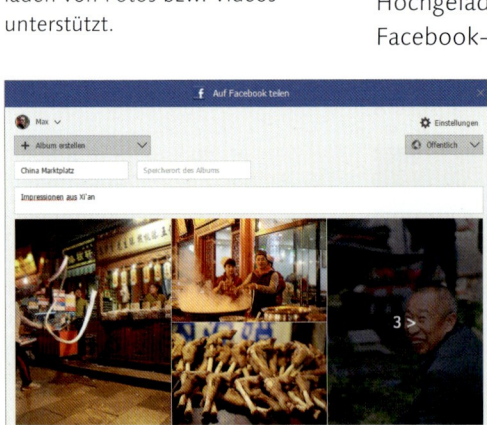

▲ Abbildung 39.21
Upload-Funktion von Photoshop Elements zu facebook.com

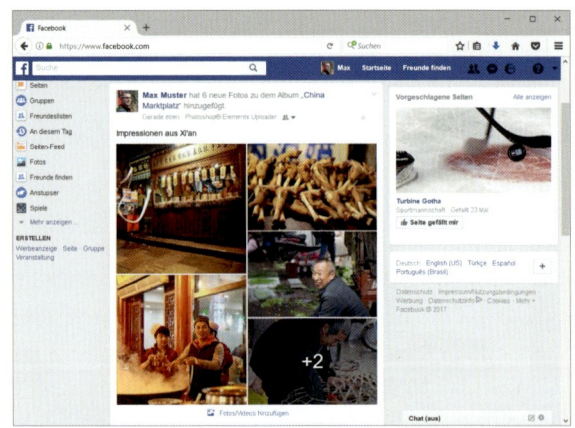

▲ Abbildung 39.22
Nach erfolgreichem Upload auf facebook.com

39.8 Fotos per E-Mail verschicken

Ein interessantes Feature ist das Versenden von Fotos per E-Mail über Photoshop Elements. Auf den ersten Blick erscheint diese Funktion vielleicht eher überflüssig, doch auf den zweiten Blick ist sie eine feine Sache: Anstatt sich im gigantischen Fotoarchiv mühsam die Bilder herauszusuchen, die Sie versenden wollen, wählen Sie die Bilder ganz komfortabel aus dem Fotoeditor oder von der Vorschau des Organizers aus.

E-Mail-Profile einrichten | Zum Versenden von Fotos per E-Mail stehen Ihnen zwei Möglichkeiten zur Verfügung: Entweder Sie verwenden den auf dem System eingerichteten E-Mail-Client dafür (wenn vorhanden), oder Sie richten ein (weiteres) E-Mail-Profil ein.

Haben Sie einen E-Mail-Client auf Ihrem Rechner eingerichtet, wird dieser über den Menüpunkt Bearbeiten/Elements Organizer • Voreinstellungen • E-Mail in der Dropdown-Liste E-Mail-Profil ❶ aufgelistet. Unter Windows finden Sie hier häufig Microsoft Outlook und am Mac die Anwendung Mail zur Auswahl vor.

Sicherheitseinstellungen

Wenn Sie eine Firewall verwenden, müssen Sie die Kommunikation zwischen den Ports 456 und 587 freigeben, falls Sie eine Fehlermeldung Ihrer Firewall über eine blockierende Kommunikation erhalten. Wenn außerdem die Validierung fehlschlägt, kann es sein, dass Sie bei einigen E-Mail-Anbietern (beispielsweise Gmail) die Kontoberechtigung für den Zugriff von weniger sicheren Anwendungen (Apps) erlauben müssen. Für diese Einstellung müssen Sie allerdings auf die Webseite Ihres E-Mail-Kontos gehen.

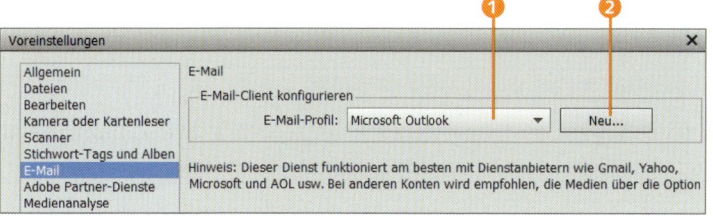

▲ Abbildung 39.23
E-Mail-Client für den Versand von E-Mails einrichten

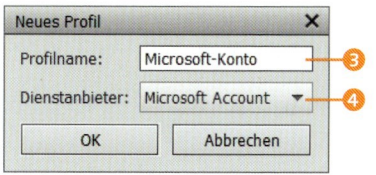

▲ Abbildung 39.24
Profilname und Dienstanbieter für ein neues Profil auswählen

Wird kein E-Mail-Client in der Dropdown-Liste aufgelistet oder wollen Sie Ihre E-Mails über ein anderes Konto versenden, können Sie durch Anklicken der Schaltfläche Neu ❷ Ihr Gmail-, Yahoo-, Microsoft-, AOL- oder ein anderes E-Mail-Konto mit dem Organizer einrichten.

Beim Einrichten von einem vorhandenen Gmail-, AOL- oder Microsoft-Konto ist der Vorgang immer gleich. Nachdem Sie den Dienstanbieter ❹ ausgewählt und einen beliebigen Profilnamen ❸ eingegeben haben, benötigen Sie lediglich die E-Mail-Adresse ❺ und das Kennwort ❻, um dann über die Schaltfläche Validieren ❼ den Zugriff auf Ihr Konto zu erlauben bzw. zu überprüfen.

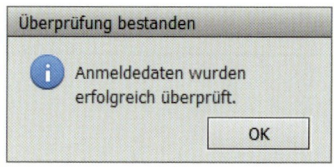

▲ Abbildung 39.25
Diese Meldung gibt es, wenn die Validierung erfolgreich war.

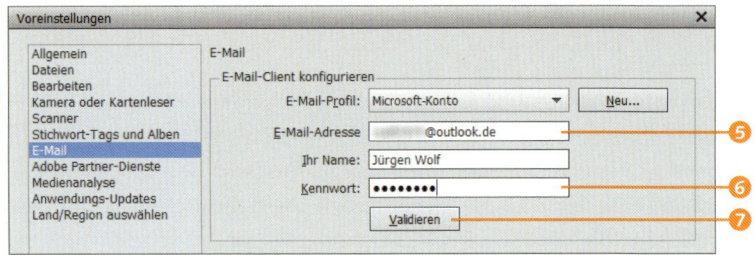

▲ **Abbildung 39.26**
E-Mail-Adresse und Kennwort eingeben und das Profil validieren

Providerliste
Eine umfassende Liste verschiedener Provider finden Sie unter anderem auf der Webseite *http://www.patshaping.de/hilfen_ta/pop3_smtp.htm*.

Wenn Ihr DIENSTANBIETER nicht aufgelistet ist, können Sie SONSTIGE in der Dropdown-Liste auswählen. Hierbei benötigen Sie allerdings neben der E-MAIL-ADRESSE und dem KENNWORT auch noch die Daten für den SMTP-SERVER ❽, den SMTP-PORT ❾ und die VERBINDUNGSSICHERHEIT ❿. Für gewöhnlich erhalten Sie diese Daten von Ihrem Internet Service Provider.

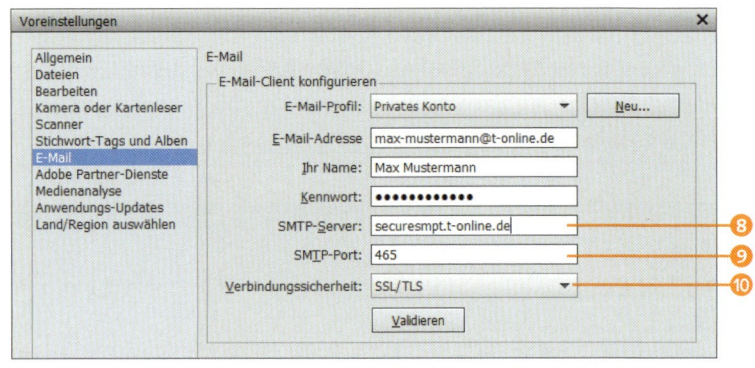

Abbildung 39.27 ▶
Auch andere E-Mail-Konten lassen sich mit dem Organizer verknüpfen.

Schritt für Schritt
Fotos per E-Mail versenden

In diesem Workshop erfahren Sie, wie Photoshop Elements Sie beim Versenden Ihrer Fotos per E-Mail unterstützt. Dabei wird davon ausgegangen, dass Sie Ihren E-Mail-Client bereits eingerichtet bzw. konfiguriert haben.

1   E-Mail-Versand auswählen
Starten Sie den Organizer, und wählen Sie über TEILEN ❶ zunächst den Befehl E-MAIL ❷ aus.

2   Fotos auswählen
Wählen Sie auf der linken Seite, in der Organizer-Bildervorschau, die Bilder für den E-Mail-Anhang aus, und ziehen Sie diese in das kleine Vorschaufenster ❹ auf der rechten Seite. Sie können

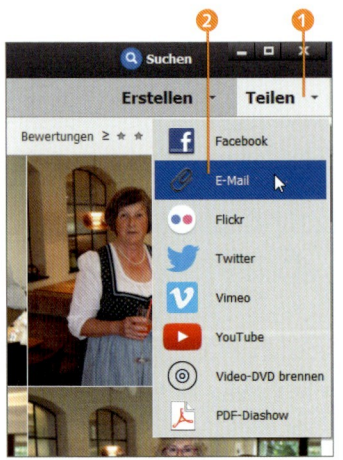

▲ **Abbildung 39.28**
Weitergeben von Fotos als E-Mail

39.8 Fotos per E-Mail verschicken

dabei auch mehrere Bilder mit ⌜Strg⌝/⌜cmd⌝ markieren und mit einem Klick auf die Schaltfläche DEM MEDIENBEREICH HINZUFÜGEN ❸ dem E-Mail-Anhang beifügen. Zum Entfernen von Anhängen benutzen Sie wie gewohnt das Mülltonnensymbol ❺. Unterhalb können Sie zusätzlich noch die FOTOGRÖSSE ❻ und die QUALITÄT ❼ (Komprimierung) der Anhänge einstellen. Klicken Sie nun auf die Schaltfläche WEITER.

▼ **Abbildung 39.29**
Wählen Sie die Fotos aus, und stellen Sie die gewünschte Fotogröße und Qualität der zu versendenden Bilder ein.

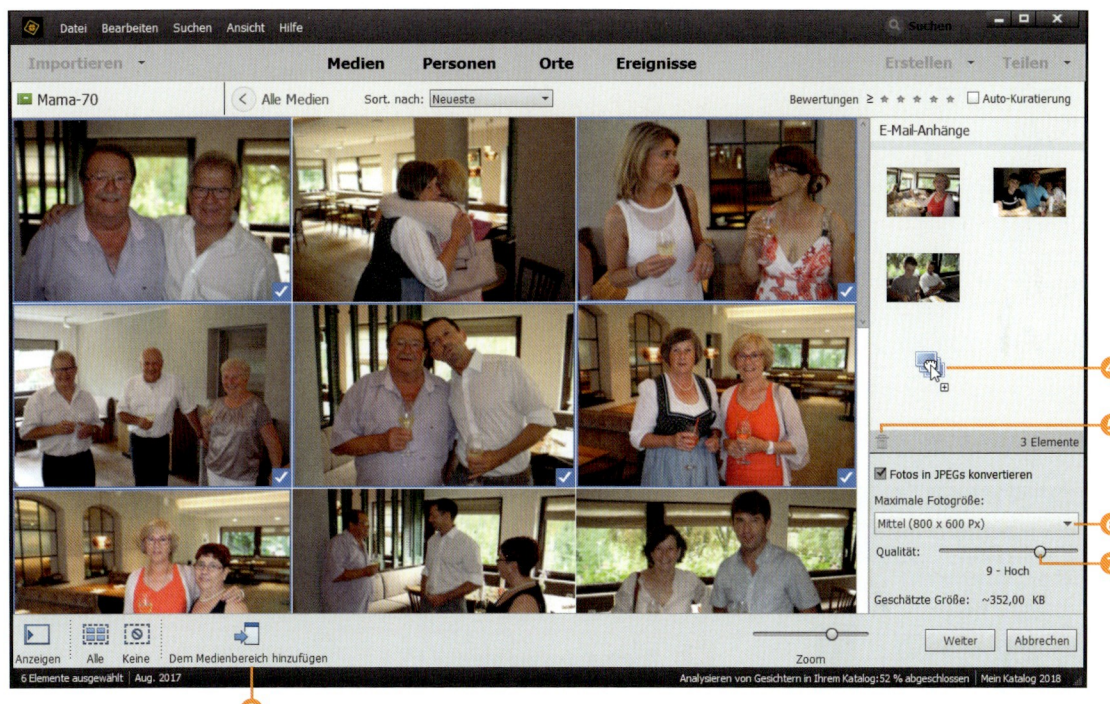

3   Angaben für die E-Mail

Bei EMPFÄNGER AUSWÄHLEN ❽ können Sie ein Häkchen vor den Namen des Empfängers setzen, an den Sie Ihre Bilder versenden wollen. Sind noch keine Namen vorhanden, können Sie über das Kontaktsymbol ⓫ neue Adressen eingeben oder importieren (beispielsweise von Microsoft Outlook). Zusätzlich können Sie hier noch einen BETREFF ❾ und eine NACHRICHT ❿ eingeben. Klicken Sie auf WEITER, um die E-Mail mit den Bildern zu versenden. Wenn Sie unter Windows den E-Mail-Client Outlook und unter Mac OS X den Client Mail verwenden, wird der entsprechende E-Mail-Client mit den Fotos, den Empfängern, dem Betreff und der Nachricht geöffnet, sodass Sie dort auch nur noch auf ABSENDEN klicken müssen. Wenn Sie hingegen den Organizer mit einem eigenen E-Mail-Konto verknüpft und validiert haben, werden die E-Mails direkt nach dem Anklicken von WEITER versendet.

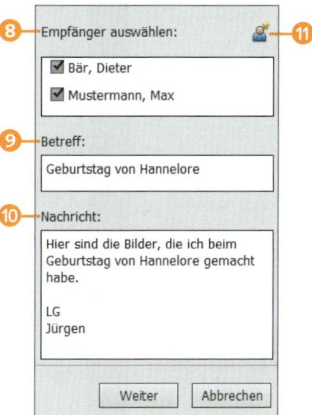

▲ **Abbildung 39.30**
Angaben wie Empfänger, Betreff und Nachricht der E-Mail

Kapitel 39 Bilder für das Internet

Import/Export von PDF

Neben dem Versenden von PDF-Diashows kann Photoshop Elements auch PDF-Dateien über DATEI • ÖFFNEN in den Fotoeditor importieren und auch eine bearbeitete Datei als PDF mit DATEI • SPEICHERN UNTER erstellen. Wer mehr dazu wissen will, der sollte einen Blick in das PDF-Kapitel (»Import_Export_PDF.pdf«) werfen.

39.8.1 Bilder als PDF-Diashow versenden

Anstelle einer ganzen Serie von einzelnen Bildern können Sie auf die soeben beschriebene Weise auch mehrere Bilder in einer PDF-Diashow als E-Mail-Anhang versenden. Rufen Sie zu diesem Zweck den Menüpunkt TEILEN • PDF-DIASHOW auf. Ab hier verläuft der Vorgang ebenso wie soeben für die Option E-MAIL-ANHÄNGE beschrieben – nur dass Sie diesmal noch einen Namen für die PDF-Datei eingeben müssen.

39.9 Facebook-Titelfoto

Ein tolles Feature für Fans der Social-Media-Plattform Facebook ist die Erstellung eines Titelfotos für Ihr Profil. Die Funktion dazu kann sowohl aus dem Fotoeditor als auch aus dem Organizer über ERSTELLEN • FACEBOOK-TITELFOTO aufgerufen werden, aber ausgeführt wird die Funktion doch letztendlich im Fotoeditor. Hierbei können Sie ein Titelfoto aus einem oder mehreren Fotos erstellen.

Schritt für Schritt
Facebook-Titelfoto erstellen

Der folgende Workshop zeigt Ihnen, wie Sie ein Facebook-Titelfoto erstellen und zu Ihrer Facebook-Seite hinzufügen können.

1 Thema auswählen

Starten Sie die Funktion über ERSTELLEN • FACEBOOK-TITELFOTO. Im sich öffnenden Dialog können Sie das Thema für das Facebook-Titelfoto auswählen. Hierbei stehen Ihnen aktuell zwei Möglichkeiten zur Auswahl.

▲ Abbildung 39.31
Funktion zum Erstellen eines Facebook-Titelfotos

▲ Abbildung 39.32
Thema für Facebook-Titelfoto auswählen

39.9 Facebook-Titelfoto

Entweder Sie wählen MEHRERE FOTOS oder EINZELNES FOTO. In diesem Beispiel wurde das Thema mit einem einzelnen Foto ausgewählt. Abhängig davon, ob Sie ein Bild in den Fotoeditor geladen oder im Organizer markiert haben, wird dieses Bild auch gleich verwendet, wenn Sie ein Häkchen vor MIT AUSGEWÄHLTEN FOTOS AUTOMATISCH FÜLLEN ❶ setzen. Im vorliegenden Workshop wurde noch kein Bild in den Fotoeditor geladen bzw. im Organizer markiert. Klicken Sie auf OK, um mit dem Facebook-Titelfoto zu starten.

2 Bild(er) auswählen

Laden Sie jetzt das oder die Bilder über DATEI • ÖFFNEN in den Fotoeditor, das bzw. die Sie für das Facebook-Titelfoto verwenden wollen. Alternativ können Sie auch auf den entsprechenden Text ❷ klicken, um ein Foto zu laden. Die geöffneten Fotos sehen Sie, wenn Sie den FOTOBEREICH ❹ aktivieren. Im Beispiel wird das Foto aus dem FOTOBEREICH auf das Bild gezogen ❸ und dort fallen gelassen. Gefällt Ihnen das Bild nicht, können Sie jederzeit ein anderes Bild laden und dieses ebenfalls wie eben beschrieben per Drag & Drop als neues Bild zuweisen.

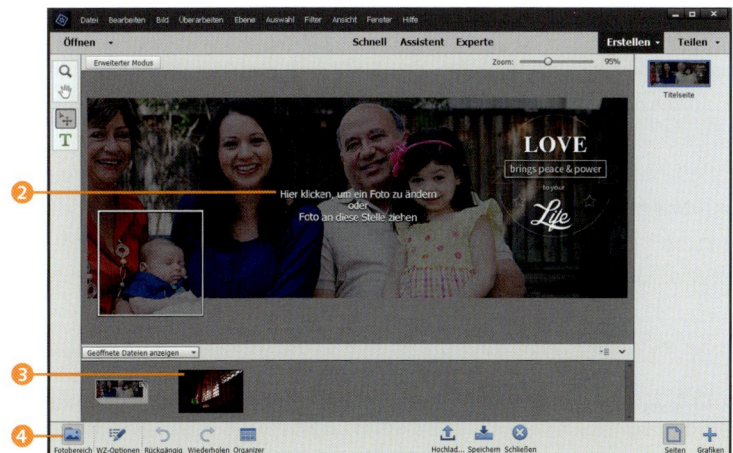

◀ **Abbildung 39.33**
Ein Bild für das Titelfoto auswählen

3 Bild positionieren

Zwar versucht der Fotoeditor, das Bild möglichst passend zu platzieren, aber er berücksichtigt dabei nicht, das Profilbild an die richtige Position zu bringen. Ohnehin haben Sie am meisten Erfolg, das Profilbild entsprechend im Rahmen ❶ (Abbildung 39.34) zu positionieren, wenn Sie ein Bild auswählen, in dem das Profilbild ganz links platziert ist – vorausgesetzt, dass Sie ein einzelnes Foto als Profilbild und Titelbild verwenden wollen. Über den Regler rechts oben ❷ können Sie die Bildgröße größer oder kleiner

Kapitel 39 Bilder für das Internet

skalieren. Mit dem Verschieben-Werkzeug können Sie die Position des Bildes entsprechend ausrichten.

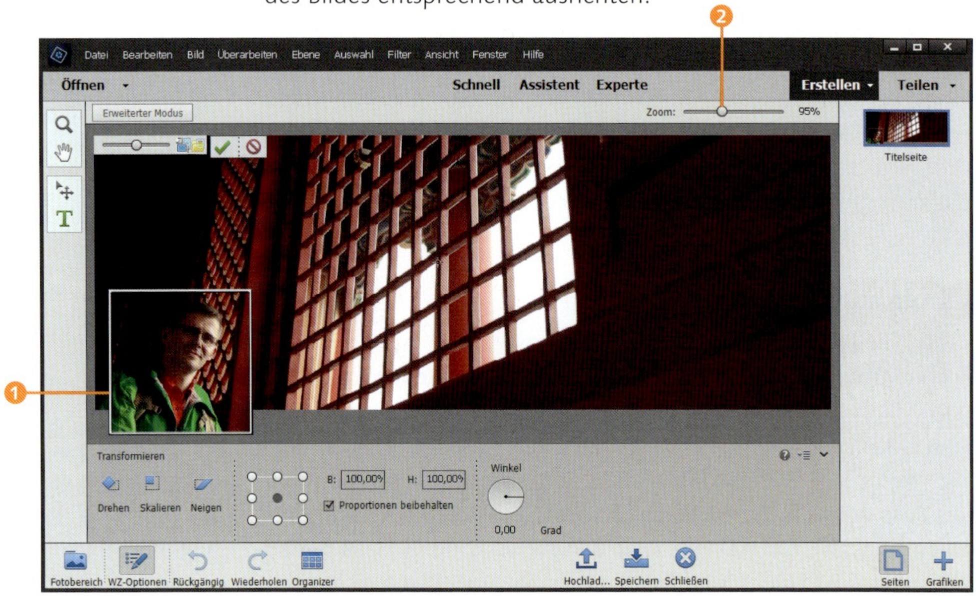

▲ **Abbildung 39.34**
Bild gegebenenfalls passend positionieren

»Schnell«-Modus

Mit einem rechten Mausklick auf das Bild bekommen Sie einen Überblick über weitere Befehle, das Bild zu bearbeiten und zu positionieren. Ebenso können Sie hierbei mit dem Befehl Schnell bearbeiten ❿ das Bild im Schnell-Modus bearbeiten.

Über die kleine Schaltfläche Grafiken ❸ rechts unten können Sie Grafiken, Hintergründe oder Rahmen hinzufügen. Auch das Textwerkzeug T steht Ihnen bei dieser Funktion zur Verfügung. Wollen Sie auf weitere Werkzeuge des Fotoeditors zurückgreifen, können Sie dies über die Schaltfläche Erweiterter Modus ❻ vornehmen. Dann steht Ihnen annähernd die komplette Funktionsvielfalt des Fotoeditors zur Verfügung. Wenn Sie mit Ihrem Facebook-Titelbild zufrieden sind und es hochladen wollen, sollten Sie es vorher noch über die Schaltfläche Speichern ❹ sichern.

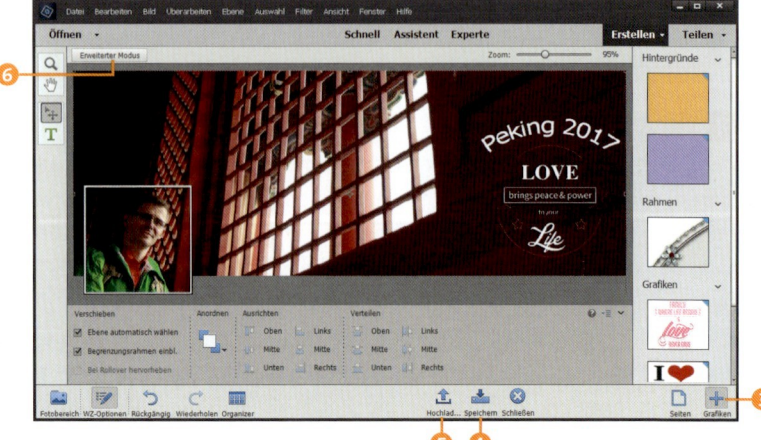

Abbildung 39.35 ▶
Bei Bedarf können Grafiken und Text hinzugefügt werden.

39.9 Facebook-Titelfoto

4 Profilbild und Titelbild hochladen

Wenn Sie auf die Schaltfläche HOCHLADEN 5 klicken, werden Sie bei der ersten Verwendung unter Umständen dazu aufgefordert, sich mit Ihrem Facebook-Konto zu verbinden und es dahingehend zu autorisieren, dass Sie über Photoshop Elements Bilder auf Facebook posten dürfen.

▲ Abbildung 39.36
Weitere Befehle werden per rechten Mausklick angezeigt.

◀ Abbildung 39.37
Profil- und Titelbild sind bereit zum Hochladen.

Anschließend müssen Sie im Dialog ein Häkchen vor ALS PROFILBILD VERWENDEN 7 und ALS TITELBILD VERWENDEN 8 setzen. Klicken Sie auf die Schaltfläche WEITER 9, werden die Bilder hochgeladen, und es erscheint ein Dialog mit einem Video, das beschreibt, wie Sie das Titelbild und das Profilbild auf Facebook ändern können. Wenn Sie auf die Schaltfläche WEITER klicken, wird Ihre Facebook-Seite im Webbrowser geöffnet, auf der Sie jetzt das neu hochgeladene Profil- und Titelbild gemäß dem nächsten folgenden Dialog ändern können.

Alle Grafiken

Wenn Sie alle Grafiken, Hintergründe und Rahmen aufgelistet haben wollen, müssen Sie in den ERWEITERTEN MODUS schalten. Dann stehen Ihnen alle Grafiken von Photoshop Elements zur Verfügung.

◀ Abbildung 39.38
Der Dialog erklärt, wie Sie das Profilbild und das Titelbild auf Facebook setzen können.

▲ **Abbildung 39.39**
Das mit Photoshop Elements erstellte Facebook-Titelfoto

5 Neues Profilbild und Titelbild verwenden

Nachdem Sie auf der Facebook-Seite das hochgeladene Profilbild und das Titelbild geändert haben, können Sie Ihre neue Startseite bewundern und sich hoffentlich über viele »Likes« von Freunden freuen.

39.10 Der IPTC-Standard

Der IPTC-Standard (genauer *IPTC-NAA*) ist ein international anerkannter Standard, der es erlaubt, verschiedene Informationen (vor allem auch Hinweise zu den Bildrechten) direkt in der Bilddatei (zum Beispiel in TIFF- oder JPEG-Dateien) zu speichern. Diese Art der Metadatenspeicherung wurde aber nicht nur für Bilddateien entwickelt, sondern wird auch bei sonstigen Grafiken, Text sowie Audio- und Videodateien verwendet. Sie sollten Ihre Metadaten unbedingt mit diesem Standard speichern, wenn Sie Ihre Bilder online auf einer Foto-Community (beispielsweise *flickr.com*) oder in eine Bilderdatenbank hochladen. Bei Photoshop Elements können Sie diese Informationen zu einem geöffneten Bild im Fotoeditor über das Menü Datei • Dateiinformationen nachlesen oder editieren. Hier finden Sie auch gleich alle anderen Arten von vorhandenen Metadaten wie die Kameradaten, das Aufnahmedatum usw.

NewsML
Mittlerweile gibt es mit NewsML schon wieder ein neues Austauschformat, das möglicherweise künftig IPTC-NAA ablösen wird.

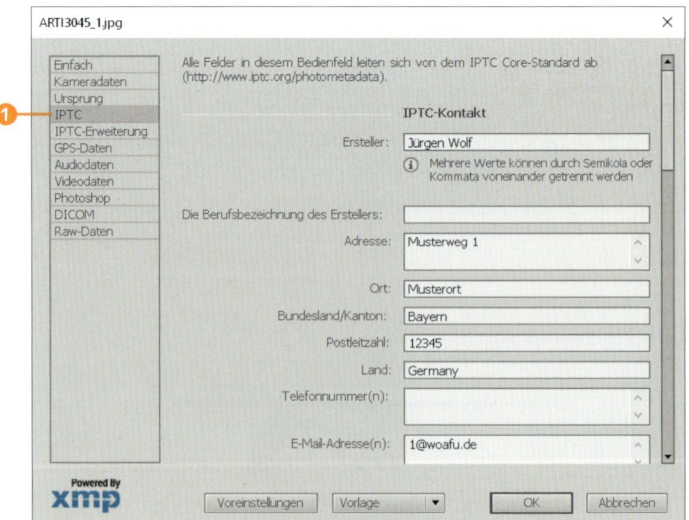

Abbildung 39.40 ▶
Über den Reiter IPTC ❶ können Sie verschiedene Informationen wie Hinweise zu den Bildrechten, Angaben zum Autor/Fotograf usw. nachlesen oder selbst editieren.

Beachten Sie, dass Sie, wenn Sie diese IPTC-Daten editieren, das Bild anschließend auch speichern müssen, damit diese Textinformationen dauerhaft in der Bilddatei abgelegt werden. Mehr Infor-

39.10 Der IPTC-Standard

mationen zum IPTC-NAA-Standard finden Sie bei Wikipedia unter der Adresse *http://de.wikipedia.org/wiki/IPTC-NAA-Standard*.

Mehrere Bilder gleichzeitig bearbeiten | Auch über den Organizer lassen sich die IPTC-Daten nachträglich editieren, wenn diese Möglichkeit auch etwas versteckt ist. Hierzu müssen Sie ein Bild markieren ❷ und dann die Schaltfläche TAGS/INFO ❼ aktivieren. Bei INFORMATIONEN ❸ klappen Sie die METADATEN ❹ auf und aktivieren die VOLLSTÄNDIG-Ansicht ❺. Jetzt finden Sie etwas weiter unten die IPTC-Informationen mit einer kleinen Schaltfläche mit drei Punkten ❻. Diese müssen Sie anklicken, um IPTC-Informationen (nachträglich) zu bearbeiten.

Im sich öffnenden Dialog können Sie jetzt die IPTC-Informationen bearbeiten oder über die Schaltfläche IPTC-METADATEN ENTFERNEN ❽ komplett löschen. Mit einem Klick auf die Schaltfläche SPEICHERN ❾ werden die IPTC-Metadaten in der Datei gespeichert.

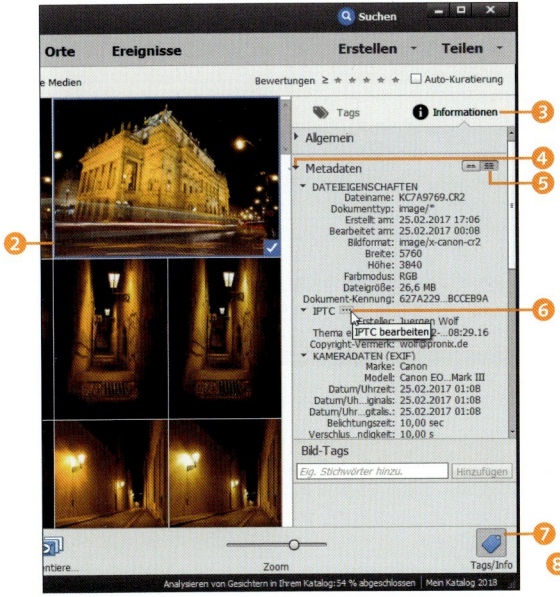

▲ Abbildung 39.41
Ziemlich versteckt ist die Möglichkeit, die IPTC-Informationen mit dem Organizer zu bearbeiten.

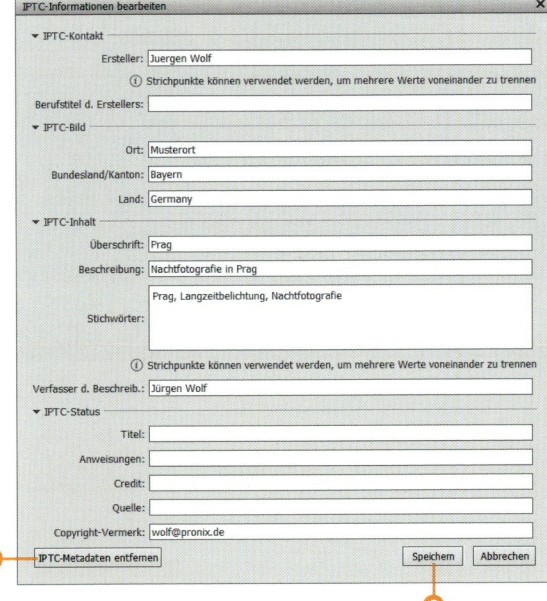

▲ Abbildung 39.42
Der Dialog, um die IPTC-Informationen zu editieren oder zu entfernen

In der Praxis will man aber häufig nicht nur eine Datei, sondern oft einen ganzen Satz an Dateien auf einmal editieren oder gar die IPTC-Informationen entfernen. Auch das ist ohne großen Aufwand möglich. Hierzu müssen Sie nur die entsprechenden Bilder

Kapitel 39 Bilder für das Internet

im Medienbrowser markieren, wobei TAGS/INFO ⓭ aktiviert sein muss. Bei INFORMATIONEN ⓾ finden Sie jetzt eine Schaltfläche IPTC-INFORMATIONEN BEARBEITEN ⓬ vor. Wenn Sie diese anklicken, werden bei allen ausgewählten Dateien (die Anzahl ⓫ steht über der Schaltfläche) im sich öffnenden Dialog die IPTC-Informationen bearbeitet oder über die entsprechende Schaltfläche entfernt.

▼ **Abbildung 39.43**
IPTC-Informationen für mehrere Bilder gleichzeitig bearbeiten

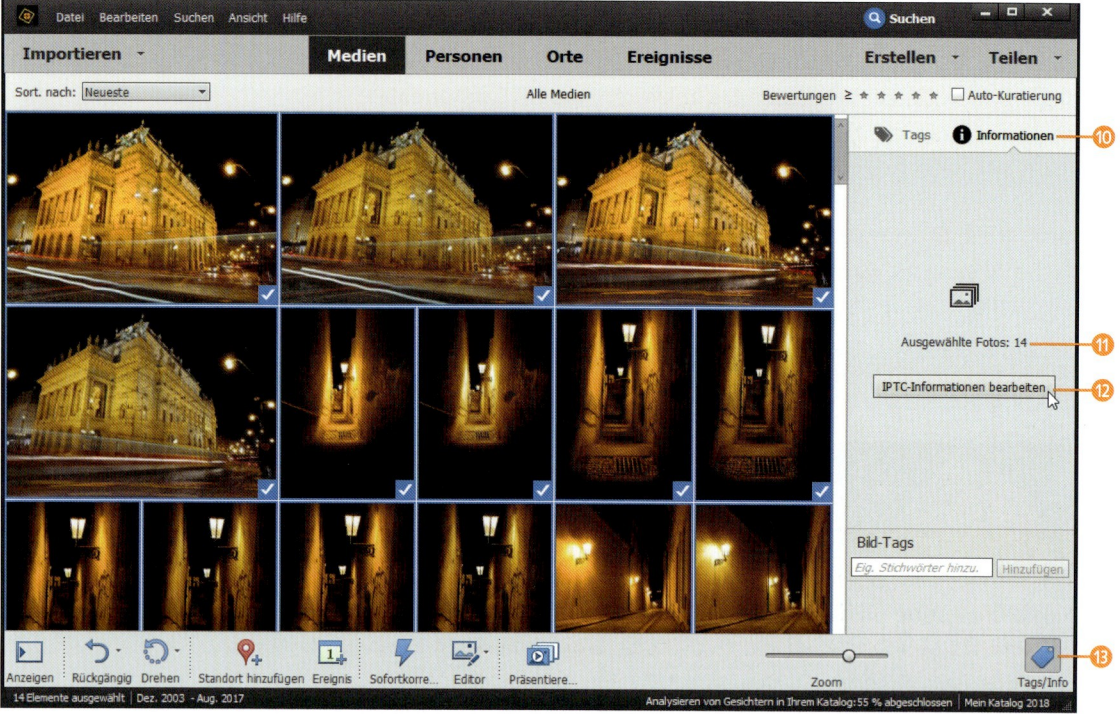

Kapitel 40
Fotoabzüge drucken

Bevor Sie ein Bild ausdrucken, sollten Sie seine Auflösung überprüfen. Das Thema »Auflösung« habe ich zwar bereits in Kapitel 6 ausführlich behandelt, möchte es aber für den Druck noch einmal aufgreifen. Anschließend beschreibe ich die verschiedenen Druckbefehle und -optionen von Photoshop Elements genauer.

40.1 Auflösung überprüfen

Überprüfen Sie vor dem Drucken immer zuerst die Auflösung des Bildes. Gerade bei Daten aus der Kamera sind zwar die Abmessungen des Bildes ziemlich hoch, die Auflösung ist aber meistens recht gering. Bilder mit einer Auflösung von 72 dpi oder 96 dpi sind für den Druck eher ungeeignet – wohlgemerkt, hier ist die Rede vom Fotodruck. Die Angabe der Auflösung finden Sie gewöhnlich unterhalb des Dokumentfensters beim Fotoeditor, wenn im Dropdown-Menü ❶ der Eintrag DOKUMENTMASSE aktiviert ist.

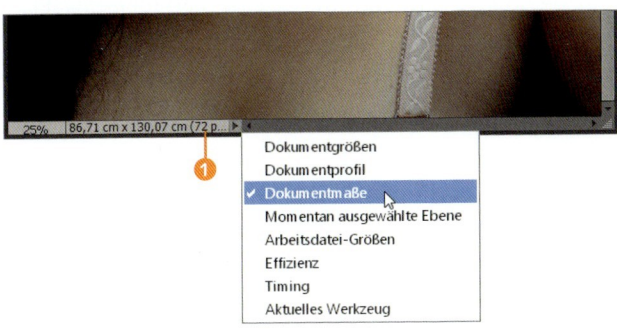

◀ **Abbildung 40.1**
Die Informationen zur Auflösung lassen Sie zum Beispiel in der Statusleiste unterhalb des Dokumentfensters anzeigen.

Entscheidend für den Ausdruck ist auch, welche Größe Sie für Ihre Datei verwenden wollen, das heißt, ob Sie zum Beispiel das

Bild in Originalgröße ausdrucken wollen. Gewöhnlich erreichen Sie mit einer Auflösung von **150 dpi** sehr gute Ergebnisse. Bei konventionellen Tintenstrahldruckern, wie sie zumeist im Heimbereich eingesetzt werden, erzielen Sie mit **220 dpi** häufig das beste Resultat. Eine Auflösung von **300 dpi** bringt bei den meisten Standarddruckern keine besseren Ergebnisse mehr und ist eher für den professionellen Druck geeignet (zum Beispiel für den Druck dieses Buches).

Auflösung und Bildgröße ändern | Wie Sie Auflösung und Bildgröße ändern, habe ich bereits in Abschnitt 6.2, »Bildgröße und Auflösung«, beschrieben. Den entsprechenden Dialog rufen Sie über BILD • SKALIEREN • BILDGRÖSSE oder mit der Tastenkombination [Alt]+[Strg]/[cmd]+[I] auf.

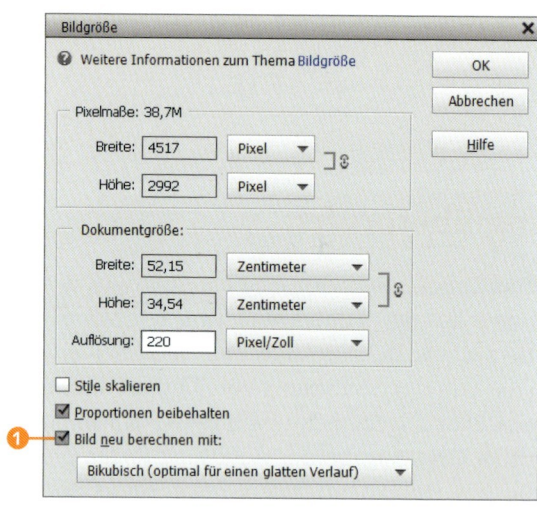

Abbildung 40.2 ▶
Der Dialog zum Festlegen der Größe und der Auflösung für den Druck. Wichtig ist hierbei, dass die Option BILD NEU BERECHNEN MIT ❶ aktiviert ist.

Beachten Sie, dass eine Erhöhung der Auflösung auch Einfluss auf die Qualität des Bildes hat, weil durch eine Vergrößerung Pixel zum Bild hinzugefügt werden, wo vorher keine waren. Auf den ersten Blick fällt dies zwar nicht auf, aber bei besonders harten Kanten und starkem Hineinzoomen erkennen Sie diese durchaus.

Zum Nachlesen

Mehr über das Neuberechnen eines Bildes erfahren Sie in Abschnitt 20.1.1, »Pixelmaße ändern«.

Abbildung 40.3 ▶
Zweimal dasselbe Bild. Das linke Bild wurde mit 72 dpi erstellt. Im Bild rechts wurde die Auflösung auf 600 dpi erhöht. Das Hinzufügen der Pixel geschieht hierbei durch einen Mittelwert aus den vorhandenen Pixeln. In diesem Fall ergibt sich aus weißen und schwarzen Pixeln ein neutrales Grau.

Qualitätsverlust gering halten | Um den Qualitätsverlust beim Erhöhen der Auflösung möglichst gering zu halten, gibt es einen einfachen Trick: Anstatt den Wert der Auflösung in einem Schritt zu erhöhen (etwa von 72 dpi auf 150 dpi), sollten Sie die Auflösung in 10er- oder 15er-Schritten anheben, bis der gewünschte Wert erreicht ist. Außerdem sollten Sie bei der Option BILD NEU BERECHNEN MIT ❷ den Wert BIKUBISCH (OPTIMAL FÜR EINEN GLATTEN VERLAUF) ❸ verwenden. Zugegeben, der Aufwand ist hierbei größer, wird aber durch ein besseres Ergebnis gerechtfertigt.

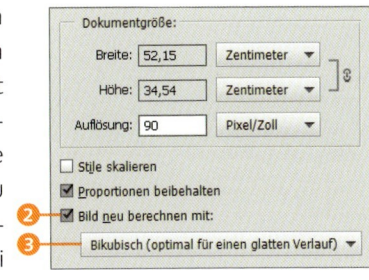

▲ **Abbildung 40.4**
Die schrittweise Erhöhung der Auflösung vermindert Qualitätsverluste.

40.2 Die Druckbefehle

Alle Befehle zum Drucken rufen Sie im Fotoeditor auf beiden Betriebssystemen (also Windows und Mac) über das Menü DATEI • DRUCKEN oder mit dem Tastenkürzel [Strg]/[cmd]+[P] auf. Aber auch aus dem Organizer heraus ist das Drucken ohne Probleme möglich; dort müssen Sie nur mit einer kleinen Einschränkung leben, die ich in Abschnitt 40.2.2, »Drucken aus dem Organizer«, erläutere.

40.2.1 Drucken aus dem Fotoeditor

Der sich daraufhin öffnende Dialog enthält alle Kommandos zum Drucken, die Adobe Photoshop Elements anbietet.

Der Dialog bietet vielfältige Möglichkeiten, den Druck zu steuern. Im Folgenden stelle ich die Optionen der Reihe nach vor:

- DRUCKER AUSWÄHLEN: Wenn Sie mehrere Drucker auf Ihrem Rechner installiert haben, wählen Sie hier den Drucker aus, den Sie jeweils verwenden möchten. Ansonsten wird der Drucker benutzt, der im System als Standarddrucker eingestellt ist.
- DRUCKEREINSTELLUNGEN (nur Windows): Hier ändern Sie reine Druckereinstellungen wie PAPIERTYP, DRUCKQUALITÄT, PAPIERFACH usw. Im Grunde handelt es sich dabei nur um einen ähnlichen Dialog, wie Sie ihn vielleicht auch schon vom Betriebssystem her kennen, wenn Sie die Eigenschaften eines Druckers aufrufen und ändern.
- PAPIERFORMAT AUSWÄHLEN: Hier geben Sie die Größe des Papiers an, auf dem gedruckt werden soll. Standardmäßig ist dieser Wert auf A4 eingestellt. Auch die AUSRICHTUNG des Drucks (Hoch- oder Querformat) legen Sie hier fest.
- ABZUGSART AUSWÄHLEN (nur Windows): Diese Option dürfte für Sie interessant sein, wenn Sie mehrere Abzüge von einem oder unterschiedlichen Bildern auf eine Seite drucken wollen.

Bei der Mac-Version finden Sie im Menü DATEI noch die Druckbefehle KONTAKTABZUG II (Tastenkürzel [Alt]+[cmd]+[P]) und BILDPAKET. Die beiden Befehle sind bei der Windows-Version nur im DRUCKEN-Dialog über ABZUGSART AUSWÄHLEN erreichbar. Windows ruft den Organizer auf, um diese Befehle auszuführen.

- **DRUCKFORMAT AUSWÄHLEN:** Hier stellen Sie die Ausgabegröße ein, mit der das Bild auf eine Seite gedruckt werden soll. Die Werte reichen von der Originalgröße über übliche Fotoformate bis hin zu einem benutzerdefinierten Wert. Die entsprechende Ausgabegröße können Sie links in der Druckvorschau betrachten. Wollen Sie die Maßangaben (Zoll oder cm/mm) ändern, rufen Sie unter BEARBEITEN/PHOTOSHOP ELEMENTS • VOREINSTELLUNGEN • EINHEITEN & LINEALE im Dropdown-Menü AUSGABEGRÖSSEN auf.
- **ZUSCHNEIDEN:** Setzen Sie ein Häkchen vor diese Option, wird das Foto auf das Format zugeschnitten, das Sie unter DRUCKFORMAT AUSWÄHLEN eingestellt haben. Das ist beispielsweise recht nützlich, wenn Sie ein Bild auf ein Fotopapier mit einer vorgegebenen Größe drucken wollen.
- **DRUCK: [N] EXEMPLARE:** Geben Sie hier an, wie viele Abzüge von dem Bild gedruckt werden sollen.

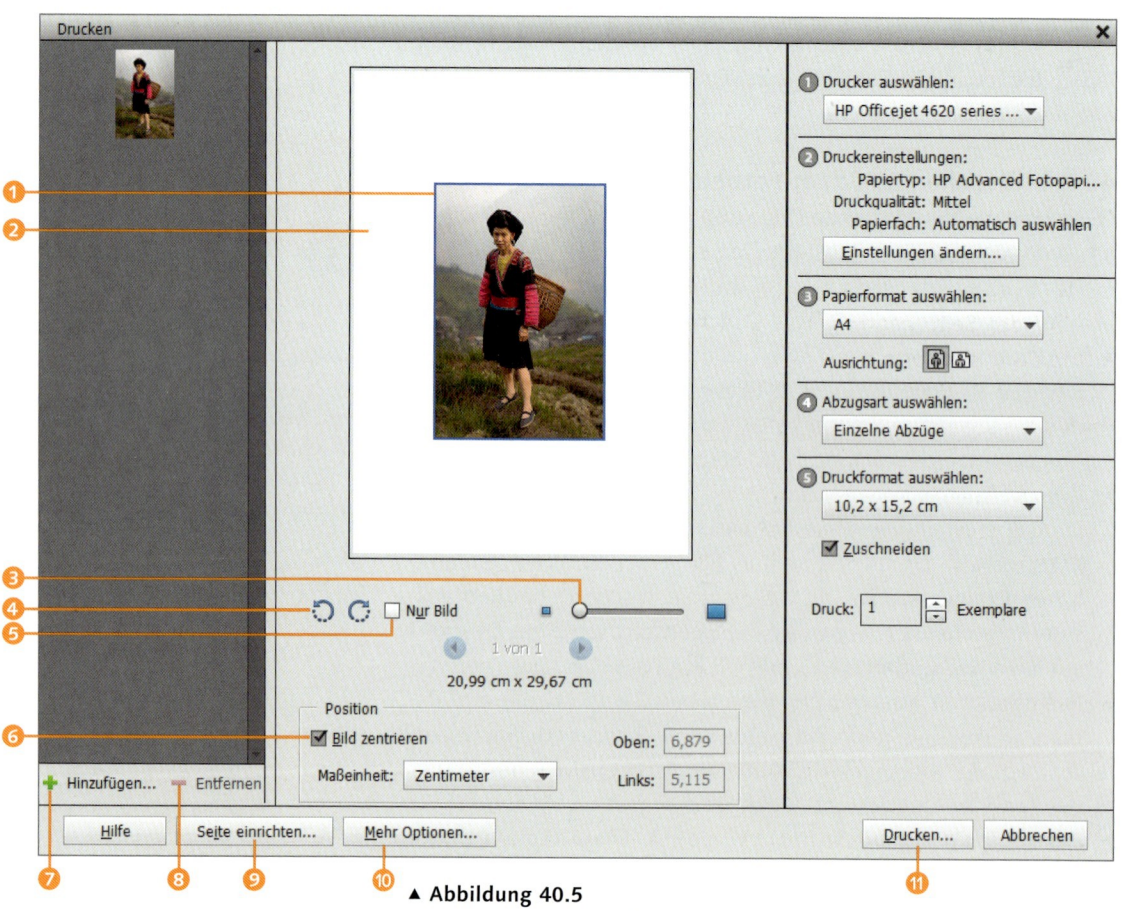

▲ **Abbildung 40.5**
Das Dialogfenster zum DRUCKEN im Fotoeditor unter Windows

40.2 Die Druckbefehle

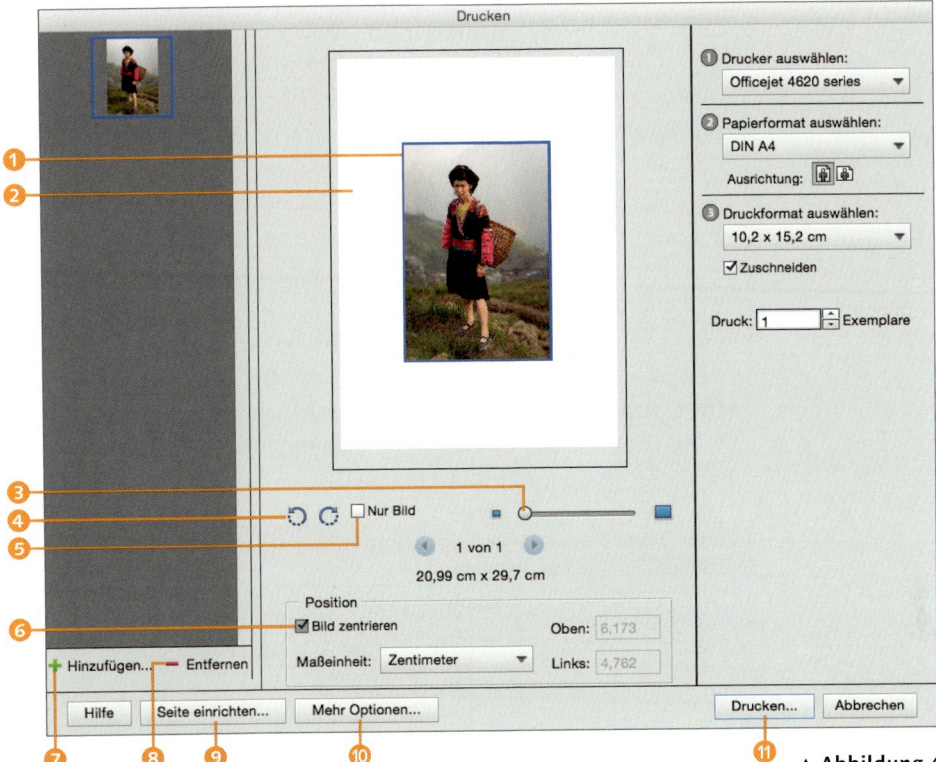

▲ **Abbildung 40.6**
Das Dialogfenster zum DRUCKEN im Fotoeditor am Mac

Unterhalb der Druckvorschau ❷ finden Sie Funktionen, um die Bildausrichtung noch um 90° nach links oder rechts zu drehen ❹. Ist die Option NUR BILD ❺ aktiviert, wird beim Drehen nur das Bild auf der Seite gedreht. Ist sie nicht aktiviert, ändern Sie die Ausrichtung der Seite.

Mit dem Regler daneben ❸ skalieren Sie das Bild. Ist das Häkchen vor BILD ZENTRIEREN ❻ gesetzt, lässt sich die Position des Bildes nicht mehr verschieben. Deaktivieren Sie dieses Häkchen, können Sie die Position mit den beiden Feldern daneben anhand der linken oberen Ecke in der eingestellten MASSEINHEIT ausrichten. Alternativ verschieben Sie das Bild mit gedrückt gehaltener linker Maustaste am blauen Rahmen ❶. Achtung: Wenn Sie mit gedrückt gehaltener Maustaste *auf* dem Bild sind, wird der Mauszeiger zur Hand, und das Bild wird innerhalb des Rahmens verschoben.

Weitere Bilder fügen Sie über das grüne Plussymbol ❼ hinzu oder entfernen sie über das Minussymbol ❽. Über die Schaltfläche SEITE EINRICHTEN ❾ rufen Sie den systemeigenen Dialog des Betriebssystems (Abbildung 40.7) zum Einrichten einer Seite auf. Noch mehr Optionen für den Druck erreichen Sie über die Schaltfläche MEHR OPTIONEN ❿. Mit DRUCKEN ⓫ starten Sie den Druckvorgang.

Kapitel 40 Fotoabzüge drucken

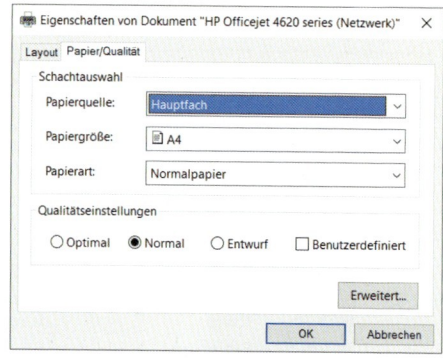

Abbildung 40.7 ▶
Der Windows-eigene Dialog zum Einrichten einer Seite

Mehr Optionen | Wenn Sie im DRUCKEN-Dialog auf die Schaltfläche MEHR OPTIONEN ❿ klicken, erreichen Sie einige interessante zusätzliche Einstellungsmöglichkeiten:

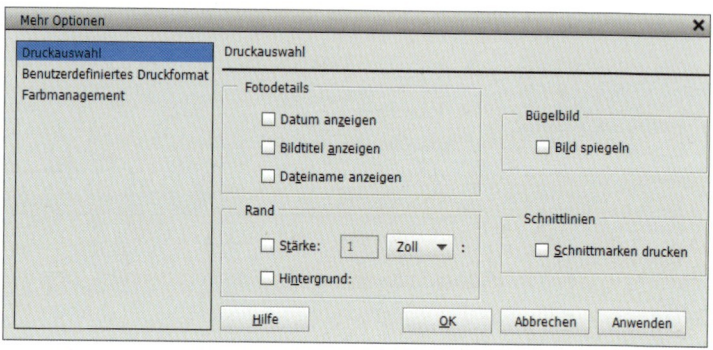

Abbildung 40.8 ▶
Noch mehr Druckoptionen

- DRUCKAUSWAHL: Hier entscheiden Sie, ob der Dateiname und/oder ein Bildtitel als Überschrift ausgedruckt werden sollen. Auch einen RAND um das Bild können Sie mit einer bestimmten Farbe und STÄRKE ausgeben. Den restlichen Bereich um den Rahmen herum färben Sie mit HINTERGRUND ein. Mit SCHNITTMARKEN DRUCKEN werden Hilfslinien auf alle vier Kanten des Fotos gedruckt, die anzeigen, an welchen Stellen das Foto zugeschnitten werden soll. Mit BILD SPIEGELN wird das Bild horizontal gespiegelt ausgedruckt. Dies ist beispielsweise sinnvoll, wenn Sie ein T-Shirt bedrucken wollen.

Bildtitel
Den Bildtitel können Sie über die allgemeinen Eigenschaften eines Bildes (siehe Abschnitt 9.12, »Bildinformationen«) eingeben.

- BENUTZERDEFINIERTES DRUCKFORMAT: Hier können Sie das Bild auf die Papiergröße skalieren, wenn Sie die Checkbox AUF MEDIENGRÖSSE SKALIEREN aktivieren. Ansonsten können Sie über HÖHE und BREITE ein benutzerdefiniertes Maß eingeben. Das Ergebnis können Sie wie gewohnt in der Druckvorschau betrachten, wenn Sie auf die Schaltfläche ANWENDEN klicken.
- FARBMANAGEMENT: Mit dem Farbmanagement wird über BILDFARBRAUM das Farbprofil des Bildes angezeigt.

Schritt für Schritt
Bild auf Fotopapier (10 × 15 cm) drucken

In Zeiten digitaler Medien, in denen Bilder immer mehr auf heimischen Rechnern oder Tablet-Computern präsentiert werden, findet man immer seltener echte Fotos vor. Trotzdem druckt jeder gerne einmal das eine oder andere Erinnerungsfoto oder Meisterstück aus und stellt es eingerahmt auf den Schreibtisch oder hängt es an die Wand. In diesem kleinen Workshop soll gezeigt werden, wie die üblichen Schritte aussehen können, ein digitales Bild auf Fotopapier zu drucken. Im Beispiel wird das gängige Format 10 × 15 cm verwendet.

Kapitel_40:
RajGhat.jpg

1 Bild für den Druck vorbereiten

Öffnen Sie ein Bild im Fotoeditor. Überprüfen Sie seine Auflösung. Ein gute Einstellung sollte 150 dpi bis 300 dpi bringen (siehe Abschnitt 40.1, »Auflösung überprüfen«). Im nächsten Schritt müssen Sie gegebenenfalls das Freistellungswerkzeug C auswählen, um das Bild auf das richtige Format zuzuschneiden. Wählen Sie daher bei der Freistellungsvorgabe 10 × 15 cm ❶ aus, und schneiden Sie das Bild dann auf dieses Format zu.

◀ **Abbildung 40.9**
Bild in die richtige Form bringen

2 »Drucken«-Dialog aufrufen und einstellen

Rufen Sie jetzt den DRUCKEN-Dialog über das Menü DATEI • DRUCKEN oder mit dem Tastenkürzel [Strg]/[cmd]+[P] auf. Nachdem Sie den Drucker ❶ (Abbildung 40.11) ausgewählt haben, sollten Sie bei den DRUCKEREINSTELLUNGEN über die Schaltfläche EINSTELLUNGEN ÄNDERN ❷ den Papiertyp auf Fotopapier stellen

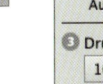

▲ **Abbildung 40.10**
Druckeinstellungen beim Mac

Kapitel 40   Fotoabzüge drucken

und die Druckqualität erhöhen. Beim Mac machen Sie dies über die Schaltfläche Seite einrichten. Als Papierformat ❸ wählen Sie 10 × 15 cm. Ist diese Vorgabe nicht vorhanden, können Sie auch das gleichwertige Gegenstück 4 × 6 (Zoll) verwenden. Bei der Abzugsart ❹ lassen Sie Einzelne Abzüge eingestellt, und als Druckformat ❺ wählen Sie 10,2 × 15,2 cm.

Abbildung 40.11 ▼
Druckeinstellungen unter Windows

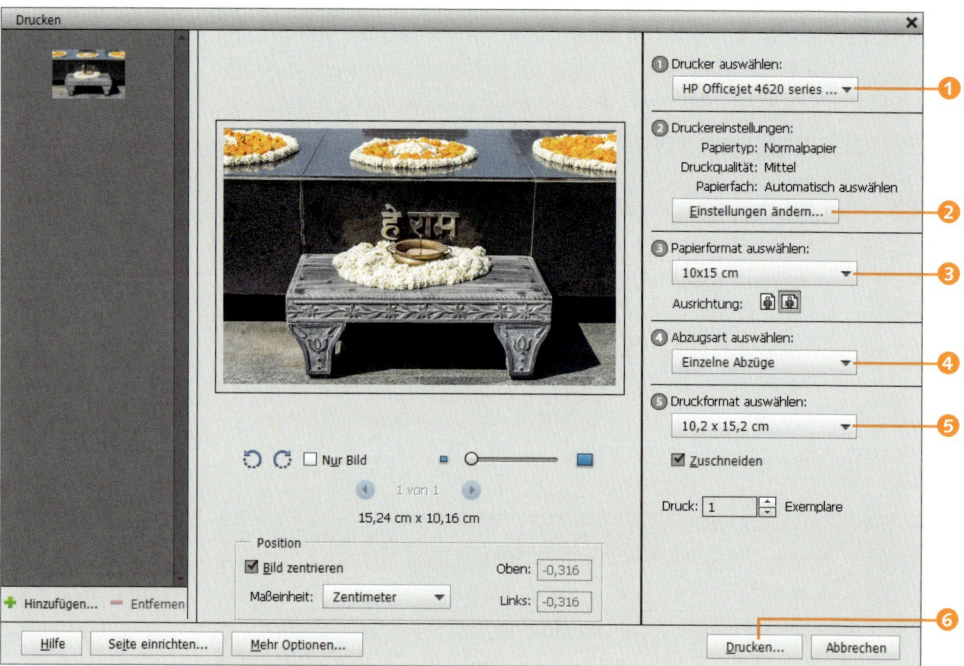

Viele Möglichkeiten

Die Möglichkeiten zum Drucken einzelner oder mehrerer Bilder mit dem Drucken-Dialog des Organizers sind recht vielseitig, dank vieler Vorgaben. Hier können Sie nach Herzenslust experimentieren. Das jeweilige Ergebnis können Sie vorab im Vorschaufenster des Drucken-Dialogs betrachten.

Abbildung 40.12 ▶
Das fertig ausgedruckte Foto auf einem 10 × 15 cm-Fotopapier

3 **Papier einlegen und den Fotodruck starten**
Legen Sie jetzt das Fotopapier in den Drucker, und starten Sie den Druck über die Schaltfläche Drucken ❻. Je nach Qualitätseinstellungen und Drucker kann dies ein wenig länger dauern als üblich.

Randlos drucken | Wollen Sie ohne den weißen Rand drucken, müssen Sie dies bei Ihrem Drucker einstellen. Randloses Drucken ist nicht Sache von Photoshop Elements, sondern eine Einstellung Ihres Druckers. Beim Mac finden Sie diese Option meistens schon beim Auswählen des Papierformats. Bei Windows müssen Sie diese Option über die Eigenschaften des Druckers einstellen, auch zu erreichen über die Schaltfläche SEITE EINRICHTEN des Dialogs von Photoshop Elements. Aber seien Sie gewarnt, trotz dieser Einstellung lässt sich nicht jeder Drucker dazu überreden, absolut randlos zu drucken.

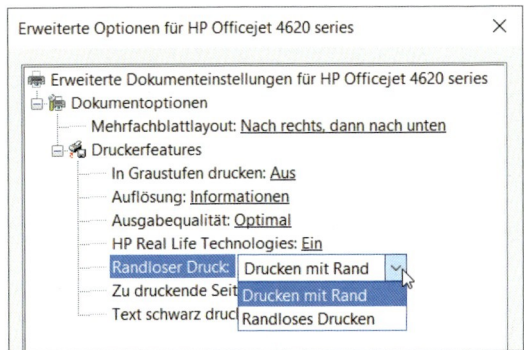

◀ **Abbildung 40.13**
RANDLOSES DRUCKEN ist Sache des Druckers und nicht der Software und muss extra bei den EIGENSCHAFTEN des Druckers eingestellt werden.

40.2.2 Drucken aus dem Organizer

Wenn Sie den Druckbefehl DATEI • DRUCKEN oder [Strg]/[cmd]+[P] aus dem Organizer heraus aufrufen, öffnet sich ein ähnlich umfangreicher Dialog wie im Fotoeditor. Das Einzige, worauf Sie hier verzichten müssen, ist die freie Positionierung über die Option BILD ZENTRIEREN (siehe ❻ in Abbildung 40.5 und Abbildung 40.6).

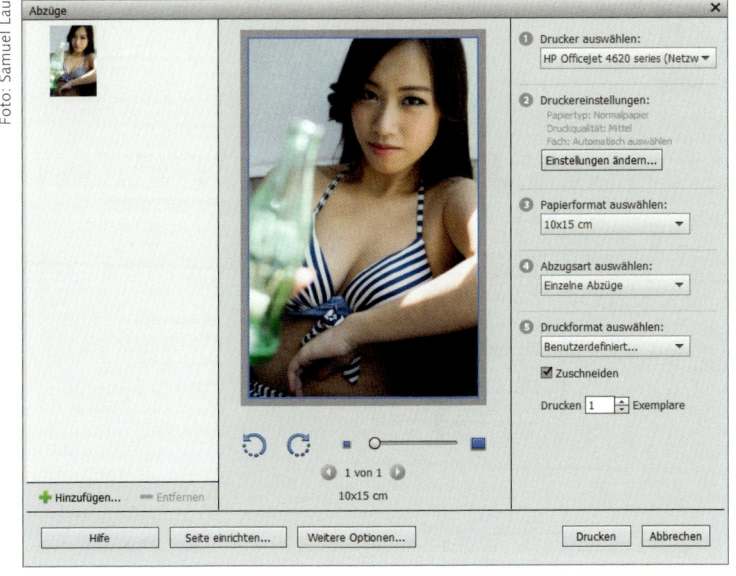

▲ **Abbildung 40.14**
Alle Befehle zum Drucken können beim Organizer und beim Fotoeditor auch über ERSTELLEN • FOTOABZÜGE aufgerufen werden.

◀ **Abbildung 40.15**
Die Einstellungen für den Druck aus dem Organizer heraus

40.2.3 Ein Bild mehrmals auf eine Seite drucken – Bildpaket

Wenn Sie ein Bild mehrmals auf eine Seite drucken wollen, müssen Sie am Mac und unter Windows unterschiedlich vorgehen.

Windows | Um von einem Bild gleich mehrere Abzüge auf einer Seite auszudrucken, verwenden Sie bei Abzugsart auswählen ❶ die Option Bildpaket und bestimmen dann bei Layout auswählen ❷ ein entsprechendes Layout. Jetzt müssen Sie nur noch ein Häkchen vor Seite mit erstem Foto füllen ❸ setzen.

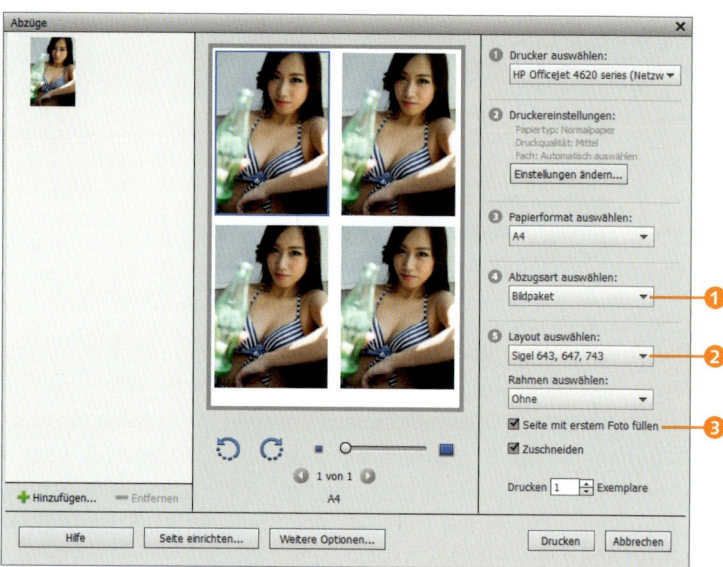

Abbildung 40.16 ▶
Natürlich lassen sich auch mehrere Abzüge von demselben Bild auf eine Seite drucken.

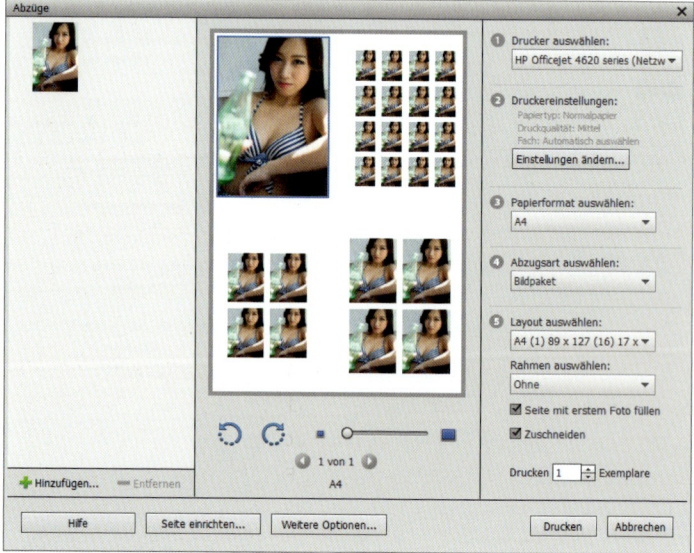

Abbildung 40.17 ▶
Passfotos und Miniaturen können Sie mit der Abzugsart Bildpaket und dem entsprechenden Layout ebenfalls einstellen.

Mac | Wollen Sie beim Mac mehrere Abzüge von einem Bild ausdrucken, rufen Sie aus dem Fotoeditor von Photoshop Elements das Menü DATEI • BILDPAKET auf. Im sich öffnenden Dialog BILDPAKET müssen Sie nur das SEITENFORMAT ❹ einrichten und aus LAYOUT ❺ ein vordefiniertes auswählen. Sollten Sie kein passendes SEITENFORMAT oder LAYOUT vorfinden, bietet Ihnen die Schaltfläche LAYOUT BEARBEITEN ❻ eine Möglichkeit, das aktuell ausgewählte Bildpaket-Layout zu bearbeiten.

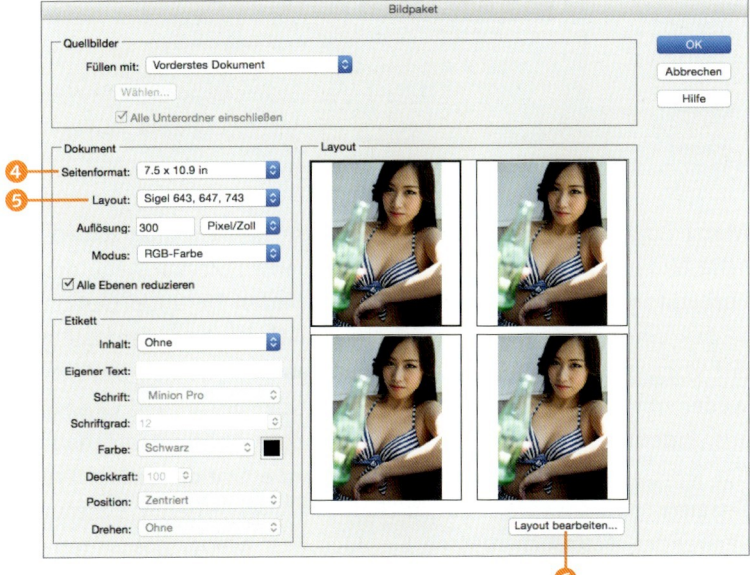

◀ **Abbildung 40.18**
Der Dialog zum Drucken von Bildpaketen beim Mac

40.2.4 Mehrere Bilder drucken

Auch das Drucken mehrerer Bilder funktioniert am Mac und unter Windows etwas unterschiedlich. Worauf Sie achten müssen, erfahren Sie in diesem Abschnitt.

Windows | Um mehrere verschiedene Bilder zu drucken, markieren Sie im Medienbrowser des Organizers mehrere Bilder und starten den DRUCKEN-Dialog über [Strg]+[P]. Weitere Bilder können Sie jederzeit nachträglich über das grüne Plussymbol ❼ (Abbildung 40.19) hinzufügen, und über das rote Minussymbol ❽ entfernen Sie Bilder.

Wollen Sie mehrere Bilder pro Seite ausdrucken, müssen Sie die Bildgröße wieder für den Druck anpassen. Verwenden Sie dazu bei ABZUGSART AUSWÄHLEN ❾ den Wert BILDPAKET, und wählen Sie anschließend das gewünschte LAYOUT ❿ aus. Das Häkchen vor SEITE MIT ERSTEM FOTO FÜLLEN ⓫ sollte natürlich jetzt deaktiviert sein.

Fotoabzüge
Dieselbe Funktion erreichen Sie auch über das Dropdown-Menü ERSTELLEN unter FOTOABZÜGE • BILDPAKET, sowohl unter Windows als auch am Mac.

Kapitel 40 Fotoabzüge drucken

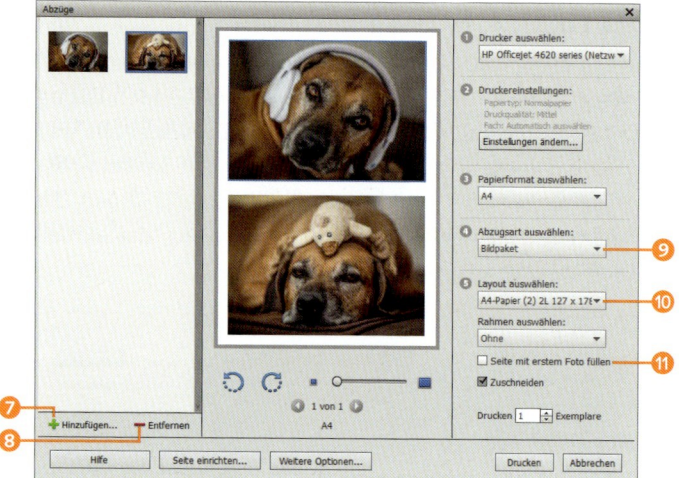

Abbildung 40.19 ▶
Auch mehrere Bilder lassen sich gleichzeitig zum Drucken einrichten.

Mac | Auch am Mac ist es ein Kinderspiel, mehrere unterschiedliche Bilder auf eine Seite zu drucken. Wählen Sie im Menü des Fotoeditors DATEI • BILDPAKET aus. Hier finden Sie unter QUELL-BILDER eine Dropdown-Liste FÜLLEN MIT ❶, die standardmäßig auf VORDERSTES DOKUMENT eingestellt ist. Hier wählen Sie entweder mit der Option DATEI mehrere Bilder aus einem Ordner aus, indem Sie in der LAYOUT-Vorschau ❹ auf ein entsprechendes leeres Feld klicken, oder Sie nutzen die Option GEÖFFNETE DATEIEN; dann werden alle im Fotoeditor geöffneten Dateien verwendet. Natürlich müssen Sie auch hier wieder das SEITENFORMAT ❷ und vor allem auch das LAYOUT ❸ auswählen. Erst das LAYOUT bestimmt, welche und wie viele Bilder auf ein Blatt gedruckt werden. Wenn kein passendes Layout vorhanden ist, können Sie jederzeit eines über LAYOUT BEARBEITEN ❺ erstellen.

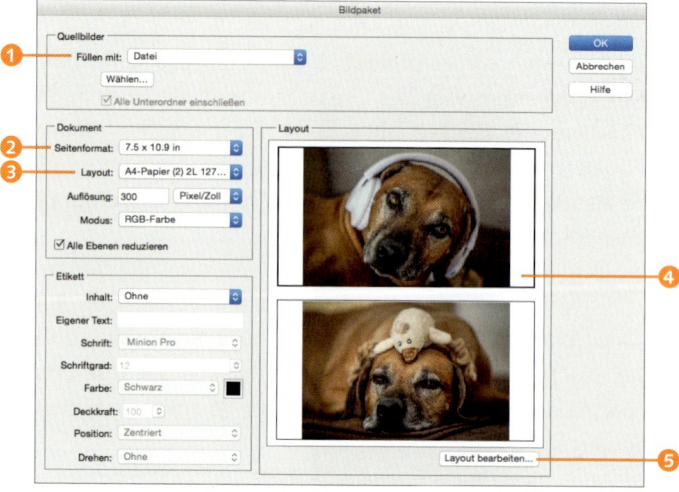

Abbildung 40.20 ▶
Auch mehrere unterschiedliche Bilder sind mit dem Mac kein Problem.

958

40.2.5 Kontaktabzug

Im Organizer finden Sie bei ABZUGSART AUSWÄHLEN die Option KONTAKTABZUG. Sie erreichen diese Option am Mac im Fotoeditor über DATEI • KONTAKTABZUG II (oder [Alt]+[cmd]+[P]). Ein Kontaktabzug ist ein ganzer Satz von Miniaturansichten von Bildern, die sich beispielsweise in einem Ordner befinden. Einen solchen Abzug können Sie etwa erstellen, wenn Sie Ihre Bilder als Referenz ausdrucken lassen wollen.

Kontaktabzug drucken

Ebenfalls einen Kontaktabzug drucken können Sie über das Aufgabenbedienfeld ERSTELLEN unter FOTOABZÜGE • KONTAKTABZUG DRUCKEN.

40.3 Visitenkarten erstellen

Zum Thema **Drucken** gehört unbedingt auch der Bereich Visitenkarten. Eine Visitenkarte zu erstellen ist im Grunde kein Kunststück. Sie müssen auf die Größe der Visitenkarte achten und darauf, beim Drucken die richtigen »Hebel« zu bedienen. Selbst wenn Sie gar nicht vorhaben, eigene Visitenkarten zu drucken, könnte dieser Workshop interessant für Sie sein, denn ich werde einige Möglichkeiten beim Drucken beschreiben, die ich bislang noch nicht erwähnt habe.

Schritt für Schritt
Visitenkarten erstellen

Visitenkarten können Sie mit Photoshop Elements ganz individuell gestalten. An einige Regeln sollten Sie sich aber dennoch halten.

1 Dokument anlegen

Legen Sie zunächst im Fotoeditor ein neues Dokument mit [Strg]/[cmd]+[N] an. Hierbei sollten Sie die Größenangaben für eine Standard-Visitenkarte verwenden. Wollen Sie für diesen Zweck ein spezielles Druckerpapier benutzen, passen Sie die Größe entsprechend an. Eine typische Standardgröße wäre 91 Millimeter BREITE und 55 Millimeter HÖHE.

Vorgabe speichern

Wenn Sie häufiger Visitenkarten mit Photoshop Elements erstellen, dann lohnt es sich, diese Vorgabe gleich über die entsprechende Schaltfläche VORGABE SPEICHERN ❻ zu sichern.

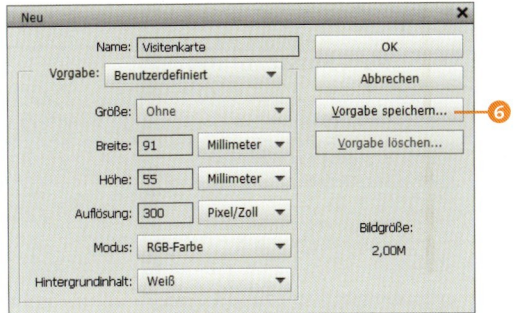

◄ Abbildung 40.21
Legen Sie ein neues Dokument an.

2 Text eingeben

Wählen Sie als Nächstes das Textwerkzeug aus. Verwenden Sie als Schriftart ARIAL und eine etwas kleinere Schriftgröße. Im Beispiel habe ich 8 Pt benutzt. Geben Sie nun alle Daten ein, die auf Ihrer Visitenkarte stehen sollen (Name, Adresse, Beruf usw.).

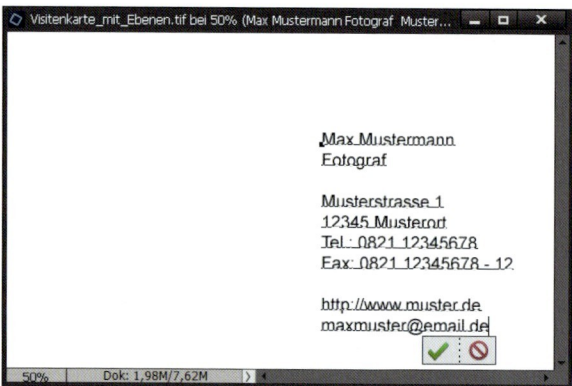

Abbildung 40.22 ▶
Geben Sie Ihren Text ein.

Zum Nachlesen

Das Textwerkzeug habe ich ausführlich in Teil XI, »Mit Text und Formen arbeiten«, beschrieben.

3 Text formatieren

Wenn Sie die Eingaben vorgenommen haben, formatieren Sie den Text, indem Sie wie bei einem Texteditor einzelne Zeilen markieren und andere Schriftgrößen oder gegebenenfalls auch andere Schriftarten verwenden. Das Formatieren des Textes nach der Eingabe hat den Vorteil, dass Sie den Überblick über den Umfang des Textes behalten.

Im Beispiel habe ich mich für die Schriftart CAMBRIA für den kompletten Text entschieden. Die Schriftgröße des Namens habe ich auf 12 Pt mit fetter Schrift erhöht und die Berufsbezeichnung auf die Schriftgröße 6 Pt reduziert. All diese Einstellungen sind natürlich eine Frage des persönlichen Geschmacks und Stils. Verschieben Sie die Textebene zuletzt noch dorthin, wo Sie sie gerne haben wollen.

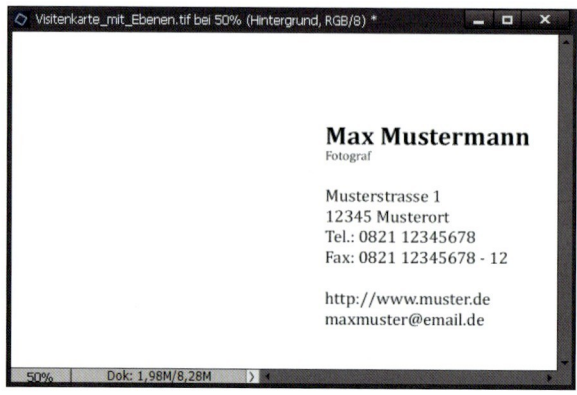

Abbildung 40.23 ▶
Der formatierte Text

40.3 Visitenkarten erstellen

4 Layout erzeugen

Im nächsten Schritt werden Sie das Layout erzeugen. Dabei sind Ihrer Kreativität keine Grenzen gesetzt – erlaubt ist alles, was gefällt. Sie können auch ein Bild einfügen, das Sie gegebenenfalls skalieren müssen. Auch verschiedene Muster, Füllungen oder Verläufe würden sich hier anbieten.

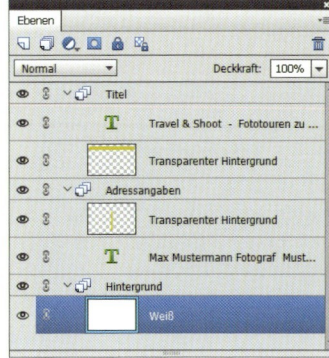

◂▴ **Abbildung 40.24**
So könnte das Layout für eine individuelle Visitenkarte aussehen.

5 Ebenen vereinen und Bild speichern

Zum Schluss sollten Sie alle Ebenen auf eine reduzieren und das Bild speichern. Sie finden die abgebildeten Visitenkarten natürlich auch wieder im Downloadbereich des Buches.

▴ **Abbildung 40.25**
Ein weiteres Beispiel, bei dem ein Bild skaliert und als Hintergrund der Visitenkarte verwendet wurde

 Kapitel_40: Visitenkarte.tif, Visitenkarte2.tif, Visitenkarte_mit_Ebenen.tif, Visitenkarte2_mit_Ebenen.tif

Tipp für Grafiken

Sind Sie auf der Suche nach Grafiken für Ihre Visitenkarte, sollten Sie sich auch einmal im Bedienfeld GRAFIKEN (FENSTER • GRAFIKEN) umsehen. Photoshop Elements bietet hier eine Menge stufenlos skalierbarer Grafiken wie beispielsweise Zierstreifen, Banner und Logos an, die sich sehr gut für Visitenkarten eignen. Auch Hintergründe finden Sie über dieses Aufgabenbedienfeld.

Schritt für Schritt
Visitenkarten drucken (Windows)

Nachdem Sie im vorangegangenen Workshop erfahren haben, wie Visitenkarten erstellt werden können, geht es nun um den

Kapitel 40 Fotoabzüge drucken

Ausdruck unter Windows. (Alle Mac-Anwender schauen bitte auf der nächsten Seite nach.)

1 Druckauftrag erstellen

Wählen Sie DATEI • DRUCKEN oder [Strg]+[P]. Verwenden Sie bei ABZUGSART AUSWÄHLEN ❶ den Modus BILDPAKET. Sollten Sie den DRUCKEN-Dialog aus dem Fotoeditor gestartet haben, erfolgt jetzt der Hinweis, dass diese Funktion nur im Organizer von Photoshop Elements zur Verfügung steht, und es erscheint die Frage, ob Sie diesen gleich starten wollen. Bei LAYOUT AUSWÄHLEN ❷ wählen Sie nun A4-PAPIER (10) VISITENKARTE 55 × 91. Um gleich einen kompletten Bogen mit Visitenkarten auszudrucken, aktivieren Sie noch die Option SEITE MIT ERSTEM FOTO FÜLLEN ❸. Starten Sie den Druckauftrag mit einem Klick auf DRUCKEN ❹.

Auf Hintergrundebene reduzieren

Falls Ihre erstellte Visitenkarte auf mehreren Ebenen vorliegt, müssen Sie diese auf eine Hintergrundebene reduzieren, wie in Arbeitsschritt 5 des Workshops »Visitenkarten erstellen« angegeben, damit die Visitenkarten auch gedruckt werden können. Sonst meldet sich der Drucker mit der Fehlermeldung, dass die Datei nicht gedruckt werden kann. Der Drucker kann gewöhnlich nichts mit (PSD-)Dateien mit mehreren Ebenen anfangen.

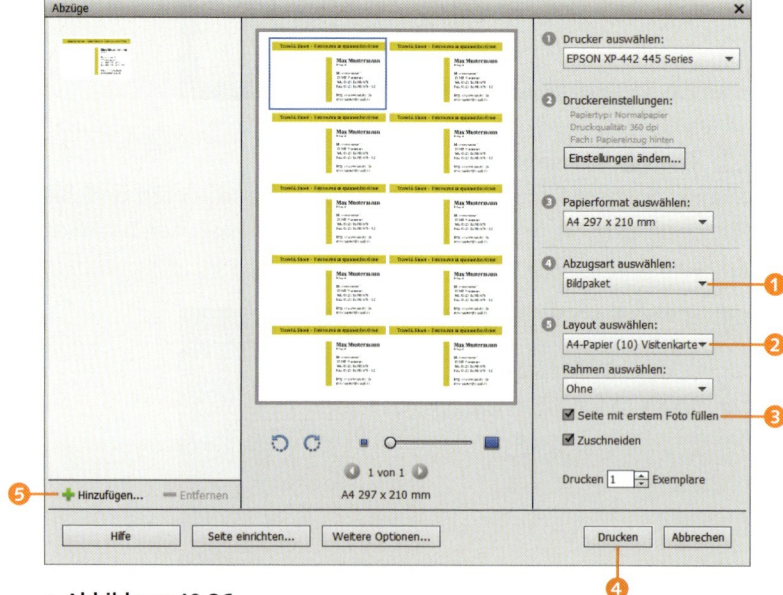

▲ **Abbildung 40.26**
Einstellungen für den Druckauftrag

2 Drucken verschiedener Visitenkarten

Sie können auch verschiedene Visitenkarten auf einer Seite ausdrucken. Fügen Sie zunächst eine weitere Visitenkarte über das grüne Plussymbol ❺ hinzu. Ein weiteres Muster dazu können Sie herunterladen (»Visitenkarte2.tif«).

Ziehen Sie die Bildsymbole von der linken Seite ❻ einfach in die Druckvorschau in der Mitte ❼ auf eine freie Position. Ein grüner Rahmen zeigt an, wo das Bild landet, wenn Sie die Maustaste loslassen. So können Sie die Bilder beliebig positionieren.

40.3 Visitenkarten erstellen

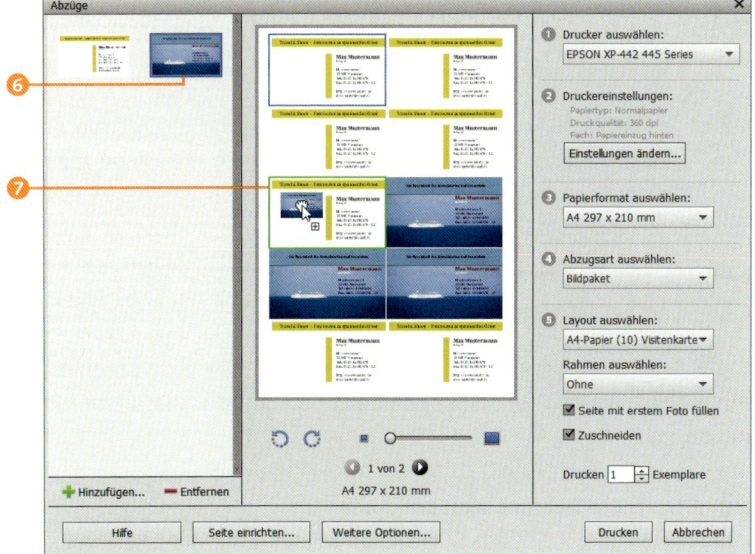

◄ **Abbildung 40.27**
So drucken Sie verschiedene Visitenkarten aus.

Visitenkarten drucken mit dem Mac | Natürlich können Sie auch bei der Mac-Version die Visitenkarten ausdrucken. Wählen Sie hierzu im Menü des Fotoeditors Datei • Bildpaket aus und bei der Dropdown-Liste Füllen mit ❽ die Option Datei. Im Seitenformat ❾ müssen Sie die Größe des Papiers angeben, auf dem die Visitenkarten gedruckt werden sollen. Wählen Sie beim Layout ❿ A4-Papier (10) Visitenkarte 55 × 91 aus. Über die leeren Felder der Layout-Vorschau ⓫ fügen Sie durch Anklicken die Visitenkarte(n) ein.

Layout nicht vorhanden

Sollten Sie das entsprechende Layout zum Seitenformat nicht finden, wählen Sie einfach ein anderes Seitenformat aus, bei dem das Layout vorhanden ist. Klicken Sie anschließend auf die Schaltfläche Layout bearbeiten ⓬, passen Sie hier das Seitenformat an (gewöhnlich 21 × 29,7 cm für A4), und speichern Sie das neue Layout ab.

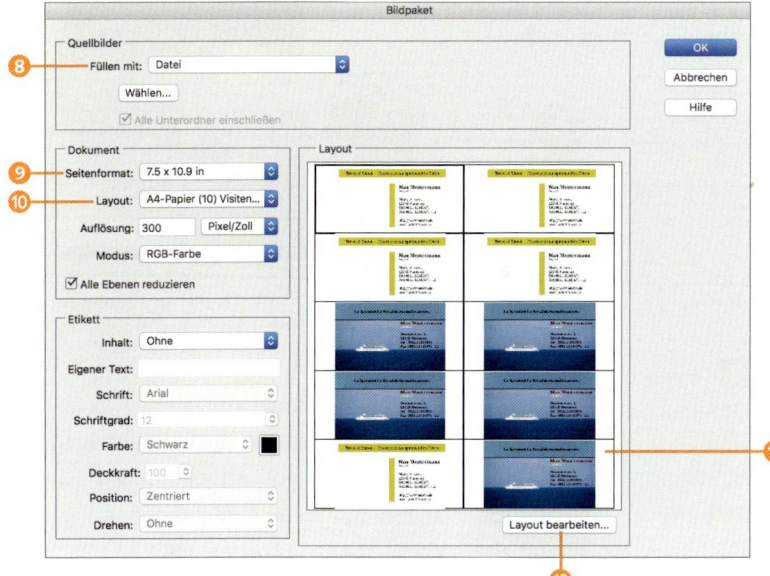

◄ **Abbildung 40.28**
Drucken über den Bildpaket-Dialog beim Mac

963

40.4 CD-/DVD-Etiketten und -Hüllen erstellen

Wenn Sie Ihre Diashows oder Online-Galerien auf CD/DVD brennen, könnten Sie ja eigentlich auch gleich noch die passenden CD-Etiketten und Hüllen dazu erstellen.

Schritt für Schritt
CD-/DVD-Etiketten erstellen

Diese Schritt-für-Schritt-Anleitung zeigt Ihnen, wie Sie vorgehen, wenn Sie Etiketten für selbst gebrannte CDs und DVDs erstellen möchten.

1 CD-/DVD-Etikett starten

Wählen Sie zuerst ERSTELLEN • CD-/DVD-ETIKETT. Als Erstes folgt ein Dialog, in dem Sie eigentlich nur auswählen können, ob Sie das CD-/DVD-Etikett gleich mit ausgewählten Bildern ❶ füllen wollen. Sind Sie sich noch nicht sicher oder haben Sie keine Bilder ausgewählt, können Sie diese Option auch zunächst noch deaktivieren. Bilder lassen sich jederzeit nachträglich hinzufügen. Klicken Sie auf die Schaltfläche OK.

Abbildung 40.29 ▶
Starten Sie ein Etiketten-Projekt.

2 Layout auswählen

Drücken Sie die Schaltfläche LAYOUTS ❹, und wählen Sie aus, wie viele Fotos Sie hinzufügen wollen, indem Sie einfach auf einer der Miniaturen ❷ doppelklicken. In der Vorschau erkennen Sie diese Bereiche an den grauen Flächen ❸. Sie können diese grauen Flächen jederzeit mit dem Verschieben-Werkzeug 🔧 [V] nach-

40.4 CD-/DVD-Etiketten und -Hüllen erstellen

träglich ändern (verschieben, drehen, skalieren, transformieren). Genauso können Sie einzelne graue Flächen mit dem Verschieben-Werkzeug auswählen und mit [Entf] oder [←] löschen.

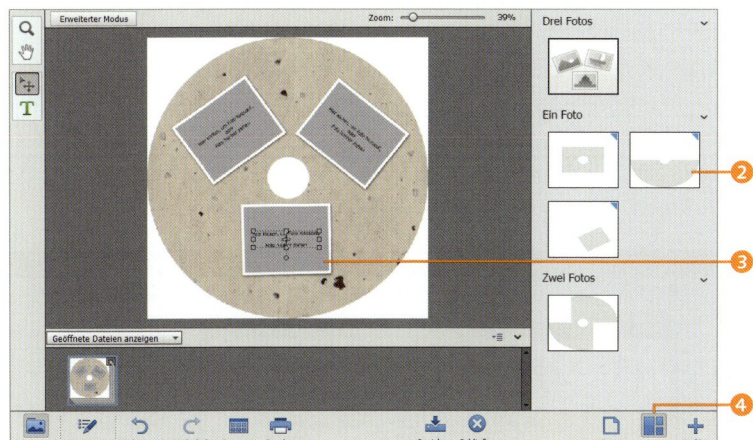

◄ **Abbildung 40.30**
Layout für die Fotos auswählen

3   Fotos hinzufügen

Jetzt haben Sie mehrere Möglichkeiten, die Bilder den grauen Flächen hinzuzufügen. Entweder ziehen Sie das Bild aus dem Fotobereich ❽ und lassen es auf der grauen Fläche fallen. Oder Sie klicken, wenn keine Bilder im FOTOBEREICH geöffnet sind, auf den Text ❼ der grauen Fläche, und es öffnet sich ein Dialog, über den Sie ein Bild zum Einfügen auswählen.

Ohne Fotos

Natürlich müssen Sie dem Etikett keine Fotos hinzufügen. Wenn Sie die grauen Flächen mit dem Verschieben-Werkzeug ausgewählt und [Entf] oder [←] gedrückt haben, können Sie den Workshop auch ohne eingefügte Fotos fortsetzen.

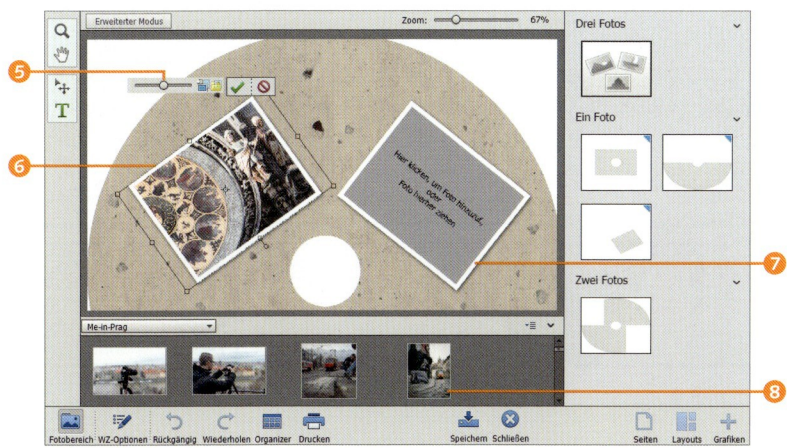

◄ **Abbildung 40.31**
So fügen Sie Bildmaterial hinzu.

Die Bildergröße können Sie jederzeit im Rahmen anpassen, indem Sie auf das Bild doppelklicken. Daraufhin öffnet sich ein Schieberegler ❺ und ein Rahmen ❻ um das Bild, über die Sie das Bild anpassen können. Den Rahmen selbst können Sie ebenfalls mit dem Verschieben-Werkzeug [V] nachträglich ändern. Wiederholen Sie den Vorgang bei den anderen grauen Flächen.

4 Etikett gestalten

Im nächsten Schritt wählen Sie die Schaltfläche GRAFIKEN ❶. Hier wählen Sie per Doppelklick oder durch Ziehen und Fallenlassen den Hintergrund der CD/DVD aus. Ebenso können Sie die Rahmen der einzelnen Fotos ändern, indem Sie das Foto auswählen und einen Rahmen doppelklicken. Auch Grafiken lassen sich hinzufügen, wie im Beispiel die Geranien.

Internetverbindung nötig
Es wurde zwar schon häufiger erwähnt, aber bei Grafiken, Hintergründen oder Rahmen, bei denen die rechte Ecke blau markiert ist, benötigen Sie eine Internetverbindung, damit diese Inhalte heruntergeladen werden können. Einmal heruntergeladene Inhalte müssen anschließend nicht mehr heruntergeladen werden und haben daher auch keine blaue Ecke mehr.

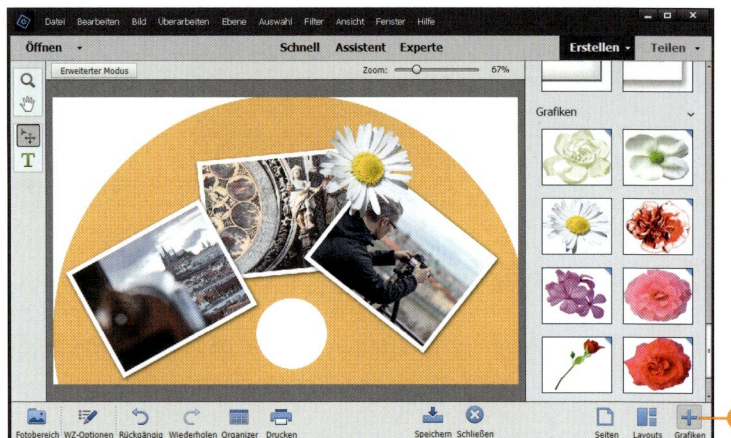

Abbildung 40.32 ▶
Fügen Sie den Hintergrund, den Rahmen und die Grafiken hinzu.

5 Text hinzufügen

Wählen Sie jetzt das Textwerkzeug ❸ [T] aus, und fügen Sie Text hinzu. Natürlich können Sie auch hier, wie von diesem Werkzeug gewohnt, den Text jederzeit nachträglich ändern, ihn verkrümmen und Stile hinzufügen. Mit dem Verschieben-Werkzeug [V] können Sie den Text nachträglich drehen und skalieren.

Zum Nachlesen
Alles rund um die Textwerkzeuge können Sie in Teil XI, »Mit Text und Formen arbeiten«, nachlesen.

▲ **Abbildung 40.33**
Fügen Sie einen Text hinzu. Mit ❷ können Sie zoomen.

40.4 CD-/DVD-Etiketten und -Hüllen erstellen

6 Noch mehr Optionen

Reichen Ihnen die Einstellungsmöglichkeiten nicht aus und benötigen Sie zusätzlich Filter, die Ebenenstile, noch mehr Grafiken, Rahmen oder Hintergründe oder genügen Ihnen die Werkzeuge in diesem Modus nicht, klicken Sie die Schaltfläche ERWEITERTER MODUS 4 an.

▲ **Abbildung 40.34**
Wollen Sie selbst noch etwas mehr in die Bearbeitung der Etiketten eingreifen, aktivieren Sie den erweiterten Modus.

Natürlich finden Sie im erweiterten Modus auch das Ebenen-Bedienfeld wieder, um auch auf die einzelnen Ebenen zugreifen zu können. Erneutes Anklicken der Schaltfläche 4 bringt Sie wieder zurück zum einfachen Modus.

7 Entwurf speichern und Datei drucken

Zum Schluss sollten Sie den Entwurf mit der Schaltfläche SPEICHERN 6 als Fotoprojekt im PSE-Format oder als PDF-Dokument speichern, falls Sie das Bild später weiterbearbeiten wollen, und/oder über die Schaltfläche DRUCKEN 5 ausdrucken.

◄ **Abbildung 40.35**
Das fertige CD-/DVD-Etikett

Drucken, aber wie?!

An dieser Stelle fehlt leider noch eine entscheidende Funktion, wenn Sie auf DRUCKEN 5 gehen. Es gibt kein passendes Papierformat in Photoshop Elements für CD-/DVD-Etiketten. Sie können zwar tolle Etiketten mit Elements erstellen, aber zum Drucken benötigen Sie eine weitere Software. Zwar ist es durchaus möglich, eigene Druckervorlagen zum System hinzuzufügen, aber das hängt zum einen vom Drucker ab, und zum anderen würde das hier zu weit führen. Ohne Werbung machen zu wollen, an dieser Stelle mein persönlicher Favorit: Ich verwende Etiketten von Avery Zweckform (*http://www.avery-zweckform.com*) und auch deren kostenlose Software dazu. Den mit Elements erstellten Entwurf meines DVD-Etiketts speichere ich dabei in einem gängigen Bildformat (beispielsweise JPEG) und öffne das so erstellte Etikett als Bild in der Software von Avery Zweckform. Dort passe ich es bei einem CD-/DVD-Etiketten-Projekt in der Größe an und drucke es aus. Leider recht umständlich, aber mir fällt im Augenblick keine bessere Lösung ein. Hoffen wir, dass Adobe bald nachbessert und entsprechende Vorlagen mitinstalliert.

Wollen Sie aus dem PSE-Format ein gewöhnliches Bildformat machen, finden Sie im PSE-Projektordner eine PSD-Datei mit den Ebenen. Diese öffnen Sie im Fotoeditor und reduzieren alle Ebenen auf eine Hintergrundebene. Jetzt können Sie das Etikett in ein Bildformat Ihrer Wahl speichern.

Smartobjekt-Miniatur | Wenn Sie beim vorherigen Workshop das Ebenen-Bedienfeld im erweiterten Modus betrachtet haben, dürfte Ihnen in der Hintergrundebene das kleine Symbol ❶, eine Smartobjekt-Miniatur, aufgefallen sein. Smartobjekte sind Behälter (Container), die Bilddaten von Raster- oder Vektorbildern (zum Beispiel Photoshop- oder Illustrator-Dateien) enthalten. Mit Smartobjekten bleibt der Quellinhalt des Bildes mit allen ursprünglichen Eigenschaften erhalten, was ein zerstörungsfreies Bearbeiten dieser Ebene ermöglicht.

> **Eigene Smartobjekte**
> Leider ist es nicht möglich, eigene Smartobjekte mit Photoshop Elements zu erstellen. Auch diese Funktion bleibt dem großen Photoshop CS (ab CS2) bzw. CC vorbehalten.

Abbildung 40.36 ▶
Eine Smartobjekt-Miniatur ❶ im Ebenen-Bedienfeld

CD-/DVD-Hüllen erstellen | Einen Workshop zum Erstellen von CD-/DVD-Hüllen spare ich mir an dieser Stelle, da der Vorgang weitgehend identisch ist mit dem Erstellen von CD-/DVD-Etiketten. Die entsprechenden Funktionen finden Sie im Organizer oder im Fotoeditor über ERSTELLEN • CD-HÜLLE bzw. ERSTELLEN • DVD-HÜLLE ❷. Bei einem CD- bzw. DVD-Etikett war die Größe noch egal, da diese für beide Medien identisch ist. CD-Hüllen und DVD-Hüllen sind allerdings unterschiedlich groß; folglich gibt es zwei Funktionen, die aber in jeder anderen Hinsicht analog sind.

▲ **Abbildung 40.37**
Auch das Erstellen von CD- und DVD-Hüllen finden Sie unter ERSTELLEN.

Kapitel_40:
Ordner Bildband:
Bildband.pdf,
Bildband.pse

40.5 Einen Bildband erstellen

Sehr schön ist auch die Funktion zum Erstellen von Bildbänden bzw. Fotobüchern. Hierzu müssen Sie gewöhnlich nur die Bilder und das Layout auswählen – Photoshop Elements erledigt alles Weitere für Sie.

Schritt für Schritt
Einen Bildband erstellen

Bevor es losgeht, muss an dieser Stelle angefügt werden, dass das Erstellen eines Bildbandes, abhängig von der Anzahl von Bil-

40.5 Einen Bildband erstellen

dern und Seiten, sehr rechen- und speicheraufwendig ist. Daher sollten Sie, je nach Leistung Ihres Rechners, nicht zu viele andere Programme im Hintergrund laufen lassen.

1 Bildband erstellen

Die Funktion rufen Sie sowohl aus dem Fotoeditor als auch aus dem Organizer über ERSTELLEN • BILDBAND auf.

2 Größe und Thema auswählen

Als Erstes wählen Sie die Größe ❸ aus, die der Bildband haben soll. Als Nächstes bestimmen Sie die SEITENZAHL ❻. Bei THEMEN ❹ wählen Sie das gewünschte Thema für das Fotobuch aus. In der VORSCHAU ❼ sehen Sie dann, wie das Thema als Fotobuch aussehen könnte. Wollen Sie das Fotobuch gleich mit geöffneten Bildern füllen, müssen Sie die entsprechende Option ❺ aktivieren. Im Beispiel habe ich diese Option deaktiviert. Mit einem Klick auf die Schaltfläche OK wird das Fotobuch erzeugt.

▲ **Abbildung 40.38**
Die Option BILDBAND

Internetverbindung erforderlich

Auch hier gilt wieder: Themen mit einer blauen rechten Ecke müssen bei der ersten Verwendung einmalig heruntergeladen werden.

▲ **Abbildung 40.39**
Wählen Sie die Größe, das Thema und die SEITENZAHL aus.

3 Bilder hinzufügen

Bevor Sie sich in den Details verstricken, sollten Sie dem Fotoalbum, genauer den grauen Flächen, Bilder hinzufügen. Durch die einzelnen Seiten blättern Sie entweder oberhalb ❶ (Abbildung 40.40) des Bildbandes oder über SEITEN ❻, indem Sie die entsprechende Seite auswählen.

Sollten Sie am Ende noch mehr Seiten für das Fotobuch benötigen, fügen Sie sie über das Neue-Seiten-Symbol ❸ hinzu; zu viel erstellte Seiten entfernen Sie über das Mülltonnensymbol ❹ daneben.

Wiederholungen

Die weiteren Schritte entsprechen im Grunde der Schritt-für-Schritt-Anleitung »CD-/DVD-Etiketten erstellen« von Seite 964, nur dass in diesem Fall bereits alles vorbelegt ist (Hintergrund, Layout, Text usw.). Sie können natürlich auch hier wieder alles ändern oder Neues hinzufügen. Da ich die Details bereits in besagtem Abschnitt ausführlich beschrieben habe, gehe ich auf diese Schritte hier nicht mehr so detailliert ein. Blättern Sie gegebenenfalls zum oben genannten Workshop zurück.

Bilder fügen Sie hinzu, indem Sie ein Bild aus dem Fotobereich ziehen und auf der grauen Fläche fallen lassen. Sind keine Bilder im Fotobereich geöffnet, können Sie auch auf den Text ❼ der grauen Fläche klicken, und es öffnet sich ein Dialog, über den Sie ein Bild zum Einfügen auswählen. Die Bildergröße passen Sie im Rahmen an, indem Sie auf das Bild doppelklicken. Daraufhin öffnen sich ein Schieberegler ❷ und ein Rahmen, mit deren Hilfe Sie das Bild im Rahmen anpassen können. Den Rahmen selbst können Sie ebenfalls jederzeit mit dem Verschieben-Werkzeug ⊕ V nachträglich ändern. Wiederholen Sie den Vorgang bei den anderen grauen Flächen.

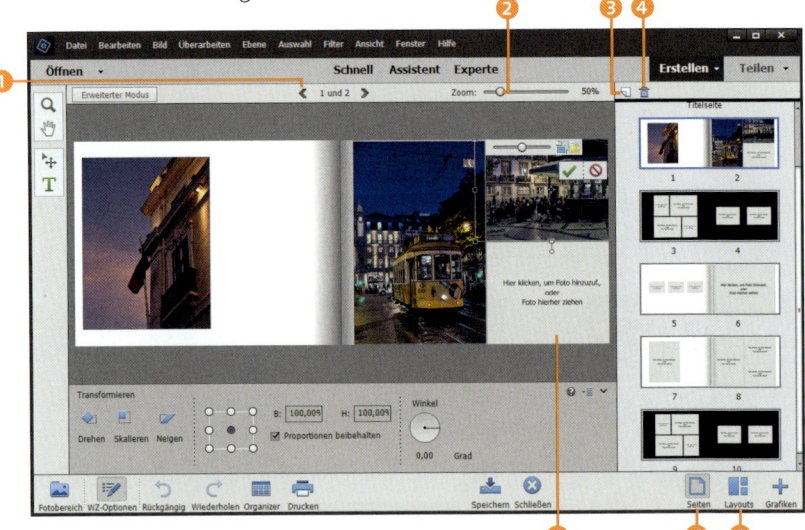

Abbildung 40.40 ▶
Fügen Sie Ihrem Bildband Fotos hinzu.

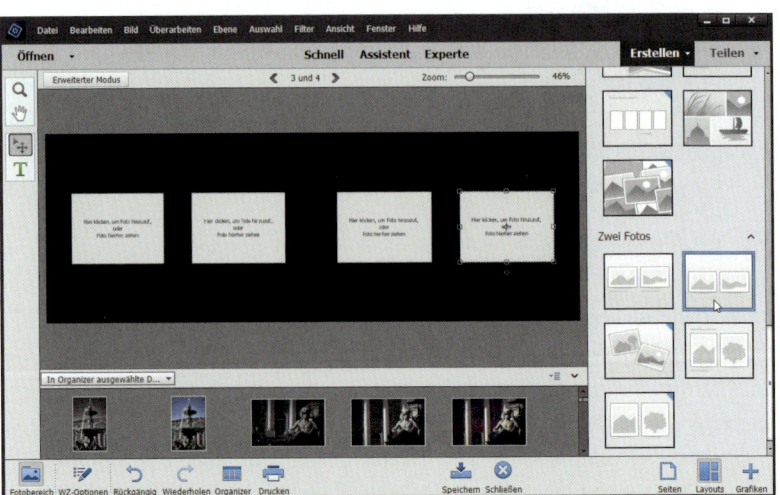

▲ **Abbildung 40.41**
Layout der einzelnen Seiten anpassen

4 Layout ändern

Befinden sich für Ihren Geschmack auf manchen Seiten zu viele oder zu wenige Bilder, können Sie das Layout über die entsprechende Schaltfläche 5 ändern. Am besten ziehen Sie das gewünschte Layout per Drag & Drop auf die Seite. Bei einem Doppelklick auf ein Layout werden beide angezeigten Doppelseiten mit dem gewählten Layout vorbelegt.

5 Grafik hinzufügen/ändern

Über GRAFIKEN 9 können Sie zur aktuellen Seite einen neuen Hintergrund, für die einzelnen Bilder einen neuen Rahmen und zur Verzierung einige Grafiken per Drag & Drop hinzufügen oder diese ändern. So richtig mögen in diesem Beispiel die Grafiken nicht zum Thema passen. Wenn Sie auf alle Grafiken von Photoshop Elements zugreifen wollen, brauchen Sie lediglich auf ERWEITERTER MODUS 8 zu klicken.

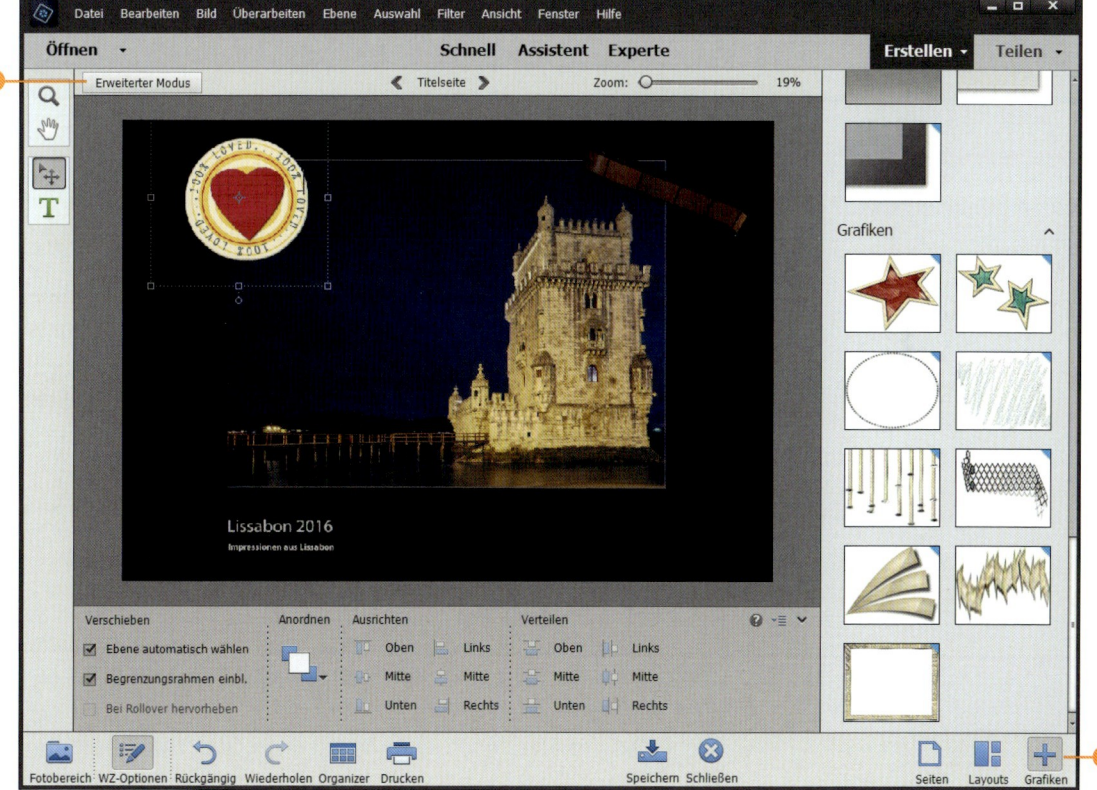

▼ **Abbildung 40.42**
Verzieren Sie auf Wunsch die Seiten Ihres Bildbandes noch weiter.

6 Text eingeben/anpassen

Mit dem Textwerkzeug 1 (Abbildung 40.43) können Sie den Bildern jetzt neuen Text hinzufügen oder bereits vorhandenen Text von der Vorlage ändern. Einen bereits vorhandenen Text wählen Sie einfach aus, um ihn zu editieren.

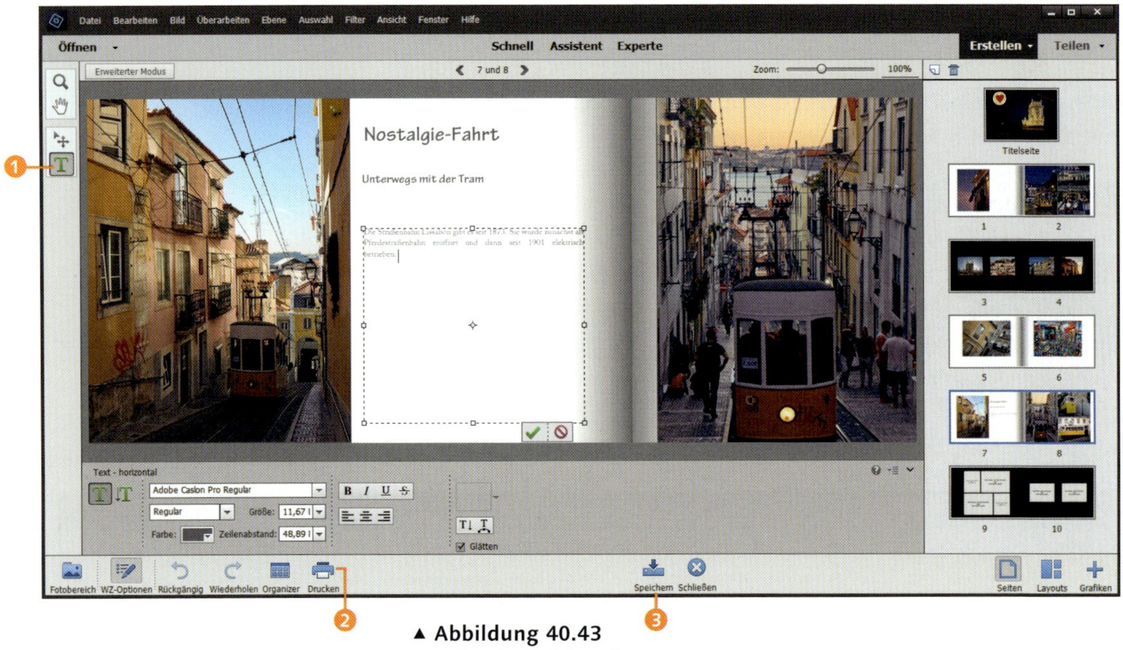

▲ Abbildung 40.43
Text für den Bildband anpassen

7 Mehr Optionen

Reichen Ihnen auch hier die Einstellungsmöglichkeiten nicht aus und benötigen Sie zusätzlich Filter, die Ebenenstile, noch mehr Grafiken, eigene freigestellte Bilder, Rahmen oder Hintergründe oder genügen Ihnen auch die Werkzeuge in diesem Modus nicht, klicken Sie die Schaltfläche ERWEITERTER MODUS an. Natürlich finden Sie im erweiterten Modus auch das Ebenen-Bedienfeld wieder, um auf die einzelnen Ebenen zugreifen zu können. Erneutes Anklicken der Schaltfläche bringt Sie dann wieder zurück zum einfachen Modus.

8 Bildband drucken

Als Erstes sollten Sie den Bildband über die Schaltfläche SPEICHERN ❸ in das Photoshop-Elements-eigene Format PSE sichern. Jetzt können Sie den Bildband entweder direkt über die Schaltfläche DRUCKEN ❷ ausdrucken lassen, oder aber Sie exportieren den Bildband über DATEI • BILDBAND EXPORTIEREN als PDF-Dokument, um das Fotoalbum später an eine Druckerei weitergeben zu können. Des Weiteren sind beim Exportieren die Formate JPEG oder TIFF möglich.

40.5 Einen Bildband erstellen

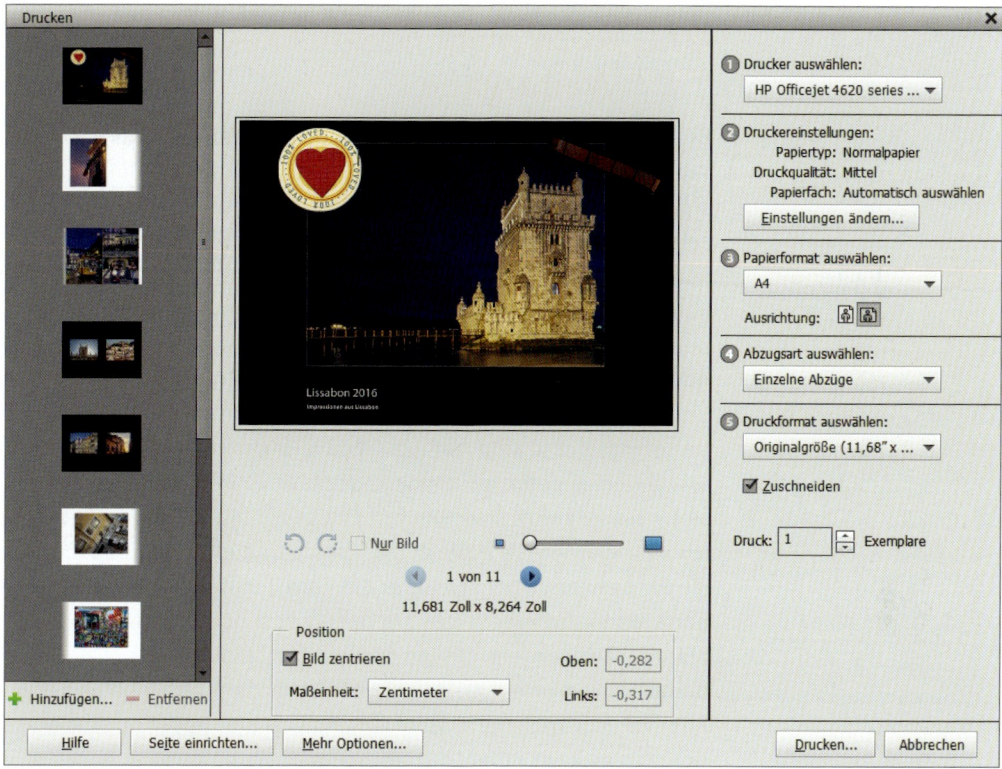

▲ **Abbildung 40.44**
Druckeinstellungen für den Bildband

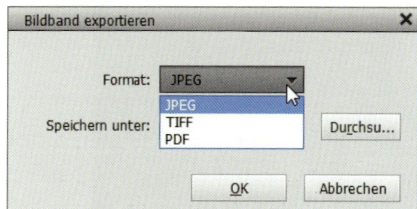

◀ **Abbildung 40.45**
Alternativ exportieren Sie den Bildband als PDF, TIFF oder JPEG.

PSE-Dateien als PSD-Datei öffnen | Wenn Sie das PSE-Format, das Photoshop Elements bei vielen Projekten unter ERSTELLEN als Speicherformat verwendet, in ein beliebiges anderes Format (beispielsweise JPEG) speichern wollen, öffnen Sie einfach aus dem gleichnamigen Ordner, der mit der PSE-Datei angelegt wird, die PSD-Datei.

Haben Sie zum Beispiel eine Datei »Grusskarte.pse«, finden Sie hierzu in demselben Verzeichnis ein Verzeichnis mit dem Namen GRUSSKARTE, in dem sich die Datei »Grusskarte.psd« befindet. Bei einem Bildband finden Sie hierfür mehrere PSD-Dateien (für jede [Doppel-]Seite eine PSD-Datei). Reduzieren Sie die Ebenen im Ebenen-Bedienfeld auf eine Hintergrundebene, können Sie die im PSE-Format abgelegten Dokumente auch als JPEG oder Ähnliches zur Weitergabe speichern.

40.6 Noch mehr Möglichkeiten zur Weitergabe

Es ist schon beachtlich, was Photoshop Elements alles für die Weitergabe und das Erstellen von Bildern anbietet. Hier auf jede kleine Einzelheit einzugehen, wäre aber wenig sinnvoll. Die einzelnen Themen sind häufig sehr ähnlich, sodass man vieles wiederholen müsste. Dennoch sollen die übrigen Möglichkeiten im Folgenden noch kurz vorgestellt werden.

40.6.1 Post- und Grußkarten erstellen

Ordner Grusskarte: Grusskarte.jpg, Grusskarte.pse

Selbst erstellte Grußkarten mit eigenen Fotos wirken einfach viel persönlicher und sind mit der Option GRUSSKARTE auch im Handumdrehen angefertigt. Diese Option erreichen Sie über ERSTELLEN • GRUSSKARTE sowohl vom Organizer als auch vom Fotoeditor aus. Wählen Sie einfach ein Thema und ein Layout aus, fügen Sie das gewünschte Foto (oder die Fotos) ein, und drucken Sie die Karte dann auf einem geeigneten Karton oder Papier aus. Auch hier steht Ihnen ein Online-Service zur Verfügung, bei dem Sie diese Karte drucken lassen können. Um die Karte als PDF, JPEG oder TIFF zu speichern, steht Ihnen auch hier über DATEI • KARTE EXPORTIEREN ein Befehl zur Verfügung.

▲ **Abbildung 40.47**
Auch ein Fotokalender zum Ausdrucken (oder Exportieren) lässt sich im Handumdrehen zusammenklicken.

▲ **Abbildung 40.46**
Solche einfachen Grußkarten sind im Handumdrehen erstellt. Gegebenenfalls müssen Sie das Seitenverhältnis für den Druck noch anpassen. Dies können Sie bereits im DRUCKEN-Dialog von Photoshop Elements vornehmen.

40.6.2 Fotokalender erstellen

Mit der FOTOKALENDER-Funktion erstellen Sie aus verschiedenen vorhandenen Vorlagen einen Jahreskalender. Abhängig vom gewählten Layout können Sie zu jedem Monat noch Bilder, Grafiken und Text hinzufügen. Es ist auch möglich, über den erweiterten Modus die einzelnen Kalendertage einzeln zu bearbeiten (um beispielsweise Feiertage, Geburtstage usw. anders zu gestalten oder zu beschriften). Im Organizer wie auch im Fotoeditor finden Sie diese Funktion im Bedienfeld ERSTELLEN unter FOTOKALENDER. Den Kalender können Sie entweder gleich ausdrucken oder über DATEI • KALENDER EXPORTIEREN als PDF, TIFF oder JPEG speichern. Auch ein Online-Fotoservice wird hierfür angeboten.

40.6.3 Fotocollage zusammenstellen

Bei der Technik der Fotocollage werden mehrere Bilder oder Bildfragmente kunstvoll zu einem neuen Bild zusammengefügt. Die entsprechende Funktion erreichen Sie bei Photoshop Elements sowohl im Fotoeditor als auch im Organizer im Menü unter ERSTELLEN • FOTOCOLLAGE.

Kapitel_40: Collage.jpg

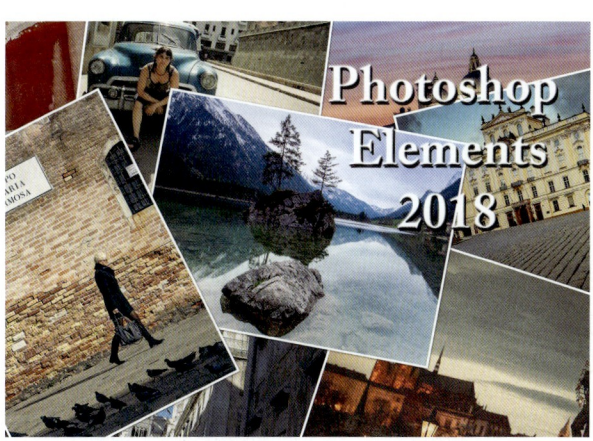

◀ Abbildung 40.48
Eine einfache Fotocollage

40.7 Bilderrahmen erstellen

Wenn Sie ein Bild präsentieren oder weitergeben möchten, können Sie hierfür auch noch einen schönen Rahmen erstellen. Natürlich bietet Photoshop Elements wieder einige vorgefertigte Lösungen an. Einige sind recht kitschig, andere sehen aber sehr passabel aus. Finden Sie keinen passenden Rahmen unter den Bordmitteln, erstellen Sie einfach selbst einen.

40.7.1 Bilderrahmen von Photoshop Elements verwenden

Zunächst beschreibe ich die Funktionen zum Erstellen von Bilderrahmen in Photoshop Elements.

Kapitel_40: Ausblick.jpg

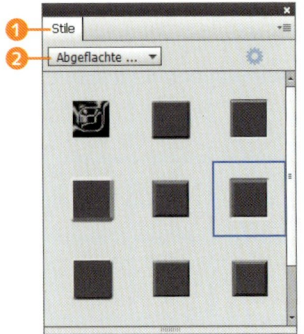

▲ **Abbildung 40.50**
Auch Ebenenstile aus dem Bedienfeld STILE eignen sich als Bilderrahmen.

Rahmen mit Ebenenstilen | Selbstverständlich können Sie auch Ebenenstile (STILE) für Rahmen verwenden, wenn Sie die entsprechende Schaltfläche ❶ angeklickt haben. Über die Dropdown-Liste ❷ können Sie sich dann verschiedene Ebenenstile auflisten lassen. Natürlich lassen sich nicht alle aufgelisteten Ebenenstile für einen Rahmen verwenden.

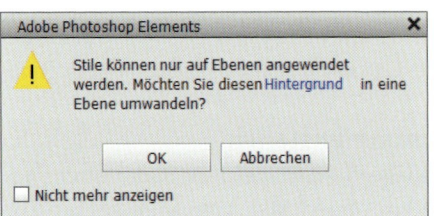

◀ **Abbildung 40.49**
Um einen Ebenenstil als Rahmen auf ein Hintergrundbild anzuwenden, müssen Sie dieses zuvor in eine Ebene umwandeln.

Die Ebenenstile und ihre Anwendung habe ich bereits in Kapitel 36, »Ebenenstile und -effekte«, ausführlich beschrieben. Den Ebenen habe ich mit Teil VIII einen eigenen Buchteil gewidmet.

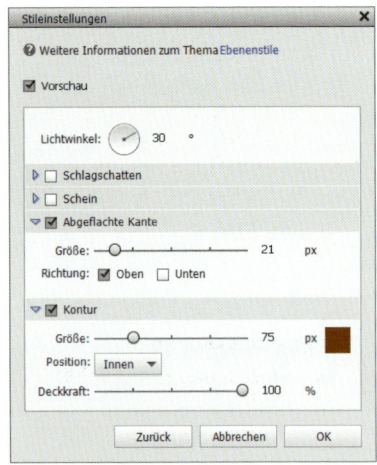

▲ **Abbildung 40.51**
Hier wurde der Rahmen des Porträtfotos mit einem Ebenenstil aus ABGEFLACHTE KANTE erstellt, wobei der Stil nachträglich mit einem Doppelklick auf das FX-Symbol im Ebenen-Bedienfeld angepasst wurde.

Um einen Ebenenstil als Bilderrahmen zu benutzen, muss die Ebene zunächst als solche vorliegen (und nicht als Hintergrundebene). Ist dies nicht der Fall, erscheint bei Verwendung eines Ebenenstils ein Dialog, über den Sie die Hintergrundebene in eine Ebene konvertieren können (dieses Thema gehört zu den Grundlagen der Ebenen und wird im Detail in Abschnitt 24.3, »Typen von Ebenen«, beschrieben).

Rahmen aus dem Bedienfeld »Grafiken« | Eine beeindruckende Auswahl verschiedener Rahmen finden Sie im Bedienfeld GRAFIKEN, das Sie über das Menü FENSTER • GRAFIKEN oder über die

40.7 Bilderrahmen erstellen

Grafiken-Schaltfläche aufrufen. Wenn Sie im Dropdown-Menü ❸ Nach Art wählen und daneben Rahmen ❹ aktivieren, werden alle vorhandenen Rahmen als Miniaturvorschau angezeigt.

Die Rahmen können Sie einem Foto auf drei unterschiedliche Arten hinzufügen: Klicken Sie entweder in der Miniaturvorschau doppelt auf den gewünschten Rahmen, oder wählen Sie einen Rahmen aus, und klicken Sie über das Bedienfeldmenü auf Anwenden (funktioniert auch mit einem rechten Mausklick auf den Rahmen). Oder Sie ziehen ganz einfach per Drag & Drop einen Rahmen aus der Miniaturvorschau auf das Foto.

Anschließend können Sie die Größe des Bildes über einen Schieberegler ❺ noch nachträglich anpassen. Weitere Funktionalitäten, die Sie nachträglich ausführen können (auch über einen Doppelklick auf den Rahmen im Bild), sind das Drehen des Bildes ❻ sowie die Platzierung eines anderen Fotos ❼ innerhalb des Rahmens.

▲ **Abbildung 40.52**
Eine große Anzahl an Rahmen und Vignetten finden Sie im Bedienfeld Grafiken.

Rahmen vor Bild verwenden
Alternativ können Sie auch zuerst ein neues leeres Bild in einer benutzerdefinierten Größe erzeugen, um erst den Rahmen zu erstellen und dann das Foto in den Rahmen zu ziehen oder per Doppelklick innerhalb des grauen Rahmenbereichs ein Bild auszuwählen.

◀ **Abbildung 40.53**
Mit der transparenten Leiste passen Sie das Bild nachträglich noch an.

Alternativ stehen Ihnen auch hierbei alle Befehle zur Transformierung des Bildes in den Werkzeugoptionen zur Verfügung. Schneller können Sie das Foto im Rahmen automatisch positionieren oder anpassen, indem Sie mit der rechten Maustaste auf das Bild klicken und im Kontextmenü Rahmen an Foto anpassen auswählen. Leider funktioniert dies nicht mit allen Rahmen perfekt.

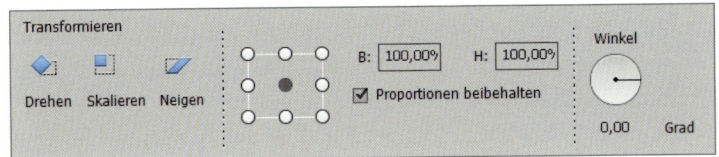

◀ **Abbildung 40.54**
Die Transformierung von Rahmen und Bild funktioniert auch prozentgenau über die Werkzeugoptionen.

Kapitel 40 Fotoabzüge drucken

Rahmen im »Schnell«-Modus | Eine Auswahl der beliebtesten Rahmen aus dem Bedienfeld GRAFIKEN finden Sie auch im SCHNELL-Modus ❶, wenn die Schaltfläche RAHMEN ❸ aktiviert wurde, auf der rechten Seite ❷. Diese Rahmen können Sie mit einem einfachen Klick darauf dem geöffneten Bild zuweisen oder auch wechseln.

▲ Abbildung 40.55
Zehn Rahmen stehen auch im SCHNELL-Modus zur Verfügung.

Kapitel_40: Eragon.jpg

40.7.2 Eigene Bilderrahmen entwerfen

Um eigene Rahmen zu erstellen, bietet Photoshop Elements viele kreative Möglichkeiten. Die Vielfalt der denkbaren Techniken würde den Rahmen dieses Buches sprengen, daher gehe ich hier nur auf einen besonders beliebten Effekt ein.

Arbeitsfläche verändern | Den wohl einfachsten und zudem sehr beliebten Bilderrahmen erstellen Sie mit BILD • SKALIEREN • ARBEITSFLÄCHE.

Mithilfe des Dialogs ARBEITSFLÄCHE lässt sich die Arbeitsfläche des Bildes um die angegebene BREITE und HÖHE ❹ in die Richtungen erweitern, die mit POSITION ❻ angegeben werden. Die Checkbox RELATIV ❺ sollten Sie deaktivieren, wenn Sie absolute Werte eingeben wollen. Mit der Farbe ❼ der Arbeitsfläche legen Sie die Farbe des künftigen Rahmens fest.

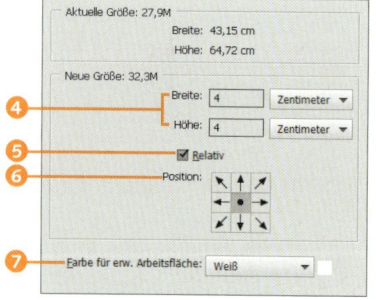

▲ Abbildung 40.56
Der Dialog ARBEITSFLÄCHE ist bestens für einen Passepartout-Rahmen geeignet.

40.7 Bilderrahmen erstellen

◀ **Abbildung 40.57**
Bei diesem Rahmen habe ich zuerst die Arbeitsfläche um einen weißen Rahmen erweitert. Anschließend habe ich eine weitere Farbe für die Umrahmung verwendet, passend zum blauen Himmel.

Bilderrahmen mit Ausstecher
Auch mit dem Ausstecher-Werkzeug ⬡ C lassen sich kreative Bilderrahmen erstellen. Das Werkzeug habe ich umfassend in Abschnitt 19.3, »Das Ausstecher-Werkzeug«, beschrieben.

40.7.3 Rahmen erstellen mit dem Assistenten

Mit der ASSISTENT-Funktion RAHMEN-ERSTELLER können Sie eigene Bilderrahmen erstellen und zur Bibliothek von Rahmen hinzufügen und künftig immer wieder verwenden.

Schritt für Schritt
Bilderrahmen mit dem Assistenten erstellen

Im Beispiel soll ein Rahmen aus einem Eingang erstellt werden. Auf dieselbe Art und Weise können Sie natürlich aus allen möglichen Bildern mit beispielsweise Türen, Toren oder Durchgängen einen Rahmen erstellen.

Kapitel_40: Eingang.jpg

1 Funktion aufrufen
Laden Sie zunächst das Bild (hier »Eingang.jpg«), aus dem ein neuer Bilderrahmen erstellt werden soll, und wechseln Sie, sofern noch nicht geschehen, in den ASSISTENT-Modus. Wählen Sie dort unter SPEZIELLE BEARBEITUNGEN die Funktion RAHMEN-ERSTELLER aus.

2 Auswahl erstellen
Jetzt haben Sie die Wahl zwischen den vier Auswahlwerkzeugen Schnellauswahl, Auswahlpinsel, Zauberstab und dem Polygon-Lasso. Die Werkzeuge kennen Sie bereits aus den entsprechenden Kapiteln. Ich wähle hier das Schnellauswahl-Werkzeug ❸ (Abbildung 40.59) und stelle in den Werkzeugoptionen eine passende Pinselgröße ein. Damit wähle ich jetzt im Bild den Be-

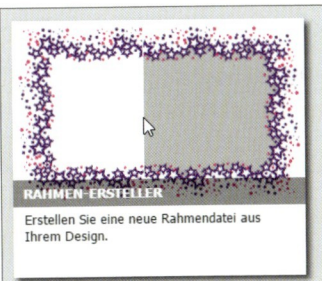

▲ **Abbildung 40.58**
Die Funktion RAHMEN-ERSTELLER finden Sie beim Assistenten unter SPEZIELLE BEARBEITUNGEN.

979

reich aus, in dem das Bild eingefügt werden soll. Der nicht ausgewählte Bereich darum herum wird als Rahmen verwendet. Zu viel Ausgewähltes können Sie mit Subtrahieren ❶ entfernen und mit Hinzufügen ❷ wieder auswählen. Bei Bedarf können Sie hier die Option Kante verbessern verwenden oder zwischen den anderen Auswahlwerkzeugen wechseln.

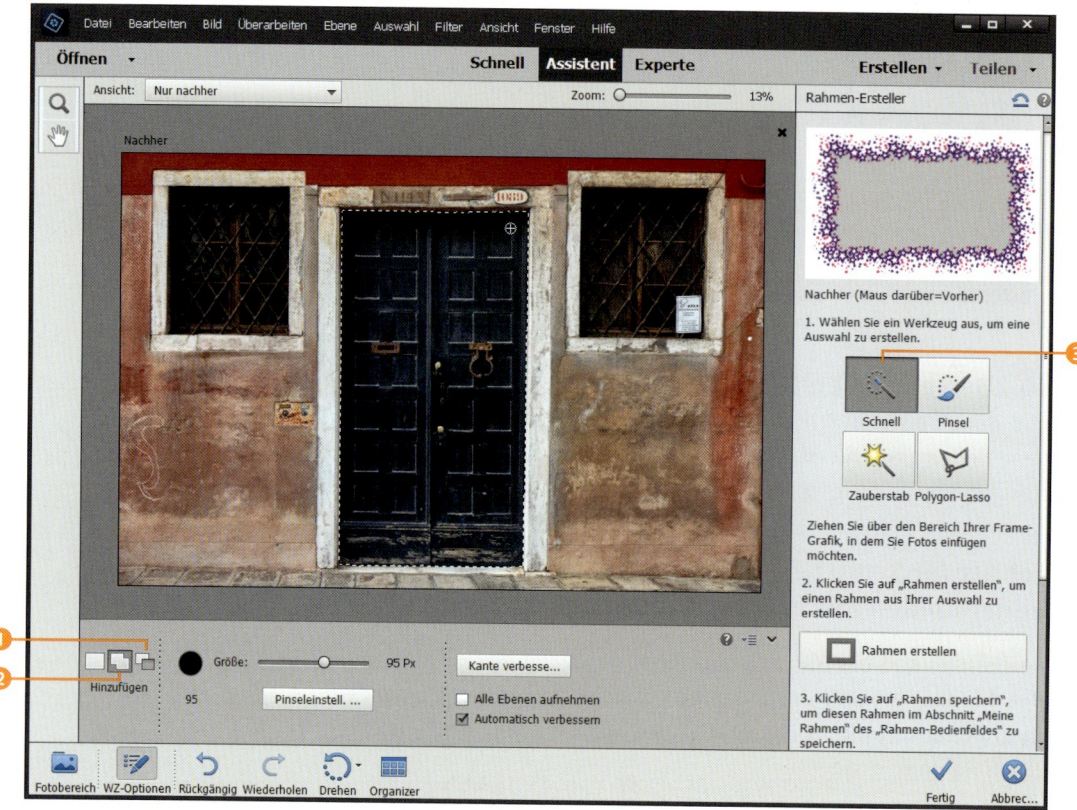

▲ **Abbildung 40.59**
Zunächst müssen Sie den Bereich auswählen, in dem das Bild zum Einrahmen eingefügt werden soll.

3 Rahmen erstellen

Sind Sie mit der Auswahl zufrieden, klicken Sie auf die Schaltfläche Frame erstellen ❹, und der ausgewählte Bereich wird entfernt. Anschließend fügen Sie über Frames speichern ❺ die Auswahl zur Bibliothek hinzu. Ein Dialog fordert Sie auf, einen aussagekräftigen Namen für diesen Rahmen zu verwenden. Entweder beenden Sie den Rahmen-Ersteller jetzt mit Fertig ❼, oder Sie fahren im Experte-Modus über die entsprechende Schaltfläche ❻ fort. Im Beispiel habe ich den Rahmen-Ersteller mit Fertig beendet.

40.7 Bilderrahmen erstellen

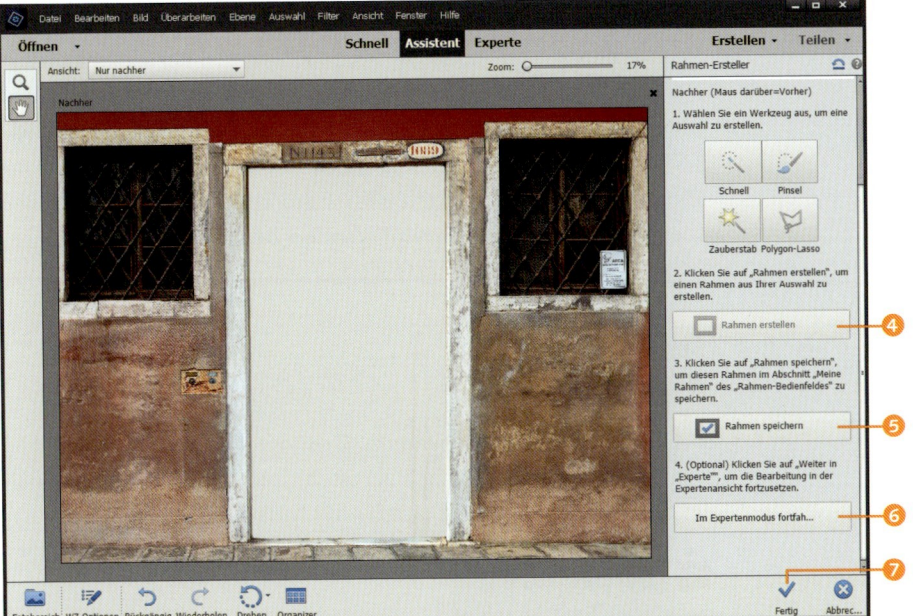

▲ Abbildung 40.60
Der Bilderrahmen ist fertig.

4   Selbst erstellte(n) Rahmen verwenden

Wechseln Sie in den EXPERTE-Modus, und schließen Sie den gespeicherten Rahmen. Laden Sie jetzt ein Bild, das Sie einrahmen wollen, in den Fotoeditor. Öffnen Sie FENSTER • GRAFIKEN. Wählen Sie NACH ART 8 und RAHMEN 9. Zudem finden Sie hier ein Dropdown-Menü vor, über das Sie neben den üblichen Rahmen auch den Eintrag MEINE RAHMEN 10 einblenden können. Hier finden Sie den/die selbst erstellten Rahmen. Mit einem Doppelklick darauf wird das Bild wie gehabt damit jetzt eingerahmt.

▼ Abbildung 40.61
Eine Bibliothek für selbst erstellte Rahmen

▲ Abbildung 40.62
Die Rahmen können wie auch schon die von Photoshop Elements zur Verfügung gestellten Rahmen verwendet werden.

40.8 Präsentation am Bildschirm – Diashow

Ein weiteres Highlight von Adobe Photoshop Elements ist die Erstellung einer Diashow mit Musik. Eine so erzeugte Diashow können Sie einfach auf dem Bildschirm abspielen, als MP4-Video speichern oder mit anderen Personen beispielsweise über Facebook, YouTube oder Vimeo teilen.

Die Präsentation einer Diashow wurde in der Version 2018 von Photoshop Elements neu überarbeitet.

Schritt für Schritt
Diashow erstellen

Die Möglichkeiten der Elements-Diashow sind überschaubar, und die Erstellung ist sehr einfach gehalten. Trotzdem finden Sie hier alles, was für eine schöne Diashow mit Musikuntermalung nötig ist.

1 Dateien auswählen

Bilder organisieren
Wie Sie Bilder organisieren können, wurde sehr ausführlich in Teil II des Buches, »Der Organizer«, beschrieben.

Eine Diashow erstellen Sie entweder über den Organizer oder über den Fotoeditor. Wenn Sie eine Diashow über den Fotoeditor starten wollen, müssen Sie zuvor alle Bilder mit DATEI • ÖFFNEN oder mit [Strg]+[O] in den Fotoeditor laden.

Verwenden Sie hingegen den Organizer, ist es sinnvoll, wenn Sie die Bilder, die Sie für die Diashow benutzen wollen, bereits zuvor in einem ALBUM oder in PERSONEN, ORTE oder EREIGNISSE organisiert haben.

Um Bilder für die Diashow auszuwählen, haben Sie mehrere Möglichkeiten. Wählen Sie beispielsweise ein Album, einen Ordner, Personenstapel, einen Ort oder ein Ereignis, dann werden alle im Medienbrowser angezeigten Bilder für die Diashow zur Präsentation verwendet. Ebenso können Sie über die Tags entsprechende Bilder mit den Stichwort-, Personen-, Ort- oder Ereignis-Tags ausfiltern, um so alle im Medienbrowser angezeigten Bilder zu verwenden. Wollen Sie nicht alle Bilder, die im Augenblick im Medienbrowser angezeigt werden, für die Diashow verwenden, können Sie eine selektive Auswahl treffen. Bilder, die Sie im Medienbrowser mit gehaltener Taste [Strg]/[cmd] bzw. [⇧] ausgewählt haben (dadurch mit blauen Rahmen und Häkchen versehen), werden direkt in der Diashow verwendet. Bilder können aber auch jederzeit wieder entfernt oder weitere Bilder hinzugefügt werden. Um die Funktion im Organizer zu starten, müssen Sie mindestens ein Bild für die Diashow ausgewählt haben. Im Beispiel habe ich ein lokales Album (hier PSE 2018 HANDBUCH) verwendet, in dem ich mit [Strg]/[cmd]+[A] alle Bilder ausgewählt habe.

40.8 Präsentation am Bildschirm – Diashow

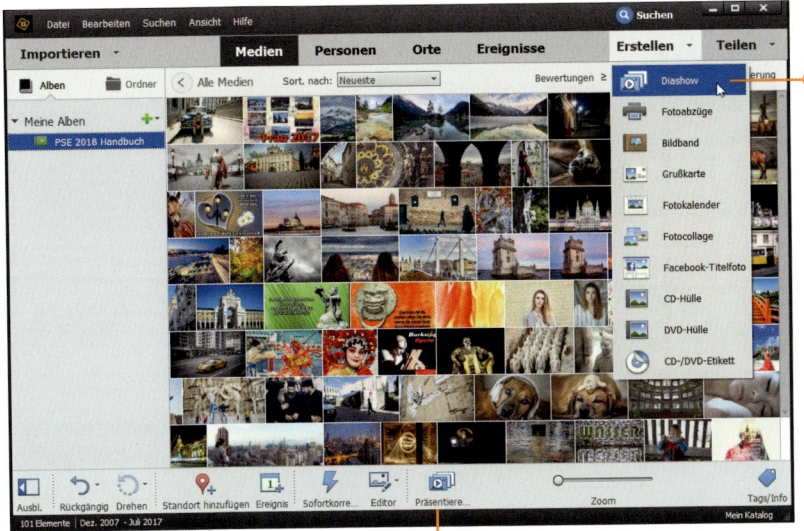

◂ **Abbildung 40.63**
Bilder für die Diashow auswählen und die Funktion aufrufen

2 Dialog für Diashow aufrufen

Egal, ob Sie nun die Diashow über den Fotoeditor oder über den Organizer ausführen, in jedem Fall rufen Sie die Präsentation über Erstellen und dann mit der Schaltfläche Diashow **1** auf. Selbiges erreichen Sie auch über die Schaltfläche Präsentieren **2** unterhalb des Organizers. Haben Sie im Schritt zuvor keine selektive Auswahl der angezeigten Bilder im Medienbrowser getroffen oder wird gar der komplette Katalog angezeigt, erscheint ein Dialog, der Ihnen anbietet, automatisch für Sie die besten Bilder via Auto-Kuratierung auszuwählen oder alle angezeigten Medien im Medienbrowser zu verwenden. Klicken Sie in dem Fall die entsprechende Schaltfläche an. Da ich hier ein Album ausgewählt habe, möchte ich alle Medien verwenden.

 Die Auto-Kuratierung wurde neu in Photoshop Elements 2018 hinzugefügt. Diese Funktion wurde im Buch bereits gesondert auf Seite 244 behandelt.

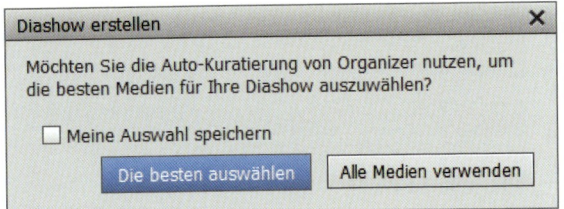

◂ **Abbildung 40.64**
Wurden keine Bilder für die Präsentation ausgewählt, erscheint dieser Dialog, der Ihnen optional anbietet, via Auto-Kuratierung automatisch die besten Bilder für die Präsentation zusammenzustellen.

3 Ausführung der Diashow

Nach der Generierung wird die Präsentation direkt gestartet und mit verschiedenen Kontrollelementen angezeigt. Praktisch könnten Sie hier bereits die Präsentation abspielen, die Diashow abspeichern und/oder exportieren und wären somit bereits fertig mit der Erstellung der Diashow. Hier soll aber noch gezeigt werden, wie Sie die Diashow gezielt nachbearbeiten können.

Kapitel 40 Fotoabzüge drucken

Abbildung 40.65 ▶
Ausführung der Diashow

4 Thema auswählen

Klicken Sie links auf THEMEN ❶, und es erscheint eine Übersicht, in der Sie eines von mehreren Themen für die Diashow auswählen können. Auch dieser Schritt ist noch nicht endgültig und kann jederzeit nachträglich geändert werden. Im Beispiel habe ich einfach willkürlich das Thema SCHWENKEN UND ZOOMEN ausgewählt. Bestätigen Sie Ihre Auswahl mit der Schaltfläche ANWENDEN ❷. Das Thema wird gleich auf die Diashow angewendet und das Abspielen mit dem neuen Thema gestartet.

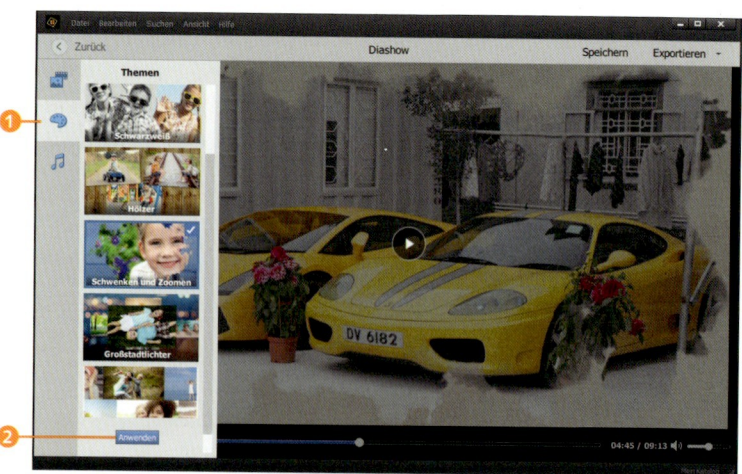

Abbildung 40.66 ▶
Das Thema der Diashow kann jederzeit geändert werden.

Video zur Diashow?
In der Tat ist es auch möglich, Videos (wenn das Dateiformat unterstützt wird) zur Diashow hinzuzufügen, was einer Diashow durchaus mehr Leben einhauchen kann.

5 Weitere Bilder hinzufügen

Sie können jederzeit weitere Bilder oder Videos zur Diashow hinzufügen. Klicken Sie hierzu auf der linken Seite auf MEDIEN ❸, und schon werden die bereits verwendeten Bilder und Videos angezeigt. Klicken Sie hier nun auf das Symbol ❹ rechts oberhalb des ausgeklappten Medienbereichs, und Sie können jetzt

40.8 Präsentation am Bildschirm – Diashow

entweder Fotos und Videos aus dem Elements Organizer oder Fotos und Videos aus Ordner hinzufügen. Im Beispiel wollen wir weitere Bilder aus dem Organizer von Elements hinzufügen. Die Möglichkeit, weitere Bilder aus einem Ordner hinzuzufügen, dürfte wohl für niemanden mehr ein Problem darstellen.

◂ Abbildung 40.67
Weitere Medien zur Diashow hinzufügen

Im sich öffnenden Dialog Medien hinzufügen können Sie unterhalb von Einfach entweder Alle Medien ❺ (Abbildung 40.68) auswählen, woraufhin alle Medien, die vom Organizer verwaltet werden, in der Bildervorschau ⓫ angezeigt werden. Mit Medien aus dem Raster ❻ hingegen werden alle Dateien in der Vorschau dargestellt, die aktuell im Organizer angezeigt werden. Haben Sie beispielsweise ein Album »Menschen« im Organizer geöffnet, werden nur die Bilder dieses Albums aufgelistet. Weitere Möglichkeiten, die Bildervorschau ⓫ etwas zu filtern, sind noch die für sich selbst sprechenden Optionen Medien mit Sternebewertungen anzeigen ❼ und Ausgeblendete Medien anzeigen ❽. Wenn Sie auf Erweitert klicken, finden Sie weitere Auswahlmöglichkeiten, um Medien zur Diashow hinzuzufügen. Mit Album, Stichwort-Tag, Personen, Orte oder Ereignisse dürfte für jeden die passende Option dabei sein. Bei mir werden in der Bildvorschau die Bilder aus dem Album »Camera Roll« aufgelistet.

Wählen Sie jetzt die Medien in der Bildervorschau aus, die Sie zur Diashow hinzufügen wollen, und klicken Sie entweder auf Ausgewählte Medien hinzufügen ❾ oder auf Fertig ❿. Bei Ersterem werden nur die ausgewählten Medien hinzugefügt, der Dialog wird aber nicht geschlossen. Bei Letzterem wird der Dialog geschlossen, zuvor werden jedoch gegebenenfalls ausgewählte Medien noch hinzugefügt.

Anzahl von Bildern

Einen Tipp noch am Rande: Übertreiben Sie es nicht mit der Anzahl von Bildern, die Sie zur Diashow hinzufügen wollen. Aus eigener Erfahrung weiß ich, dass es den Betrachter schnell langweilt, wenn eine Diashow zu lange dauert (das kommt natürlich auch auf den Inhalt an). Ich persönlich fasse die Highlights auf maximal 100 Bildern zusammen – auch wenn es manchmal sehr schwerfällt.

Kapitel 40 Fotoabzüge drucken

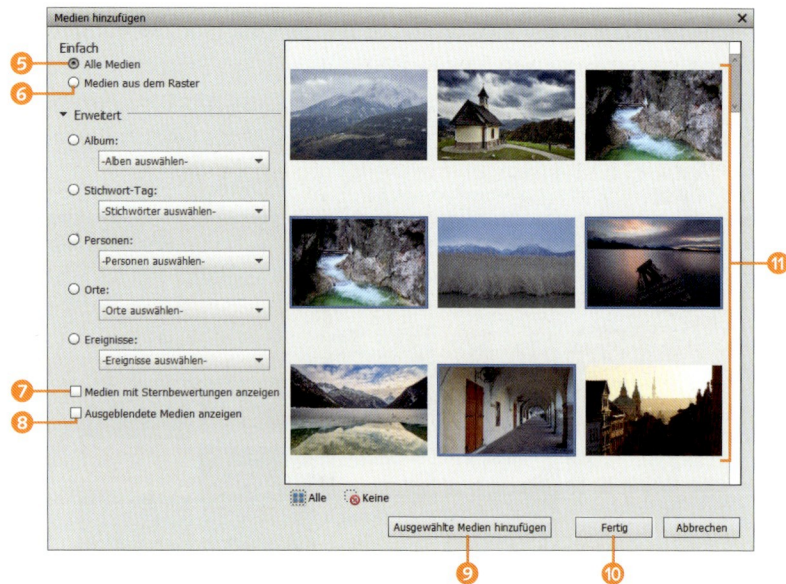

Abbildung 40.68 ▶
Weitere Medien auswählen und zur Diashow hinzufügen

6 Video einer Diashow trimmen

Wie bereits erwähnt, können Sie auch Videos zur Diashow hinzufügen. Eine Mischung aus Videos und Bildern ist durchaus ein interessanter Effekt. Hierbei sollten Sie allerdings nicht ein allzu langes Video hinzufügen. Idealerweise bietet die Software hierzu eine Option an, das Video zu trimmen. Klicken Sie hierzu das entsprechende Video mit der rechten Maustaste an, und wählen Sie den Befehl VIDEO TRIMMEN ⓫ aus.

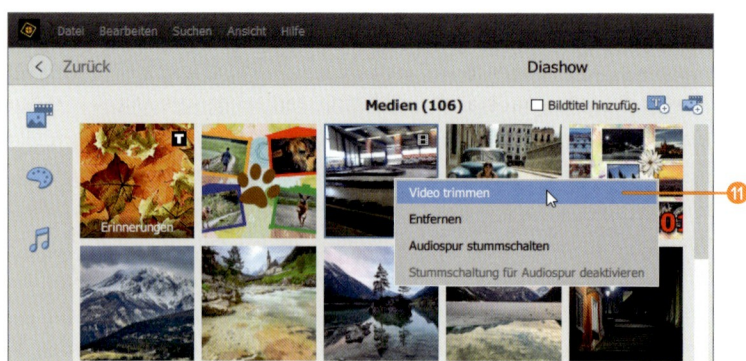

Abbildung 40.69 ▶
Die Länge der Videos für die Diashow können Sie trimmen.

Das Video wird in einem separaten Fenster geöffnet, in dem Sie über zwei dreieckige Schieberegler (⓬ und ⓮) den Anfang und das Ende des Videos für die Diashow festlegen. Mit der PLAY-Schaltfläche oder dem weißen Kreis ⓭ der Abspielleiste können Sie diesen Bereich zur Kontrolle abspielen. Die Gesamtdauer des getrimmten Videos wird rechts ⓯ angezeigt. Wollen Sie außerdem die Audiospur stummschalten, müssen Sie ein Häk-

986

40.8 Präsentation am Bildschirm – Diashow

chen vor der entsprechenden Option ⑯ setzen. Sind Sie mit dem Trimmen fertig, klicken Sie auf FERTIG.

◀ **Abbildung 40.70**
Das Video für die Diashow trimmen

7 Bilder entfernen

Zu viel hinzugefügte oder nicht erwünschte Medien können Sie jederzeit aus dem Projekt entfernen, indem Sie das Medium mit der rechten Maustaste anklicken und den entsprechenden Befehl im Kontextmenü auswählen. Der Befehl funktioniert natürlich auch, wenn Sie mehrere Medien mit gehaltener [Strg]/[cmd]- oder der [⇧]-Taste ausgewählt haben.

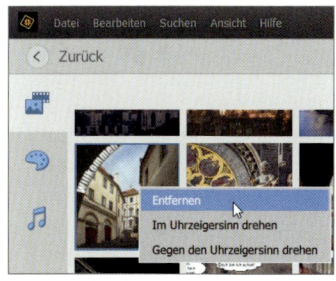

▲ **Abbildung 40.71**
Medien aus der Diashow entfernen

8 Reihenfolge anpassen

Die Reihenfolge der einzelnen Bilder können Sie per Drag & Drop ändern. Wählen Sie hierzu ein Bild aus ⑰, und ziehen Sie es mit gedrückt gehaltener Maustaste an die Position, an der Sie es haben wollen. Die Position wird mit einem blauen Balken angezeigt. Wenn Sie die Maustaste dort loslassen, wird das Bild an dieser Position platziert ⑱.

▲ **Abbildung 40.72**
Bilder können in der Reihenfolge per Drag & …

▲ **Abbildung 40.73**
… Drop verändert werden.

9 Audiodatei auswählen und anpassen

Über die Schaltfläche AUDIO ❶ (Abbildung 40.74) öffnet sich ein Bereich, in dem Sie die Begleitmusik für die Diashow auswählen können. Hier finden Sie ein paar mitgelieferte Musiktitel und unter Umständen die bereits im Organizer von Elements importierte Musik vor. Über das Plussymbol ❷ fügen Sie einen Titel zur

Kapitel 40   Fotoabzüge drucken

Copyright beachten
Man kann es nicht oft genug betonen: Auch Lieder haben ihre Urheber, und man darf nicht einfach die Musik bekannter Künstler verwenden und für seine eigenen Zwecke im Web veröffentlichen.

Audiospur hinzu. Über das Minussymbol bei der Audiospur hingegen können Sie einzelne Titel entfernen. Die Gesamtspieldauer der Musik wird rechts oben ❸ angezeigt. Dauert die Musik länger als die Diashow, wird die Gesamtspieldauer in roter Farbe angezeigt. Das macht allerdings nichts aus, weil die Musik am Ende der Diashow auch beendet wird. Ist die Gesamtspieldauer der Musik kürzer als die Diashow, werden die Titel der Audiospuren wiederholt.

Weitere Musik können Sie über das kleine Icon oben ❹ auswählen und zu dieser Liste hinzufügen. Als Musikformat können MP3, WAV, WMA und M4A verwendet werden. Mit der PLAY-Schaltfläche können Sie den Musiktitel vorab anhören.

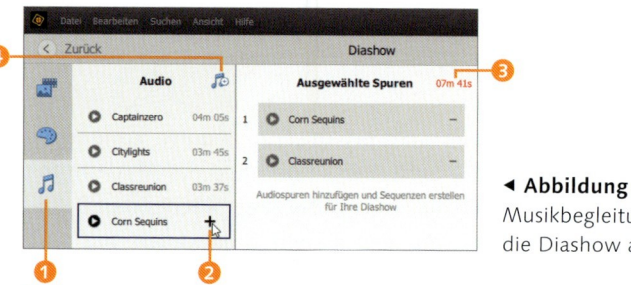

◀ **Abbildung 40.74**
Musikbegleitung für die Diashow auswählen

Bildtitel
Einen Text zu einem Bild hinzufügen können Sie über den Bildtitel. Bilder, die Sie bereits im Organizer mit einem Bildtitel versehen haben, erhalten automatisch einen Bildtitel. Ansonsten müssen Sie auch hier nur unterhalb des Bildes klicken und einen gewünschten Bildtitel eingeben. Abhängig vom gewählten Thema wird der Bildtitel während der Diashow unter dem Bild angezeigt – natürlich vorausgesetzt, die Option BILDTITEL HINZUFÜGEN ❺ ist aktiviert.

10 Textfolien hinzufügen
Über Medien können Sie Textfolien hinzufügen oder vorhandene Textfolien anpassen. Eine Textfolie können Sie über die Schaltfläche rechts oben ❻ erstellen. Anschließend müssen Sie lediglich den Hintergrund, den Titel und den Untertitel in einem sich öffnenden Dialog auswählen und eingeben, und mit HINZUFÜGEN wird eine neue Textfolie erstellt. Per Drag & Drop können Sie auch hier die Position der Textfolie verschieben, wie dies bereits mit den Bildern gemacht wurde. Der Text und auch der Hintergrund der Textfolie können jederzeit nachträglich editiert werden, wenn Sie darauf doppelklicken.

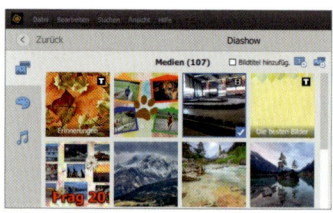

▲ **Abbildung 40.75**
Eine Textfolie wurde hinzugefügt.

Abbildung 40.76 ▶
Eine Textfolie hinzufügen bzw. editieren

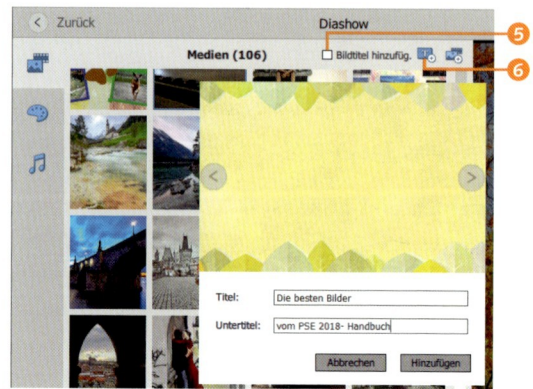

40.8 Präsentation am Bildschirm – Diashow

11 Diashow abspielen

Wenn Sie mit der Gestaltung der Diashow fertig sind, können Sie diese über die PLAY-Schaltfläche ❼ abspielen, überprüfen und gegebenenfalls noch Änderungen daran vornehmen.

◀ **Abbildung 40.77**
Vorschau abspielen

12 Diashow-Projekt speichern

Auf jeden Fall sollten Sie das Projekt speichern, um bei Bedarf erneut daran weiterarbeiten zu können. Sie können nur an einer gespeicherten Projektdatei einer Diashow weiterarbeiten – nicht an einer exportierten. Zum Speichern klicken Sie auf die entsprechende Schaltfläche ❽, und es öffnet sich ein Dialog, in dem Sie den Namen ❾ der zu speichernden Diashow eingeben können. Das so gespeicherte Projekt können Sie jederzeit aus dem Medienbrowser des Organizers wieder zum Bearbeiten oder Abspielen öffnen.

▲ **Abbildung 40.78**
Das Projekt abspeichern

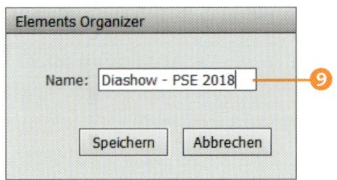

▲ **Abbildung 40.79**
Namen für das Projekt vergeben

13 Diashow exportieren

Im nächsten Schritt können Sie das Projekt exportieren und dann über VIDEO AUF LOKALE FESTPLATTE EXPORTIEREN ❶ (Abbildung 40.80) speichern. Im sich öffnenden Dialog müssen Sie noch einen Namen, den Speicherort und die Qualität (720 p oder

Kapitel_40:
PSE-2018.mp4

989

▲ **Abbildung 40.80**
Exportieren der Diashow als MP4-Video oder Posten auf Facebook, YouTube oder Vimeo

1.080 p) für die MP4-Videodatei vorgeben. Mit einen Klick auf OK wird die Diashow als MP4-Videodatei erstellt.

Alternativ können Sie auch die Diashow auf FACEBOOK, YOU-TUBE ODER VIMEO hochladen. Nachdem das Video dafür vorbereitet wurde, können Sie auch hier vorher noch einen TITEL und eine BESCHREIBUNG im sich separat dafür öffnenden Dialog angeben, ehe Sie das Video auf Ihrem entsprechenden Konto posten.

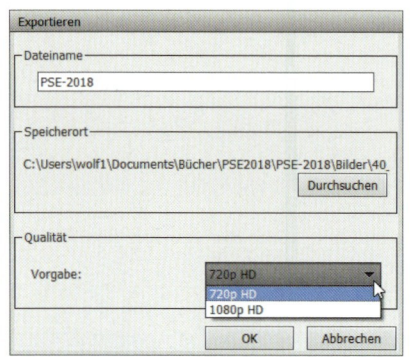

◀ **Abbildung 40.81**
Einstellungen für den Export des MP4-Videos auf die Festplatte

▲ **Abbildung 40.82**
Hier können noch Titel und Beschreibung hinzugefügt werden, bevor die Diashow auf Facebook gepostet wird.

▲ **Abbildung 40.83**
Die auf Facebook gepostete Diashow ist fertig zum »Liken«.

Anhang

Anhang A
Voreinstellungen im Überblick

Der Fotoeditor und der Organizer bieten einige Optionen an, mit denen Sie das Verhalten und einige Einstellungen der Software ändern können. Dieses Kapitel liefert Ihnen einen Überblick darüber.

A.1   Voreinstellungen im Fotoeditor

Über das Untermenü BEARBEITEN • VOREINSTELLUNGEN oder ⌃Strg+K unter Windows bzw. PHOTOSHOP ELEMENTS EDITOR • VOREINSTELLUNGEN oder cmd+K beim Mac erreichen Sie viele verschiedene Optionen, um Photoshop Elements Ihren eigenen Bedürfnissen anzupassen.

Die Voreinstellungen selbst gliedern sich in neun Bereiche, der erste ist der Bereich ALLGEMEIN, mit dem wir starten wollen. Sie wechseln die Bereiche einfach per Klick in der Liste links.

A.1.1   Allgemein

Im Bereich ALLGEMEIN finden Sie verschiedene gemischte Einstellungen zum Fotoeditor wieder.

Über die Dropdown-Liste FARBAUSWAHL ❸ können Sie entscheiden, ob Sie als Farbwähler den Dialog von ADOBE (Standardeinstellung) oder den Dialog des entsprechenden Betriebssystems (WINDOWS oder APPLE) verwenden wollen.

In der Dropdown-Liste SCHRITT ZURÜCK/VORWÄRTS ❷ hingegen können Sie die Tastenkombination zum Rückgängigmachen und Wiederholen von Befehlen ändern. Neben der Standardeinstellung Strg+Z/cmd+Z bzw. Strg+Y/cmd+Y finden Sie hier zwei weitere Tastenkombinationen für diese Befehle zur Auswahl.

Anhang A Voreinstellungen im Überblick

Abbildung A.1 ▸
Unter ALLGEMEIN erreichen Sie verschiedene Einstellungen.

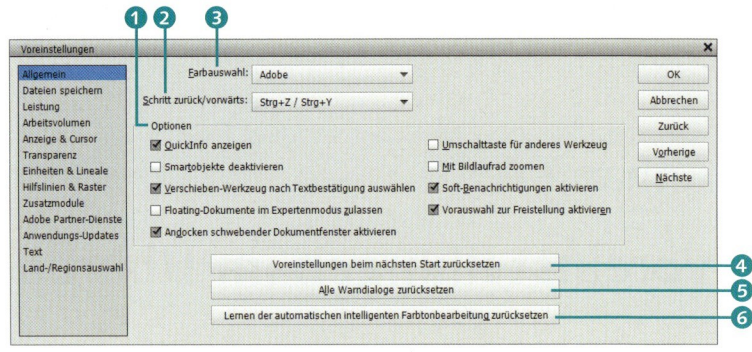

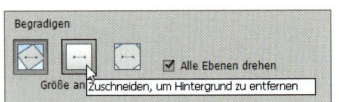

▲ **Abbildung A.2**
QuickInfos können nützliche Informationen enthalten, werden aber von manchen Anwendern als störend empfunden.

Mit den Checkboxen unter OPTIONEN ❶ können Sie diverse Funktionen (de-)aktivieren. Wenn vor einer Checkbox ein Häkchen gesetzt wurde, ist diese Option aktiviert. Kein Häkchen davor bedeutet, dass diese Option nicht aktiv ist. Hier die Beschreibung der einzelnen Optionen:

▸ QUICKINFO ANZEIGEN: Wollen Sie die QuickInfos für einzelne Werkzeuge und Einstellungen einblenden lassen, wenn Sie mit dem Mauscursor darüber stehen bleiben, muss diese Option aktiviert sein, was standardmäßig auch der Fall ist.

▸ SMARTOBJEKTE DEAKTIVIEREN: Damit deaktivieren Sie beim Erstellen einer neuen Ebene die Erstellung von Smartobjekten.

▸ VERSCHIEBEN-WERKZEUG NACH TEXTBESTÄTIGUNG AUSWÄHLEN: Wenn diese Option ausgewählt ist, wird gleich nach der Verwendung des Textwerkzeugs das Verschieben-Werkzeug 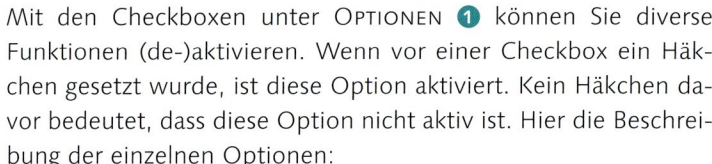 aktiviert, was häufig der nächste Schritt ist, wenn Sie Ihren Text eingegeben haben. Standardmäßig ist die Option aktiviert.

▸ FLOATING-DOKUMENTE IM EXPERTENMODUS ZULASSEN: Ist diese Option aktiviert, können Sie die einzelnen Dokumente im EXPERTE-Modus als frei schwebende Fenster auf dem Bildschirm auch über den Rand des Programms (beispielsweise auf einen zweiten Monitor) hinausziehen. Wollen Sie hingegen immer nur ein Bild innerhalb des Fotoeditors sehen und bearbeiten, darf diese Option nicht aktiviert sein. Über [Strg]/[cmd]+[🔁], die Register der Dokumente oder unten im Fotobereich wechseln Sie dann zwischen den einzelnen Dokumenten.

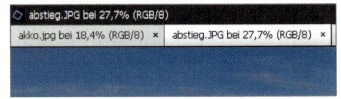

▲ **Abbildung A.3**
Dokumentfenster lassen sich innerhalb von anderen Dokumentfenstern anordnen, wenn die Option ANDOCKEN SCHWEBENDER DOKUMENTFENSTER AKTIVIEREN aktiviert ist.

▸ ANDOCKEN SCHWEBENDER DOKUMENTFENSTER AKTIVIEREN: Damit können Sie schwebende Dokumentfenster durch Ziehen auf andere schwebende Fenster innerhalb des Fensters als Registerkarten gruppieren. Diese Funktion macht natürlich nur Sinn, wenn Sie zuvor FLOATING-DOKUMENTE IM EXPERTENMODUS ZULASSEN aktiviert haben. Diese Einstellung können Sie beim Ziehen von Fenstern mit gehaltener [Strg]-Taste vorübergehend umkehren.

- **Umschalttaste für anderes Werkzeug:** Ist diese Option aktiv, müssen Sie die ⇧-Taste gedrückt halten, wenn Sie zu einem Werkzeug in derselben Werkzeuggruppe wechseln wollen. Wenn Sie beispielsweise die einzelnen Radiergummi-Werkzeuge wechseln wollen, genügt nicht mehr das Drücken von E, um ein anderes Radiergummi-Werkzeug zu aktivieren, sondern Sie müssen zusätzlich die ⇧-Taste gedrückt halten.
- **Mit Bildlaufrad zoomen:** Wenn Sie diese Option aktivieren, können Sie mithilfe eines Mausrades, falls vorhanden, in das Bild hinein- oder aus ihm herauszoomen, wenn sich der Mauscursor über dem Bild befindet. Standardmäßig ist diese Option deaktiviert.
- **Soft-Benachrichtigungen aktivieren:** Hier können Sie die kleinen Soft-Benachrichtungen (de-)aktivieren, die Sie beispielsweise zu sehen bekommen, wenn Sie einen Vorgang rückgängig gemacht haben. Die Option ist standardmäßig aktiviert.
- **Vorauswahl zur Freistellung aktivieren:** Damit (de-)aktivieren Sie die automatische Vorauswahl einer Freistellungsempfehlung, die angezeigt wird, wenn Sie das Bild öffnen und zum Freistellungswerkzeug 🔲 wechseln. Standardmäßig ist diese Option aktiviert.

▲ **Abbildung A.4**
Eine typische Soft-Benachrichtigung

Wollen Sie alle Voreinstellungen auf den Zustand nach der Installation von Photoshop Elements 2018 zurücksetzen, können Sie dies mit der Schaltfläche Voreinstellungen beim nächsten Start zurücksetzen ❹ tun. Diese Aktion greift allerdings erst nach dem nächsten Neustart des Fotoeditors.

Bei manchen Warnmeldungen oder Aufforderungen können Sie eine Checkbox Nicht mehr anzeigen aktivieren, woraufhin die Warnmeldung künftig nicht mehr angezeigt wird. Beschleicht Sie jetzt allerdings ein ungutes Gefühl dabei, können Sie über die Schaltfläche Alle Warndialoge zurücksetzen ❺ alle Meldungen wieder aktivieren.

Mit der Schaltfläche Lernen der automatischen intelligenten Farbtonbearbeitung zurücksetzen ❻ setzen Sie die Funktion, die Sie mit Überarbeiten • Automatische intelligente Farbtonbearbeitung bzw. der Tastenkombination Alt+Strg/cmd+T aufrufen, auf den Standardstatus zurück – der Lernmodus startet quasi wieder von vorn.

Zum Weiterlesen

Die Funktion Automatische intelligente Farbtonbearbeitung wird im Buch in Abschnitt 11.7, »Automatische intelligente Farbtonbearbeitung«, behandelt.

A.1.2 Dateien speichern

Die Einstellungen im Bereich Dateien speichern betreffen – wer hätte das gedacht – das Speichern von Dateien.

Abbildung A.5 ▶
Verschiedene Einstellungen, die das Speichern von Dateien betreffen, bietet der Bereich DATEIEN SPEICHERN.

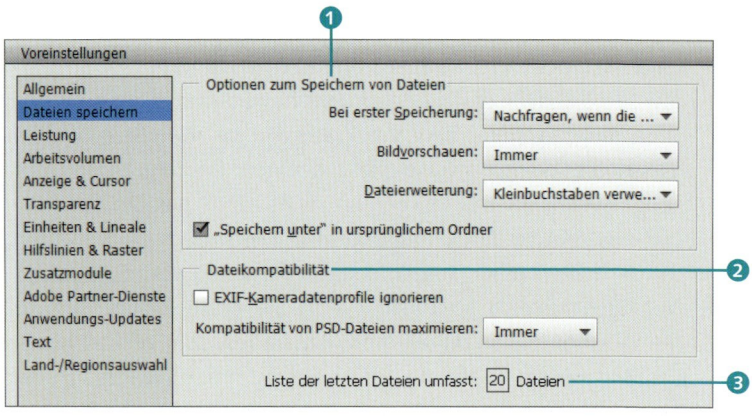

Bei OPTIONEN ZUM SPEICHERN VON DATEIEN ❶ stehen Ihnen Dropdown-Listen für folgende Einstellungen zur Verfügung:

▶ BEI ERSTER SPEICHERUNG: Damit stellen Sie ein, wie die Datei beim ersten Speichern über DATEI • SPEICHERN oder [Strg]/[cmd]+[S] gesichert werden soll. Standardmäßig ist hier NACHFRAGEN, WENN DIE DATEI DIE ORIGINALDATEI IST eingestellt, woraufhin beim ersten Speichern der Dialog SPEICHERN UNTER zum Speichern erscheint. Bei allen folgenden Speichervorgängen wird allerdings die jeweils vorherige Version überschrieben. Öffnen Sie hingegen nur eine Kopie, wird sofort die vorherige Version ohne den Dialog SPEICHERN UNTER überschrieben.

Wollen Sie sowohl bei einer Kopie als auch beim Original, dass immer der Dialog SPEICHERN UNTER beim ersten Speichern aufgerufen wird, müssen Sie die Option IMMER BESTÄTIGEN auswählen. Mit der letzten Option AKTUELLE DATEI ÜBERSCHREIBEN wird niemals der Dialog SPEICHERN UNTER angezeigt, und die Datei sofort überschrieben (was nicht unbedingt zu empfehlen ist).

▶ BILDVORSCHAUEN: Hiermit wählen Sie aus, wann und ob Miniaturen und Vorschauen des Bildes mitgespeichert werden sollen. Standardmäßig ist hier IMMER eingestellt. Die anderen beiden Optionen, NIE und BEIM SPEICHERN WÄHLEN, sprechen ebenfalls für sich. Beim **Mac** finden Sie hier weitere Optionen, welche Bildübersichten gespeichert werden sollen (auch diese Angaben sprechen für sich).

▶ DATEIERWEITERUNG: Damit legen Sie fest, ob die Dateiendung für das Grafikformat in Großbuchstaben (beispielsweise »bild.JPG«) oder Kleinbuchstaben (beispielsweise »bild.jpg«) gespeichert werden soll. Ich empfehle, es standardmäßig immer auf Kleinbuchstaben zu belassen. Beim Mac lautet diese Option KLEINBUCHSTABEN VERWENDEN und ist als Checkbox implementiert.

▸ »Speichern unter« In ursprünglichem Ordner: Diese Option ist standardmäßig aktiviert und sorgt dafür, dass beim Aufruf von Speichern unter im Dialog der ursprüngliche Ordner als Standardordner verwendet wird.

Die drei folgenden Einstellungen im Rahmen Dateikompatibilität ❷ beziehen sich auf die Kompatibilität beim Speichern von Grafikdateien:

▸ EXIF-Kameradatenprofile ignorieren: Wenn Sie diese Option aktivieren, wird das verwendete Farbprofil der Kamera verworfen und das Bild stattdessen in dem im Fotoeditor verwendeten Farbprofil gespeichert. Standardmäßig ist diese Option deaktiviert.

▸ Kompatibilität von PSD-Dateien maximieren: Mit dieser Einstellung sorgen Sie dafür, dass ein als PSD-Datei gespeichertes Bild mit beispielsweise Ebenen auch mit anderen Anwendungen (oder gar künftigen Photoshop-Elements-Versionen) geöffnet werden kann, indem Sie diese Option auf Immer (Standardeinstellung) stellen. Die anderen beiden Optionen, Nie und Fragen, sprechen wieder für sich. Natürlich benötigen diese Kompatibilitätsinformationen auch mehr Datenspeicher (ca. 10–15 %).

Ganz unten legen Sie über Liste der letzten Dateien umfasst ❸ die Anzahl der Dateien fest, die im Untermenü Datei • Zuletzt bearbeitete Datei öffnen aufgelistet werden. Maximal können Sie hier den Wert 100 eingeben.

A.1.3 Leistung

Echtes Feintuning, abgestimmt auf die optimale Rechenpower, ermöglicht Ihnen der Bereich Leistung.

Über die Speicherbelegung ❺ (Abbildung A.6) legen Sie fest, wie viel Arbeitsspeicher Photoshop Elements zur Bildbearbeitung erhalten soll. Bei der digitalen Bildbearbeitung kann man hiervon gar nicht genug haben. In der Praxis hat sich der Standardwert von 70 % bestens bewährt. Beachten Sie, falls Sie noch mehr Speicher vergeben wollen, dass neben anderen Anwendungen auch das Betriebssystem etwas Arbeitsspeicher benötigt.

Über Protokoll und Cache ❻ stellen Sie ein, wie viele Arbeitsschritte Sie rückgängig machen können. Mit Protokollobjekte legen Sie die Anzahl der Schritte fest, die standardmäßig mit 50 Schritten recht knapp bemessen ist. Ein höherer Wert benötigt allerdings auch wieder mehr Arbeitsspeicher. Maximal ist ein Wert von bis zu 1.000 Schritten möglich. In der Praxis

Anhang A Voreinstellungen im Überblick

würde ich 100 bis 200 Schritte empfehlen. Diese Änderungen sind allerdings erst nach einem Neustart aktiv.

Mit „GRAFIKPROZESSOR VERWENDEN" FÜR „GESICHTSMERKMALE ANPASSEN" ❼ können Sie einen erkannten Grafikprozessor für die Verarbeitung der Funktion ÜBERARBEITEN • GESICHTSMERKMALE ANPASSEN benutzen.

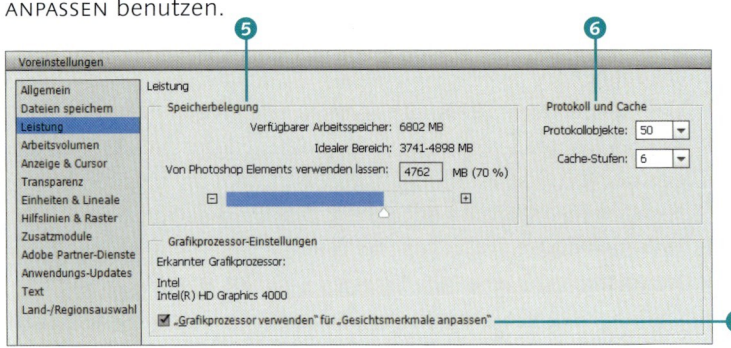

Abbildung A.6 ▶
Die Einstellungen in LEISTUNG haben Auswirkungen auf das Laufzeitverhalten von Photoshop Elements.

A.1.4 Arbeitsvolumen

Reicht der Arbeitsspeicher nicht mehr aus, werden die Daten auf die erheblich langsamere Festplatte ausgelagert. Über ARBEITSVOLUMEN ❽ können Sie, falls mehrere Platten vorhanden sind, die Festplatte zum Auslagern über ein Häkchen aktivieren.

Externe Festplatten
Verwenden Sie am besten eine Platte, auf der nicht das Betriebssystem installiert ist (das ebenfalls idealerweise auslagert sein sollte), und benutzen Sie auf gar keinen Fall externe USB-Festplatten (viel zu langsam).

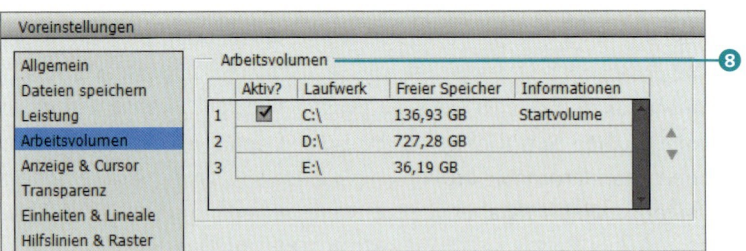

Abbildung A.7 ▶
Festplatten zum Auslagern bei Arbeitsspeicherknappheit auswählen.

A.1.5 Anzeige & Cursor

Über ANZEIGE & CURSOR konfigurieren Sie die Darstellung verschiedener Werkzeuge.

Über MALWERKZEUGE ❾ ändern Sie die Anzeige der verschiedenen Malwerkzeuge. Mit STANDARD werden beim Malen kleine Symbolzeiger verwendet, die dem Werkzeug entsprechen. Mit FADENKREUZ wird nur ein solches angezeigt. Mit NORMALE PINSELSPITZE wird eine um 50 % verkleinerte Pinselspitze und mit PINSELSPITZE IN VOLLER GRÖSSE eine Spitze mit voller Größe angezeigt. Zusätzlich können Sie bei den letzten beiden Optionen in der Mitte ein Fadenkreuz anzeigen lassen, indem Sie die Checkbox PINSELSPITZE MIT FADENKREUZ ANZEIGEN aktivieren.

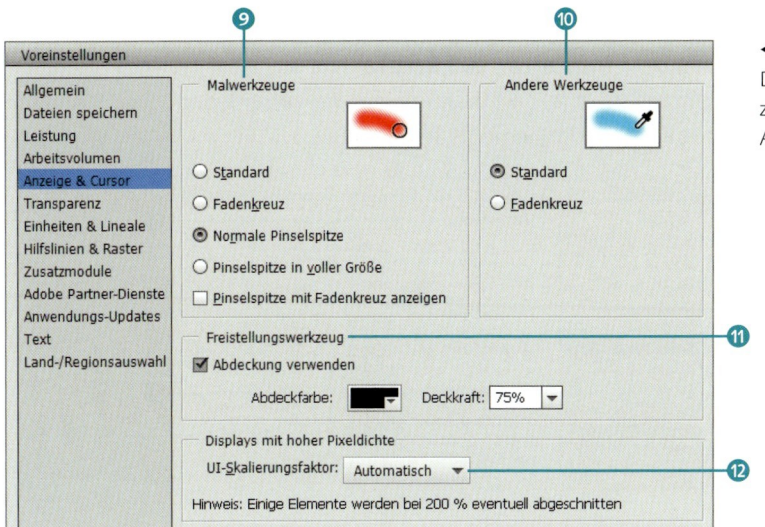

◀ **Abbildung A.8**
Die Darstellung einiger Werkzeuge beeinflussen Sie über ANZEIGE & CURSOR.

Bei ANDERE WERKZEUGE ❿ stellen Sie die Darstellung für alle anderen Nicht-Malwerkzeuge ein. Mit STANDARD wird auch hier ein kleiner Symbolzeiger des entsprechenden Werkzeugs verwendet. Alternativ benutzen Sie hier ebenfalls nur ein FADENKREUZ.

Unter FREISTELLUNGSWERKZEUG ⓫ legen Sie die Farbe und DECKKRAFT des dunkleren Bereichs fest, der nach der Bestätigung des Werkzeugs entfernt wird. Wenn Sie das Häkchen vor ABDECKUNG VERWENDEN deaktivieren, schalten Sie diesen dunklen Bereich komplett aus.

Im Bereich DISPLAYS MIT HOHER PIXELDICHTE finden Sie die Einstellung UI-SKALIERUNGSFAKTOR ⓬, womit Sie Photoshop Elements auch mit hohen Auflösungen ordentlich verwenden können. Standardmäßig arbeitet der Wert AUTOMATISCH ganz hervorragend. Wenn es aber mal auf einem hochauflösenden Display nicht so recht mit der Anzeige klappen will, können Sie auch den Wert manuell auf 200 % auswählen.

A.1.6 Transparenz

Über TRANSPARENZ konfigurieren Sie die Größe des quadratischen HINTERGRUNDMUSTERS der Transparenz und die RASTERFARBEN.

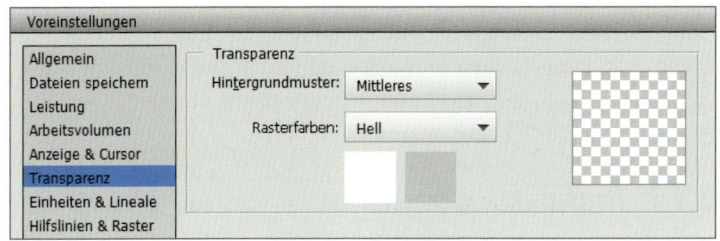

◀ **Abbildung A.9**
Die Darstellung der TRANSPARENZ stellen Sie im gleichnamigen Bereich ein.

A.1.7 Einheiten & Lineale

Unter EINHEITEN & LINEALE legen Sie verschiedene Maßeinheiten für Photoshop Elements fest.

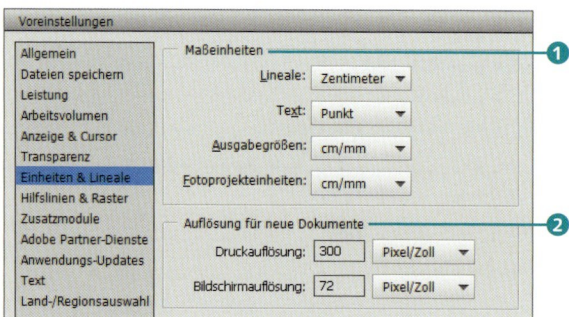

Abbildung A.10 ►
Maße und Maßeinheiten können Sie über EINHEITEN & LINEALE voreinstellen.

Folgende Einstellungen stehen Ihnen innerhalb von MASSEINHEITEN ❶ zur Verfügung:

▶ LINEALE: Damit bestimmen Sie die Maßeinheit für die Lineale (ANSICHT • LINEALE). Neben dem Standardwert Zentimeter (CM) können Sie hierbei aus PIXEL (ideal für das Web), ZOLL, Millimeter (MM), PUNKT, PICA und PROZENT wählen.

▶ TEXT: Hier legen Sie die Maßeinheit fest, die für das Textwerkzeug verwendet werden soll. Neben der Standardeinstellung PUNKT finden Sie hier PIXEL (für das Web) und Millimeter (MM) vor.

▶ AUSGABEGRÖSSEN: Damit stellen Sie die Maßeinheit für die Ausgabegröße ein. Neben der Standardeinstellung Zentimeter/Millimeter (CM/MM) können Sie hierbei auch ZOLL auswählen.

▶ FOTOPROJEKTEINHEITEN: Hiermit legen Sie die Maßeinheit für Fotoprojekte wie BILDBAND, GRUSSKARTE, FOTOKALENDER, FOTOCOLLAGE usw. aus dem Bedienfeld ERSTELLEN fest.

Im Bereich AUFLÖSUNG FÜR NEUE DOKUMENTE ❷ bestimmen Sie mit BILDSCHIRMAUFLÖSUNG, welche Monitorauflösung als Grundlage für die Anzeige der Ausgabegröße (beispielsweise beim Zoom-Werkzeug) verwendet werden soll. Gewöhnlich wird als Standardwert 72 dpi (PIXEL/ZOLL) empfohlen, wer aber den genauen Wert kennt, sollte diesen hier eintragen. Mit der DRUCKAUFLÖSUNG bestimmen Sie, wie hoch die Auflösung neuer Dokumente sein soll, die für den Druck bestimmt sind. Der Standardwert lautet 300 dpi.

A.1.8 Hilfslinien & Raster

Über HILFSLINIEN & RASTER stellen Sie genau diese beiden Dinge ein. Bei HILFSLINIEN ❸ können Sie die FARBE und ART der Hilfslinien (ANSICHT • HILFSLINIEN oder `Strg`/`cmd`+`L`) bestimmen. Dasselbe gilt für das RASTER ❹ (ANSICHT • RASTER), in dem Sie die FARBE, die ART, den ABSTAND und die UNTERTEILUNGEN vorgeben können.

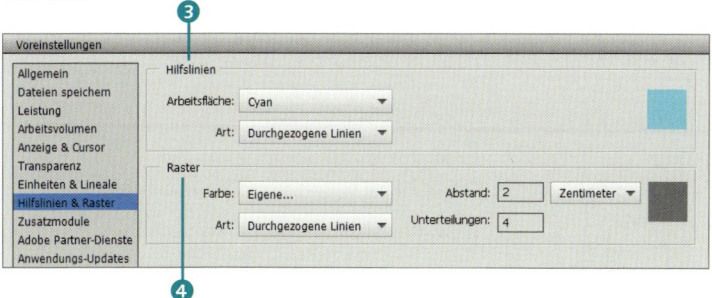

◄ **Abbildung A.11**
Unter HILFSLINIEN & RASTER passen Sie die Hilfslinien und Raster Ihren persönlichen Bedürfnissen an.

A.1.9 Zusatzmodule

ZUSATZMODULE sind im Grunde nichts anders als Plug-ins, die Sie im Plug-in-Unterordner von Photoshop Elements installiert haben. Über ZUSÄTZLICHER ZUSATZMODULORDNER haben Sie die Möglichkeit, einen weiteren Ordner mit Plug-ins anzugeben, in dem Photoshop Elements beim Laden nach Plug-ins suchen soll. Hierzu aktivieren Sie die Checkbox und wählen den Ordner, in dem sich die Plug-ins befinden.

A.1.10 Adobe Partner-Dienste

Der Fotoeditor bietet über das Dropdown-Menü TEILEN Dienste wie Flickr, Twitter und Facebook an. Wenn das Häkchen vor AUTOMATISCH NACH DIENSTEN SUCHEN ❺ gesetzt ist, werden Sie informiert, sobald ein neuer Dienst zur Verfügung steht. Mit einem Klick auf die Schaltfläche AKTUALISIEREN ❻ können Sie sofort manuell nach neuen Diensten suchen lassen.

Über EINSTELLUNGEN ❼ können Sie mit KONTEN ZURÜCKSETZEN die gespeicherten Kontoinformationen von den vorhandenen Diensten (Flickr, Twitter und Facebook) zurücksetzen. Dasselbe gilt für die Schaltfläche ONLINEDIENSTDATEN LÖSCHEN für die gespeicherten Online-Dienstdaten.

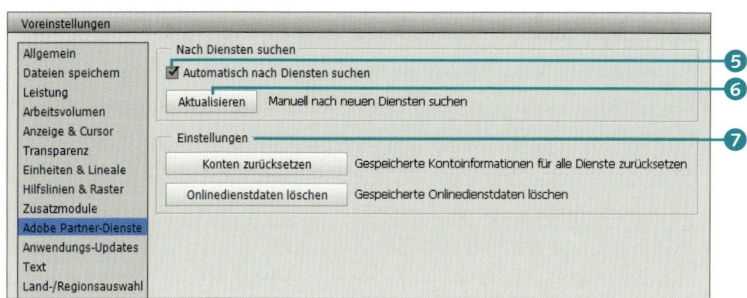

◄ **Abbildung A.12**
Über ADOBE PARTNER-DIENSTE können Sie nach Diensten suchen oder Dienste zurücksetzen.

A.1.11 Anwendungs-Updates

Über ANWENDUNGS-UPDATES können Sie einstellen, wie Photoshop Elements vorgehen soll, wenn ein Update vorliegt. Hierbei können Sie entweder UPDATES AUTOMATISCH HERUNTERLADEN UND INSTALLIEREN oder die Standardeinstellung BENACHRICHTIGEN, WENN EIN UPDATE VERFÜGBAR IST auswählen.

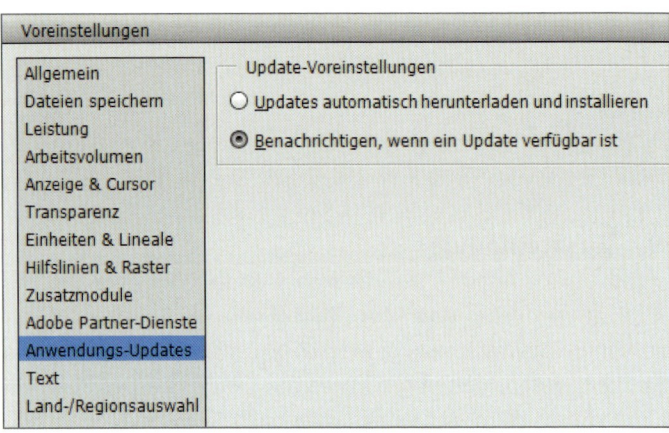

Abbildung A.13
Einstellungen, wie mit einem vorhandenen Update verfahren werden soll

A.1.12 Text

Über TEXT können Sie die folgenden TEXTOPTIONEN (de-)aktivieren:

▶ TYPOGRAFISCHE ANFÜHRUNGSZEICHEN VERWENDEN: Ist diese Option aktiviert, werden während der Texteingaben die Zeichen ' und " durch die typografischen Anführungszeichen („' und »«) ersetzt.

▶ ASIATISCHE TEXTOPTIONEN EINBLENDEN: Aktivieren Sie diese Option, werden bei den Werkzeugoptionen ❶ auch Optionen für asiatische Schriftarten angezeigt.

▶ SCHUTZ FÜR FEHLENDE GLYPHEN AKTIVIEREN: Wenn Sie ein PSD-Dokument öffnen, das Schriftarten verwendet, die nicht auf Ihrem System installiert sind, wird eine Warnmeldung ausgegeben und eine andere Schriftart verwendet. Durch aktiven Glyphenschutz wählt Photoshop Elements automatisch eine Schriftart aus, sodass nach Möglichkeit falsche und unleserliche Zeichen vermieden werden.

▶ SCHRIFTNAMEN AUF ENGLISCH ANZEIGEN: Zeigt den Namen nicht lateinischer Schriftarten in lateinischer Schrift an. So ist beispielsweise sichergestellt, dass asiatische Schriftnamen auf Englisch angezeigt werden.

▶ GRÖSSE DER SCHRIFTVORSCHAU: Über diese Dropdown-Liste stellen Sie die Größe der Schriftvorschau in den Werkzeugoptionen der Textwerkzeuge ein.

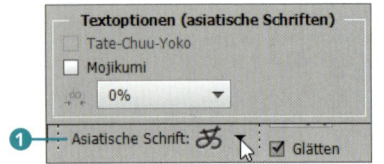

▲ **Abbildung A.14**
Asiatische Textoptionen sind eingeblendet.

A.2 Voreinstellungen im Organizer

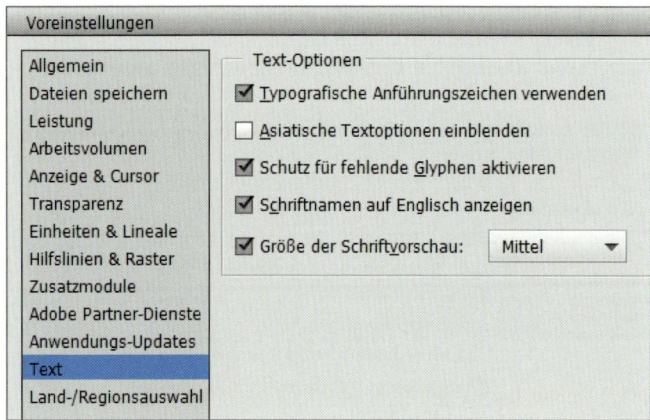

▲ **Abbildung A.15**
Verschiedene Optionen für das Textwerkzeug

A.1.13 Land-/Regionsauswahl

Über LAND-/REGIONSAUSWAHL können Sie Ihr Land ändern. Dies kann beispielsweise nützlich sein, wenn Sie Online-Dienste verwenden wollen, die in Ihrem Land nicht zur Verfügung stehen. Wenn Sie beispielsweise VEREINIGTE STAATEN auswählen, steht Ihnen beim Teilen Ihrer Bilder auch der Online-Dienst SMUGMUG GALLERY zur Verfügung.

A.1.14 Alle Einstellungen zurücksetzen

Haben Sie bei den Einstellungen etwas verändert und wissen jetzt nicht mehr, wie Sie das rückgängig machen können, gibt es nur die Möglichkeit, alle getroffenen Einstellungen wieder zu löschen und somit den Standardzustand wiederherzustellen. Dies geht, indem Sie beim Starten (über den Startbildschirm) des Fotoeditors [Strg]/[cmd]+[⇧]+[Alt] gedrückt halten. Daraufhin erfolgt ein Dialog, den Sie mit JA bestätigen müssen, wenn Sie alle Einstellungen löschen und somit den Standard wiederherstellen wollen.

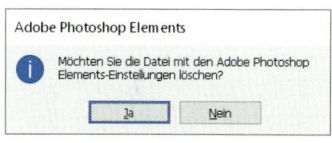

▲ **Abbildung A.16**
Notfalls können Sie die Optionen von Elements wieder zurücksetzen.

A.2 Voreinstellungen im Organizer

Wie den Fotoeditor können Sie auch den Organizer über das Untermenü BEARBEITEN • VOREINSTELLUNGEN oder [Strg]+[K] unter Windows bzw. ELEMENTS ORGANIZER • VOREINSTELLUNGEN oder [cmd]+[K] beim Mac Ihren persönlichen Bedürfnissen anpassen. Auch hier wechseln Sie in die verschiedenen Voreinstellungsbereiche per Klick in der Liste links.

A.2.1 Allgemein

Über ALLGEMEIN ändern Sie die allgemeinen ANZEIGEOPTIONEN.

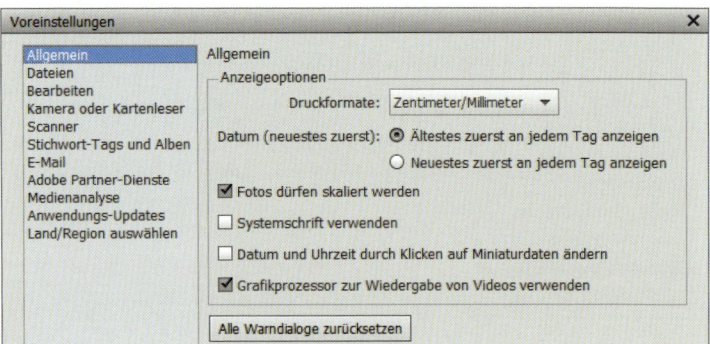

Abbildung A.17
Unter ALLGEMEIN stellen Sie unterschiedliche ANZEIGEOPTIONEN des Organizers ein.

- DRUCKFORMATE: Damit stellen Sie die Maßeinheit für den DRUCKEN-Dialog (DATEI • DRUCKEN oder [Strg]+[P]) auf ZOLL oder ZENTIMETER/MILLIMETER ein. Diese Option steht nur Windows-Nutzern zur Verfügung.
- DATUM (NEUESTES ZUERST): Hiermit legen Sie fest, wie die Bilder sortiert werden, die am selben Tag fotografiert wurden (nach der Uhrzeit). Die beiden Radiobuttons sprechen für sich.
- FOTOS DÜRFEN SKALIERT WERDEN: Aktivieren Sie diese Option, wenn Fotos auch auf mehr als 100 % ihrer Größe skaliert werden dürfen, um den vorhandenen Platz voll auszunutzen.
- SYSTEMSCHRIFT VERWENDEN: Damit verwendet der Organizer die aktuelle Systemschrift anstatt, wie standardmäßig der Fall, die für die Anwendung vorgegebene Schrift. Diese Option wird erst beim nächsten Neustart vom Organizer aktiv und steht nur Windows-Nutzern zur Verfügung.
- DATUM UND UHRZEIT DURCH KLICKEN AUF MINIATURDATEN ÄNDERN: Aktivieren Sie diese Option, können Sie durch das Anklicken des Datums in der Miniaturvorschau des Medienbrowsers das Datum und die Uhrzeit ändern.
- GRAFIKPROZESSOR ZUR WIEDERGABE VON VIDEOS VERWENDEN: Damit verwenden Sie den Prozessor der Grafikkarte zur Wiedergabe von Videos. Diese Option steht nur unter Windows zur Verfügung.

Warnmeldungen ausschalten
Bei manchen Warnmeldungen oder Aufforderungen können Sie eine Checkbox NICHT MEHR ANZEIGEN aktivieren, woraufhin die Warnmeldung künftig nicht mehr angezeigt wird. Über die Schaltfläche ALLE WARNDIALOGE ZURÜCKSETZEN können Sie alle Meldungen wieder aktivieren.

A.2.2 Dateien

Über DATEIEN erreichen Sie verschiedene Optionen, wie Dateien im Organizer behandelt werden sollen. Innerhalb von DATEIOPTIONEN ❶ finden Sie folgende Einstellungen:
- EXIF-INFORMATIONEN IMPORTIEREN: Hier können Sie die Exif-Informationen aus einer Datei importieren oder nicht, wenn wel-

che vorhanden sind. Wenn Sie diese Option deaktivieren, werden die Exif-Informationen allerdings nicht entfernt, sondern nur blockiert. Standardmäßig ist diese Funktion immer aktiviert.

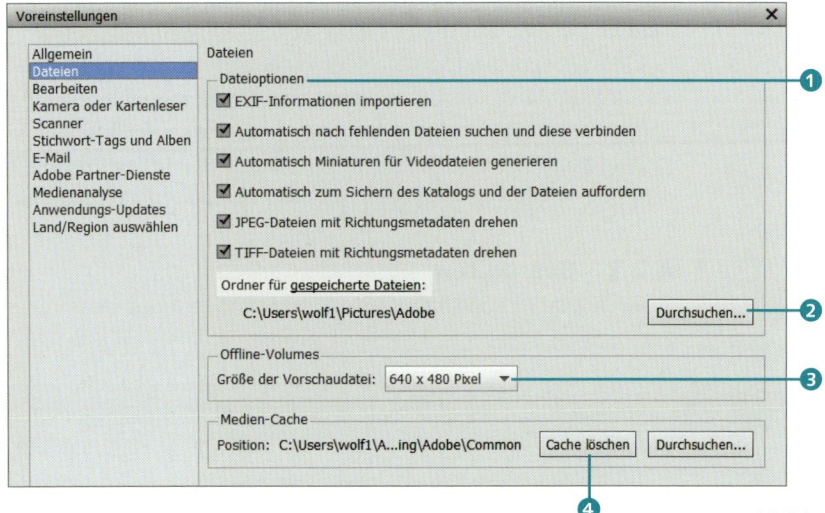

▲ Abbildung A.18
Wie der Organizer mit den Dateien umgehen soll, können Sie unter DATEIEN ändern.

- AUTOMATISCH NACH FEHLENDEN DATEIEN SUCHEN UND DIESE VERBINDEN: Fehlende Dateien werden im Medienbrowser mit einem Fragezeichen in der Miniaturvorschau versehen. Wählen Sie die fehlende Datei aus, beginnt ein Suchdialog automatisch mit der Suche (Standardeinstellung). Deaktivieren Sie diese Option, können Sie manuell nach der fehlenden Datei suchen.
- AUTOMATISCH MINIATUREN FÜR VIDEODATEIEN GENERIEREN: Sofern der Organizer das Videoformat erkennt, wird bei aktivierter Option (Standardeinstellung) auch eine Miniaturvorschau für Videodateien erstellt.
- AUTOMATISCH ZUM SICHERN DES KATALOGS UND DER DATEIEN AUFFORDERN: Wenn diese Option aktiviert ist (Standardeinstellung), werden Sie nach einer gewissen Anzahl erfasster Fotos aufgefordert, ein Backup der Katalogdatei zu erstellen.
- JPEG-DATEIEN MIT RICHTUNGSMETADATEN DREHEN: Wollen Sie, dass die Miniaturen von JPEG-Dateien im Medienbrowser entsprechend den Richtungsmetadaten (falls vorhanden) gedreht werden, sollte diese Option aktiv (Standard) sein. Deaktivieren Sie diese Option, wird die Datei zwar nicht entsprechend den Metadaten gedreht, aber die Miniaturauflösung hat eine höhere Auflösung.
- TIFF-DATEIEN MIT RICHTUNGSMETADATEN DREHEN: Wie der Punkt zuvor, nur bezieht sich diese Option auf TIFF-Dateien.
- ORDNER FÜR GESPEICHERTE DATEIEN: Hier finden Sie den Standardordner, in dem der Organizer seine Projekte und andere

Anhang A   Voreinstellungen im Überblick

Dateien speichert. Klicken Sie auf die Schaltfläche DURCHSUCHEN ❷, wenn Sie den Pfad ändern wollen.

Über OFFLINE-VOLUMES stellen Sie die GRÖSSE DER VORSCHAUDATEI ❸ ein, die der Organizer beim Offline-Speichern für Mediendateien verwenden darf. Standardeinstellung ist 640 × 480 Pixel.

Des Weiteren finden Sie hier eine Option CACHE LÖSCHEN ❹ mit einem Verzeichnis, in dem der Organizer die Vorschauen zwischenspeichert, um schneller darauf zugreifen zu können. Diesen Zwischenspeicher können Sie mit der Schaltfläche CACHE LÖSCHEN freigeben oder den Pfad mit DURCHSUCHEN ändern.

Abbildung A.19 ▼
Hier werden die Anwendungen aufgelistet, mit denen die Bilder unter anderem über das Menü BEARBEITEN aufgerufen und weiterverarbeitet werden können.

A.2.3   Bearbeiten

Über BEARBEITEN wählen Sie aus, welche weiteren Optionen und Funktionen Ihnen über den Organizer zur Verfügung stehen.

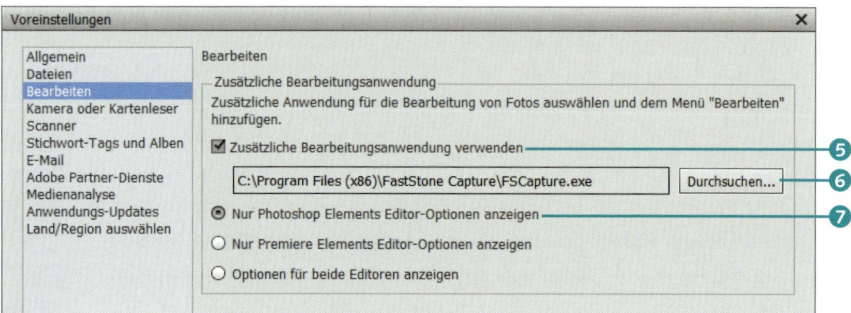

▲ **Abbildung A.20**
Im Medienbrowser markierte Bilder können auch mit einer externen Anwendung als Kopie bearbeitet werden. Der Organizer legt dabei automatisch einen Versionssatz an.

Über ZUSÄTZLICHE BEARBEITUNGSANWENDUNG VERWENDEN ❺ können Sie eine weitere Anwendung zur Bearbeitung von Fotos auswählen. Über die Schaltfläche DURCHSUCHEN ❻ legen Sie die Anwendung fest, die Sie dann im Menü BEARBEITEN oder über die Dropdown-Liste neben EDITOR mit EXTERNER EDITOR aufrufen können, um das ausgewählte Bild im Medienbrowser damit zu bearbeiten.

Darunter finden Sie drei Radioschaltflächen, über die Sie auswählen können, ob Sie nur Optionen von Photoshop Elements Editor, Premiere Elements Editor oder von beiden Editoren anzeigen wollen. Standardmäßig werden die Optionen von allen Editoren angezeigt. Die ist allerdings natürlich nur dann sinnvoll, wenn Sie Premiere Elements auf dem Rechner installiert haben.

Die Funktionen von Photoshop und/oder Premiere Elements finden Sie beim Organizer dann unter ERSTELLEN und TEILEN. Wenn Sie nicht im Besitz von Premiere Elements sind, sollten Sie die Option NUR PHOTOSHOP ELEMENTS EDITOR-OPTIONEN ANZEIGEN ❼ aktivieren, weil Sie sonst viele Funktionen im Organizer haben, die keinen Nutzen haben.

A.2.4 Kamera oder Kartenleser

Über KAMERA ODER KARTENLESER stellen Sie die Ladeoptionen für den Foto-Downloader ein, wenn eine Kamera oder ein Kartenlesegerät mit Fotos angeschlossen wird. Des Weiteren können Sie hier festlegen, was beim Importieren mit den Fotos passieren soll.

Premiere Elements

Premiere Elements ist das filmorientierte Gegenstück zu Photoshop Elements für den Videoschnitt. Häufig gibt es Photoshop Elements und Premiere Elements als Bundle zu kaufen. Premiere Elements kann aber auch extra heruntergeladen werden.

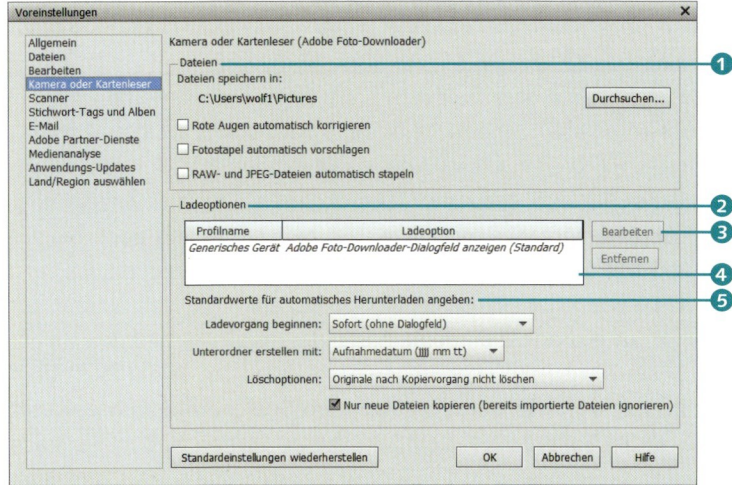

◄ **Abbildung A.21**
VOREINSTELLUNGEN für den Foto-Downloader

Über DATEIEN ❶ konfigurieren Sie, was mit den Dateien beim Import geschehen soll. Alle Optionen und noch einige mehr können Sie allerdings auch nachträglich im FOTO-DOWNLOADER-Dialog ändern. Folgende Voreinstellungen sind hier möglich:

▶ DATEIEN SPEICHERN IN: Hier finden Sie den Speicherort, an dem der Foto-Downloader die Dateien nach dem Import speichert. Standardmäßig ist dies das Bilderverzeichnis auf dem System, aber über die Schaltfläche DURCHSUCHEN können Sie diesen Pfad auch ändern.

▶ ROTE AUGEN AUTOMATISCH KORRIGIEREN: Ist diese Option aktiv, wird versucht, rote Augen beim Import automatisch zu beheben. Standardmäßig ist diese Option deaktiviert, und ich empfehle Ihnen, das so zu lassen und rote Augen besser mit dem entsprechenden Werkzeug manuell zu beheben.

▶ FOTOSTAPEL AUTOMATISCH VORSCHLAGEN: Mit aktiver Option veranlassen Sie den Organizer beim Import, Fotostapel automatisch vorzuschlagen. Auch diese Option ist standardmäßig nicht aktiv, und ich empfehle hier ebenfalls, diesen Vorgang anschließend manuell durchzuführen.

▶ RAW- UND JPEG-DATEIEN AUTOMATISCH STAPELN: Wenn Sie Bilder im RAW- und JPEG-Format aufnehmen, werden diese zu einem Stapel zusammengefasst und nicht doppelt, einmal als RAW und einmal als JPEG, im Medienbrowser angezeigt.

Anhang A Voreinstellungen im Überblick

Der Rahmen LADEOPTIONEN steht am **Mac** nicht zur Verfügung.

Unterhalb von LADEOPTIONEN ❷ geben Sie dann die entsprechenden Voreinstellungen für den eigentlichen Importvorgang an. In der folgenden Liste können Sie einstellen, wie der Foto-Downloader beim Anschließen einer Kamera oder eines entsprechenden Speichermediums angezeigt wird (STANDARD, ERWEITERT oder gar nicht, indem die Bilder gleich automatisch importiert werden). Über die Schaltfläche BEARBEITEN ❸ oder einen Doppelklick auf den Eintrag ❹ können Sie die Einstellung ändern.

Für den Fall, dass Sie einen vollständig automatischen Import eingestellt haben, finden Sie hinter STANDARDWERTE FÜR AUTOMATISCHES HERUNTERLADEN ANGEBEN ❺ einige Einstellungen dafür:

- ▶ LADEVORGANG BEGINNEN: Hier können Sie eine Verzögerung des Ladevorgangs einstellen, um gegebenenfalls noch reagieren zu können.
- ▶ UNTERORDNER ERSTELLEN MIT: Hier geben Sie den Namen für die Unterordner vor, in die die Bilder importiert werden sollen.
- ▶ LÖSCHOPTIONEN: Hier stellen Sie ein, ob die Bilder nach dem Import von der Kamera oder dem Speichermedium gelöscht werden sollen oder nicht. Zu dieser Option finden Sie noch eine Checkbox, mit der Sie vorgeben können, dass nur neue Dateien kopiert und bereits importierte Dateien ignoriert werden sollen.

A.2.5 Scanner (nur Windows)

Im Bereich SCANNER bestimmen Sie mit den Einstellungen unter IMPORTIEREN ❶ (Abbildung A.22), mit welchem SCANNER Sie die Bilder in welcher QUALITÄT und in welchem Format speichern lassen. Sie können unter DATEIEN ❷ den Pfad voreinstellen, unter dem die gescannten Bilder gespeichert werden sollen. Über die Schaltfläche DURCHSUCHEN ❸ lässt sich dieser Pfad ändern. Alle Angaben können Sie allerdings auch noch nachträglich im Dialog FOTOS VON SCANNER LADEN ändern.

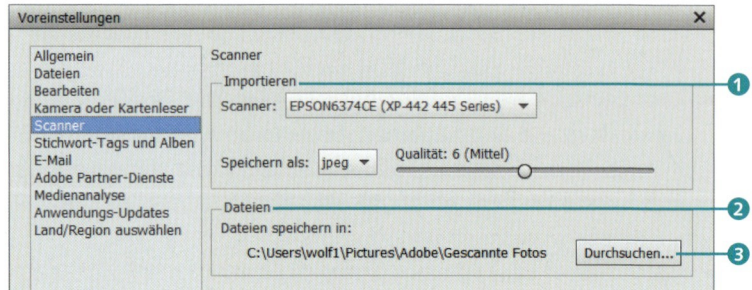

▲ **Abbildung A.22**
VOREINSTELLUNGEN für das Einscannen von Bildern mit einem SCANNER

A.2.6 Stichwort-Tags und Alben

Über STICHWORT-TAGS UND ALBEN bestimmen Sie unter MANU-ELLE SORTIEROPTION AKTIVIEREN ❹, ob Sie KATEGORIEN, UNTERKATEGORIEN, STICHWORT-TAGS, ALBUMKATEGORIEN und ALBEN jeweils MANUELL sortieren oder automatisch ALPHABETISCH sortieren lassen wollen.

Unter STICHWORT-TAG-ANZEIGE können Sie festlegen, ob der STICHWORT-TAG-NAME nur mit einem farbigen Etikett ❺ oder auch mit einer Miniaturvorschau ❻ angezeigt werden darf.

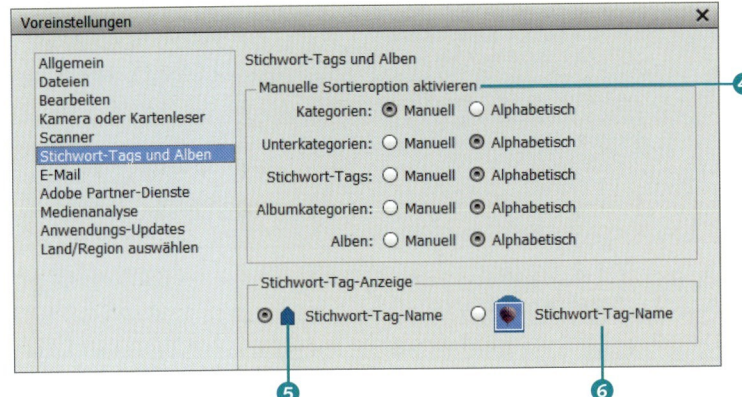

◀ Abbildung A.23
Über STICHWORT-TAGS UND ALBEN stellen Sie deren Sortieroptionen ein.

A.2.7 E-Mail

Unter E-MAIL konfigurieren Sie Ihren E-Mail-Client oder verknüpfen ein E-Mail-Konto mit dem Organizer, mit dem Sie Bilder aus dem Organizer heraus versenden können. Wie Sie ein neues E-Mail-Profil einrichten können, wurde ausführlich in Abschnitt 39.8, »Fotos per E-Mail verschicken«, beschrieben.

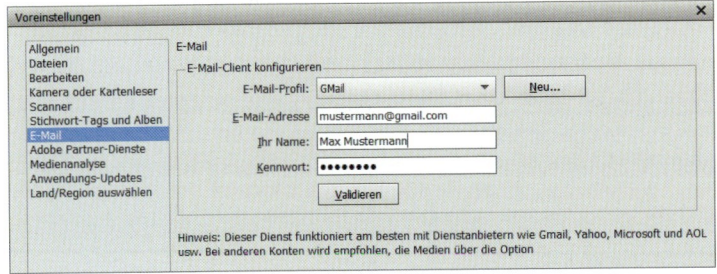

◀ Abbildung A.24
Das Versenden von Bildern per E-Mail richten Sie unter E-MAIL ein.

A.2.8 Adobe Partner-Dienste

Über ADOBE PARTNER-DIENSTE können Sie Bilder und Projekte an Online-Dienstanbieter verschicken. Viele dieser Anbieter (wie Facebook, Flickr usw.) finden Sie im Bedienfeld TEILEN. Unter NACH DIENSTEN SUCHEN ❶ (Abbildung A.25) geben Sie vor, ob diese Dienste automatisch erneuert werden sollen oder ob nach

Anhang A Voreinstellungen im Überblick

neuen Diensten gesucht werden soll. Sie können sich auch per E-Mail benachrichtigen lassen, ob es neue Dienste von Adobe oder Drittanbietern gibt.

Unter EINSTELLUNGEN ❷ können Sie sämtliche gespeicherten Kontoinformationen sowohl online als auch offline löschen.

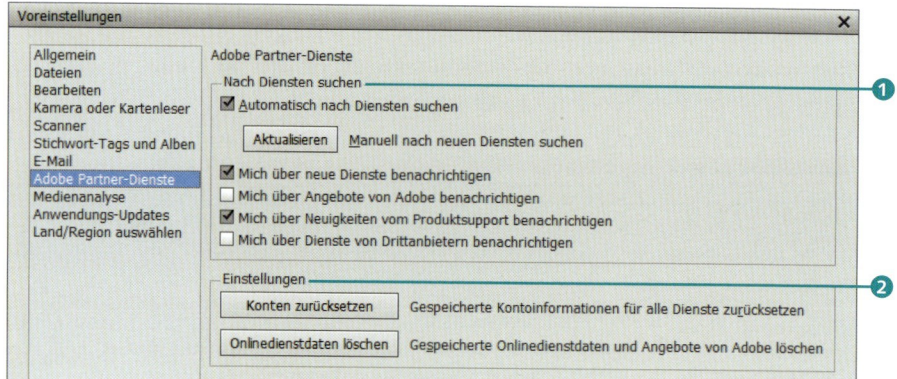

Abbildung A.25 ▲
Über ADOBE PARTNER-DIENSTE können Sie verschiedene Dienste einstellen.

A.2.9 Medienanalyse

Da der Organizer automatisch die Medien analysieren kann, finden Sie unter MEDIENANALYSE die Einstellungen dazu. Bei EINSTELLUNG FÜR PERSONEN-ANSICHT können Sie die automatische Gesichtserkennung ❸, die standardmäßig aktiviert ist, deaktivieren. Über die Schaltfläche GESICHTERANALYSE ZURÜCKSETZEN ❹ können Sie alle bestehenden und benannten Personenstapel wieder zurücksetzen.

Wollen Sie die automatischen Smart-Tags und die Auto-Kuratierung nicht verwenden, müssen Sie die Option SMART-TAGS UND AUTO-KURATIERUNG NICHT ANZEIGEN ❺ aktivieren. Wenn Sie die Smart-Tags und die Auto-Kuratierung hingegen verwenden, können Sie MEDIEN FÜR SMART-TAGS UND AUTO-KURATIERUNG ANALYSIEREN ❻ (de-)aktivieren. Diese Option zu deaktivieren könnte Sinn machen, wenn Sie sehr viele Bilder importieren möchten und nicht wollen, dass direkt eine Analyse im Hintergrund ausgeführt wird.

Abbildung A.26 ▼
Automatische Analysen (de-)aktivieren Sie über MEDIENANALYSE.

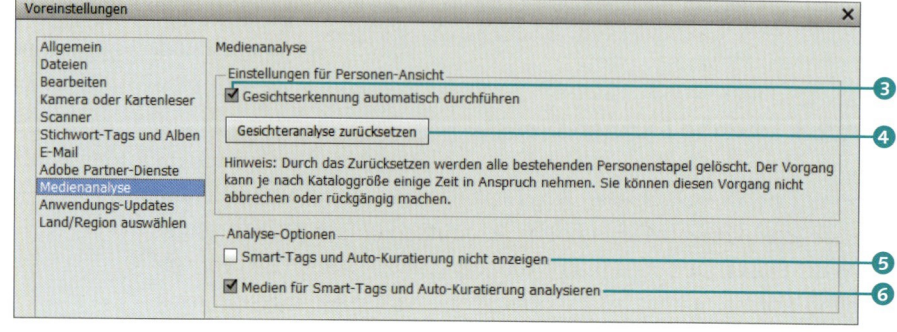

A.2.10 Standardeinstellung wiederherstellen

Wollen Sie die Standardeinstellungen des Organizers wiederherstellen, finden Sie hierzu im Dialog VOREINSTELLUNGEN ganz unten die Schaltfläche STANDARDEINSTELLUNGEN WIEDERHERSTELLEN.

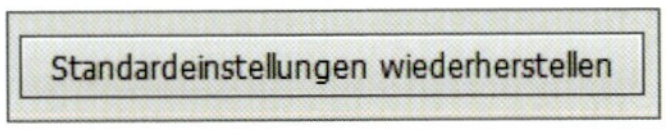

▲ **Abbildung A.27**
Im Notfall lässt sich über diese Schaltfläche alles wieder auf den Ursprungszustand stellen.

A.3 Verzeichnisse für Plug-ins, Pinsel & Co.

An dieser Stelle sollen kurz die verschiedenen Verzeichnisse von Windows und Mac zu den Plug-ins, Pinseln usw. erwähnt werden. Sie sind nötig, wenn Sie Photoshop Elements um diese Dinge erweitern wollen.

Grundlegend müssen Sie hier zwischen dem Benutzerverzeichnis, das hier als <BENUTZER> geschrieben wird, und dem Programmverzeichnis unterscheiden. Das Benutzerverzeichnis ist gewöhnlich das Verzeichnis des angemeldeten Benutzers auf dem System. Das Programmverzeichnis ist das Verzeichnis, in dem die Software installiert ist.

Windows-Benutzerverzeichnis | Das Benutzerverzeichnis unter Windows, in dem Photoshop Elements nach Pinseln, Farbfeldern, Verläufen, Mustern und dergleichen sucht, lautet:

[LAUFWERK]:\<BENUTZER>\<BENUTZERNAME>\AppData\Roaming\Adobe\Photoshop Elements\16.0\Presets\

Der Ordner APPDATA ist vermutlich ein ausgeblendeter oder versteckter Ordner und muss erst über EXTRAS • ORDNEROPTIONEN im Reiter ANSICHT über die entsprechende Option eingeblendet werden.

Windows-Programmverzeichnis | Das Programmverzeichnis unter Windows zu den Pinseln, Farbfeldern, Verläufen, Mustern usw. lautet gewöhnlich:

[LAUFWERK]:\PROGRAMME\ADOBE\PHOTOSHOP ELEMENTS 2018\PRESETS\

Auf einem 32-Bit-System heißt das Verzeichnis für 32-Bit-Programme häufig PROGRAMME (X86) statt PROGRAMME. Daher lautet der Pfad hier gewöhnlich:

[LAUFWERK]:\PROGRAMME X86)\ADOBE\PHOTOSHOP ELEMENTS 2018\PRESETS\

Mac-Benutzerverzeichnis | Das Benutzerverzeichnis auf einem Mac-System für Pinsel, Farbfelder, Muster, Verläufe und dergleichen lautet:

Vorgaben-Manager

Pinsel, Farbfelder, Verläufe und Muster sollten Sie zwar mit dem Vorgaben-Manager (BEARBEITEN • VORGABEN-MANAGER) verwalten, aber aufgrund vieler Nachfragen, wo auf dem System sich das entsprechende Verzeichnis befindet, habe ich diesen Anhang mit ins Buch genommen.

Anhang A Voreinstellungen im Überblick

/Users/<Benutzer>/Library/Application Support/Adobe/Adobe Photoshop Elements 16/Presets/

Mac-Programmverzeichnis | Das Programmverzeichnis auf dem Mac lautet hingegen:

Programme/Photoshop Elements 2018/Support Files/Presets/

Alle zusammen | Egal, auf welchem System und ob es sich jetzt um das Benutzer- oder Programmverzeichnis handelt, alle wichtigen Verzeichnisse, über die Sie Photoshop Elements um weitere Pinsel, Farbfelder, Muster, Verläufe und noch einiges mehr erweitern können, liegen unterhalb des Presets-Verzeichnisses. Da die Verzeichnisse allerdings in englischer Sprache gehalten sind, erhalten Sie in Tabelle A.1 kurz einen Überblick über die gängigen Verzeichnisnamen und deren deutsche Bedeutung.

Verzeichnisname	Endung	Beschreibung
Brushes	ABR	Darin werden die Pinsel gespeichert.
Color Swatches	ACO	Hierbei handelt es sich um den Ordner mit den Farbfeldern.
Gradients	GRD	Darin sind die Farbverläufe enthalten.
Patterns	PAT	Verzeichnis für die Muster

Tabelle A.1 ▶
Die gängigen Verzeichnisnamen von Photoshop Elements

Plug-in-Verzeichnis | Zwar bietet Photoshop Elements auch hier eine Möglichkeit an, über Bearbeiten/Photoshop Elements • Voreinstellungen • Zusatzmodule ein eigenes Plug-in-Verzeichnis einzurichten, aber viele Anwender suchen auch hierfür lieber nach dem Programmverzeichnis.

- Dieses finden Sie bei Windows unter:
  [Laufwerk]:\Programme\Adobe\Photoshop Elements 2018\Plug-Ins
- Bei einem alten 32-Bit-Windows-System finden Sie es unter:
  [Laufwerk]:\Programme (x86)\Adobe\Photoshop Elements 2018\Plug-Ins
- Haben Sie ein Plug-in für den Mac, finden Sie das Programmverzeichnis dazu unter:
  Programme/Photoshop Elements 2018/Support Files/Plug-Ins

Anhang B
Farbmanagement und Farbprofile

Das Farbmanagement ist häufig ein recht ungemütliches und gerne vernachlässigtes Thema. Wenn Sie sich allerdings ernsthaft mit der Bildbearbeitung befassen und nichts dem Zufall überlassen wollen, sollten Sie sich auf jeden Fall damit auseinandersetzen. Natürlich dürfen Sie von diesem Kapitel im Anhang des Buches kein Kompendium dazu erwarten. Nach der Lektüre wissen Sie aber zumindest, was es mit dem Farbmanagement und den Farbprofilen auf sich hat und wozu diese gut sind.

B.1 Das Leben ohne Farbmanagement

Wenn Sie zum Beispiel ein Foto mit einer Digitalkamera fotografiert oder mit dem Scanner eingescannt und auf dem Rechner mit Photoshop Elements bearbeitet haben, können Sie sich nicht darauf verlassen, dass das Bild auf einem anderen Monitor oder Drucker mit denselben Farben wiedergegeben wird. So kann es sein, dass Ihr Bild einen Farbstich hat, den Sie auf Ihrem Monitor aber gar nicht erkennen können. Es kann aber auch vorkommen, dass die Farben beim Ausdruck des Bildes weniger oder unnatürlich stark gesättigt sind, obwohl sie auf dem Bildschirm ganz normal ausgehen haben.

In Abbildung B.1 sehen Sie einen solchen Fall (*worst case* = der schlechteste Fall). Das Ursprungsbild ❶ wurde mit einem Scanner eingescannt und wirkt anschließend farblos und trist ❷. Kein Problem, nach der Bearbeitung in Photoshop Elements haben wir dem Bild seine Farbe zurückgegeben ❸. Der anschließende Ausdruck ❹ wirkt allerdings alles andere als farbenfroh und ist deutlich zu hell. Zugegeben, dieses Beispiel ist etwas extrem dargestellt, aber es soll verdeutlichen, was passieren kann, wenn Sie kein Farbmanagement verwenden. Mithilfe des Farbmanagements stellen Sie also sicher, dass ein Bild, das von einem Eingabegerät (Kamera, Scanner) eingelesen oder erstellt wird, genauso oder möglichst farbgetreu auf dem Ausgabegerät (Drucker, Bildschirm) wiedergegeben wird.

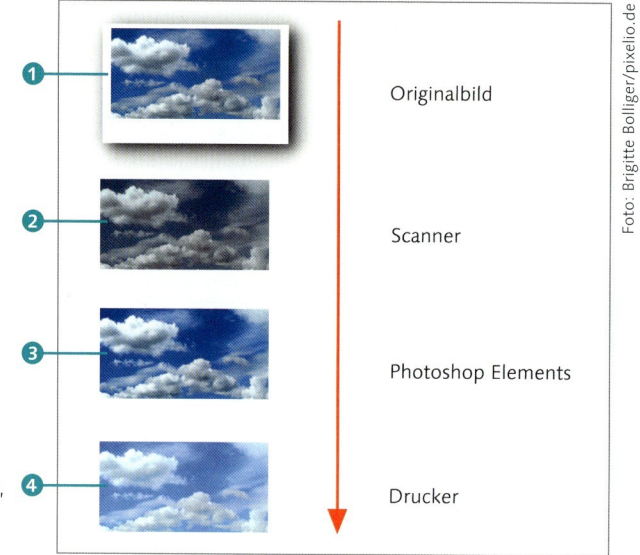

Abbildung B.1 ▶
Ohne Farbmanagement kann es bei den verschiedenen Ein- und Ausgabegeräten zu unterschiedlichen Farbabbildungen kommen, obwohl immer dasselbe Bild verwendet wurde.

B.2 ICC-Farbprofile – Vermittler zwischen den Geräten

Da bei der digitalen Verarbeitung von Bildern viele verschiedene Geräte zum Einsatz kommen können, bedeutet dies auch, dass viele verschiedene Farbeigenschaften verwendet werden. Daher wird als Vermittler zwischen diesen Geräten und den Bildern ein genormter Datensatz benötigt, der den Farbraum der einzelnen Geräte beschreibt. Ein solcher Datensatz wird als *ICC-Profil* (oder einfach nur *Farbprofil*) bezeichnet.

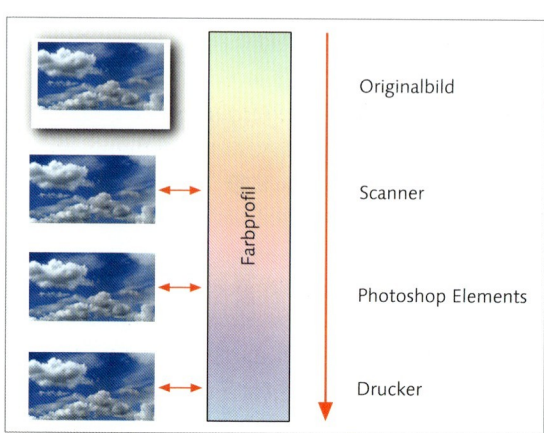

Abbildung B.2 ▶
Einen möglichst einheitlichen Farbraum zwischen den Geräten können Sie nur über ein Farbprofil erstellen. Das Profil beschreibt die Farbcharakteristik zwischen den Geräten. Die Abbildung ist natürlich nur vereinfacht dargestellt, weil nicht jedes Gerät dasselbe Farbprofil verwendet.

B.2 ICC-Farbprofile – Vermittler zwischen den Geräten

Ein Farbprofil können Sie vereinfacht als eine Farbtabelle (genauer *Look-up-Table*, kurz LUT) mit einer speziellen Farbcharakteristik betrachten, die zur Umwandlung von geräteabhängigen Farbbeschreibungen (Geräteprofilen) zu einem geräteunabhängigen Austausch-Farbraum verwendet wird. Zusätzlich können Sie mithilfe des Farbprofils die Farbdarstellung eines Geräts auf einem anderen Gerät annähernd ähnlich einstellen. Vereinfacht ausgedrückt können Sie mit dem richtigen Farbprofil erreichen, dass die Farben eines Bildes auf dem Monitor fast identisch auf einem Drucker ausgegeben werden (eine 100%ige Übereinstimmung gibt es nicht).

Hierbei müssen wir zwischen drei verschiedenen Profiltypen unterscheiden:
- Input-Profil (*Eingabeprofil*): Das Profil wird für Scanner und Digitalkameras verwendet.
- Work-Profil (auch *Arbeitsprofil* oder *Monitorprofil* genannt): Das Profil wird für sämtliche Bildschirme verwendet.
- Output-Profil (*Ausgabeprofil*): Das Profil wird für Drucker oder Druckerpressen verwendet.

> **Minimum: sRGB**
> Wenn Sie sich nicht um das Farbmanagement kümmern, verwaltet das Betriebssystem das Farbprofil der einzelnen Geräte. Sind hierbei keinerlei Farbprofile vorhanden, wird mindestens der sRGB-Farbraum (sRGB = Standard-RGB) verwendet.

Wenn Sie ein Foto auf einem Drucker ausdrucken wollen und das Farbmanagement-System im Bild einen orangen Pixelwert mit R = 255, G = 127, B = 0 findet, sieht das Farbmanagement-System in der Farbtabelle des ICC-Profils für den Drucker nach, ordnet den Wert 255, 127, 0 zu und sendet diesen Wert für das Pixel an den Drucker. Existiert im ICC-Farbprofil kein solch exakter Farbwert, wird dieser interpoliert. Sprich, findet der Drucker hier nur einen Wert von 255, 131, 0 und war der Wert des Fotos 255, 127, 0, wird aus diesen beiden Werten ein Mittelwert mit 255, 129, 0 gebildet.

Spätestens an dieser Stelle dürfte Ihnen auch klar werden, dass eine möglichst vereinheitlichte Farbdarstellung nur dann funktioniert, wenn die Farbwerte der Geräte bekannt sind. Sie müssen also die Geräte kalibrieren und profilieren (ein Profil erstellen).

Kalibrierung und Profilerstellung von Bildschirmen | Wenn es Ihnen wirklich ernst mit der farbgetreuen Darstellung der Geräte ist, kommen Sie nicht darum herum, sich neue Hardware – ein Kalibrierungswerkzeug (auch *Farbmessgerät* oder *Kolorimeter* genannt) – anzuschaffen.

Hierzu installieren Sie eine zum Kalibrierungswerkzeug gehörende Software auf dem Rechner und verbinden anschließend das Messgerät mit dem zu kalibrierenden Rechner (meistens über den USB-Anschluss). Das Kalibrierungsgerät hängen Sie jetzt an den Bildschirm. Während der Kalibrierung zeigt die Kalibrierungssoft-

> **CIE-Lab**
> Das CIE-Lab-Farbmodell ist ein geräteunabhängiges, aber standardisiertes Farbmodell, das als Richtlinie im Farbmanagement verwendet wird.

Anhang B Farbmanagement und Farbprofile

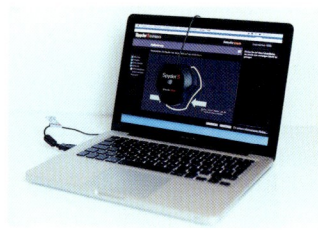

▲ **Abbildung B.3**
Ein Kolorimeter (hier das Spyder 5 von datacolor) misst die Farben des Bildschirms.

ware verschiedene einzelne RGB-Farben auf dem Bildschirm an, deren genauer RGB-Wert der Software natürlich bekannt ist. Das Kalibrierungsgerät wiederum liefert den CIE-Lab-Wert der angezeigten RGB-Farbe an die Software zurück. Nach der Kalibrierung kann jeder RGB-Farbe ein CIE-Lab-Wert zugeordnet und somit ein Monitorprofil erstellt werden.

Eine Kalibrierung und erneute Profilierung des Bildschirms sollten Sie in regelmäßigen Abständen durchführen, weil sich die Darstellungsqualität mit der Zeit ändert.

Kalibrierung und Profilerstellung von Scannern | Für die Profilerstellung von Scannern kommt eine kleine Vorlage mit Referenzfarbfeldern zum Einsatz, die als *IT-8-Target* bezeichnet wird. Diese Vorlage ist in verschiedenen Größen erhältlich und muss mithilfe einer speziellen Scannersoftware, die die Farbwerte der IT-8-Target-Vorlage kennt, eingescannt werden. Diese Scannersoftware misst jetzt den tatsächlichen Wert der Farben nach und vergleicht diesen Wert mit den Referenzfarbwerten auf dem IT-8-Target. Anhand dieser Differenzen zwischen dem tatsächlich gemessenen Wert und dem IT-8-Target erstellt die Scannersoftware dann das ICC-Profil für den Scanner.

Kalibrierung und Profilerstellung von Digitalkameras | Es ist auch möglich, eine Digitalkamera zu kalibrieren und ein Profil dafür zu erstellen (zumindest bei den teureren Modellen). Das Prinzip ist im Grunde recht ähnlich wie bei einem Scanner: Sie fotografieren ein spezielles Target mit Farbfeldern ab, laden das Bild mit einer speziellen Software, und die fotografierten Farbwerte werden mit den Referenzfarbwerten verglichen. Aus der Differenz erstellt die Software dann ein ICC-Profil. Eine spezielle Software hierfür finden Sie unter *www.silverfast.com* mit SilverFast DCPro.

Drucker kalibrieren mit Scanner
Um ein Profil für einen Drucker zu erstellen, müssen Sie nicht unbedingt ein Spektralfotometer kaufen, sondern können mithilfe der Software SilverFast *(www.silverfast.com)* zunächst ein Test-Target ausdrucken und mit einem Scanner wieder einlesen. So verwenden Sie praktisch den Scanner zum Erstellen eines Profils für den Drucker.

Kalibrierung und Profilerstellung von Druckern | Die Kalibrierung und anschließende Profilierung von Druckern ähnelt der Bildschirmkalibrierung. Bei der Druckerkalibrierung drucken Sie mithilfe einer Kalibrierungssoftware eine Testseite (ein sogenanntes Test-Target) mit einzelnen Farbfeldern aus. Diese Testseite ist im Grunde einem IT-8-Target wie bei der Scannerkalibrierung recht ähnlich. Mit einem speziellen Kalibrierungsgerät (genauer einem *Spektralfotometer*) wiederum werden die Farben der ausgedruckten Testseite ausgemessen und über den USB-Anschluss an den Rechner mit der Kalibrierungssoftware geschickt. Je mehr Farbfelder hierbei ausgedruckt und gemessen werden, desto exakter wird das ICC-Profil für den Drucker. In der Praxis bedeutet dies natürlich auch, dass eine umfangreiche Druckerkalibrierung erheblich mehr Zeit in Anspruch nimmt als eine Monitor- oder Scannerkalibrierung.

Softwarebasierte Kalibrierung | Es gibt natürlich auch die Möglichkeit, eine softwarebasierte Kalibrierung über das Betriebssystem durchzuführen. Allerdings sollten Sie dabei immer bedenken, dass Sie nach Augenmaß kalibrieren. In der Praxis ist das aber häufig immer noch besser, als gar keine Kalibrierung zu verwenden.

Standard-Farbprofil: sRGB | Das häufig anzutreffende Profil mit dem kleinsten Farbraum ist der sRGB-Farbraum. Wird dieses Profil verwendet, dürften Sie am wenigsten Probleme haben, wenn ein Bild auch auf anderen Bildschirmen angezeigt wird. Jeder Monitor verfügt mindestens über den sRGB-Farbraum, und für Bilder, die Sie im **Internet** veröffentlichen, ist sRGB völlig ausreichend. Zwar beherrschen viele Webbrowser mittlerweile auch schon den Umgang mit Farbprofilen, aber Sie sollten doch bedenken, dass sich Otto Normalanwender kaum mit dem Thema **Farbprofile** im Allgemeinen auseinandersetzen will und somit den Browser auch mit den Standardeinstellungen verwenden wird.

Auch Digitalkameras bieten sRGB häufig neben anderen Profilen mit an. Für den etwas fortgeschrittenen Bereich ist sRGB allerdings zu wenig. Sie sollten immer bedenken, dass die heutigen Fotodrucker erheblich mehr Farben als sRGB darstellen können. Auch die heutigen Monitore sind mit dem sRGB-Farbraum absolut unterfordert.

Das etwas bessere Profil: Adobe RGB (1998) | Dieser Farbraum umfasst erheblich mehr Farben als sRGB und liefert häufig auch viel sattere Farben. Außerdem wird der Farbraum von Adobe als Druckvorstufe empfohlen, weil sich hiermit die Cyan- und Magentafarbtöne (für den CMYK-Druck) viel besser abbilden lassen. Adobe RGB (1998) enthält aber auch den kompletten sRGB-Farbraum. Mittlerweile bieten immer mehr günstigere Monitore diesen Farbraum mit an. Zwar wird dieser noch nicht zu 100 % damit dargestellt, aber die Ergebnisse sind deutlich besser als mit sRGB. Photoshop Elements unterstützt das Profil natürlich von Haus aus.

Das Profil für die Profis: ProPhoto RGB | ProPhoto RGB bietet einen noch größeren Farbraum als Adobe RGB (1998) und wird besonders gerne von Fotografen verwendet. Allerdings sollten Sie

> **Warnung**
> An dieser Stelle möchte ich noch eine Warnung aussprechen: Wenn Sie nicht wirklich wissen, was Sie tun, sollten Sie den sRGB-Farbraum belassen, weil bei falscher Anwendung natürlich auch die Farben danach komplett falsch angezeigt werden.

> **Adobe RGB (1998) im Web?**
> Wollen Sie die Bilder im Farbraum Adobe RGB (1998) hingegen im Web veröffentlichen, sollten Sie etwas vorsichtig sein, weil auf dem Großteil der Rechner im Web nun einmal sRGB eingestellt ist. Für die Weitergabe im Web sollten Sie also nach wie vor das sRGB-Farbprofil verwenden.

bedenken, dass dieses Profil nur mit 16 Bit Farbtiefe pro Kanal arbeitet. Somit fällt ProPhoto RGB für das Web oder JPEG-Foto völlig aus. Eine Reduzierung der Farbtiefe auf 8 Bit hinterlässt ein nicht akzeptables Ergebnis. Photoshop Elements kann außerdem noch gar nicht mit 16 Bit Farbtiefe umgehen. Allerdings ist ProPhoto RGB ein zukunftsweisendes Farbprofil, das sich irgendwann auch in bezahlbarer Hardware verwenden lassen könnte.

Für die Druckvorstufe: ECI-RGB | Der ECI-RGB-Farbraum wird von der ECI (European Color Initiative) als Farbraum für die professionelle Bildbearbeitung empfohlen und deckt zudem alle Druckfarben ab. Ein entsprechendes ICC-Profil für Photoshop Elements (und natürlich andere Bildbearbeitungsprogramme) und für die Einstellung des Monitors können Sie sich von der Webseite *www.eci.org* herunterladen.

B.3 Farbmanagement mit Photoshop Elements

Nachdem Sie jetzt die Grundlagen zu den Farbprofilen kennengelernt haben, werden Sie sich sicherlich fragen, wie sich das Farbmanagement von Photoshop Elements hier einfügt. Zur Beruhigung gleich vorweg: Beim kleinen Photoshop Elements müssen Sie hier keine komplexen Dinge einstellen, und es ist alles so einfach wie möglich gehalten.

B.3.1 Farbmanagement einrichten

Einrichten können Sie das Farbmanagement mit Photoshop Elements im Fotoeditor über den Menübefehl BEARBEITEN • FARBEINSTELLUNGEN oder [Strg]/[cmd]+[⇧]+[K]. Im sich jetzt öffnenden Dialog wählen Sie eine der folgenden Farbmanagement-Optionen aus:

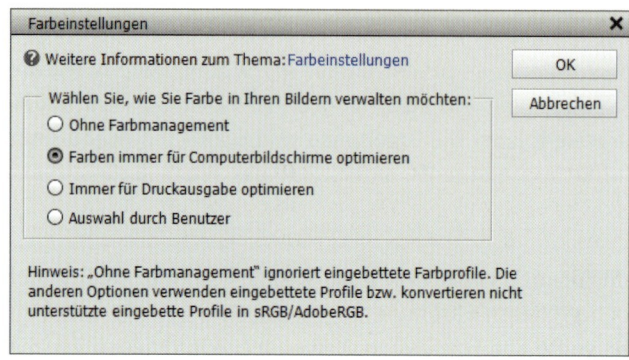

Abbildung B.4 ▶
Der einfach gehaltene Dialog zum Farbmanagement mit Photoshop Elements

- OHNE FARBMANAGEMENT: Öffnen Sie ein Bild mit dieser eingestellten Option, wird das eingebettete Profil entfernt. Während der Bearbeitung im Fotoeditor wird das Monitorprofil als Farbraum verwendet. Beim Speichern wird zwar kein Profil zugeordnet, aber Sie können zumindest im Dialog SPEICHERN UNTER bei FARBE das ICC-Profil des Monitors auswählen.
- FARBEN IMMER FÜR COMPUTERBILDSCHIRME OPTIMIEREN: Hierbei wird sRGB als Arbeitsfarbraum verwendet, wenn Photoshop Elements das eingebettete Profil nicht unterstützt. Ansonsten wird das eingebettete Profil verwendet. sRGB wird auch verwendet, wenn eine Datei beim Öffnen gar kein Farbprofil enthält. Auch im Dialog SPEICHERN UNTER kann dann bei der Option ICC-PROFIL das eingebettete Profil verwendet werden oder, wenn das nicht unterstützt wird, das sRGB-Profil.
- IMMER FÜR DRUCKAUSGABE OPTIMIEREN: Hierbei wird Adobe RGB als Arbeitsfarbraum verwendet. Das eingebettete Profil bleibt erhalten und kann auch im Dialog SPEICHERN UNTER wieder bei der Option ICC-PROFIL zugewiesen werden. Enthält die Datei beim Öffnen gar kein Farbprofil, wird automatisch Adobe RGB zugewiesen.
- AUSWAHL DURCH BENUTZER: Beim Öffnen von Dateien ohne ein Profil können Sie über einen Dialog zwischen kein Farbmanagement, sRGB oder Adobe RGB wählen. Das entsprechende Profil steht Ihnen dann auch im Dialog SPEICHERN UNTER unter dem ICC-PROFIL zum Mitspeichern zur Verfügung. Hat die Datei jedoch ein eingebettetes Profil, wird dieses verwendet, sofern es von Photoshop Elements unterstützt wird.

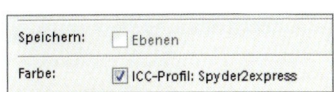

▲ Abbildung B.5
Das ICC-Profil des Monitors mitspeichern

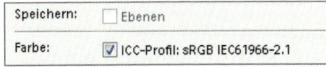

▲ Abbildung B.6
Der Spezialist für die Computerbildschirme – der sRGB-Farbraum

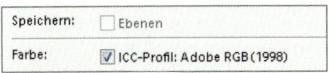

▲ Abbildung B.7
Bestens für die Druckausgabe geeignet ist das Adobe-RGB-Profil.

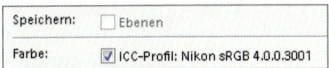

▲ Abbildung B.8
Hier war im Bild bereits ein eingebettetes Profil enthalten.

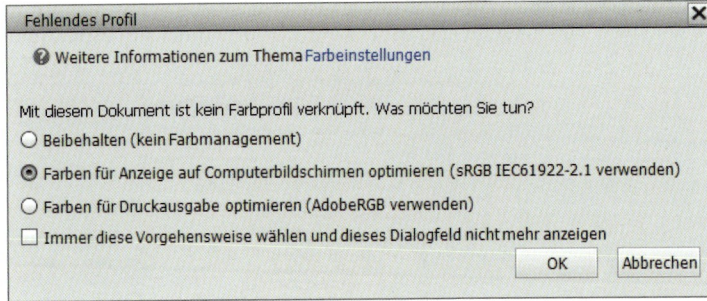

◄ Abbildung B.9
Öffnen Sie ein Bild ohne Farbprofil, können Sie mit der Option AUSWAHL DURCH BENUTZER selbst entscheiden, was Sie damit machen wollen.

B.3.2 Konvertieren des Farbprofils

Wenn Sie ein Bild öffnen, weist Photoshop Elements das Farbprofil auf Grundlage der Einstellung des zuvor beschriebenen Dialogs FARBEINSTELLUNGEN zu. In der Praxis dürften Sie daher eher selten das Farbprofil verändern wollen. Wenn Sie trotzdem das Farbprofil anpassen möchten – was Sie allerdings nur dann tun sollten,

Anhang B Farbmanagement und Farbprofile

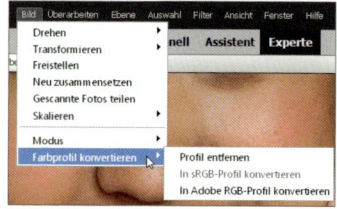

▲ Abbildung B.10
Manuelle Konvertierung des Farbprofils

wenn Sie sich im Klaren darüber sind, was Sie tun –, finden Sie über das Untermenü BILD • FARBPROFIL KONVERTIEREN die folgenden drei Befehle dazu:

▶ PROFIL ENTFERNEN: Damit entfernen Sie das Profil komplett, sodass die Datei keinem Farbprofil und somit keinem Farbmanagement mehr unterliegt. Im Dialog SPEICHERN UNTER können Sie trotzdem noch optional über ICC-PROFIL im sRGB-Farbraum speichern.

▶ IN sRGB-PROFIL KONVERTIEREN: Damit betten Sie das sRGB-Profil in die Datei ein. Liegt das Bild in einem anderen Profil vor, wird es in das sRGB-Profil konvertiert. Ist bereits ein sRGB-Profil in der Datei eingebettet, ist dieser Befehl ausgegraut.

▶ IN ADOBE RGB-PROFIL KONVERTIEREN: Hiermit betten Sie das Adobe-RGB-Profil in die Datei ein. Ist in der Datei ein anderes Profil eingebettet, wird es in das Adobe-RGB-Profil konvertiert. Auch hier gilt: Ist der Befehl ausgegraut, liegt die Datei bereits im Adobe-RGB-Profil vor.

B.3.3 Farbprofil beim Drucken auswählen

Um auch beim Drucken ein ICC-Profil auszuwählen, klicken Sie einfach im DRUCKEN-Dialog (DATEI • DRUCKEN) auf die Schaltfläche MEHR OPTIONEN. Im Dialog gehen Sie in das FARBMANAGEMENT ❶. Wählen Sie bei FARBHANDHABUNG ❷ die Option DURCH PHOTOSHOP ELEMENTS aus. Nun können Sie unter DRUCKERPROFIL ❸ das gewünschte Profil festlegen.

Abbildung B.11 ▶
Auswählen des Profils zum Drucken

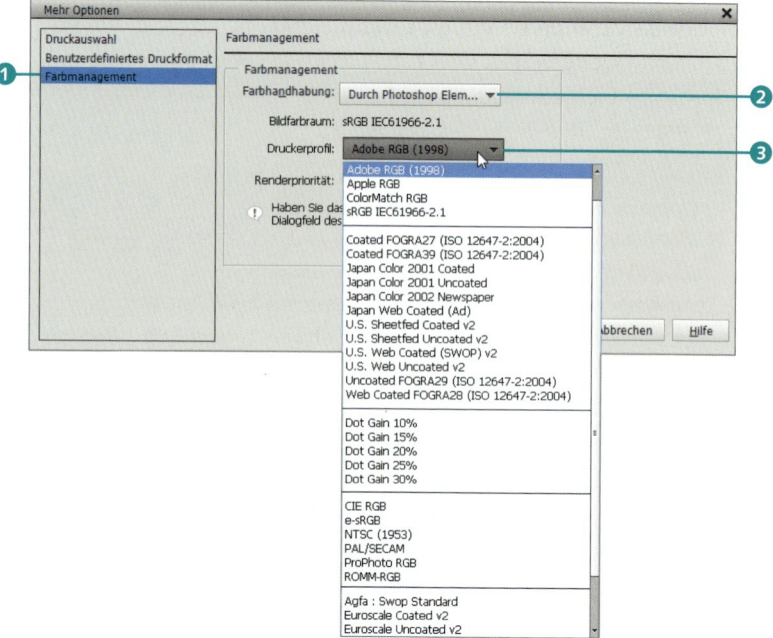

Kapitel C
Zusatzmodule, Aktionen und Plug-ins

Sollte Ihnen der Funktionsumfang von Adobe Photoshop Elements nicht ausreichen, können Sie den Fotoeditor um weitere Plug-ins und Aktionen erweitern. Wie und was dabei geht, will ich Ihnen in diesem Anhang kurz beschreiben.

C.1 Plug-ins nachinstallieren

Natürlich ist es auch möglich, Photoshop Elements mit weiteren Zusatzmodul-Filtern nachzurüsten, die entweder von Adobe oder von anderen Softwareentwicklern stammen. In der Regel werden solche Filter im Menü FILTER angezeigt, sofern der Entwickler des Moduls keine anderen Vorgaben gemacht hat. Zusatzmodule sind im Grunde weitere Softwareprogramme, die Zusatzfunktionen für Photoshop Elements bieten.

Abhängig vom Hersteller des Zusatzmoduls haben Sie drei Möglichkeiten, um das Plug-in zu installieren:

1. **Installer**: Einige Hersteller liefern ihre Plug-ins mit einer Installierroutine, die Sie bei der Installation an die Hand nimmt und durch die Installation begleitet.
2. **Kopieren**: Sie kopieren die Plug-in-Datei(en) manuell ins dafür vorgesehene Plug-in-Verzeichnis. In meinem Fall ist dies beispielsweise C:\PROGRAMME\ADOBE\PHOTOSHOP ELEMENTS 2018\PLUG-INS (64-Bit-Windows) oder C:\PROGRAMME (x86)\ADOBE\PHOTOSHOP ELEMENTS 2018\PLUG-INS (32-Bit-Windows). Beim Mac wäre dies PROGRAMME/ADOBE PHOTOSHOP ELEMENTS 2018/SUPPORT FILES/PLUG-INS. Beim nächsten Neustart von Photoshop Elements sollten Sie das Plug-in dann im Menü FILTER vorfinden.

Photoshop-Module
Gute Nachrichten auch, was Photoshop-Module betrifft: Viele im Web vorhandene Module lassen sich auch im kleinen Photoshop, in Elements, verwenden.

Support
Es versteht sich, dass Sie bei der Verwendung von Zusatzmodulen mögliche Fragen an den Hersteller und nicht an Adobe richten sollten.

Anhang C Zusatzmodule, Aktionen und Plug-ins

3. **Eigenen Ordner einrichten**: Anstelle eines fixen Verzeichnisses können Sie auch den Menüpunkt PHOTOSHOP ELEMENTS EDITOR/BEARBEITEN • VOREINSTELLUNGEN • ZUSATZMODULE wählen, ein Häkchen vor ZUSÄTZLICHER ZUSATZMODULORDNER setzen und den Ordner über die Schaltfläche WÄHLEN ❶ auswählen, in dem sich das oder die Zusatzmodul(e) befindet bzw. befinden.

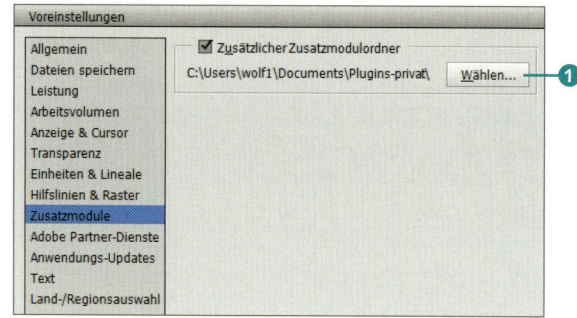

Abbildung C.1 ▶
Eigenen Ordner für Plug-ins einrichten

Plug-ins für Mac OS X
Wenn Sie Plug-ins für den Mac herunterladen, sollten Sie darauf achten, dass diese auch für den Mac gekennzeichnet sind. Ein Plug-in für Windows funktioniert nicht auf einem Mac, ebenso wenig läuft es umgekehrt.

32-Bit- und 64-Bit-Plug-ins unter Windows | Mit der Umstellung von 32 Bit auf 64 Bit unter Windows ist es leider auch so, dass die 32-Bit-Plug-ins nicht mehr mit dem 64-Bit-Photoshop-Elements funktionieren. Wenn Sie hingegen einen 32-Bit-Windows-Rechner mit einem 32-Bit-Photoshop-Elements haben, funktionieren die 32-Bit-Plug-ins nach wie vor, aber die 64-Bit-Plug-ins werden nicht laufen. 32-Bit-Plug-ins haben gewöhnlich die Dateiendung ».8bf«, und die 64-Bit-Plug-ins enden in der Regel mit »_64.8bf«. Achten Sie also beim Herunterladen Ihres Plug-ins gleich darauf, ob das Zusatzmodul auch für 32 Bit oder 64 Bit erhältlich ist und zudem auch zu Ihrem System passt.

Probieren geht über …
Da Photoshop Elements von Haus aus viele Aktionen anbietet, empfehle ich Ihnen, damit zu experimentieren. Interessant ist zum Beispiel die Aktion SOFORT-SCHNAPPSCHUSS im Aktionssatz SPEZIALEFFEKTE, mit der Sie eine Art Polaroid-Foto erstellen. Hier wird beim Ausführen der Aktion ein Dialogfeld eingeblendet, in dem Sie eine Einstellung vornehmen und bestätigen müssen. Erst dann wird die Aktion abgeschlossen.

C.2 Aktionen anwenden und nachinstallieren

Die Aktionen können Sie über FENSTER • AKTIONEN aufrufen. Bei den Aktionen handelt es sich ganz einfach um einen vordefinierten Arbeitsablauf verschiedener Befehle, der der Automatisierung von Arbeitsprozessen dient.

Die Verwendung von Aktionen ist einfach. Laden Sie ein Bild in den Fotoeditor, und wählen Sie aus der Liste von Aktionen ❷ eine Aktion aus. Die Aktionen sind hierbei in einer ordnerähnlichen Hierarchie angeordnet. Die ausgewählte Aktion ist blau markiert ❸. Mit einem Klick auf das Play-Symbol ❹ wird die Aktion auf das aktive Bild angewendet.

C.2 Aktionen anwenden und nachinstallieren

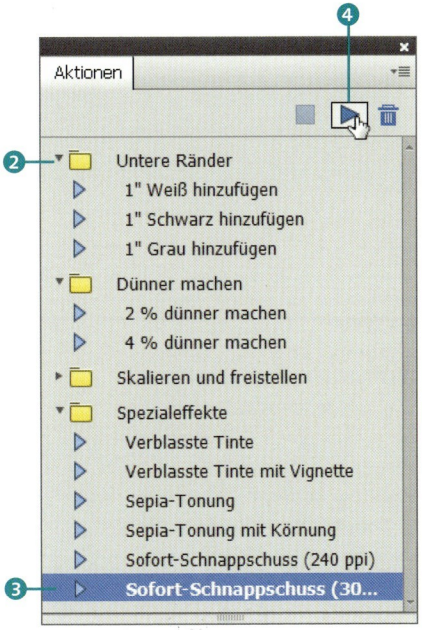

◂▴ **Abbildung C.2**
Eine Aktion nach der Ausführung, hier bei der Erstellung eines Polaroid-Fotos (SOFORT-SCHNAPPSCHUSS [300 PPI])

Schritt für Schritt
Aktionen nachinstallieren

Es ist möglich, die Aktionen um viele weitere kostenlose und kommerzielle Aktionen, die es beispielsweise im Internet zum Download gibt, zu erweitern. Hierzu noch einige interessante Weblinks, über die Sie Photoshop Elements um viele tolle Aktionen erweitern können: www.panosfx.com, http://browse.deviantart.com.

Was geht und was nicht

Leider ist es nicht möglich, eigene Aktionen mit Photoshop Elements zu erstellen. Das Erstellen von eigenen Aktionen ist nur dem großen Photoshop vorbehalten. Nicht alle erhältlichen Aktionen, die mit Photoshop CS erstellt wurden, sind unter Photoshop Elements funktionsfähig. Voraussetzung dafür, dass eine Aktion mit Photoshop Elements funktioniert, ist, dass die für die Aktionen benötigten Funktionen auch in Photoshop Elements enthalten sind.

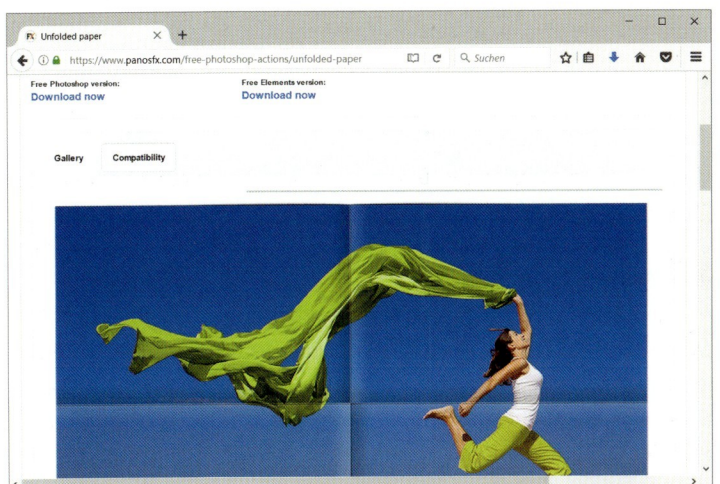

◂ **Abbildung C.3**
Gewünschte Aktion herunterladen (hier von www.panosfx.com)

Anhang C   Zusatzmodule, Aktionen und Plug-ins

1 Aktionen herunterladen

Suchen Sie sich im Internet eine Aktion aus. Im Beispiel habe ich mich für die Aktionssammlung »Unfolded paper« von der Webseite *www.panosfx.com/* entschieden. Die Seite *www.panosfx.com* kann ich schon aus dem Grund empfehlen, weil die Aktionen zwischen dem großen Photoshop CS und Photoshop Elements unterschieden werden.

2 Aktionen laden

Aktionen bleiben erhalten
Die geladenen Aktionen bleiben auch nach einem Neustart des Fotoeditors im Bedienfeld AKTIONEN erhalten. Entfernen können Sie Aktionen, indem Sie die entsprechende Aktion markieren und dann das Mülltonnensymbol 5 anklicken.

Ist die Aktion ZIP-komprimiert, müssen Sie diese zunächst entpacken. Merken Sie sich, wo Sie die Aktion entpackt haben, oder legen Sie sich einen eigenen Ordner für heruntergeladene Aktionen an. Klicken Sie auf das kleine Dropdown-Menü 1 im Bedienfeld AKTIONEN, und wählen Sie dort den Befehl AKTIONEN LADEN 2 aus. Jetzt öffnet sich der Dialog zum Laden. Aktionen haben die Dateiendung »*.ATN«. Gehen Sie daher jetzt zu dem Verzeichnis, in das Sie die Aktion entpackt haben, und laden Sie von dort die ATN-Datei. Die heruntergeladene Aktion hat außerdem auch gleich zwei Teile, weshalb ich hier den zweiten Teil der Aktion auch noch lade. Am Ende finden Sie im Bedienfeld AKTIONEN die geladenen Aktionen.

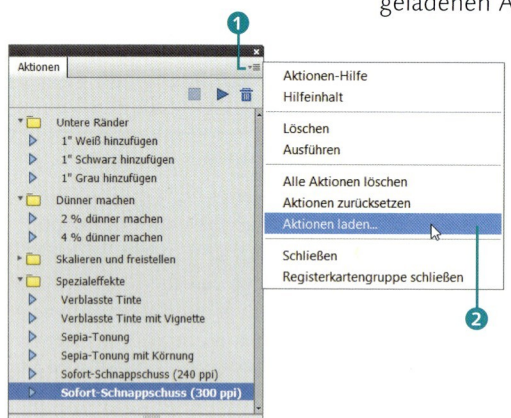

Abbildung C.4 ▲
Den Befehl zum Laden von Aktionen aufrufen

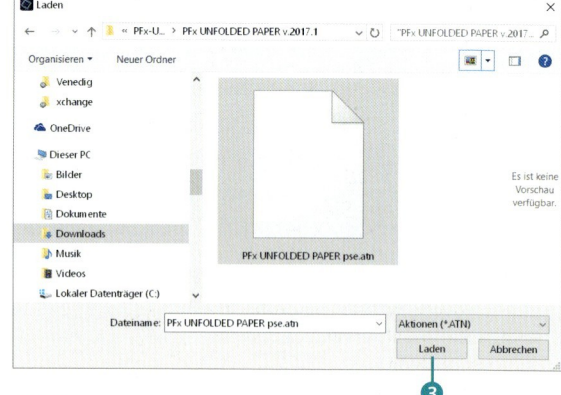

Abbildung C.5 ▲
Aktionen auswählen und über die Schaltfläche LADEN 3 laden

3 Aktionen ausführen

Anhang:
Partachklamm.jpg

Wollen Sie die Aktionen jetzt auf ein Bild anwenden, brauchen Sie nur ein Bild in den Fotoeditor zu laden und die Aktionen auszuführen. Im Beispiel habe ich zunächst 2 x 2 6 ausgewählt und über das Play-Symbol 4 die Aktion gestartet. Diese Aktion begleitet Sie mit Nachrichtendialogen bis zum Endergebnis und gibt Ihnen zudem weitere Tipps.

C.2 Aktionen anwenden und nachinstallieren

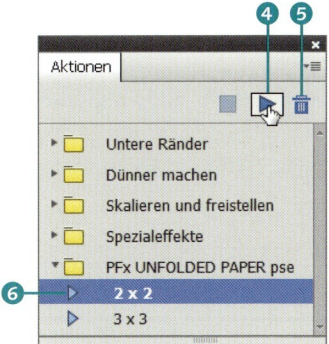

▲ **Abbildung C.6**
Die Aktion ausführen

▲ **Abbildung C.7**
Auf dieses Bild wird die Aktion 2 x 2 angewandt.

▲ **Abbildung C.8**
Hier sehen Sie das Ergebnis der ausgeführten Aktion.

Wie hat er das gemacht? | Bei vielen Aktionen können Sie durchaus auch hinter die Kulissen schauen und sehen, wie diese aufgebaut sind. Hierzu brauchen Sie einfach nur auf den kleinen Pfeil ❼ der Aktion zu klicken, und schon werden die einzelnen Schritte der Aktion aufgeklappt. Davon kann man noch einiges lernen.

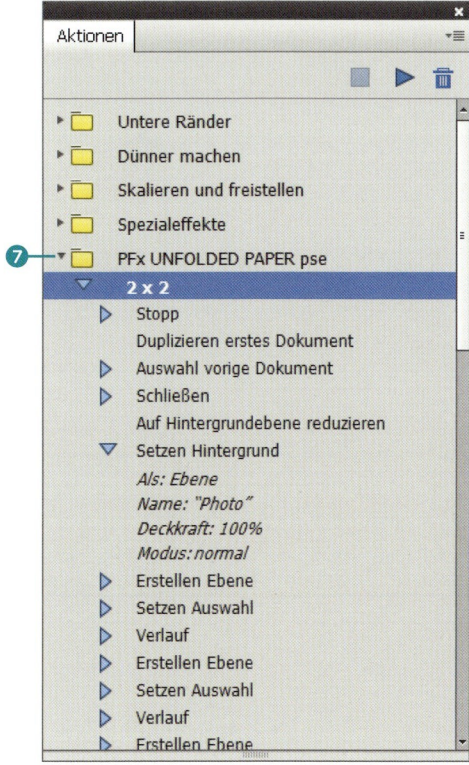

◄ **Abbildung C.9**
Die einzelnen Schritte einer Aktion werden aufgelistet

1025

Anhang D
Tastenkürzel im Fotoeditor

Die Arbeit mit Tastenkürzeln erscheint vielen Einsteigern anfangs etwas umständlich. Wenn Sie sie jedoch konsequent nutzen, prägen sich die Tastenkombinationen schnell ein und werden Ihre Arbeit beschleunigen. Alle Tastenkürzel finden Sie auch als PDF-Datei zum Ausdrucken im Downloadbereich des Buches.

D.1 Windows- und Mac-Tastatur

Die Windows- und die Mac-Tastatur unterscheiden sich in einigen Details. Welche das sind, können Sie den folgenden beiden Abbildungen und der Tabelle D.1 entnehmen.

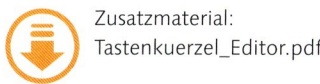

Zusatzmaterial: Tastenkuerzel_Editor.pdf

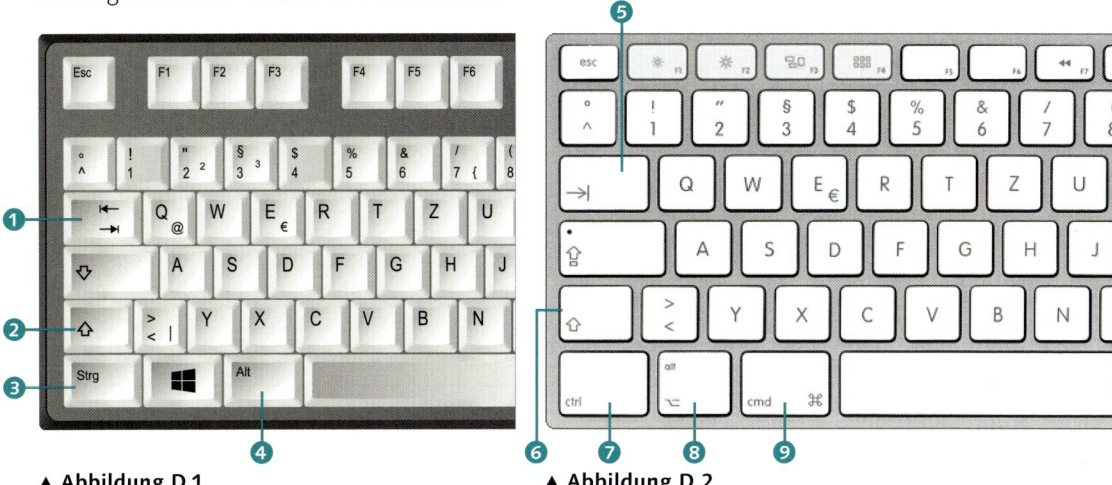

▲ **Abbildung D.1**
Teil einer aktuellen Windows-PC-Tastatur

▲ **Abbildung D.2**
Teil einer aktuellen Mac-Tastatur

1027

Anhang D Tastenkürzel im Fotoeditor

Tabelle D.1 ▶
Die entsprechenden Gegenstücke der Tasten von Windows und Mac

Beschreibung	Windows	Mac
Steuerungs- oder Befehlstaste	`Strg` oder `Ctrl` ❸	`cmd` oder `Apfel` ❾
Alt-Taste	`Alt` ❹	`Alt` oder `⌥` ❽
Umschalttaste	`⇧` ❷	`⇧` ❻
Tabulator	`⇥` ❶	`⇥` ❺
rechte Maustaste		`ctrl` ❼
entfernen/löschen	`Entf`	`cmd`+`←`

Werkzeuge (alphabetisch)

Tabelle D.2 ▶
Alle Werkzeuge des Fotoeditors

Werkzeug	Symbol	Tastenkürzel
Abgerundetes-Rechteck-Werkzeug		`U`
Abwedler		`O`
Ausstecher-Werkzeug		`C`
Auswahlellipse		`M`
Auswahlpinsel		`A`
Auswahl verbessern-Pinsel		`A`
Auswahlrechteck		`M`
Automatische Auswahl-Werkzeug		`A`
Bereichsreparatur-Pinsel		`J`
Buntstift		`N`
Detail-Smartpinsel-Werkzeug		`F`
Eigene-Form-Werkzeug		`U`
Ellipse-Werkzeug		`U`
Farbe-ersetzen-Werkzeug		`B`
Farbwähler-Werkzeug		`I`
Formauswahl-Werkzeug		`U`
Freistellungswerkzeug		`C`
Füllwerkzeug		`K`

Tastenkürzel im Fotoeditor

◄ **Tabelle D.2**
Alle Werkzeuge des Fotoeditors (Forts.)

Werkzeug	Symbol	Tastenkürzel
Gerade-ausrichten-Werkzeug		P
Hand-Werkzeug		H
Hintergrund-Radiergummi		E
Horizontales Textmaskierungswerkzeug		T
Horizontales Textwerkzeug		T
Impressionisten-Pinsel		B
Inhaltssensitives Verschieben-Werkzeug		Q
Kopierstempel		S
Lasso		L
Linienzeichner		U
Magischer Radiergummi		E
Magnetisches Lasso		L
Musterstempel		S
Nachbelichter		O
Neu-zusammensetzen-Werkzeug		W
Perspektivisches Freistellungswerkzeug		C
Pinsel-Werkzeug		B
Polygon-Lasso		L
Polygon-Werkzeug		U
Radiergummi		E
Rechteck-Werkzeug		U
Reparatur-Pinsel		J
Rote-Augen-entfernen-Werkzeug		Y
Scharfzeichner		R
Schnellauswahl-Werkzeug		A
Schwamm		O

Anhang D Tastenkürzel im Fotoeditor

Tabelle D.2 ▶
Alle Werkzeuge des Fotoeditors (Forts.)

Werkzeug	Symbol	Tastenkürzel
Smartpinsel-Werkzeug		F
Stern-Werkzeug		U
Text-auf-Auswahl-Werkzeug		T
Text-auf-eigenem-Pfad-Werkzeug		T
Text-auf-Form-Werkzeug		T
Verlaufswerkzeug		G
Verschieben-Werkzeug		V
Vertikales Textmaskierungswerkzeug		T
Vertikales Textwerkzeug		T
Weichzeichner		R
Wischfinger		R
Zauberstab		A
Zoom-Werkzeug		Z
zugeordnete ausgeblendete Werkzeuge durchlaufen	Alt + auf Werkzeug klicken	

Datei

Tabelle D.3 ▶
Tastenkürzel für den Umgang mit Dateien

Kommando	Windows	Mac
Alle schließen	Alt + Strg + W	Alt + cmd + W
Beenden	Strg + Q	cmd + Q
Für Web speichern	Alt + ⇧ + Strg + S	Alt + ⇧ + cmd + S
Neu	Strg + N	cmd + N
Öffnen	Strg + O	cmd + O
Öffnen als	Strg + Alt + O	–
Schließen	Strg + W	cmd + W
Speichern	Strg + S	cmd + S
Speichern unter	⇧ + Strg + S	⇧ + cmd + S
Menü DATEI	Alt + D	Alt + D

1030

Tastenkürzel im Fotoeditor

Drucken

Kommando	Windows	Mac
Drucken	Strg + P	cmd + P
Kontaktabzug II	–	Alt + cmd + P

◄ **Tabelle D.4**
Tastenkürzel für schnelleres Drucken

Bearbeiten

Kommando	Windows	Mac
Auf eine Ebene reduziert kopieren	⇧ + Strg + C	⇧ + cmd + C
Ausschneiden	Strg + X	cmd + X
Einfügen	Strg + V	cmd + V
Farbeinstellungen	⇧ + Strg + K	⇧ + cmd + K
In Auswahl einfügen	⇧ + Strg + V	⇧ + cmd + V
Kopieren	Strg + C	cmd + C
Leere Seite hinzufügen	Alt + Strg + G	Alt + cmd + G
Rückgängig	Strg + Z	cmd + Z
Seite mit aktuellem Layout hinzufügen	Alt + ⇧ + Strg + G	Alt + ⇧ + cmd + G
Voreinstellungen (Allgemein)	Strg + K	cmd + K
Wiederholen	Strg + Y	cmd + Y
Zurück zur letzten Version	⇧ + Strg + A	⇧ + cmd + A
Menü BEARBEITEN	Alt + B	Alt + B

◄ **Tabelle D.5**
Tastenkürzel zum Bearbeiten von Dateien

Bildkorrekturen

Kommando	Windows	Mac
Bildgröße	Alt + Strg + I	Alt + cmd + I
Frei transformieren	Strg + T	cmd + T
Tonwertkorrektur	Strg + L	cmd + L
Automatische intelligente Farbtonbearbeitung	Alt + Strg + T	Alt + cmd + T

◄ **Tabelle D.6**
Bildkorrekturen aus dem Menü ÜBERARBEITEN

Tabelle D.6 ▶
Bildkorrekturen aus dem Menü
ÜBERARBEITEN (Forts.)

Kommando	Windows	Mac
Intelligente Auto-Korrektur	`Alt`+`Strg`+`M`	`Alt`+`cmd`+`M`
Auto-Tonwert-korrektur	`⇧`+`Strg`+`L`	`⇧`+`cmd`+`L`
Auto-Kontrast	`Alt`+`⇧`+`Strg`+`L`	`Alt`+`⇧`+`cmd`+`L`
Auto-Farbkorrektur	`⇧`+`Strg`+`B`	`⇧`+`cmd`+`B`
Rote Augen automatisch korrigieren	`Strg`+`R`	`cmd`+`R`
Intelligente Korrektur anpassen	`⇧`+`Strg`+`M`	`⇧`+`cmd`+`M`
Farbton/Sättigung anpassen	`Strg`+`U`	`cmd`+`U`
Tonwertkorrektur	`Strg`+`L`	`cmd`+`L`
Dunstentfernung	`Alt+Strg+Z`	`Alt+cmd+Z`

Transformieren

Tabelle D.7 ▶
Tastenkürzel für das Transformieren von Ebenen und Auswahlen

Kommando	`Strg`+`T` und dann …	
	Windows	**Mac**
Transformieren vom Mittelpunkt aus	… `Alt` gedrückt halten	… `Alt` gedrückt halten
Neigen	… `Strg`+`⇧` gedrückt halten	… `cmd`+`⇧` gedrückt halten
Verzerren	… `Strg` gedrückt halten	… `cmd` gedrückt halten
Verzerren vom Mittelpunkt	… `Alt`+`Strg` gedrückt halten	… `Alt`+`cmd` gedrückt halten
Perspektive ändern (verzerren)	… `Alt`+`⇧`+`Strg` gedrückt halten	… `Alt`+`⇧`+`cmd` gedrückt halten
Transformationen anwenden	… `Return` drücken	… `Return` drücken
Transformation abbrechen	… `Esc` oder `Strg`+`.` drücken	… `Esc` oder `cmd`+`.` drücken

Schwarzweiß

Kommando	Windows	Mac
Farbe entfernen	⇧+Strg+U	⇧+cmd+U
In Schwarzweiß konvertieren	Alt+Strg+B	Alt+cmd+B

◄ **Tabelle D.8**
Schwarzweißbilder erstellen

Auswahlen

Kommando	Windows	Mac
Bestehende Auswahl aufheben	Strg+D, Esc	cmd+D, Esc
Das komplette Bild auswählen	Strg+A	cmd+A
Weiche Auswahlkante hinzufügen	Strg+Alt+D	cmd+Alt+D
Zuletzt aufgehobene Auswahl wiederherstellen (erneut wählen)	⇧+Strg+D	⇧+cmd+D
Auswahl umkehren (invertieren)	⇧+Strg+I	⇧+cmd+I
Auswahllinie ein- und ausblenden	Strg+H	cmd+H
Auswahlrechteck oder Auswahlellipse aufrufen	M	M
Aufgezogene Auswahl in die entsprechende Pfeilrichtung bewegen	←, →, ↑, ↓	←, →, ↑, ↓
Ausgewählten Bildbereich löschen. Bei einem normalen Hintergrundbild wird der Bereich mit der Hintergrundfarbe gefüllt.	Entf	←
Ausgewählten Bildbereich mit Vordergrundfarbe füllen	Alt+Entf	Alt+Entf
Der Auswahl hinzufügen	⇧ und Auswahlwerkzeug benutzen	⇧ und Auswahlwerkzeug benutzen
Einen Kreis von der Mitte aufziehen	Alt+⇧+Auswahlellipse	Alt+⇧+Auswahlellipse

◄ **Tabelle D.9**
Tastenkürzel für die Arbeit mit Auswahlen

Tabelle D.9 ▶
Tastenkürzel für die Arbeit mit Auswahlen (Forts.)

Kommando	Windows	Mac
Ein Quadrat von der Mitte aufziehen	`Alt`+`⇧`+ Auswahlrechteck	`Alt`+`⇧`+ Auswahlrechteck
Eine Auswahl von der Mitte aufziehen	`Alt`	`Alt`
Exakten Kreis aufziehen	`⇧`+ Auswahlellipse	`⇧`+ Auswahlellipse
Exaktes Quadrat aufziehen	`⇧`+ Auswahlrechteck	`⇧`+ Auswahlrechteck
Schnittmenge mit Auswahl bilden	`⇧`+`Alt` und Auswahlwerkzeug benutzen	`⇧`+`Alt` und Auswahlwerkzeug benutzen
Von Auswahl abziehen (subtrahieren)	`Alt` und Auswahlwerkzeug benutzen	`Alt` und Auswahlwerkzeug benutzen
Auswahlinhalt **ausschneiden** und auf derselben Ebene verschieben	Verschieben-Werkzeug und Maus oder Pfeiltasten	Verschieben-Werkzeug und Maus oder Pfeiltasten
Auswahlinhalt **duplizieren** und auf derselben Ebene verschieben	Verschieben-Werkzeug + `Alt` und Maus oder Pfeiltasten	Verschieben-Werkzeug + `Alt` und Maus oder Pfeiltasten
Auswahlinhalt **ausschneiden** und auf einer neuen Ebene einfügen	`⇧`+`Strg`+`J`	`⇧`+`cmd`+`J`
Auswahlinhalt **kopieren** und auf einer neuen Ebene einfügen	`Strg`+`J`	`cmd`+`J`
Zwischenablage in eine Auswahl einfügen	`⇧`+`Strg`+`V`	`⇧`+`cmd`+`V`
Menü AUSWAHL	`Alt`+`A`	`Alt`+`A`

Bildlauf

Tabelle D.10 ▶
Tastenkürzel zur Steuerung der Ansicht

Kommando	Windows	Mac
Hand-Werkzeug	`H`	`H`
Hand-Werkzeug kurzfristig aufrufen	Leertaste	Leertaste

Tastenkürzel im Fotoeditor

Kommando	Windows	Mac
Bildausschnitt hochschieben	Bild↑	Bild↑
Bildausschnitt langsamer hochschieben	⇧+Bild↑	⇧+Bild↑
Bildausschnitt nach unten schieben	Bild↓	Bild↓
Bildausschnitt langsamer nach unten schieben	⇧+Bild↓	⇧+Bild↓
Bildausschnitt nach links schieben	Strg+Bild↑	cmd+Bild↑
Bildausschnitt nach rechts schieben	Strg+Bild↓	cmd+Bild↓
Wenn keine Auswahl vorhanden ist, den Bildausschnitt ganz langsam in die Pfeilrichtung schieben	←, →, Bild↑, Bild↓	←, →, Bild↑, Bild↓
Bildausschnitt zur linken oberen Ecke verschieben	Pos1	Home
Bildausschnitt zur rechten unteren Ecke verschieben	Ende	Ende
Navigator-Bedienfeld ein- und ausblenden	F12	F12

◀ **Tabelle D.10**
Tastenkürzel zur Steuerung der Ansicht (Forts.)

Ebenen

Kommando	Windows	Mac
Erstellen		
Neue Ebene mit Dialogfeld	⇧+Strg+N	⇧+cmd+N
Neue Ebene ohne Dialogfeld	Schaltfläche NEUE EBENE ERSTELLEN anklicken	Schaltfläche NEUE EBENE ERSTELLEN anklicken
Neue Ebene mit Dialogfeld	Alt+ Schaltfläche NEUE EBENE ERSTELLEN anklicken	Alt+ Schaltfläche NEUE EBENE ERSTELLEN anklicken
Neue Ebene ohne Dialogfeld unterhalb der Zielebene	Strg+ Schaltfläche NEUE EBENE ERSTELLEN anklicken	cmd+ Schaltfläche NEUE EBENE ERSTELLEN anklicken

◀ **Tabelle D.11**
Tastenkürzel für den Umgang mit Ebenen

Tabelle D.11 ▶
Tastenkürzel für den Umgang mit Ebenen (Forts.)

Kommando	Windows	Mac
Ebene umbenennen	Ebenennamen doppelklicken	Ebenennamen doppelklicken
Ebene umbenennen mit Dialog	`Alt` + Ebene doppelklicken	`Alt` + Ebene doppelklicken
Aktivieren		
Ebene darüber auswählen	`Alt` + `.`	`Alt` + `.`
Ebene darunter auswählen	`Alt` + `,`	`Alt` + `,`
Mehrere benachbarte Ebenen auswählen	`⇧` + linke Maustaste	`⇧` + linke Maustaste
Mehrere nicht benachbarte Ebenen auswählen	`Strg` + linke Maustaste	`cmd` + linke Maustaste
Anordnen		
Ebene eine Zeile nach oben schieben	`Strg` + `.`	`cmd` + `.`
Ebene ganz nach oben schieben	`⇧` + `Strg` + `.`	`⇧` + `cmd` + `.`
Ebene ganz nach unten schieben	`⇧` + `Strg` + `,`	`⇧` + `cmd` + `,`
Reduzieren (zusammenfügen)		
Mit darunterliegender auf eine Ebene reduzieren	`Strg` + `E`	`Strg` + `E`
Alle sichtbaren Ebenen auf eine Ebene reduzieren	`⇧` + `Strg` + `E`	`⇧` + `cmd` + `E`
Alle sichtbaren Ebenen auf eine neue Ebene »stempeln«	`⇧` + `Alt` + `Strg` + `E`	`⇧` + `Alt` + `cmd` + `E`
Auswahlen		
Ebenentransparenz als Auswahl laden	`Strg` + Miniatur anklicken	`cmd` + Miniatur anklicken
Gruppieren		
Ebenen gruppieren	`Strg` + `G`	`cmd` + `G`
Ebenengruppierung aufheben	`⇧` + `Strg` + `G`	`⇧` + `cmd` + `G`
Ebenen ein- und ausblenden		
Alle anderen Ebenen ein- oder ausblenden	`Alt` + Augensymbol anklicken	`Alt` + Augensymbol anklicken

◀ **Tabelle D.11**
Tastenkürzel für den Umgang mit Ebenen (Forts.)

Kommando	Windows	Mac
Diese Ebene ein- bzw. ausblenden oder alle übrigen Ebenen ein- bzw. ausblenden	rechter Mausklick auf das Augensymbol	rechter Mausklick auf das Augensymbol
Ebenen ausblenden	`Strg`+`,`	`cmd`+`,`
Schnittmasken		
Schnittmaske erstellen/ zurückwandeln	`Strg`+`G`	`cmd`+`G`
Sonstiges		
Menü EBENE	`Alt`+`E`	`Alt`+`E`
Ebenen-Bedienfeld ein- und ausblenden	`F11`	`F11`
Ebenenstil bearbeiten	FX-Symbol doppelklicken	FX-Symbol doppelklicken
Ebene durch Kopie	`Strg`+`J`	`cmd`+`J`
Ebene durch Ausschneiden	`Strg`+`⇧`+`G`	`cmd`+`⇧`+`G`

Ebenenmasken

Kommando	Windows	Mac
Neue Ebenenmaske anlegen (nichts maskieren)	Schaltfläche EBENENMASKE HINZUFÜGEN anklicken	Schaltfläche EBENENMASKE HINZUFÜGEN anklicken
Neue Ebenenmaske anlegen (alles maskieren)	`Alt`+ Schaltfläche EBENENMASKE HINZUFÜGEN anklicken	`Alt`+ Schaltfläche EBENENMASKE HINZUFÜGEN anklicken
Ebenenmaske ein- oder ausblenden	`⇧`+ Mausklick auf die Miniatur der Ebenenmaske	`⇧`+ Mausklick auf die Miniatur der Ebenenmaske
Graustufenansicht ein- oder ausblenden	`Alt`+ Mausklick auf die Miniatur der Ebenenmaske	`Alt`+ Mausklick auf die Miniatur der Ebenenmaske
Maskierungsfolie ein- oder ausblenden	`⇧`+`Alt`+ Mausklick auf die Miniatur der Ebenenmaske	`⇧`+`Alt`+ Mausklick auf die Miniatur der Ebenenmaske

▲ **Tabelle D.12**
Tastenkürzel im Umgang mit Ebenenmasken

Ebenen-Füllmethoden

Füllmethode	Windows und Mac
Normal	⇧+Alt+N
Sprenkeln	⇧+Alt+I
Abdunkeln	⇧+Alt+K
Multiplizieren	⇧+Alt+M
Farbig nachbelichten	⇧+Alt+B
Linear nachbelichten	⇧+Alt+A
Aufhellen	⇧+Alt+G
Negativ multiplizieren	⇧+Alt+S
Farbig abwedeln	⇧+Alt+D
Linear abwedeln	⇧+Alt+W
Hellere Farbe	–
Ineinanderkopieren	⇧+Alt+O
Weiches Licht	⇧+Alt+F
Hartes Licht	⇧+Alt+H
Strahlendes Licht	⇧+Alt+V
Lineares Licht	⇧+Alt+J
Lichtpunkte	⇧+Alt+Z
Harte Mischung	⇧+Alt+L
Differenz	⇧+Alt+E
Ausschluss	⇧+Alt+X
Farbton	⇧+Alt+U
Sättigung	⇧+Alt+T
Farbe	⇧+Alt+C
Luminanz	⇧+Alt+Y
Füllmethoden nach unten durchlaufen	⇧+Alt++
Füllmethoden nach oben durchlaufen	⇧+Alt+-

▲ **Tabelle D.13**
Die Ebenen-Füllmethoden lassen sich nur per Tastatur aufrufen, wenn das Ebenen-Bedienfeld zuvor aus dem Bedienfeldbereich losgelöst wurde.

Fenster (Fotoeditor)

Kommando	Windows	Mac
Ebenen-Bedienfeld	F11	F11
Hilfe von Photoshop Elements aufrufen	F1	F1
Effekte-Bedienfeld	F2	F2
Filter-Bedienfeld	F3	F3
Histogramm-Bedienfeld	F9	F9
Informationen-Bedienfeld	F8	F8
Grafiken-Bedienfeld	F7	F7
Navigator-Bedienfeld	F12	F12
Rückgängig-Protokoll	F10	F10
Stile-Bedienfeld	F6	F6
Alle Bedienfelder ein-/ausblenden	⇥	⇥

◀ **Tabelle D.14**
Die Bedienfelder ein- und ausblenden. Abhängig von der Einstellung beim Mac müssen Sie unter Umständen zusätzlich fn + Alt drücken.

Filter

Kommando	Windows	Mac
Letzten Filter erneut anwenden	Strg + F	cmd + F
Letzten Filter-Dialog erneut anzeigen	Alt + Strg + F	Alt + cmd + F
In Schwarzweiß konvertieren	Alt + Strg + B	Alt + cmd + B
Menü FILTER	Alt + F	Alt + F

◀ **Tabelle D.15**
Filter per Tastatur aufrufen

Farben auswählen

Kommando	Tasten	
Farbwahlbereich	Windows	Mac
Standardfarben Schwarz und Weiß für Vorder- und Hintergrund einstellen	D	D
Vorder- und Hintergrundfarbe tauschen	X	X

◀ **Tabelle D.16**
Tastenkürzel für die Arbeit mit Farben

1039

Tabelle D.16 ▶
Tastenkürzel für die Arbeit mit Farben (Forts.)

Kommando	Tasten	
Farbfelder-Bedienfeld	**Windows**	**Mac**
Neues Farbfeld aus der Vordergrundfarbe erstellen und am Ende des Bedienfeldes anfügen	an das Ende (leerer Bereich) des Bedienfeldes klicken	an das Ende (leerer Bereich) des Bedienfeldes klicken
Farbe als Vordergrundfarbe einstellen	Farbfeld anklicken	Farbfeld anklicken
Farbe als Hintergrundfarbe einstellen	[Strg]+ Farbfeld anklicken	[cmd]+ Farbfeld anklicken
Farbe aus dem Farbfeld löschen	[Alt]+ Farbfeld anklicken	Farbfeld anklicken
Pipette	**Windows**	**Mac**
Pipette aufrufen	[I]	[I]
Farbe als Vordergrundfarbe setzen	ins Bild klicken	ins Bild klicken
Farbe als Hintergrundfarbe setzen	[Alt]+ ins Bild klicken	[Alt]+ ins Bild klicken
Schnell vom Malwerkzeug zum Pipette-Werkzeug wechseln und Vordergrundfarbe setzen	beliebiges Malwerkzeug + [Alt]+ ins Bild klicken	beliebiges Malwerkzeug + [Alt]+ ins Bild klicken

Malen und Malwerkzeuge

Tabelle D.17 ▶
Nützliche Tastenkürzel für das Malen in Photoshop Elements

Kommando	Windows	Mac
Punkte durch eine gerade Linie verbinden	[⇧]+ Start- und Endpunkte der Linie nacheinander anklicken	[⇧]+ Start- und Endpunkte der Linie nacheinander anklicken
Waagerechte oder senkrechte Linie erzeugen	[⇧]+ malen	[⇧]+ malen
Fadenkreuz als Werkzeugspitze	[⇧]	[⇧]
Werkzeug- oder Pinselspitze vergrößern	[⇧]+[#]	[⇧]+[#]
Werkzeug- oder Pinselspitze verkleinern	[#]	[#]

Tastenkürzel im Fotoeditor

Kommando	Windows	Mac
Auf Hand-Werkzeug umstellen	Leertaste	Leertaste
Auf Pipette umstellen	Alt	Alt
Auf Zoom-Werkzeug umstellen	Strg + Leertaste	cmd + Leertaste
Vorherigen Pinsel	,	,
Nächster Pinsel	.	.
Erster Pinsel	⇧ + ,	⇧ + ,
Letzter Pinsel	⇧ + .	⇧ + .

◀ **Tabelle D.17**
Nützliche Tastenkürzel für das Malen in Photoshop Elements (Forts.)

Text

Kommando	Windows	Mac
Text zentrieren (oben bzw. vertikal)	⇧ + Strg + C	⇧ + cmd + C
Text linksbündig (bzw. oben) ausrichten	⇧ + Strg + L	⇧ + cmd + L
Text rechtsbündig (bzw. unten) ausrichten	⇧ + Strg + R	⇧ + cmd + R
Absatz im Blocksatz ausrichten	⇧ + Strg + F	⇧ + cmd + F
Absatz im Blocksatz ausrichten, letzte Zeile linksbündig	⇧ + Strg + J	⇧ + cmd + J
Schriftgrad des ausgewählten Textes um zwei Schriftgrade reduzieren	⇧ + Strg + A	⇧ + cmd + A
Schriftgrad des ausgewählten Textes um zwei Schriftgrade erhöhen	⇧ + Strg + W	⇧ + cmd + W
Schriftgrad des ausgewählten Textes um zehn Schriftgrade reduzieren	Alt + ⇧ + Strg + A	Alt + ⇧ + cmd + A
Schriftgrad des ausgewählten Textes um zehn Schriftgrade erhöhen	Alt + ⇧ + Strg + W	Alt + ⇧ + cmd + W
Wort, Zeile oder Absatz auswählen	doppelt, dreifach oder vierfach klicken	doppelt, dreifach oder vierfach klicken

◀ **Tabelle D.18**
Tastenkürzel für den Umgang mit Text

Anhang D Tastenkürzel im Fotoeditor

Tabelle D.18 ▶
Tastenkürzel für den Umgang mit Text (Forts.)

Kommando	Windows	Mac
Fette Schrift ein-/ausschalten (*bold*)	⇧+Strg+B	⇧+cmd+B
Kursive Schrift ein-/ausschalten (*italic*)	⇧+Strg+I	⇧+cmd+I
Unterstreichen ein-/ausschalten	⇧+Strg+U	⇧+cmd+U

Zoom

Tabelle D.19 ▶
Tastenkürzel für die Steuerung der Ansicht über den Zoom

Kommando	Windows	Mac
Zoom-Werkzeug aufrufen	Z	Z
Zoom-Werkzeug auf Verkleinern umstellen	Alt	Alt
Bildansicht vergrößern	Strg++	cmd++
Bildansicht verkleinern	Strg+-	cmd+-
Bildansicht auf 100 %	Alt+Strg+0	Alt+cmd+0
Bildansicht auf maximal mögliche Bildschirmgröße	Strg+0	cmd+0
Zoom-Werkzeug kurzfristig aus anderen Werkzeugen aufrufen und Bildansicht vergrößern	Strg+ Leertaste	cmd+ Leertaste
Zoom-Werkzeug kurzfristig aus anderen Werkzeugen aufrufen und Bildansicht verkleinern	Alt+Strg+ Leertaste	Alt+cmd+ Leertaste
Navigator-Bedienfeld	F12	F12
Menü ANSICHT	Alt+N	Alt+N

Navigation in Dokumenten

Tabelle D.20 ▶
Navigation in Dokumenten

Kommando	Windows	Mac
Geöffnete Dokumente (im Fotobereich) vorwärts durchlaufen und in den Vordergrund stellen	Strg+↹	cmd+↹
Geöffnete Dokumente (im Fotobereich) rückwärts durchlaufen und in den Vordergrund stellen	⇧+Strg+↹	⇧+cmd+↹

Hilfslinien und Raster

Kommando	Windows	Mac
Lineal ein-/ausblenden	Strg + ⇧ + R	cmd + ⇧ + R
Raster ein-/ausblenden	Strg + 3	cmd + 3
Hilfslinien ein-/ausblenden	Strg + 2	cmd + 2
Hilfslinie fixieren	Alt + Strg + ,	Alt + cmd + ,

▲ **Tabelle D.21**
Hilfslinien und Raster

Kapitel E
Tastenkürzel im Organizer

Auch der Organizer wartet mit einigen nützlichen Tastenkombinationen auf, die Ihnen – einmal eingeprägt – die Verwaltung Ihrer Bilder erleichtern werden. Alle Tastenkürzel finden Sie auch als PDF-Datei im Downloadbereich des Buches.

Datei

Kommando	Windows	Mac
Als neue Datei(en) exportieren	Strg + E	cmd + E
Auf Wechseldatenträger kopieren/verschieben (Katalog)	⇧ + Strg + O	⇧ + cmd + O
Aus Dateien und Ordnern (Fotos und Videos laden)	⇧ + Strg + G	⇧ + cmd + G
Aus Kamera oder Kartenleser (Fotos und Videos laden)	Strg + G	cmd + G
Beenden	Strg + Q	cmd + Q
Duplizieren	⇧ + Strg + D	⇧ + Cmd + D
Katalog auf CD, DVD oder Festplatte sichern	Strg + B	cmd + B
Katalog(-manager)	⇧ + Strg + C	⇧ + Cmd + C
Umbenennen	⇧ + Strg + N	⇧ + Cmd + N

Zusatzmaterial: Tastenkuerzel_Organizer.pdf

◀ **Tabelle E.1**
Menü DATEI

Anhang E Tastenkürzel im Organizer

Tabelle E.1 ▶
Menü DATEI (Forts.)

Kommando	Windows	Mac
Verschieben	⇧ + Strg + V	⇧ + Cmd + V
Vom Scanner (Fotos und Videos laden)	Strg + U	–
Metadaten in Datei speichern	Strg+W	cmd + W
Menü DATEI	Alt + D	Alt + D

Fotos bearbeiten

Tabelle E.2 ▶
Menü BEARBEITEN

Kommando	Windows	Mac
Alles auswählen	Strg + A	cmd + A
Als Hintergrundbild verwenden	⇧ + Strg + W	–
Aus Katalog löschen	Entf	cmd + ←
Auswahl aufheben	⇧ + Strg + A	⇧ + Cmd + A
Bildtitel hinzufügen	⇧ + Strg + T	⇧ + Cmd + T
Datum und Uhrzeit ändern	Strg + J	cmd + J
Farbeinstellungsdialog öffnen	Alt + Strg + G	Alt + Cmd + G
Kopieren	Strg + C	cmd + C
Miniatur aktualisieren	⇧ + Strg + U	⇧ + Cmd + U
Miniaturgröße vergrößern	Strg + +	cmd + +
Miniaturgröße verkleinern	Strg + -	cmd + -
Rückgängig	Strg + Z	cmd + Z
Voreinstellungen (Allgemein)	Strg + K	cmd + K
Wiederholen	Strg + Y	cmd + Y
In Fotoeditor bearbeiten (vollständige Bearbeitung)	Strg + I	cmd + I
Eigenschaften-Bedienfeld anzeigen	Alt + Return	Alt + Return
Menü BEARBEITEN	Alt + B	Alt + B

Bildkorrektur

Kommando	Windows	Mac
Um 90° nach links drehen	`Strg`+`←`	`cmd`+`←`
Um 90° nach rechts drehen	`Strg`+`→`	`cmd`+`→`

◀ **Tabelle E.3**
Möglichkeiten zur Bildkorrektur im Organizer

Navigieren im Medienbrowser

Kommando	Windows und Mac
Bildauswahl nach oben, unten, links, rechts verschieben	`↑`, `↓`, `←`, `→`
Mehrere aufeinanderfolgende Bilder auswählen	`⇧`+`↑`/`↓`/`←`/`→`
Verschiebt die Ansicht um alle sichtbaren Bilder nach unten, ohne die Auswahl zu ändern.	`Bild↓`
Verschiebt die Ansicht um alle sichtbaren Bilder nach oben, ohne die Auswahl zu ändern.	`Bild↑`
Wählt das erste Element in der Ansicht aus und verschiebt auch den Bildlauf an diese Stelle.	`Pos1`
Wählt das letzte Element in der Ansicht aus und verschiebt auch den Bildlauf an diese Stelle.	`Return`
Miniatur der Auswahl in voller Größe anzeigen	`Return`

◀ **Tabelle E.4**
Den Überblick im Medienbrowser behalten

Fotos anzeigen

Kommando	Windows	Mac
Vollbildansicht	`F11`	`cmd`+`F11`
Vergleichsansicht	`F12`	`cmd`+`F12`
Vollbild- oder Vergleichsansicht beenden	`Esc`	`Esc`
Details ein-/ausblenden	`Strg`+`D`	`cmd`+`D`
Zeitleiste ein-/ausblenden	`Strg`+`L`	`cmd`+`L`
Fotos im Stapel anzeigen	`Alt`+`Strg`+`R`	`Alt`+`cmd`+`R`
Stapel schließen	`Alt`+`⇧`+`Strg`+`R`	`Alt`+`⇧`+`cmd`+`R`
Ansicht aktualisieren	`F5`	`F5`

◀ **Tabelle E.5**
Tastenkürzel für die Anzeige im Medienbrowser

Anhang E Tastenkürzel im Organizer

Fotos suchen

Kommando	Windows	Mac
Datumsbereich festlegen	Alt + Strg + F	Alt + cmd + F
Datumsbereich löschen	⇧ + Strg + F	⇧ + cmd + F
Bildtitel oder Anmerkung suchen	⇧ + Strg + J	⇧ + cmd + J
Dateiname suchen	⇧ + Strg + K	⇧ + cmd + K
Alle Versionssätze anzeigen	Alt + Strg + V	Alt + cmd + V
Alle Stapel anzeigen	Alt + ⇧ + Strg + S	Alt + ⇧ + cmd + S
Elemente mit unbekanntem Datum/unbekannter Uhrzeit anzeigen	⇧ + Strg + X	⇧ + cmd + X
Elemente ohne Tags suchen	⇧ + Strg + Q	⇧ + cmd + Q
Medientyp: Foto	Alt + 1	Alt + 1
Medientyp: Video	Alt + 2	Alt + 2
Medientyp: Audio	Alt + 3	Alt + 3
Medientyp: Projekt	Alt + 4	Alt + 4
Medientyp: PDF	Alt + 5	Alt + 5
Medientyp: Element mit Audiokommentaren	Alt + 6	Alt + 6

▲ **Tabelle E.6**
Gezielt nach Medien suchen

Anhang F
Die Beispieldateien zum Buch

Auf der Webseite zum Buch www.rheinwerk-verlag.de/4486 können Sie sämtliche Beispieldateien herunterladen. Scrollen Sie ganz nach unten, dort sehen Sie dann den Kasten MATERIALIEN ZUM BUCH. Klicken Sie dort auf den Link ZU DEN MATERIALIEN. Bitte halten Sie Ihr Buchexemplar bereit, damit Sie die Materialien freischalten können. Im Downloadbereich finden Sie neben den Beispielbildern zusätzliches Arbeitsmaterial sowie weiterführende Informationen und Links.

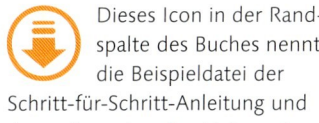 Dieses Icon in der Randspalte des Buches nennt die Beispieldatei der Schritt-für-Schritt-Anleitung und den entsprechenden Unterordner.

Beispielbilder
In diesem Ordner finden Sie die Bilder, die unter anderem in den Schritt-für-Schritt-Anleitungen verwendet werden, sortiert nach den einzelnen Buchkapiteln, in entsprechenden Unterordnern wieder. Um die Bearbeitung der Bilder am eigenen Rechner nachzuverfolgen, müssen Sie einfach die jeweilige Datei in Photoshop Elements öffnen. In der Randspalte des Buches finden Sie jeweils einen Hinweis zur passenden Datei.

Zusatzmaterial
In diesem Ordner haben wir einige Zusatzinfos für Sie gesammelt, denn Photoshop Elements bietet noch weitere spannende Funktionen. Die PDFs können Sie ausdrucken oder direkt am Bildschirm lesen.

Index

8 Bit Farbtiefe 165, 380
16 Bit Farbtiefe 756
300 ppi 160
.tly-Datei 306

A

Abbildungsgröße 129
Abgerundetes-Rechteck-Werkzeug 622, 911
Abrunden 575
Absolute Auflösung 157
Abwedler 110, 351, 821
 Anwendung 352
 Optionen 352
Adobe Partner-Dienste 1009
Adobe RGB (1998) 1017
Airbrush-Werkzeug 387
Aktion 1021, 1022
 anwenden 1022
 nachinstallieren 1022
Album
 Bilder hinzufügen 220
 Bilder zuordnen 218
 erstellen 216, 217
 erstellen anhand Dateiformat 222
 Foto löschen 220
 importieren 222
 löschen 221
Albumkategorie 217
Alle Ebenen aufnehmen 801
Alle Medien 195
Alle Pixel fixieren 632
Alphakanal, Ebenenmaske 696
Als neue Datei(en) exportieren 310
Altes Foto wiederherstellen 95
Altmodisches Foto 86, 450
Ameisenlinien 565
Animiertes Bild 930
Ankerpunkt 586
Anmerkung suchen 295

Anti-Aliasing 865
Aquarelleffekt 98, 514
Arbeitsbereich
 anpassen 118
 benutzerdefinierter 118
 grundlegender 116
Arbeitsdatei-Größen 138
Arbeitsfläche
 Dialog 525
 vergrößern 525
Arbeitsoberfläche
 Assistent-Modus 77
 Experte-Modus 101
 Farbe ändern 144
 Schnell-Modus 49
Arbeitsschritt 322
 rückgängig machen 322
 wiederherstellen 322
Arbeitsspeicher 998
Arbeitsvolumen 998
Assistent 77
 Altmodisches Foto 450
 Beleuchtung und Belichtung 354
 Farbkorrektur 366
 Farbverfremdung 455
 Foto freistellen 511
 Foto neu zusammensetzen 520
 Hintergrund ersetzen 671
 Schwarzweiß 444
 Schwarzweiß-Auswahl 440
 Schwarzweiß-Farbpop 441
Audiokommentar 202, 291
Aufhellen, einzelne Bildpartien 352
Aufhellen und Verdunkeln 80
Auf Hintergrundebene reduzieren 640
Auflösung 158
 absolute 157
 beim Drucken 947
 beim Scannen 847
 Bildschirm 161
 Fotodruck 161
 für den Druck 158

 Internet 161
 relative 157
 Tintenstrahldrucker 160
Aufnahmedatum ändern 291
Auf Wechseldatenträger kopieren/verschieben 307
Augen
 austauschen 554
 korrigieren (Tieraugen) 65
 retuschieren 819
 rote Augen entfernen 63, 64
Augenfarbe ändern 823
Augenränder retuschieren 820
Augen-Werkzeug 110
 Tieraugenkorrektur 65
Ausrichten
 am Raster 150
 an Hilfslinien 153
 Ebene 649
 Text 864
Außerhalb des Bereichs 86
Ausstecher-Werkzeug 112
 Foto freistellen 511
Auswahl 563
 abrunden 575
 Ähnliches auswählen 576
 als Ebenenmaske 704
 Arbeitstechniken 578
 aufheben 567, 578
 auf neue Ebene 581
 ausblenden 564, 705
 aus Ebenenpixeln erstellen 627
 ausgeben 574
 Befehle 568
 duplizieren 580
 Einrasten vermeiden 567
 erstellen 583
 erweitern 576
 füllen 425, 565
 glätten 572
 hinzufügen 569
 Inhalt löschen 580
 Inhaltssensitives Verschieben 829
 inhaltssensitiv füllen 815

1050

Index

Kantenerkennung 585
Kanten sichtbar machen 572
Kante verbessern 572
kombinieren 569
Kontrast 585
laden 578
löschen 578
Mauszeiger 567
Menü 568
nachbearbeiten 570
neu 569
nicht sichtbare 564
Optionen 568
Rahmen erstellen 575
Schnittmenge 570
skalieren 528
speichern 577
subtrahieren 569
Tastenkürzel 568, 570
Text 889
transformieren 576
umkehren 568
Umrandung 575
verändern 575
vergrößern 576
verkleinern 576
verschieben 566, 578
verwalten 577
weiche Kante 571
Auswahlbereich 569
Auswahlellipse 109, 565
  Bedienung 566
  Optionen 565
Auswahlinhalt
  löschen 580
  verschieben 579
Auswahllinie verschieben 578
Auswahlpinsel 109, 597
  Optionen 597
Auswahlrechteck 109, 565
  Bedienung 566
  Optionen 565
Auswahl verbessern-Pinsel 109, 563, 598
Auswahlwerkzeuge 109, 563
  Anwendungsgebiet 565
Auto-Kontrast 369
Auto-Kuratierung 244
Automatische Auswahl 564
Automatische Auswahl-Werkzeug 110, 609

  Bedienung 610
  Optionen 609
Automatische Farbkorrektur 366
Automatische intelligente Farbtonbearbeitung 349
Auto-Tonwertkorrektur 349

B

Backup 304
Backup.tly 306
Balance 61
Bedienfeld 116
  Aktionen 124
  andocken 119
  anordnen 119
  aufrufen 123
  ausblenden 118
  Ebenen 124, 623
  Effekte 124
  Farbfelder 124, 380
  Favoriten 124
  Filter 125
  Grafiken 124
  Histogramm 124
  Informationen 124, 146
  Korrekturen 320
  loslösen 118
  minimieren 121
  Navigator 125, 135
  Protokoll 125
  Rückgängig-Protokoll 323
  sortieren 119
  Stile 125
  Übersicht 123
  zurücksetzen 121
Bedienfeldbereich 116
  skalieren 121
Bedienfelder
  ausblenden 122
  einblenden 122
  schließen 119
  skalieren 121
Begrenzungsrahmen 644
Beleuchtung
  korrigieren 59, 370
  korrigieren (Schnellkorrektur) 58

Belichtung
  Bildbereiche aufhellen 370
  korrigieren (Schnellkorrektur) 57
  Tiefen/Lichter 370
Benutzerdefinierter Arbeitsbereich 118
Bereichsreparatur-Pinsel 110, 811
  Bedienung 816
  inhaltsbasiert 812
  Optionen 812
Beschriften 914
Bewegungseffekt 91, 492
Bewegungsunschärfe erzeugen 491
Bewertungssterne-Filter 246
Bild
  abdunkeln 335
  abdunkeln (Füllmethode) 690
  animiertes 930
  anlegen 42
  Ansicht verändern 130
  Audiokommentar 291
  aufhellen 335
  aufhellen (Füllmethode) 689
  Auflösung bestimmen 158
  aus dem Web öffnen 40
  ausrichten 531
  aus Zwischenablage 42
  automatisch gerade ausrichten 534
  begradigen 531
  bewerten 246
  drehen 53, 68, 209, 531
  duplizieren 46
  Eigenschaften betrachten 290
  einscannen und ausrichten 848
  Form ausstanzen 713
  freistellen 53, 68, 504
  für das Web speichern 925
  gerade ausrichten 531
  Größe ändern 521
  im Web 921
  in anderes Bild kopieren 657
  in anderes kopieren 630
  Informationen betrachten 290
  klonen 803
  löschen 215
  Metadaten betrachten 291
  Modus 166

Index

neu berechnen mit 521
neu zusammensetzen 517
öffnen 39
organisieren 175
per E-Mail versenden 937
schärfen 465
schließen 141
schwarzweißes 435
skalieren 528
speichern 44
strecken 523
suchen 293
tonen 451
überbelichtetes 342
unterbelichtetes 342
zu dunkles 335
zu flaues 333
zu helles 335
zuschneiden 504, 508, 565
Bildausschnitt 129
 ändern 504
 verändern 69
Bildband erstellen 968
Bildbestand sichern 304
Bildebene 620
Bilder kombinieren
 Collagen erstellen 727, 730
 Objekte entfernen 709
 Szene bereinigen 709
Bilderrahmen 75, 513, 526, 727, 975
 entwerfen 978
 mit Muster 804
 weiche Kante 571
Bilderreihenfolge ändern 219
Bilderstapel 90
Bildfläche erweitern 525
Bildgröße
 ändern 504
 Dialog 521, 922, 948
 Dialogfenster 158
 Dokumentgröße ändern 522
 Internet 922
 Pixelmaße ändern 521
Bildhintergrund, Grafiken einbinden 717
Bildkorrektur
 Camera Raw 746
 Einstellungsebene 318

 Grundlagen 315
 Histogramm 325
 Schnellkorrektur 49
 Tonwertkorrektur 331
Bildmodus 165
 ändern 169
 Bitmap 169
 CMYK 169
 Graustufen 168
 Indizierte Farbe 167
 RGB-Farbe 166
Bildmotiv klonen 798
Bildpaket (Mac) 949, 957
Bildpaket (Windows) 956
Bildrand aufhellen 540
Bildrauschen 786, 792
 Ursache 752
Bildrauschen, RAW 751
Bildschirmfoto 42
Bildschirmfoto erstellen 42
Bild-Schrift-Montage 719
Bildschutz 421
Bildstörung entfernen 785
Bild-Tags 235, 292
Bildtitel 291
 suchen 295
Bild tonen
 Farbton/Sättigung 451
 Fotofilter 452
 Tontrennung 455
 Tonwertkorrektur 453
 Verlaufsumsetzung 454
Bildumrandung 513
Bild zuschneiden
 Fotoverhältnis 505
 Freistellungswerkzeug 504
 Raster anzeigen 506
 Seitenverhältnis 505
Bit 165
Bitmap 155, 169
Blauer Himmel 398
Blaustich 336
Blocksatz 864
Brushes (Verzeichnis) 1012
Buchstaben eingeben 857
Buntstift 111, 391
 Einsatzgebiet 392
 Optionen 391
Button 126

C

Camera Raw 735, 739
 16 Bit 744
 Belichtung 749
 Bildansicht 742
 Bildbearbeitung 757
 Bildeinstellungen speichern 744
 Bild im Fotoeditor öffnen 755
 Bildkorrekturen 746
 Bild öffnen 740, 755
 Bild speichern 754
 Bit-Tiefe 756
 Dynamik 750
 Farbsättigung einstellen 750
 Farbtemperatur 747
 Farbtiefe 744
 Fertig-Schaltfläche 757
 Grundeinstellungen 746
 Histogramm 743
 Kamerakalibrierung 752
 Klarheit 750
 Kontrast 749
 Kopie öffnen 756
 Lichter 749
 mehrere Bilder bearbeiten 765
 Prozess 2012 746
 Rauschreduzierung 752
 Sättigung 751
 Schärfen 751
 Schwarz 750
 Schwarzweißbild 762
 Stapelverarbeitung 763, 765
 Tiefen 749
 Tonwertanpassung 749
 Überbelichtung anzeigen 743
 Unterbelichtung anzeigen 743
 Versionsnummer 739
 Voreinstellungen 745
 Weiß 750
 Weißabgleich 747
 Werkzeuge 753
CD-/DVD
 Etikett 964
 Hülle 964, 968
Checkbox 127
Chromrauschen, RAW 752
CIE-Lab 1015
CMYK 169
Collage 727, 975

Index

Color Key 82, 437, 439
Color Swatches
  (Verzeichnis) 1012
Comic 84
Comic-Effekt 918
Copyright-Symbol 421

D

Datei
  duplizieren 46
  fehlende 215
  mehrere verarbeiten 764
  neu anlegen 42
  öffnen 39
  schließen 141
  speichern 44
  Speicherort 136
  umbenennen 291
Dateiformat
  EPS 156
  GIF 172, 930
  JPEG 171
  mit Ebenen 321, 615, 642
  PNG 172
  PSD 171
  RAW 735
  TIFF 171
Dateigröße 291
  verringern 921
Dateiinformationen, IPTC 944
Dateiname suchen 296
Dateipfad anzeigen 291
Datenkompression 169
  verlustbehaftete 170
  verlustfreie 169
Datum ändern 291
Deckkraft 618
Demaskieren 697
Detail-Smartpinsel-Werk-
  zeug 110, 396, 412
  Bedienung 412
Diashow 982
  erstellen 982
  Übergänge 202
Digitales Negativ → DNG-Format
Dither 429
DNG-Format 738
DNG-Konverter 738

Dokumentfenster 40, 136
  Bilder anordnen 143
  in Registerkarten 142
  maximieren 141
  minimieren 140
  schließen 141
  schwebendes 140
Dokumentgröße ändern 522
Dokumentgrößen 138
Dokumentmasse 138
Dokumentprofil 138
Doppelbelichtung 85
Doppelgänger erzeugen 712
Doppelpfeil 127
Doppelte Fotos 298
dpi 157
Drehen
  Drehen und Begradigen 80
  Ebene 646
  gerade ausrichten 535
Drehmittelpunkt 647
Dreieck 912
DRI 769, 773
  Aufnahmetipps 772
  Praxis 774
  Technik 769
Drittel-Regel 506
Dropbox 227
Dropdown-Liste 126
Druckbefehle 949
Drucken 947
  auf Fotopapier 953
  Auflösung 160, 947
  aus dem Fotoeditor 949
  aus dem Organizer 955
  Befehl 949
  Bildgröße anzeigen 131
  Bildgröße-Dialog 948
  Dialogfenster 949
  Druckbefehle 949
  ein Bild mehrmals 956
  Farbprofil 1020
  mehrere Bilder (Mac) 958
  mehrere Bilder (Windows) 957
  mehr Optionen 951
  Passfotos 956
  randlos 954
  Visitenkarten 959
Druckgröße anzeigen 131
Dunstentfernung 347
DVD 964

  Etikett 964
  Hülle 964, 968
DVD → CD/DVD
Dynamic Range Increase → DRI
Dynamik 60

E

Ebene 615
  aktive 625
  aktivieren 627
  aktuelle 625
  alle Pixel fixieren 632
  anlegen 629
  anordnen 634
  aus Auswahl 581
  ausblenden 628
  ausgeblendete löschen 632
  ausrichten 649
  ausrichten und verteilen 650
  auswählen 625, 627
  Bedienfeld 623
  benennen 633
  Bildebene 620
  Dateiformat 642
  Deckkraft 618
  drehen 646
  duplizieren 629
  durch Kopie 581
  Ebeneneffekt 875
  einkopieren 630
  Einstellungsebene 621
  erzeugen 629
  Farbmarkierung 638
  Form 622, 907
  füllen 424
  Füllmethode 673
  gruppieren 635
  Hintergrund 619
  Inhalt verschieben 643
  löschen 631
  markieren 627
  mehrere ausblenden 628
  mehrere ausrichten 649
  mehrere auswählen 627
  mehrere verteilen 649
  Miniaturansicht 639
  neigen 647
  reduzieren 640, 641

Index

Reihenfolge ändern 634
Schlosssymbol 632
Schnittmaske 653
Schnittmaske erstellen 655
*Schnittmaske zurück-
   wandeln* 655
schützen 632
Sichtbarkeit 628
skalieren 646
speichern 615, 642
stempeln 640
Text 861
Textebene 621
Textebene konvertieren 869
transformieren 643
transparente Pixel fixieren 632
Transparenz 617
Typen 619
umbenennen 633
vereinfachen 870
verknüpfen 633
Verknüpfung aufheben 634
verteilen 650
verzerren 648
zusammenfügen 640
Ebenen-Bedienfeld 616
Ebenen-Deckkraft 618
Ebeneneffekt verändern 875
Ebeneninhalt verschieben 643
Ebenenmaske 693
   alles maskiert 700
   Alphakanal 696
   anlegen 699
   anwenden 701
   Anwendungsgebiete 693
   anzeigen 701
   ausblenden 703
   Auswahl ausblenden 705
   Auswahl einblenden 704, 718
   Auswahl erstellen 708
   bearbeiten 698
   Darstellungsmodus 701
   demaskieren 697
   Einstellungsebenen 708
   Formwerkzeuge 714
   Funktionsprinzip 694
   Graustufenansicht 702
   Graustufenmasken 696
   löschen 701
   Maske verbessern 708
   maskieren 697

   Maskierungsfolie 702
   nichts maskiert 699
   Rahmen erstellen 713
   umkehren 708
   Verknüpfung 703
   weiße 699
Ebenenpixel 627
Ebenenreihenfolge ändern 634
Ebenenstil 871
   ändern 873
   anpassen 875
   benutzerdefinierter 873
   Effekte-Bedienfeld 873
   entfernen 873
   hinzufügen 875
   kombinieren 877
   modifizieren 876
   Text 867
   verwenden 871
Ebenentransparenz 617
ECI-RGB 1018
Ecke abrunden 911
Effekt 74, 871
   modifizieren 873
   Puzzle 91
   Sepia 407
   Text-Bild-Kombination 881
   vergilbtes Foto 407
   vordefinierter 872
Effekte 878
Effekte-Collage 85, 731, 732
Effizienz 138
Eigene-Form-Werkzeug 622, 897, 909
einfärben 72
Einstellungsebene 317, 621
   mehrere verwenden 319
eLive 39
Ellipse-Werkzeug 622, 911
E-Mail
   Bilder als PDF versenden 940
   Foto versenden 937
Ereignisse 278, 312
   bearbeiten 283
   betrachten 284
   Bild entfernen 284
   entfernen 283
   erstellen 281
   gruppieren 285
   Kalender verwenden 284
Ereignis-Tags 284

   Erstellen 198
   Bildband 968, 969
   Diashow 982
   Fotoabzüge 955
   Fotocollage 975
   Fotokalender 974
   Grußkarte 974
Exif-Kameradaten 291
Explosionseffekt 92
Exportieren, Fotos 310
Exposure Blending 769
Externer Editor 1006

F

Facebook 936
Facebook-Titelfoto 940
Falten entfernen 816
Farbe
   auswählen 378
   Auswahl füllen 425
   auswechseln 460
   dekontaminieren 574
   einstellen 112, 377
   entfernen 436
   ersetzen 389, 460
   Farbfelder 380
   Fläche füllen 423
   für Hautton anpassen 363
   Hintergrundfarbe 377
   korrigieren 61
   *korrigieren (Schnellkor-
      rektur)* 60
   Sättigung 378
   schwarzweiß 436
   speichern 380
   teilweise entfernen 437
   umkehren 456
   verändern 389, 457, 460
   Verlauf erstellen 428, 430
   Vordergrundfarbe 377
   websichere 380
Farbe (Assistent) 80
Farbe auswählen
   Farbfelder 380
   Farbfelder-Bedienfeld 380
   Farbwähler 378
   Farbwähler-Werkzeug 384
   HSB-System 378

Index

RGB-Farbsystem 379
Farbe-ersetzen-Werkzeug 111
   Bedienung 390
   Optionen 390
Farbeinstellungen 1018
Färben 452
Farbe verbessern 80
Farbexplosion in Schwarzweiß 82
Farbfeld
   Bedienfeld 380
   Bedienfeldmenü 382
   Farbe auswählen 381
   Farbe hinzufügen 381
   Farbe löschen 381
   laden 383
   speichern 383
   Speicherort 383
   verwalten 382
   Vorgaben-Manager 382
Farbkorrektur 355
   automatische 366
   Farbe auswechseln 460
   Farbe ersetzen 460
   Farbstich entfernen 358
   Farbton anpassen 359
   Farbwert messen 355
   Hautton anpassen 363
   Sättigung anpassen 359
Farbkurve anpassen 350
Farbmanagement 952, 1013
   mit Photoshop Elements 1018
Farbmischung bestimmen 356
Farbmodell 163
   RGB 163
Farbprofil 1013
   erstellen 1015
   konvertieren 1019
Farbraum im Internet 925
Farbrauschen, RAW 752
Farbstich 331, 336, 355
   entfernen 336, 358
   entfernen (Dialog) 358
   ermitteln 337, 356
Farbstich entfernen 81
Farbtemperatur, Lichtquelle 748
Farbtiefe 165
   8 Bit 165
Farbton anpassen 360
Farbton/Sättigung
   anpassen 452
   Dialog 359

Farbumfang, Farben
   verschieben 457
Farbverfremdung 451
Farbverlauf 428
   Deckkraftunterbrechung 432
   erstellen 430
   Farbe hinzufügen 430
   Farbunterbrechung 431
   Optionen 429
   speichern 432
   Transparenz einstellen 432
Farbverschiebung 457
Farbwahlbereich 377
Farbwähler 378
   Aufnahmebereich 357
Farbwähler-Werkzeug 111, 384
   Bedienung 384
   Optionen 384
   Tastenkürzel 385
Farbwerte messen 356
Faux-Schrift 863
Fehlende Bilder suchen 296
Feldtiefe 489
Fenster
   Dokument 140
   Effekte 873
   schwebendes 139
Feste Größe 566
Festes Seitenverhältnis 566
Filialdokument 745
Filmbalken 527
Filmkorn hinzufügen 793
Filter 879
   Hochpass 474
   Kameraverzerrung
     korrigieren 536
   Verflüssigen 836
   Weichzeichnungsfilter 486
Fläche füllen 423
Flickr 936
Floating-Dokumente 139, 631
Form
   anpassen 916
   ausstanzen 713
   ausstechen 511
   vereinfachen 917
Formauswahl-Werkzeug 913
Formebene 622, 907
   vereinfachen 715, 917
Formüberlagerung-Effekt 91
Formwerkzeug 111, 907

Abgerundetes-Rechteck-
   Werkzeug 911
Eigene-Form-Werkzeug 909
Ellipse-Werkzeug 911
Formauswahl-Werkzeug 913
Linienzeichner 912
Polygon-Werkzeug 912
Rechteck-Werkzeug 910
Stern-Werkzeug 912
Text 897
Foto
   aus Album entfernen 220
   bewerten 246
   dem Album hinzufügen 220
   drehen 209
   fehlendes 215
   kopieren 307, 312
   löschen 215
   neu zusammensetzen 520
   stapeln 286
   suchen 215, 236, 293
   vergleichen 203
   verschieben 307, 312
   versenden 937
   von der Kamera laden 182
Fotoabzüge
   Bildpaket drucken 957
   drucken 947
   Kontaktabzug drucken 959
Fotobereich 115
Fotobuch erstellen 968
Fotocollage 656, 709, 727, 975
Foto-Downloader 182
   RAW 739
   Voreinstellungen 182
Fotoeditor
   Arbeitsoberfläche 101
   Arbeitsoberfläche anpassen 118
   Bilder vergleichen 145
   Menüleiste 102
   Schnell-Modus 49, 50
Fotofilter 452
Fotogröße ändern 80
Fotokalender 974
Fotomontage 656, 709
   mit Text 881, 885
Fotos laden 177
   Abschnittsweise 187
   mit dem Foto-Downloader 182
   Organizer 177
   Probleme 180

Index

Unterordner laden 179
vom Kartenleser 182
vom PC 177
vom Scanner 185
von Kamera 182
Fotostapel 286
automatisch vorschlagen 288
beim Importieren 179
erzeugen 288
suchen 296
Fotos vergleichen 203
Fototext 90, 888
Foto zuschneiden 80
Frame-Ersteller 94
Freistellen 69, 499
Bild drehen 535
Hintergrund-Radiergummi 499
mit dem Hintergrund-Radiergummi 499
Freistellungsempfehlungen 70
Freistellungswerkzeug 111, 112, 504
Bedienung 504
Optionen 504
Raster 506
Frei transformieren 644
Füllmethode 673
Abdunkeln 677
Aufhellen 679
Ausschluss 684
Bildkorrektur 689
Differenz 684
dunkle Bilder aufhellen 689
Dunklere Farbe 679
Farbe 686
Farbig abwedeln 680
Farbig nachbelichten 678
Farbton 685
Harte Mischung 684
Hartes Licht 682
Hellere Farbe 681
Ineinanderkopieren 681
Lichtpunkte 683
Linear abwedeln (Addieren) 680
Lineares Licht 683
Linear nachbelichten 678
Löschen 688
Luminanz 686
Multiplizieren 674
Negativ multiplizieren 679
Normal 673, 676

Sättigung 685
Sprenkeln 677
Strahlendes Licht 682
Überblick 675
Weiches Licht 682
Füllwerkzeug 111, 423
Bedienung 424
Ebene füllen 424
Muster verwalten 426
Optionen 424
Für Web speichern 925

G

Gammaregler 335
Gaußscher Weichzeichner 471, 486
Gegenfarben 357
Gerade ausrichten 531
automatisch 534
Gerade-ausrichten-Werkzeug 112, 531
Optionen 532
vertikal 534
Gesättigter Diafilm 81
Gescannte Fotos teilen 854
Geschlossene Augen öffnen 66
Geschwindigkeitsbildlauf 92, 492
Gesicht erkennen 247
Gesichtsmerkmale anpassen 841
GIF 172
animiertes 930
GIF-Animation erstellen 930
Google Fotos 227
Google Maps 262
GPS 261
Gradationskurve 350
Gradients (Verzeichnis) 1012
Grafik
einbinden 717
Hintergründe 718
Grafiktablett 385
Auswahl erstellen 585
Graubalance 356
Grauschleier 329
Graustufen 168
Graustufenbild, Tonwertkorrektur 341
Graustufenmaske 696

Graustufenmodus 437
Griffpunkte 510
Grundlagen (Assistent) 79
Grundlegender Arbeitsbereich 116
Grußkarte 717, 974

H

Haare
färben 817
freistellen 606
hinzufügen 818
Halo-Effekt 466
Hand-Werkzeug 109, 133
Optionen 133
Haut bräunen 363
Hautton
anpassen 363
wärmere Hautfarbe erstellen 363
Hautunreinheiten entfernen 809
HDR 770
HDR(I) 769
simulieren 770
Helligkeit/Kontrast, Dialog 367
Helligkeit korrigieren 367
Helligkeit und Kontrast 79
Herzform 714
High Dynamic Range Image 769
High Key 83
Hilfslinie 151
einblenden 152
erstellen 151
Farbe ändern 151
löschen 153
positionieren 152
speichern 152
Himmel
austauschen 499, 501, 669
entfernen 394
Sonnenuntergang 398
Hindurchwirken, Füllmethode 686
Hintergrund
aus Grafik 717
austauschen 500
strecken 515

Index

Hintergrundebene 619
  umwandeln 620
Hintergrund ersetzen 93, 671
Hintergrundfarbe 112, 377
Hintergrundmusik (Vollbildansicht) 203
Hintergrund-Radiergummi 111, 393
  Bedienung 394
  Optionen 393
  verwenden 394
  zum Freistellen 499
Histogramm 325
  analysieren 327
  ausbalanciertes 330
  Camera Raw 743
  dunkles Bild 328
  durchlöchertes 335
  helles Bild 328
  ideales 330
  kontrastarmes Bild 329
  Tonwert 326
  Tonwertspreizung 325
Hochpass-Filter 473
Hoher Farbwert 83
Horizontales Textwerkzeug 857
Horizont begradigen 531
Hotspot 391, 393
HSB-System 378

I

ICC-Farbprofil 1014
ICC-Profil 1014
  Adobe RGB (1998) 1017
  ECI-RGB 1018
  ProPhoto RGB 1017
  sRGB 1015, 1017
Importieren
  aus Kamera oder Kartenleser 182
  Dateien und Ordner 177
  Probleme 180
  RAW-Datei 739
  Stichwort-Tags 180
  Unterordner 179
  vom Scanner 185
Impressionisten-Pinsel 111, 389
In Camera Raw öffnen 41

Inch 157
Indizierte Farbe 167
Informationen-Bedienfeld 146
  Optionen 146
Inhaltssensitives Verschieben-Werkzeug 112, 579, 829
  Bedienung 830
  Werkzeugoptionen 829
In Organizer aufnehmen 45
In Schwarzweiß konvertieren 442
Intelligente Schnellkorrektur 64
Internet 921
IPTC-Informationen 944
  löschen 945
IT-8-Target 1016

J

JPEG 171
  mit Camera Raw öffnen 768
JPEG-Artefakte 788
JPEG-Kompression 786

K

Kacheleffekt 427
Kameraverzerrung
  Kantenerweiterung 537
  korrigieren 536, 540
  Perspektive steuern 537
  Vignette 536
Kante
  anpassen 573
  sichtbar machen 572
  verbessern 566, 572
Kantenerkennung 573
Karte offline 262
Katalog
  konvertieren 213
  löschen 215
  manuell suchen 213
  sichern 304
  verwalten 211
  wiederherstellen 306
Katalogmanager 213
Klarheit 371
Klonen 798

Kolorieren 445
Kolorimeter 1015
Komplementärfarben 357
Kompression 169
Kontaktabzug 959
Kontaktabzug II 959
Kontaktabzug II (Mac) 949
Kontaktliste 191
Kontrast
  korrigieren 368
  verbessern 333
Kontur füllen 426
Konvertieren
  Organizer 176
Kopierstempel 110, 795
  ausgerichtet 796
  Bedienung 797
  Optionen 796
  über die Dateigrenze 803
  Unerwünschtes entfernen 800
Korrekter Hautton 79
Korrekturen-Bedienfeld 320
Korrektur, Helligkeit und Kontrast 367
Kratzer und Makel 95
Kreative Bearbeitungen (Assistent) 84

L

Landkarte steuern 263
Lasso 109, 583
  Bedienung 584
  Magnetisches 584
  Optionen 583
  Polygon 587
Leere Datei 42
  Dialog 43
Lichter 325
  abdunkeln 371
Lightroom 739
Lineal 148
  Maßeinheit 149
  Maßeinheit festlegen 1000
  Ursprungsunkt ändern 149
Linie, gepunktete 413
Linienzeichner 622, 912
Linien ziehen 84
Lomo-Effekt 80

1057

Index

Low Key 83
lpcm 157
lpi 157
Luminanzrauschen 788
　RAW 752
Lupe 109, 130

M

Magischer Radiergummi
　111, 395
　Bedienung 396
Magnetisches Lasso 584
　Bedienung 585
　Nachkorrektur 586
　Optionen 585
　Tastenkürzel 587
Malabstand 413
Malen
　Freihandzeichnung 386
　gerade Linie 386
　horizontale Linie 386
　vertikale Linie 386
Malerisch 89
Malwerkzeuge 111, 385
Maskieren 697
Maßeinheit 148
　festlegen 1000
Matter machen 496
Medien
　kopieren 307, 312
　verschieben 307, 312
Medienbrowser 192
Mehrere Bilder 138
Mehrere Dateien verarbeiten 929
Menü 102
　Ansicht (Fotoeditor) 105
　Ansicht (Organizer) 192
　ausgegrautes 102
　Auswahl (Fotoeditor) 105
　Bearbeiten (Fotoeditor) 103
　Bearbeiten (Organizer) 191
　Bild (Fotoeditor) 104
　Datei (Fotoeditor) 103
　Datei (Organizer) 190
　Ebene (Fotoeditor) 105
　Fenster (Fotoeditor) 105, 123
　Filter (Fotoeditor) 105
　Hilfe (Fotoeditor) 106

Hilfe (Organizer) 192
Suchen (Organizer) 192
Überarbeiten (Fotoeditor) 104
Metadaten 291
　Album 222
　anwenden 185
　GPS 261
　in Datei speichern 292
　suchen 294
Miniaturen 181
Miniaturwelt erschaffen 96
Mit Original im Versionssatz
　speichern 289
Mitteltöne 325
Mittelton-Kontrast 371
Modus
　Dahinter auftragen 687
　Graustufen 437
Moiré-Effekt 853
Montage
　DRI-Bild 774, 779
　Panorama 548
Montage → Fotomontage
Muster
　aus Filter 427
　erstellen 427
　Füllwerkzeug 424
　verwalten 426
Musterstempel 110, 804
　Muster verwalten 426

N

Nachbelichter 110, 351
　Anwendung 352
　Optionen 352
Nachtaufnahme 773
Navigator-Bedienfeld 125, 135
Neigen, Ebene 647
Neue leere Datei 43
Neues Fenster für 145
Neutrales Grau, Farbwerte 337
Neu zusammensetzen 95
Neu-zusammensetzen-Werk-
　zeug 515
NewsML 944
Nicht-destruktive Bearbei-
　tung 316

Niedriger Farbwert 83
Nulltreffer 294

O

Objekt
　aus Bilderrahmen ragen
　　lassen 86
　duplizieren 795, 798
　entfernen 795, 800, 806
　klonen 795, 798
Objekte, die in Fotos
　erscheinen 296
Offline-Datei 178
Öffnen 39
　Dialog 40
　Drag & Drop 41
　In Camera Raw öffnen 41
　mehrere Dateien 39
　RAW-Datei 740
　Tastenkürzel 47
OneDrive 227
Ordneransicht 225
　Baumstruktur 226
Ordner überwachen 227
Organisieren, Bild 175
Organizer
　Album erstellen 216, 217
　Album exportieren 222
　Album importieren 222
　Albumkategorie betrachten 219
　Album löschen 221
　Album verwalten 220
　alten Katalog konvertieren 176
　Arbeitsoberfläche 189
　Backup erstellen 304
　Bedienfelder 197
　Bildeigenschaften
　　betrachten 290
　Bildinformationen
　　betrachten 290
　Bild in Fotoeditor
　　bearbeiten 209
　Diashow abspielen 201, 203
　Ereignisse 278
　Ereignisse-Modus 278
　erstellen 198
　fehlende Datei 215
　Foto drehen 209

1058

Index

Fotos stapeln 286
Foto suchen 293
Gesicht 247
Katalog 176
Katalogbestand sichern 304
Medienbrowser 192
Mein Ordner 225
Menü 190
Metadaten betrachten 291
Miniaturen 181
Miniaturgröße der Bilder 192
Oberfläche 189
Ordneransicht 225
Ordner überwachen 227
Orte 261, 312
Orte-Modus 262
Personen 247
Personen-Arbeitsoberfläche 256
Personen hinzufügen 253, 254
RAW 739
scannen 185
Sofortkorrektur 198, 206
Stapel erzeugen 288
Stapel verwalten 289
starten 175
Statusleiste 199
Stichwort-Tag erzeugen 234
Stichwort-Tag exportieren 238
Stichwort-Tag importieren 238
Stichwort-Tag löschen 238
Stichwort-Tag verwenden 229
Tags-Suche 293
Teilen 198
über Fotoeditor aufrufen 175
Vergleichsansicht 203
Versionssatz 286
Versionssatz erzeugen 289
Versionssatz verwalten 289
Vollbildansicht 200
Zeitleiste 199
Zoom 192
zum Fotoeditor 209
Orte 261, 312
  betrachten 274
  GPS 261
  hinzufügen 265
  Kartenansicht offline 262
  Landkarte steuern 263
  löschen 271
  nachträglich verändern 269
Orte-Tags 276

Orton-Effekt 94
Out-of-Bounds 86

P

Panorama
  erstellen 547, 548
  Layout 551
Patterns (Verzeichnis) 1012
PDF
  Export 940
  Import 940
PDF-Diashow 940
Perfektes Porträt 95
Personen
  Arbeitsoberfläche 256
  finden 257
  Gruppe erstellen 260
  gruppieren 258
  hinzufügen 249, 253
  löschen 258
  manuell hinzufügen 254
  Name 253
  Profilbild ändern 258
  umbenennen 258
  Video 255
Personen-Browser 256
Personenerkennung 248
Personenfotos verwalten 247
Personen-Modus 256
Personen-Tags 260
Perspektive
  durch Verzerren korrigieren 541
  Kameraverzerrung
    korrigieren 536
  korrigieren 535, 538, 541
Perspektivisches Freistellen-
  Werkzeug 544
Perspektivisches Verzerren 648
Pfade, Text 902
Pfeile zeichnen 912
Pfeilspitzen 912
Photomerge 98, 547
  Belichtung 779
  Gesicht 553
  Gruppenbild 557
  Panorama 547
  Szenenbereinigung 560
Photomerge-Belichtung 99

Photomerge-Gesichter 99
Photomerge-Gruppenbild 99
Photomerge-Komposition
  99, 665
Photomerge-Panorama 99
Photomerge-Szenen-
  bereinigung 99
Pinsel 111
  eigenen erstellen 417
  löschen 417
  speichern 416
  umbenennen 417
  Vorgaben-Manager 417
  Wasserzeichen 421
Pinseldarstellung ändern 414
Pinseleinstellungen 388
Pinselspitze 413
  aus Bildbereich erstellen 417
  Darstellung 414
  einstellen 413
  laden 415
  Schnellauswahl-Werkzeug
    einstellen 413
  verwalten 415
Pinsel-Werkzeug 386
  Bedienung 386
  Freihandzeichnung 386
  gerade Linie 386
  horizontale Linie 386
  Linien verbinden 386
  Optionen 387
  vertikale Linie 386
Pipette 111
Pixelgrafik 155
Pixelmaße ändern 521
Plug-in 1021
  Camera-Raw 739
Plug-in-Verzeichnis 1012
PNG 172
Polygon-Lasso 587
  Bedienung 588
  Optionen 587
Polygon-Werkzeug 622, 912
Pop-Art 90
Porträt 809, 816
  Augen 819
  Augen bearbeiten 819
  Falten entfernen 816
  Haare färben 817
  Haare hinzufügen 818

Index

Hautunreinheiten entfernen 809
Make-up 825
Postkarte → Grußkarte
ppi 157
Premiere Elements 1007
Profilierung 1015
Protokoll 125
PSD 171
PSE-Datei 973
Punkttext 857
Puzzle-Effekt 91

Q

QuickInfo 107

R

Radialer Weichzeichner 493
Radiergummi 111, 392
 Bedienung 392
 Optionen 392
Rahmen 75, 525, 527, 976
 Bildteile heraustreten lassen 86
 entwerfen 978
 erstellen 426, 565
 hinzufügen 727
Rahmen-Ersteller 979
Raster 149
 anpassen 150
 Freistellungswerkzeug 506
Rastergrafik 155
Rastern 156
Rasterungseffekt 918
Rauschen reduzieren 788
Rauschfilter
 Helligkeit interpolieren 789
 Rauschen entfernen 787
 Rauschen hinzufügen 793
 Rauschen reduzieren 788
 Staub und Kratzer 787
RAW 735
 DNG-Format 738
 Formate 738
 importieren 739
 Nachteile 737

Vorteile 736
RAW-Datei
 importieren 739
 in Album speichern 222
 mehrere bearbeiten 765
 mehrere konvertieren 763
 öffnen 740
Rechteck-Werkzeug 622, 910
Reduzieren
 auf eine Ebene reduziert kopieren 641
 auf Hintergrundebene 640
 mit darunterliegender 641
 sichtbare auf eine Ebene 641
Registerkarte 139, 142
Relative Auflösung 157
Reparatur-Pinsel 110, 804
 Bedienung 805
 Optionen 805
Retusche
 Augen 819
 Bildstörungen entfernen 785
 Hinweise 785
 inhaltsbasierte 812
 Inhaltssensitives Verschieben 829
 Kopierstempel 795
 Porträt 809, 816, 819, 825
Retuschewerkzeuge 110, 795
RGB-Farbe-Bildmodus 166
Rote Augen
 entfernen 63
 korrigieren 63
Rückgängig machen 322
 Dialogbox 324
Rückgängig-Protokoll 322, 323
 leeren 324

S

Sanduhr 181
Sanfte Übergänge 722
Sättigung 378
 anpassen 360
 erhöhen 343
Scannen 185, 847
 Auflösung 187, 847
 automatisch zuschneiden 853
 Bildqualität verbessern 850

 Fotos teilen 854
 interpoliert 187
 mehrere Bilder 853
 Modus 187
 Scannerschwächen ausgleichen 850
 zuschneiden 853
Schachbrettmuster 500
Schaltfläche 126
Schärfe einstellen 471
Schärfen 465
 Ansicht einstellen 467
 detailliertes Bild 469
 Druck 471
 einzelne Bildbereiche 476
 Fehler 466
 mehrfaches 468
 mit Hochpass 473
 mit Tonwertkorrektur 479
 partielle Schärfung 475
 richtig beurteilen 466
 Schärfe einstellen 471
 schwacher Kontrast 470
 Tricks 473
 unscharfes Bild 470
 unscharf maskieren 468
Schärfentiefe 93, 486
 reduzieren 93, 486
 verringern per Feldtiefe 489
Scharfzeichnen 80
Scharfzeichner 110, 480
 Optionen 480
Schieberegler 126
Schnell 49
Schnellauswahl-Werkzeug 109, 590
 Bedienung 591
 Optionen 590
 Werkzeugspitze einstellen 413
Schnellkorrektur 57
 Balance 61
 Bedienfeld 56
 Beleuchtung 58
 Belichtung 57
 Bildbereiche korrigieren 71
 Bild drehen 68
 Bild freistellen 68
 Bildteile einfärben 72
 Darstellungsgröße 55
 Farbe 60
 Farbtonung 61

Index

Intelligente Korrektur 63
 rote Augen entfernen 63
 rückgängig machen 56
 Sättigung 60
 Temperatur 61
 Unschärfe 62
 Werkzeuge 51
Schnellkorrekturen
 → Korrekturen
Schnellkorrektur-Modus
 Ansicht 53
Schnittmaske 653
 entfernen 655
 erzeugen 655
 Texte 882
Schriftart 862
Schriftglättung 865
Schriftgrad 863
Schriftgröße 863
Schriftschnitt 863
Schwamm 110
Schwamm-Werkzeug 354
 Optionen 354
Schwarzpunkt
 ermitteln 450
 setzen 334
Schwarzpunktregler 334
Schwarzweiß 81
 ausgewählte Farben
   erhalten 437
 Farbe entfernen 436
 Graustufenmodus 437
Schwarzweiß (Assistent) 81
Schwarzweiß-Auswahl 82, 440
Schwarzweißbild
 Camera Raw 762
 einfärben 445
 erstellen 436
 nachkolorieren 445
Schwarzweißbilder 435
Schwarzweiß-Farbpop 82, 441
Schwarzweißkonvertierung 442
Schwellenwert 449
 beim Schärfen 468
 beim Weichzeichnen 489
Screenshot 42
 erstellen 42
Selektiver Weichzeichner 489
Sepiatonung 451
Sichtbarkeit, Ebene 628

Skalieren 528
 Arbeitsfläche 525
 Auswahl 528
 Bild für das Web 921
 Bildgröße 521
 Ebene 646
 Element 528
 ohne Verzerrung 515
 unproportional 523
Smartobjekt 968
Smartpinsel-Werkzeug 110, 396
 Bedienung 398
 Beleuchtung 406
 blauer Himmel 398
 Farbe 406
 Fotografisch 406
 Heller 399
 Korrektur anpassen 401
 Korrektur verwerfen 401
 Künstlerisch 405
 Natur 407
 Optionen 397
 Portrait 409
 Schwarzweiß malen 439
 Übersicht 404
 Universal 405
Smart-Tags 242
Soft-Benachrichtigungen 995
Sonne 347
Speichern 44
 als Kopie 46
 Datenformate 46
 Ebenen 46
 für das Web 925
 in Elements Organizer auf-
   nehmen 45
 mit Ebenen 321, 642
 mit Original im Versionssatz
   speichern 45
 Tastenkürzel 47
 Tipps 47
 unkomprimiert 169
 Versionssatz erzeugen 289
Speichern unter 44
 Dialog 45
 für das Web 924
Spektralfotometer 1016
Spezielle Bearbeitungen
 (Assistent) 93
Spiegelung 91

Spielzeugwelt 97
Sprechblase einfügen 914
sRGB 1015, 1017
Stapel → Fotostapel
Stapelverarbeitung 763,
 764, 929
Startbildschirm 37
Statusleiste 107, 137
 Information 138
 Organizer 199
Staub und Kratzer 787
Sternform 912
Stern-Werkzeug 622, 912
Steuerelement 126
 Checkbox 127
 Doppelpfeil 127
 Dropdown-Liste 126
 Radiobutton 126
 Schaltfläche 126
 Schieberegler 126
Stichwort-Tag 229
 erstellen 234
 exportieren 238
 importieren 180, 238
 löschen 238
 neue Kategorie erstellen 233
 Unterkategorie 230
 verwenden 230
Stile 878
Stileinstellungen 874
Strichzeichnung 84
Strukturen 75
Stürzende Linien 538
Suchen
 alle fehlenden Dateien 296
 Bearbeitungsverlauf 295
 Dateiname 296
 Details (Metadaten) 294
 Medientyp 295
 nach doppelten Fotos 298
 nach Fotos 293
 nach speziellen Tags 293
 nach visuell ähnlichen Fotos 296
Suchen-Schaltfläche 300
Suchfilter 300
Suchkriterium speichern 300
Szene bereinigen 709

Index

T

Tabelle, Bilder anordnen 143, 144
Tablet-Einstellungen 389
Tags/Info-Schaltfläche 290
Tastenkürzel
　im Fotoeditor 1027
　im Organizer 1045
　Werkzeug 108
Teilen 198
　E-Mail 938
Teiltreffer 294
Text
　Absatztext 859
　Anti-Aliasing 865
　auf Formen bringen 889
　auf Pfad 902
　aus Bild erstellen 719
　ausrichten 864, 867
　bearbeiten 868
　drehen 868
　Ebene 861
　Ebenenstil 867, 872
　editieren 862
　Eingabe abbrechen 858
　Eingabe bestätigen 858
　eingeben 857, 858
　einzeiliger 857
　Farbe 865
　Faux-Schrift 863
　formatieren 862
　gestalten 862
　glätten 865
　in Ebene konvertieren 869
　in Foto montieren 885
　markieren 868
　mehrzeiliger 859
　mit Bild füllen 883
　Optionen 862
　Punkttext 857
　Rahmen 859
　Schriftart 862
　Schriftgrad einstellen 863
　Schriftgröße 863
　Schriftschnitt 863
　transformieren 861
　und Bild kombinieren 883
　verkrümmen 866, 906
　verschieben 860
　Zeilenabstand 865
　Zeilenumbruch einfügen 858
Text-auf-Auswahl-Werkzeug 889
Text-auf-eigenem-Pfad-Werkzeug 902
Text-auf-Form-Werkzeug 897
Text-Bild-Effekt 881
Text-Bild-Kombination 719
Textebene 621
　konvertieren in Ebene 869
Textmaskierungswerkzeug 881
Textrahmen 859
　ändern 860
　drehen 860
　verschieben 860
Textwerkzeug 111
　Optionen 862
Tiefen 325
　aufhellen 371
Tiefen/Lichter
　Dialog 370
　korrigieren 325
Tiefenschärfe → Schärfentiefe
Tieraugen korrigieren 65
TIFF 171
Tilt-Shift 95, 96
Timing 138
Titelleiste 136
Tonemapping 770
　simulieren 770
Tontrennung 455
Tonwertbereich 325
Tonwertkorrektur 331
　automatische 349
　Bild aufhellen oder abdunkeln 335
　Bild tonen 453
　Farbstich entfernen 336
　Graustufenbild 341
　Kanal 331
　Kontrast verbessern 333
　schärfen 479
　Schwarzpunkt setzen 334
　Tonwertspreizungsregler 332
　Tonwertumfang 332
　Tonwertumfang reduzieren 341
　Weißpunkt setzen 334
Tonwert korrigieren 331
Tonwertspreizung 325, 332, 335
Tonwertumfang 343
　reduzieren 341
Tonwertverteilung 325
Toolbox → Werkzeugpalette
Transformationsrahmen 644
Transformieren 541
　drehen 647
　Ebene 643
　neigen 647
　Textebene 861
　verzerren 648
Transparente Pixel fixieren 632
Transparenz 617
TWAIN 186, 847
Twitter 936

U

Überbelichtung 342
Überbelichtung ausgleichen 342
Umkehren 456
Umrandung 575
Unerwünschtes entfernen 800, 806
Unschärfe
　beseitigen 465
　erzeugen 486
　korrigieren (Schnellkorrektur) 62
Unscharf maskieren 468
Unterbelichtung 342
　aufhellen 345
USM → Unscharf maskieren

V

Vektorgrafik 156, 907
　EPS 156
Verflüssigen-Filter 836
Vergleichen, Bilder 145
Vergleichsansicht, Organizer 203
Verlaufsumsetzung 454
Verlaufswerkzeug 428
　Bedienung 428
　Optionen 429
Verschieben 309
　exakt 834
Verschieben-Werkzeug 109
　zum Ausrichten von Ebenen 649

Index

zum Verteilen von Ebenen 650
Versionssatz 286
  erzeugen 289
  suchen 296
Verteilen, Ebene 650
Vertikales Textwerkzeug 857, 868
Verwacklung reduzieren 481
Verzerren
  Ebene 648
  Perspektive anpassen 541
  perspektivisches 648
Verzerrung korrigieren 536
Verzerrungsfilter, Verflüssigen 836
Vieleck 912
Vignetteneffekt 80
Vignettierung 536, 540
  beseitigen 540
Vimeo 936
Visitenkarte
  drucken (Mac) 963
  drucken (Windows) 961
  erstellen 959
  Standardgröße 959
Visuelle Ähnlichkeit 296
Vollbildansicht 130
  Aktionsmenü 205
  Optionen 202
  Organizer 200
  steuern 200
  Tastenkürzel 205
Volltreffer 294
Vordergrundfarbe 112, 377
Voreinstellungen 993
  Anwendungs-Updates 1002
  Fotoeditor 993
  Land-/Regionsauswahl 1003
  Organizer 1003
Voreinstellungen (Fotoeditor)
  Adobe Partner-Dienste 1001
  Allgemein 993
  Anzeige & Cursor 998
  Dateien speichern 995
  Einheiten & Lineale 1000
  Hilfslinien & Raster 1000
  Leistung 997
  Text 1002
  Transparenz 999
  zurücksetzen 1003
  Zusatzmodule 1001
Voreinstellungen (Organizer)

Adobe Partner-Dienste 1009
  Allgemein 1004
  Bearbeiten 1006
  Dateien 1004
  E-Mail 1009
  Kamera oder Kartenleser 1007
  Scanner 1008
  Stichwort-Tags und Alben 1009
  zurücksetzen 1011
Vorgaben-Manager
  Muster 427
  Pinsel 417
Vorgängerversion, Fotos importieren 176
Vorlage, Grafiken 717

W

Warnmeldung reaktivieren 995
Wasserzeichen 421
Websichere Farben 380
Wechseldatenträger 307
Weiche Auswahlkante 571
Weiche Kante 571
  nachträglich anwenden 571
Weichzeichnen 110, 485
  automatisch 486
  Bewegungsunschärfe 491
  Gaußscher Weichzeichner 486
  matter machen 496
  Radialer Weichzeichner 493
  Selektiver Weichzeichner 489
  Weichzeichner 496
Weichzeichner 496
Weichzeichnungsfilter
  Bewegungsunschärfe 491
  Bildrauschen reduzieren 789
  Gaussscher Weichzeichner 486
  Radialer Weichzeichner 493
  Selektiver Weichzeichner 489
Weißabgleich 747
  korrigieren 336
Weißabgleich-Werkzeug 748
Weißpunkt ermitteln 450
Weißpunktregler 334
Weißpunkt setzen 334
Weitergabe
  E-Mail 938
  PDF-Diashow 940

Werkzeug
  Abgerundetes-Rechteck-Werkzeug 622, 911
  Abwedler 351
  ausgeblendetes 108
  Auswahlellipse 565
  Auswahlpinsel 597
  Auswahlrechteck 565
  Auswahl verbessern-Pinsel 598
  Automatische Auswahl 609
  Bereichsreparatur-Pinsel 811
  Buntstift 391
  Detail-Smartpinsel-Werkzeug 396
  Eigene-Form-Werkzeug 622, 897, 909
  Ellipse-Werkzeug 622, 911
  Farbe-ersetzen-Werkzeug 389
  Farbwähler 384
  Formauswahl-Werkzeug 913
  Freistellungswerkzeug 504
  Füllwerkzeug 423
  Gerade-ausrichten-Werkzeug 531
  Hand 133
  Hintergrund-Radiergummi 393
  Impressionisten-Pinsel 389
  Inhaltssensitives Verschieben 829
  Kopierstempel 795
  Lasso 583
  Linienzeichner 622, 912
  Magnetisches Lasso 584
  Musterstempel 804
  Nachbelichter 351
  Neu-zusammensetzen-Werkzeug 515
  Pinsel-Werkzeug 386
  Polygon-Lasso 587
  Polygon-Werkzeug 622, 912
  Radiergummi 392
  Rechteck-Werkzeug 622, 910
  Reparatur-Pinsel 804, 805
  Scharfzeichner 480
  Schnellauswahl-Werkzeug 590
  Schwamm-Werkzeug 354
  Smartpinsel-Werkzeug 396
  Stern-Werkzeug 622, 912
  Tastenkürzel 108, 112
  Text-auf-Auswahl-Werkzeug 889

1063

Index

Text-auf-eigenem-Pfad-Werkzeug 902
Text-auf-Form-Werkzeug 897
Textmaskierungswerkzeug 881
Textwerkzeug 857
Verlaufswerkzeug 428
verstelltes 115
verwenden 107
Weichzeichner 496
Wischfinger 496
Zauberstab 588
Zoom 130
zurücksetzen 115
Werkzeugleiste → Werkzeugpalette
Werkzeugoptionen 51, 114
Werkzeugpalette 106
  ausblenden 106
  ausgeblendetes Werkzeug 108
  einblenden 106
  QuickInfo 107
  Werkzeugübersicht 109
  Werkzeug verwenden 107
Werkzeugspitze → Pinselspitze
Wert eingeben 126
Werte verstellt 115

WIA 186
Wiederherstellen
  früheren Bildzustand 324
  zuletzt gespeicherte Version 322
Wiederholen 322
Wimpern 829
Wischfinger 110, 496
WZ-Optionen 114

X

XML 222

Y

YouTube 936

Z

Zauberstab 109, 588
  Benachbart (Option) 589

  Optionen 588
  Toleranz 588
Zeichenfilter
  Comic 918
  Rasterungseffekt 918
Zeichenwerkzeug 111
Zeichnen
  gerade Linie 386
  horizontale Linie 386
  vertikale Linie 386
Zeichnungsverlust 329
Zeilenabstand 865
Zeitleiste 199
Zoll 157
Zoom 130
Zoom-Burst-Effekt 92, 495
Zoomstufe 129
Zoom-Werkzeug 109, 130
  Anwendung 131
  Optionen 130
  Tastenkürzel 132
Zurück zur letzten Version 322
Zusatzmodul 1022
  nachinstallieren 1021
Zwischenablage 42, 641